변환의 세계정치

변환의
세계정치

제2판

TRANSFORMATION OF WORLD POLITICS | 하영선·남궁곤 편저

을유문화사

집필진(가나다 순)

강상규 한국방송통신대학교 일본학과 교수
김상배 서울대학교 정치외교학부 교수
김준석 가톨릭대학교 국제학부 교수
남궁곤 이화여자대학교 정치외교학과 교수
마상윤 가톨릭대학교 국제학부 교수
민병원 이화여자대학교 정치외교학과 교수
배영자 건국대학교 정치외교학과 교수
신범식 서울대학교 정치외교학부 교수
신성호 서울대학교 국제대학원 교수
이근욱 서강대학교 정치외교학과 교수
이왕휘 아주대학교 정치외교학과 교수
이혜정 중앙대학교 정치국제학과 교수
전재성 서울대학교 정치외교학부 교수
조동준 서울대학교 정치외교학부 교수
하영선 서울대학교 정치외교학부 교수
황지환 서울시립대학교 국제관계학과 교수

변환의 세계정치 제2판

발행일
2012년 3월 1일 2판 1쇄
2024년 2월 5일 2판 12쇄

편저자 하영선 · 남궁곤
펴낸이 정무영, 정상준
펴낸곳 (주)을유문화사

창립 1945년 12월 1일
주소 서울시 마포구 서교동 469-48
전화 02-733-8153
팩스 02-732-9154
홈페이지 www.eulyoo.co.kr

ISBN 978-89-324-7184-6 93340

- 저작권법에 의해 보호를 받는 저작물이므로 무단전재와 복제를 금합니다.
- 이 책의 전체 또는 일부를 재사용하려면 저작권자와 을유문화사의 동의를 받아야 합니다.
- 책값은 뒤표지에 있습니다. 잘못된 책은 구입하신 곳에서 바꾸어 드립니다.

제2판을 펴내며

우리가 『변환의 세계정치』를 처음 펴냈던 때가 2007년 8월이었다. 5년 만에 개정판을 내게 되었다. 처음 책이 나왔을 때 독자들로부터 기대를 넘는 많은 호응이 있었다. 오랜만에 우리 입장에서 세계정치를 바라보고 해석해보려는 노력을 칭찬해 주시기도 했고 또 세계정치의 역사와 현실, 그리고 이론을 묶어보려는 시도를 격려해 주시기도 했다.

반면에 필자들의 문제의식이 충분히 글에 반영되어 있지 않아서 아쉽고, 편집의 일관성이 부족하고 글이 너무 어렵다는 지적도 있었다. 독자들의 호응이 칭찬이건, 격려이건, 비판이건 모두 따뜻한 애정의 표현이라는 것을 감사하게 생각한다. 하지만 이러한 독자들의 바람을 완벽하게 만족시킬만한 개정판을 마련하기에는 우리 집필진들의 공부가 아직 충분하지 못하다는 것을 미리 고백하지 않을 수 없다.

그럼에도 우리가 개정판을 내기로 한 것은 독자들의 요구 중에 필자들의 노력으로 충분히 개선할 수 있는 내용들을 그대로 두어서는 안 된다는 책임감을 절감했기 때문이다. 우리가 시급하게 독자들의 요구를 반영해야 한다고 생각한 것은 크게 두 가지였다.

하나는 이 책 출판 이후 국제사회에서 새롭게 전개되고 있는 최근 사건과 현상을 보강하고 갱신해야 하는 일이다. 지난 5년간 세계무대에서는 중국의 영향력이 크게 증가하고 세계 경제 위기를 겪는 등 21세기 세계정치 흐름의 방향을 가늠해 볼 수 있는 여러 징후들이 뚜렷하게 드러났다. 한반도에서도 북한이 다시 핵 실험을 하고 군사적 긴장을 높이는 사건들이 발생했다. 또 김정일 위원장이 사망함으로써 북한의 미래가 불투명한 국면으로 접어들었다. 우리는 이러한 최근 변화를 제대로 포함시켜서 독자들에게 새로운 정보를 전달하고 그 의미를 함께 고민할 필요성을 느꼈다.

다른 하나는 구성의 문제였다. 이 책을 교재로 채택해서 대학에서 강의를 하셨던 많은 분들께서 이 책에서 역사와 이론의 시기 구분이 서로 일치하지 않는다는 의견을 주셨다. 국제정치학이 서구 학계에서 본격적으로 하나의 학문분과로 등장한 제1차 세계대전 이전의 국제정치 담론을 좁은 의미의 과학적 이론으로 볼 수 있는가의 문제도 지적을 받았다. 이에 따라 우리 필자들은 이 책에서 역사와 이론 부분이 서로 잘 조응하도록 개선할 필요성을 느꼈다. 또 초판에서 상대적으로 소홀히 다루었던 두 차례의 세계대전을 좀 더 자세히 서술하고 국제정치학 학문 분과의 등장과 독립이라는 지식사회학적 배경을 보다 자세히 설명하는 숙제도 공감하게 되었다.

우리 집필진이 개정판을 위해 처음 모임을 가졌던 것은 2010년 겨울이었다. 이후 1년 동안 세 차례의 자체 세미나를 열어 구체적인 개정 방향을 논의하고 각 장의 개정판 원고를 놓고 함께 토론하였다. 또 세미나와 개정판 원고 집필과 수정 과정 중에 대학원생과 학부생 등에게 초고를 읽혀 독자들 입장에서 요구하는 사항과 수정해야 할 사항 등을 받아 이를 반영하였다.

우리가 개정판에서 중점적으로 노력한 점은 다음과 같다.

첫째, 책의 주된 화두인 '변환(transformation)'의 의미를 다시 되새기고 서장과 각 장에서 그 개념과 구체적 내용을 자세히 언급해 이 책이 주제의 일관성을 갖도록 했다.

둘째, 국제정치이론은 실제 세계정치 현실에 바탕을 두고 형성되는 점을 염두에 두고 국제정치이론의 형성이 세계정치 현실의 역사적 전개와 밀접한 연관을 맺도록 각 장의 편집을 수정하고 내용을 다시 기술하도록 했다.

셋째, 이 책이 처음 출판된 2007년 이후 세계무대에서 새롭게 전개되고 있는 변화 양상과 주요한 사건들을 최대한 반영하도록 했다.

넷째, 초판에서 다루지 않았던 자원과 환경 의제가 현대 세계정치에서 그 중요성이 날로 커지는 점을 주목하여 이 문제를 다루는 새로운 장을 추가하였다.

다섯째, 국제정치경제 영역이 세계정치에서 차지하는 비중을 생각하고 또 금융 분야가 급격하게 세계정치 무대에서 부각되고 있는 점을 반영하여 독립적인 장으로 다루도록 했다.

이번 개정판에서는 초판에 비해서 어려운 내용을 독자들에게 쉽게 전달해보려는 노력을 했으나 충분히 만족할만한 성과를 거두지는 못했다. 다음 개정판의 가장 중요한 숙제로 남겨두기로 했다.

개정판을 준비하면서 변함없는 참여와 노력을 한 필진들께 감사한다. 개정판 출판을 기꺼이 다시 맡아 준 을유문화사에도 감사한다. 독자들 입장에서 초고를 읽고 예리한 지적과 꼼꼼한 교정을 해준 이화여대 대학원과 중앙대 정치외교학과 학우들에게도 감사의 뜻을 표한다.

2012년 2월
하영선 · 남궁곤

제1판을 펴내며

이 책 탄생에는 작은 사연이 있다. 필자들은 2005년 어느 여름날 그동안 번역했던 『세계정치론』(존 베일리스·스티브 스미스 편저, 을유문화사)의 새 개정판이 나옴에 따라 개정 번역판 출판을 논의하기 위해 모였다. 이 자리에서 우리는 언제쯤 번역의 국제 정치학시대를 졸업하고 본격적으로 창작의 국제정치학시대를 시작할 수 있겠느냐는 토론이 시작되었다. 결론은 간단했다. 『세계정치론』 새 개정판을 번역하는 일과는 별도로 우리 나름의 국제정치학 교과서를 쓰기로 했다. 국제정치학 교과서를 새로 쓰는 데 준비가 부족하더라도 일단 시작해보자는 것이었다.

19세기 한반도 국운에 결정적 영향을 미치기 시작한 구미 중심의 근대국제정치질서를 제대로 이해하기 위한 최초의 본격적인 시도는 유길준의 『서유견문』이었다. 그 이후 지난 100여 년 동안 한국 근대국제정치론은 숨 가쁘게 변화하는 한반도의 국제정치현실을 제대로 인식해보려는 지적 노력을 계속해왔다. 그러나 결과는 한국 근대국제정치론의 빈곤이었다. 19세기에 못지않은 격동의 21세기를 맞이하면서 우리는 다시 한 번 한국 현대세계정치론의 풍요를 위해서 작지만 중요한 지적 실험을 시작했다.

실험은 예상대로 난항을 거듭했다. 21세기 세계정치 지식질서의 다양함 속에서 국내외에서 국제정치학 훈련을 받은 필자들은 한국 국제정치학의 연구대상, 인식과 방법론, 그리고 실천론에 대해서 쉽사리 합의할 수 없었다. 우리 필진들은 한국 현대 국제정치학의 문을 연 이용희의 '동주' 국제정치론이 제기했던 한국 국제정치학의 연구목적과 대상, 그리고 국제정치학의 국제정치적 성격을 다시 검토했다. 또 한국과 구미의 특수국제정치학을 넘어서는 일반국제정치학 논의를 21세기라는 새로운 시공간의 틀 속에서 계속했다. 논의가 계속될수록 깊어지는 공부의 부족함을 극복하고 필자들의 의견 조율을 위해 월례연구모임을 시작했다. 동시에 같은 고민을 나누고 있는 국제정치학과 인접 학문분야 전문가들을 초청해서 공동 세미나의 시간도 가졌다.

2006년 초 필자들은 책에 담길 내용에 합의하고 각 장의 집필을 분담했다. 필자들은 일단 완성된 초고들을 월례연구회에서 발표하고 필자들 전원이 참가하는 난상토론의 시간을 가졌다. 처음 마련했던 초고가 2007년 초 마지막 원고의 모습을 갖추기까지에는 적지 않은 어려움을 겪어야 했다. 필자들은 원고의 완성도와 내용의 만족도를 높이기 위해서는 보다 긴 정진의 시간이 필요하다는 데 모두 동의했다. 하지만 동시에 미완성과 불만족한 상태이지만 창작의 한국 국제정치학을 위한 중간 연구결과보고도 시급하다고 생각했다. 우리는 완성을 위한 미완성의 한국 국제정치학 교과서를 출판하기로 했다. 결국 이 책은 미완의 중간 연구결과의 성격을 띠고 출판되는 셈이다.

  이 책은 서장과 3부로 구성되어 있다. 서장은 집필진이 이 책에서 목표로 하는 한국 국제정치학의 연구목적과 대상, 인식방법, 실천론을 간략하게 다루고 있다. 제1부는 세계정치의 역사적 변환과 한국의 만남을 근대·냉전·현대로 나누어 다루었다. 제2부는 세계정치 이론의 변환과 한국을 다루었다. 구미 국제정치이론의 단순한 소개가 아니라 세계정치현실의 결을 다듬어서 드러내는 이론의 모습을 부각시키도록 노력했다. 제3부는 현대세계정치의 주요 의제를 기술했다. 전통적 근대국제정치 의제인 안보·경제와 더불어 새로운 의제로 떠오르고 있는 문화와 정보화를 다루고 마지막으로 21세기의 새로운 세계정치로서 지구 거버넌스를 검토했다. 그중에서 안보문제는 21세기에도 여전히 세계정치 의제의 핵심으로 남아 있기 때문에 두 장에 걸쳐서 보다 상세하게 다루었다.

  이 책은 세계정치를 지구–동아시아–한국의 복합공간으로 구성했다. 이에 맞추어 각 장의 구성도 지구–동아시아–한국이란 지역 테마가 일관성 있게 반영될 수 있도록 했다. 각 장에서 지구–동아시아–한국 부분에 할당된 원고분량 비율이 대체로 5:3:2의 비율을 유지하도록 노력했다. 이러한 노력은 한국과 동아시아가 빠진 지구 연구와, 동아시아와 지구가 빠진 한국연구라는 절름발이 국제정치학을 극복하기 위한 고육지책을 반영한 것이다. 따라서 각 장은 '지구적 현상의 동아시아 혹은 한반도의 수용'보다는 '지구적 현상의 동아시아 혹은 한반도와의 만남'이란 입장에서 다루었다.

  이 책의 원래 목표는 쉽게 쓰이고 편리하게 이용할 수 있는 국제정치학 교과서였다. 난삽한 번역 또는 번안교과서 대신 한국에서 국제정치학을 왜 배워야 하며 그리고 무엇을 어떻게 배워야 하는가를 우리가 매일 살아가는 삶과 관련시켜 이해하는 데 꼭 필요한 길잡이 역할을 목표로 했다. 그러나 이 책은 세계정치의 역사, 이론, 그리고 쟁점 등을 매우 포괄적이고도 전문적으로 다룰 수밖에 없었기 때문에 쉽고 편리한 국제정치학 교과서의 목표에는 달성하지 못했다.

  이 책이 형식과 내용에서 미완의 상태로 세상에 모습을 드러낸 것은 후속 연구에 대한 기대 때문이다. 우리 필진들은 앞으로 계속 공부해나가면서 이 책을 수정해나 갈 것이다. 우리는 이 책이 국제정치학을 가르치고 배우는 한국 대학의 교육 및 연구 현장에서 남이 만든 교과서가 아니라 우리가 만든 교과서 역할을 할 수 있기를 기대한다. 이 과정에서 우리는 세계정치와 한국, 그리고 한국 국제정치학 문제를 고민하는 사람들의 충고와 질책을 함께 나누고 싶다. 이 책은 한국 국제정치학의 풍요를 위한 작은 출발이다. 각 장의 개별 교과서와 연구서가 본격적으로 마련되어야 할 것이며, 특히 21세기 한국을 위한 지역연구와 외교정책에 대한 후속작업들이 이루어져야 한다. 이 책의 집필에 참여하지 않았지만 문제의식을 공유하고 격려를 아끼지 않은 분들과 함께 우리들의 한국 국제정치학의 풍요를 위한 지적 행군은 이제부터 시작이라고 생각한다. 우리는 이 책의 온라인 참고서인 '국제정치포털: 변환의 세계정치'(http://www.worldpolitics.ne.kr)를 구축하고 있다. 가까운 장래에 본격적으로 출발할 것을 약속한다.

이 책이 출판되기까지 여러분들의 도움을 받았다. 열악한 시간적 그리고 물질적 제약 속에서도 사명감으로 집필을 맡아준 집필진들의 노고에 진심으로 감사한다. 집필진들은 지루하게 반복되는 수정작업을 기꺼이 인내해주고 때로는 무리한 수정요구사항을 열린 마음으로 받아주었다. 2년여에 걸친 공부모임에 참석해서 귀중한 조언을 해주신 여러 선생님들께도 감사한다. 귀찮은 일들을 푸념없이 맡아준 서울대 외교학과와 이화여대 정치외교학과 대학원생들에게도 고마움을 전한다. 이 책의 기획단계에서부터 따뜻한 격려와 편의를 제공해준 을유문화사 관계자 분들께도 감사를 전한다.

2007년 7월
하영선 · 남궁곤

차례

제2판을 펴내며 · 5
제1판을 펴내며 · 7

서장   변환의 세계정치와 한반도
1. 머리말 · 16
2. 19세기 국제정치의 변환: 천하예의지방에서 국민 부강국가로 · 17
3. 21세기 주인공의 변환: 네트워크 국가/늑대거미 · 19
4. 21세기 세계무대의 변환: 지식기반 복합 국가/다보탑 · 26
5. 21세기 연기의 변환: 늑대거미 다보탑 쌓기 · 31
6. 맺음말: 21세기 한반도의 선택—매력 국가 · 32

제1부 | 세계정치의 역사적 변환과 한국

제1장   근대 국제정치 질서와 한국의 만남
1. 머리말: 근대 서구 국제질서와 동아시아 · 40
2. 근대 국제정치 질서의 성격과 팽창 · 42
3. 근대 국제정치 질서와 전통적 중화 질서의 충돌 · 52
4. 근대 국제정치 질서와 한국의 동요 · 57
5. 세계대전과 근대 국제정치 질서의 변환 · 62
6. 맺음말 · 69

제2장   국제 냉전 질서와 한국의 분단
1. 머리말: 냉전의 의미 · 74
2. 국제 냉전 질서의 형성: 제2차 세계대전의 종전과 한국전쟁 · 76
3. 국제 냉전 질서의 전개: 자유–공산 진영의 대립과 한미동맹 · 85
4. 국제 냉전 질서의 완화: 데탕트의 가능성과 한계 · 94
5. 국제 냉전 질서의 해체: 신냉전에서 탈냉전으로 · 101
6. 맺음말: 냉전의 '긴 평화'와 한반도 평화 문제 · 104

제3장   현대 세계정치의 변환과 한국의 외교
1. 머리말: 냉전의 종식과 현대 세계정치 질서 · 110
2. 현대 세계정치의 복합적 변환 · 111
3. 현대 동아시아 정치의 변환 · 128
4. 현대 세계정치의 변환과 한국 · 138
5. 맺음말 · 146

제2부 | 세계정치이론의 변환과 한국

제4장 근대 세계질서의 국제정치이론과 한국
1. 머리말 · 152
2. 제1차 세계대전 이전의 서구 국제정치와 국제정치사상 · 156
3. 제1차 세계대전 이후의 서구 국제정치이론 · 161
4. 근대 변환기 동아시아 국제정치사상과 국제정치관의 전개 과정 · 166
5. 조선 국제정치관의 변화와 전간기의 국제정치이론 · 175
6. 맺음말 · 180

제5장 세계 냉전 질서의 세계정치이론과 한국
1. 머리말: 세계정치 현실과 이론 · 184
2. 현실주의 세계정치이론: 냉전에 대한 무도덕적 이해와 국제적 갈등 · 186
3. 자유주의 세계정치이론: 데탕트와 유럽통합, 그리고 국제협력 · 194
4. 마르크스주의 세계정치이론: 세계질서와 경제구조에 대한 비판적 시각 · 202
5. 새로운 시각: 현실주의와 자유주의에 대한 제한적 도전 · 204
6. 냉전기 세계정치이론의 동아시아 유입 · 206
7. 맺음말 · 209

제6장 현대 세계정치의 국제정치이론과 한국
1. 머리말 · 212
2. 현대 세계정치와 주류 국제정치이론의 변환 · 213
3. 대안 이론의 모색과 구성주의 · 221
4. 새로운 21세기 국제정치이론의 가능성 · 225
5. 현대 국제정치이론과 동북아시아 · 227
6. 현대 국제정치이론과 한국 · 230
7. 맺음말 · 232

제3부 | 현대 세계정치질서의 변환과 한국

제7장　현대 세계안보질서의 변환과 동북아시아
　　1. 머리말 · 236
　　2. 현대 세계안보질서 변환의 의의 · 237
　　3. 현대 세계안보질서의 변환 · 242
　　4. 현대 동북아시아 안보질서의 변환 · 251
　　5. 맺음말 · 259

제8장　한반도 안보질서의 변환
　　1. 머리말 · 264
　　2. 북한 문제와 한국 안보 · 266
　　3. 한미 관계와 한국 안보 · 282
　　4. 동아시아 안보 질서와 한반도 · 288
　　5. 맺음말 · 294

제9장　세계 무역 · 생산 · 개발원조 변환과 한국의 번영
　　1. 머리말 · 298
　　2. 세계 무역 질서의 변환과 한국 · 300
　　3. 세계 생산 질서의 변환과 한국: 해외직접투자와 세계 생산 네트워크 · 307
　　4. 공적개발원조와 한국 · 315
　　5. 동아시아 경제협력과 한국 · 321

제10장　세계 금융통화 질서의 변환과 한국의 협력
　　1. 머리말 · 326
　　2. 세계 금융통화 질서: 역사와 구조 · 329
　　3. 세계 금융 위기 이후 세계 금융통화 질서의 변환 · 333
　　4. 동아시아 금융통화 협력 · 342
　　5. 세계 금융통화 질서와 한국 · 346
　　6. 맺음말 · 347

제11장　세계문화질서의 변환과 한국의 매력
　　1. 머리말: 세계문화질서의 변환 · 350
　　2. 현대 세계정치에서 문화 의제 · 351
　　3. 생활양식으로서의 세계문화 의제: 문명 충돌과 종교 근본주의 · 352
　　4. 권력자원으로서의 세계문화 의제: 소프트 파워, 문화제국주의, 오리엔탈리즘 · 359
　　5. 현대 세계문화의 등장 · 364
　　6. 세계문화질서의 변환과 동아시아 · 367
　　7. 맺음말: 한국의 문화 전통과 매력 · 372

제12장 정보세계정치의 변환과 한국의 전략

1. 머리말 · 376
2. 정보혁명과 세계정치 권력의 변환 · 378
3. 정보혁명과 세계 지식 질서의 변환 · 384
4. 정보혁명과 네트워크 국가의 부상 · 394
5. 맺음말 · 402

제13장 환경·에너지 국제정치의 변환과 한국의 대응

1. 머리말: 환경·에너지 국제정치의 특성 · 406
2. 환경 국제정치의 등장과 변환 · 410
3. 에너지 국제정치의 변환 · 418
4. 동북아시아 환경 및 에너지 협력 · 428
5. 한국의 대응 · 437
6. 맺음말: 환경·에너지 국제정치의 미래 · 441

제14장 세계정치 운영 방식의 변환과 한국의 참여

1. 머리말: 현대 세계정치의 초국가성과 한국 · 446
2. 현대 세계정치 운영 방식의 변환 · 447
3. 현대 세계정치 운영 행위자의 변환 · 454
4. 현대 세계정치 운영 준거의 변환 · 459
5. 동아시아 지역 정치 운영의 변환 · 463
6. 현대 세계정치 운영과 한국의 참여 · 467
7. 맺음말 · 471

참고문헌 · 473
찾아보기 · 493

서장

| 하영선 |

변환의 세계정치와 한반도

1. 머리말 **016**
2. 19세기 국제정치의 변환: 천하예의지방에서 국민 부강국가로 **017**
3. 21세기 주인공의 변환: 네트워크 국가/늑대거미 **019**
4. 21세기 세계무대의 변환: 지식 기반 복합국가/다보탑 **026**
5. 21세기 연기의 변환: 늑대거미 다보탑 쌓기 **031**
6. 맺음말: 21세기 한반도의 선택—매력 국가 **032**

1. 머리말

한반도의 삶은 대단히 국제정치적이다. 역사적으로 오랫동안 우리는 중국 중심의 천하 질서 속에서 살아왔다. 19세기 서세동점 이후 한반도를 둘러싼 열강들의 치열한 각축 속에서 조선왕조는 국망의 비극을 맞이했으며, 일본 제국이 구미 열강과의 전쟁에서 패배함으로써 해방은 기적같이 찾아왔다. 한국전쟁도 미국과 소련을 양극으로 하는 전후 냉전 질서의 형성과 함께 세계대전 규모로 치러졌다. 20세기 후반의 냉전 기간 동안 한반도의 남북한은 냉전적 삶의 세계 전시장이었다. 세계 사회주의 질서의 종주국이었던 소련이 1991년에 해체됨에 따라 세계는 다시 한 번 변화의 소용돌이를 겪고 있다. 단순한 탈냉전의 변화를 넘어서서 지난 100여 년 동안 힘들여서 받아들였던 근대 국제질서와 우리에게 서서히 닥쳐오는 탈근대 세계질서가 뒤범벅된 오늘의 과도기적 현실을 우리는 변환transformation의 세기라고 부르기 시작했다. 21세기 한반도의 삶도 예외 없이 변환의 세계정치의 영향 속에서 새롭게 전개되고 있다. 따라서 변환의 세계정치에 대한 올바른 이해는 한반도 삶의 평화, 풍요, 그리고 행복을 위해 절실하다.

한국 근대 국제정치학은 역사적으로 빈곤했다. 국망의 현실 앞에서 국권 회복의 국제정치학을 마련하지 못했고 식민의 현실 앞에서 해방의 국제정치학을 찾지 못했고 냉전의 현실 속에서 탈냉전의 국제정치학을 고민하지 못했다. 21세기 변환의 현실 앞에서 한국 국제정치학은 또 한 번 어려움을 겪고 있다. 빈곤에는 이유가 있다. 국제정치학은 시대가 당면하고 있는 문제의 국제정치성을 제대로 읽고 풀기 위해 탄생했다. 그러나 한국 국제정치학은 자신이 당면하고 있는 문제의 국제정치성을 풀어나가기 위한 정면 대결에 성공하지 못한 것이다. 내 문제의 국제정치성에 대한 깊은 고민 대신 구미 국제정치 현실의 문제를 풀려는 과정에서 등장한 구미 국제정치학의 틀로서 한국 국제정치 현실의 문제를 설정하고 풀어 보려는 노력을 계속하고 있다. 번역의 국제정치학 시대를 쉽사리 졸업하지 못하고 있다. 인식 방법론이 세련되면 될수록 국제정치를 왜 고민해야 하는가 하는 목적론과 무엇을 고민해야 하는가 하는 존재론의 빈곤은 심화되고 있다. 당연한 결과로서 국제정치학과 국제정치의 현실 괴리는 불가피하다. 거꾸로 서 있는 한국 국제정치학을 바로 세우려면 한반도 삶의 세계정치성에 대한 고민에서 출발해서 풀어야 할 문제를 제대로 구성해야 한다. 그러나 고민이 단순한 문제의식에 머물러서는 안 된다. 이 문제를 보편적으로 설득력 있게 풀 수 있는 인식 방법론을 가꿔 나가야 한다. 그리고 한국 국제정치학의 완성은 문제를 제대로 설정하고 읽어서 해결의 실마리를 찾은 다음에 마지막으로 현실을 변환하는 실천지식에 대한 전략적 고민을 필요로 한다.

21세기 한국 국제정치학이 빈곤의 악순환에서 벗어나서 풍요로움을 누리려면 오늘의 한반도가 겪고 있는 문명사적 변환의 한국적 의미를 제대로 인식하고 문제를 풀어 나가야 한다. 따라서 오늘의 변화를 주인공, 무대, 그리고 연기의 역사적 변환이라는 틀로 읽어 낸 다음에 새로운 무대의 새로운 주인공으로 활약하기 위한 한국형 매력 국가 건설의 설계도를 그리게 될 것이다.

2. 19세기 국제정치의 변환: 천하예의지방에서 국민 부강국가로

한반도를 포함하는 동아시아는 역사적으로 오랫동안 천하예의지방天下禮儀之邦이라는 문명 표준에 익숙해서 살아 왔다(이용희 1872; 김용구 1997; 김한규 2005; 叶自成 2003; 渡辺信一郎 2003; John K. Fairbank 1968). 천天이 본격적으로 정치적 의미를 가지고 동아시아에서 사용되기 시작하는 것은 B.C. 11세기 중국의 은왕조에 이은 주왕조의 등장과 함께였다. 주나라 초기 대표적 금문金文인 대우정大盂鼎에 새겨진 명문銘文은 "위대한 문왕은 천명天命을 받았으며 무왕은 사방四方을 보유했다"(偉大英明的 文王承受了上天佑助的重大使命 到了武王 繼承文王建立了周國 排除了那个奸惡 普遍地保有了 四方土地)고 적고 있다. 주나라 문왕이 새로운 왕조의 출발을 하늘의 명이라는 명분을 들어 정당화하고 천명을 받은 자로서의 천자라는 칭호를 쓰기 시작했고 무왕은 천명이 미치는 범위로서 사방을 보유함으로써 천하의 모습을 갖추었다는 것이다. 따라서 천자가 다스리는 천하가 있고 그 속에 제후의 나라인 국이 품어져 있으며 동시에 변방의 오랑캐들도 이러한 위계질서의 일부를 이루게 됐다. 천하 질서의 이런 주인공 모습은 그 이후 3000년 가까운 기간 동안 동아시아 무대의 중앙을 떠나지 않았다.

천하국가의 중심 무대는 예禮의 무대였다. '禮'라는 글자의 '豊'이 본래 제기祭器를 나타내는 것처럼 예의 기원은 하늘이나 귀신들에 대한 제사에서 시작해서 나중에 춘추전국시대에 이르면 인간관계 전체를 규율하는 것으로 의미가 확대되었다. 천자와 제후 간에는 책봉册封과 조공朝貢의 예를 교환하는 군신관계를 맺었으며 권외의 야만인 오랑캐와의 관계에도 이 예를 준용했다. 따라서 천하 질서의 무대는 구미의 근대 국제질서 무대가 군사와 경제무대 중심으로 펼쳐졌던 것과 대조적으로 예를 강하게 명분화하고 있었다.

천하예의지방의 기본 행동 원칙은 큰 나라는 작은 나라를 사랑하고 작은 나라는 큰 나라를 섬긴다는 자소사대字小事大였다. 『좌전』을 보면 "예란 작은 나라가 큰 나라를 섬기고 큰 나라가 작은 나라를 아끼는 것을 말하는데 사대는 그 때의 명을 함께 하는 데 있고, 자소는 작은 나라가 없는 것을 구제하는 데 있다"(禮也者 小事大 大字小之謂 事大在共其時命 字小在恤其所無)고 설명하고 있다. 『맹자』에서는 "대국이면서 소국을 섬긴 자는 천을 기쁘게 한 자이고 소국으로서 대국을 섬긴 자는 천을 두려워 한 자다. 천을 기쁘게 하는 자는 천하를 지키고 천을 두려워하는 자는 그 국을 지킨다"(以大事小者 樂天者也 以小事大者 畏天者也 樂天者保天者 畏天者保其國)라고 말한다. 자소사대는 어지러웠던 춘추전국시대 국가들의 행동 규범으로 등장했던 것이다.

그러나 천하예의지방을 오랫동안 문명 표준으로 삼고 살아 왔던 동아시아에 19세기 중반 뒤늦게 역사의 태풍이 불어 닥쳤다. 중국 중심의 전통 천하 질서가 구미 중심의 근대 국제질서로 탈바꿈하는 문명사적 대변환을 맞이하게 된 것이다. 주인공은 천하국가에서 국민국가로, 중심 무대는 예禮에서 부국강병으로, 연기 원칙은 자소사대字小事大에서 자강균세自强均勢로 바뀌게 된다.

서세동점의 태풍 속에서 동아시아의 한국, 중국 및 일본이 살아남아서 새로운 역사의 주인공이 되기 위해서는 태풍의 방향과 속도를 제대로 읽어 내고 자기 나름의 대변환을 모색해야 했다. 그러나 이 변환은 쉽지 않았다. 3중의 싸움이 복합적으로 전개됐기 때문이다. 천하예의지방과 국민 부강국가라는 문명 표준의 경쟁, 국민 제국들의 약육강식, 국내 정치 사회 세력의 권력투쟁의 치열한 각축 속에서 일본은 새로운 세계사 무대의 중심에 섰으며, 중국은 무대의 주변으로 밀려 났으며, 한국은 무대에 설 자리를 잃어 버려야 하는 비극을 맞이했다.

1840년의 아편전쟁 이후 1910년 나라가 망할 때까지 한국의 근대 국제정치는 위정척사衛正斥邪의 현실적 한계를 뒤늦게 깨닫고 해방海防, 원용부회援用附會, 양절체제兩截體制, 자강균세, 그리고 국권 회복의 모색을 차례로 시도한다(하영선 근간). 구미의 국민국가라는 주인공들은 부국강병의 무대에서 자강균세를 넘어서서 아시아를 포함하는 전 세계에서 다른 국가들에게 압도적 영향력을 행사하려는 제국적 경쟁을 벌였다. 새로운 근대 국제질서와의 본격적 첫 만남에서 동아시아의 중국이나 일본과 마찬가지로 한국은 전통적인 척사론의 시각을 넘어서서 새로운 외적에 대한 정보 수집과 방어책을 고민하는 해방론이 등장하게 된다. 그러나 서양 세력의 동아시아 진출이 해방론의 차원을 넘어서게 됨에 따라, 서양 근대 국제질서의 작동 원리인 만국공법과 균세지법을 활용하여 서양 세력을 다루되, 이러한 서양 국제사회의 작동 원리를 새로운 문명 표준으로 받아들이지 않고 중국 고대의 춘추전국시대에 이미 존재했다는 원용부회론이 활발하게 전개된다.

한국은 임오군란(1882)과 갑신정변(1884)을 거치면서 천하국가에서 근대국가로 변모하고 있는 중국의 감국監國 정치를 감내하면서 다른 한편으로는 일본을 포함한 구미 열강들과의 근대적 국제 관계를 추진해야 하는 어려움에 직면한다. 유길준의 양절체제론은 이러한 어려움의 구체적 표현이다. 청일전쟁(1894~1895)에서 중국의 패배는 단순한 패배가 아니었다. 동아시아에서 오랜 세월 문명 표준으로 작동해 왔던 천하 질서의 퇴장을 의미하는 것이었다. 중국은 근대 국제질서를 새로운 문명 표준으로 받아들여야 했다. 무술정변(1898)의 실패 이후 일본으로 망명한 량치차오梁啓超는 일본을 징검다리로 해서 폭포수같이 근대 국제정치의 기본 작동 원리를 소개하는 글들을 쏟아 놓는다. 한국도 갑신정변 이후 잃어버린 10년을 넘어서서 본격적으로 새로운 문명 무대에서 활약하기 위한 자강균세론을 활발하게 펼친다. 1896년 창간한 『독립신문』은 새로운 국제정치론의 모습을 보여 주고 있다.

그러나 기대는 오래가지 못했다. 한국이나 중국에 비해서 근대 국민 부강국가라는 새로운 문명 표준을 과감하고 재빠르게 받아들인 일본은 청일전쟁의 승리 이후 겪은 삼국 간섭의 수모를 와신상담 외교로 극복하고 러일전쟁(1904~1905)을 승리로 이끈다. 러일전쟁에서 일본의 승리는 한국이 희망하는 자강균세의 좌절을 의미하는 것이었으며 동시에 일본이 주도하는 지역 제국 질서를 예고하는 것이었다. 일본은 새로운 지역 질서 개편을 위한 명분으로 일본 주도의 아시아 연대에 기반을 둔 동양평화론을 본격적으로 주장했다. 한국은 국권 회복을 위한 투쟁론과 준비론의 갈등 속에서 일본형 동양평화론의 허구성을 일사분란하게 드러내고 한국형 동양평화론을 본격적으로 실천에 옮기지 못하고 1910년 무대에서 일단 사라지게 된다. 문명 표준 경쟁, 국제적 약육강식, 국내적 권력투쟁의 3중적 현실 중압 속에서 한국은 국권 회복의 돌파구를 마련하지 못하고 국망의 비극을 맞이한다.

국권 회복의 숙제는 한국 식민지 국제정치로 넘어갔다. 준비론, 외교론, 무장투쟁론의 힘겨운 노력에도 불구하고 칠흑 같은 어두움 속에서 광복의 불빛은 쉽사리 찾아지지 않았다. 한국의 국제정치무대 재등장은 일본이 제2차 세계대전에서 패망함에 따라 기적같이 찾아왔다. 그러나 한반도가 전후 세계 냉전 질서의 주전장이 됨에 따라 한국 현대 국제정치는 남북으로 나뉘져서 전형적인 냉전 국제정치의 모습으로 전개됐다. 21세기를 앞두고 소련의 해체에 따른 지구적 탈냉전과 한국의 민주화라는 새로운 변화 속에 남북한 냉전 분단체제의 어려움을 아직 벗어나지 못한 한국은 탈냉전 국제정치의 실험을 시도하고 있다.

그러나 21세기 세계질서의 변화는 한국 현대 국제정치의 힘겨운 변화를 훨씬 앞서가고 있다. 21세기 세계질서의 주인공, 무대, 연기의 변화는 거의 19세기 한국이 겪은 문명사적 변화를 방불케 하고 있다. 국민 부강국가가 그물망 지식 국가로 탈바꿈하기 시작하고 있다. 그러면서도 국민 부강국가들의 생존경쟁은 여전히 치열하다. 동시에 국내 정치 사회의 민주화도 역동적으로 진행되고 있다. 그리고 한반도 냉전 분단체제의 못다 푼 숙제는 여전히 남아 있다. 21세기 한국은 복합적 변환의 세계질서를 맞이하고 있다.

3. 21세기 주인공의 변환: 네트워크 국가/늑대거미

21세기 세계질서의 변화를 제대로 읽기 위해서는 우선 주인공의 변화에 주목해야 한다. 탈냉전과 함께 우리를 찾아온 21세기 변환 시대의 주연급 주인공들은 여전히 국민국가 또는 국민 제국의 모습을 하고 있다. 국민국가들은 국내 정치와 달리 중앙정부가 없어서 생존과 번영을 스스로 일차적으로 책임져야 하는 세계질서의 구조 속에서 21세기에도 여전히 치열한 국가 간 생존경쟁 또는 우위 경쟁을 계속하고 있다. 그 결과 형성되고 있는 21세기 세계무대 주인공들의 변환을 제대로 읽으려면 먼저 유럽 중심의 근대 국제질서에서 주인공의 위상을 결정하는 데 가장 중요했으며 21세기 세계질서에서도 여전히 중요한 군사비를 기준으로 무대의 주인공들을 정리해 볼 필요가 있다[표 1]. 우선 눈에 가장 띄는 것은 20세기 세계질서 운영의 주연이었던 미국의 지속적 주도 추세다. 미국은 2010년, 세계 군사비 1조 6300억 달러 중에서 7000억 달러를 차지하면서 압도적인 우위를 유지하고 있다. 미국의 군사비는 엄청난 재정 적자를 해소하기 위해 향후 상당히 줄어들 예정이지만 여전히 미국을 제외한 상위 10개국의 총군사비를 훨씬 상회하고 있다. 그리고 미국은 핵력, 재래식 군사력, 첨단 군사력의 모든 영역에서 압도적 우세를 보이고 있다. 주목

표 1 세계 군사비 지출 현황(2010)

(단위: 1억 미국달러)

순위	나라	군사비
–	세계 전체	16,300
1	미국	6,980
–	유럽연합	3,000
2	중국	1,190*
3	영국	596
4	프랑스	593
5	러시아	587
6	일본	545
7	사우디아라비아	452
8	독일	452
9	인도	413
10	이탈리아	370
11	브라질	335
12	한국	276
13	오스트레일리아	240
14	캐나다	228
15	터키	175

출처: Stockholm International Peace Reserch Institute, SIPRI Yearbook 2011 (2011) p. 183.
*중국 정부의 군사비에 관한 공식 발표는 2010년 915억 달러이며(中华人民共和国 国务院新闻办公室 2011a)이며 미 국방부의 추정은 1600억 달러다(U.S. Department of Defense 2011).

할 것은 중국의 군사비가 처음으로 1000억 달러를 넘어선 것이다. 다음으로 영국·프랑스·러시아·일본이 군사비로 500~600억 달러를 지출했고, 이어서 사우디아라비아·독일·인도·이탈리아·브라질이 300~400억 달러의 군사비를 썼으며, 한국·오스트레일리아·캐나다가 200~300억 달러를 지출했다(Stockholm International Peace Research Institute 2011).

다음으로 근대 국제질서 무대 주인공의 지표로서 군사력과 함께 쌍벽을 이루었던 경제력은 21세기 세계질서에서도 여전히 핵심적인 역할을 하고 있다. 따라서 [표 2]와 같이 경제력의 대표적 지표인 국내총생산GDP을 기준으로 2010년의 세계경제무대를 보면 미국은 전 세계 GDP 61.8조 달러 중 14.8조 달러(23.9%)를 차지하고 있고, 이어서 중국이 5.3조 달러의 일본을 넘어서서 5.4조 달러를 달성했다. 다음으로는 독일 3.3조 달러, 프랑스 2.7조 달러, 영국 2.2조 달러, 이탈리아 2.1조 달러, 브라질 1.9조 달러, 캐나다 1.6조 달러, 러시아 1.5조 달러의 순서다. 그 다음은 스페인, 인도, 호주, 멕시코, 한국 정도이다(International Monetary Fund 2011. 4). 한편 2015년 세계 GDP 추정치를 보면 2008년 세계경제 위기의 발원지로서 어려움을 겪고 있는 미국은 전 세계 81.8조 달러 중 18.3조 달러(22.2%)를 차지할 것으로 예상되며, 세계 2위의 경제 대국인 중국은 3위의 일본과 격차를 크게 벌리면서 미국의 1/2 수준인 9.4조 달러에 도달할 것으로 전망되고 있다. 반면에 재정 위기에 처한 유럽연합은 상당한 어려움을 겪을 것으로 전망되고 있다.

[표 1]의 안보 무대와 [표 2]의 번영 무대를 함께 보면 21세기 '팍스 아메리카'의 미래는 경제 위기에도 불구하고 상대적으로 완만한 하향 추세의 가능성을 보여 주고 있다. 더구나 21세기의 새로운 힘으로 부상하고 있는 지식력의 간편한 지표로서 [표 3]의 '세계 최우수 싱크탱크 25'를 보면, 미국이 절반을 차지하면서 압도적인 우위를 보이고, 나머지는 유럽 국가들과 캐나다가 차지하고 있으며, 아시아 국가 중에는 중국의 사회과학원이 유일하게 포함되어 있다. 따라서 21세기 세계질서의 미국 주도론 논쟁은 대단히 신중하게 진행되고 있다. 탈냉전 이후 단극 질서의 장기화를 예상했던 분석들은 새로운 변화에 직면해서도 여전히 미국 주도론을 포기하지 않고 있으나 유럽연합과 아시아의 중국을 보조 세력으로 인정하고 보완된 미국 주도론인 1+X 세계질서를 대안으로 제시하고 있다(Brooks & Wolforth 2009). 한편 중국이나 인도와 같은 미국 이외의 세력들이 눈에 띄게 부상하고 미국의 상대적 쇠퇴가 진행되면서 다극 주도론이 본격적으로 논의되었다(Zakaria 2008). 그러나 21세기에 들어와 9·11 테러나 세계경제 위기를 겪으면서 미국 주도론이나 다극 주도론을 넘어서서 새롭게 복합 주도론이 자리를 잡기 시작하고 있다. 단극이나 다

표 2 세계 국내총생산GDP 추세(2010~2015)

(단위: 10억 미국달러)

국가	2010	2011	2012	2013	2014	2015
세계	61,781	65,003	68,701	72,740	77,132	81,790
유럽연합	16,543	16,925	17,507	18,139	18,806	19,482
미국	14,799	15,397	16,048	16,761	17,490	18,250
중국	5,365	5,988	6,699	7,504	8,415	9,437
일본	5,273	5,377	5,549	5,744	5,972	6,192
독일	3,333	3,385	3,464	3,547	3,631	3,712
프랑스	2,669	2,723	2,809	2,902	3,001	3,105
영국	2,223	2,297	2,416	2,553	2,696	2,836
이탈리아	2,121	2,159	2,220	2,280	2,341	2,406
브라질	1,910	2,035	2,161	2,296	2,439	2,593
캐나다	1,556	1,642	1,728	1,810	1,892	1,971
러시아	1,508	1,734	1,978	2,283	2,649	3,061
스페인	1,425	1,433	1,462	1,499	1,543	1,590
인도	1,367	1,497	1,644	1,809	1,992	2,185
호주	1,193	1,234	1,291	1,333	1,373	1,418
멕시코	996	1,066	1,151	1,235	1,318	1,398
한국	991	1,069	1,129	1,198	1,288	1,386

* International Monetary Fund, World Economic Outlook Database (2011)

표 3 세계 최우수 싱크탱크 25

1. Brookings Institution (United States)
2. Council on Foreign Relations (United States)
3. Carnegie Endowment for International Peace (United States)
4. Chatham House / The Royal Institute of International Affairs (United Kingdom)
5. Amnesty International (United Kingdom)
6. RAND Corporation (United States)
7. Center for Strategic and International Studies (United States)
8. Heritage Foundation (United States)
9. Transparency International (Germany)
10. Peterson Institute for International Economics (FNA) Institute for International Economics (United States)
11. International Crisis Group (Belgium)
12. Cato Institute (United States)
13. American Enterprise Institute for Public Policy Research(AEI, United States)
14. International Institute for Strategic Studies (United Kingdom)
15. Centre for European Policy Studies(CEPS, Belgium)
16. Human Rights Watch (United Kingdom)
17. Woodrow Wilson International Center for Scholars (United States)
18. Bruegel (Belgium)
19. Adam Smith Institute (United Kingdom)
20. Stockholm International Peace Research Institute (SIPRI, Sweden)
21. Open Society Institute (Hungary)
22. Urban Institute (United States)
23. Center for Global Development, (United States)
24. Chinese Academy of Social Sciences (CASS, China)
25. Fraser Institute (Canada)

출처: James G. McGann, The Think Tanks and Civil Societies Program 2010 (Think Tanks and Civil Society Programs, International Relatons Program, University of Pennsylvania, January 2011) pp. 26~27.

극 주도론이 국가 간에 벌어지는 힘의 배분에 따른 논의인 반면, 복합 주도론은 국가뿐만 아니라 초국가 기구와 하위 국가들이 복합 무대에서 복잡하게 얽힌 모습에 주목하고 있다(하영선 2009).

21세기 역사의 주인공으로 미국에 이어 주목받고 있는 나라는 중국이다. 그러나 21세기의 중국을 전망하는 것은 생각보다 쉽지 않다. 우선 낙관론의 시각에서 보면 중국이 21세기의 주인공으로 부상할 것은 확실하다. 1960년대와 1970년대를 거치면서 문화대혁명이라는 장기간의 고난의 행군을 겪은 중국은 1978년부터 개혁개방정책을 추진하여 지난 30년 동안 지속적으로 연 10퍼센트에 가까운 고도성장을 이루어 왔다. 중국 경제는 21세기에 들어서면서 1인당 국민소득 1000달러, 전체 국민소득 1조 3000억 달러를 넘어서서 중국공산당 제16차 전국대표회의(2002)의 초보적 소강사회(小康社會) 건설이라는 경제발전 목표를 달성했으며, 세계 6위의 경제 대국으로 부상했다(江澤民 2002). 2009년에는 1인당 국민소득 4000달러, 전체 국민소득 5조 3000억 달러를 달성함으로써 일본을 넘어서서 세계 2위의 GDP 대국이 되었다. 후진타오 주석은 2008년 12월의 개혁개방 30주년 기념강연에서 개혁개방(1978)을 신해혁명(1911)과 사회주의혁명(1949)에 뒤이은 제3의 혁명으로 규정하고, 중국공산당 성립 100주년인 2021년까지는 고수평적 소강사회를 건설하고, 신중국 성립 100주년인 2049년까지는 부강·민주·문명·화해의 사회주의 현대화 국가를 건설하겠다고 밝혔다(胡錦濤 2008). 2020년대 초반까지 국내 생산 총액을 2010년의 배로 늘려 소강사회의 중등 사회생활을 전면적으로 실현하게 되면, 중국은 명실상부한 세계 경제 대국으로 자리 잡게 될 것이다. 중국은 그때까지는 화평 발전의 조화 사회 건설이라는 경제 우선의 틀 속에서 동아시아 질서를 구축하려고 노력할 것이다. 따라서 미·중 관계는, 2010년에 환율 조정, 티베트, 대만 무기 수출, 구글 검열 등의 4대 갈등을 겪었지만 2011년 연초에 정상회담이 성사되었던 것처럼 당분간 협력과 갈등의 길을 함께 걷게 될 것이다. 동시에 북·중 관계도 중국의 경제발전을 위한 화평의 차원에서 불안정을 최소화하는 방향으로 조정하고 있다.

궁금한 것은 중국이 일차적인 경제 목표를 달성한 후 그리게 될 동아시아 질서의 새로운 모습이다. 부강이라는 일차적 목표를 달성한 중국이 정치적 민주화와 지구적 문명화를 성공적으로 실현하면 21세기 동아시아 신질서의 형성에 중요한 영향을 미치게 될 것이다. 그러므로 중국의 민주화와 문명화가 21세기 문명 표준의 방향으로 성공적으로 진행될 것인가에 주목해야 한다. 앞으로 '문명 중국 2049'로 가는 길에는 3대 난제가 가로놓여 있다. 우선 중국 경제가 지난 30여 년간 성공적으로 고도성장을 지속해 온 결과로서, 성장과 복지의 갈등이라는 새로운 문제를 풀어야 하는 현실에 직면했다. 동시에 중국 경제가 장기적으로 고도성장을 지속하기 위해서는 현재의 공산당 일당독재를 넘어선 21세기형 중국 정치체제의 마련이 필요하다. 그리고 중국이 21세기 선진국이 되기 위해서는 좁은 의미의 민족주의적 사고를 넘어서서 복합적 사고를 할 수 있어야 한다. 따라서 현재의 경제지표에만 의존한 21세기 중국의 미래 전망은 보다 신중해야 하며, 21세기 중국이 당면한 3대 난제를 얼마나 성공적으로 빠르게 해결하느냐에 따라 중국의 미래가 결정될 것이다.

빠르게 부상하고 있는 중국이 앞으로 엮어나갈 대미 관계를 전망하는 경우에 조심해야 할 것은 중국이 비약적인 경제 성장에도 불구하고 국제정치 주인공의 필수 조건인 군사력과 경제력에서 미국과 비교해서 눈에 띄는 열세라는 점이다. 미국 국방부의 계산 방식에 따르면 중국의 군사비는 미국의 1/4 수준이다(U.S. Departmenrt of Defense 2011). 중국 국내총생산은 미국의 1/3 정도다. 21세기 주인공의 새로운 조건인 정보/지식력, 문화력, 환경력의 경우도 미국과 비교하면 경제력이나 군사력의 경우보다도 더 뒤떨어진다. 따라서 중국은 미국과 대등한 주연이 아닌 주연급 신인으로서 21세기 무대에 등장했다. 중국은 1인당 국민소득이 1만 달러를 넘어서는 전면적 소강사회에 접어드는 2020년대까지는 빛을 감추고 그믐이 지나가기를 기다리는 도광양회韜光養晦의 노력을 계속할 것이다. 그러나 국내 경제성장을 최우선의 역사적 선택으로 삼으면서도 국력의 증강에 비례하는 대외적인 핵심 이익을 위해 반드시 할 바는 하겠다는 유소작위 有所作爲를 보다 강조하게 될 것이다. 2012년의 『화평발전백서』(中华人民共和国国务院新闻办公室, 2011b)에서 언급하고 있는 6대 핵심 이익은 국내 안보, 국제 안보, 경제 안보로 요약할 수 있다. 따라서 중국은 21세기 외교의 단·중기 목표를 평화·발전·협력으로 내세우고, 국내적으로는 화해和諧 발전, 국제적으로는 화평 발전을 추구해서 평화 번영의 화해 세계를 건설하겠다는 것이다. 그러나 중국이 소강사회를 넘어서서 대동사회大同社會 건설이라는 장기 목표를 성공적으로 추진하게 된다면 핵심 이익을 보다 폭넓게 설정하고 적극적으로 현실화하려는 노력을 하게 될 것이다.

따라서 21세기 동아시아 질서의 기본 구도를 결정하게 될 미·중 관계는 소박한 차원의 현실주의적 비관론, 자유주의적 낙관론, 구성주의적 신중론을 넘어선 새로운 복합적 접근이 필요하다. 중국이 화평 발전을 우선으로 하고 핵심 이익을 다음으로 추진하는 가운데 미·중 관계는 갈등 속에서도 협력 관계를 유지할 것이며, 중국의 부상과 함께 핵심 이익의 비중이 점차 커져 가는 속에서 3대 난제를 어떻게 풀어 나가느냐에 따라 갈등과 협력 관계의 비중이 결정될 것이다. 따라서 미·중 관계의 긍정적 미래는 미국과 중국의 공진적 노력이 얼마나 성공적으로 추진될 수 있느냐에 달려 있다.

21세기 세계질서에서는 미국과 중국의 주연 가능성과 함께 일본과 유럽연합이 조연의 주인공 역할을 맡게 될 것이다. 일본은 21세기에 들어서서 경제적으로는 5조 달러를 넘는 총국민생산으로 여전히 세계 3위의 경제 대국이며, 동시에 군사적으로도 연 군사비 지출이 500억 달러를 넘어섬으로써 세계 3위 규모의 군사비 지출 국가로 부상했다. 2004년 12월 신방위계획대강은 21세기 일본 자위대를 변화하는 세계 군사질서에 발맞춰 '다기능 탄력적 방어력'으로 육성할 것을 강조했고, 2010년 신방위력대강은 복잡한 세계질서 속에서 '동적 방위력'을 새롭게 제시하고 있다(日本防衛省 2010). 탈냉전의 미국 주도 세계질서에서 중국의 빠른 부상이라는 새로운 현실에 직면하여 일본 자민당은 20세기 초 영일동맹의 틀에서 러일전쟁을 승리로 이끌었던 것처럼 과거 어느 때보다 미일동맹 체제를 강화하면서 중국의 부상을 다루려는 노력을 기울였다. 그러나 반세기에 걸친 자민당 독주 체제가 막을 내리고 민주당이 여당으로 등장하면서 새로운 변화를 시도했다. 하토야마 수상은 '우애 외교'라는 소박한 철학적 기조 위에 기존의 미일 관계와 병행하여 '동아시아 공동체'를 상대적으로 강조했으나 동아시아의 차가운 현실 앞에서 가시적인 성과를 거둘 수 없었다. 칸 나오토 수상에 이어 등장한 나노 수상은 새로운 시대의 외교 안보정책으로 50년을 맞이한 미일동맹을 계속 심화 발전시키는 한편, 근린 제국과의 관계를 강화해 나가겠다고 밝혔다. 중국을 국제사회의 책임 있는 일원으로서 투명성 있게 활동하도록 만들면서 기존의 전략적 호혜 관계를 심화시키고, 한일 관계는 미래지향의 새로운 100년을 향해 관계를 강화하며 북한과는 포괄적 해결을 시도하겠다는 것이다. 그리고 러시아와는 북방영토 문제 해결과 함께 아·태 지역 파트너로서 관계를 구축하겠다는 것이다. 마지막으로는 다극화 세계질서와의 연계를 강조하고 있다(野田佳彦 2011).

한편 근대 국민국가를 중심으로 한 무대에서 힘의 배분 변화에 따른 주인공 국가의 변화와 달리, 21세기 지역화의 구체적 표현인 유럽연합은 새롭게 등장한 주인공이다. 1957년 프랑스, 독일, 이태리. 벨기에, 네델란드, 룩셈부르크 6개국이 창설한 유럽경제공동체는 1992년 마스트리흐트조약으로 12개국의 유럽연합으로 새로 태어난다. 지난 10여 년 동안 오스트리아, 스웨덴, 핀란드, 동유럽 10개국, 그리고 불가리아와 루마니아가 새로 가입함으로써 유럽연합은 현재 27개 회원국으로 구성되어 있다. 인구 5억 명, 국내총생산 14.5조 달러의 유럽연합은 이중 구조의 복합국가를 보다 구체화해 나가고 있다. 그러나 유럽연합이 21세기의 새로운 주역으로서 보다 중심적 역할을 담당하기 위해서는 상당한 실험 기간을 거쳐야 할 것이다.

국민국가 또는 국가연합이 21세기 세계무대의 중심에서 여전히 주인공의 역할을 맡고 있지만 동시에 주목해야 할 것은 새로운 주인공들의 등장이다. 가장 눈에 띄는 것은 초국가 주인공들의 부상이다. 2001년 9·11 테러는 알 카에다라는 테러 조직을 이끄는 오사마 빈 라덴을 세계적인 인물로 만들었다. 탈냉전 이후 군사 차원에서 압도적인 우세의 위치를 즐기고 있던 미국은 예상과는 달리 지구 차원의 테러 조직들을 21세기 미국 안보의 새로운 위협 대상으로 맞이하게 됐다. 미 국무부는 현재 알 카에다, 하마스HAMAS, 히즈발라Hizballah를 비롯한 42개의 외국 테러 조직들을 9·11 테러 이후 전 세계적으로 전개하고 있는 반테러전의 주 목표로 선정하고 있다(U.S. Department of State 2011a; MIPT 2011). 무대 위의 지구 테러 조직은 기존의 주인공인 근대국가와는 전혀 다른 모습을 하고 있다. 알 카에다 같은 테러 조직들은 아프가니스탄의 탈레반 정권 같은 후원 국가를 일종의 숙주처럼 활용하기도 하지만 동시에 전 세계의 거점을 거미줄처럼 연결하는 네트워크를 끊임없이 짜고 또 관리하고 있다. 국민국가라는 주인공의 정치 공간을 기반으로 해서 다른 국민국가와의 국제 관계를 엮어 나가는 공간 구성 전략과는 다른 새로운 방법으로 정치 공간을 짜 나가는 것이다. 주인공의 몸집이 왜소하더라도 정보혁명의 도움을 얻어 21세기의 신출귀몰하는 홍길동처럼 지구 그물망 도처에 수시로 모습을 드러낼 수 있다면 상대방에게 예상외로 거인의 몸집으로 다가갈 수 있다. 미국의 부시행정부가 9·11 테러 이후 전력투구해서 반테러전을 수행했음에도 불구하고 지구 테러 네트워크를 깨끗하게 걷어내지 못하고 있는 것은 그만큼 네트워크의 효율성을 쉽사리 극복하기 어렵기 때문이다.

무대 위의 초국가 네트워크라는 새로운 주인공의 모습은 테러와 같이 폭력적인 공간에서만 눈에 띄는 것이 아니다. 테러보다 훨씬 먼저 주목을 받아 온 세계경제의 생산, 교환, 금융 초국가 네트워크의 활동도 계속해서 활발한 모습을 모여 주고 있다. 세계경제무대에서는 현재 6만 이상의 지구 기업들이 전 세계 70만 협업기업들과 네트워크를 형성하고 있으며. 그중 200대 지구 기업들은 세계경제 활동의 1/4을 차지하고 있다. 세계경제무대의 100대 주인공 중 51개는 기업이고 49개는 국가이다. 세계 12위의 대기업인 월마트^{Walmart}가 이스라엘, 폴란드, 그리스 등을 포함한 161개국보다 경제 규모면에서 크다. 이러한 지구 기업들은 1990년대 이래 빠르게 진행되고 있는 정보혁명의 변화와 함께 생산, 교환, 금융의 전 영역에서 일국 중심의 안과 밖으로 닫힌 국민 경제 공간을 보다 적극적으로 넘나들면서 새로운 그물망을 본격적으로 치고 있다. 세계 금융 무대에서도 개별 국가들의 정부 및 금융기관, 그리고 국제통화기금, 세계은행과 함께 지구 그물망을 적극적으로 운영하고 있는 세계 100대 헤지펀드의 규모는 이미 1조 달러를 넘어섰다.

다음으로 국민국가의 안과 밖에서 시민사회 조직들이 자율적인 활동을 눈에 띄게 벌이면서 세계정치무대의 무시할 수 없는 주인공으로 활약하고 있다. 지구 시민사회 조직 중 가장 대표적인 국제 비정부기구^{INGO}의 경우를 보면 1839년 영국 및 외국 반노예사회의 모습으로 처음 등장한 국제 비정부기구는 1874년에 32개로 늘어났고, 1914년에는 1083개로 커진 다음, 2000년대 초반에는 1만 3000개에 이르렀다. 그중에도 1990년대에 늘어난 것이 현재 전체 수의 약 1/4이다. 같은 시기 국가나 국제기구의 양적 증가와 비교하면 특히 최근의 증가 추세는 폭발적이다(Anheier 2001). 1990년대 이래 세계 시민사회조직의 변화는 단순한 양적 증가에만 있지 않았다. 이들은 정보혁명에 힘입어 대단히 빠른 속도로 지구 시민사회 조직 간에 그물망을 넓혀 나가고 있으며 기존의 국민국가와 국제기구들과도 네트워크를 마련하고 있다. 이러한 변화는 세계정치무대의 정책 논의, 결정, 실천의 주인공 층을 훨씬 두껍게 만들고 있다.

세계질서 무대에는 1990년대 초반 이래 사이버 네트워크라는 새로운 주인공이 본격적으로 등장했다.

〈참고〉 국제정치와 세계정치

이 책은 국제정치(international politics)와 세계정치(world politics)라는 용어를 구분하여 사용하고 있다. 국제정치가 국가들 간의 군사와 경제무대에서 벌어지는 다스림이라면, 세계정치는 국가뿐만 아니라 초국가 및 하위국가 주인공들이 군사와 경제 이외에 문화, 환경, 정보/지식을 포함하는 복합무대에서 벌이는 다스림이다. 국제(國際)라는 표현은 영국의 벤담(Jeremy Bentham)이 1789년 처음 사용한 'international'이라는 용어를 번역한 것이다. 일본의 미쓰쿠리 린쇼(箕作麟祥)가 1873년에 'international law'를 중국에서 사용하던 만국공법 대신에 국제법으로 번역함으로써 국제라는 용어를 동아시아에서 처음 사용하기 시작했다. 세계(世界)라는 표현은 원래 불교의 시간개념인 '세'와 공간개념인 '계'에서 유래하는 것으로 'world'란 영어 단어의 번역어로 사용되고 있다. 'world'란 말은 20세기에 들어와서 사용되기 시작해서 특히 근대국제정치의 자기모순으로 나타나는 새로운 정치를 표현하기 위해서 본격적으로 사용되고 있다. 한편 최근 자주 사용되는 지구정치(global politics)는 국제로 나뉘지 않은 지구 전체를 하나의 정치단위로 보는 것으로서 세계정치의 일부를 이루고 있다.

군사적 목적으로 1960년대 말에 처음 모습을 드러냈던 인터넷이 1990년대 초 월드와이드웹www의 개발과 함께 폭발적인 속도로 대중화됐다. 인터넷 사용자 수는 2000년 3억 6000만 명이었으며, 2005년 10억 명에 육박했고, 2010년에는 20억을 넘어섰다. 전 세계 69억 인구 중에 30퍼센트가 현재 인터넷을 활용하고 있으며 그 증가 추세는 예상을 훨씬 넘어서고 있다. 보다 자세하게 상위 10개국을 훑어보면 중국 4억 9000만(%), 미국 2억 1000만(19.1%), 인도 1억, 일본 9900만(%), 브라질 7600만, 독일 6500만, 러시아 6000만, 영국 5100만(3.5%), 프랑스 4500만, 인도네시아 4000만, 한국 3900만(3.1%)의 순서다. 인터넷 사용자 수의 폭발적 증가와 함께 사이버공간의 웹사이트 수도 비슷한 증가 추세를 보이고 있다. 1990년대 중반부터 모습을 드러낸 웹사이트는 2001년에는 3000만 개를 넘어 섰으며, 2004년에는 5000만 개에 이르렀으며, 2006년에는 블로그와 무료 홈페이지 개설 서비스 등에 힘입어 1억 개를 넘어섰다. 동시에 주목해야 할 것은 이용자들이 함께 미디어의 내용 제작에 참여하는 소셜 미디어의 본격적인 등장이다. 2004년에 시작된 페이스북 이용자는 2011년 말 현재 8억 명이며 2012년 내에 10억 명을 넘어설 것으로 전망되고 있다(Internet World Stats 2012).

이와 같이 예측하기 어려울 정도로 빠르게 확장되고 있는 사이버 공간의 새로운 주인공들은 기존 공간의 주인공들과는 다른 모습을 드러내고 있다. 근대 무대의 국민국가라는 주인공은 주권이라는 배타적 명분 체제 위에 일국 중심의 부강국가 공간을 확보 내지 확장해 왔다면 사이버 무대의 주인공은 그물코node들의 복합적 연결link로 짜지는 그물망network의 모습으로 공간 활용의 극대화를 보여 주고 있다. 사이버 공간에 흩어져 있는 수많은 주인공들은 근대 국민국가라는 주인공과 달리 한 그물코에 머무르지 않고 연결 그물을 타고 끊임없이 돌아다녀서 그물망 전체에 두루 존재하는 통공성通空性의 특성을 보여 주고 있다. 더구나 사이버 주인공들은 정보혁명에 힘입어 모든 공간에 같은 시간에 존재하는 공시성共時性의 특성을 함께 보여 주고 있다. 이러한 통공성과 공시성의 결합은 어느 때나 어디서나 존재한다는 편재성遍在性의 특성을 낳는다. 마지막으로 사이버 주인공들은 국가 또는 계급 차원에서 상대적으로 배타적이지 않기 때문에 복합 정체성의 가능성을 보여 주고 있다(하영선·김상배 2006; 2010).

21세기 무대의 주연급 주인공은 여전히 국민국가 형태의 모습으로 국가 간의 치열한 생존과 우위의 경쟁에서 두각을 나타내야 하는 것이 필수적이다. 그러나 그것만으로는 불충분하다. 19세기 동아시아에서 천하와 국제의 만남이 상당한 시간과 우여곡절을 거치면서 근대 국제 관계로 모습을 갖춰 나갔다면 21세기는 국민국가와 네트워크의 만남이 일단 네트워크 국가를 만들어 가고 있다. 국민국가가 무대 위에서 국가라는 응축된 공간 활용 방식보다 네트워크라는 퍼진 공간 활용 방식의 효과를 극대화하려는 테러 조직, 지구 기업, 시민사회 조직, 사이버 주인공들과 함께 공연하면서 중앙 무대의 자리를 계속 유지하려면 전통적인 국제 관계의 구축만으로는 부족하며 불가피하게 네트워크를 쳐 나갈 수밖에 없다. 테러전이 네트워크전화 되면서 미국이 주도하는 반테러전도 성공적 대응을 위해서 네트워크전의 모습을 갖추어 나가고 있다. 주인공의 새로운 문명 표준이 국민국가에서 네트워크 국가로 변환하고 있는 것이다. 국가는 21세기에도 여전히 무대의 주인공으로 활약하게 될 것이다. 그러나 안과 밖으로 닫힌 국가로서가 아니라 안과 밖을 동시에 품기 위한 네트워크를 끊임없이 짜 나가는 국가로서 살아남게 될 것이다.

21세기 세계질서의 새로운 주인공 모습으로 등장하고 있는 네트워크 국가를 보다 쉽게 이해하기 위해서는 늑대거미를 비유적으로 생각해 볼 필요가 있다. 늑대거미는 보통 거미와 달리 대부분 먹이사냥을 위해서 거미줄을 치지 않는다. 그중 일부는 바위틈 사이에 거처를 마련해서 살고, 다른 일부는 고정적인 거처가 없이 한평생 돌아다닌다. 많은 다른 거미들과는 달리 늑대거미는 비교적 좋은 시력을 가지고 먹이를 쫓아가서 잡아먹는다. 따라서 상징적으로 늑대거미는 늑대와 거미의 속성을 함께 보여 준다. 실제 속성과는 관계없이 늑대가 악명 높은 약육강식의 상징으로 널리 알려지게 된 데에는 토머스 홉스Thomas Hobbes의 영향이 크다. 자기 이익의 보존 및 확대를 위해 치열한 싸움을 벌이는 인간관계를 늑대에 처음 비유한 것은 로마시대의 희극 시인이었던 티투스 막시우스 플라우투스Titus Maccius Plautus였다. 이후 홉스가 『시민론De Cive/the Citizen』의 올리는 글에서 플라우투스의 비유를 빌어 "인간은 인간에 대해서 신이며 또한 인간은 인간에 대해서 늑대다"라는 표현을 쓰면서 늑대의 비유는 오늘날까지 생명력을 가지게 되었다. 그는 시민 관계를 신의 관계로 비유할 수 있다면 도시국가 관계를 늑대 관계로 비유할 수 있다고 설명하고 있다.

근대 국민국가의 속성과 변환기 네트워크의 속성을 함께 상징적으로 표현하고 있는 늑대거미는 21세기 변환기의 대표적 주인공으로서 한편으로는 늑대처럼 먹이사냥을 하고 다른 한 편으로는 거미처럼 그물을 치고 있다.

4. 21세기 세계무대의 변환: 지식 기반 복합국가/다보탑

21세기 세계의 무대도 바뀌고 있다. 오랜 역사동안 한국과 중국, 일본을 포함하는 동아시아의 중심무대는 사대교린의 틀에 따라 생각하고 행동 하는 예禮의 무대였다. 19세기 중반에 영국을 비롯한 구미 열강들이 동아시아 무대에 새로운 주인공으로 등장함과 동시에 중심 무대도 부국과 강병으로 바뀌었다. 부국과 강병 무대에서 벌어진 일국 중심의 치열한 경쟁은 두 차례의 세계대전과 그 뒤를 이은 냉전의 비극을 가져왔다. 한반도를 제외한 전 세계의 냉전이 막을 내리고 21세기를 맞이하면서 무대의 내용은 서서히 변환하고 있다.

근대 국제정치의 중심이었던 전쟁과 평화의 무대는 탈냉전과 함께 새로운 변화를 겪고 있다. 탈냉전의 기대는 일국 중심의 생존 극대화를 모색하는 군사 무대가 초래하는 공멸이라는 안보의 자기모순을 극복하기 위해 지구 및 지역의 안보와 사회 및 개인의 안보를 함께 고려하는 안보 무대의 등장을 기다렸다. 그러나 기대와는 달리 세계안보질서를 주도하는 미국이 9·11 테러를 겪게 됨에 따라 21세기 세계안보질서의 최우선적 성격을 반테러전 질서로 규정하고, 새로운 질서 구축에 나섰다. 미국은 지구적으로 그물망화되고, 대량살상무기 사용의 위험성이 높은 21세기 테러 조직과 싸우기 위해 테러 조직을 파괴하고, 테러 지원국을 제거하며, 테러 발생의 잠재적 조건들을 약화시키고, 마지막으로 국내외의 미국 사람과 미국의 이익을 방어하는 전략을 추진했다. 보다 구체적으로, 세계를 대량살상무기 테러 조직과 지원 국가라는 악의 축과 반대량살상무기 테러 국가와 지원 국가라는 선의 축으로 양분했다. 그리고 악의 축 세력에 대해 군사전, 정치전, 외교전, 경제전, 법치전, 정보전의 6면전을 시도했다(U.S. White House 2006a; 하영선 2006).

 21세기 안보 무대의 특성은 대량살상무기 테러 문제와 함께 미국이 추진하고 있는 군사 변환 전략이다(U.S. Department of Defense 2003a; 2003b). 군사 변환의 본격적 출발은 탈냉전 이후 21세기 세계질서가 산업화 시대에서 정보화 시대로 바뀌어감에 따라 시작됐다. 전쟁 무대에 산업화 시대의 주인공이었던 국가뿐 아니라 정보화 시대의 새로운 주인공들인 비국가 조직들이 지구 그물망화해 등장한 것이다. 동시에 산업혁명에 기반을 둔 대량살상무기보다 정보혁명에 따른 정보 무기의 중요성이 빠르게 증가하고 있다. 새로운 안보 환경의 변화에 직면한 부시 행정부는 본격적 군사 변환의 첫 걸음을 내디뎠다.

 군사 변환의 첫 번째 특징은 주둔군을 유동군으로 전환하는 것이다. 부시 행정부는 유럽과 동북아의 해외 주둔 병력을 냉전의 역사적 유물로 보고, 유사시에 보다 광범한 지역에 보다 신속하게 투입할 수 있는 유동군으로 바꾸기 시작했다. 정보기술 혁명의 도움으로 근대적 시간과 공간의 제약을 넘어서는 21세기 신출귀몰 군을 창설하기 시작한 것이다. 이에 따라 미국은 냉전 시대 군사동맹 체제의 변환을 추진했다. 냉전 시대의 소련과 같은 확실한 가상 적이 사라지고, 대량살상무기 테러, 지역 분쟁, 장기적 갈등 등과 같은 불확실한 위협에 직면해서, 미국은 지구 그물망의 새로운 군사 동맹 질서를 짜기 시작했다. 미국은 새로운 동맹국들에게 최소한의 병력을 배치하고, 유사시 추가 배치를 위한 기반 시설과 물자를 마련한 다음, 위기 상황에 따라서 동맹국들과 함께 국제 안보 지원군을 동원하도록 계획했다. 따라서 한미 군사동맹도 새로운 변환 동맹의 시대를 맞이했다. 군사 변환의 두 번째 특징은 수가 아니라 능력의 강조이다. 산업화 시대에는 상상을 초월하는 대규모 병력이 대량살상무기로 전면전을 수행했다면, 정보화 시대에는 상대적으로 소수의 병력이 첨단 정보 무기로 정보전을 시작하고 있다.

 오바마 행정부는 2012년 신전략지침의 발표와 함께 보다 적극적으로 군사 변환을 추진하고 있다. 9·11 테러 이후 지난 10년 동안 이라크와 아프가니스탄 전쟁을 포함한 테러와의 전쟁을 수행해 온 미국은 중국의 부상과 재정 적자 위기라는 새로운 도전에 직면해서 지구적 주도를 지속하기 위한 21세기 국방의 우선순위를 포괄적으로 검토하고 있다. 10년의 전쟁 이후 전략적 전환점을 맞이하여 새로운 안보와 재정 환경에 어울리게 작고 가볍지만 날렵하고 유연하며 준비된 첨단기술의 2020 군사력을 갖추고, 지구 안보를 위한 노력을 계속하면서 특히 아시아·태평양 안보를 중시하겠다는 기본 입장을 밝혔다(U.S. Department of Defense 2012).

 국제정치무대 중에 강병의 군사 무대 다음으로 주목을 받아 온 부국의 경제무대도 21세기를 맞이하면서 일국 중심의 번영 극대화가 가져 오는 공빈共貧의 위험을 피하기 위해 지구 및 지역의 번영과 국내 복지를 함께 추구하는 번영 무대를 마련해야 하는 어려운 과제를 안고 있다. 2008년 미국발 금융 위기는 1929년 세계대공황 이래 최악의 세계경제 위기를 초래했다. 이러한 위기에서 조심스럽게 벗어나려는 노력을 하고 있는 61조 8000억 달러 규모의 세계경제질서에서는 14조 8000억 달러의 미국, 16조 5000억 달러의 유럽연합, 14조 3000억 달러의 동아시아(중국 5조 4000억 달러, 일본 5조 3000억 달러, 한국 1조 달러, 아세안 1조 5000억 달러, 오스트레일리아 1조 1000억 달러) 경제 지역이 각 국가 간, 그리고 지역 간의 치열한 경쟁을 진행하면서도 세계경제의 지속적 성장을 위한 투자, 세계 금융질서의 안정, 그리고 세계 무역 질서의 균형 확대를 위한 쌍무 협상, 다자적 접근, 그리고 국제통화기금, 세계은행, 세계무역기구 등과 같은 지구 조직들의 노력이 병행되고 있다(Institute for Policy Analysis 2007).

21세기 세계경제 무대에서 전통적 경쟁과 협조를 넘어서서 새롭게 강조되고 있는 것은 지식 기반 경제 또는 지식경제다. 이 용어는 피터 드러커Peter Drucker가 1967년 『효과적 경영자The Effective Executive』에서 수공 노동자와 지식노동자를 구분하면서부터 사용되기 시작했다. 드러커는 지식노동자를 기계 대신 상징을 다루는 상징 분석가라고 규정하고 구체적 예로서 건축가, 은행원, 약품 연구원, 교사, 정책 연구자 등을 들고 있다. 미국과 같은 선진 자본국의 경우 전체 노동자중 60퍼센트 이상이 지식노동자로 분류되고 있다. 이 시각에서는 지식을 노동, 자본과 함께 생산의 3대 요소로 파악하고 있다. 20세기 후반 이래 정보컴퓨터기술ICT의 혁명적 발전과 함께 첨단과학기술과 같은 지적 자본이 건물이나 시설 같은 물적 자본보다 훨씬 중요해지기 시작한 것이다. 따라서 정보/지식의 경제는 21세기 경제무대의 중심이 되어가고 있다. 주요 OECD 회원국들의 총국내생산의 50퍼센트 이상이 지식의 생산, 분배, 소비에 기반하고 있다(OECD 1996). 특히 핀란드, 싱가포르, 뉴질랜드 등은 상품경제로부터 지식경제로의 변환을 본격적으로 시도하고 있다.

21세기 세계질서의 새로운 무대로 주목할 것은 문화 무대다. 탈냉전과 함께 그동안 군사와 경제에 밀려 있던 문화 무대가 부상하기 시작했고, 9·11 테러 이후 더 중요해졌다. 인간들이 자신의 행복한 삶을 위해 다른 집단과 차별되게 자연을 가꾸는 생각, 활동, 그리고 제도 형성의 무대가 주목을 받게 된 것이다. 인간은 폭력과 금력의 영향으로 상대방을 따르기도 하지만, 동시에 문화력의 영향으로 머리와 가슴이 움직여서 상대방을 따르기도 하고 멀리 하기도 하기 때문이다. 이러한 21세기 세계 문화 무대에서 미국은 세계질서 통치 비용을 상대적으로 줄이기 위해서 미국적 가치와 행동 양식을 전 세계적으로 전파하는 노력을 보다 강화하고 있다. 부시 행정부는 이라크 전에서 후세인 제거를 위한 군사전에서는 기대 이상의 성과를 거두었음에도 불구하고, 전후 질서 재건전에서는 고전을 면치 못하고 있다. 따라서 미국은 테러전의 공격과 방어의 군사적 측면에 못지않게 사상적 측면을 강조하고 있다. 미국은 테러리즘을 노예 제도, 해적 행위, 대량 학살등과 마찬가지로 보도록 만들 수 있는 사상전을 전개하면서, 모슬렘 세계를 비롯한 비구미 지역에 구미 유형의 근대 민주복지 제도를 전파하려는 노력을 강화하고 있다. 미국은 장기적으로 구미 유형의 민주제도를 전 세계적으로 확대하기 위하여 개별, 다자, 그리고 지구적 노력들을 복합적으로 추진하고 있다.

21세기 문화 무대에서 특히 주목해야 할 것은 정보컴퓨터기술의 발달이 만들어 낸 사이버 문화다. 윌리엄 깁슨William Gibson이 1984년 인터넷을 통해서 새롭게 만들어지는 공간을 사이버공간이라고 이름 부칠 때만 하더라도 사이버 공동체 문화는 문화의 중심 무대에서는 이색적 존재였다. 그러나 1990년대 중반 이래 인터넷 인구의 폭발적 성장과 함께 사이버문화는 더 이상 무대의 주변에서 외롭게 자신들만의 차별화를 즐기는 것이 아니라 빠른 속도로 무대의 중심으로 이동하고 있다. 이에 따라서 사이버문화 산업이 본격적으로 성장하기 시작하고 동시에 문화 권력의 문제가 가시화되고 있다. 21세기 문화 무대에서 벌어지는 지식, 기업, 권력의 새로운 복합이 21세기의 삶에 본격적인 영향을 미치기 시작한 것이다.

21세기 세계질서의 또 하나 중요한 새로운 무대는 생태균형무대다. 생태균형무대는 인간과 자연을 이분법으로 구분하는 근대인들이 경제 성장을 위해 무리하게 파괴한 자연환경이 역설적으로 인간을 파괴하기 시작하면서 주목을 받기 시작했다. 더구나 이 문제를 풀기 위해서는 국가뿐만 아니라 국가 안과 밖의 다양한 주인공들이 함께 노력해야 하는 현실 때문에 뒤늦게 세계정치적으로도 주목을 받게 되었다. 지구 차원에서 보면 1980년대의 오존층 보호를 위한 몬트리올의정서 체결이나, 1990년대의 기후변화협약의 교토의정서 체결 등이 대표적이다. 동아시아 지역 차원에서 보면, 산성비, 황사현상, 해양 오염 등의 문제가 등장하고 있다. 생태 균형 문제는 단순히 세대를 걸친 장기적 삶과 죽음의 문제가 아니라 현안 경제 문제로서 우리에게 다가와 있다.

생태 균형 무대는 다른 어느 무대보다도 자연과학적 지식을 기반으로 하고 있다. 21세기 최대 현안 생태 균형 문제인 기후변화도 예외는 아니다. 세계기상기구와 유엔환경프로그램이 1988년 공동으로 설립한 정부 간 기후변화패널Intergovernmental Panel on Climate Change은 기후변화협약의 체결과 이행 과정에서 관련 과학 지식의 객관적 평가를 통해서 핵심적 역할을 수행하고 있다(UNEP 2010; UNFCCC 2011).

21세기 세계정치에서 특히 중요한 무대는 군사, 경제, 지식, 문화, 생태균형 무대에서 벌어지는 다양한 이해 갈등을 최종적으로 조종하는 통치 무대다. 동아시아의 전통질서가 예를 기반으로 한 사대교린 질서였다고 하면, 구미 주도의 근대 국제정치는 일국 중심의 부국강병을 기반으로 한 국가이익의 추구였다. 21세기 세계정치는 그물망 국가들이 복합 무대에서 벌어지고 있는 다양한 이해의 갈등을 복합적으로 통치하기 시작했다(Commission on Global Governance 1995; 1999; Barnett and Duvaal 2005; Larner and Walters 2004).

20세기 냉전 무대에 이어 21세기 복합 정치무대에서도 여전히 주연을 맡고 있는 미국의 부시 행정부는 9·11 테러 이후 일차적으로 반대량살상무기 테러 외교를 진행했다. 동과 서의 이분법 냉전 외교가 반테러 적극 동참 세력, 비동참 세력, 동참 주저 세력의 삼분법 반테러 세계정치로 바뀐 것이다. 이와 함께 오바마 행정부는 21세기 세계질서의 정치적 주도권을 유지 강화하기 위한 지정학 외교를 전개하고 있다. 우선은 기존 동맹 외교의 유지 강화다. 유럽에서는 나토를 21세기 미국의 변환에 걸맞게 새로운 모습으로 꾸미고, 유럽연합과의 새로운 협력 관계를 전개하고 있다. 21세기 국제정치의 중심 무대가 되고 있는 아시아·태평양에서는 일본을 비롯해서 한국, 오스트레일리아, 동남아 국가들과 전통적 우호 관계를 유지하면서, 21세기의 새로운 변화에 유연하게 공동 대응할 수 있는 새로운 관계를 모색하고 있다. 다음으로 새로 부상하는 강대국인 중국, 인도, 러시아와의 관계를 비적대적으로 구축하기 위해 노력하고 있다. 그리고 복합 네트워크의 세기를 맞이해서 지역 협력 기구와 시민사회 세력을 그물망화하는 네트워크 외교를 강화한다, 한편 위기를 겪고 있는 세계 자본주의 질서의 지속 성장을 위해 무역과 금융질서의 재건축을 주도하는 경제 외교와 과거보다 폭넓은 공간을 담당하는 군사 배치를 하기 위한 군사 외교를 추진한다. 그리고 9·11 테러 이후 미국은 자유와 민주주의라는 가치체계의 지구적 확산을 통한 문화 무대의 이해 갈등을 해소하려는 시도를 하고 있다. 새롭게 부상하고 있는 생태균형 무대의 다양한 이해 갈등도 중요한 복합 조종의 대상이 되고 있다. 마지막으로 복합의 통치 무대는 정보기술혁명으로 비중이 급격하게 커지고 있는 지식 무대를 최대한 활용하여 21세기 4대 무대를 조종하려고 시도하고 있으며, 동시에 지식 무대 자체를 조종하려는 신중한 움직임을 보여 주고 있다(U.S. Department of State, 2010; 2011b).

21세기 세계무대의 기본 구조를 보면 안보, 경제, 문화, 생태 균형 무대의 중앙 상부에 정치무대가 자리 잡고 네 무대를 조종하는 모습을 하고 있다. 21세기에 정보기술혁명은 새롭게 네 무대와 중앙 상부 정치무대의 기반으로서 지식 무대를 선보이고 있다. 19세기 산업혁명이 경제력의 비중을 기하급수적으로 높였다면, 21세기 정보기술혁명은 지식력의 중요성을 예측하기 어려울 정도로 높이고 있다. 따라서 지식 무대의 경연은 전쟁을 방불케 하고 있다. 그리고 지식 무대가 다른 무대들에게 3중적으로 영향을 미치고 있다. 우선 안보, 번영, 문화, 생태 균형 무대가 지식을 기반으로 한 무대로 변환되는데 직접적 영향을 미치고 있다. 군사적으로 핵무기 대신에 정보 무기가 중요해지고 있으며, 경제적으로 지식 기반 경제의 중요성이 빠르게 증가하고 있으며, 지구 첨단기업이 되려면 지식경영은 필수적이다. 문화 무대에서도 사이버문화가 화려하게 개화하고 있으며, 생태 균형 무대는 지식 기반 없이는 무대 자체가 마련되기 어렵다. 다음으로는 중앙 상부의 정치무대가 네 개의 무대를 조종하는 과정에서 과거처럼 폭력이나 금력대신에 지식력을 활용하여 구조적인 영향력을 발휘하고 있다. 군사 정치와 경제 정치에 이어 지식 정치의 시대가 도래하고 있다. 마지막으로 디지털 기술혁명은 지식을 보다 새로운 방식으로 재구성하여 영향력을 강화하고 있다. 구체적으로는 21세기형 백과사전인 위키피디아가 보여 주는 세계 지식 축적의 무한대성, 아날로그 기술의 유사성을 넘어서는 디지털 기술의 현실성, 그리고 시공의 한계를 거의 완벽하게 극복한 편재성이 지식의 새로운 구성 가능성을 보여주고 있다.

21세기 세계질서 무대의 3중 복합화를 보다 가시적으로 쉽게 이해하려면 경주 불국사 다보탑의 비밀을 주목할 필요가 있다. 다보탑은 보통 탑이 아니다. 부처님의 진신사리眞身舍利를 모시기 위해 인도에 처음 탑이 세워진 이후 지난 2,500년 동안 지구상에 건축된 수많은 탑들 중에 가장 완벽하고 아름다운 작품이다. 탑을 바라보고 있으면 4각, 8각, 원의 모습들이 절묘하게 얽혀서 만들어 내는 복합 공간 속으로 빠져 들게 된다. 8세기 후반 통일신라의 장인들은 부처님의 나라인 불국사를 토함산 서편에 지으면서 법화경에 따라 석가여래의 탑인 석가탑과 다보여래의 탑인 다보탑을 쌓았다. 신라의 장인들은 『법화경』의 다보탑을 재현하기 위해서 인간이 상상할 수 있는 최고 경지의 복잡하고 아름다운 공간 구성의 탑을 쌓은 것이다. 그 결과 8세기 통일신라인들의 복합 공간 상상력의 꽃인 다보탑은 전 세계에서 가장 아름다운 탑으로 평가받고 있을 뿐만 아니라 세월을 넘어서서 21세기 세계무대의 3중 복합성을 형상화하는 데도 도움을 준다.

다보탑은 기단부, 탑신부, 상륜부로 나눠져 있다. 탑 전체를 든든하게 받치고 있는 기단부는 석가탑의 낮은 단층 모습과 대조적으로 높은 2층의 모습을 하고 있다. 상층 기단의 중앙과 네 귀퉁이에는 모두 5개의 장방형 석주石柱가 서 있다. 중앙의 석주는 목조건물의 심주心柱처럼 탑의 심장부인 탑신, 그리고 상륜과 직접 연결된다. 한편 네 귀퉁이의 네 석주 위에는 널찍한 방형의 갑석이 올려져 있다. 갑석 위에는 인간이 빚을 수 있는 아름다움의 절정을 보여 주는 3층 탑신부가 자리 잡고 있다. 탑신의 맨 위층 옥개석 위에는 불가에서 신성한 공간을 나타내는 상륜부가 올려져 있다[그림 1].

21세기 3중 복합 무대의 구조와 역학은 다보탑을

그림 1 다보탑

통해서 선명하게 형상화할 수 있다. 3중 무대 중에 맨 밑에 놓여 있는 지식 기반 무대는 다보탑의 기단부에 해당한다. 다음으로 안보, 번영, 문화, 생태균형의 네 무대는 다보탑의 네 석주 위에 놓여 있는 장방형의 네 귀퉁이와 맞춰 볼 수 있다. 그리고 중앙 상부의 복합 조종을 위한 정치무대는 다보탑의 중앙 석주와 연결된 탑신 및 상륜부와 짝지을 수 있다. 그리고 나면 다보탑의 기반부, 탑신부, 상륜부가 서로 3중적으로 복잡하게 얽혀 있는 모습에서 지식 기반 3중 복합 무대를 형상화해 볼 수 있다.

5. 21세기 연기의 변환: 늑대거미 다보탑 쌓기

주인공과 무대의 변환과 함께 연기의 내용도 바뀌고 있다. 21세기에도 여전히 주역의 위치를 유지하고 있는 국가는 과거와는 달리 안과 밖의 다양한 주인공들을 그물망으로 입체적으로 엮은 그물망 국가의 모습으로 과거의 예(禮)의 무대나, 부국강병의 무대보다 훨씬 복잡해진 지식 기반의 안보, 번영, 문화, 생태균형 그리고 정치의 복합무대에서 변환의 연기를 보여 주고 있다

21세기 변환 연기의 핵심은 국가 활동과 그물망 활동의 복합적 성격이다. 그물망 활동의 특징은 거미의 움직임을 유심히 관찰하면 쉽게 알 수 있다. 거미는 단중심, 다중심, 또는 거의 무중심으로 보일 만큼 수많은 그물코들을 입체적으로 연결하여 그물을 친 다음에, 완성한 그물망을 흐르는 물처럼 끊임없이 유동하면서, 그물망 모든 곳에 거의 동시에 존재하는 모습으로 움직인다[그림 2]. 21세기 정보기술혁명은 현실적으로 시간과 공간의 엄청난 축약을 가져다 줌으로써, 무대의 주인공이 거의 완벽한 거미 연기를 할 수 있도록 도와주고 있다. 한편 명실상부한 세계정부가 없는 지구 공간의 국가 활동은 여전히 늑대의 움직임을 크게 벗어나기 어렵다. 국가는 일국 중심으로 생존과 번영을 추구할 수밖에 없으며, 그러고도 부족하면 외세를 다양하게 활용하려는 노력을 하게 된다. 21세기 변환 연기는 늑대와 거미의 움직임을 동시에 품고 있다.

따라서 21세기 세계 역사 무대의 주인공들이 보여 주고 있는 가장 대표적 연기인 세계화도 이러한 양면성을 잘 보여 주고 있다. 21세기 인간의 삶의 공간이 확대되는 것을 바라보면서, 지구화론자는 인간의 삶의 기반이 비로소 국가 중심에서 지구 중심으로 확대되고 있다고 주장한다. 한편 반지구화론자는 인간의 삶의 기반은 여전히 국가이며, 19세기의 국제화와 마찬가지로 현재의 공간 확대 현상은 단순히 국가 활동의 지구적 확대를 의미한다고 주장한다. 또 하나의 반지구화론자는 인간의 삶의 기반은 계급이며, 현재의 지구화론은 세계자본주의체제의 명분론에 불과하다

그림 2 거미줄: 단중심, 다중심, 무중심의 그물망

고 말한다. 따라서 하나같이 보이는 지구는 사실상 계급으로 나눠져 있다는 것이다.

지구화론과 반지구화론의 이분법적 경직성을 극복할 것을 주장하는 복합론자는 21세기 인간의 삶의 공간을 전통적인 국가, 계급과 미래적인 지구의 복합 공간이라고 주장한다. 그러므로 정말 중요한 것은 국가냐 지구냐 또는 계급이냐 지구냐가 아니라, 국가·계급·지구가 어떤 모습으로 다양한 무대에서 복합화되는가를 밝히는 것이라고 지적하고 있다. 비유적으로 말하자면 늑대냐 거미냐가 중요한 것이 아니라 늑대와 거미를 복합화한 늑대거미의 연기 원칙을 찾아내는 것이다.

늑대거미의 복합 연기 내용은 결국 늑대 연기와 거미 연기의 복합 비율에 의해 좌우된다. 미국형 늑대거미는 50개 주의 연방국가로서 지식 기반 복합 무대에서 세계질서 주도국의 위상을 유지 또는 강화하기 위한 늑대의 연기를 계속하면서도 무대에서 지구 차원의 그물망 치기를 본격적으로 진행하고 있다. 한편 유럽형 늑대거미는 국민국가들 간의 늑대 연기와 유럽연합이라는 지역 국가의 그물망 치기를 함께 시도하고 있다. 한국·중국·일본 등의 동아시아 국가형 늑대거미는 구미에 비해서 뒤늦게 받아들인 늑대 연기를 본격적으로 시작하면서 지역 및 지구 차원의 그물망치기는 상대적으로 뒤늦다.

늑대거미는 늑대와 거미의 연기를 복합화하여 지식 기반 3중 복합 무대에서 다보탑 쌓기를 시도하게 된다. 미국형 늑대거미는 안보·번영·문화·생태 균형의 4각 상판 무대에서 주도권 경쟁을 계속하지만, 과거에 비해서 중앙 상부의 탑신과 상류부에서 복합 조종을 하는 정치무대를 중요시하고 있으며, 특히 모든 무대들의 기반 무대로 부상한 지식 무대에 가장 공을 들이고 있다. 한편 첨단기술 보유국이기는 하나 4각 상판 무대에서의 상대적 위상은 소국인 핀란드, 싱가포르, 뉴질랜드 등은 지식 기반 무대 최우선의 다보탑 쌓기를 시도해서 복합 조종의 통치 무대에서 자신의 역할을 확보하려는 노력을 하고 있다.

6. 맺음말: 21세기 한반도의 선택-매력 국가

21세기 세계의 주인공, 무대, 연기가 새로운 변환의 역사를 겪고 있다. 한반도가 뒤늦은 역사의 선택이라는 잘못을 반복한다면 한반도는 다시 한 번 21세기 세계무대에서 변방으로 밀려날 것이다. 복합화라는 변환의 세기에 중요한 주인공의 역할을 담당하려면 한국형 늑대거미 다보탑 쌓기에 성공해서 전 세계가 부러워하는 매력 국가를 건설해야 한다(하영선 2004; 2006a; 2006b; 2006c; 2008; 2010; 2011a; 2011b; 하영선·김상배 2006; 2010; 하영선·조동호 2010).

(1) 늑대거미의 네트워크 국가 건설

중국 중심의 천하 공간에서 우리 나름의 삶의 공간을 만들어 살아왔던 한국은 19세기 중반 구미 중심의 근대 국제질서와 만나면서 국민국가라는 새로운 삶의 공간을 마련해야 했다. 새로운 공간 마련에 실패한 한국은 결국 식민지 생활의 아픔을 겪어야 했다. 제2차 세계대전에 힘입어 한국은 부활의 해방 공간을 다시 맞이할 수 있는 기쁨을 누렸다. 그러나 해방의 기쁨은

잠시였고 국제 역량의 냉전화와 국내 역량의 분열 갈등 때문에 분단국가라는 현실에 머물러야 했다. 근대적인 의미에서 보자면 불구 국가인 분단국가는 20세기 중반 이래 지난 반세기 동안 부국강병 무대에서 치열한 국제경쟁을 해서 규모로 보자면 세계 10위권에 진입했다. 그러나 복합화의 변환을 겪고 있는 21세기 세계질서에서 한국이 지구적 위상을 유지하고 또 격상시키려면 네트워크 국가의 새로운 모습을 갖춰야 한다. 그러자면 한국형 늑대거미는 늑대처럼 다른 동물들과의 치열한 싸움 속에서 자기 생명과 먹이를 스스로 확보해야 하며 동시에 다음과 같은 5중 거미줄을 쳐야 한다.

21세기 매력 국가 건설을 위해 한국형 늑대거미는 우선 동아시아의 그물망을 제대로 짜야 한다. 21세기 동아시아 무대의 주연급 주인공과 떠오르는 새로운 주인공인 중국의 두개의 커다란 그물망 사이에서 한반도는 미·일 관계를 상대적으로 중시하되 중국을 동시에 품는 작은 그물망을 정교하게 쳐야 한다. 그 위에 동아시아 그물망을 조심스럽게 구상해야 한다. 유럽이 근대의 노년기를 맞이해서 비로소 유럽연합을 건설하고 있으나 아직까지 근대의 청춘기를 겪고 있는 동아시아는 상당한 기간 동안 협력과 함께 갈등의 만남을 벗어나기 어렵다. 따라서 닫힌 동아시아 중심보다는 열린 동아시아 그물망 짜기에 노력을 기울여야 한다.

21세기 네트워크 국가를 건설하기 위해서는 동아시아 그물망 짜기와 함께 한반도 통일의 그물망을 짜야 한다. 분단국가의 극복은 사실 21세기가 아닌 19세기 삶의 공간 확보를 위한 뒤늦은 노력이다. 역사의 지름길을 찾기는 어렵다. 그러나 21세기의 통일론은 더 이상 19세기의 통일론이 되어서는 안 된다. 19세기가 닫힌 통일론의 세기였다면 21세기는 열린 통일론의 세기다. 남과 북이 하나 되는 것一統은 안과 밖의 주인공과 모두 통하기 위한 것全統이라야 한다. 21세기의 시각에서 보면 닫힌 통일은 차라리 열린 분단보다도 못하다.

21세기 한국의 또 다른 핵심 과제는 세계화의 그물망 짜기다. 문제는 세계화냐 반세계화냐가 아니라 어떤 세계화냐다. 구미 일부에서 논의되는 소박한 의미의 지구화가 되어서는 안 된다. 동시에 단순한 국가이익의 지구적 확대라는 국제화나 세계 자본주의의 명분론이 되어서도 안 된다. 한반도 이익과 지구 이익을 동시에 충족시킬 수 있는 한국적 세계화의 모습을 갖춰야 한다.

동시에 사이버 공간의 그물망 짜기에 주목해야 한다. 인터넷이 1990년대에 접어들면서 본격적 대중화의 길에 들어서게 됨에 따라 사이버 공간은 폭발적 성장을 거듭하고 있다. 현실 공간에서 보자면 4대 국민 제국에 갇혀 있는 한반도가 현실 지정학적 제약을 해소해 나가려면 사이버 공간을 최대한 활용해야 한다.

마지막으로 나라 밖의 공간에 못지않게 나라 안의 공간 그물망 짜기가 중요하다. 21세기는 국가 공간의 전성 시기에서 국가·사회·개인 공간의 복합적 공존기로 변모를 겪고 있다. 따라서 21세기 한반도 통일국가는 국내의 다양한 정치사회 세력들과 개인까지도 그물망을 짜서 상이한 이해들을 정책결정 이후가 아닌 이전에 조종함으로써 다양한 세력들의 갈등을 최소화해야 한다. 동시에 국가 밖의 중요 국제 역량, 지역 그물망, 지구 그물망들을 촘촘하게 연결해서 그물망 국가를 완성해야 한다. 19세기가 일통一統의 시대라면, 21세기는 전통全統의 시대다.

(2) 지식 기반 복합국가의 다보탑 쌓기

예禮의 무대에 오랫동안 익숙했던 한국은 19세기 중반 강병과 부국의 새로운 무대에 올라가야 했다. 그러나 새로운 변신에 재빨리 성공하지 못하고 결국 무대에서 내려와야 했다. 한반도의 남과 북은 20세기 중반 뒤늦게 19세기의 밀린 숙제인 부국강병의 길을 걷기 시작했다. 지난 반세기의 노력은 한반도의 남북에 각기 다른 결과를 선물했다. 북한은 근대국가 건설의 발판을 마련하지 못하고 고난의 행군을 계속하고 있다. 21세기에 들어서서도 강성대국이라는 미완의 숙제 풀기에 어려움을 겪고 있다. 김정일 사망 이후 등장한 김정은 체제가 선군정치라는 유훈 통치를 계속하는 한 이러한 어려움은 더욱 심화될 것이다. 반면에 한국은 우여곡절을 겪으면서도 근대국가 건설에서 일정한 성과를 거뒀다. 21세기에 들어서서는 세계무대의 중심에 서는 꿈을 키우고 있다. 그러나 이 꿈을 현실화하기 위해서는 새로운 노력이 필요하다. 근대 문명의 상징이었던 부국강병의 전통 무대가 안보 번영의 무대로 새롭게 꾸며지고 있고, 지식·문화·생태 균형의 무대가 새롭게 등장하고 있다. 21세기 힘의 내용이 바뀌고 있는 것이다. 21세기에는 군사력과 경제력이 여전히 중요하지만 문화력, 그리고 생태 균형력이 새로운 힘의 구성 요소가 되고 있다. 이 네 힘을 정치력이 위에서 조종하는 한편 지식력이 모든 힘의 기반을 이루고 있다. 따라서 21세기 무대에서 제대로 살아남기 위해서는 군사·경제 대국에서 지식 기반 다보탑 복합국가로 새롭게 태어나야 한다.

한반도에 21세기 다보탑형 지식 기반 복합국가를 건설하기 위해서는 우선 21세기 한반도와 동아시아, 그리고 세계질서에 걸맞은 안보 번영 국가를 건설해야 한다. 한반도가 뒤늦게 통일의 숙제를 풀더라도 21세기 동아시아와 세계질서에 적절하게 대응하기 위해서는 소박한 평화 국가를 넘어선 방어적 안보국가를 구축해야 한다. 방어적 안보 국가는 국가 안보뿐만 아니라 지역 및 지구 안보와 개인 및 사회 안보를 동시에 품을 수 있어야 한다. 따라서 21세기 안보 국가 건설은 19세기형 자주국방이나 20세기형 협력적 자주국방의 발상으로는 불가능하다. 21세기에도 최소한의 자기보존 능력은 여전히 필요하지만 보다 중요한 것은 빠른 속도로 신용사회화 되고 있는 세계 군사 무대를 최대한 활용할 수 있어야 한다. 21세기 한미 군사 동맹도 이러한 새로운 안목에서 평가해야 한다. 이러한 탄탄한 안보 국가 위에 지구 번영과 국내 복지와 상충되지 않게 국민경제를 향상시킬 수 있는 번영 국가를 건설해야 한다. 특히, 국민소득을 선진국의 4만 달러 수준으로 높이려면 현재의 노사관계와 국제경쟁력을 전면적으로 개선해야 한다.

다음으로 문화 국가 건설이다. 지구 문화와 전통 문화를 성공적으로 복합하고, 우리의 행복한 삶을 위한 한반도 특유의 생각과 행동을 창조해서 남들이 표준을 삼을 수밖에 없는 국가를 건설하는 것이다. 최근 관심을 끌기 시작한 동아시아의 '한류 현상'은 21세기 아시아적 공감을 선도하는 수준의 초보적 홀리기 단계를 크게 벗어나고 있지 못하다. 이 홀리기를 보다 영구적이고 심층적인 수준으로 끌어올리려면 21세기 정보 컴퓨터 기술혁명의 장점을 최대한 활용한 공지(共知)와 공감의 세계적 기반위에서 한반도가 동아시아와 세계적 문제들을 선도적으로 풀어 나갈 수 있어야 한다. 이런 노력이 국가를 비롯한 복합적 차원에서 이루어져야 현재의 초보적 한국 매력론은 한 번 지나쳐 가는 물거품에 그치지 않고 본격적인 파도로서 전 지구적으로 펴져 나가게 될 것이다.

다보탑 복합국가의 네 번째 무대는 생태 균형 국가이다. 한반도가 당면하고 있는 환경 위험으로는 지구 차원의 기후변화, 종 다양성의 보존, 오존층의 파괴, 지역 차원의 산성비, 해양 오염, 황사현상, 국내 차원의 대기 및 수질 오염 등을 대표적으로 들 수 있다. 이러한 환경 위험들을 지구 환경 기구, 지역 환경 조직, 관련 당사국 행정부처, 시민환경단체들의 복합적 노력으로 모범적으로 풀어나갈 수 있는 선진 생태 균형 국가로 발돋움해야 한다.

다음으로 21세기 한반도 복합국가는 복합 통치 국가여야 한다. 미국·중국·일본·러시아라는 제국에 둘러싸인 비제국으로서의 분단 한국은 상대적으로 열세인 물리력을 극복하고 자신의 생존 번영을 입체적으로 추진할 수 있는 복합 통치 능력을 키워야 한다. 이를 위해서는 냉전 시대의 유물인 친외세와 반외세, 협력과 자주의 구시대적 이분법 발상을 하루 빨리 청산하고, 21세기 세계무대의 주인공들을 촘촘하고 또 넓게 엮어낼 수 있는 작은 그물망을 제대로 치고 첨단 지식 기반 통치를 국내외로 펴야 한다. 한국형 다보탑 쌓기는 중앙 상부의 통치 무대를 한국이 상대적으로 우위에 있는 지식 기반 무대와 중앙의 심주로 연결하여 4각 상판 무대를 전체적으로 다스려야 한다.

한반도 복합국가는 마지막으로 지식국가의 본격적 구축이 시급하다. 4각 상판 무대에서 한국의 상대적 위상과 한국의 첨단 정보기술 수준을 고려하면 한국형 다보탑 쌓기는 지식 기반 무대에 최우선적인 정성을 기울여야 한다. 이를 위해서는 첨단 정보기술의 전 사회적 기반 구축만으로는 부족하다. 이러한 기반 위에서 정부·학계·기업이 삼위일체가 되어 세계 지식 질서의 첨단을 집요하게 추적하고 주도해 보려는 지식 전쟁을 본격적으로 시작해야 한다. 이 전쟁의 성패가 21세기 한반도의 운명을 좌우할 것이다. 현재와 같이 대학의 세계 경쟁력보다는 국내 평준화가 우선하고 있는 교육 및 연구 제도로 세계 지식 강국을 꿈꾼다는 것은 허망한 기대다. 이러한 한계를 극복해서 전 세계의 새로운 표준으로 받아들여질 만큼 지식 기반 무대를 제대로 꾸밀 수 있다면 다음 단계로서 다보탑 4각 상판의 네 무대를 남들보다 앞서서 지식 기반화해야 하며 마지막으로는 지식 기반 무대와 지식화된 4각 상판 무대의 힘을 활용하여 중앙 상단에 있는 정치무대에서 새로운 자기 배역을 확보해야 한다.

이러한 한국형 네트워크 지식국가 구상이 한반도에서 구체적으로 현실화되기 위해서는 구상만으로는 부족하다. 이러한 구상을 현실화하려는 정치 주도 세력이 등장하여, 국내 정치·사회 역량을 결집하고, 국외 역량을 최대한 활용하면서 구상을 현실의 풍토 위에 뿌리 내리게 할 때 한국은 세계가 부러워하는 매력 국가로 새로 태어날 수 있다.

제1부

세계정치의 역사적 변환과 한국

우리나라는 남북한이 분열된 상태이기 때문에 국민국가 완성이란 근대적 국가 목표를 달성하지 못하고 있다. 동시에 세계 차원에서는 냉전이 끝났지만 우리나라는 냉전의 산물인 분단이란 질곡을 극복하지 못하고 있다. 게다가 지구화와 정보화로 대별되는 새로운 세계사의 흐름에 동참할 것을 요구받고 있다. 시간축으로 보면 우리는 19세기, 20세기, 그리고 21세기 국가과제를 동시에 해결해야 한다. 공간축으로 보면 우리는 지구, 동아시아, 그리고 한반도의 복합 공간 속에서 자율을 모색해야 하는 입장에 있다. 제1부에서는 서부 유럽에서 시작된 근대적 세계질서가 문명 표준의 자격으로 우리에게 다가와서 만나고 변환하는 과정에서 우리에게 어떠한 시대적 과제를 던져주고 있는가를 기술한다.

1

| 강상규 · 이혜정 |

근대 국제정치 질서와 한국의 만남

1. 머리말: 근대 서구 국제질서와 동아시아 **040**
2. 근대 국제정치 질서의 성격과 팽창 **042**
3. 근대 국제정치 질서와 전통적 중화 질서의 충돌 **052**
4. 근대 국제정치 질서와 한국의 동요 **057**
5. 세계대전과 근대 국제정치 질서의 변환 **062**
6. 맺음말 **069**

| 핵심 개념 |

갑신정변 Gapsin Coup / 국민·민족·인민 nation / 국민국가 nation state / 국제법 international law / 러일전쟁 Russo-Japanese War / 만국공법 law of all nations / 문명 표준 standard of civilization / 베스트팔렌체제 Westphalia System / 빈 회의 Congress of Vienna / 사대 serving the superior / 세계대전 world war / 세력균형 balance of power / 아편전쟁 Opium War / 유럽 협조 체제 Concert of Europe / 임오군란 military uprising of 1882 / 제국주의 imperialism / 조공·책봉 제도 tributary investiture system / 주권 sovereignty / 중화 질서 Chinese World Order / 집단안보 collective security / 청일전쟁 Sino-Japanese War

1 머리말: 근대 서구 국제질서와 동아시아

동북공정 문제와 독도 분쟁에서 보듯이 최근 한국과 중국, 일본 사이에서는 영토 분쟁이 중요한 현안으로 떠오르고 있다. 이들 동아시아 3국은 강과 산맥, 바다를 기준으로 국경선을 설정하고 있다. 이들 동아시아 3국뿐만 아니라 대부분의 국가들이 지표면을 국경선으로 삼고 있다. 하지만 국경선은 단순히 산맥이나 해안선 같은 물리적 경계만을 뜻하는 것이 아니다. 국경선은 영토를 기준으로 인간의 삶을 조직하는 정치적 구획이다. 세계지도는 한국·중국·일본과 같이 국가를 단위로 하는 국제질서의 지구적 제도화를 표상한다.

국경선이 단순한 물리적 경계가 아니라 정치적 구획을 뜻하게 된 것은 근대 세계질서가 등장하면서부터이다. 주권이란 영토에 대한 배타적이고 절대적인 지배권위이며 근대 이래로 주권을 지니는 국가에 의해 인류가 개별 주권국가의 국민으로 존재하게 된 것이다.

근대 이전의 인류 역사에서 보편적인 정치 질서는 문명권을 단위로 하는 제국과 제국 내에 존재하는 여러 형태의 정치체였다. 개인의 윤리에서부터 사회조직의 운영과 정치적 권위, 나아가 우주관까지 규율한 것은 유교·이슬람교·힌두교·기독교 등 종교의 가르침이었다. 제국의 중심을 지배하는 정치 세력은 문명의 중심으로서 주변의 정치 세력들을 위계적으로 복속시켰다. 제국 내에서 복수의 평등한 정치적 권위는 인정되지 않았다. 따라서 제국의 정치 영역 안은 문명의 영역이었고 그 밖은 야만의 영역이었다.

근대 시기에 전통적인 제국 질서는 주권이 강조되는 국제질서로 대체되었다. 국제질서로 대체되는 과정에서 역사의 주인공은 서구의 근대국가 modern state 였다. 여러 문명 권역으로 분리된 세계가 국경선으로 정연하게 구획된 세계로 변환되는 과정에서 서구의 근대국가는 항상 중심에 있었다. 근대국가는 서구의 안과 밖에서 치열한 군사적 경쟁을 통해 형성되었다는 점에서 군사국가였다. 또한 경제적 자원의 동원이 주요하다는 측면에서 경제국가였다. 이와 더불어 근대국가는 국내뿐 아니라 해외에서의 문제로 연결된다는 면에서 식민지 국가였다(이용희 1962). 근대국가의 발전은 서구 안에서 중세의 기독교 제국 질서를 해체시키는 한편, 서구 밖에서 기존의 제국들을 붕괴시키며 서구의 제국을 건설해 나갔다. 이에 따라 서구의 국가체제는 서구 주권국가들끼리의 관계는 물론 서구-비서구 관계를 차별적으로 규율하는 이원적 구조를 지니고 있었다. 즉 근대 서구 국제질서는 국제와 제국이 공존하는 형태였다(Jackson 1990, 54).

주목해야 할 점은 근대 이전 세계에 하나의 제국만 존재했던 것이 아니라는 사실이다. 지역적 규모의 여러 제국들이 공존했다. 이들 제국들은 대부분 위계적 제국 질서의 성격을 띠었다. 우리나라가 속해 있던 동아시아 지역도 중국을 중심으로 한 위계적인 제국 질서의 모습을 띠었다. 하지만 서구에서 진행되기 시작한 근대 세계질서는 위계질서의 성격과는 근본적으로 달랐다. 근대 세계질서는 대내적으로 절대적이고 대외적으로 평등한 주권을 지닌 국가들에 의해 형성되었다. 따라서 근대 세계질서는 국가 간 interstate 질서, 즉 국제 international 질서로 불린다. 현대 세계정치 질서에서도 이러한 국가 간 질서 혹은 국제질서의 특성이 강하게 유지되고 있는 것이다. 다음에 이어지는 제2장과 제3장에서 살펴보겠지만 1990년을 전후해서 해체된 냉전체제 이후의 질서를 보통 탈냉전 질서로 부른다. 탈냉전 질서는 근대 국제질서의 성격이 지속되는 동시에 변환되는 과정으로 파악된다. 우리나라를 중심으로 전개되는 동아시아 지역 질서도 이러한 국제질서의 기본 성격을 고려하지 않고서는 그 변환 과정을 정확하게 파악할 수 없는 것도 같은 맥락이다.

서부 유럽에서 등장한 근대국가와 국제질서는 제국 질서를 유지하고 있던 다른 지역으로 팽창했다. 서구의 해외 팽창은 15세기부터 시작되었지만 본격적인 팽창은 18세기 말부터였다. 그러나 18세기까지 서구의 팽창은 아메리카 대륙에 국한된 것으로 서구는 이슬람·인도·중국 등 기존의 주요 제국에 비해 열세였다. 이에 따라 세계사는 여전히 지역적 규모의 제국의 경쟁사를 벗어나지 못했다. 대항해시대 서구 제국주의의 기원 자체가 서구의 상대적인 힘의 열세를 반영한 것이었다. "콜럼버스가 서쪽으로 간 까닭은" 이슬람의 오스만투르크제국에 막혀 동쪽으로 갈 수 없었기 때문이다(이성형 2003). 동방의 부를 찾아 나선 서구의 모험가들은 아메리카 대륙에서 인디언을, 카리브해 연안에서 서인도제도를, 그리고 인도네시아 연안에서 동인도제도를 '발견'했다. 18세기까지 아시아에서 서구의 영향력은 동방무역 중개항의 연안에 국한된 것이었다. 동방무역의 주역은 여전히 이슬람과 중국 상인이었고, 세계경제의 중심은 중국이었다. 애덤 스미스Adam Smith는 『국부론』(1776)에서 중국이 서구의 그 어느 국가보다 부유하다고 지적했다. 1793년 청의 건륭제乾隆帝는 야만인의 상품이 필요하지 않다는 이유로 영국의 통상 확대 요구를 거부했다.

그러나 건륭제의 자신감은 오래가지 못했다. 아편전쟁Opium War의 첫 전투에서 영국은 두 척의 군함으로 29척에 이르는 황제의 선단을 격파했다. 1842년, 중국은 홍콩을 할양하고 광저우 등 5개의 치외법권 무역항을 개방하여 공항 상인의 무역 독점권을 폐지하는 난징조약을 체결했다. 18세기 말 이후 서구와 비서구세계의 힘이 역전되기 시작한 것이다. 산업화된 군사력은 서구 제국주의 확산의 직접적 수단이었고, 그 정당성은 근대 서구의 역사적 경험을 담은 문명 표준standard of civilization, 즉 서구 근대국가의 정치·경제체제와 이념이었다. 비서구세계의 과제는 서구 제국주의가 갖는 정치·경제·이념의 '삼중의 공격'에 대응하여 자신의 체제를 변환시키는 것이었다. 이는 서유럽 국가들이 겪은 것처럼 근대국가를 만들어 가는 것을 의미했다(Abernethy 2000, 12). 이 점에서 19세기 서구 제국주의는 20세기의 미소 냉전, 21세기의 지구화의 도전에 앞서는 세계정치 변환의 도전이었다.

주권국가 체제를 바탕으로 한 서구 제국주의의 '삼중의 공격'은 중국 중심의 동아시아 질서에서 살아온 조선에게는 치명적인 변환의 도전이었다. 서구의 19세기가 산업혁명과 프랑스대혁명의 양대 혁명으로 시작되었다면, 조선의 19세기는 신유박해로 시작되었다. 1801년 대왕대비 정순왕후가 내린 천주교 탄압령은 서구의 종교적·이념적 도전이 개인과 국가, 외교, 문명 세계의 윤리가 통합된 조선에게 제기하는 위협을 잘 보여 준다.

그러나 서구의 '삼중의 도전'은 시작일 뿐이었다. 아편전쟁으로 중국이 개항되었고, 미국의 페리Matthew Perry 제독에 의해 일본이 개항되었으며, 이양선이 조선의 근해에 출몰했다. 천주교가 서구의 이념적 도전을 상징한다면, 포경선과 군함을 포함한 이양선은 서구 제국주의의 경제적·군사적 도전을 상징한다. 아편전쟁 이전부터 조선 해안에 나타나기 시작한 이양선은 점차 그 출현 빈도가 늘어났다.

19세기 중반 병인양요(1866)와 신미양요(1871)를 통해 조선은 서구의 군사력과 직접 충돌하게 된다. 서로가 상대를 야만으로 규정한 이 두 차례의 문명 충돌에서 조선은 승리했다. 하지만 이 승리만으로는 조선이 서세동점을 거스르지 못했다. 조선의 지정학적 외벽인 중국과 일본이 이미 지구적 규모에서 구미 열강의 세력균형 속에 놓여 있었기 때문이다. 중국은 조공국의 자율성을 인정하는 전통적인 사대질서를 부정하고 조선에 대한 종주권 확보를 기획했고, 메이지유신 이후 서구적 근대화의 길을 선택한 일본은 조선과의 전통적인 교린 질서, 더 나아가 중화 질서 전반의 전복을 기획했다.

강화도조약(1876)을 통해 일본이 조선에서 중국의 종주권을 부정했지만 중국은 임오군란(1882)과 갑신정변(1884)을 계기로 조선에 대한 직접 지배를 강화했다. 이로 인해 중국과 일본은 대립하게 되었고 청일전쟁(1894~1895)으로 이어졌다. 하지만 중국과 일본의 대립은 러시아의 남하를 견제하기 위한 영국의 거문도 점령(1885~1887)이 상징하듯, 세계적 차원의 세력균형의 틀 안에서 이루어졌다. 영국이 거문도를 점령한 바로 그해인 1884년부터 시작해 1885년까지 계속된 베를린회의는 문명 표준의 이름으로 제국주의 열강의 아프리카 분할에 합의했다. 지역적·세계적 차원에서, 그리고 힘과 명분의 측면 모두에서 제국주의의 중층적인 압박은 조선의 독자적인 체제 변환의 가능성을 부정하고 있었던 것이다.

조선의 19세기가 신유박해로 시작되었다면, 그 끝은 갑오개혁(1894)과 광무개혁(1897)이었다. 중국 천하 질서의 문명 표준에서 천주교의 야만성을 통탄하고 경계하며 19세기를 시작한 조선이 복식에서부터 독자적 헌정 질서까지, 다시 말해 서구 문명의 습속과 제도를 개혁의 모델로 설정하며 19세기를 마감하고 있었던 것이다. 이는 결코 과소평가할 수 없는 변환의 노력이었다. 하지만, 불행히도 조선 국내 정치의 시간대는 지역 질서, 세계질서의 역사적 시간대와 일치하지 않았다. 일본은 영일동맹(1902)으로 세계적인 세력균형의 중추 세력이 되었으며, 러일전쟁(1904~1905)으로 근대적 군사력과 서구 국제 질서의 규범 체계(전쟁법) 수용을 증명하며 새로운 문명 제국의 일원으로 인정받았고, 이는 일본의 식민지로 전락하는 조선의 운명을 확정지었다.

이 장은 근대 국제정치 질서, 즉 서구 국제질서와 한국의 비극적인 만남을 역사적으로 재구성한다. 이 장에서는 천주교와 이양선의 배후에 있던 유럽 제국주의와 근대 국제질서의 성격, 이로 인한 동아시아의 전통적인 중화 질서의 붕괴와 패러다임의 변환, 그리고 조선의 비극적인 운명의 경로 등을 기술한다. 이를 설명하기 위해 19세기 한반도에서 살았던 사람들이 직면해야 했던 동서양의 폭력적인 만남의 배후에 어떠한 상황이 전개되고 있었는지를 살펴볼 것이다. 변화하는 국제정치의 역학관계 속에서 한반도가 어떠한 국제정치적 경험했는지 역사적 사건을 되돌아볼 것이다. 이어서 새로이 대두한 패러다임에 적절하게 대응하지 못하고 국권 상실로 이어졌던 19세기 한반도의 경험이 던져 주는 현재적 함의에 관해 살펴볼 것이다.

2. 근대 국제정치 질서의 성격과 팽창

(1) 근대국가의 발전: 영토·주권·국민

국제질서는 국가nation의 존재를 전제로 한다. 국가는 일반적으로 영토·주권·국민의 세 가지 요소로 정의되는데, 이는 서구 근대국가 발전의 역사적 경험을 압축한 명제이다. 근대국가의 발전으로 서구의 중세 질서는 근대국가 간의 경쟁적 공존을 바탕으로 하는 국제질서로 대체되었다. 서구 중세 질서의 특징은 보편적인 이념 체계와 중층적이고 분절적인 정치권력의 공존이었다. 전자를 대표하는 것은 양검론兩劍論이고, 후자를 대표하는 것은 봉건제이다. 양검론은 단일한 기독교 공동체였던 서구사회에서 종교적 권위는 교황에게, 세속적·정치적 권위는 황제에게 독점적으로 부여하는 사상이다. 봉건제는 토지(봉토)를 매개로 한 영주와 봉신의 정치적 충성 관계이다. 영주는 복수의 봉신을 지닐 수 있었으며 봉신 역시 복수의 영주를 섬길 수 있었다. 사법적 특권이 허용된 봉토의 세습이 가능했다. 그래서 봉건제는 정치권력의 분절화를 초래했다. 이로 인한 '봉건적 무정부 상태'에 자치도시의 특권까지 더해져 중세의 영토적 지배는 대단히 분절적이고 중층적이었다.

근대국가의 발전은 곧 중세 질서의 이원성(보편적 정당성 체계와 분절적 지배 구조)의 점진적인 해체 과정이었다. 이는 대략 15세기에서 19세기에 걸쳐 이루어졌다. 이러한 '세계사의 근대적 분열'의 시기는 산업혁명과 프랑스대혁명을 계기로 근대 전기와 근대 후기로 나눌 수 있다. 근대 전기는 절대군주의 주권이 확립된 시기이다. 근대 후기는 영토·주권·국민이 통합된 근대국가가 탄생하고, 근대국가들의 정치적 분립이 제도화되고, 지구적으로 확산된 시기이다.

〈참고 1-1〉 국민국가의 탄생

근대국가의 발전을 국가의 세 가지 요소를 중심으로 보면, 주권을 매개로 국가(state)와 국민/민족/인민(nation)이 통합되는 과정이다. 국가(state, Etat, Staat)의 어원은 이탈리아 자치도시의 행정과 치안을 담당하는 무사와 행정 전문가의 청부 세력을 의미하는 스타토(stato)이다. 스타토로서의 국가는 기독교 공동체의 보편적 이념이 아니라 영토적 지배의 힘에 의존하는 새로운 정치권력의 정당성 체계의 탄생을 의미한다. 스타토로서의 국가론은 마키아벨리의 『군주론』에서 출발하여 절대군주의 주권이론으로, 국가이성론을 통해 다시 자연인 절대군주가 아닌 국가의 본질적인 권리로 발전했다.

네이션(nation)은 문화적·역사적으로 정치 공동체를 구분하는 민족이라는 의미 이외에 성직자·귀족과 함께 신분제 의회에서 대표되는 소수의 특권층을 의미했다. 영토 내의 특권층을 의미하던 네이션이 국가·영토 내의 모든 인민을 의미하게 된 것은 프랑스대혁명을 통해서이다. 주권의 원천을 인민으로 천명하면서, 프랑스대혁명은 민족과 인민, 국민의 외연을 일치시켰다. 또한 18세기 계몽사상을 바탕으로 한 프랑스대혁명의 평등사상은 이성과 천부적 인권을 지니는 보편적 인류를 탄생시켰다.

〈참고 1-2〉 중세의 정치적 권위

중세 질서에서 정치적 권위의 기반은 기독교 공동체의 보편적이고 위계적인 이념이었다. 교회는 정치 이념의 원천이었을 뿐만 아니라 막대한 재산과 특권으로 그 자체가 하나의 정치조직이었다. 세속적 권위는 황제를 정점으로 위계적으로 구성된 영토적 지배 세력에게 위탁되었다. 이들의 권위는 봉건적 특권에 의해 제한되는 영토에 대한 점유권을 넘어서는, 독자적인 정당성 체계를 갖지 못했다. 중세 후기 로마법 전통의 부활로 로마제국의 명령권 개념이 도입되어, "국왕은 자신의 왕국에서는 황제이다"라는 법언으로 영토 군주의 권위가 정당화되기는 했다. 명령권은 법의 집행이 아니라 법의 제정 권리로서, 개별 정치 공동체 최고의 권위인 근대적 주권 개념에 상응하는 것이었다. 하지만 중세의 교회법과 관습법 체계는, 법은 발견되는 것이라는, 다시 말해 선험적으로 주어진 기독교 공동체의 보편적인 원리에 따른 것이라는 관념에 기반하고 있었다. 이에 따라, 명령권으로서 주권 개념이 정착되지 못하고, "국왕은 자신의 왕국에서는 황제이다"라는 법언은 기독교 공동체의 세속적 주인으로서 황제의 권위를 재확인하는 데 그쳤다(박상섭 2004: 102).

주권^{sovereignty, Souveränität, souveraineté}은 서구 근대국가의 발전에서 국가^{state}와 국민/민족/인민^{nation}을 하나로 묶는 사상적 고리였다. 주권은 대내적·대외적 특성을 지닌다. 대내적 주권은 영토에 대한 배타적이고 절대적인 지배의 권위이다. 대외적 주권은 복수의 (대내적) 주권의 독립성과 평등이다. 대내적 주권은 영토적 지배 세력의 부상을 정당화하는 기제로 작용했는데 서구에서 주권 사상은 이를 중심으로 발전했다. 핵심적 과제는 영토 군주의 지배를 정당화하는 동시에 그 자의적 지배를 제한하는 것이었다.

근대적 주권의 발전은 영토 군주 세력의 부상과 교권의 하락이란 현실적 힘의 관계를 배경으로 이루어졌다. 교권의 하락은 이미 중세 후기부터 시작되었다. 대표적인 예가 프랑스 국왕의 압력으로 교황청이 프랑스 아비뇽으로 이전하고 프랑스인이 교황으로 계속 선출되는 교황청의 아비뇽 유수(1305~1378)이다. 아비뇽 유수는 로마의 교황과 아비뇽의 교황으로 교황청이 분열된 교회의 대분열^{Great Schism, 1378~1417}로 이어졌다. 교회의 대분열이 정리된 것은 콘스탄츠공의회^{Council of Konstanz, 1414~1418}를 통해서이다. 이 회의는 프랑스·스페인·이탈리아 등을 대표하는 성직자들에 의해 주도된 것으로, 가톨릭교회의 종교회의가 아니라 세속 정치 세력들의 국제회의 성격을 지니고 있었다.

16세기 마르틴 루터^{Martin Luther}와 장 칼뱅^{Jean Calvin}이 주도한 개신교의 종교개혁은 교권의 하락을 가속화시켰으며, 서구 각국에서 종파적 갈등으로 인한 내란을 초래했다. 성서에 대한 개신교의 독자적인 해석은 기존의 교황의 권위를 부정하는 것이었다. 정치의 궁극적 권위가 종교인 상황에서 종파적 선택은 정치적 변혁이었기 때문이다. 특히 국왕과 봉건귀족의 종파적 대립은 신앙의 문제를 넘어 봉건귀족의 특권에 대한 정치적 위협의 문제였다. 국왕의 중앙집권화 노력이 봉건귀족의 강력한 저항에 직면한 프랑스에서는 가톨릭과 개신교의 내란(1562~1598)이 발발했다.

대내적 주권의 확립이 제기한 또 다른 문제는 영토 군주의 자의적 지배를 제한하는 것이었다. 이를 넓게 보면 주권이 궁극적으로 누구에게 속하는가 하는 주권의 원임자^{原任者} 문제였다. 물론 중세 질서에서는 모든 권위의 기반이 종교나 신이었다. 종교개혁 이후 교권의 쇠퇴로 주권의 원임자는 군주와 인민의 두 축으로 진행되었다. 근대 전기에는 주권의 원임자가 군주였다면 근대 후기에 이르면 주권의 원임자가 인민이라는 생각이 우세했다.

프랑스대혁명에서 잘 드러나듯이 주권의 원임자가 인민이라는 생각은 대중민주주의의 요구로 발전했다. 이는 기존의 정치 질서에 대한 도전이었다. 17세기 명예혁명 이후 군주에 대한 의회의 견제가 제도화되었던 영국에서도 차티스트운동이 제기한 대중민주주의의 요구는 심각한 정치적 위협을 가져왔다. 나폴레옹전쟁 이후 구체제가 복원된 유럽 대륙에서 대중민주주의의 요구는 민족주의의 열망과 결합되었다. 이에 따라 인민주권론의 제도화는, 유럽 대륙 전체를 뒤흔든 1848년의 혁명에서 나타나듯이, 기존 체제 전반의 혁명적 변화를 요구하는 것이었다.

서구 근대국가의 발전이 지니는 근대성은 제국 질서를 대체하는 주권 개념, 신분에서 해방된 보편적 인간의 정치적 기획으로서의 민주주의, 그리고 산업혁명을 통해 생산력의 자연적 한계를 극복하고 부의 생산과 분배에서 정치적 제한의 철폐를 요구하는 자본주의의 세 가지로 볼 수 있다. 15세기 이래 진행된 서구의 근대국가 건설 기획은 영토의 안팎에서 부단한 투쟁을 통해 이루어졌다. 국내 정치적 안정과 경제적 기반은 항상 국가 간 경쟁의 주요한 요소였다. 프랑스대혁명과 나폴레옹전쟁 이후, 즉 근대 후기에는 특히 민주주의와 자본주의를 안정적으로 제도화하는 근대국가 건설이 절대적 과제였으며, 서구 국가들 사이의 세력균형과 제국주의 경쟁의 결정적 기반이었다.

(2) 베스트팔렌조약: 역사·이론·이념

서구 안에서 영토주권에 바탕을 둔 국제질서가 형성된 기원은, 학계의 일반적 해석에 따르면, 30년 종교전쟁의 평화조약인 베스트팔렌조약 Treaty of Westphalia, 1648이다.

베스트팔렌조약에서 '정치권력이 종교를 결정'하고 '국왕은 영토 내에서는 황제'라는 원칙이 정해졌다. 또한 내정불간섭과 주권평등의 근대적인 영토주권 개념이 국제적으로 승인되었다. 신성로마제국 내부의 300여 개의 다양한 영토적 지배 세력이 독자적인 외교의 권한을 부여받았다. 베스트팔렌조약에 의해 서구 영토주권국가들이 형성되었으며, 이들의 공존은 이후 국제법과 세력균형을 통해 제도화되었다. 서구 국가들 간에만 적용되던 주권의 원칙이 보편화된 것은 20세기에 들어서서이다. 주권 원칙은 제2차 세계대전 이후의 탈식민화 과정에서 자결self-determination의 권리로서 식민지에 부여되었다.

베스트팔렌조약이 근대 국제질서의 기원이라는 것

〈참고 1-3〉 '국제'란 용어

국가 간의 관계를 의미하는 국제(international)란 용어는 프랑스대혁명이 일어난 1789년 벤담(Jeremy Bentham)의 저술에서 처음으로 사용되었다(Nussbaum 1954, 136). 단순히 영토 내의 거주민이었던 인민이 민족주의와 민주주의를 통해 국민으로 통합되는 것도 프랑스대혁명 이후의 일이다. 산업혁명과 프랑스대혁명의 양대 혁명은 영토·국민·주권을 통합하여 근대국가의 발전을 완성하는 역사적 계기였으며, 서구 제국주의의 전 지구적 확산을 가져온 원동력이었다.

〈참고 1-4〉 30년 전쟁과 베스트팔렌조약

30년 전쟁의 직접적 원인은 루터의 95개조 발표(1517) 이후 지속된 신성로마제국의 종파적 갈등이었다. 신성로마제국의 종교전쟁은 "정치권력이 종교를 결정한다"는 원칙을 천명한 아우크스부르크 평화회의(Peace of Augsburg, 1555)로 일단락되었다. 하지만 이는 구교와 개신교의 루터파만을 인정하고 칼뱅파는 인정하지 않은 불안정한 평화였고, 제국은 개신교 연합(Protestant Union, 1608)과 구교 연맹(Catholic League, 1609)으로 분열되어 갔다. 1617년 가톨릭 신념이 강한 합스부르크 가문의 페르디난트가 신성로마제국의 일부인 보헤미아의 국왕으로 선출되었다. 반종교개혁을 우려한 보헤미아의 칼뱅교도들이 1618년에 페르디난트의 폐위를 선언하고 개신교 연합의 칼뱅파 선제후를 국왕으로 선출하는 반란을 일으키면서 30년 전쟁이 시작되었다.

보헤미아의 반란은 신성로마제국의 황제-구교 동맹과 개신교 연합과의 내전으로 발전했고, 이후 스페인·덴마크·스웨덴·프랑스 등이 개입하면서 유럽 대륙의 전면적인 국제전으로 비화되었다. 이들 외부 세력의 개입은 종파적 대립보다 영토 군주들 간의 세력균형이 주요한 원인이었다. 전쟁 초기 신성로마제국의 황제와 구교 제후들이 보헤미아의 반란을 진압하고 덴마크의 개입을 물리치면서, 기존 제국 내의 종파적 분립 구조는 물론 같은 합스부르크 가문이 지배하는 신성로마제국과 스페인의 연합이 유럽 대륙 전체의 정치적 분립 구조를 위협했다. 합스부르크 가문의 연합은 특히 스페인과 신성로마제국 사이에 위치한 부르봉왕가의 프랑스의 이해관계와 직접적으로 충돌했다. 구교의 프랑스는 신성로마제국의 개신교 연합과 스페인에 맞서 독립전쟁을 치르던 네덜란드, 그리고 스웨덴의 개입을 지원했으며, 1635년 이후에는 신성로마제국 지역의 전쟁에 직접 개입했고, 1659년까지 스페인과의 전쟁을 계속했다.

베스트팔렌조약은 신성로마제국이 구교 세력과 맺은 뮌스터(Münster)조약과 신교 세력과 맺은 오스나브뤼크(Osnabrück)조약의 통칭이다. 그 내용은 크게 두 가지, 제국의 영토 변경과 헌정 질서로 나누어 볼 수 있다. 영토 변경과 관련된 주요한 내용은 스웨덴과 브란덴부르크(이후 프러시아)가 발트해 연안 지역을, 프랑스가 알자스 지역을 획득하고, 스위스와 네덜란드의 독립이 국제적으로 승인된 것이다. 제국의 헌정 질서와 관련해서는, 1555년의 아우크스부르크 평화회의의 "정치권력이 종교를 결정한다"는 원칙에 따라 현실적인 종파적 힘의 균형, 구체적으로는 칼뱅파의 종교적 자유를 인정한 점이 조약의 핵심이다. 30년 전쟁을 계기로 종교적 이념이나 신성로마제국의 존재가 서구의 정치적 분립을 위협할 수 있는 명분과 힘을 완전히 상실한 것이다. 이 점에서 베스트팔렌조약은 분명 서구의 중세와 근대를 구분하는 주요한 역사적 전환점의 하나이다.

에 대해서는 다양한 비판들이 존재한다. 우선 1648년을 서구 근대성의 기원으로 볼 수 있는가 하는 시기 구분의 문제에 대한 비판이 있다. 서구의 근대성을 주권·민주주의·자본주의로 본다면, 베스트팔렌조약은 근대 후기에 완성되는 민주주의, 자본주의와는 연관성이 없다. 대외적 주권의 원칙이 바텔[E. Vattel]의 국제법이론으로 확립된 것도 18세기의 일이다. 베스트팔렌조약의 핵심 원칙이 1555년 아우크스부르크 평화회의, 즉 기존 제국 질서의 복원이었다는 점 역시 베스트팔렌 기원론에 대한 비판의 근거이다. 제국을 구성하는 단위들의 독자적인 외교권은 제국의 안정을 해치지 않는다는 전제에서 이미 허용되었다. 신성로마제국의 해체는 1806년에야 이루어졌음을 고려하면, 1648년을 기점으로 서구의 역사를 양분하는 것은 무리이다. 베스트팔렌조약을 세력균형의 기원으로 보는 것에 대한 비판은 30년 전쟁의 핵심이 16세기의 최강국이었던 스페인에 대한 프랑스의 도전이었고, 베스트팔렌조약문 자체에는 세력균형에 대한 언급이 없다는 점에 주목한다. 스페인과 프랑스의 전쟁은 1648년 이후에도 지속되어 1659년, 스페인과 프랑스의 경계를 이베리아반도로 설정하는 피레네조약[Treaty of Pyrenees]에 의해서야 종식되었다. 서구 국제정치의 원칙으로서의 세력균형은 스페인왕위계승전쟁을 종식시키는 위트레흐트조약[Treaty of Utrecht, 1713]에서 처음으로 언급되었다(Osiander 1994).

베스트팔렌조약은 15세기에서 19세기에 걸친 서구의 중세에서 근대로의 점진적인 이행의 한 단계이다. 따라서 주권국가[sovereign state] 간 국제질서와 제국주의가 동시에 진행된 서구 국가 체제의 이원 구조의 맥락에서 이해되어야 한다(전재성 2004). 서구에서 국제법의 발전은 아메리카 대륙의 정복을 어떻게 정당화할 수 있는가 하는 서구 제국주의의 실천적 고민에서 출발한 것이었다. 아메리카 대륙의 귀금속과 아프리카의 노예무역의 이익은 서구의 자본주의와 근대국가 발전의 기반이었다. 서구는 비서구세계와의 관계 속에서 점진적이고 지속적인 자기 변환을 통해 '서구의 기적'을 이룰 수 있었다. 서구는 단순히 인류 보편의 근대성을 처음 체험한 주체도 아니고 착취적 제국주의의 악마적인 화신도 아니다. 서구 제국주의는 서구의 최상의 것과 최악의 것을 동시에 세계에 수출했기 때문이다.

(3) 세력균형과 빈체제

근대 국제정치 질서는 곧 서구 국제질서였다. 서구 국제질서의 이념적 기반은 주권 개념이고, 그 현실적 기반은 강대국들의 경쟁적 공존이었다. 서구의 정치적 분립은 강대국들의 세력균형[balance of power]에 의해 유지되었던 것이다. 절대왕정시대 서구의 정치적 분립을 위협한 것은 단일 왕가에 의한 강대국들의 통합 가능성이었다. 30년 전쟁은 신성로마제국과 스페인의 합스부르크 연합을 견제한 것이었다. 루이 14세가 시도한 부르봉왕가의 프랑스와 스페인 통합이 저지된 스페인왕위계승전쟁(1700~1713)을 통해서 세력균형이 서구 국제질서 운영의 원리로 확립되었다. 스페인의 쇠퇴는 서구의 해양 세력과 대륙 세력의 분립, 즉 서구 국가 체제의 이원 구조 전반에서의 정치적 분립을 상징한다. 17세기 이후 스페인의 제국주의 주도권은 네덜란드와 영국, 프랑스의 도전에 의해 쇠퇴했다. 유럽 대륙에서는 전통적인 강대국인 신성로마제국(실제로는 오스트리아)과 프랑스 이외에 프러시아와 러시아가 새로운 강대국으로 부상하여 세력균형을 이루었다.

18세기 서구의 국가 체제는 이들 강대국들의 '메이저 리그'에 의해 운영되었고, 그 핵심은 프랑스와 영국의 대립이었다(Kennedy 1987, 75). 프랑스는 대륙의 패권 확립과 해상 진출을 동시에 시도했다. 영국은 해외의 패권을 확립하고 프랑스를 견제하는 대륙의 세력균형을 유지하고자 했다. 양국의 대립은 중세 때부터 시작되었다. 양국의 대립이 서구 국가 체제의 핵심 축으로 등장한 것은 양국이 국내 정치적 안정을 이루고 강대국으로 부상한 이후이다. 16세기에 종교전쟁을 해결한 프랑스가 먼저 전형적인 절대왕정국가로 성장했다. 영국은 16세기 후반부터 해상 진출을 시작했지만 17세기 중반의 종교전쟁이 명예혁명(1688)으로 마무리된 이후에야 강대국으로 성장할 수 있었다.

양국의 근대적 대립은 루이 14세가 영국의 내전에 개입하고 영국을 침공하는 거점이 되는 북서 유럽(스페인령 네덜란드, 지금의 벨기에)으로의 영토 확장을 시도하면서 시작되었다. 윌리엄 3세$^{William\ of\ Orange}$는 네덜란드 총독으로서, 명예혁명 이후에는 메리 여왕$^{Queen\ Mary\ II\ of\ England}$과 함께 영국의 공동 국왕으로서, 네덜란드전쟁(1672~1678)과 9년전쟁(1688~1697)에서 루이 14세의 영토적 야심을 저지하는 유럽의 세력균형을 이끌었다. 이후 양국의 대립은 스페인왕위계승전쟁에서부터 오스트리아왕위계승전쟁(1740~1748), 7년전쟁(1756~1763), 그리고 프랑스대혁명 이후의 나폴레옹전쟁(1792~1815)에 이르기까지, 기존의 국제질서를 뒤흔드는 강대국들의 전면전의 핵심 축을 이루었다.

영국과 프랑스의 군사적 대결은 나폴레옹전쟁에서 절정에 달했다. 그 최종적인 승자는 영국이었다. 영국은 유럽 대륙의 세력균형을 유지하고 해외에서 패권을 확립하여 서구 국가 체제의 지구적 확산을 주도했다. 프랑스에 반대하는 동맹을 주도하면서, 영국은 스페인왕위계승전쟁에서 북미 대륙의 프랑스 식민지와 아메리카 대륙의 스페인 식민지에 대한 노예무역 권한을 획득했다. 7년전쟁에서는 북미 대륙과 서인도제도, 그리고 인도에서 프랑스와의 식민지 경쟁에서 승리했다. 나폴레옹전쟁을 통해서는 식민지 경쟁에서 서구 열강 전체를 제압했다.

나폴레옹전쟁의 현실적 승자는 영국이었지만, 이념적 승자는 프랑스였다. 나폴레옹전쟁은 프랑스대혁명의 이념을 전 유럽에 전파하고, 기존의 영토적 구획을 무너뜨렸다. 1799년 쿠데타를 통해서 권력을 장악한 나폴레옹은 민족주의 이념으로 무장한 국민군대의 힘으로 유럽 대륙을 정복하고, 위성국가들을 수립했다. 구체제로부터의 자유와 해방의 구호를 내건 나폴레옹의 군사적 정복은 프랑스 군대에 대항하는 인민의 게릴라 항쟁$^{partisan\ war}$이 상징하는 것처럼 자유주의의 이념적 모순을 지니고 있었다. 민족주의나 민주주의가 일국적 차원에서 제도화되면서, 프랑스대혁명의 이념은 인민의 국제적 연대가 아니라 국민국가 수립의 열망과 국민국가 간의 경쟁을 추동한 것이다.

유럽 대륙에서 나폴레옹의 군사적 승리는 그 경제적 기반에서도 취약성을 지니고 있었다. 영국과의 교역을 금지한 대륙체제는 영국과 프랑스의 상호 경제 봉쇄를 의미했다. 영국은 제국주의와 산업혁명으로 경제봉쇄를 극복한 반면, 프랑스는 정복 지역의 경제적 수탈에 의존해야 했다. 이념과 경제적 측면에서 모두 나폴레옹의 국민군대는 저항의 대상인 점령군이 된 것이다. 이러한 취약점에 군사적 과대 팽창이 더해서 유럽의 나폴레옹 제국은 몰락했다. 1812년 러시아 원정의 실패를 계기로 나폴레옹 군대의 힘은 쇠퇴하기 시작했고, 반프랑스 연합은 확산되어 갔다. 반프랑스 연합군은 1814년 3월 파리를 함락시킨 후 4월에는 나폴레옹을 폐위시키고, 5월에는 부르봉왕가를 복원했다.

프랑스의 패배는 영국·오스트리아·프로이센·러시아의 4대 강국 및 포르투갈·스페인·스웨덴이 프랑스와 체결한 1814년 5월의 제1차 파리조약으로 봉인되었다. 하지만 나폴레옹전쟁으로 유럽의 방대한 지역은 공인된 정치 지배 세력과 영토적 경계가 부재한 상태였다. 이를 해결하기 위해 유럽의 200여 개 정치집단의 대표가 오스트리아의 빈에서 1814년 9월에서 1815년 6월까지 국제회의를 가졌다.

빈회의$^{Congress\ of\ Vienna}$는 형식과 내용 측면에서 모두 철저하게 '메이저 리그' 강대국을 중심으로 운영되었다. 1815년 최종의정서가 채택될 때까지 전체 회의는 한 번도 소집되지 않았다. 빈조약의 협상은 메이저 리그 5대 강대국(영국·오스트리아·프로이센·러시아·프랑스)에 의해 주도되었다. 협상의 원칙은 나폴레옹전쟁 승리의 주역인 4대 강국이 파리를 함락시키기 직전에 비밀조약(쇼몽 조약Treaty of Chaumont, 1814. 3)을 통해 합의한 '정당한 세력균형'이었다(김용구 2006, 22). 정당한 세력균형의 평화는 단순히 프랑스의 유럽 제패를 예방하는 세력균형이 아니었다. 패전국 프랑스를 포함하는 강대국들 모두의 지위와 안전이 보장되는 평화를 의미했다. 그래서 빈회의는 강대국들 사이에 완충지대를 설정하고 강대국들의 이익을 보장하는 보상의 원리에 따라 영토를 교환했다. 프랑스에 대한 제재(경제적 보상과 외국군 주둔)는 1818년의 엑스라샤펠조약Treaty of Aix-la-Chapelle, 아헨조약에 의해 조속히 해제되었다. 빈회의에서 결정된 유럽의 영토 재편에 따라 19세기 중반 이탈리아와 독일 통일 이전까지 유럽의 세력균형이 유지되었다. 빈회의 이후 일련의 강대국 국제회의는 정당한 세력균형의 원칙에 따른 유럽 협조 체제 Concert of Europe를 구성했다. 이를 통해 외교관과 국제회의의 등급 및 형식에 관한 근대 외교가 제도화되었다.

빈회의 이후 제1차 세계대전까지는 서구의 메이저 리그 강대국들의 전면전이 부재한 '백년의 평화' 시기였다. 이는 서구 열강들의 전면전이 연속되었던 18세기와 확연히 대조를 이룬다. 백년의 평화의 이념적 기반은 물론 강대국들의 정당한 세력균형이었다. 18세기의 전면전은 유럽과 해외 식민지에서 강대국들의

〈참고 1-5〉 강대국 권력정치의 지정학과 재정 혁명

영국이 인구와 규모 면에서 자신보다 우월한 프랑스를 상대로 군사적 승리를 거둘 수 있었던 원인은 크게 두 가지, 즉 국내 정치·경제체제와 지리적 조건의 이점에 있었다. 프랑스의 팽창이 오스트리아, 프로이센, 러시아의 대륙 세력과 스페인, 네덜란드, 영국의 해양 세력에 의해 견제되었던 데 반해, 유럽의 외곽에 위치한 영국은 상대적으로 자유롭게 해양 세력으로 발전할 수 있었다. 영국의 지리적 조건은 세력균형의 지정학적 이점뿐 아니라 대항해시대 이래 지중해에서 대서양으로 무역의 중심이 이동하면서 지경학적 이점도 있었다. 영국은 이러한 지리적 이점에 상응하는 국내 정치·경제체제를 갖추고 있었다. 영국 의회의 정치 세력들은 상업화된 농업이나 해외무역을 경제적 기반으로 했으며, 주식회사·특허회사·중앙은행 등을 통해 영국은 해외 식민지무역을 확장하고 국가재정의 건전성을 확보할 수 있었다. 또한 18세기 후반부터 시작된 산업혁명은 영국의 경제력과 군사력을 한층 더 강화시켰다.

18세기 서구 열강의 전면전은 유럽뿐 아니라 해외 식민지 지역에서도 치러졌으며, 그 전비는 통상적인 국가재정으로는 감당할 수 없는 수준이었다. 근대적 재정과 금융 기제를 지닌 영국은 네덜란드 중심의 해외 자본을 싼 이자에 차입할 수 있었던 반면, 근대적 국가재정 기제를 갖추지 못한 프랑스에게는 연속된 전면전의 전비가 국가 재정의 치명적 압박이었다. 예들 들어, 1780년대 양국의 국가 부채 규모는 거의 비슷했지만, 이자상환액은 프랑스가 영국의 두 배였다. 정치·경제체제의 측면에서 프랑스에 대한 영국의 우위는 7년전쟁과 미국독립전쟁(1775~1783)으로 인한 프랑스 국가재정의 압박을 해소하기 위해 소집된 삼부회가 구체제 전반의 전복을 요구하는 프랑스대혁명으로 비화된 데서 극명하게 드러난다. 미국독립전쟁의 발단이 북미 식민지에 대한 영국의 조세정책이었음은 영국 역시 전면전의 재정 부담에서 자유롭지 못했음을 보여 준다. 하지만 미국독립전쟁에서 패배한 이후 영국은 미국 시장을 포함하는 해외 무역의 이익과 산업혁명의 진전으로 재정 위기를 극복하고 지속적인 경제성장을 이루었다.

영국의 해군력은 식민지와 해외무역의 이익을 보장하는 기제였고, 이러한 제국주의기제는 산업혁명의 기반이 되었으며, 산업혁명과 제국주의의 경제력은 다시 영국의 군사력을 강화하는 선순환을 이루었다. 프랑스와의 군사적 대결에서 영국의 해군력은 프랑스 본토와 식민지의 연계를 단절시켰고, 영국의 경제력은 유럽대륙에서 프랑스의 견제세력을 재정적으로 지원했다. 유럽대륙 전체를 정복한 나폴레옹전쟁에서도 프랑스는 해군력의 열세로 영국을 군사적으로 정복하거나 경제봉쇄(대륙체제)를 통해 굴복시킬 수 없었다. 오히려 프랑스의 유럽대륙 정복은 네덜란드나 스페인의 서인도제도 식민지를 영국에 선물하는 결과를 낳았다.

이익이 충돌한 결과, 즉 강대국들이 상대의 정당한 이익을 인정하지 않고 전쟁을 통해 이익의 충돌을 해결하려 한 결과였다. 이에 반해, 유럽 협조 체제는 강대국들의 협의에 의한 정당한 세력균형의 유지를 유럽 국제질서 운영의 원리로 제도화했다. 이러한 변화의 현실적 기반은 영국의 패권이었다. 영국은 서구 강대국들 간의 해외 식민지 경쟁에서 압도적인 우위를 차지했으며 세력균형의 가장 강력한 주창자였다. 빈조약의 정당한 세력균형은 유럽에 국한된 것이었다. 서구 국가 체제의 이원 구조, 서구 안의 국제질서와 서구 밖의 제국주의가 영국의 힘에 의해 분절된 것이다.

(4) 19세기 서구 제국주의

19세기 서구 강대국 간의 '백년의 평화'는 대항해시대 이래 서구 제국주의의 두 번째 확산의 시기이기도 했다. 유럽은 1800년에 세계 육지의 35퍼센트를 정복 또는 통제했다. 그 수치는 1878년에는 67퍼센트, 1914년에는 84퍼센트로 증가했다(Kennedy 1987, 150). 대항해시대 이래 19세기 이전의 서구 제국주의는 지리적으로 아메리카 대륙과 유라시아 대륙의 동방무역 항로 연안에 집중되었다. 이들 지역의 특징적인 서구 제국주의 형태는, 북미 대륙은 유럽 이주민의 정착, 중남미 대륙에서는 원주민과 아프리카 노예의 농장과 광산 노동, 유라시아 대륙의 연안에서는 특허회사(주로 영국, 네덜란드의 동인도회사)의 동방무역이었다. 아메리카 대륙에서 서구 제국주의는 기존의 정치권력을 말살시켰을 뿐 아니라 인구 구성 자체를 변화시켰다. 북미 대륙은 유럽 백인 정착민이 차지했고, 중남미 대륙은 유럽의 백인 이주민이 지배층을 이루는 가운데 원주민과 백인–원주민–아프리카인의 혼혈로 인구 구성이 변화되었다.

미국독립전쟁과 나폴레옹전쟁을 계기로 이루어진 아메리카 대륙의 탈식민화는 서구 제국주의의 정치 경제적·사회적 유제에서 크게 벗어나지 못한 상황이었다. 이와 대조적으로 19세기 이전 유라시아대륙 연안에서 유럽 특허회사의 동방무역은 기존의 이슬람·인도·중국의 지배구조 틀 안에서 토착세력의 허가를 얻어 이루어졌다. 동방무역의 핵심은 유럽이 아프리카의 노예와 아메리카의 은을 통해 중국의 사치품을 수입하는 것이었다. 기본 구조는 유럽을 매개로 아프리카–아메리카–유라시아의 특산품이 교환되는 수평적인 중개무역이었다.

19세기 서구 제국주의의 확산은 유라시아대륙과 아프리카 대륙에 집중되었다. 이전 시기와의 연속성은 북미 대륙은 물론 아프리카 일부와 호주, 뉴질랜드로의 유럽인의 해외 이주에서 두드러진다. 19세기 후반의 서구 열강에 의한 아프리카 대륙 전체의 식민지 분할도 대항해시대의 직접 통치에 의한 자원과 노동의 수탈이란 제국주의 형태의 재판으로 볼 수 있다. 19세기 서구 제국주의의 고유한 특징은 유라시아대륙의 기존 제국 질서를 해체하고, 기존의 수평적인 동방무역을 유럽의 공산품과 제3세계의 자원을 교환하는 수직적인 자본주의 세계경제의 틀로 재편한 것이다. 그 대표적인 예가 영국과 인도의 관계이다.

영국의 동인도회사는 이슬람 무굴제국의 쇠퇴를 배경으로 한 단순한 특허무역회사에서 군사와 행정 실무에 인도인(세포이)을 기용하는 실제적인 영토 지배 세력으로 성장했다. 또한 7년전쟁을 통해서 프랑스 동인도회사의 영향력을 제압했다. 산업혁명은 영국과 인도의 경제 관계를 역전시켰다. 이전에 면직물 완성품을 수출하던 인도는 영국에 면화를 수출하고 면직물 완성품을 수입하게 된다. 영국의 산업혁명이 인도의 탈산업화와 양국 경제 관계의 수직적 통합을 초래한 것이다. 인도는 또한 영국이 중국 제국으로 침투하는 기지이기도 했다. 인도의 아편은 영국이 19세기 초반까지 세계경제의 중심이던 중국과의 무역수지를 맞추는 수단이었다. 영국의 동인도회사는 미얀마 왕국과의 전쟁(1824~1826)에서 승리하면서 중국 천하 질서의 변방을 돌파했다. 이 전쟁은 산업혁명과 결합된 군사력을 통해서 유럽의 제국주의가 유라시아대륙으로 진출하는 역사적 서막이었다. 전쟁 초기 양곤에 주둔한 영국은 전염병으로 다수의 병력을 잃고 고전을 면치 못했지만 미얀마인들이 '불의 악마'라고 부른 세 척의 증기선 군함이 파견되면서 전세는 역전되었다.

19세기 중반은 영국의 힘이 절정에 달한 시기였다. 영국이 주도하는 서구 제국주의가 비서구의 기존 제국 질서를 해체하는 역사적 전환점이었다. 인도에서는 세포이 항쟁(1857~1859)을 계기로 영국의 직접적인 식민 통치가 시작되었다. 오스만투르크제국은 크림전쟁(1853~1856)을 계기로, 중국 제국은 아편전쟁 이후 불평등조약을 통해서 강대국들의 '정당한 세력 균형'에 의해 운영되는 주권국가 체제에 강제적으로 편입되었다. 아편전쟁 이후 중국은 영국의 전례를 따라, 그리고 최혜국대우 조항에 근거하여 미국·프랑스·러시아·독일 등 구미 열강이 요구하는 통상과 선교의 자유, 더 많은 치외법권의 조약항을 개방해야만 했다. 중국이 구미 열강의 요구를 충실히 이행하지 못하거나 거부할 때에는 1860년 영불 연합군에 의한 베이징 함락과 황제의 열하 도피 사례처럼 가혹하게 짓밟혔다. 1860년 이후 중국의 수도인 베이징에 서구 열강의 외교사절이 상주하기 시작했는데 이는 중국 천하 질서의 붕괴를 상징한다.

한편, 이 시기에 오스만투르크제국 역시 서구의 주권국가 체제에 편입되었다. 15세기에 동로마제국을 멸망시키고 17세기에는 중부 유럽에까지 영토를 확장했던 오스만투르크제국은 서구 국가 체제의 실제적 구성원이었다. 그 단적인 예로 프랑스는 오스만투르크제국과의 동맹을 통해 오스트리아를 견제하는 전략을 취했다. 하지만 오스만투르크제국과 서구의 관계는 서구의 근대적 외교 제도에 기반을 둔 것이 아니었다. 힘의 우위를 지닌 오스만투르크제국의 입장에서 서구와의 관계는 우월한 문명이 야만에게 베푸는 관용과 외교전략적 편의에 근거한 것이었다. 17세기 후반 이후 유럽과 오스만투르크제국의 힘의 관계는 역전되기 시작하여, 오스만투르크제국의 유럽 영토는 오스트리아와 러시아에 의해 잠식되었다. 오스만투르크제국의 지중해에서의 영향력 역시 나폴레옹의 이집트원정 이후 그리스의 독립, 이탈리아의 통일운동

〈참고 1-6〉 19세기 영국의 패권

영국과 유럽 대륙 강대국 간의 힘의 격차는 19세기 중반까지 압도적이었다. 또한 영국의 패권은 경제와 안보의 측면에서 국제적 공공재를 제공했다. 빈회의 이후 유럽 대륙에서는 구체제가 복구되었지만, 1830년과 1848년 유럽 대륙 전체의 혁명이 증명하듯, 유럽 대륙의 강대국들은 프랑스대혁명과 공산주의혁명의 '망령'에 시달렸다. 유럽 대륙이 민족주의와 민주주의, 그리고 계급혁명의 헌정 질서 실험장이 되어 있는 동안에, 영국에서는 산업혁명이 가속화되고 점진적인 정치 개혁이 진행되었다. 1760년에서 1830년 사이에 영국은 유럽 생산량 증가의 2/3를 견인했고, 세계 제조업 생산에서 영국이 차지하는 비중은 1.9%에서 9.5%로, 1860년에는 19.9%로 증가했다. 1860년의 에너지 소비량을 지표로 영국의 경제적 우세를 보면, 영국은 미국과 프로이센의 5배, 프랑스의 6배, 그리고 러시아의 155배의 경제력을 지니고 있었다. 영국은 산업혁명의 진전에 따른 노동계급의 정치적 도전을 점진적인 선거권 확대로 안정화시키고, 국내시장을 개방하는 자유무역정책을 통해 세계무역과 금융의 중심이 되었다. 19세기 중반 영국은 세계무역의 1/5, 제품 무역의 2/5를 차지했고, 세계 상선의 1/3이 영국 국적의 상선이었다(Kennedy 1987, 151). 19세기 중반 이후 산업혁명은 유럽 대륙과 미국으로 확산되었다. 이들 산업혁명의 주요한 원동력은 영국의 자본과 시장이었다. 후발 산업화 국가들은 영국 중심의 자본주의 세계 경제질서에 편입되었으며, 영국의 해군력은 영국의 안보를 넘어 자본주의 세계경제 전체의 안정을 담당하는 힘이었다.

으로 쇠퇴해 갔다. 그 배경은 지중해의 입구인 지브롤터를 획득한 이후 사이프러스 등 지중해의 전략적 지역을 통해 확산된 영국의 해군력이었다. 크림전쟁은 유라시아 대륙에서 해상으로 영향력의 확대를 시도하는 러시아와, 지중해와 유라시아대륙으로 영향력을 확대하던 영국의 군사적 충돌이었다. 영국이 중심이 된 연합군은 흑해를 통한 러시아의 남하를 저지하며 오스만투르크제국의 독립을 지켜 냈다. 파리조약으로 오스만투르크제국이 지불해야 했던 대가는 명목상으로는 서구 주권 개념의 인정, 실질적으로는 (전쟁 부채 상환의 조건이었던) 재정권의 상실이 중심이 된 주권의 제한이었다.

19세기 서구 제국주의 확산의 직접적 동력은 군사력이었다. 그 정당성은 주권을 명분으로 비서구 국가의 주권을 제한하거나 박탈하는 서구 문명 표준의 국제법 체계에 근거했다. 19세기 서구의 실증주의 국제법은 15세기 이래 서구 제국주의의 전통적 명분이었던 여행·통상·선교의 자유와 같은 기본권의 보호나 서구 국제질서의 관습을 자연법 질서의 권리로서가 아니라 문명국가의 실제적 능력의 조건, 즉 주권 인정의 조건으로 설정했다. 이에 따라 조약항에서 서구인의 재산권이나 치외법권을 지키지 못하는 국가는 무능하고 야만적인 국가로 규정되어 주권의 제한이나 박탈을 감수해야 했다. 내란이나 (서구 제국주의의 군사적 침략을 포함하여) 외부의 공격으로부터 자국민을 보호하지 못하는 국가도 서구 제국주의의 국제법에 의하면 주권을 부여받을 수 없었다. 조난 선박의 구호, 전쟁의 교전 수칙 등 서구 문명의 국제법 역시 주권 부여의 주요한 기준이었다. 외교 공관의 치외법권 준수나 국제회의의 참석, 근대 외교 관례의 준수도 문명국가의 기준이었다(Gong 1984).

기본권의 보호, 안정적 정치제도의 유지, 법치의 확립, 근대 외교 제도의 준수라는 문명 표준의 설정은 결국 서구 근대국가의 역사적 발전이 반영된 것이다. 여기에 복식·습속·직업·삶의 양식 등 대단히 모호한 기준까지 포함하는 문명 표준은 서구 문명의 역사적 경험과 '편견'의 집합으로, 실제적으로는 서구 제국주의 지배의 법적 도구였다. 이러한 문명 표준의 국제법이 지니고 있던 두 가지 주요한 문제는 비서구 문명국가 승인의 문제와 반문명, 야만국가의 법인격의 문제였다. 미국과 일본은 비서구 국가로서 19세기 후반의 근대화 능력, 더 구체적으로는 제국주의 전쟁의 능력을 인정받아 문명국가로 편입된 사례이다. 반문명, 야만국가의 법인격이 문제가 된 이유는 이들 국가가 문명국가, 즉 서구 제국주의 국가들과 맺은 불평등 조약, 주권 할양 조약이 인정되어야 하기 때문이었다. 아프리카 식민 분할을 다룬 1884~1885년의 베를린회의는 이 두 가지 문제에서 모두 역사적인, 서구 제국주의의 집단적 위선을 극적으로 보여 주는 회의였다. 베를린회의는 미국이 참여하여 자신의 문명국가의 위상에 대한 국제적 승인을 받는 계기가 되었다. 베를린회의는 토착세력과의 조약을 근거로 한 벨기에의 콩고분지 식민지화, 좀 더 일반적으로 말하면, 정치적 독립을 포기하는 야만의 법인격을 승인했고, 서구 열강의 협력적인 아프리카 식민지 분할 원칙에 합의했다. 1815년의 빈회의가 서구 안에서 주권국가들의 협력을 제도화했다면, 베를린회의는 서구 밖에서 주권을 명분으로 주권을 박탈하는 서구 제국주의의 집단적 위선을 제도화한 셈이었다.

3. 근대 국제정치 질서와 전통적 중화 질서의 충돌

(1) 전통적 중화 질서의 특징

한반도가 속해 있는 동아시아 지역은 오랜 세월에 걸쳐 역사적으로 고유한 정치적·사회적 경험과 문명의식, 가치관 등의 문화적 부분을 공유해 왔다. 흔히 중화中華 질서 혹은 천하天下 질서 등으로 지칭되는 동아시아 지역을 구성해 온 문명 질서는 서구 근대 국제 질서와는 대단히 다른 성격을 견지하고 있었다.

전통적 중화 질서는 유교적 사유체계 위에 성립되었다. 유교적 사유체계는 기본적으로 현세 지향적이다. 그리고 인간이 만들어 가는 현실 세계의 여러 '관계'와 그 관계 속에서의 '인간'에 초점을 맞춘다. 그러므로 유교는 안으로 자기완성을 지향하는 수기지학修己之學, 곧 윤리학이면서, 밖으로는 타인과의 관계에서 질서를 도모하는 치인지학治人之學, 즉 정치학으로서의 성격을 갖는다. 따라서 수기와 치인 양자 간에 조화로운 통일, 곧 '정치의 윤리적 승화'를 현실 세계에서 구현하는 것은 유교적 사유체계의 가장 근본적인 문제의식을 이룬다고 할 수 있다. 이러한 유교적 사유체계에 의하면 국가는 개인의 정체성을 형성하는 데 있어 절대적인 의미를 갖기 어렵다. 바꿔 말하면 국가 중심적 사유체계가 생성되기는 어렵다. 왜냐하면 유교는 기본적으로 개인과 다양한 공동체 간의 상호 균형적이고 순환적인 조화를 강조하기 때문이며 극단적인 형태의 개인주의나 가족주의, 국가주의나 세계주의가 용납되기 어려운 사유체계를 보여 주고 있기 때문이다. 따라서 천하 질서에서 국가라고 하는 것은 현실적으로는 주요한 행위자actor로서 용인되면서도 이념적으로는 근대 국제질서의 행위 주체인 주권국가처럼 강고한 배타적 실재로서 인식될 수 없었다.

전통적인 중화 질서의 국가 간 관계에서 사대나 사대자소事大字小(큰 것을 섬기고 작은 것을 품어준다) 혹은 일시동인一視同仁(편벽되지 않게 모든 이들을 한결같은 어진 마음으로 돌본다)의 원리가 강조되었던 것도 이처럼 예의를 중시하는 중화 질서의 성격에서 비롯된 것이었다. 한반도의 대외관계 원리가 흔히 '사대교린事大交隣'으로 표현되었던 것이나 중화 질서 내부에 근대 국제질서처럼 외교를 전담하는 부서가 없고 사실상의 외교 업무를 중국의 예부禮部나 조선의 예조禮曹가 담당한 것도 이러한 이유에서였다. 중화 질서의 이념은 현실 정치 공간에서 군사적 기반에 의해 지탱될 수 있었던 것임에도 불구하고 기본적으로는 문화주의적 성격이 강한 것이었다. 거기에서는 예치禮治나 덕치德治라고 부르는 보편적인 통치 이념이 추구되고 있었고, 이러한 통치 이념에 기초한 천하 관념이 중화 밖 세계의 이질적 요소를 포섭하고 있었다.

조공朝貢과 책봉册封은 중화 질서를 지속시키는 주요한 제도였다. 주변국은 정해진 때에 문명과 문화의 중심으로 간주되는 중국에 조공을 바쳤다. 이에 대해 중국은 우수한 문물과 아울러 문명 표준을 제공하며 주변국의 군주를 책봉하는 예를 갖추었다. 이러한 제도는 대체로 중국과 주변국 양측 모두에게 정치적 권위와 체제의 정당성을 강화시켜 주는 효과를 발휘했을 뿐만 아니라, 일정한 한계 내에서 국가 간의 교역 관계를 가능케 하는 기능을 했다. 중화 세계를 지탱하는 위계 제도와 격식을 존중하는 한, 중국으로서도 사소한 문제는 현실적으로 크게 문제 삼으려 하지 않았다. 물론 그만큼 중화 질서 내부에는 불가피하게 주변부의 인식과 현실 간에 괴리가 발생할 소지가 항시적으로 존재했다. 그러한 긴장 요소가 실제로 여러 차례에 걸쳐 물리적인 충돌로 표출되기도 했지만 장기적으로는 예적(禮的)인 질서 이념 하에 끊임없이 해소될 수 있었다.

(2) 아편전쟁과 동아시아 문명 표준의 역전

19세기 중화 질서는 근대 국제질서라는 상이한 대외 질서 관념과 마주하게 된다. 전통적 중화 질서는 전 세계로 팽창하기 시작한 유럽 열강에 의해 동요하기 시작해 서서히 무너져 내렸다. 중화 질서 와해의 본격적인 신호탄이 된 것은 아편전쟁이었다.

19세기 청나라와 영국 사이의 무역은 불공정무역이었다. 중국에서 영국으로 수출된 홍차(black tea)는 영국 상류층을 중심으로 널리 보급되었다. 홍차는 인기가 좋아서 서민들도 마실 정도로 사랑을 받았다. 이에 비해 영국에서 중국으로 수출된 영국산 면제품은 별로 인기가 없었다. 이미 중국도 옷감을 만드는 기술을 보유하고 있었고 품질도 더 좋았다. 영국이 중국과 교역할 수 있는 무역항도 광저우 한 곳뿐이었다. 이러한 상황을 타개하기 위해 영국 상인들이 생각해 낸 무역적자 해소 방법이 아편 무역이었다. 영국 상인들은 중국 하층민을 대상으로 아편 장사를 시작했고, 아편은 중독성 때문에 쉽게 퍼져 나갔다. 청나라는 아편을 단속했고, 마약상들은 당시 자그마한 섬이었던 홍콩으로 철수해야 했다. 그러자 영국은 무역항을 확대한다는 명분으로 청나라를 상대로 전쟁을 일으켰다. 아시아에서 유럽 열강이 팽창하는 과정에서 영국이 아편을 팽창의 도구로 삼은 것은 서구 근대 국제질서의 몰윤리성을 드러낸 것이었다.

아편전쟁은 서세동점으로 일컬어지는 서구 제국주의의 물리적 공세가 시작되는 신호탄이 되었다는 점에서 세계사적 의미를 지닌 사건이었다. 그리고 장구한 역사 위에 구축된 중화 질서의 관점에서 보더라도 금후 나타나게 되는 거대한 변환의 양상을 예고하는 획기적인 사건이었다. 아편전쟁으로 인해 체결한 난징조약(1842)은 서구 제국과의 불평등조약의 원형이 되었고, 이후 거듭되는 전쟁의 결과로 톈진조약(1858)과 베이징조약(1860) 등이 이어지면서 중국이 '조약 체제'라는 '새로운 국가 간의 교제 및 교섭 방식'에 따라 서양 제국과 접하게 되는 구체적인 계기가 되었다.

상황이 여기에 이르자 중국은 외국과의 문제에 대한 책임의 소재를 분명히 하기 위해 대외관계를 관장하는 기구의 필요성을 절감했고, 1861년 1월에 중국 최초의 외교 전담 기구인 총리아문이 탄생했다. 그런데 이렇게 탄생된 총리아문은 조약 관계를 맺은 국가들과의 관계만을 담당했고, 기존의 조공국들과의 관계는 여전히 예부의 관할 하에 놓여 있었다는 사실에 주목할 필요가 있다. 즉 총리아문의 발족은 기존의 중화 질서 권역 내에 조약 관계가 명실공히 등장하는 것을 의미하는 동시에 중화 질서와 근대 국제질서라는 두 개의 상이한 패러다임과 이를 구성하는 관념이 동아시아 지역에서 앞으로 어떤 식으로든 경쟁하게 될 것임을 시사해 주는 의미심장한 변화였다.

서구의 국제질서와 전통적 중화 질서의 만남은 동아시아 지역에서 문명 표준의 역전 현상을 가져 왔다. 서구 근대 국제질서 원리가 적용되는 지리적 공간은 원래 유럽에 국한되어 있었다. 유럽 기독교 문명의 소산으로서, 기독교 문명권 내의 국제관계를 규율하려는 의도에서 형성되어 가던 국제법이 다른 문명권 국가와 접촉하는 과정에서 처음에 유럽 문명국만을 국제법의 주체로 상정하고 있었던 것은 '유럽 문명의 세계 지배'라는 역사적 상황에서 빚어진 것이었다. 기독교 문명국 간의 논리가 형식적으로 상호 간의 권리·의무 관계 이행이라는 '상호주의'에 입각하여 이루어진 것인 만큼, 유럽 문명국과 이질적인 문명국 간의 관계는 흔히 법적 무질서의 상태로 인식되곤 했다. 왜냐하면 이질적인 문명이란 하나의 문명 표준에 의

거해서 보면 대개 '야만'으로 간주되는 경향을 보이기 때문이다. 예컨대 '미개인'에 대해 전쟁법의 효력이 발생할 수 없다는 것도 이러한 상호주의 논리에 근거한 것이라고 할 수 있다. 유럽의 국제법이 비유럽 문명권으로 확대되는 과정에서 미합중국의 탄생은 유럽 기독교 문명의 계승자로서 특별히 유럽 국가의 지리적 확대로 간주되었다. 형식적으로는 기독교라는 종교적인 요소가 분리되어 나가고 대신 국제사회 Family of Nations 의 일원, 즉 국제법적으로는 국제법적 주체가 될 수 있는 요건으로서 '문명'civilization 이라는 자격 요건이 요구되었다.

이 과정에서 비서구권 국가들은 서구의 문명 표준에서 요구하는 여러 조건을 갖추었다고 판단되기 전까지는 국제법의 영역 밖에 놓이게 되었다. '문명의 신성한 의무'sacred trust of civilization 라는 미명하에 서구 문명국가의 '보호' 대상으로 전락하기 십상이었다. 동아시아 국가들이 구미 국가와 맺은 조약이 하나같이 일방적인 불평등조약이었던 것은 기본적으로 이러한 문명적 요소의 미비라는 명분에 의한 것이었다(강상규 2006, 93–94). 이러한 의미에서 기독교 문명국가의 비

서구권에 대한 포섭 과정은 스스로를 보편이자 문명 표준으로 인식해 가는 과정인 동시에 그것을 비서구권에게 인식시켜 가는 과정이기도 했다. 그리고 이것은 중화 문명권의 관점에서 보면 문명 표준이 완전히 역전되는 것을 의미했다.

19세기 동서 문명이 대면하는 현장은 물리적 폭력과 갈등을 수반하고 있었고, 그 어지러운 현장의 한복판에는 서양 국가와의 조약 체결이라는 문제가 어김없이 얽혀 있었다. 이러한 상황에서 1864년 중국의 총리아문의 부설 기관인 동문관同文館에서 헨리 휘튼Henry Wheaton 의 국제법 서적이 『만국공법萬國公法』으로 번역되어 출간된 것은 특별히 주목할 만하다. 왜냐하면 주권국가라는 새로운 국가 형식과 함께 조약 체제treaty system 라는 새로운 국가 간 교제 및 교섭 방식 등을 다루고 있다는 점에서 『만국공법』은 서구와의 대규모 물리적 충돌과 그에 따른 불평등조약의 체결이라는 새로운 위기 상황의 접점에 놓여 있었기 때문이다. 동시에 『만국공법』은 동아시아에 대두되고 있던 국가 간 관계의 새로운 패러다임이자 새로운 문명의 문법을 표상하는 것이었기 때문이다.

〈참고 1-7〉 만국공법과 국제법

'만국공법'이란 중국에 와 있던 선교사 마틴(William Alexander Parsons Martin, 丁韙良)이 미국의 국제법학자 헨리 휘튼의 국제법 서적 "The Elements of International Law"를 번역하여 『만국공법』이라는 책으로 출간(1864)하는 과정에서 한자 문명권에 처음 등장한 용어이다. 이후 이 용어는 동아시아 지역에서 반세기 남짓 생명력을 유지하고 사용되었다. 한편 만국공법이라는 용어 대신에 국제법이라는 용어를 가장 먼저 사용한 인물은 일본의 미즈쿠리 린쇼(箕作麟祥)였다. 국제법이라는 용어는 1873년 처음 사용된 이래 1881년 도쿄대학교에 국제법학과를 설치한 후 서서히 정착되는 과정을 밟아가게 된다.

대외적인 독립(independence)을 가장 중요한 특징의 하나로 간주하는 근대적 의미의 주권(sovereignty)이라는 개념은 유럽 기독교 문명권에서 중세 질서가 해체되는 과정에서 생겨나기 시작한 독특한 국가 간 관계를 배경으로 17세기를 전후해서 발명된 개념이다. 그런데 한자 문명권에서 오늘날 사용되는 주권이라는 새로운 개념이 처음 등장한 것이 바로 휘튼의 『만국공법』이었음을 기억해 둘 필요가 있다. 이 점은 『만국공법』이 근대적인 서구 국제질서의 행위 주체인 주권국가의 권리와 규범 등을 다루는 국제법 서적이었다는 사실을 상기해 보면 분명히 이해할 수 있을 것이다. 이처럼 만국공법은 주권국가라는 '새로운 국가 형식'과 함께 조약 체제라는 '새로운 국가 간의 교제 및 교섭 방식' 등을 다루고 있다는 점에서 동아시아에 대두되고 있는 국가 간 관계의 새로운 패러다임이자 새로운 문명의 문법을 표상하는 것이기도 했다.

(3) 만국공법과 중국, 일본의 대응

19세기 흔히 서세동점으로 집약되는 거대한 변화의 과정이란 동아시아 지역에서 전통적 중화 질서가 현실적으로 붕괴되고, 서구의 근대 국제질서로 재편되어 가는 과정이었다. 한·중·일 동아시아 3국은 이 과정에서 부국강병과 국가평등 관념에 입각한 근대 국제질서로 동아시아 세계를 구성하는 패러다임의 변동을 겪어야 했다. 이것은 동아시아 국가 간 관계의 패러다임이 중화 질서하의 조공·책봉 관계에서 근대 국제질서의 수평적이고 독립적인 즉, 무정부적인 관계로 변환하는 것을 의미했다.

동아시아 3국 어느 나라에서도 이처럼 기존 질서의 전복이라고 부를 만한 거대한 변화가 쉽게 이루어질 수는 없었다. 동아시아의 문명사적 전환기라고 부를 만한 당시의 거대한 변화의 내용을 제대로 파악하거나 예측하는 것 자체가 일단 너무나도 어려운 문제였기 때문이다. 더욱이 현실 정치 공간에서 새로운 비전을 만들어 내면서 국내외의 다중적인 압력과 심리적 혹은 정치적 저항을 극복한다는 것은 난해한 작업이었기 때문이다. 동아시아 지역에 나타난 서구의 충격에 대해 각국이 처한 외압의 성격이나 강도, 타이밍의 차이 등에 따라 충격의 객관적인 여파가 다르게 나타날 수밖에 없었다.

중국은 서구 국제사회의 문명 표준을 적극적으로 수용하기 어려운 근본적인 어려움을 안고 있었다. 요컨대 대내적인 최고성과 배타적인 독립성을 기본 특징으로 하는 '주권'이라는 개념과 이른바 '국가평등 관념'에 근거한 '주권국가'라는 행위자를 전제로 한 새로운 패러다임을 중국이 그대로 수용한다는 것은 정치적 관점에서 보면 기존의 중화 질서의 해체를 의미한다는 데에 근본적인 딜레마가 놓여 있었다.

게다가 만국공법으로 표상되는 서구의 문명 표준을 전면적으로 수용한다는 것은 중국이 지금까지 중화 문명권에서 문명 표준을 제공하던 입장에서 유럽 문명권의 문명 표준에 의해 스스로를 재편해야 하는 입장으로 전락하는 것을 뜻했다. 이는 중화 문명권의 문명 표준이 완전히 역전되었음을 스스로 인정하는 것을 의미하는 것이기도 했다(강상규 2007, 43-47). 이러한 사태는 이민족들에 의해 수차례 정복당하면서도 수천 년간 문명의 중심을 견지해 왔다고 믿어 왔던 중국인들에게는 그 유례를 찾아볼 수 없는 역사적 단절이자 스스로의 정체성의 근간을 뒤흔드는 상황이 아닐 수 없었다. 따라서 중국 스스로가 세계의 중심이라는 의식을 버리고 수많은 나라 중의 한 나라라는 인식의 전환을 적극적으로 수용하기 전까지는, 중국이 만국공법으로 대변되는 근대 국제질서에 본격적으로 동참하기는 어려울 수밖에 없었던 것이다.

일본에서는 서세동점이 진행되는 와중에 나타난 강렬한 외세 배척의 기운과 강력한 리더십에 대한 열망에 힘입어 천황을 구심점으로 하는 새로운 메이지 정부가 탄생했다. 이후 메이지 신정부는 여러 저항에도 불구하고 폐번치현廢藩置縣을 비롯한 일련의 개혁 조치를 단행했다. 일본 열도에 분산되어 있던 정치적 권력을 해체하고 명실공히 중앙집권적인 국가 체제를 형성하게 되었다. 일본은 이처럼 내정 개혁을 추진하는 한편 만국공법에 근거한 국가 간의 신의와 평등 관념에 입각해서 불평등조약의 개정을 지속적으로 추진했다. 그러나 일본 정부는 조약 개정 운동의 한계를 절감하게 된다. 그 중요한 계기가 된 것이 바로 이와쿠라 사절단의 구미 시찰이라는 사건이었다. 1871년 후반부터 거의 2년간 이루어진 이와쿠라 도모미岩倉具視를 특명전권대사로 한 대규모 사절단의 구미 제국 시찰은 근대적 산업 시설과 금융 제도, 정치제도, 군대, 교육 등 다방면에 걸친 것이었다. 조약 개정 교섭에 실패한 일행은 제국주의 전야의 유럽 국제정치를 견문하고 문명의 양면성에 대한 인식을 확고히 하게 되었다. 이와쿠라 사절단은 만국공법이 약소국에게는 어떠한 역할도 하기 어려우며, 국가의 자주적 권리를 잃지 않으려면 애국심을 고양시키고 국력을 진흥시켜 실력으로 국권을 보전하지 않으면 안 된다는 인식을 갖게 되었다. 일본의 비전은 소국이라는 관념에서 대국 지향으로 새롭게 설정되었다.

이후 소위 '정한론'을 둘러싸고 메이지 정부 내의 갈등이 치열했던 시기에 귀국한 이와쿠라 도모미는 천황 앞으로 보낸 의견서(1873. 10)에서 "조약 개정이야말로 국권을 회복하기 위한 메이지유신 이래의 기본 과제이며, 이를 달성하려면 국정의 정비에 힘쓰고 문명 진보의 길에 매진하는 것이 가장 시급하며, 조선 문제는 국력을 충실히 한 후에 해결해도 늦지 않다"고 단언했다. 또한 사절단에 참여한 세력들이 확고하게 내정 문제에 우선순위를 두고 반대파를 축출하게 되는데, 이러한 과정은 일본의 '새로운 비전'에 기반을 둔 것이었다.

일본의 위정자들은 일본이 만국공법으로 상징되는 새로운 국제질서의 명실상부한 행위 주체가 되는 것을 확고한 국가 목표로 인식하게 되었다. 문명을 오로지 힘과의 관련성에서 이해하게 된 것이다. 이러한 노골적인 권력관계를 뒷받침하는 배경에는 '개화의 등급'으로 표현된 '문명 대 야만'의 세계관이 자리 잡고 있었다. 따라서 국권론國權論적 성격을 띤 부국강병과 문명개화의 요청이 자연스레 부상하게 되었다.

한편 서구의 문명 표준에 눈뜨지 못한 아시아의 일원이라는 일본인들의 열등의식은 개화에 무관심한 조선이나 중국에 대한 멸시와 혐오의 감정으로 나타나게 된다(강상규 2007, 91–94). 중화 문명권의 문명 표준이 역전되면서 대규모의 국제정치적 지각변동이 뒤를 잇기 시작하였다.

〈참고 1–8〉 이와쿠라 사절단과 정한론

이와쿠라 사절단의 목적은 크게 불평등조약의 개정 교섭과 구미 제도 및 문물 시찰의 두 가지였다. 그러나 사절단은 최초로 방문한 미국에서 조약 개정 교섭이 현실적으로 불가능하다는 것을 깨닫고, 구미 제국 시찰에 전념하게 된다. 사절단에는 이와쿠라 도모미를 비롯하여, 오쿠보 도시미치(大久保利通), 기도 타카요시(木戶孝允), 이토 히로부미(伊藤博文) 등 메이지 시대의 거물들이 대거 참여하였다. 이들은 근대 서구의 국제질서가 평등하다는 것은 명분에 불과하며, 약육강식과 만국대치(萬國對峙)가 실제 상황에 보다 가깝다고 인식하게 되었다.

한편 정한론은 1873년을 전후해서 일본 정국을 들끓게 했다. 이는 메이지 정부의 일련의 중앙집권화 조치로 인해 실직하게 된 수많은 무사 계급의 불만을 외부로 돌리기 위한 성격이 강했다. 이를 두고 이와쿠라 사절단을 중심으로 한 내치파와 정한파 간에 대립이 벌어졌는데, 이때 쟁점이 된 것은 조선을 치는 시기를 언제로 할 것인가 하는 문제였으며 조선 침략 자체에 대해서는 대체로 일치된 견해를 보였다.

4. 근대 국제정치 질서와 한국의 동요

(1) 동아시아 국제관계의 변동과 '조선 문제'의 부상

동아시아 삼국의 국제관계의 변동은 동아시아 외부 요인인 아편전쟁에서 시작되었고, 동아시아 삼국 내부의 관계 변동은 메이지 유신이라는 일본 국내의 정치변동을 기점으로 본격화되었다. 일본 메이지 신정부가 조선과의 양국 관계를 개편하려는 방침을 결정하고 이를 조선 측에 전달하는 과정에서부터 그 변동의 조짐은 드러났다. 일본 측이 지참한 국서에는 예의를 중시하던 기존의 교린 관계에서 엄격하게 통용되던 방식을 크게 수정하는 내용이 담겨 있었다. 조선 측에서는 이러한 변경이 지금까지의 방식과는 다른 것인 만큼 수용할 수 없다고 하여 이를 거부했다. 조선은 교린 관계가 작동하기 어려워진 시대적 맥락을 제대로 인식하지 못한 채 기존 중화 질서의 패러다임에 입각해 상황에 대처했다. 반면 일본은 새로운 패러다임을 임의로 해석하여 자신의 논리를 막무가내로 과도하게 밀어붙였다고 할 수 있다. 결국 양국의 입장은 합일점을 찾지 못하고 평행선을 달리게 되었다. 이는 양국 간의 깊은 갈등의 씨앗이 되었다(김용구 2001, 148-163). 이 사건은 얼마 후 일본에서 정한론이 비등하게 되는 하나의 중요한 빌미가 되었다. 또한 조선에서는 일본과 서양 오랑캐가 한통속이라는 '왜양일체론'倭洋一體論의 이미지가 형성되는 중요한 계기가 되었다.

반면 일본과 중국의 관계는 외형상으로는 비교적 순탄하게 새로운 패러다임으로 전환되는 듯했다. 이를 보여 주는 것이 바로 1871년 9월 중일 양국 간의 수호조약(청일수호조규) 체결이었다. 이것은 중화 문명권 내부의 국가 간 관계가 기존의 패러다임과는 분명히 다른 형식으로 전개될 것임을 가시적으로 보여 준 사건이었다. 양국 간의 조약 체결은 별다른 문제를 야기하지 않고 원만히 진행되었다. 청대清代 이후 동아시아 질서에서 조선은 중국과 사대 관계, 일본과는 교린 관계로 이어져 있었던 반면, 중국은 일본과 공식적인 관계를 맺지 않고 있었으며 양국은 일본의 나가사키長崎에 체류하던 중국 상인을 통한 사적인 통상 관계만 맺고 있었다. 즉, 일본은 교린 관계에 있던 조선과 중국 및 일본 양국에 조공을 바치는 류큐琉球왕국(지금의 일본 오키나와현)을 매개로 하여 중화 질서의 주변부에 존재하고 있었다. 그러므로 조·일 양국 간에는 교린 관계의 제도나 관례가 엄격히 확립되어 있어 이를 해체하는 것이 어려웠다. 반면 중일 양국 간에는 기존의 심리적이고 문화적인 틀 외에는 어떠한 제도적 구속도 존재하지 않았고 더욱이 양국 모두 서구 열강과 이미 조약 관계를 맺고 있었다. 따라서 중일 양국 관계는 현실적 필요에 의한 조약 관계라는 새로운 방식의 교섭이 조·일 관계에 비해 상대적으로 쉽게 가능했던 것이다.

청과 일본 양국 관계의 갈등 조짐은 중·일 양국에 조공을 바치던 류큐왕국의 위상 설정에서부터 불거지기 시작했다. 1871년 11월 대만에 표류한 류큐인들이 대만 현지인들에게 살해되는 이른바 대만사건이 발생했다. 일본 정부는 이 사건을 빌미 삼아 류큐왕국을 일본에 전적으로 귀속시키려는 결정을 내렸다. 1874년 5월 일본은 대만 출병을 강행하고 중국과의 외교담판을 통해 류큐왕국에 대해 중국과의 조공 및 책봉 관계를 정지시키고 일본 연호의 사용 등 일본의 제도를 수용하도록 조치를 취했다. 류큐왕국을 사실상 일본으로 귀속시키는 행위였다.

이 과정에서 일본 정국은 1873년 정한론 논쟁을 치렀고, 1875년에는 운요호雲揚號를 보내 이른바 '강화도사건'을 일으켰다. 이를 빌미로 일본은 조선과의 조약을 위협적으로 추진하게 된다. 1876년 2월, 조선과 일본 양국 간의 조약 체결은 흥선대원군이 권력에서 물러나고 고종의 실질적인 친정이 시작(1873. 11)된 지 대략 2년 후에 이루어진 일이었다. 양국의 조약 체결은 조선 내부의 정치적·사상적 모색이 있었음에도 불구하고 포함외교砲艦外交, gunboat diplomacy를 모방한 일본 측의 강제를 계기로 하여 성립함으로써 향후 양국 관계가 순탄치 못할 것임을 예고하고 있었다. 무력을 앞세운 일본의 강압적인 태도는 조선의 위정자와 지식인에게 강한 거부감을 불러일으켰다. 일본과의 조약을 추진한 국왕을 비롯한 정치 세력에 대한 비판이 고조되었고 조약 추진의 정치적 명분을 찾기 어렵게 되었다.

강화도조약(조일수호조규)에서 일본 측은 제1조에 "조선은 자주국가自主之邦로서 일본과 평등한 권리를 보유한다"는 내용을 넣었다. 조선과 새로운 패러다임에 기초한 관계를 수립할 토대를 놓음으로써 조선에 대한 중국 측의 종주권 주장을 사전에 봉쇄하려 했다. 반면 조선 정부는 강화도조약을 통해 조선이 국제적으로 고립되는 정국을 타개하는 한편 기존의 일본과의 우의를 다시 회복하고 돈독하게 한다는 의미로 받아들였다. 강화도조약은 사대교린의 외교를 펼치던 조선이 외국과 맺은 최초의 근대적 조약인 동시에 최초의 불평등조약이었다. 조약의 체결은 좋든 싫든 조선이 새로운 패러다임에 입각한 국제관계에 비로소 한쪽 발을 들여놓게 되었음을 의미하는 역사적인 사건이었다.

1879년 일본은 류큐를 완전히 병합했다. 1870년대에 나타난 청일수호조규, 일본 내부의 정한론 논쟁, 조일수호조규, 류큐 문제의 대두와 일본의 일방적인 병합 등 일련의 사건은 동아시아의 정치변동이 본격적으로 시작되었으며, 중화 질서의 주변부에 위치하던 일본이 이러한 정치변동을 주도할 것임을 시사하는 것이었다. 그리고 그것은 일본의 근대국가 형성 과정이 단순히 하나의 독립된 민족국가의 탄생을 의미하는 것이 아니라 제국 건설의 형태를 띠고 배타적이면서도 팽창적으로 진행될 수 있음을 예고하는 것이기도 했다.

한편 전쟁과 내란 등으로 국내외의 위기에 몰려 있던 중국은 1860년대 이래 '자강'自强의 기치 아래 양무운동을 전개하면서 전통적인 방식대로 조선의 내정과 외교에는 불간섭의 입장을 취하고 있었다. 하지만 1870년대 이래 중국은 러시아와 이리伊犁 문제, 프랑스와 월남 문제, 일본과 류큐 및 조선 문제로 긴장 관계에 놓이게 되었다. 이러한 와중에 일본 측이 류큐를 사실상 병합하면서 나타난 중국의 위기감 심화는 조선에 대한 간섭과 압박의 심화, 즉 기존의 전통적인 조중 관계의 변질로 나타날 조짐을 보이고 있었다.

조선 문제가 동아시아의 핵심적인 이슈로 부상하게 된 것은 조선의 국내 정세가 중요한 계기가 되었기 때문이다. 그중에서도 특히 중요한 사건은 구식 군인에 대한 차별을 계기로 발생한 임오군란(1882. 6)과 급진 개화파가 주도한 갑신정변(1884. 10)이었다. 임오군란이 일어나자 중국은 조선에 군대를 파병하여 이를 진압하고 대원군을 중국으로 압송해 갔다. 중국은 이를 계기로 조선에 군대를 주둔시키고 조청상민수륙무역장정(1882. 10)의 체결을 강요함으로써 조선에 대한 압박을 강화해 나갔으며, 이로 인해 전통적인 조중 관계는 심하게 변질되어 가기 시작한다.

중국의 지배 책동에 대항하여 김옥균·박영효 등이 일으킨 사건이 갑신정변이었다. 이들은 청불전쟁으로 인해 중국이 조선 문제에 전념할 수 없는 대외 정세와 일본의 적극적인 조선 정책 추진을 활용하여 거사를 성공시키고, 개혁을 본격적으로 추진하려 했다. 갑신정변은 국내적으로는 조정 내의 전통주의자들과 온건개화 세력에 대한 급진개화파의 권력 투쟁의 양상을 띠고 있었다. 그리고 대외적으로는 전통주의자 및 온건개화 세력의 배후였던 중국과, 급진개화파의 후원자였던 일본의 분규 형태로 확대되어 나타났다. 결국 반청·자주·개혁의 이름으로 추진된 갑신정변의 실패는 급진개화파의 정치적 퇴장이라는 의미를 넘어 조선의 새로운 질서의 모색과 개혁의 노력이 대내외적인 압박 속에서 사실상 수포로 돌아가게 하는 결과를 낳았다.

여기서 발단한 중일 양국 간의 분쟁은 톈진조약의 체결(1885. 4)로 일단락되었다. 하지만 계속해서 벌어진 영국의 거문도 점령(1885. 5~1887. 2)으로 세계적인 차원에서 전개되던 영국과 러시아의 정치적 이해관계가 한반도에서 직접적으로 충돌하게 되었다. 한편으로는 당시 조선에 대한 내정간섭을 집요하게 추진하던 원세개袁世凱에 의해 조선 국왕 고종의 폐위가 기도되는 상황이 연출되기도 했다. 이처럼 조선은 대체로 류큐 병합을 기점으로 하여 점차 제국주의 시대의 3중적 압박(구미 열강–중국–일본) 하에 놓이게 되었다.

1880년대 후반부터 청일전쟁 발발 전까지는 조선에 대한 중국의 지배가 압도적으로 우월했다. 영·러·일 간의 이해관계가 교착상태에 이르러 조선을 둘러싼 열강의 대립과 갈등은 상대적으로 소강상태에 있었다. 이러한 상황은 청일전쟁을 통해 와해된다. 청일전쟁은 일본과의 조약 체결 이래 한반도에서 팽창하려는 일본 세력과 이를 저지하고 조선을 실질적인

〈참고 1-9〉 이홍장의 서신

일본의 류큐병합(1879. 4) 직후 중국의 실력자인 북양대신 이홍장은 조선 측의 고위관리에게 보내온 서신을 통해 동아시아 질서가 급격하게 변용되고 있다는 것과 아울러 조선이 취해야 할 방책을 제시했다. 그것은 요컨대 "조선이 오늘과 같은 역사상 초유의 위기 상황에서 살아남으려면 부국강병을 추구할 필요가 있다. 그런데 문화를 숭상하는 반면 재력(財力)이 부족한 조선으로서는 갑자기 부국강병을 추구한다는 것이 사실상 어렵다. 따라서 우선 조선은 황급히 구미 제국과 조약을 맺어 만국공법과 외세를 활용하지 않으면 안 된다. 그런 다음 통상도 하고 군사력도 정비해 가면서 일본이나 러시아의 위협으로부터 안전을 도모해야 한다. 조선은 정사를 스스로 주관하는 나라이므로 중국이 이처럼 중대한 문제에 관여할 수 있는 입장은 아니다. 하지만 중국과 조선은 한 가족과 같은 사이이고, 조선의 안전은 곧 중국의 안전과 직결되므로 이렇게 계책을 권유한다"(『승정원일기』 고종 16년 7월 9일자)는 내용으로 되어 있다.

〈참고 1-10〉 황준헌의 『조선책략』

1880년 2차 수신사로 김홍집이 일본을 방문했을 때, 중국 측 외교관인 황준헌이 작성해서 건네준 『조선책략』 역시 앞서 소개한 이홍장의 서신과 구체적인 내용에 있어서는 다소 차이가 있지만 기본적인 문제의식과 해법은 동일한 맥락에 있었다. 이 책의 요지는 대체로 다음과 같다. "세계의 형세는 과거 전국시대의 군웅할거의 상황으로도 견줄 수 없을 만큼 불안하다. 그런데 이러한 상황에서 동양에 가장 직접적으로 위협이 되고 있는 것은 조선도 근래에 영토를 마주하게 된 러시아의 남진이라는 사태이다. 게다가 조선이 지정학적으로 전략적 요충지여서 '조선을 소유하면 아시아의 전 형세가 자기 손아귀에 들어가기' 때문에 조선은 열강의 관심의 초점이 되지 않을 수 없다. 따라서 조선으로서는 마땅히 시세에 따라 친(親)중국, 결(結)일본, 연(聯)미국이라는 기본 전략하에 자강(自强)의 방도를 찾아야 한다."

종속국으로 삼으려는 중국의 대립이 구체적인 전쟁으로 비화된 사건이었다. 아울러 제국 일본의 승리에 의해 동아시아에서 중화 질서가 사실상 완전히 붕괴하게 되는 역사적 사건이었다. 청일전쟁을 통해 중화 문명권의 문명 표준은 무너졌으며, 동아시아는 약육강식이란 정글의 법칙, 힘의 원리가 지배하는 세계로 전환되었다. 그리고 그 중심에는 중국이 아닌 신생 제국 일본이 우뚝 섰다. 제국 일본은 청일전쟁의 승리를 통해 전쟁에 열광하게 되었고, 중국은 열강에 의해 본격적으로 분할되는 운명에 놓였다.

(2) 조선의 대응과 막혀 버린 '선택의 깔때기'

19세기 근대 국제질서와의 만남에서 조선은 서양 세력과 크게 두 차례 충돌했다. 병인양요(1866)와 신미양요(1871)가 그것이었다. 두 사건 모두 서세동점의 상황에서 서로를 야만으로 간주하던 행위자들이 서로 소통하지 못하고 폭력적으로 대면하는 과정에서 빚어진 사태로서 그 충격의 여파는 결코 작지 않았다. 대원군의 리더십과 독려 속에 치러진 서양 열강과의 싸움에서 조선이 중국이나 일본의 경우와는 달리 스스로를 방어할 수 있었다는 사실은 국가적 차원의 자신감과 일체감을 불러일으켰고 외세를 격퇴시켰다는 승리감에 온 나라가 도취했다. 하지만 당시 대원군이 추진한 천주교 박해, 척화비 건립 등의 일련의 배외정책은 향후 조선이 취할 수 있는 정치적 선택의 폭을 축소시켰다.

현실 정치 공간에서 외부 세계와 정치적·사상적으로 유연하게 타협하고 조정해 나갈 여지가 거의 봉쇄된 가운데 대다수의 조선 위정자와 지식인들은 기존의 화이 관념의 연장선상에서 눈앞에 전개되는 대외 정세를 해석했다. 그들은 서양 오랑캐라는 새로운 위협적 요소의 양적 증가를 일종의 현상적인 차원의 변화로만 해석하려 했다. 그리하여 조선이 속해 있는 동아시아 질서 자체가 근저에서부터 질적으로 변화하고 있음을 예측하지 못했다. 조선은 신중론이라는 명목 하에 구태의연하고 소극적인 대응으로 일관했으며 필요에 따라서는 중국의 보호우산 속에 무임승차하려는 태도를 보였다.

그러나 조선 정계 내부에서도 밖에서 일어나는 새로운 패러다임에 관심을 기울이는 정치 세력이 서서히 등장하고 있었다. 1880년대 들어서면서 조선 조정은 국왕을 중심으로 외국과의 교섭 및 통상, 군사력의 강구 등 국정 전반에 걸친 새로운 정부 기구로 통리기무아문을 설치했다(1881. 1). 그리고 일본과 중국에 대규모의 일본시찰단(1881. 4)과 영선사(1881. 9)를 파견하는가 하면, 미국을 비롯한 서양 열강과의 조약 체결을 조심스레 추진해 나갔다. 미국(1882. 5)을 시작으로 영국 및 독일, 러시아와 이탈리아 등과의 근대적 조약을 체결했다. 조선이 기존의 중화 질서의 패러다임에서 벗어나 만국공법으로 표상되는 새로운 패러다임에 들어가려 한 의식적인 노력이 일단 소기의 성과를 거둔 것이었다. 구미 국가들과의 조약 관계의 수립은 그 자체로 전통적인 사대교린 관계에 실질적으로 종지부를 찍는 의미를 가졌다. 예컨대 1881년 일본시찰단에 참여했던 인물들의 당시 귀국 보고 내용은 이런 변화된 분위기를 잘 전해 준다(허동현 2000). 일본시찰단에 참여한 인물들은 일본에 대해 구체적으로는 조금씩 다른 견해를 보였으나 '세계의 대세가 분명히 힘에 의한 경쟁의 국면으로 변화하고 있으므로 일본의 경험을 타산지석으로 삼아 조선도 자수자강自修自强과 부강富强을 추구하는 데 매진하지 않으면 안 된다'는 점에 관해서는 일치된 모습을 보였다.

그러나 조선 정부의 개화자강 정책은 끊임없는 내부적 비판과 저항에 부딪히게 된다. 이른바 공론公論의 이름으로 이루어진 당시의 여론은 국왕과 그를 보좌하는 세력이 추진하는 정책을 "문명인을 야만인으로 만들고 500년 된 국가를 뒤엎는 행위"라고 비판했다. 임오군란이 청의 개입으로 실패한 직후 국왕이 내린 교서(1882. 8)는 세계의 달라진 변화상을 인식하고 달라진 무대에 새롭게 적응하겠다는 조선 정부의 국정 운영 청사진을 명확하게 밝히고 있다. 국내의 전반적인 반대 여론을 설득하여 돌파해 나가려는 의지가 분명히 드러난다는 점에서 흥미롭다. 그것은 요컨대 "만국 병립의 상황이 바로 세계적 대세이며, 종래의 외세를 배격하는 정책이나 관념은 조선을 세계 속에서 고립시켜 위태롭게 할 뿐이므로, 조선의 '문명국가로서의 자부심'과 '이용후생의 원칙에 입각한 부강책'을 절충하여 개혁해 나가겠으며, 또한 '국가평등' 관념에 입각한 새로운 만국공법적 질서에 근거해 조선의 대외관계를 전면적으로 재정립해 나갈 것"임을 공개적으로 천명했다.

그러나 세계의 변화상에 주목하고 달라진 무대에 새롭게 적응하려는 모습은 국내외의 다양한 비판과 견제에 부딪치게 되었다. 임오군란은 주로 외래와 고유의 제요소, 새로운 것과 낡은 것을 둘러싼 갈등 속에서 전통주의자들이 주도하여 일으킨 사건이었다. 갑신정변은 당시 조선의 협소한 정치 공간에서 보다 급진적인 방식으로 철저하게 개혁을 추진하고자 했던 진보주의자들이 주도한 사건이었다.

임오군란과 갑신정변은 동아시아의 패러다임이 전환되는 시점에 국왕이 주도하던 개화자강 정책의 속도와 변화의 폭을 너무 과격한 것으로 받아들이는 층과 너무 온건한 것으로 받아들이는 층이 동시에 존재하고 있었음을 극명하게 보여 주었다. 이 두 사건은 서로 정반대되는 방향을 지향하는 세력이 각각 주도한 사건이었다. 하지만 두 사건 모두 타협 및 조정 능력을 보여 주지 못한 채 급격한 방식으로 일어났다. 특히 동아시아 질서가 변동하면서 조선 문제가 첨예한 국제정치적 이슈로 부상하던 시기에 발생함으로써 주도 세력의 주관적인 의도와는 달리 결과적으로 두 사건 모두 외세의 간섭을 가져 왔다. 외세 간섭의 정도를 질적으로 심화시켜 놓았다는 점에서 두 사건은 매우 유사한 경향을 띠고 있었다.

갑신정변의 여파로 강렬해진 보수 회귀의 분위기 속에서 친청 세력이 득세했다. 청은 종주권을 획책하려고 시도했으며 조선 왕권에 대한 견제를 강화했다. 정치적 구심축의 균열이 더욱 심해지면서 상황은 한층 해결하기 어려운 국면으로 치달았다. 동학농민운동이라는 아래로부터의 개혁 요구가 전국적으로 일어난 것, 청과 일본이 개입하여 무자비한 탄압을 벌인 것, 그리고 조선에서 양국의 전쟁이 발발하면서 다른 한편으로 갑오개혁이 진행된 상황은 마치 도미노처럼 연쇄적으로 일어났다. 이처럼 적응과 저항의 불협화음 속에서 조선이 취할 수 있는 선택의 깔때기는 급격하게 막혀 버린 것이다.

강화도조약 이후 청일전쟁까지의 시기에는 전통적인 사대교린 외교와 명분상의 평등권에 입각한 근대적 외교관계가 서로 맞물리면서 진행되었다. 조선은 이 시기에 이중의 구조적 틈새에서 고통을 겪었다. 청일전쟁 이후 러시아·프랑스·독일의 일본에 대한 삼국간섭(1895. 4)은 한반도를 둘러싼 열강 간의 세력균형을 질적, 구조적으로 변화시켜 놓는 계기가 되었다. 일본과 중국의 대립을 중심축으로 전개되던 세력균형 구조는 일본과 러시아의 갈등을 주축으로 하는 대립 구조로 전환되었다. 중국과 러시아, 일본과 영국이 접근하게 되었고, 연쇄적으로 열강 간의 견제 구조가 변화해 나갔다.

삼국간섭으로 청에게 요동반도를 반환하는 등의 외교적 수모를 겪은 일본은 잃어버린 세력을 조선에서 만회하기 위해 러시아와 조선의 연결고리를 단절시키려는 음모를 꾸미게 되는데, 이른바 '명성황후시해사건'乙未事變이 그것이었다. 이 정변으로 조선은 그대로 일본의 수중으로 전락하는 듯한 위기 상황에 이르기도 했으나 고종의 아관파천으로 인해 상황이 극적으로 반전되었다. 고종은 이후 열강 간의 세력균형 관계를 이용하여 대한제국을 선포하고 자주독립국가임을 천명했다.

청일전쟁에서 러일전쟁에 이르는 10년간은 제국주의 침략이 최고조에 달한 시기였다. 한반도와 만주에서 정치적·군사적 권익을 둘러싸고 팽팽하게 맞서던 러일 양국은 1904년 2월 마침내 정면으로 충돌하여 전쟁에 돌입했다. 부동항의 확보를 위한 러시아의 남하정책과 대륙 침공의 교두보를 구축하려는 일본의 제국주의 정책이 맞붙은 러일전쟁은 전쟁 당사국은 물론 조선의 운명까지도 결정짓는 세계사적 사건이었다. 사전에 영국과의 동맹(1902)을 맺는 데 성공한 일본은 당시 세계 최강의 수준을 자랑하던 러시아 육군을 다롄·뤼순·펑톈 등지에서 격파했으며, 발틱함대에게 연승을 거둠으로써 전 세계의 예상을 뒤엎고 전쟁을 승리로 이끌었다.

일본은 조선에 배타적인 지배 체제를 수립하기 위해 국제적인 공인을 확보할 필요가 있었다. 이에 따라 미국과의 가쓰라-태프트밀약(1905. 7)과 영국과의 제2차 영일동맹(1905. 8), 그리고 포츠머스조약(1905. 9)의 체결을 통해 러시아를 만주와 한반도로부터 축출했다. 러일전쟁을 포함하여 일본이 조선에 대한 독점적 지배권을 제국주의 열강으로부터 공인받는 이러한 과정은 결국 대한제국의 외교권을 강제로 빼앗아간 을사조약(1905. 11)의 국제법적 기반이 되었다. 러일전쟁에서의 일본의 승리는 구미 제국에게 핍박받던 아시아인들을 열광시켰고, 제국 일본의 팽창 의도는 은폐되었으며, 일본이 동양 혹은 아시아의 지도 국가로 부상하는 계기가 되었다. 일본은 러일전쟁에서의 승리를 통해 한반도에 대한 지배권을 사실상 확보했고, 이후 대한제국은 일본에 강제 병합(1910. 8)되고 말았다.

5. 세계대전과 근대 국제정치 질서의 변환

(1) 제1차 세계대전

20세기가 시작될 때 유럽은 세계의 중심이었다. 유럽의 정치·경제·이념은 문명의 표준이었고, 유럽의 군사력은 전 지구적인 제국주의 지배를 완성했다. 영국은 이러한 유럽 중심 세계질서의 운영자였다. 19세기 중반 이후 독일·미국·일본 등의 산업화와 민족국가 건설은 영국의 상대적인 힘의 하락으로 이어졌다. 영국에게 직접적인 위협은 독일과 러시아였고, 이에 대한 영국의 대응은 새로이 부상하는 지역 강국 미국·일본과의 협력으로 나타났다. 러일전쟁에서 러시아가 패배하고 일본이 승리하면서 영국의 전략적 관심은 독일에 집중되었고, 일본은 영국·미국·러시아 등 열강의 국제적 승인 아래 조선을 식민화했다.

유럽 중심의 세계질서는 두 차례의 세계대전과 대공황이라는 '재앙의 시대'(Hobsbawm 1994)를 거치면서 무너져 갔다. 제1차 세계대전(1914~1918)으로 나폴레옹전쟁 이후 유럽 열강이 모두 참여하는 전면전이 없었던 '백년간의 평화'는 깨졌다. 전쟁의 직접적인 발단은 1914년 6월 오스트리아-헝가리제국의 황태자가 세르비아 민족주의자에게 암살된 사건이었다. 오스트리아는 동맹국 독일로부터 '백지위임장'을 받고 세르비아와의 전쟁을 결정했다(김용구 2006, 570-571). 세르비아는 러시아에 지원을 요청했고, 러시아는 총동원령을 내리고 군을 독일 국경으로 이동시켰다. 이에 독일도 총동원령을 내리고 러시아에 전쟁을 선포했다. 독일이 벨기에를 침략하면서 러시아의 동맹국인 프랑스와 영국도 참전했다.

다민족 제국의 민족문제가 독일과 영국의 이원적인 동맹체제에 의해서 역사상 유례없는 참혹한 '대전쟁' The Great War 으로 발전된 것이었다. 이원적 동맹체제의 문제는 두 가지로 볼 수 있다. 하나는 대외정책 리더십의 문제이고, 다른 하나는 유럽의 주권국가-제국주의의 이중적 구조의 본원적 한계이다. 전자의 대표적인 견해는 독일제국의 건설과 유지를 위해 유연한 동맹정책을 추진했던 철혈재상 비스마르크의 실각 이후 독일이 영국에 직접적으로 도전하는 제국주의 정책을 추진하면서 외교적 고립을 자초하고, 이에 따라 오스트리아-헝가리제국을 무조건 지원할 수밖에 없게 되었다는 비판이다. 또 다른 요인으로 유럽 내에 존재한 이중적 구조가 가진 한계를 들 수 있다. 보다 구조적인 시각에서 본다면, 독일의 영국에 대한 도전과 이에 따른 이중적 동맹체제는 유럽 내부에서 민족주의가 다민족 제국의 동유럽으로 확산되고 유럽 외부에서 식민지 분할이 완료되면서, 또한 영국의 힘이 상대적으로 하락하면서, 유럽의 안과 밖에서 주권국가-제국주의의 평화적 공존이 불가능하게 된 구조적 변화의 산물이다(Carr 1945).

제1차 세계대전은 총력전이었다. 전쟁의 승패는 인적, 물적 자원의 동원 능력에 달려 있었다. 인적 동원이 정치적·이념적 정당성의 문제라면, 물적 자원의 동원은 군사기술과 산업 생산, 자본의 문제였다. 이러한 정치 경제적 요구를 감당하지 못한 러시아, 오스트리아-헝가리, 오토만 제국은 해체되었고, 전쟁은 영국과 독일의 힘이 대륙의 (특히 프랑스 영내의 서부전선의) 진지전과 대서양에서의 상호 해상봉쇄에서 모두 교착상태에 이르는 양상을 띠었다. 제3의, 비유럽 지역의 식민지와 동맹의 자원을 누가 얼마나 확보하느냐가 교착상태를 타개하는 열쇠였다. 따라서 개전 이전에 이미 세계 최대의 산업국가였던 미국이 영국을 지원하고 연합국 측에 가담함으로써 전장의 교착상태는 깨졌다.

전쟁의 경제적 특수는 누리면서 유럽의 내전에서 중립을 바라는 미국 내의 여론 때문에 미국의 참전은 1917년 4월에야 이루어졌다. 그해 1월부터 시작된 독일의 무제한잠수함작전에 따른 미국의 피해, 2월 독일 외상 짐머만이 멕시코에 보낸, 1848년 미국과의 전쟁에서 잃은 영토의 회복을 돕겠다는 암시와 함께 대미동맹 결성을 제안한 비밀 전문이 미국 정보 당국에 의해 해독된 사건, 그리고 3월 러시아혁명에 의한 제정의 붕괴로 인해 미국은 참전을 결정하게 되었다. 윌슨 대통령은 미국의 참전을 단순히 독일에 대한 승리와 승자가 강제하는, 그래서 전쟁의 악순환을 겪는 전후 질서의 건설이 아닌, 민주주의와 항구적 평화가 보장되는 새로운 세계의 건설을 위한 노력으로 정당화했다.

윌슨주의는 1917년 11월, 러시아에서 레닌의 볼셰비키 정권이 탄생하면서 레닌주의의 도전에 직면했다. 마르크스-레닌주의에 입각한 러시아혁명은 자본주의 정치·경제 질서는 물론 기존의 제국주의 질서에 대한 전면적인 도전이었다. 레닌은 제1차 세계대전을 제국주의 전쟁으로 규정했고, 볼셰비키 정권의 탄생과 함께 러시아 제국이 맺은 식민지에서의 모든 불평등조약의 폐기를 선언하며 식민지 민중이 서구 제국주의에 저항할 것을 촉구했다. 윌슨의 과제는 유럽의 기존 질서를 개혁하여 안정적인 평화를 정착시킴과 동시에 레닌주의의 이념적 도전에 대응하면서 미국의 이익을 보존하는 전후 질서를 만드는 것이었다.

1918년 1월에 발표된 윌슨의 14개 조항은 이러한 과제에 대한 해법이었다. 공개외교, 군축, 집단안보는 비밀외교와 전통적인 세력균형에 의한 전쟁의 악순환을 끊고 항구적 평화를 보장하고자 하는 윌슨의 이상을 담고 있었다. 한편 공해 및 국제수로의 항해 자유와 자유무역은 최대의 산업국가이자 전쟁을 계기로 채무국에서 채권국으로 떠오른 미국의 경제적 이익을 보장하기 위한 방책이었고, 오스트리아-헝가리제국의 민족에게 주어진 민족자결의 권리는 레닌주의에 대한 이념적 대안이자 러시아를 봉쇄하려는 '고도의 현실주의'Higher Realism의 전략이었다(Link 1963).

내전에서의 승리가 시급한 과제였던 볼셰비키 정권은 1918년 3월 독일과 굴욕적인 조건으로 전쟁을 종결했다. 러시아의 동부전선이 정리되면서 독일은 서부전선에 총력을 기울였으나 전세는 이미 기울었다. 독일은 미국에게 윌슨의 14개 조항에 입각한 평화 교섭을 타진했고, 미국은 연합국으로부터 윌슨주의를 전후 처리의 기본으로 한다는 동의를 확보했다. 윌슨의 민주주의의 원칙에 따라 독일은 11월 황제를 퇴위시키고 공화정을 선포한 이후 항복했다.

(2) 베르사유체제

전후 처리는 승자의 몫이다. 미국의 참전은 제1차 세계대전의 승패를 갈랐다. 윌슨은 1919년 1월에서 6월까지 파리에서 열린 평화회의를 주도했다. 회담의 결과로 국제연맹이 탄생했고, 6월 베르사유 궁전에서 독일과의 평화조약이 체결되었다. 독일은 해외 식민지와 해군력의 대부분을 잃었고, 영토는 축소되었으며, 군비제한 및 전쟁 배상금의 부담을 안게 되었다. 하지만 제1차 세계대전을 모든 전쟁을 종식시키기 위한 전쟁으로 만들고자 했던 윌슨의 이상과는 달리, 베르사유체제는 항구적인 평화를 보장하지 못했다. 1939년 독일의 폴란드 침공으로 유럽의 열강들은 20년 만에 또 다른 세계대전을 치러야 했다. 양차 세계대전 사이의 20년을 카E.H. Carr는 '20년의 위기'로 불렀다. 이 20년은 현실의 힘에 대한 고려 없이 평화와 진보의 환상이 지배한 전반기 10년과 현실에 대한 절망이 만연한 후반기 10년으로 나눠지며, 그 분기점은 1929년의 대공황이었다고 카는 말했다(Carr 1946).

'20년의 위기'의 근본적 원인이 윌슨주의인지, 더 구체적으로 말하자면, 독일이 20년 만에 세계대전을 일으킨 원인이 베르사유조약의 구조적 결함 때문인지, 혹은 이후 조약의 내용이 제대로 실행되지 않았기 때문인지는 여전히 논란의 대상이다. 분명한 건 파리평화회의에서의 윌슨주의는 오해와 타협, 그리고 역설적이게도 미국인에 의한 거부의 대상이었다는 점이다.

민족자결주의를 기대한 전 세계 식민지인들은 윌슨주의를 오해했다. 파리평화회의는 미국을 위시한 영국·프랑스·이탈리아·일본과 같은 강대국들에 의해 주도되었다. 윌슨의 보편주의적 수사는 제국주의 지배로부터 독립을 원하는 이집트·베트남·중국·한국 등 전 세계 식민지 민중들에게 민족자결의 권리에 대한 희망을 갖게 했다. 하지만 윌슨 자신은 미국 정치에서 흑인이 백인과 동등한 능력을 지니고 있다고 믿지 않았으며, 미국의 이익에 반하는 멕시코인의 민주적 결정을 존중하지 않았으며, 중남미에 대한 군사적 개입도 주저하지 않았다. 파리평화회의에서 인종평등을 국제연맹 규약에 명문화하고자 했던 일본과 중국의 시도는 좌절되었다. 하지만 일본은 국제연맹 이사국으로 세계 강국의 지위를 확보했으며, 민족자결주의는 패전국에만 적용되었고, 국제연맹은 문명 표준의 등급을 적용하며 위임통치를 제도화했다. 일본 제국주의에 저항하는 한국의 3·1운동이나 중국의 5·4운동에 대한 국제적 지원은 없었다. 식민지 민중에게 자결의 희망을 심어준 '윌슨의 순간'the Wilsonian Moment은 이내 절망으로 바뀌었다(Manela 2007).

윌슨의 전후 질서 구상은 승자가 없는, 즉 패자에게 처벌이 가해지지 않는 평화의 건설이었고, 이 점이 바로 독일이 윌슨주의를 평화 교섭의 기반으로 받아들인 이유였다. 하지만 파리회의에서 유럽의 승전국들은 독일에 대한 전쟁 배상금 부과를 요구했고 윌슨은 이를 수용했다. 윌슨의 이러한 타협은 독일을 배반하는 행위였다.

배상금 문제는 베르사유체제의 성과를 평가하는 데 중요한 요소이다. 전통적인 견해는 프랑스에 의해서 가혹하고 징벌적인 배상금이 부과되어 독일이 전후 질서에 제대로 복귀하지 못하고 결국은 전쟁의 길을 걷게 되었다는 것이다. 이는 독일이 베르사유체제에 대한 반발을 정당화한 논리이기도 하고, 베르사유체제의 실패 요인을 프랑스에게 전가하는 것이기도 하다. 대안적인 시각은 독일 영토의 축소를 포함해서 배상금 부과가 과연 가혹한 수준이었는지, 그리고 배상금 부과와 그에 따른 이후의 논란이 프랑스만의 책임인지에 대한 의문을 제기한다. 애초 배상금의 총액에 대한 합의가 없었던 점과 영국이 대륙에서 프랑스의 독주를 견제하기 위해 독일의 베르사유조약 개정 노력에 적극 협력한 점에 주목하는 시각은 영국에게 책임을 묻는다. 한편 프랑스가 경제 재건을 위해 미국에 원조를 요청했지만 이를 미국이 거부하자 배상금을 요구하게 되었다는 해석은 미국에게 책임을 묻는 것이다(Keylor 2005). 이러한 논란은 결국 베르사유체제의 해체를 집요하게 추구한 독일, 자신보다 인구와 경제력에서 앞서는 독일과 인접해서 살아가야 하는 프랑스의 운명, 제국의 보존과 유럽의 세력균형을 추구한 영국의 입장, 그리고 집단안보를 통해 국제질서의 개혁을 추구했던 미국의 상이한 이해관계가 빚어낸 산물이라고 할 것이다.

윌슨주의의 핵심은 전통적인 세력균형에 의한 전쟁의 악순환을 끊을 집단안보의 제도화였고, 국제연맹의 탄생은 파리평화회의에서 윌슨이 거둔 최대의 성과였다. 하지만 역설적이게도 윌슨주의는 미국 내부의 정치적 지지를 얻는 데 실패했다. 1918년 중간선거에서 야당인 공화당이 상원의 다수당이 되었다. 상원 외교위원회에는 베르사유조약과 국제연맹을 그 어떤 조건에서도 수용하지 않을 절대적 반대세력이 포진하고 있었다. 그러나 다수의 상원의원들은 예외 조항을 통해서 미국의 이익과 독자적 외교의 권리를 보장할 수 있다면 윌슨의 외교적 성과를 지지할 수 있다는 유보적인 입장이었다. 개별 회원국에 대한 무력 도발에 대한 연맹 차원의 무력 대응을 규정한 국제연맹 규약 10조가 결국은 파국을 불렀다. 상원 반대세력의 입장에서 이 조항은 미국이 원치 않는 전쟁에 휘말릴 수 있는 주권의 제한이었고, 윌슨의 입장에서는 집단안보의 핵심으로, 이는 결코 예외를 둘 수 없는 것이었다. 윌슨은 이에 대한 타협을 거부하고 미국 전역을 돌며 자신의 입장을 직접 여론에 호소하는 연설 여행을 시작했다. 그러던 도중에 1919년 9월 콜로라도에서 뇌경색으로 쓰러졌고, 그와 함께 그가 파리에서 이룬 성과도 무산되었다. 상원은 결국 국제연맹 규약과 베르사유조약, 그리고 미국과 프랑스 동맹의 비준을 거부했다.

윌슨주의가 미국 정치에 의해 부정되면서 베르사유체제는 본연적으로 불완전하고 불안정한 구조적인 결함을 안고 출범하게 되었다. 미국의 불참으로 국제연맹은 집단안보의 실현에 필요한 현실적인 힘을 구비하지 못했다. 미국은 유럽에 대한 경제원조를 거부하고 전쟁 부채의 상환을 압박했고, 독일은 전쟁 배상금에 반발했다. 미국은 물론 영국도 프랑스의 동맹 체결 요구에 응하지 않았으며, 프랑스는 사실상 독자적으로 독일의 재무장에 대비해야 했다. 독일 문제에 대한 새로운 안보적, 경제적 기제가 필요하게 된 것이다. 또한 미국이 영일동맹의 폐기를 요구함에 따라 아시아, 태평양 지역의 안보질서 역시 재편되어야 했다.

동아시아의 전후 질서는 워싱턴회의(1921~1922)를 통해서, 유럽의 전후 질서는 '도즈안' Dawes Plan, 1924을 통한 배상금의 조정과 경제 재건, 그리고 독일의 서부 국경을 확정한 로카르노조약(1925)을 통해서 확립되었다. 워싱턴회의는 미국의 부상과 일본 제국주의에 대한 서구 제국주의의 통제를 제도화했다. 미국의 요구대로 영일동맹은 폐기되었고, 일본의 해군력은 미국과 영국의 60퍼센트로 제한되었다. 19세기 후반 이래 중국은 서구 제국주의의 집단적인 분할 통제 아래 놓였다. 서구의 '다자적 제국주의'의 대전제는 중국이 어느 제국주의 일방에 의해 복속되지 않는 것이었고, 그 틀에서 한반도와 중국을 향한 일본 제국주의의 '북진'이 허용되었다. 하지만 러일전쟁 이후 삼국간섭으로 일본이 만주에서의 특권을 포기해야 했듯이, 워싱턴회의는 제1차 세계대전을 계기로 일본이 중국에서 21개조 요구(1915) 등으로 확보한 영향력을 중국의 영토 보존 및 문호 개방의 원칙을 통해서 제한했다. 워싱턴회의는 일본, 특히 군부의 입장에서 본다면 미국과 영국의 힘에 일본이 굴복한 사건이었다(정상수 2006, 405).

독일은 19세기 후반 이래 유럽 대륙의 경제적 중심이었고, 보불전쟁과 제1차 세계대전을 일으킨 안보질서 교란의 진원지였다. 그러나 독일의 재무장을 방지하면서도 독일의 경제는 재건해야만 유럽 전체의 경제를 회복할 수 있었다. 따라서 비료 공장이 화학무기 공장이 되는 산업화와 총력전의 시대에 독일의 경제 재건과 재무장을 절연시키는 것은 난제였다. 베르사유조약에서 독일의 재무장을 방지하는 직접적인 기제는 배상금과 라인란트의 군사적 점령이었다. 1921년 프랑스가 주도한 배상금 위원회의 결정이 내려졌지만, 독일은 1922년 내내 배상금의 지불을 거부했다. 1923년 프랑스는 군대를 동원하여 루르 지방을 점령하고 현물(석탄)을 징발해 갔다. 한편 미국은 1922년부터 유럽에 전쟁 부채의 상환을 강력히 요구했고, 유럽, 특히 프랑스는 이에 강력하게 반발했다. 1924년 독일 경제의 실사에 따른, 미국의 민간 자본 투입을 조건으로 하는 배상금 지불 계획인 '도즈안'Dawes Plan이 마련되었다. 독일은 배상금 지급에 합의했고, 1926년 프랑스를 마지막으로 유럽의 채권국들도 미국에 대한 전쟁 부채의 상환에 합의했다. 1925년 영국을 시작으로 금본위제가 복원되고, 유럽 경제는 전쟁 이전 수준으로 재건되었다.

도즈안에 의해 전쟁 배상금과 부채의 교착상태가 타개되고 1920년대 후반 유럽 경제의 부흥이 이루어졌지만, 더 이상 프랑스가 배상금을 통해 독일을 통제할 수 없게 되자 베르사유조약의 전면적인 수정이 불가피해졌다. 1925년의 로카르노조약은 독일에 대한 또 다른 직접적 통제의 기제인 라인란트의 군사적 점령을 해소하는 계기가 되었다. 독일은 베르사유조약의 영토 조항에 지속적으로 반발하며 경찰력 증대, 중화학공업의 확대를 도모했고, 1922년 라팔조 조약 체결 이후에는 소련 영내에서 비밀리에 군비를 확장했다. 1924년 말 독일 군축을 감시하는 국제위원회는 독일의 군축 위반을 이유로 1925년 초 예정되었던 라인란트 일부 지역에서의 연합국 철수를 연기했다. 이에 독일은 라인란트에서 연합국이 철수하는 조건으로 라인란트의 비무장과 서부 국경을 인정할 수 있다는 외교적 제안을 영국에 제시했다. 영국과 프랑스, 독일은 1925년 로카르노조약을 통해서 독일이 프랑스, 벨기에와의 국경을 인정하고 이를 영국이 보장하는 조건으로, 라인란트에서의 철군을 예정대로 진행하고 군축 감시위원회의 활동을 대폭 축소한다는 데 동의했다. 로카르노조약의 협상가들에게 1925년의 노벨평화상이 돌아갔고, 독일은 1926년 국제연맹의 상임이사국으로 국제사회에 복귀했다. 1929년 독일이 도즈안의 후속 프로그램인 '영안'Young Plan을 수용하면서, 라인란트의 군사적 점령은 1930년에 완전히 해소되었다.

(3) 대공황과 제2차 세계대전, 그리고 식민지 조선

1929년 10월 미국의 주식시장이 폭락하며 대공황이 시작되었다. 1932년까지 미국의 산업 생산과 소득은 절반으로 줄었고, 은행의 1/3이 문을 닫았으며, 실업은 1/4에 달했다. 제1차 세계대전 이후 미국은 세계 최대의 산업 생산국이자 금융 투자국이었기 때문에, 미국발 대공황의 영향은 전 세계로 파급되었다. 미국의 해외 민간 투자가 사라지고 보호무역이 시행되면서, 전 세계의 무역과 자본시장은 폐쇄적 국민경제나 지역 경제의 '이글루'로 해체되어 갔다(Hobsbawm 1994). 1931년 중부 유럽에 금융 통제가 시작되었고, 영국이 금본위제를 포기했으며, 1933년에는 미국도 금본위제를 포기했다. 그 사이 1931년, 미국의 후버 정부가 제안한 한시적인 전쟁 부채와 배상금의 지불 정지는 영구화되어 버렸다.

제1차 세계대전은 기존의 제국주의를 약화시키고 윌슨주의와 레닌주의의 대립을 가져왔으며, 대공황은 전후 평화의 기초였던 경제적 통합이 해체되면서 세계적으로 경제적 민족주의가 만연하는 가운데 자급적 경제권역을 군사적으로 건설하려는 파시즘의 부상으로 이어졌다. 1920년대 후반, 이미 농업과 금융 위기를 겪었던 일본에게 대공황은 미국으로의 수출을 격감시키고 그에 따라 만주의 경제적 중요성을 높이는 계기였다. 대공황은 또한 1930년 런던 해군 군축 회의에서 민간 정부의 미국과의 협력에 대한 일본 군부의 불만을 고조시켰다.

1931년 9월에 일어난 만주사변은 일본 정부가 군부의 행동을 통제하기 어렵다는 사실을 구체적으로 입증한 사건으로서 제2차 세계대전의 신호탄이라고 간주할 만하다. 이 사건은 당시 일본의 외무장관 시데하라 기주로幣原喜重郞의 이른바 평화 외교, 경제 중심의 외교 이념을 '바보 같은 꿈'에 불과한 것으로 간주한 관동군이, 몽상적으로 보이는 정책을 버리고 현실로 보이는 방책을 추진한 것이기도 했다. 이시하라 간지石原莞爾를 비롯한 관동군 참모들은 1930년대의 국제정치의 현실을 가리켜서 전 세계가 '인류 최후의 대전쟁'을 향해 움직이고 있는 것이라고 생각했다. 만주사변은 당시 일본 국민의 대내적 불만을 대외적인 애국적 열정으로 몰입시키는 기점이 되었고, 일본 외교의 방향을 군사 문제 위주로 다시 복귀시키는 역할을 했다. 결국 일본은 1932년 9월에는 만주국이라는 괴뢰 정부를 만들어 만주를 중국 본토에서 분리시켰다. 이에 대해 구미 국가들이 비난하고 나서자 일본은 1933년 3월 국제연맹을 탈퇴했고, 1934년 12월 워싱턴 및 런던조약을 파기하면서 기존의 구미 국가와의 협력 체제에 종지부를 찍었다. 이 과정에서 국제연맹은 어떠한 단호한 조치도 취하지 못함으로써 사실상 상황을 방조하는 결과를 낳았다.

한편 1933년 1월 독일에서는 히틀러가 집권하여 본격적인 재무장을 추진하여, 10월에는 제네바 군축 회의와 국제연맹에서 동시에 탈퇴했다. 이 시점에는 이미 베르사유체제의 배상금과 라인란트의 군사적 점령이 무효화됐고, 국제연맹은 무력한 상태였다. 뿐만 아니라 미국은 1935년 중립 법안을 통해 고립주의로 선회했다. 이런 상황에서 프랑스는 소련과 이탈리아, 폴란드와 체코 등을 동원하여 독일을 통제하려 했고, 독일은 이를 저지하려 했다. 1934년 독일과 폴란드의 불가침조약으로 프랑스의 대독 포위망은 무너지기 시작했고, 1935년 히틀러는 공식적으로 재무장을 천명했으며, 1936년에는 라인란트에 군대를 진주시켰다. 이에 대해 영국과 프랑스가 외교적 비판만 제기하는 데 그치자, 이들이 독일을 포위해 주기를 희망했던 벨기에나 체코, 루마니아 등은 중립을 선언하거나 독일과의 협력을 모색했다. 나아가 독일은 스페인내란을 계기로 이탈리아, 일본과의 연대를 형성했다. 독일은 1938년 3월에는 오스트리아를 합병하고, 9월에는 영국과 프랑스의 유화정책에 따라 체코의 일부인 수데텐을 국민투표를 통해 합병함으로써 동부전선의 포위망을 완전히 해체시켰다. 일본은 이미 1937년 중국과의 전면전을 통해 기존의 만주와 중국을 향한 북진을 가속화한 상태였다.

독일이 1939년 9월 폴란드를 침공하면서 이른바 '20년의 위기'는 마침내 제2차 세계대전으로 타올랐다. 독일은 1940년 영국을 제외한 서부 유럽을 모두 정복하고 1941년 중반에는 소련을 침공했다. 미국의 루즈벨트 대통령은 1941년 3월 무기대여법을 통해서 사실상 중립을 깨고 영국을 지원하기 시작했다. 이후 그는 제1차 세계대전에서와 마찬가지로 대서양에서 영국과 독일의 상호 해상봉쇄가 진행 중인 상황에서 미 해군의 물자 호송을 지시함으로써 선전포고 없이 대서양에서 독일에 무기 대전쟁을 개시했으며, 일본에 무기 대전략 물자의 금수를 통해서 일본의 남진을 저지하고자 했다. 대동아공영권 건설을 위해서는 미국과의 전쟁이 불가피하다고 판단한 일본은 1941년 12월 진주만을 공습했다. 이를 계기로 유럽과 아시아의 전장이 연결되고, 미국의 공식적인 참전이 이루어졌다.

미국과 영국, 그리고 소련의 대동맹은 연합국의 승리를 이끌어냈다. 미국은 민주주의의 보급창으로서 연합국의 전쟁 수행을 경제적으로 지원했을 뿐 아니라, 유럽과 태평양의 모든 전장에서 지구적 승리를 거두었다. 이는 미국이 일본을 독자적으로 점령하고 독일과 한반도를 분할 점령한 데서 극명하게 드러난다. 소련은 자국 영내로 깊숙이 들어온 독일군을 밀어내며 동부 유럽의 해방자가 되었고, 전쟁 막바지에 대일전에 참전하면서 한반도의 분할에 참여함으로써 유라시아대륙에서 영향력을 확대했다. 그러나 경제적으로는 심각한 타격을 입었다. 제1차 세계대전에서와 마찬가지로, 영국은 본토와 제국의 보존을 위해서 식민지와 동맹의 힘을 빌려서 싸웠다. 영국은 전쟁에서 승리했지만 결국 독자적으로 제국을 유지할 능력을 상실했다. 전후의 세계는 독일과 한반도라는 유라시아의 양 극단을 분할 점령한 미국과 소련에 의해 운영될 운명이었다.

식민지 조선의 국제정치적 운명은 양차 세계대전과 일본 제국주의에 의해 결정되었다. 영국의 동맹으로 일본이 제1차 세계대전에 참전하고 세계 강국의 지위를 확보하면서 식민지 조선의 독립에 대한 국제적 지원의 가능성은 차단되었다. 윌슨주의는 3·1운동의 희망과 좌절의 근원이었고, 레닌주의는 그 절망의 끝에서 붙잡은 절실한 선택지가 되었다. 레닌은 파리평화회의를 배경으로 코민테른을 결성하여 반제국주의 독립운동의 지원에 나섰다. 워싱턴회의를 배경으로 코민테른은 식민지 민중대회를 조직했으며, 중국 공산당의 조직과 국공합작에 직접적으로 간여했다(서진영 1992). 1919년 파리평화회의에 조선의 독립을 청원하러 갔던 김규식이 1921년에는 코민테른의 식민지 민중대회에 참석하게 되는 것에서 알 수 있듯이, 윌슨주의와 레닌주의, 미국과 소련의 영향력은 중국의 내전과 식민지 조선의 독립운동에 직접적인 배경이 되었다.

일본의 '북진'을 서구 제국주의가 집단적으로 통제하는 한 중국이나 조선의 일본 제국주의에 대한 저항은 국제적 지원을 기대할 수 없었다. 그러나 일본의 '남진'이 결국 미국 및 서구 제국과의 전쟁으로 이어지면서, 중국은 연합국의 일원으로 승격되었고 조선의 독립은 일본에 대한 전후 처리의 일환으로 고려되었다. 미국의 공식적인 참전 직후부터 미국의 전략가들은 전 지구적 영역에서 유럽의 기존 패권을 대체하는 미국의 정치·경제·군사적 패권을 구상했고, 이 틀에서 조선은 신탁통치의 대상이었다(정용욱 2003, 51).

제1차 세계대전에서는 대체로 1500만 명의 사망자가 발생했고, 제 2차 세계대전에서는 3500만에서 5000만 명의 인명이 희생되었다. 인류사에서 가장 비극적이었던 이 시기는 이제까지 세계가 경험한 바 없는 진정한 의미의 세계대전$^{World\ War}$과 처절한 형태의 총력전$^{Total\ War}$으로 기록되어 있다. 인류는 600만의 유대인 학살과 원자탄의 비극을 체험했는가 하면, 세계사의 새로운 실험으로 사회주의혁명에 몰입하기도 했다. 20세기를 장식한 이러한 극적인 세계사의 전개 과정은 근대 국제질서를 주도해 오던 유럽 국가들의 몰락과 함께 미국과 소련이라는 새로운 초강대국의 등장, 그리고 전 지구적 차원의 이념 대결이라는 세계사의 새로운 국면을 잉태하게 되었으며, 우리는 이제 '분단국가'로서 역사의 무대 위에 다시 오르게 되었다.

〈참고 1-11〉 국제질서의 무대 밖에 있던 한국인에게 식민지 근대란 무엇인가?

한국인에게 국권의 상실과 식민지의 체험은 거시적인 민족국가의 맥락에서 보면 주체의 상실을 의미하는 것이었다. 따라서 강렬하고 배타적인 저항 민족주의를 탄생시키는 분노의 원천이 되었고, 후일 한반도의 분단으로 이어지는 국제정치의 기원이 되었다. 식민지 체험은 또한 사회적인 맥락에서 보면 한국인의 공공 의식과 공공선의 왜곡을 초래하는 근원이 되었다.

우리가 식민지 경험을 논의하는 것은 항간에서 논의되는 것처럼 우리의 식민지 경험에서 근대를 발견하고 발굴해 내기 위해서가 아니다. 그것은 오히려 우리가 현재 살아가고 있는 근대와 우리의 신체 속으로 들어가 그 속에서 꿈틀대는 식민지적 일그러짐과 뒤틀림의 기원을 발견하고, 이를 성찰하여 건강하게 풀어 내기 위한 소통을 위한 노력의 일환이다.

식민지 체제하에서 한국인에게 조선은 불식되어야 할 부정적인 대상이었고, 일본은 모방하고 지향해야 할 대상이었다. 이러한 상황에서 스스로를 일본에 동일화시키려는 의식적인 노력이 내면화된 것은 어느 정도 불가피한 현상이 아닐 수 없었다. 개인의 미시사의 영역에서 보면 총력전을 띤 20세기 전쟁 동원의 양태는 전장의 규율을 일상 속으로 침투해 들어오게 함으로써 삶의 공간과 일상의 영역을 전쟁터로 만들어 놓았다. 동일한 문명 내부의 역전 현상으로 말미암아 한국인은 내면에서 제국 일본이라는 타자에게 가위눌림을 당하면서 타자를 두려워하고 미워하면서 한편으로는 타자의 힘을 동경하는 정신적 공황상태를 맛보게 된다. 이에 따라 우리는 힘에 대한 공포와 선망 속에서 힘을 무한히 긍정하고 자기에 대해 강하게 부정하는 경험을 하게 되었고, 이러한 경향은 여러 가지 형태로 오늘날까지 온존하는 측면이 있다.

---

6. 맺음말

근대 국제질서는 19세기 서구 제국주의의 지구적 확산에 의해 형성되었다. 그 역사적 전환은 18세기 후반의 산업혁명과 프랑스대혁명에 의해 이루어졌다. 양대 혁명은 15세기 이후 서구 근대국가의 발전을 완성시키는 정치 경제적 기반이자 서구가 힘과 이념의 측면에서 비서구세계를 제압하는 원동력이었다. 서구 제국주의 확산의 직접적인 수단은 산업화된 군사력이었고, 그 정당성은 근대 서구의 역사적 경험을 담은 문명 표준, 즉 서구 근대국가의 정치 경제적 체제와 이념이었다. 전 세계는 서구의 '3중의 도전'에 직면하여 서구의 식민지로 전락하거나 주권국가 체제에 편입되었다.

근대 세계질서의 중심은 영국이었다. 영국은 17세기의 명예혁명과 18세기 후반의 산업혁명을 통해 서구 국가 중 가장 먼저 근대국가의 정치 경제적 기반을 마련했다. 또한 영국은 16세기 후반 스페인의 무적함대를 격파한 이래 네덜란드, 프랑스와의 식민지 경쟁에서 서구 제국주의의 선두주자였으며, 유럽 대륙에서 패권 국가의 부상을 저지하는 세력균형자의 역할을 했다. 나폴레옹전쟁에서 승리하면서 영국은 빈체제를 통해 유럽 대륙의 세력균형을 제도화하고, 해외에서의 패권을 확립해 나갔다. 19세기 중반에 이르면 영국은 아편전쟁을 통해 중국과 불평등조약을 맺었으며 크림전쟁을 통해서는 오스만투르크제국과 불평등조약을 맺었다. 이를 통해 이들 국가들을 주권국가 체제에 편입시켰다. 또한 동인도회사를 통해 인도를 직접 지배했다. 영국이 주도한 기존 제국 질서의 해체는 19세기 후반 아프리카를 중심으로 한 전 지구적인 식민지 분할로 이어졌다.

영국 중심의 19세기 세계질서의 출발점이 양대 혁명이라면 그 종착점은 제1차 세계대전이었다. 19세기 중반 이후 산업혁명의 세계적 확산으로 영국의 힘은 상대적으로 하락하기 시작했다. 이에 따라 패권을 유지하기 위한 노력은 더욱 요구되었으며 영국의 패권에 도전하는 세력도 증가했다. 유럽 안을 보면 독일과 이탈리아가 통일하여 이들 국가들의 힘이 증가했고, 동유럽에서는 민족주의가 대두되었다. 이는 기존의 세력균형 체제를 위협하는 결과로 이어졌다. 유럽 밖에서는 남북전쟁과 메이지유신 이후 강대국으로 부상한 미국과 일본, 그리고 전 지구적인 제국주의 경쟁이 대영제국을 위협했다. 특히 19세기 후반 독일이 제국주의 경쟁에 뛰어들면서, 독일은 유럽의 안팎에서 영국 패권의 최대 위협 세력이 되었다. 유럽의 세력균형은 영국과 독일을 축으로 양극화되었고, 이는 오스트리아-헝가리제국의 민족문제를 계기로 제1차 세계대전으로 비화되었다.

19세기 동아시아 국가 간 관계 속에서 패러다임의 변환이란 동아시아 전통 국가들의 무대가 예의 관계에 입각한 천하 질서에서 상위의 질서를 인정하지 않는 주권국가 간의 관계 즉, 근대 국제질서로의 전환 과정이다. 무정부적 속성을 지닌 새로운 환경의 무대에서는 덕치나 예치, 왕도정치王道政治, 사대자소와 같은 기존의 '연기'와는 다른 부국강병, 균세均勢(세력균형)와 자강의 능력이 보다 중시되었고, 이에 적응하지 못한 배우들은 무대 밖으로 밀려났다. 우리는 연기력 부족으로 19세기 변화된 새로운 무대에서 퇴출당했고 다른 배우들의 연기를 멀리서 그저 바라보고 있어야만 했다.

19세기의 경험에서 드러나듯 패러다임의 변환을 감지하는 것은 말처럼 쉬운 것이 아니다. 19세기 전통주의자들은 화이 관념의 연장선상에서 눈앞에 전개되는 대외 정세를 양이洋夷라는 새로운 위협적 요소의 양적 증가라는 일종의 현상적 차원의 변화로만 해석했다. 이로 인해 이들은 조선이 속해 있는 동아시아 질서 자체가 근저에서부터 질적으로 변화하고 있음을 전혀 예측하지 못하고 구태의연하고 소극적인 대응으로 일관했다. 이는 실제로 패러다임의 변환을 예측하는 것이 얼마나 어려운 것인지를 잘 보여 준다.

19세기 전환기의 경험에서 두 번째로 얻을 수 있는 중요한 교훈은, 설령 패러다임의 변환을 예측한다 하더라도 현실 정치 공간에서 새로운 비전을 만들어 내고 국가의 안과 밖으로 광범위한 동의를 이끌어 낸다는 것은 훨씬 더 난해한 작업이라는 사실이다. 19세기에 나타난 이질적인 문명 간의 만남과 문명 표준의 역전이라는 사태는 '문명의 세계가 야만으로 전락하고 금수들의 세계가 문명 세계로 둔갑하는' 것이었다는 점에서 '하늘이 무너져 내리고 땅이 뒤집히는' 혼돈의 상황이었다. '살고 싶다. 의롭고 싶다. 그러나 둘 다 가질 수 없다면, 삶을 버리고 의를 택하겠다'(『孟子』)는 신념을 가지고 살아가던 유자儒者들에게 자신의 생존을 위해 '부국강병'으로 매진하라고 하는 것은 '문명 세계에서 걸어 나와 금수의 세계로 들어가는 것'만큼이나 수용하기 어려운 변화였다.

19세기 중엽 조선은 기존의 삶의 방식과는 다른 새

로운 패러다임과 직접적으로 마주하고 있었다. 하지만 시대의 흐름을 읽고 변화하는 세계를 직시하려는 책임감과 비전을 갖춘 정치 세력이나 지식인 그룹은 좀처럼 부상하지 않고 있었다. 그러나 눈을 감는다고 해서 거대한 변환을 피할 수는 없었다. 오히려 서구식 근대화를 이룬 국가들은 조선의 약점을 더욱 철저하게 파고들면서 조선을 짓밟으려 했다.

한반도는 주변 국제 정세가 크게 변동할 때마다 변화의 한복판에 놓이는 독특한 역사적 경험을 했다. 한반도의 경험이 얼마나 독특한 것인지는 조선왕조 이후의 대강의 추이를 살펴보는 것만으로도 어렵지 않게 가늠해 볼 수 있다. 조선은 이웃나라 일본의 전국시대가 마무리되어 가던 16세기 말 격변기의 와중에 두 차례의 전쟁(임진왜란과 정유재란)을 겪었다. 그리고 얼마 후 17세기 중화 문명의 패권이 한족漢族에서 만주족으로 교체되던 명청 교체기에 또다시 두 차례의 전쟁(정묘호란과 병자호란)을 치러야만 했다. 그리고 본 장에서 살펴본 바와 같이 19세기 서양 세력이 거대한 물리력을 앞세워 동양을 점거해 들어오는 이른바 서세동점의 사태에 직면해야 했다. 같은 시기 일본에서는 대대적인 정한론 논쟁이 대두했고, 중국에서는 조선에 대한 실질적인 '속국화'의 시도가 구체적으로 진행되어 결국 한반도는 다시 한 번 두 차례의 전쟁(청일전쟁과 러일전쟁)으로 인해 일본에게 국권을 빼앗기는 수모를 당했다.

양차 세계대전의 경우는 조금 더 복잡하다. 전쟁이 발발했을 때 한반도는 이미 제국주의인 일본에게 국권을 상실한 상황이었기 때문이다. 일본이 세계대전에서 패배하자 한반도는 자유를 얻었다. 그러나 한반도의 해방은 분단으로 이어졌다. 그리고 보면, 20세기 냉전이 세계적으로 확산되어 가는 시점에 한반도에서 한국전쟁이 발발했던 것도 같은 맥락에서 이해할 수 있으며, 21세기 냉전의 해체라는 새로운 변화가 나타나는 가운데 동아시아 위기의 초점으로 북핵문제가 떠오른 것도 단순히 역사적인 우연으로만 간주하기 어렵다. 여기서 주목해 보아야 할 것은 한반도가 전환기적 상황마다 동아시아의 정치적 긴장 관계의 초점으로 부상하고 있다는 사실이다. 이는 역사적으로 한반도가 동아시아 정치 질서의 안정성을 보여 주는 척도의 역할을 해 왔음을 의미한다.

한반도가 이처럼 전환기적 상황마다 동아시아의 정치적 긴장 관계의 초점으로 떠오르게 된 데에는 한반도의 민감한 지정학적 위치라는 구조적인 요인이 자리 잡고 있다. 앞서 언급한 『조선책략』 서두에는 "조선이라는 땅은 실로 아시아의 요충을 차지하고 있어 형세가 반드시 다투게 마련이며, 조선이 위태로우면 중국과 일본의 형세도 날로 위급해질 것이다. 따라서 러시아가 강토를 공략하려 할진대, 반드시 조선으로부터 시작할 것이다"라고 언급되어 있는데 이는 동아시아에서 한반도의 지정학적 위상을 극명하게 드러내 주는 하나의 사례라고 할 수 있다(강상규 2010, 248-250).

이러한 역사적, 구조적 사례들은 한반도가 국제 정세의 변화에 얼마나 민감하며 또한 취약한지를 분명하게 보여 준다. 이는 한국의 정치학이 왜 국제정치적 안목을 동시에 필요로 하는지, 아울러 한반도의 역할이 역설적으로 얼마나 중요한지를 선명하게 보여 주는 대목인 것이다. 뿐만 아니라 19세기의 국제정치사는 주체의 상실과 적자생존 사고의 팽배, 저항 민족주의의 탄생과 전개, 식민지 체험과 공공 의식의 왜곡, 분단과 이념의 대립 등이 복잡하게 얽혀 있던 근대 한국의 내면을 심층적으로 이해하고 되돌아보게 하는 근거이자 우리가 발 딛고 서 있는 토대가 된다. 아울러 이 시기에 동아시아 국가 간에 나타났던 착취와 억압의 상처, 그리고 그를 둘러싼 기억과 망각은 지금도 서로에 대한 깊은 불신과 멸시로 되풀이되어 나타나고 있다. 따라서 21세기 한반도의 안과 밖의 상황을 깊게 이해하고 복잡하게 얽힌 문제들을 풀어 가기 위해서는 중층적인 역사적 안목이 필요하다.

| 마상윤 |

국제 냉전 질서와 한국의 분단

1 머리말: 냉전의 의미 **074**
2 국제 냉전 질서의 형성: 제2차 세계대전의 종전과 한국전쟁 **076**
3 국제 냉전 질서의 전개: 자유-공산진영의 대립과 한미동맹 **085**
4 국제 냉전 질서의 완화: 데탕트의 가능성과 한계 **094**
5 국제 냉전 질서의 해체: 신냉전에서 탈냉전으로 **101**
6. 맺음말: 냉전의 '긴 평화'와 한반도 평화 문제 **104**

| 핵심 개념 |

국가안전보장회의 문서 68 NSC-68 / 냉전 Cold War / 데탕트 Détente / 마셜플랜 Marshall Plan / 미소공동위원회 US-USSR Joint Committee / 베를린 위기 Berlin Crisis / 베트남전쟁 Vietnam War / 봉쇄 Containment / 신냉전 New Cold War / 얄타회담 Yalta Conference / 7·4남북공동성명 7·4 Joint Communique between South and North Korea / 쿠바 미사일 위기 Cuban Missile Crisis / 한국전쟁 Korean War / 한미상호방위조약 ROK-US Mutual Defense Treaty / 한반도 분단 Division of Korea / 한일 국교 정상화 Normalization of Korea-Japan Diplomatic Relations

1. 머리말: 냉전의 의미

멀리 바다가 시원하게 내다보이는 인천 자유공원은 인천항 개항 5주년을 맞아 1888년 조성된 우리나라 최초의 서구식 공원이다. 본래는 '각국공원' 또는 '만국공원'으로 불렸으나 한국전쟁 당시 인천상륙작전을 성공시킨 맥아더 장군의 전공을 기리는 동상이 1957년 10월에 세워지면서 '자유공원'으로 개칭되었다. 공원 내에는 조선과 미국의 수호통상조약 체결 100주년을 기념하기 위해 1982년에 세워진 인상적 모양의 탑과 조형물이 설치되어 있다. 명칭이야 어찌되었든 자유공원은 도시민들이 쉼터로 이용하는 아름답고 평화로운 공원이다. 그러나 이곳은 종종 치열한 정치적 갈등의 현장이 되기도 한다.

2005년 9월 11일이 그런 날이었다. 이날 오후 인천 자유공원 일대에서는 미군 철수와 맥아더 동상 철거를 주장하는 진보 단체와 동상의 사수를 주장하는 보수 단체가 동시에 대규모 집회를 열었다. 진보 단체 회원들이 '미군 강점 60년 청산 주한 미군 철수 국민대회'를 개최하고 맥아더 동상의 강제 철거를 시도했고, 보수 단체 회원들은 이들의 자유공원 진입을 저지했다. 이 과정에서 양 진영 간에 크고 작은 충돌이 빚어졌다.

맥아더 동상 철거 문제를 놓고 벌어진 충돌은 냉전의 역사 속에서 전개된 한국 현대사에 대한 상반된 시각을 보여 준다. 한편에서는 맥아더를 한국의 공산화를 막아낸 군사 영웅으로, 그리고 미국을 한국의 군사적 안전보장과 경제적 번영을 도와준 고마운 우방으로 바라본다. 그러나 다른 한편의 시각에서 맥아더는 민족 통일을 가로막은 분단의 원흉이며 미국은 한국을 강점한 점령자로 인식될 뿐이다. 이미 1991년 소련의 붕괴로 세계적 차원의 냉전은 끝이 났다. 그러나 맥아더 동상을 둘러싼 인천 자유공원의 소동은 우리 사회가 아직도 냉전의 굴레에서 자유롭지 못하다는 사실을 상징적으로 보여 준다.

냉전은 무엇을 의미하는가? 냉전冷戰, Cold War은 말 그대로 차가운 전쟁이다. 열전熱戰, Hot War, 즉 뜨거운 전쟁이 일어나지는 않지만 군사적 긴장과 그에 수반되는 정치·사회·경제 등 여러 측면에서의 치열한 경쟁이 이루어지는 상태를 의미한다. 그러나 냉전이라는 말의 의미는 그것이 나오게 된 역사적 맥락 속에서 이해되어야 한다. 군사적 충돌 없이 존재하는 국제적 긴장과 경쟁을 일반적으로 모두 냉전이라고 지칭할 수는 없다는 뜻이다. 우리가 냉전이라고 할 때 그것은 대체로 제2차 세계대전 이후부터 동유럽 사회주의 정권의 붕괴와 소련의 해체까지의 시간적 범위를 전제로 한다. 또 공간적으로 냉전은 유럽에서의 미국과 소련을 각각 중심으로 하는 양 진영 간의 경쟁에서 시작되어 동아시아를 포함한 세계 전역을 대상으로 하는 긴장으로 확대되었다.

시간적·공간적 범위를 제한한다 하더라도 여전히 냉전의 의미에 대한 충분히 만족할 만한 대답이 얻어지지 않는다. 냉전의 의미를 역사적 맥락 속에서 이해해야 한다고 했는데, 모든 역사는 해석의 전쟁터이며 냉전의 역사도 결코 예외가 아니기 때문이다. 하지만 냉전 대결이 군사, 경제, 그리고 이데올로기라는 차원을 모두 포함했다는 점은 분명하다. 이 중 어떤 차원이 상대적으로 더 중요하게 작동했는가는 첨예한 논쟁의 대상이겠지만, 이 장에서는 군사적 차원과 이데올로기의 차원을 강조하고자 한다.

냉전이 미국과 소련이라는 두 초강대국의 군사적 대결을 중심으로 하는 권력정치 power politics 의 성격을 띠었다는 점은 두말할 나위가 없을 것이다. 특히 핵무기와 미사일 등의 운반 수단에 대한 군비경쟁이라는 요인은 냉전이 왜 그토록 위험했는지, 또 그럼에도 불구하고 왜 대립의 주된 당사국인 미국과 소련 간의 직접적인 충돌로 이어지지 않았는지를 이해하기 위해 필수적으로 고려되어야 한다.

한편 왜 미소 간의 군사적 대결과 경쟁이 나타나게 되었는가를 설명하기 위해서는 냉전이 서로 다른 생활 방식 또는 사회조직 원리 간의 대립이었음을 이해해야 한다. 냉전의 주된 당사국이었던 미국과 소련은 상대를 자신과 동일한 성격의 국가로 파악하지 않았을 뿐만 아니라 상대방과의 영속적 공존이 가능하지 않다고 생각했다. 공산주의와 자유주의(또는 자본주의) 사이의 이러한 이데올로기적 적대감은 특히 냉전 초기의 군사적 대립에 더욱 강한 폭발성을 주입했다. 냉전 대립의 이유와 의미, 그리고 바로미터를 제공한 것은 결국 이데올로기였던 것이다. 이데올로기의 차원이 개재하지 않았더라면 냉전은 역사적으로 우리가 경험한 바와는 다른 형태가 되었을 것이다.

이 장에서는 냉전의 기원과 전개, 그리고 균열과 해체 과정을 살펴볼 것이다. 특히 이 과정을 각각 세계적 차원, 동아시아 차원, 그리고 한반도 차원으로

〈참고 2-1〉 국제 냉전 질서의 시기 구분

국제 냉전 질서의 형성, 1945~1953년
국제 냉전 질서의 전개, 1953~1969년
국제 냉전 질서의 완화, 1969~1979년
국제 냉전 질서의 재격화와 해체, 1979~1991년

〈참고 2-2〉 냉전에 대한 세 가지 시각

냉전이 왜 시작되어 어떻게 끝나게 되었는가에 대한 시각은 크게 세 가지로 구별할 수 있는데, 각각의 시각에 따라 냉전의 의미도 상이하게 제시된다.

첫째, 정통주의(orthodoxy) 또는 전통주의(traditionalism) 시각이다. 이 시각에 따르면 소련의 팽창주의적 경향과 이를 막기 위한 미국의 대응이 냉전을 낳았다고 이해된다. 소련의 공산주의 이데올로기에 입각한 공격적이고 팽창적인 정책 때문에 미국을 중심으로 한 서방의 자유주의 진영과의 협력은 애초부터 불가능했으며, 오히려 공산주의의 팽창으로부터 자유 진영을 수호하기 위해 군사적 방어 태세 구축이라는 맞대응을 해야 했다는 것이다.

둘째, 1960년대 이후 전통주의적 시각은 수정주의(revisionism)의 도전을 받게 되었다. 수정주의자들은 공산주의 세력의 팽창이 아니라 오히려 미국 자본주의의 경제적 팽창이 냉전의 주된 원인을 제공했다고 이해한다. 자본주의는 시장을 필요로 한다. 특히 미국과 같은 고도화된 자본주의 경제는 제약 없는 세계시장으로의 팽창이 전제되어야만 유지가 가능하다. 따라서 이러한 자본주의 경제의 논리에 따라 미국은 팽창적 대외 정책을 취했고, 이는 소련으로 하여금 위협을 느끼게 하여 냉전이 초래되었다는 설명이다.

셋째, 탈수정주의(post-revisionism) 시각이다. 전통주의와 수정주의가 각각 소련과 미국의 팽창에서 냉전의 책임을 구하고 있다는 점에서 그 자체로 상당히 냉전적 관점을 대변한다고 볼 수 있다. 이에 비해 탈수정주의자들은 냉전의 책임이 어느 한편에게만 있지 않다는 점을 인정하면서 세밀한 외교문서 분석을 통해 냉전의 복합적인 성격을 드러내고자 노력한다. 예컨대 국제적 무정부 상태를 특징으로 하는 국제체제의 속성상 미국과 소련은 각각의 생존을 보장하기 위해 권력을 추구하지 않을 수 없으며, 이는 결국 냉전으로 귀결되었다는 것이다. 이러한 방식의 설명은 기존의 전통주의 또는 수정주의적 책임론을 넘어서서 냉전의 성격을 신현실주의 국제정치이론에 따라 설명하고자 하는 시도를 보여 준다.

그러나 탈수정주의가 냉전에 대한 단일한 해석을 내놓은 것은 아니다. 또한 정도의 차이는 있지만 기존의 냉전 책임론으로부터 완전히 벗어난 것으로 보기도 어렵다. 예를 들어 미국이 소련으로부터의 위협을 과장한 측면이 있음을 인정하지만 소련의 팽창에 대한 미국의 대응은 대체로 정당했다는 판단이 지배적이다. 다른 한편, 국가 안보를 위해 압도적 군사력 우위를 추구한 미국의 정책이 냉전을 촉발했다는 해석도 제기되고 있다.

나누어 검토함으로써 냉전기 한반도에서의 삶이 어떻게 세계적, 동아시아 지역적 수준에서 벌어지는 국제정치의 변동과 연관을 맺고 있었는지 살펴보고자 한다. 다만 냉전의 역사를 이렇게 세 차원으로 나누어 서술하는 것이 늘 용이한 것은 아니다. 냉전 중에 일어난 주요 사건의 원인, 경과나 의미 등이 단 하나의 차원에만 배타적으로 국한되는 것은 아니기 때문이다. 독자들은 이 점에 유의하며 아래의 설명을 이해하기 바란다.

2. 국제 냉전 질서의 형성: 제2차 세계대전의 종전과 한국전쟁

(1) 제2차 세계대전 종전과 유럽 냉전

냉전은 유럽에서 시작되었다. 냉전의 기원은 제2차 세계대전과 깊은 연관이 있다. 유럽에서의 전황은 1941년 이전만 해도 히틀러^{Adolf Hitler}의 독일군이 유럽 대륙을 거의 석권한 상황에서 영국만이 나치 독일과 외로운 싸움을 벌이고 있는 상황이었다. 소련은 1939년 독일과 불가침조약을 맺음으로써 발트제국을 점령하게 되는 등 동유럽에서의 영토적 이득을 챙기면서 전쟁에는 직접 개입하지 않았다. 한편 대서양 건너편의 미국에서는 루스벨트^{Franklin Delano Roosevelt} 대통령이 전체주의 세력의 세계적 팽창을 경고하며 영국에 대한 군사원조를 제공하고 있었지만 여전히 고립주의적인 국내 여론으로 인해 쉽사리 직접 참전을 결정하지 못하고 있었다. 그러나 1941년 6월 독일이 불가침조약을 어기고 소련을 공격하기 시작함으로써 소련이 독일과의 전쟁에 뛰어들게 된다. 같은 해 12월 일본이 하와이 진주만을 공습하자마자 독일이 미국에 선전포고를 했다. 이로써 미국은 유럽과 아시아 두 전장에서 벌어지는 제2차 세계대전의 주된 당사국이 되었다. 또한 유럽에서 독일의 팽창에 대항하는 영국·미국·소련의 전시대동맹이 형성되었다.

전시대동맹은 기본적으로 필요에 의한 결합이었다. 전쟁이 지속되는 한 협력은 필요했고, 보다 장기적인 차원에서 보자면 그러한 협력은 크게 우려할 일이 아니라고 생각됐다. 스탈린^{Joseph Stalin}은 자본주의 국가들 간에는 필연적으로 대립이 발생한다는 마르크스-레닌주의에 의거하여 미국과 영국이 결국에는 갈등을 빚을 것으로 예상하고, 소련은 그때까지 기다리면서 국내적 재건의 시간을 벌면 된다고 판단했다. 자본주의에 대한 공산주의의 궁극적 승리를 자신했던 것이다. 한편 루스벨트는 자유주의적 전후 처리를 구상하고 있었다. 그는 무엇보다도 평화 유지를 위해 집단 안보 체제를 구축하고자 했다. 이를 위해서는 전시동맹국들 간의 협력이 전후에도 지속되어야 한다고 믿었다. 그는 강대국의 영향권을 부인하면서 각 민족들에게 자결권과 대내적인 민주주의적 선택권이 보장되어야 한다고 생각했다. 이러한 구상에 따라 미국은 국제연합^{UN}의 창설을 주도했다. 그는 또한 전후 세계경제가 자유무역과 시장경제에 기초해야 한다고 믿었는데, 이러한 목표하에 미국은 브레턴우즈회의(1944)에 참여하여 관세 및 무역에 관한 일반협정^{GATT}의 체결 및 세계은행^{World Bank}과 국제통화기금^{IMF}의 창설을 주도했다.

그러나 미소 간의 상호 불신은 남아 있었다. 미국과 영국은 소련이 일방적으로 다시 독일과 손을 잡지 않을까 염려했고, 소련도 마찬가지로 미국과 영국이 독일과 함께 반공산주의 연합을 형성하지 않을까 우려했다. 소련은 미국과 영국이 서유럽에서의 제2전선 형성을 늦추는 데 대해서도 불만과 의구심을 가지고 있었다. 소련 공산당 서기장으로서 절대 권력을 행사하던 스탈린은 간첩 활동을 통해 미국과 영국의 주요 정책에 대해 알아내고자 노력했으며, 여기에는 원자폭탄 개발을 위한 맨해튼프로젝트도 포함되어 있었다.

1944년 6월 연합군이 노르망디상륙작전을 통해 성공적으로 서유럽의 제2전선을 형성하면서 전세는 연합군 편으로 크게 기울었다. 동부전선에서 독일과 맞서던 소련은 서쪽으로 진격하여 루마니아·불가리아·헝가리 등을 점령했다. 유럽에서의 전쟁은 1945년 5월 독일의 패배로 종결되었다. 소련은 동유럽과 발트 연안 국가들을 점령했다. 한편 동서에서 각기 독일로 진격한 미국·영국·소련은 독일을 4개 지역으로 분할 점령하고 프랑스도 이에 참여시켰다. 소련 점령 지역 내에 위치한 베를린을 동서로 나누어 소련과 미국이 각각 점령했다.

미국과 소련은 승전의 두 주요 당사자였다. 두 차례의 세계대전을 치르면서 영국은 이미 지쳐 있었다. 반면, 전쟁을 통해 미국과 소련은 가장 영향력 있는 국가로 부상했다. 전화를 입지 않은 미국은 전쟁을 거치면서 군사력과 경제 규모, 기술 수준 등 거의 모든 분야에서 타의 추종을 불허하는 강력한 국가로 성장했다. 소련은 제2차 세계대전을 통해 막대한 희생을 치렀음에도 불구하고 끝까지 나치즘에 저항함으로써 공산주의가 '미래의 물결', 즉 진정한 진보의 이념이라는 인식을 확산시켰다. 실로 소련의 큰 희생이 없었다면 연합군의 승리는 불가능했다. 더욱이 소련은 종전으로 유럽을 떠나야 하는 미국과 달리 그 자신이 유럽에 속한 세력이었다. 소련의 붉은 군대는 이미 발트 연안은 물론 동유럽과 발칸반도에 이르는 지역을 직접 병합하거나 점령함으로써 자신의 세력권에 포함시켰다.

제2차 세계대전 중 동맹이었던 미국과 소련의 관계는 종전과 더불어 적대적 관계로 급속히 전환되고 있었다. 특히 미국은 소련의 동유럽으로의 팽창에 의심의 눈초리를 보냈다. 물론 두 차례의 세계대전에서 독일의 공격을 경험한 소련은 자신의 안보를 위해 동유럽 지역에 자신의 세력권을 구축하는 것이 필요하다고 생각했으며, 미국으로서도 이를 전적으로 부정하기는 어려웠다. 더욱이 소련은 제2차 세계대전으로 인해 무려 2700만 명에 이르는 사상자를 냈다. 영국의 사상자가 36만 명이었고 미국은 30만 명에 못 미치는 수준이었음을 감안할 때 소련이 독일과의 전쟁에서 치른 희생은 매우 큰 것이었다. 이는 소련이 자신의 희생에 걸맞은 지분을 요구할 수 있는 근거가 되었다. 그러나 자유주의와 민족자결을 전후 질서의 기본 이념으로 삼고자 했던 미국은 소련에게 동유럽, 특히 폴란드에서의 자유선거 실시를 요구했다.

1945년 2월 전후 처리를 논의하기 위해 흑해 연안의 휴양지 얄타에서 연합국 수뇌회담이 열렸다. 얄타회담을 통해 종전 이후의 국제질서에 대한 미국, 영국, 소련 최고지도자 간 중요 합의가 이루어졌다. 미·영·불·소가 독일을 공동 점령한 것도 얄타에서의 합의에 따른 것이었다. 아시아에서의 대일 전쟁에 대한 소련의 참여 문제도 논의되어 소련은 독일 패망 후 3개월 이내에 참전하기로 약속하고, 그 대가로 만주 지역에 대한 이권을 얻었다. 폴란드 문제와 관련하여 스탈린은 자국에 우호적인 정권의 수립을 주장했지만 정부 형태는 자유선거를 통해 결정한다 원칙에 합의했다. 그러나 실제에 있어서 그는 자유선거 실시를 허용하지 않고 소련의 위성 정권을 세웠다. 폴란드의 경우 반소 감정이 팽배했기 때문에 선거를 통해서는 친소 정권이 수립될 가능성이 낮다는 전망 때문이었다.

　소련의 영토적 팽창은 동유럽에 그치지 않는 것으로 보였다. 스탈린은 1942년부터 이란 북부 지역에 주둔해 온 소련군의 철수를 고의로 지연시켰다. 또한 터키에 대해 영토 일부를 양도할 것을 요구했다. 그러나 미국은 강경하게 대응했다. 1945년 4월 루스벨트의 사망으로 대통령직을 승계한 트루먼Harry Truman은 이란을 통해 1946년 3월 국제연합 안전보장이사회에 소련의 이란으로부터의 철수 문제를 가져가는 한편 미 해군 제6함대를 지중해로 파견했다. 미국이 강하게 대응하자 스탈린은 조용히 뒤로 물러섰다. 그러나 이 사건을 계기로 서방에서는 소련의 팽창이 안보를 위해 필요한 수준을 넘어서고 있다는 인식이 커졌다. 1946년 3월 미국 미주리 주 풀턴을 방문한 처칠Winston Churchill 전 영국 총리는 소련이 유럽에 '철의 장막'을 치고 있다고 경고했다.

　소련의 팽창에 대한 우려가 증대되는 가운데 1946년 2월 22일 모스크바 주재 미국대사관에 근무하던 엘리트 외교관 케넌George F. Kennan은 워싱턴으로 '긴 전문'을 타전하여 소련의 팽창을 막기 위한 장기적 차원의 봉쇄정책을 제안했다. 케넌은 소련의 팽창은 독재체제의 내부 모순을 외부로 돌리기 위한 것이므로 팽창이 봉쇄된다면 소련은 결국 자체 모순으로 인해 붕괴할 것이라고 전망했다. 케넌이 제시한 봉쇄containment라는 개념은 이후 냉전기 미국 대외 전략의 근간을 이루게 된다.

　1947년 3월 12일 트루먼 대통령은 의회 연설에서 그리스와 터키에 대한 원조를 요청했다. 트루먼독트린Truman Doctrine이라고 불리는 이 연설은 원조의 목적을 소련의 팽창과 야심을 경계하고, 공산주의 세력의 전복 기도에 맞서는 자유민들을 지원하기 위한 것이라고 정의했다.

〈참고 2-3〉 케넌과 노비코프: 냉전 초기 미국과 소련의 상호 인식

제2차 세계대전의 종전과 함께 양대 강대국으로 부상한 미국과 소련은 냉전 대립의 중심 세력이 되었다. 이 과정에서 미국과 소련은 서로를 공격적인 국가로 인식했으며, 특히 그러한 공격성의 이유를 상대 국가의 내적인 속성에서 찾았다. 이와 같은 미국과 소련의 상호 인식은 모스크바 주재 미국 부대사(DCM: Deputy Chief of Mission)였던 케넌(George F. Kennan)의 1946년 2월 22일자 전문과 워싱턴 주재 소련 대사였던 노비코프(Nicholai Novikov)의 1946년 9월 27일자 전문에서 잘 드러난다.

케넌은 1946년 2월 전문에서 소련이 공산주의 국가로서 자본주의 국가들과의 항구적 전쟁 상태에 처해 있다고 스스로 인식하고 있다고 지적한다. 하지만 케넌은 사실상 소련이 공산주의 국가이기 이전에 러시아의 전통을 잇는 국가임을 강조한다. 러시아의 후예로서 소련은 독재의 전통을 지니고 있을 뿐만 아니라 외부 세력에 대한 러시아의 전통적 공포와 불안감에서 비롯된 대외 팽창의 경향을 나타낸다고 보았다. 즉 대외적으로 영향력을 팽창하여 가능한 최대한의 자원을 자신의 통제하에 둠으로써 안보를 얻으려 한다는 것이다. 케넌에 따르면 마르크스-레닌주의는 소련의 이와 같은 대내적 독재와 대외적 팽창을 정당화하고 있을 뿐이다. 이러한 진단 아래 케넌은 소련의 팽창에 대한 장기적 봉쇄를 주장했다.

반면 노비코프의 1946년 9월 전문은 미국이 독점자본주의 국가로서 세계 지배를 꿈꾼다는 문장으로 시작한다. 그는 미국은 막강한 경제력을 기반으로 세계 전체를 통제할 수 있지만, 사회주의 국가 소련이 미국의 영향력 밖에서 강력한 세력으로 부상하고 있기 때문에 상당한 위협을 느끼고 있다고 보았다. 이어 이러한 위협에 직면한 미국이 자본주의 국가 특유의 공격성을 드러내면서 해외 기지를 건설하고 핵무기 같은 신무기 개발에 나서고 있다고 지적했다. 또한 미국은 자본 투자의 대상국이자 수출 시장으로서 중요한 중국을 자본주의 세력권에 묶어 두려고 하며, 자본주의 경제의 기반인 석유를 통제하기 위해서 중동 지역에 발판을 마련하려고 한다고 분석했다. 그리고 이 과정에서 미국은 같은 자본주의 국가인 영국과 치열하게 경쟁하고 있으며, 이러한 모순으로 인해 미국과 영국의 협력은 상당 부분 약화되었다고 진단한다. 이와 관련하여 노비코프는 중동에서 벌어지고 있는 미국과 영국의 갈등과 경쟁을 이용해야 하며, 미국이 독일과 일본을 동맹국으로 포섭하여 소련을 억압하는 상황에 대비해야 한다고 제안했다(Jensen 1991).

이어서 같은 해 6월, 마셜(George C. Marshall) 국무장관은 이후 마셜플랜(Marshall Plan)으로 불리게 된 유럽 부흥 계획을 발표한다. 마셜플랜은 전쟁으로 황폐화된 유럽, 특히 서유럽의 경제 재건을 목적으로 한 것이었다. 미국이 마셜플랜을 고안해 낸 데에는 인도주의적 고려 이외에도 몇 가지 중요한 계산이 있었다. 첫째, 미국은 아직 군사력의 우위를 자신하고 있었다. 특히 미국은 핵무기를 독점하고 있는 상황이 적어도 4~5년가량은 유지될 것으로 전망하고 있었다. 둘째, 미국은 소련의 위협을 주로 공산주의에 대한 동경심에서 찾았다. 그러한 동경심은 경제적 상황이 좋지 않을 때 확대될 것이라고 보았다. 가난이 공산주의를 부른다는 생각이었다. 따라서 유럽 경제의 재건은 그 자체로 공산주의에 대한 내성을 기르는 일이었다. 셋째, 유럽 경제의 회복은 미국의 상품시장 확대라는 의미도 지니는 것이었다. 미국은 이미 1930년대 과잉 생산과 배타적 보호무역에서 비롯된 대공황을 경험했기 때문에 자유무역의 중요성을 잘 알고 있었다. 이를 위해서는 무엇보다도 유럽의 산업과 시장이 회복되어야만 했다.

미국은 소련과 동유럽 국가에도 마셜플랜 참여를 권유했다. 하지만 소련의 참여를 크게 기대하지는 않았다. 실제로 스탈린은 마셜플랜이 동유럽에 대한 소련의 영향력을 감소시키려는 숨은 의도를 지니고 있다고 인식하고, 미국의 참여 권유를 거부함은 물론 체코슬로바키아와 폴란드 같은 동유럽 국가의 참여도 막았다. 특히 체코슬로바키아는 마셜플랜 참여를 강력히 희망했으나 1948년 2월 공산주의 쿠데타가 발생하여 친소 정권이 수립되었고, 이 과정에서 친서방적 지도자들이 희생되었다. 헝가리에서도 1948년 초에 비공산주의자들이 숙청되었다. 한편 소련은 마셜플랜에 대항하기 위해 동유럽에 대한 경제원조 계획인 몰로토프 계획(Molotov Plan)을 마련하고, 1947년 9월에는 코민포름(Cominform)을 결성하여 국제공산주의운동에 대한 소련의 통제와 주도권을 강화했다. 이렇게 마셜플랜은 유럽에서 양극화를 더욱 재촉하는 결과를 초래했다. 정치적으로 또 경제적으로 이제 유럽은 공산 진영과 자유 진영으로 단절되었고 그 단절은 더욱 깊어갔다.

1948년 6월에서 이듬해 5월까지 실행된 소련의 베를린봉쇄와 이에 대응한 미국의 대규모 베를린 공수는 유럽의 단절을 상징적으로 보여 주는 냉전의 첫 위기였다. 베를린 위기 직후인 1949년 9월 독일연방공화국(서독)이 수립되었고, 10월에는 소련의 점령 지역이 독일인민공화국(동독)으로 분리됨으로써 독일의 분단이 확정되었다. 한편 1949년 4월에는 미국·캐

〈참고 2-4〉 트루먼독트린

미국의 트루먼 대통령은 1947년 3월 12일 미 의회 상·하 양원 합동 회의에서의 연설을 통해 그리스와 터키에 대한 즉각적인 경제 및 군사원조의 제공을 의회에 요청했다. 지중해에 위치한 두 국가는 본래 영국으로부터 경제적 지원을 받고 있었다. 그러나 두 차례의 세계대전을 겪으며 국력이 쇠퇴한 영국이 더 이상 원조를 제공할 수 없게 되자 영국은 미국에게 두 나라에 대한 지원을 요청했다. 그리스는 당시 공산주의 게릴라의 위협에 처해 있었는데, 트루먼 대통령은 공산주의 세력에 의한 체제 전복의 위험으로부터 그리스를 보호하기 위해 원조가 필요하다고 강조했다. 한편 트루먼은 터키가 소련의 영향권에 놓이게 되어 중동 지역의 질서가 파괴될 것을 염려하면서 터키에 대해서도 경제원조를 제공해야 한다고 주장했다. 트루먼의 요청에 따라 미 의회는 그리스 및 터키에 대한 원조기금 4억 달러를 책정했다. 트루먼의 연설은 비록 그리스와 터키라는 두 특정 국가에 대한 지원을 구체적 정책 목표로 삼고 있었지만, 미국 대통령이 최초로 공산주의 위협에 대해 공식적으로 언급하고 그에 대한 대비가 필요함을 주장했다는 점에서 냉전의 시작을 알리는 보다 큰 세계사적 의미를 갖는다.

나다·영국·프랑스 등 12개국이 참가하는 집단방위체제인 북대서양조약기구 NATO가 조인되었다. NATO는 소련의 위협으로부터 유럽을 지키기 위해 결성되었으며 이로써 소련의 위협에 대한 미국의 군사적 보장이 제도화되었다.

1949년 8월 소련은 핵실험에 성공했다. 이는 그 자체로 미소 대립의 산물이면서 동시에 냉전을 보다 격화시킨 사건이었다. 앞에서 지적했듯이 소련은 첩보활동을 통해 제2차 세계대전 중 미국이 핵무기를 개발하고 있다는 사실을 알고 있었고, 또 서방의 핵 기술을 획득하기 위해 노력했다. 미국은 자신의 핵 독점이 예상보다 빨리 깨지게 된 데에 놀라지 않을 수 없었다. 그리하여 트루먼 행정부는 원자탄 생산에 박차를 가하여 200기 수준이던 기존의 보유량을 확대하기로 하는 한편, 보다 강력한 위력을 지닌 수소폭탄의 개발에도 착수했다.

하지만 트루먼 행정부는 전력 증강을 적극적으로 추진하지는 않았으며, 그런 의미에서 아직 미소 군사 대결이 본격화된 것은 아니었다. 제2차 세계대전이 끝난 지 얼마 지나지 않은 시점에서 트루먼 행정부의 가장 중요한 정책 목표는 그동안 전쟁 수행을 위해 짜인 사회와 경제를 평시로 되돌리는 것이었다. 특히 재정적인 측면에서 균형 예산의 달성이 중요한 목표였다. 이런 상황에서 미국은 핵전력 개발보다도 훨씬 막대한 예산이 소요되는 통상 전력의 증강에는 소극적으로 임할 수밖에 없었다. 미국의 이러한 태도를 변화시켜 냉전의 군사적 대립의 측면을 극적으로 강화시킨 사건은 동아시아의 한반도에서 일어났다.

(2) 태평양전쟁 종전과 동아시아 냉전

냉전은 유럽에서의 미소 양국의 대립에서 기원했다. 제2차 세계대전 이후 초강대국으로 등장하게 된 미국과 소련 두 나라 모두에게 유럽은 자국의 생존이 걸린 가장 중요한 지역으로 인식되었다. 이에 비해 동아시아는 처음부터 냉전의 주된 대상으로 인식되지는 않았다. 하지만 유럽에서 시작된 미소 냉전은 곧 동아시아를 포함한 전 세계로 확대되었다. 이러한 냉전의 공간적 확대를 이해하기 위해서는 유럽 냉전의 영향이 동아시아 자체의 요인과 함께 맞물려 가는 과정을 살펴볼 필요가 있다.

주지하듯이 제2차 세계대전은 유럽과 아시아의 두 전장에서 치러졌다. 그런데 나치 독일의 팽창에 대항하여 미국과 소련이 참여한 유럽에서의 전쟁과 달리 1941년 12월 일본의 진주만 공습으로 시작된 태평양전쟁에서는 소련이 참전하지 않은 상황에서 미국이 일본과 싸웠다. 1945년 2월 얄타회담에서 미국은 소련의 태평양전쟁 참전을 요청했고, 이에 소련은 유럽에서의 전쟁 종료 3개월 이내에 일본과의 전쟁에 참여하기로 약속했다. 미국은 얄타회담 당시까지만 해도 비밀리에 진행 중이던 원자탄 개발이 빨리 이루어질 것이라는 점을 예상하지 못했으며, 따라서 소련의 참전을 이끌어 내는 일이 일본과의 전쟁을 조기에 끝낼 수 있는 유일한 방법이라고 판단했던 것이다.

그러나 미국은 당초의 예상보다 이른 1945년 7월 핵실험에 성공했으며, 이에 따라 소련의 참전 필요성도 더 이상 느끼지 않게 되었다. 오히려 소련의 참전은 부담이 되었다. 유럽에서 소련이 전쟁에서 치른 희생의 대가로 영토적 요구를 했던 것처럼 동아시아에서도 마찬가지 요구를 할 것으로 전망했기 때문이다. 소련은 얄타회담에서의 약속에 따라 1945년 8월 9일 대일 전쟁에 참전했다. 하지만 미국은 일본의 히로시마와 나가사키에 대한 원폭 투하를 강행했다. 이미 일본의 패색이 짙어져 있던 상황이었지만 항복을 앞당겨 소련의 진주를 막기 위한 조치였다.

1945년 8월 15일 일본의 항복으로 태평양전쟁은 종결되었다. 소련은 미국에 일본 공동 점령을 제의했으나 미국은 이를 묵살했다. 미국은 도서 국가로서의 지정학적 가치, 그리고 아시아의 가장 중요한 산업 지대라는 중요성을 고려하여 일본을 아시아에서 사활적 안보 이해가 걸린 나라로 인식했기 때문이다. 이렇듯 미국의 일본 단독 점령은 제2차 세계대전 종전의 시점에 이미 미소 간의 불신이 어느 정도 작동하고 있었음을 보여 준다. 이러한 불신은 유럽에서 진행되어 온 초기 냉전에서 비롯된 것이었다.

하지만 이러한 '냉전적' 분위기가 곧 동아시아 냉전의 본격 개시를 의미하는 것은 아니었다. 미국의 일본 점령 정책은 군국주의 세력의 거세와 민주화에 초점이 맞추어졌다. 또한 미국은 일본에게 전쟁 책임을 물어 피해국에 대한 엄중한 배상을 요구하는 정책을 추진하려 했다. 중국에 대한 미국의 정책도 소련과의 대결에 최우선 관심을 두는 냉전의 잣대에 따라서만 전개되지는 않았다. 제2차 세계대전의 종료와 함께 국민당과 공산당 간의 중국 내전이 재개되었는데, 점차 국민당의 패색이 짙어져 갔다. 미국은 공산당의 승리를 바라지 않았지만 그렇다고 중국인들로부터 지지를 잃어 가는 부패한 국민당을 적극적으로 지원할 의사도 없었다. 미국은 국민당을 재정적으로 지원했으나 1947년 이후 규모를 급격히 줄여 갔다. 아울러 미국은 국민당의 중국 제패라는 목표에서 후퇴하여 공산당 세력을 중국 북부 지역에 한정시키려는 보다 제한적 목표를 추구했다.

1947년부터 미국의 일본 점령 정책에 변화가 나타났다. 당시 유럽에서는 트루먼독트린 발표 등 미소 냉전이 서서히 모습을 드러내고 있었다. 또한 중국에서 공산당의 우세가 분명해지면서 아시아에서 일본의 전략적 중요성이 더욱 커지고 있었다. 일본의 민주화를 위주로 하던 기존의 점령 정책은 공산주의 세력 확대를 견제하기 위해 일본 경제의 신속한 재건을 최우선적 목표로 삼아 추진하는 방향으로 대체되었다. 이 가운데 일본에게 전쟁 책임을 물어 전쟁 피해국에 대한 엄중한 배상을 추진하려는 정책도 점차 포기되었다.

1950년에 이르러 동아시아의 냉전은 좀 더 가시화되기 시작했다. 1949년 10월 중국이 공산화된 데 이어 이듬해 2월에는 소련과 중국이 우호조약을 체결하여 공산 진영의 결속을 과시했다. 미국에서는 중국 공산화가 소련의 핵실험 성공의 충격과 겹쳐지면서 매카시즘이 일어났다. 매카시 Joseph McCarthy 상원의원을 비롯한 일부 공화당 정치인들은 중국을 '잃은' 책임이 트루먼 대통령의 민주당 행정부에게 있다며 비난했다. 1950년 4월에는 미국의 국가안전보장회의가 NSC-68이라는 정책문서를 작성했다. 이 문서에서

〈참고 2-5〉 샌프란시스코강화조약과 동아시아에서의 전후 처리

1951년 9월 4일부터 5일 동안 미국의 샌프란시스코에서 태평양전쟁의 전후 처리를 위한 국제회의가 54개국이 참가한 가운데 열렸다. 그러나 중국과 인도는 회의에 참가하지 않았으며, 한국은 태평양전쟁 당시 전쟁 당사국이 아니었다는 이유로 서명국, 즉 공식 참가자로서의 지위를 인정받지 못하고 옵서버 자격으로 참가했다. 당시 회의를 주도한 미국이 한국 정부의 회의 공식 참가 주장을 받아들이지 않았던 것인데, 이유는 일본을 아시아에서의 반공 봉쇄를 위한 중추 기지로 삼고자 하는 미국의 전략적 고려 때문이었다. 미국은 한국이 강화조약의 서명국으로 참여하여 상당한 규모의 배상을 요구하고, 이 요구가 관철될 경우 일본의 경제적 회복이 지연될 것을 우려한 것이다. 미국은 일본의 주권 회복과 재군비, 그리고 미군의 계속적인 일본 내 기지 사용과 주둔을 추구했는데, 샌프란시스코회의는 이러한 미국의 정책을 반영하는 내용의 강화조약을 체결했다. 강화조약에는 49개국이 조인했으나, 소련을 비롯하여 회의에 참가한 공산권 국가들은 서명을 거부했다. 강화조약과는 별도로 미일 양국의 안전보장조약도 체결되었다. 이로써 이듬해 미국의 일본 점령이 종결되고 일본의 주권이 회복되었다. 하지만 미국은 오키나와를 비롯한 일본 내 기지를 계속해서 사용할 수 있는 권리를 확보했다(이리에 1993 194-199; 이원덕 1996 26-38).

제안한 전략은 대공산권 봉쇄를 추구한다는 점에서는 케넌이 제안했던 정책과 일치하지만 봉쇄 방법에 있어서는 중요한 차이가 있었다. 케넌은 서유럽과 일본 등 국제적 세력균형을 좌우할 수 있는 핵심 지역이 소련의 영향권에 들어가지 않도록 하는 데 봉쇄정책의 주안점을 두어야 한다고 보았으며 그 수단에 있어서도 비군사적 방법을 선호했다. 그러나 폴 니체^{Paul Nitze}를 중심으로 한 NSC-68의 작성자들은 소련이 세계 어떤 지역으로도 팽창하지 못하도록 막아야 하며, 이를 위해 미국의 군사력을 대폭 증강해야 한다고 주장했다(Gaddis 1982, 90-94).

하지만 NSC-68이 제시한 적극적 군사봉쇄가 미국의 전략으로 바로 채택되지는 않았다. 트루먼 대통령은 막대한 국방 재원이 소요되는 NSC-68의 극단적 제안을 수용하려 하지 않았다. 공산주의의 위협에 대한 인식이 점차 증대되고 있었지만 앞에서 지적한 바와 같이 제2차 세계대전 종전이 그리 오래되지 않은 시점에서 다시 전시에 준하는 상황으로 돌아가자는 주장은 쉽게 받아들여질 수 없었다. 그러나 1950년 6월 한반도에서 북한의 전면 공격으로 전쟁이 발발하자 공산주의 팽창은 현실적이고 직접적인 위협으로 받아들여졌다. 이후 미국의 봉쇄정책은 NSC-68이 제시한 방향을 따르게 되었다. 한국전쟁은 냉전기에 발생한 최초의 열전으로서 냉전의 본격화를 촉발했던 것이다.

(3) 한반도 분단과 한국전쟁

1945년 8월 15일 일본의 패전으로 해방을 맞이한 한국의 정국은 냉전 분위기가 조성되어 가던 세계 및 동아시아 정세의 흐름에 예민하게 반응하며 요동쳤다. 8월 16일 중도좌파 노선의 여운형과 중도우파의 안재홍을 각각 위원장과 부위원장으로 하는 중도 좌우 연합 통일전선체인 조선건국준비위원회(건준)가 조직되었다. 건준은 한반도 전역에 대한 치안권과 행정권을 선언했다. 그러나 점차 건준은 박헌영의 공산주의 계열로 주도권이 넘어가면서 좌경화되었다. 9월 6일 미국의 38도 이남 진주가 임박한 시점에서 박헌영은 건준을 모태로 조선인민공화국(인공)을 급조했다. 미국의 진주에 앞서 사실상의 정부로서 인공을 세워 놓고자 했던 것이다.

해방 직후 한때 소련군의 한반도 진주 가능성이 유력하게 점쳐지기도 했으나 한반도는 38도선을 경계로 미국과 소련에 의해 분할 점령되었다. 먼저 1945년 8월 26일 소련군이 평양에 도착하여 사실상의 군정부라 할 수 있는 북조선 주둔 소련군 사령부를 설립했고, 이어 10월에는 민정부(소련민정)를 설치했다. 9월 9일 서울에 진주한 미군은 맥아더의 '포고 제1호'를 통해 38선 이남 지역에 대한 미군정의 수립을 알렸다.

사실 미국과 소련 모두 한반도 자체에 대해 사활적 관심과 이해관계를 갖지는 않았다. 그러나 서로를 잠재적 경쟁 세력으로 인식하게 된 가운데 미국과 소련은 한반도 전체가 상대편의 영향력 하에 들어가는 것을 결코 원하지 않았다. 미국은 일본이라는 전략적 거점의 방어를 위한 완충지대로 한반도를 인식했고, 마찬가지로 소련은 한반도가 소련 공격을 위한 기지가 되지 않도록 하는 데 관심이 있었다. 양국의 이러한 이해관계가 반영된 결과가 바로 한반도의 분할 점령이었던 셈이다.

미소 분할 점령은 궁극적으로 남북한에 각각 친미 정권과 친소 정권이 수립됨에 따라 분단의 고착화로 귀결되었지만 애초부터 분단 고착화가 의도되었던 것은 아니다. 남한에 진주한 미군정은 인공을 정부 조직으로 인정하지 않았으며, 김구·이승만 등 해외 우익 인사들을 귀국시켜 좌익 세력의 정국 주도권을 견제했다. 그러나 미국의 한반도 정책은 아직은 본격적 봉쇄보다는 소련과의 협조의 틀을 유지하는 가운데 실질적 영향력을 확보하는 데 맞추어져 있었다. 1945년 12월 28일 모스크바 3국 외상회의의 결정에 따라 미국·영국·소련·중국 4개국에 의한 한반도 공동 신탁통치 방안 마련을 목적으로 하는 미소공동위원회(미소공위)가 설립되었다. 1946년부터 미국은 신탁통치의 전제 조건으로서 남한 정치 세력을 중도 노선으로 통합하고자 여운형, 김규식과 같은 중도파를 지원했다. 그러나 신탁통치안을 둘러싸고 우익의 신탁통치 반대 입장과 좌익의 모스크바 결정 지지, 즉 찬탁 입장 간의 국내 갈등이 첨예화되었다. 그 가운데 임시정부 수립을 위한 협의 대상에서 반탁 세력을 배제해야 한다는 소련의 입장과 이에 반대하는 미국 간의 의견 대립이 해소되지 못했고, 이로 인해 미소공위는 7월 이후 교착상태에 빠지고 1947년 10월 최종 해산되기에 이른다.

이미 1947년 7월에 미국의 트루먼 행정부는 유럽에서 대소 봉쇄정책을 적용하고, 동아시아에서도 일본의 대소 봉쇄 기지화를 위한 재건 정책을 추진하기 시작했다. 이와 같은 시점에 미소공위가 교착상태에 빠지자 미국은 남한에서 중도파 지지를 통해 4개국 공동 통치를 모색하던 기존의 정책을 바꾸어 우익에 의한 단독정부 설립을 추진하기 시작했다. 같은 해 9월 미국은 한국 문제를 국제연합에 넘김으로써 신탁통치안을 공식 파기했다. 1948년 1월 인구 비례에 따른 남북 총선거 실시를 위해 국제연합 한국임시위원단이 파견되었지만 소련의 거부로 결국 5월 10일 남한 지역에서만 총선거가 실시되었다. 이를 통해 제헌의회가 구성되고, 8월 15일에는 이승만을 대통령으로 하는 남한 단독정부가 수립되었다.

북한에서도 이미 단독정부 수립의 움직임이 나타나고 있었다. 소련군의 북한 진주 이후 우익 세력이 거세되기 시작했으며, 그 결과 1946년 1월에는 북한 지역에서 좌익의 주도권이 확립되었다. 이를 기반으로 소련은 1946년 2월 북조선임시인민위원회를 수립했다. 위원장은 소련의 지원을 받는 김일성이 맡았다. 이후 소련은 북한의 내정에 직접 간여하는 대신 김일성을 통해 간접적으로 통제하는 방식으로 전환했다. 1947년 2월 북조선임시인민위원회는 북조선인민위원회로 상설화되었다. 그리고 남한의 단독정부 수립 직후인 1948년 9월 9일 북한에서도 단독정부가 수립되었다(이완범 2005).

1948년 남북한 각각의 정부 수립까지의 과정이 한반도 냉전의 서곡이었으며, 그 이후에는 한국전쟁을 통해 한반도 냉전과 세계 냉전이 동시에 격화되었다. 그런데 한반도와 세계 차원의 냉전 격화가 미소 대립의 산물만은 아니었다. 아이러니하게도 미국과 소련은 한반도에 대한 일정한 영향력을 유지하고자 했지만 이를 위해 군사적 충돌을 불사하겠다는 결의는 없었다. 그러한 결의는 남한과 북한 지도자들의 것이었다. 이승만과 김일성은 모두 분단의 장기화에 동의하지 않고, 무력 사용에 의해서라도 통일을 이루고자 했다.

물론 무력에 의한 통일은 미국이나 소련의 군사적 지원 없이는 결코 시도될 수 없는 것이었다. 미국은 무력 통일을 위한 남한의 군사력 강화에 동의하지 않았다. 사실 1947년 미국이 남한의 우익 단정 수립을 결정했던 것도 한반도에 대한 군사적 개입을 빨리 철회하려는 의도 때문이었다. 미군 철수 이후에 남한이 공산화되지 않도록 하기 위해서는 시급히 자치 정부가 수립되어야 했던 것이다. 주한 미군은 1949년 중반까지 철수를 끝냈고, 미국 정부는 주로 정치적·경제적 지원을 통해 남한 정부의 존속을 보장하고자 했다. 비군사적 수단을 통한 봉쇄가 한반도에 적용되고 있었던 것이다.

소련도 미국과의 직접적 군사 대결을 피하려 했다. 1949년 3월부터 시작된 김일성의 거듭된 남침 지원 요청에도 불구하고 스탈린은 한반도에서의 전쟁이 자칫 미국의 개입을 불러올 가능성을 염려하여 이를 거절했다. 그러나 1950년 4월 스탈린은 마오쩌둥毛澤東이 동의한다는 조건하에 김일성에게 남침을 허락했다. 스탈린은 스파이를 통해 1949년 12월 작성된 미국의 전략계획서 NSC-48/2을 입수했고, 이를 통해 미국이 더 이상 아시아에 개입하지 않으려 한다고 판단했던 것이다(Weathersby 2002). 하지만 혹시 모를 미국의 개입에 대해 스탈린은 한반도에서의 전쟁에 군사적으로 직접 개입하지 않으려 했다. 그리고 중국에게 미군 개입이라는 만일의 사태에 대비하는 역할을 맡기고자 했다. 소련으로부터의 군사 및 경제적 원조가 다급했던 중국으로서는 스탈린의 계획에 반대하기 어려웠다. 결국 1950년 5월 마오쩌둥도 김일성의 계획에 동의함으로써 남침을 위한 소련·중국·북한의 국제적 공모가 이루어졌다. 소련은 북한에 남침을 위한 무기와 물자를 지원했다.

1950년 6월 25일 북한의 전면 공격으로 한국전쟁이 발발했다. 미국은 북한의 공격을 소련의 지원에 의한 것으로 인식하고 즉각 대응했다. 즉 북한의 남침은 한반도에서의 국지적 사건으로가 아니라 공산주의 세력의 세계적 팽창의 일환으로 파악되었으며, 이에 대항하는 미국의 의지가 시험대에 올랐다고 생각했던 것이다. 6월 30일 트루먼 대통령은 군사개입 의사를 표명했으며, 미국의 주도로 국제연합은 안전보장이사회 결정을 통해 한국에 유엔군을 파견했다. 한때 북한군은 낙동강 부근까지 남하했으나 유엔군은 9월 인천상륙작전의 성공을 계기로 서울을 수복함은 물론 38선을 넘어 압록강까지 북진했다. 그러나 1950년 10월 중국의 참전으로 전세는 다시 바뀌었다. 이후 지금의 휴전선 부근에서 3년여에 걸친 소모전이 계속되다가 1953년 7월 27일 미국·중국·북한 간 휴전협정이 조인되었다.

한국은 휴전협정 서명에 참가하지 않았다. 이승만 대통령이 통일 완수를 주장하며 휴전에 강력히 반대했기 때문이었다. 이승만은 한국군에 의한 단독 북진 가능성까지도 천명했다. 그러나 이승만의 북진통일 주장은 미국과의 갈등을 야기했다. 한반도에서의 기약 없는 전쟁에 지쳐 가고 있던 미국은 한반도의 현상 유지에 만족하며 전쟁을 종결하려고 했기 때문이다.

이승만의 북진통일과 휴전 반대 주장은 반공주의와 민족주의적 신념을 보여 주는 것이지만 다른 한편으로는 미국과의 협상을 위한 성격도 지니고 있었다. 이승만은 전쟁을 종결하고자 하는 미국의 의지를 잘 알고 있었으며, 현실적으로 자신이 미국의 그러한 방침을 쉽게 되돌릴 수 있다고 생각하지도 않았다. 그가 주장한 북진통일도 미국의 도움 없이는 불가능한 일이었다. 휴전이 임박했다는 현실적 인식 아래 이승만은 휴전 이후 한국의 안전을 보장할 방안을 강구했으며, 이를 위해 미국과 방위조약을 체결하고자 노력했다. 당시 미국은 방위조약 대신 병력 증강 등 군사적 지원을 제안했을 뿐이다. 이승만은 북진통일을 주장하고 이를 실행할 수 있다는 굳은 결의를 보여줌으로써 전쟁의 지연을 피하려 했던 미국으로부터 중대한 양보를 얻어 냈다. 그 결과가 바로 1953년 10월 1일 체결된 한미상호방위조약이다. 1954년 11월 한미 간의 '경제·정치·군사적 원조를 위한 한미 양해각서'가 체결되고 한미상호방위조약이 공식 발효됨으로써 한미동맹의 근간이 형성되었다.

한국전쟁은 남한과 북한이 서로 자신의 방식에 따른 통일을 위해 무력 행사도 불사하려 했다는 점에서 한반도 내전civil war의 요인을 어느 정도 지니고 있다. 하지만 분단국가의 수립에서 소련·중국·북한의 남침 공모, 그리고 이에 대한 미국과 국제연합의 대응과 중국의 군사개입에 이르는 일련의 과정은 전쟁의 발생과 관련하여 한반도 외부 요인이 대단히 강력하게 작용했음을 보여 준다.

한국전쟁의 이러한 국제전적 성격은 냉전이 초기의 정치적·경제적 경쟁과 대립에서 군사적 대결로 격화되었음을 나타낸다. 논란의 대상이 되기는 했지만 승인이 유보되고 있던 NSC-68과 그에 따른 미국의 봉쇄 전략은 한국전쟁의 발발로 인해 그 타당성이 인정되어 실행에 옮겨지게 되었다. 또한 한국전쟁은 NATO의 강화, 서독의 재무장, 미국의 일본 점령 종결, 미국의 대만 원조 재개 등 세계 및 동아시아 차원에서 냉전의 본격화를 초래했다.

그러나 한국전쟁의 가장 큰 피해 당사국은 한국이었다. 3년여에 걸친 전쟁으로 수많은 사상자가 발생했을 뿐 아니라 국토는 황폐화되었다. 더욱이 심각한 문제는 이데올로기적 대립의 심화와 그에 따른 분단의 공고화였다. 참혹한 전쟁의 경험과 기억은 남한과 북한의 상호 적대감을 돌이킬 수 없는 수준으로 증대시켰기 때문이다. 한편 한미상호방위조약, 그리고 북한이 소련 및 중국과 각각 체결한 방위조약으로 이후 전개될 한반도 냉전의 기본 구도도 짜여졌다.

〈참고 2-6〉 애치슨선언과 미국의 극동방위선

미국 국무장관 딘 애치슨(Dean Acheson)은 1950년 1월 12일 내셔널 프레스클럽에서 가진 연설에서 알류샨열도-일본-오키나와-필리핀을 잇는 미국의 극동방위선을 제시했다. 한국은 대만, 인도차이나반도 및 인도네시아 등과 함께 이 방어선에서 제외되었으나, 애치슨은 이들 지역을 경제적으로 부흥시킴으로써 스스로의 생존을 도모할 수 있도록 하기 위한 경제원조의 필요성을 강조했다. 애치슨선언은 스탈린이 왜 김일성의 남침 계획을 승인하게 되었는가에 대한 하나의 설명으로 제시되고 있다. 애치슨선언이 남침의 중요한 계기가 되었다는 설명은 미국이 한국을 군사적으로 적극 방어하겠다는 의지를 나타내지 않았기 때문에 소련이 미군의 개입 가능성을 낮게 보고 북한의 남침 계획을 승인했다고 강조한다. 그러나 소련의 외교문서 공개에도 불구하고 애치슨선언 자체가 스탈린의 남침 자원 결정의 중요한 계기가 되었다는 주장을 뒷받침할 만한 증거는 아직까지 나타나지 않고 있다. 다만 애치슨의 연설은 당시 트루먼 행정부 대외 정책의 방향을 담고 있던 문서인 NSC-48/2를 반영한 것이었다. 이 문서는 아시아 대륙을 극동방위선에서 제외시키는 한편 공산주의 팽창을 막기 위해 아시아의 여러 국가에 군사 및 경제 원조를 제공한다는 내용을 담고 있지만 미국의 직접적인 군사개입에 대해서는 언급하지 않았다.

3. 국제 냉전 질서의 전개: 자유-공산 진영의 대립과 한미동맹

(1) 미국과 소련의 대립과 공존

한국전쟁은 유럽에서 시작된 미소 냉전의 외연을 동아시아를 포함한 전 세계적인 것으로 확대했다. 한국전쟁은 냉전 대립이 전면적인 군사 충돌로 이어질 수 있다는 가능성을 보여줌으로써 국제정치에 내재하는 긴장을 한층 고조시켰다. 한국전쟁 이후 미국과 소련이라는 두 초강대국을 중심으로 하는 이데올로기 및 군사적 차원의 세계적 대립 구도가 선명해졌다. 이제 미국과 소련은 더 이상 상대방을 자신의 생존을 위협하는 최대의 적대 세력으로 간주하는 데 주저하지 않았고, 그러한 위험으로부터 자신의 안보를 확보하기 위한 방법 모색에 적극적으로 나서게 되었다.

냉전 질서의 작동이 본격화되었음을 알리는 가장 특징적 현상은 미국과 소련 간 군비경쟁이다. 1949년 8월 소련의 원자폭탄 개발 성공 이후 미국은 한층 더 강력한 파괴력을 지닌 폭탄 개발에 착수했으며, 1952년 11월에 최초로 수소폭탄 실험에 성공했다. 하지만 수소폭탄에 대한 미국의 독점적 지위는 오래가지 않았다. 1953년 8월에 소련도 수소폭탄 실험에 성공한 것이다. 1955년까지 미국과 소련 양국은 실전 사용이 가능한 수소폭탄을 보유하게 되었다. 비록 미국이 핵무기 경쟁에서 어느 정도의 기술적·수적 우위를 유지했지만, 핵무기의 파괴력을 감안할 때 미소 양측은 모두 상대방에게 재앙에 가까운 치명적 피해를 입힐 수 있는 능력을 보유했다.

미사일과 같은 운반 수단에 대한 경쟁도 치열하게 전개되었다. 1957년 소련은 대륙간탄도미사일^{ICBM}을 최초로 시험 발사하고, 이어 스푸트니크 인공위성을 우주로 쏘아 올리는 데 성공했다. 소련의 스푸트니크 발사 성공은 소련에 대한 과학기술 수준의 우위를 자신하던 미국에 큰 충격을 주었다. 그리하여 미국은 1958년 국립항공우주국^{NASA}을 설립하는 등 미사일 개발과 우주탐사에 박차를 가했다. 그 결과 1960년대 초까지 미국은 미사일 경쟁에서도 소련에 대한 기술적·수적 우위를 회복했다.

1953년 1월 출범한 아이젠하워$^{Dwight\ D.\ Eisenhower}$ 대통령의 공화당 행정부는 핵무기를 통해 소련에 대한 군사적 우위를 확보하고자 했다. 아이젠하워 행정부는 뉴룩$^{New\ Look}$이라고 명명된 대외 전략을 채택했는데, 이 전략의 핵심은 소련의 팽창 기도에 대해 핵무기 대량 보복$^{massive\ retaliation}$을 가하겠다는 위협에 있었다. 여기에는 미국이 재래 군비를 증강하지 않고도 핵 우위와 핵무기 사용에 대한 공포를 이용하여 공산 진영의 재래식 전력 강화에 대응할 수 있다는 계산이 전제되었다. 핵 사용에 대한 의지를 분명히 함으로써 공산 세력의 팽창을 억제하겠다는 전략이었던 것이다.

이렇게 대량보복전략은 핵전쟁의 공포를 통해 대립이 전면적인 군사 충돌로 비화되는 것을 막고자 했지만, 갈등 및 위기가 제대로 관리되지 못했을 경우 실제 핵전쟁이 벌어질 수 있는 가능성은 남아 있었다. 핵무기 및 핵 운반 수단에 대한 경쟁은 냉전을 매우 위험하게 만들었던 것이다. 미소 대립이 자칫 군사적 충돌, 더 나아가 핵전쟁으로 확대된다면 이는, 곧 인류 공멸을 초래할 수도 있었다.

하지만 핵무기는 실제 사용에 따르는 비용과 희생이 너무도 크기 때문에 군사 무기로서보다는 정치적 또는 심리적 무기로서의 성격이 두드러지게 되었다. 1960년대 중반에 이르면 미소 간의 핵무기 경쟁은 유사시 상호확증파괴$^{MAD:\ Mutual\ Assured\ Destruction}$가 가능한 수준에 이르게 되었다. 핵전쟁이 발생할 경우 그 어느 쪽도 치명적 파괴를 피할 수 없는 상태가 된 것이다. 역설적으로 핵전쟁의 가능성과 그것이 수반하는 위험성은 미소 간의 대립을 어느 정도 안정화시키는 데 기여하게 되었다.

실제로 한국전쟁 이후 등장한 미국과 소련의 새로운 지도자들은 이데올로기 대립이 지속되는 가운데에서도 국제정치의 현상 유지에 큰 관심을 기울였다. 아이젠하워 대통령은 미국의 군사적 우위를 추구했지만 이를 바탕으로 추구한 주된 정책 목표는 반격, 즉 공산주의 격퇴를 위한 적극적 대결이 아니라 공산주의 팽창의 봉쇄를 통한 국제적 세력균형의 현상 유지였다. 예를 들어 1956년 10월 헝가리에서 소련군의 철수를 주장하는 자유화운동이 일어났을 때 미국은 이를 지원하기 위한 어떠한 행동도 취하지 않았다. 이 운동은 헝가리 정부의 바르샤바조약기구$^{Warsaw\ Pact}$ 탈퇴 결정으로까지 이어졌으나, 결국 소련에 의해 무력 진압되었다. 이때에도 미국은 아무런 실질적 조치를 취하지 않았다. 미국의 목적이 현상 유지에 있었기 때문이다.

1953년 3월 스탈린 사망 이후 소련에서는 수년에 걸친 치열한 권력투쟁 끝에 흐루시초프(Nikita Khrushchyov)가 공산당 서기장에 올랐다. 그는 핵과 미사일 무기 증강을 위해 노력하는 한편 미국과의 대화와 협상도 시도했다. 흐루시초프는 1956년 2월 개최된 제20차 소련공산당 전당대회에서 스탈린의 독재를 비판하고, 대외적으로는 자본주의 국가들과의 평화 공존을 주창했다. 흐루시초프는 1959년 미국을 방문하여 아이젠하워 대통령과 정상회담을 가졌으며, 1961년에는 새로 취임한 케네디(John F. Kennedy) 대통령과 빈에서 회담했다.

물론 양 진영 간의 이데올로기적 적대감이 근본적으로 불식되었던 것은 아니었다. 빈 회담에서 흐루시초프는 공산주의의 궁극적 승리를 장담하며 미국이 반공 노선을 취함으로써 시대의 요청과 흐름에 역행하고 있다고 비난했다. 반면 케네디는 자유로운 선택의 중요성을 강조하며 공산주의 체제를 비판했다. 하지만 미소정상회담이 열렸다는 사실 자체는 냉전의 대립이 어느 정도 안정화되고 있었음을 보여 주었다.

1958년에서 1962년 사이 미국과 소련 간에 몇 차례의 중대한 위기가 발생하기도 했다. 그러나 이러한 위기를 거치면서 냉전 대립은 초기의 휘발성이 점차 완화되면서 상대적인 안정성을 띠어 갔다. 제2차 베를린 위기와 쿠바 미사일 위기는 그 좋은 예이다.

1948년의 제1차 위기 이후 다시 발생한 베를린에서의 위기는 베를린이 동독 내부에 위치하고 있지만 도시의 서쪽 지역이 서방 세력하에 놓여 있던 특수한 상황에서 비롯되었다. 동서 베를린 간의 교통은 개방되어 있어서 1949년부터 많은 수의 동독 주민들이 서베를린을 통해 서독으로 이탈했다. 당시에는 1955년 서독이 NATO에 가입함으로써 재무장이 가능해지는 등 서방 진영의 공고화가 이루어지고 있었다. 동독 주민들의 서독 이탈이 공산 진영의 이완을 야기할 수 있다는 우려에서 1958년 11월 흐루시초프는 서방 세력이 6개월 안에 서베를린에서 물러날 것을 요구했다. 이로써 제2차 베를린 위기가 시작되었다. 미국은 소련의 서베를린 강제 점령 시 보복을 다짐하며 소련의 요구를 거부했다. 1961년 8월 동독이 베를린장벽을 건설함으로써 위기는 한층 고조되었다. 서방 측은 항의했지만 직접 대응은 자제함으로써 군사적 충돌은 피할 수 있었다. 이후 베를린장벽은 냉전의 상징으로 자리 잡게 되었다. 그러나 다른 한편으로 베를린장벽은 사실상 동·서독의 국경으로 인정되었으며 더 이상 냉전의 위험 요인으로 작동하지 않게 되었다. 이후 독일의 분단을 전제로 한 유럽의 긴장 완화가 이루어질 수 있었다.

쿠바 미사일 위기는 미국과 소련의 핵전쟁이 가까스로 모면된 냉전사의 가장 위험한 순간이었다. 카리브해에 위치한 섬나라인 쿠바는 1958년의 혁명이 발생하여 바티스타의 독재 정권이 무너지고 민족주의적 온건좌파 지도자인 피델 카스트로(Fidel Castro)가 이끄는 정권이 등장했다. 카스트로는 미국 자산의 몰수, 중국 공산 정부의 인정, 소련과의 무역협정 조인 등의 조치를 실시함으로써 쿠바의 공산화 가능성에 대한 미국의 우려를 자극했다. 아이젠하워 행정부는 카스트로를 제거하기 위한 비밀 작전을 계획했고, 이는 케네디 행정부 출범 직후인 1961년 4월 실행에 옮겨졌다. 피그만 공격이라고 불리는 이 작전은 실패로 끝났고, 미국과 쿠바의 관계는 더욱 악화되었다. 카스트로는 미국으로부터의 위협에 대응하여 공산주의 노선을 따를 것을 선언하고 소련에 밀착했다. 흐루시초프는 쿠바에 중거리 미사일 기지를 설치함으로써 당시 장거리 미사일 전력에서의 미국에 대한 열세를 만회하려고 했다. 1962년 10월 쿠바 미사일 기지 건설을 탐지한 미국은 소련에 대해 미사일 철수를 요구하는 한편 소련으로부터 장비와 물자 유입을 차단하기 위해 쿠바에 대한 해상봉쇄를 실시했다. 미소 핵전쟁 일보 직전의 극도로 위험한 긴장 상태가 지속되었던 끝에 흐루시초프는 미국이 더 이상 쿠바 공산 정권의 전복을 기도하지 않고, 터키에 배치된 미사일을 철수한다는 두 가지 조건하에 쿠바에서 미사일을 철수했다.

미소의 직접적인 충돌은 가까스로 피할 수 있게 되었지만 쿠바위기의 과정에서 드러난 핵전쟁의 위험성은 케네디와 흐루시초프를 모두 불안하게 만들었다. 쿠바위기가 해소된 직후 미국과 소련의 지도자들은 또 다른 위기 발생 시 직접적이고 즉각적인 커뮤니케이션을 통해 갈등의 불필요한 상승 작용을 막을 수 있도록 양국 간 핫라인을 설치했다. 그리고 대기권 안에서의 핵실험을 제한하는 부분적핵실험금지조약에 조인했다. 이후 미국과 소련 상호 간의 직접적인 무력 충돌의 위기는 재발하지 않았다. 하지만 그렇다고 냉전의 성격이 완전히 바뀐 것은 아니었다. 미소 간의 이데올로기 대립은 물론 과학기술 발전에 근거한 군비경쟁도 계속되었다.

또한 1963년 이후 미소 관계는 어느 정도 안정성을 띠기 시작했지만 그러한 안정성은 유럽 이외의 지역에서는 찾아보기 어려웠다. 제3세계 지역에서의 냉전은 오히려 열기를 더해 갔다. 제2차 세계대전 이후 탈식민화의 진행으로 1950~1960년대에 걸쳐 국제사회에 새로 편입된 신생 독립국의 숫자가 크게 증가했다. 제1세계로 일컬어지던 서방 진영과 제2세계인 공산 진영, 그리고 그 어디에도 속하지 않는 제3세계가 등장하게 된 것이다. 그런데 제3세계의 많은 신생국가들은 정치적·경제적으로 불안정했을 뿐만 아니라 이데올로기적 정체성도 확립하지 못하고 있었다. 유럽과 달리 제3세계 지역에서는 냉전의 대립 라인 자체가 분명하게 그려지지 않고 있었던 것이다.

1950년대 중반 이후 초강대국들은 제3세계에서의 세력 경쟁에 적극적으로 나섰다. 초강대국들의 개입은 특정 지역으로부터 얻을 수 있는 전략적 이해 때문인 경우도 있지만 보다 많은 경우 그것은 체제 경쟁의 차원에서 이루어졌다. 많은 신생국들이 국가 건설을 위한 정치 경제 모델을 찾고 있는 가운데 서방의 자유민주주의와 자본주의, 그리고 공산 진영의 사회주의는 상호 경쟁적인 모델이었다. 일부 제3세계 국가들은 1955년 인도네시아의 반둥에서 열린 회의로부터 비롯된 비동맹non-alignment 운동에 참여하여 대안적·정치 경제적 발전의 길을 모색하기도 했다. 미국과 소련은 경쟁적으로 제3세계에 대한 군사적·경제적 지원을 제공하고 자신의 체제와 이데올로기를 전파하고자

〈참고 2-7〉 상호확증파괴, 공포의 균형, 「닥터 스트레인지러브」

상호확증파괴(MAD)는 두 국가 상호 간의 절대적 파괴가 확실시되는 상태를 의미한다. 이는 동등한 수준의 핵전력을 보유한 두 국가 간의 핵전쟁 상황을 가정한 것으로, 한 국가가 다른 국가에 대해 핵무기로 제1차 공격(first strike)을 가했을 경우 그것이 상대방의 파괴에 그치지 않고 거의 확실하게 자기 파괴로까지 이어질 것임이 인지되고 있음을 뜻한다. 이는 상대편의 보복 공격 또는 제2차 공격(second strike)이 예상되기 때문이다. 이러한 상호확증파괴의 가정 아래에서 국가들은 동등한 수준의 핵전력과 제2차 공격 능력을 확보하기 위한 핵무기 경쟁에 나서게 된다. 한편 상대편이 제2차 공격 능력을 보유한 상태에서는 상호확증파괴를 예상할 수 있기 때문에 이 경우 합리적인 국가라면 섣불리 핵 공격을 감행할 수 없을 것이라고 추론할 수 있다. 이렇게 핵무기 파괴에 대한 공포와 핵전력의 균형에 의해 유지되는 평화를 공포의 균형(balance of terror)이라고 한다. 그러나 합리적 계산에 따라 행동하지 않는 국가나 주요 정책 결정자가 등장함에 따라 상호확증파괴에 근거한 공포의 균형이 작동하지 않고 핵 공격이 시도될 가능성을 전적으로 배제할 수는 없다.

미국의 영화감독 스탠리 큐브릭(Stanley Kubrick)의 1964년 작품인 「닥터 스트레인지러브(Dr. Strangelove or: How I Learned to Stop Worrying and Love the Bomb)」는 이러한 가능성을 희화적으로 표현함으로써 핵전쟁의 재앙을 경고한 블랙 코미디이다. 이 영화는 1960년대 후반 서방사회의 반전 문화(反戰文化)를 예고하는 작품으로서 최우수작품상과 최우수감독상을 포함하여 4개 부문의 아카데미상을 수상하는 성공도 거두었다.

했다. 궁극적으로 미국과 소련이 각각 자신의 세력권을 확대하려는 노력이었는데, 이렇게 하여 제3세계는 서방 진영과 공산 진영 간의 이데올로기 대결이 벌어지는 주된 각축장이 되었다.

1950년대 말까지 이러한 경쟁에서 공산주의는 상대적 우세를 나타냈다. 자유 수호라는 명목하에 공산주의와 대결하고 있던 미국이 제3세계 지역에서 반공을 위해 우익 독재 정권을 지원하게 되는 아이러니한 상황이 종종 벌어지기도 했다. 미국의 케네디 행정부는 제3세계 국가들의 경제개발을 위한 지원을 확대하는 한편, 군사적으로는 유연반응 flexible response 전략을 채택했다. 핵무기에만 거의 전적으로 의존하는 대량보복전략으로는 제3세계 지역의 다양한 분쟁에 대해 효과적으로 대응할 수 없다는 판단 아래 케네디 행정부는 핵전력뿐 아니라 재래식 전력의 증강에도 힘을 기울였다. 미국의 제3세계 정책의 최대 시험대는 베트남으로 세계 주변부 지역의 내적 불안정성이 어떻게 세계 냉전과 상호작용했는지를 잘 보여 준다.

(2) 미 · 중 대립과 베트남전쟁

냉전은 기본적으로 미국과 소련을 중심으로 한 자유 진영과 공산 진영의 대립이지만 동아시아의 경우에는 중국이 지역 강국으로서 중요한 역할을 담당했다는 점에서 특수성이 존재한다. 스탈린 사후 소련은 주로 유럽에 대외적 관심을 집중했으며, 미국과의 대립 관계도 제한적으로나마 점차 완화되었다. 반면 중국은 명실상부한 아시아 국가로서 동아시아 지역의 지도적 공산국가로서 위상을 과시했다. 중국은 한국전쟁에 직접 교전 당사국으로 참가했을 뿐만 아니라 1954년과 1958년 두 차례에 걸쳐 대만이 점유하고 있는 금문도金門島, Quemoy와 마조도馬祖島, Matsu에 포격을 가하여 대만해협 위기를 일으켰다. 또한 중국은 1964년 핵실험에 성공했고, 아시아와 아프리카의 비동맹 국가에 대한 지원과 이데올로기 공세를 적극화했다.

중국의 이러한 노력은 스탈린 사후 벌어진 중소 간의 이념 논쟁, 그리고 중국 내부 정세 변화와도 밀접한 관련이 있다. 스탈린 사망 이후 소련에서 스탈린주의에 대한 비판이 일어나고 대외적으로 자본주의 국가들과의 평화공존 원칙에 입각한 정책이 추진되자 중국은 소련의 이러한 노선을 수정주의라고 비판하면서 이념적으로 더욱 교조적인 입장을 취했다. 아울러 중국은 비동맹운동에 적극 참여하여 자신을 아시아 · 아프리카 국가들을 대표하는 지도국으로 내세웠다. 한편 중소 관계가 악화되면서 소련이 중국에 대한 경제 및 기술적 지원을 중단하자 중국은 1958년 대약진운동을 시작하여 중국식 산업화를 추진했다. 하지만 집단 노동과 전근대적 방식에 의존한 대약진운동은 실패했고, 수천만의 기아 사망자를 발생시켰다. 마오쩌둥은 대약진운동의 실패에 따른 정치적 위기를 또 다른 대중정치운동을 통해 극복하고자 했다. 1965년부터 시작된 문화혁명이 그것으로서, 마오쩌둥은 이를 통해 공산혁명의 완수를 위한 노력을 강화했다.

이처럼 중국이 대내외적으로 공산혁명의 심화와 확대를 추구하는 가운데 미국은 중국을 동아시아에서의 공산주의 세력 팽창을 지원하는 주된 위협 세력으로 인식하고, 이에 대응하여 동아시아 지역에서의 군사동맹 체제를 구축했다. 이미 미국은 한국전쟁 중이던 1951년 일본과 샌프란시스코조약을 통해 일본에 대한 군사점령을 종결하고 동맹 관계를 체결했다. 미국은 일본을 동아시아 봉쇄 전략을 위한 핵심 국가로 인식하고 일본의 재건과 부흥을 중심으로 하는 거대한 초승달 모양의 동아시아 반공 지대 구축을 추진했다. 일본의 주권 회복과 경제적 재건 · 부흥, 그리고 나아가 재무장을 통해 일본이 동아시아 지역 통합을 위한 중심적 역할을 담당하도록 하겠다는 것이 미국의 구상이었다. 일본은 방위는 미국에 맡기고 경제발전에 주력하는 소위 '요시다 노선'을 채택함으로써 미국의 동아시아 전략에 대응했다.

미국은 일본에 이어 1953년에 한국과 상호방위조약을 체결했으며, 1954년 제1차 대만해협 위기 직후 대만과도 군사동맹을 맺고 경제적 지원과 군사적 보호를 약속했다. 또한 동남아시아의 필리핀·태국, 오세아니아의 호주 등과도 각각 동맹을 맺음으로써 동아시아 지역에서 일련의 양자 동맹 체제를 구축했다. 이들 동아시아 국가들은 상호 간에는 직접적인 동맹 관계가 맺어지지 않았음에도 불구하고 각각 미국과의 양자 동맹을 통해 자유 진영에 속하게 되었다. 이러한 미국 중심의 양자 동맹 체제는 유럽에서 NATO와 같은 집단 동맹 체제가 형성되어 작동한 것과는 대비되는 것이었다.

동아시아의 냉전이 유럽에서의 냉전과 구별되는 또 다른 중요한 측면은 한국전쟁에 이어 베트남전쟁이라는 열전이 발생했다는 점이다. 유럽에서는 NATO(1949)와 바르샤바조약기구(1955)의 수립이 상징적으로 보여 주듯 1950년대 중반까지 동서 간의 정치적·경제적·군사적 대립 라인이 분명하게 그려졌다. 그 대립 라인은 쉽사리 변경될 수 없는 자유 진영과 공산 진영의 양극적 세력균형을 뜻했다. 앞에서 살펴본 바와 같이 미국과 소련은 상호 대립이 직접 군사 충돌로 비화되지 않도록 조심했고, 그 결과 유럽에서는 현상 유지 선에서 어느 정도 안정이 이루어질 수 있었다. 그러나 제3세계는 이러한 안정과 거리가 있었다. 특히 많은 신생국가들이 아직 내부적으로 이데올로기적 정체성을 확립하지 못하고 있었다는 점에서 유럽과 같은 분명한 냉전 대립의 라인이 그려지지 않는 경우가 많았다. 인도차이나반도의 베트남도 바로 그러한 경우였다.

베트남전쟁의 기원은 식민 지배로부터의 해방과 통일국가 수립을 위한 민족주의운동과 깊은 관련이 있다. 프랑스 식민지였던 베트남은 제2차 세계대전 중 일본군이 진주했으나 종전 후 다시 프랑스의 지배하에 놓였다. 그러나 호치민을 중심으로 하는 공산 계열 민족주의자들은 프랑스의 식민 지배로부터 벗어나기 위한 무장투쟁을 전개했다. 1954년 디엔비엔푸전투에서 프랑스는 결정적 패배를 경험했고, 이후 열린 1954년 7월 제네바 회담의 결과로 프랑스는 베트남에서 물러나게 되었다. 그러나 베트남은 북위 17도선을 경계로 남북으로 분단되었다. 본래 분단은 1956년 이전에 총선거를 통해 해소되었어야 했지만 선거는 지연되었다. 당시 공산주의 세력에 대한 베트남인들의 지지도가 높은 상황이었으므로 총선거는 공산주의 통일 정부의 수립으로 귀결되었을 가능성이 높았다. 그러나 남베트남의 반공 정권을 강화하고자 했던 미국 아이젠하워 행정부로서는 이러한 결과를 받아들일 수 없었다. 미국이 베트남에 대해 갖는 정치적·경제적·군사적 이해관계의 중요성 때문이 아니라 '도미노이론'에 따른 우려 때문이었다. 도미노이론에 따르면 베트남의 공산화는 인도차이나반도 전체의 공산화로 이어지고, 이는 궁극적으로 동아시아에서의 반공 봉쇄 전략의 핵심 지역인 일본의 좌경화를 초래할 수 있다는 것이었다.

총선거를 통한 통일이 무망한 상태에서 북베트남은 1960년 이후부터 통일을 위해 대남 민족해방전선을 조직하는 한편, 남베트남 정부를 상대로 게릴라전을 개시했다. 이에 대응하여 미국은 남베트남에 대한 군사 및 경제 지원을 점차 확대했다. 미국이 처음부터 베트남에 대해 직접적으로 군사를 개입한 것은 아니지만 전쟁은 곧 미국의 전쟁이 되었다. 북베트남의 게릴라전이 시작되자 케네디 행정부는 남베트남에 대한 경제 지원을 확대하고 군사 고문단과 소수의 특수부대 병력을 파견했다. 그러나 1963년 베트남의 독재자 고딘디엠^{Ngo Dinh Diem}이 미국의 암묵적 동의하에 기도된 군사쿠데타의 와중에 살해된 이후 베트남 내정은 더욱 불안정해졌다. 같은 해 11월 케네디의 암살로 대통령직을 승계한 존슨^{Lyndon B. Johnson}은 베트남에 대한 미국의 군사개입을 급격히 확대했다. 존슨 행정부는 1965년 초부터 북베트남에 대한 대규모 공습을 시작했으며 최초로 지상군을 파병했다.

1975년까지 계속된 베트남전쟁은 미국에 많은 상처를 남겼다. 미국은 주변적 이해관계만을 지닌 지역에서의 전쟁에 막대한 인력과 재원을 투입했음에도 불구하고 결국 전쟁을 승리로 끝내지 못한 채 철수했다. 전쟁은 오히려 미국 경제력의 상대적 쇠퇴를 가져왔다. 또한 1960년대 말부터 미국 국내에서 반전 여론이 강화되면서 행정부의 대외 정책 수행에 대한 신뢰에 금이 가기 시작했다. 한편 베트남전쟁은 미국이 직접 개입했을 뿐만 아니라 북베트남도 소련과 중국으로부터의 무기 지원을 받고 있었다는 점에서 제3세계 대리전쟁proxy war의 전형적 사례를 보여 준다. 즉 미소 간의 직접적 무력 충돌은 없었지만 냉전은 주변부에서 각각 미국과 소련 또는 중국의 지원을 받는 세력 간의 열전을 수반했던 것이다.

(3) 한국 민주주의의 딜레마와 한미동맹

북한의 무력에 의한 통일 기도가 실패로 돌아가고 분단이라는 현상 유지 선에서 전쟁이 일시 중지되었다는 점에서 한국전쟁은 한반도 냉전의 구도를 안정화시키는 데 일면 기여했다. 전쟁으로 인해 한반도 냉전의 대립 라인이 더욱 분명해진 것이다. 그러나 다른 한편으로 참혹한 전쟁의 경험은 남한과 북한의 적대감을 더욱 심화시켰다. 더욱이 남북한의 지도자들은 통일이라는 목표를 포기하지 않았다.

한국전쟁의 휴전에 반대했던 이승만 대통령은 휴전 이후에도 북진 통일을 계속해서 주장했다. 그는 한반도 분단을 현실로 받아들이지 않고 무력에 의해서라도 통일을 이루기를 희망했다. 이러한 인식하에서 전쟁 직후의 복구를 넘어서는 수준의 경제발전은 사실상 통일 이후의 과제로 미루어졌다. 한반도 전체가 아니라 남한 지역만을 대상으로 하는 경제발전은 의미

〈참고 2-8〉 왜 동아시아에는 NATO와 같은 집단 안보 체제가 형성되지 못했는가?

전후 유럽에서는 NATO를 중심으로 한 서방의 다자 안보 체제가 형성되었다. 이와 대조적으로 동아시아에서는 'hub-and-spokes' 체제라고 불리는 일련의 미국 중심의 양자 동맹 관계가 맺어졌을 뿐 다자 안보 체제는 형성되지 않았다. 즉 미국은 한국·일본·대만·필리핀·태국 등의 동아시아 국가들과 각각 동맹 관계를 맺었지만, 이들 국가 전체가 참여하는 다자 안보 체제는 부재했다. 비록 동남아 지역을 중심으로 한 동남아시아조약기구(SEATO: Southeast Asian Treaty Organization)가 1954년에 결성되기도 했으나 SEATO의 다자 안보 기구로서의 기능은 사실상 작동하지 않았다. 더욱이 SEATO는 한국과 일본 및 대만이 참여하지 않았기 때문에 동아시아 전체를 대표하는 다자 안보 체제라고 보기도 어렵다.

유럽과 달리 동아시아에 자유 진영의 다자 안보 협력체가 부재했던 이유는 무엇인가? 종종 지적되는 이유는 일본에 대한 주변국들의 반감과 거부감이다. 태평양전쟁의 패전으로 국력이 크게 약해지기는 했지만 미국은 일본을 여전히 동아시아 지역에서 가장 중요한 산업 지대로 인식했다. 미국은 일본을 동아시아 지역에서의 대공산권 봉쇄 전략의 중추 기지로 삼았고, 이를 위해 일본의 경제적 재건을 적극 추진했다. 또한 동남아시아를 일본의 경제적 배후지로 통합시키는 '거대한 초승달'(great crescent) 모양의 지역 통합을 시도했다. 하지만 경제 영역과 달리 안보 영역에서는 태평양전쟁의 기억이 채 가시지 않은 상태에서 일본에 대한 동아시아 주변국들의 반감과 의심이 크지 않을 수 없었다. 따라서 일본을 중심으로 하는 동아시아 지역 다자 안보 협력체의 탄생을 기대하기는 어려웠다.

미국이 동아시아 국가들과 동등한 자격으로 다자 안보 체제에 참여하려 하지 않았다는 점도 중요하다. 동아시아 국가들에 비해 월등한 힘과 자원을 보유하고 있던 미국으로서는 그럴 필요도 이유도 없었다. 게다가 세계에 대한 미국의 주 관심 지역은 유럽이었다. 반면 동아시아에 대한 미국의 관심과 문화적 동질감은 매우 낮았다. 심지어 많은 미국인들은 유럽과 달리 동아시아 국가들이 신뢰하며 협력할 만한 문화적 수준을 갖추지 못했다고 여겼다. 이런 이유들로 인해 미국은 동아시아에서 다자 안보 체제의 형성을 위해 적극적으로 나서지 않았던 것이다(Hemmer and Katzenstein 2002).

가 없다는 인식이었다.

하지만 대내외적 여건은 이승만 정부의 북진 통일이라는 경직된 반공 노선에 반하는 방향으로 흐르고 있었다. 우선 국제정치적으로 북진 통일은 사실상 실현 불가능한 목표였다. 만약 그것이 가능하려면 미국의 동의와 군사적 지원이 절대적으로 필요했지만, 미국으로서는 전혀 그럴 의사가 없었다. 오히려 미국은 주한 미군의 임무에 북한의 공격을 억지하는 역할 이외에 남한에 의한 전쟁 발발 방지도 포함시켜 놓고 있었다. 어떠한 방식으로든 한반도에서의 전쟁이 재개되어 미국이 다시 연루되는 것을 바라지 않았던 것이다. 당시 미국은 세계적 차원에서의 현상 유지를 모색하고 있었던 것이다.

국내적으로도 이승만 대통령과 자유당 정권에 대한 국민들의 지지가 점차 약화되고 있었다. 한국은 자유민주주의 제도를 받아들였으나 그 운용은 민주주의와는 거리가 멀었다. 가령 자유당은 1954년 소위 '사사오입개헌'을 통해 불법적으로 대통령의 중임 규정을 삭제함으로써 이승만의 종신 집권을 가능하게 했다. 이승만과 자유당은 1958년 국가보안법을 개정하고, 이듬해에는 반정부 성향의 『경향신문』을 폐간 조치했으며, 진보당 당수 조봉암을 보안법 위반 혐의로 사형에 처했다. 경제적으로도 미국의 대규모 원조에 의해 전후 복구가 어느 정도 이루어졌지만 경제개발은 여전히 미진한 상태였다. 정치적 독재와 경제적 빈곤이 계속되는 가운데 자유당 정권에 대한 국민들의 불만은 차츰 누적되어 갔다. 1956년 대통령 선거에서 선풍적 인기를 끌었던 야당인 민주당의 '못살겠다 갈아보자'라는 구호는 당시 국민들의 정서를 잘 보여 준다.

국민들의 누적된 불만은 1960년 3·15부정선거를 계기로 폭발적으로 분출했다. 자유당은 이기붕 부통령 후보의 당선을 위해 대대적인 선거 부정을 자행했다. 이미 이승만의 나이가 여든을 넘었기 때문에 대통령 승계권을 가진 부통령 선거는 중요한 정치적 사안이었다. 4월부터 부정선거에 항의하는 학생 및 시민들의 시위가 전국적으로 일어났고 특히 서울에서는 대규모 시위대가 선거 재실시 및 대통령의 하야를 요구하기에 이르렀다.

미국 정부도 간접적으로 이승만 정부의 몰락을 도왔다. 4월혁명의 와중에 미국 대사는 시위대의 자중을 요청하면서도 이승만 정부가 민주주의의 실종에 대한 국민들의 정당한 불만과 요구를 수용할 것을 촉구하는 성명을 발표함으로써 자신에 대한 미국의 지지 표명을 원했던 이승만의 기대를 저버렸다. 사실 미국 정부는 이미 1952년부터 이승만 제거를 위한 상시 계획을 유지하고 있었을 만큼 이승만 정부에 대해 내심 불만을 품고 있었다. 이승만의 대내외 정책들은 미국이 추진하던 정책 기조에 어긋나 있었기 때문이다. 북진 통일이라는 경직된 반공 노선은 국제적 현상 유지를 도모하고자 했던 미국의 정책 기조에 반하는 것이었고, 일본과의 관계 개선에 대한 이승만 정부의 부정적 자세도 미국이 추진하던 일본 중심의 지역 통합에 걸림돌이 되고 있었다. 또한 독재와 부정부패의 만연은 한국을 민주주의의 전시장으로 만들어 미국식 정치 경제 체제의 우월성을 과시하고자 했던 미국의 기대를 충족시키지 못했다.

4월혁명으로 이승만 대통령이 하야하고 자유당 정권이 붕괴된 이후, 허정을 수반으로 하는 과도 내각을 거쳐 1960년 8월에 민주당의 장면 총리가 이끄는 제2공화국 정부가 수립되었다. 장면 정부는 민주주의의 회복과 함께 당시 국민들의 최대 관심사였던 경제개발을 최우선적 국정 목표로 삼아 추진했다. 대미 협력과 일본과의 관계 정상화에 대해서도 적극적으로 임했다. 그러나 장면 정부가 오랜 독재정치 직후 터져 나오는 여러 정치적·사회적 요구와 기대에 신속히, 그리고 효과적으로 대응하지 못하는 가운데 정치적 혼란이 야기되었다. 결국 1961년 5월 16일 박정희 소장이 이끄는 군사쿠데타로 제2공화국의 민주주의 실험은 불과 9개월 만에 막을 내렸다.

박정희의 쿠데타 정권은 5·16쿠데타 당일 발표한 '혁명공약'을 통해 반공 태세의 강화, 자유 우방과의 유대 강화, 부패와 구악의 일소, 자주 경제 재건, 그리고 공산주의와 대결할 수 있는 실력 배양을 약속했으며, 이와 같은 과업이 성취된 후 민간 정부에게 정권을 이양하겠다고 공언했다. 1963년 12월까지 헌법 개정과 대통령 및 국회의원 선거를 거쳐 제3공화국 정부가 정식 출범함으로써 민정 이양 약속은 형식적으로나마 지켜졌다. 하지만 박정희를 비롯한 쿠데타 주도 세력은 권력의 중심에 계속 남았다. 또한 민정 이양에 이르는 과정에서 불거진 '혁명 주체 세력' 내부의 파벌 갈등은 정치적 불안정을 초래하고, 정부의 개혁 추진 능력에도 상당한 제약을 가했다. 경제적으로도 국내 자본과 내수산업 육성을 통해 경제발전을 도모하고자 했던 제1차 경제개발계획이 실패로 돌아가면서 자주적 또는 내포적 경제발전이라는 발상의 의욕 과잉과 비현실성을 확인했다. 정권 내부의 파벌 갈등은 군정기 정치적 혼란의 원인이 되었는데, 1964년 한일회담 반대 시위로 발생한 6·3사태를 거치면서 박정희 중심의 권력 체제가 등장함으로써 혼란은 어느 정도 가라앉았다. 이후 박정희 정부는 수출 주도형 경제개발을 추진하여 고속 성장의 기반을 다졌다.

박정희의 국가전략은 반공을 추구한다는 점에서는 이승만의 정책과 같았지만 무력에 의해서라도 시급히 통일을 이루려 하지는 않았다. 그는 한미상호방위조약에 근거한 미국의 군사적 보호를 최대한 유지하는 가운데 경제를 개발하여 국력을 강화함으로써 장기적으로 북한을 압도하겠다는 구상을 세웠다. 따라서 경제에 상대적으로 소홀했던 이승만 정부와 달리 박정희 정부는 경제개발을 적극적으로 추진했다. 이는 현상 유지 선에서의 반공 봉쇄를 골자로 하는 미국의 당시 세계 전략에도 부합하는 것이었다. 또한 박정희 정부는 미국이 오랫동안 희망해 왔던 일본과의 국교 정상화를 적극 추진하여 1965년 한일협정을 체결했다. 이로써 박정희는 경제개발을 위한 자금을 일본으로부터 끌어올 수 있게 되었다. 한편 북한은 한일 국교 정상화로 미국의 동북아시아 동맹 체제가 강화되었다고 보고 크게 긴장했다.

박정희 정부는 베트남전쟁으로 조성된 동아시아 정세 변화에도 능동적으로 대처했다. 베트남전쟁은 한국 정부에게 도전과 기회를 동시에 제공했다. 도전은 1960년대 초부터 베트남전쟁에 동아시아 정책의 초점을 맞추게 된 미국이 한국에 대한 안보 지원을 축소하고 특히 주한미군의 대폭 감축을 고려하게 됨으로써 제기되었다. 남북한 간의 군사적 긴장이 여전히 높은 상황에서 주한 미군 철수는 한국의 안보에 심각한 문제를 야기할 수 있었다. 이에 박정희 정부는 국군의 베트남 파병을 미국 정부에 거듭 제의했다. 주한 미군을 감축하여 베트남에 보내는 대신 한국군을 파병하겠다는 것이었다.

미국 정부는 이러한 제안에 대해 처음에는 큰 관심을 보이지 않았다. 그러나 1965년 이후 미국의 군사 개입으로 전쟁이 급속히 확대되면서부터 미국정부는 전쟁이 공산주의 팽창에 맞서기 위한 자유진영 전체의 노력이라는 점을 부각시키고자 했으며, 이러한 차원에서 한국을 비롯한 제3국의 군사 지원을 확보하고자 노력했다. 미국의 지원 요청에 대해 다른 아시아 국가들이 미온적 반응을 보였던 반면 한국은 적극적으로 파병 요청에 응했다. 한국 정부의 파병 카드를 받아들임으로써 미국은 주한 미군 감축 계획의 실행을 중단하고, 한국에 대한 군사 및 경제 지원을 확대했다. 1960년대 중반부터 북한의 게릴라 침투와 휴전선 부근에서의 도발이 급격히 증대되고 있었기 때문에 미국으로서는 대규모 한국군 병력의 베트남 전개에 따른 한반도의 안보 공백 발생 가능성에 대비하지 않을 수 없었던 것이다. 또한 미국은 베트남전쟁과 관련된 군납 사업 등을 통해 한국에 경제적 혜택을 주게 되었다. 이렇게 한국이 베트남 파병을 통해 획득한 외화 소득은 초기 단계의 경제개발에 적지 않은 기여를 했다(마상윤 2005).

<참고 2-9> 한국군 베트남 파병과 용병론

한국은 1964년 베트남전쟁에 의무단 및 태권도 교관 요원을 파견했으며, 1965년에는 수송부대 및 공병대로 이루어진 지원부대, 그리고 1개 지상군 전투사단과 1개 해병여단으로 구성된 전투 병력을 파병했다. 1966년에도 지상군 1개 사단 및 해병 1개 여단의 전투부대 추가 파병이 이루어졌으며, 이후 최대 5만 명에 이르는 한국군 병력이 베트남에 배치되었다. 한국군은 미국의 단계적 철수가 마무리될 무렵인 1973년에 베트남에서 철수했다.

한국군의 베트남 파병에 대한 '용병론'은 파병이 기본적으로 경제적 이득을 목적으로 했다는 데에 대한 비판적 이해에 기초하고 있다. 1970년대 초 한국군의 전투 수당과 사상자 수당 등을 미국 정부가 제공했다는 사실이 알려지면서 미국에서는 베트남전쟁에 대한 반대 세력을 중심으로 한국군이 용병으로 베트남에 참전했다는 주장이 제기되었다. 비슷한 주장은 주로 박정희 정부에 대해 비판적인 세력에 의해 한국에서도 펼쳐졌다. 경제개발을 통해 정치적 정통성의 부족한 부분을 채우고자 했던 박정희 정부가 경제개발을 위해 필요한 재원을 마련하기 위해 젊은 병사들을 한국의 안보와 직접적으로 관련 없는 다른 나라의 전쟁터에 보냈다는 것이다. 실제로 한국은 파병의 대가로 당시 총 외화 소득의 40퍼센트에 달하는 액수를 베트남에서의 군수물자 조달 및 건설 사업 참여를 통해 얻을 수 있었다. 더욱이 베트남전쟁은 미국이라는 초강대국이 베트남에서 벌이는 명분 없는 전쟁이었기 때문에 한국군을 파견한 것은 이중의 잘못이라고 인식되었다.

그러나 한국군의 베트남전쟁 파병이 경제적 이해 추구와 완전히 무관한 것은 아니었다 하더라도 그것이 파병을 결정하게 된 가장 중심적인 목적은 아니었다. 보다 중요한 이유는 안보전략적 차원의 것이었다. 1960년대 초부터 박정희 정부는 주한 미군 철수 가능성에 대해 심각히 우려했으며, 실제로 케네디 행정부와 존슨 행정부에서는 주한 미군 철수를 위한 정책 검토가 심도 있게 이루어지고 있었다. 박정희 정부는 미국이 주한 미군 철수를 고려하는 이유가 주한 미군을 포함한 가용한 병력 자원을 점차 상황이 악화되어 가는 베트남에 투입하려는 데 있다고 파악하고, 주한 미군의 베트남 이동 배치를 대신해 한국군의 베트남 파병을 제안했다. 미국은 이러한 제안에 대해 처음에는 큰 관심을 보이지 않았지만 1965년 미국의 베트남 군사개입이 본격화되면서부터 한국의 파병을 적극적으로 요청하기 시작했다. 따라서 일반적으로 한국군의 파병이 미국의 요청에 따라 이루어진 것으로 알려져 있지만 사실상 미국의 파병 요청은 그 이전에 취해진 한국 정부의 전략적 이니셔티브가 거둔 성과였다고 할 수 있다(홍규덕 1999; Sarantakes 1999).

4. 국제 냉전 질서의 완화: 데탕트의 가능성과 한계

(1) 미소 데탕트의 도래와 퇴조

냉전은 미국과 소련이라는 두 초강대국을 중심으로 세계가 양분되어 대립했다는 의미에서 보통 양극체제로 이해된다. 그러나 양 진영 간의 대립과 공존의 모색이 동시에 이루어지던 가운데 냉전은 조용한 변화를 겪고 있었다. 무엇보다도 세계는 더 이상 미국과 소련 중심의 두 진영으로만 나뉘어 있지 않았다. 자유 진영과 공산 진영에는 각각 내부 균열이 나타나고 있었던 것이다. 이러한 변화는 냉전 자체의 성격에도 중요한 영향을 미쳤다.

공산 진영의 자기 분열은 이미 1953년 스탈린 사망

이후부터 서서히 진행되고 있었다. 탈스탈린화 분위기 속에서 발생한 1956년의 헝가리 자유화 운동과 1968년 '프라하의 봄'으로 불리는 체코슬로바키아의 자유화 운동은 비록 소련에 의해 무력으로 진압되었지만 공산권 내 잠재적인 분열의 가능성을 보여 주었다. 더욱 중요한 것은 중소 갈등의 전개였다. 소련과 중국은 공산주의 이념의 공유에도 불구하고 점차 경쟁적 내지 갈등적 관계로 나아가게 되었다. 앞에서 지적했듯이 중국은 흐루시초프의 평화공존 정책을 수정주의라고 비판했으며, 제3세계에 대한 독자적인 영향력을 강화하고자 했다. 중국은 1962년 쿠바위기 시 소련의 미사일 기지 철수도 패배로 규정하고 소련을 비판했다. 중소 갈등은 1969년 국경에서의 잦은 국지적 무력 충돌로까지 발전했다.

서방세계에서는 프랑스가 1958년 독자적 핵개발을 천명함으로써 대미 의존적 노선으로부터 벗어나겠다는 의지를 표명했다. 1960년 흐루시초프의 프랑스 방문, 1966년 프랑스의 NATO 탈퇴, 그리고 샤를 드골 Charles de Gaulle 프랑스 대통령의 소련 방문 등 일련의 사건은 공산권과의 긴장 완화, 즉 데탕트 detente 를 추구한 프랑스 독자 노선을 보여 준다. 서독도 1960년대 중반부터 사회주의국가들과의 관계 개선을 모색하기 시작했다. 1966년 서독 정부는 평화 각서를 소련과 동유럽 국가에 전달하여 독일 통일을 위해 친선과 화해를 통한 변화를 추구할 것임을 천명했다. 1969년 브란트 Willy Brandt 총리가 이끄는 서독 정부는 동독을 비롯한 바르샤바조약기구 회원국과의 관계 개선을 위한 동방정책 Ostpolitik 을 본격화했다. 1969년 서독은 동독을 국가로 인정하고, 1970년 3월에는 브란트 총리가 동독을 방문했다. 같은 해 8월 서독과 소련은 불가침조약을 체결했다. 그리고 동방정책의 결실로 1972년 12월 동서 독일 간에 기본 조약이 체결되었다.

공산 진영과 자유 진영 각각의 내적 분열은 두 초강대국의 국력이 상대적으로 쇠퇴되고 있던 때에 일어났다. 1960년대 중반 이후 소련은 경제 침체를 겪고 있었다. 중국과의 분쟁으로 더욱 많은 방위 비용을 지출하게 되었으며, 이는 경제적 곤란을 가중시켰다. 미국도 베트남전쟁의 수렁에 빠져 있었는데, 베트남에서의 경제적 비용은 경상수지 적자의 누적과 이에 따른 금 유출을 더욱 심화시켰다. 또한 미국이 동남아의 잘 알려지지 않은 국가에서의 전쟁으로부터 헤어나지 못하고 있다는 사실은 국내 여론을 악화시키고 있었

〈참고 2-10〉 브란트와 동방정책

서독의 사회민주주의 정치 지도자인 빌리 브란트(Willy Brandt, 1913~1992)는 1966년 자신이 속한 사회민주당이 당시 서독 최대 정당이었던 기독민주당의 '대연정'(Grand Coalition) 파트너가 되면서 최초로 중앙 정치무대에 등장했다. 브란트는 대연정하에서 부총리와 외교장관을 겸임했는데, 특히 외교장관으로서 동구 공산권 국가들과의 관계를 개선함으로써 후일 동방정책(Ostpolitik)으로 불리게 된 정책의 기초를 닦았다. 이러한 정책의 성공에 힘입어 브란트는 1969년 10월 총리직에 올랐으며, 이후 동방정책을 한층 더 강력하게 추진했다. 그는 소련, 폴란드 및 체코슬로바키아와 기본조약을 체결하는 과정에서 제2차 세계대전 중 나치 독일이 저지른 과오를 인정하고 사죄했다. 또한 그는 '한 민족 두 국가'(two states in one nation)라는 방식을 제창하며 동독과의 관계 개선 및 통일을 모색했다. 브란트의 동방정책은 서독 국내적으로 큰 지지를 받았다. 1972년 11월 총선에서 사회민주당은 서독의 정치 역사상 최초로 기독민주당을 앞서는 46퍼센트의 최다 득표율을 기록했다. 1974년 5월 브란트는 동독의 간첩이 자신의 스태프로 근무해 왔다는 사실이 밝혀지면서 총리직에서 물러났다. 그러나 동방정책으로 유럽의 데탕트를 추동한 그의 국제적 지도자로서의 명성은 퇴색되지 않았다. 1980년 그는 선진국과 개발도상국 간의 경제적 격차를 좁힐 것을 요구하는 내용의 '브란트 보고서' 작성을 주도하기도 했다(Young and Kent 2004, 329).

다. 미국과 소련은 각각의 내부적 곤란을 해소할 여유를 얻기 위해 대외적 긴장 완화가 필요했다.

1969년 취임한 리처드 닉슨Richard Nixon 대통령은 헨리 키신저Henry Kissinger 안보 담당 보좌관과 함께 중국과의 관계 개선에 나섰다. 소련과의 갈등으로 안보 불안이 커진 중국도 미국의 접근에 응했다. 1971년 7월 비밀리에 베이징을 방문한 후 워싱턴으로 돌아온 키신저는 그동안 비밀리에 미·중 접촉이 이루어졌던 사실과 중국의 닉슨 대통령 초대 사실을 공표했다. 이듬해 2월 닉슨은 역사적인 중국 방문길에 올랐다.

닉슨 행정부는 중국 방문을 통해 소련과 대립하는 중국과의 관계를 개선함으로써 소련으로 하여금 미국과의 관계 개선에 나서도록 하겠다는 목표를 달성하고자 했다. 미국이 중심이 되는 전략적 삼각관계를 형성하겠다는 것이었다. 소련으로서도 이미 경기 침체로 인해 대외 환경의 안정을 필요로 하고 있었던 데다가 미·중 관계 개선으로 초래된 외교적 포위 상태를 좌시할 수만은 없었다. 긴장 완화의 추세는 군사적 차원의 성과로 확인되었다. 1972년 소련은 미국과 제1차 전략무기제한협정SALT I: Strategic Arms Limitation Talks을 체결했으며, 이어 1979년에는 미소 간의 제2차 전략무기제한협정SALT II이 체결되었다.

미소 양국은 유럽안보협력회의CSCE: Conference for Security and Cooperation in Europe의 개최에도 합의했다. 그리고 이는 1975년 헬싱키 협정Helsinki Accords으로 불리는 "유럽 안보의 기초와 국가 간 관계의 원칙에 관한 일반 선언"의 채택으로 이어져 유럽에서의 동서 간 긴장 완화에 기여했다. 헬싱키 협정은 주권 원칙에 근거한 국가 간 상호 인정과 무력 사용 금지 및 내정불간섭에 대한 합의를 담고 있을 뿐 아니라 국제법에 따른 평화적 협력, 그리고 더 나아가 기본적 자유와 인권 존중에 대한 조항도 포함하고 있다. 이 중 특히 체결 당시에 그 효과가 예견되었던 것은 아니지만 헬싱키 협정의 인권 관련 조항은 후일 소련 및 동유럽 공산국가들의 자유화와 탈공산화에 매우 중요한 기여를 했던 것으로 평가되고 있다.

이상과 같이 프랑스와 독일에 의해 주동된 유럽에서의 긴장 완화, 그리고 미국·중국 및 미국·소련 간의 대립 완화는 데탕트의 시대를 열었다. 그러나 미소의 전략적 필요에 의해 형성된 데탕트 국면이 오래가

〈참고 2-11〉 전략무기제한협정

전략무기제한협정(SALT: Strategic Arms Limitation Talks)은 미국과 소련이 핵무기 운반이 가능한 전략미사일의 생산 경쟁을 제한하기 위해 체결한 협약으로, 제1차 협정(SALT I)과 제2차 협정(SALT II)이 있다.

SALT I은 미소 데탕트가 절정에 달했던 시점인 1972년 5월 26일 모스크바에서 열린 미소정상회담에서 조인되었다. SALT I의 주요 내용은 탄도탄요격미사일(ABM: Anti-Ballistic Missile)의 수를 제한하는 ABM 조약과 공격용 전략무기 제한에 관한 잠정 협정이다. 이 중 잠정 협정은 양국의 대륙간탄도미사일(ICBM)과 잠수함발사탄도미사일(SLBM)의 보유량을 5년 동안 현 수준으로 동결한다는 것이었는데, 보다 세부적인 사항에 대한 합의는 후속 협상으로 미루어졌다. ABM 조약과 잠정 협정은 1972년 10월 3일 발효되었다.

SALT II 협상은 1972년 말부터 7년 동안 계속되었다. 협상이 장기화된 것은 미국과 소련의 전략무기가 서로 다른 특징을 지녔기 때문에 제한 방법에 대한 합의를 도출하기가 쉽지 않았기 때문이다. 소련이 대형 핵탄두 장착이 가능한 미사일을 많이 보유하고 있었던 반면 미국은 정확성이 높은 소형 미사일을 주로 개발해 왔다. 1979년 6월 18일 오스트리아의 빈에서 미소 정상에 의해 조인된 SALT II는 조약, 의정서 백파이어 폭격기의 항속거리와 생산 제한에 대한 브레주네프 소련 서기장의 약속, 그리고 SALT III의 원칙에 관한 성명서로 이루어졌다. 하지만 데탕트가 퇴조해 가던 시점에 체결된 SALT II는 미국 의회와 대중의 비판적 여론에 직면했다. 1979년 12월에 발생한 소련의 아프가니스탄 침공으로 미소 관계는 더욱 악화되었다. 결국 카터 대통령은 1980년 1월 상원에 제출한 SALT II 비준 요청을 철회했다.

지는 않았다. 우선 데탕트 정책을 추진했던 닉슨 대통령이 워터게이트사건으로 인해 정치적으로 무력화되고 결국 1974년 8월 사임함으로써 데탕트는 중요한 추동력을 잃었다.

보다 근본적 차원에서 보자면, 미국과 소련은 국제 세력균형의 현상 유지와 안정을 원했지만 두 초강대국 간의 이데올로기 대립은 여전히 남아 있었다. 더욱이 초강대국들은 자신의 세계적 영향력 유지를 위해 세계 각 지역, 특히 제3세계에서 자신에 보다 우호적인 정치 세력들을 지원해 오고 있었다. 문제는 이러한 지역적 차원의 정치적 불안정과 위기가 미소 대립과 겹쳐지면서 국제적 위기로 쉽게 전화될 수 있었다는 점이었다. 예를 들어 1973년 이스라엘과 이집트, 시리아 간에 벌어진 10월 전쟁과 같은 지역 분쟁은 냉전과 직접적 관련은 없지만, 그럼에도 불구하고 미국과 소련이 각각 전쟁 당사국들을 정치적으로 지원하고 있었기 때문에 미소 긴장을 고조시켰다. 다른 제3세계 분쟁도 마찬가지였다. 에티오피아(1975)와 앙골라(1978) 등지의 내전에 소련이 직간접적으로 개입하자 미국은 소련이 제3세계에 대한 영향력 확대를 꾀하려 한다고 의심했다.

1979년 12월을 기점으로 동서 관계는 더욱 악화되었다. 소련이 중거리탄도미사일 SS-20을 유럽에 배치함으로써 미사일 전력의 불균형이 발생하자 미국은 이를 해소하기 위해 서유럽에 토마호크 지상발사순항미사일과 퍼싱II 미사일을 배치했다. 또한 소련의 아프가니스탄 침공은 석유 매장 지대인 페르시아만에 대한 소련의 팽창 의도로 해석되어 미국의 경계심을 크게 자극했다. 미국은 1979년 초 이란혁명으로 팔레비 왕조의 친서방 친미 정권이 축출되고 이슬람 종교 지도자가 최고 권력을 가지는 정치체제로 변화됨에 따라 중동 지역의 중요한 파트너를 잃은 입장이었다. 이러한 가운데 발생한 소련의 아프가니스탄 침공은 소련의 공세적 정책 전환을 나타내는 것으로 비쳐졌던 것이다.

(2) 닉슨독트린과 미·중 데탕트

1969년 7월 아시아를 방문 중이던 닉슨 대통령은 괌에서 가진 기자회견을 통해, 아시아에서의 미국의 역할을 축소하고 대신 아시아 국가들이 자신의 안보에 대한 주된 책임을 져야 할 것이라는 요지의 발언을 했다. '아시아인을 위한 아시아'로 요약되는 이 발언은 후일 닉슨독트린으로 불리며 동아시아 국제 정세에 큰 파장을 불러일으켰다.

닉슨독트린의 직접적인 배경이 된 것은 베트남전쟁이었다. 손쉬운 승리를 예상하고 전쟁을 확대한 존슨 행정부의 당초 예상과 달리 전쟁이 장기화되는 가운데 기약 없이 계속되는 전쟁에 대한 미국 국내의 반대 여론이 비등하기 시작했다. 특히 1968년 월맹군의 구정^{Tet} 총공세는 전황이 결코 미국에게 유리하지만은 않다는 사실을 알게 함으로써 미국 국민들에게 큰 충격을 주었다. 베트남전쟁은 또한 미국 국력의 상대적 쇠퇴를 가속화하고 있었다. 1969년 대통령에 취임한 닉슨은 베트남전쟁으로부터 되도록 빨리 벗어나기를 희망했으며, 닉슨독트린은 이러한 희망을 담고 있었다. 하지만 닉슨은 결코 전쟁에서의 패배를 원하지 않았다. 베트남으로부터의 철수도 중요하지만 그것은 반드시 명예로운, 즉 미국의 체면을 살릴 수 있는 방법으로 이루어져야만 했다.

이러한 가운데 닉슨 행정부는 중국과의 관계 개선을 모색했다. 1950년대 말부터 시작된 중소 분쟁은 무력 충돌로까지 확대되고 있었기 때문에 중국도 미국의 접근에 적극적으로 응했다. 1972년 2월 중국을 방문한 닉슨은 마오쩌둥과 상하이 코뮤니케를 통해 양국 관계 개선에 대한 공동 합의를 발표했다. 닉슨의 입장에서 중국과의 관계 개선은 여러 목적을 동시에 달성할 수 있는 수단이었다. 첫째, 앞에서 지적했듯이 미국은 '중국 카드'를 사용함으로써 소련에 대한 전략적 주도권을 차지할 수 있었다. 둘째, 베트남전쟁 종결을 위해 중국의 도움을 얻고자 했다. 중국이 북베트남을 지원하고 있던 상황에서 중국과의 관계 개선을 통해 베트남전쟁으로부터의 탈출 전략을 마련할 수 있을 것으로 기대했던 것이다. 이는 또한 국내 반대 세력의 목소리, 특히 반전여론을 일시적으로 잠재울 수 있었다.

닉슨독트린과 미·중 접근은 동아시아, 특히 동북아 정세에 큰 변화를 가져왔다. 우선 1971년 가을 유엔총회 결의를 통해 중국이 대만을 대신하여 유엔 회원국으로 인정되었고, 많은 국가들이 중국과의 관계를 정상화하고자 했다. 대만은 정상적 주권국가로서의 국제적 지위에 큰 손상을 입었다. 일본은 미·중 관계 개선을 '닉슨 쇼크'로 칭하며 충격으로 받아들였다. 일본도 중국과의 관계 개선 의지를 지니고 있었는데, 미국과의 관계를 의식하여 실제로 중국에 대한 접근을 자제해 오고 있었다. 그러던 차에 미국이 비밀리에 중국과의 관계 개선을 천명한 것은 일본과의 동맹 관계에 대한 신뢰를 해치는 행위로 인식되었던 것이다.

미국의 베트남 철수도 미국과 아시아 동맹국들의 관계에 영향을 미쳤다. 1975년 미군이 베트남으로부터 전면 철수하면서 베트남은 결국 공산화되었다. 미국은 손쉽게 승리를 이끌 수 있다는 생각으로 베트남 개입을 시작한 후 장기간에 걸쳐 수많은 병력과 물자를 투입했으나, 결국 자국 역사상 최초의 전쟁 패배를 경험했을 뿐 아니라 도덕적 자의식에도 심각한 상처를 입게 되었다. 한편 미군의 베트남 철수는 한국·일본·호주 등 미국의 아시아·태평양 지역 동맹국에게 미국의 안보 공약 준수 의지에 대한 의심을 다시금 불러일으켰다. 한반도 내외 정세에 미친 영향은 더욱 심각했는데, 이에 대해서는 다음 절에서 자세히 살펴볼 것이다.

1970년대 초 닉슨 행정부의 미·중 관계 개선 노력이 즉각적인 관계 정상화로 이어지지는 않았다. 미·중 관계 개선을 유인책으로 삼아 미소 데탕트를 이루려 한 키신저의 노력은 여전히 소련과 갈등 관계에 있던 중국의 의심을 샀다. 중국은 미국이 제안한 군비 통제 회담을 비롯한 신뢰 구축 방안을 거부했다. 중국은 또한 미국의 대만 정책에 대한 의구심을 버리지 못하고 있었다. 특히 문화혁명 이후 득세한 사인방四人幇으로 대표되는 중국의 강경 세력은 미국과의 관계 개선에 비판적이었다. 미국 내에서도 중국과의 관계 정상화를 꾀하려는 정책은 보수 세력의 비판을 받았다.

1976년 9월 마오쩌둥이 사망하고 1977년 카터 행정부가 등장하면서 이루어진 양국의 리더십 교체 과정에서 미·중 관계 정상화는 다시 지연되었으나 결국 진전을 이루었다. 마오쩌둥 사망 이후 권력자로 부상하여 1978년 실권을 장악한 덩샤오핑鄧小平은 경제 개발을 위한 실용주의 노선을 추진하기 시작했다. 한편 카터 행정부 내에서는 소련과의 데탕트를 더욱 강화할 것인지 아니면 소련에 대한 압력 강화를 위해 중국과의 관계를 더욱 진전시킬 것인지에 대한 의견 대립 끝에 결국 후자의 입장이 관철되었다. 그리하여 1979년 1월 미국과 중국은 정식 외교 관계를 수립했다. 중국과의 외교 관계를 수립하면서 미국은 대만과의 공식적인 관계를 단절했다. 다만 같은 해 4월 대만관계법 Taiwan Relations Act이 미 의회에서 통과되어 미국이 대만에 대해 군사 지원을 계속할 수 있는 법적 근거가 마련되었다.

한편 1979년 2월 중국은 베트남의 국경 지역을 공격했다. 중국의 무력 행사는 베트남의 캄보디아 무력 개입(1978)에 대한 중국의 불만을 표시하는 것이었으며, 동시에 베트남의 친소 정책에 대한 경고이기도 했다. 베트남의 캄보디아 개입은 소련의 지원을 배경으로 하고 있었으며, 두 나라는 1978년 11월 친선 조약을 체결했다.

이렇듯 중소 대립은 여전히 동아시아 국제정치의

> **〈참고 2-12〉 레이건 행정부의 소련에 대한 강경책이 냉전의 종식을 가져왔나?**
>
> 냉전이 왜 끝나게 되었는지에 대한 하나의 설명은 미국의 정책, 특히 레이건 행정부의 소련에 대한 강력한 압박 때문에 소련이 붕괴했다는 것이다. 이 승리주의적(triumphalist) 견해에 따르면 냉전 종식은 곧 미국의 승리를 의미한다. 소련은 경제적 쇠퇴가 오랫동안 진행되어 왔던 상황에서 전략방위구상 등 막대한 자금이 투입된 레이건 행정부의 군비 증강을 따라갈 수 없었으며, 따라서 고르바초프로서는 대내외적 개혁 및 개방정책 이외의 다른 선택의 여지가 없었다는 것이다.
>
> 그러나 냉전 종식이 미국의 승리였다는 주장은 지나치게 단순하다. 소련의 붕괴가 반드시 미국의 승리와 동일시되는 것은 아니다. 승리주의자들의 주장과 달리 고르바초프에게 아무런 정책적 선택의 여지가 없었던 것은 아니다. 예를 들어 그는 동유럽에서의 민주화운동에 대해 예전의 소련이 그러했던 것처럼 무력 진압을 시도할 수 있었다. 물론 무력 진압이 성공했을 것이라는 보장은 없지만 만약 그러한 시도가 있었다면 냉전 종식은 실제 일어난 것보다 훨씬 폭력적인 과정이 되었을 것임에는 틀림이 없다.
>
> 미국의 봉쇄정책은 공산주의의 팽창을 성공적으로 막았다. 하지만 냉전이 1989~1991년이라는 특정 시점에 평화적으로 종결되었다는 사실을 봉쇄정책만으로 설명할 수는 없다. 이를 위해서는 몇 가지 추가 설명이 필요하다. 첫째, 고르바초프의 등장과 개혁개방정책 추진이 갖는 중요성이다. 고르바초프를 포함한 새로운 세대의 소련 지도자들이 기존의 소련 체제가 갖는 문제점을 자각하고 이를 고쳐 나가려 했을 때 냉전 종식의 계기가 만들어졌던 것이다(Garthoff 1994). 둘째, 고르바초프의 '신사고'는 평화공존과 데탕트 시기 이래 제한적이나마 서방과의 교류가 이루어지면서 점진적으로 나타난 변화의 결과였다. 새로운 소련 지도자들은 서방과의 교류를 통해 사회민주주의에 가까운 아이디어를 수용하게 되었던 것이다(English 2005). 셋째, 국제적인 환경 변화도 소련의 개혁개방을 촉진하는 방향으로 작용했다. 특히 경제적 상호의존 증대와 국제기구 및 초국가적 네트워크의 발전, 그리고 서방세계의 경제적·문화적 활력은 소련이 서방 주도의 국제사회에 가깝게 다가가려는 결정을 보다 용이하게 했다(Deudney and Ikenberry 1991/92).

중요한 요인으로 남아 있었다. 그럼에도 불구하고 닉슨과 키신저의 외교팀이 활용하고자 했던 미·중·소의 전략적 삼각관계는 더 이상 원활히 작동하지 않았다. 미·중 관계 개선이 미소 데탕트로 이어졌던 1970년대 초와 달리 미·중 관계의 정상화에도 불구하고 미소 관계는 신냉전의 대립 국면을 향해 나아갔다.

(3) 남북대화의 시작과 중단

닉슨독트린과 미·중 화해로 대변되는 아시아 데탕트의 도래는 한반도 정세에도 큰 영향을 미쳤다. 비록 닉슨독트린이 주로 염두에 둔 대상은 베트남이었지만 정책적으로 최초의 적용 대상이 된 것은 한반도였다. 주한 미군 감축 또는 철수 계획은 이미 케네디 행정부 시절부터 검토되다가 존슨 행정부에 이르러 한국군의 베트남 파병을 계기로 검토가 중단된 바 있었다. 그러나 1968년부터 존슨 행정부가 베트남전쟁의 종전을 모색하면서 주한 미군의 철수도 다시 검토되기 시작했다. 닉슨 행정부에 들어서도 주한 미군 철수 검토는 계속되다가 실제로 1971년 주한 미군 지상군 1개 사단 규모의 병력이 철수했다.

안보의 상당 부분을 미국에 의존하고 있던 한국에게 주한 미군 철수는 커다란 충격을 안겨 주었다. 더욱이 북한은 1960년대 후반 모험주의 노선하에 대남 게릴라 침투와 비무장지대 부근에서의 소규모 도발 행위를 증가시켜 왔다. 북한의 이러한 전략은 한국의 사회적 혼란을 부추겨 박정희 정권에 반대하는 민중 봉기 또는 군사쿠데타를 촉발시키고, 아울러 미국의 대한 방위 공약 준수 및 미군의 한국 주둔이 어려운 국제적 환경을 조성하려는 데 의도가 있었다. 1968년 1월 21일 북한은 게릴라에 의한 청와대 기습공격을 시도한 데 이어, 불과 이틀 후에는 미 해군 정보수집함 푸에블로호를 나포했다. 북한은 또한 같은 해 10월 말에서 11월 초까지 경북 울진 및 강원도 삼척 지구에 120

명에 이르는 대규모 게릴라 침투를 시도했고, 이듬해 4월에는 미군 정찰기 EC-121을 격추했다. 이렇게 북한의 행동으로 당시 한반도의 군사적 긴장이 고조되어 있었기 때문에 한국의 입장에서 미군 철수가 남기게 될 안보 공백에 대한 우려는 매우 컸다.

데탕트는 분명 강대국 관계에 있어서의 긴장 완화를 가져왔지만 한국의 경우에는 오히려 안보 불안이 가중되는 효과를 초래했다. 주한 미군의 부분 철수와 그에 이은 미·중 관계 개선은 미국의 방위 공약에 대한 한국 정부의 신뢰를 크게 손상시켰다. 미·중 관계 개선은 '국제정치에는 영원한 적도 영원한 우방도 없다'는 현실주의적 인식을 한국 정부 지도자들에게 깊이 심어 주었다. 강대국들이 자신의 이해관계에 따라 언제든지 동맹 파트너의 이해를 저버릴 수 있다는 것이었다. 박정희는 북한으로부터의 위협이 상존하는 상황에서 미국의 방위 공약조차도 더 이상 신뢰할 수 없게 되었으므로 결과적으로 한국의 안보 상황이 더욱 악화된 것으로 판단했다.

미국의 방위 공약을 더 이상 신뢰하지 못하게 된 박정희 정부는 1970년대 초부터 다각적인 대응에 나섰다. 첫째, 자주적 국방 능력을 육성하려는 노력을 적극화했다. 특히 자주국방을 위한 노력의 일환으로서 소총이나 야포 같은 재래식 무기뿐만 아니라 핵무기와 유도탄의 독자적 개발을 시도했다. 또한 이 시기 경제개발의 중점 방향을 기존의 경공업 위주에서 중화학공업 위주로 전환했는데, 이 역시 방위산업 개발에 대한 정부의 의지와 밀접히 관련되어 있었다. 중화학공업의 발전이 방위산업 육성의 기초가 된다고 판단했던 것이다.

둘째, 권위주의 체제의 강화이다. 박정희 정부는 유동적인 안보 환경 속에서 생존을 도모하기 위해서는 대내적 일치와 단결이 대단히 중요하다고 생각했다. 당시 청계피복의 노동자 전태일이 당시 근로 조건의 개선을 요구하며 분신자살한 사건이 상징하듯 노동 문제가 점차 사회적으로 대두되었고, 유력 야당 정치인 김대중이 '4대국 안전보장론'을 내세우며 대결이 아닌 대화와 타협에 의한 한반도 평화와 통일을 주장했다. 북한도 '평화 공세'를 강화하여 민족 중심의 남북 협력과 외세를 배격한 자주적 통일을 주장했다. 하지만 박정희는 이러한 대내적 상황 전개가 사회적 기강 해이와 국제정치의 생리에 대한 무지를 나타내는 것으로서 궁극적으로 북한의 대남전략에 유리한 기회를 제공할 뿐이라고 판단했다. 결국 1971년 12월 국가비상사태 선언에 이어 1972년 10월 유신헌법이 선포되었다. 사실상 박정희의 무제한적인 권력과 종신 집권을 보장한 유신헌법이 선포됨으로써 그나마 외양적으로 남아 있던 민주주의 제도가 크게 손상되었다.

셋째, 남북대화를 시작했다. 1971년 9월 남북적십자 간의 첫 예비회담이 이루어졌고, 남북 비밀 접촉을 거쳐 1972년 역사적인 7·4남북공동성명이 발표되었다. 박정희 정부가 북한과의 대화에 나선 이유는 여러 가지였다. 우선 세계 및 동아시아 지역 차원에서의 데탕트를 추진하고 있던 미국이 한반도에서의 긴장 완화를 바라고 있었다. 국내적으로도 서독의 동방정책과 같이 남북 관계 개선을 요구하는 압력이 있었다. 또한 박정희 정부는 1960년대 중반부터 본격화된 경제개발의 성과에 근거하여 북한과의 체제 경쟁에 어느 정도 자신감을 갖게 되었다. 하지만 무엇보다도 중요한 동기는 북한과의 대화를 유지함으로써 자주적 국방 능력이 완비되기 이전까지 '시간을 벌자'는 것이었다. 북한의 입장에서도 남북대화는 근본적인 남북화해와 협력을 위한 것이었다기보다는 한반도의 표면적인 긴장 완화를 통해 주한 미군 철수를 촉진하려는 전술적 시도였다.

남북대화는 오래가지 않았다. 1973년 8월 북한의 대화 중단 성명 발표로 7·4남북공동성명을 통해 세워졌던 남북조절위원회 접촉은 막을 내렸다. 이후 남북 관계는 급속히 경색되었다. 1974년 8월 조총련계

재일교포가 8·15광복절 기념식장에서 연설하던 박정희 대통령 저격을 시도했다. 박 대통령은 무사했으나 영부인 육영수가 총탄에 희생되었다. 같은 해 11월에는 휴전선 부근에서 북한의 땅굴이 발견되어 남북한 간의 소규모 교전이 발생하기도 했다. 1976년 8월에는 판문점 공동경비구역에서 북한군에 의해 유엔군 소속 미군 장교 두 명이 살해된 '판문점도끼만행사건'이 발생하여 미군의 항공모함이 파견되는 등 한반도의 긴장이 고조되었다.

1976년 카터 행정부의 등장은 박정희 정부에게 또 다른 시련을 안겨 주었다. 인권 외교를 표방한 카터는 박정희의 유신 독재에 대해 비판적이었을 뿐만 아니라 주한 미군 철수를 다시 추진했기 때문이다. 카터는 북한과의 외교적 협상을 통해 한반도 긴장을 낮추면 미국이 군사적으로 한국을 지원해야 할 필요도 없어질 것으로 판단했다. 박정희 정부의 핵개발 계획에 대한 미국 정부의 강력한 반대와 압력도 한미 관계를 긴장시킨 요인이었다. 카터의 임기 말에 세계 데탕트가 퇴조하고 북한의 군사력에 대해서도 재평가가 이루어지면서 주한 미군 철수 계획은 결국 철회되었다.

1979년 10월 유신체제의 억압에 대한 저항의 압력이 거세지던 가운데 박정희는 중앙정보부장 김재규에 의해 시해되었다. 박정희 사망 이후 한국은 '서울의 봄'이라고 불리는 정치적 전환기를 맞았으나 곧 바로 민주화를 이루지는 못했다. 전두환을 중심으로 하는 '신군부' 세력이 사실상의 쿠데타를 통해 정부의 실권을 장악한 것이다. 그 과정에서 1980년 5월 광주민주화항쟁이 발생했다. 신군부는 조속한 민주화를 요구하는 광주에서의 시위를 전투부대 병력을 동원하여 진압했으며, 이 과정에서 많은 민간인 사상자가 발생했다. 한편 전투부대의 이동이 한국군에 대한 작전통제권을 가지고 있는 주한 미군 사령관의 승인 없이는 불가능했을 것이라는 점에서 광주 참사에 대한 미국의 방조 의혹이 제기되었으며, 이는 1980년대 중반 이후 한국 학생 운동권에 반미反美가 확산되는 주된 배경 원인이 되었다.

5. 국제 냉전 질서의 해체: 신냉전에서 탈냉전으로

(1) 신냉전과 '신사고', 그리고 소련·동유럽 공산주의의 붕괴

소련의 아프가니스탄 침공은 '신냉전'이라고 불리는 또 다른 긴장 고조의 국면을 초래했다. 1981년 출범한 미국의 레이건 Ronald Reagan 행정부는 미국의 국력과 자신감의 회복을 강조했다. 1975년 베트남으로부터의 철수, 1979년 이란인질사건 등을 겪으며 저하된 미국의 자신감을 되살리겠다는 것이었다. 특히 인권 외교와 도덕 외교를 표방하던 카터 Jimmy Carter 행정부가 1979년 이란회교혁명의 와중에 미 대사관 직원들이 인질로 잡힌 사태에 대응하면서 보여 준 유약한 이미지는 결국 카터가 연임에 실패한 중요한 원인이 되었다. 미국 국민들은 강한 미국의 건설을 내세운 레이건을 새로운 대통령으로 선택했다. 그는 소련을 '악의 제국'이라고 지칭하며 군사비 증액과 '별들의 전쟁'이라고 불리는 전략방위구상 SDI: Strategic Defense Initiative 을 추진했다. 다른 한편으로 레이건은 아프가니스탄과 니카라과의 우익 반군 세력에게 군사 지원을 제공했으며, 동유럽 국가들의 자유화 운동도 비밀리에 지원했다.

미국의 군비 증강은 소련에게 큰 압력이었다. 앞서 지적했듯이 소련은 1960년대 중반부터 경기 침체를 겪어 왔으며, 서방과의 기술적 격차도 점차 커지고 있었다. 데탕트를 이용해 경제력과 기술력의 강화를 시도했지만 이마저도 크게 성공하지 못했다. 이데올로기 경쟁에 있어서도 서방에 대한 열세가 점차 뚜렷해지고 있었다. 이제 소련을 지탱하는 힘은 정치적 억압과 군사력뿐이었는데, 군사력조차도 점차 미국에 뒤처지려 하고 있었다. 소련은 정치적으로도 브레즈네프 Leonid Ilyich Brezhnev 공산당 서기장이 1982년 사망한 이후, 안드로포프 Yuri Andropov 와 체르넨코 Konstantin Chernenko 가 각각 연이어 서기장에 올랐으나 모두 좋지 않은 건강 상태로 인해 권좌에 오른 지 얼마 되지 않아 사망하여 안정적인 지도 체제를 확립하지 못하고 있었다.

1985년 3월 소련공산당 서기장으로 등장한 미하일 고르바초프 Mikhail Gorbachev 는 페레스트로이카 Perestroika 개혁과 글라스노스트 Glasnost 개방을 시도했다. 고르바초프가 추진한 개혁개방의 목표는 공산주의를 포기하는 것이라기보다는 소련의 억압적 정치체제와 취약한 경제체제를 서유럽 사회민주주의에 가까운 것으로 자유화하고 현대화함으로써 장기적으로 체제의 생존성을 높이는 데 있었다. '신사고'新思考를 표방한 고르바초프의 등장은 획기적인 사건이었다. 그는 이전의 소련 지도자들과는 달리 이미 1970년대부터 서유럽의 사회민주주의적인 아이디어를 받아들인 신세대 지도자였던 것이다. 한편 개혁의 실행을 위해서는 대외 관계 안정은 물론 서방 국가들과의 경제적 및 기술적 협력 확대가 절대적으로 필요했다. 이에 고르바초프는 미국과 전략무기감축협상을 진행하는 등 서방 국가들과의 관계 개선을 추진했다. 레이건 행정부도 출범 초기의 대소 강경책과 달리 고르바초프 개혁 및 화해 노력의 진정성을 확인하고 관계 개선에 적극적으로 임했다.

고르바초프의 개혁 및 개방정책은 동유럽 사회주의 국가들에도 중요한 영향을 미쳤다. 국내 개혁개방정책의 연장선상에서 고르바초프는 동유럽 공산주의 국가들의 주권을 제한적으로만 인정한다는 브레즈네프 독트린 Brezhnev Doctrine 을 포기했다. 소련의 동유럽에 대한 통제가 약화된 것이다. 1968년 체코 자유화 운동을 무력 진압했던 것과 같은 소련의 군사적 개입의 위협이 사라지자 폴란드와 헝가리 등 동유럽에서는 정치적 자유의 확대를 요구하는 운동이 강화되었다. 이는 벨벳혁명 velvet revolution 이라 불리는 동유럽 자유화의 단초가 되었다. 1989년 헝가리·폴란드 등에서 정치적 자유가 확대되었다. 그와 동시에 자유와 풍요를 찾아 서유럽 국가로 탈출하려는 동유럽인들이 급격히 늘어났다. 그 결과 1989년 11월 냉전의 상징이었던 베를린장벽이 무너졌고, 동유럽의 공산주의 정권도 급속히 몰락했다.

동유럽 공산주의의 몰락 이후 소련도 자체 붕괴의 길을 걸었다. 고르바초프의 개혁정책은 체제의 장기적 생존을 위해 필요한 것이었으나 개혁의 단기적인 결과는 대내적인 정치 경제적 혼란과 대외적 위상의 약화였다. 그의 개혁은 과거의 체제를 부정했지만 그것을 대체할 새로운 체제를 만들어 내는 데는 실패했다. 특히 개혁 과정에서 물자 부족과 높은 인플레이션이 초래되어 고르바초프에 대한 국내적인 반대 여론이 가중되었다. 1991년 쿠데타가 발생하여 고르바초프가 사임했으며, 얼마 후 소비에트연방은 해체되었다. 소련의 자체 붕괴는 곧 반세기 가량 세계적 차원에서 지속되어 온 미소 냉전의 종식을 의미하는 것이었다.

(2) 동아시아 공산 정권의 변화와 지속

신냉전의 긴장 고조는 동아시아에서도 감지되었다. 예를 들어 소련의 태평양함대 전력 증강은 동아시아 지역의 군사적 긴장을 증가시켰다. 이렇게 국제적 긴장이 고조되는 가운데 등장한 레이건 행정부는 임기 초기에는 중국과의 우호적 관계 유지에 큰 관심을 보이지 않았다. 레이건은 중국보다는 일본을 대아시아정책의 중심축으로 삼고 대만에 호의적인 발언을 했다. 일본의 나카소네 야스히로^{中?根康弘} 수상은 레이건 대통령과 '론-야스'라고 불리는 각별한 관계를 형성하면서 동아시아에서 일본의 외교적 입지와 위상을 강화하고자 했다. 그는 특히 양국 간 무역 불균형에서 비롯된 통상 마찰이 나타나고 있었음에도 불구하고 미일 안전보장 체제를 강화하려는 적극적 노력을 기울였다.

하지만 미·중 관계에 국한하여 보았을 때 신냉전의 파괴적 영향은 크지 않았다고 볼 수 있다. 1984년 4월 레이건의 중국 방문 이후 양국 관계는 회복되었고, 무역과 문화 교류도 증대되었다. 다만 레이건 행정부의 출범 이후 미국의 힘과 자신감이 점차 회복되는 가운데, 미국의 입장에서 중국이 갖는 전략적 중요성은 미·중 데탕트가 추진되던 시기에 비해 상대적으로 감소하지 않을 수 없었다.

고르바초프의 등장 이후 중국과 소련은 오랜 갈등을 정리하고 관계 개선에 나섰다. 양국 모두 대내적 발전과 개혁에 집중하기 위해서는 대외 관계의 안정이 필요했던 것이다. 1989년 5월 고르바초프는 덩샤오핑과의 정상회담을 위해 베이징을 방문했다. 하지만 고르바초프의 중국 방문은 같은 시기에 발생한 톈안먼사건으로 인해 세인의 주목을 상대적으로 덜 받았다. 5월부터 톈안먼 광장에 모여 민주화를 요구하는 학생 시위대를 6월 4일 중국 인민해방군이 무력으로 진압하면서 수천 명의 사상자가 발생했다. 이 충격적 사건은 미디어를 통해 서방으로 알려졌으며, 그 여파로 미·중 관계가 악화되었다. 중소 관계의 진전도 중단되었다.

톈안먼사건이 발생한 1989년 가을에 동유럽에서는 자유화 운동의 결과로 베를린장벽이 무너지고 공산주의 정권이 연쇄적으로 붕괴했다. 톈안먼사건은 동유럽식의 자유화 운동에 대한 중국식 대응이 낳은 참사였다고 볼 수 있다. 하지만 동유럽의 경우와 대조적으로 중국의 공산주의 정권은 붕괴하지 않았다. 동아시아에서는 중국뿐 아니라 베트남과 북한도 공산주의 국가로 여전히 남아 있다. 이들 중 특히 중국과 베트남의 경우 경제적으로는 시장제도 도입을 확대해 왔지만 여전히 정치적으로는 공산당 지배가 유지되고 있다. 이는 동유럽 공산주의의 몰락이 일종의 반면교사가 되어 동아시아 공산주의 국가들이 체제 유지에 각별한 노력을 기울인 결과일 수 있다. 하지만 이들의 생명력은 동유럽 공산 정권이 주로 소련의 직접적인 개입과 압력에 의해 수립되었던 것과 달리 동아시아 공산 정권이 소련의 상대적인 무관심 속에서 자생적 공산주의운동을 통해 형성되었다는 역사적 배경으로부터 기인한다고도 볼 수 있을 것이다.

(3) 북방정책과 한반도 냉전의 지속

국제 정세가 신냉전으로 복귀하던 1983년 9월, 뉴욕을 출발하여 알래스카의 앵커리지를 거쳐 서울로 향하던 대한항공 여객기가 항로를 이탈하여 소련 상공을 비행하던 중 소련 전투기에 의해 격추되었다. 소련의 대한항공 여객기 격추 사건은 한국이 미소 냉전의 직접적인 희생물이 되었다는 점에서 충격을 주었다. 뿐만 아니라 이 사건은 신냉전의 국제적 긴장을 고조시키는 데도 일조했다(강규형 2003). 남북한 대립도 지속되었다. 대한항공 여객기 격추 사건 직후인 1983년 10월 북한은 미얀마를 방문 중이던 전두환 대통령 일행에 폭탄 테러를 가했으며, 이 사건으로 한국 정부 고위 인사를 포함한 17명의 수행원이 사망했다. 이러한 긴장 고조의 와중에서도 1985년경부터 한국은 북한과의 대화를 위한 막후 교섭을 시작하여 남북 간에 고위급 특사가 오갔다. 남북정상회담 개최도 논의되었으나 성사되지는 못했다.

1987년 10월 북한에 의해 발생한 대한항공 858기 폭파 사건이 보여 주듯 남북 관계의 긴장은 지속되었다. 그러나 중국이 실용주의 노선을 채택하고, 소련도 고르바초프의 등장 이후 개혁개방정책을 추진하게 되면서 한반도에서도 긴장 완화를 위한 움직임이 점차 가시화되었다. 국내적으로는 권위주의의 해체가 진행되기 시작했다. 1987년 6월 민주화항쟁의 결과 대통령 선출 방식이 직선제로 바뀌어 12월에 선거가 치러졌다. 대통령에 당선된 노태우는 1988년 7월 교역 및 인도적 차원의 교류 증진을 포함하는 새로운 대북정책과 함께 공산주의 국가들과의 수교를 추진한다는 북방정책을 발표했다. 1960년대 중반 이후의 고도 경제발전을 배경으로 한 한국의 북방정책은 1989년 헝가리 및 폴란드와의 수교를 시작으로 1990년 9월 소련과의 수교, 이어서 1992년 8월 중국과의 수교를 이루어내는 괄목할 만한 성과를 거두었다. 소련과 중국은 실용주의 노선을 추구하게 되면서 북한과의 이념 차원의 결속보다는 한국과의 경제적 교류라는 실리에 더 큰 관심을 갖게 되었던 것이다.

한편, 냉전이 끝나 가고 있던 1991년 여름까지 미국은 한반도에 더 이상 핵무기를 배치할 필요가 없다는 결론을 내리게 되었고, 한국 정부도 이를 받아들였다. 12월 미국의 핵무기 철수가 완료되었으며, 노태우 대통령은 이를 공식 발표했다. 미국의 핵무기 철수는 북한과의 대화 촉진에 일조했다. 북한은 당시 대내외적으로 곤란에 처해 있었다. 한소수교로 인해 소련과의 관계가 소원해졌을 뿐 아니라 소련은 그동안 현물 교환 방식으로 제공되던 에너지에 대해 경화 결재를 요구했다. 또한 한국과의 수교를 추진하고 있던 중국도 북한에 대해 한국과의 관계 개선에 압력을 가했다. 이렇게 한국 정부의 적극적인 대북 유화정책이 추진되고 주변국들의 압력이 가해지던 맥락에서 남북한은 1991년 9월 유엔에 동시 가입했고, 12월에는 '남북 간 화해 불가침 및 교류 협력에 관한 합의서'를 체결했다. 이는 탈냉전이 진행되던 국제적 환경에 적극 대응한 북방정책의 성과였다.

그러나 국제적 냉전의 종식과 남북 관계의 유화 국면이 한반도 냉전의 종식으로까지 이어지지는 않았다. 북한은 외교적 고립과 그로 인해 초래된 경제적 위기 속에서 핵무기 개발을 가속화하기 시작했으며, 이는 한반도의 또 다른 긴장 상태를 초래하고 있다. 탈냉전에 대한 북한의 대응은 중국이나 베트남과 같은 다른 동아시아 공산주의 국가들의 적극적 개혁개방 노선과 구별된다. 한국과의 대결 의식을 완전히 벗어던지지 못한 북한으로서는 시장경제의 도입 등을 통해 한국과 유사한 체제로 전환하는 것이 결코 쉬울 수 없다. 북한이 경제적·외교적 어려움을 핵개발 등 군사적 해법으로 극복하고자 시도하고 있는 가운데 한반도는 세계사의 흐름과 동떨어져서 아직도 냉전의 섬으로 남아 있다.

6. 맺음말: 냉전의 '긴 평화'와 한반도 평화 문제

제국의 시대로 시작된 20세기는 세계대전의 파국을 두 차례 겪은 후 반세기에 걸친 냉전을 경험했다. 냉전은 공산 진영과 자유 진영의 극단적 이데올로기 대립의 시대였다. 냉전은 또한 정치·경제·기술·

군사 등의 영역에 걸친 전면적 대립을 동반했다. 실로 20세기는 '극단의 시대'라고 부를 만하다(Hobsbawm 1994).

높은 수준의 군사적 긴장과 대립은 냉전의 중요한 특징이다. 세계는 각각 미국과 소련을 중심으로 하는 자유 진영과 공산 진영으로 나뉘어 치열한 군사적 경쟁을 벌였다. 그런데 일부 학자들은 역설적으로 냉전이 '긴 평화'long peace의 시기였다고 설명한다(Gaddis 1987). 20세기 초에 두 차례의 세계대전이 치러졌던 데 비해 반세기에 걸친 냉전 기간 중에는 대립을 주도한 초강대국들 간의 군사적 긴장은 있었지만 직접적인 대규모 무력 충돌은 발생하지 않았다는 뜻이다. 긴 평화는 핵무기 개발과 경쟁이 빚어낸 공포의 균형balance of terror에 의해 설명된다. 핵무기의 가공할 파괴력을 감안할 때, 초강대국 간 군사적 충돌이 벌어져 그것이 핵전쟁으로 비화되었을 경우, 양측은 모두 회복 불가능한 수준의 손실을 입을 수밖에 없다. 이러한 핵전쟁의 위험을 인식한 초강대국들은 군사적 충돌을 회피하기 위해 갈등을 관리하려는 노력을 기울였으며, 이것이 곧 긴 평화의 원인이 되었다는 것이다.

그러나 강대국 간의 직접적 무력 충돌이 없었다는 사실 하나만으로 냉전이 평화로운 시기였다고 단정하기는 어려울 것이다. 핵무기가 지닌 파괴력이 오히려 강대국들의 행동 자제를 불러왔다는 사실은 어느 정도 일리가 있지만 오인誤認, misperception이나 시스템 결함에 의한 예기치 않은 핵전쟁 발발의 위험은 잠재적으로나마 상존했다. 1962년 쿠바위기와 같이 핵전쟁에 근접했던 위험천만한 순간도 있었다. 비록 미소의 직접적인 무력 충돌은 일어나지 않았지만 핵무기 경쟁을 수반한 군사적 긴장의 수준은 인류 역사의 그 어느 때보다도 높았던 것이다. 더욱이 미소 간에 상대적 평화의 시기가 유지되는 동안 제3세계 지역에서는 분쟁이 끊이지 않았다. 제3세계의 지역 분쟁은 종종 미소의 대리전쟁 양상을 띠었다. 특히 한국전쟁과 베트남 전쟁은 미국과 소련이 직접 또는 간접적으로 관여한 대규모 열전으로서 제1, 2차 세계대전 이상의 파괴와 희생이 발생했다.

경제적 측면에서 보았을 때 냉전은 단절의 시기였다. 미국을 중심으로 하는 서방세계는 자본주의와 시장경제의 틀 속에서 상호의존을 더해 갔다. 그러나 냉전 초기에 마셜플랜 참가를 거부한 소련과 공산주의 진영은 역동적인 서방의 경제로부터 고립되었다. 소련 경제는 1960년대부터 생산성과 성장률이 둔화되기 시작하여 1970년대와 1980년대에는 경제난이 가중되었다. 1970년대에 소련이 데탕트에 임한 이유 중 하나도 서방과의 교류를 통해 경제난을 극복하는 데 있었다. 그러나 소련은 데탕트를 이용해 소련 경제의 근본적 문제를 해결하지는 못했다. 1980년대 중반 고르바초프가 페레스트로이카를 추진하기 시작했던 것은 기본적으로 소련의 비효율적 경제체제를 개혁하기 위해서였다. 그러나 소련이 자신의 체제를 개혁하고 대내적 개방성을 증대시키는 과정에서 소련과 동유럽의 공산주의체제 자체가 붕괴하고 말았다. 소련의 개혁과 개방, 그리고 동유럽에 대한 통제 약화는 오히려 공산주의 체제의 취약성을 노출시켰던 것이다. 특히 서방의 자유와 풍요는 많은 동유럽인의 동경의 대상이 되었는데, 소련의 강제적 통제가 약화된 가운데 일어난 이들의 대규모 탈출은 동유럽 자유화를 촉진시켰다.

무엇보다도 냉전은 이질적 사회체제 간의 경쟁과 대립이었다. 냉전의 군사적·경제적 차원도 중요하지만 보다 본질적인 측면은 이데올로기 대립에 있었던 것이다. 냉전의 주도 세력인 미국과 소련은 각각 자유주의와 공산주의를 세계질서에 투영하고자 했다. 그러나 보편주의적 성격을 갖는 두 이데올로기의 상호 공존은 실현되기 어려웠다. 소련의 이데올로기는 세계 혁명의 '과학적' 전망을 역사의 필연으로 제시했다. 스탈린은 미국과의 정면 대결을 피했지만, 공산 세력의 확대를 도모할 수 있는 기회가 주어지면 주저하지 않았다. 1950년 4월 스탈린이 김일성의 남침을 최종 승인한 것은 좋은 예이다. 서방과의 평화공존을 추구했던 흐루시초프도 공산주의 승리에 대한 믿음은 결코 버리지 않았다. 미국은 전 세계 대부분의 지역이 공산주의 체제하에 놓일 경우 미국 스스로를 자유주의 원칙에 입각한 사회로 유지하기 어렵다고 생각했다. 이데올로기의 '섬'이 되어서는 자신의 이념적 정체성을 유지할 수 없다고 믿었던 것이다.

냉전이 본질적으로 이데올로기 대립이었다는 사실은 냉전이 왜 유럽에 국한되지 않고 제3세계를 포함한 세계 전체로 확대되었는가에 대한 이해를 돕는다. 탈식민화로 새로 독립을 획득한 제3세계의 국가들은 사회경제적 발전과 정치 안정을 이룰 수 있는 근대화의 방안을 모색했다. 미국과 소련은 자신이 각각 표방하는 체제가 많은 신생국가들에 의해 채택되기를 희망했고, 이를 위해 군사적·경제적 지원을 제공했다. 이리하여 제3세계는 자유주의와 공산주의라는 근대화에 대한 두 이데올로기적 비전의 각축장이 되었다. 제3세계 내 특정 지역의 군사전략적 또는 경제적 가치가 미국과 소련의 국익 계산에 사활적 중요성을 갖는 경우도 있었지만, 일반적으로 미국과 소련은 제3세계를 자신의 체제의 우월성을 보여 줄 수 있는 시험대로 여겼다.

이데올로기 대립에서 비롯된 냉전은 1960년대 이후 다소 안정화되었다. 미국과 소련은 평화공존과 데탕트를 모색했다. 여기에는 이미 지적한 바와 같이 핵무기 경쟁의 역할이 컸다. 그러나 미국과 소련은 공존을 추구했지만 자신의 이데올로기적 비전까지 양보하려 하지는 않았다. 1980년대 초 신냉전으로의 복귀는 데탕트의 한계를 잘 보여 준다. 하지만 보다 장기적으로 보면 데탕트 기간 중 이루어진 동서 간의 경제 및 문화 교류는 소련과 동유럽 사회 내부에 서방의 자유와 풍요에 대한 동경심을 심었다. 또한 이러한 교류는 후일 고르바초프의 집권 이후 소련 대내외 정책의 전면으로 등장한 신사고 형성에도 기여했다. 소련의 신사고는 냉전 종식의 중요한 계기가 되었다.

세계 및 동아시아 지역 차원에서 전개된 냉전은 한반도의 국제정치적 삶을 규정한 압도적 힘이었다. 해방 이후 남북한 각각 단독정부가 수립되어 한반도 분단체제가 성립되는 과정은 세계 냉전의 원심력이 점차 강화되던 가운데 전개되었기 때문에 분단을 피하고자 한 중도 세력의 노력은 결국 무위로 돌아가고 말았다. 한국전쟁은 한반도 내전의 성격을 부분적으로 지녔다. 하지만 전쟁은 세계 냉전이라는 맥락 하에서 발발했다. 세계 및 동아시아 냉전과의 결합으로 인해 한반도는 강력한 폭발성이 주입된 냉전기 최초의 열전의 장이 되었다. 그리고 한국전쟁의 경험은 남북한의 적대 의식과 군사 및 이데올로기 대립을 더욱 격화시켰으며, 이후 한반도 냉전의 상수常數가 되었다.

한국전쟁 이후로도 세계 냉전과 동아시아 냉전의 전개 양상은 한국의 대외 관계에 큰 영향을 미쳤다. 이승만은 휴전 이후에도 북진통일을 추구했으나 냉전 대립 속에서도 소련과의 공존을 추구하던 미국의 정책과 충돌함으로써 실패했다. 1960년대에 들어 미국은 베트남전쟁에 깊이 빠져드는 한편, 동아시아 지역의 자유진영 유지를 위한 일본의 역할을 보다 강조하기 시작했다. 박정희 정부는 베트남 파병 및 한일국교 정상화를 통해 이러한 동아시아 환경 변화에 적극적으로 대응함으로써 국가 안보와 함께 경제발전을 추구했다. 그러나 데탕트의 도래와 주한 미군 철수 등의 주변 정세 변화는 박정희 정부에게 심각한 안보 위기 의식을 불러일으켰다. 박정희는 이러한 위기에 남북대화, 자주국방 및 권위주의 정치체제의 강화를 추진함으로써 대응했다.

1960년대 중반부터 지속된 한국의 빠른 산업화와 경제성장은 한국의 대외 정책적 자율성을 어느 정도 신장시켰다. 또한 1980년대 중반 이후 진행되어 온

정치적 민주화로 국내 차원의 변수가 한국의 대외 정책 결정에 미치는 영향력이 상대적으로 증대되었다. 국제 정세의 해빙과 냉전 해체가 진행되던 배경하에서 한국이 북방정책을 적극적으로 추진하여 중국 및 소련과의 수교, 그리고 남북기본합의서 채택과 같은 성과를 거두었다는 사실은 경제발전과 민주화로 높아진 한국의 위상과 능력을 보여 주는 것이었다.

하지만 한반도의 평화와 안정은 아직도 이루어야 할 목표로 남아 있다. 냉전기의 치열했던 남북한 간의 체제 대결은 사실상 한국의 판정승으로 끝났다고 볼 수 있을지 모른다. 또한 냉전의 해체로 냉전을 매개로 세계의 문제로 연결되어 있던 한반도 분단 문제도 더 이상 세계의 문제가 아닌 한반도 내부의 문제로 축소되었다고 볼 수도 있을 것이다. 그러나 탈냉전 이후 국제적으로 고립된 북한은 자신의 체제를 유지하려는 필사의 노력의 일환으로 핵개발을 추진했으며, 이로써 야기된 한반도의 핵 위기는 냉전기와는 또 다른 의미에서 세계의 문제가 되었다.

이는 변환의 시대를 맞고 있는 오늘날의 세계정치와 관련하여 두 가지 함의를 우리에게 남긴다. 첫째, 과거에 비해 한국의 세계적 위상과 대외 정책 자율성이 상대적으로 높아지긴 했지만 세계 차원의 문제로 남아 있는 한반도의 평화를 달성하기 위해서는 세계정치의 주요국 및 기타 행위자들과의 협력이 필요하다. 그리고 이를 위해 여전히 한반도 밖의 정세와 동향에 대한 깊은 관심과 민감한 대응이 필수적으로 요청된다. 둘째, 냉전의 역사를 지나치게 현재적 관점에서 해석해서는 곤란하다. 비록 한반도가 아직도 냉전의 녹지 않은 섬으로 남아 있지만 한반도의 평화와 번영이라는 문제의 성격에 있어서 냉전기와 오늘날이 같지만은 않다. 변환기의 세계정치를 냉전기의 국제정치로 환원하여 섣불리 이해해서는 곤란하다는 것이다. 만약 냉전의 역사로부터 우리가 어떠한 교훈을 얻고자 한다면, 그것은 시기적 조건의 유사성과 차이에 대한 분명한 이해가 전제된 상태여야만 가능할 것이다.

3

| 남궁곤 |

현대 세계정치의 변환과 한국의 외교

1. 머리말: 냉전의 종식과 현대 세계정치 질서 — **110**
2. 현대 세계정치의 복합적 변환 — **111**
3. 현대 동아시아 정치의 변환 — **128**
4. 현대 세계정치의 변환과 한국 — **138**
5. 맺음말 — **146**

| 핵심 개념 |

걸프전쟁 Gulf War / 문명 표준 standard of civilization / 미일동맹 U.S.-Japan alliance / 미·중 관계 U.S.-China relations / 민주화 democratization / 북방정책 The Northern Policy / 북한의 핵 개발 Development of North Korean Nuclear Weapon / 안보 공동체 security community / 유럽연합 European Union / 6·15남북정상회담 6·15 Inter-Korean Summit / 인도적 개입 humanitarian intervention / 전략적 유연성 strategic flexibility / 중국의 부상 rise of China / 지구화 globalization / 지역 협력 regional cooperation / 체제 변환 regime transformation / 초국가 기구 transnational organization / 탈근대 post-modernity / 탈냉전 post-Cold War / 테러 terror / 한미동맹 Korea-U.S. alliance

1. 머리말: 냉전의 종식과 현대 세계정치 질서

1989년 11월, 우리는 냉전의 상징물이었던 베를린 장벽이 붕괴되는 현장을 텔레비전 중계를 통해 생생하게 지켜보았다. 1990년을 전후해서 폴란드, 헝가리, 체코슬로바키아 등 동유럽 여러 나라의 공산주의 정권이 연속해서 붕괴하고 유럽 정치 지도에 변화가 일어나는 것도 목격했다. 베를린장벽이 붕괴된 직후 당시에 별로 알려지지 않았던 미국 국무부 정책실 관리였던 후쿠야마(Fukuyama 1989)는 공산주의 체제의 붕괴를 빗대어 '역사의 종언'end of history이라 명명했다. 그에 의하면 '역사'란 고대 그리스 사상에서부터 인류가 추구해 온 보편 진리의 역사이다. 그의 논지는 공산주의 붕괴로 인해 자유민주주의 통치 이념과 자본주의 경제 이념에 도전할 만한 대항 이념은 더 이상 존재하지 않는다는 것이었다. 하지만 냉전이 끝난 이후의 세계정치 현실은 그의 진단대로 역사를 끝낸 것이 아니다. 자유 민주주의 이념의 독존이 성공하지 못했고 자본주의 확산의 혜택이 골고루 배분되지 못한 채 21세기를 맞았다.

〈참고 3-1〉 미국 패권에 관한 국제정치학자들 간의 논쟁

1990년대 이후 미국 패권의 성격에 대해 미국의 국제정치학자들은 열띤 논쟁을 벌여 왔다. 이 논쟁의 초점은 역사상 유례 없는 미국 주도의 세계질서가 일시적인 현상인지 상당 기간 지속될 것인지 여부에 맞춰져 왔다.

먼저 미국 주도 질서가 일시적이라는 주장을 보자. 베를린장벽 붕괴 직후 발표된 '미래로의 회귀'(Back to the Future)라는 제목의 논문에서 미어셰이머(John Mearsheimer)는 미국 우위의 단극 체제가 독일, 일본 등의 부상으로 다극 체제로 이행할 것이라고 예측했다. 월츠(Kenneth Waltz)는 2000년 논문에서 중국 등의 부상으로 다극 체제의 현실이 "우리의 눈앞에 이미 펼쳐지고 있다"고 주장하기도 했다. 이들은 전통적인 신현실주의의 관점을 고수하고 있는데, 이에 따르면 미국의 패권에 도전하는 국가들의 등장은 무정부적인 국제정치 구조에 근본적인 변화가 일어나지 않는 한 필연적이다. 따라서 미국은 군사적, 경제적 우위 유지를 위해 광범위한 전 세계 개입 정책 대신, 자국의 핵심적 이익이 손상되지 않는 범위 내에서 개입의 수준과 강도를 조절하는 것이 필요하다.

이러한 견해와 달리 미국 패권 체제의 지속성을 주장하는 학자들의 논거는 다음과 같다. 미국은 여타 주요 국가들에 비해 압도적인 힘의 우위를 유지하고 있다. 주요 국가들의 정책 결정자들은 힘의 격차에 직면하여 힘을 균등하게 만드는 세력균형화보다는 힘이 강한 쪽에 의존하는 편승의 길을 택할 것이다. 미국은 또 지리적인 이점을 누리고 있다. 동서로는 대서양과 태평양으로 둘러싸여 있고 남북으로는 캐나다와 멕시코라는 우방국들과 이웃하고 있어 미국에 실질적인 군사적 위협을 가하는 것은 불가능하다. 물론 미국의 경제 규모가 상대적으로 약화되고 군사비 격차도 줄었지만 어떤 국가도 군사적 잠재력을 현실화시키려는 움직임을 보이지 않고 있다. 이것은 미국의 패권 체제가 시혜적이기 때문이며, 다른 국가들이 미국의 의도를 공격적이거나 위협적인 것으로 받아들이지 않기 때문이다. 아이컨베리(John Ikenberry)에 의하면 미국은 제2차 세계대전의 종식 이후 다자주의적인 국제 제도와 동맹을 통해서 동맹국들에 대한 힘의 행사를 자제해 왔고, 그러한 과정을 통해서 획득한 국제적인 신뢰가 냉전 종식 이후에도 미국의 패권 체제를 지탱해 주는 근간이 되고 있다. 따라서 탈냉전 시기 미국 외교정책의 초점은 이와 같은 '자유주의적' 패권 체제를 유지하는 데 맞추어져야 한다. 월포스(William Wolforth)는 전통적인 신현실주의의 관점에서 보더라도 단극 체제는 양극 체제나 다극 체제보다 훨씬 안정적이고 평화 지향적이며, 다른 국가들도 이러한 사실을 어렵지 않게 인지하게 될 것이라고 주장했다. 월포스에 따르면 미국의 국익과 주요 강대국들 간의 평화 체제는 미국의 정책 결정자들이 단기적인 이익에 연연하지 않고 현재의 패권적 지위를 유지하기 위해 적극적인 개입 정책을 추진함으로써만 보장될 수 있다.

> **〈참고 3-2〉 미국의 경제적 지도력**
>
> 2008년 9월 미국 투자은행 리먼브라더스 파산에서 시작된 글로벌 금융 위기와 2011년 8월 국제 신용 평가 회사인 스탠더드앤드푸어스에 의한 미국 국가신용등급 하향 조정은 미국 경제적 지위의 현실을 보여 주는 사건이었다. 리먼브라더스 파산은 서브프라임 모기지(비우량 주택담보대출)의 후유증으로 시작되었고, 미국 국가신용등급 하향 조정은 미국이 갖는 국채의 지급 능력 우려에서 비롯되었다. 이들을 계기로 미국발 금융 위기가 전 지구적으로 현실화되면서 미국의 경제적 지도력은 흠집이 났고 달러의 위상은 약화되었다. 이들 사건은 미국의 경제 위기가 전 세계로 급속히 확산될 만큼 국제경제 구조가 긴밀하게 연결되어 있음을 보여주었지만, 다른 한편으로 미국의 경제적 위상과 역할에 큰 의구심을 남겼다.

현대 세계정치가 어떻게 전개되고 어떤 질서로 편성될 것인지는 아직 불투명하다. 양극체제 붕괴 이후의 체제 유형에 대해서 아직 단정하기 어렵고 의견도 분분하다. 탈냉전 초기만 하더라도 미국은 유일한 초강대국으로 남았다. 그래서 미국이 주도하는 단극 체제가 지배적인 세계정치 질서가 될 것이라고 예상하는 사람들이 많았다. 이들 중에서 일부는 미국 패권 질서가 양극적 냉전 질서를 대신하는 것으로 간주했다.

이들의 주장에 따르면 베스트팔렌 체제 이후 형성되었던 다극 질서는 두 차례의 세계대전을 계기로 붕괴되어 양극 질서를 낳았다. 이어 등장한 양극 질서는 냉전 붕괴를 통해 미국 중심의 단극 질서를 낳았다. 냉전 종식 10년 후인 1990년대 후반만 하더라도 이들의 주장은 많은 공감을 얻었고 실제로도 미국은 세계질서를 지배하고 관리하는 유일한 초강대국 지위를 유지했다. 미국을 패권 국가 혹은 제국의 위치로 간주하는 주장도 있었다. 이를 두고 국제 정치학계에서는 미국의 패권에 관한 논쟁이 치열하게 전개되기도 했다.

2000년대 들어 현대 세계정치 현실에서는 그런 견해를 반박하게 하는 사건들이 끊임없이 일어났다. 미국을 겨냥한 9·11 테러와 연이은 아프가니스탄전쟁과 이라크전쟁, 미국과 유럽의 갈등, 그리고 글로벌 경제 위기와 미국 신용도 하락은 미국 지도력에 커다란 상처를 주었다. 세계 곳곳의 테러와 종족 분규, 중국의 눈부신 국력 신장, 그리고 유럽 통합의 진척은 세계질서가 미국 중심의 단극 질서로 편성될 것으로 보는 데 상당한 의구심을 던져 주었다. 어떤 사람들은 중국의 국력 신장이 두드러져 세계정치 질서가 다시 양극 질서로 재편될 가능성을 제기하기도 한다. 또 중국의 부상과 유럽 통합 진전을 근거로 다극 질서로 진행한다고 보는 견해도 있다.

2. 현대 세계정치의 복합적 변환

21세기는 복합의 세기이고, 현대 세계정치는 복합적인 변환 과정에 있다. 세계정치를 하나의 연극으로 비유하면 현대 세계정치는 크게 두 가지 차원에서 복합적이다. 하나는 세계정치의 주인공과 무대라는 차원이고, 다른 하나는 이들이 보여 주는 연기와 엮어 내는 이야기 차원이다. 현대 세계정치에서는 전통적인 국민국가가 여전히 주연을 맡고 있고 때로는 과거보다 더 강력한 개성을 드러낸다. 게다가 국제기구, 비정부기구, 테러 집단, 초국가 기업 등 다양한 출연자들이 조연의 지위에서 벗어나 주연에 버금가는 막중한 역할을 맡고 영향력을 떨치고 있다. 상대적으로 배역의 중요성이 커졌다는 뜻이다. 현대 세계정치에서는 또 전통적인 정치적 무대는 물론이고 경제, 지식, 문화, 그리고 환경 등의 무대에서도 출연진 사이에 다양한 협력과 치열한 경쟁이 벌어지고 있다. 이들 무대가 단순한 보조 장치에 머물지 않고 주인공의 행위와 연출 기법에 직접적인 영향을 미치고 있다. 현대 세계정치는 다양한 주인공들이 다양한 무대에서 활동을 이루는 복합적 성격을 갖는다.

주인공들이 보여 주는 연기와 엮어 내는 이야기는 어떠한가? 세계정치 '체제' 관점에서 냉전 체제가 붕괴해서 양극화는 해소되었지만 냉전 시대에 드러났던 대립과 대결이란 연기가 끝나지 않고 있다. 냉전과 탈냉전, 양극화와 탈양극화의 기운이 공존하고 있는 것이다. 게다가 세계정치 '역사' 관점에서 베스트팔렌 질서라고 여겨지는 근대 질서가 동요해 탈근대 현상이 현실로 나타나고 있다. 그렇다고 근대 질서 요소가 완전히 사라진 것도 아니다. 근대 질서와 탈근대 질서 요소가 이야기 속에 동시에 표출되고 있다. 다시 말해 현대 세계정치는 냉전과 탈냉전 요소의 병존과 근대와 탈근대 요소의 병존 형태로 변환이 진행되는 복합 현상을 특징으로 하고 있다.

1990년대 이후 세계정치 무대에서는 실제로 수많은 사건들이 있어 왔다. 어떤 사건들은 일시적으로 사람들에게 커다란 관심을 불러일으키고 큰 충격을 주었다. 이들은 현대 세계정치 변환 과정에 중대한 계기가 될 만한 세기적 사건들이다. 또 어떤 사건들은 일시적이 아니고 점진적으로 일어나 그 결과가 누적되어 세계정치 변환에 영향을 주고 있다. 충격적 사건이든 누적적 사건이든 이들은 서로 다른 시기와 지역에서 발생했고 그 원인과 과정이 별개인 경우도 많다. 이러한 현대 세계정치 사건들은 주인공과 무대, 그리고 연기와 이야기 관점에서 성격도 다르고 독립적으로 발생한 것이다. 하지만 이들 사건들이 끼친 영향과 결과 등을 분석해 보면 공통된 요소가 발견되기도 한다. 이들 일련의 사건들과 이들에게서 발견되는 공통된 요소가 현대 세계정치의 특징을 완전하게 보여 주는 것은 아니다. 이들만으로 현대 세계정치 질서의 전개 방향을 단정하기도 힘들다. 하지만 이들로부터 우리는 현대 세계정치 질서의 특징과 변환 향방을 가늠할 단서는 포착할 수 있다. 이들 사건들 중에서 세계정치 변환에 지속적인 영향을 미치는 것들을 한데 묶어 공통 요소를 추출해 내는 일은 변환 과정을 파악하고 질서 향방을 예측하는 데 도움이 된다. 이들 중 어떤 요소는 현대 세계정치의 주인공의 변환에 관한 것이고 어떤 것은 이들 주인공들이 여러 무대에서 엮어 내는 연기와 줄거리의 변환에 관한 것이다. 이들을 세계정치의 복합적 변환이란 관점에서 서술하기로 한다.

(1) 전쟁, 테러의 변환과 미국 지도력의 동요

현대 세계정치의 변환 과정 중에서 가장 두드러진 점은 테러와 이에 대항하는 테러 전쟁이 인간 세상의 대표적인 폭력 연기로 등장했다는 사실이다. 전쟁은 인간이 만들어 낸 가장 잔인한 폭력적 제도이다. 근대 이후 전쟁은 갈등 국가들 사이에, 특히 정규군 사이에 무력 충돌의 형태로 일어났으며, 일정한 사상자 수가 발생되는 것이 일반적이었다. 현대 세계정치 무대에서는 이러한 전통적인 전쟁보다는 테러라는 형식의 폭력이 중요한 줄거리로 등장하고 있다. 또 테러의 수행이 국가는 물론 비국가 행위자에 의해서도 수행되는 점도 부각되고 있다. 그래서 세계 평화 문제도 '테

<참고 3-3> 걸프전쟁

사담 후세인 이라크 대통령은 1990년 8월 2일 쿠웨이트를 전격 침공 점령했다. 이에 미국을 중심으로 한 서방 각국은 이라크에 대한 무역 제재와 무력 사용 등의 결의안을 채택했다. 미국이 다국적군의 결성을 주도하여 43만 명의 미군을 포함한 34개국의 다국적군 68만 명이 1991년 1월 17일 대공습을 단행하면서 전쟁이 시작되었다. 미국이 주도하는 NATO 동맹군은 공중전에서 시작해서 전면 지상전을 전개하여 쿠웨이트로부터 이라크군을 축출하고 10여 일 만에 쿠웨이트를 탈환하여 전쟁 종식을 선언했다. 이 전쟁에서 첨단 무기와 압도적 화력을 앞세운 다국적군의 공세에 이라크군은 약 20만 명의 사망자가 발생했지만 다국적군은 378명의 전사자를 내는 데 그쳤다. 이 전쟁에서 패배한 이라크는 퇴각하면서 냉전기 동안 우호적인 관계를 유지해 왔던 미국과 서방국가들에게 적대적인 태도로 변했다.

러를 어떻게 미리 막고 어떻게 대처할 수 있을까'라는 문제로 귀결된다. 테러가 세계정치 변환 차원에서 대표적인 폭력 연기로 등장한 계기는 2001년 미국에서 일어난 9·11 테러였지만 그 성격과 배경을 이해하기 위해서는 1991년 1월 냉전 종식 직후 일어난 걸프전쟁 Gulf War 부터 살펴볼 필요가 있다.

걸프전쟁은 외형적으로는 미국을 비롯한 다국적군이 이라크를 응징한 사건이지만 그 내면에는 현대 세계정치 변환 차원에서 몇 가지 의미를 갖고 있다. 사람들이 걸프전쟁을 처음 접하면서 강한 인상을 받았던 것은 전쟁을 안방에서 생중계로 직접 목격했기 때문이었다. 전쟁 개시부터 종료까지 주요한 전투 장면이 CNN이란 대중매체를 통해 전 세계에 생중계됨으로써 여론 향배에 큰 영향을 미쳤다. 한편 전쟁에 각종 첨단 무기가 등장함으로써 21세기 전쟁은 단순한 전투원의 대결이 아니고 얼마나 정교한 무기로 무장하고 목표물을 정확히 타격하는지가 전쟁의 승패를 좌우하게 되었다. 그 후 급속한 첨단 무기 개발과 발전은 21세기 전쟁 양상이 스마트 무기 대결의 장이나 사이버 전쟁으로 변환될 것임을 예고했다.

걸프전쟁은 미국이 냉전 질서를 정리하고 새로운 세계 질서를 구축하는 데 주도적 책무를 맡게 되었음을 세계에 알렸다. 전쟁 개입이 국제연합 결의에 따른 집단 안보 조치로 취해지고 전쟁 수행이 다국적군 방식으로 전개되었지만 미국이 탈냉전 질서 유지에 주도적인 역할을 맡을 것임을 보여 주었다. 걸프전쟁은 이라크에 대한 국제사회의 응징이었지만 전장이 산유 지역인 동시에 이슬람 세계인 중동 지역이었기 때문에 중동 이슬람 국가들의 공분을 샀다. 걸프전쟁은 서방 국가들과 중동 이슬람 국가들 사이에 자원 갈등, 종교 갈등, 그리고 문명 갈등이 현대 세계정치에서 가장 첨예한 갈등 사안이 될 것임을 예고해 주었다. 특히 미국을 비롯한 서방세계에 비해 상대적으로 국력이 약하고 서방세계에 노골적인 적대감을 보였던 이슬람 세력이 전통적인 전쟁보다는 비대칭 전략인 테러란 폭력 양식을 동원할 것임을 예고하고 있었다.

걸프전쟁이 현대 세계정치에서 전쟁의 변환 양상을 보여 주었다면 걸프전쟁 10년 후인 2001년 미국 뉴욕에서 발생한 9·11 테러는 테러가 전쟁 못지않게 세계정치에서 주된 폭력 양식으로 등장함을 보여 주었다. 과거 전쟁은 주로 영토와 자원 확보를 목표로 하는 침략을 위한 것이거나 국가 방어를 위주로 일어나는 전쟁이었다. 하지만 9·11 테러에 연이은 아프가니스탄전쟁과 이라크전쟁은 현대 전쟁 전개가 테러에서 시작되어 '테러 전쟁' war against terror 형태로 확산되고 있음을 보여 주었다. 테러 전쟁은 현대 전쟁이 테러를 미리 막기 위한 예방적, 선제적 성격을 띠는 계기가 된 것이다. 미국 부시 독트린은 이러한 변화를 보여 주는 대표적인 미국의 안보 전략이었다. 현대 세계정치에서 전쟁 양상은 영토 전쟁과 방어 전쟁에서 벗어나 예방 조치나 선제공격의 성격이 강한 테러 전쟁 형태로 변환되고 있는 것이다.

테러가 세계정치 변환 과정에서 더욱 주목을 끄는 것은 핵무기와의 관련성 때문이다. 21세기 세계질서를 주도하는 미국의 안보 전략이 핵 확산 방지로 그 중심이 모아지는 것도 미국을 겨냥한 테러와 테러 집단이 핵무기로 무장할 가능성을 염두에 두고 있기 때문이다. 2010년 4월 미국 워싱턴에서는 오바마 대통령의 제안으로 '핵안보정상회의'Nuclear Security Summit가 처음 열렸는데 이는 핵무기와 테러 위협의 연관성을 깊이 인식하고 이를 방지하기 위함이었다. 핵무기와 핵 확산 문제가 개별 국가는 물론 새로운 갈등 주체인 테러

〈참고 3-4〉 미국 9·11 테러 사건

2001년 9월 11일 오전 미국 워싱턴의 국방부 청사(펜타곤), 의사당을 비롯한 주요 관청 건물과 뉴욕의 세계무역센터(WTC) 빌딩 등이 항공기와 폭탄을 동원한 테러 공격을 동시다발적으로 받은 사건이다. 이 사건으로 인해 네 대의 항공기에 탑승한 승객 266명 전원 사망, 워싱턴 국방부 청사에서 사망 또는 실종 125명, 세계무역센터에서 사망 또는 실종 2500~3000명 등 정확하지는 않지만 인명피해만도 2800~3500명에 달한다. 테러 직후 미국은 오사마 빈 라덴과 그가 이끄는 테러 조직 '알 카에다'를 테러의 주범으로 발표했다. 이 테러를 계기로 미국은 아프간전쟁을 일으켜 오사마 빈 라덴을 비호하고 있던 탈레반 정권과 알 카에다 조직을 거의 붕괴시켰다. 또 미국은 '테러 전쟁'을 선포하여 세계를 문명 세력과 테러 세력으로 분리하며 새로운 국제질서를 구축하기 시작했다. 2011년 오바마 미국 대통령이 오사마 빈 라덴을 사살했다고 공식 발표하고 테러 전쟁의 종식을 선언했다.

〈참고 3-5〉 부시 독트린

특정한 시기에 공식적으로 표명된 것은 아니지만 미국의 부시 행정부가 2002년 1월 '악의 축'을 언급한 이후 내세운 일반적인 대외 정책 기조를 뜻한다. 부시 대통령이 같은 해 6월 웨스트포인트 사관학교 졸업식에서 언급한 것과 9월에 발표한 '미국 국가안전보장 전략'에 포함시킨 내용 등에서 미국의 테러 전쟁 수행 전략을 가늠할 수 있는 주요한 내용을 의미한다. 가장 핵심적인 내용은 미국의 안보 개념을 견제에서 적극적 공격으로 전환하고, 미국의 단독 행동에 입각한 일방주의 성격을 강조하고, 테러 지원 국가에 대해서는 테러 예방을 위한 선제공격이 주가 될 것이라는 점이다. 2003년 이라크전쟁은 부시 독트린(Bush Doctrine)에 기반을 둔 첫 번째 정책 수행 사례였다.

〈참고 3-6〉 이라크전쟁

미국은 이라크의 대량살상무기를 제거함으로써 자국민 보호와 세계 평화에 이바지한다는 대외 명분을 내세워 동맹국인 영국·오스트레일리아와 함께 2003년 3월 20일 바그다드 남동부 등에 미사일 폭격을 가함으로써 이라크전쟁을 개시했다. 미군이 이라크의 최후 보루이자 후세인의 고향인 북부 티크리트 중심부로 진입함으로써 발발 26일 만에 전쟁은 사실상 끝이 났다. 이 전쟁은 전자전으로 불릴 만큼 첨단 무기가 동원되었고, 미국의 실질적인 목적이 이라크의 자유보다는 이라크의 원유를 확보하고 중동 지역에서 친미 블록을 구축하기 위한 것이라는 이유에서 각국의 비판과 저항을 불러일으켰다.

집단과 관련되어 있으며 핵 테러에 대항하는 대 테러 협력이 현대 세계정치의 주요 의제로 부각된 것이다.

원래 테러는 현대 세계에서 처음 등장한 것은 아니다. 과거에도 테러가 있었지만 9·11 테러를 계기로 결정적인 변환의 계기를 맞았다. 이제 테러는 단순한 범죄가 아니고 세계정치의 새로운 안보 위협으로 간주된다. 현대 세계정치 무대가 네트워크 구조로 급격하게 재편되고 지구화가 가속되고 있어서 테러에서 시작하여 내란, 지역전, 세계전, 그리고 핵전쟁으로 확산될 가능성도 커졌다. 테러 집단이 국가에 필적하는 숙달된 전투 기술과 엄청난 파괴력을 지닌 핵무기를 비롯한 대량살상무기를 보유할 여지도 커졌다. 테러 주체가 테러 집단인 비국가 조직이 중심이 되고 있고, 테러 대상이 불특정 다수인 형태로 현대 테러는 변환되고 있다.

9·11 테러와 연이은 테러 전쟁은 현대 세계정치에서 미국과 이슬람권의 대결이 주된 갈등의 축으로 부각된다는 사실을 입증했다. '알 카에다'$^{Al-Qaida}$는 대표적인 테러 집단으로 꼽힌다. 알 카에다는 원래 1980년대에 구소련이 아프가니스탄을 침략했을 당시 아랍인들이 이에 저항하기 위해 오사마 빈 라덴을 중심으로 설립한 단체이다. 이 단체는 이슬람 극단주의 단체와 협력하여 이슬람이 아닌 체제들을 타도하고 이슬람 국가에서 이방인들을 추방함으로써 세계적인 범회교 칼리프 지위를 구축하고자 한다. 이들이 세계 정치 무대에서 부각된 것은 9·11 테러 배후 조직으로 판명되어 미국이 아프가니스탄전쟁 개시 명분으로 이용했기 때문이다. 2011년 5월 미군에 의해 오사마 빈 라덴이 사살되었지만 알 카에다 조직과 이를 통한 이슬람 세계의 저항, 그리고 테러 연관성은 완화되지 않고 있다.

냉전 종식 직후 걸프전쟁에서 시작해서 9·11 테러와 연이은 테러 전쟁에서 주목되는 것은 미국의 세계 전략과 역할이다. 현대 세계정치 질서를 미국 중심의 패권 질서라고 단정하기는 힘들어도 미국이 세계 정치 변환 과정에서 여전히 중심에 서 있다는 사실은 틀림없다. 냉전 종식 직후에 비하면 미국의 위상이 떨어지고 지도력이 동요하고 있지만 현대 세계정치에서 미국은 초강대국으로서 세계질서를 주도하고 있다. 미국의 입장과 역할이 어떤 것이건 미국은 세계의 모든 사안에 관심을 갖고 개입하고 있다. 미국은 21세기 세계정치의 주도국으로서 복합적 변환을 조종하는 데 힘을 쏟고 있는 것이다. 당분간은 세계정치 변환 향방을 미국의 입장과 역할 문제와 분리시켜 생각하기 힘들다. 이런 면에서 미국의 대외 관계와 세계 전략은 현대 세계정치에서 여러 주인공들과 무대는 물론 그 연기와 이야기 줄거리에 영향을 미치는 중요한 변수이다.

(2) 유럽연합의 탄생과 안보 공동체의 등장

냉전이 끝난 이후 세계정치 변환 차원에서 주목되는 사실은 유럽연합$^{EU:\ European\ Union}$의 탄생이다. EU는 1991년 12월 유럽공동체^{EC} 12개국 정상들이 경제통화 통합 및 정치 통합을 추진하기 위해 유럽연합 조약, 일명 마스트리흐트조약$^{Mastricht\ Treaty}$을 체결하기로 합의하면서 탄생했다. EU는 각국의 비준 절차를 거쳐 1993년 11월부터 조약이 발효됨에 따라 세계정치 무대에 새로운 주인공으로 등장했다.

EU의 탄생은 현대 세계정치 변환 차원에서 크게 두 가지 점에 의미를 부여할 수 있다. 하나는 탈근대 관점에서 세계정치 및 경제 무대에 초국가적 통합체가 주연으로 등장했다는 점이고, 다른 하나는 탈냉전 관점에서 북대서양 지역에 안보 공동체 형성이라는 새로운 '연기'가 실행되기 시작했다는 점이다.

EU는 아직도 진행형이지만 근대 국민국가들이 주권의 일부를 위임해 만들었기 때문에 새로 탄생한 탈근대적 행위자이며 초국가적 행위자이다. 세계정치

<참고 3-7> 마스트리흐트 조약

1991년 네덜란드 마스트리흐트에 12개국 유럽공동체(EC) 정상들이 모여 가조인한 데서 비롯되었으며 EC가 단순한 경제 공동체를 넘어 정치 경제적 통합체로 전환되는 계기가 되었다. 마스트리흐트 조약(Mastricht Treaty)은 유럽중앙은행 창설과 단일 통화 사용의 경제통화동맹(EMU), 노동 조건 통일의 사회 부문, 공동방위 정책, 유럽 시민권 규정 등 네 개의 핵심 내용을 담고 있다. 1992년 2월 EC 외무장관회의에서 정식 조인되었으며 각국의 비준을 거쳐 1993년 10월 독일의회의 비준을 마지막으로 11월부터 발효되었다. 이에 따라 EC는 EU로 명칭을 바꾸었다.

<참고 3-8> 안보 공동체

안보 공동체(Security Community)는 '정치 통일'이나 '정치 공동체' 보다는 훨씬 전문화된 개념이다. '정치 통일'이나 '정치 공동체'에는 국가들이 전쟁이나 대규모 폭력에 대비해 정치적 강제를 위한 조직을 마련하는 노력 등이 포함된다. 이에 비해 안보 공동체는 특정 지리적 공간에 기반을 둔 지역 간 협력 질서의 한 유형으로 안보 공동체가 성공적으로 구축되면 개별 국가의 국력보다는 다자 협력에 의한 안전보장 장치가 마련된다. 공동체 참여 국가 간의 경제 협력도 긴밀해져 개별 국가의 통제력은 약화되고 산업 부문과 민간 부문의 영향력이 크게 증대된다. 또 역내에 집단 정체성 같은 문화적 공감대가 형성되고 유대감이 강화된다. 안보 공동체로 통합할 때는 공식적인 병합이나 정치조직의 병합이 반드시 필요한 것은 아니다. 안보 공동체에서는 국가들의 상호의존 정도가 깊다. 국가이익을 다투는 영역에서는 자신의 이익 극대화를 기준으로 서로 협력하기도 하고 서로 경쟁하는 양상을 보이기도 한다. 그에 따라 국가들의 국력과 이익, 그리고 국가 전략에 따라 국가 간 관계가 다양하게 표출된다.
현대 북대서양 지역에 새로 구축된 안보 공동체는 국가들 사이에 상호의존 정도가 전보다 심화되었고, 국가들의 의도적이고 적극적인 협력을 요구하고 있기 때문에 '복합적 안보 공동체(Complex Security Community)'로 정의되기도 한다(Jervis 2002).

에서 국민국가가 여전히 유력한 주인공으로 그 위상을 유지하는 가운데 국민국가들이 지녔던 권리를 EU라는 초국가 기구에 이양한 사실은 현대 세계정치 전개에 새로운 전기를 열어 주었다. EU 탄생으로 근대 세계질서를 만들고 주도했던 유럽 지역의 국가들이 자신들이 설정했던 국민국가 중심의 문명 표준을 스스로 수정한 셈이다. 그 결과 유럽 지역에서는 근대 국민국가와 탈근대 EU의 이중구조로 주인공의 모습이 재편되는 변환 과정을 겪고 있다.

EU의 탄생은 냉전 시대와 탈냉전 초기 세계질서 재편을 주도했던 미국에게는 새로운 경쟁자의 등장으로 받아들일 만하다. 대외 관계 수행과 화폐를 통일함으로써 유럽 지역을 하나의 독립된 행위자로 묶은 것은 세계정치와 경제 무대에서 유럽 지역의 경쟁력을 높이고 지역 통합을 하나의 시대적 흐름으로 자리매김하게 해 준다. 이에 따라 아메리카 지역은 물론 아시아 지역 등 세계 여러 지역에 지역 통합의 과제를 새로운 도전 과제로 던져 주고 있다.

세계정치의 안보 무대란 관점에서 보면 EU의 탄생은 북대서양 지역에 안보 공동체 구축이란 새로운 장치가 완성되어 가동되는 계기가 되었다. 원래 안보 공동체는 제2차 세계대전 직후 서구 유럽 국가들 사이의 평화에 대한 기대를 발전시켜 안보 딜레마를 극복하는 방식에서 착안된 역사적 개념이다(Deutsch 1954). 하지만 냉전의 격화 때문에 안보 공동체 구축은 하나의 이상주의적 평화 방안으로만 여겨졌고 그 실현 가능성은 낮았다.

냉전 시기에 북대서양 지역의 안보 무대는 미국과

<참고 3-9> 유럽안보협력기구

1975년 헬싱키에서 냉전 시대의 동서 간 대화 증진 및 인권 보호 등을 논의하기 위해 유럽안보협력회의(OSCE: Organization for Security and Cooperation in Europe)가 열렸다. 이후 1994년 부다페스트에서 열린 CSCE 정상회담에서 개칭하는 데 합의하여 1995년부터 OSCE로 불리고 있다. 현재 OSCE는 대서양 연안의 NATO 회원국과 구소련 국가들 및 모든 유럽 국가 등 56개 국가가 가입한 포괄적 범유럽 기구로서 유럽의 민주주의 증진과 무기 통제, 인권 보호, 긴장 완화, 분쟁 방지를 목적으로 활동 중이다. 지난 2010년 11월 카자흐스탄에서 11년 만에 정상회담이 열렸고 한국도 협력 국가 자격으로 참가했다.

서방 자유 진영 세력이 규합한 북대서양조약기구NATO: North Atlantic Treaty Organization와 이에 대항하여 소련과 공산국가들이 결집한 바르샤바조약기구Warsaw Treaty Organization가 집단 방위 체제로서 서로 대립하는 형태로 전개되었다. 바르샤바조약기구는 1990년 10월 독일이 통일되고 소련 연방이 해체되면서 공산권 단결이 유명무실해졌고, 그 결과 1991년 공식 해체되었다. 이에 따라 NATO도 시대에 맞게 그 성격과 규모, 역할이 변했다.

NATO는 단순한 군사동맹에서 벗어나 유럽의 국제적 안정을 위한 정치 기구로 변화를 시도했다. 원래부터 NATO를 주도해 왔던 미국은 NATO를 단순한 군사동맹을 넘어 유럽 전체의 모든 안보 문제를 총괄하는 협력 기구로서 기능하게 하는 신전략을 채택했다. NATO는 유럽 일부 지역에서 발생하는 불안정이 전체 회원국에 위협이 될 수 있다는 논리로 1999년 국제연합의 결의 없이 코소보를 단독으로 공습하기도 했다. 2002년 럼스펠드 미국 국방장관이 제안한 2만 명 규모의 '신속배치군'RDF 창설을 수락하기도 했다. 1996년 프랑스가 복귀했고, 1999년 체코·폴란드·헝가리 등 옛 공산권 국가들이 가입하면서 정식 회원국도 2010년 현재 28개국에 달한다. NATO는 1997년에 러시아와 '나토-러시아 상호 관계 및 협력, 안보에 관한 기본 협정'을 맺고, 2002년에 '나토-러시아 이사회'를 결성하는 등 러시아를 NATO 회원국과 거의 동등한 자격으로 대하고 테러 방지와 안보 위협 등 제한적인 분야에서 의사 결정에 참여시키기도 했다. 냉전의 와해에 따라 NATO는 북미와 범유럽 지역을 포괄하는 안보 기구로 그 성격이 변화되었다.

한편 냉전이 데탕트 시기로 접어들던 1975년 7월, 핀란드 헬싱키에서는 '헬싱키 수뇌회담'이라고도 불리는 유럽안보협력회의CSCE: Conference on Security and Cooperation in Europe가 열렸다. 미국, 캐나다, 그리고 33개 유럽 국가 등이 참가하여 유럽의 안전보장 방안 등을 합의한 후 최종 문서에 서명했다. 이 회의를 계기로 유럽 지역에서는 성공적인 안보 협력의 전망이 보였다. 이 회의에는 소련도 적극 참여했는데 그 이유는 독일 통일을 억제하고 당시의 국경선을 유지하는 데 있었다. 유럽안보협력회의는 각국 간 이해관계가 맞지 않아 소강상태에 있었다. 그러다가 냉전 종식이 계기가 되어 다시 주목을 받게 되었고, 이를 상설화하여 '유럽안보협력기구'OSCE: Organization for Security and Cooperation in Europe로 도약했다.

냉전 종식 이후 NATO가 집단방위 기구에서 집단안보 기구로 그 성격이 변하고 OSCE가 창설되는 것을 계기로 북대서양 지역의 안보 문제는 NATO와 OSCE 두 축을 중심으로 다루어지게 되었다. 때마침 EU가 결성되면서 북대서양 국가들 사이에 활발한 초국적 협력이 활발해졌다. 재탄생한 NATO, 상설화된 OSCE, 새로이 탄생한 EU 체제의 병존은 근대 세계 정치 질서를 주도해 왔던 북대서양 지역에서 안보 공동체 작동을 현실화시켰다. EU의 탄생을 계기로 북대서양 지역에 안보 공동체가 구축되어 안보 무대에서 공동체 방식의 새로운 연기가 가동하는 결정적 계기가 마련된 것이다. 근대 세계정치 질서를 주도했고 세계 차원의 전쟁을 여러 차례 치렀던 북대서양 지역에서 안보 공동체가 구축된 것은 안보 무대에서 동맹과 세력균형의 연기가 펼쳐졌던 냉전 질서와 탈냉전 질서를 분명하게 구별해 준다. EU는 북대서양 지역에 안보 공동체를 유지하는 중요한 하나의 축으로 기능하고 있는 것이다.

안보 공동체 작동을 계기로 북대서양 지역의 국가들 사이의 전쟁 가능성이 낮아진 것은 분명해 보인다. 이러한 현실을 바탕으로 강대국과 평화, 민주주의와 평화, 혹은 경제적 상호의존과 평화 사이의 상관성에 관한 관심도 높아졌다. 하지만 안보 공동체에 참여하지 않고 있는 국가들이 존립하고 있는 지역은 여전히 평화 상태를 보장하기 어렵다. 현대 세계정치를 주도하는 미국과 미국의 독주를 반기지 않는 다른 강대국들은 끊임없이 이들 지역의 안보와 경제적 사안에 개입하고 있다. 더구나 상당수 저개발 상태의 국가와 지역에서 국가 간 혹은 국가 내의 갈등이 불거지고 국경과 자원을 둘러싼 분쟁은 여전히 치열하게 전개되고 있다.

(3) 자본주의 지구화와 시장경제체제의 불균등한 팽창

현대 세계정치 변환 과정에서 두드러진 현상은 '지구화'Globalization가 심화되고 가속화되고 있는 점이다. 물론 지구화는 현대 세계에서 새롭게 등장한 현상이 아니다. 인류 문명이 하나의 세계질서로 통합되는 역사 과정에서 지구화의 물결은 뚜렷하게 세 차례 일어났다(McGrew 2005). 첫 번째는 지리상 발견의 시대였던 1450년에서 1850년 사이에 일어났다. 새롭게 발견된 신대륙들은 유럽인의 팽창과 정복의 대상이 되었다. 두 번째는 제국주의 시대였던 1850년에서 1945년 사이에 일어났다. 이 시기에는 유럽 제국들이 비유럽 지역에 식민 지배 체제를 구축하고 서로 대립했다. 식민지 쟁탈 과정에서 두 차례의 세계대전을 치렀다. 세 번째는 1960년대 이후 세계대전의 후유증을 극복하고 인류가 고도의 과학기술 발전을 경험하면서 시작되었다. 산업혁명이 과거 지구화 현상을 촉진시킨 것처럼 마이크로칩과 인공위성으로 대변되는 정보화와 우주과학의 발전은 세 번째 지구화 물결에 크게 힘을 실어 주었다.

21세기 현대 세계정치에서 심화되고 가속화되는 지구화 현상이 세 번째 물결의 연속선상에 있는지 단절된 새로운 제4의 물결로 파악해야 할지는 별개 문제이다. 분명한 점은 정보통신 발전과 소프트웨어 혁신이 야기한 네트워크 혁명이 지구화 현상을 규모, 범위, 속도, 깊이에서 전례 없이 가속화시키고 확장시키고 있다는 것이다. 그 결과 지구화는 조그만 한 나라의 일이라도 세계 인류가 관심을 갖게 만들고 세계 문제가 곧 개별 국가의 일로 귀착되는 현상을 낳고 있다. 이에 따라 지구화는 인류 모두가 하나의 운명 공동체라는 의식을 심화시킨다. 지구화는 개별 국가는 물론 지역 공동체 사이의 경쟁과 갈등도 부추기고 있다. 또한 초국가 기구나 비정부기구 등 세계무대에서 상대적으로 주목받지 못했던 주인공들의 역할을 증대시킨다.

심화되고 가속화되는 지구화 현상이 가져다 준 영향 중에서 가장 주목되는 것은 자본주의 경제체제를 변환시키고 있는 점이다. 이제 세계경제 무대는 지구화 심화에 따라 냉전 종식으로 붕괴된 사회주의권을 포함해서 경제단위로 결집되어 단일한 자본주의 시장경제체제로 작동하고 있다. 냉전 시기 공산 진영을 결집시켰던 사회주의 경제체제가 붕괴하면서 이제 자본주의 시장경제는 일부 극소수 지역을 제외하고는 유일한 경제 운영 원리로 남아 작동하고 있다. 세계가 단일 시장경제체제로 운영되면서 자본주의 시장경제

<참고 3-10> 지구화의 개념

지구화(globalization)는 보통 사회관계가 지리적 영토라는 준거에서 점차 벗어나 인간이 세계라는 단일 공간 속에서 활동하게 되는 현상을 뜻한다. 지구화는 다음과 같은 현상을 복합적으로 포함한다. 첫째, 사회적 행동이 한 지점에서 다른 지점에 있는 행위자에게 직접적인 영향을 미치는 원격 작용(action at a distance)이다. 둘째, 순간적인 전자 커뮤니케이션이 사회적 조직과 작용에 영향을 미치는 공간과 시간의 제약을 침식시키는 시공간 압축(time-space compression)이다. 셋째, 한 국가에서 발생한 사건이 다른 국가에 직접 영향을 미칠 수 있도록 국가 경제와 국가 사회 사이의 그물망을 강화시키는 상호의존의 촉진(accelerating interdependence)이다. 넷째, 사회 경제 활동의 장벽이 되는 경계와 지리적 장벽의 침식에 수반되는 축소되는 세계(a shrinking world)이다. 다섯째, 지구적 통합, 지역 간 권력관계의 재배열, 지구적 조건의 의식과 지역 간 결합의 강화 등이다(Held and McGrew 2000, 3). 이들 정의를 구분해 주는 것은 지구화의 강조점을 물질에 두느냐, 공간에 두느냐, 시간에 두느냐, 아니면 인식에 두느냐에 달려 있다.

대중매체를 통해 지구화 현상이 지난 20여 년 동안 일반화되었지만 개념 자체는 훨씬 오래전으로 거슬러 올라간다. 지구화 현상이 지적 관심의 대상이 된 것은 생시몽(Saint-Simon)과 같은 사회학자에서부터 근대성이 세계를 통합해 가는 과정을 포착했던 해퍼드 매킨더(Halford MacKinder)와 같은 지정학자들까지 19세기에서 20세기 초 많은 저작들에서 발견된다. 그러나 지구화란 말이 실제 사용된 것은 1960년대 말에서 1970년대 초이다. 급격히 팽창했던 정치 경제적 상호의존 현상의 황금기에 정치·경제·문화 등에 관한 정통 방법론의 부적절성에 의심을 품었다. 정통 방법론이란 내부와 외부, 국내와 국제, 지방과 세계를 엄격히 분리해서 생각하는 사고방식이다.

<참고 3-11> 지구화와 세계화

한국에서는 지구화란 용어가 세계화란 용어와 혼용되고 있다. 두 용어는 모두 영어의 'globalization'을 번역한 용어이다. 경우에 따라 구별해서 사용하기도 하지만 대체로 구별 없이 사용하고 있다. 두 용어가 구별 없이 사용된 것은 김영삼 정부 시절 국정 방향을 세계화로 삼고 국가정책을 홍보, 실행하면서 세계화란 말이 빠른 속도로 퍼져 나갔기 때문이다. 김영삼 정부의 홍보 책자에 세계화란 단어가 'Segyewha'로 표기된 것을 보면 세계화는 고유명사라고 할 수 있다. 한자어인 '세계(世界)'는 시간과 공간 차원을 동시에 포함하지만 '지구'란 용어는 '공간'만을 의미한다는 면에서 'globalization'은 지구화로 번역하는 것이 정확할 것이다. 세계적으로 경제·평화·인권·환경 등 지구적 의식이 증대되고 지구촌화되어 간다는 점에서 지구화라는 용어가 보다 적절하다. 지구화를 주권국가 차원을 넘어 전 세계를 하나의 단일 공동체로 만들어 가는 과정으로 보고, 국제화-세계화-지구화 순으로 변화하는 순차적 개념으로 보는 사람들도 있다. 이런 점에서 보면 지구화는 국제화의 완성형이고, 세계화는 국제화와 지구화 사이의 과도기적 단계라고 할 수 있다. 시장과 사회 단위가 대외 개방성에 목표를 두고 활동한다는 의미에서 세계화를 정치 경제적인 영역에 국한시켜 사용하는 사람들도 있다. 다만 한국에서는 세계화란 용어가 일상생활에서 관행처럼 매우 포괄적으로 사용되고 있기 때문에 세계화란 말을 사용해도 무방할 것이다. 중요한 것은 지구화 혹은 세계화의 본질을 이해하고 그것이 가져다주는 영향을 자각하는 일이다.

는 전과는 비교가 안 될 정도로 빠른 속도와 다른 양상으로 변모하고 팽창하고 있다. 더구나 정보화로 새롭게 창출된 생산 영역을 통한 자본주의 변환은 인류에게 서로 상반된 결과를 낳고 있다. 한편으로는 인간 삶의 질을 높이고 생산력을 증가시켜 인류가 편리하고 윤택한 생활을 영위하는 데 공헌하고 있다. 다른 한편으로는 자본주의 시장경제의 변모와 팽창이 인류가 함께 해결해야 할 문제점을 초래하고 있다. 자본주의 시장경제의 지구화 현상이 낳은 결과는 세계정치의 변환 차원에서 크게 세 가지 정도로 요약된다.

첫째, 현대 세계정치에서는 국가 간에 자원과 부를 둘러싼 경쟁 무대가 개발과 생산 경쟁 부문에서 무역과 금융 부문으로 급속하게 확산 이동되고 있다. 세계 정치의 경쟁 무대가 무역과 금융 부문으로 이동되고 있는 것은 선진 개발국이 지구화가 야기한 무역과 자본 자유화 환경을 최대한 이용해 이익을 극대화시키고 있기 때문이다. 개발도상국은 부가가치가 낮은 노동집약적인 상품의 생산을 맡고 있다. 이에 비해 선진 개발국은 부가가치가 높은 첨단기술 제조업과 서비스 산업을 집중적으로 육성한다. 이들 첨단산업과 서비스산업은 외부 경쟁에서 우월한 위치에 있어서 지구화의 가속화가 초래한 무역자유화의 혜택을 바로 입고 있다. 선진 개발국은 무역자유화로 인해 국경 간 거래를 확대시켜 수익을 크게 증가시키고 있는 것이다. 또 자본 자유화로 인해 이자율이 하락하고 국가 간 이자율이 수렴하여 자본 유동성이 증가했는데, 선진 개발국은 높아진 자본 유동성이 수반한 자산 버블 등을 통해 자산 소유자의 이익을 크게 증가시키고 있다. 이에 따라 1995년 1월 출범한 세계무역기구(WTO: World Trade Organization)는 물론 원래 제2차 세계대전이 끝나고 세계경제를 관리하기 위해 설립된 국제통화기금(IMF)과 세계은행(World Bank)도 현대 세계정치 무대에서 그 역할을 크게 확대하고 있다.

1997년 태국에서 시작된 동아시아 금융 위기가 전 세계적인 경제 위기로 확산되었던 사실과 2009년 9월 미국 투자은행 리먼브라더스(Lehman Brothers) 파산에서 시작된 금융 위기가 글로벌 금융 위기로 확산된 것은 금융 부문의 지구화 현실을 보여주는 좋은 사례이다. 2011년 그리스에서 공공 부문의 비효율성과 뿌리 깊은 부정부패, 과다한 사회보장비 지출과 취약한 제조업 경쟁력 등 정책 실패로 야기된 경제 위기가 유럽은 물론 세계경제 전체에 충격을 주었던 것도 지구화된 금융 무대의 단면을 보여 준다. G20(Group of 20) 주요 20개국이 1998년 아시아 금융 위기 이후 외환과 금융 위기에 국제적인 대책 마련을 목적으로 연례적으로 정상회의를 개최해 오고 있는 점은 세계경제의 경쟁 무대에서 금융 문제의 중요성을 입증하고 있다.

둘째, 자본주의 시장경제의 지구적 팽창은 인류에게 생산력과 생산성 증대라는 결과를 낳았지만 다른 한편으로는 시장경제의 운영 방식은 물론 발전의 혜택이 불균등하게 작동하는 데 일조하고 있다. 지구화가 권력과 부를 세계경제 차원에서는 선진 개발국 위주로 편중시키고 모든 국가 내에서는 지역 간, 근로자 간 빈부 격차를 확대시키고 있는 것이다. 시장경제의 불균등한 팽창과 심화는 세계적인 양극화를 초래하고 이는 정치적 갈등의 소지를 내포한 잠재적 안보 위협 요인이라는 데 문제의 심각성이 있다. 글로벌 차원에서 진행되는 양극화 현상은 개인, 산업, 국가 차원에서도 동시다발적으로 발생한다. 이는 경기순환으로 해소되지 않고 무역과 자본의 자유화 흐름과 기술 진보에 따라 오히려 심화되고 있다.

양극화 현상은 국가들에 따라 다른 모습으로 진행되고 있다. 선진 개발국들은 국가 채무 위기 발생으로 일자리 창출이 미흡하여 높은 실업률을 낳고 복지 지출이 감소하는 형태로 양극화가 심화되고 있다. 그 결과 미국을 비롯해서 영국, 프랑스 등 선진 개발 국가에서 폭동 등 사회적 저항이 빈번해지고 있다. 2011년 미국 뉴욕시에서 이른바 '반월가 시위'가 발생하고 세계적으로 파급되었던 것은 좋은 사례이다. 미국 사회는 1990년대 들어 상위 10퍼센트 소득자들은 일반 소득자에 비해 임금이 세 배 증가하여 소득 계층 간 차이가 심화되고 계층 이동 가능성이 낮아졌다. 특히 『워싱턴포스트』 신문에 의하면 미국 상위 0.1퍼센트가 전체 소득의 10.4퍼센트를 차지하여 1930년대 대공황 이후 양극화가 심화되고 있다.

BRICs를 비롯한 신흥 경제국들은 피상적으로는 성장이 계속되어 중산층 규모가 전체적으로 확대되고 있다. 이들 신흥 경제국들은 선진 기업들과의 인수합병을 통한 기술력 증가로 경쟁력이 확대되고 산업 생산력이 높아졌다. 하지만 이들 국가들은 과잉 저축과 수출에 따라 소비의 균형이 이루어지지 않고 있다. 또 경제성장에 따른 상류층과 극빈층의 빈부 격차가 훨씬 확대되고 있어서 장기적으로 양극화의 추세를 극복하기 어려울 것으로 전망되고 있다.

개발도상국의 경우에는 절대 빈곤자 계층이나 1차 산업 혹은 노동집약적 산업에 종사하는 사람들의 경제 수준과 2차 산업 혹은 금융 관련 산업에 종사하는 사람들의 경제 수준 차이가 현격하게 드러나고 있다. 1차 산업은 생산성이 낮고, 2차 산업 혹은 금융 관련 산업은 대부분 선진국의 시장경제 분업 체계에 참여하고 있어서 전체 생산 규모가 증가하더라도 이들 국가들이 독자적인 힘으로 빈부 격차를 극복할 가능성은 높지 않다.

셋째, 자본주의 시장경제의 지구화 현상에서 주목되는 점은 글로벌 시장경제의 부작용이 생기면서 비판의 소리가 높아지고 국제기구와 금융기관 등에 항의하는 비정부기구의 행동이 새로운 초국가 사회운동으로 대두되었다는 것이다. 반지구화 운동은 비정부기구가 이끄는 대표적인 초국가 사회운동이다. 지구화를 옹호하는 사람들은 무역과 자본 이동, 인력과 지식 이동으로 인해 지구화에 참여하는 모든 국가들이 많은 기회를 제공받을 것이라고 믿고 있다. 이에 반해 지구화를 반대하는 사람들은 지구화의 결과가 차별적이고 지구화 대처 정책 결정 과정에서 시민의 정치적 참여가 배제된 채 국제기구와 다국적기업이 주도적인 것에 대한 불만이 크다. 1999년 6월 독일에서 열린 주요 선진국 정상회담에서 시위대 3만 명이 인간 사슬을 만들어 항의한 것이 반지구화 운동의 시발점이 되었다. 이러한 반대 운동은 1999년 11월 말 미국 시애틀에서 열린 제3차 WTO 각료회담을 계기로 본격화되었다. 각국 간에 교역 장벽이 해소됨에 따라 아직 경쟁력을 확보하지 못한 개발도상국은 풍부한 자본력과 고도의 기술력을 갖춘 선진국과의 경쟁에서 밀릴 수 밖에 없었다. 이런 상황에서 미국 시애틀에서 열린 WTO 각료회담에서 선진국들이 뉴라운드를 출범시키려 하자 반지구화 운동이 크게 일어났다. 2000년 IMF와 세계은행 연차 총회 등 국제회의 때마다 수만 명이 항의하는 행동을 펼쳤다.

초국가 기구의 역할 증대란 관점에서 세계경제포럼 World Economic Forum 과 이에 대항하는 세계사회포럼 World Social Forum 의 활동도 현대 세계정치에서 새로 목격되는 현상이다. 다보스 포럼이라고도 불리는 세계경제포럼은 독립된 비영리단체로서 세계 각국의 정상과 장관, 국제기구 수장, 재계 및 금융계 최고 경영자들이 모여 각종 정보를 교환하고, 세계경제 발전 방안 등에 대해 논의하는 초국가 기구이다. 원래는 1971년 '유럽인 경영 심포지엄'으로 창설되었지만 그 후에 각국 지도자 등 정치인과 초국적 기업의 경영자들로까지 참석 범위가 확대되었다. 이에 맞서는 세계사회포럼은 반지구화의 기치를 내걸고 세계경제포럼이 열리는 매년 초에 열리고 있다. 이는 의도적인 것으로 다보스의 세계경제포럼에 대한 비정부단체들의 항의 운동을 더 잘 조직하고, 세계경제포럼에 집중되는 언론 보도를 분산시키려는 목적을 갖고 있다. 반지구화 운동이 점점 확대되고 있는 이유는 근본적으로 자본주의 시장경제의 변환이 초래하고 있는 혜택 불균등에 있다.

(4) 비서구 국가의 체제 변환과 국제사회의 개입

현대 세계정치 무대에서 서구 민주주의 경험에 익숙하지 않거나 경제 발전 도상에 있는 여러 국가들도 중요한 주인공이다. 이들 국가들은 탈냉전이란 환경에서 급격한 체제 변환 과정을 겪으며 새로운 연기 변신을 시도하고 있다. 국가의 수가 증가함에 따라 특정 지역에서 정쟁 불안 상태가 빈번해지고 그럴수록 국가 체제 변환 사례가 증가하는 추세이다. 지구화가 강화되면서 체제 변환의 속도는 빨라졌고 초국가적 관심과 처방을 요구한다. 국가 체제 변환은 정쟁에 간여하는 집단 사이에 갈등이 심하고 원인도 같지 않아서 치유가 어렵고, 국제사회의 개입 여부와 방식도 간단하지 않다. 국가 체제 변환이 인종 혹은 종교를 둘러싼 대립 구조와 병행해서 발생하는 경우 그 갈등은 회복할 수 없는 임계점을 지나 대량 학살로 이어지는 경우가 있다. 또 심각한 정체성의 위기와 혼란을 수반함에 따라 새로 구축되는 환경에 적응하기 위해서 체제 변환 국가의 구성원들에게 자기 정체성과 공동체 정체성을 확립하는 일이 중요한 과제로 떠오르고 있다.

체제 변환 과정에서 발생하는 무질서, 폭력, 대량 학살, 국가 실패는 지구화 현상의 심화로 인해 한 국가의 문제가 아닌 초국가적 문제로 부각된다. 이에 따라 일부 국가의 내전이나 국가 실패는 불가피하게 국제사회의 개입을 초래하고 있다. 이들 문제는 탈냉전 질서를 주도하는 국가들이나 국제기구에게 중요한 당면 과제로 등장했다. 국제사회가 특정 국가의 내정에 개입하면서 국가주권의 최고성과 인권의 보편성 가치가 서로 부딪치는 문제를 낳는다. 국가는 주권을 보유하고 있고 국내 문제에 다른 국가가 간섭할 수 없는 것이 국제사회의 원칙이지만 해당 국민들이 죽임을 당하거나 기본 권리가 침해당하는 것을 그냥 둘 수도 없는 일이다. 국제연합헌장에서도 주권 불간섭의 원칙이 천명되고 있지만 집단 안보 발동의 경우에는 국내 문제에 대한 개입을 허용함으로써 국제사회의 책임도 함께 제시되고 있다.

대표적으로 국제연합 UN은 세계 곳곳에서 벌어지는 내전에 개입하여 기아와 난민 문제 해결에 힘을 보태고 있다. 국제연합은 1991년 이라크 정부가 자국 내 쿠르드족을 탄압할 때와 2011년 리비아 내전 때 각각 이라크와 리비아 정부의 동의 없이 비행 안전 구역을 설정한 바 있다. 1992년 소말리아에서 대량 학살 사태가 일어나자 기아와 난민 문제 해결을 위해 평화유지군 파견의 방식으로 개입하기도 했다. 국제연합이 한 국가의 기아와 난민 문제에 관심을 갖고 개입한 것은 이들 문제가 단순히 한 국가의 문제가 아니고 초국가적 관심이나 관리와 연관된 지구 차원의 문제임을 자각한 결과이다. 체제 변환 과정에 있는 국가들의 문제가 21세기 세계정치의 주요 의제로 등장한 것이다.

탈냉전 시대 국가 체제 변환은 지역적으로 동부 유럽, 아프리카, 그리고 중동 지역에 집중되고 있다. 이들 지역에서는 사회적, 역사적 경험에 따라 국가 체제 변환의 경로가 다양하다. 냉전 종식 직후 가장 두드러진 국가 체제 변환은 동유럽에서 일어났는데 지리적으로 발트해에서 발칸반도에 이르는 지역에 해당된다. 이 지역의 국가들의 체제 전환은 크게 두 가지 형태로 진행되고 있다. 하나는 공산주의 체제를 유지해왔던 국가들이 시장경제체제로 변환하는 경우이고, 다른 하나는 공산주의를 채택했던 연방국가가 해체되면서 새로 국가가 건설되는 체제 전환이다.

냉전 시대 소련 진영에 가담했던 동유럽 국가들은 과거 40여 년간 추구해온 공산당 독재 체제 및 중앙통제 경제체제를 포기하고, 헌법 개정을 통하여 다당제에 입각한 의회 민주주의 제도와 시장경제체제로 전환하는 일을 적극적으로 추진하고 있다. 원래 이들 국가들은 1949년 서부 유럽 지역의 유럽경제공동체에 대항하기 위해 소련을 중심으로 결정되었던 코메콘, 즉 경제상호원조회의 Council for Mutual Economic Assistance를 중심으로 사회주의 경제체제를 유지해 왔다. 그러나 1989년 동유럽의 민주화 흐름은 이러한 경제체제를 근본적으로 뒤흔들어 놓았다. 1990년 1월 코메콘 10개국 지도자 회의는 경제 운영을 종래의 엄격한 중앙 경제체제에서 시장 중심의 무역 제도로 전환하기로 결정했고, 다음 해인 1991년 모든 조약과 문서를 취소시키고 기구 해체를 결의했다. 2000년대 들어 이들 국가는 EU에도 가입하여 시장경제 질서에 적극 가담하고 있다. 2004년에는 폴란드·헝가리·체코·슬로바키아·슬로베니아·리투아니아·라트비아·에스토니아·키프로스·몰타 등 10개국이,

2007년에는 불가리아·루마니아가 새로 EU에 가입했다. 2013년 7월에 크로아티아는 EU의 28번째 회원국으로 가입될 예정이다. 이들 국가들이 민주주의와 시장경제로 편입하는 과정은 비교적 순탄하게 진행되고 있다.

동유럽 지역에서 또 다른 체제 변환 경로는 분리와 독립을 통해 변환되는 경우이다. 이 경우는 현대 세계 정치에서 민족과 민족주의, 그리고 정체성 문제가 중요한 정치적 동인임을 보여 준다. 이들 동유럽 국가들의 체제 변환은 구소련 진영에 가담했던 연방 지역에서 연방 해체를 계기로 발생했다. 1991년 우크라이나와 마케도니아를 시작으로 1992년에는 크로아티아와 슬로베니아가 내전을 통해 유고 연방에서 분리 독립했다. 1992년 3월에는 보스니아-헤르체고비나가 분리 독립을 했으며, 체코슬로바키아는 1993년 1월 1일 연방 체제를 체코와 슬로바키아로 분리했다.

이들 지역의 체제 변환 과정에서 많은 사람들이 정체성의 혼란을 겪고 때로는 대량 학살이 벌어져 국제 사회의 개입을 불러일으켰다. 그중에서 유고슬라비아내전은 대표적인 사례로 꼽을 만하다. 유고슬라비아내전은 세르비아계 민족과 타민족 간에 벌어진 전쟁이다. 내전은 1991년 6월 유고슬라비아 연방군이 슬로베니아와 크로아티아의 독립을 막기 위해 슬로베니아를 침공함으로써 시작되었다. 이후 슬로베니아, 크로아티아, 보스니아, 코소보 등지로 전장을 바꾸어 가면서 벌어졌다. 유고내전은 체제 변환 과정에서 수십만 명이 학살 당해 대량 학살 문제를 일으켰다. 내전 중에 북대서양조약기구 NATO는 유고슬라비아에 대한 공습을 단행했고, 내전이 끝난 후 국제연합 평화유지군이 파견되어 완충 역할을 담당하는 등 국제사회의 개입을 야기했다. 내전은 종식되었지만 크고 작은 30여 민족과 여러 종교가 혼재한 이 지역은 주민들의 인종과 종교에 따라 이해관계와 정체성의 혼란을 야기해 여전히 그 분쟁의 씨를 안고 있다.

일부 지역에 국한되고 있지만 동부 아프리카 국가들의 체제 전환은 종족과 종교를 배경으로 하고 있고 내전을 수반하는 점에서 구소련 연방 지역의 동유럽 신생국가들과 공통점이 있다. 하지만 이들 지역에서 발생되는 체제 전환은 이 지역 국가들이 아직까지 국민국가로 진입하지 못하고 수백만의 사람들이 기아 문제로 고통 받는 형태로 진행되고 있는 점에서 근본적으로 차이가 있다. 이들 지역에서는 여러 어려움을 책임지고 해결할 통일된 정부가 수립되지 못하거나 기존의 국가와 정부가 붕괴하는 국가 실패 현상이 나타나곤 한다. 특히 이 지역에서는 지구온난화에서 비롯한 기후변화 때문에 기근 현상이 빈번히 발생해 이

〈참고 3-12〉 유고슬라비아내전

구 유고슬라비아 연방의 해체·재편 과정에서 일어난 세르비아계와 다른 여러 민족 간에 벌어진 민족 간 전쟁을 뜻한다. 내전은 1991년 6월 유고슬라비아 연방군이 슬로베니아와 크로아티아의 독립을 막기 위해 슬로베니아를 침공함으로써 시작되어, 슬로베니아·크로아티아·보스니아·코소보 등지로 옮겨 가면서 벌어졌다. 그 사이 주요 민족의 분포에 따라 6개 공화국, 2개 자치주로 이루어졌던 유고슬라비아 연방국은 슬로베니아·크로아티아·보스니아-헤르체고비나·신유고 연방·마케도니아로 분리 독립되어, 민족 간 대립을 격화시켰다. 특히 코소보내전에서는 코소보 주민의 90퍼센트를 차지하는 알바니아계 주민이 세르비아로부터의 분리 독립을 주장하여 코소보 해방군을 조직하여 대항했고, 이 과정에서 세르비아는 인종 청소를 기치로 알바니아인을 무차별 학살하여 NATO군의 개입을 초래했다. 코소보 지역을 제외한 유고슬라비아내전은 1995년 12월 파리에서 세르비아, 크로아티아, 보스니아의 세 대통령이 평화협정에 조인함으로써 표면상으로는 종식되었으나 여전히 종교와 민족 분쟁의 여지가 남아 있다.

지역 사람들의 기아 상태를 악화시키고 있다. 이들 지역의 내전 과정에서도 주민 학살과 불법 무기 거래가 일어나 국제사회의 불가피한 개입을 초래하고 있다.

1991년 소말리아내전과 2002년 수단 내전은 대표적인 사례로 꼽힌다. 현재까지도 계속되고 있는 이들 지역의 내전은 기본적으로 종족 간 대립이고 종교적 갈등의 성격을 띠고 있다. 하지만 그 이면에는 지역의 자원 소유와 개발을 둘러싼 통치권 다툼이 수반되어 있다. 이들 지역에서는 내전이 장기화되면서 수백만 명의 난민이 발생해 수십만 명이 기아로 사망하고 대량 학살 사태가 발생하고 있다. 이 과정에서 국제연합이나 미국을 중심으로 한 다국적군의 군사적 개입을 유발시켜 국가주권의 최고성과 인도적 개입의 정당성이 서로 양립할 수 있는지에 대한 논란을 야기하고 있다.

2010년대 들어 북아프리카와 중동 지역에서 일어나는 국가 체제 변환은 특수한 문제이다. 2010년 말 튀니지에서부터 시작된 이른바 '재스민 혁명'은 한 국가에서 그치지 않고 인근 지역으로 확대되었다는 점에서 국가 체제 변환의 초국가적 성격을 보여 준다. 2011년 튀니지에서 벤 알리 정권이 붕괴하고 이후 이집트에서 무바라크 정권이 전복되면서 그 여파가 주변으로 확산되었다. 이어 예멘과 리비아 등 북아프리카와 중동에 걸친 여러 국가들에서 국민들은 시위나 무력 저항을 통해 권위주의적인 장기 집권 정권을 퇴출시키거나 민주화를 강하게 요구했다. 그러나 이들 국가에서는 국민의 정체성이 여전히 강력한 이슬람 원리에 의해 좌우되고 있고, 부패와 고실업률 등의 고질적인 문제가 해결되지 못하고 있다. 이 때문에 이들 국가가 성공적으로 민주주의 체제 변혁에 성공하고 책임 있는 국제적 역할을 다할 수 있을지 여부는 단정하기 힘들다. 그동안 미국을 비롯한 서구 국가들은 이들 국가들에게 한편으로는 민주주의 공조를 설파해 왔지만 다른 한편으로는 친 서방국가란 이유로 이들의 권위주의 정권을 옹호하는 모순적인 정책을 수행해 왔다. 이들의 민주주의 혁명과 민주화 노력은 서구 국가들의 대외 전략을 딜레마에 봉착케 하고 있다.

(5) 중국의 부상과 G2 시대의 서막

중국은 미국, 유럽과 함께 현대 세계정치 무대에서 중요한 국가 단위의 주인공이고 그런 만큼 '중국의 부상'rise of China은 최대 화젯거리이다. 중국은 영토 크기와 인구 자체만으로 전통적인 강대국이다. 세계은행 자료에 의하면 중국의 영토는 960만 제곱킬로미터로 세계 4위이며, 인구는 2011년 7월 기준으로 13억 3500만 명을 넘어 세계 1위이다. 미국이 경력 있는 주인공으로서 세계질서 조종에 힘을 쏟고, 유럽이 통합을 통해 새로운 주인공 캐릭터를 창출했다면, 중국은 강대국의 재등장이란 관점에서 세계정치 무대를 장식하고 있다.

중국의 부상과 세계무대 재등장은 그 영향력이 단순히 동북아 지역에 머물지 않고 전 지구 차원에 파급되기 때문에 현대 세계정치 변환 과정에 중요한 변수이다. 많은 사람들이 인구와 영토 크기, 경제성장 잠재력, 그리고 군사력 측면에서 탈냉전 시대 미국 주도 질서에 대한 가장 유력한 도전자로 중국을 꼽고 있다. 중국의 부상을 가장 커다란 세계질서 변화로 간주하면 탈냉전 이후의 세계정치 변화를 'G2 시대의 개막'이라고 부를 만하다. 하지만 G2 시대의 전개가 어떻게 진행될 것인지는 논란거리이다.

20세기 초 서양 제국주의 세력 앞에 무기력했던 중국은 1949년 공산혁명 이후 국제무대에 적극적으로 나서기보다는 권력투쟁과 혁명 과업 완수와 같은 내부 문제에 치중해 왔다. 중국은 공산혁명 이후 한국전쟁, 베트남전쟁과 중소 분쟁 같은 국경 인접 지역과의 갈등 이외에는 국제사회 출연에 소극적이었다. 중국 외교는 자력갱생과 반서방 기조를 유지했고, 외교 방향도 국가이익보다는 이념에 집착했다. 중국이 국제사회로 눈을 돌리기 시작한 계기는 1971년 UN에 가입하고 그 이듬해 닉슨 미국 대통령이 상하이를 방문하면서부터이다. 중국은 1978년에는 일본과 평화 우호 조약을 체결했고, 1979년에는 미국과 국교를 맺었다.

이후 중국이 본격적으로 현대 세계정치 무대에 주연으로 등장하게 된 것은 덩샤오핑鄧小平이 추진한 개방정책의 결과이다. 1980년대 마오쩌둥毛澤東 사후 실권을 잡은 그는 철저히 실용적인 외교 노선을 표방했고, 4개 현대화 계획을 달성하기 위해 서방과의 경제협력을 추진했다. 그는 개방과 상호의존의 중요성, 국제협력과 서방과의 교류를 강조했다. 1985년 고르바초프 등장 이후에는 소련과의 관계 개선에 착수하여, 1989년에는 고르바초프 소련 대통령이 중국을 방문했고, 양국 간 정상회담이 열려 우호 관계를 회복했다. 덩샤오핑 이후 중국은 1990년 장쩌민江澤民과 2003년 후진타오胡錦濤가 연이어 주석에 취임하여 덩샤오핑의 개방정책 기조를 유지해 오고 있다. 1997년에는 영국으로부터 홍콩을 반환받았고, 1999년에는 포르투갈로부터 마카오를 되돌려 받았다. 과거 서구 제국주의 세력이 동진하면서 아편전쟁과 남경조약 등으로 자존심이 상했던 중국은 홍콩과 마카오 반환을 계기로 과거의 강대국이 어엿하게 국제무대에 재등장했음을 알렸다. 2010년대에 들어서는 시진핑習近平이 새로운 지도자로 부상했다.

1980년대에 덩샤오핑이 추진한 '도광양회'韜光養晦, 1990년대 장쩌민이 추진한 대국외교大國外交에 이어 2000년대 들어 후진타오가 추진하는 외교 전략을 흔히 '화평굴기'和平崛起라고 부른다. 도광양회는 '칼집에 칼날의 빛을 감추고 어둠 속에서 은밀하게 힘을 기른다'는 뜻이다. '굴기'는 산이 우뚝 솟은 모양을 가리키는 말이다. 굴기 외교는 국제사회에서 중국의 위상을 높이고 이에 걸맞은 행동과 책임을 다하겠다는 자주성과 독립성의 의미를 갖는다. 화평굴기 외교는 중국 위협론에 대항하는 중국의 외교 방식으로 평가받고 있다.

중국이 세계정치 변화에 주는 영향력은 경제력 상승과 군사력 증강 차원으로 나누어 볼 수 있다. 경제력 차원에서 중국의 경제발전은 매우 빠른 속도를 유지하고 있다. 지난 20년간 평균 국내총생산GDP은 연평균 9.6퍼센트의 높은 성장률을 보였다. 단순 수치지만 2010년 기준으로 국내총생산량은 10조 달러를 넘어 미국과 EU에 이어 세계 3위를 차지했다. 1978년 206억 달러였던 무역 규모도 2010년 기준으로 2조 9729억 달러로 증가하여 중국은 이제 세계 제2위의 무역국으로 성장했다. 중국은 2001년에는 세계무역기구WTO에 가입하여 세계 무역 질서 주도 경쟁에 뛰어들었다. 그 결과 세계 무역 질서는 미국 독주에서 빠르게 벗어나고 있다. 중국은 최근에는 교역 대상 확대 범위를 아시아 인근 지역은 물론 남미와 아프리카

〈참고 3-13〉 중국의 화평굴기 외교

평화를 뜻하는 '화평(和平)'이란 수식어를 생략하고 줄여서 '굴기(崛起) 외교'라고도 부른다. 1980년대 덩샤오핑이 추진한 '도광양회(韜光養晦)', 1990년대 장쩌민이 추진한 대국외교(大國外交)에 이어 후진타오가 추진한 외교 전략이다. 화평굴기 외교는 2003년 10월 하이난 섬(海南島)에서 열린 보아오 포럼에서 정비젠(鄭必堅) 중앙당교 상무부장이 주창했고, 이어 후진타오 주석이 2004년 1월 유럽을 순방하면서 중국의 새로운 외교 노선으로 주목받기 시작했다. 화평굴기 외교는 국제사회에서 중국의 위상에 걸맞은 행동과 책임을 다하겠다는 자주성과 독립성의 표현이다. 하지만 중국이 화평굴기 외교를 강조하는 것은 중국 위협론을 완화시키는 데도 목적이 있는 것으로 평가받고 있다.

등지로까지 확대하여 영향력을 넓히고 원조액의 규모도 크게 증가시키고 있다. 특히 중국의 아프리카 진출은 눈부시다. 2010년 900개가 넘은 중국 기업이 아프리카에 진출했고, 아프리카와의 교역액도 1000억 달러를 넘어 세계 2위의 규모이다. 중국의 아프리카 진출은 무상으로 인프라를 구축해 주고 자원 개발 우선권을 받는 조건으로 이루어져 그 영향력은 점점 커지고 있다.

중국은 경제발전을 무기로 군사력 증강에 힘을 쏟아 세계무대에서 군비경쟁과 국력 경쟁을 야기하고 있다. 중국의 국방비와 군사력은 정확히 측정할 수 없고 조사 기관에 따라 차이가 있다. 최고의 권위를 인정받고 있는 스웨덴의 스톡홀름 국제평화문제연구소 SIPRI 자료에 의하면 중국은 1990년 이래로 매년 14퍼센트에서 17퍼센트 정도로 국방비를 증액하고 있다. 중국은 2010년을 기준으로 1190억 달러 규모의 국방비를 지출하고 있는데 이는 미국에 이어 세계 2위의 규모이다. 군사력 차원에서도 2011년 기준으로 육군 230만, 해군 26만, 공군 47만 명을 유지하고 있고, 전투력과 무기 보유 등을 포함한 군사력이 미국과 러시아에 이어 세계 3위로 평가된다. 특히 300~450개의 핵탄두를 보유하여 미국, 러시아 다음의 핵 강국이다. 미국의 미사일방어체제에 대응하기 위하여 다탄두미사일과 위성 요격 시스템을 개발하고 있으며, 스텔스 전투기의 시험비행에 이어 항공모함 건조까지 공개하는 등 군사력 증강에 힘을 쏟고 있다. 중국의 군사력 증강은 주변 국가는 물론 강대국들에게 상당한 안보 위협을 주고 있는 것이 사실이다. 중국은 세계정치에서 군비경쟁을 유발하고 있고 강대국 간의 대립 가능성을 높이고 있는 것이다. 그런 만큼 중국이 그 힘을 어떻게 사용할 것인가의 문제는 주변 국가와 강대국의 초미의 관심사이다.

중국의 부상을 근거로 현대 세계정치를 미국과 중국이 주도하는 양극체제 혹은 미중 간 세력균형 체제로 단정하기에는 이르다. 중국이 미국의 가장 중요한 경쟁자로 부상하더라도 당분간은 양국 간의 경쟁 양상이 냉전 시기 미국과 소련의 갈등 양상과는 상당히 다른 방식으로 전개될 것이다(Friedberg 2005). 미국은 본토에 대한 테러 및 대량살상무기 확산 저지에 총력을 기울이고 있다. 중국도 자국 내 소수민족 자치구에서 테러 문제가 심각하므로 두 국가의 정부 모두 반테러라는 공동의 목표에 공감하고 협력하고 있다. 이와 더불어 양국은 경제적으로도 긴밀한 관계를 맺고 있다. 미국은 제조업보다는 부가가치가 높은 산업에 비중을 두고 있기 때문에 생필품을 비롯한 산업 생산품 수입의 상당 비율을 중국에 의존하고 있다. 중국 입장에서도 지속적인 경제발전을 위해서는 미국의 자본, 기술, 시장이 절대적으로 필요하다.

중국 지도부가 적극적으로 대외 영향력을 확보해야 할 필요성을 절감하면서도 '화평굴기' 등의 전략을 통해 타이완 문제를 포함한 국제 문제에 대해 비교적 온건한 접근법을 주장하는 것은 중국이 처한 미·중 간 협력의 필요성을 반영하고 있다. 미·중 관계는 반테러와 핵무기 비확산, 시장경제라는 공통분모로 협력 관계를 지속하고 있다.

중국이 당분간 미국과의 대결을 원하지 않는 또 다른 이유는 중국이 세계질서 주도 국가로 발돋움하기에는 아직까지 내부적으로 해결해야 할 문제가 많기 때문이다. 중국은 발전 원동력인 경제 시장이 해외 경제 상황 변화에 민감하게 반응하는 취약성을 갖고 있다(Miller & Wich 2011, 231). 2010년 현재 중국의 1인당 국민소득은 세계 90위권에 그치고 있다. 천연자원의 부족 현상도 심각한데, 특히 물이 부족해서 중국의 1인당 물 사용량은 세계 평균의 1/4 수준이다. 중국의 경제발전 혜택이 중국인 모두에게 돌아가지 않아 도시와 농촌, 중앙과 지방, 공산당원과 비당원, 고소득자와 저소득자 사이의 빈부 격차가 심각한 상태이며 많은 사회적 문제를 안고 있다. 계층 간, 도시와 농촌 간, 그리고 경제 개방과 개발의 성과가 집중된 해안 지역과 그렇지 못한 내륙지역 사이의 격차도 중국의 발전을 저해할 요인으로 지목되고 있다(Bijian 2005).

중국은 50개가 넘는 소수민족으로 구성되어 있어서 이들 소수민족의 민족주의나 이들의 중국 이탈 움직임 때문에 국가 통합에 어려움을 겪고 있다. 달라이 라마Dalai Lama 승려가 이끄는 티베트족이나 중국 서북부에 위치한 신장新疆 자치주의 위구르족 등의 민족주의 운동은 파급력 때문에 중국에서 민감한 사안이다. 중국이 2011년 7월 달라이 라마의 미국 방문에 촉각을 곤두세우고 위구르족 폭동을 무력 진압한 대신 그에 대한 유화책으로 1300억 위안의 투자를 결정한 것 등이 그 예이다.

중국이 경제발전 수준에 맞는 정치제도를 채택, 운영하지 못하고 있는 것도 앞으로 지켜봐야 할 관심거리이다. 중국은 한편으로는 세계 각 국가들과 많은 교류와 교역을 하고 있고, 지구화가 진행됨에 따라 빈번하고 심화된 협의를 국제사회와 진행하고 있다. 하지만 다른 한편으로는 인류가 보편적으로 갖는 인권 규범이나 민주주의 가치를 외면하고 있다. 1989년 톈안먼사건天安門事件이 일어나자 중국은 이를 무력 진압하면서 국제사회의 비판에 직면했고 외교적으로 고립되기도 했다. 국제사회가 중국의 인권 문제를 거론할 때마다 중국 지도자들이 강한 비판을 쏟아내고 있고, 인터넷을 비롯한 언론 통제를 강력하게 시행하는 것 등은 현대 세계정치 흐름에 맞지 않는다. 현재까지 공산당 일당 독재 체제를 유지하는 중국의 경제 수준이 높아지고 사회가 개방화될수록 중국 인민들이 요구하게 될 정치적 자유와 민주주의 가치를 어떻게 수용하여 조화시켜 나갈 수 있을지 아직까지는 불투명하다.

중국 정부는 2011년 9월 중국공산당 창당 90주년을 기념해 '평화 발전 백서'를 발표했다. 중국은 이 백서를 통해 주권과 국가 안보, 영토 보전, 국가 통일을 4대 핵심 이익으로 제시했다. 이 백서는 중국이 주변국을 침략하거나 위협하지 않는 평화 발전의 길을 견지해 나가면서 지역 및 세계 평화와 안정에 적극 기여하겠다는 내용을 담고 있다. 하지만 이면에는 중국이 실천하고 있는 경제발전과 국가 통합, 그리고 세계무대에서의 영향력 확대를 지속적으로 추구하며 중국이 당면하고 있는 정치적 비판과 중국 위협론을 불식시켜야 하는 현실적인 고민이 반영되어 있다.

현대 세계정치 변환의 방향은 중국의 위상과 입장에 따라 영향을 받을 것이 분명하지만 중국의 부상이 세계정치에 어떤 파급효과를 줄 것인가에 대해서는 아직은 신중한 판단이 우세하다. 중국의 역할이 주로 주변 아시아 지역에 집중되고 있고 중국의 전략적 목표도 현재까지 드러난 바로 상당히 제한적이기 때문이다. 그래서 현대 세계정치에서 중국의 위상과 역할에 대해서 다양한 이견이 있다. 그렇지만 여러 관찰 결과들을 종합하면 대강 다음 세 가지 견해에 대해서는 이의가 없어 보인다. 첫째, 중국은 자신들의 국내 안정에 집중해야 하므로 안정된 대외 관계를 선호한다. 둘째, 중국의 군사력이 급격하게 증가하고 있지만 군사력을 사용하고자 하는 지리적 범위와 기술적 능력 관점에서 보면 아직까지 제한적이다. 셋째, 중국은 국제 안보에서 주요한 강대국으로 미국에 필적할 만한 경쟁자로서 잠재력을 갖고 있다.

3. 현대 동아시아 정치의 변환

냉전 종식 이후 동아시아 지역은 세계 다른 어떤 지역에서도 찾아볼 수 없는 역동성을 보여 주고 있다. 동아시아 지역에 속한 국가들 사이에 군사, 안보적으로는 냉전 시대에 못지않게 대립과 경쟁 상태가 지속되고 있지만 사회, 경제적으로는 교류가 활발하고 서로 의존하는 정도가 깊어지고 있다. 특히 냉전 시대에 이 지역에 커다란 이해관계를 갖고 있던 미국과 러시아의 입김이 여전히 지속되고 있어서 그 역동성을 더해 주고 있다. 21세기 동아시아 정치는 상호의존과 안보 경쟁의 병존이란 형태로 변환되고 있는 것이다.

동아시아 지역, 특히 동북아시아에 속한 국가들은 군사, 안보 문제에서 지역 내에서의 주도권을 둘러싸고 경쟁하고 있다. 특히 미국과 중국, 일본과 러시아 등 주요 강대국들 간의 경쟁이 치열하게 벌어지고 있다. 러시아의 재건 여부에 따라 강대국 사이의 세력균형 재편 가능성도 상존하고 있다. 이들 강대국들 간의 경쟁은 전통적인 국가 간 이해관계의 대립을 심화시키고 막대한 군비경쟁을 야기하고 있어서 동아시아

그림 3-1 한반도 주변 4강의 관계

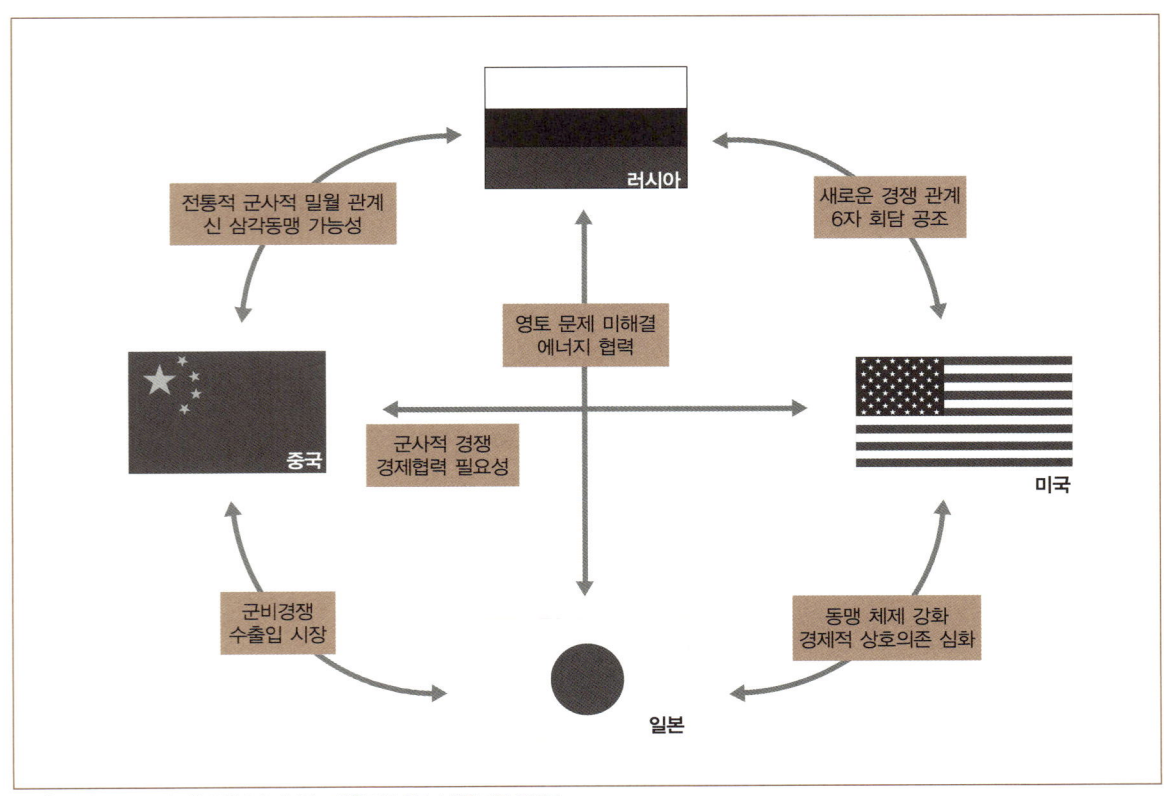

주 : 『동아일보』 2007년 4월 28일자에 게재된 그림을 바탕으로 수정을 가한 것이다.

지역 평화 달성에 커다란 저해 요소로 작동하고 있다. 경쟁과 갈등의 중심에는 탈냉전 시대에도 동아시아 지역 질서 형성에서 주도적인 역할을 수행하기를 원하는 미국과 급상승하는 경제력을 바탕으로 지역 강국으로서의 역할을 모색하고 있는 중국이 있다.

동아시아 지역은 과거 일본 제국주의 지배로 인한 역사적 감정이 여전히 남아 있으며, 이는 중국-일본, 한국-일본 간의 갈등을 증폭시키는 작용을 할 수 있다. 일본에서 보수 우익의 이데올로기가 확산되고 일본 사회가 점차로 우경화되는 현실을 보면 그 갈등의 정도는 더해갈 것으로 보인다. 사할린 도서를 둘러싼 러시아-일본 간, 댜오위다오열도釣魚島列島를 둘러싼 중국-일본 간, 독도를 둘러싼 한국-일본 간 영토 분쟁 역시 동아시아 평화를 위협하는 잠재적 위험성을 가지고 있다. 적어도 군사, 안보 측면에서 동아시아는 여전히 냉전 시기의 틀을 완전히 탈피하지 못하고 있다고 할 수 있다.

사회, 경제적으로는 동아시아 지역의 경제발전이 눈부시고 상호의존 현상은 깊어지고 있다. 동아시아 지역 중에서도 한국, 중국, 일본 등 동북아시아 삼국은 미국, 유럽과 함께 세계경제의 발전적 흐름을 주도하고 있다. 외교통상부 자료에 따르면 2011년 기준으로 이들 3국의 국내총생산GDP을 합치면 전 세계의 18.6퍼센트, 외환 보유액은 47퍼센트에 이른다. 이들 3국 이외에 동남아시아 지역 여러 국가들의 경제발전과 규모를 더할 경우 동아시아 지역은 세계경제 구조에서 큰 부분을 차지한다. 가히 '태평양 시대' 혹은 '아시아의 시대'라고 불릴 만하다. 동아시아 국가들은 다른 지역보다 개별적으로 혹은 지역 협력 방식으로 지구화 현상에 적극적으로 참여하고 있다. 아직까지는 뚜렷하게 가시적인 성과가 나타나지 않고 있지만 동아시아 지역은 높은 경제적 상호의존 상태에 있어서 지역 협력 체제를 구성할 수 있는 유리한 여건도 갖추고 있다. 동아시아 국가들이 아세안ASEAN 활동이나 아시아태평양경제협력체APEC 등에 참여하여 지역 협력 노력을 기울이는 것은 초보적인 수준에서나마 제도적 성과로 여길 만하다. 이들 동아시아 국가들이 장차 이 지역에서 일어날 수 있는 전쟁을 막고자 노력하고 평화와 번영을 향한 강한 믿음을 공유하고 있는 것도 바람직한 변환 과정의 요소라고 할 수 있다.

(1) 중국의 영향력 확대와 미·중 간 주도권 경쟁

중국의 부상에 따라 동아시아 지역은 미국과 중국 간에 지역 주도권을 놓고 경쟁하는 무대가 되었다. 미국과 중국 간의 경쟁은 세계무대에서 이루어지고 있지만 동아시아 지역이 대표적인 무대를 제공하고 있는 셈이다. 그런데 동아시아에서 미·중 주도권 경쟁은 매우 독특한 형태로 진행되고 있다. 동아시아 지역에서 미국의 중국 견제가 실패하면 미국은 주도권 상실을 우려해 심각한 갈등을 감수하고 더 강력한 중국 견제의 틀을 모색할 수밖에 없다(정재호 2011, 12). 반면 동아시아는 역사적으로 중국 중심의 위계질서에 익숙해서 미국의 일방적인 중국 견제가 수용되기 어렵다. 중국은 공개적으로 인정하고 있지 않지만 지역 패권을 추구하는 행태를 분명히 보여 왔고 군사력 증강에도 힘을 쏟고 있다. 이렇게 볼 때 분명한 것은 적어도 동아시아 지역에서는 미국과 중국이 주도권을 차지하기 위해 서로 경쟁하는 시대가 왔으며, 중국은 직접적인 군사 대결보다는 세력 확장에 역점을 두고 있다.

중국은 동아시아 지역에서 경제력에 걸맞은 군사력 증강을 꾀하고 있고, 이에 따라 장래에 미국과의 군사력 경쟁은 불가피해 보인다. 하지만 현재 중국의 군사력은 미국의 군사력에 비해서는 아직 약세 상태이다. 미국이 추진하는 미사일방어체제는 중국의 핵 억지력을 극복할 것으로 예상된다. 현재 중국은 약 260기 정도의 전략 핵무기를 보유하고 있는데, 이 가운데 미국 본토에 도달할 수 있는 대륙간탄도미사일ICBM은 20여기에 불과하다. 이 정도의 공격력은 미국이 약 250여 기의 요격미사일을 중국 주변 해외 기지에 배치함으로써 쉽게 무력화될 수 있다. 중국의 해군력이 상대적으로 취약한 것도 동아시아에서 미국에 대등한 군사력을 갖추기에는 부족한 점이다(Friedman 2009, 6-7). 2010년 11월 미국의 항공모함 조지워싱턴호가 연평도 포격 사건 이후 군사작전의 일환으로 서해에 입경했을 때 중국은 이렇다 할 조치를 취하지 못한 것도 중국의 해군력 열세 상황을 대변해 주는 사례이다. 이러한 형국에서 중국이 경제적 발전을 포기하고 동아시아 지역에서 본격적으로 미국과 군사력 경쟁을 하는 일은 당분간 힘들 것으로 예상된다.

중국이 갖는 지리적 위치도 지역 강대국들에 둘러싸여 있는 취약점이 있다. 중국은 러시아, 일본, 인도, 그리고 아세안 블록은 물론이고 한국과 같은 여러 중견 국가에 의해 둘러싸여 있다. 아시아 지역은 세계 10대 군사 강대국 중 7개국이 속해 있는 지역이다. 8개 핵무기 보유국 중에서 5개 국가도 중국 주변 지역이다. 중국 주변 지역은 세계에서 가장 중무장된 지역이다. 그 수준은 중동이나 유럽, NATO를 능가한다. 이들 아시아 국가들은 각기 군사적 현대화를 추구하고 있다. 이러한 환경에서 중국은 체제를 변혁하기보다는 체제를 유지하고 국가이익을 추구하는 정책을 펼 것이다. 그래서 이러한 패턴이 유지될 수 있을 것인가는 중국 지도자들의 야망에만 의존할 수는 없고 국제질서가 중국을 향해 어떤 접근을 취할 것인가에 상당 부분 달려 있다(Miller & Wich 2011, 231-2).

중국은 미국과의 경쟁이나 갈등을 피하는 대신 동아시아 지역에서 자신의 영향력을 점진적으로 확대하고 있다. 중국은 다자주의 지역 협력 기구의 중요성을 인식하고 이를 적극적으로 활용하려고 한다. ASEAN 10개 회원국과 한국, 중국, 일본으로 구성된 ASEAN+3와 러시아와 중국의 주도로 안보 분야에서의 협력을 위해 설립된 상하이협력기구SCO: Shanghai Cooperation Organization가 중국이 가장 큰 관심을 쏟고 있는 지역 조직이다. 특히 중국은 ASEAN 국가들에게 자유무역지대의 구성을 제안하는 등 동남아시아 국가들과의 관계 개선을 위해 노력하고 있다. 북한 핵문제의 해결을 위한 다자주의 협의체인 6자 회담에 가장 적극적인 국가도 중국이다. 일부에서는 중국의 이와 같은 접근법이 미국의 일방주의 정책 노선과 대조를 이루면서 한국을 포함한 동아시아 국가들의 중국에 대한 지지와 신뢰가 제고되는 결과를 가져왔다고 보고 있다(Shambaugh 2004/5). 만일 중국이 이와 같은 유연한 연성의 리더십을 계속 유지하는 데 성공한다면, 장차 동아시아 지역 질서 내에서 중국의 강대국화를 원치 않는 미국으로서는 큰 부담을 느낄 것이다.

중국과 타이완 관계, 즉 양안관계는 중국과 타이완뿐만 아니라 주변국과의 무력 갈등을 초래할 수 있는 잠재력을 가지고 있다. 미국은 테러 위협에 대처하기 위해 해외 주둔 미군, 특히 주일 미군과 주한 미군 전력을 전략적으로 유연하게 운용할 계획을 천명해 왔다. 이에 따라 타이완해협에서 군사적 갈등이 야기될 경우 일본과 한국이 개입될 가능성이 있다. 양안관계가 미·중 간의 세력균형 문제와 연결되고, 미일동맹과 한미동맹이 타이완 문제와 연결될 경우 동북아 전체의 안보 문제로 비화할 가능성이 있다. 현재까지 양안문제는 당사국들 간의 암묵적인 협력으로 해결되어 왔다. 예들 들어 1996년 중국은 타이완의 선거 결과를 견제하기 위해 타이완에 인접한 지역에 미사일을 발사했는데, 미국은 두 대의 항공모함과 14척의 전함을 파견함으로써 위기를 미연에 방지하는 성과를 거두었다. 미국과 중국은 두 국가의 무력 충돌이 서로에게 이익이 되지 않는다는 점을 잘 알고 있었다. 이를 사전에 조율하지 않아도 암묵적으로 인정하고 있었던 것이다. 그러나 중국과 타이완의 양안관계는 여전히 동아시아 안보의 안정적 유지를 위협할 수 있는 중요한 잠재적 요인으로 꼽히고 있다.

중국의 러시아와 북한에 대한 접근도 관심거리이다. 1989년 마오쩌둥 사상 격하와 실용주의 노선을 견지했던 후야오방胡耀邦 총서기의 사망으로 야기된 톈안먼사건은 유혈 사태를 야기했고 강제 진압으로 마감되었다. 그 결과 중국은 국제사회의 비판에 직면했고 외교적 고립 위험에 빠졌다. 중국 지도자들은 정치적 민주화보다는 중국인의 경제발전과 빈곤 탈피가 더 중요하다고 생각했다. 이를 위해 중국은 미국과의 우호 관계를 지속시키는 한편 중소 분쟁 이후 적대 관계를 유지해 오던 소련과의 관계 정상화를 시도했다. 톈안먼사건으로 연기되었던 소련 고르바초프 대통령의 중국 방문을 실현시켜 우호 관계를 증진시켰다. 그 후 여러 국제무대에서 중국과 러시아는 미국의 독주를 견제하기 위해 정책 공조를 해 오고 있다.

김정일 집권 이후 외교적으로 고립된 북한은 체제 유지를 위해 중국과 밀착된 외교 노선을 최우선 과제로 삼고 있다. 특히 핵 개발과 핵 실험으로 국제사회의 비판을 받고 있지만 중국과의 전통적 우호 관계 유지만큼은 심혈을 기울이고 있다. 북한은 중국을 6자 회담 등 국제무대에서 자신의 입장을 대변해 주는 우방국으로 삼고 있다. 특히 김정일 이후 권력 세습 문제와 중국의 개혁 개방 모델 수용 문제로 중국과 북한의 밀착은 더욱 견고해졌다. 중국이 경제개발을 위해 1992년 한국과 수교해서 협력적인 동반자 관계를 유지하면서도 북한과의 전통적인 혈맹 관계를 지속하는 것도 동아시아 지역에서 중국이 추구하는 세력 확대 전략과 깊이 맞닿아 있다.

동북아시아 지역에서 중국의 부상에 대한 미국의 관심은 지대하다. 힐러리 클린턴 국무장관은 아시아 태평양 지역이 글로벌 정치의 주도자가 됐다며 외교의 축을 아시아로 전환하는 것이 요구된다고 강조한 바 있다. 미국과 중국은 현재 정치적으로나 경제적으로 서로 경쟁 상태에 있지만 긴밀한 협력 관계도 지속하고 있다. 기본적으로 중국은 주변의 아시아 지역을 대상으로 영향력 확대를 꾀하고 있는 데 비해 미국은 전 세계를 대상으로 주도권 유지를 꾀하고 있다. 미국의 모든 전력을 동아시아 지역에만 전념할 수도 없다. 이런 환경에서 미국이 가장 받아들이기 어려운 상황은 양국 사이의 무역 불균형을 둘러싸고 환율 경쟁과 무역 분쟁이 심화되고 중국과 군사적으로 충돌하는 일이다.

미국의 중국 전략은 행정부가 바뀔 때마다 조금씩 변하기는 하지만 기본적으로 일관성을 유지하고 있다. 동아시아에서 미국이 가장 적은 비용으로 중국의 부상에 대응하는 전략은 현실 변경보다는 한국과 일본, 그리고 호주 등 전통적인 동맹 국가들과 동맹 체제를 강화하고 이를 통해 현상을 유지하는 일이다. 오바마 행정부가 환태평양경제동반자협정TPP: Trans-Pacific Partnership 체결 계획을 구체화하면서 중국을 배제한 다자간 자유무역지대 확대를 주장한 것도 같은 맥락이다. 남중국해 영유권 분쟁에 연루된 동남아 국가들을 규합해 반중국 공동전선을 지원하는 것도 경제 안보 분야에서 전방위적인 중국 견제를 가동하기 위함이다. 이러한 '전략적 재개입'strategic re-engagement은 군사경제적으로 동아시아에서 주도권을 유지하면서 하나의 중국을 인정하면서도 타이완을 여러 형태로 지원할 수 있는 현실적인 길이다. 하지만 중국을 배제한 이 지역의 어떠한 국제적 협력체도 현실성이 떨어진다는 데 미국의 고민이 있다. 미국의 입장에서 보면 다자 안보 기구 설립이 불투명하고, 국가들 사이에 갈등 요소가 많은 동북아시아 지역에서는 냉전 시대에 사용했던 동맹을 통한 세력균형 유지가 가장 현실적인 전략적 선택이다. 세계적으로 냉전이 끝났지만 최소한 동북아시아 지역에서는 냉전의 잔재가 청산되지 못하고 동맹 체제와 동맹 체제의 대립 상태가 존속되고 있는 것이다.

(2) 미일동맹 체제의 강화와 일본의 정상국가화

중국의 부상과 더불어 동아시아 정치 질서에 일어난 또 하나의 중요한 변환은 일본과 미국 간 동맹 관계가 눈에 띄게 강화되었다는 사실이다. 일본과 미국 사이에 동맹 관계가 강화된 이면에는 일본 국내 정치 사회의 제반 여건이 크게 변화된 현실이 있었다. 일본은 냉전 종식 과정에서 히로히토 천황의 사망으로 쇼와昭和 시대를 마감했다. 1990년 11월 아키히토明仁가 왕에 즉위했으며, 헤이세이平成란 연호를 사용하기 시작했다. 일본은 냉전 시대에 미군정의 점령과 개혁의 제약적 틀 내에서 통상 국가로 발전을 모색하며 출발했다. 안보 전략도 소련과 중국을 봉쇄하는 차원에서 미일동맹의 강화를 기반으로 'SEA LANE' 방위와 해협 봉쇄, 섬나라라는 지정학적 요소에 따른 '일본열도의 비전장화'를 지향하여 해상 방공 체제의 확립을 도모해 왔다.

국내 정치적으로는 1955년 이후 38년간 집권한 자민당이 1993년 중의원 선거에서 과반수 획득에 실패하여 정권을 상실했으며, 같은 해 8월에 7개의 야당 연립정부인 호소카와細川 정권이 탄생하여 전후 정치에 큰 전환점을 마련했다. 일본은 40년 가까이 이어져 온 소위 '55년 체제'가 1993년에 무너졌는데, '55년 체제'란 자민당의 장기 집권과 이를 견제하는 강력한 혁신 야당인 사회당의 두 축으로 흘러온 일본 전후 정치를 뜻한다. 나아가 일본 민주당은 2007년 7월 선거 결과로 참의원에서 제1당을 탈환했으며, 2009년 8월 중의원 선거에서 308석을 획득해 정권 교체를 이루었다. 자민당의 장기 집권은 끝이 났지만 더불어 사회주의 계열의 정당도 지지 기반을 거의 잃어 버렸다. 일본의 정치 지형이 보수적 성격이 강한 다수 정당 지배 체제로 전환되고 국민적 합의가 공고히 된 것도 정상국가화 과정의 일면이었다.

1990년대 초반까지만 해도 무역 분쟁으로 인해 일본과 미국과의 관계는 그리 우호적인 편은 아니었다. 1980년대 후반에는 미국이 엄청난 대일 무역 적자의 원인으로 일본의 특수한 국내 정치 경제 구조를 지목했고, 이는 일본인들의 큰 반발을 불러일으켰다. 일부 외무성 관리와 학계 일부에서 일본이 미국과 중국 사이에서 일종의 균형자 역할을 수행해야 한다는 주장이 개진되기도 했다. 일본은 1990년 거품경제가 붕괴한 후 '잃어버린 10년'이란 조소에서 보듯이 장기간의 경기 침체로 인해 불황, 기업 도산, 실업 문제 등을 겪었다. 1990년 126만 명이던 실업자 수는 2000년에는 350만 명으로 크게 증가했다. 일본에서는 또, 2001년 9·11 테러에서 나타났듯이 미국 지도력이 의심받는 상황에서 더 이상 미국의 의사에 국가의 장래를 전적으로 맡길 수 없다는 공감대가 확산되었다. 미국에 전적으로 의존했던 국가 운영 방식이 얼마나 취약한 것인가를 깨닫게 된 것이다. 미국 주도 질서에 대한 대응 전략으로 일본은 미국이 주도하는 군사 및 경제 질서에 단순히 순응하는 전략을 버리고 새로운 안보 경제 전략을 구상할 기회가 마련되어 있었다. 하지만 일본은 미일 안보 체제를 강화하고 미국과의 경제적 밀착을 통해 문제를 해결해 나가고 있다. 여기에는 일본이 국제사회에서 국력에 걸맞은 역할을 담당해야 한다는 목소리도 담겨 있다.

일본은 냉전 종식이라는 세계질서의 변환에 미일 안보 체제 강화라는 안보 전략과 정상국가화라는 국가 전략으로 대응했다. 소련의 해체로 가상의 공동 적이 사라졌지만 일본은 미국과의 동맹 관계를 오히려 한층 강화했다. 중국의 급부상으로 인해 지역에서의 영향력도 중국에 밀리는 형편이다. 이에 따라 일본은 1990년대 들어서 경제력에 걸맞은 정치적 영향력을 확보하기 위한 정상국가화 노력으로 선회하고 있다. 1992년 6월 UN평화유지활동법을 제정하여 패전 후 처음으로 자위대의 해외 파병의 길을 터 놓은 것도 같은 맥락이다.

<참고 3-14> 일본의 안보 선택 대안들

일본의 입장에서 냉전이 종식된 후 안보 전략을 짜는 데 선택할 수 있는 대안으로는 세 가지 정도가 있었다. 첫 번째는 일본이 미국과의 동맹을 깨고 핵무기 개발을 포함해서 자력에 의한 안전보장을 추구하는 것이었다. 러시아의 위협이 계속되고 중국의 패권 추구가 계속되는 상황을 고려하면 이 방법은 가장 매력적으로 보였다. 하지만 미국이 지속해서 동아시아에 관심을 표명했고 일본과의 협조를 강조했기 때문에 현실성이 떨어졌다. 두 번째는 일본이 동아시아의 관련 국가들 사이에서 세력균형을 추구하는 경우였다. 마치 19세기 초반 유럽 협조 체제를 통한 평화 유지를 연상할 수 있다. 이럴 경우 일본의 역할은 제한적이고, 주도적 역할을 하지 못하게 된다. 세 번째는 일본이 미국과의 동맹 관계를 기본 축으로 냉전 시대의 안보 전략을 계속 유지하는 것이었다. 양국이 1980년대에 격화되었던 무역 불균형과 경제 마찰 문제를 극복했고 급격한 상황 변화가 없었기 때문에 이는 현실성이 높은 대안이었다. 일본으로서는 전통적인 방위의 책임을 지는 대신 미국의 핵우산 아래 외부의 위협을 견제할 수 있는 장점도 있었다.

일본은 결국 세 번째 선택 대안을 채택했다. 일본인 지식사회를 지배하고 있는 전통적인 미국 우호주의, 중국의 등장에 따른 안보상의 이익과 경제적인 이익 간의 갈등 관계, 그리고 러시아와의 북방 문제 해결을 위한 주도권 확보 등이 고려되었다. 미일 안보 관계가 소원해지는 것을 우려한 일본 사회에서의 요구도 반영되었다. 미일 관계가 양국 간의 무역 마찰과 미국의 유럽 중시 등의 요인에 의해 소원해지는 것을 우려하는 움직임이 있었다. 미국의 적극적이고도 지속적인 개입 내지는 관심도 작용했다. 특히 1996년 3월의 대만 총통 직접선거를 전후한 중국의 일련의 미사일 발사 연습 및 군사 합동 작전은 일본이 '중국 위협론'을 깨닫고 미일 안보 협력을 강화하는 결정적 계기가 되었다. 결국 미일 양국은 1996년 4월 방일한 클린턴 대통령과 하시모토 총리와의 정상회담을 통해 '미일안전보장공동선언'에 합의했다. 이 선언은 미일동맹의 확인과 재정의라는 냉전 후 미일 안보 조약의 의의를 설정한 것이 특징이다. 이 선언에서 냉전기에도 좀처럼 사용하기를 꺼리던 '동맹'이란 용어를 명백히 사용한 점이 두드러지며, 아·태 지역의 평화와 안전을 위해서는 주일 미군의 전진 배치와 일본의 적절한 지원이 긴요하다는 점을 재확인했다. 결국 다자주의에 의한 안보 협력은 차선의 선택으로 남고, 미일 양자주의에 따른 동맹 체제의 유지가 생명력을 유지하게 되었다.

1995년 2월의 '나이 보고서'는 냉전 이후 강화된 미일동맹의 변환을 보여준다. 나이 보고서는 당시 미국 국방부 안보 담당 보좌관이던 조지프 나이 Joseph Nye의 주도하에 탈냉전기의 새로운 방위 전략 방향을 제시한 보고서이다. 원래 이 보고서가 작성되는 과정에서는 미일동맹이라는 쌍무적 동맹 관계보다는 다자간 안보 협력을 위한 지역 안보 기구 설정에 비중을 두었다. 일본의 자립 방위를 강조하는 전략적 선택이 신중하게 고려되었던 것이다. 하지만 주일 미군의 역할이 한반도는 물론 태평양 주변의 포괄적 역할이 중요하다는 점을 고려하여 최종적으로 채택된 보고서에는 지역 간 안보 협력 기구 창설은 포기되고 미일동맹 체제라는 냉전 시기의 안보 전략이 지속될 것이라는 내용이 주가 되었다.

1996년 신안보공동선언과 1997년의 신방위협력지침(뉴가이드라인)은 일본이 냉전 종식 이후 추구하게 될 안보 전략의 향방을 구체화시켜 주었다. 미일 신안보공동선언에서 미일동맹은 탈냉전 시대에도 동아시아 국제정치 질서의 평화와 안정을 위해 존속되어야 한다고 천명한 이후 양국 간 관계는 다시금 긴밀해졌다. 신방위협력지침은 주일 미군이 일본 이외의 지역으로 출동할 때 일본 자위대가 어떠한 지원을 제공할 것인지를 규정했다. 신방위협력지침은 자위대가 일본 열도 주변 사태에 개입하도록 한 점에서 비판도 받았지만 대등하고 효율적인 동맹 관계를 설정했다는 평가도 받았다. 양국은 2008년 미 육군 제1군단 사령부를 일본의 자마座間 기지로 이전하기로 결정했다. 이에 따라 자마 기지는 육해공군 통합 작전을 지휘하는 통합 작전 사령부가 되고, 미 육군과 일본의 육상 자위대의 지위 체계가 일원화될 예정이다. 냉전은 끝났지만 일본의 안보 전략은 미일동맹의 강화와 일본의 전략적 역할 확대 등의 질적 전환을 중요한 목표로 삼고 있다.

　미일동맹 강화의 움직임은 이른바 일본의 정상국가론 전략과 상충하는 것처럼 보인다. 일본의 정상국가 전략은 일본의 경제 규모에 걸맞게 제2차 세계대전 종전 후 제정된 평화헌법 때문에 제약을 받았던 군사력 보유를 추구하는 일본의 국가 전략이다. 일본이 스스로 군사력을 보유하기 때문에 미일동맹을 중시하여 국방 문제를 미국에 의존하는 방침과는 양립할 수 없는 측면이 있기 때문이다. 하지만 일본이 한편으로는 정상국가 전략을 추구하면서도 다른 한편으로 미일동맹 강화를 추구하는 것은 일본의 국제정치적 위상을 강화하고 안보 분야에서 미국에 일방적으로 의존하는 '반半주권적' 지위를 완전히 벗어나는 대신 미국과의 긴밀한 협조 관계를 새로운 방식으로 정립함을 의미하기 때문에 양립할 수 있는 정책 선택이다(이원덕 2002). 즉 일본의 군사력은 크게 강화되겠지만, 그 성격과 범위는 어디까지나 미국과의 공동 안보의 틀을 통해 정의되고 있다.

　미일동맹의 강화는 동아시아에서 중국의 영향력 확대에 대한 대응 차원에서 이루어졌다는 데에는 의심의 여지가 없다. 오랜 기간 동남아시아 국가들과 경제적 협력 관계를 이루어왔음에도 불구하고 별다른 정치적 영향력을 구축하는 데 실패한 일본은 최근 중국이 비교적 단기간 내에 ASEAN 회원국들에 대한 효과적인 리더십을 수립한 상황에 상당한 위기감을 느끼고 있다. 장기적인 시각에서 보면 일본은 메이지 시대에 국정 방향이었던 아시아를 벗어나 유럽을 지향하는 '탈아입구脫亞入歐' 정책을 새로운 방식으로 계승하고 있는 중이라고도 할 수 있다. 궁극적인 이유가 무엇이든 미일동맹을 강화하는 움직임은 동북아 지역 질서를 대립적이고 불안정적으로 만들 요소가 있다. 특히 중국의 입장에서는 미일동맹이 자국에 대한 대항 동맹으로서 위협적으로 느껴지는 것은 당연하다. 특히 일본이 미국과의 협력하에 전역미사일방어망 TMD: Theater Missile Defense 구축에 성공한다면 이는 전략적으로 중국을 봉쇄containment하는 것과 다름없다고 인식하고 있다.

　2000년대 들어 발생한 여러 사건들은 미국과 일본의 밀착을 재촉하고 있다. 일본의 안보는 2000년대 들어 북한의 핵실험과 미사일 발사 등으로 크게 위협받고 있다. 또 2010년을 기점으로 중국과 일본의 국내총생산GDP 규모가 역전되어 일본에서는 중국의 부상에 따른 안보 위협이 커졌다. 마침 일본이 센카쿠 열도 영토 분쟁에서 중국에 굴복한 데 이어 2011년 일본 동북부에서 발생한 대지진과 원전 사고는 국제정치적으로 일본의 국력 저하를 상징하는 사건이었다. 이들 사건은 일본의 총체적 '국가 리스크'를 증대시켜 동아시아 지역에서 미·중 양강 구도를 더욱 선명하게 부각시키고 있다. 이에 따라 일본의 미일동맹 강화는 불가피한 선택이다. 미일동맹의 강화는 한편으로 중국의 부상을 견제할 평화적 장치로 기능하지만 다른 한편으로는 지역 갈등을 야기할 여지를 충분히 안고 있다.

(3) 러시아의 동아시아 재등장과 역할 증대

　이른바 앵글로 색슨 국가 연합, 즉 영국과 미국은 지난 19세기부터 대러시아 봉쇄 전략을 구사해 왔다. 이 전략은 소련 연방 해체를 통해 성공적으로 시행되었다. 냉전 종식 이후 동유럽 국가들이 NATO에 가입하고 EU가 동쪽으로 확대되었으며, 중앙아시아 지역에서는 미국에 이어 중국이 영향력을 확대하면서 과거 러시아의 지위는 크게 약화되었다. 하지만 지난 2000년 블라디미르 푸틴이 대통령으로 취임한 이후 러시아는 유가 상승에 발맞춰 국내 경기가 활성화되고 대외적으로 과거 러시아의 영광을 찾기 위해 나서고 있다. 냉전 종식으로 파산 국가 신세이던 러시아가 풍부한 자원에서 얻어지는 오일 머니를 바탕으로 과거의 위상을 되찾기 위한 도전적 행보를 보이고 있는 것이다. 이러한 기조는 푸틴 대통령 이후 대통령직을 수행한 메드베데프Medvedev 정권에서도 계속되고 있다. 러시아의 국내 권력 다툼이나 정치 상황이 앞으로 어떻게 전개될지는 미지수이다. 분명한 것은 러시아가 냉전의 후유증을 극복하고 동아시아 지역에 재등장하여 새롭게 그 역할을 모색하고 있는 중이라는 점이다.

러시아의 입장에서 보면 동아시아 지역은 미국이 여전히 커다란 영향력을 행사하고 중국이 새로운 지역 강대국으로 부상하고 있기 때문에 이를 견제하는 전략이 필요한 것은 당연하다. 러시아의 동아시아 진출에서 주목되는 것은 연해주 지방의 도시 블라디보스토크가 갖는 위상이다. 블라디보스토크는 '동방을 지배하라'라는 뜻을 지녔는데, 러시아 동부 연안의 최대 항구도시 겸 군항으로 사용되고 있다. 이 도시는 전통적으로 러시아 극동 함대의 근거지였으며, 북극해와 태평양을 잇는 북빙양 항로의 종점이며, 시베리아 철도의 종점이기도 하다. 러시아의 동아시아 지역 진출은 바로 블라디보스토크를 전초기지로 이루어지고 있다.

러시아의 동아시아 진출은 정치 군사적 차원과 경제적 차원에서 동시에 수행되고 있다. 우선 러시아는 북핵 문제 해결을 위한 6자 회담에서 적극적인 역할을 담당하고 있다. 러시아가 6자 회담에 적극적인 이유는 여럿 있다. 러시아는 동아시아 정세를 불안하게 만드는 북한의 핵 보유를 반대하는 입장이다. 하지만 6자 회담을 계기로 동아시아 국제 관계에 개입하여 영향력을 높이려는 의도는 분명해 보인다. 러시아는 2007년 3월 블라디보스토크가 속해 있는 연해주에서 '기동 2004'로 불리는 대규모 군사훈련을 실시했다. 이 훈련에서는 유럽 지역의 러시아군을 극동 지역에 신속히 배치하는 작전이 실시되었다. 이 군사훈련은 러시아의 전략 관심이 동아시아 지역으로도 향하고 있음을 상징적으로 드러낸 훈련이었다. 러시아는 또 중국과 연합 군사훈련을 실시하고 무기 거래를 확대하는 등 군사 협력을 대폭 강화하고 있다.

러시아가 중국과 6자 회담에서 공조하고 군사적 협력에 임하는 것은 동아시아 지역에서 미국의 군사적 우위를 견제하는 일에 두 국가의 이해관계가 합치된 결과이다. 이는 동아시아에서 미국의 독주를 견제하고 미국의 전략을 저지하려는 목적을 띠고 있다. 이런 측면에서 미국-한국-일본에 대응하는 중국-러시아-북한으로 이어지는 이른바 북방 삼각 동맹 체제의 구축 가능성도 점쳐지고 있다.

경제적 차원에서 러시아의 동아시아 진출은 가시적으로는 가스관 사업과 시베리아 횡단 철도 연결 사업을 통해서 이루어지고 있다. 러시아는 에너지 자원과 철도로 동아시아에 접근하고 있는 것이다. 2011년 8월 메드베데프 러시아 대통령과 북한의 김정일 국방위원장은 정상회담에서 러시아와 남북한을 잇는 3국 간 가스관 연결 사업을 논의했다. 한국의 이명박 대통령도 2008년 9월 러시아 방문 시 북한을 관통하는 가스관을 통해 2015년부터 30년 동안 시베리아 천연가스를 매년 750만 톤씩 수입한다는 내용의 양해각서MOU에 서명한 바 있다. 2010년에 또 다시 남북한과 러시아 가스관 사업이 한국과 러시아 모두에 이익이 된다는 공감대를 재확인했다. 한국에게는 가스관을 통한 운송이 선박으로 수입할 때보다 경비가 70퍼센트 정도 저렴하다. 북한 역시 가스 통과료로 한 해 최대 1억 달러를 벌어들일 수 있다. 러시아는 사할린2 가스전 등 극동지방에서 생산되는 천연가스의 수출 시장을 얻게 된다. 가스관 사업이 구상 단계를 벗어나 실행될 수 있을지 여부는 아직 불투명하다. 하지만 러시아와 남북한 모두가 러시아와 한반도를 잇는 3국 간 가스관 연결 사업에 이해관계를 공유하고 있다는 점에서 이는 지속적인 외교적 이슈로 등장할 것이다.

2011년 10월 러시아의 하산역과 북한의 나진항을 잇는 철도 구간의 열차 시범 운영이 시작되었다. 이는 가깝게는 북한 나진항 진출을 통해 개발이익을 얻고

멀게는 시베리아 횡단 철도와 한반도 종단 철도를 연결하려는 러시아의 장기적 계획의 일환이다. 이는 분명히 중국의 나진항 독점 운영을 통해 북한이 중국에 지나치게 의존하는 것을 막고 중국이 구상하는 몽골-동북 3성-남북한 연결망에 대한 견제 의도가 담겨 있다. 가스관 사업과 철도 연결을 통한 러시아의 동아시아 진출 전략은 북한의 핵 문제 등 남북한 관계 전개에 따라 영향을 받을 것이다. 하지만 분명한 것은 자원 대국인 러시아는 세계적 성장 중심축인 동아시아 지역과의 긴밀한 이해관계를 추구하고 있고 동아시아 지역에 지속적인 관심을 기울일 것을 명백히 보여 주고 있다는 사실이다.

(4) 동아시아 지역 협력 활동의 의의와 한계

동아시아 지역 안보 군사 무대에서 강대국 경쟁이란 연기가 지속되고 있지만 다양한 무대에서 지역 협력 체제가 활발하게 논의되는 것은 주목할 만하다. 국가 간 경쟁은 여전히 지속되고 있지만 국제 협력이 활발해지고 공동의 정치적, 경제적, 사회 문화적 목적을 추구하려는 노력이 지속되고 있다. 동아시아 지역은 지역적 정체성이나 집합적 이익이 확고하다고 할 수는 없으나 규범적 기초가 튼튼한 것은 사실이다. 국가들의 정치적 독립, 영토 보존, 내정불간섭 등 UN에 명시된 근대 국민국가들의 기초적 규범이 뿌리를 내리고 있다. 역내에서 발생하는 수많은 분쟁이 무력에 의존하지 않고 평화적인 방법으로 해결되어야 한다는 인식 또한 광범위하게 확산되고 있다. 역내 국가 간 군비 통제나 신뢰 구축에 대한 명시적 제도들이 많이 정립되어 있는 것은 아니지만 분쟁의 평화적 해결에 관한 다양한 노력이 지속되고 있다. 이런 면에서 볼 때 아직은 미국의 영향력이 크지만 동아시아의 정치 변환은 희망적이라는 견해도 있다(Alagappa 2001).

동아시아 국가 간 지역 협력의 수준과 양상이 현재 유럽에서의 지역 협력과는 큰 차이를 보이고 있는 것이 사실이다. 유럽의 경우 정치·안보·경제·사회 정책 등 다양한 분야에서 다자간 지역 기구를 통해 상당한 정도로 제도화되고 법제화된 형태의 협력을 이루는 데 성공했다. 이에 반해 동아시아 국가 간 지역 협력은 비공식적이고 최소한의 제도화만을 허용하는 방식으로 진행되고 있다. 그러나 많은 지역 협력 이론가들이 지적하듯이 유럽은 지역 협력 사례에서 하나의 예외에 가깝다는 사실을 기억할 필요가 있다. 이런 차원에서 동아시아의 지역 협력은 아직 미완의 숙제라고 보기보다는 동아시아 자체의 고유한 논리와 특성에 주목하는 것이 필요하다. 이러한 관점에서 보았을 때 지난 20여 년 간 동아시아 국가들은 지역 협력의 증진에 있어서 상당한 성과를 거두었다.

ASEAN, APEC, 아세안지역안보포럼[ARF] 등의 지역 협력 기구들은 동아시아의 경제, 안보 현안을 해결하는 데 있어서 그 비중을 더해 가고 있다. 이 가운데 1967년 경제발전과 안보 분야에서의 협력을 위해 동남아시아 5개국(태국·인도네시아·말레이시아·싱가포르·필리핀)이 출범시킨 ASEAN은 아시아 지역 협력 기구 가운데 가장 오랜 역사를 자랑하고 있다. 특히 ASEAN은 1994년 10개 회원국과 한국·중국·일본·미국·러시아·인도·호주·EU 등 10개 참관국이 참여하는 아세안 지역안보포럼의 창설을 주도했다. ARF는 현재 동아시아 안보 협력을 위한 거의 유일한 다자주의적 지역 협력 기구로 기능하고 있으며, 2000년에는 북한의 가입을 허용하여 한반도 긴장 완화를 위한 국제적 노력에 기여하고 있다.

1989년 호주의 제안으로 한국을 비롯한 12개 회원국으로 출범한 APEC은 공식적으로는 경제성장을 통한 생활수준과 교육 수준의 향상과 아시아 태평양 지역 국가 간 이해의 증진을 목표로 하고 있다. 실질적으로는 타 지역에서의 지역 협력 강화, 특히 EU의 역할 강화, NAFTA의 출범 등에 대한 동아시아 차원에서의 대응의 의미를 지닌다. 그러나 지역 협력 기구로서의 APEC의 효율성에 의문이 제기되고 있다. 한편으로는 만장일치제의 규정이 효율적인 정책 결정을 가로막고 있기 때문이고, 다른 한편으로는 1997년 동아시아 금융 위기 당시 APEC이 지역 차원의 적절한 대응책을 마련하는 데 실패했기 때문이다. APEC은 매년 개최되는 정상회담 외에도 많은 수의 위원회와 전문가 그룹, 기업자문위원회 등을 거느리고 있으며, 이들 소규모 집단들이 활발하게 활동하면서 지역 경제협력에 관한 정책과 제안들을 입안하고 있다.

ARF은 동아시아 지역의 유일한 정부 간 다자간 안전보장 협의체로 1994년 창설됐다. ARF는 집단 안전보장 기구 단계까지는 발전하지 못했지만 동아시아 지역의 포괄적 안보 문제를 두고 각 정부 간에 협의 창구를 개설하여 운영하고 있다는 점에서 의의가 있다. 공동의 적을 설정하여 공동 대응하는 방식은 아직 아니지만 대규모 군사훈련에 대한 정보를 공유하고 군사적 신뢰를 구축하는 것을 목표로 하고 있다는 점에서 동아시아 지역의 다자 안보 협의체로 기능하고 있다. 특히 북한이 2000년에 가입함으로써 동아시아 지역 안보의 최대 현안이 된 북한 핵문제를 국제무대에서 논의하는 장으로 이용되고 있다. 하지만 개별 국가들의 안위가 직결된 안보 문제는 개별 국가들의 입장에 따라 의견 조율하는 일이 어려워 실효성은 여전히 의문시되고 있다.

2010년대 들어 동북아 지역을 중심으로 경제협력이 활발하게 논의되고 있는 것도 동아시아 지역 협력 차원에서 고무적이고 주목되는 사실이다. 러시아는 남북한과 러시아 3국을 잇는 철도 건설과 가스관 사업에 매우 적극적인 태도를 보이고 있다. 이는 물론 안보 전략적 차원에서는 중국을 견제하려는 의도가 있지만 러시아가 실질적인 국가이익 차원에서 동북아 지역을 천연가스와 상품의 시장 확대 대상으로 삼고 있는 것은 분명해 보인다. 한국과 북한 역시 운송비 절감과 가스관 통과 요금 징수로 적지 않은 경제적 이익을 얻게 될 것으로 전망하고 있다. 북한 핵문제 때문에 한국과 러시아의 협상이 진전되지 못하고 있지만 3개 국가 사이의 협력 가능성은 높은 편이다. 중국도 창춘을 중심으로 하는 동북아 지역 프로젝트를 통해 몽골과 중국의 동북 3성, 그리고 남북한과 일본 등으로 이어지는 동북아 발전 전략을 구상하고 있다. 동북아 지역 협력의 주도권을 둘러싸고 러시아와 중국이 서로 경쟁하는 측면이 있지만 이 지역에서 경제적인 지역 협력이 성공하면 지역의 안보 문제를 비롯한 여러 문제들을 다자주의 방식 혹은 국제적 관리 형태로 다룰 수 있어서 지역 안정과 평화에 큰 도움이 될 것으로 평가된다. 한국과 북한으로서도 핵문제 등 적대적 대결 구도를 청산하고 새로운 경제성장 활로를 찾는 계기로 삼을 수 있다는 차원에서 지역 협력은 전략적 판단과 전략이 절실히 요구된다.

동아시아 지역 협력의 노력이 이 지역 안보 문제까지 해결해 주는 단계로 진전되지는 않았다. 그러나 그러한 노력이 갖는 의의를 과소평가할 수 없다. 동아시아 국가들은 지역 질서를 관장하는 규범들을 몸소 체험했고, 상호간의 생존이나 발전, 협력을 향한 노력을 가속화시키고 있다. 이 지역의 경제발전을 통한 공동 이익의 발견과 제도화에 적지 않은 노력을 기울이고 있다. 이러한 공동 노력은 그동안 미국이 주도해 왔던 지역 질서 창출의 한계를 보완하는 중요한 요소이며, 역내 분쟁과 갈등 해결에 큰 역할을 할 것으로 기대된다. 최근에 동아시아 공동체에 관한 논의가 활발하게 진행되고 있는 것도 미국이 주도해 왔던 평화 관리 체제를 보완하는 측면에서 바람직한 예라고 할 수 있다. 동아시아 지역은 여러 행위자들과 행위 영역의 복합화 현상도 심도 있게 진행하고 있다. 동아시아 국제관계는 국가가 전담하는 관계의 차원을 넘어선 지 오래이다. 시민사회의 개인, 비정부단체, 국제기구들이 활발하게 활동하고 있다.

4. 현대 세계정치의 변환과 한국

　현대 세계정치의 복합적 변환은 한국에게 중첩적인 전략의 변환을 요구하고 있다. 양극적 냉전 체제는 우리나라를 긴장과 대결이란 국제정치 환경으로 몰아 우리가 국제무대에서 활동하는 것을 크게 제한했다. 즉 미국을 비롯한 자유 진영 국가들과의 긴밀한 정치 경제적 유대를 최고의 외교 목표로 설정할 수밖에 없도록 했다. 또한 북한과의 대결 구도를 강화시켜 막대한 안보 비용을 지불하게 했고 그만큼 한미동맹 의존 정도를 심화시켰다. 냉전이 끝났음에도 불구하고 한반도 분단과 남북한 대립은 지속되고 있어 한반도 주변은 양극적 질곡에서 벗어나지 못하고 있다. 세계 차원에서의 냉전이 종식되고 양극화가 해소되었지만 한국은 냉전 질서가 요구한 것과 탈냉전 질서가 요구하는 것 모두를 해결해야 하는 이중의 부담을 안고 있는 것이다.

　한반도는 이미 19세기 근대 세계정치 역사에서 서구 중심의 문명 표준을 접했던 경험이 있다. 근대성으로 무장된 서구 세력들과의 만남에서 조선은 위정척사와 문명개화의 전략 가운데서 혼란을 겪어야 했다. 무기력했던 우리는 세계정세 판단 미숙과 국가 전략 부재로 국권을 빼앗기는 수모를 당했다. 그런 와중에 근대 세계정치 질서의 파행에서 비롯된 두 차례의 세계대전은 한반도 분단을 낳았다. 철저하게 외부의 힘으로 독립을 맞았던 우리는 분단과 전쟁으로 커다란 시련을 겪었다. 그 결과 통일이란 근대국가 완성의 과제를 완수하지 못했다. 한반도가 분단되어 남북한이 서로 대립하고 반목하는 동안 서구 세력들은 지구화와 통합이란 탈근대적 무기로 재무장하여 우리에게 다가오고 있다. 21세기 세계정치는 새로운 문명 표준의 설정과 확산이란 탈근대적 과제를 우리에게 던져주고 있다. 한국은 분단 극복이라는 근대적 유산을 극복하지 못한 채 다시 탈근대적 과제를 수행해야 하는 복합적 변환의 과제를 부담하고 있다.

(1) 미·중 간 경쟁과 한미동맹 체제의 변환

　냉전 시기 한미동맹의 골간은 공산주의 국가들의 위협에 대처하고 그들이 지닌 군사력을 억지하기 위해 미군을 한국의 휴전선 근방에 전진 배치하여 유사시 지역 방어를 담당하도록 하는 것이었다. 냉전은 끝났지만 미국은 동아시아 지역의 중요성을 강조하며 영향력을 지속적으로 행사하기를 원한다. 미국 입장에서 보면 한미동맹 체제의 변환을 야기하는 이유는 두 가지이다. 하나는 미국은 9·11 테러를 둘러싸고 중국과 일시적으로 공조하고 있지만 동아시아에서 중국의 군사적 위협을 미일동맹과 한미동맹을 통해 억제하려는 구상을 갖고 있기 때문이다. 다른 하나는 글로벌 차원에서 테러와 대량살상무기라는 불확실하고 비대칭적인 위협에 대비하는 데 주한 미군을 전략적인 신속기동군으로 활용해야 할 필요성이 절실해졌기 때문이다.

　미국은 세계 모든 국가를 우국과 적국 등으로 양분하여 미국의 테러 전쟁 취지에 공감하고 동참하는 우국만을 진정한 동맹국으로 간주하려고 한다. 이에 따라 미국은 냉전 시대의 동맹 국가라고 해서 반드시 동맹 관계를 유지하지 않고 미국의 전략에 동의하는지 여부에 따라 선택적이고 집중적인 동맹 지속 여부를 판단하겠다는 의사도 표출했다. 미국은 전통적 동맹 국가인 한국에게도 자신의 군사전략의 일원으로 동참할 것을 요구했다. 2004년 8월 한국의 자이툰 부대가 이라크에 파병되고, 2010년 아프가니스탄에 군 병력이 파견된 것도 미국이 강력하게 동참할 것을 요구했기 때문이다. 자이툰 부대 파병 문제는 한국 정부가 파병 계획을 세울 때부터 여론이 찬반양론으로 갈라져 논란이 끊이지 않았던 계획이다. 각종 시민, 사회단체는 미국의 명분 없는 전쟁에 3000명이나 되는 젊은이들을 볼모로 파병하는 것은 도저히 있을 수 없는 일이라고 주장하며 파병을 반대했다.

미국은 해외 주둔 미군을 필요하다면 세계 어느 곳이든 원래 주둔하고 있던 지역에 연연하지 않고 신속하게 재파견해 효과적으로 임무를 수행하도록 할 수 있는 배치 계획을 갖고 있다. 이를 위해 미국은 주한 미군의 역할 변경을 추진하고 있다. 미국은 아시아 지역 내 미군 기지 및 기반 시설에 대한 접근도가 다른 주요 지역에 비해 낮은 수준이라고 진단한다. 이의 개선을 위해 이 지역에 대한 접근성 제고, 기반 시설 확보, 원거리 작전을 지속할 수 있는 역내 시스템의 우선적인 개발 등을 주요 과제로 제시함으로써 주한 미군의 기지 및 전력 구조에도 적지 않은 변화가 예상된다. 이에 따라 한미동맹의 성격은 변화가 불가피한 실정이다.

이에 따라 한미동맹은 주한 미군의 역할 변경을 둘러싸고 변환 과정을 겪고 있다. 주한 미군의 역할 변화를 둘러싼 전략적 유연성 strategic flexibility의 문제가 대표적인 의제로 등장했다. 미국은 해외주둔미군재배치계획에 따라 유사시 미국 본토에 있는 군사력은 물론 해외에 주둔하고 있는 미군을 세계 곳곳의 분쟁 지역에 신속하게 파견해 전쟁 임무를 수행할 수 있도록 했다. 미국은 자신이 보유한 군사력을 신속기동군 체제로 개편할 것을 목표로 삼고 있다. 이러한 재편 계획은 동아시아에 주둔하는 미군 전력, 즉 주일 미군과 주한 미군의 역할 변경에도 그대로 적용되고 있다. 주일 미군의 경우에는 미일 상호방위조약에 따라 극동 지역의 범위를 넘어 중동 지역까지 그 활동 반경을 확대하려는 의도를 갖고 있다. 주한 미군의 경우 전략적 유연성 방침은 주한 미군을 더 이상 북한의 공격에 대비하는 역할에 묶어 두는 것이 아니라 동북아시아의 신속기동군으로 편성해 중국과 타이완 분쟁은 물론 기타 분쟁 지역에 주한 미군을 투입하는 전략을 갖는다.

〈참고 3-15〉 해외주둔미군재배치계획

약칭 GPR로 불리는 해외주둔미군재배치계획(GPR: Global Defense Posture Review)은 미국이 제2차 세계대전 이후 냉전 시대에 맞게 서유럽과 동북아시아 지역을 중심으로 배치되어 있는 해외 주둔 미군을 대량살상무기와 테러 등의 위협이 상존하는 21세기 새로운 안보 환경에 맞게 재편하려는 계획을 말한다. 과거 냉전기 미국의 해외 미군 주둔 정책의 골간은 구소련의 위협에 대처 혹은 억지하기 위해 전략적으로 중요한 지점에 위치한 동맹국에 미군을 전진 배치하여 유사시 지역 방어를 담당하도록 하는 것이었다. 하지만 구소련이 몰락한 탈냉전 이후 새로운 안보 상황에서 미국은 불확실하고 비대칭적인 위협에 대비해야 할 필요성이 절실해졌다. 이에 미국은 21세기 새로운 안보 환경에 맞추어 해외 주둔 미군의 전면적인 개편을 계획하게 되었고, 이를 검토한 보고서가 GPR이다. GPR의 가장 핵심적인 내용은 해외 주둔 미군을 유연하게 배치해 세계 어디에서든 신속하게 대응할 수 있도록 하는 데 있다. GPR에 따르면 해외 주둔 미군의 전략적 위치와 기능은 네 가지로 구분된다. 첫째, 전력 투사 허브(PPH: power projection hub)는 대규모 병력과 장비를 전개할 수 있는 중추 기지를 의미하며, 미국 본토와 괌 섬, 하와이 주 등이 이에 속한다. 둘째, 주요 작전 기지(MOB: main operation base)는 대규모 병력이 장기적으로 주둔하는 상설 기지로, 초현대식 지휘 체계를 갖추고 병사들이 가족과 함께 2~3년 머무를 수 있는 기지이다. 셋째, 전진 작전 지점(FOS: forward operating site)은 유사시 미군 증원을 전제로 한 기지이다. 넷째, 안보 협력 대상 지역(CSL: cooperative security location)은 소규모 연락 요원만 상주하는 지역이다. 이 가운데 한국이 어디에 속하는지는 아직 확정되지 않았다. 그러나 주한 미군의 일부가 신속대응군으로 운용되는 것만은 분명하다.

원래 공식적으로 주한 미군의 전략적 유연성이 처음 언급된 것은 2003년 한미연례안보협의회의^{SCM} 공동성명에서이다. 이 성명에서 한미 양측은 주한 미군의 전략적 유연성이 지속적으로 중요하다는 것을 확인했다. 구체적으로 미국은 주한 미군의 구조 변경을 목표로 하여 임무 이전, 미군 재배치, 용산 기지 이전, 지휘 계통 재편 등을 주장했다. 그러나 한국 정부는 주한 미군의 활동을 한반도 이외의 지역으로 확대하는 데는 동의할 수 없다는 뜻을 밝혔다. 주한 미군이 동북아시아로 역할을 확대해 중국과 타이완의 분쟁에 주한 미군을 투입할 경우, 중국을 자극해 한반도가 분쟁에 휘말릴 가능성이 있기 때문이다. 2006년 1월 한미 외무장관 회담에서 한국과 미국은 주한 미군의 전략적 유연성에 합의했다. 이러한 합의는 한국 내에서 그동안 전략적 유연성 논리가 한반도 평화에 장애가 된다고 주장해 온 세력의 비판을 받았다. 주한 미군의 전략적 유연성은 미국이 자국의 군사력으로 우월한 지위를 강화하기 위해 추진해 온 핵심적인 계획이었기 때문에 한미동맹이 갖는 원래 취지에도 맞지 않는다는 비판을 받고 있다. 주한 미군의 역할 변경에 따른 방위비 분담도 한국으로서는 벅찬 과제이다.

2009년 이명박 정부의 출범은 한미동맹의 변화에 또 다른 전환점이 되었다. 이명박 대통령은 취임사에서 "미국과는 전통적 우호 관계를 미래지향적 동맹 관계로 발전 강화시키고, 양국 사이에 형성된 역사적 신뢰를 바탕으로 전략적 동맹 관계로 더욱 발전시키기 위해 노력하겠다"고 다짐했다. 이어 한미정상회담에서 이명박 대통령과 부시 대통령은 한미 관계를 기존의 '전통적 우호 관계'에서 '21세기 전략 동맹'으로 격상시키기로 합의했다. 21세기 전략 동맹이란 단순히 군사동맹에만 그치는 것이 아니라 정치·경제·사회·문화를 포함하는 '포괄 동맹'의 성격을 갖는 것인데, 이는 한미 양국이 한반도 평화 수호 차원을 넘어 테러, 기후변화, 인권, 국지 분쟁, 에너지 안보 등 다양한 국제적 현안에 함께 대처하겠다는 것을 의미한다. 2011년에는 한국과 미국 사이에 자유무역협정^{FTA}이 양국의 국회 비준을 마치고 발효됨으로써 한미동맹은 새로운 전기를 맞았다. 이로써 양국 동맹 사이에 한미동맹의 포괄 동맹적 성격을 반영해서 일각에서는 '가치 동맹'이란 표현을 쓰기도 한다. 가치 동맹이 아직까지 학술적으로 정의가 모아진 것이 아니라서 이러한 표현에 논란의 여지가 있지만 한미동맹이 단순한 안보 차원의 동맹을 넘어 시대에 맞는 역할을 부여받고 변환의 가능성이 있다는 사실은 명백해 보인다.

한미 양국은 이미 노무현 정부 때인 2005년 한미 안보정책구상^{SPI} 회의에서 전시작전통제권 환수를 합의했고, 이명박 정부 출범 직후인 2009년 10월 한미 안보연구회 국제회의^{SCM}에서도 2012년 4월 환수를 재확인했다. 그러나 이명박 대통령과 미국 오바마 대통령은 전시작전권 환수를 2015년 12월로 연기하기로 합의했다.

2010년 천안함 침몰 사건과 연평도 포격 사건으로 한미동맹은 새로운 전기를 맞게 되었다. 천안함 침몰 사건 이후에 열린 한미 안보협의회에서 미래 한미 군사 협력 방향을 담은 '국방협력지침'이 합의 서명되었다. 이 지침에서는 전시작전통제권 전환의 안정적 추진을 보장하고 한미동맹의 비전을 더 구체적으로 제시함으로써 한미동맹의 결속을 확인했다. 또 같은 해 11월에 연평도 포격 사건 이후 군사적 긴장감이 최고조에 달한 상태에서 9만 7000톤급의 미국 조지워싱턴호 항공모함이 서해로 진격함에 따라 한미동맹에 대한 중국의 강력한 반발을 야기했다.

동맹의 내용과 형태라는 것이 어느 일방의 요구대로만 흐르기는 어렵다는 점을 감안하면 우리로서는 미국의 전략 변화에 부응하면서 안보 역량을 강화시키는 쪽으로 흐름을 잡아 가는 것이 중요하다. 미국이 21세기 신국제질서에 맞춰 국방력을 재편한다면 한국도 기존의 개념으로만 대처해서는 안 된다. 안보 역량을 지킨다는 대명제를 전제로 새로운 변화를 제대로 읽어 내는 혜안이 요구되는 시점이다.

미국은 한편으로는 주한 미군의 안전한 주둔 여건 조성과 역할 변경을 위해 한국 정부는 물론 한국 국민과의 돈독한 관계를 유지해야 하는 과제를 안고 있다. 이런 의미에서 한미동맹에 대한 한국 내 사회 분위기의 변화는 미국이 구상하는 한미동맹의 성격과 지위 변화에 영향을 주고 있다. 실제로 한국 사회 내에서는 새로운 한미동맹에 관한 다양한 의견이 표출되고 있어서 향후 한미동맹의 성격 변화에 영향을 주고 있다.

한국에서 민주화가 진행되면서 그동안 한국 정부가 독점해 왔던 대미 정책의 형성 과정에 여론, 언론, 사회단체 등 비정부 행위자들의 영향력이 증대되었다. 남북정상회담이 성사되는 등 남북 관계도 커다란 변화가 있었다. 이러한 환경에서 많은 한국인들은 그동안 한미동맹이 한국 측에 불평등한 측면을 내포하고 있던 점을 지적했다. 9·11 테러 이후 미국이 지배적 지위를 유지하기 위해 일방주의 방식의 외교 노선을 강화하는 것을 비판하는 등 반미주의 여론의 목소리가 높았다. 이에 따라 한미동맹이 현대 세계정치 환경에서 어떻게 재조정되는지에 대한 관심이 크게 증가했고, 이에 대한 여러 사회 세력 간의 의견 대립도 크게 증가했다. 한미동맹이 재조정되는 방향은 주한 미군의 역할 변경과 더불어 한국의 정치 사회적 상황에 따라서도 영향을 받고 있다.

한미동맹은 한국 내에서 반미주의 여론이 확산되면서 동맹에 대한 신뢰도는 물론 미국 자체의 이미지가 크게 악화되고 있는 현실에 영향을 받고 있다. 한국 내 반미주의의 기원과 원인에 대해서는 여러 의견이 있다. 분명한 것은 1990년대 한국이 민주화되고 미국의 세계 전략이 변화되면서 한국에서는 미국에 대한 입장이 다양화, 객관화되고 있다는 점이다. 2000년대

<참고 3-16> 주한미군지위협정

주한미군지위협정은 '대한민국과 아메리카합중국 간의 상호방위조약 제4조에 의한 시설과 구역 및 대한민국에서의 합중국 군대의 지위에 관한 협정(Agreement under Article 4 of the Mutual Defense Treaty between the Republic of Korea and the United States of America, Regarding Facilities and Areas and the States of United Armed Forces in the Republic of Korea)'의 약칭으로 'SOFA 협정'(Status of Forces Agreement)이라고 부른다.

원래 주한미군지위협정은 '한미행정협정'으로도 불리는데, 한국과 미국의 상호방위조약 제4조에 의한 시설과 구역 및 주한 미군의 지위에 관한 협정이다. 1953년 체결된 한미상호방위조약을 모법으로 1966년 체결된 한미 SOFA는 주한 미군이 대한민국의 영토, 영해, 영공 전 영토를 무상으로 사용할 수 있도록 인정하고 있는 점, 미군 주둔의 목적이 결여된 점, 무엇보다 조약의 시효가 무기한으로 규정된 점 등에서 많은 문제를 안고 있다. 한미 SOFA는 미군에 대한 편의 제공 차원을 넘어 주한 미군에 의한 범죄를 한국 사법 당국이 속지주의 원칙에 따라 사법권을 행사할 수 없도록 규정했기 때문에 미국이 다른 동맹국과 맺은 협정에 비해 지나치게 불평등하다는 데 근본적인 문제가 있었다. 한미 SOFA는 행정협정의 형사재판권 관할권에 대해 접수국인 한국은 자국민 보호와 국권의 확립이라는 원칙에서, 파견국인 미국은 인권 보호와 군기 확립 원칙에서 서로 이해관계를 달리하고 있는 것이 사실이다. 따라서 한미 SOFA는 나토협정이나 미일협정, 미·호주협정에 비해 불평등 요소를 많이 가지고 있다.

한미 SOFA는 냉전이 끝난 후 한국의 국력이 증대하고 민주화가 진행됨에 따라 그 문제점이 드러나기 시작했다. 최근에는 협정이 갖고 있는 불평등한 성격에 대해 많은 한국인들이 불만을 품고 있고, 한미동맹의 신뢰에 커다란 영향을 주기 때문에 한미동맹이 시대적 변환을 꾀하는 과정에 중요한 고려 사항이 되고 있다. 한미 SOFA는 2001년 개정으로 살인, 성폭행 등 12가지 중범죄에 대해 한국 검찰이 기소 단계에서 미군 범죄자를 구속할 수 있도록 했다. 하지만 신병을 확보할 수 있는 '중요 범죄'를 12가지로 제한하고 중요 범죄 항목을 추가하려면 양국의 합의를 거쳐야 하는 등 현실성이 떨어진다는 비판이 있다. 환경 범죄 행위에 대한 책임 규명과 원상 복구 의무가 없는 환경 조항이 선언적이라는 비판도 있다. 이 법의 적용을 받던 미군 범죄자들도 모두 감형 혹은 석방되어 미국으로 돌아가면서 한국 내 반미 감정이 확산되는 데 큰 역할을 했다.

들어서 한국 사회에서는 반미주의 여론이 확산되는 계기를 맞았다. 2001년 주한미군지위협정 SOFA 개정을 비롯해서, 2002년 여중생 사망 추모 사건, 2006년 주한 미군 기지 평택 이전 문제, 2008년 광우병 촛불집회 등에서 주한 미군 철수와 반미를 주장하는 시위가 지속되었다. 이런 반미 시위는 FTA 체결 비준을 둘러싼 갈등으로 증폭되어 계속될 전망이다. 반미 시위의 전개 양상이 어떻게 진행될 것인가는 한미동맹의 미래와 성격에도 영향을 미치고 있다.

(2) 한국의 북방정책과 남북한 관계

냉전 종식 과정에서 북한은 심각하고도 중요한 체제 변화를 맞았다. 소련 연방의 해체와 중국의 개방이라는 환경에서 북한은 김정일 체제 확립을 최고의 국정 목표로 삼았다. 1980년대 초만 하더라도 북한은 남북한 교류에 별반 관심을 기울이지 않았다. 한국이 고도의 경제성장을 이룩해 남북한 경제력 격차가 심해지고 북방정책을 통해 사회주의 국가들과 외교 관계를 맺는 환경에서 북한은 안정된 권력 세습의 과제를 풀어 나갈 명분이 필요했다. 북한은 1980년 10월 6차 당 대회를 통해 김정일 체제의 시작을 대외적으로 알렸다. 북한의 통일 방안인 고려연방제도 이때 처음으로 채택되었다. 북한의 연방제 통일안은 남북한 정부가 안정된 상태에서 한반도 통일의 명분도 살리는 방안이었다. 1994년 김일성이 사망했지만 북한은 권력의 동요 없이 권력 세습에 성공했고 지속적인 남북한 관계를 유지해 나갈 수 있었다. 냉전 종식이라는 세계정치의 변화에 북한은 김정일 체제의 공고화로 대응해 온 셈이다. 하지만 2010년대 들어 김정일 체제는 다시 권력 세습을 추진하여 전 세계로부터 이목을 집중시키고 있다.

1980년대 후반 한국의 북방정책은 흔히 서독의 동방정책 Ostpolitik 에 비견된다. 베를린장벽의 붕괴가 서독이 꾸준히 추진해 온 동방정책의 결과였듯이, 한국의 잇따른 공산권 국가와의 수교는 정부가 추진했던 북방정책의 결실이었다. 1970년대와 1980년대에 고도성장을 이룩한 한국은 안전보장이 안정적으로 확보되지 않으면 지속적인 경제발전이 힘들 것으로 예상했다. 남북한 긴장 완화와 교류는 물론이고 경제 이익의 증진을 위해서는 여러 사회주의 국가와의 외교 정상화가 필요했다. 북방정책이 본격적으로 정부의 대외 정책 기조로 설정된 것은 1988년 2월 노태우 대통령이 취임할 때였다. 그해에는 서울에서 처음으로 올림픽이 개최될 예정이었다. 공산국가들의 참가를 위해서라도 이들 국가와의 관계 정상화가 필요했다. 한국은 1989년 2월 헝가리·폴란드 등과 수교했고, 1990년 9월에는 소련과도 수교했으며, 1991년 9월 남북한이 동시에 UN에 가입했다. 1992년 8월에는 북한과 밀접한 관계가 있는 중국과도 수교가 이루어졌다. 1993년 한국은 UN이 아프리카 소말리아에서 벌이는 평화유지활동 PKO 에 약 250명의 건설공병부대를 파견하여 국제사회에 적극적으로 참여할 계기를 마련했다.

1992년 3월 남한과 공동으로 한반도비핵화공동선언문을 UN에 제출했던 북한이 이듬해인 1993년 3월 갑자기 국제사회의 핵사찰을 거부하고 핵확산금지조약 NPT 탈퇴를 일방적으로 선언해 국제사회에 커다란 충격을 안겨 주었다. 국제원자력기구 IAEA 는 북한의 핵 특별 사찰 거부 문제와 NPT 탈퇴 문제를 UN 안전보장이사회에 회부해 핵문제를 해결하려 했다. 북한은 같은 해 4월 최고인민회의 제9기 5차 회의에서 김정일을 국방위원장에 추대함으로써 세습적인 권력 승계를 천명하고 국제사회의 압박에 대응했다. 1994년 6월에는 북한이 IAEA에서도 탈퇴하여 북한 핵 개발 문제 해결에 대한 국제사회의 관심을 집중시켰다. 북한은 또 2005년 2월에는 핵무기를 보유하고 있다고 공식 선언한 데 이어 2006년 10월 9일 함경북도 길주에서 핵실험을 했다고 발표했다. 또 2000년대 들어 여러 차례 장거리 미사일을 발사함으로써 한반도는 물론 세계 안보에 커다란 위협을 가했다. 특히 2010년에는 천안함 사건과 연평도 포격 사건을 일으킴으로써 한국에 직접적인 군사적 위협을 가했다. 2000년대 들어 북한의 체제 변화, 핵 개발, 그리고 군사적 위협은 한반도는 물론 동아시아와 세계무대에서 중요한 안보 문제로 부각되었고 국제적 관심을 야기하고 있다.

한국이 지속적으로 추진해 온 북방정책은 2000년 6월 15일 남북정상회담으로 결실을 맺었다. 원래 남북정상회담은 1980년대 남북한 사이에 실무적인 대화가 재개되는 가운데 몇 차례 언급되기는 했지만 실질적인 진전은 없었다. 1990년대에는 남북고위급회담이 성사되었지만 정상회담이 성사되지는 못했다. 1994년 북한 핵문제를 중재하기 위해 카터 전 미국 대통령을 통해 김일성 주석이 김영삼 대통령에게 정상회담을 제의했다. 남한 정부가 이 제의를 즉각 수락함으로써 곧바로 양국 간 협의를 통해 역사적인 남북정상회담의 구체적인 일정이 마련되었다. 하지만 7월 김일성 주석의 갑작스러운 죽음과 뒤따른 김영삼 정부의 조문 거부로 남북정상회담은 무기한 연기되었다. 이어 김대중 정부가 출범하고 북한에서 김정일 체제가 안정적으로 구축되자 김대중 대통령과 김정일 국방위원장은 2000년 6월 13일부터 15일까지 평양에서 역사적인 정상회담을 가졌다. 이 회담에서는 통일 문제의 자주적 해결, 1국가 2체제의 통일 방안 협의, 이산가족 문제의 조속한 해결, 그리고 경제협력 등을 비롯한 남북 간 교류의 활성화 등을 합의하여 6·15남북공동선언을 발표했다. 남북한 정상회담은 노무현 정부 때 다시 한 번 개최되었다. 2007년 10월 2일부터 4일까지 평양에서 열린 노무현 대통령과 북한의 김정일 국방위원장의 2차 정상회담에서는 6·15공동선언의 적극 구현, 한반도 핵문제 해결을 위한 3자 또는 4자 정상회담 추진, 남북 경제협력 사업의 적극 활성화, 이산가족 상봉 확대 등을 내용으로 하는 2007 남북정상선언문을 채택했다. 하지만 2009년 이명박 정부가 들어서면서 남북 관계는 냉각되어 정상회담에서 합의한 내용을 실천하지 못했다.

한국의 북방 외교는 한반도 안보와 통일을 위한 분위기를 조성하고, 한국의 수출 활로를 개척하고, 국제적 위상을 높이는 등 많은 성과를 거두었다. 성공적인 북방정책의 계속적인 수행에는 두 가지 문제점이 있었다. 하나는 북방정책 수행 과정에서 국민적 동의가 부족했던 점이고, 다른 하나는 남북한 관계에 커다란 영향을 미치는 미국의 역할에 대한 합의가 부족했던

〈참고 3-17〉 역대 남북합의서 내용

주요 합의 문건	서명한 사람	서명 일자	주요 내용
7·4공동성명	이후락 중앙정보부장 김영주 노동당 조직지도부장	1972년 7월 4일	자주, 평화, 민족 통일 3원칙 등 7개항
남북기본합의서	정원식 국무총리 연형묵 총리	1991년 12월 13일	남북 화해, 불가침, 교류, 협력 등 4장 25조
한반도비핵화공동선언	정원식 국무총리 연형묵 총리	1992년 1월 20일	핵무기 시험·제조·생산·접수·보유·저장·배비·사용 금지 등 6개항
6·15남북공동선언	김대중 대통령 김정일 국방위원장	2000년 6월 15일	자주통일, 남북 통일 방안 공통성 인정, 이산가족·비전향 장기수 해결, 다방면 교류, 당국 간 대화 등 5개항

> **〈참고 3-18〉 6·15남북공동선언문**
>
> 조국의 평화적 통일을 염원하는 온 겨레의 숭고한 뜻에 따라 대한민국 김대중 대통령과 조선민주주의인민공화국 김정일 국방위원장은 2000년 6월 13일부터 6월 15일까지 평양에서 역사적인 상봉을 하였으며 정상회담을 가졌다. 남북 정상들은 분단 역사상 처음으로 열린 이번 상봉과 회담이 서로 이해를 증진시키고 남북관계를 발전시키며 평화통일을 실현하는데 중대한 의의를 가진다고 평가하고 다음과 같이 선언한다.
> 1. 남과 북은 나라의 통일문제를 그 주인인 우리 민족끼리 서로 힘을 합쳐 자주적으로 해결해 나가기로 하였다.
> 2. 남과 북은 나라의 통일을 위한 남측의 연합 제안과 북측의 낮은 단계의 연방제안이 서로 공통성이 있다고 인정하고 앞으로 이 방향에서 통일을 지향시켜 나가기로 하였다.
> 3. 남과 북은 올해 8·15에 즈음하여 흩어진 가족, 친척 방문단을 교환하며 비전향 장기수 문제를 해결하는 등 인도적 문제를 조속히 풀어 나가기로 하였다.
> 4. 남과 북은 경제협력을 통하여 민족경제를 균형적으로 발전시키고 사회·문화·체육·보건·환경 등 제반 분야의 협력과 교류를 활성화하여 서로의 신뢰를 다져 나가기로 하였다.
> 5. 남과 북은 이상과 같은 합의사항을 조속히 실천에 옮기기 위하여 빠른 시일 안에 당국 사이의 대화를 개최하기로 하였다.

점이었다. 이 두 가지 문제 때문에 정상회담 이후 한국 사회는 매우 심각한 사회 분열 양상을 드러냈다. 우리는 세계정치 차원에서 냉전이 종식되고 남북한정상회담이 개최되는 것을 보면서 한반도에서도 남북 대치 상태가 끝나고 평화가 도래한다는 막연한 기대감을 가졌다. 하지만 세계 냉전 종식이 한반도 평화로 곧바로 연결되지는 않았다.

최근에는 북한의 변화가 주된 변수로 떠올랐다. 북한은 내부 문제로 커다란 시련을 맞고 있다. 경제 침체로 식량난을 겪고 있고, 김정일 사후 김정은이 집권함에 따라 권력기반을 다져 북한 체제를 안정화시켜야 하는 상황을 맞았다. 한국의 대북 정책과 남북 관계는 이러한 북한 내부 사정에 따라 크게 달라질 가능성이 있다.

(3) 한국 외교 무대의 다양화와 외교 전략

현대 한국 외교는 세계무대에서 여러 시대적 요구에 부응해야 할 숙제를 안고 있다. 세계정치의 변화을 계기로 우리나라는 외교에 관해 새롭게 사고할 수 있는 기회를 갖게 되었다. 이런 측면에서 현대 세계정치 변환은 단순한 냉전의 종식이 아니라 21세기 새로운 외교 과제의 설정 계기로 이해된다(남궁곤 2008). 한반도에서만큼은 핵 공격과 전면전쟁에 대한 공포가 가시지 않는 와중에 수많은 지구 의제들이 새로운 외교적 과제로 등장했다. 환경, 자원, 테러리즘, 탈북, IT 등이 그것이다. 이들 의제들이 안보의제의 확대와 함께 한국 외교 목표의 두드러진 주제로 등장했다.

현대 세계정치 환경은 무엇보다도 한국 외교정책의 다변화를 요구하고 있다. 냉전 시기에 한국 외교 영역은 주로 부국과 강병의 경쟁 무대였다. 냉전이란 질곡 속에서도 우리는 세계 역사에서 유례가 없는 안보 체제 유지와 경제발전이란 국가 전략을 성공적으로 수행할 수 있었다. 또 민주화 과정을 통해 급격한 민주주의 체제를 달성해 냈다. 탈냉전 환경에서도 부국과 강병이란 과제는 여전히 우리 외교가 해결해야 할 중요 의제로 그대로 남아 있다. 하지만 다른 한편으로 한국 외교는 부국과 강병의 양식과 방법에서 근본적인 변화를 요구받고 있다. 한국 외교는 지구, 지역, 사회 및 개인 차원의 안보와 번영을 복합적으로 해결해야 하는 과제도 떠맡았다. 한국 외교는 한국만의 번영에 머물지 않고 지구 및 지역의 번영과 국내 복지를 복합적으로 해결해야 하는 책임을 부여받고 있다. 국제무대에서 중요성을 더해 가고 있는 가치와 정체성 등 문화 부문의 외교 과제도 간과할 수 없다.

현대 세계정치에서 한국 외교의 외연 확대는 과거에 무관심했던 의제들을 새롭게 주된 외교 대상으로 삼고 있다. 지구화 이행과 이에 적응하는 문제부터 자원 재분배의 문제, 경쟁 우위의 확보 방안, 새로운 지역 협력 모색, 국가와 사회, 정부와 기업 간 새로운 관계의 설정, 초국적 영향력에 대한 대응 방안, 변화 속에서 초래되는 계층 갈등의 효율적 관리, 시민 참여 욕구의 증대에 이르기까지 많은 문제들 속에 놓이게 되었다. 또 경제적 불평등, 탈북자, 난민 문제 등이 인간 안보 차원에서 한국 외교가 관심을 가져야 할 대상으로 등장했다. 환경 및 자원 분야, 정보 분야도 대표적인 외교 영역의 확대 대상이다. 물론 이들 외교 과제들은 냉전 종식과 함께 새롭게 생겨난 것은 아니다. 한국 외교의 다변화 차원에서 새롭게 조명할 필요성이 증가했다는 뜻이다. 냉전 시대 한국 외교는 국가 생존과 관련된 이익을 주로 외교 대상으로 삼았지만 냉전의 종식으로 인해 주변적 가치에 대한 포괄적 인식 필요성이 크게 증가한 것이다.

환경 및 자원 분야에서 한국은 아직 다른 국가와의 갈등을 보이지 않고 있다. 하지만 환경 및 자원 의제를 둘러싸고 주변 국가와 마찰을 가져올 가능성이 큰 편이다. 예를 들어 25년 이후가 되면 동아시아는 약 25억의 인구가 사는 인구 과밀 지대가 될 것이며, 아시아 전체는 세계 인구의 절반을 차지할 것으로 예상된다. 이러한 인구 증가는 환경오염의 주요 원인이 될 것이며, 환경 난민을 양산할 가능성이 있다. 또한 동아시아는 석유 자원의 상당 부분을 지역 외 수입에 의존하고 있으므로 자원 확보 문제가 가장 심각할 것이다. 물 부족 현상은 더 큰 어려움을 가져올 것이다. 한반도를 중심으로 하는 동북아 지역은 많은 인구와 급속한 산업화, 도시화로 인한 환경 분쟁 발생 가능성이 세계 어느 지역보다도 높다. 이러한 현실에 비해 동북아 지역은 지리적, 생태적으로 매우 긴밀하게 상호의존적인 관계에 놓여 있다. 중국에서 최근 급속한 경제개발이 진행되면서 환경오염과 생태계 파괴가 가속화되고 있다. 특히 산성비를 비롯한 월경성 대기오염 문제와 반 폐쇄 해역인 서해와 동해의 오염 문제는 심각한 지역 분쟁으로 발전할 가능성이 있다. 이처럼 동아시아는 환경 분쟁이 발생할 가능성이 가장 높은 지역임에도 불구하고, 이에 대한 대응책 마련이나 분쟁을 해결할 다자간 협의체나 국제적 기구 등이 부재한 실정이다. 환경문제 해결을 위한 국제협력에 대비하는 것은 한국 외교가 지향해야 할 현재 진행형 문제이다.

정보 및 지식 분야는 전통적으로 안보와 이익이라는 물리적 영역으로 인식되어 온 한국 외교 영역에서 새롭게 문제시되고 있다. 그런 만큼 이 문제에 대한 한국의 외교적 대응은 양적으로나 질적으로나 초보적인 단계에 있다고 할 수 있다. 하지만 정보 및 지식 분야에서 성공적인 외교정책 수행은 한국 국가이익에 커다란 질적 변화를 야기할 것이다. 전통적 의미에서 영토와 주권을 보호한다는 의미의 외교 목표는 이제 정보와 기술적 자산의 보호까지를 포괄하는 폭넓은 의미로 확대되고 있다. 예를 들어 정보혁명의 결과 국방 차원에서 지식시되는 것은 단순한 화력의 세기 정도가 아니라 무기 체계가 얼마나 정확한가이며 무기 체계의 정확성은 결국 어느 편이 더 많은 정보를 보유하느냐에 달렸다고 말할 수 있다. 전략 정보를 많이 보유하는 것이 결국 외교정책 수행 과정에서 유리한 입장을 확보하게 한다. 한국이 보유해 온 외교정책 수단으로서의 권력은 흔히 군사력이나 경제력 등 가시적 자원으로부터 나오는 자원적 힘과 원하는 결과를 얻는 능력을 의미하는 행위적 힘으로 대별된다. 이 중 행위적 힘은 정보와 지식으로 대표되는 외교상의 연성 권력에 따라 결정될 것이다. 정보혁명을 통해 유용한 정보와 지식을 생산하고 분배하는 외교 주체로서 한국이 국제관계에서 더욱 영향력을 발휘할 숙제를 안고 있는 것이다.

5. 맺음말

냉전이 끝난 지 20여 년이 지났다. 냉전이 끝난 후 이전과 구별되는 특징적인 세계정치 질서가 과연 존재하는지는 여전히 논쟁거리이다. 우리는 냉전이 끝난 후의 세계질서 변환을 '탈냉전'이란 임시적 개념으로 표현해 왔다. 탈냉전이란 단어를 대신해 새로운 시대의 특징을 표현할 적절한 단어 선택은 후대 역사가들의 몫으로 남아 있다.

실제로 냉전 종식 이후 세계질서에 관해서는 뚜렷한 합의가 존재하지 않는다. 근대 세계질서 혹은 냉전 질서의 연속이라는 입장과 그것들과의 단절이란 입장이 대립하고 있다. 그동안 세계정치에서 가장 중요한 주인공인 근대국가의 위상과 역할 변화에 대해서도 상반된 견해가 있다. 탈냉전 세계를 정보화 세계, 후기 자본주의 세계, 혹은 신냉전 세계 등으로 묘사하는 경우도 있다. 실제로 탈냉전 세계에서는 근대성과 탈근대성, 다자주의와 일방주의, 세계주의와 지역주의, 통합과 분리, 평등주의와 불평등주의 등 서로 대립하는 가치가 뚜렷하게 목도되고 있다. 근대국가의 위상과 역할에 대해서도 그 독점적 위치가 계속될 것이라는 주장과 훼손될 것이라는 주장으로 나뉘고 있다.

미국이 현대 세계정치를 주도하고 지구화를 냉전 이후 세계정치의 주요 화두로 삼는 데에는 무리가 없어 보인다. 향후 미국의 지도력에 따라 미국의 영향력이 증대되고 다른 국가들로부터 환영을 받을 수도 있다. 미국의 일방적 독주와 지나친 자국 이기주의의 처사는 많은 저항과 반발을 불러올 수도 있다. 분명한 것은 냉전이 종식된 이후 미국은 유일한 초강대국 지위를 여전히 유지하고 있어서 현대 세계정치 무대에서 가장 큰 역할을 담당하고 있는 점이다.

지구화가 내포하고 있는 의미, 신비감, 범위 등에 대해서는 많은 이견이 있을 수 있다. 또 지구화가 바람직한 현상인가에 대해서도 여러 견해가 있을 수 있다. 하지만 냉전이 끝난 후 세계가 무엇인가 거대한 변환의 기회를 갖는다는 점에는 의문의 여지가 없다. 즉 지구화가 새로운 세계정치 질서를 대표하는 시대적 특징으로서 새로운 질서 유형을 파악하는 데 중요한 단서가 된다. 지구화는 그동안 국제정치학자들이 탈냉전 질서의 부분적 특징으로 제시해 온 민족 분리, 정체성, 평화, 인도적 개입, 지역주의, 통합 등의 특징을 내포하고 있다.

동아시아 지역은 과거와 같은 냉전 대립이 아니더라도 다른 지역에 비해 안보 문제를 둘러싼 대립의 가능성이 여전히 높은 지역이다. 특히 중국의 강력한 부상은 이 지역에서 전형적인 강대국 경쟁의 모습을 재연할 가능성이 높다. 하지만 냉전 종식으로 인해 동북아 국가들 간 이데올로기적 적대감이 줄어든 것은 분명하다. 냉전기에는 중국과 소련, 북한의 존재로 말미암아 정치·경제·사회·문화 체제의 이데올로기적 이질성으로 동아시아의 지역적 동질성은 생각조차 할 수 없는 상황이었다. 동맹, 제휴, 협력의 기본 분기선이 이데올로기였을 때에는 지역적 협력에 의한 상호 이익의 증진이 불가능했다. 소련의 붕괴로 인한 러시아의 변화, 중국의 시장사회주의로의 변화 같은 사건들이 일어나면서 자본주의와 민주주의를 기반으로 한 지역적 협력이 가능하게 되었다. 체제 위기에 봉착해 있는 북한 역시 미래에는 지구화와 지역주의라는 역사적 추세를 거스르기 힘들다고 볼 때, 향후 동아시아 국가들 간의 지역적 협력과 다자주의적 움직임은 지속될 가능성이 높다.

　동아시아에서 군축이나 집단 안보 등과 같은 고도의 안보 협력은 단기간에 실현될 가능성이 그다지 높지 않다. 21세기 동아시아는 전근대적인 중국 중심의 중화 질서와는 달리, 미국·러시아·일본 등의 강대국이 커다란 이해관계를 갖게 된 지역이다. 이들 강대국 간 세력 경쟁이 언제든지 재발될 수 있는 지역인 것이다. 미국과 중국 사이에도 주도권 다툼이나 세력 균형 가능성이 있다. 러시아의 재건에 따라 여러 강대국이 세력 다툼할 가능성도 상존하고 있다. 또한 양안 관계와 남북 관계로 인한 갈등의 확산 가능성도 상존하고 있다. 과거 일본의 제국주의로 인한 역사적 감정이 여전히 존재하고 있으며, 이는 동아시아 각국 사이의 갈등을 증폭시키는 작용을 하고 있다. 사할린 도서를 둘러싼 러일 간, 댜오위다오를 둘러싼 중일 간, 독도를 둘러싼 한일 간 영토 분쟁 역시 잠재적 위험성을 가지고 있다. 이와 같은 동북아 지역 특유의 갈등 가능성을 생각해 볼 때, 이를 지역 전체의 차원에서 다자주의 방식으로 해결해 나가려는 각 국가들의 노력을 게을리할 수 없다.

　장래 동아시아 질서에 영향을 미칠 가장 강력한 후보자는 미국과 중국이다. 중국이 증대된 힘을 바탕으로 공세적인 대외 정책을 추진하고, 이에 대해 미국이 대결적인 자세를 취할 때 새로운 대립 구조가 생겨날 것이다. 미국과 중국은 인권, 통상, 환경, 대량살상무기 등 모든 면에서 충돌의 소지가 있기 때문에 이런 시나리오가 실현될 가능성이 있다. 이 경우 '중국과 미국-일본'의 대결 구도가 형성되고, 우리나라도 미국의 동맹국으로서 어려운 선택의 문제에 봉착하게 될 것이다. 이 경우 동북아 지역 안보 협력체가 생긴다면, 이것은 주로 중국에 대항하기 위한 동맹의 성격을 가질 것으로 예상된다.

　다른 한편으로 동아시아 지역은 경제적 상호의존이 심화되어 상호 이익을 극대화하려는 국제경제의 확산이 커다란 시대 흐름으로 자리 잡고 있다. 한국은 미국과 FTA 협정을 체결했다. 중국은 ASEAN 국가들과, 일본은 싱가포르와 각각 FTA 협정을 체결한 바 있다. 한국과 일본은 중국과의 FTA를 적극적으로 모색하고 있다. 자유주의 경제 관계를 규범으로 한 동북아 국가들 간의 경제적 노력은 지역 내 경제협력을 가속화하고 있으며, 경제적 필요에 의한 이러한 경향은 지속될 전망이다.

　한국은 근대 세계질서에 편입된 이래로 주변 강대국들에 의해 끊임없는 안보 위협을 받아 왔다. 이에 대해 한국은 균형 정책을 취하거나, 강대국에 편승하는 대안을 모색했다. 균형과 편승 정책은 동맹 관계의 변화를 모색하는 가운데 이루어져야 하는 딜레마도 안고 있다. 한국은 다자주의 외교의 필요성에 대해서도 시대적 과제를 안고 있다. 주변국들의 이해관계를 살피고 이들 국가와의 합의에 기초한 한국의 이익을 끌어낼 수 있다면 이는 동맹과 편승의 문제점을 극복하는 대안이 될 것이다. 이러한 방책이 성공하기 위해서는 주변국들이 합의할 수 있는 치밀한 이해관계의 조정이 필요한 것은 물론이다.

　한국은 새로운 동아시아 질서에 맞는 안보 의제를 다루기 위한 제도화에 큰 관심을 갖고 모든 노력을 경주하고 있다. 한반도 평화 체제 구축과 현안 문제 해결을 위해 한반도 이해 당사국 전부를 포함하는 다자간 체제가 필요한 상황이다. 이것은 ARF와 같은 대규모 조직이 될 수도 있고, 현재 논의되고 있는 6자 회담과 같은 제한된 주요 이해 관계국이 참여하는 형태가 될 수도 있을 것이다. 이를 통해 지역 안보는 물론이고 한반도의 평화를 정착시킬 수 있는 제도적 기반이 마련될 수 있을 것이다. 문제는 한국의 관심사를 다루면서 한국에게 유리한 결과를 가져올 제도가 한국이 원한다고 생겨나는 것은 절대로 아니라는 점이다.

　현재 우리나라에서 다자간 안보 체제는 실현 가능성이 크지 않기 때문에 장기적으로 추진해야 할 것이라는 점에 대해서는 어느 정도 합의가 있는 것이 사실이다. 그러나 어떤 형태의 제도를, 어느 시점에, 어떤 방법으로, 누가 참여해서 만들 것인가 하는 방법론에 대해서는 견해가 엇갈리고 있다. 특히 쟁점이 되고 있는 것은 한미동맹의 변환 문제이다. 단기간 실현 가능성이 낮기 때문에 한미동맹을 안보의 중심으로 삼아야 한다는 입장이 강한 것이 현실이지만, 한미동맹의 강화는 그만큼 위험성도 내포하고 있다. 현재 한미동맹은 장래 한국의 역할 강화와 지역 동맹으로의 전환 추구를 주요 특징으로 하고 있다. 이것은 중국에 대한 견제책으로서의 의미를 강하게 갖는데, 이로 인해 중국과의 긴장은 물론이고, 남북 관계의 악화 가능성도 내포하고 있다. 현실적으로 한국은 경제적으로는 중국에, 정치 군사적으로는 미국에 더 가까운 입장에 서 있다. 어느 한쪽으로 일방적으로 기우는 것은 커다란 어려움을 초래할 가능성이 있다. 미·중 간의 치열한 경쟁 구도 속에 전략적 유연성을 유지하고, 균형자적인 입장을 통해 미국과 중국이 모두 한국을 필요로 하도록 만드는 외교 전략이 필요하다. 한미동맹의 확대 강화는 다자간 안보 체제의 중핵이 될 수 있는 가능성과 아울러 세력균형 움직임의 가속화를 통해 안보 불안을 고조시키고 다자간 안보 협력을 저해할 위험성을 동시에 내포하고 있다. 때문에 일각에서는 한미동맹의 유연화가 동북아 다자간 안보 협력의 전제 조건이라는 주장이 제기되기도 한다.

한국은 이제 동아시아 질서의 변환 과정에서 중요한 선택의 기로에 서 있다. 한국은 세계에서 유례가 없을 만큼 빠른 민주화와 경제발전을 이룩한 모범 국가로 꼽힌다. 한국은 국가 혹은 정부가 모든 선택을 전담하는 차원을 넘어선 지 오래이다. 한국에서는 시민사회의 개인, 비정부단체, 국제기구 들이 활발하게 활동하고 있다. 한국의 국제적 위상은 과거 냉전 시기와는 다르다. 2010년 G20 정상회의를 유치할 만큼 국제적 지위는 향상되었고, 세계 일류 기업을 다수 보유했고, 국민들의 경제적 윤택함도 유지하고 있다. 한국의 정보기술혁명은 국경을 초월하는 정보의 유통과 개인의 지역적, 세계적 정체성을 창출하는 데 많은 영향력을 발휘하고 있다. 잇따른 국제 행사의 유치와 한류 열풍은 우연한 일이 아니다. 하지만 그런 만큼 한국의 국제적 책임과 의무에 대한 요구도 크게 증가하고 있다. 소위 글로벌 IT 혁명을 초래한 한국의 초국가적 노력은 지역 내 행위자 간의 교류에 막대한 영향을 미칠 것이다.

제2부

세계정치이론의 변환과 한국

국제정치이론은 세계정치현실과 밀접한 관련을 맺고 변화해 왔다. 어떤 이론은 세계정치가 변환함에 따라 설명력과 논리적 외연을 넓혀 왔다. 어떤 이론은 높은 규범성에도 불구하고 설명력이 떨어졌고, 그에 따라 진화하지 못하고 사람들로부터 외면당하게 되었다. 어떤 이론은 세계정치 변환 과정에서 소홀히 다루어 온 측면을 부각함으로써 새로이 주목 받거나 실험되고 있다. 동아시아 지역에서 국제정치이론이 발전하지 못하는 이유는 실제 세계정치현실에서 동아시아 지역이 차지하는 위상과 관련이 있다. 제2부에서는 서구의 국제정치이론이 일반 이론으로 진화해 온 배경과 동아시아 지역에서 어떤 과정을 거치며 수용되어 왔는지를 기술한다. 또 동아시아 지역에서 독자적으로 논의되어 왔던 세계정치 담론들은 어떠한 내용을 갖고 있는지, 이들이 갖는 논리 혹은 경험상의 취약점은 무엇인지 살펴본다.

| 전재성 |

근대 세계질서의 국제정치이론과 한국

1. 머리말 **152**
2. 제1차 세계대전 이전의 서구 국제정치와 국제정치사상 **156**
3. 제1차 세계대전 이후의 서구 국제정치이론 **161**
4. 근대 변환기 동아시아 국제정치사상과 국제정치관의 전개 과정 **166**
5. 조선 국제정치관의 변화와 전간기의 국제정치이론 **175**
6. 맺음말 **180**

| 핵심 개념 |

이상주의 idealism / 이상향주의 utopianism / 고전 현실주의 classical realism / 자유주의 liberalism / 민주평화론 democratic peace theory / 시장평화론 theory of market peace / 영구평화론 theory of perpetual peace / 국가이성 reason of state / 천하 질서 regional order "Under the Heaven" / 문명개화 enlightenment to civilization / 사회진화론 theory of social evolution / 만국공법 international law / 균세 balance of power

1. 머리말

21세기 초 한국과 전 지구의 정치적 삶은 근대 유럽에서 출발한 주권국가 체제에 의해 규정되어 있다. 대략 1500년을 전후로 해서 유럽에서는 거대한 문명 변화가 이루어졌다. 아메리카 대륙이 발견되고 아시아 항로가 개척되어 유럽의 힘이 전 세계로 뻗어나갔고, 화약 혁명으로 군사력이 급속하게 발전했으며, 자본주의 세계경제가 시작되었고, 인쇄술의 발명으로 사회 문화, 지식 부문에서 놀라운 변화가 일어났다. 이러한 변화는 유럽에서 국제정치적 근대를 출현시켰다. 주권국가가 출현했고, 주권국가 간의 관계가 유럽의 지역 질서를 결정하는 가장 중요한 변수가 되었다. 이후 유럽은 강력한 군사력을 바탕으로 전 세계로 뻗어나갔고, 다른 지역의 토착적 지역 질서를 근본적으로 변화시켜 놓았다. 현재 하나의 원리로 통합된 지구의 정치 질서는 바로 유럽의 지구적 확산의 결과인 것이다.

근대를 향한 유럽의 변화가 자생적이었다면 동아시아의 근대는 유럽과 미국이라는 외부로부터 강압을 통해 전파된 것이었다. 유럽과는 전혀 다른 전통의 지역 질서가 존재하던 동아시아에 19세기 들어 유럽 세력이 확산되면서, 국제정치적 근대는 전통과의 연속성을 결여한 채 이루어졌다. 그 변환의 과정은 구미 세력의 제국주의를 매개로 이루어졌으며, 매우 폭력적이었다. 청·일본·조선 등 동아시아 국가들은 근대로의 변환 과정에서 상이한 적응도를 보여 주었다. 전통 질서에 충실하게 편입되어 있던 조선의 경우, 새로운 유럽의 국제정치 질서를 수용하는 과정에서 국난과 국망의 어려움을 겪었다.

국제정치이론은 변화하는 국제정치 현실을 설명하기 위해 만들어졌다. 근대 세계질서의 국제정치이론은 새롭게 등장한 주권국가들 간의 관계를 설명하기 위해 만들어졌다. 오늘날의 학문 분과로서 국제정치학이 성립된 시점은 흔히 제1차 세계대전 직후인 1919년에 영국에서 국제정치학과가 개설된 시기로 잡는다. 전후 처리 과정에서 제도와 법에 의해 국제정치를 재편하려는 노력, 유럽을 넘어 전 지구를 하나의 국제정치적 단위로 보려는 시각이 본격화되면서 현대적 국제정치학이 탄생한 것이다. 20세기 이전에도 유럽이 근대로 변화하면서 많은 사상가들이 철학과 정치학, 법학과 역사학의 분야에서 국제정치를 연구했다. 그러나 독립적이고 본격적인 학문 분과로서 국제정치학이 성립되기 이전이고, 사회과학의 실증적 이론을 수립하기보다는 설명과 규범적 고찰이 섞인 정치사상적 성향을 강하게 띠고 있었다는 점에서 20세기 전후가 구별된다. 제1차 세계대전 이후에 국제정치학자들은 전쟁과 평화, 협력과 갈등, 국가들의 외교정책 등을 설명하기 위해 명확한 연구의 대상과 방법론을 수립하기 시작했다.

국제정치학을 사상의 관점에서 연구하려는 노력은 유럽의 중세 질서가 붕괴되기 시작하면서 시작되었다. 근대 유럽인들은 새롭게 등장하는 근대 질서를 개념화하고 설명하기 위해 많은 노력을 기울였다. 15세기 이탈리아에서 도시국가들 간의 질서가 형성되기 시작하면서, 중세 교황과 황제의 권위는 약화되고, 도시국가의 권위가 강화되었다. 이후 알프스산맥 이북에서도 중세의 보편질서로부터 해방되는 영토국가와 절대군주가 출현했다. 근대 유럽의 사상가들과 이론가들은 황제권과 교황권으로부터 독립되어 주권을 소유하게 된 영토국가들에 주목했고, 이들 간의 관계를 '국제'inter-national라고 명명했다.

근대 초기에는 마키아벨리Nicolò Machiavelli, 그로티우스Hugo Grotius, 푸펜도르프Samuel Pufendorf, 칸트Immanuel Kant, 클라우제비츠Karl von Clausewitz 등과 같은 정치철학자나 국제법학자, 전쟁이론가들이 국제정치학에 관한 사상적 분석을 제시했다. 1500년을 전후로 근대 유럽의 주권국가 체제가 처음으로 출현했다면, 프랑스혁명(1789)을 전후로 민주주의 혁명과 산업혁명이 일어났다. 소위 양대 혁명이라고 불리는 두 혁명은 절대군주의 국가를 국민국가로 탈바꿈시켰고, 산업자본주의의 발전에 기반을 둔 계급 갈등의 중요성을 부각시켰다. 국제질서에서도 국민들의 영향력과 경제의 중요성이 새롭게 대두한 것이다.

19세기를 통해 유럽의 국가들은 민주주의와 산업자본주의를 지향하는 주권 국민국가로 탈바꿈했다. 그리고 1914년에 발발한 제1차 세계대전은 유럽의 국민국가들 간의 충돌이 전 유럽적으로 확산된 사건이었다. 또한 전쟁 이전, 전 세계로 팽창해 간 유럽의 제국주의의 물결이 또 다른 충돌을 불러와 유럽의 전쟁이 전 세계의 전쟁으로 변화한 사건이었다. 제1차 세계대전을 겪으면서 전 세계는 하나의 장으로 묶이게 되고, 유럽의 국민국가 체제가 전 세계 국제정치의 보편적 조직 원리로 자리 잡게 되었다.

1000만 이상의 인명, 특히 무고한 민간인의 생명을 빼앗아간 제1차 세계대전을 겪으면서 각 국가의 국민들은 국제정치의 중요성을 절감했다. 그리고 이러한 깨달음이 확산되면서 국제정치학이 학문으로 자리 잡게 된 것이다. 참혹한 전쟁을 되풀이하지 않으려는 유럽인들의 소망은 자연스럽게 국제정치의 흐름을 정확히 분석하는 국제정치학과 이론의 필요성에 대한 강조로 이어졌다. 제1차 세계대전 이후 영국에서 시작하여 구미에서 국제정치학과가 만들어졌고, 국제정치는 대중의 관심사로 자리 잡았다.

학문으로서의 국제정치학이 출현하면서 많은 사람들은 이성과 학문의 힘으로 전쟁의 재발을 막을 수 있을 것이라고 기대했다. 제1차 세계대전을 마감한 베르사유조약(1919)을 통해 전쟁을 발발한 독일을 처벌하고, 이후 국제연맹과 같은 국제적 민주주의를 통해 모든 분쟁을 평화롭고 합리적으로 해결할 수 있으리라고 기대했다. 미국의 윌슨Woodrow Wilson 대통령은 전쟁 중에 발표한 소위 '윌슨 14개 조항'을 통해 이러한 기대와 이상을 제시했고, 전쟁이 끝난 이후 많은 정치학자, 국제법학자, 시민운동가, 정치가들은 전쟁의 종식과 평화의 도래 가능성을 믿었다. 제1차 세계대전은 '모든 전쟁을 끝내기 위한 전쟁'이며 '민주주의를 정착시키기 위한 전쟁'이라는 희망을 품은 것이다.

제1차 세계대전을 겪으면서 생겨난 이와 같은 이상주의에 찬물을 끼얹은 사건은 1917년의 러시아 볼셰비키 혁명과 파시즘의 등장, 그리고 궁극적으로는 제2차 세계대전의 발발이었다. 공산주의자들은 자본주의가 존재하는 한 계급 간 착취가 존재한다고 주장했다. 그리고 계급 간 착취는 국내에서의 착취를 넘어선다고 보았다. 즉, 국가들 간의 관계 속에서 착취의 기제가 작동한다는 것이다. 결국 국제정치 역시 계급 간 착취의 논리에서 자유로울 수 없다는 것이다. 19세기 후반부터 본격화된 제국주의의 착취는 제1차 세계대전 이후에도 여전히 존재하며, 진정한 평화를 위해서는 세계 공산주의 혁명이 필요하다는 것이 공산주의자들의 견해였다. 윌슨에게는 이상적으로 보였던 제1차 세계대전 이후의 국제정치, 혹은 제1차 세계대전과 제2차 세계대전 사이의 전간기 국제정치가 공산주의자들에게는 타도의 대상이었던 것이다.

독일의 나치즘과 이탈리아의 파시즘, 일본의 군국주의 역시 소련의 공산주의와 마찬가지로, 민주적이고 합리적이라고 믿었던 전간기 국제질서에 중대한 위협이 되었다. 파시스트들은 전간기의 국제질서가 미국과 영국 등 선진 자본주의 국가들에 의해 좌우되고 있으며, 불평등한 관계가 존속된다고 믿었다. 제1차 세계대전 이후의 베르사유체제가 가진 모순을 시정하려는 이들 국가들의 노력은 결국 급진적인 팽창주의로 표출되었고, 세계대전으로 발전했다.

문제는 이러한 분쟁과 갈등을 막을 수 있는 건전한 분쟁 해결의 기제가 전간기에 마련되지 않았다는 것이다. 윌슨의 이상주의도, 국제연맹도, 군축회의도 또다른 세계대전을 막기에는 부족했다. 제1차 세계대전 이후의 국제정치를 안내했던 국제정치이론들에 대한 비난이 점증했고, 급기야 전간기 국제정치이론들을 통틀어 '이상주의'로 비판하는 학자들이 출현했다. 소위 현실주의자들이다. 현실주의자들은 국제정치에 대한 보다 철저하고 적나라한 분석을 통해 한층 발전된 국제정치이론을 제시할 수 있다고 보았다. 니버Reinhold Niebuhr, 카Edward Hallet Carr, 모겐소Hans Mogenthau와 같은 학자들은 윌슨의 이상주의를 비판하고, 국제정치를 역사와 철학에 기반을 두고 보다 철저하게 파악할 것을 요구했다.

결국 20세기에 접어들어 제1차 세계대전을 거치면서 근대 국제정치에 대한 이론적 고찰 노력도 확고히 자리 잡게 되었다. 근대 주권국가가 지구적 표준 단위로 등장하고, 국제관계의 본질에 대한 이론적 논의가 정착된 것이다. 제1차 세계대전의 처참한 결과를 목도하면서 유럽인들은 인간의 이성과 민주주의에 의한 평화로운 국제질서를 꿈꾸었으나, 전간기 공산주의와 전체주의의 등장, 그리고 제2차 세계대전을 겪으면서 국제정치의 처참한 본질에 대한 새로운 인식을 얻게 되었다. 그 과정에서 근대 국제정치이론의 초석을 놓은 이상주의 대 현실주의의 논쟁이 시작된 것이다. 1차 논쟁이라고도 불리는 이 논쟁을 통하여 1500년경부터 시작된 유럽 국제정치의 본질에 대한 이론적 논의가 국제정치학이라는 학문 분과 속에서 보다 확고하게 자리 잡게 되었다.

동아시아에서의 상황은 이와 매우 달랐다. 서구의 국제정치학이론이 현실과 긴밀한 긴장 관계를 가지고 발전했다면 동아시아의 현실은 역사적 단절을 경험했기에 이론화가 쉽지 않았다. 동아시아는 국제정치의 주체라기보다는 객체로서 서구 세력의 침탈의 대상이었다. 스스로 자생적인 변환의 논리로 근대화를 이룩하지 못하고 주권국가 체제라는 낯선 체제로 급격히 편입되었기 때문에 이를 이론화하는 작업도 매우 어려웠다. 자신의 경험을 이론화하기보다는 주권국가 체제라는 현실과, 소위 만국공법론으로 시작되는 서구의 국제정치학이론을 함께 받아들여야 했기 때문에 현실과 이론의 변환 모두 자생적이지 못했다.

동아시아의 학문 전통이 규범과 설명을 동시에 추진한 것도 사회과학으로서 국제정치학이 성립되지 못한 이유가 되었다. 동아시아의 학문은 그 기초가 도덕 철학이었고, 사회의 규범적 이상을 제시하는 맥락 속에서 현실에 대한 설명을 추구하는 경향을 띠었다. 가치중립적 전제 위에서 현실을 분석하는 근대 사회과학과는 거리가 먼 전통이었다. 국제정치이론이 분석적 작업을 위주로 하고 국제정치사상은 규범적, 도덕적 주장을 포함한다고 볼 때, 전통시대 동아시아의 국제정치관은 서구의 국제정치사상에 보다 근접한 모습을 띤다고 하는 것이 적절하다.

동아시아 전통의 지역 질서에서 정치 세력들은 국가 주권의 개념을 가지고 있지 않았다. 주권국가 간 관계를 의미하는 '국제'의 관념 대신, 하나의 통합된 지역 질서로서 '천하'의 관념만 가지고 있었다. 중국 문명을 중심으로 한 동심원적 세계관에 젖어 있던 동아시아인들에게 영토적으로 분리된 국가들이 대외적으로 독립된 주권을 소유한다는 관념은 낯선 것이었다. 이러한 낯선 관념이 현실에서 힘을 발휘하게 된 사정은 서구의 무력 침탈에 의한 것이었다.

1840년 영국은 아편전쟁을 일으켰다. 청나라는 영국의 침략에 굴복했으며, 난징조약을 체결하여 5개항을 개항했다. 청나라의 개항은 이후 동아시아 지역 질서를 송두리째 바꾸는 시발점이 되었다. 동아시아는 전통적으로 중국을 지역 질서의 중심으로 하는 사대자소事大字小의 조공 질서를 유지하고 있었다. 즉 작은 나라는 큰 나라를 섬기고, 큰 나라는 작은 나라를 보살펴야 한다는 상호 윤리 규범인 사대자소가 중요한 지역 질서의 조직 원리였던 것이다. 중국은 형식적으로 주변 국가들에 대한 종주권을 가지고 있었고, 조선·안남 등 주변 국가들은 제후국으로서의 종속적 지위만 가지고 있었다. 주권국가들 간의 유럽 국제질서와는 근본적으로 다른 관계였다. 그러나 청의 개항과 더불어 소위 서구의 만국공법 질서가 들어오면서 기존의 전통 지역 질서는 근본적으로 바뀌게 되었다.

부국강병의 근대국가로 탈바꿈하려는 청·조선·일본의 노력은 국가별로 편차를 보이며 진행되었다. 그리고 이러한 노력은 근대 국제관계를 이해하려는 이론적 노력과 함께 진행되었다. 일본이 가장 먼저 부국강병의 근대화에 성공하여 조선을 식민지화하고, 중국을 침략하게 된다. 동아시아가 겪은 근대 국제질서는 자생적인 것이 아닌 외래적인 것이었고, 평화적인 것이 아닌 강압적인 것이었기에 이를 이해하려는 이론적 노력 또한 많은 한계를 가지고 있었다. 서구의 경우 3, 4세기 동안 장기적으로 국제정치학의 기반이 다져진 데 반해, 동아시아의 경우 불과 100년 정도의 기간 동안 근대 국제정치학의 기반이 불완전하게 조성된 것이다.

조선은 1876년 일본과의 강화도조약을 통해 개항하면서, 서구의 근대 국제질서의 본질을 이해하는 데 많은 어려움을 겪었다. 일본의 근대화를 모방하고, 중국과의 전통 사대 질서를 청산하는 과정에서 개화파와 위정척사파의 대립이 있었고, 개화를 둘러싸고도 많은 분파들이 갈등과 경쟁을 보였다. 이 과정에서 조선은 근대 국제정치 질서에 대한 이론적 이해를 심화하는 데 많은 고난을 겪었고, 변화하는 상황에 대한 대처 과정에서 많은 문제점을 노정한 끝에 결국 일본의 식민지로 전락하고 말았다.

이와 같이 근대 세계질서의 형성과 국제정치학이론의 발전은 밀접하게 연관되어 있다. 근대 국제질서의 본원지인 유럽의 경우 약 500여 년을 거치면서 근대 질서가 정착되고, 20세기에 접어들면서 이에 대한 이론적 이해가 자리 잡았다. 반면, 동아시아는 사대 자소의 전통 질서를 가지고 있었고, 지역 외부의 구미 국가 제국주의에 의해 강압된 근대화의 길을 겪었다. 이 과정에서 근대 국제질서에 대한 이론적 이해가 매우 제한되었고, 그 한계 속에서의 경쟁에서 일본이 성공을 거둠으로써, 동아시아 국가들은 서로 다른 방법으로 국제정치적 근대를 맞이했다. 조선은 새로운 근대 국제정치 질서를 이해하기 위해 지난한 노력을 기울였으나, 결국 일본의 부국강병이 성공을 거두면서 일본의 식민지로 전락하고, 정상적인 근대화의 길을 걷지 못하게 되었다.

동아시아에서 국제정치에 대한 관념이 사회과학이라는 현대적 관점에서 이론으로 자리 잡게 되는 것은 20세기에 들어서라고 볼 수 있다. 서구의 학문과 철학이 수입되면서 이론에 대한 인식이 자리 잡게 되었기 때문이다. 국제정치 혹은 지역 질서의 변화가 문명 표준의 변화와 함께 나타났으므로 그 심대한 변화의 진정한 의미를 깨닫는 데에는 매우 오랜 시간이 걸렸다. 동아시아가 국제정치적 근대로 변환될 때 제국주의를 경험했다는 것도 국제정치의 이론적 이해에 걸림돌로 작동했다. 제국주의가 규범으로 자리 잡고 있던 시대에 동아시아의 선택은 제국 혹은 식민지뿐이었다. 동아시아 국가들끼리 주권국가를 이루어 주권을 상호 존중하는 국제사회를 만들 수 있는 조직 원리가 19세기 당시에는 없었다. 근대 국제정치에 대한 이론적 이해도 왜곡될 수밖에 없었고 제국–식민지 관계에 대한 이해와 동등한 주권국가에 대한 이해가 뒤섞여 있었다. 따라서 국제정치를 이론화하는 노력의 계보는 서구 중심적일 수밖에 없었고 스스로 동아시아의 경험을 주체적으로 이론화하는 것은 20세기에 들어와서도 여전히 숙제로 남았다.

개항 이후 동아시아인에게 국제정치에 대한 관념, 시각, 관점 등이 없었던 것은 아니다. 실증적 이론의 형태를 띠고 있지는 않았지만, 새롭게 다가오는 서구 국제질서에 대한 의견과 견해가 국제정치관으로 나타났다. 근대 이행기 동아시아 국가들의 국제정치관은 현재에도 그 함의가 매우 크다. 21세기 초 우리는 근대를 벗어나 새로운 시대로 나아가는 거대한 문명 표준의 변화를 예감하고 있으며, 근대 이행기에 국난을 겪었던 동아시아인들에게 지난 경험은 많은 교훈을 줄 수 있기 때문이다. 따라서 본 장에서는 근대 이행기 중국·일본·조선 등이 가지고 있었던 국제정치관을 살펴보고, 이를 서구의 시각과 비교해 볼 것이다.

2. 제1차 세계대전 이전의 서구 국제정치와 국제정치사상

(1) 국제정치사상으로서 국제정치학

제1차 세계대전이 종식된 이후, 공식적으로 국제정치학이 출현했으므로 그 이전에 국제정치학이나 국제정치이론가들이 있었다고 보기는 어렵다. 대부분의 사상가 혹은 학자들은 자신을 철학자, 국제법학자, 정치사상가, 역사학자 등으로 규정하고 있었으며, 국제정치학자로 인식하지는 않았다고 보아야 할 것이다. 현실을 분석적으로 제시하는 이론적 임무와 더불어 현실에 대한 도덕적·규범적 판단과 대안을 제시하는 사상의 영역이 명확히 구분되지 않았다고 할 수 있다. 그러나 사상사의 맥락에서 국제정치에 대한 학문적 이해나 이론적 분석을 시도한 많은 사상가들이나 학자들이 있었던 것은 사실이다.

20세기의 국제정치학자들은 자신의 이론의 기원을 이전 시대에서 찾곤 했다. 20세기에 들어 국제정치이론의 주요 패러다임으로 자리 잡은 현실주의의 경우, 유럽의 근대가 시작되는 16세기 초반에 활동했던 이탈리아의 정치사상가 마키아벨리를 사상적 시조로 자주 언급한다. 더 거슬러 올라가면 기원전 4세기 아테네와 스파르타 간의 펠로폰네소스전쟁에 대한 분석을 시도했던 아테네의 정치사상가 투키디데스에 주목하기도 한다. 그리스 시대의 도시국가 간 관계가 근대의 주권국가 관계와 작동 원리 면에서 유사점을 가지고 있는 데 착안한 것이다.

현실주의 이론과 더불어 국제정치이론의 또 하나의 패러다임으로 자유주의가 있다. 자유주의는 국가 간의 협력과 평화의 가능성을 강조한다. 역시 이론적 시조로 18세기 프러시아의 사상가였던 임마누엘 칸트를 언급한다. 또한 인간 이성의 중요성과 교육에 의한 평화의 가능성을 주장했던 로마 시대의 스토아철학을 자유주의 사상과 연결시키기도 한다. 역사적으로 다양한 형태를 띠었던 국가 간, 혹은 정치집단 간의 관계를 고찰한 많은 사상가들이 있었고, 이들의 사상이 20세기 국제정치이론에 많은 영향을 주었던 것이 사실이다.

인간의 정치집단은 다양한 형태를 띠었다. 씨족집단, 부족사회, 도시국가, 제국, 제후국, 절대왕정 국가, 국민국가에 이르기까지 다양한 집단이 존재했다. 이들 집단 간의 정치적 관계 역시 집단 혹은 단위의 성격에 따라 변해 왔는데, 그 성격에는 시대적 특수성과, 시대를 넘어서는 보편성이 함께 존재한다. 15세기 유럽에서 출현한 근대국가라는 독특한 정치 단위 역시 특수성과 보편성을 함께 가지고 있었다. 근대국가는 일정한 영토와 국민을 가지고, 다른 정치 단위, 특히 서양의 중세를 다스렸던 황제와 교황의 보편적 권위로부터 독립된 주권을 가지고 있었다. 서양의 중세 시대에는 각 정치 단위들이 명확한 영토적 경계 없이, 매우 복잡한 권력의 중첩적 위계 속에 존재했다. 따라서 근대적 주권국가의 탄생은 유럽의 국제정치사에서 혁명적인 변화를 야기했다.

국가가 주권을 소유하게 되었다는 것은 국가 상위의 어떠한 권위체의 권위와 명령에도 복속되지 않는다는 것을 의미한다. 국가 스스로 최고의 권위와 존재 이유를 갖게 된 것이다. 즉, 국가이성 raison d'état의 사상이다. 그리고 국가 간의 정치적 관계는 국내 정치 속에서의 행위자 간 관계와는 달리 중앙 통제가 없는 무정부 상태 속에서 이루어지는 것처럼 보이게 되었다. 마키아벨리, 홉스 같은 사상가들이 이러한 새로운 현상에 주목했다. 마키아벨리는 15, 16세기 이탈리아 반도의 도시국가들이 1454년의 로디조약 이후, 스스로의 국가이익을 위해 군사력과 외교력을 이용하는 새로운 상황을 목도하고, 도시국가 군주가 가져야 할 마음가짐과 전략에 대해 새로운 시각을 제공한 바 있다. 국가 간의 관계는 오로지 이익과 권력만이 존재하는 관계로, 그 속에서 살아남기 위해서는 어떠한 외부의 힘, 그리고 국민들의 선의에 의존해서는 안 되며 군주 스스로 힘을 길러 상황을 헤쳐 나가야 한다는 것이다(Machiavelli 2003; 박상섭 2002).

유럽 전체가 주권국가로 재편되고, 국가이성에 기반한 대외 정책으로 유럽이 세계대전을 경험하게 되는 것이 17세기이다. 유럽의 거의 모든 국가들은 30년전쟁(1618~1648)을 겪으면서 이전에 유럽 대륙을 지배했던 신성로마제국의 황제와 교황의 권위로부터 벗어난다. 30년전쟁을 마감한 베스트팔렌조약을 계기로 많은 국가들이 주권국가로 확립된 것이다. 영국의 사상가 홉스는 30년전쟁을 체험하면서, 자연 상태에서 인간들 간의 '만인에 대한 만인의 투쟁'의 상황이 국가 간의 관계에서 가장 잘 표출될 수 있음을 암시한 바 있다. 이러한 인식에서 보면 국가 단위가 주권을 소유하게 되면서, 국가 간의 관계에는 보편적 권위와 규범이 존재하기 어렵게 되는 것이다. 마치 사회 상태가 도래하기 전의 자연 상태처럼, 국가 간의 관계는 폭력과 전쟁이 모든 것을 결정하는 무정부 상태의 모습을 띠게 된다는 것이다.

국가들이 자신의 권력, 특히 군사력과 경제력, 그리고 식민지에 기반을 두고 이익을 추구하는 것이 근대적 국제관계의 본질이라는 생각은 18세기와 19세기

〈참고 4-1〉 마키아벨리의 『군주론』

마키아벨리(Niccolo Machiavelli, 1469~1527)는 유럽 근대 이행 초기 이탈리아 도시국가를 배경으로 새로운 국제정치사상을 개진한 피렌체의 사상가이다. 피렌체의 가난한 귀족 집안에서 태어나 1498년부터 피렌체의 제2 서기관장직(書記官長職)으로 내정과 군사를 담당했으며, 대사로도 활약했다. 1512년 메디치가(家)가 피렌체로 복귀하게 되자, 한때 음모의 죄명으로 체포된 후 관직에서 물러났으며, 이후 독서와 저술 활동에 전념했다. 『군주론(Il principe)』(1532)은 그의 대표작으로 새롭게 전개되는 유럽 국제정치의 본질을 분석하고 이에 대한 대처법을 논한 저서이다. 여기서 마키아벨리는 중세 때의 종교적 세계관과 도덕적 정치관을 버릴 것을 역설하고, 새로운 시대에는 국가의 이익과 권력정치가 중요해질 것임을 역설하고 있다. 이 저서는 이후 전개되는 유럽 근대 국제정치를 미리 예견하고 이에 대한 대처법을 제시한 중요한 저서로 평가된다. 『군주론』으로 마키아벨리는 현실주의 국제정치이론의 시조로 평가받게 되었다.

<참고 4-2> 토머스 홉스

홉스(Thomas Hobbes, 1588~1679)는 17세기 영국의 정치철학자로 절대주의 왕정을 합리화하는 정치철학을 세우고, 현실주의 국제정치이론의 기초가 되는 많은 사상적 내용을 표방한 정치사상가이다. 1588년 4월 5일 목사의 아들로 태어나 옥스퍼드대학교에서 스콜라 철학을 전공했다. 스튜어트왕조를 지지하는 정치가로 지목되자, 청교도혁명 직전에 프랑스로 망명하여 유물론자 R. 가생디와 철학자인 R. 데카르트 등과 알게 되었다. 그 후 크롬웰 정권하의 런던으로 돌아와 정쟁(政爭)에 개입하지 않고, 오직 학문 연구에 힘썼다. 왕정복고(王政復古) 후에도 찰스 2세 통치하에서 여생을 보냈다. 주요 저서인 『리바이어던(Leviathan)』(1651)에서 국가주권론, 자연상태론, 사회계약설, 전제군주제론 등을 피력했는데, 그중 제13장에서 국제정치가 "만인의 만인에 대한 투쟁"의 한 예라고 암시함으로써, 현실주의 국제정치사상가들에게 많은 주목을 받았다.

유럽의 국제정치에서 서서히 자리 잡게 된다. 그리고 근대적 군사국가, 경제국가, 식민지 국가 간의 관계를 조정해 나가는 것이 세력균형의 법칙이라는 사실에 많은 사상가들이 주목하게 된다. 국가들이 전쟁을 통해 자유롭게 자신의 이익을 추구하고, 세력의 균형점에 도달할 때까지 끊임없이 동태적으로 활동한다는 것이다. 세력균형의 원칙은 특히 20세기 현실주의 국제정치이론가들이 국제정치의 가장 중요한 원칙으로 언급하는 것으로, 18세기 유럽에서 두드러진 국제정치의 원칙을 이룬다.

이상의 논의들은 근대국가 간의 경쟁과 갈등 관계를 강조하는 시각으로 후일 현실주의 이론의 기초를 제시한다. 그러나 국가 간의 관계를 비관적으로 본 사상만 있었던 것은 아니다. 유럽에는 예전부터 하나의 단위체(Christian Republic, 혹은 Christiandom)라는 사상이 존재했다. 유럽의 대부분을 통치했던 로마제국이 있었고, 가톨릭 사상을 기반으로 유럽을 하나의 통일체로 묶어 준 중세의 교황도 존재했다. 우리가 근대라고 칭하는 시기 역시 당시 유럽인들에게는 중세의 연속으로 보였을 것이고, 혹은 새로운 시대 속에서 새로운 유럽 공화국을 이루려는 시도도 있었다. 유럽의 사상가들은 새로운 기초 위에서 유럽의 절대왕정 국가들을 묶는 연합체가 출현할 수 있다고 보았다. 생 피에르 St. Pierre, 설리 duc de Sully, 임마누엘 칸트 등의 사상가들은 유럽이 근대국가 단위로 재편되어 있지만, 이들 간의 연합 confederation 이 가능하다고 보았고, 이를 위한 노력을 장려했다.

우선 네덜란드의 국제법학자였던 위고 그로티우스는 국가들 간의 무한 경쟁 속에서도 국제사회를 이룰 수 있는 가능성을 개발하기 위해 노력했다. 17세기 말 네덜란드는 스페인의 식민지였고, 분열되어 있었다. 그로티우스는 네덜란드의 통일과 독립의 과정에서 국가 주권의 성립을 목격했고, 새로운 형태의 전쟁에 주목했다. 모든 국가들은 자국의 이익을 위해 아무런 제한 없이 폭력을 사용했고, 처절한 전쟁들이 유럽 대륙을 휩쓸었다. 그로티우스는 현실주의적 국제정치 인식을 교정하기 위해 인간의 사회적 본성에 주목하고, 국가 주권의 시대에도 국가 간의 협력과 공존·평화가 가능함을 역설했다. 이 과정에서 그로티우스는 전쟁의 원인과 수행 방법에 관한 정전론을 발전시켰고, 그 결과 오늘날 소위 국제사회학파라고 불리는 국제정치이론의 시조가 되었다.

유럽 국가들이 비록 주권을 가지고 폭력과 금력을 매개로 경쟁하지만 새롭게 등장한 이성을 바탕으로 타협과 협력에 의해 연합체를 이루어 갈 수 있다는 것이다. 프러시아의 사상가 칸트는 인간이 무엇보다 이성을 가지고 있는 존재라고 보았으며, 이들이 공화국이라는 정치적 틀에서 합리적 정책을 결정할 능력이

<참고 4-3> 칸트의 영구평화론

칸트(Immanuel Kant, 1724~1804)는 프로이센의 대표적인 철학자로 근세철학을 집대성했고, 『영구평화론』의 저술로 현대 국제정치학 이론, 특히 민주평화론의 시조로 자주 인용되고 있다. 동프로이센의 수도 쾨니히스베르크(지금의 칼리닌그라드)에서 출생했다. 프랑스혁명 시대의 사람으로 그 이전의 서유럽 근세철학의 전통을 집대성하고, 그 이후의 발전에 새로운 기초를 확립했다. 『순수이성비판(Kritik der reinen Vernunft)』(1781)을 비롯, 『실천이성비판(Kritik der praktischen Vernunft)』(1788), 『판단력비판(Kritik der Urteilskraft)』(1790) 등 3대 비판서와 『도덕형이상학원론(Grundlegung zur Metaphysik der Sitten)』(1785), 『도덕형이상학(Metaphysik der Sitten)』(1797) 등의 저술을 남겼다. 칸트는 『영구평화론』에서 공화정 국가들의 국제정치가 궁극적으로 영구 평화로 나아가는 장구한 과정을 거칠 것이라고 보았다. 이후 미국의 국제정치학자 마이클 도일(Michael Doyle)이 이를 원용하여 민주평화론이라는 국제정치이론을 개진했다.

있는 것으로 보았다. 절대왕정에서 공화국으로, 그리고 전쟁 상태에서 영구적인 평화 상태로, 무정부 상태에서 국가 연합으로 가는 길이 전쟁과 갈등으로 점철된 것은 사실이나, 점진적인 과정에 의해 결국에는 영구 평화 상태에 도달할 수 있다는 것이다. 인간의 이성과 역사의 계시 providence 의 힘을 믿는, 이와 같은 계몽주의 사상의 형태는 칸트는 물론, 이후의 많은 사상가와 정치가들에게 많은 영향을 미쳤다. 20세기 소위 이상주의의 원형이 된 윌슨의 국제정치사상과 후일 소위 '민주평화론'이라는 이론을 주장하는 많은 자유주의 국제정치이론가들의 이론도 칸트 등의 사상에 영향을 받은 것이다.

19세기 초, 나폴레옹전쟁을 마감하면서 비엔나회의를 개최하여 유럽 협조 체제를 창시하는 데 중추적 역할을 담당했던 오스트리아의 재상 메테르니히 Metternich 역시 칸트의 사상에서 많은 영향을 받았다. 냉혹한 세력균형가이기도 했지만, 유럽의 연합 가능성을 믿었던 정치가 메테르니히는 칸트의 영구 평화론의 영향을 받아, 유럽이 하나의 연합체 confederation, 혹은 일종의 초국가적 정부에 의해 구성되어야 한다는 생각을 가지고 있었다. 메테르니히가 비엔나회의를 통해 창출하려고 했던 것은 국제법과 보편적으로 인정된 도덕적 원칙, 그리고 조약의 의무에 의해 구성된 연방 체제이자 집단 안보 체제였던 것이다. 이를 위해 외교적 수단에 의해 보편적 이익을 추구하는 제도화된 체제가 필요했는데, 그것이 1815년에 만들어진 유럽 협조 체제로서, 후일 안보 협력체의 근대적 원형으로 언급되고 있다(Kant 2005).

(2) 국제정치경제이론과 국제정치학

전쟁과 평화가 국제정치사상의 중요한 원동력이 되었지만 국제정치경제 관계 역시 국제정치이론의 발전에 많은 공헌을 했다. 특히 엄밀한 분석적 방법을 강조하는 경제학 이론에 기반한 국제정치학은 사상으로서의 국제정치학에서 이론으로서의 국제정치학으로 발전하는 데 많은 도움을 주었다.

전쟁과 폭력의 문제와는 별도로 국가 간 협력의 가능성을 언급한 다른 사상가로는 애덤 스미스 Adam Smith 를 들 수 있다. 스미스는 근대에 들어 출현한 자본주의와 자본주의적 시장의 중요성을 강조했다. 근대국가는 개인적 이익을 도모하는 많은 경제적 행위자들, 즉 개인과 기업, 자본으로 이루어져 있다. 각 행위자들 간의 경제적 관계는 시장을 매개로 이루어지며 국가는 시장을 보호하고, 시장의 실패를 막는 공공 권력의 역할을 수행하게 되어 있다. 경제 행위자들은 이윤을 극대화하기 위해 활동하고, 이들의 개별적 행동들은 시장의 보이지 않는 손, 혹은 자기 규제의 메커니

> **〈참고 4-4〉 카를 마르크스**
>
> 마르크스(Karl Heinrich Marx, 1818~1883)는 자본주의 비판과 공산주의사회 이론을 발전시켜 사회과학 전반은 물론 국제정치이론에서도 중요한 이론적 공헌을 한 사상가이다. 19세기 중반 산업혁명이 진전되면서 계급 갈등이 심해지자, 새로운 시각에서 유럽 사회를 분석했으며, 사적 유물론을 토대로 자본주의사회 분석에 새로운 이론을 제시했다. 자본주의사회에 대한 분석은 계급에 기초한 새로운 국제정치관을 확립하는 데 많은 영향을 미쳤다. 이후 레닌의 제국주의 이론, 이매뉴얼 월러스틴의 세계체제론, 종속이론 등으로 발전하면서 마르크스주의 국제정치학 이론은 구조주의 이론으로 많은 영향을 미치게 된다. 마르크스는 1844년 『경제학·철학 초고(草稿)』와 『헤겔 법철학 비판서설』, 1845년 엥겔스와 공동으로 『신성가족』과 『독일 이데올로기』를 썼으며, 『독일 이데올로기』에서 유물사관의 주장을 처음으로 정립·설명했다. 1847년 P.J. 프루동(1809~1865)의 『빈곤의 철학』을 비판한 『철학의 빈곤』을 쓰고, 엥겔스와 함께 『공산당선언』을 공동 명의로 집필했다. 이후, 『자본론』 제1권을 1867년 함부르크에서 출판했다. 그러나 제2권과 제3권은 마르크스 사후에 엥겔스가 1885년과 1894년에 각각 출판했고, 처음에 제4권으로 구상되었던 부분은 K. 카우츠키에 의해 1905~1910년에 『잉여가치학설사』라는 이름의 독립된 형태로 출판되었다.

즘에 따라 조절된다. 시장은 국제 교역과 투자에 의해 국가의 경계를 넘어서게 되는데, 각 경제 행위자들은 절대 우위나 상대 우위의 이점을 극대화하기 위해 활발한 상호 관계를 유지하게 되는 것이다. 그리고 경제 행위자들은 국제적 시장의 원활한 작동을 위해 국가 간의 평화로운 관계를 원하며, 스스로 평화의 전도사가 된다. 자유로운 통상과 교역이 평화로운 국제관계의 강력한 기초가 된다는 생각은 19세기 중반 이후 더욱 강력해지게 된다. 국가가 소위 중상주의 정책을 통해 국부를 축적하면서 경제를 정치에 종속시킨 상황을 벗어나게 되는 것이다. 영국은 자유주의 무역을 강조하고, 국제적 시장을 보호하고자 선구적 조치들을 단행했다. 물론 패권적 힘을 가진 영국의 이익을 보호하기 위한 노력의 일환이었지만, 국제시장의 역할에 대한 강조는 국제관계에서 매우 중요한 새로운 요인을 부각시키는 효과를 가졌던 것이 사실이다. 시장을 통한 국가들 간의 상호의존, 그리고 상호의존이 가져오는 협력과 평화의 효과에 대한 논의는 후일 소위 '시장 평화'를 주장하는 자유주의 국제정치이론의 원형이 되었다.

경제적 행위자들이 항상 평화만을 원하는 것은 아니다. 특히 근대의 자본주의 체제 속에서는 자본과 노동 간의 착취 관계가 존속한다. 산업혁명을 거치면서 자본주의의 많은 문제들이 부각되고, 여기서 비롯되는 국내적·국제적 측면에 주목하는 사상과 이론들이 출현했다. 특히 독일의 사상가 카를 마르크스Karl Marx는 자본의 법칙이 정치·사회·문화에 결정적인 영향을 미치고, 더 나아가 국가 간 관계를 결정하는 데 많은 힘을 발휘한다고 주장했다. 마르크스는 역사의 발전 법칙이 생산력과 생산관계의 변증법적 관계에 의해 결정된다고 보았다. 즉, 인간의 역사를 통해 생산력이 증가하게 되면 잉여생산물이 증가하게 되고, 이를 둘러싼 생산과 소유관계가 변화를 겪게 된다는 것이다. 증가하는 생산력과 새롭게 출현하는 생산관계가 변증법적인 변화를 겪으면서 정치·사회·문화, 그리고 국제관계가 변화를 겪게 된다. 결국 생산이라는 물적 요인이 역사의 흐름을 결정한다는 생각으로, 이를 흔히 사적 유물론이라고 부른다.

유럽의 근대는 자본주의적 생산관계에 의해 규정된다. 15세기 말부터 본격화된 지리상의 발견으로 많은 물자들이 유럽으로 유입되고, 소위 자본가 계급이 형성되면서 상업자본주의, 산업자본주의가 발전하게 된다. 프랑스혁명을 거치면서 자유주의 혁명이 전 유럽으로 파급되고, 자본가들이 정치적 권력을 소유하게 된다. 자본과 노동 간의 계급 관계가 유럽 국가들의 정치 상황을 결정하게 되고, 19세기 중반에 이르면 이러한 자본주의에 대한 분석이 매우 활발해진다. 자본주의의 논리가 국내 정치뿐 아니라 국제정치에도 영향을 미친다는 논의는 19세기 후반에 더욱 힘을 얻는다. 유럽의 국가들은 1870년대 중반부터 본격적인 제국주의 해외 팽창에 나서게 된다. 이전에도 유럽 국가들은 라틴 아메리카와 아프리카, 아시아에 대한 식민 팽창을 추구해 왔으나, 19세기 후반부터 더욱 급격한 팽창에 나서게 된다.

세계정치의 흐름에 큰 영향을 미친 제국주의적 팽창이 근본적으로 자본주의의 논리 때문이라는 생각은 제국주의 이론가들에 의해 더욱 발전된다. 특히 마르크스주의에 영향을 받은 제국주의 이론가들, 홉슨 John Arkinson Hobson · 힐퍼딩 Rudolf Hilferding · 로자 룩셈부르크 Rosa Luxemburg · 레닌 Nikolai Lenin 등의 이론가들은 자본의 축적 논리로 인해, 자본가들의 이윤 추구 활동이 제국주의 팽창을 불러 왔다고 보았다. 더 많은 이윤을 위해 제3세계 국가들을 정복하고, 이들로부터 값싼 원료를 공급받는 한편, 새로운 시장을 개척할 필요가 있었다는 것이다. 그리고 자본주의적 팽창은 선진 자본주의 국가들 간의 경쟁을 가져오게 마련이다. 경쟁이 극한에 이르렀을 때, 제국주의 국가들 간의 군사적 충돌이 불가피해지고, 이는 제1차 세계대전이라는 비극적 사건을 통해 나타났다는 것이다. 근대 자본주의의 경제 논리가 국제관계를 사실상 결정한다는 생각은 20세기 국제정치이론가들에게도 많은 영향을 미치게 된다. 특히 20세기 중반부터 부각된 세계체제론, 종속이론 등은 19세기 마르크스주의의 분석에서 영향을 받은 것이다.

이와 같이 20세기 이전의 많은 사상가들은 근대 국제관계의 특수성과 보편성에 대해 많은 분석을 제시했다. 국가 간 전쟁과 갈등의 새로운 형태를 강조한 현실주의의 선구자들이 있었는가 하면, 민주주의와 시장, 국제 제도를 통해 국가 간의 협력과 연합체의 출현이 가능하다고 보았던 자유주의의 선구자들이 있었다. 또한 자본주의라는 새로운 경제 관계의 논리에 주목하여 계급 간 착취 관계를 강조하여 이후의 국제관계 분석에 많은 영향을 미친 마르크스주의 계열의 많은 학자들이 있었다. 20세기의 국제정치이론은 20세기 이전의 유럽의 근대 국제정치라는 독특한 현실과 매우 밀접한 관계를 가지고 있는 것이다.

3. 제1차 세계대전 이후의 서구 국제정치이론

(1) 이상주의의 출현

제1차 세계대전은 세계정치의 흐름에 막대한 영향을 미친 사건이었다. 무엇보다 유럽 국가들 간의 충돌이 전 세계로 확산되고, 모든 지역의 지역 정치가 서로 밀접하게 연결되었다. 유럽은 물론 아메리카·아프리카·중동·아시아의 지역 정치가 상호 간에 연결되어 일관된 논리로 조직되었다. 본격적인 세계정치의 출현이었다. 또한 미국과 일본 같은 새로운 강대국이 출현하는 계기가 되었다. 유럽이 내부의 충돌로 고통을 겪는 동안, 착실하게 국력을 쌓아 왔던 미국과 일본이 제1차 세계대전의 전후 처리는 물론, 전간기의 국제정치 전반에 많은 영향력을 발휘하게 된 것이다. 민주주의가 확산된 것도 중요한 변화이다. 제1차 세계대전을 겪으면서 그간 억압되었던 계층들, 특히 여성과 소수민족 집단의 지위가 향상되었다. 전쟁이 전면적, 산업적으로 변화하면서 전시에 이들 계층의 적극적 참여가 두드러졌던 것이다. 전쟁이 종식된 이후에도 모든 사회집단의 중요성이 유지되면서 보통선거권과 같은 민주주의 원칙이 강조되었다.

제1차 세계대전과 같은 비극이 재발하는 것을 막기 위해서는 제1차 세계대전이 왜 발발했는지에 대한 이론적 분석이 선행되어야 했다. 제1차 세계대전이 19세기의 많은 유럽 전쟁들과 성격상 동일한 전쟁이었는지, 혹은 완전히 새로운 전쟁이었는지에 대한 다양한 분석이 제시되었다. 제1차 세계대전 역시 근대국가들 간의 전쟁인 이상, 국가들의 이익 추구와 세력균형의 산물이었다는 시각, 자본주의 제국주의 세력들 간의 식민지 쟁탈전이 극에 다다라 필연적으로 발생할 수밖에 없었던 제국주의 전쟁이었다는 시각이 제시되었다. 그러나 제1차 세계대전을 종식시키는 데 가장 큰 공헌을 한 미국의 영향력과 시각이 중요하게 두드러졌다. 그리고 그 중심에는 우드로 윌슨 대통령이 있었다. 윌슨 대통령은 제1차 세계대전이 19세기까지의 유럽 국제정치의 소산이라고 보았다. 소위 구외교라고 정의한 유럽의 국제정치는 국가들 간의 비도덕적 이익 추구, 세력균형, 소수민족 억압 등의 특징을 가진다. 국가들이 자국의 이익만을 위해 이합집산을 거듭하면서 동맹을 맺고, 전쟁을 통해 분쟁을 해결하면서 소수민족의 권익을 해치는 구외교가 지속되는 한 영구 평화는 불가능하다는 것이 윌슨의 생각이었다.

윌슨은 1917년 제1차 세계대전을 겪은 직후, 1918년 초에 소위 윌슨의 14개 조항이라는 전쟁 수행 및 전후 처리의 원칙을 제시했다. 윌슨이 생각한 새로운 국제정치의 원칙은 신외교 수행, 통상 자유 확보, 민족자결주의, 국제연맹 성립 등으로 요약될 수 있다. 유럽이 추진해 왔던 구외교의 양태를 벗어나 각 국가들이 민주주의를 바탕으로 한 정치 과정을 통해 외교정책을 결정하고 수행해야 한다는 것이다. 이는 이후의 민주평화론의 기초가 되는 사상이다. 통상 자유가 확보되면 경제적 이익을 둘러싼 갈등이 완화되고, 따라서 보호주의나 중상주의 때문에 발생하는 국가 간 분쟁과

〈참고 4-5〉 윌슨의 이상주의 국제정치사상과 14개 조항

토머스 우드로 윌슨(Thomas Woodrow Wilson, 1856~1924)은 미국의 제28대 대통령으로 제1차 세계대전에 참전하여 이후의 국제정치 형성 과정에 많은 영향력을 발휘한 인물이다. 윌슨 대통령은 19세기 유럽의 국제정치를 총체적으로 비판하고, 미국적 국제정치관을 반영한 베르사유체제를 창설했다. 이 과정에서 윌슨은 민족자결주의, 국제연맹의 필요성, 상업의 중요성 등을 내세워 이상주의 국제정치사상의 시효로 불리게 되었다. 윌슨은 1890년 프린스턴대학교의 교수가 되고, 1902년 같은 대학 총장으로 선출되어 대학 개혁에 힘썼다. 1910년 미국 민주당에서 뉴저지 주지사 후보로 추천받아 1911년 당선, 정계에 발을 들여 놓았다. 1912년 민주당 대통령 후보로 추대, 신자유주의(New Freedom)라는 혁신 정책을 내걸고 출마하여 당선되었다. 제1차 세계대전이 발발하자 중립주의를 내세웠고, 1916년 대통령선거에서는 미국이 참전하지 않을 것을 약속하고 재선되었다. 그러나 1917년 독일이 무제한 잠수함 공격을 감행하자 참전하여, 1918년 1월 비밀외교의 폐지와 민족자결주의를 제창, '14개조 평화원칙'을 발표했다. 14개조 평화원칙은 제1차 세계대전의 전쟁 목적이자, 후에 국제정치의 이상을 표방한 원칙으로 평가받고 있다. 그 내용은 ① 강화조약의 공개와 비밀외교의 폐지, ② 공해(公海)의 자유, ③ 공정한 국제 통상의 확립, ④ 군비의 축소, ⑤ 식민지 문제의 공평무사한 해결, ⑥ 프로이센으로부터의 철군과 러시아의 정치적 발달에 대한 불간섭, ⑦ 벨기에의 주권 회복, ⑧ 알자스로렌의 프랑스 반환, ⑨ 이탈리아 국경의 민족문제 자결(自決), ⑩ 오스트리아-헝가리제국 내의 여러 민족의 자결, ⑪ 발칸제국의 민족적 독립 보장, ⑫ 터키 제국하의 여러 민족의 자치, ⑬ 폴란드의 재건, ⑭ 국제연맹 창설 등이다.

전쟁이 사라질 것이라는 것이 윌슨의 또 하나의 생각이다. 이는 이후 시장 평화의 기초가 되는 사상이다.

유럽의 전쟁은 소수민족들을 억압하면서 강대국들이 자국의 이익만을 추구한 결과 발생했다는 것이 윌슨의 전쟁 원인 분석이었다. 따라서 민족자결주의에 기초한 공평한 민족국가 수립이 평화의 가장 중요한 관건이라고 주장했다. 그러나 전후 처리가 본격화되면서 유럽 국가들이 자국의 식민지를 유지하려고 하자, 민족자결주의는 심각한 반대에 부딪혀 후퇴하고 만다. 마지막으로 국제연맹은 일국 일표제에 의한 국제적 민족주의를 도모한 시도로서, 국제정치를 집단 안보에 의해 수행해 가려는 과감한 사상이었다. 미국 상원의 반대로 좌절한 윌슨의 시도는 이후 국제 제도에 의한 평화를 도모하는 자유주의에 많은 영향을 미쳤다.

윌슨의 사상이 전후 처리 과정에서 모두 실현되지는 못했다. 그러나 유럽의 근대 정치 속에서 힘을 발휘하지 못했던 평화와 협력의 사상이 새롭게 부각되는 계기가 된 것은 사실이다. 신외교와 민주주의 정책 결정 과정을 강조함으로써 제1차 세계대전 이후 각 국가들의 시민사회와 지식인 집단이 국제정치에 많은 영향을 발휘하기 시작했다. 반전운동과 평화운동이 활발히 일어났고, 국제평화를 주장하는 시민사회 집단들이 출현했다. 그 속에서 국제정치학이 새로운 학문으로 자리 잡고, 사회과학의 한 전문 분야로 확립되었다. 국제연맹을 중심으로 다양한 국제 제도가 출현한 것도 주목할 만한 사실이다. 워싱턴(1922) 및 런던(1930) 군축 조약이 체결되었고, 켈로그-브리앙 조약이라고 불리는 부전조약(1928)이 체결되어 전쟁이 불법화된 것도 큰 성과이다. 그밖에 '군축회의를 위한 준비위원회'(1925)가 만들어지고, '국제분쟁의 평화적 해결을 위한 일반의정서'(1928)가 채택되기도 했다. 로카르노조약을 통해 국가 간 분쟁의 사법적, 정치적 해결을 위한 방법이 제시되기도 했다. 이와 같은 전간기의 많은 변화들은 제1차 세계대전 이후의 상황을 반영한 것으로 19세기까지의 국제정치와는 분명히 다른 모습을 보여 주는 것이었다.

(2) 현실주의의 등장과 이상주의 비판: 국제정치학의 1차 논쟁

제1차 세계대전 이후의 낙관적 전망이 지속되는 동안, 국제정치 현실은 무언가 조금씩 잘못되어 가고 있다는 판단이 서서히 생겨났다. 1920년대를 통해 국제정치는 전반적으로 안정되었으나, 소련 공산주의가 성장하고, 1922년 이탈리아 파시즘이 등장하는 등 불안한 요인을 내포하고 있었다. 급기야 1929년의 경제대공황, 1931년의 만주사변, 1933년 독일 나치즘의 등장 및 독일 재무장으로 그간의 국제정치이론에 대한 전반적인 자각이 일어났다. 결국 독일은 오스트리아·체코슬로바키아를 병합하고, 이탈리아는 알바니아와 에티오피아를 침공했으며, 일본은 만주를 넘어 중국 본토 깊숙이 팽창했다. 소련은 1922년 라팔로조약을 통해 독일과 손잡은 이후, 기민한 외교를 통해 결국 1941년 독소불가침조약을 맺어 동유럽으로 팽창하는 호기를 잡게 된다.

한편 윌슨의 낙관주의와 공산주의의 확대를 경계하고 국제정치에 대한 새롭고 철저한 인식을 주장하는 이론가들이 출현했다. 라인홀트 니버, E.H. 카, 한스 모겐소 등으로 대표되는 고전 현실주의자들은 공산주의 이론의 국제정치관을 비판하는 동시에, 윌슨의 낙관주의를 순진한 이상주의라고 비판했다. 국제정치의 본질을 정치적 권력관계에 의해 재조망하고, 이전의 국제정치로부터 지속되는 연속성을 강조했다. 국제정치가 근본적으로 권력정치이며, 평화운동이나 국제기구, 공산주의적 세계주의 등의 흐름으로 권력정치적 성격이 소멸하지 않는다는 것이다. 소멸하기는 커녕, 권력정치적 측면이 무시되었을 때, 오히려 큰 위험에 봉착하게 되는데, 전간기에 발흥한 윌슨식 이상주의와 공산주의적 이상주의가 제2차 세계대전을 불러왔다는 것이다.

'모든 현실주의자들의 아버지'라고 불렸던 니버는 한편으로는 전간기의 공산주의를, 다른 한편으로는 윌슨의 이상주의를 비판하면서 국제정치의 본질을 소위 현실주의의 관점에서 새롭게 조망하고자 했다. 신학자이기도 했던 니버는 기독교적 현실주의 Christian Realism 라는 이름하에 인간의 본성, 정치집단의 본질, 그리고 국제정치의 현실에 대해 다양한 의견을 개진했다.

니버는 윌슨식 이상주의와 자유주의의 이론 기반을 다음과 같은 여섯 가지로 요약한다. 첫째, 인간사회에서 부정의가 나타나는 것은 무지 때문이며 교육과 보다 높은 수준의 지성이 나타나게 될 것이다. 둘째, 문명은 점진적으로 더욱 도덕적이 되어 가고 있으며, 따라서 점진적 발전의 불가피성이나 효율성을 의심하는 것은 문제가 있다. 셋째, 사회체제나 제도보다 개인이 사회정의를 실현하는 데 있어서 더욱 중요하다. 넷째, 사랑·정의·선의·형제애 등에 대한 호소는 결국 효과적이 될 것이다. 다섯째, 선한 본성은 행복을 가져다줄 것이며, 이러한 사실을 깨닫게 되면 인간의 이기심과 욕심은 극복될 것이다. 여섯째, 전쟁은 어리석은 짓이며 전쟁의 어리석음을 깨닫는 자보다도 더욱 어리석은 자들에 의해 전쟁이 발발된다. 이상의 여섯 가지가 이상주의의 이론적 기반이 되는 것이다.

그러나 니버는 인간이란 기본적으로 자기애라는 본성·감정·충동에 의해 움직이며, 자기애와 이기심, 자기보존과 안전을 위한 권력욕이 인간의 정치적 행위의 기반이 된다고 보았다. 더욱이 인간들로 이루어진 정치집단은 집단의 생존과 이익을 위해 움직이며, 이들 간의 관계는 권력정치에 의해 결정될 수밖에 없다는 것이다. 국제정치야말로 인간집단들 간의 비도덕적인 정치적 관계를 보여주는 전형적인 장이다. 국가는 자국의 이익과 권력 추구를 위해 노력하며, 이러한 권력정치의 모습을 인간의 이성과 도덕심이 완화하기는 어렵다는 것이다(Niebuhr 1932).

니버의 영향을 받아 윌슨의 낙관주의를 소위 '이상향주의' utopianism 와 '이상주의' idealism 로 나누어 분석하는 한편, 정치적 현실주의의 용어를 보편화시킨 학자는 E.H. 카이다. 카는 제2차 세계대전을 발발한 독일의 외교정책과 유럽의 국제정치 상황을 분석하면서 전간기의 혼란과 제2차 세계대전의 발발 원인이 이상향주의에 있다고 본다. 전간기의 많은 사상가들은 제1차 세계대전의 충격에서 벗어나면서 과학적 분석보다는 희망적 사고를 통해 국제정치 현실을 분석했다. 카는 이들이 인간의 본성에 뿌리박고 있는 이기심과 권력

〈참고 4-6〉 니버의 기독교 현실주의 국제정치사상

라인홀트 니버(Reinhold Niebuhr, 1892~1971)는 독일계 미국인으로 미국의 정치적 현실주의의 초석을 놓은 국제정치사상가이자 신학자이다. 후에 E.H. 카와 모겐소 등의 국제정치사상가들에게 많은 영향을 주었으며, 케넌에 의해 '모든 현실주의자의 아버지'로 평가받기도 했다. 독일에서 이주한 복음파 교회 목사의 아들로, 예일대학교 신학부를 졸업한 뒤, 1915~1928년 미시간 주 디트로이트에서 복음파 교회의 목사로서 목회를 하다가 1928년 이후 뉴욕의 유니언신학대학 종교철학 조교수(1928~1930), 응용신학 교수(1930~1960)를 역임했다. 저서로는 『문명은 종교를 필요로 하는가』(1927), 『도덕적 인간과 비도덕적 사회』(1932), 『인간의 본질과 운명』(1941~1943), 『빛의 아들과 어둠의 아들』(1944), 『신앙과 역사』(1949), 『미국 역사의 아이러니』(1952), 『자기와 역사의 드라마』(1955), 『국가와 제국의 구조』(1959) 등이 있다. 니버는 기독교 신학에 입각하여 모든 인간이 원죄를 가진 죄인임을 역설했으며, 인간이 자기애를 벗어날 수 없는 존재라는 가정하에 국제정치학 이론을 세웠다. 원죄를 가진 인간들이 자신이 절대적으로 옳다고 주장할 때, 국제정치에서 갈등과 분쟁이 싹튼다고 본 것이다. 모든 인간이 스스로 자제하며 신중하게 행동하는 실천지를 가질 것을 주장했다.

욕, 그리고 모든 정치의 권력정치적 성격을 간과했다는 것이다. 니버와 마찬가지로 카는 인간의 이성에 대한 과도한 신뢰와 민주주의의 평화 지향성을 경계한다. 인간이 원하는 것과 기대하는 것에 집착하여 이성의 힘을 과신할 때, 결국 과학적 분석을 결여하게 된다는 것이다.

이상향주의보다 더욱 경계해야 할 것은 이상주의라는 것이 카의 또 하나의 결론이다. 이상주의는 특정 집단의 이익을 보호하고 지속하기 위해 교묘히 성립된 이데올로기라는 것이 카의 생각이다. 윌슨의 낙관주의는 물론 애덤 스미스의 시장평화론은 희망적 사고의 오류라기보다 강대국 중심의 권력정치의 속성을 가지고 있다고 보았다. 자유주의가 정교하게 제시하는 국제정치이론의 오류는 희망적 사고의 문제보다 교묘히 감추어진 강대국의 이익이다. 예를 들어 스미스의 자유방임설과 이익조화설은 자유주의 경제에 의해 이익을 도모하는 자본가 계급의 이론이라는 것이다. 카의 이상주의 비판은 현실 정치에서의 권력정치가 국제정치이론에도 반영된다는 점을 보여주고 있다(Carr 2000).

모겐소 역시 전간기의 이상주의를 비판했다. 모든 정치 현상의 배후에는 인간의 이기심과 권력 추구욕이 깔려 있다는 점을 강조한 면에서 모겐소는 니버나 카의 연속선상에 있다. 모겐소는 인간의 정치성의 근저에서 활동하는 인간의 본성으로 이기심과 권력욕을 말한다. 이 두 가지 본성은 인간의 모든 정치적 행동에 잠재되어 있어서 이성으로 억누르거나 소멸시키기가 어렵다는 것이다. 이 두 가지 중 보다 근본적인 것은 권력욕이다. 이기심은 합리적 행동에 의해 타인의 이기심과 타협하고 공통의 이익을 추구하는 방향으로 제한될 수 있다. 자유주의자들이 인간의 이기심을 인정하면서도 협조와 타협의 가능성을 합리성에 기반을 두고 이끌어내는 것과 같은 논리이다. 그러나 지배욕은 합리성에 의한 제한을 거부한다. 모겐소는 인간은 권력에 대한 끊임없는 욕구를 가지고 있다고 보며, 이는 단지 개인의 생존이라는 문제뿐 아니라, 주위의 인간들 사이에서의 자신의 위치라는 문제에 관계된 것이다. 인간의 권력욕은 주위 인간들에 대한 지배욕이며, 타인의 마지막 일인까지 자신의 지배하에 들어오지 않으면 충족되지 않는 무제한의 욕구이다.

이러한 인간 본성에 기초한 국제정치의 본질은 권력정치이다. 인간의 정치적 행위에서 이익이란 권력으로 정의되며, 끊임없이 권력을 축적하여 이익을 극대화하는 과정이 권력정치라는 것이다. 모겐소는 국제정치의 영역이 이러한 권력정치의 모습을 가장 적나라하게 보여주는 장이며, 이러한 현실을 무시하는 이상주의는 결국 더 파괴적인 형태로 국제정치를 위기로 몰아 넣는다는 사실을 강조한다(Morgenthau 1962).

〈참고 4-7〉 E.H. 카와 1차 논쟁

에드워드 핼릿 카(Edward Hallett Carr, 1892~1982)는 영국의 역사학자이자 외교관으로 제1차 세계대전 이후 『20년 간의 위기』(1939)를 저술하여 현실주의 국제정치이론을 정형화했다. 전간기 구미에서 풍미한 윌슨주의적 이상주의를 비판하고, 이상향주의와 현실주의를 대비시켜 현실주의의 개념, 이론, 내용을 정립했다. 이 과정에서 현재 국제정치학의 정초가 된 제1차 논쟁이 진행되었다. 카는 영국 외무성에서 근무하다가 웨일스대학교 국제정치학 교수(1936~1946)를 지냈고, 제2차 세계대전 중에 정보성 외교부장(1939~1940), 『타임스』 논설위원(1941~1945)을 역임했다. 주요 저서로는 『역사란 무엇인가(What is History)』(1961), 『카를 마르크스(Karl Marx)』(1934), 『20년 간의 위기(Twenty Years' Crisis)』(1939), 『서구세계에서의 소비에트의 충격(The Soviet Impact on the Western World)』(1947), 『새로운 사회(The New Society)』(1951), 『볼셰비키 혁명(The Bolshevik Revolution)』(1958) 등이 있다.

> **〈참고 4-8〉 한스 모겐소**
>
> 모겐소(Hans Joachim Morgenthau, 1904~1980)는 유대계 독일인으로 나치의 폭정을 피해 미국으로 건너온 이민자이며 이후 미국의 현실주의 국제정치사상을 발전시킨 정치철학자이자 국제정치사상가이다. 시카고대학의 교수로 재임하면서 현실주의 국제정치사상을 정립했으며, 이전의 니버, 카 등과 함께 고전 현실주의의 기본 명제들을 완성했다. 이후 케네스 월츠 등 신현실주의에도 많은 영향을 미쳤다.
>
> 주요 저서로는 『과학적 인간 대 권력정치(Scientific Man Versus Power Politics)』(1946), 『국제정치: 권력과 평화를 위한 투쟁(Politics among Nations. The Struggle for Power and Peace)』(1948), 『국가 이익의 옹호(In Defense of the National Interest)』(1951), 『미국정치의 목적(The Purpose of American Politics)』(1960) 등이 있다.

4. 근대 변환기 동아시아 국제정치사상과 국제정치관의 전개 과정

(1) 전통 시대와 근대 변환기의 배경

동아시아는 19세기 중반, 청·일본·조선이 개항하기 이전, 전통적인 질서 속에서 유럽과는 판이한 지역 질서를 유지해 왔다. 유럽이 근대 이행을 시작한 16세기에 동아시아는 명나라 중심의 전형적인 전통 질서를 유지하고 있었고, 조선은 명과 안정된 사대자소 관계를 유지하고 있었다. 천하 질서, 중화 질서, 화이질서, 사대자소 질서, 조공책봉 질서 등으로 불리는 전통 질서는 서구의 근대 국제질서와는 여러 면에서 근본적인 차이를 가졌다. 유럽의 근대 질서가 국가의 주권성과 국가 간 평등성을 기초로 하고 있었던 반면, 동아시아 전통 질서는 정치집단 간의 유기적 위계를 중시했다. 중국이 동아시아에서 차지하고 있는 물리적, 정치적 위상이 컸기 때문에 중국의 왕이 천자라는 생각과 이를 중심으로 동심원적 관계가 형성되어 있다는 이념이 자리 잡게 된 것이다. 물론 만주와 중앙아시아 등 많은 세력들이 중원과 대립하고 때로는 중원을 차지하여 중국의 외래 왕조를 창립하기도 했지만 소위 중화 질서를 뒷받침하는 견고한 이념이 존재해 왔다. 한반도 왕조는 중원 왕조와의 관계가 매우 중요했기 때문에 이를 문명 표준으로 삼아 관계를 유지해 왔다(전해종 1972).

이러한 상황 속에서 동아시아인들이 가지고 있었던 국제정치관은 근대 사회과학적 의미의 이론이나 국제정치학이라기보다는 규범이론, 혹은 도덕이론으로서 학문의 성격을 강하게 띠고 있었다. 사대자소라는 규범적 명제하에서 어떠한 지역 질서를 유지하는 것이 옳은가 하는 당위에 대한 생각이 축적된 것이 전통시대 국제정치관이라 할 수 있을 것이다.

19세기 중반의 개항과 뒤따른 근대화, 그리고 제국주의의 성장과 식민지의 출현 등은 단순히 서구 국가들과 동아시아 국가들의 만남이 아니었다. 근본적인 문명 개념과 지역 질서의 총체적 변화라 할 수 있다. 서구 문명의 전파는 개인의 정체성과 일상생활에서부터 국가 간 관계와 지역 질서의 조직 원리까지 송두리째 변환시키는 것이었다.

　19세기의 문명 전파와 전환의 과정에서 동아시아 국가들은 상호 간에 공통점과 차이점을 보였다. 우선 동아시아 국가들은 국제정치관의 빠른 패러다임 변화를 겪었다. 이는 유럽에서 시작된 국제정치의 논리를 근본부터 이해하는 과제와 연결된 것이었다. 무엇보다 동아시아 국가들은 개항에 매우 신중한 모습을 보였다. 중국의 경우 전통적인 화이관념, 즉 중국 문명의 영향권 밖의 모든 세력은 오랑캐라는 인식 때문에 서구 국가들을 오랑캐로 인식하여 기존의 조공 질서의 틀 속에서 이들과의 교류를 규정하고 실행했다. 조선과 일본은 서구 국가들과의 접촉이 시작되자, 서구 문물의 도입을 거부하는 척사와 척양의 모습을 우선적으로 보였다. 아편전쟁과 페리의 내항, 그리고 강화도조약 등을 거치면서 동아시아 3국의 개항이 불가피해지자, 한편으로는 서구문명을 전적으로 부정하기도 하고, 한편으로는 서구의 힘을 인정하면서도 문명 표준과 정신, 도덕은 유지하고자 하는 절충적 노력을 기울였다. 오랑캐를 배척한다는 양이론과 전통을 수호한다는 위정척사의 국제정치관은 서구의 도래를 전면적으로 부정하고, 기존의 질서를 지켜낼 수 있다고 보는 관점이었다.

　반면 개국, 개항의 국제정치관은 점진적인 서구 질서의 수용 태도를 보인 것이다. 아시아의 정신을 주축으로 서양의 물질문명을 받아들인다는 절충적 생각에 기반을 둔 중국의 중체서용론, 조선의 동도서기론, 일본의 화혼양재론 등이 이를 대표한다. 이들 신중한 개국의 입장은 기존 동아시아의 이념·종교·정치 질서를 온존시키면서 물질문명만을 받아들이고자 한 전략이자 대외관이었다.

　이러한 소극적 변환 노력이 근본적 한계에 도달하면서 각국은 보다 적극적인 대외 인식을 가지게 되었다. 서구문명의 힘이 군사력, 경제력 등을 통해 확인되면서, 서구의 체제를 수용하는 것이 불가피하다는 인식이 싹튼 것이다. 이는 단순히 부국강병과 같은 외면적 힘의 축적뿐 아니라, 문명 표준과 법, 도덕과 정신을 근본적으로 변화시켜야 한다는 전면적 개혁관으로 이어졌다.

　이 과정에서 서구에서 수입된 만국공법이라는 근대 국제법 체계가 동아시아인들의 대외 인식에 많은 영향을 미쳤다. 서구 국가들이 어떠한 조직 원리에 따라 국제정치를 구성하고 어떠한 행동 원리에 따라 상호작용하는지를 배우기 시작한 것이다. 1864년 청국의 동문관에서 마틴 W.A.P. Martin 에 의해 휘튼 Henry Wheaton 이 저술한 국제법 저서 "Elements of International Law"라는 책이 '만국공법'萬國公法이라는 제목으로 번역되어 300부가 출간된 것이다. 국가의 힘의 크기와 상관없이 각 국가들의 독립과 주권을 보장하는 근대 질서가 동아시아인들에게는 낯선 것이었으나, 특히 조선과 일본은 약소국의 권리를 보장하는 국제법 질서에 많은 기대를 걸었다.

　시간이 지나기 전까지는 국제공법 질서가 사실상 이론적 차원의 논의이고, 현실은 적나라한 권력정치에 의해 이루어진다는 내면의 상황까지 이해하기는 쉽지 않은 일이었다. 점차 만국공법이 비서구 국가들은 물론 서구 국가 간에도 항상 준수되지 않는다는 현실이 명확해지면서, 공법 질서에 기초한 대외 인식은 급속히 변해갔다. 그 결과 소위 현실주의의 모습, 즉 세력균형, 균세에 기초한 대외 인식이 출현하게 된다. 이러한 인식의 변화에 중요한 역할을 한 이론 중 하나는 19세기 중반부터 서구에서 발전하기 시작한 사회진화론이었다. 적자생존과 경쟁을 강조하는 사회진화론은 19세기 후반 동아시아 국가들의 대외 인식에 많은 영향을 미친다.

　이와 더불어 서구의 기술문명은 물론, 서구의 정신과 이념까지 받아들여야 한다는 소위 변법, 변도의 전략이 문명개화파들에 의해 시도된다. 일본은 1868년 메이지유신을 통해 이러한 노력을 보이고, 중국은 변법자강운동, 그리고 조선은 갑신정변에서 시작된 개화파들의 노력을 통해 이러한 개화사상에 기초한 대외 인식을 보인다. 동아시아 3국 중, 일본이 가장 근본적인 개화사상을 실현하게 되고, 이를 정치 현실에서 구현하여 국가의 개화에 가장 빠른 발걸음을 디디게 된다.

이상의 상황을 뒷받침한 것은 19세기 근대 이행기에 동아시아 국가들이 보여 준 일정한 국제정치관의 변화이다. 쇄국·양이·척사의 단계를 거쳐 중체서용·양무·동도서기의 절충 단계에 이르고, 이후 그 한계가 노정되면서 변법과 적극적 문명개화로 이어지는 일련의 상황은 동아시아인들의 국제정치관이 비교적 일관된 변화를 겪었음을 보여 주는 것이다.

그러나 동아시아 3국은 명백한 차이를 보이기도 했다. 일본의 경우 다른 국가들에 비해 훨씬 신속하고 적극적이며 전면적인 개화정책을 추진하여 메이지유신을 거치면서 빠른 국력 성장을 보였다. 이 과정에서 청과의 전쟁에서 승리하고, 러시아와의 전쟁에서도 승리했으며, 스스로 근대적 제국으로 탈바꿈하여 조선을 식민지화하고, 청 및 다른 세력들을 침탈하기에 이른다. 반면 청은 태평천국의 난, 양무운동, 동치중흥, 변법자강운동, 삼민주의에 기초한 공화주의 혁명을 거치면서 국제정치관의 변화를 보여 주었으나, 일본에 비해 발전의 속도가 느리고, 서구 제국들의 침탈의 주요 표적이 되면서, 현실에 적극적으로 대처하지 못했다. 조선은 중국 중심의 전통적 세계관과 국제정치관을 극복하는 데 많은 한계를 보이고, 일본의 제국주의 침탈이 본격화되자 결국 국망의 운명을 맞이하게 된다.

결론적으로 동아시아 3국 간의 경쟁과 서구 열강의 제국주의적 침탈은 19세기 후반 일본의 제국화와 중국의 반식민지화, 그리고 조선의 식민지화로 귀결되고, 그 과정에서 3국 간 국제정치관의 공통점과 차이점을 노정하게 된다.

(2) 동아시아 전통 질서와 지역 질서관

동아시아 지역이 유럽에서 발원한 근대 주권국가 체제에 편입되기 이전, 이 지역의 질서는 다른 지역과는 매우 다른 특징을 가지고 있었다. 지금의 중국을 중심으로 서쪽과 북쪽 지역은 유목 민족 혹은 유목과 농경을 겸하는 반농반목 민족들이 존재하고 있었고, 동쪽 지역은 요동·한반도·일본 등 농경 중심 사회가 자리 잡고 있었다. 중국의 남쪽 역시 광동 지역과 베트남 등 풍요로운 농경사회가 존재하고 있었다. 이들 정치 단위들은 왕조를 중심으로 지속적인 상호 관계를 가지면서 역동적인 지역 질서를 이루어 왔으며, 1840년 아편전쟁을 기점으로 유럽의 국제체제가 전면적으로 밀려오기 전까지, 지속성을 가진 지역의 구성 원리를 보유해 왔다.

동아시아 문명의 발원지이자 풍요로운 농경사회였던 황하문명을 중심으로 동아시아 지역 질서는 동심원적으로 퍼져 나갔고, 그 가운데 중원을 차지하려는 각 민족의 끊임없는 쟁탈전이 동아시아 지역 질서의 역동성을 만들어 갔다. 중국의 한족은 하·상·은·주 왕조를 차례로 세우면서 중원의 고대국가를 만들어 갔고, 춘추전국시대를 거치면서 마침내 진나라가 중원 전체를 통일하여 최초의 통일국가를 건설했다. 이후, 다른 지역에 비해 우수한 문명을 발달시킨 중원을 중심으로 동심원적으로 퍼져 나가는 지역 질서가 형성되었고, 주변 민족들은 한편으로는 중원을 차지하고자 군사력을 동원하여 공격하기도 하고, 다른 한편으로는 조공을 바치고 책봉을 받음으로써 문명권의 일원으로 편입되고자 노력하기도 했다.

진나라는 통일국가 건설 이후, 동아시아 지역을 하나의 천하로 보고, 자신을 천하의 중심에 놓으며, 주변 국가들을 전체적으로 다스리는 소위 '천하형 국가'를 만들었다. 이후 한·수·당·송·명 등 중국 한족의 왕조들은 실질적 통치력과 관계없이 이념적으로 동아시아를 천하라는 하나의 단위로 인식하고, 자국을 중심에 놓는 지역 질서를 개념화해 나갔다. 특히 한나라가 진나라를 계승하고 기원전 2세기 말, 한무제 때 흉노 제국을 격퇴하여 국력을 떨치면서, 사마천을 중심으로 한족 중심의 천하관을 정립해 나갔다. 이 천하관 속에서 중원은 문명의 중심이며, 주변 사방의 민족들은 문명의 수준이 떨어지는 오랑캐로 인식하는 소위 화이華夷질서가 정형화되기에 이르렀다.

이후 중국 민족은 천하 질서, 화이질서를 지속적으로 합리화시키는 이론 체계를 발전시켜 기록에 남겼고, 현대에 전해지고 있는 전통 질서의 인식은 이러한 중국 중심의 지역 질서관에 많은 영향을 받고 있다. 이러한 인식 속에서, 중국은 문명의 중심이자 제국으로 주변 오랑캐 민족들을 교화하는 한편, 조공을 받아 그 대가로 제한된 수준에서 공무역을 행하고, 주변 민족들을 제후로 봉하는 책봉의 정치적 관계를 유지해 나가는 것으로 되어 있었다. 천하 질서가 조공 질서, 책봉 질서 등으로 불리는 이유이다.

그러나 역사를 볼 때, 중원은 북부와 서북의 유목 민족의 침입을 받아 이민족의 지배를 상당 기간 동안 받아 왔으며, 하나의 통일 왕조를 이루지 못하고 장기적인 분열기를 겪은 것도 사실이다. 위진남북조시대와 5대10국시대에 중원은 분열되어 이민족 왕조들이 북부를 지배했으며, 특히 요·금·원·청 등 소위 요동의 왕조들은 상당 기간 동안 이민족으로 중국의 심장부를 지배했다. 전체 역사의 기간으로 볼 때, 중국 한족이 통일 왕조를 이루어 중원을 지배하고, 동아시아 지역 질서를 이끈 기간은 절반 정도에 해당한다고 보아야 할 것이다.

중요한 점은 한족이 통치했든 이민족이 통치했든 동아시아의 전통 지역 질서는 구성 원리의 측면에서 다른 지역의 지역 질서, 특히 유럽의 지역 질서와는 판이했다는 점이다. 중원의 왕조는 형식상 동아시아 전체를 아우르는 정치적 주권을 독점했고, 다른 왕조들은 중원의 왕조가 강할 때에는 실질적으로, 약할 때에는 명목상으로 지역 주권을 인정하는 태도를 보였다. 모든 정치 단위들이 형식상 동등한 정치적 주권을 소유하고 많은 단위들 간의 주권적 평등을 인정하는 유럽의 근대 질서와는 매우 다른 모습을 보였던 것이다. 유럽의 근대 질서에서 다수의 주권적 단위체들의 관계가 소위 무정부 상태적으로 조직되어 있었다면, 동아시아 전통지역질서에서 왕조들은 위계적, 피라미드형, 혹은 동심원적으로 조직되어 있었던 것이다. 동아시아 전통 질서가 반드시 중국 중심 질서, 혹은 화이질서라고 볼 수는 없으나, 유럽과는 다른 위계적 질서였다는 점은 주목해야 할 것이다.

(3) 중국 국제정치관의 변화

중국은 아편전쟁 이전 자신을 중심으로 한 천하 질

〈참고 4-9〉 사대자소 질서

근대 이전 동아시아 지역 질서를 일컫는 말로 중국 중심의 동심원적 지역 질서를 이르는 개념이다. 천하의 중심인 중국과 주변 이민족들과의 관계를 규정한 질서로서, 중화사상에 기초하고 있다. 주나라의 국내 질서가 기원이 되었는데, 주나라 이후 제후국들 사이에 작은 나라는 큰 나라를 섬기고(事大), 큰 나라는 작은 나라를 사랑해 주는(字小) 예가 있었다. 이러한 사대자소는 결국 대소국 간에 우의와 친선을 통한 상호 공존의 교린의 예로 귀착되었다. 이후 중국 주변의 모든 나라가 원하든 원하지 않든 간에 동아시아 국제관계의 규범으로 정착되었다. 19세기 이전 만주·몽골·티베트·안남 및 중앙아시아 여러 나라는 모두 중국에 조공했고, 19세기에 이르러 영국·프랑스 등 유럽의 나라가 중국에 통상을 요구할 때도 이 형식을 따랐다.

서에 익숙해 있었다. 청나라는 명나라를 멸망시키고 중원을 차지한 이후, 한족의 문명을 적극적으로 흡수하여 중화를 자처하는 한편, 간혹 시도된 서구 국가들의 교류 노력에 매우 소극적으로 반응했다. 물론 16세기 말 이래 마테오리치Matteo Ricci를 선두로 한 예수회 선교사들과의 접촉을 통해 명말 청초의 선진 학자들이 천문·산학·지리·총포 등의 분야에서 서양 문물의 일부를 도입하기도 했지만 이는 제국 체제와 중국 사대부들의 경학적 사고틀에 영향을 줄 만한 질적, 양적 중요성을 갖는 것은 아니었다. 서양인과의 접촉은 19세기 초가 되어서야 중국 지배층의 주목을 받게 되었고, 아편전쟁 중에 저술된 웨이위안魏源의 『해국도지海國圖志』에 이르러 비로소 변화하는 세계에 주목할 수 있게 되었다.

서구 국가들의 접촉 노력이 가속화되고, 서구 문물의 우월성이 확인되면서, 청말의 중국인들은 서양을 옛날처럼 오랑캐의 범주에 넣어서 처리할 수 없었다. 근대 서양은 중국보다 우월한 물리적 힘뿐 아니라 그 물리적 힘에 어울리는 문명과 문화 역시 소유하고 있었기 때문이다. 중국은 아편전쟁에서의 패배를 겪으면서 강한 국가, 즉 강병 국가를 추구했으나 군사만으로 해결될 일이 아니라는 점을 절감했다. 경제적으로도 부유한 부국, 그리고 정치·사회·문화 등 모든 면에서 앞서가는 개화된 문명국가로의 전체적 변모가 필요함을 인식하게 된 것이다. 점차 중국이 하늘 아래 전부라는 세계관, 천하관이 흔들리기 시작했다. 중국의 지식인들은 정치 존재의 영역이 중화만이 아니라는 사실을 받아들이지 않을 수 없었다.

중국의 국제정치관을 형성한 많은 지식인과 저술들이 속속 출현하기 시작했다. 우선, 린쩌쉬林則徐는 중국에 세계의 역사·지리·형세를 소개하는 최초의 저술인 『사주지四州志』를 편찬했다. 이는 세계 5대주 30여 국가의 지리와 역사를 소개한 영국인 휴 머리Hugh Murray의 『세계지리대전』을 번역한 것이다. 이어 웨이위안은 『해국도지』 60권을 먼저 출판했고, 이후 100권은 린쩌쉬의 저술을 보완하여 1852년에 출판했다. 이는 모두 88만 자, 각종 지도 75폭, 그리고 서양의 선포 기술 등에 관한 도식 42개도 등 방대한 내용을 포함하고 있었다. 이는 5대주 수십 개 국가의 역사와 지리 이외에도 아편전쟁의 경험과 교훈을 종합하여 해방海防의 전략과 전술을 논하고 있다. 이 저작은 근대 중국인 자신이 처음으로 편찬한 세계 사정에 관한 저작이며, 내용이 가장 풍부한 세계 지식과 전략에 관한 백과전서라 할 수 있다. 이후 쉬지위徐繼畬가 편찬한 『영환지략瀛環志略』은 체계적이고 간결하게 세계지리를 소개하고 있다.

세계 사정에 관한 중국 지식인들의 소개와 저술은

〈참고 4-10〉 만국공법

만국공법(萬國公法)은 헨리 휘튼(Henry Wheaton, 1785~1848)이 저술한 국제법 입문서였던 Elements of International Law라는 책을 마틴(W.A.P. Martin)이 번역하면서 붙인 책제목이다. 마틴은 서구 주권국가들 간의 관계를 다룬 국제법을 청에 소개하고자 했고, 당시 미국에서 국제법 개설서로 많이 사용되고 있던 이 책을 중국인 번역 조력자들의 도움을 받아 만국공법이라는 제목으로 번역하여 300부를 출간한 것이다. 휘튼 생전의 개정판과 사후의 다양한 판본이 존재하는데 휘튼의 전기 작가였던 로렌스(W. B. Lawrence)의 1855년 판본을 번역한 것이고, 청에서 출간된 이후, 1865년 일본에 소개되고, 1876년 전후 조선에 소개되었다. 마틴은 자연법 사상에 기초하여 국제법을 소개했기 때문에 만국공법이란 제목을 사용했고, 아시아인들은 아시아 국가들을 포함한 모든 국가들의 공법으로 인식했다. 그러나 국제법이 사실상 유럽 국가들 간 실정법적 공법이라는 사실을 인식하면, 이러한 자연법 사상은 국제법의 의미를 정확히 전달하지 못하는 결과를 가져왔다고 볼 수 있다.

근대 이행기 중국인의 국제정치관을 형성하는 중요한 자료가 되었다. 이후 중국은 아편전쟁, 양무운동, 변법자강운동, 신해혁명 등을 거치면서 대외 인식과 국제정치관의 급속한 변화를 보이게 된다. 중국의 지식인들은 과거 유교를 중심으로 한 세계관과 공맹의 도를 국민정신과 도덕의 근본으로 하면서도, 서양의 신지식을 수용하여 이를 절충하려고 한 양무론, 혹은 중체서용론의 세계관, 국제정치관을 발전시킨다. 쩡꼬우펀曾國藩, 리훙장李鴻章, 장즈둥張之洞 등의 지식인이 대표적인 인물이라고 할 수 있다. 그러나 중체서용과 같은 부분적, 피상적 개혁이 가지는 한계를 절감하고 보다 근본적으로 정치·사회적 원리 자체를 바꾸어야 한다는 인식이 대두했다. 즉, 정치제도는 입헌군주제로 개혁하고, 부국강병의 이상을 실현하여 서구 국가들과 동등한 주권국가를 수립하고, 이를 바탕으로 주권국가 간의 국제관계를 이루어야 한다는 인식이 고조된 것이다. 소위 변법론으로 캉유웨이康有爲, 탄쓰퉁譚嗣同, 량치차오梁啓超 등의 운동을 들 수 있다. 이 운동은 변법자강운동이라 칭해졌고, 이후 쑨원孫文, 리스후이李石曾 등의 급진적 혁명가들에 의해 받아들여지게 된다.

이와 같은 국제정치관의 패러다임 변화는 19세기 후반 중국이 겪은 구체적인 사건들과 이를 해석하고 해결책을 제시하고자 한 지식인들에 의해 이루어졌다. 개항과 아편전쟁의 진행 과정 속에서 배태된 태평천국의 난(1851~1864)은 중국 최초의 근대적 혁명으로서 반제 반봉건의 농민혁명 성격을 띠는 난이었다. 이미 청 제국 말기부터 시작된 극심한 분열과 혼란이 있었고, 여기에 영국과 프랑스 등 외국 군병들이 개입하면서 중국의 민중들은 피폐한 처지에 놓이게 되었던 것이다. 결국 태평천국의 난은 실패하였으나 이후 청 정부는 소위 동치중흥(1862~1874)을 추진하여 자강의 노력을 기울이게 된다. 이 과정에서 중국 전통을 고수하면서 서구의 기술을 선택적으로 섭취하겠다는 중학위체中學爲體, 서학위용西學爲用의 목표를 내건 중체서용론은 양무운동을 주도하는 이념적 기반이 되었다. 양무운동은 서구의 방법을 빌어 자강을 추진한다는 목표로 추진되었다. 양무운동은 나름대로의 독특한 국제정치관을 기반으로 하고 있었는데, 이를 해방론海防論이라 할 수 있다. 즉, 다가오는 서구의 외압을 막아 중국이 전통적으로 지켜 온 통일 제국의 위상을 견지하고, 중국의 기존 체제와 지역 영향권을 지키는 해방론의 국제정치관이 양무운동을 일으킨 원동력이 된 것이다. 이를 위해 중국은 실제적으로 국가가 운영하는 육해군의 신무기 체계 생산에서 시작하여 광공업, 해륙 운수업 등 경제 변혁을 꾀했고, 근대 외교 제도의 수용에 이르기까지 해방과 관련된 양무운동을 전개했다.

장즈둥은 해방론적 국제정치관과 양무론적 개혁의 필요성을 주장한 인물이었다. 그는 중화를 중국만이 아닌 전체 아시아로 재규정하고 서양의 존재와 힘은 인정하면서도 유용하고 실제적인 서양의 문명을 선택적으로 수입하려고 노력했다. 이는 중화의 도道와 정신을 포기하는 것은 아니었다. 장즈둥은 중화의 가치 체계와 도를 무너뜨리지 않고 그 한계 안에서 서양 문명에 대응하려고 했다. 중화의 학문은 실용을 요체로 하고 시대의 변화에 대응하는 것이 중요하다는 점을 강조했다.

리훙장은 보다 실제적인 측면에서 서구 열강의 기술혁신과 국제적 경쟁 체제에 대한 인식의 중요성을 강조했다. 리훙장 역시 해방론을 강조하는 국제정치관을 가지고 있었다. 리훙장은 연해의 방어적 해방 전략을 무엇보다 강조했지만, 국가 체제 전체의 개혁의 필요성은 충분히 절감하지 못했다. 결국 양무 개혁은 기존의 제국 체제를 옹호하는 방어적 해방의 틀에 머물고, 메이지 일본처럼 근대국가 형성을 위한 전면적인 국체 개혁을 추진하는 데 실패한 것이다. 이러한 부분적, 분산적 개혁은 조속한 자강과 부국강병의 목표를 달성하는 데 미흡한 것이었고, 이는 양무개혁과의 국제정치관의 한계를 보여 주는 것이기도 했다.

기존의 폐쇄적 대외 인식을 버리고, 중체서용에 입각한 점진적인 변화를 강조한 양무운동이 한계를 보이면서, 서구의 이념과 사상을 보다 적극적으로 수입하는 변법적 대외 인식이 발전하기 시작했다. 특히 메이지유신 이후, 일본의 발전이 두드러지면서 이에 영향을 받은 변법 사상가들은 중국의 근본적인 국가관과 대외관의 변화를 주장하기에 이른다. 변법자강운동은 1894년 청일전쟁 이후, 중국의 내우외환에 대한 적극적 반성에서 시작되었다. 양무운동이 가지고 있던 한계를 분명히 인식한, 캉유웨이 등의 변법자강파들은 사회진화론에 근거한 역사관, 서구 사회에 대한 적극적 인식, 변화하는 국제정치에 대한 보다 현실주의적 사고를 바탕으로 정치·교육·사상·제도에 걸친 전면적 개혁을 주장했다. 이들 변법자강파들은 청일전쟁 패전과 그에 따른 제국주의 열강에 의한 중국 분할 등 다가오는 망국의 위기감을 절실하게 깨달았다. 그들은 일본과의 전쟁에서 패배한 경험을 통해 단순히 무기·기술만을 도입하는 것에 한계가 있으며, 전통적인 정치·사회·경제·교육제도를 근본적으로 개혁하고, 부국강병을 실현해야만 중국이 근대세계 속에서 살아남을 수 있음을 주장했다.

변법파의 대표자인 캉유웨이는 과거의 중국에는 존재하지 않던 진화론과 발전 사관을 바탕으로 국제정치에서의 경쟁과 생존, 그리고 진화를 당면한 현실로 인정한다. 그리고 주권국가 간 경쟁의 현실에서 살아남기 위하여 필요한 세력의 축적, 균세, 경쟁력의 확보를 중요한 과제로 내건다. 그는 진화의 원칙이 현실을 지배하는 원리라고 강조하면서 이에 걸맞은 다양한 제도 개혁을 주장했다(캉유웨이 1991).

캉유웨이에게서 배운 량치차오 역시 변법 사상의 대가로, 캉유웨이의 이론들을 바탕으로 훨씬 진취적인 입장을 보이고 있다. 량치차오는 서구의 사회진화론과 사회계약론은 물론, 국가유기체설과 국가법인설 등 다양한 논리를 수용하여 변법의 필요성과 개혁의 당위성을 설파했다. 량치차오는 근대국가의 핵심이 근대적 국민이라고 강조하면서 새로운 국민, 즉, 신민新民의 형성과 민족국가의 건설이 중요함을 역설했다. 이러한 량치차오의 생각의 기저에는 국제정치에 대한 새로운 인식이 깔려 있었다. 이제 세계는 기존의 천하관으로는 파악되지 않으며, 천하관은 명백하게 붕괴했다는 것이다. 또한 만국공법이 강조하는 주권국가들의 평등과 존재 역시 믿을 만하지 못하다고 느꼈으며, 막연한 세계주의, 즉 평천하의 이상도 비현실적임을 절감했다. 이러한 자각 속에서 량치차오는 보다 적극적으로 국가주의를 제창하기 시작한다. 세계가 자국의 존망을 건 국가 간 경쟁의 각축장임을 인식하고 그 안에서 살아남기 위해 강한 중국을 만들 방법을 모색한 것이다.

〈참고 4-11〉 사회진화론

19세기 다윈의 진화론을 사회현상에 적용하면서 발전한 이론으로 사회다윈주의라고도 불리며, 허버트 스펜서(Herbert Spencer)가 대표적 사상가이다. 스펜서의 사회진화론은 생물진화론의 적자생존(適者生存)·자연도태(自然淘汰)의 이론을 그대로 적용하여, 사회유기체 진화의 원동력을 사회도태에서 구했다. 여기에서 적자생존을 자유경쟁·경제적 자유방임의 뜻으로 전용하여, 자본의 자유로운 이윤 추구를 정당화한 이론이 생겼다. 이 같이 사회진화론은 사회유기체설의 입장에서 사회본위주의(社會本位主義)를 따라 사회의 조화적·점진적 발전을 주장하고 자본주의 사회의 존속을 정당화하며, 혁명운동을 사회유기체의 존속에 대한 파괴 활동으로 보았다. 동시에 사회도태설의 입장에서 개인본위주의를 내세워 생존경쟁·자유경쟁에 의한 사회발전을 주장하고, 현 사회에서의 자본가의 지배적 지위를 적자생존의 결과로 보았다. 그리고 사회진화론은 전체 본위주의적 입장과 개인 본위주의적 입장에서 동시에 주장되었다.

<참고 4-12> 량치차오

량치차오(梁啓超, 1873~1929)는 중국 청말 중화민국 초의 계몽사상가이자 문학가이며 변법자강운동에도 힘썼다. 계몽적인 잡지를 발간해 신사상을 소개하고 애국주의를 고취해 중국 개화에 공헌했다. 어려서부터 중국 전통 교육을 받았으나, 상하이에서 세계 지리서인 『영환지략(瀛環志略)』과 서양 서적을 보고 생각이 크게 바뀌었고, 이 해에 캉유웨이와 처음 만나 그에게 육왕심학(陸王心學)과 서학(西學)을 배우고 공양학(公羊學)을 익혔다. 1895년 캉유웨이와 함께 베이징에 강학회(强學會)를 설립하고, 상하이에 강학회 분회를 설립하여 여러 나라 서적의 번역, 신문·잡지의 발행, 정치학교의 개설 등 혁신운동을 펼쳐 나갔다. 주요 저서로 『음빙실전집(飮氷室全集)』, 『음빙실총서(飮氷室叢書)』, 『청대학술개론(淸代學術槪論)』, 『중국근삼백년학술사(中國近三百年學術史)』, 『선진정치사상사(先秦政治思想史)』, 『중국역사연구법(中國歷史研究法)』, 『중국문화사(中國文化史)』 등이 있다.

그러나 캉유웨이와 량치차오가 추진한 변법자강운동은 중국 내 보수파의 반대에 부딪혀 단기 집권에 머문 소위 백일 유신으로 끝나 버리고 만다. 변법파들은 정치적, 군사적 실권을 장악하지 못했을 뿐 아니라 미약한 군권에 주로 의지하여 폭넓은 지지 기반을 확보할 수 없었던 것이다. 그러나 이러한 개혁 인식은 이후 혁명파에게 길잡이의 역할을 한다. 결국 중국은 쑨원의 삼민주의에 기초한 혁명을 통해 근대적인 국제정치관이 자리 잡고, 이에 기초한 대외정책이 추진되기에 이른다. 결국 중국은 아편전쟁으로 시작된 개항의 물결에서 시작하여 근대 이행을 위한 국제정치관의 변화를 보였다. 그 과정에서 중국의 지식인과 정치가들은 양무운동과 해방론, 만국공법관과 변법사상, 국가주의 등의 다양한 국제정치관을 개발하며 현실의 변화에 적응하고자 노력했다.

(4) 일본 국제정치관의 변화

동아시아의 전통 지역 질서하에서 일본은 지리적 거리와 문화적 이질성으로 인해 천하 질서에 편입된 정도가 다른 국가들에 비해 상대적으로 낮았다. 동아시아 전통 질서가 군사·정치·경제·이념 부문에 걸친 총체적 질서였음에도 불구하고, 일본은 주로 경제적 조공 관계를 통해서 중원과의 관계를 간헐적으로 유지하는 양상을 보였다. 이는 일본이 중국의 문명에서 상대적으로 변방에 처해 있어 전형적인 조공 관계를 유지하지 못했다는 점, 그리고 일본의 지배층이 전투를 직업으로 하는 사무라이 무사였으므로 유교적 문치 관념과 일치하지 못했다는 점, 그리고 일본의 국학 혹은 미토학 중심으로 자국 중심주의를 강하게 발전시켜 왔다는 점 등에 기인한다고 볼 수 있다. 따라서 유럽의 근대 국제체제가 전파되었을 때에도 편입되는 속도와 개화로 나아가는 속도가 청이나 조선에 비해 상대적으로 매우 빨랐다. 더욱이 일본은 17세기 초반 도쿠가와 막부가 들어서고, 기독교에 대한 금지령, 그리고 서구 문명에 대한 쇄국정책 등을 시행했음에도 불구하고, 나가사키의 데지마 섬을 통해 부분적이나마 서구 문명과의 교류를 끊지 않고 있었고, 네덜란드의 문명을 받아들이는 난학도 발전시켜 나가고 있었다.

또한 일본은 중국의 명이 청으로 바뀌면서 그간 부분적으로 유지해 오고 있었던 중화사상을 벗어나 탈중화의 길을 걷는 경향을 보였다. 예를 들어 17세기에 살았던 야마사키 안사이(山岐闇齋)의 경우 중화주의적 세계관에 대한 반성을 보이며, 중국과 이적의 관계를 부인하는 모습을 보였다. 이후 야마가 소코(山鹿素行)의 경우도 국제적 평등성의 논의와 일본이 중국보다 우수한 나라라는 주장을 보이고 있다. 청이 들어서면서 조선은 숭명반청의 소중화사상을 발전시킨 것과 대조적으로 일본은 탈중화의 경향을 보인 것이다. 이러한 상황에서 19세기 중반부터 도래한 서구의 개항 압력에 접하여 비교적 빠른 속도로 근대 이행의 길에 들어설 수 있었다.

19세기에 접어들면서 영국의 측량선이 1840년대부터 출몰하기 시작하고, 마침내 1853년 미국의 페리 제독이 흑선을 이끌고 나타남으로써 일본은 개항과 개화의 길을 걷게 된다. 이 과정에서 일본은 청이나 조선이 보였던 근대적 국제정치관의 거부 현상을 상대적으로 빠르게 극복하고, 서구의 문명을 받아들여 부국강병의 유신을 단행하는 모습을 보였다. 일본도 초기에는 중국의 아편전쟁 패전을 목도하면서 해방海防의 강화와 외적의 방어에 대한 대책 등을 논의하는 모습을 보였다. 미국의 동아시아 진출의 궁극적 목적은 중국 대륙에 있었기 때문에 미국의 일본 진출은 유럽의 중국 진출에 비해 훨씬 부드러운 것이었다. 일본은 청의 패배 원인을 분석하면서, 청 정부가 부패하고 군비가 갖추어지지 않은 것이 실패의 주요 원인이었다고 보았다. 또한 중국의 통치자들이 자신만이 제일이라고 여겨 아무것도 보고 들으려 하지 않았기 때문에 결국 참패를 당했다고 인식했다. 1842년 일본의 사쿠마 쇼잔佐久間象山 같은 이는 해방을 강화하는 의견서, 『해방팔책海防八策』을 작성하여 대포를 주조하고 군함을 건조하고 해군을 일으킬 것을 주장했다.

해방론에 기초한 소극적 전략은 개항을 거치면서 화혼양재와 같은 점진적 대외 인식의 변화, 그리고 문명개화의 본격적 변화를 보이게 된다. 청이나 조선과 다른 점은 이러한 근대적 국제정치관으로의 이행이 빠른 속도로 일어났다는 점이다. 일본은 우선 개항과 이후의 혼란을 거치면서 내정을 수습하여, 천황 중심의 중앙집권적 근대국가를 만드는 데 성공한다. 1853년의 페리 내항과 개국, 1858년의 미일수호통상조약을 거치면서 양이의 분위기 속에서 막부의 소위 굴욕 외교가 비판의 대상이 되고, 이후 존왕양이를 중시하고 막부를 타도하는 운동이 일어났다. 요시다 쇼인吉田松陰의 경우 도쿠가와 쇼군의 존재를 부정하고 번 다이묘들의 주군은 쇼군이 아니라 천황이라고 보고 천황에 대한 충성을 강조했다.

이후 1864년 조슈-사쓰마 연합 성립과 1868년 메이지유신 및 천황제 지배 체제를 계기로 일본은 빠른 근대화의 길을 걷게 된다. 절대적 권위를 보유한 천황을 중심으로 일본은 세계문화의 중심이라는 존왕주의적 정치관을 성립시킨다. 국제정치관에 있어서도 나라를 열고 서구와 교역을 해야 한다는 개국통상론과 서구를 배척하는 데 힘을 써야 한다는 양이론의 갈등에서 개국통상파가 승리하는 결과를 낳는다. 개국통상론은 막부의 관료들을 중심으로 펼쳐졌고, 개국통상에 적극적 의미를 부여하고, 통상조약 체결을 주장했다. 이들은 무모한 양이는 화를 불러일으켜 결국 굴복하게 되므로, 청국의 전철을 되풀이하지 않기 위해서는 외국에 뒤지지 않는 군사적 준비 태세를 갖추어야 한다고 주장했다. 서양의 정치·사회·군사제도에 대한 이해를 기반으로 이들은 화和, 한漢, 서양西洋을 절충하여 문명개화의 길을 추구했다.

이후 양이론은 문명개화론으로 빠르게 변화하고, 메이지유신 정부는 1868년을 기점으로 만국공법에 기초한 대외 교류를 선언하게 된다. 일본은 점차 서양에 대한 투쟁적 자세를 버리고 서양에도 보편적 도리가 존재한다고 인식하게 된다. 그리고 만국공법 인식을 기초로 하여 국제사회를 이해하고 모든 국가의 동등한 권리, 만국 교제의 필요성을 주창하게 된다. 그러나 시간이 흐르면서 메이지 정부는 점차 만국공법에 기초한 이상주의적 생각을 수정하고 보다 현실주의적 국제정치관을 가지게 된다. 특히 1871년 이와쿠라 사절단의 구미 시찰 이후, 일본은 서구 제국주의와 유럽 국제정치의 실상을 인식하게 된다. 만국공법의 법제적 논리와 반대로, 자력구제와 약육강식에 의해 지배되고 있음을 알게 된 것이다. 일본은 약소국이 자

> **〈참고 4-13〉 후쿠자와 유키치**
>
> 후쿠자와 유키치(福澤諭吉, 1835~1901)는 일본의 계몽가이자 교육가로 에도에 네덜란드 어학교인 난학숙(蘭學塾)을 열었고, 메이로쿠사(明六社)를 창설한 후, 동인으로 활약하며 실학과 부국강병을 강조하여 자본주의 발달의 사상적 근거를 마련했다. 1860년 이후 막부 견외사절(遣外使節)로 3회에 걸쳐 해외를 여행하며 새로운 문물을 접했다. 1868년 학숙을 이전하면서 게이오 기주쿠(慶應義塾)로 개칭했는데, 이것이 오늘날 게이오기주쿠대학의 기원이 되었다. 메이지 유신 후 교육과 언론 활동에만 전념했다. 실학(實學)을 장려했으며, 부국강병을 주장하여 자본주의 발달의 사상적 근거를 마련했다. 1882년 『시사신보』를 창간했고, 만년에는 여성의 지위 향상에 크게 공헌했다. 저서에는 『서양사정』(1866), 『학문의 권유』(1872), 『문명론의 개략』(1875) 등 후쿠자와 3부작을 비롯하여 『복옹자전(福翁自傳)』, 『신여대학(新女大學)』 등이 있다.

강의 기초를 다지지 않으면 생존할 수 없고, 오늘날의 세력균형, 즉 균세를 통해 국제정치를 해 나가지 않으면 안 된다는 자강 균세의 국제정치관을 수립하게 된 것이다. 일본은 내적으로 부국강병을 충실히 하고, 본격적인 강국으로의 길을 지향한다. 일본은 국정의 정비에 힘쓰면서 문명 진보의 길에 매진하고, 조약 개정과 같은 국권 회복에 전력을 기울이게 된다.

이러한 일본의 국제정치관을 이끈 대표적인 인물이 일본 근대화의 정신적 지주라고 할 수 있는 후쿠자와 유키치福澤諭吉이다. 일찍이 난학을 배우고 서양 국가들의 외국어를 익힌 후쿠자와는 문명개화의 중요성을 강조하여, 야만-반半개화-문명의 3단계 국가발전론을 주창했다. 그는 1862년에 막부 견구 사절단의 일원으로 프랑스·영국·네덜란드·독일·러시아·포르투갈을 순방하고 귀국한 후, 서양의 역사·정치·경제·문화 제도를 비롯한 선진 제도와 선진 문물의 우수성을 일본 국내에 소개한 글 『서양 사정西洋事情』을 발간하는 등 서구 문물의 수용 주장 및 교육적 노력을 기울였다. 후쿠자와는 시대적 요청인 근대화의 중요성을 강조하는 한편, '세계정치의 본질은 권력투쟁'이라는 현실주의적 국제정치관을 가지고 있었다. 또한 일본의 국가이익을 위한 대외 팽창의 필요성을 주장하고, 서구형 근대화을 기초로 한 탈아입구론 등을 주장했다. 이후 일본은 청일전쟁과 러일전쟁의 승리, 조선의 식민지화를 통해 제국주의에 기초한 국제정치관을 더욱 확고히 하게 된다(후쿠자와 1989).

5. 조선 국제정치관의 변화와 전간기의 국제정치이론

(1) 조선 국제정치관의 변화

조선은 동아시아 전통 질서 속에서 중국과의 사대자소 관계를 가장 전형적으로 이루어 온 왕조로 알려져 있다. 조선 이전, 고구려와 고려 등은 국력이 강할 때마다 중국에 대한 자립적 세계관을 표방하기도 하고, 중국 이외의 북방 민족들이 흥기했을 때, 삼각관계를 이용하여 전략적 대외 관계를 수립하기도 했다.

그러나 조선시대에 들어와 성리학적 세계질서가 자리 잡으면서 조선인들은 명에 대한 사대주의적 대외 관계를 심화하는 모습을 보였다. 특히 임진왜란을 거치면서 명의 은혜에 감사한다는 소위 재조지은再造之恩의 인식을 확고히 했다. 건주여진이 건립한 청나라가 들어서자 조선은 스스로 소중화를 자처하며 청과의 관계에서 형식적 사대 관계만을 유지하고자 했다. 조선 후기 북학파를 중심으로 한 대청관의 변화가 일어났지만 대외 인식의 변화가 급속한 것은 아니었다. 물론 청조의 상황을 견문하는 것은 이용후생의 학문적 경향을 낳았다. 중국의 정치·경제·문화 및 서양 과학기술을 관찰할 기회가 축적되어 농경 방식, 생산기술, 건축, 수송 등에 관한 자각을 낳은 것이다. 홍대용의 경우 화이, 즉 '중화와 오랑캐는 하나'라는 관념을 선언하기까지 했다. 서양에 관해서도 중국 이외의 나라들을 오랑캐로 보는 세계관을 부정하고 서양인의 천문·역산·지리·건축 등에 있어서의 뛰어난 재능과 지식을 칭찬했으며, 서양의 기술과 과학에 대해 비상한 관심을 보였다. 하지만 전반적으로 북학파 학자들이 조선의 대청 인식을 주도한 것은 아니었고, 그 인식의 정도도 실용의 부문에 한정됨으로써 기존의 대명 사대 의식을 탈피한 새로운 지역 질서를 정립했다고 보기는 어렵다.

청과 일본의 경우처럼 조선도 아편전쟁의 소식과 일본의 개항, 그리고 이양선의 출몰 등과 같은 사건을 겪으면서 새롭게 등장한 서구를 어떻게 인식하고, 이에 어떻게 대처할지에 관해 많은 혼란과 변화를 겪었다. 조선은 해방론→원용부회론→양절체제론→자강균세론→국권강화론 등의 국제정치관 패러다임의 변화를 보이며 새롭게 다가오는 서구 체제에 대처하고자 했다(하영선 2007).

우선, 19세기 세도정치 속에서 보수화된 조선은 내부 사회 모순의 축적과 이양선의 출몰 등 변화의 동인에도 불구하고 개혁의 필요성을 절감하지 못했다. 그리고 이러한 현실은 쇄국과 척사의 국제정치관으로 연결되었다. 위정척사와 양이의 국제정치관은 기존의 천하 질서관에 기초하여 오랑캐인 서구 세력의 존재 자체를 인정하지 않는 모습을 보인다. 1846년 프랑스 해군 소장인 세실의 출현을 시초로 프랑스의 군함, 미국의 군함이 지속적으로 출몰했고, 이에 대해 위정척사를 주장하는 세력은 서양이 사학과 사술의 전파지인 만큼 이적이나 금수에 불과하다는 인식을 보였다. 따라서 조선은 국내 체제를 수호하고 주자학적 도덕 질서를 강화하는 것이 당면 과제라는 인식을 가지고 있었다.

한편 박규수와 같은 이는 신미양요 당시 평양 감사로 있으면서 서양의 힘을 목도하여 해방론海防論을 주창하게 된다. 그리고 이후 1874년 일본이 대만 파병군을 돌려 조선을 치려한다는 사실이 알려졌을 때, 일본과의 수교를 주장하기에 이른다. 해방론은 서양 세력의 존재 자체를 부정하지 않고, 이를 인정한 상태에서 조선을 지켜 궁극적으로 전통적인 도와 질서를 지키려 한다는 점에서 위정척사보다 진일보한 인식을 보여 주고 있다. 이후 1866년 병인양요와 1871년의 신미양요를 거치면서 다양한 국제정치관 사이의 논쟁이 시작된다. 서양 세력의 침투와 개화를 반대한 위정척사파들의 국제정치관은 서양이 전통적인 도를 타락시키고 있으므로, 양화 배척이나 양물 금단, 집권 관료층을 중심으로 한 대처 방법 등을 주장했다. 대표적인 척사파 인물인 최익현의 경우, 서양은 물론, 일본에 관해서도 왜양일체론을 주장하여 일본과의 통교는 양이와의 결탁의 시초라 하여 정부를 공격했다.

한편 조선인들은 청조와의 사대 관계를 강화하면서 청조의 군사적 힘에 의존했지만, 개국 후 점차 새롭게 전개되는 일본이나 청조의 조선 적대 태도를 보면서 청조의 힘이 결코 절대적이 아니라는 생각을 가지게 되었다. 1876년 6월 최초의 수신사인 김기수가 『견문별단見聞別單』을 통해 일본의 풍족한 생활과 정돈된 도

<참고 4-14> 문명개화사상

문명개화사상은 19세기 조선의 국제정치관의 하나로서, 서구 문명을 적극적으로 받아들이자는 주장을 폈다. 개화사상의 형성에 중요한 역할을 한 사람은 박지원(朴趾源)의 손자 박규수(朴珪壽)와 역관 출신 오경석(吳慶錫), 의관 출신 유홍기(劉鴻基) 등이었다. 이미 실학적 학풍을 체득한 박규수는 1861년과 1872년 두 차례 북경에 가서 자본주의 열강의 무력에 굴복한 청의 현실을 목격했고, 1866년 평안도 감사 시절 셔먼호사건 등을 직접 겪으면서, 압도적으로 우세한 군사력을 지닌 열강에게 대항하려면 문호 개방을 통한 조선의 부국강병이 절실하다고 생각했다. 한편, 중인 출신의 역관 오경석은 1850년대부터 사신을 따라 천진·북경 등지를 드나들면서 중국에 유입된 새로운 서구 문물에 대한 견문을 넓히고, 서양 문물을 소개한 『해국도지(海國圖志)』, 『영환지략(瀛環志略)』, 『만국공보(萬國公報)』 등의 신서(新書)를 가지고 왔다. 이후 김옥균(金玉均)·박영효(朴泳孝)·박영교(朴泳敎)·홍영식(洪英植)·서광범(徐光範)·김윤식(金允植)·유길준(俞吉濬) 등에게 영향을 미치면서 개화사상은 더욱 발전했다.

회, 그리고 발전한 군사력의 모습을 전달한 이후 부국강병의 필요성을 느끼게 되었다. 1880년 8월 2차 수신사로 도일했던 김홍집이 일본 주재 청국 공사 참사관 황준헌(黃遵憲)으로부터 『조선책략(朝鮮策略)』을 받아 온 이후 조선은 심대한 국제정치관의 변화를 겪게 된다. 여기서 황준헌은 조선의 자강을 역설하고, 러시아를 막기 위해 일본과 결맹하고 미국과 연계하여 자강할 것을 권유하고 있다. 이적과 금수로 간주되던 구미 제국과의 긴장 관계가 완화되기 시작한 것이다. 특히 미국을 신뢰하고 결맹이란 수단을 통해 자기 보전을 기할 것을 권하고, "옛사람은 소로서 대를 섬기는 것을 예로 생각했지만, 지금은 그렇지 않다. 벨기에·스위스·홀란드 같은 소국도 지금은 전부 자립하여, 대국이 이들 국가를 간섭하거나 착취한다는 말을 못 들었다"고 하여 조선의 자강을 촉구했다(황준헌 2001).

이와 동시에 조선은 서양의 국제법인 만국공법을 수용하고, 조선의 국제정치관은 근본적인 변화를 겪게 된다. 조선은 만국공법을 배워 이를 원용하여 서구의 침탈에 대처하는 한편, 동아시아에서 이미 존재하고 있었던 춘추전국시대의 역사를 통해 부회의 대처방안을 강구한 것이다. 만국공법이 1870년대 후반 수입되기 이전, 이미 『해국도지』, 『영환지략』 등이 수입되어 있었고, 이후 『공법편람』, 『공법회통』, 『조선책략』, 『이언』 등도 수입되어 조선의 대외관 형성에 많은 영향을 미쳤다. 이러한 서적들의 출간은 국제법적 질서에 대한 인식을 형성하고, 새로운 국제질서를 과거 중국의 춘추전국시대의 역사에 빗대어 이해하려는 노력을 반영한 것이었다. 일례로, 1885년 4월 15일에 발생한 거문도사건의 경우, 조선은 만국공법에 근거하여 영국의 정책을 비판했다. 즉, 영국의 거문도 점령은 국제공법에서 허용되지 않는 것임을 강조하고 거문도가 아무리 협소한 소도라 하여도 외국과의 관계가 극히 중대하므로 각국에서는 반드시 공론(公論)이 있을 것이라 하여 대응했다.

단국공법에 의지한 국제정치관은 1880년대 사실상 중극의 조선 지배 문제를 해결해 주지 못했다. 이에 유길준 같은 사상가는 서구 국제질서를 보다 심도 있게 이해하여 조선의 상황을 정의하고자 했다. 개화파의 일원이었던 유길준은 서구 국가는 물론 앞서 개화의 길을 걷고 있는 일본으로부터 배우고자 했다. 지금까지 적국으로 간주되었던 일본이나 구미 제국은 부국강병, 혹은 개화의 모범국으로 바뀌게 되고, 거기에서 문명관의 전도가 일어나게 되었다. 강화도조약 이후 나타나기 시작한 개화사상은 김옥균·박영효·유길준 등 초기 개화파들에 의해 발전하고, 이들은 보다 개혁적인 대외관을 나타냈다. 이들은 1861년과 1872

년 연행사로 두 차례 중국을 방문하여 서양의 신문물을 목도한 바 있는 박규수의 사랑에서 서양 문물에 대한 내용을 전해 듣고 개화의 대외관을 형성했다. 이들은 1870년대 청의 양무운동의 한계를 절감하고, 방일 이후 후쿠자와 유키치의 문명개화론의 영향을 받아 신지식과 새로운 대외관, 그리고 일본 모델을 받아들일 것을 주장하게 된다. 이들은 중화적 세계관을 부인하고, 조선의 군주권을 강화하여 대내적 주권을 확립하고 인민의 권리를 강화하여 일군만민적─君萬民的 정치체제를 수립하고자 했다. 개화파의 급진적 노력이었던 갑신정변은 1884년 3일 천하로 단기간에 실패로 끝나고 만다.

유길준은 갑신정변의 실패 이후, 개화의 새로운 길을 모색하여 소위 양절체제론적 국제정치관을 주장했다. 양절체제의 전략이란 조선의 이익에 맞게 한편으로는 전통 중화질서를 유지하면서, 다른 한편으로는 서구의 주권국가 체제를 활용한다는 전략이었다. 유길준은 이미 1881년 신사유람단에 참가하여 조선 최초의 일본 유학생이 되었고, 1883년 보빙사 민영익의 수행원으로 미국을 방문하고, 이후 유럽을 순방하여 대외관의 변화를 몸소 실현한 바 있다. 유길준은 양절체제론을 통해, 속국과 증공국, 즉 정치적으로 자율성이 없는 속국과 조공을 바치지만 자주국인 증공국을 구별했다. 우리나라가 중국에 증공한다는 이유로 중국의 속국이라는 인식을 비판하고, 조선이 자주국임을 강조하려 한 것이다. 속국은 섬기는 나라에 속하여 주권적 권리가 전혀 없는 데 반해, 증공국은 조공을 바치지만 독립 주권을 보존하는 나라이므로 세계의 당당한 하나의 독립 주권국이라는 논리였다. 이에 근거하여 유길준은 한편으로는 국제법에 근거한 조선의 권리를 강조함과 동시에 증공국으로서의 이익을 주장하여 청의 조선 지원을 이끌어 내고자 노력했다(유길준 2004).

그러나 시간이 지나면서 이러한 국제정치관들의 한계가 명백해지게 된다. 강한 국력과 세력균형에 대한 현실주의적 인식 없이는 생존과 문명개화를 이룰 수 없다는 자강균세의 국제정치관이 자리 잡게 된 것이다. 애초에 『조선책략』에서 세력균형에 대한 논의가 소개되었고, 조선도 약소국으로서 강대국들의 위험 속에서 균세에 대해 많은 관심을 가질 수밖에 없었다. 일례로, 유길준은 1890년대에 들어서면서부터는 국제법 긍정론을 점차 탈피하여 국제 상황을 약육강식의 시대로 보기 시작한다. 그는 『영국·프랑스·러시아·터키의 크림전쟁사英法露土諸國의 哥利米亞戰史』의 서문에서 "각국이 이해관계에 따라, 오늘 우리의 동맹국이 내일은 우리의 적국이 될 수 있으며, 이러한 무력의 시대에 공법의 올바른 이치는 믿을 것이 되지 못한다"는 견해를 피력하기 시작한다. 이후 "만국공법이 지상공문에 불과하고, 공법 천 마디가 대포 한 대만 못하다"고까지 했다. 이와 같이 부국강병과 균세를 강조하는 국제정치적 인식은 비단 유길준뿐 아니라 1890년대 조선에 상당히 넓게 퍼진 대외관이었다. 『독립신문』의 경우 "세상 사람이 말하기를 만국공법이 대포 한 자루만 못한지라 (…) 나라와 관계되는 것은 병비兵備에 있을 뿐 아니라 안과 밖의 형세를 민첩하게 살펴야 할지니 대개 싸우는 것은 나라 힘을 세운 뒤에 발동할 것이라. 가령 말할진대 강한 나라는 만국공법을 버리고 대포 한 자루만 쓸지라도 약한 나라는 만국공법을 쓰는 것이 관장할 바이로다"라고 하여 약육강식의 세계관을 보이고 있다. 박영효 역시 만국공법이 있어도 국가가 스스로 독립자존의 힘을 갖지 못하면 국가를 유지할 수 없다는 부정적 인식을 보인 바 있다.

이후 조선은 1905년 을사조약을 통해 국권을 상실하기 시작하고, 그 과정에서 국권회복론을 통해 국권을 되찾고자 노력하는 모습을 보인다. 일본의 통치를 현실적으로 받아들이는 가운데 자강에 힘쓰자는 동양주의론과 단호히 일본에 맞서 국권을 회복해야 한다는 신채호의 국가주의가 이 시대의 국제정치관을 이

> **〈참고 4-15〉 유길준**
>
> 유길준(俞吉濬, 1856~1914)은 19세기 조선의 정치가이자 사상가로서, 박규수의 영향으로 개화파의 일원으로 활약했다. 갑신정변에 연루되어 오랜 연금생활을 했으며, 그 과정에서 『서유견문(西遊見聞)』을 집필하여 조선의 국제정치관을 형성하는 데 많은 영향을 미쳤다. 1881년(고종 18) 일본에 건너가 게이오의숙(慶應義塾)에 입학했다가 1882년 귀국, 1883년 외무랑관(外務郞官)에 임명되었으나 사퇴한 뒤 주미 전권대사 민영익(閔泳翊)을 수행하여 도미(渡美), 보스턴대학을 다녔다. 1885년 유럽 여러 나라를 시찰하고 돌아온 뒤 개화당으로 몰려 구금되었다. 구금 기간에 『서유견문』을 집필하기 시작하여 1895년에 탈고했다. 1894년 갑오개혁 때 외무참의(外務參議) 등을 지내고, 1895년 김홍집(金弘集) 내각의 내무협판(內務協辦)을 역임, 1896년 내부대신에 올랐으나 아관파천(俄館播遷)으로 내각이 해산되자 일본에 망명했다가 1907년 순종 황제의 특사로 귀국했다. 그 후 흥사단(興士團)에 참여하여 활동했고, 국민경제회(國民經濟會)를 설립했으며, 계산학교(桂山學校)를 설립했다. 저서로는 『서유견문』, 『보로사국 후례대익 대왕 7년전사(普魯士國厚禮大益大王七年戰史)』, 『영국·프랑스·러시아·터키의 크림전쟁사』, 『노동야학독본(勞動夜學讀本)』, 『대한문전(大韓文典)』, 『구당시초(矩堂詩鈔)』, 『구당선생집(矩堂先生集)』, 『세계대세편(世界大勢編)』, 『정치학』, 『평화광복책(平和光復策)』, 『이탈리아 독립전사(伊太利獨立戰史)』, 『파란쇠망전사(波蘭衰亡戰史)』, 『구당서간집(矩堂書簡集)』이 있다.

루는 중요한 흐름이 되었다. 조선은 결국 근대 이행기에 근대적 국민국가로 탈바꿈하는 데 실패했다. 1910년 일본의 식민지로 전락하여 35년간 일제의 통치를 받게 된 것이다. 근대적 국제정치관을 하루 빨리 정립하여 자강하려는 노력을 기울이는 것이 얼마나 중요한지 역사가 보여 주고 있다.

(2) 전간기 동아시아의 국제정치이론

동아시아 3국의 지난했던 근대 편입 과정이 지속되다가 1894년의 청일전쟁, 1905년의 러일전쟁이 발발하고 일본이 동아시아의 최강 제국으로 자리 잡으면서 국면의 변화가 시작된다. 일본은 전통 패권국인 청과 19세기 유럽 국제정치의 강자인 러시아를 차례로 군사적으로 압도하면서 서구의 제국들과 어깨를 나란히 하게 될 것이다. 이후 1945년 미국과의 태평양전쟁에서 패배할 때까지 일본은 서구 제국들과 근대적 평등 관계를 기본으로 유지해 나간다. 반면 조선은 일본의 식민지로, 청은 서구 제국들과 일본의 반식민지로 전락한다. 이러한 차이는 국제정치를 보는 시각에도 큰 변화를 가져온다.

제1차 세계대전은 동아시아의 국제정치에도 많은 영향을 주었다. 우선 일본이 동아시아의 지역 패권으로 등장하는 본격적인 계기를 이룬다. 더불어 구미에서 정립된 국제정치학이 점차 수입되어 한편으로는 이상주의 대 현실주의의 이론 논쟁이 영향을 미치고, 다른 한편으로는 마르크스주의 국제정치관이 점차 유입되어 동아시아 각국에서 공산당이 성립되기도 한다.

우선 일본은 제1차 세계대전에 참전하여 전승국이 되고, 베르사유조약에서 서구 열강들에게 많은 이권을 확보 받는다. 1921년 11월부터 1922년 2월까지 열린 워싱턴회의에서 서구 제국들과 협상하여 1920년대 동아시아의 제국의 지위를 승인받는다. 이 과정에서 서구의 이상주의 국제정치이론이 일본에도 영향을 미쳐 소위 국제협조주의의 국제정치이론이 자리 잡는다. 상호 협력 속에서 군축을 이루고 중국의 지위, 동아시아의 질서에 대한 타협을 이룬 것이다. 그러나 다른 한편으로 해군력 감축에서 불리한 결과를 얻었다는 일본의 불만이 있었고, 중국의 주권적 지위를 보장하며 동등한 상업적 기회를 보장받으려는 서구 열강, 특히 미국의 주장에 대해서도 일본은 못마땅했다. 이후 1929년의 경제공황과 1931년의 만주사변, 그리고 급기야 1937년의 중일전쟁에 이르기까지 일본은 서구의 현실주의와 일맥상통하는 세력균형 이론, 팽창적 지역주의 이론을 발전시키게 된다. 국제협조주의와 반대되는 이러한 견해는 동아협력체론, 대동아공영권으로 이어지면서 제국주의적 팽창주의를 뒷받침하는 국제정치이론이 된다.

반면 한국과 중국은 각각 식민지와 반식민지 상태에서 반제국주의, 주권 독립을 이루기 위한 국제정치관을 발전시켜 나간다. 중국은 1911년 쑨원이 신해혁명에 성공하여 근대적 공화국을 이루었지만 연속되는 내정의 혼란, 그리고 제1차 세계대전 이후 서구 열강이 중국의 이권을 일본에 넘겨준 상황 등의 이유로 어려움을 겪는다. 1919년 5·4운동, 1920년 중국공산당 창설 등 민족주의와 사회주의를 기반으로 한 국제정치관은 모두 반제국주의와 독립을 위한 국제정치이론으로 이어진다.

한국 역시 1919년 3·1운동으로 민족주의가 강화되고 동시에 1922년경부터 사회주의운동이 분리되면서 1925년 조선공산당이 창설되었다. 한국의 각 세력들은 제1차 세계대전 이후 변화하는 국제 정세를 분석하면서 일본의 제국주의를 타파할 시각을 갖고자 노력했다. 일례로 김양수는 워싱턴회의가 국제협조주의의 틀 속에서 이루어졌지만 사실 영·미 등 서구 열강과 일본 간의 세력균형주의에 뿌리를 두고 있다는 점을 분석하면서 조선 독립의 활로를 개척했다(사카이 2007 ; 하영선 2010).

동아시아 3국은 1945년 이후 각각 근대적 국민국가로 탄생한다. 그때까지의 국제정치이론 혹은 국제정치관은 서구로부터 전파된 근대 체제라는 현실과 서구 국제정치이론의 계보 속에 객체로서 편입된 상태에서 성립한 것이다. 제국과 식민지의 관계를 넘어 동등한 주권국가 간 관계로서 국제정치의 이론이 성립된 것은 지난했던 근대 변환의 과정 이후에 가능했다는 사실에 주목할 필요가 있다.

5. 맺음말

한국과 동아시아가 경험한 근대로의 이행은 매우 어려운 과정이었다. 전통적으로 존재하던 지역 질서가 자생적인 원인과 논리에 의해 이행되지 못하고, 완전히 낯선 지역의 지역 질서가 전파되고 강요되면서 폭력적으로 이행되었기 때문이다. 이 과정에서 얼마나 전통 질서에 충실히 포섭되어 있는가, 새로운 지역 질서를 이해할 수 있는 지식인과 정치인의 이해력이 갖추어져 있었는가, 근대 이행의 기반이 될 수 있는 자강의 힘을 어느 정도 갖추고 있었는가, 제국주의 세력들이 얼마나 식민지 침탈을 강요했는가 등의 변수들이 국제정치적 근대의 순조로운 실현에 많은 영향을 미쳤다. 조선의 경우, 전통 지역 질서의 이해 틀에서 새롭게 다가온 서구 세력을 오랑캐로 규정하고, 존재 자체를 인정하지 않는 척사와 양이의 모습을 보인 부류도 있었다. 보다 거대한 변화의 시작을 인식하고 처음에는 이를 막아 내고자 했으나, 점차 새로운 문명 기준을 받아들여 조속히 부국강병 국가로 전환하기 위한 노력을 기울인 부류도 있었다. 이 과정에서 국제정치관의 변화는 매우 중요한 역할을 했으며, 국제정치관이 변화하기 위해서는 보다 거시적인 시대적 변화를 인식할 수 있는 인식력이 요구되었다.

　이에 반해 서구에서는 16세기를 전후하여 시작된 근대 국제정치를 이해하기 위한 노력이 이미 심도 있게 이루어지고 있었다. 오늘날 국제정치이론이라고 부르는 지식의 틀이 형성되어 있었던 것은 아니지만, 철학·역사학·법학 등 인문학의 영역에서 국제정치의 변화를 이론적으로 인식하고자 한 노력이 존재했던 것이다. 오늘날 소위 현실주의·자유주의·구조주의·국제사회학파 등으로 불리는 현대 국제정치이론의 원형적 모습이 16세기부터 20세기 중반까지의 근대 국제정치 인식에서 싹텄다. 현실주의의 근대적 시조라고 할 수 있는 마키아벨리, 자유주의의 시조라고 할 수 있는 칸트, 구조주의적 인식의 정초를 놓았던 마르크스, 근대 국제정치의 사회적 측면을 강조한 그로티우스 등 다양한 사상가들이 국제정치적 근대를 이해하기 위한 개념과 가설들을 내놓았다.

　유럽의 국제정치적 근대는 중세적 군사력이 화약혁명을 거치면서 오늘날 군사혁명에 해당하는 급격한 변화를 겪는 과정에 힘입은 바 크다. 또한 경제적으로는 지리상의 발견과 유럽 대륙 내 생산력의 발전에 힘입어 자본주의가 발전하면서 시장의 발전과 자본가계급의 발전에 힘입은 바 크다. 정치적으로는 유럽 전체를 기독교 공동체로 인식하고, 그 안에서 매우 복잡하게 분산되어 있는 정치적 권위가, 점차 영토 군주를 중심으로 중앙집권화 되면서 절대군주들이 출현하고 명확한 영토 개념을 기반으로 행정적 통일을 이룬 국민국가 출현 과정에 연결되어 있다. 이념적으로는 국가의 이익과 권력이 중세적 가치에 앞선다는 국가이성 사상을 중심으로 국가 간 관계를 새롭게 규정한 많은 이념과 철학들에 의해 유럽의 근대가 새롭게 규정되었다.

　근대 국제정치이론의 시조들은 각기 현실의 군사적·경제적·정치적·이념적 측면을 관찰하고, 이를 바탕으로 국제정치가 작동하는 방식에 대해 제각기 다양한 이론을 내세웠다. 19세기 말까지의 국제정치이론은 제1차 세계대전을 거치면서 20세기의 새로운 이른으로 정리되었다. 참혹한 세계대전이었던 제1차 세계대전이 끝나고 서구인들은 국제정치에 대한 정확한 인식을 요구했고, 그 과정에서 오늘날 이상주의라고 불리는 국제정치이론이 비판의 표적이 되었다. 소위 '1차 논쟁'이라고 불리는 이상주의와 현실주의의 논쟁 속에서, 20세기 현대 국제정치이론의 초석을 놓는 이론의 개념과 가설들이 정립된 것이다.

　수년에 걸쳐 이루어진 서구인의 근대 국제정치이론을 동아시아인들이 짧은 시간 내에, 그것도 서구 질서가 폭력적으로 이식되는 현실의 한계 내에서 이해하기란 쉬운 일이 아니었다. 현실에서의 근대 변환과 인식에서의 근대 변환을 동시에 이루어야했기 때문이다. 일본은 이 과정을 비교적 성공적으로 마침으로써 제국과 식민지라는 양자택일의 환경에서 제국의 길을 걸을 수 있었다. 반면 중국은 반식민지 상태로, 한국은 식민지 상태로 떨어졌다. 새롭게 다가오는 국제정치에 대한 이론적 인식이 국가와 지역의 운명을 결정하는 정책과 행위를 뒷받침하는 데 중요하다는 사실을 보여 주는 역사라고 할 수 있다.

5

| 이근욱 |

세계 냉전 질서의 세계정치이론과 한국

1. 머리말: 세계정치 현실과 이론 — **184**
2. 현실주의 세계정치이론: 냉전에 대한 무도덕적 이해와 국제적 갈등 — **186**
3. 자유주의 세계정치이론: 데탕트와 유럽통합, 그리고 국제협력 — **194**
4. 마르크스주의 세계정치이론: 세계질서와 경제구조에 대한 비판적 시각 — **202**
5. 새로운 시각: 현실주의와 자유주의에 대한 제한적 도전 — **204**
6. 냉전기 세계정치이론의 동아시아 유입 — **206**
7. 맺음말 — **209**

| 핵심 개념 |

구조 현실주의 structural realism / 국제협력 international cooperation / 데탕트 détente / 마르크스주의 Marxism / 상호의존 interdependence / 안보 딜레마 security dilemma / 안행 모형 flying geese model / 유럽연합 EU: European Union / 일미경제론 Nichibei Economy / 일반 국제정치 general international politics / 자유주의 liberalism / 제도주의 institutionalism / 종속 dependency / 패권국 hegemonic state / 펠로폰네소스전쟁 Peloponnesian War / 현실주의 realism

1. 머리말: 세계정치 현실과 이론

이론과 현실은 서로 완전히 독립적으로 존재하지 않는다. 현실과 완전히 유리되어서 존재하는 순수한 이론은 없다. 모든 이론은 현실적으로 존재하는 문제에 대한 보다 정요한 설명을 위해서 만들어지며, 이론의 발전은 이론 내부의 논리적 모순을 해결하는 동시에 현실의 변화를 보다 정확하게 분석하기 위해서 이루어진다. 현실이 변화할 때 기존 이론으로 이러한 변화를 적절하게 설명할 수 있으면 그 이론은 그대로 유지되지만, 설명하지 못하고 이론 내부에 논리적인 문제가 발생하는 경우, 현실 변화를 설명하기 위한 새로운 이론이 나타난다. 한 이론이 그 자체로 충분히 논리적이고 정교하더라도 현실과 유리되어 현실을 설명하고 예측하는 기능을 하지 못하면 결과적으로 그 이론은 경험적인 차원에서 기각된다.

예를 들어 냉전 초기에 미국과 소련의 핵무기 군비경쟁이 세계 멸망을 가져올 핵전쟁으로 이어질 것이라는 비관적인 주장이 팽배했다. 하지만, 미국과 소련은 서로를 적절하게 견제하면서 대규모 전쟁을 방지했다. 결국 소련이 미국과의 경쟁을 포기하고 최종적으로 소멸하면서 냉전 자체가 종식되었다. 이러한 냉전 전개 과정에서 세계정치이론은 냉전의 위험성보다는 냉전과 두 강대국이 존재하는 국제 체제의 양극적 구조가 가지는 안정성에 주목했으며, 이를 설명하기 위한 이론들이 등장했다. 또한 강력한 국가가 세계경제의 지도자로서 원활한 경제활동에 필요한 역할을 수행하는 것이 필요하다는 주장도 제기됐다. 이 주장에 의하면 1970년대 세계경제의 어려움과 혼란은 미국의 경제력이 쇠퇴했기 때문에 발생한 것이었다. 하지만 국제 통화 질서와 고정환율제가 붕괴한 데 반해, 국제무역 질서는 유지되었고 세계적인 차원에서 무역장벽이 점차로 낮아졌다. 즉 현실에서 나타나는 국제경제 체제, 특히 국제무역 체제의 변화는 이론적인 주

〈참고 5-1〉 합리성 가정

국제정치학을 비롯한 대부분의 사회과학에서 합리성이란 논의를 전개하기 위해서 필요한 가정이다. 합리성의 핵심 내용은 첫째, 행위자가 모든 사안에 대해서 선호(preference)를 가지고 있어서 A·B·C 가운데 어느 것이 좋은지를 알고 있으며, 둘째, 이러한 선호는 일관되어서 A보다 B가 좋고 B보다 C가 좋으면 A보다는 당연히 C가 좋으며, 셋째, 선호는 장기적으로 오랜 시간이 지나는 경우에는 변화할 수 있지만 단기적으로는 변하지 않고 안정적으로 유지된다는 것이다.
합리성이란 행위자가 모든 정보를 가지고 있으며, 이에 기초하여 최종적으로 옳은 선택을 한다는 주장이 아니다. 합리성 가정이 충족되었다고 해도 행위자는 불완전한 정보를 가지고 있고 동시에 불확실성이 존재한다. 따라서 완전한 또는 완벽한 정보를 가진 상황에서 결정을 내리는 것은 사실상 불가능하다. 그리고 바로 이러한 이유에서 '잘못된 결정'을 내릴 수 있으며 합리적인 결정이 '재앙적인 결과'로 이어질 수 있다.
이러한 측면에서 합리성은 매우 엄격한 형식 논리에 기초한 개념이지만 실질적인 내용은 없다. 합리적인 행위자는 첫째, 자신이 무엇을 원하는지 알고 있고, 둘째, 일관성이 있고, 셋째, 변덕을 부리지 않는다는 매우 형식적인 것이다. 그리고 합리성이 실질적인 내용은 없고 오직 엄격하게 형식적이기 때문에 많은 연구에서 사용되며, 동시에 많은 성과를 배출한다.

<참고 5-2> 현실주의 이론과 민주주의 평화

가장 널리 알려져 있고 가장 흔히 접할 수 있는 세계정치이론 체계는 현실주의(realism)이다. 하지만 현실주의는 '국제정치 현실'을 강조한다는 인상에도 불구하고 현실적으로 존재하는 세계정치 현상을 적절하게 설명하지 못하고 있다. 가장 대표적인 사례는 바로 민주적 평화(democratic peace)이다. 지금까지도 현실주의 세계정치이론은 민주주의 국가들이 서로 전쟁을 벌이지 않는다는 사실과 이유를 정확하게 설명하지 못한다.

매우 거친 형태로 사람들이 일반적으로 수용하는 주장인 '냉혹한 국제사회'가 민주주의 국가들 사이에서는 적용되지 않으며, 갈등이 발생한다고 해도 민주주의 국가들은 서로간의 관계에서 이를 평화롭게 해결하는 방법을 터득했다. 하지만 민주주의 국가의 평화적인 성향은 상대의 정치 체제에 따라서 다르게 나타나서, 상대가 민주주의 국가가 아닌 경우에는 전쟁으로 이어지지만, 상대가 민주주의 국가인 경우에는 군사력을 동원하여 갈등을 해결하지 않는다.

과거 국제 규범과 도덕의 힘을 강조했던 이상주의(idealism)를 비판하며 등장한 현실주의도 민주주의 국가들이 서로 전쟁을 벌이지 않는다는 사실에 직면해서는 많은 비판의 대상이 된다. 그리고 이러한 측면에서 민주주의의 확산을 통해서 안정적인 평화 체제를 구축하려는 시도는 단순히 이상주의의 연장이거나 꿈과 같은 제안이 아니라 매우 현실적이며 경험적으로 타당한 사실에 기초한 정책이다. 따라서 이에 대한 합리적인 반대는 민주적 평화라는 사실을 현실주의 이론을 통해서 충분히 설명할 수 있는 경우에만 가능하며, 이러한 이론적 노력을 하지 않은 상태에서는 단순한 비방에 그치게 된다.

장과는 상반되었다. 따라서 세계정치이론에서는 세계경제의 통합 결과로 나타난 상호의존이 무역 질서는 강화했지만 통화 질서는 약화시켰다는 주장이 등장했고, 중요한 요인으로 상호의존과 이익집단의 역할에 주목했다.

이러한 측면에서 볼 때, 현실에 대하는 실질적인 정책은 어떠한 형태에서든 이론적 이해에 기초해서 만들어진다. 이론적인 이해가 결여된 현실 분석은 예외 없이 비논리적이다. 이에 기초한 정책이나 판단 역시 바람직하지 않은 결과를 가져온다. 이론적인 지식이 없는 상태에서도 현실 경험을 통해 체계적이지는 않지만 유용한 지식을 축적하는 것이 충분히 가능하다. 하지만 이러한 지식은 특정 상황에만 적용될 수 있는 것으로, 일반적인 차원에서 사용하기는 힘들고, 새로운 상황에서는 무의미하다. 이에 비해 이론에 기초하여 미래를 예측하기 위해서 만들어진 일반적인 지식은 기존 상황에 대한 체계적인 설명뿐만 아니라 새로운 상황에 대한 적절한 분석과 대응이 가능하다. 논리적, 경험적으로 검증된 이론에 위배되는 정책 및 현실 대응은 많은 문제를 발생시킨다. 이러한 문제점은 보다 논리적이고 경험적으로 타당한 이론에 기초한 정책이 추진되는 경우에만 사라진다.

대표적인 예로 중국의 경제발전과 그로 인한 세력 균형의 변화를 들 수 있다. 1970년대 중반까지 중국은 마르크스주의에 기초하여 선진 자본주의 국가와의 경제 교류를 단절하고 독자적인 경제발전을 추구했다. 그 결과 상당 기간 동안 많은 비용을 지불하면서도 경제적으로는 정체되었다. 그러나 1970년대 중반 이후부터는 세계경제를 적절하게 설명하고 분석하는 이론에 기초하여 정책을 수립하고 판단을 내리기 시작했다. 그 결과 중국은 매우 빠른 속도로 경제발전을 이룩했으며 세계적 차원에서 세력균형의 변화까지 가져 왔다.

<참고 5-3> 중국의 경제성장과 마르크스주의적 시각

1970년대 후반 중국은 경제발전 전략을 대폭 수정하고 미국 및 서부 유럽 국가들의 해외투자를 유치하고 자신의 자원과 값싼 노동력을 적극적으로 제공하기 시작했다. 즉 중국은 선진 자본주의 국가는 더 이상 사용하지 않는 노동 집약적 기술을 도입하여 경공업을 육성하여 해안 지방에서의 경제력을 발전시키고, 결국 중국 전체로 이를 확대하는 방식을 채택했다.

그 결과, 중국은 눈부신 경제성장을 이룩했다. 중국의 국내총생산(GDP)은 1980년부터 2000년까지 10배 이상 증가했고, 구매력 평가(purchasing power parity)로 국내총생산을 측정하는 경우에 중국은 2005년 미국 다음의 세계 제2의 경제 대국으로 성장했다.

중국이 종속이론과는 반대되는 경제발전 전략을 사용하여 빠른 속도로 성장했다는 것은 단순히 종속이론과 세계체제론과 같은 마르크스주의적 시각에 대한 이론적인 도전에 그치는 것이 아니다. 세계체제를 통제하는 선진국들은 노동 집약적 상품이 싼 가격으로 공급되도록 중국과 같은 후진국에서 제조업의 발전을 허용했다고 강변할 수 있다. 하지만 중국은 노동 집약적 제조업에서 출발하여 자신의 경제구조 자체를 변화시켰다.

그리고 이러한 경제성장은 세계정치체제에 가장 중요한 변화를 가져왔다. 중국의 빠른 성장은 동북아시아 지역 차원이 아니라 전 세계적 차원에서 세력균형의 근본적인 변화를 가져왔으며, 이제 중국은 냉전 종식 이후에 제국이라고 불리는 유일한 강대국인 미국에 대항할 수 있는 유일한 국가로 부상했다. 즉, 냉전 종식 직후인 1990년대에 나타났던 미국 중심의 일극 체제가 앞으로 계속 유지되기는 어려우며, 오히려 미국과 소련이라는 두 개의 강대국이 존재했던 냉전 체제와 같이 미국과 중국 중심의 양극 체제가 나타날 가능성이 크다. 이러한 측면에서 중국의 부상은 국제 체제 구조에 있어서 근본적인 차원의 변화를 가져오고 있다.

2. 현실주의 세계정치이론: 냉전에 대한 무도덕적 이해와 국제적 갈등

2차대전 직후 서부 유럽에 대한 통제권을 둘러싼 미국과 소련의 갈등에서 촉발된 냉전은 본질적으로 정치적인 대립이었다. 미국과 소련은 자신들이 '통제'하는 지역에 대한 지배권을 양보하지 않으려고 했으며, 결국 유럽과 동아시아에서 충돌했다. 유럽에서의 냉전이 독일을 중심으로 발생했고, 이 과정에서 소련은 미국과 영국, 프랑스가 관할하는 서베를린을 봉쇄하기도 했다. 또한 동아시아에서는 한국전쟁이 발생하면서 냉전이 본격적으로, 국제적인 차원에서, 그리고 군사력 충돌로 시작되었다. 이러한 국제정치적인 대립에 대해서 많은 사람들이 도덕적인 의미를 부여했다. 냉전에 대한 합리적인 이해보다는 자신들의 정치적 목적을 위해서 이용하려고 했다. 이에 대해 몇몇 국제정치 이론가들은 냉전을 보다 '냉정하게' 이해하기 위한 논의를 시작했으며, 이러한 논의는 현대 세계정치이론의 기초가 되었다. 냉전에 대한 '냉정한 이해'는 냉전 내부에서 나타났던 다양한 변화와 갈등, 그리고 협력을 보다 정확하게 이해하는 데 필수적이다.

예를 들어, 냉전 기간 동안 미국과 소련의 대립은 부침을 거듭했다. 1953년 냉전 질서가 확립되었으며, 1960년대 초중반까지 미국과 소련은 유럽과 동북아시아에서 군사력 사용을 위협하면서 서로 대립했다. 하지만 1960년대 중반의 어느 시점부터 미국과 소련의 대립은 상당 부분 완화되었으며, 1960년대 후반에 가서는 미국과 소련이 데탕트détente를 추구하면서 1950년의 대립과는 달리 많은 부분에서 협력을 거듭했다. 특히 1972년 5월 미국과 소련은 핵무기 배치를 제한하는 제1차 전략무기제한협정SALT I: Strategic Arms Limitation Talks I을 체결했으며, 이에 기초하여 각각은 보유하고 있는 탄도미사일의 숫자와 요격미사일 배치를 제한했다. 냉전 자체에 대한 '열정적인 이해', 즉 종교적 또는 이념적 편향에 기초한 설명은 이와 같은 변화를 설명하지 못했으며, 미국과 소련의 대립에 도덕적인 가치를 부여하지 않는 무도덕적인 분석이 필수적이었다. 물론 데탕트는 1970년대 후반에 들어서면서 약화되었으며, 결국 1979년 12월 소련이 아프가니스탄을 침공하고 이에 미국이 SALT II의 비준을 포기하면서 냉전은 다시 격화되었다. 1980년대 들어서 미국과 소련은 다시 긴장 관계를 유지했으며, 핵 및 재래식 군사력 건설을 통해 대립했다. 하지만 1985년 소련에서 새로운 지도자 고르바초프가 등장하면서 냉전은 빠른 속도로 완화되었으며, 특히 유럽을 중심으로 재래식 군사력 감축과 중거리 핵탄두미사일의 완전 폐기가 이루어졌고, 1990년 독일이 통일되었다. 1991년 소련의 붕괴와 함께 냉전은 종식되었다. 한반도를 중심으로 한 동북아시아에서는 냉전의 유산이 남아 있었지만 그 강도 자체가 상대적으로 많이 완화되었다는 것은 부인할 수 없다. 그리고 이러한 변화를 정확하게 이해하기 위해서는 '냉정한 이해'가 필수적이다.

(1) 전통적 현실주의 이론: 모든 국가는 권력을 추구한다

세계정치이론의 역사에서 현실주의 이론의 선구자로는 2500년 전의 인물인 투키디데스Thucydides를 꼽는다. 그는 아테네와 스파르타 사이에 벌어졌던 펠로폰네소스전쟁Peloponnesian War의 원인을 페르시아전쟁 이후 빠르게 성장한 아테네의 힘과 그에 따른 스파르타의 두려움에서 비롯된 것으로 진단한 바 있다. 하지만 국제정치학을 하나의 과학으로, 또 독립된 분과 학문으로 정립하는 데 기여한 사람은 한스 모겐소Hans Morgenthau이다. 그는 오늘날 형태의 세계정치이론을 제시한 첫 번째 학자이다. 그는 기본적으로 "인간의 본성이 공격적이고 권력을 추구한다"는 속성에서 국가 사이의 관계를 설명했다(Morgenthau 1948).

모겐소는 정치적 현실주의 원칙을 설명하면서, 모든 정치 현상은 인간의 본성의 영향을 받는다고 규정했다. 이에 따라 국제정치를 이해하는 데 핵심적인 변수인 국가 이익은 개별 국가가 가진 힘으로 정의되지만, 국가 이익의 구체적인 내용은 개별적인 경우에 따라서 달라진다고 보았다. 또한 모겐소는 정치적 행위의 도덕적 중요성을 강조했지만, 그와 함께 특정 국가의 도덕적 열망과 보편적인 도덕 원칙은 다르다는 것 또한 인정했다. 즉 상황에 따라 국가들은 특정한 행동을 취할 필요가 있으며, 그러한 국가의 행동은 일반적으로 개인이 준수해야 하는 도덕적인 원칙에서는 제한적으로 독립될 수 있다고 보았다. 하지만 국가의 모든 행위가 개인 차원에 적용되는 도덕 원칙에서 완벽하게 해방되어 정당화되지는 않는다는 점을 분명히 하면서 정치적 행위의 도덕적 중요성을 강조했다.

모겐소는 이어서 권력투쟁으로서의 국제정치를 설명하면서, 국력의 본질과 요소, 국가가 자신의 힘을 사용하는 방식, 그리고 제한 요인으로서의 세력균형을 강조했다. 또한 모든 국가가 힘으로 정의되는 국가이익을 추구하지만 각각의 상황에 따라서 추구하는 정책은 차이를 보인다는 점을 지적했다. 그는 이러한 측면에서 개별 국가의 정책을 현재 유지되고 있는 세력균형을 유지하고자 하는 현상 유지 정책status quo policy과 현재 세력균형에 도전하는 현상 타파 정책revisionist policy으로 나누었다. 현상 유지 국가는 기존 세력균형의 유지라는 자신의 이익을 위해서 노력하고 현상 타파 국가는 기존 세력균형의 변화라는 자신의 이익을 위해서 행동한다는 것이다. 하지만 이러한 행동의 차이는 그 국가가 처한 상황과 힘에 의해서 나타나는 것이며, 현상 유지 국가 또는 현상 타파 국가의 행동을 도덕적으로 비난할 수는 없다고 강조했다.

냉전의 발생을 해석하면서 모겐소는 미국은 현상 유지 정책을 추구하고 소련을 현상 타파 정책을 추진하는 것으로 파악했다. 따라서 그에게 냉전은 단순히 악마적인 공산주의 세력에 대항하는 선량한 자유민주주의 세력의 대립이 아니었다. 두 개의 국가가 자신의 이익을 추구하는 과정에서 일반적으로 나타나는 갈등이었다. 따라서 소련에 대한 봉쇄도 종교적인 열정을 가지고 선과 악의 대결에서 나타나는 절대적인 대립이 아니라 각각의 상황에 적절하게 힘을 사용하고 필요한 경우에는 타협을 할 사안이라고 주장했다.

모겐소의 주장은 미국과 소련의 전략적인 대립으로 정의될 수 있는 냉전 초기에 어떠한 방식으로 이러한 세계정치 현상을 이해할 것인가를 설명하는 데 많은 도움을 주었다. 미국과 소련이 대립하게 되는 근본 원인은 무엇인가 하는 문제와 일단 발생한 갈등과 대립 상황에서 어떠한 방식으로 미국이 행동해야 하는가를 학문적으로 제시했다. 이러한 측면에서 모겐소는 냉전 초기의 현실 상황을 설명하는 매우 적절한 이론적 공헌을 했다.

(2) 안보 딜레마 이론: 원하지 않는 충돌

현실주의 이론이 냉전 질서의 시작과 함께 시작되었다면, 냉전 질서의 변화 특히 미국과 소련의 대립이 완화되면서 새로운 개념이 등장했다. 1960년대 중반에 이르러 미국과 소련의 전략적인 대립 정도는 감소하기 시작했고, 여러 부분에서 양진영의 타협과 협력이 이루어졌다. 데탕트라고 불렸던 이러한 긴장 완화와 미국과 소련의 협조라는 현실에 대해서 국제정치학계의 이론가들은 적절한 설명을 제공해야 했다. 특히 무한정 지속될 듯하던 미국과 소련의 핵무기 경쟁이 다양한 방식으로 통제되었으며, 상대방에 대한 위성 정찰이라는 방식으로 서로가 군사력 증강을 자제하고 있는지를 사찰했다. 이와 같은 국제관계의 변화는 국가들 사이의 경쟁이 항상 격화되는 것만은 아니며, 장기간 안정적으로 협력이 가능하다는 것을 보여주었다. 따라서 국제관계에서 나타나는 경쟁과 협력을 하나의 통합된 방식으로 설명하는 것이 필요했다. 그리고 이러한 변화를 설명하는 방식으로 데탕트 분위기가 최고조에 이른 1970년대 후반에 안보 딜레마 security dilemma 이론이 등장했다. 안보 딜레마에 관한 논의는 본래 1950년대 초반 허즈(Herz 1950; 1951)에 의해서 처음 제시되었으나 거의 주목받지 못했다.

안보 딜레마란 자신의 안보를 확보하기 위한 조치가 다른 국가들의 안보를 저해하게 되는 상황으로 정의된다. 로버트 저비스 Robert Jervis는 1978년 안보 딜레마에 관한 논의를 체계적으로 정리했다. 그는 "안보 딜레마에서의 협동 Cooperation Under the Security Dilemma"라는 논문에서 안보 딜레마에 영향을 미치는 요인으로 지리적 변수와 현재 상황에 대한 개별 국가의 믿음 belief 등과 함께, 공격 방어 균형 offense-defense balance과 공격 방어 구분 가능성 offense-defense distinction을 제시했다(Jervis 1978). 특히 안보 딜레마의 정도는 공격 우위 offensive advantage와 공격 방어 구분 불가능 offense-defense indistinguishability 상황에서 가장 높으며, 반대로 방어 우위 defensive advantage와 공격 방어 구분 가능 offense-defense distinguishability 상황에서 가장 낮다고 주장했다.

안보 딜레마 이론에 의하면 냉전은 미국 또는 소련이 현상 타파 정책을 취했기 때문에 불가피하게 발생한 것이 아니었다. 각자가 자신의 안보를 확보하기 위해서 취한 조치가 결국 상대방의 안보를 저해하게 되면서 발생한 안보 딜레마의 결과였다고 볼 수 있다. 즉 냉전은, 피할 수 있었지만 2차대전 직후 특이한 공격 방어 균형과 공격 방어 구분 불가능성 상황에서 벌어진 의도하지 않았던 국제정치적 경쟁이었다. 시간이 지나면서 어느 정도 상대방에 대한 정보를 축적하게 되고, 동시에 선제공격을 받고도 상대에게 보복이 가능한 핵무기가 개발되면서 군사기술이 방어 우위와 공격 방어 구분 가능 상황으로 변화했다는 것이다. 따라서 데탕트는 단순히 소련이 공격적이고 팽창적인 현상 타파 정책을 포기했기 때문에 가능했던 것이 아니라 군사기술의 변화를 통해서 본래부터 현상 유지 정책을 추진했던 미국과 소련이 서로를 확실하게 수용했기 때문에 가능해진 것이다. 안정적인 체제를 유지하고 미국과 소련 사이의 안보 딜레마를 격화시키지 않기 위해서는 방어 우위와 공격 방어 구분이 가능한 군사기술을 계속 유지해야 하며, 이를 약화시킬 수 있는 군사기술의 개발은 해롭다는 추론이 가능하다.

(3) 신현실주의 이론: 무정부 상태에서 불가피한 국가들 사이의 충돌

1970년대 세계정치 이론가들이 미국과 소련의 데탕트를 설명하기 위해서 안보 딜레마 이론을 제안하던 시기에 케네시 월츠(Kenneth Waltz)는 국제정치학 발전에 있어서 가장 중요한 이론적 개념을 제시했다. 월츠는 1979년에 출판한 『국제정치학 이론Theory of International

---

〈참고 5-4〉 안보 딜레마

자신의 안보를 위해 취한 조치가 다른 국가의 안전을 저해하는 상황을 지칭하는 것으로서 국제정치학에서 안보 분야의 국가 행동을 설명하는 가장 중요한 개념이다. 안보 딜레마의 강도는 공격 우위와 공격 방어 구분 불가능 상황에서 가장 높으며, 반대로 방어 우위와 공격 방어 구분 가능 상황에서 가장 낮다. 안보 딜레마는 어떠한 국가도 공격적으로 행동하지 않지만 결과적으로는 경쟁이 나타나는 국제정치 상황을 잘 설명한다.

〈참고 5-5〉 공격 무기와 방어 무기, 그리고 핵무기

공격 무기와 방어 무기는 어떻게 구분할 수 있는가? 이것은 안보 딜레마를 비롯한 다양한 사안에서 나타나는 문제로, 군사적 긴장 완화를 위해 공격용 무기를 우선적으로 감축하는 군비 통제(arms control) 등에서도 핵심적인 부분이다. 무기의 특성, 특히 기동성(mobility)과 화력(firepower)의 비중에 따라 공격 또는 방어 무기로 구분하는 것이 가장 널리 사용되는 분류 방법이다. 즉 모든 무기는 기동성과 화력을 가지지만 상대적인 비중에 따라서 기동성 중심의 무기는 공격 무기로, 화력 중심의 무기는 방어 무기로 분류한다.

가장 대표적인 방어 무기로는 지뢰(land mine)를 들 수 있다. 땅에 묻어서 적군의 전진을 방해하는 지뢰는 상당한 화력 또는 파괴력을 가지지만 미리 살포하거나 사전에 지뢰 지대를 구축해야 하기 때문에 기동성을 가지지 못한다. "살포된 지뢰를 수거해서 적군에게 던지는 방식으로 공격"하는 것은 가능하지만 지극히 비효율적인 방식이다. 이러한 특성 때문에 지뢰는 방어 무기이다. 또한 화력은 강력하지만 기동성은 상대적으로 낮은 포병(artillery)은 방어 무기이며, 동일한 화력을 가졌다고 해도 기동성이 높은 자주포(self-propelled artillery)가 기동성이 낮은 견인식 포병보다 공격 무기의 특성을 띤다. 전차(tank)는 기동성이 높기 때문에 공격 무기이며, 항공기 또는 미사일 등은 더욱 강력한 공격 무기이다.

이러한 측면에서 2차대전 마지막에 등장한 핵무기는 강력한 파괴력 때문에 방어 무기로 분류된다. 1945년 당시 미국은 폭격기를 사용해서 핵무기를 이동시켰기 때문에 핵무기가 가진 화력에 비해서 핵무기의 기동성은 매우 낮은 수준이었다. 하지만 1950년대 후반 미국과 소련이 탄도미사일을 개발하면서 핵무기의 기동성이 향상되었고, 특히 1970년대 탄도미사일의 정밀도가 증가하면서 핵무기는 점차 공격 무기의 성격을 가지게 되었다. 핵무기가 단순히 파괴력만 가졌을 때에는 강력한 화력을 사용하여 상대방의 대도시에 대한 보복을 위협하고 이를 통해 억지(deterrence)를 구현할 수 있었다. 하지만 정밀도가 높아지면서 상대방의 군사 목표물을 정확하게 공격할 수 있게 되었고, 따라서 상대방보다 먼저 핵무기를 사용하여 상대방의 군사력을 파괴하고 핵무기 전쟁에서 승리할 수 있다는 주장까지 등장했다. 하지만 1980년대 중반 냉전이 종식되면서 이러한 주장은 적실성을 상실했다.

Politics』에서 국가들 사이의 갈등이 계속되는 근본 원인으로서 개별 국가 상위의 단위가 없는 국제체제의 무정부성anarchy을 제시했다(Waltz 1979). 안보 딜레마와 일맥상통하는 월츠의 주장은 상대방의 의도에 대한 불확실성이 국가들 사이의 갈등을 야기하며 극단적인 경우에는 전쟁을 하게 된다는 것이었다. 이러한 측면에서 볼 때, 냉전 기간 동안 최소한 강대국 사이에서는 대규모 전쟁 없이 전략적 대립으로만 지속되었다는 사실은 매우 특이하다. 이전의 다극 체제에서 1차대전과 2차대전이 발발하여 수천만 명이 목숨을 잃었지만, 1945년 이후의 양극 체제는 강대국 갈등에도 불구하고 전쟁은 발발하지 않았다. 그리고 이와 같은 양극 체제의 안정성을 분석하기 위해서는 기존과는 다른 방식의 설명이 필요했다. 당시 냉전이 다시 격화되던 시점에서 월츠의 세력균형에 대한 해석과 양극 체제의 안정성 분석은 국제정치를 이해하는데 큰 도움이 되었다. 1960년대와 1970년대 중반까지의 데탕트를 거치면서 등장했던 갈등과 협력 정도의 변화와 함께, 강대국 전쟁 없이 장기적으로 유지되는 평화Long Peace를 설명하는 것이 필수적이었다. 특히 데탕트와 석유 위기를 거치면서 현실적으로 국제관계에서 군사력을 사용할 기회가 점차 사라졌다는 인식이 퍼져 나갔지만, 소련의 아프가니스탄 침공으로 냉전이 다시 격화되면서 군사력의 중요성이 다시 부각되었다.

월츠에 의하면 세계정부가 존재하지 않는 상황에서 국제체제에서는 정치적인 차원의 분업이 존재할 수 없다. 모든 국가는 자신이 비교 우위에 있는 정치적인 역할에 특화할 수 없다. 국내 정치에서는 중앙정부가

〈참고 5-6〉 전쟁의 원인에 대한 세 가지 이미지

전쟁으로 인해 사람들은 죽거나 다치게 되고 많은 문화유산과 재산이 파괴된다. 이렇게 엄청난 손해와 비용이 발생함에도 불구하고 전쟁이라는 현상은 인류 역사상 지속되었다. 전쟁이 왜 일어나는가에 대해서 많은 학자들은 다양한 의견을 제시해 왔으며, 월츠는 저서인 『인간, 국가, 전쟁(Man, the State, and War)』에서 이러한 다양한 의견을 첫 번째 이미지, 두 번째 이미지, 세 번째 이미지라는 형태로 정리했다.

첫 번째 이미지(The First Image)는 전쟁이라는 현상은 인간의 본성에 의해서 나타난다는 설명이다. 이러한 주장을 제기한 사람으로는 초기 기독교 사상을 정립한 아우구스티누스(St. Augustine), 영국의 정치사상가이며, 『리바이던(Leviathan)』의 저자인 토머스 홉스(Thomas Hobbes), 20세기 정치사상가인 라인홀트 니부어(Reinhold Niebuhr), 그리고 국제정치학 이론의 시조로 불리는 모겐소 등이 있다. 이들은 인간의 공격 성향이 전쟁의 원인이라고 보면서, 영구 평화는 이러한 본성이 변화하지 않는 한 불가능하다고 주장했다.

두 번째 이미지(The Second Image)는 전쟁이라는 현상은 인간의 본성이 아니라 어떠한 정치체제 또는 경제체제가 가지는 내부적인 특성에 의해서 나타난다는 설명이다. 이러한 두 번째 이미지를 주장한 학자로는 독일의 철학자 칸트(Immauel Kant), 1차대전 당시 미국 대통령이었던 윌슨(Woodrow Wilson), 그리고 소련 공산혁명의 지도자였던 레닌(Vladmir Lenin) 등이 있다. 이에 따르면, 어떠한 국가가 전쟁을 하는 원인은 그 국가의 정치체제가 민주적이지 않거나 경제체제가 자본주의적이기 때문이라고 한다. 영구 평화가 가능하기 위해서 칸트와 윌슨은 전 세계적인 민주주의의 확산을 주장했으며, 레닌은 세계 공산혁명의 필요성을 강조했다.

세 번째 이미지(The Third Image)는 전쟁은 인간의 본성이나 특정 체제 내부의 특성에 의한 것이 아니라, 국제체제의 무정부성(anarchy) 때문에 발생한다는 주장이다. 대표적으로 기원전 430년경에 시작된 아테네와 스파르타와의 펠로폰네소스전쟁을 기록한 역사가 투키디데스와 18세기 프랑스의 정치사상가로 사회계약론을 남긴 루소(Jean-Jacques Rousseau)를 들고 있다. 투키디데스는 펠로폰네소스전쟁의 원인을 빠르게 증가하는 아테네의 힘에 대한 스파르타의 두려움이라고 진단했다. 한편, 루소는 무인도에 표류한 사람들이 협력해서 사슴을 잡기보다는 다른 사람이 협력을 하지 않을지도 모른다는 두려움 때문에 결국 공동의 이익인 사슴이 아니라 개인의 이익인 토끼를 잡으려고 개별적으로 행동하고 이로 인해 협력이 무너진다고 주장했다. 이러한 주장에 따르면, 전쟁의 기본 원인은 국가보다 상위에서 국제관계를 조율하고 어떤 국가의 의무 위반을 처벌할 수 있는 정부가 존재하지 않는 무정부 상태이다. 생존을 위한 유일한 방법은 개별 국가의 자구적인 행동(self-help)이며, 평화는 국제정치의 무정부적 체제가 사라지고 세계정부가 수립되면서 위계질서(hierarchy)가 등장하기 이전까지는 불가능하다.

외교와 국방, 그리고 치안과 같은 업무를 독점하여 지방정부에게 안전을 제공한다. 이에 비해 지방정부는 자치 단체의 행정 업무에 특화하여 중앙정부의 부담을 경감한다. 하지만, 국제정치는 상황이 다르다. 국제정치에서는 이러한 분업이 불가능하고 따라서 모든 국가는 자신의 안전 확보를 최우선 과제로 하면서 동일한 기능을 수행하게 된다.

세계정부가 존재하지 않는 무정부적인 국제체제는 지속적으로 정부의 부재란 동일한 특성을 유지하며 각 단위체인 국가는 자신의 안전을 위해 노력한다는 측면에서 동일하다. 국제정치의 변화는 극성 polarity 이라고 표현하는 '강대국의 숫자'로 정의되는 국제체제의 구조 structure of international system 에 의해서 파악할 수 있다. 실제 존재하는 국제체제의 구조는 1945년 이전의 세계와 같이 5~6개 정도의 강대국이 존재하는 다극 체제, 냉전 기간과 같이 두 개의 강대국이 존재하는 양극 체제, 그리고 냉전 이후의 시기와 같이 한 개의 강대국만 존재하는 일극 체제 등으로 구분할 수 있다.

그러나 국제체제의 무정부성이 반드시 극심한 혼란이나 무질서를 자동적으로 가져오는 것은 아니다. 오히려 강대국의 숫자에 의해서 결정되는 국제체제의 구조는 안정성의 측면에서 차이를 보인다. 다극 체제에서는 강대국의 숫자 자체가 많기 때문에 강대국 사이의 불확실성의 절대량이 증가한다. 동시에 동맹국이 더욱 중요해지기 때문에 약간의 변화도 체제 전체의 안정성을 저해하고 전쟁의 가능성을 증가시키게 된다. 반면 양극 체제에서는 강대국의 숫자가 두 개로 작고 강대국 사이의 불확실성의 절대량이 적다. 두 개의 국가에 힘이 집중되어 있기 때문에, 동맹국이 중요하지 않고 약간의 변화가 체제 전체의 불안정성에 큰 영향을 주지 못하며 따라서 상대적으로 안정적이다. 즉 20세기 전반부에 5~6개 정도의 강대국이 존재했던 다극 체제에서는 두 번의 세계대전이 발발했다. 오스트리아-헝가리제국 황태자의 암살로 시작된 발칸 반도의 위기가 유럽 강대국 전체가 참가하는 1차대전으로 확대되었다. 이에 반해 미국과 소련이라는 두 개의 강대국이 존재했던 양극 체제의 냉전 시기에는 한국전쟁과 베트남전쟁, 그리고 네 번에 걸친 중동전쟁 등이 국제체제 전체를 포괄하는 전쟁으로 이어지지 않았다. 쿠바 미사일 위기도 미국과 소련 간의 핵전쟁으로 확대되지 않았다. 따라서 냉전은 매우 안정적이었다. 두 개의 강대국만 서로 대립하고 다른 강대국의 등장으로 강대국의 숫자가 증가하지 않는 한 미국과 소련의 전쟁은 없을 것이라고 주장했다. 월츠는 양극 체제를 가장 안정적인 세계질서 유형으로 본 것이다.

〈참고 5-7〉 무정부성

국제체제(international system)의 특징을 설명하는 개념으로 국제정치학 전반을 포괄하는 핵심적인 사안이다. 오늘날 국제정치 이론가들은 무정부성(anarchy)이 "국가 상위의 단위체가 없다"는 의미를 가진다고 동의하지만 그것이 국가의 행동을 필연적으로 공격적으로 만드는지 아니면 국가의 행동은 군사기술, 국내 정치, 과거 경험 및 문화 등에 의해서 달라지는지에 대해서 논쟁한다. 또한 국제체제의 무정부성을 완전히 제거할 수는 없지만 어느 정도까지 완화할 수 있는가에 대해서 여러 가지 평가가 존재한다.

〈참고 5-8〉 국제 구조

월츠가 주장한 신현실주의의 핵심 개념으로, 국제체제에서 국가 상위의 단위체가 존재하지 않는 상황에서 상대적 힘이 어떻게 배분되어 있는가를 지칭한다. 흔히 국제체제의 구조(structure of international system)라고 지칭되면서 국제체제와 혼동되지만, 엄격한 의미에서 무정부성을 특징으로 하는 국제체제와는 구분되며 주로 몇 개의 강대국이 존재하는가를 지칭하는 극성(polarity)을 의미한다. 따라서 국제체제의 구조 또는 국제 구조(International Structure)는 하나의 강대국이 존재하는 일극 체제, 두 개의 강대국이 존재하는 양극 체제, 네 개 이상의 강대국이 존재하는 다극 체제로 구분된다.

월츠의 이론은 국제체제의 구조를 강조하고 있기 때문에 흔히 구조 현실주의structural realism라고 부른다. 또는 인간의 본성에서 출발하여 국가의 행동을 설명하려고 했던 모겐소의 고전 현실주의classical realism와의 차이를 강조하는 관점에서 신현실주의neorealism로 지칭된다. 월츠의 공헌은 유례없이 탁월한 것이었으며, 1980년 이후 등장한 모든 세계정치이론에 압도적인 영향을 미쳤다. 월츠 이후의 국제정치학은 월츠의 이론을 연장, 발전시키거나 또는 그의 이론에 대한 비판의 형태로 이루어졌으며, 『국제정치학 이론』은 출판된 지 거의 30년 가까이 되었으나 국제정치학에서 가장 중요한 저술의 지위를 유지하고 있다.

(4) 강대국 순환론: 패권국과 도전국의 순환

현실에서 모든 것은 변화하듯 세계정치도 항상 변화한다. 새로운 강대국이 출현하고 동시에 기존의 강대국이 쇠퇴하며 극심한 경우에는 멸망하기도 한다. 이러한 측면에서 중국의 세계정치적인 운명은 매우 흥미롭다. 한때 세계에서 가장 부유한 국가로서 유럽 강대국을 압도했던 중국은 산업혁명에서 실패하고 점차 생산력 경쟁에서 뒤쳐졌다. 이 과정에서 빠르게 적응하여 주변부 국가에서 반주변부 국가로까지 부상한 일본과의 전쟁에서 패배했다. 그 결과 중국은 완전한 주변부 국가이자 중심부 국가의 식민지로 전락했다. 하지만 1970년대 후반부터 중국은 매우 빠른 속도로 이전까지의 실패를 만회했다. 주변부 국가에서 반주변부 국가로 부상했고, 현재는 중심부 국가로 도약할 수 있는 가능성과 힘을 보여 주고 있다.

문제는 이와 같은 강대국의 순환이 평화롭게 일어나지 않으며, 대개의 경우 전쟁을 통해서 이루어진다는 사실이다. 역사상 기록된 가장 유명한 그리고 가장 오

〈참고 5-9〉 냉전 시기의 안정성과 절대 절명의 위기

첫 번째 사례이자 냉전 기간 동안 가장 위험했던 위기는 1962년 10월에 벌어진 쿠바 미사일 위기(Cuban Missile Crisis)이다. 1959년 혁명 성공으로 권력을 장악한 쿠바의 카스트로 정권은 미국의 위협에 대응하기 위해서, 그리고 소련은 미국과의 전략 핵균형 경쟁에서 우위를 확보하기 위해서 1962년 5월 핵미사일을 쿠바에 배치하기로 결정했다. 극비리에 이루어진 소련군과 핵미사일의 쿠바 배치는 1962년 10월 미국 정찰기가 건설 중인 미사일 기지를 촬영하고, 10월 22일 케네디 대통령이 텔레비전 연설에서 소련 핵미사일의 존재를 공개하고 쿠바 봉쇄를 선언하면서 냉전 기간 중 가장 위험했던 위기로 이어졌다. 미국 해군이 쿠바로 들어가는 모든 선박을 검색하는 와중에 소련 선박은 핵어뢰로 무장한 잠수함의 호위를 받으며 핵폭탄을 적재하고 쿠바로 향하고 있었다. 전쟁을 통해서도 쿠바에 있는 소련 핵미사일을 제거하려는 미국과, 쿠바 주둔군이 공격을 받는 경우에는 유럽과 아시아에서 반격을 한다는 계획을 가지고 있었던 소련은 인류의 운명을 결정할 핵전쟁의 문턱에 서 있었다. 그러나 10월 28일 소련은 쿠바에서 미사일을 철수하겠다고 선언했고, 6개월 후 미국은 이에 대응하여 터키에 배치된 미국의 핵미사일을 철수했다. 이로써 냉전 시기 최대의 위기가 무사히 극복되었다.

두 번째 사례는 1983년 11월에 있었던 NATO의 기동훈련 '유능한 궁수'(Operation Able Archer)와 관련된 위기이다. 1970년대 후반 데탕트가 끝나고 미국과 소련의 대립이 격화되는 과정에서 소련은 자신의 힘에 대해서 매우 비관적인 전망을 하게 되었고 특히 미국이 선제 핵공격을 하는 경우에는 전쟁에서 완전히 패배할 것이라고 믿게 되었다. 이러한 배경에서 1983년 가을 여러 사건으로 인해 긴장이 고조된 상황에서 1983년 11월 2일 NATO는 '유능한 궁수'라는 매우 정교한 기동훈련을 개시했다. 열흘 동안 계속된 기동훈련은 매우 현실적인 상황을 상정하고 있었고 따라서 미국을 비롯한 NATO 국가 주요 지도자들의 전시 대피까지 포함되어 있었기 때문에, 소련은 '유능한 궁수' 기동훈련을 미국의 소련에 대한 핵공격 준비 조치로 파악했고 전략 로켓군을 포함한 전체 소련군에 비상경계령을 하달했다. 소련 폭격기는 엔진에 시동을 걸고 핵폭탄을 탑재한 상황에서 활주로에서 72시간을 대기했으며, 동독과 폴란드 주둔 소련군은 전투에 대비한 상태를 기동훈련 기간 동안 유지했다. 하지만 11월 11일 '유능한 궁수' 훈련이 끝나면서 위기 상황도 동시에 사라졌다.

래된 강대국 순환 전쟁은 고대 그리스에서 벌어진 펠로폰네소스전쟁이다. 기원전 480년 페르시아가 그리스를 침공했으나 실패했고 이후 그리스 도시국가들은 페르시아의 추가 침공에 대비하여 아테네가 주도하는 해군력 동맹인 델로스연맹Delian League을 결성했다. 당시 스파르타는 그리스 세계 최고의 강대국이었고 최강의 지상군을 보유하고 있었지만, 아테네가 부상하면서 패권국이었던 스파르타는 강력한 도전에 직면했다. 세력균형이 변화하는 상황에서 스파르타는 지금 현재로는 자신이 우월하기 때문에 아테네의 위협을 무시할 수 있지만 미래에는 아테네의 위협에 대응할 수 없다고 판단했다. 결국 스파르타는 아테네를 침공하여 펠로폰네소스전쟁을 시작했다. 당시 아테네 해군 제독으로서 이 전쟁에 참전했던 투키디데스는 "페르시아 침공 이후 급격히 증가했던 아테네의 힘과, 이를 바라보면서 스파르타가 가지게 되었던 두려움"이 펠로폰네소스전쟁의 가장 중요한 원인이라고 서술했다.

이와 같이 강대국의 순환이 강대국 사이의 대규모 전쟁을 가져온다는 주장은 국제정치학계에서 로버트 길핀Robert Gilpin에 의해서 체계화되었다. 길핀은 국제체제는 완전한 형태의 무정부 상태가 아니라 특정한 강대국이 패권국hegemonic state으로서 다른 국가들에 비해

〈참고 5-10〉 펠로폰네소스전쟁

고대 그리스 세계의 강대국이었던 아테네와 스파르타 사이에 벌어진 전쟁으로, 시간적으로는 기원전 431년에서 기원전 404년의 30년 동안 지속되었으며, 지리적으로는 현재의 터키 남부 해안에서 이탈리아 남부 시칠리아까지 확대되었던 고대 세계 최대의 전쟁이다. 펠로폰네소스전쟁은 본격적인 기록이 남아 있는 전쟁으로는 가장 오래전에 벌어진 것으로서, 이에 대한 기록으로는 오늘날까지 널리 읽히고 있으며 가장 오래된 본격 역사서로 평가되는 투키디데스의 『펠로폰네소스전쟁사(The History of Peloponnesian War)』가 있다. 이 전쟁에는 고대 세계 최고의 철학자 플라톤이 군인으로 참전했으며, 그의 스승이었던 소크라테스는 전쟁 종식 이후의 정치적 혼란기에 발생한 아테네 권력투쟁에 휘말려 처형된다.

투키디데스는 전쟁의 원인이 "페르시아의 그리스 세계 침공 이후 급격히 증가했던 아테네의 힘과 이를 바라보면서 스파르타가 가지게 되었던 두려움"이라고 분석했으며, 이러한 주장 덕분에 그는 오늘날 '국제정치학의 아버지'로 평가되고 있다. 기원전 431년 스파르타는 "지금 우리가 아테네를 공격하는 것이 나중에 아테네가 더욱 강력해진 다음에 우리를 공격할 때까지 기다리는 것보다 낫다"고 생각하고 아테네를 침공한다. 하지만, 아테네는 해군력과 경제력의 우위를 이용하여 스파르타의 공격에 정면 대응하지 않고 상대의 전력을 소모시킨다. 그런데 전쟁 발발 다음 해에 아테네에는 페스트 또는 티푸스로 추정되는 전염병이 발생하여 탁월한 전략가이자 정치 지도자였던 페리클레스(Pericles)를 포함한 전체 인구의 3분의 1이 사망했다. 이후 전쟁은 소강상태에 빠져 있다가 아테네가 스파르타 사회의 기초인 노예제도를 공격하여 반란을 선동하면서 양측은 이러한 행동이 가져올 파장을 두려워한 나머지 기원전 421년 휴전에 합의했다.

이른바 니키아스의 평화(Peace of Nicias)로 알려진 휴전으로 전쟁이 완전히 종결된 것은 아니었다. 소규모 충돌이 계속되는 상황에서 기원전 415년 아테네는 중립지대였던 이탈리아 남부 시칠리아 최고의 강대국인 시라쿠제(Syracuse)를 공격했다. 이와 같은 원정을 위해서 아테네는 자신의 군사력을 직선거리로 750킬로미터 떨어진, 서울과 도쿄 거리의 3/4에 해당하는 거리를 이동시켰으며, 결국 전쟁은 다시 확대되었다. 200척의 함대와 7000명의 병력이 시칠리아에 상륙한 상황에서 원정을 입안했고, 직접 전선에서 시라쿠제 공격을 지휘하기로 되어 있었던 알키비아데스(Alcibiades)가 아테네 권력 투쟁의 과정에서 소환된다. 하지만 알키비아데스가 아테네로 귀환하지 않고 조국을 배신하여 스파르타에 투항한 상황에서, 추가로 투입되었던 병력과 비전투원을 모두 포함한 6만 5000명의 아테네 원정군과 그에 따른 해군 병력 2만 5000명이 전멸했다.

시칠리아 원정의 실패로 아테네는 군사력에서 엄청난 타격을 입었으며, 동시에 과거에는 아테네가 주도했던 델로스동맹이 붕괴하기 시작했다. 과거 아테네의 동맹국이었던 많은 국가들이 배신하고 스파르타에 접근하는 상황에서, 아테네는 내부적으로 다수에 의한 정책결정을 주장하는 민주주의 세력과 소수 귀족에 의해서 정책결정을 선호하는 과두제(oligarchy) 세력의 대립에 휘말렸다. 내부의 분열이 수습되지 않는 상황에서 결국 동맹국을 완전히 상실한 아테네가 기원전 404년 스파르타에게 항복함으로써 30년 동안 지속되었던 펠로폰네소스전쟁은 종결되었다.

서 사실상 우월한 지위를 차지하는 위계질서^{hierarchy}에 가까운 무정부 상태라고 주장했다(Gilpin 1981). 그의 논리에 의하면 국가들은 근본적으로 서로 다른 속도로 성장하기 때문에 시간이 지나면서 힘의 균형은 달라진다. 어떤 국가는 다른 국가에 비해서 더욱 빨리 힘을 축적하고 그에 따라서 팽창하게 된다. 하지만 어느 정도를 넘어서는 경우에는 팽창을 통해서 획득하는 이익보다는 팽창을 하기 위해서 지출하는 비용이 많아지게 된다. 결국 방대한 영토와 정치적 영향력을 유지하는 것이 어려워진다. 과대 팽창은 필연적으로 나타나며, 모든 강대국과 패권국은 바로 이러한 과대 팽창의 문제점 때문에 결국은 쇠퇴한다. 그리고 상대적으로 효율적이고 아직까지는 팽창의 이익이 비용보다 큰 상태에 있는 강대국에 의해서 추월당한다.

이러한 과정을 통해서 강대국과 패권국은 순환을 경험하게 된다. 점차 상황이 불리해지는 경우에 기존의 패권국은 빠르게 성장하는 강대국에 대해서 예방 전쟁을 시도한다. 아니면 더욱 팽창을 가속화하여 자기 영역의 방어 비용을 감축하려고 하거나 다양한 방법을 통해서 자신의 부담을 경감하려고 시도하게 된다. 하지만 이러한 조치들은 단기적으로는 효과가 있지만 장기적인 해결책은 아니다. 새롭게 등장한 세력 균형에 적합한 새로운 국제체제가 만들어지며, 이 과정에서 패권 전쟁$^{hegemonic\ war}$이 벌어진다. 예를 들면, 16~17세기 스페인의 패권은 17~18세기 프랑스의 패권으로, 그리고 19세기 영국의 패권으로 변화했다. 이 과정에서 유럽 강대국들은 패권국과 패권 체제의 운명을 결정하는 대규모 전쟁을 수행했다. 또한 20세기 초 영국의 패권에 독일이 도전하면서 벌어진 두 번에 걸친 세계대전은 패권국과 도전국 이외에 제3의 국가인 미국과 소련의 패권을 가져왔으며, 앞으로도 이러한 패권국의 순환은 계속된다는 것이다.

3. 자유주의 세계정치이론: 데탕트와 유럽 통합, 그리고 국제협력

현실주의 세계정치이론은 주로 국가들 사이의 갈등과 경쟁, 그리고 전쟁이라는 현상에 주목했다. 이러한 접근법은 세계정치를 보는 시각의 전부가 아니었다. 많은 경우에서 국가들은 갈등하기보다는 서로 협력한다. 경우에 따라서는 자신의 주권과 권한을 다른 단위체에 이양한다. 어떤 경우에는 군사력 사용을 제한받기도 한다. 미국과 소련 사이의 냉전에 집중했던 설명에서는 세계 전체 차원의 갈등과 협력에 초점이 맞추어졌지만 데탕트 시기 서부 유럽과 중동에서 나타났던 현상은 이전과는 다른 설명을 필요로 했다. 기존과는 달리 주권국가들이 새로운 방식으로 통합을 진행했으며, 동시에 미국과 소련 모두 중동 산유국의 '횡포'에 굴복했고, 자신들의 압도적인 군사력을 사용하지 못했다. 1960년대와 1970년대 세계정치에서는 이러한 현상이 주목받기 시작했고, 이를 설명하기 위한 이론이 새롭게 등장했다.

(1) 통합이론: 유럽 국가들의 경제협력과 통합

모든 국가들은 어느 정도까지 공동의 이익을 가지고 있지만 이를 추구하기 위해서 협력하는 것 자체는 매우 어렵다. 공동 이익의 추구를 위해서 협력을 약속했지만 상대방이 이러한 약속을 준수하지 않는 경우에 자신은 일방적인 피해를 입게 된다. 하지만 국가 상위의 단위체가 존재하지 않기 때문에 일방적인 약속 위반을 처벌하거나 의무 이행을 강제하는 것은 불가능하다. 이렇게 국제협력은 매우 어렵다. 개별 국가 상위의 단위체가 존재하지 않기 때문에 국제기구에서 의결된 사항은 단순한 권고 사항이지 반드시 준수해야 하는 구속력은 없었다. 근대 국제체제에서 주권sovereignty은 절대적인 것이며 국가는 자신의 정책에 대한 결정권을 포기하지 않았다. 하지만 1945년 이후 서부 유럽 국가들은 근대국가와 근대 국제체제에서 가장 중요하게 여겼던 국가 내부 문제에 대한 자기 결정권을 포기하기 시작했다. 2차대전 이후, 서부 유럽 국가들은 여러 어려움을 극복하고 공동의 이익을 추구하는 데 성공했다. 동시에 서로 상대방을 신뢰하고 자기 결정권을 포기하기 시작했다. 마침내 1990년대 초반에 유럽 국가들의 통합으로 유럽연합EU: European Union이 결성되고 이들 국가들 사이의 협력은 제도화되었다.

유럽을 하나로 통합한다는 구상은 로마제국 붕괴 이후 지속적으로 제안되었던 것으로 실현성과는 무관하게 매우 오래된 것이다. 군사적으로 유럽을 통합하려는 시도는 근대 세계에서만도 스페인, 프랑스, 독일 등에 의해서 이루어졌으나 모두 실패했다. 최초의 평화적이고 동시에 실현 가능성이 있는 제안은 2차 세계대전 직후 유럽 경제 재건과 평화 체제 수립을 위한 노력에서 비롯되었다. 처음에는 철강 생산 부분에 국한된 협력이 다른 경제 부분의 협력으로 이어졌으며 결국 현재와 같은 정치와 행정적인 부분의 통합까지 가져오게 되었다.

1940년대 후반 장 모네Jean Monnet의 개인적인 제안이 프랑스 외무장관 로버트 쉬망Robert Schuman에 의해서 채택되면서, 철강 산업 재건을 위한 유럽 주요 국가들의 협력이 시작되었다. 1951년 독일, 프랑스, 이탈리아, 벨기에, 네덜란드, 룩셈부르크 등은 파리조약을 통해서 유럽석탄철강공동체ECSC: European Coal and Steel Community를 창설했다. 정치와 국방 부분의 통합은 좌절되었지만 경제통합을 위한 노력은 지속적인 성과를 보인 것이다. 1957년 로마조약을 통해서 유럽 국가들은 철강 산업에서의 협력을 넘어서 관세동맹을 체결하고, 유럽경제공동체EEC: European Economic Community와 유럽원자력공동체Euratom: European Atomic Energy Community를 결성했다.

경제통합이 계속되면서 유럽경제공동체는 단순히 경제 부분에서의 통합에 그치지 않았다. 이전에 실패했던 다른 부분에서의 통합 정책을 추진하고 그 결실을 맺으면서 유럽경제공동체는 유럽공동체EC: European Community라고 불리게 되었다. 이러한 유럽공동체의 성공으로 많은 유럽 국가들이 EC 가입을 희망했다. 1970년대에 들어와서 유럽 통합 초기에는 참가하지 않았던 영국을 비롯한 여러 국가들이 EC에 가입했다. 지리적 범위를 계속 확장해 가던 EC는 오랜 기간 동안 축적된 경제적 통합의 결과로 더욱 높은 수준의 통합을 요구하는 이익집단의 요구에 의해서 1986년 단일 유럽 법안Single European Act을 채택하게 되었다. 중요 내용은 첫째, 1992년까지 단일 시장을 위한 기본 제도를 완비하고, 둘째, EC 내부의 경제적 통합을 더욱 가속화하며, 셋째, 소규모 국가의 이익을 어느 정도까지는 보장하지만 기본적으로는 다수결 원칙에 기초한 새로운 의사결정 원칙Qualified Majority Voting의 채택이었다. 1992년 유럽 국가들은 마스트리흐트조약Maastricht Treaty을 통해서 유럽연합을 결성하고 화폐와 통화정책 그리고 다른 여러 행정 제도의 통합을 실현시켰다. 유럽연합은 현재 정치적 통합을 목표로 노력하고 있다.

이러한 통합이 이루어질 수 있었던 비결에 대해서 학자들의 해석은 엇갈리고 있다. 일찍부터 유럽 통합의 시작을 지켜보았던 데이비드 미트라니(Mitrany 1943)는 유럽 통합 과정에서 경제 부분의 협력과 통합이 다른 부분으로 확산되었다는 사실에 주목했다. 그는 통합 과정에서 초기에 정치적 통합이 실패했지만 시간이 지나면서 경제적 통합의 수준이 높아지면서 화폐와 통화정책이 통합되었다는 측면을 잘 포착했다. 미트라니로 대표되는 기능주의 관점에서 중요한 행위자는 개별 국가가 아니라 경제 통합을 통해서 이익을 보고 더욱 높은 수준의 통합을 요구하는 국내 이익집단들이다.

특히 두 번의 세계대전을 거치면서 유럽 국가들은 내부의 경제적 유대 관계와 상호의존을 강화함으로써 또 다른 전쟁을 방지하고자 했다. 세계대전의 주요 교전국이었던 독일과 프랑스의 산업을 유기적으로 통합하고 이를 통해 경제적 상호의존을 강화한다면 독일과 프랑스는 이러한 유대 관계 때문에 세 번째 전쟁을 수행하지는 못할 것이라고 보았다.

신기능주의 이론을 대표하는 에른스트 하스(Haas 1958)는 이에 비해 통합 과정에서 초국가 기구의 중요성을 강조한다. 즉 어떠한 원인에서든 일단 창설된 국제기구와 그 구성원은 출신 국가의 이익과는 무관하게 자신들의 이익을 위해서 더 높은 수준의 통합을 추진한다는 것이다. 만약 통합이 장애에 직면하면 국제기구와 그 구성원들은 여러 노력을 기울여 장애를 해소하고 소극적인 국가와 정부를 설득하여 통합을 추진한다는 주장이다.

기능주의와 신기능주의 입장은 현실주의 이론이 통합을 설명하는 내용과는 크게 차이가 있다. 국가의 합리성과 유일 행위자 성격을 가정하는 현실주의 세계정치 이론가들은 유럽 통합이 이룩될 수 있었던 것은 개별 국가가 결단을 내렸기 때문이라고 강조한다. 통합의 속도와 방향, 그리고 통합을 위한 결단 자체가 기본적으로는 국가에 의해서 이루어진다는 사실을 강조하고 있는 것이다. 현실주의 이론에서는 국가에서 실제로 정책을 결정하는 주체는 정부이며, 각 국가와 정부의 이익이 어떻게 구성되어 있는가에 분석의 초점을 맞추고 있다. 이에 비해 기능주의와 신기능주의 등 자유주의 이론은 확산 효과와 국제기구의 역할에 비중을 두고 통합을 분석한다. 즉 통합에 대한 국가들의 결정은 경제적 상호의존이나 통합을 위해 만들어진 국제기구 등의 압력에 의해서 만들어지며, 정부는 다양한 압력을 정책으로 단순히 반영하는 역할을 수행한다.

유럽이 어떻게 통합을 이루어 냈는가에 대한 이론적 논쟁보다 중요한 것은 유럽 국가들이 성공적으로 협력하여 세계 최대의 시장을 창설했으며, 그 내부의 정치적 갈등을 극복하고 생산 요소와 생산품의 자유로운 이동을 보장하는 정치 단위를 만들어 냈다는 것이다. 국제 무정부 상태가 항상 갈등과 불신을 가져오는 것은 아니며 오히려 여러 방법을 통해서 협력하고 새로운 체제를 건설하는 것이 가능했다. 특히 2차대전 이후 유럽은 이전과는 달리 국가들 사이의 정책 조정과 협력에서 나타날 수 있는 많은 어려움을 극복했다. 동시에 공동 화폐의 채택과 통화 정책의 통합에서 나타나게 되는 국내적인 고통을 감수했다. 현재 과연 어떠한 이유에서 이렇게 고통스러운 협력을 추진하는 것이 가능했는가에 대한 연구는 통합 과정을 다양한 측면에서 검토하는 형태로 이루어지고 있다.

(2) 상호의존 이론: 권력과 복합적 상호의존

유럽 통합이 미국의 동맹국이었던 서부 유럽을 중심으로 이루어졌으며, 따라서 통합이론은 민주주의라는 개별 국가들의 국내적 특성을 공유하면서 나타난 현상이었다. 반면 동부 유럽에서는 자발적인 주권 이양을 통한 통합이 아니라 소련의 강압적 명령에 개별 국가들이 복종하면서 강대국 소련이 동부 유럽의 약소국을 사실상의 식민지로 지배하는 '소련 제국' Soviet Empire 의 형태로 등장했다. 1956년과 1968년에 가장 극단적으로 나타났던 소련의 압도적인 군사력 우위와 그에 기초한 강압적인 행동은 새로운 설명 없이

도 이해할 수 있으며, 소련 정부는 자신들의 행동을 '제한주권론'이라는 형태로 정당화했다.

하지만 이러한 현상에도 불구하고 압도적인 군사력을 가지고 있어도 그러한 군사력을 사용할 수 없는 상황이 등장했다. 미국과 소련은 다른 국가들에 비해서 압도적인 군사력을 보유했지만 이러한 군사적 우위를 이용해 자신들의 의지를 관철하는 것에는 한계가 있었다. 특히 소련은 1968년 위성국가인 체코슬로바키아를 침공하여 자유주의 운동을 말살하고 공산주의 체제를 회복했지만 중동 국가의 석유 가격 인상에 대해서는 속수무책이었다. 이와 같은 사정은 소련에 국한된 것이 아니라 1970년대의 전반적인 상황이었다.

1970년대 당시 세계정치의 두드러진 특징은 미국의 경제적 우위가 빠른 속도로 쇠퇴하는 것이었다. 최소한 경제적인 측면에서는 일본, 유럽 등이 주요 강대국으로 부상하여 경제적 다극 체제가 구축되었다. 한편 1973년 1차 석유위기는 서부 유럽 국가들이 원자재 가격 상승에 얼마나 취약할 수 있는가를 보여 주었다. 동시에 군사적인 우위가 국제적인 석유 가격 상승이라는 문제에 대해서는 아무런 해결책을 제시하지 못한다는 사실도 드러났다. 군사력에 기초한 힘과 경제력에 기초한 힘은 서로 다르며 동시에 서로 호환될 수 없다는 사실에 많은 학자들이 관심을 표명했다. 로버트 코헤인과 조지프 나이(Keohane & Nye 1977)는 『권력과 상호의존 Power and Interdependence』에서 상호의존을 통해서 이러한 현상을 분석했다.

코헤인과 나이는 "상대방이 보통의 경우에는 하지 않았을 행동을 하도록 강제할 수 있는 능력"을 힘이라고 정의했다. 그들은 각자가 서로 상대방에게 의존하고 있는 상호의존 상황에서 의존도가 다른 비대칭적 상호의존 asymmetric interdependence이 힘의 원천이라고 보았다. 그들은 상호의존을 민감성 sensitivity과 취약성 vulnerability으로 구분했다. 민감성은 상대방의 행동에 따라서 정책을 변화하면서 어느 정도로 반응하는가를 의

〈참고 5-11〉 평화공존론과 제한주권론

'냉전'이라고 불리는 양극 체제를 규정했던 두 개의 강대국 가운데 하나인 소련의 행동을 이해하는 문제는 냉전을 이해하는 데 필수적이다. 소련의 행동을 분석하기 위해서는 국제정치학 지식이 필요하며 동시에 소련이 자신의 행동을 정당화하기 위해서 사용했던 이론적 개념을 파악할 필요가 있다. 이러한 측면에서 평화공존론(Peaceful Coexistence)과 제한주권론(Limited Sovereignty)은 중요한 의미를 가진다.

전통적으로 소련은 레닌의 제국주의론에 기초하여 자본주의 국가는 결국 제국주의로 발전하며 그 결과 사회주의국가인 소련은 제국주의 자본주의 국가와 충돌하게 된다고 보았다. 즉 미국으로 대표되는 자본주의와 소련이 이끄는 사회주의 사이의 전쟁이 불가피하며 평화공존은 불가능하다는 주장이었다. 하지만 1956년 2월 소련은 20차 당 대회를 통해 이러한 명제를 수정했으며, 흐루쇼프(Nikita Khrushchev)는 사회주의 국가들의 힘이 성장했고 핵무기의 파괴력은 자본주의와 사회주의 모두를 파멸시킬 수 있다고 지적하면서 자본주의와 사회주의 사이의 전쟁을 피할 수 있으면 피해야 한다고 주장했다. 이러한 배경에서 평화공존은 자본주의와 사회주의 사이의 평화적 국제관계를 지칭하는 것으로, 주권 존중, 상호 불가침, 내정 불간섭 등을 주요 내용으로 제시했다.

1968년 8월 소련을 중심으로 하는 바르샤바조약기구는 체코슬로바키아를 침공하여 '프라하의 봄'이라고 불리는 체코슬로바키아의 자유주의 정치 개혁을 강제로 중단시켰다. 이러한 침공은 평화공존 및 UN헌장에 규정된 주권 존중 원칙에 위배되는 것이었지만, 소련은 한 사회주의국가가 사회주의 공동체에서 이탈하려고 하는 경우에 다른 사회주의국가들은 군사적인 수단을 포함하여 모든 '원조'를 제공하여 이탈을 방지할 의무와 권리가 있다고 주장했다. 즉 사회주의 체제의 옹호를 위해서 주권은 제한될 수 있으며, '민족적인 문제'와 '국제적인 문제'는 서로 조화될 필요가 있기 때문에 이러한 조화를 만들어 내기 위해서는 필요한 경우에 다른 국가의 내정에 간섭할 수 있다는 것이다. 소련의 이러한 주장은 당시 소련 지도자의 이름을 따서 '브레즈네프독트린'(Brezhnev Doctrine)이라고 부르며, 동시에 '제한주권론'이라는 명칭으로 널리 알려졌다.

미한다. 취약성은 정책을 변화하는 과정에서 어느 정도의 비용을 지불하게 되는가를 의미한다. 이 가운데 취약성이 높은 경우에는 비대칭적 상호의존이 나타난다고 보았다. 예를 들면, 일본과 영국은 석유 가격에 대해서는 거의 비슷한 수준의 민감성을 유지하고 있지만, 영국은 북해 지역의 해저 유전을 보유하고 있고 일본은 자체 유전이 없기 때문에 취약성의 측면에서는 큰 차이를 보인다는 점을 지적했다. 따라서 중동 국가들이 석유 가격을 일방적으로 인상했을 때 일본은 영국에 비해서 더욱 취약하며, 결국 중동 국가에 비해서 더욱 힘이 약하다는 것이다.

이러한 분석을 통해서 코헤인과 나이는 국제정치를 이해하는 중요한 독립변수로서의 힘Power의 새로운 원천으로 비대칭적 상호의존을 제시했다. 또한, 새로운 힘의 원천을 제시하면서 이전까지 널리 사용되었던 군사력이라는 힘은 더 이상 효과적으로 사용할 수 없다는 것을 지적했다. 또한 코헤인과 나이는 기존의 현실주의 또는 자신들이 제시한 복합적 상호의존complex interdependence이 모든 현실을 획일적으로 설명할 수는 없다고 주장했다. 대신 첫째, 다양한 경로를 통해서 국가들이 국내 구성 집단 차원에서 어느 정도까지 연결되어 있는가, 둘째, 각각의 사안이 독립적이고 사안 사이의 우선순위가 어느 정도까지 존재하는가, 셋째, 군사력을 사용하는 것이 어느 정도까지 가능한가의 세 가지 수준에서 현실 세계에서 나타나는 세계정치는 현실주의가 작동하는 부분과 복합적 상호의존이 작동하는 부분으로 나뉜다고 보았다.

코헤인과 나이는 1970년대에 나타나고 있는 변화

〈참고 5-12〉 오일쇼크에서 드러난 세계정치에서 군사력 효용의 한계

석유(petroleum)는 과거 생명체를 구성하고 있던 유기물질이 지하에서 수백만 년의 오랜 시간 동안 강한 압력과 높은 온도에 의해 변화된 다음 이동하여 특수한 지층에 모인 탄화수소(hydrocarbon)의 결정체이다. 인류는 오랜 기간 동안 석유를 다양한 목적으로 사용했으나, 1850년대에 석유를 정제하는 방법이 산업화되면서 집중적으로 개발되기 시작했으며, 오늘날에는 가장 중요한 산업과 수송 동력원으로 사용되고 있다. 바로 이러한 측면에서 석유 가격과 석유의 안정적인 공급원 확보는 세계정치에서 매우 중요한 문제라고 볼 수 있다.

1945년 이후 석유 가격은 1배럴(158.9리터)당 2달러 정도에서 1970년까지 유지되었으며 이후 인플레이션으로 1973년에 3.3달러로 상승했다(1999년 실질 가격으로는 8~12 달러). 1960년 석유수출국기구(OPEC)가 결성되었지만 석유 가격에는 실질적인 영향력을 행사하지 못하다가, 1973년 10월 이집트와 시리아가 이스라엘을 공격하여 4차 중동전쟁이 발발하자 아랍 산유국들은 미국과 네덜란드, 일본 등의 이스라엘을 지지하는 국가에 대해서 석유 수출을 금지(embargo)했다. 이러한 석유 금수 조치는 처음에는 단순히 아랍권의 정치적 단결을 보이기 위한 상징적인 조치였지만 석유 가격이 3개월 이내에 네 배가 상승하여 12달러에 도달했고, 1975년부터는 더욱 상승하여 14~15달러 수준에서 유지되었다. 그 결과 미국 내의 가솔린 가격이 두 배 상승했고, 주가 하락으로 인해 주식 가격이 폭락하면서 6주 동안 970억 달러 상당의 자산 손실이 발생했다. 또한 장기적으로 서방 선진국 경제는 높은 인플레이션과 높은 수준의 실업이 동시에 등장하는 스태그플레이션(stagflation) 상황에 빠져 들었다.

하지만 세계 제일의 강대국이었던 미국은 이러한 경제적인 충격에 대해서 효과적인 대응을 하지 못했다. 미국이 보유하고 있었던 핵무기와 통상 군사력은 석유라는 자원을 무기로 사용하는 아랍 산유국에게는 완전히 무의미했으며, 미국 경제는 4~5배 상승한 가격을 지불하고 아랍에서 석유를 수입해야만 했다. 덕분에 아랍 국가들은 서방 선진국들에게 높은 석유 가격을 강요하여 1974년에서 1981년까지 4500억 달러의 엄청난 경제적 이익을 거두었다. 이러한 '경제적인 착취'는 어떠한 군사적인 위협을 통해서도 불가능했겠지만, 아랍 국가들은 자신들의 수출 품목의 가격을 일방적으로 상승시킴으로써 미국을 비롯한 서방 선진국을 경제적으로 착취하는 데 성공했다. 압도적인 재래식 군사력 우위를 사용하여 아랍 산유국들에게 석유 가격의 하락을 강요하는 것은 불가능했으며, 지구 전체를 여러 번에 걸쳐서 파괴할 수 있는 핵무기도 석유 가격의 하락이라는 목표를 달성하는 데 아무런 도움을 주지 못했다. 결국 군사력을 이용하여 세계정치의 모든 문제를 해결할 수 있다는 신화는 무너지게 되었다.

를 바로 이러한 연속선상에서 이해해야 한다고 주장했다. 미국과 소련의 대립이라는 냉전은 데탕트를 통해서 완화되기는 했지만 여전히 계속되고 있으며, 인도차이나에서는 미국이 베트남전쟁을 수행하는 군사력의 사용이 현실적으로 존재하고 매우 중요한 의미를 가지는 상황이었다. 하지만 해양법 Law of Sea 개정과 국제 통화 체제의 변화와 같은 문제에 있어서는 전통적인 힘인 군사력이 사용될 수 없다고 강조했다. 대신 다양한 경로를 통해서 국내 구성원들이 서로 연결되어 있으며 각각의 사안에 뚜렷한 우선순위가 존재하지 않기 때문에, 복합적 상호의존에 기초한 분석과 비대칭적 상호의존을 힘의 원천으로 파악해야 한다고 역설했다.

상호의존 이론은 1980년대에 들어서면서 미국과 소련의 냉전이 다시 격화되면서 적실성을 상실했다는 평가를 받았다. 하지만 상호의존 자체의 중요성과 이에 따라서 만들어지는 국내 이익집단의 선호를 부인할 수는 없다. 또한 유럽 통합과 국제무역 체제의 작동과 관련하여 상호의존은 매우 중요한 개념으로 매우 널리 수용되었다. 또한 국제체제에서 군사력이 사용 가능한 힘의 원천인가 아니면 다른 형태의 힘의 원천이 존재하는가에 따라 국제정치 또는 세계정치를 이전과는 다른 논리로 설명하려는 노력이 존재했다. 복합적 상호의존 이론은 그 자체로서 수용되지는 않았지만, 1980년대 중반 이후 등장한 국제협력 이론의 중요한 기반이 되었고, 이를 통해서 세계정치이론의 발전에 매우 중요한 기여를 했다.

(3) 제도주의 협력 이론: 국가들의 지속되는 협력

냉전 기간 동안 미국과 소련이라는 두 개의 강대국은 서로 대립했다. 이러한 대립의 일부로서 동맹국들은 군사 부분의 협력을 유지했다. 미국은 자신의 압도적인 경제력을 이용하여 국제경제체제를 유지하는 데 필요한 공공재 public goods를 제공했다. 안정적인 통화와 개방된 시장을 공급하고 위기를 수습하는 최종 대부자 lender of the last resort 역할을 담당했다. 하지만 1970년대 이후 데탕트 분위기가 확산되고 미국의 경제적 우위가 축소됨에 따라 다른 국가와 협력하는 일이 많아졌다. 특히 1960년대 후반 미국의 '경제적 패권'이 쇠퇴하면서 세계경제의 기축통화였던 달러의 지위가 위협받았으며, 결국 1971년 미국은 달러화의 금태환을 일방적으로 중지했고, 그 결과 1945년 이후 세계경제의 기초였던 달러를 중심으로 한 고정환율제도가 붕괴했다. 하지만 이후 서방 선진국들은 안정적인 국제통화를 공급하는 데 성공했으며, 특히 1985년 플라자 합의 Plaza Accord와 1987년 루브르 합의 Louvre Accord를 통해 국제통화 부분의 심각한 불안정성을 제한적으로 통제했다. 또한 국제무역의 자유화 부분에서도 미국의 경제적 우위가 쇠퇴했지만, 패권 이후에 나타난다는 경쟁적 관세 인상 등의 무역 전쟁은 등장하지 않았다. 오히려 무역 자유화는 다양한 방식으로 지속되었으며, 세계 무역량이 증가하고 관세는 전반적으로 감소했다. 이에 따라 국제협력을 설명하는 것이 세계정치이론의 중요한 과제로 떠오르게 되었다. 국제협력의 이론적 문제점은 무엇이며 어떻게 극복할 수 있는

〈참고 5-13〉 공공재

한 개인이 소비해도 해당 사물의 양이 달라지지 않아서 다른 개인이 소비할 수 있는 정도가 달라지지 않는 재화 또는 서비스를 지칭하는 경제학 개념으로, 엄격한 의미에서는 소비의 비경합성(non-rivalry)이라는 특징을 가진다. 따라서 공공재(public goods)의 공급에 참가하지 않은 개인도 공공재를 자유롭게 소비할 수 있다. 그런데 '깨끗한 공기'를 위해서 노력한 사람이나 노력하지 않은 사람 모두가 '깨끗한 공기'를 소비할 수 있으면 결국 어느 누구도 깨끗한 공기를 유지하기 위해서 노력하지 않게 된다. 이러한 공공재의 공급은 국가가 구성원 모두에게 참여를 강제하여 공급하거나 한 개인이 자기 희생을 통해서 공급해야 한다.

가가 중요한 과제로 등장한 것이다. 세계정치 이론가들은 1982년부터 바로 이러한 시각에서 문제를 검토하기 시작했다. 코헤인(Keohane 1984)이 저술한 『패권 이후 After Hegemony』와 오이(Oye 1986)가 편집 출판한 『무정부 상태에서의 협력 Cooperation Under Anarchy』이라는 연구서가 그 대표적인 결과물이다.

이전에 상호의존의 중요성을 강조했던 코헤인은 국제협력에 대해서 가장 체계적인 이론을 제시했다. 그는 『패권 이후』에서 공동의 이익이 존재하지만 국가들이 협력을 통해서 공동의 이익을 추구하지 못하는 원인을 거래 비용 transaction cost이 지나치게 높아서 발생하는 정보의 비대칭성과 불확실성의 증가 때문이라고 진단했다. 이익이 기본적으로 충돌하기 때문에, 공동의 이익이 전혀 존재하지 않거나 국가의 이익이 완전히 조화되는 경우를 제외하면 공동의 이익이 어느 정도 제한적으로 존재하고 동시에 어느 정도의 갈등이 존재하는 경우에만 협력에 대한 분석이 의미를 가진다. 이러한 경우, 협력이 실패하는 원인은 정보 비용이 지나치게 높아 서로의 협력 의사를 확인하고 상대의 협력을 확인하는 것이 어렵기 때문이다. 즉 협력이 성공적으로 이루어지기 위해서는 정보 비용을 줄여야 하며 이를 위한 방법으로 '국가의 행동이 수렴하는 원칙·규범·규칙·의사결정 절차'로 정의되는 국제 제도 International Regimes, International Institutions를 제시했다.

한편 오이는 『무정부 상태에서의 협력』을 편집하면서 국제협력에 대한 다양한 연구를 정리했다. 개별 주권국가 상위의 단위가 없는 무정부 상태에서는 협력을 약속한 다음에 그 약속을 이행하지 않을 가능성이 있다. 하지만 이것을 극복할 수 있는 다양한 방법이 제시될 수 있다. 이들 연구 결과는 우선 기본적으로는 협력을 가능하게 하는 개별 국가의 이익 구조 payoff structure를 검토하면서 공동의 이익이 존재하고 각자의 개별 이익이 상충되지 않아야 한다는 것을 지적했다. 그 이후에 협력을 촉진하는 방법으로 미래 이익의 중요성 shadow of the future을 강화할 것을 제시했다. 구체적인 방법으로는 당사자 사이의 상호 작용을 강화하고, 협력의 대상이 되는 사안을 보다 작은 사안으로 분할하여 상호 작용의 빈도를 증가시키고, 무엇보다도 상대의 협력에 대해서는 협력으로, 상대의 배신에 대해서는 배신으로 대응하는 상호주의 reciprocity 원칙을 적용할 것을 제안했다. 또한, 협력에 참가하는 국가가 많으면 많을수록 협력은 어려워진다는 것을 지적하면서 국제 제도를 이용하여 각각의 상호 작용을 어느 정도까지 격리하고 이를 통해서 참여하는 국가의 숫자를 줄이는 방식을 제안했다.

이러한 협력 이론에서 논의하는 국제 제도는 많은 경우에 현실적으로 드러나는 UN이나 IMF, IBRD와 같은 국제기구 international organization에 한정되는 것은 아니다. 국제기구가 국제 제도의 중요한 부분을 차지하는 것은 사실이지만, 이를 넘어서 개별 국가들 사이에서 이루어진 다양한 형식의 국제 합의 international agreement, 그리고 국가들 사이에서 서로 인정하고 존중하는 외교관 면책특권이나 상호주의 원칙과 같은 국

〈참고 5-14〉 국제 제도

특정 영역에서 국가의 기대가 수렴하는 원칙(principle), 규범(norm), 규칙(rule), 의사결정 절차(decision-making procedure)를 지칭하는 국제정치학 용어로, 1990년대 이전에 사용되었던 국제 레짐(international regime)이라는 용어와 본질적으로 동일하다. 국제 제도(International Institution)는 국가가 자신의 이익 추구를 위해서 사용하는 도구로서 이익을 추구하는 데 소요되는 비용을 절감한다. UN과 같은 공식적인 국제기구와 국제법, 그리고 국제 규범 등을 포함하는 국제 제도는 일단 만들어지면 쉽게 변화하지 않는다. UN 안전보장이사회의 구성은 이러한 제도의 관성(inertia)이 가장 잘 드러나는 사례로 1945년 당시 강대국이었던 미국·소련·영국·프랑스·중국이 거부권을 가졌으나 이후 21세기에 나타나는 새로운 세력균형을 반영하지 못하고 있으며, 따라서 현재 주요 국가인 독일·일본·인도·브라질 등의 국가 이익은 무시된다.

<참고 5-15> 국제협력을 촉진하는 수단으로서의 정전협정

모든 전쟁은 어떠한 방식으로든 종결된다. 교전 당사국 하나가 다른 하나에 의해서 완전히 파괴되어 정치적으로 소멸하는 방식이든 아니면 모든 교전 당사국이 존립하는 상황에서 당사국들의 합의에 의해서 전쟁이 종식되는 방식이든, 모든 전쟁은 결국 종결된다. 2차대전과 같이 미국·영국·소련이라는 한쪽 교전 당사국 연합이 나치 독일과 군국주의 일본이라는 상대방 교전 당사국을 정치적으로 소멸시키면서 전쟁이 종결되는 극단적인 경우를 제외한다면, 모든 전쟁은 합의에 의해서 종결(negotiated termination)되며, 이러한 종결을 상징하는 국제 제도가 바로 정전협정(cease-fire agreement)이다.

정전협정에 서명을 한 교전 당사국은 기본적으로 전쟁이 계속되는 것보다는 전쟁의 완전한 종결 또는 최소한 전투행위의 중지를 선호한다. 따라서 정전협정의 당사국은 기본적으로 종전 상태의 유지라는 '공동의 이익'을 가지고 있지만, 이전까지 상대방을 파괴하려고 했던 전투행위로 인해 서로에 대한 신뢰는 존재하지 않는 상황에 처해 있다. 특히 얼마 전까지 적대국이었던 상대방이 전쟁 준비와 같이 안보를 위협할 것으로 추정되는 조치를 취하는 경우에는 안보를 위해서 선제공격을 하는 것이 필요하며, 이와 같이 상대방의 행동에 대해서 의심하고 경계하는 경우에는 우발적인 무력 충돌 또한 충분히 발생할 수 있다.

평화의 유지와 적대 행위 재발의 방지라는 '공동의 이익'을 추구하기 위해서 구축한 정전협정이라는 국제 제도는 효과의 측면에서 상당한 다양성을 보인다. 1946에서 1998년까지 체결되었던 48개의 정전협정 가운데 절반이 넘는 26개가 2000년 현재까지 효과적으로 작동하여 무력 충돌의 재발을 방지하고 있지만 나머지 22개는 무력 충돌이 재발하면서 무력화되었다. 즉 정전협정이 효과적으로 작동했던 기간은 상당한 차이를 보이고 있다. 비무장지대의 구축, 교전 당사국 협의체의 구성, 중립국 감시단의 활동과 같은 조치가 규정되어 있는 정전협정은 이러한 조치가 규정되어 있지 않은 정전협정보다 평화를 유지하고 무력충돌을 방지하는 데 더욱 효과적이다. 그리고 이러한 측면에서 한국전쟁 휴전조약은 비무장지대를 구축하고 군사정전위원회를 설치하고 소수의 중립국 감시단의 활동을 보장하고 있다는 측면에서 매우 우수한 정전협정이며, 동시에 한반도는 1953년 7월 이후 지금까지 60년이 넘는 기간 동안 조직적인 무력 충돌이 예방되었으며 평화가 유지되었다.

제법international law과 국제 규범international norms도 이에 포함된다. 모든 제도와 마찬가지로 국제 제도는 국가들의 행동이 어느 정도까지는 예측 가능한 범위에서 이루어지도록 하며, 특정 국가의 돌출 행동에 따른 불확실성을 제거한다. 냉전 기간 동안 미국과 소련은 전략무기제한협정SALT: Strategic Arms Limitation Talks을 통해서 전략핵무기의 증가를 통제하기로 합의했다. 이러한 합의를 SALT라는 협정으로 규정하고 제도화하면서 서로가 상대방의 행동을 감시할 수 있도록 했다. 즉, 서로가 상대방 국가에 대해서 사찰단을 파견하도록 함으로써 미국은 소련이, 그리고 소련은 미국이 SALT 협정을 어기는지를 감시했다.

협력 이론은 국가들이 협력에 실패하는 원인이 국제체제의 무정부성 때문에 약속된 협력을 강제집행할 수 없기 때문은 아니라고 진단했다. 오히려 개별 국가들은 다양한 전략을 통해서 이러한 강제집행 불가능이라는 문제점을 극복할 수 있다고 강조했다. 즉 국제체제의 무정부성의 문제를 해결하지 않고도 적절한 전략을 사용하는 경우에는 국제체제의 무정부성이 가져오는 압력을 완화하고 점진적인 협력을 추구할 수 있다는 것이다. 서로에 대한 감시와 상대방 행동에 대한 불확실성 제거, 그리고 거래 비용의 감소를 가져오는 국제 제도는 협력을 촉진할 수 있다. 물론 모든 경우에 국가들이 협력을 추구하는 것은 아니며, 국가들의 개별 이익이 상충하여 협력이 이루어 질 수 없는 상황도 존재한다. 하지만 국제 제도와 그에 따른 다양한 협력 전략은 공통의 이익이 존재하지만 거래 비용과 정보 비용이 지나치게 크기 때문에 이루어질 수 없었던 국제협력을 가능하게 만들 수 있다. 이후의 연구는 이러한 전략과 협력 가능성이 제시하는 문제점을 어떤 퍼즐을 통해서 분석하는가에 초점이 맞추어지고 있으며, 현재 많은 연구가 축적되어 있다.

4. 마르크스주의 세계정치이론: 세계질서와 경제구조에 대한 비판적 시각

정치 영역의 독자성을 경시하고 생산력과 생산 양식의 변화를 통해서 세계 역사를 거시적으로 파악하는 마르크스주의는 국제정치에 대한 독립적인 분석을 하지 않았다. 하지만 레닌은 '제국주의론'을 통해 20세기 초의 국제관계에 대한 통찰력 있는 분석을 제시했으며, 이후 이러한 시각에서 세계정치를 조망하는 연구들이 배출되었다. 한편 주류 마르크스주의 연구는 아니지만 마르크스주의의 영향을 받은 이론 체계는 세계정치와 세계경제를 이해하는 데 냉전 기간 동안 중요한 시각을 제공했다. 이러한 연구들은 '세계체제'World System라는 개념을 동원해 세계정치에 존재하는 경제적 질서와 정치적 질서 사이의 관계를 분석했으며, 동시에 남미 지역에서 나타나는 지속적인 저발전 문제를 탐구했다. 하지만 논리적인 차원의 문제점과 경험적인 차원의 검증 실패, 그리고 소련의 붕괴라는 이론 외부의 사건에 의해서 냉전 종식과 함께 그 영향력이 많이 감소했다.

(1) 세계체제론: 자본주의 세계체제와 생산 분업

현실주의 혹은 자유주의 이론과 달리 국제체제의 주요 특징을 중앙 권위체가 존재하지 않는 무정부적인 것으로 파악하기보다는 어느 정도의 위계질서가 있으며, 이러한 위계질서는 세계 자본주의 체제world capitalist system의 유지를 위해서 존재한다는 주장이 1970년대에 나타났다. 경제적인 힘의 중요성을 강조하면서 자본주의 체제를 분석한 카를 마르크스Karl Marx와 유럽 역사에서 상업 네트워크의 중요성을 강조한 페르낭 브로델Fernand Braudel의 영향을 받은 월러스틴 (Wallerstein 1974)은 일련의 저서를 통해 세계체제론을 제시했다. 그는 국제체제에 존재하는 끊임없는 자본 축적 경향과 세계체제의 차원에서 벌어지는 노동과 자본의 경쟁을 분석했다. 특히 세계경제의 중심부core에 위치한 국가는 강대국으로서 세계체제를 관리하며, 주변부periphery에 위치한 국가는 중심부 국가의 관리 대상이라고 보았다. 그리고 이러한 국제체제는 근본적이며 제도적으로 안정화되어 있는 중심부와 주변부의 생산에서의 분업에 기초하고 있으며, 국제정치는 이러한 경제적 관계가 정치적인 차원에서 나타난 것일 뿐이다.

이러한 세계체제는, 중심부는 기술적으로 발전된 상품을 생산하고 주변부는 중심부의 생산에 필요한 원료와 식량을 공급하는 분업에 기초하고 있다. 하지만 이러한 분업은 평등하지 않다. 중심부는 자신의 생산품을 비싼 가격으로 주변부에 판매하고 주변부의 생산품을 싼 가격에 주변부로부터 구입하기 때문에, 교역 조건은 중심부에게 유리하고 주변부에게 불리하다는 측면에서 불평등하다.

월러스틴은 중심부 국가는 세계체제의 유지를 위해서 노력을 기울이며, 이러한 경향은 세계적인 차원에서 자본주의가 성립하기 시작한 16세기부터 시작되었다고 주장했다. 특히 중심부 국가들 가운데 가장 생산력이 강력한 국가는 세계 자본주의체제의 지배자로 행동하고, 동시에 다른 중심부 국가가 자신을 위협하지 못하도록 경계한다. 이러한 경쟁과 경계가 강대국 국제정치의 형태로 나타난다. 하지만 이와 같은 중심부 국가의 노력이 항상 성공하는 것은 아니고 장기적으로는 꾸준히 실패했기 때문에 이른바 세계 패권 국가는 순환하게 되며, 이를 둘러싼 대규모 강대국 전쟁이 나타난다.

한편 중심부 국가들은 중심부보다는 발전의 정도가 떨어지지만 주변부 국가보다는 발전의 정도가 앞서 있는 반주변부semi-periphery 국가가 중심부 국가로 부상하는 것을 통제하면서, 세계적인 차원에서 나타나는 세력균형의 변화를 조정하려고 한다. 그러나 세계 자본주의 경제의 변화는 불가피하게 일어나며, 과거에는 중심부 국가였지만 쇠퇴하여 반주변부로, 다시 주변부 국가로 전락할 수 있으며, 반주변부 국가가 발전을 가속화하여 중심부 국가로 부상하기도 한다. 이러한 순환을 통해서 16세기 이후 세계체제는 많은 변화를 경험했으며, 앞으로 이러한 순환은 자본주의체제가 존재하는 동안 지속될 것이다.

(2) 종속이론: 개발도상국의 경제성장 전략

세계체제론의 기초에는 자본주의 세계경제가 구축된 다음에 나타난 다양한 국가들의 경제적 경험이 깔려 있다. 그 가운데 가장 극적인 경험을 한 지역은 바로 남미이다. 19세기 후반 남미 국가들은 유럽 대륙과의 적극적인 교역을 통해서 눈부신 경제발전을 이룩했다. 예를 들어, 1차대전으로 기존 국제경제체제가 붕괴하기 직전인 1913년, 아르헨티나와 우루과이는 1인당 공업 생산량에서 이탈리아와 스페인을 추월했고, 농업 생산에서는 다른 어떤 유럽 국가보다도 높은 생산성을 자랑하였다. 1913년 아르헨티나의 1인당 국민소득은 당시 최고의 선진국이던 영국 본토 1인당 국민소득의 90퍼센트에 근접했다. 그러나 1차대전 이후 중남미 국가의 경제는 정체되기 시작했으며, 미국과 서부 유럽 국가들에 비해 빠른 속도로 뒤처지기 시작했다.

이러한 경험에 기초하여 경제발전과 세계질서에 대한 새로운 시각이 등장했다. 특히 1960년대부터 프랑크(Frank 1967; 1979)로 대표되는 중남미 학자들은 후진 국가와 선진 국가의 경제 교류는 거의 모든 경우에 선진 국가에 의한 후진 국가의 착취로 귀결된다는 종속이론dependency theory을 주장했다. 종속이론에 의하면 첫째, 후진 국가는 선진 국가에게 값싼 자원과 노동력을 제공하게 되고, 둘째, 선진 국가는 후진 국가에게 효율성이 떨어지는 기술만을 이전하며, 셋째, 선진 국가와 후진 국가의 경제적인 격차는 줄어들지 않는다는 것이다. 이러한 주장에 따르면, 경제발전을 이룩하기 위해서 후진 국가는 선진 국가와의 교류를 단절하고 독자적인 투자와 생산을 통해 경제개발을 이룩해야 한다. 즉 기존에 수입에 의존하던 상품을 국내에서 생산하고 이를 통해 경제성장을 추진하는 수입대체산업화import-substitution industrialization가 필요하다. 이러한 주장에 따라서, 1960년대와 1970년대 많은 후진국 정부는 보조금과 세금 등의 수단을 이용하여 기존 경제의 큰 부분을 차지하고 있던 수출 부분을 억압하고 수입대체산업에 많은 혜택을 제공했다.

예를 들어, 인도·브라질·아르헨티나 등과 같이 경제 규모가 큰 후진 국가들은 종속이론에 기반을 두고 면화·밀 재배 농업 또는 지하자원 개발 등의 수출산업에 많은 세금을 부과했다. 이를 통해 만들어진 자원은 국내 소비를 위한 신발·의류 산업 등에 투입했으며, 이전까지 외국으로부터 수입하던 자동차와 같은 제조업 상품의 국내 생산을 촉진했다. 이러한 경제개발 전략은 국내시장의 구매력에 의존하는 것이었다. 하지만 대부분의 경우에 국내시장이 절대적인 크기에서 협소하거나 소득수준이 낮았기 때문에 기존의 수입품을 대체하기 위해서 만들어진 국내 소비품 생산 산업은 기본적으로 생산품이 판매되지 않는 문제에 직면했고 비효율성이 적체되었다. 수출산업에 대한 과세를 통해서 지속적인 자원 동원이 가능한 경우에는 이러한 비효율성을 상쇄하고 국내 소비 산업이 가동될 수 있었으나, 1970년대 석유 가격이 급등하기 시작하자, 수입대체산업을 통한 경제발전 전략을 채택했던 국가들은 심각한 어려움에 빠져 들었다.

그러나 한국·대만 등 극소수의 동아시아 국가는 미국과 서부 유럽 국가들과의 적극적인 유대 관계를 지속하면서 선진 국가의 자본과 기술을 수입하고 자신들의 노동력을 제공하여 수출품을 생산 판매하는 수출 주도형 산업화export-led industrialization와 이를 통한 경제발전을 추진했다. 한국과 대만의 경제성장은 기본적으로는 값싼 노동력을 이용하여, 선진 국가의 자본과 기술을 도입하고, 이에 추가하여 자원을 수입하여 노동 집약적인 단순 가공품을 수출하는 수준에서 출발했다. 그로 인해 초기 단계에는 엄청난 고통이 수반되었으며, 임금 상승을 통제하기 위한 정치적 억압 조치가 취해졌다. 1970년대 석유 가격의 상승에도 불구하고 수출 주도형 경제발전 전략을 채택했던 국가들은 어려움을 극복하는 것이 가능했고 경제성장을 지속했다. 1960년대 이후 경제성장 속도는 눈부신 것으로서, 종속이론에 기초한 경제발전 전략을 채택했던 국가와는 비교할 수 없을 정도의 성과를 거두었다.

> **〈참고 5-16〉 한국과 잠비아의 경제적 운명**
>
> 아프리카 남부에 위치한 잠비아는 구리를 비롯한 자원이 풍부한 국가로 영국의 탐험가 데이비드 리빙스턴(David Livingston)이 발견한 빅토리아 폭포가 위치한 국가이다. 70년 정도 지속된 영국의 식민 통치에서 해방되었던 1965년 당시 잠비아는 같은 시기 한국과 거의 비슷한 수준의 국민소득과 경제발전 단계에 놓여 있었다. 그러나 30년이 지난 1995년 잠비아와 한국의 경제적인 운명은 극과 극에 위치하게 되었다.
>
> 한국은 외부와의 경제 교류를 활성화하고 값싼 노동력을 이용한 노동 집약적 산업을 육성·수출하여 경제성장을 이루었으며, 선진 국가로 대접받게 되었다. 하지만 잠비아는 국내의 풍부한 구리 광산과 수출을 이용하기보다는 구리 광산에 높은 세금을 부과하여 국내 소비 산업에 투자했다. 결국 1995년 잠비아의 소득은 1965년 독립했을 시기의 절반으로 감소했다. 같은 수준에서 출발했던 한국의 경제 규모는 잠비아 경제의 18배에 달했으며, 평균 한국인의 3주 소득이 평균 잠비아인의 1년 소득보다 많게 되었다.
>
> 잠비아의 비극적인 운명은 가난하다는 데 그치지 않는다. 경제적 쇠퇴로 인해 잠비아 정부는 국민들에게 기본적인 복지를 제공하는 데 실패했으며, 그 결과 1994년 잠비아 전체 임산부의 33퍼센트와 성인 인구의 20퍼센트가 AIDS 보균자(HIV Positive)로 나타나고 있다. 현재 잠비아 전체 어린이 인구의 17퍼센트인 100만 명의 어린이들이 AIDS로 부모 중 한 명을 잃은 AIDS 고아이다.

5. 새로운 시각: 현실주의와 자유주의에 대한 제한적 도전

기존 세계정치이론이 현실주의와 자유주의로 양분되었고, 마르크스주의의 영향을 받은 세계체제론 등이 냉전 기간의 주요 이론 체계였다. 하지만 이러한 상황에서도 전혀 다른 방식으로 세계정치를 설명하려는 다양한 시도가 있었으며, 그중 다음과 같은 시도는 이후 체계적으로 발전하여 세계정치이론 발전에 중요한 공헌을 했다.

(1) 영국 사회학파

미국 중심의 세계정치이론, 특히 월츠의 신현실주의 이론은 국제체제의 무정부성을 강조하면서 간결한 가정을 바탕으로 이론의 분석력을 높이기 위해 노력했다. 하지만 현실적으로 세계정치는 극단적인 무정부 상태는 아니며 국가들로 이루어진 사회international society로서의 특성을 가지고 있다. 이러한 측면에 착안하여 불Bull을 중심으로 하는 영국 학자들은 '국제사회'라는 개념을 제시했고, 이에 기초한 세계정치이론을 전개했다.

즉 국제 사회는 국가 상위의 단위체가 존재하지 않는다는 측면에서 무정부 상태이지만, 국가들은 무한 경쟁하지 않고 제한적으로 협력하며 동시에 제한적으로 경쟁한다. 국제적 무정부 상태는 반드시 '무질서 또는 혼란'을 의미하는 것이 아니라 '상위 단위체의 부재' 현상을 의미하는 것이며, 따라서 무정부적 국제체제에서 나타나는 세계정치가 반드시 경쟁으로 이어지는 것은 아니다. 또한 여러 가지 국제 제도가 존재하며 국가들은 국제 제도를 이용하는 동시에 국제 제도에 의해 행동이 제한된다. 물론 국가는 자신들의 이익을 추구하기 위해서 국제 제도를 만들며, 국가들은 이러한 국제 제도를 이용하여 보다 적은 비용으로 자신들의 이익을 추구한다. 하지만 국제 제도는 국가들의 행동을 제약하며, 바로 이러한 측면에서 국제 제도는 세계정치의 중요한 부분으로 무정부적 국제체제에서도 국가의 행동에 상당한 영향을 주고 있다.

국제체제의 무정부성에 대한 이와 같은 해석은 세계정치에서 새로운 안보 개념으로 이어질 가능성을 보여 주었다. 즉 무정부적 국제체제에서 국가들이 극단적으로 경쟁하지 않는다면, 안보 개념 또한 '국가의 생존'에 국한되지 않고 다양한 차원으로 확대될 수 있다. 물론 개념의 확대는 분석력의 저하라는 치명적인 약점을 가지지만, 이러한 발전 자체는 다양한 관점 및 이론적 시각으로 이어질 수 있다는 측면에서 중요한 함의를 가진다.

(2) 비판이론과 구성주의 이론의 탄생

1920년대 독일에서 탄생한 프랑크푸르트학파는 경제적 토대가 아니라 이른바 '상부구조'의 분석에 초점을 맞추었으며, 특히 지식과 언론, 그리고 합리성 등의 문제에 집중했다. 그리고 이러한 전통은 세계정치 연구에서도 존재했으며, 국제정치에서의 비판이론critical theory으로 등장했다. 비판이론은 기존 세계정치에 대한 분석이 당연하게 여기는 개념과 가정을 새롭게 논의했으며, 특히 이론과 현실을 분리하는 경향을 비판하면서 개별 이론이 가지는 외교정책 이념으로서의 중요성을 강조했다. 또한 기존 이론이 주어진 가정에 기초해서 단순한 문제를 해결하는 이론problem-solving theory에 그치기 때문에 발생하는 다양한 역기능을 경고했다.

이와 같은 전통에서 점차 기존 세계정치이론을 보다 근본적인 차원에서 분석하는 시각이 등장했다. 국가의 행동을 설명하는 데 상대적인 힘이나 정보 등의 물질적 요인material factor 이외에 다른 변수, 특히 문화 또는 사고방식 등의 관념적 요인ideational factor에 기초한, 그리고 기존의 실증주의에 대항하는 새로운 인식론에 기초한 이론이 등장했다. 이에 따르면 대상과 관찰자를 엄격하게 분리하는 것은 매우 어려우며, 따라서 세계정치를 철저히 객관적으로 바라보고 냉정하게 분석하는 것은 사실상 불가능하다. 이와 같은 기존의 실증주의적 입장 대신에 현상을 있는 그대로 수용하고 관찰자의 관찰 또는 분석이 대상에 영향을 준다는 사실을 인정하면서 대상을 '성찰'reflect하는 것이 필요하다고 본다. 철학 등에서 시작된 이러한 경향은 세계정치에 대한 이론 논의에 수용되었고, 냉전 후반기에 상당한 잠재력을 가지면서 점차 체계화되었다.

세계정치이론에서 문화 등의 관념적 요인이 영향을

주는 것은 부정할 수 없지만 대부분의 이론에서는 이와 같은 관념 변수가 물질적 이익 등에 의해 결정되며, 따라서 세계정치를 이해하는 데 독립적인 영향을 주지 못한다고 보았다. 즉 국가들은 경제적 또는 군사적 이익에 따라서 행동하며, 문화 또는 사고방식 등은 이러한 물질적 이익을 추구하는 국가 행동을 정당화하기 위한 '수단'에 지나지 않는다는 것이다. 다시 말하면, 관념 변수는 국가 행동에 독립적인 영향을 주지 못하는 '매개 변수'이다. 하지만 새로운 시각이 수용되면서 이전에는 수단 또는 매개 변수로 치부되었던 관념 변수가 가지는 독립성을 인정하면서 성찰적인 방식으로 국가들이 특정한 사안에서 자신들이 '이익'이라고 인식하는 것을 보다 적극적으로 설명하거나 또는 국제체제의 구조와 개별 국가의 상호 작용과 그 과정에서 나타나는 '국가 이익'에 대한 인식 형성을 설명하려는 이론적 시도가 나타났다.

이러한 시도들이 모두 성공하지는 못했다. 하지만 이 가운데 일부는 1990년대 이후에 보다 정교화되었고, 결국 현실주의와 자유주의에 비견되는 구성주의 constructivism라고 불리는 독자적인 이론 체계로 발전했다. 그리고 냉전 이후 국제정치에서 나타나는 다양한 현상과 국가들의 행동을 설명하는 데 많은 공헌을 하고 있다.

6. 냉전기 세계정치이론의 동아시아 유입

냉전 시기 세계정치이론은 대부분 냉전을 '통제'했던 강대국에서, 특히 미국에서 만들어졌다. 오늘날의 세계정치이론 자체가 냉전의 시작과 함께 탄생했으며, 냉전 기간 동안 미국과 소련의 행동을 설명하고 그 이전의 기타 강대국의 행동을 분석하면서 이론적인 성과가 축적되었다. 그리고 이러한 '미국적인 이론'들은 다음과 같이 동아시아와 한국에서 수용되었으며, 각각에서 학문적 발전으로 이어졌다.

문제는 이러한 기존 이론이 동아시아 및 한반도에 적용하기에는 많은 어려움이 있었다는 사실이다. 가장 기본적인 문제는 냉전 기간 동안 동아시아와 한반도에 큰 변화가 없었으며, 따라서 학문적으로 주목할 사건이 그다지 많지 않았다는 것이다. 다만 경제적으로 일본이 성장하면서 동아시아 지역에서 일본이 가지고 있었던 경제적 패권이 주목을 받았으며, 동시에 냉전 말기 중국이 성장하면서 세계정치에 대한 중국적 시각을 제시하려는 노력이 존재했다.

(1) 냉전기 세계정치이론과 동아시아의 변화

이른바 '개항' 이후 동아시아에서는 이전까지의 중국 우위의 체제가 무너지고 일본이 주도권을 장악한 상황이 20세기 중반까지 유지되었다. 하지만 2차대전을 계기로 일본의 식민 제국이 파멸했고 중국이 공산화되면서 동아시아는 독립적인 지역 강대국이 출현하지 않은 상태로 미국과 소련 사이의 전략적 경쟁인 냉전의 하위 무대로서 유지되었다. 또한 일본이 빠른 속도로 경제를 재건하면서 세계경제의 강대국으로 등장했지만 일본 자체의 정치적 한계와 미국의 존재로 인해 정치적 영향력은 그다지 크지 않았다. 냉전 기간 대부분 동안 중국은 극좌 마르크스주의에 충실하면서 경제력과 군사력의 측면에서 상대적으로 정체되었다. 따라서 동아시아 자체의 변화는 미미했다.

이와 같이 '안정적인' 동아시아 정치 현실은 동아시아 정치이론의 발전에 큰 한계를 가져왔다. 기본적으로 현실의 변화에 따라서 이론이 발전하기 때문에 현실이 큰 변화를 보이지 않는 상황은 이론의 발전에 큰 걸림돌이 되었다. 또한 동아시아 내부에서 정치적인 차원의 큰 교류가 없었기 때문에 이러한 동아시아 내부의 변화를 설명하기 위한 동아시아의 독자적인 이론적 설명은 나타나지 않았다. 오히려 냉전으로 동아시아 외부의 힘이 동아시아 내부의 사건에 영향을 미쳤기 때문에 전 세계적인 차원에서 냉전 자체의 안정성을 설명하는 월츠의 이론이 동아시아에서도 가장 큰 설명력을 가지는 역설적인 상황이 빚어졌다.

이러한 이유에서 냉전 시기 동아시아의 국제정치학자들은 국제체제와 국가의 행동을 소수의 독립변수로 사용하여 체계적으로 설명하는 세계정치이론보다는 각 국가를 대표하는 정부가 어떠한 외교정책을 추구하고 있는가를 다양한 방식으로 서술하는 외교정책론에 더욱 많은 관심을 기울였다. 그리고 외교정책에 대한 분석에서도 지리적으로는 동아시아 외부에 존재하는 미국의 외교정책에 대한 분석이 많은 부분을 차지했다.

일본의 경제성장과 그에 따른 해외투자의 증가로 인하여 일본의 경제적인 힘과 그것이 가지는 세계정치적 의미를 분석하려는 시도가 일본인 경제 분석가를 중심으로 유행했다. 안행모형雁行模型, flying geese model이라는 명칭을 가진 이와 같은 주장은 기러기가 이동할 때 삼각형을 그리면서 날아가듯이, 일본이 삼각형의 꼭짓점에서 동아시아 국가에 투자를 하고 기술을 전파하면서 동아시아 전체를 선도하고 다른 국가들은 일본의 '지휘'를 따라서 일본과의 협력을 통해 경제를 발전시킨다는 것이었다. 또한 일미경제론Nichibei Economy은 무역흑자를 통해서 축적된 일본의 재정적인 능력이 미국 경제에 미치는 영향과 미국 금융시장에 투자된 일본의 금융자산으로 인하여 양국 경제가 서로 통합되어 있는 상황에 대한 설명이었다.

그러나 동아시아 국가들은 이러한 단편적인 현상과 각국 정부의 외교정책에 대한 서술에 그치면서 체계적인 세계정치이론을 발전시키는 데 있어서는 그다지 성공적이지 못했다. 정치 영역에서 큰 변화 없이 미국과 소련의 전 세계적인 갈등과 경쟁, 그리고 협력과 신뢰 구축 과정에서 동아시아는 냉전의 일부로서 냉전의 전개 과정에서 '안정'을 누렸다. 같은 냉전 시기 경제 영역에서 나타난 일본의 경제적 부상은 여러 가지 현상에 대한 흥미로운 설명을 낳았지만, 체계화되지는 못한 상황에서 일본 경제의 침체를 거치면서 설명력이 약화되었다.

중국은 1980년대 이전에는 마르크스주의에 따라서 세계정치에 대한 연구를 국가적으로 수행했으며, 특히 마오쩌둥毛澤東 사상에 기초하여 제국주의·식민주의·민족해방전쟁 등과 같은 주제에 대한 연구가 주를 이루었다. 특히 중국의 세계정치 연구는 미국식의 세계정치이론을 미국 또는 자산계급의 이익을 옹호하는 논리로 폄하하면서, 중국은 중국 나름의 논리를 가져야 하며 노동자와 농민은 자신의 계급 이익을 수호하기 위한 세계정치이론이 필요하다고 강조했다. 하지만 이러한 접근은 중국학자들의 평가에 따르면 "과학적이지 않았고 불필요했던unscientific and unnecessary 접근"이었으며 오직 정치적 이유에서 유지되었다.

이후 중국은 개방과 개혁을 추진하면서 마르크스주의를 고집하지 않았으며, 마오의 정치적 영향력에서 상당 부분 해방되었고, 따라서 미국과 유럽에서 이루어진 국제정치학 연구를 빠른 속도로 흡수했다. 하지만 '중국식 국제정치학international relations theory with Chinese Characteristics을 여전히 고집했고, 덕분에 연구 성과는 미약했다는 평가를 받고 있다. 또한 지나치게 규범적이고, 정책 문제에 집중하면서 중국에서의 국제정치학 발전을 위한 기반 조성에 실패했고, 장기적인 측면에서는 오히려 역효과를 가져 왔다고 한다. 따라서 중국 국제정치학자들도 전 세계적으로 이루어지는 국제정치학 논쟁에 적극적으로 참가하면서 외부의 이론을 수용하고, 이에 기초한 중국 내부의 연구를 축적해야 한다는 제안이 등장하고 있다.

(2) 한국의 세계정치이론 수용과 이론적 전개

냉전 기간에 한국의 국제정치학은 주로 미국 외교정책 분석과 한국전쟁의 배경과 관련된 사실 규명에 많은 노력을 기울였으며, 이에 필요한 이론적인 개념은 미국 국제정치학 연구를 완제품의 형태로 수입했다. 하지만 이러한 노력은 수입 대상이었던 미국 국제정치학 자체가 논리적인 기반에서 취약했기 때문에 큰 성과가 없었다. 월츠가 국제적 무정부성의 중요성을 강조하고 저비스가 국가들 사이의 갈등을 안보 딜레마의 결과로 파악하기 시작한 것이 1970년대 후반이므로, 냉전 기간 동안 한국의 국제정치학 발전은 이러한 논리적인 기반이 확고해지고 이를 적극적으로 수용하기 이전까지는 매우 어려운 상황에 놓여 있었다. 또한 국제정치의 또 다른 주요 측면인 국가들 사이의 협력에 대한 논의도 1980년대 중반에 들어와서야 미국에서 본격적으로 이루어졌기 때문에 수입해서 사용해야 하는 입장에서는 어려움이 있었다.

이러한 시기에 특히 초기 단계에 가장 많은 노력을 기울인 부분은 미국 주요 연구의 번역과 한국의 독자적인 교과서 출판이었다. 가장 처음 출판된 국제정치학 교과서는 1954년에 나온 조효원 교수의 『국제정치학』이었다. 이 교과서는 미국에서 사용되는 국제정치학 교재의 주요 부분을 정리한 서적으로 "이상주의적 발상에 집착하기보다는 국가 이익을 강조하는 현실주의" 논의를 소개했다. 1962년에 출판된 이용희 교수의 『일반 국제정치학(上)』은 미국 국제정치학의 소개를 넘어서 역사적인 관점에서 각각의 다른 국제정치체제가 존재했고 이것이 어떠한 형태로 구성되어 있었는가를 규명하면서, 현재 전 세계로 확산된 유럽 국제정치 질서의 역사적 성격을 다루었다. 이후 구영록 교수의 『인간과 전쟁』, 김상준 교수의 『국제정치이론』, 이상우 교수의 『국제관계이론』 등의 교과서가 출판되었다.

하지만 한국에서의 국제정치 연구가 발전하는 데에는 상당한 어려움이 존재했다. 한국 국제정치학의 가장 중요한 기반이 될 수 있었던 한반도의 정치 상황이 매우 적대적이기는 했지만 상대적으로 매우 안정적이었기 때문에 학문적으로 큰 중요성을 가지는 변화가 없었고, 따라서 새로운 이론적 노력을 필요로 하지 않았기 때문이다. 한편 냉전 기간에는 북한이 공격적으로 행동하는 현상 타파 국가라는 명제에 대해서 의문을 던지는 것은 국내 정치적 상황에서 매우 위험한 것이었기 때문에 남북한 사이의 군사적 긴장에 대해서 국제적 무정부 상태 또는 안보 딜레마와 같은 이론적인 개념을 사용하는 것이 어려웠다. 한국 전쟁과 관련된 논의에서도 정치적인 이유에서 최종 결론은 결정된 상황에서 각자 자신들의 정치적 입장에 따라 '북한의 남침야욕'을 강조하거나 미국 자본주의 위기 극복을 위한 '잉여 생산의 배출 필요성'이 강조되었다. 즉 정책적 목표에 기초한 현실주의 이론과 정치적 대안 제시에 초점을 맞춘 마르크스주의 세계정치이론이 냉전 기간 한국의 국제정치 연구의 대부분을 차지했다.

이러한 경향은 한국 국제정치학의 대표 학술지인 『국제정치논총』에서 잘 드러난다. 1963년 창간호에서 나타났듯이, 연구자들의 논문(3편)과 함께 주요 국제정치적 사건에 대한 분석과 자료, 그리고 해외 단독 연구 저서에 대한 서평(3편)이 절반을 차지했다. 또한 학술회의에서 발표되었던 논문을 중심으로 특집호가 발간되었으며, 이를 계기로 한국 학계에서 '민족주의'(1967), '현대 일본'(1968), 그리고 '한국의 근대화'(1969) 등에 대한 이해가 증진되었다. 1970년대에 들어와서는 이러한 특집호를 통한 연구는 줄어들었으며, 1977년 '현대 국제정치와 약소국'이라는 주제로 상호 의존 및 강대국·약소국 문제가 논의되었다.

1980년대에 들어서면서 '비판적인 시각'이 본격적으로 소개되었고, 그에 기초한 다양한 연구들이 이루어졌다. 하지만 설명이 매우 거시적인 시각에서 이루어지면서, 각각의 퍼즐에 집중하여 논리적인 분석을 하고 그 결과를 경험적인 차원에서 검증하는 방식보다는 서로 다른 이론적 시각을 대조하는 방식의 연구가 수행되었다. 또한 월츠와 저비스에 의해서 안보 부분의 현실주의 국제정치이론이 매우 빠른 속도로 변화하고 동시에 길핀에 의해서 패권국의 중요성이 세계경제의 안정자stabilizer 역할이라는 새로운 측면에서 강조되었지만, 이러한 시각의 중요성에 기초한 연구는 1990년대 이후에야 가능했다.

이와 같은 특집호에 기초한 학술지 활동은 1980년대에 들어오면서 더욱 활발해졌다. 냉전 종식의 가능성이 나타나면서 다양한 국제정치 현상이 등장했고, 이에 대한 분석이 더욱 필요해지면서 국제정치 논총을 통한 연구는 활발해졌다. 1982년에는 '신국제정치 질서하의 한국과 제3세계', 1983년에는 '한국 민족주의와 국제정치' 문제가 논의되었다. 특히 냉전 종식의 가능성이 본격적으로 등장했던 1980년 후반에 들어서면서 특집호 활동은 증가했다. 특히 소련의 변화와 그로 인한 국제정치의 변화는 많은 관심의 대상이었다. 1986년 '국제정치와 한국의 외교정책', '동북아 군비경쟁과 군비통제' 등의 주제는 당시 부각되었던 정책 현안에 대한 학문적 토대를 제공했다. 1988년 '한국과 국제정치경제' 그리고 '한국에서의 국제정치학 발전' 등을 통해 지금까지의 발전을 회고했으며, 1989년 민주화가 본격적으로 진행되면서 '외교정책의 재조명: 민주화와 한국 외교정책', '통일 문제에의 새로운 접근: 군축과 민족 통합' 등이 논의되었다. 1990년에는 '북방정책과 한반도', '변화하는 사회주의 이념과 현실'과 같은 주제가 특집으로 다루어졌으며, 동시에 '새로운 세계 정세의 변화와 남북한 관계의 개선 방향', '1990년대 한국 국제정치학의 과제: 이념과 실천'을 통해 앞으로 나아갈 방향을 모색했다.

7. 맺음말

냉전 기간 동안 국제정치 이론은 눈부시게 발전했다. 이전까지 정치사상 또는 외교사의 일부로서 국제정치에 대한 다양한 논의가 있었지만 정치학의 한 분야로서 체계적인 논의가 이루어지지는 않았다. 1945년 이후 국제관계에 대한 다양한 연구가 국제정치학이라는 이름으로 통합되면서 오늘날 우리가 알고 있는 형태의 학문이 만들어졌다. 하지만 초기의 국제정치학은 국가이익과 세력균형이라는 상당히 모호하고 분석적이지 않은 개념 덕분에 많은 어려움에 처했고, 오히려 경제 부분의 상호 작용과 거시 역사적 측면에서의 세계체제론과 종속이론이 국제정치를 설명하는 중요한 이론으로 각광받았다.

이러한 상황을 타개한 것이 바로 저비스의 안보 딜레마와 월츠의 『국제정치학 이론』이었다. 국제적 무정부성을 강조하고 특정 국가가 공격적이지 않더라도 상대에 대한 불확실성이 국제 갈등과 경쟁의 원인이 된다는 주장은 국제정치이론의 논리적인 기초를 제시하고 다양한 퍼즐을 검토하는 데 큰 도움을 주었다. 냉전이라는 미국과 소련의 전략적 경쟁이 완화되면서 상대를 공격할 의도가 없는 상황에서 서로에 대한 의심 때문에 계속 경쟁하는 데탕트는 이러한 이론 제시의 배경이었다. 그리고 강대국 순환과 관련된 설명들은 국제정치를 거시적으로 살피는 중요한 시각을 제시했다.

한편 유럽 통합에서 나타난 국가들 사이의 협력과 석유위기가 드러낸 군사력의 한계는 국제정치의 군사적, 갈등적 측면뿐만 아니라 경제적, 협력적 측면의 중요성을 두드러지게 보여 주었다. 경제적 상호의존과 국제 제도와 관련된 논의는 국제정치 설명 방식과 설명 대상을 확대했다. 또한 동아시아의 빠른 경제성장과 궁극적으로 중국의 눈부신 발전은 이전의 세계체제론과 종속이론의 설명력을 잠식하면서 이전과는 다른 시각이 나타나는 현실적인 배경이 되었다.

동아시아는 냉전 기간 동안 국제정치학 발전에 이론을 개발하는 주체가 아니라 국제정치의 무대이자 이론이 적용되는 객체였다. 따라서 동아시아적 국제정치학이 독립적으로 존재하지는 못했고, 동아시아적 이론을 정립하기 위한 노력은 그다지 성공적이지 않았다. 하지만 동아시아와 한국 외교사 부분에서는 뛰어난 업적이 있었으며, 앞으로 한국의 국제정치학은 한국 외교사 연구의 기존 성과에 국제정치이론을 결합하는 방향으로 이루어져야 한다.

6

| 하영선 · 민병원 |

현대 세계정치의 국제정치이론과 한국

1. 머리말 — **212**
2. 현대 세계정치와 주류 국제정치이론의 변환 — **213**
3. 대안 이론의 모색과 구성주의 — **221**
4. 새로운 21세기 국제정치이론의 가능성 — **225**
5. 현대 국제정치이론과 동북아시아 — **227**
6. 현대 국제정치이론과 한국 — **230**
7. 맺음말 — **232**

| 핵심 개념 |

공격 현실주의 offensive realism / 구성주의 constructivism / 규범 norms / 그람시학파 neo-Gramscians / 글로벌 거버넌스 global governance / 네트워크 이론 network theory / 다중 multitude / 민주적 평화 democratic peace / 방어 현실주의 defensive realism / 복잡성 complexity / 비판이론 critical theory / 사회적 구성 social construction / 상대 이득 relative gains / 신전통현실주의 neo-traditional realism / 양면게임 모델 two-level game model / 영국학파 English School / 전망이론 prospect theory / 정체성 identity / 제3의 논쟁 The Third Debate / 제국 Empire / 제도화 institutionalization / 제한적 합리성 bounded rationality / 탈냉전 post-Cold War / 탈실증주의 post-positivism

1. 머리말

20세기에 치러진 두 차례의 세계대전은 현대 국제정치학을 탄생시켰다. 제2차 세계대전이 끝난 1945년 이후 형성된 냉전 체제 속에서 국제정치학은 본격적으로 성장했다. 미국과 소련이라는 두 초강대국을 중심으로 양극화된 냉전 체제 속에서 국가들은 간헐적으로 협력과 화해를 시도했지만 기본적으로 갈등의 국제정치를 치열하게 전개해 나갔다. 그러나 마침내 1989년 동·서독을 갈라놓았던 베를린장벽이 무너졌다. 1991년에는 양극 체제의 한쪽 극을 이루고 있던 소련이 해체되었다. 영원할 것만 같던 냉전 체제가 어느 날 갑자기 사라진 것이다. 냉전 무대의 주인공들이 펼치는 갈등의 연기를 분석하는 데에만 골몰해 왔던 국제정치학자들에게 드디어 수난의 시대가 찾아온 것이다. 미국과 함께 공동 주연을 담당하고 있던 소련이 예고 없이 무대에서 사라졌다는 사실은 너무나 당황스러운 일이었다. 미국 단독 주연의 무대가 마련되는 것인지, 아니면 새로운 주인공들이 등장하게 될지를 쉽사리 전망할 수 없었다. 소련의 해체와 함께 냉전의 무대가 막을 내리고 드디어 평화의 무대가 열릴 것인지가 궁금했다. 그 속에서 국제정치 주인공들이 펼쳐 나갈 연기의 내용이 갈등보다 협력 중심으로 바뀔 것인지도 여전히 불명확한 상황이었다.

냉전기 국제정치학의 중심 위치를 오랫동안 차지해 왔던 현실주의는 냉전체제 붕괴라는 새로운 역사적 상황을 그야말로 '현실적으로' 설명해야 하는 어려움에 직면했다. 더 나아가 냉전 이후 등장하는 탈냉전 세계정치의 현실 속에서 국제협력이 증가하는 문제를 현실주의의 틀로 풀어야만 했다. 한마디로 20세기 현실주의가 21세기 비'현실화의 위험성에 직면한 것이다. 냉전기 동안 상대적으로 열세에 놓여 있던 자유주의는 탈냉전과 함께 무대의 중심으로 나서기 시작했다. 현실주의의 비관적 전망과 달리 유럽연합이 21세기 새로운 협력의 상징으로 등장함에 따라 자유주의는 협력의 국제정치에 대한 낙관적 기대를 높였다. 그러나 21세기 세계정치가 쉽사리 자유주의의 손을 들어 주지는 않았다. 냉전은 끝났지만 뒤이어 세계 여러 곳에 덮여 있던 종족 전쟁과 내전이 새롭게 시작되었고, 9·11 테러를 계기로 본격적인 테러 전쟁이 지구 차원에서 전개되었기 때문이다. 경제·지식·문화·환경의 다양한 무대에서 벌어지고 있는 지구적 갈등과 협력의 문제를 정치적으로 조종해 보려는 노력도 예상보다 훨씬 힘든 과정을 치르고 있다.

세계질서가 탈냉전과 함께 탈근대의 변화를 복합적으로 맞이하게 되면서, 현실주의·자유주의와 함께 이론적인 측면에서 구성주의 constructivism가 21세기 세계정치의 새로운 담론으로 꾸준하게 성장세를 보이고 있다. 구성주의는 기존의 현실주의나 자유주의 국제정치이론의 배경에 깔려 있는 존재론과 인식론에 대해 근본적인 문제를 제기한다. 세계정치는 단순히 주어진 대로, 또는 객관적으로 존재하는 것이 아니라 주인공들이 서로를 인식하고 상호 작용함으로써 끊임없이 만들어 간다는 것이 구성주의의 존재론이다. 아울러 기존에 엄밀한 증거를 바탕으로 한 과학적 접근 방법을 추종해 온 기존의 실증주의적 인식론 대신 주관적·상대주의적 접근 방법을 통해 세계정치를 인식하려는 새로운 인식론을 제안한다. 하지만 구성주의의 이러한 대안에도 불구하고 21세기 세계정치학은 아직 완벽한 해답을 찾지 못하고 있다.

현대 세계정치의 변화와 복합성이라는 현실을 기존의 이론들이 충분히 따라잡지 못하고 있기 때문이다. 이 장에서는 새로운 세계질서를 설명하기 위해 기존의 국제정치이론이 어떤 변화를 꾀하고 있는지, 그리고 또 다른 대안 이론으로 어떤 이론들이 제시되고 있는지에 대해 살펴본다.

21세기는 복합화의 세기이다. 냉전과 탈냉전, 근대와 탈근대의 변환이 동시에 진행되고 있다는 점에서 그렇다. 지구상의 다양한 지역에 걸쳐서도 복합화의 과정이 여실히 전개되고 있다. 미국은 21세기 세계질서의 주도국으로서 네트워크 복합 세계질서를 조종하는 데 전력을 기울이고 있다. 한편 근대의 노년기에 접어든 유럽은 국민국가와 유럽연합의 이중구조인 새로운 주인공의 모습을 갖추기 위해 분주한 상황이다. 아프리카의 여러 나라들은 아직 국민국가 체제를 완성하지 못한 채 실패한 국가failed states의 모습을 보이고 있다. 그 와중에 수많은 사람들이 미완성된 제도의 희생양으로 고통을 받는 상황이 이어지고 있다. 근대의 청년기를 살고 있는 동아시아는 냉전이 끝나고 탈근대 시대로 변환하는 과정에서 상당한 어려움에 봉착해 있으며, 중국의 부상으로 새로운 형태의 강대국 대결 구도 양상이 나타나고 있다. 한국에서는 냉전의 한반도와 근대의 동아시아, 그리고 탈근대의 지구가 동시에 복합적인 모습으로 중첩되고 있다. 따라서 동아시아 3국의 21세기 세계정치학은 한편으로 구미의 20세기 국제정치학을 공유하면서, 다른 한편으로 동아시아와 한반도의 특수성을 동시에 담아내야 하는 어려운 과제를 짊어지고 있다.

2. 현대 세계정치와 주류 국제정치이론의 변환

수백 년간 지구 질서를 주도해 온 근대 국민국가는 20세기 말에 들어와 새로운 도전에 직면했다. 미소 냉전의 종결과 함께 세계 곳곳에서 테러와 인종 분규가 더욱 치열해졌고, 자본주의의 지속적 성장에도 불구하고 경제적 불평등 문제가 악화되어 가고 있다. 문화적 충돌과 정체성의 문제는 국가 간의 갈등을 더욱 부추기고 있다. 지구 차원에서 생태적 불균형의 문제도 점차 심화되고 있다. 한편 정보혁명은 세계 지식 질서의 중요성을 빠르게 증가시키고 있다. 이와 같은 복합적 상황 속에서 냉전 이후 국제정치이론은 우선적으로 풀어야만 하는 커다란 과제에 직면해 있다. 무엇보다도 복합적 현실을 올바로 인식하고 그에 대한 해답을 찾는 일이 시급하다. 냉전의 종식과 함께 찾아온 21세기의 새로운 지구촌은 냉전기보다 훨씬 더 다양하고 복잡한 문제들을 안고 있기 때문이다. 따라서 해답도 '냉전 단순형'에서 '탈냉전 복합형'으로 바뀌어야만 한다. 이 과제를 풀기 위해서는 복잡한 변화를 제대로 설명할 수 있는 새로운 이론의 모색이 필요하다. 냉전기에는 현실주의와 자유주의라는 나름대로의 이론이 자리 잡고 있었다. 그러나 탈냉전 이후 이러한 기존 이론만으로는 빠르고 복잡하게 전개되는 변화를 읽고 설명할 수 없는 어려움에 직면해 있는 것이다.

(1) 현실주의: 다양한 갈래와 전통적인 모습으로의 회귀

냉전기 국제정치이론의 주역이었던 현실주의는 탈

냉전기에 들어와 국가 간의 갈등과 협력 관계를 이전보다 더 세련되게 설명해야만 하는 부담을 지게 되었다. 냉전기에는 현실주의가 분쟁과 갈등을, 자유주의가 협력을 대변하는 것으로 손쉽게 분류되었다. 하지만 갈등보다는 협력의 가능성이 상대적으로 늘어난 탈냉전기에 접어들면서, 현실주의는 자유주의보다 협력이나 제도에 대한 인식이 부족하다는 비판을 극복하고 생각과 고민의 폭을 넓혀야 한다는 요구에 부딪혔다. 그로 인해 현실주의 진영 내부에서 다양한 성찰과 대안 제시가 이루어지면서 이론의 폭이 넓어지고 다양한 이슈들이 다루어지기 시작했다. 이러한 추세를 바탕으로 오늘날 현실주의 국제정치이론은 세분화된 하위 이론의 등장과 더불어 전체 이론적 패러다임의 변신을 꾀하고 있다.

현실주의 이론은 1980년대 말 이후 국가의 행동을 유발하는 핵심 요인으로서 '상대 이득'relative gains의 개념에 대해 관심을 가져 왔다. 이러한 관심은 탈냉전의 변화와 함께 협력을 부각시키는 자유주의 이론의 확산에 대한 자구책이었다. 현실주의 이론가들은 국가들 사이에 협력을 유발하는 동인으로서 공동의 이득이 중요하다는 점을 인정하면서도, 이것이 항상 협력을 보장하지는 않는다는 점을 강조했다. 이득이 존재한다고 해서 협력이 이루어지는 것이 아니라, 협력으로부터 발생할 이득의 상대적 배분이 더 중요하다는 점을 부각시키고 있는 것이다. 즉 국제정치에서는 '절대 이득'absolute gains보다 오히려 '상대 이득'이 국가의 행위를 결정하는 데 더 중요한 요인이라는 것이다(Grieco 1990). 서로의 이득을 비교하여 상대방이 더 많은 이득을 얻게 된다면 협력을 거부할 수 있다는 점, 다시 말해 사촌이 땅을 사면 배가 아파지는 상대적 박탈감의 관념을 세계정치에 도입한 것이다.

한편 공격 현실주의offensive realism와 방어 현실주의defensive realism라는 두 갈래의 현실주의가 구분되기 시작한 것도, 그동안의 한계와 비판을 고려하면서 이론의 설명력을 높이기 위한 현실주의자들의 변화를 보여 준다. 일부 극단적인 현실주의자들은 세계정치의 무정부 상태가 매우 위험하기 때문에 최대한의 권력을 확보하는 것만이 국가의 안보를 보장하는 유일한 길이라는 주장을 펴는데, 이들을 일컬어 공격 현실주의자라고 부른다. 반면 방어 현실주의에서는 무정부 상태가 그다지 위험한 것이 아니며, 안보도 상대적으로 충분하다고 봄으로써 자유주의 시각에 좀 더 가깝다고 할 수 있다. 공격 현실주의에서는 어느 한 국가의 팽창이 다른 국가의 안보에 대한 요구와 조화를 이루지 못하기 때문에 적국을 약화시키려는 도발적인 정책을 추구하며, 결국 갈등은 피할 수 없다는 비관론으로 이어진다. 이에 비해 방어 현실주의는 한 국가의 안보의식이 커지면 어쩔 수 없이 상대 국가가 느끼는 안보 위협도 동반 상승하는 심리적·구조적 상호 작용 과정을 중시한다. 의도하지는 않았지만 불가피하게도 경쟁 구도로 빠져들 수밖에 없는 비극적 대결 구도에 초점을 맞추며, 따라서 노력 여하에 따라 이러한 비극을 극복할 수 있다는 낙관론을 제시한다.

공격 현실주의를 제창한 존 미어샤이머John Mearsheimer에 따르면, 국가는 절대 이득보다 상대 이득을 중요하게 생각하기 때문에 국제정치는 '수인의 딜레마'와 같은 경쟁적 무정부 상태가 되어 결과적으로 협력보다 갈등의 요소가 커지게 된다. 따라서 이 시각에서 볼 때 탈냉전 시대에도 결코 안보 문제를 등한시할 수 없으며, 대외적 팽창을 꾀하려는 공격적 국가에 언제든지 대응할 자세를 갖추어야만 한다(Mearsheimer 2003). 로버트 저비스Robert Jervis와 같은 방어 현실주의자들은 안보 딜레마로 인한 갈등 구조를 인정하면서도 이것을 해결할 수 있는 제도적 장치가 가능하다고 본다(Jervis 1999). 최근 핵 확산 방지, 핵실험 금지, 대량살상무기 제한 등과 같은 여러 현안에 걸쳐 국가 간 이해와 협력이 수렴하고 있는데, 이는 무정부 상태 속에서도 협력적 제도가 실제로 작동할 수 있음을 보여 주는 대표적 사례들이다. 하지만 공격 현실주의나 방어 현실주의 모두 자유주의 시각에 비해 여전히 비관적인 전망에 치우쳐 있으며, 국제협력은 국가에 의해서만 가능하다고 본다는 점에서 근본적인 차이를 보인다.

탈냉전의 예상치 못한 변화와 함께 현실주의 일각에서는 지나친 과학주의의 자신감을 반성하고 보다 조심스럽게 '역사'의 변화를 바라보려는 노력을 보여주고 있다. 그동안 국제정치이론의 주류에서는 '실증주의'positivism의 구호 아래 관찰 가능한 데이터와 엄밀한 분석 방법을 주로 채택해 왔다. 그러나 과학적 실증주의가 만연했음에도 불구하고 이와 같은 접근 방법이 현실을 설명하는 현실주의 또는 자유주의의 설명력에 도움이 되는 것인지에 대한 강한 의문이 제기되기 시작했다. 자연과학의 성공을 모델로 하여 큰 성장을 이루어 온 미국식 국제정치학이 20세기 후반에 들어와 냉전 체제의 갑작스러운 붕괴나 9·11 사태와 같은 새로운 격변 사태를 예측하지 못했다는 사실

〈참고 6-1〉 공격 현실주의: 왜 중국을 견제해야 하는가?

공격 현실주의를 표방하는 존 미어샤이머는 2001년에 발간된 저서 『강대국 정치의 비극(The Tragedy of Great Power Politics)』에서 강대국들이 처한 생존의 본능과 권력 추구의 성향을 강조하고 있다. 그는 공격적 권력 추구의 성향이 고전현실주의에서 말했던 것처럼 국가의 본질적인 속성이 아니라, 무정부 상태에서 어쩔 수 없이 생존하기 위한 자연스러운 현상이라고 보았다. 이런 점에서 그의 이론은 월츠의 현실주의보다도 더 적나라하게 현실 정치를 대변한다. 월츠는 강대국들이 서로 모방하려는 성향을 지니고 있기 때문에 현상 유지와 세력균형이라는 결과를 낳는다고 보았지만, 미어샤이머는 한걸음 더 나아가 공격적인 행동과 전략적 우위를 점하려는 행동 역시 모방된다고 분석했다. 또한 강대국들이 항상 세력균형만을 추구하는 것이 아니며, 지정학적 위치와 세력 분포에 따라 그 부담을 다른 강대국에 떠넘기는 '부담 전가'(buck-passing)의 성향을 보인다는 것이 미어샤이머의 주장이다. 이러한 공격 현실주의 이론을 21세기에 적용할 경우 동북아시아에서 중국의 부상은 주목할 만한 사례이다. 그는 중국의 경제성장으로 인해 권력 추구 성향이 더욱 거세질 수밖에 없으며, 그 결과 다른 어떤 도전자보다도 미국을 위협하는 지역적 헤게모니 국가가 될 것이라고 예측했다. 지금까지 미국은 중국에 대해 자유주의적 입장에서 관여(engagement)정책을 추구해 왔지만, 이제는 중국의 잠재력이 더 이상 커지지 않도록 봉쇄하려는 적극적인 노력이 필요하다고 지적하고 있다.

〈참고 6-2〉 신현실주의와 신전통현실주의의 차이는 무엇일까?

월츠의 구조현실주의로 대변되는 신현실주의와 달리, 신전통현실주의는 모겐소와 같은 현실주의의 원조로 회귀할 것을 주장한다. 신전통현실주의는 이론적 특징이나 강조점에서 다음과 같은 점이 신현실주의와 대비된다.

첫째, 신현실주의가 미시경제학의 분석틀에 기반을 두고 있는 반면, 신전통현실주의는 사회학과 역사학의 전통을 중시한다.

둘째, 신현실주의에서는 안보가 국가의 궁극적인 목적이지만, 신전통현실주의에서는 권력이 더 중요하다. 국가는 권력을 극대화함으로써 안보를 추구한다. 따라서 무정부 상태나 권력 배분 등 구조적 변수를 우선시하는 신현실주의와 달리, 신전통현실주의는 권력과 이익이 국가 행위를 결정짓는 핵심 변수라고 본다.

셋째, 신현실주의가 시스템의 구조적 측면을 강조하는 반면, 신전통현실주의는 시스템의 구성 요소와 그들 사이의 상호 작용 과정을 더 중시한다.

넷째, 신현실주의는 능력이 단위체와 구조의 속성이라고 규정하는 반면, 신전통현실주의는 국가 간의 관계, 즉 과정으로서 이해한다. 따라서 신현실주의가 시스템 차원의 능력 분포를 중시하는 국제정치이론이라면, 신전통현실주의는 국가 간 상대적 능력의 차이에 주안점을 두는 외교정책이론이라 할 수 있다.

은 이러한 의문의 단초가 되었다. 20세기의 주요 국제정치이론들은 왜 이처럼 철저하게 실패한 것일까? 이에 대한 비판과 반성은 구조현실주의의 한계를 넘어 인간 본성에 대한 고전적 탐구, 즉 고전현실주의로 돌아가야 한다는 '신전통현실주의'neo-traditional realism의 움직임으로 이어져 왔다.

미시경제학의 분석적 접근 방식에 기반을 둔 신현실주의 또는 구조현실주의와 달리, 신전통현실주의는 사회학과 역사학적 전통으로 회귀한다. 이 입장에서는 권력이 국가의 궁극적인 목표이며 국제정치를 움직이는 동인이라는 고전현실주의의 전제를 새롭게 강조한다. 기존의 구조현실주의에서는 권력이 국가의 다른 목표를 달성하기 위한 수단에 불과하다고 보며, 국가권력의 분포 및 무정부 상태와 같은 구조적 동인이 더 중요한 역할을 담당한다고 본다. 하지만 신전통현실주의는 국가들 사이의 불균형에 더 큰 관심을 보이며, 구조보다는 과정 또는 관계의 측면을 중시한다. 또한 케네스 월츠의 구조현실주의가 정적static 이론에 머물러 있는 반면, 신전통현실주의는 행위자들 사이의 동적 상호 작용interaction을 더 강조한다. 더불어 국제정치 현상을 설명하는 데 있어 국가 내부의 정책결정 과정을 강조하면서, 행위자들이 체제의 환경 변화를 어떻게 파악하고 그에 대응하는가를 부각시킨다. 이러한 맥락에서 구조현실주의가 거시적 대상을 살펴보는 '국제정치이론'이라면, 신전통현실주의는 행위자의 모습에 초점을 맞춘 '외교정책이론'에 더 가깝다고 할 수 있다.

탈냉전기 현실주의 이론의 변화는 분석 수준 및 합리성에 대한 인식의 변화에서도 읽을 수 있다. 구조현실주의와 같은 거대 담론이 냉전 시기 세계정치의 문제를 해결하는 데 별반 도움이 되지 못했다는 성찰로 말미암아 세력균형이나 양극화, 동맹과 같은 구조적 변수에 대한 관심이 서서히 줄어든 반면, 이를 대신하여 정책결정자의 심리적 요인과 같은 미시적 변수들이 꾸준하게 강조되기 시작했다. 특히 현실주의와 자유주의 이론의 핵심 개념이라고 할 수 있는 '합리성'에 대한 재검토가 이루어지기 시작했다. 이러한 변화는 심리학 등 인접 학문의 발전에 힘입은 바 크다. 일찍이 허버트 사이먼Herbert Simon은 인간의 합리성이 결코 완벽하지 않기 때문에 대안의 개념인 '제한적 합

<참고 6-3> 전망이론: 사람들의 선택은 합리적일까?

합리적 경제학 이론의 전통을 기반으로 하는 주류 국제정치이론에서는 행위자의 선택이 기대이익을 극대화하려는 성향에 의해 결정된다고 본다. 하지만 행위자의 그러한 성향이 항상 일관성을 가지는 것일까? 심리학자들의 주장에 의하면 반드시 그렇지는 않다. 사람들을 대상으로 실험을 해 본 결과, 사람들은 자신들이 가질 수 있는 자산의 '양'보다도 그것의 '변화'에 더 크게 반응을 나타낸다. 즉 부의 '수준'보다는 부의 '증감'에 더 예민한 모습을 보인다는 것이다. 이러한 현상이 나타나는 이유는 개인마다 서로 다른 준거점(reference point)을 가지고 있기 때문이다. 준거점은 사람들이 이익과 손실을 판단하는 기준이 된다. 흥미로운 점은, 많은 수의 사람들에게 동일한 양의 이익보다는 그만큼의 손실이 더 중요하게 간주된다는 사실이다. 다시 말해 어떤 크기의 효용을 얻는 것보다는 동일한 크기의 효용을 잃는 것이 더 심각하게 느껴진다는 것이다. 대니얼 카네만(Daniel Kahneman)과 아모스 트베르스키(Amos Tversky)가 수립한 전망이론에서는 이를 '위험 회피'(risk-averse) 성향이라고 부른다. 이러한 발견은 자산의 이익과 손실에 대해 동일한 잣대를 제시해 온 합리적 선택이론의 한계를 여실히 보여 준다. 사람들은 새로운 이익을 위한 모험을 하기보다는 현상 유지(status quo)에 만족하는 반면, 손실이 예상되는 경우에는 동일한 규모의 이익에 비해서 적극적인 '위험 수용'(risk-acceptant)의 성향을 나타낸다. 이러한 전망이론을 세계정치에 접목하면 외교정책결정과 관련된 여러 현상들을 설명하는 데 큰 도움을 얻을 수 있다. 대부분의 국가 지도자들은 현재의 지위를 상승시키기보다 현재의 지위를 유지하는 데 더 많은 노력을 기울이기 때문이다.

리성'bounded rationality과 '만족'satisfaction 추구 성향이 인간 행동을 설명하는 데 더 설득력이 있다는 점을 부각시킨 바 있다. 이러한 심리학적 접근은 현대 현실주의 국제정치이론의 난제들을 해결하는 데 중요한 실마리를 제공해 주었다. 예를 들어 중동 지역에서 일어나는 자살폭탄테러나 북핵 위기와 관련된 김정일 정권의 행보는 '이익의 극대화'라는 전통적인 게임이론의 합리성 관념으로는 도저히 설명되지 않는 이상 현상이었는데, 심리학적 접근은 이에 대한 대안의 도구로 각광 받고 있다. 한편 동일한 행위자라도 이득과 손실의 전망에 대해 서로 다른 기준을 적용함으로써 일관성 없는 태도를 자주 보인다는 '전망이론'prospect theory의 주장도 국제정치와 외교정책이론에 도입되어 다양한 영역에서 적용 범위를 넓혀 가고 있다.

(2) 자유주의: 민주평화와 글로벌 거버넌스

탈냉전을 맞이해서 현실주의 이론이 줄곧 주도적 위치를 유지하기 위해 자기 변모의 고통을 겪어 왔다면, 상대적으로 자유주의 이론은 지구화의 추세 속에서 이론적인 응집력을 한층 더 높여 왔다. 냉전기의 갈등 구조 속에서 상대적으로 관심을 덜 받았던 협력의 국제정치이론이 상호의존과 지구화로 말미암아 주가를 높이게 된 것이다. 하지만 자유주의 국제정치이론 역시 1990년대 이후 현실주의 이론과의 지속적인 논쟁을 통해 이론적 세련미와 정교함을 더해 가기 시작했다. 이러한 추세는 국내적 측면 등으로 관찰 영역을 확대하거나, 민주평화론과 같은 세련된 세부 이론을 끊임없이 생산함으로써 가능했다. 그리하여 자유주의 국제정치이론도 현실주의와 마찬가지로 변화하는 세계에 대한 설명력을 높이기 위한 자기 변모의 노력을 계속해 올 수 있었다.

자유주의 이론은 1990년대 이후 세계정치를 설명하기 위해서 국가와 사회의 상호 관계에 대해 높은 관심을 보였다. 특히 국내 정치 요소가 국가 바깥으로 어떻게 표출되고 또 정책결정에 어떻게 영향을 미치는가를 집중적으로 연구했다. 국가의 행동은 결국 국가 내부에서 비롯되므로, 이를 이해하기 위해서는 국내 사회의 요인을 살펴보고 국가의 선호가 형성되는 과정을 구체적으로 들여다보자는 것이다. 이러한 생각은 1980년대 후반부터 가속화되었는데, 국가 간의 협상에서 국내 사회 변수가 중요한 영향을 미친다는 점을 강조한 로버트 퍼트넘Robert Putnam의 양면게임 모델two-level game model이 그 시초였다(Putnam 1988). 국제무대의 모든 행위자가 당구공처럼 동일하다는 과거의 전제를 넘어서, 국가 내부 사정에 따라 다양한 모습으로 나타날 수 있다는 점이 부각되었다.

최근의 자유주의 국제정치이론은 이념, 시장, 그리고 대표성을 강조하는 세 부류로 나누어진다. 이념을 강조하는 자유주의 분파에서는 국내 사회의 정체성과 가치가 국가의 선호로 이어지는 과정을 중시한다. 따라서 지리적 요인과 정책결정 과정, 그리고 사회 경제적 규제의 모습을 국제관계의 이념적 근원으로 삼고 집중 탐구한다. 한층 더 세부적인 차원에서 개인이나 집단의 이해관계를 보려 하는 기능주의 시각도 자유주의의 전통을 잇고 있는데, 예를 들어 보호무역주의가 일어나는 이유는 생산요소 및 생산관계의 불균등 구조에서 찾으려는 시도가 대표적인 사례이다. 국가나 사회의 선호가 대표되는 과정을 여러 가지 모형으로 설명하는 입장도 크게 보아 자유주의 국제정치이론의 확대판에 해당한다. 이와 같은 이론적 변모는 탈냉전기에 더욱 복잡해지는 세계정치의 모습을 올바로 이해하기 위해 관찰의 대상과 영역, 수준을 확대해야 하는 기존 이론의 한계 인식에서 비롯되었다. 심화되는 지구화 추세는 모든 국가들이 동일하다는 전제를 포기하고, 개별 국가 내부의 상황을 구체적으로 파악해야 한다는 인식이 자유주의 진영 내부에서 진지하게 공유되었기 때문이다.

자유주의 이론이 탈냉전기에 들어와 상대적으로 더 큰 주목을 받게 된 데에는 다양한 이슈 영역에서 나타나고 있는 제도화institutionalization의 추세를 가장 큰 원인으로 꼽을 수 있다. 안보·무역·금융·환경·개발·인권 등 많은 분야에 걸쳐 국가 행위자뿐 아니라 다양한 비국가·초국가 행위자들이 문제를 해결하기 위해 함께 머리를 맞대기 시작한 것이다. 이와 같은 제도화의 모습을 담아 내고 있는 대표적인 자유주의 이론으로 '글로벌 거버넌스'global governance 이론을 꼽을 수 있다. 과거 기능주의와 통합이론, 상호의존론, 또는 레짐 이론의 전통을 이어받은 이 이론에서는 정부라는 공식 행위자의 역할과 권한이 지구화 시대에 들어와 한계에 봉착했다고 본다. 전 세계가 하나로 통합되면서 이제 '글로벌 시민사회'가 등장하고 있는 상황에서 복잡하게 얽혀 있는 다양한 문제들을 해결하기 위해서는 전통적인 단일 정부의 권한과 능력을 뛰어넘을 필요가 있다는 것이다(Castells 2005).

이런 맥락에서 글로벌 거버넌스는 정부와 더불어 국제법, 규범, 국제기구, 비정부기구, 정부 간 기구, 그리고 수많은 민간 행위자에 이르기까지 다양한 행위자들을 포함하는 협력 메커니즘으로 규정할 수 있다. 이것은 공동의 문제를 해결한다는 점에서 전통적인 정부와 동일한 목표를 지니고 있지만, 다양한 행위자들 사이에 '상호 주관적'intersubjective 의미를 공유하며 다수의 합의에 의해 그 정당성이 보장된다는 점에서 차별화된다. 따라서 문제해결 및 정책결정의 구조에 있어 과거의 위계질서적 구조 대신 수평적 또는 복합적 형태를 띤다. 그럼으로써 과거의 정부가 해결하지 못했던 어려운 글로벌 차원의 문제들에 접근하는 데 한층 더 발전된 관리 방식을 지향한다. 물론 세계 정부가 아직 존재하지 않는 상황에서 글로벌 차원의 문제를 해결하는 데 효율성 및 정당성의 문제가 여전히 남아 있고, 또한 국내 정부와 같은 대표성이나 책임성을 보장하기 어렵다는 한계가 있기는 하지만, 오늘날 국가 또는 공식 국제기구 차원에서 다루기 어려운 문제들에 있어 글로벌 거버넌스 접근 방법은 유일한 대안이라는 인식이 확산되고 있다(Rosenau 1992).

한편 안보 분야를 중심으로 하여 민주적 평화론theory of democratic peace이 탈냉전기 자유주의 국제정치이론의 또 다른 축으로 두드러진 성장을 해 왔다. 마이클 도일Michael Doyle이 칸트Kant의 영구평화론 논의를 현대 세계정치에 적용하여 주목받기 시작한 민주적 평화론

〈참고 6-4〉 양면게임 이론: 협상은 한쪽만 보고 하는 것일까?

국제정치 현상을 설명하는 데에는 오로지 국제적인 변수만 필요할까? 국내 정치라면 어떨까? 아마도 이들 두 차원의 변수들은 서로 영향을 미치는 것이 분명하다. 문제는 언제, 그리고 어떻게 영향을 미치는가이다. 1978년 독일 본에서 세계경제 문제를 둘러싸고 열린 미국·독일·일본 사이의 정상회담 결과는 국제정치와 국내 정치가 복잡하게 얽혀 들어간 대표적 사례로 꼽을 수 있다. 로버트 퍼트넘의 연구에 따르면, 당시 이들 3개국의 입장은 재정정책 및 통화정책을 둘러싸고 근본적으로 달랐기 때문에 합의를 도출하기 어려웠다(Putnam 1988). 그런데도 이들 국가들은 성공적으로 합의점에 도달했는데, 이는 국내 정치와 국제정치의 절묘한 상호 작용 때문이었다. 세 나라는 어려운 여건 속에서도 포괄적 합의에 도달했고 각자 정책 변화에 있어 일정한 수준의 약속을 실천하기로 했다. 이러한 정책 변화는 국제협상 없이 국내 정치적 요인만으로는 결코 이룰 수 없는 것이었다. 퍼트넘은 이러한 정책 모형을 '양면게임'이라고 불렀는데, 어떤 정책이든 간에 국내적 차원의 게임과 국제적 차원의 게임이라는 동전의 양면을 동시에 지니며, 이들 양 차원이 상호 영향을 미친다는 것이다. 이러한 이론과 사례 연구는 그동안 국내 정치적 요소가 국제정치를 설명한다는 모형과 국제정치적 요소가 국내 정치에 영향을 미친다는 모형을 넘어 국내 정치와 국제정치 사이에 동시적인 상호 작용 또는 일반적인 균형을 이루어야 한다는 메시지를 전달하고 있다.

은, 냉전의 종식과 더불어 자유주의, 민주주의, 자본주의 승리의 이론적 기반을 제공한 이론으로 구미 사회에서 널리 호응을 얻었다(Doyle 1986). 이 이론은 민주주의, 경제적 상호의존, 그리고 국제기구라는 '3각 구도'를 통해서 지구의 평화 체제 구축이 가능하다고 본다. 이에 따라서 전쟁과 갈등에 관한 가설들을 설정하고, 풍부한 사례 및 계량 데이터를 이용하여 이를 검증하는 실증 분석이 활발하게 이루어지고 있다(Russett and Oneal 2001). 구체적으로는 '민주주의 국가들 사이에는 전쟁이 일어날 가능성이 적다' 또는 '민주주의 국가들 사이에는 전쟁의 가능성이 적지만 민주주의 체제와 독재 체제 사이에는 오히려 전쟁의 가능성이 크다' 등과 같은 이론적 명제들에 대한 검증작업이 이루어지고 있다. 하지만 민주주의와 자본주의라는 서구의 경험이 지구 사회의 평화와 번영을 위한 유일한 보편적 대안인가에 대해서는 아직도 논쟁이 진행 중이다.

(3) 마르크스주의: 그람시학파와 제국 이론

탈냉전의 분위기는 1980년대 이후로 쇠락의 길을 걷던 좌파 이론에 더욱 아픈 치명타를 날렸다. 종속이론 이후 지리멸렬하던 좌파 이론들은 세계체제론, 프랑크푸르트 비판이론, 페미니즘, 그람시주의 등으로 분열되어 명맥을 유지했지만, 그 영향은 상대적으로 미미했다. 그럼에도 마르크스주의는 탈냉전 시기에 들어와 다양한 변화를 꾀하면서 국제정치이론의 면모를 일신하는 계기를 만들어 주게 된다. 마르크스주의는 여러 가지 면에서 현실주의와 자유주의의 주류 이론들과는 차별화된다. 이들은 분석 수준에서 국가 대신 전 지구를 대상으로 하는 총체적인 범주를 선호했다. 역사를 생산력과 생산관계라는 유물론적 개념을 통해, 또는 상부구조의 개념을 통해 설명함으로써 사회질서를 한층 더 유기적으로 보고자 했다. 이러한 입장은 주류 이론의 실증주의적인 성향을 비판하고 그 이면에 내재된 서구 중심성을 드러내려는 '해방'의 움직임과도 연관되었다. 마르크스주의 이론은 비판, 계몽, 해방이라는 고유의 목적을 분명하게 드러내고 있기 때문이다. 또한 기존의 이론들이 현실의 세력 관계를 반영한 시스템의 문제를 긍정적으로 다룬다는 점에서 '문제해결이론'problem-solving theory에 그치고 있었다면, 마르크스주의는 그러한 시스템의 부작용을 지적하고 개선하려는 '비판이론'critical theory으로 제기되었다(Cox 1981).

마르크스주의의 여러 분파 중에서도 국제정치이론에 두드러진 영향력을 행사한 것으로 그람시학파를 꼽을 수 있다. 공산권의 붕괴 이후 좌파 이론은 마르크스 혁명이론이 제대로 작동하지 않는 이유에 대해 고민하기 시작했는데, 수십 년 전 동일한 고민을 했던 좌파 지식인 그람시에 대한 관심도 자연스럽게 커졌다. 그람시의 이론은 자본주의의 지배가 지속되는 원인을 헤게모니 구조의 지속적인 재생산에서 찾았다. 그람시 추종자들은 이러한 관념을 세계정치에 적용해 왔는데, 이것은 두 가지 면에서 중요한 영향을 미쳤다. 첫째, 전통적인 마르크스주의의 결정론을 벗어나 존재론적, 인식론적 기반 위에서 인간의 변화 능력에 대한 낙관론을 가지게 되었다는 점이다. 실증주의적 이분법과 구조주의의 폐해에 빠지지 않으면서 체계적인 역사유물론적 인식을 바탕으로 세계를 바꿀 수 있다는 신념을 가지게 된 것이다. 둘째, 사회계급과 제도, 이념을 세계질서의 새로운 사회관계 속에서 해석했다는 점이다. 이는 곧 신현실주의와 달리 헤게모니, 역사적 블록historic bloc, 시민사회의 개념을 통해 세계를 유기적으로 바라보고자 했다는 점이다.

그람시학파는 국제정치이론에서 좌파 이론이 나아가야 할 새로운 모델로 인식되고 있는데, 특히 물질주의 시각을 넘어 이념과 제도를 동시에 고려하며 국가와 사회세력이 세계질서에 유기적으로 연계되어 있다는 복합적 프레임워크를 제시함으로써 호응을 얻고 있다. 이런 점에서 그람시학파는 전통적인 좌파 이론, 특히 종속이론이나 세계체제론과 차별화되고 있다. 한편 이들의 이론은 '사회적 관계'에 주안점을 두는 프랑크푸르트학파 및 하버마스^{Habermas}의 비판이론과도 유사한 점을 공유하고 있는데, 전통적인 국가 중심의 세계질서를 극복하기 위해 사회적 관계를 부각시키고 대항 헤게모니를 구축하려는 성향을 강조했다는 점에서 그렇다.

한편 21세기에 들어와 좌파 이론은 탈근대주의의 철학적 논의를 흡수함으로써 보다 세련된 모습을 갖춘 제국이론$^{Theory\ of\ Empire}$으로 다시 등장했다. 이러한 거대 담론은 냉전 이후 더욱 강화된 미국의 힘을 인식하고, 이를 극복하려는 저항의식을 바탕에 깔고 있다. 이 논의는 미국을 역사상 전례 없이 세계정치의 권력을 독점하고 있는 '제국'으로 보며, 9·11 테러 이후 전개되고 있는 미국의 일방주의 외교와 강압적 해결방식이 제국주의적인 정책의 일환이라고 본다. 이런 점에서 오늘날 제국이론의 '제국'^{Empire}은 19세기의 제국주의^{imperialisms}라는 역사적 경험과 차별화된다. 오늘날의 제국은 고도로 발전된 자본주의체제 속에서 마치 하나의 단위체처럼 작동하는 새로운 주권 시스템으로 발전하고 있기 때문이다(Hardt and Negri 2000). 21세기 제국 담론은 냉전 이후 진행되고 있는 지구적 통합 현상에 대한 좌파의 새로운 이론화라는 점에서 중요한 의미를 갖는다. 오늘날 세계질서는 과거의 강대국 협조 체제^{concert}나 헤게모니^{hegemony}, 또는 세계체제$^{world-system}$와 같은 개념으로는 쉽사리 표현할 수 없는 모습을 보여 주고 있다. 특히 베스트팔렌체제 이후 400여 년 동안 지속되어 온 국민국가체제의 변모를 이해하기 위해서는 '탈영토화된'^{deterritorialized} 상호 작용 속에서 힘의 사회적 관계가 위계질서 형태로 형성되는 과정을 담아 낼 개념이 필요한데, 이것 자체가 바로 '제국'이기 때문이다.

제국은 극단적인 모순에 빠져 있는 유럽 근대 주권의 새로운 변형으로서, 자본주의와 민족이라는 새로운 도구를 이용하여 세계시민들을 지배해 왔다. 식민주의와 인종주의, 그리고 비유럽적 '타자' 관념을 발전시키면서 꾸준히 세계정치를 통제하고 있다는 것이 제국이론의 주장이다. 지구화의 추세 속에서 자본의 힘은 이러한 제국으로의 이행을 더욱 촉진시켰으며, 제국은 국민국가의 영토성의 제약을 넘어 가상의 공간에서 '네트워크'를 구축해 가면서 스스로의 권력을 행사하고 있는 것이다. 그럼으로써 제국이론은 제국

〈참고 6-5〉 제국과 다중: 네트워크 시대의 좌파 이론

안토니 네그리와 마이클 하트의 '제국' 개념은 오늘날 서구 중심의 지배 질서를 좌파의 시각에서 바라보기 위한 하나의 수단으로 만들어졌다. 이러한 제국 속에서 기존의 지배 세력들은 권력과 대항 권력의 구성적 네트워크를 끊임없이 재생산하면서 스스로의 권력 기반을 형성했고, 근대 주권 패러다임을 넘어서서 제국 주권의 패러다임으로 이행해 왔다. 그럼으로써 근대국가의 능동적인 인민(people)은 유동적이고 형태가 불분명한 다중(多衆, multitude)으로 바뀌었다. 이러한 좌파의 진단은 프롤레타리아혁명에만 치중해 온 기존 좌파 이론의 한계를 넘어서기 위한 새로운 시도라고 할 수 있다. 제국이론의 관점에서 '제국'의 속성은 근본적인 모순을 내포하고 있다. 제국 속에서 억압받는 다중의 힘이 결집되면서 제국의 존립 자체가 위태롭게 될 것이기 때문이다. 이처럼 다중은 좌파 이론가들이 진단하는 제국 질서에 대항할 수 있는 새로운 능동적 주체로 간주된다. 오늘날 글로벌 거버넌스에 관한 논의들이 자유주의 시각을 중심으로 하여 활발하게 이루어지고 있는 상황에서 이러한 좌파 이론의 발전은 거버넌스의 주체가 누구인가에 대한 많은 시사점을 던져 준다. 세계경제포럼에 대항하는 세계사회포럼의 활동, 남미를 중심으로 한 좌파 정권의 등장, 신자유주의적 경제질서에 대한 제3세계의 반발 등은 제국과 다중 이론의 향후 가능성을 엿보게 하는 사례들이다.

의 네트워크 속에서 지배당하고 있는 다중multitudes의 의식을 일깨워 제국에 저항하도록 권유한다. 미래의 세계혁명이 이러한 다중의 힘에 달려 있다고 보는 것이다. 세계사회포럼이나 1999년 시애틀의 호전적 시위는 이러한 가능성을 보여 주는 대표적인 사례로 꼽히고 있는데, 오늘날 세계무역기구WTO 등 선진국 중심의 다자간 질서가 제대로 작동하지 않는 모습을 이와 같은 '제국 대 다중'의 갈등 구도로 해석할 수 있다는 것이 제국이론의 진단이다.

3. 대안 이론의 모색과 구성주의

탈냉전의 분위기가 휩쓸던 1990년대에는 현실주의와 자유주의, 그리고 마르크스주의 이론의 변환뿐만 아니라 새로운 패러다임으로 구성주의constructivism가 급부상했다는 점을 두드러진 특징으로 꼽을 수 있다. 냉전기에는 현실주의와 자유주의라는 양대 주류 이론에 대해 마르크스주의 사고의 산발적인 대항담론이 제기되곤 했지만 공산권의 붕괴로 말미암아 20세기 후반 국제정치를 논의하는 데 적실성을 상당 부분 상실하고 말았다. 이런 와중에 1980년대 말부터 마르크스주의의 빈자리를 메우기 시작한 것이 구성주의 이론이었다. 비록 그 유래는 다르지만 구성주의는 마르크스주의나 포스트모더니즘과 같이 주류 이론에 대한 대항담론이라는 점에서 유사한 성격을 지니고 있다. 다만 인식론적 다원주의 등 몇 가지 점에서 새로운 모습을 보이고 있는데, 어느 특정 학파에 의해 주도되기보다는 비판이론, 포스트모더니즘, 사회구성론 등 여러 출발점에서 시작되어 국제관계로 수렴되었다는 점에서 구성주의의 복합적 성격을 가늠할 수 있다.

구성주의는 서구의 과학적 합리주의를 신봉하는 현실주의나 자유주의와는 다른 철학적 노선을 걸어 왔다. 구성주의는 물질적 측면에 치중하는 기존의 주류 이론과 달리 정체성identity과 규범norms의 역할에 비중을 두고 있다. 또한 관찰의 대상이 되는 사회현상이 객관적으로 존재하거나 명확하게 측정될 수 있다고 보는 대신, 다양한 참여자들의 상호 작용을 통해 '사회적으로 구성되는'socially constructed 것이라고 본다. 이러한 관점은 선험적 인식으로부터 지식이 비롯된다는 칸트의 인식론과 해석학, 그리고 언어를 통해 의식을 규명할 수 있다는 비트겐슈타인Wittgenstein과 하이데거Heidegger의 철학을 그 바탕에 깔고 있다. 마르크스주의를 이데올로기의 영역으로 확대시킨 프랑크푸르트학파의 비판이론critical theory 역시 구성주의 이론의 발전에 중요한 기반이 되고 있다. 이러한 철학적 기반을 바탕으로 구성주의는 세계를 바라보는 시각이 근본적으로 하나일 수 없다는 다원주의적 입장을 견지하며, 각각의 입장에 따라 세계가 '어떻게 만들어지는가?' 다시 말해 '어떻게 구성되는가?'의 문제가 중요하다는 점을 부각시킨다.

이처럼 다양한 철학적 전통을 뿌리로 삼고 있지만, 구성주의의 가장 중요한 특징은 탈실증주의post-positivism 성향에서 찾을 수 있다. 1980년대 후반부터 주목을 받기 시작한 '제3의 논쟁'The Third Debate은 바로 이와 같은 인식론적 대전환을 배경으로 한다. 국제정치학계에는 1920년대와 1930년대에 걸쳐 현실주의와 이

상주의의 '제1의 논쟁'이 있었고, 1960년대에는 역사주의와 과학주의 방법론에 관한 '제2의 논쟁'이 치열하게 전개되었다. 제3의 논쟁은 '지식'의 속성에 대한 인식론적 차이에서 비롯된 것으로, 그동안 과학의 주류를 형성해 온 실증주의 접근 방법에 대한 탈실증주의의 비판과 반성이 주종을 이루고 있다. 이러한 탈실증주의 추세는 국제정치학에도 적극 도입되어 주류 이론의 합리주의 접근 방법에 대한 재검토를 요구하기 시작했다. 즉 '과학'의 이름으로 국제정치이론을 지배해 온 실증주의가 어떤 존재론적, 인식론적 기반 위에 서 있는지를 비판적으로 살펴보고, 그것이 가진 문제점들을 짚어 냈다. 그럼으로써 과학적 방법에 대한 맹목적 추종에 경종을 울리고자 했다. 방법론적 관점에서 탈실증주의 조류는 실증주의 접근 방법 이외에도 다양한 시각이 공존한다는 다원주의적 입장을 견지하고 있다(Lapid 1989).

이처럼 탈실증주의 분위기 속에서 전개된 '제3의 논쟁'은 과학 지상주의가 결코 완전하지 않으며 또 그럴 필요도 없다는 점을 주장한다. 오히려 현재에 대한 끝없는 성찰reflexivity을 통해 새로운 미래로 나아가는 것이 탈실증주의 시대의 기본 목표라고 본다. 냉전체제의 붕괴는 탈실증주의의 구호 아래 다양한 대항담론들이 주류 이론에 맞서 하나로 뭉칠 수 있는 계기가 되었다. 과거의 실증주의는 무엇보다도 주어진 현상을 '설명'하고 '일반화'하는 목표를 중시했고, 따라서 그 근거가 되는 객관적인 진리만을 목말라했다. 하지만 탈실증주의는 설명을 위한 일반화보다도 현상 그 자체에 더 많은 관심을 두었다. 추상적인 보편 법칙을 찾는 일보다는 당장 눈앞에서 벌어지는 현상 자체를 '이해'하는 일이 더 시급하다고 본 것이다. 탈실증주의 추세는 냉전이 붕괴되기 훨씬 이전부터 간헐적으로 존재해 왔지만, 본격적인 출범은 구성주의에서 시작되었다고 할 수 있다. 니컬러스 오누프Nicholas Onuf나 알렉산더 웬트Alexander Wendt의 이론이 1990년대 초반에 주목을 받기 시작한 것도 바로 이러한 시대적 변화를 배경으로 한다.

구성주의 이론은 사회가 이미 주어진 불변의 대상이 아니라, 상호 주관적으로 구성되는 집단적 행동의 산물이라는 점을 중시한다. 이러한 바탕 위에 주어진 현상을 객관적으로 받아들이기보다는 그것을 해석하거나 상황에 맞게끔 이해하려는 인식론적 노력이 더 필요하다고 본다. 또한 구성주의는 그동안 주류 이론에서 등한시해 왔던 지식과 권력의 관계, 변화의 과정, 사회적 커뮤니케이션, 언어, 정체성, 문화, 규범 등의 새로운 변수에 초점을 맞추고 있으며, 그럼으로써 최근 현실주의와 자유주의에서 관심을 가지고 있는 '협력'과 '제도'의 문제를 풀 수 있는 새로운 실마리를 제공하고 있다. 그리하여 구성주의는 21세기에 들어와 주류 이론에 버금가는 '제3의 패러다임'으로 자리매김해 가고 있는데, 비록 이론적 통합성이나 일관성, 그리고 정교하면서도 체계적인 이론화 작업에서 구성주의가 해야 할 일이 아직 많이 남아 있지만, 오늘날 세계정치 현상을 이해하는 데 있어 가장 많은 주목을 받고 있는 이론적 대안이라는 점은 분명하다.

한편 구성주의가 이처럼 빠르게 성장하는 가운데 현실주의와 자유주의 이론이 시대적 변화를 포용하면서 구성주의와의 호환성을 증가시키려 하는 노력도 눈에 띈다. 이러한 입장은 구성주의와 기존 이론 사이의 차이점을 부각시키기보다는 서로 어떤 점에서 보완적일 수 있는지를 집중적으로 탐구한다. 사실 구성주의는 여러 측면에서 현실주의나 자유주의와 공통적인 모습을 보이고 있다. 예를 들어 구성주의 이론에서는 '권력'을 현실주의만큼이나 중시한다. 카E.H. Carr 이래로 고전현실주의자들은 도덕이나 이상주의가 현실주의와 완전하게 분리된 것이 아니라 오히려 현실의 일부로서 인식되어야 한다는 점을 강조해 왔다. 한편 초기의 구성주의가 신현실주의를 공박했던 것은 어디까지나 '구조'의 측면에 치중한 것이었지 결코 권력의 요소를 겨냥한 것이 아니었다. 이렇게 본다면 구성주의는 상당한 정도로 현실주의와 일맥상통한다고 할 수 있다. 한 예로, '현실주의적 구성주의'realistic constructivism는 두 패러다임이 서로 상충되기보다는 보완적이라는 점을 강조한다(Barkin 2003). 따라서 구성주의가 신현실주의와 신자유주의, 신전통현실주의 등의 기존 국제정치이론들 사이에서 어떤 자리매김을 하느냐가 앞으로 이론적 쟁점이 될 것으로 보인다.

이러한 이론적 통합 노력은 또 다른 측면에서 과거의 인식론 논쟁에 다시 불씨를 지피는 계기가 되었다.

〈참고 6-6〉 제3의 논쟁: 국제정치이론에서 대논쟁이 끼친 영향

국제정치학은 이론과 접근 방법을 둘러싸고 몇 차례의 대논쟁을 치렀다. 1920~1930년대에 벌어진 '제1의 논쟁'은 이상주의와 현실주의 사이의 고전적인 대립 구도를 보여준 것으로, 두 차례의 세계대전을 거치면서 19세기 이상주의 분위기가 쇠퇴하고 현실주의로 대체되는 계기가 되었다. 제1차 세계대전이 끝난 후 새로운 세계질서를 구축하는 과정에서 한동안 국제연맹과 민족자결주의, 군축을 근간으로 하는 이상주의 시각이 팽배했지만, 카(E.H. Carr)를 비롯한 현실주의 옹호론자들은 그 한계를 지적하면서 새로운 현실주의 국제정치이론의 대변자로 자리 잡는다. 냉전기에 들어와 국제정치의 연구는 또 한 차례 커다란 논쟁에 휩싸이게 되는데, 1950~1960년대에 벌어졌던 연구 방법에 관한 '제2의 논쟁'이 바로 그것이다. 국제정치학의 주류를 이루던 실증주의적 행태주의와 역사를 중시하는 전통주의 간의 방법론 논쟁은 뚜렷한 결론을 내지 못한 채 평행선을 그리고 말았다. 한편 1980년대 후반 '제3의 논쟁'은 이러한 분위기를 바탕으로 국제 정치연구의 인식론적 기반을 새롭게 구축하려는 '탈실증주의'의 움직임을 대변했다. 요제프 라피드(Yosef Lapid)에 의하면, 제3의 논쟁을 거치면서 떠오른 탈실증주의는 거대 패러다임의 역할에 주목하며, 그것의 잠재적인 전제 조건들이 개별 이론에 어떤 영향을 미치는가를 살펴본다. 여기에서는 국제정치 현상이 '주어진 것'이 아니라 특정 패러다임 속에서 끊임없이 만들어지고 도전 받는 구성(constitution)의 산물이라고 본다. 또한 전통적인 과학 이외에도 국제정치를 바라보는 다양한 접근 방법이 가능하다는 점을 강조하는 상대주의적 진리관을 설파한다. 그리하여 '제3의 논쟁'은 인식론적·존재론적으로 주류 이론에 대항하여 탈실증주의적이고 다원주의적인 세계관을 통합하는 중요한 계기를 제공해 주었다.

〈참고 6-7〉 인식론과 존재론: 진리는 인식에만 의존하는가?

철학에서 인식론(epistemology)은 인간이 객관적 사실을 어떻게 인식하는지, 그리고 인간이 지닌 지식의 기원과 구조를 파헤치는 방법은 어떠해야 하는지를 탐구하는 학문 분야이다. 이에 비해 존재론(ontology)은 객관적 사물이나 사실을 있는 그대로 설명하는 방법을 사용하여 진리를 탐구하는 학문 분야이다. 존재론은 사물이나 사실에 선행하는 신이나 절대자와 같은 존재를 생각하지 않고 그것들을 있는 그대로 보려 한다. 현실주의와 자유주의 두 패러다임을 중심으로 발전해 온 냉전시대의 국제정치이론은 1990년대에 들어와 탈근대주의 조류와 맞물리면서 인식론적으로, 존재론적으로 커다란 변화를 겪게 된다. 무엇보다도 탈근대주의의 영향은 진리의 절대적 속성을 거부하고 주어진 상황과 인식의 한계를 반영하여 세상을 볼 수밖에 없다는 상대주의적 인식론을 확산시켰다. 비판이론과 해석학, 그리고 구성주의의 등장은 20세기 말의 국제정치이론 논쟁 속에서 보다 다원적이면서 관용적인 자세를 요구하게 된다. 인식에 따라 이론도 달라질 수밖에 없다는 것이다. 하지만 이러한 인식론 논의가 지나치게 발달하면서 "과연 진리는 인식에만 의존하는가?"에 대한 심각한 고민도 아울러 등장하게 된다. 즉 "인식하지 못하면 진리라고 할 수 없는가?"의 질문이 제기되었는데, 탈근대주의적 담론들은 이에 대해 설득력 있는 대답을 하지 못하게 되었다. 이러한 한계는 다시 현실의 문제를 더욱 절박하게 이해하고 대안을 강구해야만 하는 국제정치학의 존재론적 문제의식을 자극한다. 1990년대를 통해 다양한 대항 담론들이 등장하면서 비판적인 이론과 세상을 바라보는 인식론적 논의에만 너무 집착해 왔다는 반성이 이러한 방향 전환의 배경을 이룬다. 알렉산더 웬트가 자신의 저서에서 강조한 '과학적 실재론'(scientific realism) 역시 인식론과 존재론의 적절한 결합을 통해서만 올바른 이론의 구축이 가능하다는 입장을 보이고 있다.

1980년대 말 라피드가 부각시켰던 '제3의 논쟁'은 여전히 패러다임 사이의 인식론적 간극을 메우지 못한 채 지식의 속성에 대한 근원적인 입장 차이만을 재확인한 바 있다. 최근 전개되는 지식 논쟁은 특히 '구성되는'constructed 지식과 '축적되는'cumulated 지식 사이의 차이점을 부각시키고 있는데, 전자가 구성주의의 지식관을 대변한다면, 후자는 여전히 주류 이론의 합리주의 전통을 대변한다. 구성주의는 국제정치학에서 이루어지는 수많은 담론과 이론들이 다양한 시각의 상호작용을 통해 만들어진다는 점을 강조한다. 반면 실증주의는 관찰과 분석을 통해 새로운 지식을 발견하려는 이론적 보편성에 초점을 맞춘다. 특히 거대 담

〈참고 6-8〉 구성주의가 비약적으로 성장한 이유는?

1980년대 후반부터 사회학의 영향을 받아 국제정치학에 도입되기 시작한 구성주의는 지난 20여 년 간 비약적으로 성장해 왔다. 오늘날 대부분의 국제정치학자들은 현실주의와 자유주의에 이어서 구성주의를 국제정치학의 3대 이론의 하나로 인정한다. 미국 국제정치학계의 가장 영향력 있는 학자로서 월츠, 코헤인과 더불어 구성주의 국제정치학의 대표 주자인 웬트가 꼽히고 있다. 현실주의와 자유주의가 서구의 합리주의 전통을 대변하는 것이라면, 구성주의는 합리주의 시각으로 다룰 수 없는 사회적 규범과 이해관계의 구성이라는 문제에 관심을 갖는다. 1999년 발간된 웬트의 저작이 월츠의 '경제이론'에 대비된다는 점에서 『국제정치의 사회이론(Social Theory of International Politics)』이라고 명명된 것도 이러한 맥락에서였다. 구성주의는 또한 지배 질서의 형성 과정에 대한 성찰과 비판을 모색한다는 점에서 비판이론과도 뿌리를 같이한다. 하지만 구성주의는 기존의 비판이론에 비해 전제조건과 개념, 방법론 등 여러 측면에서 체계적인 이론화가 덜 이루어져 있다는 점에서 주된 비판의 대상이 되고 있다. 한편 구성주의가 기존의 합리주의 이론과 타협함으로써 본래의 비판 정신을 상실했다고 비난하는 학자들도 있다. 하지만 실증주의적·합리주의적 접근 방법의 편견과 한계를 넘어서기 위한 하나의 대안으로서 구성주의는 여전히 이론의 내실과 외연을 다지기 위한 노력을 계속하면서 많은 학자들의 지지를 받고 있다.

〈참고 6-9〉 영국학파와 코펜하겐학파: 국제사회에서 확대된 안보 개념으로

영국학파는 몇 가지 점에서 구성주의와 유사하다. 우선 물질보다 규범이나 이념적 변수를 강조하고 있다. 이러한 이념은 정체성을 형성하고, 나아가 행위자들의 이익을 규정함으로써 중요한 설명 변수가 된다. 또한 영국학파는 행위자와 구조 사이의 상호 구성적인 관계를 인정함으로써 구성주의의 틀을 받아들이고 있다. 하지만 영국학파의 가장 큰 이론적 기여는 '국제사회'(international society) 관념을 체계적으로 이론화하려는 노력에 있다. 또한 미국학계의 주류 이론이 택하고 있는 과학주의(scientism)의 편협한 범위를 벗어나 해석학적 접근 및 다양한 방법론적 공존을 시도하고 있다. 특히 역사·법·외교 등 전통적인 국제관계의 주요 영역을 망라하면서 사회학이나 역사학, 윤리학 등의 학제적 접근 방법을 선호하고 있다. 한편 영국학파의 한 분파인 코펜하겐학파는 탈냉전기의 '안보 개념의 확대'를 근간으로 하는 새로운 안보 담론을 주창함으로써 이론의 외연을 넓히고 있다. 배리 부잔(Barry Buzan)은 탈냉전기에 안보 대상이 다양화되고 안보 영역이 넓어지면서 안보의 개념 자체가 바뀌어야 한다고 주장한다. 안보 대상이 다양화되었다는 것은 국가뿐 아니라 다양한 사회집단과 개인들이 안보의 공급과 수요에 참여하게 되었음을 의미하며, 안보 영역의 확대는 과거의 군사 영역을 넘어서 정치·경제·사회·환경 등 여러 비군사 영역이 포함되었음을 의미한다. 하지만 코펜하겐학파는 이러한 안보 이슈의 형성이 사회적인 담론을 통해 만들어진다는 점을 강조함으로써 구성주의적 입장에 동조한다. 즉 안보를 결정짓는 것은 담론을 지배하는 세력의 '화행'(話行)이라고 보는 것이다. 사회적으로 중요한 이슈가 언어적 수단을 통해 위협으로 인식되기 시작하면 곧 행동으로 전환된다는 점에서 안보는 사회적으로 구성된다는 것이다. 이것이 바로 화행 관념의 핵심으로 코펜하겐학파는 이러한 구성 과정을 '안보화'(securitization)라고 부르고 있다.

론보다도 구체적인 영역에서 이루어지는 중간 범위 수준의 이론들을 통해 지식의 축적이 가능하다고 본다. 이와 같이 국제정치이론의 인식론적 대립은 여전히 지속되고 있지만, 상호 논쟁을 통해 서로의 차이점과 공통점을 분명하게 파악하면서 한층 더 세련된 형태의 논의로 발전해 가고 있다.

4. 새로운 21세기 국제정치이론의 가능성

탈냉전기의 세계정치는 그것을 설명하기 위한 이론 체계에도 많은 변화를 가져 왔다. 예를 들어 2001년 전 세계에 충격을 던져준 9·11 테러는 기존 이론을 도구로 삼아 현실에 대처할 수 있다는 이론가들의 기대를 산산이 무너뜨렸다. 특히 주류 이론에 대한 실망감은 냉전이 갑작스럽게 붕괴되었을 때만큼이나 컸다. 현실을 예측하기는커녕 주어진 상황을 설명하기조차 힘들게 되었기 때문이다. 무엇보다도 21세기의 세계정치가 더욱 복잡한 양상으로 치닫고 있다는 점에 주목할 필요가 생겼다. 이러한 복잡성은 특히 세계정치의 주인공과 무대가 양적인 증가를 넘어 질적으로 달라졌다는 것을 의미한다. 21세기 세계정치의 행위자, 이슈, 영역의 상호 얽힘 현상은 기존 이론만으로는 설명하거나 다루기 어렵게 변하고 있는 것이다. 그렇다면 우리가 찾을 수 있는 국제정치이론의 대안은 무엇일까?

21세기 세계정치의 복잡성을 다루기 위한 새로운 대안으로, 국제정치이론은 여타 학문 분야와의 연구 성과를 공유함으로써 이론의 정합성을 확대하는 노력을 시작한다. 이러한 학제적 노력은 인문학이나 사회과학 분야에만 국한된 것이 아니다. 여기에는 자연과학이나 공학 등 다양한 영역에 걸친 학제간 교류가 절실한 상황인데, 복잡계 이론 complex systems theory 을 기반으로 한 새로운 국제정치이론은 그러한 노력의 대표적인 사례라고 할 수 있다. 자연과학에 기원을 둔 복잡계 이론은 최근 빠른 속도로 사회과학 분야에 도입되고 있다. 특히 국제정치이론에 도입되고 있는 복잡계 이론의 주요 요소들은 기존의 이론을 대체하려는 목적보다는 기존 이론으로 제대로 다루기 힘든 이슈들을 새로운 각도에서 탐구함으로써 '보완적'인 역할을 수행하는 데 주안점을 두고 있다.

복잡계 국제정치이론의 문제의식은 '복잡성' complexity 과 그로 인한 '불확실성'의 증가에서 찾을 수 있다. 세계정치의 모습이 복잡해지면서 설명력과 예측력을 갖춘 이론의 수립이 점점 어려워지기 때문에 전통적인 뉴턴 Newton 의 과학주의를 기반으로 하는 엄밀한 사회과학을 지향하는 것이 바람직한가에 대한 의문을 제기한다. 특히 복잡계 국제정치이론에서는 기존의 탈실증주의 시각과 마찬가지로 경험주의적, 공리주의적 실증주의 positivism 의 한계를 적극 비판한다. 엄밀한 과학적 접근이라 할지라도 전제조건에 지나치게 의존하거나 불확실한 논증을 통해 도달한 결론을 신뢰하기 어렵다는 것이다. 이와 같은 입장은 언뜻 보기에 탈근대주의나 해석학과 같은 상대주의적 진리관에 가까운 것처럼 보인다. 하지만 복잡계 이론은 여전히 과학적 입장을 고수하고 있는데, 특히 불확실성이라는 세계의 속성을 고려할 때 확률적 접근이 필요하다는 점을 강조한다. 진리가 관찰자와 독립적으로 존재한다고 보는 점에서는 실증주의와 유사하지만, 인간의 관찰 능력에 한계가 있기 때문에 그것을 확실하게 아는 것은 불가능하며, 단지 대략적인 '패턴'을 파악하는 것이 최선이라는 것이다.

이러한 인식론적 성찰은 '제3의 논쟁' 이후 웬트를 중심으로 진행되고 있는 과학적 실재론 scientific realism 의 논의와도 궤를 같이 한다. 과학적 실재론에서는 사물의 존재가 인간의 관찰과는 독립적으로 존재하며, 인간은 단지 다양한 방식으로 이를 측정하고 설명하는 복수의 이론을 제시할 따름이다. 이러한 다양한 이론들은 사물이 어떻게 작동하는가를 설명하는 독자적인 메커니즘을 제시한다. 복잡계 이론에서도 이러한 메커니즘의 여러 대안들을 제시함으로써 복잡해지는 현실을 다양한 방식으로 설명한다. 복잡계 메커니즘을 이용하여 세계정치를 설명하는 데 가장 많이 원용되는 것으로서 '시스템' system 관념을 들 수 있다. 관찰의 대상이 되는 사물이나 현상을 하나의 전체, 즉 시스템으로 보는 것이다. 이렇게 보면 국제정치 전체도 하나의 시스템이며, 특정한 국가나 기업, 조직, 심지어 개인조차도 하나의 시스템으로 간주될 수 있다. 시스템은 외부 환경과 구분되면서도 서로 상호 작용하면서 독립적인 기능을 수행하는 유기체를 의미하는데, 이렇게 보면 복잡계 시스템은 우리가 관찰하는 대상을 전체적으로 조망할 수 있도록 해 주는 보편적인 프레임워크로서 의미가 크다.

복잡계 이론의 '시스템'은 우리가 알고 있는 미시경제학적 균형 equilibrium 의 관념과는 거리가 멀다. 외부 환경과 끊임없이 상호 작용하기 때문에 항상 움직이면서 불안정한 상태를 지속해 나가는 특징을 갖는다. 과거의 이론들이 시스템의 '안정'과 '균형'에 주안점을 두었다면, 복잡계 이론에서는 '불안정'과 '불균형'을 시스템의 본질적 요소로 보고, 국제정치 현상을 하나의 '닫힌 시스템'이 아니라 끊임없이 변화하는 '열린 시스템'으로 간주한다. 시스템의 불안정과 불균형은 다양한 구성 요소들 사이의 비선형 nonlinear 상호 작용에서 연유하기 때문에 전통적인 패러다임으로는 파악하기 어렵다. 이러한 특성을 강조함으로써 복잡계 국제정치이론은 기존 이론으로 설명하기 어려운 부분을 다룬다. 예를 들어 복잡계 이론에서는 협력이나 제도와 같은 '질서' order 가 어떻게 무질서한 세계정치로부터 자연발생적으로 나타나는가 하는 문제에 많은 관심을 기울인다. 전통 이론에서는 질서를 만들어 내는 하향식 top-down 논리를 중시하지만, 복잡계 이론에서는 구성원들의 상호 작용을 통해 질서가 자발적으로 나타나는 상향식 bottom-up 과정을 중시한다. 이와 같은 자기조직적 self-organizing 질서가 만들어지는 과정을 '창발' emergence 이라고 부른다.

복잡계 이론은 거시적 현상을 설명하는 데 미시적 개체들 간의 관계를 중시한다. 이는 구조적 현상이 거시적 차원의 요인보다는 구성 단위체들의 속성, 특히 그들 사이의 상호 작용 interactions 규칙에서 만들어진다고 보기 때문이다. 세계정치의 복잡성도 바로 이러한 상호 작용의 비선형적인 '시스템 효과' 때문에 일어나는 것으로 본다(Jervis 1997). 이러한 미시-거시적 연계성의 탐구에서 '네트워크'는 중요한 분석 개념이다. 과거 국제정치학이 단위체의 '속성'을 설명하는 데 치중했다면, 복잡계 국제정치는 이들 단위체들의 '관계'를 더욱 중시한다. 거미줄 같은 행위자들의 네트워크 관계는 예측하기 힘든 속성을 지닌다. 특히 네트워크 내부에서 눈에 잘 띄지 않는 형태로 이루어지는 복합적 움직임은 오늘날 세계정치를 한눈에 파악하기 어려운 대상으로 만드는 주요 동인이다. 다시 말해 국제정치이론의 주요 관찰 대상이 국가나 국제기구와 같은 단위체로부터 그들 사이의 연결고리, 즉 관계로 바뀌고 있는 것이다. 이것이 바로 국제정치이론에 네트워크 관념을 도입함으로써 얻을 수 있는 가장 중요한 성과 중 하나였다.

20세기 국제정치이론은 '당구공 모델'이라고 일컬

어져 왔다. 국가를 하나의 통합된 단위체로 보는 데에서부터 시작했기 때문이다. 하지만 20세기 후반부터 복잡해지고 있는 상호 작용의 추세는 이러한 단순한 패러다임의 한계를 여지없이 드러내고 말았다. 네트워크 이론은 이러한 한계를 극복하기 위해 다양한 학제적 연구를 기반으로 구축된 새로운 대안의 패러다임으로 자리 잡고 있다. 네트워크 이론은 주어진 대상을 하나의 복합적 시스템으로 보고, 시스템 내부 또는 시스템 사이에서 이루어지는 상호작용을 집중 탐구한다. 여기에서는 네트워크의 '노드'nodes뿐 아니라 그들 사이의 '링크'links를 중시하는데, 이렇게 국제정치를 바라볼 경우 지금까지 볼 수 없었던 국제정치의 다양한 현상들을 이해하는 데 도움을 얻을 수 있다. 좌파 이론에서 비롯된 '제국'의 네트워크와 그에 저항하는 사파티스타Zapatista, 세계사회포럼World Social Forum, 알 카에다 등의 대항 네트워크는 쉽사리 손에 잡히지 않지만 실제로 작동하는 국제정치 연결망의 실제 현상이다. 유럽연합과 같이 다층적 거버넌스를 구성하여 근대 국민국가의 정형화된 틀을 벗어나려는 노력 역시 '네트워크 국가'network state의 개념으로 풀어 낼 수 있다.

복잡계 이론과 네트워크 이론은 점점 복잡해지는 국제정치의 심층적인 구조와 과정을 밝혀내는 데 유용한 도구로 활용될 수 있는데, 한반도가 처해 있는 현실을 보면 이와 같은 새로운 분석틀의 필요성이 더욱 분명해진다. 앞서 언급했듯이 우리의 국제정치는 탈근대화되어 가는 지구 정치, 여전히 근대의 그늘 속에 가려 있는 동아시아, 그리고 냉전의 유산이 강하게 남아 있는 한반도의 모습을 동시에 그려 내야 하는 어려운 과제를 안고 있다. 말하자면 한반도와 동아시아의 근대적 특수성에 대한 인식과 더불어 빠르게 변화하는 지구화의 보편 질서에 대한 탐구가 복합적으로 이루어져야만 하는 것이다. 이를 위해서는 서구의 '복잡성' 또는 '네트워크' 이론보다 더 정교한 개념화가 필요한데, 이는 동아시아와 한반도의 역사적·공간적 경험이 미국이나 유럽과는 다르며, 따라서 이론의 문제의식이나 구성 요소 역시 다를 수밖에 없기 때문이다. 그렇다면 탈냉전기에 들어와 중국, 일본, 한국의 동아시아 3국은 국제정치를 바라보는 데 어떤 고민을 해왔으며, 또한 우리의 문제의식은 어떻게 변해 왔을까?

5. 현대 국제정치이론과 동북아시아

21세기 세계질서의 변환은 공간적 편차를 분명하게 보여 주고 있다. 동북아시아는 역사적으로 보면 오랫동안 중국 중심의 천하 질서 속에서 사대자소의 예를 지키고 책봉·조공의 제도에 익숙해져 있었다. 19세기에 들어와 구미 근대 국민 제국들의 지구적 진출과 함께 동북아는 국민국가의 부국강병 추구를 기반으로 하는 근대 국제질서를 새로운 문명 표준으로 받아들이는 우여곡절을 겪게 된다. 동북아는 20세기 상반기에는 일본의 지역 제국주의 질서를 겪었으며, 후반기에는 미·소 중심의 냉전 질서를 맞이했다. 동북아는 근대와 냉전의 숙제를 완벽하게 마치지 못한 채 21세기에 또 하나의 새로운 문명 표준으로 부상하고 있는 복합 네트워크 질서를 맞이하고 있다.

동북아시아 3국은 이 지역이 당면한 21세기 복합화

의 숙제를 풀기 위해서 새로운 세계정치학을 모색하고 있다. 먼저 중국부터 살펴보기로 하자. 왕이저우王逸舟와 위안정칭袁正淸(2006)은 중국 국제정치학의 역사를 "제1단계(1949년 이전)의 맹아기, 제2단계(1949~1963)의 건설기, 제3단계(1963~1978)의 문화혁명 주도기, 제4단계(1978~1990년대 초)의 구미 경험 개방 학습 시기, 제5단계의 탈냉전 이후 현재의 본격 성장기"로 요약하고 있다. 한편 친야칭秦亞靑은 개혁개방 이후 30년 동안의 중국 국제관계 이론을 되돌아보면서 전 이론 단계(1978~1990), 이론 학습 단계 시초기(1991~2000), 이론 학습 단계 심화기(2001~2007), 중국 모범기(2007~)로 나누고 있다. 1978년 덩샤오핑의 개혁개방정책 이후 처음으로 계급투쟁의 시각에 기반을 둔 전쟁혁명론 대신 현실주의 시각을 바탕으로 하는 평화발전론이 등장하면서 독립 분과로서 국제정치학이 자리를 잡게 되었고, 구미 국제정치학이 도입되기 시작했다. 1981년 『국제연구』가 구미 국제정치학 현황을 처음으로 비교적 소상하게 소개했고, 1985년 모겐소, 월츠, 나이, 코헤인 등 미국 국제정치학자 14명의 글들이 처음으로 번역됐다. 1987년에는 제임스 도거티James Daugherty와 로버트 팔츠그라프Robert Pfalzgraff가 편집한 『Contending Theories of International Relations』(2nd edition)의 번역본이 출간되었다. 이 시기에 왕지안웨이王建偉 등은 "努力創建我國自己的国际关系理論體系"(『世界經濟与政治內参』, 1986.9)에서 중국 나름의 국제관계이론 형성을 위한 노력을 강조했고, 국제관계 학자와 실무자들이 상하이에서 '전국국제관계이론토론회의'(1987)를 개최하여 중국의 국제관계 이론을 정립하자는 노력을 보이기 시작했다.

중국 국제정치학계는 1980년대의 개방 도입기를 거쳐 1990년대부터 본격적인 성장기를 맞이했다. 중국 국제정치학자들은 탈냉전기를 맞아서 중국의 국가 이익은 무엇이며 또 그것을 극대화하는 방안은 무엇인가를 본격적으로 논의하기 시작했다. 이에 따라 계급적 시각을 넘어서는 국제정치 관련 교과서와 전문 서적들이 등장했다. 그중에 대표적인 작품으로는 왕이저우, 얀쉬에퉁閻學通, 왕지쓰王緝思, 친야칭 등을 들 수 있다. 이 글들이 보여 주는 중요한 특징은 우선 무엇보다도 사회주의 국제정치론의 두드러진 퇴조이다. 반면 구미 국제정치이론의 현실주의가 가장 먼저 자리를 잡았고, 뒤이어 자유주의적 제도주의가 비교적 폭넓게 소개됐으며, 다음으로는 구성주의에 대한 높은 관심을 보여 주었다. 이러한 추세는 국제정치이론을 다루는 대표적인 잡지인 사회과학원 세계정치경제연구소의 『世界經濟与政治』와 『太平洋學報』에서도 마찬가지로 나타났다. 이 시기에 중국인민공안대학출판사의 국제정치학번역총서 등을 통해 모겐소의 *Politics among Nations*, 월츠의 *Theory of International Politics* 등을 비롯한 구미 현실주의 국제정치학의 주요 저술들이 본격적으로 번역, 소개되기 시작했다. 이어 베이징대학출판사, 상하이인민출판사, 저장인민출판사, 외교부 세계지식출판사의 국제관계 번역 시리즈들은 다양한 미국 국제정치학 서적들을 번역, 출판했다. 그러나 논문 내용은 주로 소개와 평가가 많으며 본격적인 사례 연구는 드문 실정이었다. 한편 개혁개방 이래 논의되어 왔던 국제관계 이론 연구의 '중국 특색' 문제의 토론이 1990년대에 들어와 '중국화' 문제로 한 단계 심화되었다.

2000년대 중국 국제정치학은 상반기에는 '화평굴기'에 대한 본격적인 토론을 전개하기 시작했으나, 하반기에 접어들면서 세계 경제위기 속에서도 지속적으로 이어지는 중국의 경제발전 및 미·중 관계와 지구적 차원의 통치 문제들을 새롭게 논의해 오고 있다. 이러한 논의 과정에서 중국의 학자들은 이미 구미의 현실주의, 자유주의, 구성주의 등 주류 국제정치이론을 적극적으로 활용하고 있다. 특히 웬트의 첫 구성주의 논문(1987)이 11년 만인 1998년에 중국 국제정치학계에 소개된 것에 비해, 그의 *Social Theory of International Politics*(1999)는 1년 만인 2000년에 친야칭에 의해 동아시아 최초로 번역, 출판되었다. 이후 중국은 구성주의 이론을 보다 적극적으로 도입하여, 2005년까지 국제관계 잡지에 실린 논문 수만 70편을 넘어서게 된다. 현재 중국 국제정치학계는 일본이나 한국에 비해 보다 신속하게 구미 국제정치학의 최신 논의들을 소개하고 있다.

미국의 상대적 쇠퇴와 중국의 상대적 부상이라는 새로운 변화를 겪고 있는 2010년대에는 '중국학파'의 논의가 보다 본격적으로 진행되고 있다. 친야칭은 『国际关系理论中國学派生成的可能性和必然』(世界經濟与政治, 2006.3)에서 사회과학 이론은 자연과학 이론과 달리 지역 문화적 특성 때문에 중국학파의 형성 가능성이 있음을 이미 지적했다. 또한 중국학파는 천하 관념과 조공 체계 실천, 근현대 혁명사상과 실천, 개혁개방 사상과 실천이라는 3대 사상 연원에 뿌리를 내리고 있으며, 중국학파는 단순히 가능할 뿐만 아니라 신속하게 변화하는 중국과 국제체계 관계 속에서 필연적으로 형성될 것이라고 강조하고 있다. 중국과 서양의 국제정치 이론화 작업을 융합해 보려는 친야칭의 노력(秦亚青 2008, Yaqing Qin 2011) 이외에 얜쉬에퉁은 전국시대 국제정치론을 현대 구미 국제정치학적 시각에서 재해석하는 작업을 시도하고 있다(閻學通·徐进 2008). 그리고 자오팅양은 전통 천하 질서의 21세기적 효용성을 강조하고 있다(赵汀阳 2005). 이러한 '중국학파' 논의는 국내외적으로 빠른 속도로 확산되고 있으며, 중국이 2020년대에 목표대로 전면적 소강사회小康社會를 건설하고 천하 대동사회大同社會 건설의 새로운 단계로 진입하게 된다면, 이 논의는 보다 본격화될 것이다.

이어서 21세기 동북아의 변화에 대한 일본 국제정치학의 대응을 일본 국제정치학회의 활동 내용을 통해서 간단히 돌아보기로 하자. 학회 기관지인 『國際政治』는 2000년에 '국제정치이론의 재구축'이라는 특집을 실었다. 다나카 아키히코田中明彦는 서장에서 21세기를 향하는 세계가 단순한 냉전의 종결을 넘어서는 새로운 변화를 맞이하게 되었고 국제정치학의 연구 대상이 눈에 띄게 다양해짐에 따라 이 특집을 꾸미게 되었다고 밝히고 있다. 동시에 국제정치학의 '재구축'이 수입 학문의 함정에 빠지지 않아야 한다는 점을 강조하면서 일본 국제정치이론의 동향을 간략하게 설명했다. 일본학계의 이론적 연구는 오랫동안 미국 국제정치학의 소개 수준에 머물러 있었지만, 1970년대부터는 거기서 벗어나려는 독자적인 노력이 시작되었다. 그로 인해 1980년대의 일본 국제정치학은 월츠의 *Theory of International Politics*에 크게 주목하지 않았고, 신현실주의와 신자유주의 논쟁에도 별 관심을 가지지 않았다. 이 시기 일본에서 국제정치학 이론에 관심을 가졌던 사람들이 주목한 것은 패권안정론과 세계체제론이었다.

그 결과 1990년대 일본과 미국 국제정치학계 사이에는 커뮤니케이션의 간극이 발생했다. 일본학자들은 미국학계가 왜 그렇게 구성주의에 주목하는지 이해하지 못했고, 반대로 미국학계는 일본학자들이 합리주의나 구성주의를 본격적으로 연구하지 않는 것에 의아해 하고 있었다. '재구축'을 위한 특집에서도 10편의 논문 중 이시다준石田淳의 「構成主義の存在論と分析射程」이 구성주의를 다루는 유일한 논문으로 분류될 수 있으나 현실주의자의 입장에서 시도하고 있는 비판적 계몽 수준에서 크게 벗어나지 못하고 있다. 일본 국제정치학회의 2003년도 연구대회에서는 처음으로 본격적인 구성주의 패널이 등장하고 있는데, 일본이나 동아시아 문제 연구에서 구성주의가 현실주의나 자유주의와 비교하여 어떤 적실성이 있는가를 집중 논의하기도 했다.

일본 국제정치학계의 구성주의 연구는 점차 단순한 소개를 넘어 구체적 사례 연구로서 오가 도루大賀哲의

Deconstructing Asianization: The Asian Financial Crisis and the Constitution of Asianess(Ph.D. Dissertation of the University of Essex, 2005)나 미나미야마 아추시南山淳의 『國際安全保障の系譜學: 現代國際關係理論と權力/知』(2004) 같은 작품들이 나오기 시작하고 있다.

일본의 국제정치학계는 21세기에 들어서서 이론과 방법론에 대한 관심을 늘려가고 있다(Kazuya Yamamoto 2011). 일본 국제정치학회 50주년 기념대회(2006)의 이론분과회의는 '전쟁과 리얼리즘: 그 50년의 계보'라는 주제 아래 새로운 국제관계 이론의 전개를 고전적 현실주의의 부활, 구성주의의 대두, 그리고 규범이론의 발전으로 요약하고 있다. 동시에 이 학회는 일본 국제정치학의 수준을 알리기 위한 특별 기획으로서 『日本の国際政治學』 전 4권을 간행했다(日本國際政治學會, 2008).

6. 현대 국제정치이론과 한국

21세기 한국은 냉전의 한반도와 근대의 동북아, 그리고 탈근대의 지구를 동시에 헤쳐 나가야 하는 복합적 삶의 숙제를 풀어야 한다. 1990년대 초 『현대국제정치학』(이상우·하영선 공편, 1992)은 서문에서 현대 세계질서가 전통적인 근대 국제질서와 미래적인 탈근대 세계질서의 과도기에서 새로운 복합 질서의 모습을 띠고 있는 것으로 파악했다. 그리고 한국의 국제정치학은 강대국 중심의 '지배' 국제정치학이나 약소국 중심의 '종속' 국제정치학을 넘어서 신세계 질서의 중진국을 위한 '활용'의 국제정치학이라는 틀에서 변화하는 국제정치를 새롭게 볼 것을 주장했다. 보다 구체적으로는 이러한 새로운 틀을 마련하기 위해 현대 국제정치이론 중 현실주의, 자유주의, 세계체제론, 사회주의 국제관계론, 그리고 탈근대 국제정치이론을 21세기의 맥락에서 검토한 후 그것을 어떻게 한국적으로 수용할 것인지의 문제를 제기하고 있다. 탈냉전 이후 빠르게 변화하는 세계질서를 나름대로 어떻게 인식하고 살아나가야 할 것인가에 대한 한국 국제정치학의 초보적 고민과 더불어 학계는 미국 국제정치학을 본격적으로 도입하는 작업을 이어갔다. 대표적인 예로서 1990년대 후반에 출판된 『국제관계론 강의』(김우상 외 편역, 1997)는 미국 국제정치학계 주요 이론과 논문을 번역하여 소개했다.

21세기 한반도의 복합적 세계정치 경험을 이론화해 보려는 노력은 21세기에 들어와서도 계속되고 있다. 한국 국제정치학회는 『현대국제관계이론과 한국』(우철구·박건영 편저, 2004)을 출판하여 구미 국제관계 이론을 현실주의, 자유주의, 그리고 대안적 국제관계 이론으로 정리해서 소개했으며, 이어 2008년 『현대 국제정치이론과 한국적 수용』(이정희·우승지 편저, 2008)을 발간했다. 이러한 노력에도 불구하고 한국 국제정치이론의 빈곤은 쉽게 극복되지 않고 있다. 빈곤의 핵심 원인은 우리가 겪고 있는 세계정치 문제 풀기의 고민에서 출발해야 함에도 불구하고 여전히 구미의 문제를 풀기 위해 마련된 인식론과 방법론의 학습에서 벗어나지 못하고 있기 때문이다. 결과적으로 몸에 맞게 옷을 만드는 것이 아니라 국제 사이즈의 기성복에 몸을 맞추려는 오류에 빠지고 있는 것이다. 따라서 국제정치이론 도입의 노력이 우리 나름의 실천과 스스로의 연구 대상에 대한 고민을 충분히 거치지 못할 경우 외국으로부터 차용한 방법론과 인식론은 오히려 혼란을 초래하는 결과를 낳게 될 것이다.

이와 같은 시기에 한국 국제정치학회 외교사 분과위원들은 『한국외교사와 국제정치학』(하영선·김영호·김명섭 편저, 2005)에서 거꾸로 서 있는 한국 국제정치학을 바로 세우기 위해 한국 국제정치사의 역사적 체험에서 새로 출발하자는 주장을 펴고 있다. 이러한 논의의 활성화를 위한 기초 작업으로서 '근대 한국 외교문서 편찬위원회'(김용구·신욱희)는 1866년부터 1910년 사이의 외교문서집을 2009년부터 본격적으로 발간하기 시작했다. 한편 우리의 역사적 체험에서 한국 국제정치학을 가꿔 나가려는 노력은 최근 『역사 속의 젊은 그들: 18세기 북학파에서 21세기 복합파까지』(하영선, 2011), 『동아시아 국제정치: 역사에서 이론으로』(전재성, 2011) 등에서 시도되고 있다. 그러나 한국의 국제정치사적 체험을 이론화하는 작업은, 비록 문제의식이 정당하다고 할지라도 앞으로 그에 상응하는 인식론적·방법론적 세련도를 충분히 갖춰야만 본격적인 설득력을 가지게 될 것이다.

21세기 한국은 지구적 탈냉전의 변환에도 불구하고 북핵 위기의 현실이 잘 보여 주고 있듯 한반도 냉전구도를 여전히 졸업하고 있지 못한 상황이며, 한국이 지정학적으로 뿌리를 내리고 있는 동아시아는 뒤늦은 근대의 체험으로 말미암아 근대와 탈근대의 갈등을 유럽연합에 비해 훨씬 더 장기간 겪을 것으로 보인다. 이와 더불어 한국은 세계화와 정보·지식화의 변환을 동시에 겪고 있다. 21세기에도 냉전의 유산을 지니고 있는 한반도의 현실주의는 구미 현실주의에 비해 보다 광범위한 분야에서 여전히 생명력을 발휘하고 있다. 이와 함께 국제정치경제학이 활성화되면서 신자유주의의 한국적 적용을 위한 노력도 병행되어 왔다. 한편 1990년대 이후 본격적으로 소개되기 시작한 구성주의 국제정치이론은 짧은 시간 내에 새로운 자리를 확보해 가고 있다. 구성주의는 오랫동안 한반도의 현실을 힘과 강대국 중심으로만 파악하려는 현실주의 패러다임이 지닌 한계를 극복하는 데 도움이 되는 이론 틀로 받아들여졌다. 최근 한국의 학계에서는 구성주의를 단지 '제3의 대안'으로 여기기보다는 현실주의, 자유주의, 구성주의 이론을 건설적으로 접합하려는 글로벌 차원의 논의에 관심을 보이고 있다. 이와 관련한 구체적 사례 연구로서, 미·일 간의 무역 분쟁 사례나 유럽통합의 움직임을 구성주의 관점에서 재해석하고 동아시아의 전통 국제질서를 구성주의로 바라보려는 노력 등을 꼽을 수 있다.

그러나 구미의 21세기 국제정치이론은 한반도의 21세기 복합성을 분석하기에는 지나치게 단순하다. 이러한 단순함을 극복하기 위해서 한국 국제정치이론의 현실주의나 자유주의적 접근 방법은 구성주의적 접근 방법과 과감한 접합을 시도할 필요가 있다. 또한 한국의 구성주의 역시 근대 국제질서의 주류 이론인 현실주의 및 자유주의와 적극적인 만남의 장을 모색해야만 한다. 그러한 만남의 기회는 한국형 네트워크 복합 질서의 분석에서 마련될 수 있다. 이러한 맥락에서 『네트워크 지식국가: 21세기 세계정치의 변환』(하영선·김상배 편, 2007)과 『네트워크 세계정치: 은유에서 분석으로』(하영선·김상배 편, 2010)는 우리가 맞이하고 있는 새로운 세계정치의 모습을 우리 나름의 새로운 관점에서 이해하려는 공동 작업의 결과로 평가할 수 있다. 앞으로 우리의 세계정치 문제에 맞는 새로운 이론과 모형의 지속적 탐구가 이어져야만 한국 국제정치이론의 빈곤을 극복할 돌파구를 마련할 수 있을 것이다.

7. 맺음말

　현대 국제정치이론은 탈냉전 이후 많은 변화를 겪어 왔으며 21세기 복합화의 세기를 맞이해서 더 많은 변화를 겪게 될 것이다. 현실주의와 자유주의는 냉전 시대의 지배적 패러다임으로서 누려 왔던 지위를 잃지 않기 위해서, 그리고 현실을 좀 더 설득력 있게 설명하기 위해서 더 처절한 몸부림을 치고 있다. 이러한 노력은 특히 현실주의 이론에서 두드러지게 나타나고 있는데, 다양한 세부 이론과 정교한 개념의 등장이 이를 대변한다. 자유주의 이론은 냉전이 종식되고 협력의 기대감이 높아지면서 현실주의 이론에 비해 훨씬 유리한 상황을 맞이할 것으로 예상되었다. 그러나 9·11 테러 이후 새로운 안보 위기가 도래하면서 갈등과 분쟁을 또 다른 각도에서 바라보고 해결책을 제시해야만 하는 부담을 안게 되었다. 따라서 제도나 민주적 평화와 같은 새로운 개념들이 국제정치이론 연구에서 비중 있게 다루어지고 있다.

　이러한 추세는 마르크스주의 이론에서도 그대로 나타나고 있는데, 공산권의 붕괴 이후 더욱 치열한 자기 변신을 꾀하려는 좌파 이론들은 그람시의 재발견과 '제국', 그리고 '다중' 담론의 활성화를 통해 해방이라는 궁극적 목표를 지구적 차원에서 이룩하려는 기획을 새롭게 시도하고 있다. 그중에서도 구성주의의 등장은 현대 세계정치이론의 판도를 새롭게 바꾸고 있다. 유럽뿐 아니라 미국에서도 구성주의를 바탕으로 한 세계정치의 분석이 지속적으로 증가하고 있다. 구성주의 모델과 연구는 중국과 일본 등 동아시아에도 빠르게 전파되고 있다. 한국에서도 1990년대 이후 구성주의가 활발하게 소개되기 시작하면서 한국적 현실을 이해하는 데 중요한 이론 틀로 자리 잡기 시작하고 있다.

　21세기 복합화의 세기를 제대로 이론화함으로써 세계정치의 어려움을 극복하려는 노력은 전 지구적 차원에서 치열하게 전개되고 있다. 그러나 주목해야 할 점은 지구상의 다양한 정치 주인공들이 겪고 있는 복합화 과정이 같으면서도 다르다는 것이다. 근대 국민국가의 부국강병을 위한 갈등과 협력의 단순 모델만으로는 더 이상 21세기를 품기 어렵다. 아울러 그러한 복합화의 내용은 미국, 유럽, 동아시아의 정치 공간에서 서로 다르게 전개되고 있다. 특히 동아시아의 한국은 그중에서도 남다른 면모를 가지고 있다. 지구화, 지역화, 한반도 통일, 국내 통합이라는 4중의 복합성 속에서 살고 있기 때문이다. 21세기 한국형 복합화라는 탑의 설계도를 마련하고 또 누가 보아도 매력적인 탑을 실제로 쌓는 노력의 지적 기반을 마련하는 것이야말로 한국 국제정치학계가 직면한 과제라 할 수 있다.

제3부

현대 세계정치질서의 변환과 한국

현대 세계정치는 여러 주인공들이 여러 영역에서 연기를 펼치는 복합화된 상태로 전개되고 있다. 전통적으로 오랫동안 주인공 위치를 차지해 왔던 근대 국민국가의 위상은 논란거리이다. 분명한 것은 개인, 비정부기구, 국제기구 등이 상대적으로 위상이 높아지고 있다는 점과 국민국가의 쇠락을 단정하기 힘들다는 점이다. 현대 세계에서는 지구화와 정보화란 시대 배경 속에서, 지식이 이들 주인공들이 빚어내는 복합화된 통치, 즉 지구 거버넌스 상태를 떠받치는 새로운 권력 기반으로서 중요성이 증대되고 있다. 이러한 기반 아래, 정치·군사·경제·문화·정보·환경 등의 영역에서 구체적인 통치가 이루어지고 있다. 제3부에서는 현대 세계정치에서 다루는 중요한 영역을 여러 주인공들이 펼치는 과정을 중심으로 기술한다. 그중에서도 안보 문제와 경제문제는 과거는 물론 미래에 가장 중요한 의제로 다루어질 것이라는 중요성 때문에 각각 두 장으로 나누어 지면을 할애했다.

7

| 신성호 |

현대 세계안보질서의 변환과 동북아시아

1. 머리말 …………………………………………………………………… **236**
2. 현대 세계안보질서 변환의 의의 ……………………………………… **237**
3. 현대 세계안보질서의 변환 ……………………………………………… **242**
4. 현대 동북아시아 안보질서의 변환 …………………………………… **251**
5. 맺음말 …………………………………………………………………… **259**

| 핵심 개념 |

공포의 균형 balance of terror / 국가 안보 national security / 군사 변환 military transformation / 군사 분야 혁명 RMA: Revolution in Military Affairs / 대량살상무기 WMD: Weapons of Mass Destruction / 선제공격 preemption / 안보 security / 인간안보 human security / 전쟁 상태 state of war / 정전론 just war / 제한 limited war과 총력전 total war / 집단 안보 collective security / 집단 방위 collective defense / 테러리즘 terrorism

1. 머리말

세계정치에서 안보, 즉 안전보장security은 삶과 죽음의 문제다. 따라서 안보는 세계정치에서 가장 중요한 주제의 하나로 여겨져 왔다. 국제정치학이라는 학문 자체의 기원도 안보 문제에 관한 인간의 기본 문제의식에서 출발했다. 20세기 서구 열강을 중심으로 벌어졌던 제1, 2차 세계대전은 유래 없는 규모의 인명 및 재산 손실을 초래했다. 많은 이들이 왜 국가 간에 협력 대신 이러한 비극적인 상황이 벌어지는가에 대한 첨예한 문제의식을 갖게 되었다. 유럽의 역사학, 정치학, 사회학, 법학 등 다양한 인문 사회과학자들이 각자 나름대로 이 문제에 접근하면서, 국가 간의 관계를 주로 연구하는 국제정치학이라는 새로운 학문 분야가 자연스럽게 형성되었다. 특히 제2차 세계대전 이후 한스 모겐소Hans Morgenthau와 스탠리 호프만Stanley Hoffman과 같은 유럽의 주요 학자들이 미국 대학으로 옮겨 연구를 계속하면서 국제정치학은 현대 정치학과 사회과학의 주요한 갈래로 자리 잡게 되었다.

세계정치에서 차지하는 중요성에도 불구하고 정작 안보의 기본 개념과 정의에 대한 논의는 제대로 이루어지지 않은 측면이 있다. 가장 일반적이고 상식적인 안보의 정의는 '한 국가가 타국으로부터 침략을 받지 않고 자국민의 인명과 재산을 보호하는 것'이다. 여기에서 안보는 한 국가의 가장 중요한 책무로서 국가정책상의 최우선 과제로 이해된다. 국가는 평상시 가장 기본적인 임무의 하나로 군대를 양성하고, 군비에 투자하여 최소한의 방어 능력을 길러야 한다. 전시에는 온 국민이 힘을 다해 외적과의 싸움에 임해야 한다고 여겨진다. 안보에 대한 이와 같은 정의는 비록 그 뜻이 명료하기는 하지만 안보를 지나치게 편협하게 해석한 셈이 된다.

안보에 대한 보다 근본적이고 철학적인 접근은 아널드 울퍼스Arnold Wolfers에 의해 최초로 시도되었다. 울퍼스(1967)는 안보를 "획득된 가치에 대한 '위협'의 개연성이 낮은 상태"low probability of threat to acquired value로 정의했다. 즉 위협적인 존재의 부재가 최상의 안보가 되는 셈이다. 이에 비해 데이비드 볼드윈David Baldwin은 안보를 보다 넓게 해석해서 안보 대상의 범위를 확장시켰다. 볼드윈(1997, 67-97)은 안보를 "획득된 가치에 대한 '손상'의 개연성이 낮은 상태"low probability of damage to acquired value로 정의했다. 이 정의에 따르면 우리가 소중히 생각하는 가치의 손상은 인위적인 위협에 의해서도, 자연재해와 같은 비인위적인 요인에 의해서도 생겨날 수 있다. 2004년 인도네시아를 포함한 동남아를 강타한 쓰나미나 2005년 미국의 남부 루이지애나 주를 폐허로 만든 태풍 카트리나, 그리고 2011년 3월 일본 후쿠시마 현 쓰나미 재해와 원전 사태의 경우 비록 원인은 자연재해였지만 인명 피해와 재산 손실은 웬만한 국가 간 전쟁에서 발생한 것보다 컸다. 당시 피해국들은 전시에 준하는 비상사태를 선포하고 실제 군 병력을 투입하여 사태의 초기 수습과 진화에 나섰다. 이런 면에서 자연재해도 전통적인 안보 위협과 같은 수준에서 다루어져야 한다는 주장은 설득력을 지닌다.

안보를 흔히 국가정책의 최우선 과제로 당연시하는 일반 개념과는 달리, 볼드윈은 안보도 국가정책의 여러 우선순위 중 하나에 불과하다고 주장한다. 인간에게 삶과 죽음의 문제가 당연히 중요하지만 그것만이 전부는 아니다. 개인의 삶이나 한 사회에서 생명의 안전뿐 아니라 그 외의 가치들, 예를 들면 경제활동이나 사상, 이념들도 이에 못지않게 중요할 수가 있다. 실제로 인간은 종종 생명의 위협을 무릅쓰고 다른 가치를 추구하기도 한다. 최근에 특정 종교적 신념을 극단적으로 신봉하는 테러범들이 자신의 신념을 실현하기 위해 자살 폭탄 테러를 자행하는 사례는 개인에 따라서 생명보다 더 중요한 가치가 있을 수 있다는 것을 보여 준다. 국가정책에서도 반드시 안보가 무조건적으로 다른 모든 가치에 우선한다는 가정은 현실을 정확하게 반영하지 못한다. 모든 사회나 국가가 쓸 수 있는 재원은 한정되어 있다. 이 때문에 안보 이외의 다른 목표와 가치를 추구하기 위해 국가는 제한된 재원을 효율적으로 분배하여 사용하게 된다. 대부분의 국가는 전시와 같은 비상시가 아닌 평시에는 국방비보다 복지나 경제발전, 교육, 의료 등에 훨씬 많은 예산을 할당한다. 이는 국가 안보가 항상 최우선의 국가 목표라는 통념과 상반된다. 이 세상 어느 국가도 절대적 안보를 달성할 수 없을 뿐 아니라 모든 자원을 안보 분야에만 사용하는 경우도 없다. 오히려 탈냉전 이후 서구 선진국의 경우, 국가 예산의 2~3퍼센트 남짓을 차지하는 국방 예산이 사회보장이나 교육 등 다른 목적을 위한 예산으로 이관되어 국방 예산 자체가 감소하는 경향을 보이고 있다.

안보가 국가정책의 중요한 고려 사항 중 하나인 것은 누구나 부정할 수 없는 사실이다. 그러나 안보가 모든 것에 우선하는 가치라는 고정관념은 자칫 현실을 왜곡하고 불합리한 정책을 낳을 수 있다. 과거 한국의 군사독재 시절 국가보안법을 제정하여 안보라는 명분으로 많은 인권 침해와 정치적 탄압이 이루어진 사례나 9·11 테러 이후 미국 부시 행정부에 의해 새로이 제정된 애국법Patriot Act이 개인의 자유와 인권을 침해할 소지가 있다는 논쟁은 안보 최우선주의의 위험성을 드러내는 예이다. 냉전 이후 전개된 세계정치 상황은 안보에 대한 전통적인 접근에 많은 의문을 야기한다. 다국적 개인으로 구성된 테러 집단을 국가 안보의 가장 큰 위협으로 정의하고 전쟁을 선포한 초강대국 미국의 현실은 이를 극명하게 대변한다. 이제 인류는 초강대국 간의 핵전쟁이나 국가 간의 전쟁보다 자연재해나 빈곤 속의 질병, 종교 분쟁, 테러 조직 등이 일으키는 안보 위협에 더욱 두려움을 느낀다. 전통적인 안보 개념에서 벗어나 안보의 정의가 확장되고 심화되는 현상은 탈냉전 이후의 보다 복잡다단해진 안보 현실을 반영한다. 물론 앞으로도 국가는 안보 문제 해결의 가장 중요한 담당자로 남을 것이다. 그러나 동시에 국가 이외의 다양한 행위자들의 역할과 상호 관계도 고려해야 한다. 안보 문제에 대한 보다 유연하고도 균형 잡힌 접근이 그 어느 때보다 요구되는 이유이다.

2. 현대 세계안보질서 변환의 의의

(1) 전쟁, 국가, 집단 안보

세계정치사에서 안보 문제는 주로 전쟁을 중심으로 다루어져 왔다. 안보 문제에 관심을 가졌던 사람들은 전쟁을 연구하면서 왜 국가들이 종종 폭력이라는 수단에 의존하게 되는지에 관한 근본적인 의문을 제기했다. 고대 그리스의 역사가인 투키디데스는 아테네와 스파르타 동맹 간의 전쟁을 기록한 『펠로폰네소스

전쟁사』에서 해답을 제시했다. 아테네의 세력 부상과 이에 위협을 느낀 스파르타의 견제를 고대 그리스 전쟁의 근본 원인으로 설명한 투키디데스의 해석은 이후 국가 간 힘의 균형을 중심으로 세계정치 일반, 특히 전쟁과 안보의 문제를 설명하는 현실주의 세계정치 이론의 모태가 된다. 세계정치를 해석하는 이론의 주류로 등장한 현실주의 이론에서는 세계정치를 힘의 정치로 정의한다. 이때 가장 중요한 것은 국가의 생존이다. 마치 혼돈의 자연 상태에서 각 개인이 생존을 위해 만인의 만인에 대한 투쟁을 벌이듯, 국가들도 생존을 위한 끊임없는 투쟁을 벌이는 것이 세계정치의 본질로 이해된다. 적자생존과 약육강식의 세계정치에서 생존과 안전을 담보하기 위해 가장 중요한 것은 힘power이며 각국은 힘을 배양하기 위해 최선의 노력을 다하게 된다. 한 국가의 힘은 상대적인 개념이기 때문에 각국은 서로 힘의 우위를 확보하기 위해 끊임없는 경쟁을 벌인다. 그 대표적인 현상이 군비경쟁이다. 문제는 이러한 힘의 구축과 군비 확장을 통한 각자의 안전보장 노력이 오히려 서로의 위협을 가중시키는 모순적인 상황을 가져오게 된다는 것이다. 안보 딜레마로 정의되는 이러한 상황은 세계정치를 영원한 경쟁과 투쟁의 장으로 만든다. 세계정치에서 전쟁이 항상 일어나는 것은 아니지만 누구에게나 전쟁이 일어날 가능성이 항시 존재하는 긴장 상태가 지속된다.

유럽에서 근대국가의 제도 및 개념이 성립되는 과정에서도 안보 문제는 전쟁을 중심으로 다루어져 왔다. 전쟁에 참여하고 또 승리하는 문제는 세계정치에서 모든 국가의 우선적인 고려 사항이었다. 흔히 근대 민족국가의 기원으로 이해되는 1648년 베스트팔렌 체제 수립 이후 유럽의 상황은 각국 간에 끊임없는 전쟁의 역사로 점철되었다. 17세기 초 30년전쟁을 시발로 18~19세기 나폴레옹전쟁을 거쳐 20세기 초의 제1차 세계대전에 이르기까지 유럽에서는 열강들 간의 크고 작은 전쟁들이 끊임없이 일어났다. 유럽 대륙은 영원한 동지도 영원한 적도 없는 그야말로 약육강식과 적자생존의 처절한 투쟁의 장이 되었다. 여기에서 살아남는 유일한 방법은 최강의 군사력과 힘을 키우는 것이었고, 각국의 지도자들에게는 가장 합리적이고 과학적인 방법으로 국가전략을 수립하고 시행할 것이 요구되었다. 이를 잘 실천한 국가는 흥했고, 뒤쳐진 국가는 패배와 쇠망의 길로 빠졌다.

유럽에서 근대 전쟁의 주체는 국가였다. 각국은 국력의 가장 중요한 요소로 여겨진 인구, 영토, 자원 등을 보다 많이 확보하기 위한 각축을 벌였고, 이 과정에서 많은 약소국들이 강대국에 의해 흡수되거나 병합되었다. 유럽에서 국가 간 세력과 질서가 어느 정도 확립되자 유럽 열강들은 밖으로 눈을 돌려 새로운 투쟁을 전개했다. 아프리카, 아시아, 아메리카 등 다른 대륙이 유럽 열강의 각축장이 되면서 식민지 쟁탈전이 벌어졌다. 유럽식 힘의 정치의 중심에는 국가가 있었고, 전쟁 역시 국가 간의 전쟁을 의미하게 되었다. 왕이나 선출된 국가의 지도부는 자신들이 판단한 국익에 따라 전쟁 개시 여부를 결정했다. 18세기 프러시아를 시발로 새로이 형성되기 시작한 전문적인 군대가 실제 전쟁을 수행했으며, 후방의 국민들은 자국의 전쟁을 직간접으로 지원하면서 운명을 같이했다.

왕이나 귀족들의 개인적 이해관계나 반목, 영토적 야망 등에 의해 벌어진 유럽의 전쟁은 점차 국가이익이라는 개념에 의해 정당화되었다. 전쟁은 개인의 사욕보다 국가의 특정한 정치적 목적을 달성하기 위한 정당한 수단으로 이해되었으며, 그 목적을 달성한 이상 더 이상 불필요한 파괴와 살상을 하지 않는다는 원칙이 공유되었다. 이는 전쟁의 시작과 수행에 관한 도덕적 합의를 낳았다. 전쟁 포로에 대한 인도적 대우 규정을 담은 제네바협정이 그 일례이다. 이처럼 근대 유럽에서는 국가 간 폭력과 파괴를 수반하는 야만성에도 불구하고 전쟁을 국가의 정치적 목표를 합리적인 방법으로 추구하는 정당한 수단으로 인정하는 전

<참고 7-1> 클라우제비츠와 손자의 전쟁론

전쟁에 관하여 최초로 과학적이고 심도 있는 분석을 한 연구는 19세기 프로이센의 장군 출신인 클라우제비츠(Carl Von Clausewitz, 1780~1831)에 의해 시도되었다. 유럽을 휩쓴 나폴레옹의 군대에 대항하여 싸운 그는 은퇴 이후 전쟁에 관한 가장 체계적이고 방대한 연구를 했다. 완성되지 못한 그의 연구는 사망 이후 미망인에 의해 '전쟁론'(On War)이라는 제목으로 출간되었으며 이후 전쟁 연구의 고전으로 자리 잡았다. 클라우제비츠는 전쟁이 단순한 살상이나 파괴를 위한 무의미한 폭력의 사용이 아니라 "폭력을 수단으로 한 정치의 연속"이라는 유명한 정의를 내린다. 그는 상대방의 완전한 제압/제거를 목표로 하는 이론상의 절대 전쟁(absolute war)과 달리 실제 전쟁은 항상 특정한 정치적 목표와 상황 속에서 일어나며 전쟁의 행위와 진행은 현실의 여러 제약 속에서 이루어진다는 제한전(limited war) 이론을 제시한다. 제한전 이론에 따르면 전쟁 수행은 항상 정치적 목표와 한계를 정확히 이해하는 가운데 이루어져야 한다. 문제는 전쟁이 가지는 폭력성과 불확실성(fog of war) 등으로 인해 실제 전쟁을 이성적으로 수행하기가 힘들다는 점이다. 지도자는 인간의 원초적 폭력·증오와 같은 반이성적 영역, 도박성이나 개연성이 지배하는 전략과 전술의 영역, 그리고 국가적 정책 목표를 이루려는 이성적 영역의 3요소가 종합된 전쟁의 정치성을 정확히 이해한 상태에서 전쟁 계획을 수립하고 신중하게 수행할 것이 요구된다. 클라우제비츠의 전쟁론은 근대 민족국가의 성립 이후 나타난 국가 중심의 근대 전쟁을 이해하는 가장 중요한 분석틀을 제공한다. 한편, 그보다 2500여 년 전인 기원전 6세기 중국 춘추전국시대의 병법가인 손자가 『손자병법』을 통해 전쟁의 또 다른 면을 이해하는 중요한 분석을 제공한 것으로 새로이 조명 받고 있다. "적을 알고 나를 알면 100전 100승," 혹은 "싸우지 않고 이기는 전쟁이 가장 훌륭한 전략"이라는 명제로 유명한 손자는 전쟁에서 정보와 기만, 심리전 등을 강조하는 분석을 통해 클라우제비츠의 불확실성 개념을 상호 보완하는 이론적 기여를 하고 있다. 특히 손자의 이론은 베트남전에 이은 아프가니스탄전쟁과 같은 비정규전의 증대와 함께 정보와 통신의 역할이 점차로 강조되는 현대전에 시사성이 큰 것으로 인정받고 있다.

통이 수립되었다. 즉, 전쟁은 막연한 폭력 행위가 아니라 외교 혹은 정치 행위의 연장으로 이해되었다.

국가를 중심으로 한 폭력과 전쟁은 초기에는 유럽 각국을 지배한 왕족들의 개인적 판단이나 동기에 의해 일어났다. 이들 왕가는 자신의 영토적 야심이나 종교적 신념, 개인적 갈등에 바탕하여 전쟁을 수행했다. 실제 전쟁의 수행은 이들 왕족의 비호 아래 성장한 전문적인 직업 군대에 의해 이루어졌으며, 일반 민간인들은 이러한 왕족 간의 전쟁에서 억울한 희생자로 전락하거나 동원을 강요당하는 처지에 놓였다. 이후 유럽에 프랑스혁명 등을 통해 민주주의가 확산되고 각국의 왕족 대신 일반 국민이 주권의 궁극적 소유자로 전환되면서 이들 국가 간 전쟁도 더 이상 일부 지배 세력의 전쟁이 아닌 전 국민의 관심사가 되었다. 19세기 이후 전쟁은 온 국민이 주인의식을 가지고 참여하는 국민 전쟁이 되었다. 일반 남성은 징집병으로 전쟁에 직접 참여하고, 여자나 노약자도 후방에서의 지원활동을 통해 간접적으로 전쟁에 참여했다. 20세기 전반에 일어난 두 차례의 세계대전은 서구 열강을 중심으로 한 국민 전쟁의 결정판이었다. 두 전쟁은 새로운 군사기술의 발달과 신무기의 출현으로 인해 전후방의 구분이 없어지고 온 국민이 전쟁의 피해를 직접적으로 경험하고 참여하는 총력전의 양상을 극명하게 보여 주었다. 이제 전쟁은 힘의 균형 원리에 따라 목적과 수단이 지도 세력에 의해 이성적으로 제한되는 합리적 도구가 아닌, 전쟁의 피해를 직접 겪은 민중이 서로에 대한 불타는 복수심으로 상대방의 무조건 항복을 추구하는 극단적인 모습을 보이게 되었다.

제2차 세계대전에서 전체주의 독일과 일본의 침략 전쟁을 물리친 미국과 동맹국들은 또 다른 세계대전을 방지하고 보다 안정적인 전후 국제질서의 수립을 위해 집단 안보 체제를 구상하고 1945년 국제연합을 출범시켰다. 그러나 종전과 함께 시작된 미·소의 대립은 핵무기의 등장과 함께 냉전이라는 새로운 대결

구도를 형성했다. 냉전 시기 어떤 정치적 목표나 국익도 핵전쟁에 의한 공멸을 정당화하지 못하는 특수한 상황은 미·소를 비롯한 강대국이 직접적인 전쟁을 일으키지 못하는 역설적인 결과를 초래했다. 핵무기에 의한 공포의 균형 balance of terror 속에 직접적인 군사 충돌은 벌어지지 않았으나 양 진영은 각기 자본주의와 공산주의라는 새로운 차원의 대립을 벌였다. 이는 이전 왕족이나 국민 간의 대립을 넘어서는 이념 대립의 새로운 장을 열었다. 반세기를 이어 온 냉전의 이념 대립은 1980년대 말과 1990년대 초에 걸쳐 소련과 공산주의 진영의 붕괴로 막을 내렸다.

(2) 탈냉전과 인간안보

냉전이 끝난 후 안보 문제의 중심은 국가 간 전쟁을 넘어서서 다양한 형태의 세계정치 행위자들 간에 발생하는 폭력으로 옮겨 가는 경향이 있다. 이에 따라 전통적인 안보의 개념에 대한 새로운 접근이 제기되고

〈참고 7-2〉 서구의 정전론과 제네바협정

세계정치에 있어서 도덕은 과연 의미가 있는가? 전쟁이 비록 인명 살상을 포함하는 무자비한 폭력 행위임에도 불구하고 그 시작과 과정에서 지켜야 할 최소한의 기본 원칙으로 합의된 것이 정전론(Just War)이다. 서구의 정전론은 크게 두 가지로 나뉜다. 첫 번째, 전쟁의 개시가 정당한 이유에 근거하고 있는가의 여부이다. 유엔헌장에 의하면, 타국에 대한 자의적인 무력 사용은 불법적인 행위로 간주되며, 외부의 위협이나 공격에 대해 자위의 수단으로 행해지는 전쟁의 경우만 정당한 것으로 인정된다. 두 번째, 전쟁 수행 과정에서 그 방법의 정당성을 따지는 것으로 모든 당사자는 필요 이상의 무력을 행사하지 말 것이 요구된다. 비무장의 민간인을 학살하거나 전쟁 포로나 부상자를 사살하는 행위는 비인간적인 행위로 전쟁 중에도 비난을 받는다. 물론 이러한 원칙은 어디까지나 각 국가의 자발적인 결정에 의해 선택적으로 적용되며, 실제로 전쟁이라는 극단적인 상황에서는 이를 위반하는 사례가 허다하다. 그럼에도 불구하고, '비이성적 폭력 속에서 도덕성의 추구'라는 모순을 드러내는 정전론은 최소한이나마 전쟁의 야만성을 통제하고 인간의 존엄성을 확보하려는 국제사회의 노력을 보여준다. 특히, 스위스 출신 앙리 뒤낭(Henry Dunant)이 제안하고 1864년 유럽의 12개국이 조인하여 맺어진 제네바협정은 전쟁 중에 부상당한 병사들을 인도주의 정신에 근거하여 적과 아군의 구분 없이 치료할 것을 규정했으며, 이것이 국제 적십자의 기원이 되었다. 이 후 세 차례의 추가 회의를 통해 확장·개정되면서 1949년에는 전 세계 거의 모든 국가들이 참여하게 되었다. 주로 부상병에 국한된 초기 규정도 점차로 전쟁 포로에 대한 고문 금지, 적절한 식량 제공 등 인도적인 대우와 함께 전쟁 중 민간인에 대한 규정까지 넓히면서 보다 광범위하게 확대되었다.

〈참고 7-3〉 제한전과 총력전

클라우제비츠는 전쟁의 이론과 실제를 분석하면서, 근대 전쟁은 상대방에 대한 폭력이나 살상 자체보다 특정한 정치적 목적을 가지고 수행되는 제한전(limited war)의 모습을 보인다고 진단한다. 어느 한 상대가 완전히 제압될 때까지 계속되는 두 사람 간의 결투와 달리 국가 간 전쟁은 특정한 전쟁의 목표가 달성되는 순간 끝난다는 것이다. 실제로 18~19세기 유럽의 전쟁은 대부분 국가 간 이해 충돌을 해결하기 위해 소수의 전문적 군대가 민간인 밀집 지역을 피한 외딴곳에서 짧은 기간 동안 전투를 벌여 승부를 결정하곤 했다. 그러나 프랑스혁명의 열기 속에서 나폴레옹이 민간 대중을 징집하여 대규모의 군대가 전쟁을 치르면서 전쟁의 규모와 성격은 국가의 구성원 모두가 참여하는 총력전(total war)의 양상을 띠기 시작했다. 더욱이 무기 체계와 전략, 전술의 진화로 점차 전후방의 구분이 없어지고 대규모의 민간인 사상자와 재산 피해가 초래되자 전쟁은 전 국민 개개인의 직접적인 관심사로 떠올랐고 그 속에서 합리적 정치 이익보다는 복수의 감정이 지배하는 모습을 보인다. 제1차 세계대전은 유럽 각국이 대규모 국민 군대를 본격적으로 사용하면서 제한된 정치적 목표보다는 전 국민이 전쟁 수행에 동원되어 상호 간의 무조건적 파괴와 항복을 추구하는 총력전의 모습을 보여 주었다.

<참고 7-4> 집단 안보와 집단 방위

집단 안보(Collective Security)는 국제사회의 모든 구성원이 어떠한 형태의 침략 전쟁도 불법임을 합의하고 이를 어기는 구성원에 대해 다른 모든 성원들이 합심하여 대응하고 처벌할 것을 규정한다. 제1차 세계대전 후의 국제연맹과 제2차 세계대전 이후 국제연합의 창설은 집단 안보의 개념을 도입하여 전쟁을 방지하고자 한 노력의 결과였다. 이에 비해 집단 방위(Collective Defense)는 국제사회의 일부 구성원들이 자신들의 안보 이해에 따라 동맹을 결성하고 외부 세력으로부터의 침략에 공동으로 대응하는 것이다. 냉전 당시 미국을 중심한 북대서양조약기구(NATO)와 소련을 중심한 바르샤바조약기구(Warsaw Pact)가 대표적인 예이다. 현재의 한미동맹이나 미일동맹과 같은 쌍무 동맹도 집단 방위에 포함된다.

<참고 7-5> 공포의 균형

냉전 중 미·소 양국은 서로를 몇 번이나 멸망시킬 수 있는 핵무기를 개발·비축하여 상호 억제의 수단으로 삼았다. 상호확증파괴전략(MAD: Mutually Assured Destruction Strategy)으로 상징된 냉전기의 핵 전략은 상호 간에 확실한 보복 살상 능력을 확인시킴으로써 핵전쟁의 공포에 의한 전략적 균형(balance of terror) 및 불안한 평화를 유지했다.

있다. 가장 대표적인 예가 국가 안보 national security 에 대응하는 인간안보 human security 개념의 등장이다. 기존 안보 연구의 중심은 어떻게 국가 간 전쟁을 방지하고 평화를 유지하는가, 혹은 어떻게 타국으로부터의 침략을 방지하고 물리칠 수 있는가에 맞추어져 있었다. 그러나 냉전이 끝난 후 국가 간 전쟁보다는 다른 형태의 폭력을 통해 인명의 살상과 재산의 피해가 나타나는 사례가 급증하면서, 이전의 국가 중심의 안보에서 개인 중심의 안보에 더 관심을 쏟는 인간안보의 개념이 주목을 받고 있다. 안보 문제가 '국가가 국가 외부의 군사적인 위협으로부터 얼마나 안전한가'의 문제를 다루는 데서 벗어나 '인간이 국가 외부는 물론 국가 내부의 군사적 혹은 비군사적 위협으로부터 얼마나 안전한가'의 문제를 다룰 필요성이 제기된다. 인간 안보는 보다 다양한 형태의 폭력이나 재난으로부터 개인의 안전을 보장하는 것에 주안점을 둔다는 면에서 기존의 안보 개념에 비해 포괄적인 개념이다. 예를 들어 기존의 안보가 타국으로부터의 침략에 의한 폭력에만 신경을 썼다면, 인간안보는 국가 간 전쟁 외에도 내전이나, 종족 분쟁, 해적이나 폭도들과 같은 범죄 집단에 의한 폭력, 그리고 대규모 자연재해나 질병, 가정 폭력에 의한 개인 생존의 문제에도 관심을 기울인다.

안보에 대한 관심이 국가의 안보에서 개인의 안보로 바뀌는 것은 안보 위협과 안보 개념 정의의 심화와 확대를 의미한다. 안보 개념의 심화는 국가가 더 이상 안보의 적절한 분석 단위가 아니거나 최소한 유일한 대상은 아니라는 점을 의미한다. 국가 이외에 소수집단, 인종 집단, 종교 집단, 그리고 문화 집단 같은 '사회'를 비롯하며, 인간 최소 생존 조건을 요구하는 '개인', 복수 국가로 이루어지는 '초국가 공동체' 등도 국가와 더불어 주요한 분석 단위 내지는 대상이 된다. 안보 개념의 확대는 안보를 위협하는 근원이나 수단이 군사적 차원은 물론 경제 자원과 복지, 정보 체계의 안전, 환경 등의 차원에서도 다양하게 제기될 수 있다는 것을 반영한다. 이에 따라 전통적인 군사 안보 이외에 경제 안보, 사이버 안보, 그리고 환경 안보 등의 개념이 새로이 주목받고 있다.

3. 현대 세계안보질서의 변환

(1) 안보 행위자의 변환: 비국가 폭력의 확산

미국과 소련의 불안한 핵 균형 속에 유지되던 냉전이 미국이 이끄는 자본주의 진영의 승리로 끝나자 세계는 새로운 평화의 도래를 기대했다. 냉전 이전 현실주의 패권 정치의 전형적인 모습을 보여 준 유럽의 강대국들이 무력을 사용하여 영토 분쟁을 했던 역사를 극복하고 경제협력을 통한 정치 통합의 새로운 가능성을 모색하는 가운데 이들 간의 전쟁은 상상할 수 없는 과거의 유물이 되어 가고 있다. 유럽 외의 지역에서도 각 지역 주요 국가들이 경제성장과 사회발전을 최우선 가치로 두면서 군사 경쟁보다는 자유무역과 시장경제를 어떻게 효율적으로 관리할 것인가의 문제에 더욱 골몰하고 있다. 점증하는 패권 경쟁의 우려 속에서도 한·중·일 삼국 간에 활발한 무역과 정치적 안정을 유지하고 있는 동북아가 대표적인 예이다.

냉전 시기까지 세계정치에서 안보 연구의 중심 주제는 국가 간의 전쟁에 초점이 맞춰졌다. 비록 전쟁의 성격이 새로운 군사기술의 등장과 전략·전술의 변화에 따라 18~19세기 유럽의 제한전에서 온 국민이 참여하는 총력전으로 전환되었음에도 불구하고, 20세기 냉전 시기까지 전쟁의 주체와 원인의 중심에는 여전히 국가가 있었다. 그러나 냉전 이후 국제분쟁은 주요 행위자와 그 양상에서 심각한 변화를 겪기 시작한다. 특히 탈냉전 이후 세계 주요 강대국들 간의 평화는 그 밖의 많은 국가들과 지역에게는 새로운 갈등과 비극의 시작일 뿐이었다.

냉전을 지탱하던 양극 체제의 붕괴는 많은 지역에서 취약하게나마 유지되던 신흥 민족국가의 붕괴로 이어졌다. 제2차 세계대전 이후 1950년대와 1960년대에 걸쳐 과거 서구 식민지로부터 독립을 이룩한 아프리카, 아시아, 중남미 지역의 많은 신생독립국들은 시작부터 많은 취약성을 가지고 출발했다. 1940년대 국제연합의 결성 당시 50여 개국에 불과했던 회원 국가가 반세기 만에 190여 개국으로 확장된 사실만 고려하더라도 그동안 폭발적으로 생성, 증가된 신흥국들의 취약성을 유추할 수 있다. 이들 대부분의 신흥국들은 18~19세기 서구 열강의 자의적 이익에 의해 급조된 식민정책의 산물이다. 따라서 자연스러운 역사적 과정을 통해 영토와 구성원이 하나의 국가로 탄생한 것이 아니라 외부의 세력에 의해 강제로 형성된 지극히 부자연스러운 상황을 안고 있다. 아프리카의 많은 국경선이 직선으로 그려진 것은 이러한 모순의 단적인 예이다. 현지 사정에 대한 고려 없이 서구에 의해 자의적으로 그어진 이들 국경선은 그 안에 살고 있던 다양한 인종과 사회를 하루아침에 갈라 놓거나 전혀 이질적인 사람들을 함께 살도록 강요했다. 이는 국가와 민족의 자발적 결합이라는 근대 민족국가의 기본 개념에 정면으로 충돌하는 것이었다(Kaplan 1994). 이들 신흥국가는 조화로운 사회 통합을 이루고 영토와 국민을 효율적으로 통치함에 있어서 시작부터 근본적인 장애를 가졌다. 그런데도 이들이 그나마 배타적이고 동등한 주권 행사와 민족자결로 상징되는 근대 민족국가로 행세할 수 있었던 요인은 냉전 시기 체제 경쟁을 위해 소련과 미국이 이들의 지지를 얻고자 많은 경제 및 군사 지원을 해주었기 때문이다. 미·소의 지원은 이들 신흥국가가 체제의 성격에 상관없이 비교적 강한 통제력을 행사할 수 있는 국가의 기틀을 마련하게 한 주요인이었다.

　냉전의 종식은 취약한 신흥 민족국가의 내부 모순이 본격적으로 폭발하는 계기가 된다. 냉전이 끝나고 이들에 대한 외부의 지원이 끊기고 국가를 그나마 지탱하던 물적 자원이 사라지면서 사회에 대한 국가의 통제력이 점차로 약화되었다. 동시에 이들 국가에 본질적으로 내재해 있던 사회 갈등 요인들이 경제 상황의 악화와 함께 폭발적으로 표출되기 시작했다. 1990년대 중반 아프리카의 르완다에서 있었던 후투족과 투치족 간의 인종 갈등은 내전으로 발전하여 백여만 명의 사망자를 내는 대량 학살을 초래했다. 최근에는 아프리카의 수단에서 북쪽의 이슬람 정부가 잔자위드Janjaweed 부족 무장 세력을 고용, 남부의 흑인 부족을 인종 청소ethnic cleansing 하는 새로운 대량 학살 사태가 벌어지고 있으며, 이러한 사태가 인근 차드 국경으로까지 번지면서 국제사회의 개입을 호소하는 목소리가 높아지고 있다.

　문제는 근대 민족국가 체제의 붕괴를 초래하는 인종 및 종교 분쟁이 지구상 곳곳에서 증가하는 양태를 보이고 있다는 점이다. 아프리카 서부 사하라 이남 지역의 시에라리온·라이베리아·가나·아이보리코스트 등의 국가들은 중앙정부의 무능과 부정부패 속에 반복되는 군사 쿠데타와 각종 부족·종파·인종 간 내전 등으로 인해 무정부 상태의 혼란을 겪고 있다. 북부 아프리카의 소말리아, 남미의 아이티, 동아시아의 인도네시아, 서남아시아의 파키스탄과 같은 여타 지역의 국가들도 중앙정부의 통제가 수도를 중심으로 한 일부 지역에만 미치는 가운데 각종 범죄 조직이나 민병대, 군벌들이 서로의 이익을 놓고 심각한 대결과 이전투구를 전개하고 있다. 이러한 무정부 상태의 혼란은 국가 간 전쟁에서처럼 정규군이나 첨단 장비가 동원되기보다는 각기 다른 사사로운 이권을 가진 비정규 게릴라 세력이나 폭도들에 의해 소총이나 그보다 원시적인 무기들이 주요 수단으로 사용되는 특징을 보인다. 이러한 혼란과 비국가 분쟁의 가장 큰 피해자는 무고한 시민이며, 아무런 도덕적 규범이나 국제 규범이 적용되지 않은 폭력 사태에 의해 수많은 민간인들이 가장 잔인한 방법으로 희생당하고 있다 (Mansbach & Rhodes 2003).

　흔히 저강도 분쟁LIC: Low-Intensity Conflict이라 불리는 탈냉전 이후의 폭력 사태는 전통적 전쟁과 여러 면에서 다른 특징을 보인다. 우선 전쟁의 주체가 국가가 아닌 경우가 많다. 정부가 내부의 반란 세력을 진압하는 경우 군대가 동원되기도 하지만 이 경우도 여전히 국가 간의 정규적인 전쟁은 아니다. 저강도 분쟁의 경우 반군뿐 아니라 폭도, 범죄 조직, 게릴라, 테러 단체 등을 포함하는 다양한 비국가 단체나 집단이 폭력의 주체이다. 둘째, 전쟁의 목적도 합리적 국가이익보다는 개인의 야심, 종교적, 인종적 대립 혹은 특정 집단의 경제적 이익을 추구하는 다양한 모습을 보인다. 정치적 독립이나 종교적 신념을 위한 게릴라 전쟁부터, 특정 지역을 차지하려는 군벌 간 세력 다툼, 그리고 석유나 다이아몬드 같은 천연자원을 둘러싼 이권 투쟁 등 폭력의 목표가 보다 다양화되고 복잡해지고 있다. 세 번째, 폭력의 수행에 있어서 전후방의 구분이 사라지고 전투원과 비전투원의 구분이 없어지고 있다. 공격을 하는 쪽이나 당하는 쪽 모두 민간인인 경우가 많고 그 대상과 참여자도 남녀노소 불문이다. 아프리카의 수많은 내전과 종족 분쟁에 소년 병사들이 동원되고 있는 것은 이미 잘 알려진 사실이다. 또한 많은 여자와 어린이들이 이들에 의해 강간을 당하거나 살해를 당하는 것도 탈냉전 시대 비국가 폭력이 가지는 참혹한 단상의 일부이다. 결과적으로 최소한의 원칙적인 규범이나 도덕이 완전히 무시된 채 전쟁과 범죄의 구분이 없어지는 현상을 초래한다. 마지막으로 이러한 비국가 폭력은 탱크나 전투기 등 대규모 병기를 동원하는 대신 소총이나 몽둥이, 칼과 같은 단순한 무기에 의해 행해진다. 그러나 그 방법이 잔혹하고 분쟁의 기간이 길어지는 특징을 보임에 따라 결과적으로 국가 간 전쟁에 비해 더 많은 파괴와 희생을 초래하는 경향이 있다. 현재 세계의 많은 국가들이 이러한 분쟁에 휩싸여 있으며, 분쟁 지역 대부분의 국가들이 통제력을 상실하고 무력화되면서 세계 곳곳에서 근대 국가 체계가 붕괴하고 근대 이전 중세 봉건 시기의 암흑기와 같은 혼란과 무정부적 현상이 나타나고 있다(Creveld 1991).

21세기 탈냉전 세계 안보의 현실은 여러 유형의 국가들이 공존하면서 이해관계를 조율하거나 대립하는 형태로 진행되고 있다. 중국이나 한국은 경제발전을 통해 근대국가의 기본 요건을 충족시키면서 세계정치의 새로운 주역으로 등장하고 있는 신흥 근대국가이다. 반면 근대국가의 완성을 오래전에 이미 이루고 새로운 단계로 진입하고 있는 유럽이나 미국, 일본과 같은 탈근대 국가들도 있다. 그러나 동시에 세계의 많은 지역에서 기존 민족국가의 틀이 붕괴하고 전근대적 무정부 상태로 후퇴하는 신중세적 혹은 봉건적 전근대국가의 출현 또한 증가하고 있다(Cooper 2003). 문제는 근대 및 탈근대 국가들이 외면하고 있는 전근대국가들에서 벌어지는 갈등과 폭력이 외부 세계의 안보에 심각한 영향을 끼치고 있다는 점이다. 1980년대 말 소련군의 철수 이후 오랜 내전에 시달리던 아프가니스탄에 정착한 오사마 빈 라덴과 알 카에다 테러 조직이 9·11 테러는 물론 런던과 마드리드 등 서구 주요 국가를 대상으로 테러 행위를 일삼은 것이 대표적인 사례이다.

(2) 안보 위협 요인의 변환: 테러리즘과 대량살상무기

공산주의의 몰락과 함께 도래한 탈냉전 시대의 안보질서를 놓고 많은 학자들이 새로운 해석을 시도했다. 후쿠야마(1989)는 인간 사회, 혹은 국제사회에 더 이상 이념적인 갈등이나 대규모 무력 충돌이 궁극적으로 소멸되는 유토피아적 세계의 도래를 예언했다. 헌팅턴(1994)은 비록 강대국 간 전면적인 핵전쟁의 공포는 사라졌지만 여전히 인간 사회에 갈등의 불씨가 남아 있다고 주장하면서 그 새로운 기준으로 문명 간의 충돌을 예언하기도 했다. 2001년 9월 11일 19명의 아랍 젊은이들이 민간 항공기를 이용하여 미국의 뉴욕과 워싱턴을 강타한 사건은 테러리즘이 21세기 국제 안보의 가장 중요한 위협으로 등장하는 것을 알리는 신호탄이었다. 냉전 이후 점증하는 국가의 붕괴 속에 등장한 테러 행위는 주요 동기가 종교라는 새로운 모습을 띠면서 이슬람과 기독교 혹은 이슬람과 서구 사회 간의 대립 축을 중심으로 전개됨에 따라 헌팅턴의 문명 충돌적인 요소를 보이기도 한다. 이와 함께 새로이 떠오른 가장 중요한 위협으로는 대량살상무기 WMD의 확산을 들 수 있다. 날로 점증하는 기술의 발달과 정보화는 기존에 일부 강대국에 의해서만 개발, 관리되던 대량살상무기를 개인이나 비국가 단체, 혹은 불량 국가들이 획득할 수 있는 기회를 증가시켰다. 더욱이 이들 집단은 기존의 강대국에 비해 이러한 무기를 사용할 가능성이 더 높은 것으로 파악되면서 냉전의 종식이 오히려 핵무기의 위협을 심화시키는 결과를 초래하고 있다. 특히, 21세기 종교적 테러 집단이 극단적 방법을 통한 테러 행위를 서슴지 않는 성향을 보이면서 이들에 의한 대량살상무기의 사용은 단지 시간문제인 것으로 여겨진다. 9·11 테러의 대상이었던 미국을 비롯한 서구 선진국들에게 테러리즘과 대량살상무기의 결합이야말로 21세기 지구 안보의 가장 중요한 문제로 떠오른다.

테러 행위 및 테러리즘은 "비국가 단체나 비밀 요원들이 자신들의 정치적 목표를 달성하기 위해 비전투원인 민간인을 대상으로 저지르는 의도된 폭력"으로 정의된다(US Department of States 2005). 테러리즘이 불특정의 민간인을 공격 대상으로 삼는 것은 파괴 자체가 목적이라기보다는 이를 통해 국가나 사회에 공포와 혼란을 야기함으로써 자신들의 의지를 전달하고 지속적인 공포의 경고를 통해 원하는 정치적 목적을 달성하려는 것이다. 테러는 개인이나 특정한 단체로 구성된 비국가 단체가 국가에 대항하여 비정규 폭력을 수단으로, 주로 민간인을 대상으로 행하는 무차별적 폭력 행위라는 점에서 비국가 저강도 분쟁의 전형적인 유형에 속한다. 테러리즘은 약자의 무기로 이해되기도 하는데, 다수의 폭력에 대항할 수 없는 소수집단이 자신들의 절박한 상황을 극복하기 위해 저지르는 최후의 수단으로 여겨지기 때문이다. 이 경우 피해자에게는 극악무도한 테러분자가 이들의 목적을 지지하는 다른 이들에게는 영웅으로 여겨지기도 한다. 그러나 테러리즘은 무고한 민간인을 주대상으로 삼고, 공포를 조장하는 것을 주목적으로 삼는다는 점에서 다른 형태의 정치적 폭력에 비해 야만적이고 비도덕적인 행위로 비판받는다.

테러의 기원은 성경에 유대 테러주의자들이 로마의 관리를 백주 대낮에 살해한 기록에서 보듯이 인류의 역사와 함께한다. 근대 테러리즘은 동기와 시기에 따라 자유주의 테러리즘, 반제 반식민주의 테러리즘, 그리고 국가 지원 테러리즘으로 나뉜다. 그러나 동기의 차별성에도 불구하고 기본적으로 정치적 독립이나 특정 정치 이데올로기를 추구했다는 점에서 세속적인 동기를 지닌다는 공통점을 가졌다. 또한 이들은 대부분의 경우 활동 영역이나 폭력의 사용에 있어서 특정 국가나 지역을 중심으로 활동하면서 필요 이상의 살상과 파괴를 절제하는 지극히 선택적인 행동을 보였다. 근대 테러리즘은 폭력과 파괴 자체를 목표로 삼지 않았으며, 기술적 제약으로 인해 테러 행위가 대상 국가의 안보나 사회체제를 근본적으로 위협하는 수준으로 발전하지는 못했다.

그러나 9·11 테러로 대변되는 21세기 테러리즘은 급진 이슬람 근본주의를 바탕으로 하는 종교적 목표를 추구한다는 점에서 동기의 종교화라는 새로운 양상을 보인다. 오사마 빈 라덴에 의해 주도된 알 카에다 테러 조직은 단지 중동에서 미국의 정치·군사·경제적 영향력을 몰아내고자 할 뿐 아니라 궁극적으

〈참고 7-6〉 문명충돌론

미국의 정치학자 사무엘 헌팅턴은 『포린 어페어(Foreign Affairs)』 1993년 판에 게재한 논문과 후속 저서에서 탈냉전 이후 새로운 국제분쟁의 주요소로 문명충돌론(Clash of Civilization)을 주장했다. 그는 전 세계를 서구, 그리스 정교, 라틴, 이슬람, 중화, 힌두, 일본, 사하라 이남, 불교 등의 주요 문명권으로 구분하고, 세계정치에서 새로운 대립 구조는 국가 간 이념, 정치, 경제 대립을 넘어서 역사, 종교, 언어 등으로 구분되는 문명권 간의 충돌이 전면에 등장할 것으로 주장했다. 그러나 그의 주장은 일본을 아시아의 독자적 문명권으로 구분하는 등의 자의적 문명 구분과 실체가 모호한 문명을 국제정치 혹은 안보의 새로운 행위 주체로 삼을 수 있는가 등의 많은 비판과 논쟁을 일으켰다.

〈참고 7-7〉 대량살상무기

흔히 핵무기로 상징되는 대량살상무기(Weapons of Mass Destruction)는 단 한 번의 사용으로 순식간에 수많은 인명과 재산을 파괴할 수 있는 무기 체계를 지칭한다. 1945년 8월 히로시마와 나가사키에 각기 투하된 한 발의 핵폭탄으로 인해 두 도시는 각기 14만, 7만 명의 사망자를 냈다. 그런데 오늘날 미국, 러시아, 영국, 프랑스, 중국 등이 보유하고 있는 핵무기는 일본에 사용된 핵무기의 수십 배에서 수백 배에 해당하는 파괴력을 지닌 것으로 알려져 있다. 한편 핵무기 외에 화학무기 및 생화학무기 역시 소량의 사용으로 한 번에 수많은 인명 피해를 낼 수 있다는 점에서 대량살상무기로 분류된다. 현재 국제사회는 NPT와 생화학 무기(CWC, BWC) 협정 등을 통해 이들 물질과 무기, 그리고 운송 수단의 무분별한 확산을 막으려는 노력을 하고 있으나 효과는 미지수이다.

로 중동 지역에 알라의 뜻을 충실히 받드는 범이슬람 신정 제국의 건설을 목표로 한다. 21세기 테러리즘이 가지는 종교적 특성은 이들의 폭력적 성향을 이전보다 훨씬 과격하게 만든다. 자신들의 행위가 궁극적으로는 신의 소명을 달성하는 것으로 이해됨에 따라 자신들의 목표 달성에 방해가 되는 어떠한 세력도 무자비하게 제거할 준비가 되어 있다. 이들에게 있어서 자신들의 테러 행위는 선악의 싸움으로 규정된다. 악의 세력인 수백, 수천만의 불신자를 제거하는 것은 성스러운 신의 임무를 수행하는 것이 된다. 따라서 민간인에게 대량살상무기를 사용하는 것도 서슴지 않게 된다. 이 과정에서 테러가 특정한 정치적 목적을 달성하기 위한 상징적 폭력의 수단이라는 범위를 넘어서 테러의 폭력 자체가 신성화된다. 이들은 서구의 정전론에 기초한 자위에 의한 정당한 전쟁론이나 전쟁 수행에서 민간인과 전투원의 구분, 포로에 대한 인도적 처우 등 기존의 국제 규범을 무시한다. 이러한 규범은 모두 서구 문명과 가치의 산물로 이슬람에게는 전혀 상관이 없는 개념인 것이다. 오히려 알라신을 믿지 않는 불순종자들은 전투원이든 민간인이든 상관없이 제거의 대상이 된다. 여기에는 남녀노소의 구분도 필요가 없다. 오직 이슬람 종교를 믿느냐 아니냐가 중요하다. 더욱이 이러한 목표를 달성하기 위해 이들은 기꺼이 목숨을 바칠 각오가 되어 있다. 이들에게 있어 궁극적 보상은 현세에서 주어지는 것이 아니다. 성전을 수행하다 전사했을 때 이 세상 무엇과도 바꿀 수 없는 알라신의 축복과 보상이 천국에서 기다리고 있다. 자살 공격은 약자로서 어쩔 수 없이 선택한 최후의 수단이 아니라 가장 확실하고 의미 있는 투쟁의 우선 수단인 것이다.

더욱 큰 문제는 이들이 비록 거대한 영토나 인구를 가진 국가가 아니라도 정보기술의 발달과 세계화로 인해 그들이 추구하는 목표를 실행에 옮길 수 있는 수단을 확보하기가 용이해졌다는 것이다. 특히 인터넷으로 상징되는 21세기 정보혁명은 테러 조직의 네트워크화는 실로 테러범들에게 무한한 새로운 가능성을 열어 주고 있다. 인터넷은 이들 테러 조직이 근대 테러 조직이 가졌던 지역적 한계를 극복하고 자신들의 종교적 이념을 전파하고, 새로운 대원을 모집·훈련시키고, 새로운 테러를 기획·실행함에 있어서 이점을 제공한다. 서로 전혀 모르던 사람들이 인터넷을 이용하여 지하드에 동참하게 되고, 인터넷을 통해 공모

〈참고 7-8〉 테러리즘과 알 카에다

알 카에다(Al-Qaeda)는 아랍어로 기지(the base)를 의미한다. 1988년 당시 아프가니스탄을 점령하고 있던 소련군에 대항하기 위해 오사마 빈 라덴이 창설했다. 이들의 궁극적 목표는 중동의 부정부패한 왕조를 몰락시켜 순수 이슬람 종교에 의해 지배되는 범이슬람 제국을 설립하는 것이다. 문제는 이들이 타도 대상으로 삼는 사우디아라비아 등 주요 걸프 산유국들의 이슬람 왕정이 미국의 강력한 지원을 받는다는 점이다. 따라서 이들은 1990년대 이후 미국을 주 타도 대상으로 삼고 성전을 벌이기 시작했다. 조직의 구성원은 수백 명에서 수천 명에 이르는 것으로 추산되며, 전 세계 60여 개국에 걸쳐 조직원이 활동하고 있는 것으로 파악된다. 이슬람 종교나 일반 무슬림은 평화와 인권을 존중하며 무자비한 테러리즘을 지지하지 않는다. 오늘날 중동의 테러리즘을 주도하는 세력은 여러 종파 중 일부의 급진주의 세력이다. 문제는 이들의 반전제주의, 반미·반제국주의 성향이 일반 이슬람 민중의 광범위한 지지를 받고 있다는 점이다. 한편 9·11 이후 미국과 서방의 광범위한 테러와의 전쟁은 알 카에다를 위시한 급진 테러 세력의 활동에 많은 제약을 가한 것으로 분석된다. 특히 미국의 집요한 테러와의 전쟁은 2011년 5월 파키스탄에 은거 중이던 오사마 빈 라덴의 사살이라는 중대한 성과를 올리기도 했다. 그럼에도 미국과 유럽 국적을 가진 시민 중 알 카에다와 이슬람 급진주의에 동조하는 사람들의 자발적/자생적 테러 가능성 등 전 세계에 흩어진 급진 테러의 위협은 여전히 상존하는 것으로 여겨진다.

되는 지령을 통해 지구상에 조용히 퍼져 있는 현지의 자원자들이 언제 어디서나 원하는 공격을 개시하는 그야말로 불특정 다수에 의한 범지구적 테러 조직의 네트워크가 가능해진 것이다. 더욱이 기술의 발전과 확산으로 인해 이들 테러 조직이 대량살상무기를 손에 넣을 가능성이 커짐에 따라 이들의 목숨을 건 테러 행위는 이전과는 다른 차원의 살상과 파괴를 근대국가에 끼칠 것으로 예상되기도 한다. 미국을 포함한 서구 강대국들은 이들의 신원을 파악하고, 소재를 추적하는 데 힘겨운 싸움을 벌이고 있으며, 설사 일부 세력을 저지한다 해도 보이지 않게 확산되는 테러 네트워크를 물리력으로 일망타진하는 것은 거의 불가능해 보인다.

인터넷의 익명성과 무소불위한 특성을 활용한 알 카에다 테러 조직의 이러한 수법은 이들을 추적하고 범죄를 미연에 방지해야 할 관계 당국에게 힘들고 새로운 과제를 안겨 준다. 과거의 적들은 한 국가를 위협하기 위해 엄청난 군대와 이에 못지않은 산업 시설을 필요로 했다. 그러나 9·11 테러범들은 겨우 19명의 인원과 탱크 한 대 값에도 못 미치는 비용을 가지고 그 어떤 강대국도 미국에게 입히지 못했던 파괴와 혼란을 초래했다. 더욱이 이들이 가지는 과격성과 급진성으로 인해 실제로 대량살상무기와 같은 무기를 사용한 공격의 가능성이 과거에 비해 훨씬 높아졌다. 냉전 중 미·소가 근본적으로 대립되는 이념을 바탕으로 체제 경쟁을 벌이면서도 핵전쟁을 피할 수 있었던 것은 공멸의 무의미성에 대한 이성적 판단과 무분별한 인명 살상을 막으려는 최소한의 공통 이익을 공유했기 때문이다. 그러나 21세기 종교적 테러리즘은 절대선과 악의 관점에서 자신의 목숨을 희생하여 악으로 규정된 상대방을 제거하는 것을 거룩한 신의 소명으로 여긴다. 이것은 이전의 그 어떤 위협과도 다른 새로운 종류의 것으로, 이러한 위협의 주 목표가 된 미국은 새로운 정책적 접근을 필요로 한다. 이들에게

는 대량의 보복을 경고하는 억제가 통하지 않는다. 보호할 국가나 국민 없이 성전을 수행하는 개인을 무슨 경고로 억제한단 말인가? 마찬가지로 영토나 군대가 없이 아무런 실체가 없는 그림자와 같은 네트워크 조직을 냉전 시기처럼 봉쇄할 수도 없다.

(3) 현대 미국 안보 전략의 변환

테러와의 전쟁과 안보 전략의 변환

미국의 군사 변환은 탈냉전기 대전략의 변환을 의미한다. 전혀 기대하지 않았던 새로운 형태의 테러 위협에 직면한 미국은 테러리즘을 냉전 시기 공산주의 위협에 못지않게 미국의 가치와 존재를 위협하는 새로운 근본적인 위협으로 규정한다. 냉전기 소련의 팽창주의 정책에 맞서 정치·경제·군사 전반을 아우르는 봉쇄 전략^{Containment}을 펼쳤던 미국은 실체가 없는 테러리즘이라는 새로운 위협에 대처하기 위한 새로운 전략을 수립한다.

부시 행정부는 2002년과 2006년 두 차례 발간한 국가 안보 전력 보고서에서 향후 미국 안보 정책의 근간과 대전략을 명확하게 제시했다. 첫째, 부시 행정부는 21세기 테러를 미국의 생존과 가치를 근본적으로 위협하는 새로운 위협으로 규정한다. 그리고 미국은 새로운 악의 위협과 사활을 건 싸움을 벌일 것을 다짐한다. 이를 위해 미국은 우선 전 세계에 퍼진 테러분자들을 소탕·격멸할 것을 기본 과제의 하나로 삼는다. 그리고 이를 위해서 필요하다면 선제공격과 일방주의 정책도 불사할 것을 천명했다. 특히 이들 테러 집단이 전통적인 핵 위협이나 다른 수단으로 억제와 봉쇄가 되지 않는 것을 직시하고 이에 대한 새로운 대응 전략으로 방어를 위한 선제공격을 보다 적극적으로 채택한다. 미국을 공격한 알 카에다와 오사마 빈라덴을 비호한 아프가니스탄의 탈레반 정권을 공격하여 제거한 것은 이러한 맥락에서 이해된다.

둘째, 부시 행정부 하에서 테러와의 전쟁은 군사적 조치에서 끝나지 않고 기본적으로 미국이 추구하는 자유와 민주주의를 전 세계에 확산하는 것에 보다 근본적인 목표를 두었다. 아프간전쟁에 이어진 미국의 이라크 침공은 전자의 경우와 달리 사담 후세인 정권이 과연 미국이나 국제사회의 안보에 직접적이고도 급박한 위협을 초래하는가를 놓고 많은 논란을 불러일으켰다. 결국 미국은 프랑스·독일·러시아·중국 등 주요 국가들의 비판 속에 UN의 공식적인 지지 없이 일부 뜻을 같이하는 연합국과 독자적인 전쟁을 수행한다. 이러한 미국의 태도는 초강대국 미국의 일방주의에 대한 우려를 낳는다. 전쟁의 압도적이고 신속한 승리에도 불구하고 미국과 연합군의 전후 처리 과정의 미숙으로 이라크 내의 혼란을 가져왔고, 전쟁의 가장 중요한 근거로 제시된 대량살상무기의 부재로 인해 부시 행정부의 이라크 침공은 국내외적 비판에 직면한다. 이러한 논란이 있지만 부시 행정부가 이라크 침공을 감행한 이유는 사담 후세인 정권의 제거가 단순히 대량살상무기나 독재자를 축출하는 것보다 전후 이라크에 새로운 민주주의를 건설함으로써 광신적 종교 테러의 온상이 되고 있는 이슬람 세계 자체를 변혁하는 교두보로 삼는다는 보다 장기적 포석이 담겨 있는 것으로 해석된다(Bush 2002).

셋째, 미국은 테러와의 전쟁 외에 전통적인 안보 현안에도 관심을 기울인다. 그리하여 강대국들과의 다자적인 협력 관계를 통해 냉전의 종식 이후 이어지고 있는 평화의 기운을 이어가는 것을 목표로 한다. 그러면서도 한편으로는 미국의 유일한 패권에 도전하는 세력이 성장하는 것을 허용하지 않을 것을 천명한다. 이는 특히 새로운 강자로 부상하고 있는 중국에 대한 경계와 견제로 나타난다(Gaddis 2004). 이상을 요약하면 미국의 21세기 세계 전략은 테러와 대량살상무기의 제거에 중점을 두면서 동시에 중국을 위시한 기존 강대국의 지역적, 세계적 패권 부상을 견제하는 전통적 패권 유지 목적 달성을 위한 이중 전략의 추구인 것으로 보인다. 그러나 미국은 부시 행정부의 과도한 민주주의 확산 전략으로 인한 이라크에서의 전후 혼란으로 인해 커다란 난관에 봉착한다. 비록 압도적인 군사력을 이용해 전쟁에서 승리했지만 저항 세력의 끈질긴 방해 공작과 이라크 내 수니파와 시아파 사이의 종교적 갈등이 폭발하면서 전후 민주주의 건설이 갈수록 어려움을 겪게 된 것이다.

부시 행정부의 이라크 전쟁을 비판했던 초선의 시카고 출신 오바마 민주당 상원의원이 2008년 대통령에 당선되면서 미국의 테러와의 전쟁은 새로운 전환점을 맞이하게 된다. 오바마 행정부는 이전 부시 행정부와 마찬가지로 테러와의 전쟁을 오랜 기간을 두고 미국이 수행해야 할 안보 정책의 핵심 과제로 규정한

〈참고 7-9〉 선제공격과 예방 공격

선제공격(preemption)은 방어를 목적으로 하는 무력 사용으로, 적으로부터의 위협이 확실하게 인지되고 특히 적의 공격이 임박했음이 감지될 때 이를 적극적으로 처리하는 수단으로 당면한 심각한 위협의 싹을 미연에 제거하는 무력 사용을 뜻한다. 이와 비슷한 개념으로 예방 공격(prevention)이 있는데 이는 아직 임박하지는 않았지만 적의 위협이 확실하게 예견된다는 전제하에 방어를 목적으로 예방 차원에서 미리 공격하여 위협을 제거하는 무력 사용을 의미한다. 위협에 미리 대처한다는 점에서 선제공격과 기본 목적을 같이하나 위협의 임박성과 공격의 절박성이 떨어진다는 차이를 가진다. 두 개념 모두 방어를 목표로 한다는 점에서 정당성이 부여될 수도 있으나 적의 위협을 어떻게 무슨 기준으로 정의하느냐에 대한 객관적 기준이 없다는 점에서 논란이 있다. 또한 위협의 임박성을 어떻게 구분할지가 모호한 경우가 많아서 선제와 예방 공격의 명확한 구분이 힘든 점도 종종 지적된다.

다. 동시에 이전 정부의 공세적 개입주의와 일방주의에 대한 전 세계적 비난과 반발, 중동 민주화라는 이상주의적 정책이 초래한 국력의 소진에 주목했다. 2008년 미국 내 금융 위기와 부동산 시장 붕괴로 시작된 경제위기는 과도한 군사력에 의존해 온 미국 외교 안보 정책의 전환을 더욱 촉진하는 계기가 되었다. 오바마 행정부는 이라크는 물론 아프가니스탄에서의 점진적 철군 계획을 공식 선포하면서 미국의 군사적 부담을 줄이려는 노력을 본격화했다. 2009년 초 대통령 취임 직후 18개월에 걸친 이라크 철군 계획을 발표한 오바마 대통령은 2010년 8월 이라크에서 미군의 전쟁 수행 임무 종식을 선언한다. 한편 이라크 전쟁 수행을 위해 미군 전력에 공백이 생기면서 2006년 이후 아프가니스탄에서는 탈레반이 다시 득세하는 상황이 벌어진다. 오바마 행정부는 사태의 심각성을 깨닫고 2009년 12월 3만 명의 미군을 추가로 증파하는 동시에 2014년 말까지 단계적 철군을 발표한다. 과도한 미국의 군사개입을 줄이려는 오바마 행정부의 노력은 기존 동맹과의 협조 및 군사 역할 분담 강조, 국제기구를 위시한 다자 협력의 중요성, 군사력에 의존하는 힘의 정치hard power와 대비되는 외교를 활용한 연성 권력soft power 역할 강조 등으로 나타났다. 한편 오바마 행정부는 테러와의 전쟁에서 가장 시급한 위협인 핵 테러에 집중하는 실용적 접근을 했다. 2009년 5월 체코의 프라하에서 핵 없는 세계의 비전을 선포한 오바마 대통령은 2010년 워싱턴에서 핵안보정상회의를 개최하여 주요 40여 개국의 정상과 함께 테러분자들의 핵 물질 접근을 차단하는 범세계적 협력을 촉구했다. 이전 부시 행정부가 중동 민주화를 통해 핵 테러 가능성 및 테러 세력의 근원을 제거하려 했다면, 오바마는 핵 물질과 핵무기 생산기술 차단을 통해 핵 테러의 수단을 통제함으로써 핵 테러를 방지하는 보다 현실적인 접근을 시도한 것이다.

전쟁 수행과 동맹 전략의 변환

미국의 새로운 안보 전략은 전쟁 수행의 구체적 방법에서도 혁명적인 변환을 가져오고 있다. 정보화 혁명으로 인한 군사 분야 혁명Revolution in Military Affairs에 의해 1990년대에 시작된 미국의 군사 변환Military Transformation은 21세기 테러리즘이라는 새로운 위협에 대응하기 위한 구체적 노력으로 진화했다. 전쟁 수행의 군사 변환은 9·11 이후 테러와의 전쟁에 의해 가속화되기는 했으나 이미 탈냉전 초기부터 점진적으로 진행되어 왔다. 그 내용의 핵심은 정보화 시대에 부응하는 전쟁 수행의 네트워크화이다. 이는 안보 위협의 유형과 종류가 전통적인 국가 대 국가의 관계를 벗어나면서, 안보 위협의 주체도 각종 비국가 행위자로 확대되는 것에 기인한다. 특히 9·11 이후 가장 심각한 위협으로 떠오른 테러 조직의 경우 특정 국가에 소속된 정규군이 아닌 불특정 다수의 개인이 지구적 네트워크를 구성하고, 대량살상무기를 이용하여 비정규적인 공격을 해올 가능성이 높은 것으로 예상됨에 따라 여기에 맞는 새로운 군사전략이 요구된다.

그 내용을 보면, 첫 번째로 첨단 정보과학기술을 적극적으로 활용하여 군의 정보화를 이루고 군사작전의 효율성을 극대화하는 것이다. 전쟁에서 중요성이 점차로 높아지고 있는 정보·감시·정찰Intelligence Surveillance Reconnaissance과 정밀 타격 무기와 첨단 전투 지휘 자동화체계C4I를 결합하여 원거리 정밀 타격kinetic strike, 유연성, 파괴력 향상 구현을 시도한다. 이미 1차 걸프전에서 시작되어 아프간전쟁과 이라크전쟁 당시 본격화된 정밀 타격은 좋은 사례이다. 기존의 폭탄에 반도체 유도장치를 첨부한 스마트 폭탄은 적진 깊숙이 침투한 정찰조에 의해 인공위성을 통한 GPS 위성 추적 시스템으로 유도되어 최소의 병력 사용으로 불필요한 사상을 최소화하면서 적의 섬멸에 있어서는 최대의 효과를 내는 혁명적 변화를 가져왔다. 둘째로, 이러한 작전은 전장의 병사와 후방의 지휘관, 그리고 공중의 전투기 조종사 간에 실시간 통신을 통해 이루어짐으로써 현대전에서 증대되는 정보전의 중요성을 새삼 보여 준다. 즉 네트워크 중심 전쟁 개념 아래 전지구를 엮는 통신 네트워크를 구축하여 육해공군 구분 없이 전함·비행기·탱크, 혹은 말단 보병에 이르기까지 언제 어디서나 유기적으로 네트워크에 접속하여 자유롭게 정보를 교환함으로써 진정한 합동 및 협동작전Joint and Combined Operation이 가능케 된 것이다. 셋째, 앞에서 말한 군 정보화와 유기적 통합 작전은 신속 결전 작전Rapid Decisive Operation 개념으로 이어진다. 이 개념은 미래의 전쟁에서 입체성, 통합성, 정확성, 기민성 등을 강조한다. 미군은 언제, 어디서, 어떠한 형태로 발현될지 모르는 사항에 대비하여 어떠한 상황에도 기민하고 신속하게 대응할 수 있는 준비가 되어 있어야 한다는 것이다. 이에 따라 기존의 대규모 병력을 동원한 전쟁 수행 능력보다, 비정규전의 성격을 띠는 위협에 대해 즉각적으로 대응할 수 있도록 소규모 정예 부대를 짧은 시간 안에 지구상 어디든지 투입할 수 있는 능력이 중요시된다(U.S. DoD 2005). 최근 미국이 지상군을 12개 사단에서 10개 사단으로 줄이면서도 특수부대의 숫자를 1만 5000명 증원하기로 결정한 것은 좋은 예이다.

미국의 군사 변환은 동맹 전략에서도 새로운 변화를 가져오고 있다. 냉전기를 통해 미국의 동맹 전략은 냉전의 최전선에 전진 배치된 대규모의 군대 확보에 치중했다. 그러나 탈냉전기의 동맹 전략은 거점 위주의 방식보다는 거점과 거점을 연결하는 네트워크에 더 중요한 의미를 부여한다. 이를 위해 미국은 우선수적인 면에서 냉전 시대에 설치된 대규모 지상군 위주의 편재를 해·공군과 소수정예의 지상군 위주로 줄이는 한편 이들을 보다 효과적으로 통합 운용하는 것을 추진하고 있다. 이는 구소련의 위협에 대비하여 수립된 유럽 및 아시아에 대규모로 산재된 기지를 통폐합 또는 이전하는 동시에 새로운 위협 요소로 떠오른 지역에 효율성 있는 새로운 기지를 골고루 전진 배치하는 것을 의미한다. 그리고 특정 지역의 대규모 영구 기지에 대한 의존도를 줄이는 대신 고정 배치되어 있던 병력을 6개월마다 순환하면서 다양한 상황과 위협에 신속히 대응할 수 있는 능력을 배양하고 있다. 한편 새로이 조정되는 해외 기지는 소수의 핵심 거점과 중간 거점, 그리고 다수의 지역 거점으로 나누어 핵심 거점에는 필요에 따라 일정한 수준의 주둔군을 유지하되, 중간 거점이나 지역 거점에는 평소에는 상시 거주 인력 없이 작전에 필요한 군사 장비와 시설만을 유지하게 된다. 이를 위해 미국은 첫째, 기존 동맹국의 역할을 확대하는 한편 새로운 안보 동반자를 개발하며, 둘째, 군사력을 한곳에 과도하게 배치하기보다는 분산 배치하여 유연성과 기민성을 강화하며, 셋째, 지역의 필요에 따른 맞춤형 군사력 배치에 중점을 두어 글로벌 차원의 군사 위협에 신속히 대처하는 능

〈참고 7-10〉 군사 분야의 혁명적 변환

21세기 군사 혁명은 냉전 말기에 시작된 정보·통신 혁명이 군사기술 및 무기에 응용되면서 시작되었다. 1991년의 1차 이라크전쟁은 군사 혁명이 부각되는 결정적 계기였다. 당시 미군의 이라크군에 대한 신속하고도 일방적인 승리는 단지 미국의 우세한 군사력뿐 아니라 스마트 폭탄이나 공군력, 정보전에서의 압도적 우위를 이용한 미국의 새로운 군사작전과 기술에 기인한 것으로 판명되었다. 이후 미국은 정보·전자 기술을 적극적으로 응용한 새로운 군사기술, 교리, 작전, 군 구조 개편에 박차를 가했고, 이는 다시 2003년의 2차 이라크전쟁에서 더욱 진가를 발휘했다. 한편 2001년 이후 지속되고 있는 아프가니스칸 전쟁에서는 기존의 항공 정찰 기능에 미사일을 이용한 정밀 타격 기능이 추가된 무인 공격기(Drone)가 미군의 새로운 전략적 무기로 큰 주목을 받고 있다.

력을 강화하며, 넷째, 예상치 않은 곳에서의 위협에 대응하기 위한 신속 기동 역량을 개발하며, 마지막으로 무기나 병력의 수보다는 임무를 효과적으로 수행할 능력 위주의 방위 태세 정비에 힘쓰고 있다(US DoD 2005).

한편 미국의 민주주의 확산 전략이 난관과 비판에 봉착한 것과 마찬가지로 정보화 혁명에 기반을 둔 군사 변환 역시 반론에 직면하고 있다. 특히 첨단기술 위주 군사력에 대한 강조는 전쟁에 관한 기술 결정론으로 비판된다. 정보화 혁명은 어디까지나 수단에 불과한 것으로 전쟁의 근본적 속성은 궁극적으로 인간이라는 변수 자체에 의해 영향을 받으며 첨단기술이 모든 문제를 해결해 주지는 않는다는 것이다. 미래의 전쟁은 여전히 첨단 전쟁과 함께 재래식 전쟁이 혼재하는 양상이 될 가능성이 크다. 날로 중요성을 더해가는 해·공군의 역할에도 불구하고 전쟁의 종결에는 결국 소총을 든 보병이 필요하다는 점은 이라크와 아프가니스탄의 경우를 통해 다시 한 번 증명되었다. 비판론자들은 전쟁에서 기술적 우위가 지니는 한계를 분명히 인식하는 것이 더욱 중요하며, 정보혁명이 초래한 여러 변화 속에서도 변하지 않는 본질적 전쟁의 속성을 잊지 말아야 한다고 주장한다. 즉 근대 전쟁의 네 가지 요소로 위험, 고생, 불확실성, 기회를 강조한 클라우제비츠의 분석이 21세기의 전쟁에도 여전히 적용될 수 있다는 점이다. 이라크와 아프가니스탄 전쟁 이후 안정화 과정에서 미국이 경험한 시행착오는 전쟁의 시작과 종결에서 재래식 전쟁의 속성이 여전히 중요한 변수임을 상기시키는 계기가 되었다. 이후 소규모의 첨단 군대에 의한 속전속결을 강조한 미국의 군사 변환에 따라 감축된 지상군을 다시 증강해야 된다는 주장과 요구가 미국 정부 내에서 나오고 있는 점은 미국의 군사 변환을 주시하고 있는 타국에 대해서도 시사하는 바가 크다.

4. 현대 동북아시아 안보질서의 변환

(1) 동북아시아의 패권 경쟁

냉전 이후 동북아는 중국의 경제 부상과 함께 세계정치의 새로운 관심 지역으로 떠올랐다. 비록 2001년 미국을 강타한 테러 공격으로 인해 국제 안보의 관심이 중동 지역에 집중되고 있으나, 경제·정치·문화의 모든 분야에서 동북아를 포함한 동아시아는 새로운 세계정치의 중심으로 자리 잡아 가고 있다. 그리고 그 중심에 중국이 있다. 1970년대 말 덩샤오핑에 의해 시작된 중국의 경제개혁은 중국을 세계경제의 주요 원동력으로 확실히 자리매김하게 했고, 많은 이들이 머지않아 중국이 미국을 능가하는 경제 대국으로 부상할 것으로 예측하고 있다. 한편 1990년대 이후 지속되는 경제 침체 속에서도 일본은 여전히 세계 3위의 경제 규모와 선진 기술력을 보유하고 있으며 세계 6위 규모의 국방비와 함께 첨단의 군사력을 자랑한다. 한국 역시 1997년 아시아 금융 위기를 빠르게 극복하고 견실한 경제성장을 이룸으로써 선진국 도약의 문턱에 가깝게 다가서고 있다. 중국과 일본이라는 세계 2, 3위의 경제 대국과 결코 만만치 않은 한국을 포함한 동북아시아는 이들의 계속되는 경제성장과 함께 세계정치의 새로운 중심 지역으로 떠오르고 있다.

그러나 이들 3국의 눈부신 경제적 성공은 동북아에 새로운 과제를 안겨 주고 있다. 동북아 3국 간에 가중되고 있는 패권 경쟁이 바로 그것이다. 많은 안보 전문가들은 현 동북아의 국제질서가 19세기 유럽과 아시아에서의 패권 정치과 비슷한 모습을 보인다고 분석한다. 19세기 말 서구 열강이 아시아, 특히 중국의 시장과 자원을 놓고 각축을 벌이는 가운데 새로운 열강으로 부상한 일본이 이들과 경쟁하면서 표출된 패권 경쟁은 이 지역에서의 크고 작은 무력 충돌과 전쟁을 불러일으켰다. 특히 한반도를 둘러싼 열강들의 각축은 청일전쟁과 러일전쟁으로 이어지면서, 종국에는 한반도가 일본 제국의 식민지로 전락하는 뼈아픈 역사를 기록했다. 일본 제국의 몰락을 가져온 제2차 세계대전은 곧이어 미·소 간의 이념 대립 속에서 한국전쟁이라는 또 다른 참화를 거쳐 냉전으로 이어진다. 동북아와 한반도는 다시 한 번 미·소 패권에 의한 냉전의 가장 첨예한 대결장이 되었고, 남북한을 사이에 두고 미국-일본과 소련-중국의 양 진영이 치열한 군사 대결을 벌이게 된다. 소련의 몰락 이후에도 마지막 냉전의 유산으로 남아 있는 남북한의 군사 대립이 지속되는 동북아는 또 다른 패권 경쟁의 시대를 맞고 있다.

21세기 동북아 패권 경쟁의 요인 중 첫 번째는 중국의 새로운 부상이다. 현실주의 이론가들은 중국의 부상과 그로 인한 힘의 전이가 지역 구도의 재편을 둘러싼 패권 정치로 이어질 것이라고 주장한다. 혹자는 유럽과 달리 동북아는 자유민주주의와 다자안보협의체의 전통이 부재한 상태이기 때문에 새로이 등장하는 다극화는 평화적인 힘의 균형 관계를 유지하기 어려운 현실을 초래한다고 주장한다(Friedberg 1993; Betts 1993; Segal 1996). 특히 신현실주의의 대표적인 학자인 존 미어샤이머는 중국의 부상은 필연적으로 동북아 지역에 힘의 균형의 균열과 미국 패권에 대한 심각한 도전을 초래하고 미국과 중국은 경쟁 관계로 발전할 것이라고 주장한다(Mearsheimer 2001).

두 번째 요인은 아직도 청산되지 않은 과거에서 비롯된 동북아 국가들 간의 근본적인 불신이다. 19세기와 20세기 초 일본의 중국 침략과 한국에 대한 식민 지배는 가해자였던 일본과 피해자였던 한·중 간에 미래지향적이고 협력적인 관계의 추구에 커다란 장애로 남아 있다. 더욱이 2차대전 중 같은 침략국이었던 독일이 스스로의 과거를 철저하게 인정·청산하고 주변국들과 신뢰와 화해의 관계를 수립한 것에 비해 일본은 자신들의 과오에 대한 반성과 인정보다는 이를 왜곡·미화하려는 듯한 모습을 보임으로써 주변국들의 불신을 가중시키고 있다. 과거의 잘못을 축소·왜곡한 중고등학교 교과서 출판이나 전범을 모신 야스쿠니 신사에 대한 주요 정치 지도자의 참배, 그리고 한국의 고유 영토인 독도에 대한 지속적인 문제 제기는 과거 청산을 요구하는 주변국들의 오해와 불신을 불러일으키고 지속적인 외교 분쟁의 원인이 되고 있다.

세 번째, 이러한 불신과 불행한 과거는 이 지역에서 새로이 발흥되고 있는 민족주의에 의해 강화되면서 이들 간의 반목과 갈등을 증폭시키고 있다. 민족주의의 발흥은 국수주의적 외교, 안보 정책으로 이어지면서 일본의 과거사를 둘러싼 한·중의 과격한 반응을 초래하여 동북아 지역의 과거사 문제를 이성적으로 해결하려는 노력을 더욱 어렵게 만들고 있다. 더욱이 중국의 애국 운동과 중화사상은 최근 주변국들과 새로운 외교 마찰을 불러일으키고 있다. 중국의 동북공정을 둘러싼 한·중 간의 갈등과 남지나해의 무인도를 둘러싼 중·일 간의 갈등을 예로 들 수 있다. 이러한 각국의 민족주의는 과거사뿐 아니라 영토 분쟁과 같은 현안 해결에 있어서도 합리적 타협보다는 감정적 대응을 불러일으키면서 이들 간의 외교 관계를 냉각시키는 중요한 요인이 되고 있다.

마지막으로 이 지역에서 미국의 존재와 역할은 동북아의 패권 구도를 더욱 복잡하게 만든다. 냉전 이후 세계 유일의 초강대국으로 남은 미국에게 중국의 빠른 부상은 새로운 도전으로 받아들여진다. 비록 중국의 최대의 수출시장인 미국과 미국달러의 최대 보유국인 중국 간의 상호 경제의존이 심화되고 있기는 하지만 중국의 부상은 장기적으로 미국의 동아시아 및 세계 패권에 대해 가장 심각한 잠재적 도전으로 여겨진다. 이것을 반증이라도 하듯 중국은 급속한 경제성장과 함께 군 현대화에 박차를 가하고 빠르게 군비를 증강하는 한편 소련·인도·중앙아시아 등 주변국과 전략적 협력 관계를 강화하고 있다. 한편 미국은 일미동맹과 한미동맹을 바탕으로 동북아 및 동남아시아에서 군사동맹을 강화하며 대중국 포위 전략을 시행하고 있는 것으로 분석되기도 한다. 이러한 미·중의 전략적 경쟁 관계는 동아시아의 여러 국가들에게 선택의 딜레마를 안겨 준다. 일본은 중국의 지역 내 패권에 가장 민감하게 반응하면서 전략미사일 방어 등을 통해 미국과 가장 적극적으로 협력 관계를 강화하고 있다. 이에 비해 한국은 혈맹의 우방인 미국과 미국을 제치고 최대 교역국으로 떠오른 중국 사이에서 양측 모두를 만족시키기 위해 고민하고 있다(정재호 2011). 최근 미국이 요구한 주한 미군의 전략적 유연성에 관하여 유사시 대만 사태에 대한 한국의 개입 가능성을 우려한 중국 정부가 민감한 반응을 보임에 따라 한국 정부의 입장이 난처한 상황에 처한 것은 그러한 예이다.

(2) 동북아시아의 부국강병과 군사동맹

동아시아는 유럽과 같은 다자적 안보 협의체가 부재한 가운데 각국이 각자의 안보 이익을 최대한 확보하기 위해 다양한 정책과 전략을 펴고 있으며 이 과정에서 복잡한 경쟁과 협력의 상호 작용이 일어나고 있다. 동아시아에서 중요한 안보 현안은 여전히 전통적인 국가 간의 분쟁 가능성에 초점이 맞춰지고 있다. 남북한의 군사 대치, 대만 독립을 둘러싼 중국과 대만 및 중국과 미국 간 갈등, 일본과 한국, 중국 간의 영토 분쟁이 그 중요한 사례이다. 미국이 추구하는 테러와의 전쟁은 필리핀이나 인도네시아와 같은 일부 동남아 국가를 제외하고는 동북아 국가들에게 직접적인 관심사가 아니다. 대신 미국과의 관계 자체가 가지는 중요성으로 인해 미국이 심혈을 기울이고 있는 테러 문제에 선별적으로 대응하고 있는 실정이다. 한국과 일본의 이라크 파병도 중동 지역의 테러범들이 국가 안보에 가장 중요한 위협으로 인식되어서가 아니라 미국과의 동맹 관계를 고려하여 이루어진 측면이 크다. 이들에게 정작 중요한 것은 미국의 세계 전략에 편승 혹은 비판적 지지, 또는 견제를 통해 자신들이 추구하는 안보 이익을 최대한 확보하는 것이다.

이러한 맥락에서 미국의 견제를 받고 있는 중국은 당분간 지속적인 경제발전에 최고의 가치를 두고 이를 뒷받침하기 위한 국가 전략을 수립했다. 아직 스스로 충분한 패권국으로 성장했다고 보지 않는 중국은 주변국의 견제와 우려를 완화시키고 자신들의 경제발전에 유리한 환경을 조성하기 위해 최대한 안정적인 주변 환경 조성에 모든 노력을 기울인다. 중국의 화평굴기론(평화로운 부상)과 조화세계론은 바로 미국을 위시한 주변국을 안심시키고 경제발전에 전념하기 위한 중국의 대전략이다. 중국은 군사적 패권국이 될 의사가 없음을 대내외에 천명하여 이들의 견제를 완화함과 동시에 내부적 체제 결속과 강화에 중점을 둔다. 물론 이 과정에서도 지속적인 군 현대화를 통해 장기적인 부상을 준비하고 있다. 미국과의 관계는 전략적 동반자로서 대만 문제와 같은 주권 침해의 경우에는 강력하게 대응할 것을 천명하면서도 실질적으로는 미국의 테러와의 전쟁에 원칙적으로 동참하는 등 선린 우호 관계를 유지하고자 한다.

일본은 미국의 패권에 완전히 편승 bandwagon 하려는 모습을 보인다. 즉 자신들을 미국의 입장에 거의 동일하게 일치시키면서 스스로 미국의 가장 중요한 동맹국임을 자청하고 있다. 이를 통해 일본은 먼저 중국의 세력 부상을 견제함과 동시에 동아시아 지역과 세계정치에서 보다 적극적인 역할을 추구한다. 보통국가론으로 대변되는 일본의 국가 전략은 과거 평화헌법을 중심으로 한 소극적 역할론에서 벗어나 일본의 확장된 군사 역할과 위상 제고를 통해 자국의 안보와 세계정치에서의 주도적인 역할을 추구한다. 동시에 이 지역에서 군사적 역할과 부담을 줄이려는 미국의 요구에 적극적으로 부응함으로써 미일동맹을 미영동맹에 버금가는, 미국의 세계 전략에서 가장 중요한 동맹으로 격상시키려는 목표를 추구한다. 그러나 지속되는 경제 침체 속에 2009년에는 전후 60여 년 만에 처음으로 보수적인 자민당의 유일 집권 체제를 무너뜨리고 민주당 정부가 들어서면서 미일동맹에도 새로운 변화가 감지된다. 특히 오키나와의 후텐마 미군 기지 이전을 둘러싼 갈등이 불거지면서 그동안 공고한 미일동맹에 균열이 생기는 것이 아닌가 하는 의구심이 제기된다.

한편 동아시아의 패권 경쟁을 증명하듯 이 지역의 군비는 빠르게 증가하고 있다. 군사비 통계를 보면 동북아 3국은 각국의 경제 규모에 걸맞은 수준의 군비를 지출하고 있으며, 이에 따라 이들 국가는 경제 분야뿐만 아니라 군비 지출에서도 미국을 제외한 여느 선진국에 못지않은 규모의 지출을 하고 있다. 뿐만 아니라 유럽을 중심으로 하는 서구 선진국의 군사비 지출은 냉전 이후 전반적으로 감소하는 경향을 보이는 반면 한·중을 위시한 3국의 군사 지출은 지속적으로 증가하고 있다. 현재 이들은 각종 첨단무기 개발에 심혈을 기울이고 있으며, 특히 보다 공격적이고 파괴력이 강한 무기 체계를 개발함에 따라 이들 간에 전통적인 안보 딜레마에 따른 군비경쟁의 악순환이 되풀이 되는

경향을 보이고 있다. 이러한 현상은 현실주의 세계정치 이론에서 주장하는 패권경쟁론, 혹은 힘의 균형 이론에 입각하여 이들 3국 간에 군사적 긴장이 증가할 것이라는 주장을 뒷받침한다. [그림 7-1]을 보면 지난 수년간 서유럽의 군비가 안정적으로 유지 혹은 감소한 반면 아시아 지역은 꾸준한 증가세를 보이면서 서구의 군비를 따라잡고 있음을 알 수 있다.

동북아 각국의 군비 증가 추세를 보여주는 [그림 7-2]를 보면, 지난 수년간 아시아 주요국의 군비가 중국을 선두로 하여 빠르게 증가하고 있다는 점을 알 수 있다. 저명한 군사 전문 연구기관인 스톡홀름평화연구소 SIPRI의 자료를 근거로 작성한 [표 7-1]을 참고하면, 타국에 비해 비교적 안정세를 보이는 일본도 여전히 세계 6위의 군사 대국으로 2010년에는 545억 달러를 군사비에 지출했다. 한국은 세계 12권으로 276억 달러를 지출했으며, 중국은 세계 2위의 1190억 달러를 지출한 것으로 나타나는데 이는 6위인 일본 군비 지출의 두 배 수준에 달하는 규모이다. 이와 같이 중국의 군비 지출은 최근 들어 비약적으로 증가하는 추세를 보이고 있다. 미 국방부 보고서에 의하면 중국의 군사비 지출은 지난 2000년에서 2010년에 이르는 10년간 매년 평균 12.1의 급속한 증가를 보였다 (US DoD 2011). 이와 같은 추세는 [그림 7-2]에 잘 나타나고 있는데, 중국의 국방비는 10년 만에 약 세 배로 가파르게 상승했다.

앞에서 살펴본 군사비 지출에 대한 통계를 통해, 동북아 3국이 경제성장에 상응하는 수준의 군비를 지출하고 있으며, 중국을 필두로 이들 국가 경제가 지속적으로 성장할 것이 예상됨에 따라 군비 지출 또한 함께 증가할 것으로 예상된다. 그러나 이들 국가의 군비경쟁이 가지는 위험성은 단순한 군사비의 규모 면에서뿐 아니라 사용 목적과 이들이 추구하는 새로운 무기 체계를 볼 때 위험성이 첨예하게 드러난다. 새로운 무기 체계는 보다 공격적이고 강한 파괴력을 보이고 있

그림 7-1 세계 지역별 군비 증가 추이

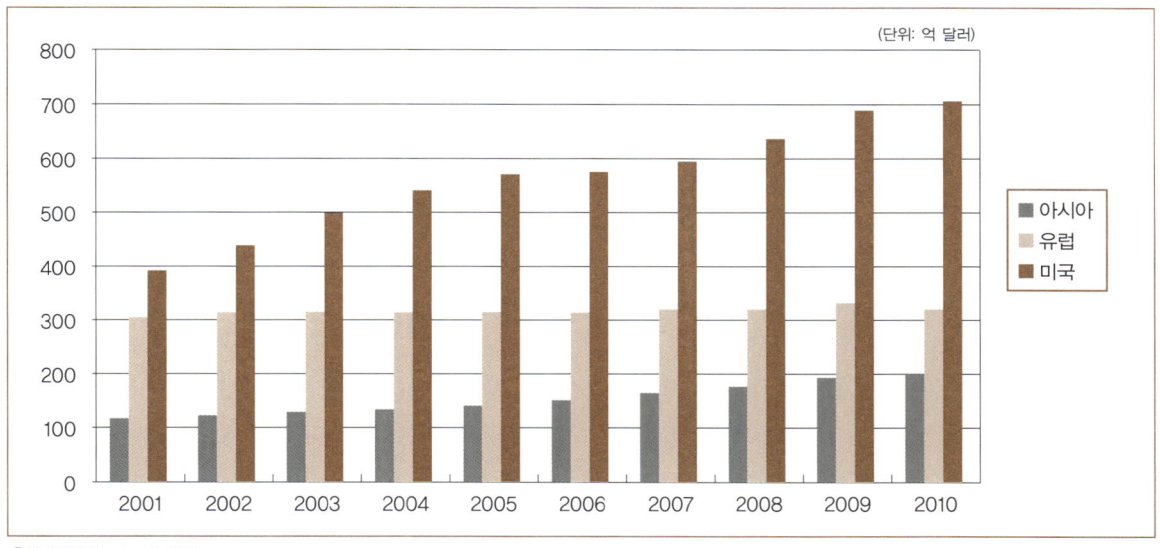

출처: SIPRI Yearbook 2011

그림 7-2 아시아 주요 국가의 군비 증가 추이(2001~2010)

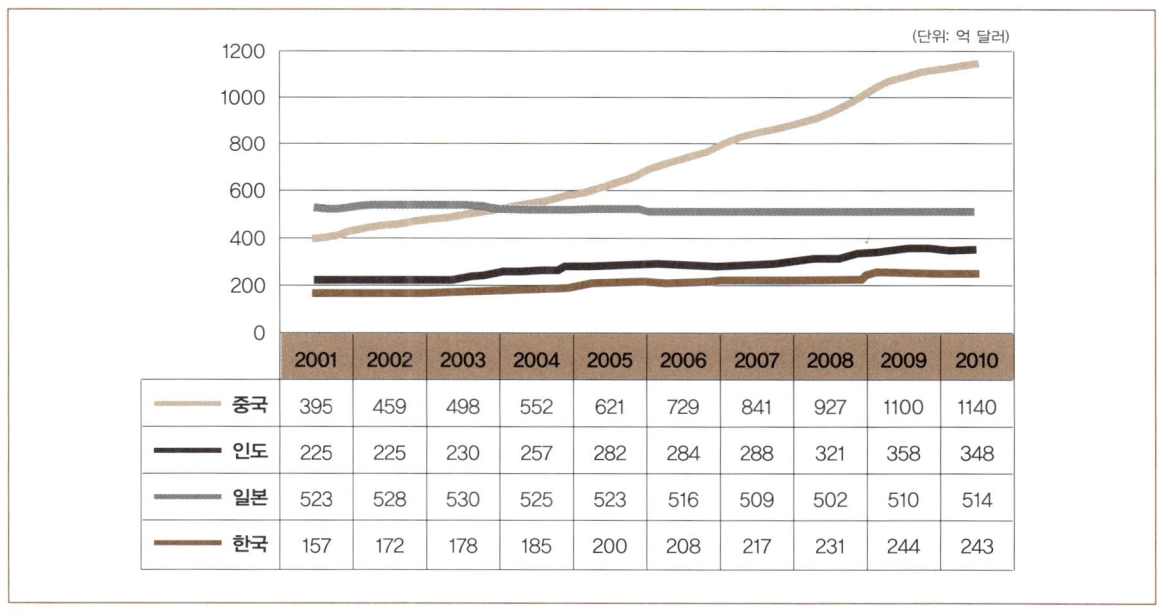

	2001	2002	2003	2004	2005	2006	2007	2008	2009	2010
중국	395	459	498	552	621	729	841	927	1100	1140
인도	225	225	230	257	282	284	288	321	358	348
일본	523	528	530	525	523	516	509	502	510	514
한국	157	172	178	185	200	208	217	231	244	243

출처: SIPRI Yearbook 2011

다. 중국의 경우 기존의 300만 이상이던 지상군을 100만 가까이 줄임과 동시에 군의 현대화와 첨단 정보화에 힘을 기울이고 있다. 이 과정에서 기존에 개발한 전략 핵무기 체계를 더욱 발전시킴과 동시에 최신예 전투기, 장단거리탄도미사일 및 크루즈미사일 개발, 연안해군에서 대양해군으로의 발전을 위한 첨단 구축함 및 잠수함, 항공모함의 건조 등을 추진하고 있다(US DoD 2011). 일본의 경우 이미 미국과의 긴밀한

표 7-1 동북아의 군사비 지출(2010)

국가	중국	일본	한국	미국
세계 순위	2	6	12	1
지출액(억 달러)	1,190	545	276	6,980

출처: SIPRI Yearbook 2011

군사 협력 아래 육해공군 모두 이미 최첨단 전투기와 군함, 잠수함, 육상 전투 무기들을 다량으로 보유하고 있으며, 자체 군사위성과 공중 조기 경보기의 운용 등을 통해 자체 정보 수집 능력도 상당한 수준에 이른 것으로 판단된다. 최근에는 장거리 수송선 및 공중 급유기 등을 도입하여 일본열도를 벗어난 원거리에서 작전을 펼 수 있는 능력을 배양하고 있다. 또한 미국과의 미사일 방어 공동 개발을 통해 북한이나 중국으로부터의 전략미사일 공격에 대비하고 있다. 중·일에 비해 규모면에서 상대적으로 떨어지는 한국의 경우도 대양해군의 조건을 충족하기 위한 첨단 이지스 구축함 건조 및 잠수함 사업, 미국으로부터 최신예 F-15K 전투기 도입, 첨단 정찰기 및 공중 급유기 도입, 정밀 미사일 개발 등을 추진하면서 독자적인 방위 능력 배양에 힘을 기울이고 있다.

[그림 7-3]에 보이듯 한반도를 둘러싼 동북아의 군사력은 국가 간 대규모 분쟁을 전제로 한 전통적인 전쟁을 기초로 설계되었다. 남북한 역시 각기 60만과 100만의 대규모 지상군을 위시한 해공군의 재래식 무기로 구성된 전통적 군사력을 자랑한다. 이러한 동북아의 군사력 배치는 탈냉전 이후 점증하는 저강도 분쟁이나 게릴라전, 테러 위협에 대처하기 위한 비정규, 소규모의 정밀·신속·유연한 타격이 강조되는 현대전의 모습과는 사뭇 다른 모습이다. 문제는 각국이 방위력을 증진한다는 목표하에 추진 중인 이 지역의 군사력 증강이 서로의 위협 의식을 심화하는 전형적인 안보 딜레마의 형태를 띠고 있다는 점이다. 현재 추진 중인 각국의 군사력 증강을 살펴보면 이들이 역점 사업으로 삼고 있는 무기 체계가 보다 치명적인 파괴력과 정확도, 그리고 장거리 타격 능력을 공통적인 특징으로 갖고 있음이 드러난다. 여기에 각종 정보화 노력을 통해 전장 인식 능력, 지휘 통제 능력, 작전 운용과 속도 등을 크게 개선하고 있다. 이를 종합하면 동북아 군비경쟁은 그 내용에서 서로에게 보다 공격적이고 위협적인 모습을 보인다. 이는 곧 동북아 주요국 간에 상대방의 군사적 의도에 대한 우려와 불신을 고조시킴으로써 국가 간 군비경쟁을 더욱 가속화시킨다.

〈참고 7-11〉 탈냉전과 민간군사기업

탈냉전과 함께 확대된 비정규전에서 두드러진 현상의 하나가 민간 분야의 전쟁 수행 업무 증가이다. 이는 저개발국의 자원을 둘러싼 분쟁, 실패 국가의 종족 간 분쟁 등에서 민간인을 이용한 무력 사용이 점증하는 경우뿐 아니라 미국이나 영국 같은 강대국의 전쟁 수행에서도 두드러지는 현상이다. 미국의 경우 이라크나 아프가니스탄에서 반란군이나 테러 조직과의 전쟁 수행을 위해 민간인으로 위장한 특수부대원이나 정보 요원들이 적대 지역에 잠입하여 요인 암살이나 체포와 같은 비밀 임무를 수행하는 것이 군사작전의 가장 중요한 일상이 되었다. 더 나아가 미국 정부를 위시한 세계 많은 나라들이 정규군대가 수행하기 부담스러운 일들을 전문 민간군사기업(PMC: Private Military Company)에 용역을 의뢰하는 경우가 증가하고 있다. 대부분 퇴직한 군인들로 구성된 민간 군사 업자들은 이전의 용병이라는 부정적 이미지를 넘어서 일종의 기업으로서 본격적으로 군사 업무에 진출하고 있다. 이들은 정치적으로 민감한 지역에서의 경비 업무나 경호 업무를 담당하거나 전투 지역에 파견된 민간 회사의 시설이나 인력을 보호하는 임무 외에도 정찰, 군사훈련 대행 등의 다양한 임무를 수행한다. 미국과 영국계 회사가 주를 이루며 현재 전 세계 50여 개국에서 활동 중이다. 미국 국무부 등 정부 기관과도 계약을 맺고 있으며, 이들의 연 매출액은 100조에 달하는 것으로 알려졌다.

그림 7-3 한반도 주변 4강 군사력

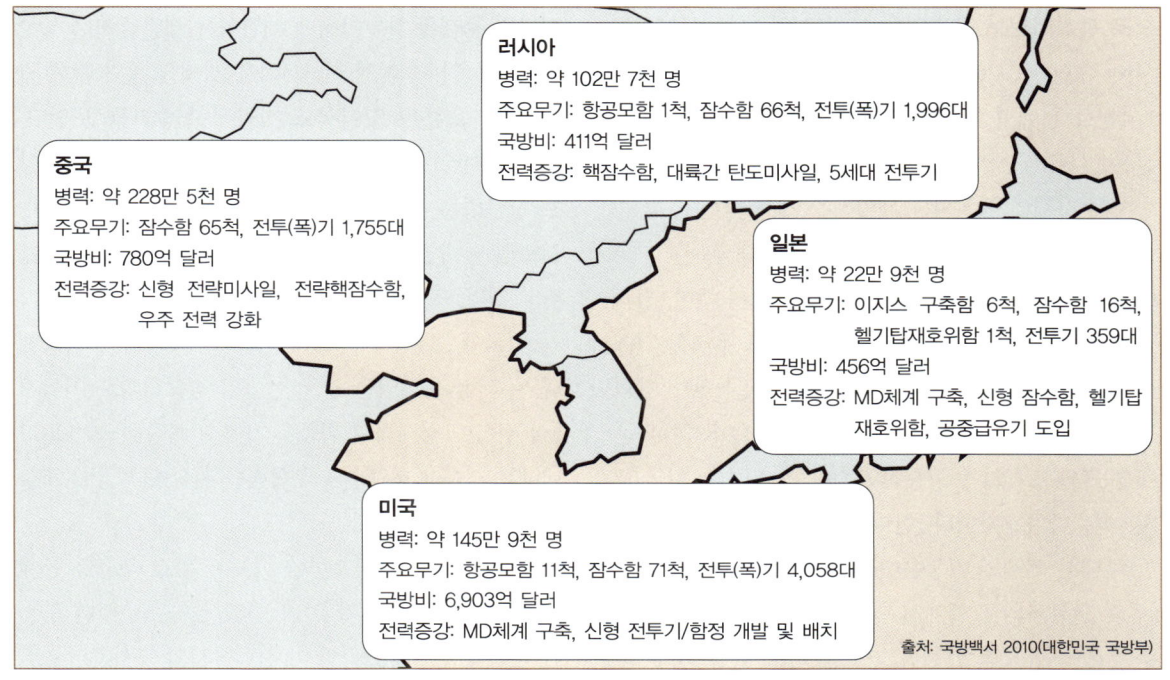

(3) 동북아시아 안보의 미래

동아시아, 특히 동북아의 안보 상황에 대한 평가와 전망은 대부분 비관적이다. 많은 학자들이 동아시아의 현재 상황을 열강들이 힘의 정치를 바탕으로 각축을 벌이던 근대 유럽의 상황과 유사하다고 평가한다. 각국 간 안보 현안과 갈등을 효과적으로 조율하고 의논할 제도적 장치의 부재, 대결과 침략의 역사에 대한 진정한 화해의 미완성과 상호 불신, 중국의 부상으로 인한 급속한 세력전 현상 속의 중·일 갈등, 초기 근대 유럽에서 나타난 배타적 민족주의의 발흥, 그리고 영토 분쟁과 대만해협의 양안문제, 한반도의 통일 문제 등 여전히 해결되지 않은 안보 현안과 각국의 군비 확장 등으로 인해 동북아는 국가 간 전쟁이 언제든지 발발할 수 있는 잠재적 지역으로 여겨진다. 최근 국제 안보의 가장 시급한 현안으로 등장한 북한의 핵 개발은 근본적으로 동북아의 불안정한 안보 상황을 단적으로 드러내 준다.

그렇다면 과연 장차 동북아는 과거 유럽과 같은 비극적 전쟁의 소용돌이에 휘말릴 것인가? 그러나 이와 같은 비관론에 대해 한편으로는 동아시아 혹은 동북아 지역의 평화 가능성을 간과해서는 안 된다는 주장이 제기된다. 첫째, 전통적인 현실주의 세계정치 이론의 입장에서 동북아의 패권 경쟁, 특히 미·중 간의 대결을 예측하는 주장에 대해 동아시아 및 동북아의 패권 경쟁을 완화하는 전략적 균형자로서의 미국의 역할이 강조되기도 한다. 미국이 추구하는 한미동맹과 미일동맹의 강화가 중국의 지역 패권에 대항하는 모습으로 비춰지기도 하지만, 역으로 중국과 일본, 일본과 한국, 한국과 중국 간의 직접적인 군사 경쟁을 완화시키는 역할을 하기도 한다. 미일동맹은 주변국의 위협으로부터 일본의 방위를 보장함과 동시에 일본이 독자적인 군사 대국으로 성장하는 것을 막는 가장 근본적인 장치라는 것이다. 비록 최근 일본이 보통

국가론을 내세워 일본의 군사적 역할을 보다 적극적으로 해석하려는 움직임을 보이고 있지만 일본의 군사비 지출은 1976년 이래 지난 30여 년간 GNP 대비 1퍼센트 선에서 유지되어 왔다. 더욱이 미국의 핵우산은 일본이 중국의 핵무장이나 북한의 핵 개발에 대항하여 자체의 핵무기를 개발하는 것을 막는 가장 중요한 요인이다. 이는 결국 일본의 군사 대국화를 미국이 효과적으로 제어하고 있다는 것을 보여 주며, 결과적으로 중국과 한국의 일본에 대한 안보 우려를 덜어 주는 역할을 하고 있다. 결국 중국은 미일동맹이 강화되는 것을 우려하면서도 동시에 미일동맹이 해체되는 것을 원하지도 않는 이중적인 태도를 가진다. 한국 역시 이는 마찬가지이다. 한미동맹 역시 일차적으로 북한에 대한 억제의 기능을 가지지만, 장기적으로는 중국 및 일본과의 관계에서 한국의 군사적 부담을 덜어 주는 가장 중요한 안전판 역할을 하고 있다. 통일 후에도 어떠한 형태로든 한미동맹은 지속되어야 한다는 주장도 바로 여기에 근거한다.

둘째, 동북아를 포함한 아시아에는 유럽의 다자적 안보 협의체와 같이 갈등을 평화적으로 조정해 주는 제도적 장치가 존재하지 않는다는 비관적 자유주의 입장에 대해 이들 국가 간에 심화되고 있는 경제적 상호의존성이 대안으로 제시된다. 냉전 종식 후, 한·중·일 3국 간의 무역과 투자는 비약적으로 증가했다. 이는 특히 중국의 눈부신 경제성장에 힘입은 것으로 중국의 성장은 한국과 일본에게 안보 위협 이전에 경제발전의 기회로 여겨지고 있다. 1992년 한중수교 이후 한·중을 비롯한 3국 간의 경제 교역과 상호의존은 날로 가속화되었으며, 이는 특히 이들 간에 과거사나 영토 문제를 둘러싼 반목과 대립 속에서도 지속되었다는 점에서 중요한 시사점을 가진다. 한·중·일 3국은 서로에 대한 안보 불신 속에서도 경제발전의 필요성에 대한 가장 중요한 공동 이익을 함께한다. 따라서 이들이 자신들의 복지와 경제를 하루아침에 파괴할 무모한 전쟁에 뛰어든다는 것은 이들이 과거사 등의 민감한 문제를 하루아침에 해결하는 것만큼이나 상상하기 힘들다. 오히려 최근 3국은 경제 교류와 함께 사회 문화 교류에 있어서도 비약적인 증가를 보인다. 2006년 한일 비자면제협정 체결 등을 통해 3국을 상호 방문하는 관광객의 숫자는 매년 증가하고 있으며, 서로의 연예인들이 국경을 초월하여 활동하며 인기를 얻고 있다. 또한 이들 간에 유학생의 숫자도 이들이 각자 미국에 보내는 유학생의 숫자를 따라잡기 시작했다. 이러한 움직임은 결국 한중일 정상회의로 이어져 3국 정상이 정례적인 회동을 가지기 시작했으며 2011년에는 서울에 한중일 3국 협력을 위한 사무국이 개설되었다.

냉전 이후 미국을 포함한 아시아 주요 국가들 간에 대결과 갈등의 위기가 여러 번 있었다. 1990년대 중반 대만해협에서 중국의 미사일 발사와 군사훈련으로 인한 미·중 간의 갈등, 1차와 2차에 걸친 북핵 위기, 1999년과 2002년 남북 간의 서해교전과 2010년 북한의 천안함과 연평도 도발, 2001년 미국 정찰기와 중국 전투기의 충돌 등은 모두 첨예한 군사적 긴장을 일으켰다. 그러나 이들 모두 실제 전쟁으로 발전하지는 않았다. 이는 곧 동북아나 아시아에 아직 유럽과 같은 안정된 다자 안보 협의체가 발달하지는 않았어도 이 지역의 안보 갈등을 초보적인 차원에서나마 관리하는 체제가 존재한다는 가설을 가능케 한다. 남북한 간의 직접적인 군사대결과 인명 피해를 초래했던 서해교전은 양측의 신중한 대응 덕분에 전면전으로 발전하지 않았다. 이후 남북 양측은 오히려 정상회담 등을 통해 경제협력 및 정치 화해를 가속화했다. 2010년 북한의 군사 도발도 미·중의 신중한 중재 움직임 속에 더욱 큰 군사 충돌을 막기 위한 남북 간 대화의 필요성이 다시 한 번 제기되는 계기가 되기도 했다. 특히 이러한 노력 가운데 가장 중요하고 돋보이는 것이 흔히 전략적 경쟁자로 정의되는 중국과 미국의 협력 관계이다. 양측은 이미 대만 문제가 미·중 간의 전면전쟁으로 비화되지 않도록 신중하고 합리적인 자세를 견지해 오고 있으며, 여타의 지역 안보 현안에 보다 적극적으로 협력하는 모습을 보이기도 했다. 북핵 문제를 해결하기 위한 6자회담은 그 대표적인 예이다. 비록 6자회담이 북한이 핵을 완전히 포기하게 만들지는 못하더라도, 회담의 개최가 한·미와 북한 간에 군사대결로 치닫는 것을 방지하고, 평화적으로 관리하는 기능을 해온 것 또한 사실이다. 여기에는 1차 핵 위기 당시 맺어진 미·북 양자 합의가 무위로 돌아가고, 2차 핵 위기가 재발되면서 미국이 다자적 접근을 시도하는 가운데 이를 적극적으로 주도한 중국의 역할이 가장 중요한 요소로 작용하고 있다. 6자회담은 동북아의 가장 첨예한 안보 현안을 주요 당사자와 주변국이 함께 관리하는 중요한 계기가 되었다. 만일 6자회담을 통해 북핵 문제가 안정적으로 관리되는 것은 물론, 일정한 해결책이 제시되어 한반도 평화체제가 수립된다면 향후 동북아 내지는 아시아의 안보 문제를 협의할 다자 안보 기구의 제도화에 중요한 시금석이 될 것이다.

셋째, 아직 해결되지 않은 동북아의 반목의 역사와 이를 둘러싼 민족 감정이 이들 국가 간의 패권 경쟁과 대결을 조장하는 요소로 작용한다는 비관적 구성주의 입장에 대해 동북아 고유의 전통과 사상이 동북아의 패권 구조를 과거 유럽과는 달리 평화적으로 관리하는 요소로 작용한다는 주장이 있다. 즉 객관적 구조나 힘의 배분 상태는 분명 서구적 패권 경쟁과 전쟁을 초래할 요소가 있지만 소위 말하는 아시아적 가치 혹은 동양적 전통이 이를 순화시킨다는 것이다. 근대 이전 아시아를 지배했던 중국 중심의 천하 질서가 단순한 힘의 논리뿐 아니라 패권 국가이자 패도 국가인 중국이 약소국인 주변국을 돌보고 주변 국가들이 중국을 섬기면서 오랜 기간 동안 평화적이고 안정적으로 유지되었다는 점이 지적된다(하영선 2006). 따라서 현재 중국의 부상을 바라보는 시각도 보다 유연할 수 있다는 주장이다.

21세기 동북아 및 아시아의 안보 상황이 어떻게 전개될지는 여전히 미지수이다. 여기에는 분명히 갈등과 평화공존의 요소가 함께 존재한다. 지속적인 경제성장과 상호의존의 심화 속에서 평화의 시대가 도래할 것이라는 순진한 낙관론도 경계해야겠지만 한 세기 전 서구의 전철을 그대로 밟아 반목과 대결의 구도로 전개될 것이라는 일방적인 비관론 또한 조심해야 할 것이다.

5. 맺음말

냉전 이후 미국과 소련 사이의 이념 대결이 사라지면서 세계는 핵전쟁의 공포에서 벗어나 평화와 번영의 세기를 구가할 것으로 예상되었다. 특히 동북아를 포함한 동아시아는 중국을 위시한 이 지역 국가들의 경제성장과 함께 세계정치의 새로운 중심으로 떠오를 것으로 기대되었다. 그러나 2001년 9월 11일 미국의 심장부를 강타한 테러 공격은 이 모든 것을 바꾸어 놓았다. 세계의 유일무이한 패권을 자랑하던 미국은 대량살상무기를 이용한 테러의 공포 속에 그 어느 때보다 절박한 국가 안보 위기를 느끼면서 테러와의 기나

긴 전쟁에 돌입했다. 그와 동시에 21세기 테러리즘의 온상으로 떠오른 중동 지역이 국제 안보의 가장 중요한 현안 문제로 떠올랐다. 한편, 미국의 전 세계 패권에 도전 가능한 유일한 국가로 인식된 중국의 지속적인 부상은 중국과 미국 간의 전략적 경쟁 관계에 대한 국제사회의 관심을 낳고 있다.

2010년 중국은 국내총생산^{GDP}에서 일본을 앞질러 세계 2위의 경제 대국으로 올라섰다. 경제 대국으로 부상한 중국은 군 현대화에 박차를 가하면서 주변국들의 우려를 사고 있다. 특히 아시아는 물론 전 세계적 차원의 중국의 새로운 패권 부상을 경계하고 있는 미국은 중국의 군사 대국화에 민감하게 반응하고 심각한 우려를 표명하고 있다. 한편, 제2차 세계대전에서의 패전 이후 평화주의헌법에 기반을 두어, 소극적 의미의 자위적 군사 방어에 치중하던 일본 역시 최근에는 그의 경제적 위상에 걸맞은 정치·군사적 역할을 추구하는 모습을 보이고 있다. 보통국가론으로 표현되는 일본의 신국가 전략은 일본이 자국의 방위뿐 아니라 지역 및 세계 안보 현안에서 보다 적극적인 역할을 수행한다는 목표를 새로이 설정하고 있다. 이는 급속히 부상하는 중국에 대한 경계심과 맞물려 자연스럽게 미일동맹의 강화로 나타나고 있다. 한국의 경우 2000년대 이후 실시된 햇볕정책에 따라 한때 남북관계가 급속히 개선되어 북한의 위협에 대한 남한의 일방적 불안감이 자신감과 동정심으로 전환되기도 했다. 그러나 계속되는 북한의 핵 개발과 김정일 위원장의 건강 악화로 인한 북한 내부 불안 요소의 가속화 속에 2010년 천안함 사태와 연평도 포격으로 재현된 북한의 대남 도발은 한반도 정세를 또 다른 긴장과 불안 속으로 몰아넣었다.

미국의 군사 변환은 동아시아에도 큰 영향을 미쳐, 많은 국가들이 이를 자국의 안보 이익에 맞게 적용 내지는 응용하려는 모습을 보이고 있다. 그러나 이들이 추구하는 군사 개혁은 테러나 소규모 비정규전, 대량살상무기와 같은 글로벌 차원의 비정규적 위협보다는 여전히 주변국과의 대규모 전쟁을 염두에 둔 모습을 보인다. 이들이 추구하는 군사 변환은 최신 첨단 무기의 개발과 구입을 통한 대규모 작전 위주의 전통적인 군사 능력 배양에 우선 힘을 쏟고 있다. 동시에 현대전에서 중요성을 더해 가고 있는 정보전의 중요성을 인식하고 이를 무기 체계 및 군 조직에 적극적으로 적용하고자 노력한다. 이러한 아시아 각국의 노력은 경제성장에 상응하는 군비 지출의 꾸준한 상승으로 나타난다.

그렇다면 과연 동북아를 위시한 동아시아의 안보 상황은 21세기의 새로운 테러 위협 및 이에 따른 미국의 군사 변환 및 대전략과 어떤 관계가 있을까? 근대적 힘의 정치 및 패권 경쟁이 주도하는 동아시아는 미국의 테러 전쟁과 실질적인 관련이 없어 보인다. 사실 연약한 국가 통제하에서 급진 종교 세력 및 분리독립운동으로 인해 테러의 위협을 겪고 있는 인도네시아나 필리핀을 포함한 동남아시아와 달리 동북아는 강력한 국가의 통제 속에 테러의 위협을 가장 덜 느끼는 지역 중 하나이다. 그러나 나날이 가속화되는 세계화와 정보혁명으로 인해 동북아도 새로운 지구적 위협으로부터 완전히 자유로울 수는 없다. 무엇보다 이 지역에서 가장 중요한 안보 균형자, 혹은 동맹국인 미국의 정책은 이 지역의 군사와 안보 상황에도 심대한 영향을 미친다. 오바마 행정부는 전 세계적인 군사 부담을 줄이려는 군사 변환을 추구하면서도 아시아의 성장에 새로이 주목하여 미국이 아시아의 맹주로 남아 있을 것을 강조한다(Clinton 2011). 전 세계적 동맹의 재편 속에서 한국과 일본도 미국의 새로운 필요에 의해 냉전 이래 가장 큰 주둔 미군의 재편을 겪고 있으며, 이 과정에서 새로운 동맹 관계의 정립이 요구되고 있다. 한국과 일본 모두 주둔 미군의 역할이 축소 혹은 재편되면서 각자의 방위에서 보다 큰 역할을 할 것이 요구되고 있으며, 이라크나 아프가니스탄 재건

활동 참가 등을 통해 지역 방위를 넘어서는 세계적 차원의 역할에 대한 압력이 증가하고 있다. 한국은 2011년 10월까지 이라크 전쟁 참가국 중 세 번째로 많은 병력을 파병했고, 아프가니스탄에는 약 500여 명의 지방 재건 팀을 파견했다. 한편 일본의 미사일 방어 참여와 주한 미군의 전략적 유연성이 중국에 대해 가지는 의미를 둘러싼 논란은 미국의 군사 변환이 동북아 지역의 안보에 직간접으로 영향을 미치는 단적인 예이다.

이러한 가운데 다시금 악화되기 시작한 북한의 핵 문제는 한반도를 중동의 테러 전쟁과 함께 국제 안보의 새로운 중심으로 떠오르게 만들었다. 19세기적 근대 민족국가의 완성, 20세기 냉전의 핵 억제, 그리고 21세기 대량살상무기의 확산 문제가 복합적으로 내포된 북한 핵문제는 21세기 새로운 안보 위협으로 떠오른 테러리즘과 동아시아를 묶는 중요한 연결고리이다. 정권의 생존을 위해 핵 억제를 마지막 수단으로 채택한 북한의 행위는 20세기적 맥락에서는 이해될 수 있는 행위이다. 압도적 핵 억제력을 보유한 미국에 북한이 핵 선제공격을 가한다는 것은 상상하기 힘들다. 1994년의 제네바합의는 북한의 상징적 핵 억제를 최소한 일시적으로 용인한 미국의 정책에 의해 가능했다. 그러나 2001년 9·11 테러 이후 북한의 핵 개발은 미국에게 새로운 위협으로 다가온다. 북한의 핵 능력이 테러 조직에 이전되지 않는다는 보장이 없는 한 북한의 핵은 그 의도와 상관없이 그 존재만으로도 미국에게 가장 큰 위협으로 간주된다. 자국의 지속적 경제발전과 전략적 이해를 위해 북한 정권이 안정적으로 유지되기를 바라는 중국은 20세기적 국가 간의 전통적 핵 억제 맥락에서 북핵 문제에 접근하여 합리적 협상이 가능한 문제로 간주한다. 반면 미국은 그 의도와 상관없이 북핵은 무조건적으로 폐기되어야 한다고 생각한다. 북핵은 동북아의 20세기적 안보 상황과 미국의 21세기적 안보 의식이 정면으로 충돌하는 딜레마를 상징하는 사건이다. 비록 미·중 전략적 협력에 의한 6자회담을 통해 외교적 해결이 시도되고 있지만 그 전망은 아직 불투명하다. 만일 동북아 6개국이 이 문제를 평화적으로 해결한다면 동북아는 평화의 21세기를 여는 전기를 맞을 수 있다. 그러나 이 문제가 결국은 군사 대결이나 북한의 체제 붕괴로 이어진다면 동북아는 또 다른 혼돈과 불확실성의 세기를 맞이할 것이다. 그 한가운데에 한반도가 서 있다.

8

| 황지환 |

한반도 안보질서의 변환

1. 머리말 **264**
2. 북한 문제와 한국 안보 **266**
3. 한미 관계와 한국 안보 **282**
4. 동아시아 안보질서와 한반도 **288**
5. 맺음말 **294**

| 핵심 개념 |

6자회담 six party talks / 국가안보전략보고서 national security strategy / 권력 승계 power succession / 다자안보협력 multilateral security cooperation / 대량살상무기확산방지구상 PSI: Proliferation Security Initiative / 미중 관계 U.S.-Chinese relations / 북한 핵 위기 North Korean nuclear crisis / 선군정치 military-first policy / 전략 동맹 strategic alliance / 전략적 유연성 strategic flexibility / 제네바합의 Geneva Agreed Framework / 중국의 부상 rise of China / 한미동맹 Korea-U.S. Alliance / 핵확산금지조약 NPT: Treaty on the Non-Proliferation of Nuclear Weapons

1. 머리말

이전 장에서 우리는 세계안보질서와 동북아 안보질서의 변환에 대해서 논의했다. 냉전의 종식 이후 세계질서와 동북아 질서의 구조는 크게 변화되었고 특히 21세기 들어 새로운 변환의 모습을 보이고 있다. 하지만 한반도를 둘러싼 안보질서는 20세기의 냉전적 모습과 21세기의 새로운 위협이 혼재된 형태를 띠고 있다. 미·소 간의 이념과 세력 경쟁인 냉전이 종식되어 세계안보질서가 새로운 모습으로 변환되고 있음에도 불구하고, 한반도는 여전히 냉전의 마지막 유산으로 남아 있다. 따라서 우리는 지난 세기의 전통적인 안보환경과 21세기의 새로운 안보질서에 동시적으로 대응해야 하는 복합적인 어려움에 직면하고 있다.

한반도 안보질서의 변환 과정은 지구 및 동아시아 안보 환경의 변환이 한국의 안보 환경과 만나는 공간 축에서 진행된다. 따라서 한국의 안보 현안은 지구, 동아시아, 한반도라는 세 가지 공간이 복합적으로 영향을 미치면서 발생하는 것이다. 이 장은 지구 차원과 동아시아 지역 차원의 안보질서가 한반도에 투영되면서 일어나는 한반도 안보질서의 변환을 북한 문제, 한미 관계, 그리고 동아시아 질서 등 세 가지 관점에서 논의한다. 북한 문제는 한반도에, 한미 관계는 한반도와 지구 안보가 접하는 부분에, 동아시아 질서는 한반도와 동아시아 안보가 만나는 부분에 초점이 맞추어질 것이다.

우선 북한 문제에 있어서 가장 중요한 이슈는 북핵 위기라고 할 수 있다. 북한은 2006년 10월과 2009년 5월 두 차례에 걸쳐 핵실험을 강행했다. 이에 대해 국제사회는 유엔 안전보장이사회 제재 결의를 만장일치로 채택하며 북한의 행동에 적극적으로 대응해 왔다.

북한은 또한 2010년 천안함 및 연평도 사건을 통해 한반도를 위기로 몰아넣었다. 그리고 그 와중에도 김정일 시대 이후를 위한 정권의 권력 세습을 준비해 왔다. 김정일 국방위원장의 3남 김정은을 대장으로 승격시키고 당중앙군사위원회 부위원장에 선임함으로써 김일성-김정일-김정은으로 이어지는 3대 세습의 발판을 마련했다.

한미 관계는 21세기에 접어들며 급격하게 변화하고 있다. 노무현 정부 시절 한미동맹은 미국의 군사변환 military transformation 의 과정에서 동맹 역할의 재조정, 주한 미군의 감축 및 이동, 한국 내 미군 기지의 이전, 그리고 전시작전통제권 전환 및 전략적 유연성 등에 관한 변화를 경험했다. 이명박 정부에 들어와서도 한미동맹은 한국 방위의 한국화와 동맹의 역할 확장을 통해 글로벌 수준에서 한국의 적극적 참여를 유도하는 방향으로 변화를 꾀하고 있다.

한반도 주변의 불안정한 안보 환경에 대해 동아시아 국가들은 평화 질서 구축을 위한 노력을 지속하고 있다. 특히 중국의 부상과 미국의 상대적 쇠퇴로 변화하는 미·중 관계를 중심으로 동아시아 질서에 대해 낙관론, 비관론, 신중론 등 다양한 견해가 존재한다. 결국 한국이 인식하는 동아시아 질서는 미·중 관계의 변화 속에서 한반도가 어떤 자리매김을 할 것이냐의 문제로 귀결될 것이다. 이 과정에서 동아시아의 근대가 풀지 못한 역사·문화·영토 문제 등이 복합적으로 얽히며 국가 간의 협력과 갈등의 관계에 커다란 영향을 미칠 것이다.

한편, 최근 한반도 주변의 안보질서를 논의하는 과정에서 중요한 변수는 2008년 이후 전 세계를 휩쓸고 있는 금융 위기의 영향력이다(하영선 2011). 미국에서 시작된 금융 위기는 그 성격이나 규모면에서 전례가 없을 정도로 예외적인 것이어서 위기의 장기적인 영향에 대해 주목할 필요가 있다. 특히 이번 금융 위기는 장기적으로 지정학적인 세계질서의 변화를 가져올 것으로 예상되는데, 한반도 역시 그 영향에서 예외적일 수 없다. 현재의 금융 위기는 결과적으로 미국의 상대적 쇠퇴와 나머지 국가들의 부상을 가져오며 지정학적으로 새로운 세계질서를 형성하고 있다. 특히 금융 위기의 회복 과정에서 미국보다 중국 등 다른 국가들이 상대적으로 빠른 적응력을 보이고 있어 향후 동아시아 질서에는 지정학적인 변화를 통한 세력균형의 재편이 불가피할 전망이다. 무엇보다도 중국은 지난 30여 년 동안 연평균 10퍼센트의 빠른 경제성장을 이루며 지역 강대국으로서의 역할을 하고 있고 금융 위기를 계기로 더욱 적극적인 목소리를 내며 자국의 영향력을 확대해 가고 있다. 중국이 세계질서에서 미국을 상대하는 초강대국이 될 것인지에 대해서는 여전히 의문이다. 하지만, 최소한 동아시아 안보질서는 이제 성장하는 중국의 영향력과 미·중 관계를 고려하지 않을 수 없게 되었다. 한반도에서는 이러한 미·중 관계의 변화가 가지는 영향력이 더욱 클 수밖에 없다. 특히 북한 문제나 한미 관계, 동아시아 질서를 한반도 차원에서 보면 지구적 차원이나 동아시아 차원에서보다 중국의 부상과 미·중 관계의 변화라는 변수가 더 큰 영향력을 가진다. 따라서 냉전의 종식 이후 미국의 단극적 unipolar 질서에 바탕을 두고 형성된 한반도 안보질서는 이제 근본적 변화를 겪을 가능성이 있다. 우리는 이러한 새로운 세계질서와 동아시아 질서하에서 한반도 주변의 안보 환경을 분석해야 할 것이다.

결국 국내의 단순한 보수 대 진보 논리로는 북한 문제, 한미 관계, 동아시아 질서의 문제를 제대로 이해할 수 없다. 한국의 안보 환경에서 이러한 핵심적인 안보 의제들은 세계질서와 동아시아 및 한반도의 안보질서가 만나는 세 가지 층위에서 복합적으로 얽혀져 있다. 각각의 층위가 서로에게 미치는 영향 관계를 면밀하게 검토하는 작업이 필수적이다. 북한 문제는 한반도의 군사 균형과 비핵화 문제뿐만 아니라 동아시아의 세력균형과 핵 확산 가능성, 범세계적인 대량살상무기 WMD의 확산 및 불량 정권 rogue regime의 문제와 연결되어 있다. 미국 역시 북한 핵문제를 단순히 한반도 문제로만 다루지는 않는다. 한미 관계의 변화에서 논의되는 한미동맹의 재조정이나 동맹의 글로벌화 의제 역시 국내적인 보수 대 진보의 논리보다는 미국의 글로벌 안보 전략 및 동맹 네트워크의 관점에서 이해해야 한다. 동아시아의 질서 역시 각 지역 국가들의 안보 정책뿐만 아니라 세계안보질서의 변화와 커다란 연관성을 가지고 있다. 지구, 동아시아, 한반도라는 세 가지 공간 축을 통해 진행되는 변화의 세계정치를 이해하지 않고서는 한국 안보의 핵심적인 의제들에 적극적으로 대응할 수 없다.

〈참고 8-1〉 전략적 유연성

미국이 최근의 불특정한 위협에 대응하는 과정에서 전략적 유연성(strategic flexibility) 개념이 발전되었다. 변화하는 불확실성의 세계질서에 대응하기 위해 미군은 신속하게 이동하고 작전을 전개할 수 있는 효율성을 강조하게 되었고, 냉전기의 고정군에서 신속기동대응군으로의 전환 필요성이 제기되었다. 미군이 대규모로 주둔하고 있는 한국과도, 병력을 한반도 안팎으로 수시로 입출입하며 작전을 펼칠 수 있는 유연성 문제를 협의하여 2006년 1월 합의했다. 일부에서는 미국의 전략적 유연성 개념을 대중, 대북 포위 전략으로 인식하기도 한다.

2. 북한 문제와 한국 안보

(1) 북한 핵위기의 구조와 기원

북한 핵위기의 구조와 전개 과정

한반도 주변의 안보질서가 여전히 과거 냉전의 굴레에서 벗어나지 못하고 있는 가장 큰 원인은 남북한의 긴장 관계이며, 그 한가운데 북한 핵문제가 자리하고 있다. 1993년 3월 북한의 핵확산금지조약NPT 탈퇴에 의해 촉발되었던 제1차 북한 핵위기는 1994년 6월 김일성과 카터의 극적인 평양합의와 10월 북미 간의 제네바합의Geneva Agreed Framework가 타결됨으로써 부분적으로 해소되었다. 그러나 2002년 10월 북한의 고농축 우라늄HEU 프로그램 활동에 대한 북미 간의 논란으로 제2차 핵위기가 시작되었다. 2004년 6월까지 북핵 문제를 타개하기 위해 남북한과 미국, 중국, 일본, 러시아가 세 차례에 걸쳐 베이징 6자회담을 열었지만 큰 성과를 거두지 못했다. 2005년 9월 19일 제4차 6자회담에서 북핵 문제의 평화적 해결에 합의하는 공동성명joint statement이 채택되었다. 하지만 미국의 북핵 폐기 원칙과 북한의 동결과 보상 원칙이 충돌하여 공동성명 합의 바로 다음 날부터 갈등이 다시 고조되었다. 공동성명 합의 직후 갈등이 고조된 점은 북한 핵문제가 가지는 구조적 어려움을 잘 보여 준다. 9·19 공동성명이 합의된 지 1년 반이 지난 2007년 2월 13일 '9·19 공동성명 이행을 위한 초기 조치'가 합의되었고, 이어 10월 3일, '9·19 공동성명 이행을 위한 제2단계 조치'가 합의되었지만, '말 대 말'의 합의가 '행동 대 행동'의 이행으로 이어지지 못했기 때문에 북한 핵문제는 위기 국면을 벗어날 수 없었다. 2007년 이후 6자회담에서 연이어 합의문이 발표되면서 북한 핵문제가 해결의 실마리를 찾아 가고 있다는 기대가 부상하기도 했다. 하지만 6자회담에서 합의한 폐쇄–신고/검증–폐기의 3단계 중 2단계의 검증 단계에서 핵 협상은 좌초되었고, 6자회담은 2008년 12월 수석대표회의 이후 중단되었다. 그 사이 북한은 2006

〈참고 8-2〉 핵확산금지조약

핵확산금지조약(NPT: Treaty on the Non-Proliferation of Nuclear Weapons)은 핵에너지의 평화적 이용을 위해 핵무기를 보유하지 않은 국가의 새로운 핵 보유를 금지하고, 기존 핵보유국이 비핵보유국에 핵무기를 양여하는 것을 금지하는 조약이다. 1968년 6월 12일 UN 총회에서 초안이 가결되었고, 1970년 3월 5일부터 효력이 발생했다. 당시까지 핵무기를 보유하고 있던 미국·소련·영국·프랑스·중국 5개국의 핵무기 보유가 공식적으로 인정되었고, 그 이외 국가의 핵 보유는 금지되었다. 따라서 인도·파키스탄·이스라엘·북한의 핵무기 보유는 NPT에 의해 공식적으로 인정되지 않는다. NPT는 효력 발생 25년 후인 1995년에 개최된 NPT 검토 및 연장회의에서 무기한 연장을 결정했다.

NPT는 핵 확산 금지 원칙을 강제하는 수단으로 18개월 이내에 국제원자력기구(IAEA)의 안전조치협정(safeguards agreement)을 체결하고 준수하도록 의무화하고 있다. 한국은 1975년 4월 23일 NPT의 정식 비준국이 되었다. 북한은 1985년 12월 12일 가입했으나, 안전조치협정에 서명하지 않다가 1992년 1월 서명했다. 이후 IAEA가 핵 프로그램을 검증하는 과정에서 의혹이 불거졌고 1993년 3월 북한은 NPT 탈퇴를 선언했다. 북미 핵 합의 이후 북한은 탈퇴를 철회했으나, 고농축 우라늄 프로그램 의혹으로 제네바합의가 붕괴되자 2003년 1월 다시 탈퇴를 선언했다.

<참고 8-3> 6자회담 공동성명

제4차 6자회담 공동성명

(2005. 9. 19, 베이징)

제4차 6자회담이 베이징에서 중화인민공화국, 조선민주주의인민공화국, 일본, 대한민국, 러시아연방, 미합중국이 참석한 가운데 2005년 7월 26일부터 8월 7일까지, 그리고 9월 13일부터 19일까지 개최되었다.

우다웨이 중화인민공화국 외교부 부부장, 김계관 조선민주주의인민공화국 외무성 부상, 사사에 켄이치로 일본 외무성 아시아대양주국장, 송민순 대한민국 외교통상부 차관보, 알렉세예프 러시아 외무부 차관, 그리고 크리스토퍼 힐 미합중국 국무부 동아태 차관보가 각 대표단의 수석대표로 동 회담에 참석하였다.

우다웨이 부부장은 동 회담의 의장을 맡았다.

한반도와 동북아시아 전반의 평화와 안정이라는 대의를 위해, 6자는 상호 존중과 평등의 정신 하에, 지난 3회에 걸친 회담에서 이루어진 공동의 이해를 기반으로, 한반도의 비핵화에 대해 진지하면서도 실질적인 회담을 가졌으며, 이러한 맥락에서 다음과 같이 합의하였다.

1. 6자는 6자회담의 목표가 한반도의 검증 가능한 비핵화를 평화적인 방법으로 달성하는 것임을 만장일치로 재확인하였다.
   - 조선민주주의인민공화국은 모든 핵무기와 현존하는 핵계획을 포기할 것과, 조속한 시일 내에 핵확산금지조약(NPT)과 국제원자력기구(IAEA)의 안전조치에 복귀할 것을 공약하였다.
   - 미합중국은 한반도에 핵무기를 갖고 있지 않으며, 핵무기 또는 재래식 무기로 조선민주주의인민공화국을 공격 또는 침공할 의사가 없다는 것을 확인하였다.
   - 대한민국은 자국 영토 내에 핵무기가 존재하지 않는다는 것을 확인하면서, 1992년도 「한반도의 비핵화에 관한 남북 공동선언」에 따라, 핵무기를 접수 또는 배비하지 않겠다는 공약을 재확인하였다.
   - 1992년도 「한반도의 비핵화에 관한 남북 공동선언」은 준수, 이행되어야 한다.
   - 조선민주주의인민공화국은 핵에너지의 평화적 이용에 관한 권리를 가지고 있다고 밝혔다. 여타 당사국들은 이에 대한 존중을 표명하였고, 적절한 시기에 조선민주주의인민공화국에 대한 경수로 제공 문제에 대해 논의하는 데 동의하였다.
2. 6자는 상호 관계에 있어 국제연합헌장의 목적과 원칙 및 국제관계에서 인정된 규범을 준수할 것을 약속하였다.
   조선민주주의인민공화국과 미합중국은 상호 주권을 존중하고, 평화적으로 공존하며, 각자의 정책에 따라 관계 정상화를 위한 조치를 취할 것을 약속하였다.
   조선민주주의인민공화국과 일본은 평양선언에 따라, 불행했던 과거와 현안 사항의 해결을 기초로 하여 관계 정상화를 위한 조치를 취할 것을 약속하였다.
3. 6자는 에너지, 교역 및 투자 분야에서의 경제협력을 양자 및 다자적으로 증진시킬 것을 약속하였다.
   중화인민공화국, 일본, 대한민국, 러시아연방 및 미합중국은 조선민주주의인민공화국에 대해 에너지 지원을 제공할 용의를 표명하였다.
   대한민국은 조선민주주의인민공화국에 대한 200만 킬로와트의 전력 공급에 관한 2005년 7월 12일자 제안을 재확인하였다.
4. 6자는 동북 아시아의 항구적인 평화와 안정을 위해 공동 노력할 것을 공약하였다.
   직접 관련 당사국들은 적절한 별도 포럼에서 한반도의 항구적 평화체제에 관한 협상을 가질 것이다.
   6자는 동북아시아에서의 안보협력 증진을 위한 방안과 수단을 모색하기로 합의하였다.
5. 6자는 '공약 대 공약', '행동 대 행동' 원칙에 입각하여 단계적 방식으로 상기 합의의 이행을 위해 상호 조율된 조치를 취할 것을 합의하였다.
6. 6자는 제5차 6자회담을 11월초 북경에서 협의를 통해 결정되는 일자에 개최하기로 합의하였다.

년 10월과 2009년 5월 두 번의 핵실험을 강행했으며, 이에 국제사회는 유엔 안전보장이사회를 열어 두 차례에 걸친 대북 제재 결의를 만장일치로 이끌어 내며 북한의 도발적인 행동에 강력하게 대응했다. 베이징 6자회담의 여러 합의에도 불구하고 국제사회는 실질적인 핵보유국인 북한을 상대해야 하는 부담을 안게 되었고, 북한은 점점 더 강력해지는 국제사회의 제재와 압력에 놓여 있는 것이 현실이다.

북한 핵위기는 오랫동안 긴박하게 진행되어 왔지만 이에 대한 국내 논의는 북한에 대한 온건론에 바탕을 둔 낙관론이나 강경론에 바탕을 둔 비관론이 주류를 이루어 왔다. 더구나 다른 안보 의제와 마찬가지로 그

<참고 8-4> 북한 핵위기 연표

- 1992. 1. 북한 IAEA Safeguards 서명
- 1993. 3. 북한 NPT 탈퇴 선언
- 1994. 6. 북한 IAEA 탈퇴 선언
- 1994. 6. 카터-김일성 회담 타결
- 1994. 10. 제네바합의 타결
- 1998. 8. 북한 대포동 1호 미사일 발사
- 2000. 6. 남북정상회담
- 2000. 10. 조명록 국방위원회 부위원장 백악관 방문 및 올브라이트 국방장관 평양 방문
- 2002. 10. 미국, 북한의 우라늄 농축 주장
- 2002. 12. 북한 제네바합의 붕괴와 핵동결 해제 선언
- 2003. 1. 북한 NPT 탈퇴 선언
- 2003. 8. 6자회담 개최
- 2005. 2. 북, 핵무기 보유 선언
- 2005. 9. 6자회담 공동성명 채택
- 2005. 9. 미국 마카오은행 북한 계좌 동결
- 2006. 7. 북한 스커드, 로동, 대포동 미사일 발사
- 2006. 10. 북한 핵실험
- 2007. 2. 9·19 베이징 공동성명 이행을 위한 초기 조치 합의
- 2007. 10. 3. 베이징 공동성명 이행을 위한 2단계 조치 합의
- 2009. 4. 북한 로켓 발사
- 2009. 5. 북한 2차 핵실험
- 2010. 3. 천안함 사건 발생
- 2010. 11. 연평도 포격 사건 발생

동안 북한 핵문제에 관한 국내 논의는 지나치게 극단적인 부분만을 취사선택해서 국내 정치적으로 이용했던 측면이 있었다. 북한의 능력과 현실을 넘어 핵무기의 공격성을 지나치게 강조하는 보수의 강경한 모습이나, 남북한 관계 개선의 관점에서 북한의 핵 의도를 순수하게만 바라보며 협력의 가능성을 과도하게 평가하는 진보의 모습이 그렇다. 북한 핵문제 역시 국내사회의 보수 대 진보 논의의 틀 속에 갇혀 있는 것이다. 이러한 문제는 북한 핵위기를 국제정치 문제로 이해하기보다는 국내 정치와 남북한 관계의 문제로 이해하려는 이데올로기적인 한계에서 비롯되었다. 이러한 제한적인 이해는 정확한 현실 인식을 방해하고 올바른 정책을 선택하는 데 장애가 되어 왔다.

사실 북한 핵문제는 현실적으로 해결되기 어려운 구조적 문제를 가지고 있기 때문에 남북협상이나 북미 협상 혹은 6자회담을 통해 근본적인 해결책을 만들어 낼 수 있을지에 대해서는 여전히 미지수다. 미국의 세계 전략을 고려할 때 미국의 북핵 문제 목표는 북한의 신속하고 검증 가능한 비핵화다. 과거 부시 행정부의 "완전하고, 검증 가능하고 되돌릴 수 없는 핵무기 폐기" CVID: complete, verifiable, irreversible dismantlement 로 요약되는 미국의 정책은 '핵무기 없는 세상'a world without nuclear weapons의 기치를 앞세운 오바마 행정부에서도 여전히 유효한 정책 목표가 되었다. 하지만 북한의 입장은 북미 관계가 정상화되어 신뢰가 조성되고 미국의 대북 핵 위협이 완전히 제거될 때 핵 프로그램과 핵무기를 포기할 수 있다는 입장이다. 북한으로서는 먼저 핵무기를 포기하는 것은 어떠한 경우라도 받아들일 수 없으며, 대신 북미 관계 개선, 대북 경제 지원, 한반도 평화 체제 구축이 이루어지면 그때서야 핵 프로그램의 완전한 포기를 생각할 수 있다는 원칙을 가지고 있다. 북한은 2009년 2차 핵실험 이후부터 북한의 비핵화만을 논의하기보다는 미국을 포함한 모든 핵보유국들의 상호 핵군축을 주장하기까지 했다. 사실 북한은 핵위기가 북한 스스로 야기한 문제라기보다는 미국과 한국을 포함한 한반도 전체의 문제로 파악하고 있다. 특히 한반도 핵 문제의 근원은 북한에 있는 것이 아니라 남한에 대한 미국의 핵무기 반입과 대북 핵 위협에 있다고 수차례 강조한 바 있다('김일성 신년사', 『로동신문』 1994년 1월 1일자). 북한이 주장하는 소위 '행동 대 행

<참고 8-5> 대량살상무기확산방지구상(PSI)

2003년 5월 미국 부시 대통령은 점증하고 있는 대량살상무기 및 그 운반 수단의 세계적 확산을 강제로 방지하기 위한 구상을 발표했다. 냉전의 종식과 9·11 테러 이후 불량 국가들과 테러 집단들의 대량살상무기가 미국의 안보에 가장 커다란 위협 요인이 되었다. 따라서 미국은 반확산(non-proliferation) 정책과 반테러(anti-terrorist) 전쟁을 수행함에 있어 이들의 대량살상무기를 강제로 차단하기 위한 조치를 가장 중요한 정책으로 간주하고 있다. PSI는 대량살상무기의 거래를 사전에 차단한다는 예방적 방위의 측면을 가지고 있다. 또한 PSI의 시행이 자발적인 동의에 의한 것이 아니라 강제적으로 부과된다는 점에서 일방주의적 측면을 가지고 있다. 대량살상무기의 확산 방지라는 규범적 대원칙에도 불구하고 공해상에서 선박의 무사 통행이라는 국제법적 원칙 및 관행과 충돌한다는 비판이 있다. 북한이 PSI의 주요한 관심 대상인 점을 감안하여 한국 정부는 현재 PSI에의 적극적인 참여를 유보하고 있다.

동'의 원칙은 북한 핵문제를 단계별로 동시 이행하자고 주장하는 것인데, 이는 6자회담에서의 원칙적인 합의 이후에도 이행 문제가 해결되지 못할 경우 그 합의는 쉽게 붕괴될 수 있다는 점을 보여 주는 것이다. 따라서 북한과의 핵 협상에서 이행을 위한 초기 조치에 합의했다고 할지라도 완전한 핵 폐기까지는 수많은 난관이 더 놓여 있는 것이다.

북한에게 핵무기는 체제를 옹위하고 권력의 세습을 보장하는 마지막 보루이기 때문에 선 핵 포기는 절대 협상의 대상이 될 수 없다. 반면 미국은 반테러와 비확산을 21세기 국가 안보의 가장 중요한 이슈로 상정하고 있기 때문에 북한의 핵 프로그램 포기는 무엇보다도 먼저 이행되어야 하는 양보할 수 없는 사안이다. 결국 북한과 미국 모두에게 핵문제는 타협의 여지가 없는 어려운 의제이다. 6자회담의 여러 합의에도 불구하고, 핵문제가 해소되지 않는 것은 여전히 북한과 미국의 우선순위가 다르기 때문이다. 북한은 두 번의 핵실험까지 강행했기 때문에 기대치가 훨씬 더 높아져 있지만, 한국과 미국 등 국제사회는 이를 인정할 수 없기 때문에 대북 강압 외교는 더욱 강력해져 왔다. 특히 미국은 강압 외교의 수단으로 금융 제재를 강화하고, 탈북자 및 인권 문제를 포함한 자유의 확산, 유엔 안전보장이사회를 통한 대북 제재, 대량살상무기확산방지구상 PSI: Proliferation Security Initiative 의 확대 적용, 포괄적 경제제재를 확대할 가능성이 높다. 반면, 북한의 핵 폐기 대상은 기존의 핵 프로그램에 더하여 핵무기까지 포함되었으며, 결과적으로 북한의 비핵화 과정은 훨씬 더 복잡해졌다. 북한의 핵무기 보유와 실험은 북한이 요구하는 보상과 수준을 더욱 높일 것이기 때문에 국제사회와의 협상과 타협의 과정은 그만큼 더 어려워질 것이다. 따라서 앞으로도 북한 핵문제는 한미와 북한 사이의 전략적 결단 없이는 부분적인 합의에도 불구하고 근본적인 해결을 기대하기 어려운 상황이다.

북한 핵 문제의 기원과 시각

1990년대 초반 이후 20년 가까이 끌어 온 북한 핵문제가 수많은 협상에도 불구하고 완전히 해소되지 않는 이유는 무엇일까? 그렇다고 핵위기가 극단적인 군사적 충돌로 발전되지도 않는 이유는 무엇일까? 의문을 풀어 가기 위해서는 북한 핵문제의 근원을 이해해야 한다. 냉전 시기 북한은 소련과 중국에 자국의 안보를 상당 부분 의존하면서 한반도 세력균형을 추구해 왔다. 하지만 냉전의 종식 이후 두 강대국 동맹이 남한에 대한 기존의 적대시 정책을 포기함으로써 북한은 더 이상 소련과 중국의 핵우산을 신뢰할 수 없게 되었다(Oberdorfer 2001). 소련의 해체와 동유럽 국가들의 체제 전환은 북한의 생존 가능성에 커다란 위협을 제기했다. 이후 북한은 자체적인 핵 프로그램에 의한 강력한 억지력의 필요성을 가지게 되었다고 주장한다(북한 외무성 성명, 1990년 9월 18일). 하지만, 북한의 핵 프로그램은 대량살상무기의 확산을 방지하려는 국제사회에서 용인될 수 없었다. 결국 북한 핵위기는 탈냉전 시기 북한의 생존 전략과 국제사회의 확산 방지 노력의 충돌에서 비롯된 것이다. 이러한 평행선을 좁혀 보려는 기나긴 노력의 과정이 1994년의 제네바합의문과 2005년의 9·19공동성명, 2007년의 2·13합의문 및 10·3합의문 등이다. 북한은 모든 협상과 합의문에서 안전 보장을 지속적으로 요구해 왔고, 국제사회는 핵 프로그램의 포기를 강조하고 있다.

국제정치이론에서 북한 핵 프로그램의 기원은 현실주의 안보 논리에 의해서 설명될 수 있다. 대표적인 구조 현실주의 structural realism 국제정치학자인 월츠 Kenneth Waltz 는 북한이 이전의 다른 핵 개발국들과 마찬가지로 대외적인 위협에 취약하고 고립되어 있기 때문에 핵 능력을 원하는 것이라고 설명한다(Sagan and Waltz 1995). 국제사회는 핵무기 개발을 반대하지만 핵무기 개발에 성공한 인도나 파키스탄의 경우에서 볼 수 있듯, 북한의 핵 개발 의지는 강력할 것이고 국제사회의 억지 노력은 한계가 있다고 주장한다. 다만 북한의 핵무기 개발 노력은 방어적인 억지력을 위한 것이지 공격적인 용도로 사용되지는 않을 것이라고 예측한다. 북한의 지도자들 역시 자신들의 핵을 공격적인 의도로 사용할 경우에 야기될 재앙의 결과에 대해서는 분명히 인지하고 있을 것이기 때문에 정권과 국가의 안보를 보장하기 위한 방어적인 용도로 기능할 수밖에 없다는 설명이다. 결국 월츠는 북한의 핵무기 개발이 한반도와 동아시아의 안정을 근본적으로 저해하는 것은 아니며, 오히려 한반도 세력균형의 붕괴를 방지하여 북한의 위협 인식을 감소시키는 역할을 한다고 주장해 왔다.

북한의 핵 프로그램이 냉전의 종식 이후 안보 불안에 의한 방어적인 의도에서 시작되었다는 인식은 북한 핵 위기의 평화적 해결에 대한 기대를 높여 준다. 협상을 통해 북한의 안보를 보장해 줄 경우 북한의 자발적인 핵 포기를 유도할 수 있다는 낙관론이 그것이다. 이는 1998년 이후 김대중 정부가 햇볕정책을 추진하기 시작하여 노무현 정부의 평화번영정책으로 이어진 대북 포용정책의 기반이 된다. 국제사회가 북한의 안보를 보장하고 핵 프로그램 포기에 대한 적절한 경제적 보상을 한다면 핵 프로그램을 포기하도록 북한을 설득할 수 있다는 '협상과 보상'에 의한 평화적 해결의 논리이다. 이는 기존의 대북 강경책이 북한의 행동 방식과 협상 행태를 제대로 이해하지 못했다고 비판한다. 북한의 핵 정책은 이전과는 달리 상호성 eciprocity 의 원칙에 입각해 당근에는 당근으로, 채찍에는 채찍으로 대응하는 맞대응 tit-for-tat 전략을 보이고 있다는 설명이다. 북한은 협상을 통해 핵문제를 해결하려고 하는 의도를 국제사회와 공유하고 있어 협력 가능성이 높다고 평가한다. 하지만 미국 등 국제사회가 북한의 의도와 행동을 신뢰하지 못하고 강경책을 고수하고 있기 때문에 북한 핵문제가 평화적 해결의 선순환 virtuous cycle 구조에 있지 못하고 갈등과 위기의 악순환 vicious cycle 구조에 머물러 있다고 비판한다(Sigal 1998). 예를 들면 1차 핵위기를 해소시킨 1994년 제네바합의라든가 2000년 조명록 국방위원회 부위원장의 백악관 방문, 올브라이트 Madeleine Albright 미 국무장관의 평양 방문 등 클린턴 행정부 시절에 이루어졌던 북미 관계의 진전은 이러한 상호성의 원칙에 의거했다는 설명이다.

하지만 북핵 낙관론은 북한이 과연 핵 프로그램을 완전히 포기할 것인지에 대한 의문을 남긴다. 더 나아가 북한의 핵 의도를 오해하고 핵무기 보유가 한반도와 동아시아, 더 나아가 세계안보질서에 미치는 영향을 과소평가하는 문제점을 가진다. 북한의 핵 프로그램이 방어적인 의도에서 시작되었다고 할지라도 그것

〈참고 8-6〉 제네바합의문 전문(1994. 10. 21)

미합중국(이하 미국의 호칭) 대표단과 조선민주주의인민공화국(이하 북한으로 호칭) 대표단은 1994년 9월 23일부터 10월 21일까지 제네바에서 한반도 핵문제의 전반적 해결을 위한 협상을 가졌다. 양측은 비핵화된 한반도의 평화와 안전을 확보하기 위해서는 1994년 8월 12일 미국과 북한 간의 합의 발표문에 포함된 목표의 달성과 1993년 6월 11일 미국과 북한 간 공동 발표문상의 원칙과 준수가 중요함을 재확인했다. 양측은 핵문제 해결을 위해 다음과 같은 조치들을 취하기로 결정했다.

1. 양측은 북한의 흑연감속원자로 및 관련 시설을 경수로 원자로 발전소로 대체하기 위해 협력한다.

 1) 미국 대통령의 1994년 10월 20일자 보장 서한에 의거하여 미국은 2003년을 목표 시한으로 총 발전 용량 약 2000MWe의 경수로를 북한에 제공하기 위한 조치를 주선할 책임을 진다.
 - 미국은 북한에 제공할 경수로의 재정 조달 및 공급을 담당할 국제 콘소시엄을 미국의 주도하에 구성한다. 미국은 동 국제 콘소시엄을 대표하여 경수로 사업을 위한 북한과의 주 접촉선 역할을 수행한다.
 - 미국은 국제 콘소시엄을 대표하여 본 합의문 서명 후 6개월 내에 북한과 경수로 제공을 위한 공급 계약을 체결할 수 있도록 최선의 노력을 경주한다. 계약 관련 협의는 본 합의문 서명 후 가능한 조속한 시일 내 개시한다.
 - 필요한 경우 미국과 북한은 핵에너지의 평화적 이용 분야에 있어서의 협력을 위한 양자 협정을 체결한다.
 2) 1994년 10월 20일자 대체에너지 제공 관련 미국의 보장 서한에 의거 미국은 국제 콘소시엄을 대표하여 북한의 흑연감속원자로 동결에 따라 상실될 에너지를 첫 번째 경수로 완공 시까지 보전하기 위한 조치를 주선한다.
 - 대체에너지는 난방과 전력 생산을 위해 중유로 공급된다.
 - 중유의 공급은 본 합의문 서명 후 3개월 내 개시되고 양측 간 합의된 공급 일정에 따라 연간 50만 톤 규모까지 공급된다.
 3) 경수로 및 대체에너지 제공에 대한 보장 서한 접수 즉시 북한은 흑연감속원자로 및 관련 시설을 동결하고 궁극적으로 이를 해체한다.
 - 북한의 흑연감속원자로 및 관련 시설의 동결은 본 합의문서 후 1개월 내 완전 이행된다. 동 1개월 동안 및 전체 동결 기간 중 IAEA가 이러한 동결 상태를 감시하는 것이 허용되며, 이를 위해 북한은 IAEA에 대해 전적인 협력을 제공한다.
 - 북한의 흑연감속원자로 및 관련 시설의 해체는 경수로 사업이 완료될 때 완료된다.
 - 미국과 북한은 5MWe 실험용 원자로에서 추출된 사용 후 연료봉을 경수로 건설 기간 동안 안전하게 보관하고 북한 내에서 재처리하지 않는 안전한 방법으로 동 연료가 처리될 수 있는 방안을 강구하기 위해 상호 협력한다.
 4) 본 합의 후 가능한 조속한 시일 내에 미국과 북한의 전문가들은 두 종류의 전문가 협의를 가진다.
 - 한쪽의 협의에서 전문가들은 대체에너지와 흑연감속원자로의 경수로로의 대체와 관련된 문제를 협의한다.
 - 다른 한쪽의 협의에서 전문가들은 사용 후 연료 보관 및 궁극적 처리를 위한 구체적 조치를 협의한다.

2. 양측은 정치적, 경제적 관계의 완전 정상화를 추구한다.

 1) 합의 후 3개월 내 양측은 통신 및 금융거래에 대한 제한을 포함한 무역 및 투자 제한을 완화시켜 나아간다.
 2) 양측은 전문가급 협의를 통해 영사 및 여타 기술적 문제가 해결된 후에 쌍방의 수도에 연락 사무소를 개설한다.
 3) 미국과 북한은 상호 관심 사항에 대한 진전이 이루어짐에 따라 양국 관계를 대사급으로까지 격상시켜 나아간다.

3. 양측은 핵이 없는 한반도의 평화와 안전을 위해 함께 노력한다.

 1) 미국은 북한에 대한 핵무기 불위협 또는 불사용에 관한 공식 보장을 제공한다.
 2) 북한은 한반도 비핵화공동선언을 이행하기 위한 조치를 일관성 있게 취한다.
 3) 본 합의문이 대화를 촉진하는 분위기를 조성해 나아가는 데 도움을 줄 것이기 때문에 북한은 남북대화에 착수한다.

4. 양측은 국제적 핵비확산 체제 강화를 위해 함께 노력한다.

 1) 북한은 핵확산금지조약 당사국으로 잔류하며 동 조약상의 안전조치협정 이행을 허용한다.
 2) 경수로 제공을 위한 계약 체결 즉시 동결 대상이 아닌 시설에 대하여 북한과 IAEA 간 안전조치협정에 따라 임시 및 일반 사찰이 재개된다. 경수로 공급 계약 체결시까지 안전 조치의 연속성을 위해 IAEA가 요청하는 사찰은 동결 대상이 아닌 시설에서 계속된다.
 3) 경수로 사업의 상당 부분이 완료될 때, 그러나 주요 핵심 부품의 인도 이전에 북한은 북한 내 모든 핵물질에 관한 최초 보고서의 정확성과 완전성을 검증하는 것과 관련하여 IAEA와의 협의를 거쳐 IAEA가 필요하다고 판단하는 모든 조치를 취하는 것을 포함하여 IAEA 안전조치협정(INFCIRC/403)을 완전히 이행한다.

조선민주주의인민공화국 수석대표 조선민주주의인민공화국 외교부
제1부 부장 강석주
미합중국 수석대표 미합중국 본부대사 로버트 갈루치

> **〈참고 8-7〉 맞대응 전략**
>
> 맞대응(tit-for-tat) 전략은 상대방의 협력에는 협력으로 호응하고, 배신에는 배신으로 보복한다는 전략이다. 일단 처음에는 상대방에게 협력을 한 뒤에 상대방의 대응을 보고 그 다음 행동을 결정하는 전략이다. 이 전략은 로버트 액슬로드(Robert Axelrod)가 시행한 반복적인 죄수의 딜레마(iterated prisoner's dilemma) 게임 실험에서 가장 효율적인 전략으로 증명되었다. 이것은 배반의 전략에 대해서는 타격을 입히고, 협력의 전략에 대해서는 보상을 하기 때문이다. 맞대응 전략은 배반이 계속되다가도 상대방이 협력으로 돌아서면 같이 협력하므로, 갈등이 지속되는 국제관계의 악순환 구조 속에서도 협력의 선순환 구조가 발전될 수 있음을 논리적으로 보여 주고 있다.

이 국제사회에 커다란 위협으로 다가오는 것은 부정할 수 없다. 우선 새로운 핵 확산이 일어난다는 사실이 위협일 뿐만 아니라 북한 정권의 속성상 핵무기가 안정적으로 관리되기 어렵다. 북한 지도부가 대내외적 상황 악화에 따라 상당히 위험한 정책결정을 내릴 가능성도 있기 때문이다. 가령 북한 정권이 불안정해지거나 내부적으로 혼란이 있을 경우 군부나 강경파들에 의해 고의적으로 핵무기 사용이 이루어질 가능성도 배제할 수 없어, 북한에 대한 핵 억제 nuclear deterrence가 실패할 가능성은 상존한다. 또한 북한의 핵무기 보유는 일본·한국·대만 등 여타 동아시아 국가들로의 연쇄적인 핵 확산 가능성을 증가시킨다. 이는 유럽 지역과는 달리 탈냉전의 시대에도 여전히 불안정한 모습을 보이고 있는 동아시아의 안보 딜레마 security dilemma를 악화시켜 새로운 안보 불안 요인으로 대두될 수도 있다. 더구나 북한의 핵 보유는 다른 불량국가들이나 테러 집단들의 핵무기 개발 욕구와 가능성을 높일 수 있으며, 최악의 경우 북한이 이들에게 핵 물질을 직접 유출시킬 가능성도 배제할 수 없다. 2001년 9·11 테러 이후, 미국은 반테러 전쟁과 핵무기 비확산을 대외 정책의 가장 중요한 우선순위로 두

고 있기 때문에 이러한 가능성이 조금이라도 현실화될 경우 한반도와 동아시아는 군사적 충돌의 소용돌이에 빠져들 수도 있다.

북한 핵위기가 촉발된 1990년대 초반 이후 한반도 주변의 상황은 그러한 낙관론과 비관론이 교차되는 모습이었다. 북한과 국제사회의 이해관계가 조화되는 국면에서는 핵문제의 평화적 해결이 기대되기도 했지만, 양자 간의 이해가 충돌하는 경우에 현실은 여지없이 위기 국면으로 치달았다. 군사적 충돌의 가능성이 고조되던 1994년 6월의 위기는 김일성-카터의 극적인 핵 합의로 해소되었지만, 1990년대 말 이후 급작스럽게 진전되던 북미 관계는 부시 행정부의 등장 이후 다시 악화되어, 결국 2002년 말 제네바합의가 파기되고 2차 위기로 전환되었다. 또한 2007년 2·13 합의 및 10·3 합의 이후 등장한 오바마 행정부의 북미 직접 협상 분위기는 2009년 북한의 2차 핵실험과 2010년의 천안함 및 연평도 사건으로 좌초하게 된다. 이러한 과정은 북핵 문제가 단순한 낙관론이나 비관론으로 이해할 수 없으며, 미국의 글로벌 전략과 동아시아의 안보 환경을 동시에 살펴야 하는 구조적 어려움을 잘 보여 준다.

(2) 선군정치와 북한의 미래

선군정치와 북한의 딜레마

북한은 종종 실패 국가 failed state로 불린다. 특히 미국의 외교 전문지 『포린폴리시 Foreign Policy』는 실패 국가 지수 Failed State Index를 발표하고 있는데, 2011년 조사에서 북한은 총점 120점 중 95.6점을 받아 22위를 기록할 정도로 국가 실패를 경험하고 있다. 실패 국가는 중앙정부가 약화되거나 비효율적이어서 국가를 실질적으로 통제하지 못하고 있는 상태를 의미하는데, 특히 공공서비스를 제공해 주지 못하고, 부패와 범죄가 만연하고, 주민들이 탈출할 정도로 경제적 쇠퇴가 심

각한 경우를 의미한다. 이러한 기준에서 보면 북한은 완전한 실패 국가로 간주할 수는 없는데, 이는 북한의 중앙정부가 대내적 통제를 유지하고 있기 때문이다. 하지만 북한은 주민들에게 필요한 공공서비스를 정상적으로 제공해 주지 못하고 있으며, 수많은 탈북자가 발생할 정도로 사회경제적으로 매우 어려운 상황이기 때문에 최소한 실패하고 있는 국가 failing state 로 평가할 수 있다.

북한의 실패는 국가의 효율성을 추구하기보다는 주체사상과 선군사상을 내세워 사회주의 국가를 표방하는 조선노동당의 일당독재 체제 때문이다. 1990년대 초반 이후 냉전이 종식되어 소련이 붕괴되고 중국이 체제 이행을 하는 상황에서 북한은 경제난이 악화되고 국제적으로 고립되는 등 커다란 어려움을 겪어 왔다. 더구나 최근 2006년과 2009년 두 차례의 핵실험과 미사일 발사에 대한 국제사회의 대북 제재 조치로 인해 경제난이 더욱 가중되고 국가 재정난이 심화되어 사회주의 계획경제 자체의 존속 위기에 직면하게 되었다. 이러한 상황에서 북한은 2009년 11월 화폐개혁을 전격적으로 단행했으나 급격한 물가 상승과 경제활동 위축 및 민심 이반 등으로 실패하여 오히려 사회적 불안을 가중시키는 결과를 초래하기도 했다. 따라서 주민들의 사상이 이완되고 정권에 대한 충성도가 약화되었으며 북·중 접경 지역 탈북자가 늘어나는 등 체제 불만이 증가하고 있어, 북한 당국은 주체사상과 선군정치를 통해 대내적 통제력을 강화하려는 노력을 경주하고 있다. 북한의 사회경제적 어려움은 북한의 경제성장률을 통해 잘 알 수 있다. 1990년대 말 이후 한국의 대북 포용정책과 경제 지원으로 어느 정도 회복되던 북한의 경제는 최근 국제사회의 제재와 남북경협의 부진으로 상당한 어려움을 겪고 있는 것으로 판단된다.

북한은 이러한 대내외적 고난을 선군정치를 통해 극복하려는 시도를 하고 있다(황지환 2010b). 선군정치가 북한의 국내 정치적인 통제와 선전 정치를 위해서는 어느 정도 효과가 있을지 모르지만, 급변하는 세계질서에서 북한을 생존시키고 발전시키기 위한 국가전략으로서는 커다란 문제점을 안고 있으며, 북한의 국가 실패를 가속화시키고 있다고 평가된다. 1990년대 중반 '고난의 행군' 시기 이후 북한의 국가 시스템이 제대로 작동되지 않고 있던 상황에서 군이 국내 정치적인 측면에 동원된 것은 일견 불가피한 측면이 있었다. 실제 '고난의 행군' 시기 식량난과 에너지 부족으로 경제 전반이 어려움을 겪고 있었을 때 군대가 커다란 역할을 했던 것은 사실인데, 김정일 위원장 스스로 인민군대를 동원하여 가장 어려웠던 '고난의 행군'을 이겨내고 사회주의 강성대국 건설의 길을 열어 놓았다고 칭찬하기도 했다. 선군정치는 대외적인 문제뿐만 아니라 대내적인 문제에도 군대를 앞세움으로써 군부를 장악하고 동시에 정권 안정을 꾀하여 강성대국 건설을 앞당기려는 의도를 가진 것으로 해석되지만, 선군정치가 강성대국 건설의 가장 중요한 부문인 경제 건설의 발목을 붙잡는 딜레마에 빠져 있다. '고난의 행군'과 같은 심각한 국가 재난 사태에 처해 그나마 가장 잘 조직화되어 있고 효율적인 군대를 동원하는 것은 사회를 안정시키고 피폐한 경제를 재건하는 데 도움이 되는 필요한 조치일 수 있었다. 하지만 선군정치는 일상적인 국내 정치와 경제 부문에서도 군사 논리를 우선시하는 구조적 문제점을 야기하고 있다. 군사 논리가 대외적인 안보뿐만 아니라 대내적인 부분까지 절대적인 영향을 주어 강성대국 건설

표 8-1 최근 북한의 경제성장률 추이

연도	1997	1998	1999	2000	2001	2002
경제성장률(%)	−6.5	−0.9	6.1	0.4	3.8	1.2
	2003	2004	2005	2006	2007	2008	2009
	1.8	2.1	3.8	−1.0	−1.2	3.1	−0.9

자료: 통계청

에서도 군사 논리가 경제 논리를 압도해 버렸다. 또한 선군정치가 대외적인 측면에서는 군비 증강을 통해 과잉 안보를 야기하여 국가 경제에 부담이 될 뿐 아니라 대내적인 측면에서도 국가 자원이 군사 부문에 과도하게 집중되어 자원 배분의 비효율성을 가져 왔다.

결과적으로 북한 경제는 선군정치를 통해 강성대국 건설을 위한 밑거름이 되기보다는 경제의 건전한 발전이 저해되는 소위 '전시경제'의 모습을 띠고 있다. 선군정치는 군사력 강화를 위해 경제 부문에서도 특히 국방공업을 우선적으로 발전시킬 것을 강조하는 구조적 문제점을 드러내고 있다. 김정일 위원장은 국방공업이 강성대국 건설의 생명선이며, 군사와 국방공업을 떠나서는 경제 강국을 건설할 수 없다고 언급하곤 했다. 이에 따라, 북한은 군대를 경제 부문에서 소비자로만 보는 인식에 반대한다. 선군정치의 논리를 통해 군대가 강해야 경제 건설의 평화적 조건이 보장된다고 주장하고 있지만, 국방공업은 소비가 투자와 생산으로 연결되지 못하게 함으로써 경제발전을 저해하고 있는 것이 현실이다. 경제 건설의 모든 부문, 모든 단위에서 국방공업에 필요한 생산요소들을 우선적으로 보장하게 하는 지침은 부족한 국가 자원의 배분을 더욱 왜곡시켜 다른 부문의 생산을 제약하게 되었다. 북한은 경제 투자에서도 국방공업 부분을 먼저 조성하고 다른 부분은 그 다음에 투자하도록 하며, 생산지표에서도 군수 생산지표를 우선적으로 삼고 예산 지출에서도 국방공업에 우선적인 배분을 하도록 하고 있다. 경제성장을 위해서는 자본과 노동 같은 생산요소의 투입 증가와 함께 생산 효율이 제고되어야 하지만 선군정치하에서는 이러한 경제구조가 불가능하다는 것이 전문가들의 평가이다. 건전한 경제 발전이 이루어지기 위해서는 생산-소비-투자라는 경제의 원활한 순환이 이루어져야 하지만, 경제에서 군사 부문을 우선시하면 생산품이 소비되어 새로운 투자로 이어지는 선순환 고리가 파괴될 수밖에 없다.

결국 선군정치의 국방공업 강조는 경제적인 목적이 아닌 정치 군사적인 목적으로 이해되며, 이는 북한의 경제 건설에서도 군의 논리가 경제 논리를 압도하여 건실한 경제성장을 불가능하게 하고 강성대국 건설도 어렵게 만드는 딜레마에 빠지게 하는 결과를 초래했다. 따라서 한국 정부나 중국 등 외부의 지원이 없으면 선군정치하에서 북한의 국내 경제가 제대로 운용될 수 없을 것이다.

북한의 권력 세습과 정권의 위기

북한은 2010년 9월 조선노동당 당대표자회의를 통해 김정일 국방위원장의 3남인 김정은을 대장으로 승격시키고, 당중앙군사위원회 부위원장과 당중앙위원회 위원으로 선임했다. 이로써 북한은 김일성-김정일-김정은으로 이어지는 3대 세습의 발판을 마련했다(황지환 2010a).

1990년대 중반 이후 많은 학자들과 정책분석가들은 북한 정권이 언제라도 붕괴될 수 있다고 주장해 왔다. 김정일조차도 1990년대 후반 북한의 정치적 혼란 가능성을 근심하기도 했으며, 많은 북한 문제 전문가들은 북한의 미래에 대한 여러 가지 시나리오를 논의해 왔다. 하지만 현재의 시점에서 결과론적으로 해석하면, 북한 정권은 당시 1990년대 초반 이후 악화된 국내 정치적 위기를 어렵게나마 헤쳐 나갈 정도의 내구력은 가지고 있었던 것으로 판단할 수 있다. 북한은 오히려 그러한 국내적인 정권 불안정 요인을 오랫동안 인식해 왔으며, 강력한 사회통제 시스템을 통해 비교적 성공적으로 불안정을 완화시켜 온 것이 사실이다. 북한 사회는 역사상 어떤 사회보다 극단적으로 통제되고 폐쇄된 사회이기 때문에, 북한의 지도자들은 상대적으로 쉽게 국내 상황을 통제할 수 있었다. 이는 북한 정권이 정치 교육과 체계적인 사회통제 프로그램을 통해 국내적 불만을 상당히 효과적으로 억눌렀기 때문이다. 1990년대 당시 북한 국내 정치의 안정성은 김일성 주석으로부터 김정일 국방위원장으로의 리더십 교체가 비교적 순조롭게 진행되었다는 점에서 잘 알 수 있다. 북한의 국내 정치가 불안정했다면, 김정일의 위치는 그렇게 강력하지 못했을 것이며, 권력을 승계하는 데 많은 어려움이 있는데, 김정일은 국방위원회 위원장과 조선인민군 최고사령관으로서 큰 어려움 없이 권력을 승계했다. 권력의 승계 과정에서 북한 인민군은 김정일에 대한 강력한 지지를 표명했는데, 김정일은 선군정치를 강조하며 군부에 대한 통제를 확보했다. 또한 이러한 과정에서 김정일은 자신의 권력이 군으로부터 나온다고 언급하며 군대의 중요성을 강조했고, 1990년대 북한 정권의 리더십 승계는 비교적 순탄한 과정을 걸었다고 해석할 수 있다.

권력승계는 북한정권의 안정성과 관련하여 현재도 여전히 중요한 변수인데, 북한은 이제 또 다른 후계세습을 진행하고 있기 때문이다. 더구나 2008년 8월 김정일이 뇌졸중을 겪고 김정은이 당중앙군사위 부위원장으로 권력의 전면에 등장한 이후 권력 승계 작업은 가속화되어 왔다. 하지만, 2011년 12월 김정일이 사망한 이후 북한의 권력승계가 이번에도 성공적으로 이루어질 것인지에 대해서는 논란의 여지가 있다. 현재 권력의 승계자로 부상한 김정일의 3남 김정은이 20대의 젊은 나이로 지도자가 되기에는 경험이 일천하며, 북한 주민들에게 김일성과 김정일만큼의 카리스마를 가지고 있지 않기 때문이다. 이는 1990년대 중반 김정일의 권력 승계와는 근본적인 차이를 보이는 부분으로 북한 정권의 불안정성을 가속화시킬 수 있는 매우 민감한 변수이다. 1990년대 초반 당시 김정일은 김일성 주석이 사망하기 이전에도 대부분의 대내외 업무를 관장하고 있었으며, 북한 주민들에게 '친애하는 지도자'로 추앙받고 있었다. 결과적으로 많은 학자와 정책분석가들은 북한 정권의 붕괴나 갑작스러운 변화를 다시 논의하기 시작했다.

이러한 상황에서 한국 정부는 북한에게 한반도와 동북아가 변화의 시기에 직면하고 있다는 인식을 갖도록 하는 것이 필요하다. 권력의 승계 과정에서 북한이 선군 전략과 핵을 포기하는 전략적 선택을 하도록 환경을 만드는 데 초점을 두어야 할 것이다(하영선, 조동호 2010). 북한 지도부가 중국이나 베트남식의 개혁개방정책을 추진한다고 해도 현재 북한의 국내 상황과 한반도 주변 환경을 고려해 볼 때 성공 가능성은 매우 낮을 것이다. 이는 개혁개방 초기 국내 정치적 통제력의 약화가 북한의 사회경제적 불안정성을 가속화시킬 것이며, 강력한 남한의 존재는 북한의 취약성을 노출시켜 지도부의 위협 인식을 증가시킬 것이기 때문이다. 따라서 북한이 핵을 포기하고 자체적인 개혁 프로그램을 추진하는 전략적 선택을 하더라도 생존할 수 있다는 확신을 주는 것이 필요하며, 주변국이 북한의 안전을 보장하고 본격적인 경제 지원을 해줄 것이라는 믿음을 줌으로써, 핵무기와 선군정치 이외의 다른 대안의 가능성과 유효성을 설득하는 것이 필요하다. 이러한 전략이 쉽지는 않겠지만, 북한 권력의 승계 과정에서 남북 관계의 기본 성격을 근본적으로 변화시키는 새로운 대북 정책을 마련하는 데 필요한 핵심적인 사항이다. 물론 북한의 전략적 선택 변화 여부가 의심되겠지만, 북한의 리더십이 변화하는 과정에서 북한 역시 새로운 대안의 길을 모색할 필요성을 느끼게 될 가능성이 많으며, 우리 정부는 이에 대한 면밀한 준비가 필요하다.

북한의 체제 위기와 북·중 관계

김정일 북한 국방위원장은 2010년 5월과 8월에 이어 2011년 5월 다시 중국을 방문했다. 1년여의 기간 동안 김정일 위원장이 중국을 세 번씩이나 방문했다는 사실은 북한의 현재와 미래를 위해 북·중 관계가 전략적으로 매우 중요한 시기임을 증명하는 것이다. 북한이 최근 중국과 긴밀하게 논의해 온 중요한 이슈는 북한 체제의 안정성을 위한 경제 지원의 확보, 김정은으로의 권력 승계의 안정화, 북핵 문제를 위한 6자 회담 등이었을 것이다. 하지만 북·중 관계에 대한 인식에서 북한과 중국은 미묘한 시각차를 보이고 있다. 북한은 중국을 통해 정권의 불안정성을 해소하겠다는 의도를 보이며 북·중 친선 관계의 강화를 강조하고 있으나, 중국은 북·중 관계가 실제보다 주변국들에게 과대평가될 가능성을 경계하고 있다. 중국은 북한으로부터 비롯되는 불안정 요인이 중국의 경제성장과 대외 전략에 미칠 수 있는 악영향을 경계하는 반면, 북한은 중국에게 권력 세습을 통한 체제의 안정성을 지지해 주고 이를 위한 경제 지원과 협력을 강력하게 요구해 왔다. 중국은 북한이 급격하게 붕괴되는 것을 바라지는 않지만 핵 문제나 정권 위기 등 북한발 악재로 인해 자국의 이익이 침해되는 것도 원치 않기 때문에, 북한을 중국 쪽에 묶어 두면서 체제를 안정시키려는 현상 유지 status-quo 전략을 취하고 있다고 판단된다.

중국은 미·중 및 한중 관계에서의 전략적 부담이 있음에도 불구하고 북한을 후원하는 정책을 취하면서 북한의 모험적 행동에 대해서는 강력하게 경고해 왔다. 최근 북·중 무역에 관한 자료를 살펴보면, 북한의 대중 수출과 수입이 급격하게 증가하여 한국 정부와 국제사회의 대북 제재를 상당 부분 무력화시키고 있음을 알 수 있다. 따라서 중국은 북한의 대중 의존도를 앞으로 더욱 높여 가면서 양국 간의 관계를 더욱 밀착시켜 북한을 관리하려는 모습을 보일 것으로 예상된다. 중국은 북한의 대중 의존도 심화를 통해 한반도 문제에 대한 영향력을 강화할 수 있는 기회로 이용하려 할 것인데, 이러한 북·중 관계의 심화가 지속된다면 한국의 대북 정책에 상당한 전략적 딜레마를 안겨 주게 될 것으로 우려된다. 따라서 한국 정부는 지나치게 경직된 대북 정책이나 대중 정책을 지양하고 보다 유연한 자세로 북·중 관계의 변화 속에서 한국의 대북 정책을 찾으려는 노력을 해야 할 것이다. 결국 남북 관계의 새로운 돌파구를 통해 북한 문제에 대

표 8-2 최근 북·중 무역액 추이

단위: 100만 달러

연도	2005	2006	2007	2008	2009	2010
수출	496	467	581	754	1887	1187
수입	1084	1231	1392	2033	793	2277
총액	1580	1699	1973	2787	2680	3465

자료: KOTRA 북한의 대외무역 동향

한 한국의 영향력을 높일 수 있는 방안을 찾아야 하며, 이를 통해 중국과의 관계를 확대시켜야 할 것이다. 이에 한미 관계의 강화와 적극적인 대북 정책을 통해 중국에 대해 한국의 역할과 영향력을 인식시켜야 할 것이다.

(3) 남북한 관계와 한국의 대북 정책

남북한 관계와 북한의 대외 전략

남북한 경제지표의 비교를 통해 드러나는 것처럼 북한의 경제적 능력은 남한의 1/40 정도에 불과하며, 북한 경제는 최근 마이너스 성장을 통해 침체하고 있는 것으로 추정된다. 반면 북한은 오랫동안 국제사회의 제재와 경제난으로 어려움을 겪어 왔음에도 불구하고 2012년 강성대국 건설을 위해 군사력에 총력을

표 8-3 남북한 경제지표 비교

구분	한국		북한		한국/북한	
	2008년	2009년	2008년	2009년	2008년	2009년
GNI (억달러)	9347	8372	248	224	37.7배	37.3배
1인당 GNI (달러)	1만9227	1만7173	970.4	960	19.8배	17.9배
경제성장률(%) GNI 기준	2.3	0.2	3.1	-0.9	-	-
무역 총액 (억 달러)	8573	6866	38.2	34.1	224.4배	201.4배
총인구 (만 명)	4860	4875	2330	2338	2.1배	2.1배

자료 : 한국은행 및 대한민국 국방부, 『2010 국방백서』

집중하고 있으며, 이를 위해 상당한 군사비를 유지하고 있다. 북한은 수적인 규모에서 세계 제4위의 재래식 군사력과 함께 핵무기 프로그램을 비롯한 대량살상무기 개발을 적극적으로 추진하고 있는데, 이는 한국의 안보에 심각한 도전으로 작용하고 있는 것이 현실이다. 남북한 군사력 비교 표에서 나타나는 것처럼, 북한의 군사력을 양적인 quantitative 차원에서 평가하는 경우 재래식 군사력은 한국을 압도하는 것이 사실이다. 하지만 남북한 군사력을 낱알 세기 bean-counting 식 방법으로만 평가하는 것은 적절하지 못하고, 오히려 질적인 qualitative 차원에서 볼 때 남북한의 군사력 균형 혹은 한미 연합 군사력의 상대적 우위를 평가할 수도 있다. 어떤 의미에서든 북한의 군사력이 한반도의 평화와 안보에 엄청난 위협 요인으로 작용하고 있다는 사실은 분명하다.

또한 북한은 전쟁 지속 능력과 군수 동원 능력을 유지하기 위해 에너지난과 경제난에도 불구하고 선군정치의 정신 하에 군수산업을 우선적으로 육성하고 있다. 이처럼 북한의 재래식 군사력이 감축되지 않는 한 남북한 간의 안보 구조를 근본적으로 변화시키기는 어려울 것이며, 한반도의 평화와 안정을 이끌어 내기는 불가능할 것이다. 따라서 북한의 군사력을 감축시킬 방안을 마련하고 이를 위해 적극적으로 노력하는 방향으로 정책을 모아야 할 것이다. 현재 북한의 군사비는 100억 달러에 육박하는 것으로 추정되고 있으며, 이는 북한의 GDP 대비 20퍼센트를 훨씬 상회할 것으로 예측되는데, 계산 방법에 따라 30~40퍼센트를 넘어설 것으로 예측되기도 한다. 한국의 군사비가 GDP 대비 2.6퍼센트 정도인 250억 달러 정도임을 감안할 때 북한은 군사력 증강 및 유지에 국가경제의 상당 부분을 희생하고 있는 것으로 평가된다. 북한이 군비를 소진하거나 축소시켜 군사 중심의 체제에서 벗어날 때 남북 관계와 한반도에 새로운 질서의 가능성을 기대해 볼 수 있을 것이다.

표 8-4 남북한 군사력 비교

구분			한국	북한
병력 (평시)		육군	52만여 명	102만여 명
		해군	6.8만여 명 (해병대 2만7000여 명 포함)	6만여 명
		공군	6.5만여 명	11만여 명
		계	65만여 명	119만여 명
주요 전력	육군	군단(급)	10(특전사 포함)	15
		사단	46(해병대 포함)	90
				70
		기동여단	14(해병대 포함)	(교도 10여개 미포함)
		전차	2400여 대(해병대 포함)	4100여 대
		장갑차	2600여 대(해병대 포함)	2100여 대
	장비	야포	5200여 문(해병대 포함)	8500여 문
		다련장/방사포	200여 문	5100여 문
		지대지 유도무기	30여 기 (발사대)	100여 기 (발사대)
	해군	전투함정	120여 척	420여 척
	수상 함정	상륙함정	10여 척	260여 척
		기뢰전함정	10여 척	30여 척
		지원함정	20여 척	30여 척
		잠수함정	10여 척	70여 척
	공군	전투임무기	460여 대	820여 대
		감시통제기	50여 대(해군 항공기 포함)	30여 대
		공중기동기	40여 대	330여 대
		훈련기	180여 대	170여 대
	헬기 (육해공군)		680여 대	300여 대
예비병력			320만여 명	770만여 명 (교도대, 노농적위대, 붉은청년근위대 포함)

자료: 대한민국 국방부, 『2010 국방백서』

표 8-5 남북한의 군사비 비교(추정)

	한국	북한
군사비(10억 달러)	25 (2010)	8.2 (2008)
GDP 대비 군사비 비율	2.6%	22~24%

자료: IISS(The International Institute for Strategic Studies), Military Balance, 2010

이처럼 남북한 관계를 불안정하게 만드는 북한의 대외 전략 역시 선군정치에서 유래한다. 김일성 시대에 군사국가화 된 북한은 김정일 시대에 선군정치를 채택함으로써 과잉 군사와 과잉 안보의 문제점을 악화시키고 있는데, 국가의 거의 모든 역량을 군사 부문에 집중시키고 군을 통해 국가를 운영하는 전략은 자원의 배분 구조를 왜곡시켜 비효율성을 증가시켜 왔다. 선군정치의 대외 전략은 북한의 대외적인 안보를 증진시키기보다는 주변국의 위협 인식을 증가시키고 이에 대한 대응을 촉발시켜 북한의 안보를 더욱 악화시키는 안보 딜레마의 악순환을 야기해 왔다. 북한은 선군정치를 통해 생존권과 자주권을 지키며 한반도에서 전쟁을 억지하려고 평화를 달성하고 있다는 선군평화론을 선전하고 있지만 현실은 그와 정반대이다(황지환 2009). 북한의 선군정치는 남북한 사이에 군비경쟁을 야기하고 한반도 주변 국가들의 위협 인식을 증대시켜 동북아 군비경쟁을 초래하고 있으며, 그것은 다시 부메랑이 되어 돌아와 북한의 위협 인식을 더욱 악화시키고 있는 현실이다. 결국 선군정치의 대외 전략은 북한의 안보를 증진시키기보다는 안보 딜레마를 야기시켜 과잉 안보와 과잉 군사의 문제를 해소하지 못하게 하는 결과를 가져 왔다. 선군 전략은 북한의 자존심을 세우고 세력균형론을 통한 일시적인 안보를 유지하는 데는 도움이 될지 몰라도 한반도의 냉전 구도를 해체하는 데는 전혀 도움이 되지 못하고 있다.

한국의 대북 정책:
대북 포용 정책과 대북 압박 정책의 긴장

북한 핵문제에 대해서 한국 정부가 그동안 취해 온 정책은 크게 강경책인 대북 압박 정책과 온건책인 대북 포용 정책으로 대별될 수 있다. 북한 핵문제가 국제사회에서 불거지기 시작한 1980년대 후반의 노태우 정부에서부터 1990년대 전반 1차 핵위기 당시 김영삼 정부까지 추진되었던 대북 정책은 일관적이지는 않았다. 하지만 북한의 일탈 행위에 대해서 엄벌하며 강경하게 대응하는 것이 주요 정책이었다. 한국 정부 홀로 이러한 정책을 추구할 경우 정책적 효과는 미미했으며 남북 관계의 경색 국면을 가져오기도 했다. 하지만 미국 등 국제사회와의 긴밀한 조정 과정 속에서 이루어질 경우 커다란 효과를 발휘하곤 했다. 가령, 1994년 6월의 경우처럼 북미 간의 갈등이 첨예화되어서 한반도 주변에 군사적 충돌의 기운이 감돌 경우 북한에 대한 강압 외교 coercive diplomacy가 일정 부분 효율적이었던 것도 사실이다. 실제로 당시 북한은 미국과의 군사적 충돌로 인한 국가와 정권의 붕괴라는 최악의 시나리오를 회피하기 위해 핵위기를 해소시킨 측면이 있었다(황지환 2006). 하지만 위기 국면을 의도적으로 형성하기 위해 미국이나 한국이 시종일관 대북 압박 정책을 통해 북한을 벼랑 끝으로 내모는 것은 결코 바람직한 정책은 아니다. 이는 북한의 위협 인식을 증가시켜 북한 스스로 더 큰 위험을 감수하는 도박을 감행할 가능성을 높이기 때문이다. 여타 지역 국가들과의 인식의 공유가 이루어지지 않은 상황에서 미국 등 특정 국가가 일방적인 대북 강경책을 추구할 경우 오히려 한반도 주변 지역의 안보 질서를 악화시킬 가능성이 크며, 북한 문제 해결을 더욱 어렵게 만들 수 있다.

예를 들면, 2006년과 2009년 북한의 핵실험 이후 이루어진 유엔 안전보장이사회의 대북 제재는 북한에 대한 국제사회의 공동 대응을 가능하게 했다. 하지만 그동안 한국 정부의 대북 정책은 일관적이고 효율적인 강압 외교의 모습을 보여 주지 못했다. 가령 김영삼 정부 시대에는 국내 정치적인 목적을 위해 강경책과 온건책을 넘나드는 정책 혼선을 보임으로써 미국과의 정책 갈등을 야기하곤 했다(황지환 2010c). 김대중 정부와 노무현 정부는 북한 문제 해결과 남북 관계 개선에 대한 소박한 낙관론에 바탕을 두고 강압 외교의 가능성을 완전히 배제한 대북 포용 정책을 펼쳤는데, 이는 미국의 한반도 정책과 일정한 차이를 보이며 한미 간의 긴장을 야기하기도 했다. 반면 이명박 정부의 비핵 개방 3000이나 그랜드바겐 정책은 국내에 대북 정책 논쟁을 일으켜 왔다. 햇볕정책으로 대표되는 대북 포용 정책이 북한의 핵 포기를 이끌어내지 못했던 것처럼, 이명박 정부의 대북 압박 정책 역시 북핵 문제에 대한 돌파구를 전혀 만들어 내지 못했다. 하지만 장래에도 한국 정부의 대북 정책은 대북 포용 정책과 대북 압박 정책을 중심으로 그 사이에서 움직이며 표류할 가능성이 크다. 따라서 기존의 제재와 포용이라는 이분법적인 대북 정책을 넘어서는 새로운 대북 정책을 모색할 필요성이 커지고 있다(하영선, 조동호 2010).

김대중 정부와 노무현 정부 당시 추진했던 햇볕정책과 같은 대북 포용 정책은 이슈적으로 덜 민감한 경제 부문과 사회 문화 부문에서의 협력을 진전시켜 이를 확산시킴으로써 정치 및 군사 분야에서도 협력을 진전시켜 북한의 변화를 유도하는 기능주의적 접근법을 꾀하고 있다(황지환 2010a). 이는 대북 정책의 협상을 작은 부분부터 단계적으로 협상하고 점진적으로 확대해 나가자는 것으로 점진적이고 단계적인 대북 정책 방식이다. 이러한 대북 포용정책은 남북 관계를 개선시켜 줌으로써 북한의 협력을 일정 부분 유도한 측면이 있었으며, 북한의 대외적 상황 인식을 개선시켜 준다는 점에서 긴장 완화 효과도 일정하게 존재했다. 실제로 2000년 6월의 남북정상회담 이후 지속적으로 진행된 대북 포용 정책으로 남북 관계가 이전과는 질적으로 다른 모습을 보여 주었다는 사실은 주목할 만하다.

하지만 대북 포용 정책은 북한이 국제사회의 지원과 포용에 선의로 화답할 것을 전제로 하는데, 북한이 국내 정치적인 고려 때문에 반드시 상호성의 원칙에서 유화적인 맞대응 전략을 펼치지 않을 수도 있다는 문제점이 지적된다. 북한이 내부적인 이유로 국제사회의 포용 정책을 악용할 우려가 있으며 이 경우 남북 관계는 불안정해 질 수밖에 없다. 포용 정책이 일정 기간 내에 북한의 일관된 협력을 이끌어 내지 못하면 여론의 속성상 장기간 지속되기 어려운 문제점도 있

다. 미사일 시험 발사나 핵실험처럼 북한이 일방적으로 위기를 고조시키는 경우 미국과 한국의 대내외적인 상황을 고려할 때 포용 정책을 일관적으로 추진하는 것은 불가능하다. 또한 2001년 미국 부시 행정부의 등장 이후 김대중, 노무현 정부의 대북 포용 정책이 상당한 어려움을 겪었던 것처럼 변화하는 세계질서 속에서 국제사회의 강력한 지지를 받지 못할 경우 대북 포용 정책은 단번에 무너질 수도 있다. 세계질서의 변화와 동떨어진 한국 정부의 대북 정책과 남북 관계 개선은 사상누각이 될 가능성이 크다. 지속적인 포용 정책과 수많은 핵 협상에도 불구하고 북한 핵문제가 근본적으로 해결되지 않는 이유도 여기에 있다.

또한 대북 포용 정책이 추구하는 기능주의적 접근법은 북한이 각 현안마다 협상 테이블을 다각화하고 의제를 세분화하여 대응하는 소위 '살라미' 전술에 대한 대응책으로 한계를 지니고 있는 것이 사실이다. 특히 초기에는 덜 민감하고 쉬운 부분부터 합의해 나가기 때문에 초기의 협상 합의 가능성은 높지만, 중장기로 가면서 정치 군사적인 사안과 맞닥트리면 문제의 근본적 해결 가능성은 난관에 봉착한다. 이러한 문제가 발생하는 기본적인 원인은 기능주의적 통합 접근이 국가와 국가이익을 단일하게 unitary 보지 않고 다양하게 보는 다원주의적 관점에 입각하고 있지만, 이를 북한에 적용시키기에는 아직 한계가 있기 때문이다. 유럽 통합의 과정에서 나타나듯 국가이익은 정부, 시민사회, 이익단체, 개인, 초국가 기구 등의 다양한 관점에서 재해석되고, 이러한 다양한 행위자들의 행동에 의해 복잡한 양상을 띠게 된다. 이 과정에서 비정부 행위자가 추구하는 이익이 반드시 정부 이익과 일치하지 않기 때문에 정부의 의도와는 다른 결과가 발생하는 측면이 있었고, 그 효과가 확산되는 과정이 존재했다. 하지만 북한의 경우 아직 국내 정치 환경이 성숙되지 못했기 때문에 기능주의적 접근이 성공하기에는 구조적 한계가 있었다. 기능주의적 대북 정책이 성공

하려면 북한 정권의 성격이 근본적으로 변하여 개혁 개방과 국가 발전에 대한 명확한 확신이 전제되어야 하지만, 현재 북한 정권의 속성상 이러한 변화를 기대하기에는 이르다. 정권 안보에 대한 불안이 팽배한 상황에서 북한 정권이 근본적인 성격 변화를 하기에는 아직 한계가 있고 기능주의적 대북 포용 정책도 기본적인 한계점을 가지고 출발할 수밖에 없었다. 이것이 김대중, 노무현 정부 당시 10년간의 대북 포용 정책의 노력에도 불구하고 북한을 변화로 이끌지 못한 주요 요인이라고 할 수 있다. 따라서 대북 포용 정책은 북한 정권의 본질과 성격 변화에 대한 보다 더 현실주의적인 사고를 통해 전략을 재조정해야 할 것이다.

반면, 이명박 정부의 그랜드바겐과 같은 대북 압박 정책은 대북 포용 정책과는 정반대의 접근법을 선택했다(황지환 2010a). 2009년 9월 21일 이명박 대통령이 뉴욕에서 제안한 그랜드바겐 정책은 정권 초기 비핵 개방 3000에서 제시한 북한 비핵화와 대북 정책의 협상 방안인데, 이는 과거 햇볕정책과 같은 점진적이고 단계적인 대북 정책의 실패를 극복하기 위한 시도로 평가되었다. 남북 관계에 대한 기존의 정책이 단계적인 접근을 했던 것에 비해, 대북 압박 정책은 북핵 문제와 남북 관계를 연계하여 북한 문제 전체라는 보다 큰 틀에서 접근하려는 통합적 접근 방식을 띠고 있었다. 이는 북한과의 협상 의제를 핵 프로그램에만 국한할 것이 아니라 북한과 관련된 다양한 사안을 한꺼번에 놓고 논의 및 협상하자는 방안이다. 따라서 남북 관계의 장기적 발전은 북핵 문제 해결뿐만 아니라 정치·외교·군사·경제·사회·문화 등 북한의 다른 모든 부문이 근본적으로 변화해야 가능하다는 인식을 가지고 있었다.

이러한 관점에서 그랜드바겐과 같은 대북 압박 정책은 북한 문제에 있어서 문제 해결의 선후 설정에 대해 새로운 접근 방식을 채택했다. 햇볕정책과 같은 기존의 대북 포용 정책이 작은 부분부터 단계적으로 협상하고 점진적으로 확대해 나가자는 접근법이었다면 그랜드바겐은 협상의 양 당사자인 북한과 한국 및 국제사회가 상대방에게 카드로 제시할 수 있는 모든 것을 협상 테이블에 올려 놓고 가장 중요한 것부터 시작하여 해결하자는 접근 방식이다. 즉 북핵 문제를 우선적으로, 핵무기와 플루토늄과 같은 핵물질 등 핵심적인 사안에 대해 먼저 합의한 후 그 다음에 구체적인 이행 방안과 부차적인 사안들을 협상해 나가자는 포괄적 해결 방식이다. 또한 이는 북한 문제에 관해 각 현안마다 협상 테이블을 다각화하고 의제를 세분화함으로써 발생하는 북한의 살라미 전술에 대한 대응책으로 제시되었다. 따라서 북한이 핵무기 및 핵물질의 폐기와 핵 확산 방지라는 북핵 문제의 궁극적 목표에 대해 전략적 결단을 내리겠다는 명확한 의사를 밝히고 행동을 취하면, 한국 정부와 국제사회가 확실한 안전 보장과 본격적 경제 지원을 제공할 것을 약속하고 새로운 남북 관계를 도모하겠다는 일괄 타결 방식이기도 했다.

하지만 대북 압박 정책은 남북 관계의 접근 과정에서 구조적 문제를 가지고 있었는데, 이는 곧 북한 문제에 대한 합의와 이행 사이의 딜레마이다. 대북 압박 정책은 북한에게 핵 프로그램을 폐기하고 핵무기와 핵물질을 폐기 혹은 해외로 이전하는 핵심적인 결정을 먼저 내리도록 요구했다. 만약 북한이 핵 포기에 합의하고 이행에 옮길 경우 한반도 비핵화와 남북 관계 발전에 대한 중요한 진전이 있을 것이다. 반면, 북한이 핵 포기에 합의하지 않을 경우, 북한 문제에 대해 거의 아무런 조치도 취할 수 없다는 문제가 있었다. 대북 포용 정책이 쉬운 부분부터 단계적인 접근을 시행하기 때문에 초기의 합의는 상대적으로 쉽지만, 이후 단계적인 이행 단계에서 이견이 발생하면 합의가 붕괴되는 문제가 반복되면서 근본적인 해결이 어려웠다는 문제가 있었던 반면, 그랜드바겐과 같은 대북 압박 정책은 핵심적인 부분을 먼저 다루기 때문에 합의만 된다면 해결 가능성이 높겠지만, 북한의 국가 전략과 체제의 경직성을 고려할 때, 초기의 합의 자체가 상당히 어렵다는 문제점을 가지고 있었다. 결국 대북 압박정책은 북한의 내부적 변화가 이루어지지 않는 이상 무한정 기다리는 대북 정책이 될 수밖에 없는 구조적 문제점을 지니고 있었다.

새로운 대북 정책의 모색과 남북 관계

이처럼 대북 포용정책이나 대북 압박정책 모두 북한 자체의 변화 프로그램이 결여되어 있었다. 국제사회나 한국 정부의 대북 정책이 바뀐다고 해서 북한 문제가 해결되는 것은 아닌데, 이는 전술했듯이 북한의 변화가 우선되지 않으면 모든 것이 불가능하기 때문이다. 따라서 북한이 선군정치를 포기하고 자체적인 개혁 프로그램을 추진할 수 있는 주변 여건을 만들어 주는 것이 남북 관계 발전 전략의 필수적인 사항이 될 것이다(황지환 2010a). '기다리는 것도 전략'이라는 인식을 가지고 그저 북한의 행동 변화를 요구하는 것은 현재의 북한 상황과 핵문제를 고려할 때 여유가 있어 보이지는 않는다. 한국이 적극적인 계획을 가지고 대응하지 않을 경우 미국과 중국은 현상 유지 status-quo 정책을 펼 가능성이 크다. 특히 북한에 대한 미국 정부의 전략적 인내는 세계 금융 위기나 중국의 부상, 중동 문제 등 다른 사안에 밀려 현상 유지와 전략적 무시의 정책이 될 수도 있다. 단순히 북한의 변화를 기다리는 전략은 장기적으로는 아무런 정책도 실현되지 않으면서 시간을 허비할 가능성이 크다. 이 경우 북한의 권력이 승계되는 민감한 시점에 북한 문제 해결을 위한 중요한 기회를 놓칠 수도 있다.

또한 북한 문제를 해결하기 위한 새로운 대북 정책을 모색하기 위해서는 북한에 대안을 제시해 줄 수 있다는 믿음을 주는 것이 필요한데, 북한을 설득시키기 위해서는 우선적으로 중국이 수용할 수 있는 남북 관계 상을 제시해야 한다. 중국은 북한 문제와 남북 관계의 연착륙 soft landing을 바라고 있기 때문에, 중국이 선호하는 접근 방식을 대북 정책에 반영시킬 필요가 있다. 국내외의 일부에서 기대하는 북한 붕괴론이나 흡수 통일론을 중국이 수용할 가능성은 거의 없다. 중국의 관점에서 북한의 정권이 붕괴할 regime collapse 가능성을 상정할 수는 있겠지만, 북한 자체가 붕괴할 state collapse 가능성은 배제하려고 할 것이기 때문이다. 따라서 중국이 강조하는 북한 문제의 접근법 중 한국과 미국이 받아들일 수 있는 내용을 남북 관계에서 구현할 필요가 있는데, 이를 통해 중국이 북한의 안전을 보장해 줄 수 있다는 메커니즘을 만들어야 한다. 천안함과 연평도 사건을 포함하여 최근의 북한 문제에 대한 중국 정부의 미묘한 입장에서 잘 드러나듯 미·중 관계의 긴장이 북한 문제를 통해 돌출되어 왔다. 따라서 한국 정부는 한미동맹과 한중 관계에서 조심스러운 전략을 모색해야 할 것이다. 이러한 관점에서 새로운 대북 정책은 미국과 중국을 아우르는 것이어야 하며, 동시에 포용과 압박이라는 기존의 이분법적 구조를 넘어서서 남북 관계의 기본 성격을 근본적으로 변화시키는 전략이어야 할 것이다.

결국 대북 포용정책이나 대북 압박정책 모두 북한 정권의 속성이나 세계질서에 대한 보다 현실적인 사고를 통해 재조정될 필요가 있다. 따라서 한국 정부의 대북 정책은 북한의 내부 변화뿐만 아니라, 미국의 세계 전략이나 중국의 부상, 미·중 관계의 변화 등 세계질서와 동아시아 안보 환경의 변화를 염두에 두고 이루어져야 할 것이다.

3. 한미 관계와 한국 안보

한미 관계에 관한 국내 논의 역시 보수와 진보의 대결로 양분화된 경향이 강했다. 한미동맹의 재조정 문제는 글로벌 행위자로서의 미국과 동아시아 지역 행위자로서의 한국이 만나는 접점에 놓여 있다. 문제는 미국이 21세기 새로운 동맹 전략의 관점에서 한미동맹의 재조정을 추진하고 있지만, 한국은 보수와 진보의 이데올로기적인 논쟁 속에서 미국의 정책에 적절히 대응하지 못하고 있다는 점이다. 국내의 보수 진영은 여전히 냉전 동맹의 시각에서 한미동맹이 한국에 대한 미국의 보호라는 관점에서 이해하는 경향이 강하며, 따라서 전통적인 한미동맹의 강화를 주장하고 있다. 반면, 진보 진영에서는 자주의 관점에서 한국이 과거와는 다른 수평적 위치에서 한미동맹을 재조정해야 한다고 주장하고 있다. 문제는 두 진영의 주장 모두 정작 미국의 세계 전략이나 세계안보질서의 변화는 제대로 반영하지 못하고 있다는 점이다. 노무현 정부 당시의 전시작전통제권, 전략적 유연성, 주한 미군 재조정, 주한 미군 기지 이전 문제나 이명박 정부가 추진한 한미 전략 동맹에서도 보수와 진보의 갈등은 여전히 나타났다. 이는 변화된 미국의 글로벌 인식과 변화하지 않은 국내 인식의 격차 때문에 발생하는 것이다. 한쪽에서는 냉전적 동맹 강화를, 다른 한쪽에서는 자주와 반미를 외치는 상황은 미국이 한반도에서 의도하는 군사 변환 및 동맹 재조정의 모습과는 전혀 조화되지 않는다. 세계안보질서의 변환에 의해서 우리가 원하지 않더라도 우리에게 구조적으로 부과되는 측면이 있음을 인식해야 하며, 또한 우리가 원하더라도 받아들여지지 않는 측면이 있다는 점도 분명히 이해해야 한다. 이것은 우리가 안에서 밖을 보고 있지만, 밖의 모습을 통해 안의 모습을 재구성하고 있지 못한 한계 때문이다. 우리는 냉전 동맹이나 자주 및 반미의 시각에서 한미동맹의 변화를 바라볼 것이 아니라, 미국의 글로벌 전략과 미·중 관계의 변화가 한반도에 적용되는 과정을 살피는 엄정한 국제정치적 논리 속에서 이를 이해해야 할 것이다.

(1) 미국의 외교 안보 전략과 한반도

1953년 한미상호방위조약의 체결과 함께 시작된 한미동맹은 반세기 동안 한국 국가 안보의 핵심적인 요소였다. 1950년 한국전쟁 이후 한국의 안보를 담당해 왔던 한미동맹은 21세기에 들어와서 커다란 변화를 보이고 있는데, 한국의 성장과 더불어 미국의 세계 전략이 변화한 데서 비롯된 것으로 이해할 수 있다. 탈냉전 이후 미국의 상대적 쇠퇴와 중국의 부상이라는 세계질서 및 동아시아 질서의 변화가 한미동맹의 재조정으로 이어지고 있다고 이해할 수 있다(하영선 2011).

21세기를 맞이하면서 세계안보질서는 새로운 변환을 거쳐 왔고 미국은 이를 변환 transformation의 논리로 대응해 왔다. 지구적 차원에서 냉전 질서가 종식된 이후, 2001년 9·11 테러의 발생은 반테러와 대량살상무기의 확산 방지를 미국의 가장 중요한 안보 현안으로 등장시켰다. 21세기 초반 등장한 미국의 부시 행정부는 군사 변환 military transformation과 변환 외교 transformational diplomacy를 양축으로 반테러 전쟁과 폭정의 종식 등 자유의 확산을 최우선 과제로 설정하며 세계안보전략을 구체화해 왔다(하영선 2006). 이에 따라 미국은 해외주둔미군재배치계획 GPR: Global Posture Review과 동맹 변환 및 해외 기지의 재조정을 핵심적인 현안으로 추진해 왔다. 따라서 한미동맹과 주한 미군 역시 변화하는 세계안보질서 및 지역 질서 속에서 근본적인 변환의 대상으로 등장한 것은 당연한 현상이었다. 미국이 지향하고 있는 세계 전략의 핵심 방향은 반테러 및 대량살상무기의 확산 방지라는 새로운 안보 위협의 예방과 미국의 힘을 위협할 수 있는 잠재적 경쟁자의 등장 방지였다. 따라서 부시 행정부는 군사 변환과 변환 외교라는 변환 전략을 구체화했는데, 그것은 2006년의 4년 주기 국방검토보고서 QDR: Quadrennial Defense Review 와 2002년 및 2006년의 국가안보전략보고서 NSS: National Security Strategy 에서 잘 나타났다. 이러한 인식 변화는 세계 전략의 중심이 냉전 시대의 주요 전장에서 21세기의 동시다발적인 지역 분쟁에 대한 대응으로 옮겨 와서 불량국가와 테러 집단과 같은 잠재적 위협 세력에 대한 사전 견제와 신속한 대응이 중요하다는 점을 강조하는 것이었다.

부시 행정부는 세계적 차원의 변환 전략을 한미동맹의 재조정에도 그대로 적용했다. 당시 미국의 동맹 전략은 지구–동아시아–한반도로 확대 적용되는 하향식으로 이루어지고 있었다. 하지만 당시 노무현 정부는 탈냉전기를 맞이하여 한국의 경제성장을 기반으로 대미 자주성의 향상과 자주 국방력 증진을 지향하며 국방 개혁을 추진했다. 또한 대북 포용 정책과 이에 따른 남북한 긴장 완화를 목표로 한미동맹의 재조정에 대응하고 있었다. 따라서 동아시아 주변 강대국들의 경쟁에서 일정한 거리를 두는 균형 외교를 추구했으며, 원하지 않는 긴장 관계에 한국이 연루되는 것을 피하는 정책을 펼치며, 이러한 관점에서 한미동맹의 재조정 문제에도 접근하고 있었다. 결국 당시 노무현 정부는 주로 한반도와 국내적 차원에서 제기된 한미동맹의 변화 요인에 주목했다고 할 수 있는데, 이는 미국의 접근 방식과는 근본적으로 다른 것이었다. 말하자면, 한국 정부는 국내–한반도–동아시아–지구로 확대되는 상향식 접근법을 취하고 있었다. 당시 한미동맹의 재편을 미국에서는 21세기의 세계 변환 전략의 일환으로 보고 있었던 반면, 한국에서는 국내 정치 및 한반도 차원을 중심으로 접근하고 있었던 것이다. 이러한 상황에서 한국과 미국의 안보 전략이 일정한 편차를 보이는 것은 당연했으며, 한미동맹의 재조정 과정에서도 이러한 이견은 그대로 노출되었다.

반면 오바마 행정부 이후 미국의 외교 안보 전략은 세계 금융 위기 이후 변화된 미국의 위상과 영향력을 반영해 왔다. 특히 오바마 행정부가 2010년 5월 발표한 국가안보전략보고서는 글로벌 차원에서 세력 분포가 변하고 있으며, 미국의 국가 안보 전략이 성공하기 위해서는 '있는 그대로의 세계' the world as it is 를 보고 전략을 추구해야 한다고 주장했다. 미국이 직면한 '있는 그대로의 세계'란 지구상에 가장 강력한 국가인 미국조차도 혼자 힘으로는 글로벌 차원의 문제들에 효과적으로 대처할 수 없다는 현실을 인정한 것이었다. 미국은 글로벌 차원의 도전들에 적절히 대응하기 위해서는 변화를 가져올 수 있는 국가들과의 협력이 필요한데, 이러한 국가들이 '새로운 영향력의 중심지' emerging centers of influence 로 출현하고 있다고 인식하고 있었다. 국제협력을 강조하는 경향은 2010년 2월 발표된 오바마 행정부의 QDR에서도 비슷하게 나타났다. 게이츠 국방장관이 강조했던 '균형 전략' balanced strategy 개념이 QDR에서 '재균형' rebalancing 으로 정교화되어 두드러지게 강조된 점은 오바마 행정부의 외교 안보 전략이 부시 행정부 때와는 달리 상대적 힘의 쇠퇴를 반영하여 기존의 하드파워 위주의 전략에서 벗어나고 있음을 의미하는 것이었다. 따라서 오바마 행정부의 대외 정책의 변화는 하드 파워와 소프트 파워를 결합한 스마트 파워와 균형 전략 및 국제 제도의 위상 회복, 다자적 접근 등으로 요약될 수 있다.

이처럼 오바마 행정부의 국가 안보 전략은 미국의 상대적인 영향력의 감소를 반영하여 국제 협조를 가장 중요한 정책적 기반으로 제시했다. 오바마 행정부는 국가안보전략보고서에서 특히 세계 금융 위기의 와중에 G20이 최고의 국제 경제포럼으로 부상하면서 한국과 같은 국가들이 더 많은 지구적, 지역적 역할을 맡아가고 있다고 강조하며, 이러한 새로운 중심 국가들이 세계질서를 위해 더 많은 공헌을 하기를 기대했다. 세계 금융 위기에 의해 촉진된 미국의 상대적 쇠퇴와 '나머지의 부상'the rise of the rest은 새로운 중심 국가의 한 축을 형성하고 있는 한국에도 상당한 역할 확대를 요구한 것이며, 이는 한미 관계의 변화에 커다란 변수가 되었다.

세계 금융 위기가 한미 관계의 변화를 새롭게 촉발시킨 것은 아니지만, 이전부터 진행되어 오던 동맹의 변환 과정을 새로운 차원으로 변모시킨 것은 사실이다. 부시 행정부가 한반도에서 미국의 역할과 정책을 재조정하는 데 한미동맹 변환에 초점을 두었다면, 오바마 행정부는 한반도뿐만 아니라 글로벌 질서에서 한국의 역할을 확대시키고 재정의하는 데 논의를 집중시켜 왔다. 2010년 한국이 의장국이 되어 G20 회의를 개최했고 2012년 제2차 핵안보정상회의Nuclear Security Summit를 개최할 정도로 국가 역량이 강화되면서 이러한 동맹 변화는 일견 불가피한 측면이 있었다.

(2) 한미동맹의 변환과 한국의 역할

부시 행정부 시절 미국은 세계안보질서의 변화에 따른 한미동맹의 변환 필요성을 강조했다. 이는 한국의 국내적인 동맹 재조정 요구와 동시에 미국 쪽에서 제기된 동맹 변환 요구의 결과였다. 구체적으로 당시 한미 간에는 주한 미 2사단의 한강 이남 이전을 포함한 주한 미군 재배치, 한반도 방위 관련 특정 임무의 전환, 한국 내에 47개 정도로 흩어져 있는 기지를 20여 개 내외로 줄이며 오산과 평택을 중심으로 하는 새로운 거점 기지 2개 '허브'로의 통폐합 등 기존 한미동맹의 모습을 근본적으로 전환하는 의제들이 제시되고 합의되었다. 또한 미국이 2003년에 공표한 해외주둔미군재배치계획의 일환으로 주한 미군의 감축 문제까지 합의되었다. 2004년 10월 당시 한미 양국은 3단계에 걸쳐 2008년까지 1만 2500명의 주한 미군을 감축하여 2만 5000명 수준으로 유지하기로 합의했는데, 이명박 정부가 들어선 이후 2만 8500명 수준을 유지하기로 재조정하기도 했다. 또한 한미 간에는 전시작전통제권 문제가 논의되어 2012년 4월 17일을 기점으로 한국군의 전시작전통제권을 미국에서 한국으로 이양하기로 합의했다가 이후 2015년 12월로 연기되었다. 당시 한미 간에는 '전략적 유연성' 개념도 합의되었는데, 이에 따라 한국에 남은 미군 역시 한반도 밖에서의 작전을 위해 탄력적으로 입출입하는 형태로 재구성되었다. 국내 정치적으로는 주한 미군의 전략적 유연성 개념이 미국의 중국 및 북한 포위 전략으로 해석되기도 했고, 대만과 같은 동아시아 지역 분쟁에 한국이 연루될 가능성이 지적되며 뜨거운 논쟁의 대상이 되었다. 하지만 미국의 입장에서 전략적 유연성 문제는 유동군 혹은 신속기동군으로의 군사 변환의 과정에서 핵심적인 사안이었으며, 이러한 개념을 한반도에도 그대로 적용한 것이었다.

다른 한편, 오바마 행정부가 등장한 이후 한미동맹은 새로운 변화의 모습을 보여 주었다. 2009년 6월 16일 이명박 대통령과 오바마 대통령 사이에 채택된 '한미동맹 미래비전'은 한미동맹의 새로운 청사진을 제시했다. 이 선언에서 한미 양국은 동맹의 "공고한 토대를 바탕으로 공동의 가치와 상호 신뢰에 기반한 양자·지역·범세계적 범주의 포괄적인 전략 동맹을 구축해" 나가기로 합의했다. 한미동맹을 재조정해 나가는 데 있어서도 "대한민국은 동맹에 입각한 한국 방위에서 주된 역할을 담당하고 미국은 한반도와 역내 및 그 외 지역에 주둔하는 지속적이고 역량을 갖춘 군사력으로 이를 지원할" 것을 합의했다. 또한 한미는 "테러리즘, 대량살상무기WMD 확산, 해적, 조직범죄, 마약, 기후변화, 빈곤, 인권 침해, 에너지 안보, 전염병 같은 범세계적인 도전에 대처하기 위해 긴밀히 협력"하며, "이라크와 아프간에서 이루어지고 있는 것과 같은 평화 유지와 전후 안정화, 그리고 개발 원조에 있어서 공조를 제고"하며, " 안정과 같은 범세계적인 경제 회복을 목표로 한 다자 체제에서의 협력을 강화해 나갈 것"을 약속했다. 따라서 '한미동맹 미래비전'은 한국과 미국이 "모든 수준에서의 전략적 협력을 통해 공동의 동맹 목표를 달성하기 위해 노력할 것"을 선언한 것이다.

한미동맹의 변화 과정에서 최근의 흐름은 한국 방위의 한국화와 글로벌 이슈에 대한 한국의 역할 증대로 요약될 수 있다. 한미동맹의 미래상은 한반도에서는 한국이 안보의 중심이 되고 미국이 지원하는 방식을 지향하며, 글로벌 차원에서는 한국의 역할이 한반도를 넘어서서 미국의 글로벌 전략에 협력해 가는 모습으로 정리된 것이다. 한국전쟁이 종결된 1953년 한미상호방위조약 체결 이후 한미동맹은 한국이 미국에 절대적으로 안보를 의존하는 비대칭적 동맹asymmetric alliance으로 규정되었지만, 이제 한미동맹은 한국이 적극적으로 역할 확대를 모색하여, 보다 대칭적인 동맹symmetric alliance으로 다가서는 새로운 전략적 마스터플랜을 제시했다고 평가할 수 있다.

하지만 한편으로는 새로운 한미동맹의 모습이 방위비 분담 등 한국의 부담burden-sharing을 크게 증가시키는 반면, 미국은 한반도 방위의 비용을 한국에 전가하며buck-passing 한반도에서 이탈하려는 경향을 반영한 것이라는 우려도 있다. 한국은 그동안 미국의 대량살상무기확산방지구상PSI이나 미사일 방어체제MD와 같은 글로벌 이슈에 적극적으로 참여를 확대해 온 반면, 미국은 주한 미군의 평택 기지 이전을 포함한 한국의 방위비 분담금을 증액시키고, 주한 미군의 전략적 유연성 확보를 위한 노력을 기울여 온 것이 사실이다. 실제로 미국 국내에서는 재정 적자 감축을 위해 주한 미군을 비롯한 해외 주둔 미군을 줄여야 한다는 주장이 의회를 중심으로 지속적으로 제기되어 왔다. 이들은 공산주의의 위협이 사라졌는데도 미국이 냉전 시대처럼 핵우산 제공과 해외 주둔 미군을 위해 적지 않은 예산을 쓰고 있다고 비판해 왔다. 특히 미군이 주둔중인 유럽이나 동아시아의 국가들은 상당히 부유한 국가들이기 때문에, 해외 주둔 미군을 위한 예산을 재검토하고 줄여야 한다는 의견이 강하게 제기되곤 했다.

다른 한편으로는 2010년의 QDR에서는 주한 미군의 성격이 '전진 배치'forward-deployed에서 가족과 함께 근무하는 '전진 주둔'forward-stationed으로 변화할 것임을 지적했다. 이러한 노력은 한반도 이외 다른 지역의 글로벌 사태global contingencies에 대응할 병력 확보를 용이하게 할 것이라고 언급함으로써 장래 주한 미군의 전략적 유연성 확대를 시사했다. QDR은 이를 '주한미군의 주둔 정상화'Normalizing the stationing of U.S. forces in Republic of Korea라고 표현하고 있으나, 사실상 주한 미군을 한반도 이외의 지역에 투입하는 전략적 유연성을 적극 확대하겠다는 구상을 암시하고 있는 것으로 이해할 수 있다. 미국이 주한 미군에 전략적 유연성 개념을 적극적으로 적용하게 되면 주한 미군의 한반도 분쟁 대비 및 대북 억지 기능이 약화될 가능성이 크다. 또한 주한 미군의 주둔 성격 전환은 한반도를 사실상 비전투 지역으로 간주하는 것으로 한반도 유사시 한미 안보 협력을 어렵게 만들 가능성이 있다.

한국의 방위 부담 증가 문제는 전시작전통제권(전작권)의 전환을 연기하는 결정 과정에서 커다란 여론의 논란을 불러일으키기도 했다. 한미 정상은 전작권의 전환을 기존의 2012년에서 2015년으로 연기할 것을 결정했는데, 오바마 행정부는 그동안 전작권의 2012년 전환에 대해 어느 정도 확고한 입장을 보였기 때문에 이는 상당히 이례적인 것이었다. 그동안 여러 차례 전환의 연기 가능성이 언급되기는 했지만, 전작권의 2012년 전환은 2009년 10월의 한미 국방장관 회담인 한미안보협의회의^{SCM}에서도 재확인되어 전략적 작전 계획에 따라 예정대로 진행되고 있었다. 오바마 행정부 역시 2010년의 QDR에서 이를 분명하게 명시했기 때문에 논란은 더욱 강하게 일었다. 물론 전작권 전환 연기 결정은 북한이 2009년 이후 로켓 발사와 핵실험, 그리고 천안함 및 연평도 사건으로 한반도 주변 정세를 위기 국면으로 악화시킨 상황을 반영한 한미의 적극적인 대응으로 해석될 수 있었다. 전작권 전환 연기가 커다란 문제나 비용 부담 없이 이루어진다면 좋겠지만, 기존의 결정을 번복하는 것은 한미 간에 상당한 진통과 비용 부담이 수반될 것이기 때문에 앞으로도 논란의 여지를 남겨 두고 있다고 평가된다.

하지만 한국의 역할 확대를 지향하는 한미동맹의 최근 방향성은 한국 스스로도 적극적으로 추진해 온 것이 사실이다. 한미동맹을 21세기 '전략 동맹'strategic alliance으로 발전시켜 나가려는 한국 정부의 노력은 '한미동맹 미래비전' 선언 이전에 이미 2008년 4월 이명박 대통령과 부시 대통령 사이에서 합의된 바 있었다. 한미 전략 동맹은 한국과 미국이 공유하는 자유민주주의와 시장경제의 가치를 발전 및 확산시키기 위해 공동의 노력을 기울이며(가치 동맹), 양국이 군사·정치·외교·경제·문화·사회 등 포괄적 부문에서 공유 이익을 확대시키며(신뢰 동맹), 한미동맹을 한반도를 넘어 글로벌 이슈에 대한 전략적 이익을 공유할 수 있도록 강화할 것을 지향하고 있다(평화 구축 동맹). 이는 한미동맹이 20세기의 군사 안보 동맹을 넘어 21세기에는 미래지향적, 포괄적 동맹으로 거듭날 것임을 지향하는 것이다. 한미동맹을 전략 동맹으로 격상시키려는 한국의 입장은 새로운 세계 중심 국가로 부상하고 있는 한국의 글로벌 위상을 반영하고 국제사회에서 국가이익을 최대화하려는 노력인 동시에 글로벌 의무 역시 충실히 수행하기 위함이기도 하다. 하지만 한반도 중심의 군사동맹이었던 한미동맹이 그 성격과 임무를 확대 및 재정의하여 글로벌 전략 동맹으로 변화될 경우 한국의 이익과 함께 부담이 증가될 것임은 분명하다.

이처럼 한미동맹의 변화가 시대적 흐름의 대세임을 고려할 때 이는 피할 수 없는 현실이지만, 국내의 이해 부족은 동맹의 재조정 과정에서 많은 문제점을 야기해 왔다. 한미동맹 재조정 과정에서 국내의 보수와 진보가 공통적으로 가지고 있는 문제점은 21세기 세계안보질서의 새로운 변화 질서를 이해하지 못하고 지나치게 국내적인 여론과 이슈를 중심으로 문제에 접근해 왔다는 사실이다. 양 진영이 모두 보이는 한계점은 미국의 주한 미군 및 한미동맹 재편 계획이 세계적 차원의 군사 변환 전략의 틀에서 이루어졌다는 점을 간과한 것이었다. 현실적인 국제정치적 맥락을 충분히 인식하지 못하고 단순히 국내나 한반도 차원에서 논의하고 있는 한계가 있는데, 보수와 진보 그 어느 국내적 논의도 미국이 의도하고 추진하는 한미동맹의 재조정 과정과 의도를 충분히 반영하지 못했다. 이러한 안목으로는 새로운 시기 한미동맹 변화의 모습을 제대로 이해할 수 없으며 올바른 정책 방향을 제시할 수도 없을 것이다. 따라서 한미동맹의 재조정 과정에서 지구–동아시아–한반도의 변화를 우리의 정책과 조화시키려는 노력이 절실하다.

(3) 한미동맹과 한중 관계

최근 미·중 관계가 불안정해지면서 한국은 한미동맹과 한중 관계 사이에서 상당한 전략적 딜레마를 겪어 왔다. 2009년 미중 전략경제대화를 필두로 돈독한 관계를 과시했던 미국과 중국은 2010년 들어 검색 엔진 '구글'에 대한 사이버 분쟁을 시작으로, 대만에 대한 미국의 무기 판매 결정, 위안화 절상 및 무역 불균형 문제, 천안함 및 연평도 사건 등 전방위로 갈등이 악화되었다. 2011년 이후 미·중 간의 긴장은 일시적으로 봉합된 듯 했지만, 양국 간의 무역 불균형, 동아시아에서 중국의 세력 범위 확대 등 불안정 요인들이 상존해 있는 것이 사실이다.

미국은 그동안 중국의 정치, 경제, 군사적 부상을 감안하여 국제 문제를 처리하는 과정에서 중국의 지위와 영향력을 일정 부분 인정하며 공동의 협력을 강조해 왔다. 부시 행정부의 국무부 부장관이었던 로버트 졸릭Robert Zoellick이 언급한 '책임 있는 이해 상관자' responsible stakeholder라는 말은 21세기 중국에 대한 미국의 인식을 잘 반영하고 있다. 오바마 행정부 또한 정권 초기에 "미·중 관계를 세계에서 가장 중요한 양자 관계"로 규정하면서, 중국과의 협력 기조를 유지했다. 하지만 오바마 행정부는 중국의 부상 문제가 앞으로 미국의 대외 전략에 가장 중대한 도전 요인이 될 것이며 미·중 간에는 여전히 국제질서에 대한 견해 차가 존재하고 있음을 인식하고 있었다. 미·중 관계가 전면적인 협조 관계를 지향하면서 '이익의 공유자'shareholder가 되지 못하는 이유는 양국 관계가 근본적 갈등 구조를 바탕으로 전략적인 필요에 따라 사안에 따라 협력을 전개하는 관계이기 때문이다. 특히 2008년 이후 세계 금융 위기를 극복해 나가는 과정에서 미·중 간의 갈등이 크게 불거진 측면이 있었다. 세계 금융 위기를 거치면서 심각한 타격을 받은 미국에 비해 상대적으로 양호한 상태를 유지했던 중국의 달라진 대내외적 위상이 최근의 긴장 속에 반영되어 왔다. 중국과의 공동 보조 없이는 미국이 경제위기를 극복하거나 세계질서에서 제대로 된 리더십을 발휘하기 어려운 상황이기 때문에, 중국은 미국이 글로벌 이슈에 대응해 나가는 과정에서 자신들의 협력을 얻어내기 위해서는 변화된 자세가 필요하다는 분명한 메시지를 보내고 있다.

글로벌 금융 위기의 와중에 더욱 복잡해진 미·중 관계의 구조는 앞으로 한미 관계에 커다란 영향을 미치는 변수로 작용할 것으로 예상된다. 동북아의 4강에 둘러싸여 있고 남과 북으로 분단되어 있어 한미 관계와 한중 관계를 모두 중요시해야 할 한국으로서는 이러한 미·중 간의 갈등 상황은 매우 어려운 전략적 딜레마를 안긴다. 노무현 정부 시절 미·중 사이에서 선언한 '동북아균형자론'은 동맹국인 미국을 중국과 동일한 수준에 두고 한미관계를 재설정하려 하느냐는 미국의 의구심을 자아내기도 했다. 노무현 정부는 동아시아에서 중국의 부상이 가지는 의미를 고려하여 중국과의 경제협력을 강화해 왔고, 북한 핵문제 해결을 위한 노력으로 대중국 정책을 강화해 왔다. 이는 당시 한국 정부의 의도와 관계없이 한미동맹의 강화에는 상대적으로 소홀한 모습으로 미국에 비춰진 것이 사실이었다. 반면 이명박 정부에 들어서는 한미 관계가 강화되는 모습을 보이자, 이번에는 중국이 불편한 심기를 숨기지 않고 한미동맹이 냉전의 유산이라며 비판했다. 그러한 고민은 2010년 천안함 및 연평도 사건에 대한 중국의 비협조적인 태도에서 분명하게 드러났다.

이러한 상황에서 한국의 전략은 미·중 간의 긴장과 갈등이 한반도 주변에서 악화되는 것을 방지하는 데 우선적인 노력을 기울여야 한다. 미국과 중국이 한국에게 어느 한쪽을 선택하도록 강제하는 상황은 우리에게 최악의 시나리오가 될 것이기 때문에 반드시 회피해야 한다. 미·중 관계의 속성상 완전한 협력 관계로 발전하지도 않겠지만, 단시일 내에 전면적인 대결 상태에 돌입할 가능성은 거의 없기 때문에 한국 정부는 미·중 관계의 변화에 대해 지나치게 경직되고 비관적으로 판단할 필요는 없다. 물론 천안함이나 연평도 사건의 대응 과정에서 나타난 것처럼 중국은 여전히 한국과는 한반도 문제에 대한 인식에서 상당한 차이를 보였다. 하지만 중국, 러시아, 일본 등 한반도의 주변 강대국 역시 동아시아에서 미국의 역할을 인정하는 전제로 자신의 전략을 추진해 나가고 있음을 명심해야 한다. 한국 정부는 미·중 관계의 변화에 대해 지나치게 경직되고 비관적으로 판단하지 말고, 한미동맹을 기반으로 지역의 역할 확대를 추진해야 할 것이다. 미국이 중요시하지 않는 한국을 중국이 중요시하지는 않을 것이기 때문에 한미동맹의 원만한 재조정 과정은 한중 관계에서도 중요한 지렛대 역할을 할 수 있을 것이다. 더구나 미·중 관계가 극단으로 치닫지 않는 상황 속에서 미국과 중국 사이에 편협한 정책을 추진하는 것은 적절하지 못하다. 한국은 정치·외교·군사적인 측면에서는 미국에 상당한 의존을 하고 있지만, 경제적인 면에서는 중국에 대한 의존이 점점 더 커져 가기 때문이다. 따라서 우선적으로는 한미동맹의 강화를 통해 한중 관계를 관리하고, 점진적으로 한중의 전략적 협력 동반자 관계를 한미 관계 수준으로 격상시키려는 노력이 필요할 것이다. 한미동맹이 존재하는 상황에서 미국이 한국과의 관계를 전략적으로 강조하는 한 중국은 한국을 소홀히 할 수 없을 것이다. 같은 논리로 중국이 한중 관계를 중요하게 생각하는 상황에서 미국 역시 한국을 중요시하지 않을 수 없다. 한미 관계와 한중 관계의 동시적 발전과 강화는 북한 문제를 해결하고 한국의 미래를 설계하는 데 매우 중요한 열쇠가 될 것이다. 따라서 한국은 한미 관계와 한중 관계 사이에서 대외 전략을 어떻게 재균형화 rebalancing 할 것인지를 깊이 고민해야 할 것이다.

4. 동아시아 안보질서와 한반도

(1) 동아시아 안보질서: 낙관론, 비관론 및 신중론

동아시아의 안보질서는 냉전의 종식 이후 미국의 압도적 힘의 우위에 기초하여 균형이 유지되던 단극 unipolar 시기를 지나 중국의 강력한 부상으로 새로운 국면을 맞고 있다. 그 이면에는 각 국가들이 21세기 새로운 질서를 염두에 두고 지역에서의 리더십을 향한 치열한 세력 경쟁을 펼치고 있다. 이러한 동아시아 질서의 안정성에 대해 다양한 논의가 전개되고 있다. 우선 그동안 동아시아 지역이 보여 온 권력정치 power politics 의 모습과 세력균형 balance of power 의 역사를 돌이켜볼 때, 동아시아가 앞으로도 상당히 불안정한 질서를 보일 가능성이 많다고 예측하는 비관론이 있다. 이는 근대 국제정치의 환경 속에서 동아시아 지역이 오랫동안 지역 국가들의 세력경쟁의 장이 되어 왔고, 또한 이러한 불안정한 긴장 관계가 앞으로도 그대로 재현될 것이라는 주장이다. 냉전의 종식 이후에도 유럽에서는 다자주의적인 안보 협력이 증진되고 있는 모습에 비해 동아시아 지역은 안보 분야에서의 다자적 협력의 경험이 일천한 것이 사실이다. 오히려 이 지역에서는 미국을 중심으로 하는 양자적 관계가 압도적인 영향력을 발휘해 왔음을 상기할 때, 앞으로도 다자적인 협력의 모습보다는 각 국가들의 독자적인 안보정책의 결과로 야기되는 긴장과 갈등이 지속적으로 드러날 것으로 예측된다. 동아시아 안보 비관론을 더욱 부추기는 것은 역시 북한 핵문제, 중국의 부상, 일본의 역할 확대 노력, 대만 문제 등 지속적인 갈등의 근원이 산재해 있기 때문이다. 따라서 앞으로 동아시아에서 기존 미국의 역할과 영향력에 대한 상당한 도전이 있을 것으로 예측되며, 특히 중국의 강력한 부상과 미국의 상대적 쇠퇴로 인해 동아시아 지역은 새로운 패권 혹은 리더십 경쟁의 장이 될 가능성이 크다고 예측한다.

반면 동아시아 국가들의 이해관계를 고려할 경우 역내 질서가 상당 기간 안정적인 모습을 구가할 것이라는 낙관론도 만만치 않다. 동아시아가 과거 세력 경쟁의 장이었고 국가 간 충돌의 씨앗을 수없이 잠재하고 있지만, 새로운 시기의 지역 질서는 역내의 긴장 요소가 표면적으로 드러나기보다는 수면 아래에 잠재하면서 각국이 서로의 이익을 공유하기 위한 공동의 노력으로 예상된다. 특히 동아시아 지역이 세계경제 질서의 중심 무대로 자리 잡으면서 역내 경제적 상호의존 관계가 점증하고 있는데 군사·안보적 이슈들보다는 상대적으로 경제적인 이슈가 더 주목 받을 가능성이 크다. 따라서 기존의 경제적 번영의 틀을 깨뜨리지 않으려는 지역 국가들의 노력으로 경제협력의 구도가 안보상의 긴장 관계를 완화시킬 것이라는 예측이 강력하게 논의되고 있다. 가령 동아시아 지역에서 안보상의 갈등 요인은 늘 잠재해 있었지만, 실제 군사적인 충돌은 거의 발생하지 않았고 오히려 사안별 협력이 비교적 유연하게 이루어져 왔다는 점이 이러한 낙관론을 뒷받침하고 있다. 특히 중국의 부상이 만약 자신들의 주장대로 평화로운 부상의 모습을 띤다면 동아시아는 갈등의 질서보다는 평화와 협력의 질서로 나아갈 가능성이 크다고 예측된다.

다른 한편, 동아시아 질서를 반드시 권력정치적 충돌 혹은 상호의존적 협력의 이분법적인 기준으로 이해하기는 어렵다는 보다 신중한 견해도 존재한다. 현대 세계질서의 속성상 전쟁이나 전면적인 군사적 충돌을 예상하기는 어렵지만, 그렇다고 해서 동아시아 질서가 경제적인 상호의존을 바탕으로 평화와 안정의 질서를 구가할 것이라는 예측은 너무 순진하다는 평가이다. 동아시아 국가들은 현재 빠르게 진행되고 있는 경제발전의 과정에서 안정적인 질서를 원하고 있지만, 지역 내에 내재하고 있는 불안정 요인들은 국가 간 긴장 관계를 지속적으로 노출시킬 것이다. 따라서 동아시아 질서는 전면적인 충돌과 갈등의 모습도 아니고 완전히 평화롭고 안정적인 질서도 아닌 상태에서 조심스럽게 관리되면서 유지될 것이라는 예측이다. 이는 현재 동아시아의 경제발전 상황과 더불어 역사와 문화, 지정학적인 요소 등이 복합적으로 반영된 것이다.

이처럼 동아시아 안보질서의 낙관론, 비관론 및 신중론의 논쟁 속에서 우리가 지역의 안보질서를 분석할 때 유용한 가늠자 역할을 할 수 있는 것은 역시 동아시아 지역 내에서의 미·중 관계이다. 동아시아 안보질서에서 균형의 축을 담당하며 조정자 역할을 맡고 있는 것은 미국이기 때문에, 미국의 동아시아 전략과 각국과의 관계를 살펴보는 것은 앞으로 이 지역 질서를 이해하는 데 커다란 도움이 될 것이다. 2005년 이후 미국의 국방 예산은 5000~7000억 달러를 유지하며 세계 군사비의 거의 절반을 차지하고 있다. 일본의 국방비가 500억 달러 수준이며 중국의 비공식 추계 군사비가 1000억 달러 수준임을 감안할 때 세계안보질서에서 미국의 역할은 여전히 압도적이라고 할 수 있다(SIPRI Yearbook). 미국은 그동안 중국, 일본, 러시아, 한국 등이 경쟁을 벌이는 동아시아의 안보질서에서 안정자의 역할을 수행해 왔다. 지역 국가들 역시 역내 미국의 존재와 역할을 일정 정도 전제하고 지역 질서를 설계하고 있다. 물론 중국의 급격한 부상은 현재의 동아시아 세력균형을 변화시킬 수 있는 현실적인 도전 요인이다. 특히 2008년 이후 세계 금융 위기를 거치면서 상대적으로 타격을 받지 않은 중국은 지역 차원의 패권을 넘어 21세기 미국의 세계 패권에 대항할 잠재적 경쟁 국가로 인식되고 있기도 하다.

(2) 미·중 관계의 변화와 한반도

최근 30~50여 년 정도의 미래 세계질서 및 동아시아 질서를 전망하는 과정은 분명 중국의 급격한 경제적, 군사적 부상과 미국의 상대적 쇠퇴로 인한 긴장 관계를 반영하고 있다. 이러한 미·중의 경쟁과 상호 의존 관계는 차이메리카 Chimerica 나 G2라는 용어로 대변되기도 한다. 얼마 전 부시 행정부 시기만 해도 1990년대 초반 소련의 해체 및 양극 체제 붕괴의 결과로 미국의 단극 unipolar 체제에 대한 논의가 활발했던 점을 감안하면 이는 엄청난 변화라고 할 수 있다. 세계질서의 변화를 분석할 때 미·중 관계의 미래에 초점을 둔다면, 중국이 위치한 동아시아 안보 환경을 논의할 때 중국의 의미는 더욱 중요해질 수밖에 없다. 1990년대 이후 세계질서가 미국 경제의 호황과 압도적인 군사력에 기초하고 있는 반면, 최근의 세계질서는 바로 그 미국의 심장부에서 시작된 세계 금융 위기로 미국의 상대적 쇠퇴가 뚜렷해지고, 중국의 부상이 뚜렷해지는 모습이다. 중국은 2011년 현재 세계 1위의 외환 보유국이며, 이미 일본을 제치고 세계 2위의 경제력(GDP 기준)을 보유하고 있다. 중국의 GDP 규모가 2030년이면 미국을 따라잡을 것이라는 예측은 이제 낯설지 않으며, IMF는 중국의 구매력평가 PPP: Purchasing Power Parity 로 환산한 GDP 규모가 2016년경 세계 GDP의 18퍼센트에 달하면서 미국을 능가하게 될 것이라는 전망을 내놓기도 했다. 이러한 과정에서 동아시아에서도 최근 미국의 단극 이후의 세계질서에 관한 논의가 활발하게 진행되고 있으며, 대체로 미·중 관계의 미래에 관한 논의에 초점을 두고 있다 (Schweller and Pu 2011).

중국의 급격한 부상에 대해 동아시아 국가 모두가 적극적으로 대응하고 있는 모습이다. 일본은 미국과의 안보 협력을 더욱 강화하고 중국을 견제하며 동아시아에서의 영향력 확대를 꾀하고 있다. 일본은 자민당 정부 시절 보통국가화와 군사 대국화를 목표로 대외 안보 전략을 펼쳐 왔다. 2009년 이후 등장한 민주당 정부 역시 미일동맹을 기반으로 중국의 부상에 적극적으로 대응하며 새롭게 형성될 동아시아 질서에

> **〈참고 8-8〉 일본의 보통국가화**
>
> '보통국가'는 1993년 오자와 이치로가 『일본개조론』에서 주장한 후 일본의 안보 정책에 큰 영향을 미쳤다. 2차대전 이후 일본은 교전권을 포기하고 군대를 보유하지 않는 평화헌법을 유지해 왔다. 보통국가론은 일본의 경제 규모에 걸맞게 국제사회에 적극적으로 참여하기 위해서는 정상적인 군사력을 보유한 보통국가로 면모해야 한다는 주장이다. 이는 일본의 안보 정책이 냉전기 미일동맹에 기초한 전수(專守) 방위에서 명시적인 정치 군사적 역할을 추구하는 적극 방위로 전환됨을 의미한다. 보통국가화가 곧바로 군국주의의 부활을 의미하지는 않지만, 아직 일본의 역사 문제가 청산되지 않은 상황에서 주변 국가들은 강한 의혹을 제기하고 있다.

대비하고 있다. 냉전 시대 미국과 경쟁했던 러시아 역시 2000년 푸틴 대통령 이후 석유와 천연가스 등 에너지 자원을 바탕으로 조금씩 국력을 회복하며 국제적 위상과 역할을 높이기 위한 실리 외교를 추구해 왔다.

이러한 동아시아 현실 속에서 한국은 매우 복잡하고 어려운 안보상의 도전에 직면해 있다. 한국 정부도 한반도 주변의 동아시아 세력균형에 대한 새로운 인식을 바탕으로 대외 안보 전략을 만들어 가야 할 것이다. 가령 최근의 미·중 관계와 한반도 주변 정세 변화를 바탕으로 북한 문제와 북·중 관계에 대한 새로운 평가와 분석틀이 필요하다. 그동안 북한 문제에 대한 한국의 기본적인 접근법은 1990년대 이후 탈냉전의 동아시아 환경에 기초하고 있었다. 소련의 붕괴와 중국의 체제 전환으로 인해 동아시아에서 북한이 안보적으로 고립되어 있으며, 이에 따라 북한을 개혁·개방시키거나 압박하려는 정책이 시도되었다. 하지만 최근 중국의 부상과 미·중 관계 변화 및 북·중 관계의 모습은 북한 문제가 1990년대 초반 이후 지속되었던 탈냉전 구조에서 이제 벗어나고 있음을 보이는 것이다. 북한을 이제 국제사회나 동아시아에서 고립된 국가로 볼 것이 아니라 중국이라는 거대한 세력

을 등에 업고 있는 상황으로 인식해야 한다. 중국은 미국과의 관계에서 만들어 나가는 새로운 규범과 질서 속에서 북한을 전략적으로 활용하고 있으며, 북한 역시 여기에 편승하고 있다. 전술했다시피 중국의 부상과 미·중 관계의 변화가 한반도에 미치는 새로운 영향은 2010년 미·중 관계가 악화된 시점에서 발생한 천안함 및 연평도 사건에 대한 중국의 태도와 이로 인한 한국 정부의 대북 정책 한계에서 잘 드러났다. 중국은 정치 외교적인 차원에서 북한을 지원할 뿐 아니라, 앞의 표에서 살펴본 것처럼 경제적인 측면에서도 남북경협의 공백을 메우는 역할을 해왔다. 따라서 핵 문제나 경제문제에 있어서 북한이 1990년대 이후 그래 왔던 것처럼 반드시 미국에 중점을 두고 대외적인 행동을 보일 것이라고 예상할 수는 없다. 한국 정부는 지구-동아시아의 차원에서 미·중 관계의 변화라는 커다란 변수의 영향력을 고려하여 한반도에서 북한의 인식과 대응을 재평가하고, 남북 관계와 북핵 문제에 대한 대응책을 재편하여 새로운 대북 정책과 동아시아 전략을 마련할 필요가 있다.

(3) 동아시아 다자 안보 협력의 노력과 한계

1990년대 이후 세계적인 냉전 종식의 흐름과 함께 동아시아 지역에는 다자 안보 협력체에 대한 다양한 논의가 진행되어 왔다. 이러한 논의는 대체로 정부 차원의 공식적인 논의 Track I 와 민간 차원의 비정부 간 논의 Track II 로 이원화되어 진행되어 왔으며, 대표적인 것으로 아세안지역포럼 ARF: ASEAN Regional Forum, 아태안보협력이사회 CSCAP: Council for Security Cooperation in Asia-Pacific 및 동북아협력대화 NEACD: Northeast Asia Cooperation Dialogue 를 들 수 있다. CSCAP와 NEACD는 민간 중심의 대화 기구로서 구성국들의 국가이익이 첨예하게 대립하는 역내 안보 현안을 해결하기에는 역부족이었다. 1994년 설립된 ARF는 아태 지역에서 최초로 설립된 정부 차원의 다자 안보 협력체였으며 역내 대부분의 국가를 포괄하고 있다는 점에서 그 의의가 컸다. 하지만 실질적으로 지역 내 분쟁의 평화적 해결에는 그다지 중요한 역할을 하지 못하고 있다는 점에서 현실적인 한계가 있었다.

동아시아에서 다자 안보 협력체에 대한 기대를 갖는 것은 유럽에서 비슷한 사례를 통해 얻은 교훈 때문이다. 유럽에서는 냉전의 종식과 더불어 유럽안보협력기구 OSCE: Organization for Security and Cooperation in Europe 가 역내의 대표성을 확보하며 낮은 수준이나마 다자 안보 협력체의 제도화를 이루었다. OSCE 역시 강제력을 지니는 초국가적 기구는 아니며 지역 내의 주요 안보 현안의 해결은 강대국의 의지에 크게 영향을 받는 측면이 강하다. 하지만 전 유럽에 걸친 포괄적 안보를 지향하며 역내 분쟁 예방과 평화 정착에 노력을 기울이고 있다. 유럽 지역에서와는 달리 동아시아 지역에서 다자 안보 협력의 노력이 실질적인 안정자의 구실을 하지 못하는 것은 역내 국가들이 아직 다자적 안보레짐의 필요성에 대한 공감대를 형성하지 못했기 때문이다(Hemmer and Katzenstein 2002). 다자 안보 협력체가 구성되기 위해서는 지역 국가 간 공통의 안보 이익과 인식이 존재해야 하며 미래의 안보질서에 대해서도 일정한 원칙에 합의해야 한다. 하지만 동아시아 지역 국가들 사이에는 역사적 갈등과 냉전의 잔재가 여전히 해결되지 못한 채 큰 영향을 미치고 있고 국가 간의 이해관계도 복잡하게 얽혀 있어 신뢰 구축을 어렵게 하고 있다. 북한 핵위기나 중국의 부상, 일본의 보통국가화 등 동아시아의 주요 안보 이슈를 고려할 때, 잠재된 충돌 요인은 언제든지 현실화될 가능성이 높다. 이는 중단기적인 측면에서 포괄적 다자 안보 협력체가 성공적으로 구성되기에는 아직 역부족임을 의미한다. 더구나 동아시아 국가들은 오랜 기간 역사적 경험을 공유했음에도 불구하고 그동안 다자 안보의 경험이 없었다는 점이 약점으로 지적되고 있다. 결과

<참고 8-9> 유럽안보협력기구

유럽안보협력기구(OSCE: Organization for Security and Cooperation in Europe)는 전 유럽 국가 및 미국, 캐나다 등 55개국이 회원국으로 참가하고 있는 범유럽 안보협력기구이다. 1975년 8월 헬싱키 정상회의의 결과로 35개국 정상이 참석하여 유럽안보협력회의(CSCE: Conference on Security and Co-operation in Europe)가 출범했으며, 냉전 종식 이후 국제 정세 변화와 새로운 형태의 안보 위협에 대처하기 위해 정상회의, 각료회의 등 각종 채널의 회의를 신설하는 등 일련의 제도화 과정을 거쳐 1995년 OSCE로 상설 기구화했다. OSCE의 조직은 크게 정치적 기관과 (상설) 운영 기관으로 대별할 수 있으며, 정치적 기관은 OSCE의 각종 의사결정 기능을 담당하고 (상설) 운영 기관은 이러한 의사결정의 효율적인 집행 또는 지원 역할을 담당한다. OSCE는 군사적 신뢰 구축 및 군비 축소를 포함한 안전 보장 문제를 중심으로 소수 민족, 인권 및 경제문제에 이르는 포괄적인 분야에 대한 회원국 간의 공동 인식을 제고함으로써 유럽 지역의 안정적인 안보 환경을 조성하는 데 설립 목적이 있다. 냉전의 종식과 더불어 OSCE의 목표는 유럽적 범위에 걸친 '포괄적 안보'를 지향하는 것으로 발전하여 인도주의적 차원, 정치적·군사적 차원, 경제적·환경적 차원 등 세 분야의 포괄적 안보를 다루고 있다. 또한 분쟁 예방에 주력한 사전적 기능에 덧붙여 OSCE는 분쟁을 겪은 이후에도 가급적 갈등을 줄이며 평화가 정착될 수 있도록 분쟁 후 평화 정착(post-conflict rehabilitation)이라는 임무를 추가하여 안보 문제에 보다 적극적으로 임하게 되었다.

참고: 외교통상부 홈페이지, http://www.mofat.go.kr

적으로 현재까지의 동아시아 다자 안보 협력의 노력은 그 어느 것도 실질적인 단계로까지는 발전하지 못하고 있다.

그러나 이 지역의 다자 안보 협력 노력은 한반도의 평화는 물론 동아시아와 전 세계적인 안정을 위해 장기적으로는 반드시 필요한 현안이다. 장기적으로 동아시아에서 다자 안보 협력체를 구성한다면 가장 현실적인 방법은 역내의 현안 문제를 해결하는 과정에서 운용된 다자간 협의체를 확대하여 발전시키는 것일 수 있다. 특히 북한 핵위기를 해결하기 위해 2003년 8월 이후 진행되어 온 6자회담의 노력은 그 성패에 따라 동아시아 다자 안보 협력 논의에 커다란 영향을 미칠 수 있다.

현재 동아시아 지역의 다자 안보 협력체를 논의함에 있어서 가장 커다란 장애 요인은 북한 문제이다. 북한 핵위기와 체제 위기 등 북한이 근본적으로 변하지 않는 이상 동아시아의 안보질서는 늘 불안정한 상태를 유지하게 될 것이며, 동아시아의 어떠한 다자 안보 노력도 한계를 지닐 수밖에 없다. 동아시아 지역에서 다자 안보 협력의 노력이 결실을 거두기 위해서는 북한을 다자 안보의 틀 속으로 끌어들이는 노력이 필수적이다. 하지만 북한을 이에 참여시키는 과정은 결코 쉽지 않으며 단기간 내에 달성될 수 있는 문제도 아니다. 따라서 중장기적으로 6자회담의 노력은 북한 핵문제의 해결뿐 아니라 동아시아 다자 안보 협력체의 성패 여부를 가늠할 수 있는 중요한 기회가 될 수 있다. 실제로 6자회담의 과정에서 중국·일본·한국 등 지역 국가들이 동아시아 다자 안보 협력체의 가능성을 탐색하는 논의를 조심스럽게 제기해 왔고, 미국 역시 6자회담에서 다자 외교의 중요성을 강조해 왔다. 물론 6자회담 자체가 불안정한 상황에서 다자 안보 협력체로의 발전 가능성을 논의하는 것은 어렵지만, 그 성공 여부를 떠나 동아시아에서 관련 당사국들이 모두 모여 안보 현안에 대한 논의를 한다는 중요한 경험을 제공할 수 있을 것이다.

6자회담을 통한 동아시아 다자 안보 대화가 가지는 또 다른 중요한 의미는 미·중 관계의 변화 속에서 동아시아 안보 환경의 현실과 미래를 가늠해 볼 수 있는 좋은 기회가 된다는 점이다. 미국은 동아시아에서도 자신들이 주도하는 협의체를 통해 역내 현안을 적극적으로 대응하기를 바라고 있는데, 가령 미국은 자국이 배제된 ASEAN+3나 동아시아정상회의(EAS: East Asia Summit)에 곱지 않은 시선을 보내 왔다. 또한 2001년 결성된 상하이협력기구(SCO: Shanghai Cooperation Organization)가 중·러 간의 협력을 토대로 미국의 영향력에 대응하는 군사 협력 기구로 발전하는 것이 아닌가 하는 우려를 가지고 있다. 현실적으로 동아시아 안보질서는 한미동맹과 미일동맹을 기본 축으로 하여 한·미·일이 연결되어 있고, 중국과 러시아 및 북한이 느슨한 연결 고리로 이어져 있다. 현재의 동아시아 안보 구조를 한·미·일-북·중·러의 신냉전 구도라고 할 수는 없지만, 여전히 한반도 주변에서 미·중 관계를 중심으로 경쟁 구도가 형성되어 다자 안보 협력의 노력을 어렵게 만들고 있는 것이 현실이다.

〈참고 8-10〉 동아시아 다자 안보 협력체 설립의 노력

1. 아세안지역포럼(ARF)

ARF(ASEAN Regional Forum)는 아시아 태평양 지역에서 정치 안보 문제에 대한 역내 국가 간 대화를 통해 상호 신뢰와 이해를 제고함으로써 아태 지역의 평화와 안정을 추구하고 군사적 신뢰 구축을 꾀하기 위해 1994년 설립된 정부 차원(Track I)의 다자 안보 협력체이다. ARF의 참가국은 총 27개국으로, 아세안 10개국과 한국·미국·일본·중국·캐나다·호주·뉴질랜드·유럽연합·러시아·인도 등 아세안의 10개 대화 상대국, 그리고 북한을 포함한 7개 기타 회원국으로 이루어져 있다. ARF는 군사 및 국제 정세 문제 등에 대한 국가 간의 상호 대화 및 회동 기회를 제공하고, 그동안 방위 정책 성명, 국방 백서 및 관련 출판물 발간, UN 재래식 무기 등록 참여, UN 재래식 무기 등록 회람, 지역 안보 대화, 고위 국방 인사 접촉, 군사훈련 교류, 군비 철폐와 비확산 레짐 참여 등과 같은 신뢰 구축 조치를 시행했다. ARF는 앞으로 참가국 간 신뢰 구축 조치 증진(제1단계), 예방 외교 메커니즘 개발(제2단계), 갈등 해결 모색(제3단계) 등 3단계 추진 방식에 따라 점진적으로 발전시켜 나가려는 발전 방향을 지향하고 있다.

2. 아태안보협력이사회(CSCAP)

CSCAP(Council for Security Cooperation in Asia-Pacific)는 아시아 태평양 지역의 안보를 위한 민간 부문의 대화를 촉진시키기 위해 설립된 민간 안보 문제 연구소 간 비정부 민간 차원(Track II)의 협의 기구로서 1994년 1차 회의를 개최했다. 학자, 전문가, 전·현직 외교관 및 국방 관리 등이 개인적으로 참여하며, 역내 주요 안보 이슈와 국가 간 신뢰 구축 및 안보 증진에 대한 연구와 정책 건의를 통해 정부 차원의 안보 협력을 촉진하고 지원한다. 10개 창립회원국으로 시작된 CSCAP는 현재 북한을 포함하여 21개 회원국을 포함하고 있으며, 미얀마와 라오스, 파키스탄, 동티모르를 제외한 ARF 회원국 모두가 참여하고 있다. CSCAP는 아·태 지역 해양안보협력, WMD 확산 방지, 동북아 지역 다자 안보 협력, 인신매매, 역내 평화 유지, 반테러 국제 공조의 6개 연구 그룹(Working Groups)로 구성되어 있다. CSCAP는 특히 북한이 다자 간 대화로는 유일하게 지속적으로 참여하고 있는 곳이다.

3. 동북아협력대화(NEACD)

NEACD(Northeast Asia Cooperation Dialogue)는 1993년 미 국무부 후원하에 미국 캘리포니아 주립대학 샌디에이고 분교의 '세계분쟁협력연구소'(IGCC: Institute on Global Conflict and Cooperation) 주도로 조직된 준정부(Track 1.5) 기구이다. NEACD에는 외교, 안보 분야의 민간 전문가와 정부 대표가 참여하며, 참여국은 남북한과 미국, 일본, 중국, 러시아를 포함한 동북아 6개국이다. 북한은 1993년의 준비회의에 참가한 뒤 계속 불참하다가 2002년 모스크바 회의 이후 다시 참가하다가, 2005년의 서울 회의 때 다시 불참했다. NEACD는 동북아 지역 국가 간 상호 이해와 신뢰 구축 및 협력 증진을 목적으로 역내 정세 및 주요 안보 이슈에 대해 심층 논의하고 있는데, 6자회담의 참가국인 동북아 지역의 6개국이 참여하고 있고 미국이 적극적으로 주도하고 있다는 점에서 동북아 지역의 다자 안보 협력 체제의 모델이 될 수 있는 측면이 있다. 그러나 NEACD는 정부 간 기구가 아니며 의제도 포괄적 신뢰 구축에 한정되어 있어 분단국 문제나 핵문제, 군비 통제 등 실질적 문제해결에는 한계가 있다.

참고: 외교통상부 홈페이지, http://www.mofat.go.kr

5. 맺음말

안보와 관련된 기존의 국내 논의는 주로 보수 진영과 진보 진영의 국내 정치적 이념 논쟁의 연장선상에서 이루어져 왔다. 안보에 대한 국내 사회의 이분법적 이해는 한반도 냉전의 역사와 불가분의 관계를 맺고 있다. 세계 냉전의 충돌 속에서 1950년 한국전쟁을 겪은 기성세대들에게는 전쟁의 피해자인 남한과 전쟁 발발의 직접적인 책임을 가진 북한을 선과 악의 단순 구조로 파악하는 것이 어쩌면 당연한 것이었다. 전후 한국사회는 북한으로부터 남한의 국가 안보를 확보하고 대한민국의 국가 정체성을 유지하는 것이 당면한 가장 중요한 과제였다. 안보 정책에서 한국의 보수는 반공과 반북한에 초점을 맞추었으며, 강력한 한미동맹을 통해 실질적으로 한국의 안보를 보장해 준 미국 중심적 시각을 가지는 것이 자연스러운 현상이었다. 그러나 과거 한국의 보수는 다른 분야에서와 마찬가지로 안보 분야에서도 순수성을 담보하지는 못했다. 냉전 시기 민주적 정통성이 취약한 권위주의 정부는 종종 특정 정권의 안보regime security를 위해 국가 안보national security를 국내 정치적으로 악용했다. 미국에 대한 비대칭적 추종과 의존은 미국의 본질과 한반도 정책에 대한 이해를 왜곡하는 측면이 있었다. 현재의 국내 보수 진영이 과거의 안보관과 정책을 답습하며 여전히 냉전적인 틀의 경직된 안보관과 정책을 추구할 경우 21세기 세계안보질서의 새로운 변화 과정을 제대로 읽어내기 어렵다. 이러한 경우 세계 및 동아시아 질서의 변화에 대한 이해 없이 북한에 대해서는 시종일관 강경한 기조를 유지하며 한미 관계도 냉전 시대의 모습을 그대로 유지하려 한다. 하지만 이는 미국을 비롯한 한반도 주변 강대국들이 추구하는 한반도의 변화 방향과도 커다란 차이가 있다.

1980년대와 1990년대를 거치면서 권위주의 정부에 비판적인 많은 국내외 지식인들과 학생들은 보수 진영의 안보 논리에 반기를 들었다. 이들은 권위주의 정부의 냉전적 안보 정책에 반발하며 국내적으로 진보 세력을 형성했다. 진보 진영은 북한에 대해 호의적인 반면 미국에 대해서는 상대적으로 비판적인 입장을 견지해 왔다. 이들은 같은 민족이라는 관점에서 북한과의 민족 공조를 강조해 왔는데, 일부 세력은 북한의 주체사상과 정책을 맹목적으로 추종하는 오류를 범하기도 했다. 국내의 진보 세력은 미국이 한편으로는 민주주의와 인권을 강조하면서도 다른 한편으로는 미국의 국가이익을 위해 한국의 군사 쿠데타와 권위주의 정부를 용인하는 이중적인 태도를 취해 왔다고 비판했다. 이러한 인식을 통해 반미주의는 한국 진보의 가장 기본적인 정체성이 되었다. 국내 정치적으로도 민주화가 진행되면서 한미 관계를 과거와 같은 일방적인 불평등 관계로 유지하는 것은 잘못이라는 여론이 부각되기 시작했다. 따라서 한미동맹의 재조정을 요구하는 목소리도 높아지기 시작했다. 2000년대에 들어서는 반미 감정이 격화되어 한미동맹 위기론까지 대두되었다. 이러한 반미 정서에 크게 힘입은 노무현 정부는 2002년 촛불집회의 국민 여론을 반영하여 한미동맹을 과거의 비대칭적인 구조로부터 보다 대등한 관계로 개선할 것을 강력히 요구하며 한국의 자율성 확대를 추구하기도 했다. 진보 진영의 주장은 한국의 경제성장과 민주화로 증대된 자신감을 반영하는 것이었다. 하지만 지나치게 국내적인 논리만을 반영하여 자주 외교와 반미를 강조한 문제점이 있었다.

이는 한국의 안보를 위해서는 여전히 한미 관계의 공조가 가장 중요하다는 현실적인 측면을 소홀히 하는 것이며, 미국을 중심으로 새롭게 재편되는 세계안보질서에 대처하는 데에도 커다란 장애가 되었다. 특히 북한 문제나 한미 관계, 동아시아 평화 질서 등 모든 안보 의제들이 미국과의 협력이 전제된 상황에서 가능하다는 점에서 진보 진영의 안보관은 한계를 보여 주었다.

이처럼 한반도 안보 환경의 급격한 변화에 비해서 국내에서 안보를 대하는 태도와 시각은 현실과 거리가 있다. 국내의 안보 논의는 냉전 시대의 이념 갈등의 틀을 통해 안보 문제를 바라보는 보수 진영과, 북한에는 호의적인 반면 미국에 대해서는 비판적인 진보 진영의 이분법적인 시각이 두드러진다. 주변 강대국들에 대한 우리의 안보 정책 역시 미국의 영향력으로부터 벗어나려는 진보와 미국의 중요성을 강조하는 보수의 갈등이라는 단편적인 차원을 넘어서지 못하고 있다. 이처럼 한반도의 냉전적인 안보 환경뿐만 아니라 우리의 안보관 역시 구시대적 낡은 접근법을 가지고 새로운 시대에 대응하려고 하는 분명한 한계와 문제점을 보여 주고 있다. 물론 한반도의 안보 환경이 20세기의 냉전적 굴레에서 완전히 벗어나지 못하고 있음을 감안할 때, 현재의 혼란과 오류를 전혀 이해하지 못할 것은 아니다. 하지만 변화하는 새로운 안보질서에 대응하는 데 보수와 진보라는 국내 정치적 논리는 현실을 지나치게 단순화하고 왜곡시키는 문제점이 있다. 한반도 주변의 안보 환경은 국내의 논의 수준보다 훨씬 더 복잡하게 움직이고 있는 것이 현실이다. 따라서 안보에 대한 우리의 시각과 정책 역시 지구적 변환의 속성을 면밀하게 이해하고 조정할 수 있을 때 새로운 안보질서에 적절하게 대처할 수 있을 것이다. 우리가 한반도의 안보 환경을 이해하고 대처하려 할 때, 반드시 바깥의 시각을 그대로 수용할 필요는 없지만, 밖에서 안을 바라보는 시각을 제대로 이해할 필요가 있다. 그래야만 안과 밖의 조화로운 이해 속에 세계질서의 변화를 파악하면서 우리 나름의 정교한 논리를 개발하려는 노력이 가능할 것이기 때문이다.

결국 한반도 주변의 안보질서가 안정적으로 관리되기 위해서는 당면한 안보 현안 중에서도 북한 문제, 한미 관계, 그리고 동아시아 질서가 조화롭게 잘 진행되어야 한다. 지구–동아시아–한반도의 안보질서와 각 수준들의 상호 접점에 대한 유기적 분석은 한국의 안보 환경을 이해하는 데 필수적이며, 이러한 논의 가운데 위의 세 가지 안보 현안이 이해될 수 있다. 북한 문제는 한국의 안보를 위해 가장 기본적이고 중요한 이슈이며, 북한 문제를 해결하기 위한 기반이 되는 것이 각각 지구 안보질서 및 동아시아 안보질서와의 접점에 있는 한미 관계와 동아시아 안보 협력을 위한 노력이다. 따라서 앞으로 한반도 주변 안보질서는 북한 문제 해결의 성패에 크게 좌우될 것이다. 북한을 국제사회에 안정적으로 편입시켜 연착륙을 유도하며 동아시아의 정상 국가로 변화시키는 것은 한반도 안보 미래에 매우 중요한 문제이다. 북한을 포용하기도 하고 제재하기도 하는 한국 정부의 노력은 지속적으로 진행되어 왔고 일정한 성과를 거두기도 했다. 하지만 남북 관계 혹은 한미 관계 중심의 대북 정책은 북한의 근본적 변화를 이끌어내는 데 여전히 일정한 한계를 보이고 있다. 남북 간 교류 협력의 증진을 통한 한반도 긴장 완화를 추구하는 것도 중요하지만, 주변 강대국들과의 양자 및 다자 안보 협력을 통한 보다 적극적인 북한 문제 해결 노력이 필요하다. 주변국들과의 다양한 안보 협력을 통해 북한을 국제사회로 끌어내어 북한의 대외 의존도를 높이는 것도 북한의 체제 성격과 행동을 근본적으로 변화시키는 데 효과적인 전략이 될 수도 있다. 북한 문제의 연착륙이라는 커다란 지향점은 같더라도 그 방향으로 가기 위한 길은 다양할 수 있다.

9

| 배영자 |

세계 무역·생산· 개발원조 변환과 한국의 번영

1. 머리말   **298**
2. 세계 무역 질서의 변환과 한국   **300**
3. 세계 생산 질서의 변환과 한국: 해외직접투자와 세계 생산 네트워크   **307**
4. 공적개발원조와 한국   **315**
5. 동아시아 지역 경제협력   **321**

| 핵심 개념 |

공적개발원조 official development assistance / 공정무역 fair trade / 구속성 원조 tied aid / 국제정치경제 international political economy / 근린궁핍화정책 beggar-thy-neighbour policy / 동아시아 경제협력 East Asia Economic Cooperation / 발전국가론 developmental state theory / 브레튼우즈 체제 Bretton Woods System / 새천년개발목표 millenium development goals / 세계 생산 네트워크 global production network / 세계무역기구 World Trade Organization / 신무역이론 new trade theory / 자유무역협정 Free Trade Agreement / 중상주의 mercantilism / 참여 개발 participatory development / 초국적 기업 transnational corporation / 해외직접투자 foreign direct investment

1. 머리말

국제정치경제IPE: International Political Economy는 자유무역협정FTA: Free Trade Agreement, 해외 자본의 국내 주식 투자, 국내 기업 생산 시설의 해외 이전, 공적개발원조ODA: Official Development Assistance 등 국제적 차원에서 정치와 경제가 상호 작용하는 현상을 분석한다. 경제학에서는 이러한 현상들을 가계, 기업, 정부라는 경제주체가 시장에서 이윤 및 효용 극대화를 추구하는 과정으로 설명한다. 반면 국제정치경제학은 정치 현상이 경제관계의 틀을 결정짓는 데 중요한 역할을 한다는 사실에 주목하고 국제 경제 현상이 권력 재분배 효과가 있음을 강조한다. 예를 들어, 수입품에 대한 무역장벽 철폐가 국내시장에서 수요와 공급 및 국내 가격 수준을 변화시킬 뿐만 아니라 정치·군사·사회·문화 부문에서 국내외 다양한 세력들 간의 권력관계 변화로 이어질 수 있다는 점을 인식한다. 한미 FTA 체결을 둘러싸고 농업, 제조업, 서비스업 등 각 부문에서 이해득실 계산과 찬반 논쟁이 진행되고 있으며, 나아가 이를 한미동맹의 연장선에서 바라보거나 한·중·일 FTA 체결 가능성과 비교하는 등 대외적 세력 관계 변화를 함께 고려하는 것이 단적인 예라 할 수 있다. 국제정치경제학은 이 현상들을 시장의 논리를 넘어 거시 역사적 구조 속에서 국제관계, 국가정책, 각종 제도 등 다양한 요인들의 상호 작용 속에서 분석한다.

국경을 넘는 정치와 경제의 밀접한 연관성에 대한 연구는 자본주의 발전 초기부터 이루어져 왔다. "우리가 저녁식사를 할 수 있는 것은 푸줏간이나 양조장이나 빵집 주인의 자비심 덕분이 아니라, 그들 자신의 이익에 대한 관심 때문이다"라고 주장한 애덤 스미스Adam Smith는 '보이지 않는 손'invisible hand이라는 개념을 중심으로 자유무역을 옹호했다. 19세기 정치경제학은 데이비드 리카도David Ricardo, 프리드리히 리스트Friedrich List, 카를 마르크스Karl Marx 등에 의해 다양한 내용으로 발전했다. 그러나 1890년 알프레드 마셜Alfred Marshall의 『경제학 원리』 출간 이후 경제 현상을 시장 중심적으로 설명하는 신고전파 경제학이 득세했다. 이후 경제학은 정치학과 분리되고, 정치경제학의 문제의식은 경제학과 정치학에서 소외되었다.

20세기에 발생한 두 차례의 세계대전 원인과 처방에 대한 논의 속에서 국제관계를 정치경제적 관점에서 종합적으로 고찰해야 할 필요성이 제기되었다. 제2차 세계대전 이후 세계경제질서 재건을 위해 열린 브레튼우즈 회의에서 보호무역과 경쟁적 환율 인하를 특징으로 하는 근린궁핍화정책beggar-thy-neighbour policy이 전쟁의 경제적 원인으로 지적되었고, 세계경제질서가 자유주의에 토대를 두어야 평화가 유지될 수 있다고 합의되었다. 1960년대 중반 브레튼우즈 체제Bretton Woods System가 붕괴하기 시작하면서 미국과 영국 학계를 중심으로 당시 세계경제질서의 혼란에 대한 분석과 처방이 정치 경제적 관점에서 이루어져야 한다는 주장이 다시 제기되었다. 이러한 분위기 속에서 1970년대 중반 국제정치학의 한 분과로 국제정치경제학이 등장하게 되었고 국제정치경제학은 패권 안정 이론, 상호의존론, 국제 레짐 이론, 종속이론, 세계체제론, 발전국가론 등 다양한 이론들을 발전시켰다.

1960년대 후반 본격적으로 시작된 한국의 경제발전은 국가 주도 산업화에 토대를 두었고 한국은 발전국가론developmental state theory의 대표 사례로 분석되었다. 1990년대 한국 경제는 자유화와 개방화를 시도하는

<참고 9-1> 국제정치경제를 보는 관점

영국의 국제정치경제학자 수잔 스트레인지(Susan Strange)는 『국가와 시장』 첫머리에서 현실주의, 자유주의, 이상주의(사회주의)의 차이를 우화적으로 설명한다(Strange 1994). 난파한 배에서 가까스로 살아남아 무인도에 정착한 사람들이 각각 독특한 방식으로 자신들의 공동체를 설립한다. 난파한 배의 선장이 이끈 첫 그룹은 무인도에서의 생존과 질서에 가장 큰 가치를 두고 구성원 거의 대부분이 안전한 요새를 짓고 유지하는 데 투입되는 공동체를 구성한다. 학생들이 주도하여 이끈 두 번째 그룹은 각 구성원의 자발적인 참여와 평등에 가치를 두고 각자의 희망에 따라 공동체의 안전을 지키고 먹을 것을 구해, 이를 서로 나누는 공동체를 꾸려 나간다. 별다른 특색 없이 다양한 구성원으로 이루어진 세 번째 그룹은 물고기를 잡거나 코코넛을 따는 등 자신이 할 수 있는 일을 통해 무엇인가를 생산하고, 그 일부를 안전을 지켜 주는 사람과 노약자에게 나누어 주고 나머지를 자신이 필요한 것과 바꾸는 방식으로 공동체를 유지해 나간다. 스트레인지는 각 그룹을 현실주의, 이상주의, 자유주의 모델의 예로 설명한다. 시간이 흐르면서 각 공동체에는 독특한 문제가 발생한다. 첫 번째 그룹에서는 선장의 리더십에 반발하면서 요새를 지키기보다는 농사를 짓거나 고기를 잡고 싶어 하는 사람들이 생긴다. 두 번째 그룹에서는 아무 일도 하지 않거나 이탈하는 사람들이 생기고, 각 구성원들이 하는 일의 성과에 차이가 나기 시작하면서 누가 어떤 일을 해야 하는지, 각 구성원들에 대한 보상이 똑같아야 하는지 차별적이어야 하는지에 대한 논쟁이 생기기 시작한다. 세 번째 그룹에서는 한 척밖에 없는 배를 서로 빌리려고 하기 때문에 배를 사용하는 원칙이 필요하게 되며 아픈 사람이 생겼을 때 누가 돌보아야 하는지 등의 이슈가 끊임없이 제기된다. 아래 그림은 선호하는 가치에 따라 각 그룹을 표현한 것이다. 현실주의는 안보를, 자유주의는 시장을, 이성주의는 정의와 자유를 가장 중요시하고 있다.

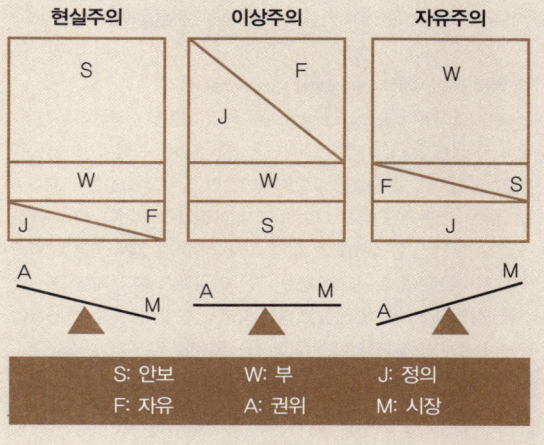

와중에 외환위기를 겪게 되었다. 외환위기 극복 이후 현재 한국 경제는 중국, 아세안의 도전, 미국과 일본의 견제 속에서 선진국으로 도약하기 위한 발전 전략을 모색하고 있다. 지난 수십 년간 이루어온 경제성장의 성과를 지속적으로 발전시킬 수 있는 새로운 성장 모델을 마련하기 위해서는 세계정치경제 변환에 대한 이해가 중요하다.

1980년대 중반 국제정치경제 연구가 국내에 소개되면서 한국 사회의 주요 문제들이 국제정치경제의 관점에서 분석되어 왔다. 종속이론의 한국적 적용을 시작으로 동아시아 금융 위기에 대한 설명과 처방, 발전국가 이후 새로운 한국 정치경제 모델 모색, 한미 FTA에 관한 논쟁, 세계 생산 네트워크에서 한국의 위상 강화, 한국형 개발원조 모델 수립, 동아시아 경제 협력 전망 등 당대의 중요한 이슈들이 한국 국제정치경제학의 틀 안에서 논의되어 왔다. 그러나 이러한 이슈들에 관한 담론의 형성과 발전에 한국 국제정치경제학이 경제학과 차별되는 깊이 있는 분석들을 충분히 제공하지 못했다. 한국 국제정치경제학은 국제와 국내, 정치와 경제의 밀접한 연관성 속에서 종합적으로 한국 경제가 당면한 문제를 분석하고 발전 방향을 모색하는 데 기여할 수 있는 설득력과 통찰력을 담은 논의들을 생산해 내야 한다.

국제정치경제 분야에서는 일반적으로 무역, 금융 및 통화, 생산과 발전을 포함한 해외직접투자, 공적개발원조, 지역 경제협력 등을 다룬다. 최근 세계 금융 위기의 전개로 금융 부문에 대한 이해의 필요성이 증대되고 있음을 감안하여 금융은 별도의 장에서 다루

<참고 9-2> 주요 국제정치경제이론

1. 패권 안정 이론(hegemonic stability theory)
자유주의적 국제정치경제 질서가 안정적으로 유지되기 위해서는 패권국이 반드시 필요하다는 주장이다. 경제사학자 찰스 킨들버거(Charles Kindleberger)는 1930년대 대공황이 패권국의 부재로 인해 발생했다고 주장했다. 이를 국제정치경제학자들이 1970년대 국제정치경제 질서의 혼란과 미국의 쇠퇴를 연결시키는 논의로 발전시켰다. 패권국은 안보 등 국제정치경제 질서 유지에 필수적인 공공재를 제공한다. 국제체제 안정을 위해 패권국의 권력 행사가 핵심적이라고 본다는 점에서 현실주의 국제정치 관점을 따르고 있다.

2. 국제 레짐 이론(International regime theory)
스테판 크래스너(Stephan Krasner)는 국제 레짐을 "국제적 쟁점 영역에서 행위자들의 기대가 수렴되는 원칙, 규범, 규칙, 그리고 의사결정 절차"라고 정의했다. 예컨대 WTO와 같은 공식적인 국제기구는 물론 인권 관련 각종 규범도 국제 레짐의 일부이다. 국제 레짐 이론은 패권 안정 이론과는 달리 국제정치경제 질서 안정을 위해 반드시 패권국이 존재해야 하는 것은 아니라고 본다. 패권국이 부재한 상태에서도 국제 레짐을 통한 국가 간의 이해 조정 및 협력이 가능하여 국제경제질서가 안정적으로 유지될 수 있다고 주장한다. 국제 레짐을 국가 간 갈등 조정의 장으로 인식한다는 점에서 자유주의 국제정치 시각에 가까운 이론으로 볼 수 있다.

3. 세계체제론(world system theory)
이매뉴얼 월러스틴(Immanuel Wallerstein)은 기존의 국제정치이론이 세계정치를 국가 차원에서 분석하는 것을 비판하면서, 이미 세계는 14세기 이후 단일한 세계경제, 즉 자본주의 세계체제로 작동해 왔으므로 세계체제 자체가 분석 수준이 되어야 한다고 주장한다. 현재 세계체제는 단일한 분업 구조를 가진 자본주의적 생산 양식으로 특징 지워질 수 있으며 중심, 주변, 반주변 국가군으로 나눠진다. 세계체제 내에서 주변 국가들의 저발전은 개별 국가의 내적 요인이 아닌 세계자본주의 체제의 구조적 특징에서 기인한다. 세계체제는 역사적으로 볼 때 강력한 경제력과 군사력을 소유한 패권 국가에 의해 주기적으로 지배되었다.

4. 발전국가론(developmental state theory)
서구 사회와 비교하여 산업화가 뒤늦게 시작된 한국, 일본 등 동아시아 국가에서 경제발전이 성공적으로 이루어질 수 있었던 요인은 국가가 경제발전 과정에 적극적이고 효율적으로 개입했기 때문이라는 주장을 담고 있다. 동아시아 국가는 사회 부문으로부터 상대적 자율성을 유지하면서 추진력을 발휘하여 경제발전을 위한 인프라 건설은 물론 수출 보조금, 금융 특혜, 노동 통제 등을 통해 특정 산업을 집중적으로 육성함으로써 국가 경제발전을 이끌었다고 주장한다.

고 이 장에서는 무역, 생산 및 해외직접투자, 개발원조, 지역 경제협력 등에 관해 논의한다. 각 영역별로 역사적 전개 과정, 주요 이론 및 이슈 등이 소개되며 특히 동아시아와 한국에서 진행되고 있는 변화들에 주목하면서 국제정치경제의 주요 의제들이 한국의 경제발전 및 번영과 어떻게 관련되었는지 살펴본다.

2. 세계 무역 질서의 변환과 한국

(1) 세계 무역 질서 전개와 주요 이슈

국가경제가 성장하고 세계경제질서가 안정적으로 유지되는 데 자유무역이 유리한가 아니면 보호무역정책을 활용해야 하는가? 이는 지속되는 국제정치경제의 핵심적인 논쟁 가운데 하나이다. 19세기 중반 이후 현재까지 세계 무역 질서는 자유무역과 보호무역의 반복적인 교체 및 혼재 속에서 전개되어 왔고 국제정치경제 이론가들은 자유무역 혹은 보호주의 정책의 필요성을 각각 옹호해 왔다.

애덤 스미스의 절대우위론absolute advantage theory, 리카도가 개념화한 비교우위론comparative advantage theory, 비교우위론을 보다 정교하게 발전시킨 헥셔-올린 모델Heckscher-Ohlin model, 그리고 산업 내 무역intra-industry trade을 설명한 폴 크루그먼Paul Krugman의 신무역이론new trade theory 등 다양한 자유무역이론들은 자유무역에 참가한 모든 국가와 기업이 이득을 얻는다고 주장한다.

비교우위론이나 헥셔-올린 모델은 생산요소 부존 상태factor endowments의 차이에 따라 노동이 상대적으로 풍부한 국가는 노동집약적인 상품을 수출하고 자본이 상대적으로 풍부한 국가는 자본집약적인 상품을 수출하는 것이 서로에게 이익이 된다고 주장한다. 반면 신무역이론은 각국 경제가 한정된 종류의 재화 생산에 특화하면 생산자는 규모의 경제economics of scale에 의해 생산비를 낮출 수 있고, 소비자는 교역으로 다양한 재화를 소비할 수 있게 되기 때문에 비교우위와 상관없이 모두에게 무역으로 인한 이득이 발생한다고 주장하면서 유사한 생산요소 부존 상태에 있는 국가들 간에 발생하는 산업 내 무역을 설명하고 있다(Krugman 1980; 1981).

보호무역을 옹호하는 가장 고전적인 논리는 소위 중상주의mercantilism와 독일의 리스트가 발전시킨 유치산업보호론infant industry protection이다. 중상주의는 유럽 절대왕정 시기 경제정책으로, 국부國富의 요체를 국가가 소유한 금은 등 귀금속으로 규정하고 수출 장려와 수입 억제, 정복 전쟁에 의해 국부가 증대될 수 있다고 주장했다. 유치산업보호론에 따르면, 후발 산업국가는 선진국이 생산하는 상품과 경쟁할 수 있는 수준의 상품 생산이 가능할 때까지 자국 시장을 보호해야 한다. 1950년대 라틴아메리카 국가들에게 수입대체 산업화 전략import substitution industrialization strategy을 권고한 라울 프레비시Raul Prebisch의 보고서에 이 논리가 잘 반영되어 있다. 장하준은 그의 저서 『사다리 걷어차기Kicking Away the Ladder』에서 자유무역을 이끌어 온 영국과 미국도 산업발전 초기에 적극적인 국내시장 보호정책을 고수했다고 주장했다(Chang 2002).

보호무역정책이 정치적 필요성 때문에 채택된다는 설명도 제시되었다(Bhagwati 2001). 무역정책이 특정 이익집단에 손해를 입히는 경우, 자기 이익을 지키기 위해 이익집단은 특정 상품 또는 산업에 대한 보호를 요구한다. 국민경제 차원에서 자원 분배의 왜곡을 가져올 수 있지만, 이익집단의 정치적 영향력이 강한 경우에 정부는 이 요구를 무시할 수 없다. 이 경우 보호무역정책은 경제적 효율성이 아니라 정치적 고려에 의해 결정된다. 아울러 국가가 보조금이나 다양한 지원을 통해 자국 산업의 경쟁우위competitive advantage를 인위적으로 창출하여 무역으로 인한 이득을 증대시켜야 한다는 전략적 무역이론strategic trade theory도 보호주의정책의 필요성을 역설한다(Spencer and Bredner 2008).

국가 간의 무역은 고대부터 존재했지만, 국제적인 차원에서 무역 질서는 19세기 초반 유럽의 주도로 형성되기 시작했다. 유럽 중심 국제무역 질서가 수립되는 데 가장 큰 기여를 한 국가는 당시 국제관계를 주도하던 영국이었다. 1840년대 곡물법Corn Law을 둘러싼 자유주의자들과 보호무역주의자들의 논쟁에서 자유주의자들이 승리한 이후, 영국은 자유무역 질서를 확립했다. 독일 등 후발 산업국가들은 자유무역 대신 보호주의를 고수했지만, 1870년대부터 제1차 세계대전이 발발한 1914년까지 무역 질서는 자유무역 원칙에 따라 운용되었다. 제1차 세계대전과 제2차 세계대전 사이 무역 질서는 자유무역 원칙에서 후퇴했다. 군비 증강을 위해 중상주의 정책을 채택한 유럽 강대국들은 수출 장려와 수입제한을 위해 경쟁적인 환율 인하와 관세 인상으로 요약되는 근린궁핍화정책을 적극적으로 추진했다. 이 결과 전간기戰間期에는 무역량이 급격히 감소하였다.

제2차 세계대전 이후 세계경제질서를 논의하기 위해 1944년 브레튼우즈에 모인 연합국들은 보호무역정책의 재발을 방지하고 자유무역을 장려하기 위해 국제무역기구^{ITO: International Trade Organization} 창설에 합의했다. 그러나 국제무역기구안은 결국 실현되지 않았고, 1947년에 체결된 관세 및 무역에 관한 일반 협정^{GATT: General Agreement on Tariffs and Trade}이 전후 자유무역 질서를 이끄는 주축이 되었다.

GATT는 자유무역을 기본 원칙으로 채택했고 여덟 차례의 무역 협상을 통해 관세 철폐 및 비관세 장벽 제거에 중요한 역할을 했다. GATT는 자유무역을 장려하기 위해 최혜국대우^{most-favoured-nation Treatment}와 내국민대우^{national treatment} 원칙을 고수했다. 전자는 한 국가가 다른 국가에게 특별 대우를 해줄 경우 다른 모든 회원국들에게도 차별 없이 동일한 대우를 해주어야 한다는 것이다. 최혜국대우 원칙에 따르면, 한국이 미국산 수입 자동차에 대한 관세를 인하하면, 다른 국가에서 수입하는 자동차 관세도 인하해야 한다. 후자는 수입품을 국내에서 생산된 물품과 차별하지 않고 동등하게 대우해야 한다는 원칙이다. 내국민대우 원칙은 국산품과 직접 경쟁 또는 대체 관계에 있는 수입품에 대한 차별관세 부과를 금지한다.

1970년대 후반 석유 위기, 선진국의 성장률 저하 등으로 각 국가의 보호무역정책이 강화되기 시작했고 보다 효율적이고 포괄적인 자유무역 질서에 대한 요구가 제기되었다. 1986년 우루과이라운드에서 새로운 무역 질서 논의가 구체적으로 시작되어 1995년 WTO가 출범한다. WTO는 GATT의 성과를 토대로 그동안 제조업만을 대상으로 했던 자유무역 질서를 농산물 및 서비스업(금융·지적재산권·법·교육·의료 등) 시장으로 확대했다. 국가 간 다자 협정인 GATT와 달리 독립적인 사무국을 가지게 된 WTO는 분쟁해결기구를 설치하여 무역 분쟁 해결 절차를 표준화하고 효력을 강화했다. GATT 체제하에서는 무역마찰이 발생해도 당사국 간의 합의 없이 해결될 수 없었지만, WTO는 분쟁해결기구에서 결정된 사항을 해당 국가에게 강제할 수 있는 권한을 가진다. 무역상품의 범위가 확대되고 무역 관련 규제가 강화되면서 WTO에서는 무역에 직간접적으로 영향을 주는 각국의 국내 환경, 노동, 부패 기준을 논의하는 그린라운드, 블루라운드, 클린라운드가 진행되고 있다.

WTO의 가장 중요한 의사결정기구인 각료회의는 2~3년을 주기로 부정기적으로 개최된다. 제3차 시애

〈참고 9-3〉 그린라운드, 블루라운드, 클린라운드

WTO 출범 이후 기존에 국내 정치 영역이라고 인식되었던 국가 내부의 환경 및 노동 관련 규제, 부패 등이 무역에 미치는 영향을 국제적으로 규제해야 한다는 논의들이 제기되었다. 국제적으로 합의된 환경, 노동, 투명성 기준을 만든 후 이를 지키지 않고 상품을 생산하여 수출하는 경우 이에 대해 상계관세 부과 등 각종 제재 조치를 가하자는 것이다. 환경 기준, 노동 기준, 투명성 기준 각각에 대한 논의를 그린라운드(green round), 블루라운드(blue round), 클린라운드(clean round)로 부르고 있다. 대부분의 개발도상국들이 현재까지 엄격한 환경, 노동, 투명성 기준을 지키지 못하고 있는 현실에서 이러한 규제들이 일종의 무역장벽 역할을 할 수 있다는 우려가 제기된다. 아울러 동남아시아 등지의 열악한 노동환경 속에서 만들어진 신발, 스포츠용품에 대한 선진국의 수입 거부나 불매운동은 해당 국가의 노동 기준 개선을 위한 압력으로 작용하지만 역설적으로 아동과 여성들을 매춘, 열악한 노동환경으로 내몰고 있다.

〈참고 9-4〉 도하개발아젠다

2001년 11월 카타르의 수도 도하에서 열린 WTO 제4차 각료회의에서 합의된 다자간무역협상을 지칭한다. 1994년 타결된 우루과이라운드 이후 가장 포괄적인 무역 협상인 도하라운드의 주요 의제는 농업·서비스·비농산물 시장 접근, 지적재산권, 무역과 환경, 무역과 개발 등이다. 미국과 EU, 브라질, 인도 등 주요 무역국들이 농산물 관세 인하와 농업 보조금 삭감 등의 쟁점 타결에 실패하여 2006년 7월 협상이 중단되었다.

틀 회의는 반세계화 세력의 대대적인 시위로 유명세를 얻었으며, 제4차 도하회의는 소위 도하개발아젠다[DDA: Doha Development Agenda]—농업, 서비스, 공산품, 반덤핑협정, 보조금협정, 투자, 경쟁정책, 무역 원활화, 정부조달 투명성, 환경 문제에 대한 협상을 일괄타결방식[single undertaking]으로 진행하는 것—를 제기했고, 무역 규범과 개도국 경제개발 지원을 함께 논의하는 다자간 무역 협상을 진행하기로 결정했다. 광범위한 의제들이 함께 묶여 논의되는 다자간 무역 협상이 국가들 간의 이해 충돌로 교착 상태에 빠지면서 각 국가들은 양자 간 FTA에 관심을 갖게 된다.

현재 세계 무역 질서에서 가장 중심이 되는 이슈는 FTA이다. WTO가 매년 발간하는 World Trade Report 2011년 판은 WTO와 FTA의 관계에 대해 집중적으로 분석하고 있다. WTO는 FTA를 당사국들 간의 교역을 특혜적으로 다루는 것이라는 의미에서 특혜무역협정[PTA: Preferential Trade Agreements]에 포함시켜 다루고 있다. 보고서에 따르면 전체 PTA 가운데 약 80퍼센트가 FTA이다(WTO 2011). 1985년 유럽 단일 시장[single european market] 형성과 1993년 유럽연합[European Union]의 출범은 아메리카, 아시아의 지역주의 움직임을 자극했고, 1990년대 이후 FTA 체결이 급증하게 된다. 국가가 FTA를 체결하는 동기는 경제적 이익, 안보적 고려, 협상력 강화, 국내 경제개혁, 다자 협상에 비해 용이함 등등 다양하다. FTA를 맺은 국가들로부터 차별을 받지 않기 위해 국가들이 연쇄적으로 FTA를 추진하면서 빠르게 확산되어 왔다. 예컨대 최근 유럽이 한국과 FTA를 체결한 이유도 한미 FTA로 인해 유럽 상품과 서비스의 시장 점유율이 하락할 수 있다는 우려가 작용한 것이다. 세계 각 국가들은 다양한 고려에 토대를 두고 FTA를 전략적으로 체결하고 있다. 미국은 1994년 국경을 접하고 있는 캐나다 및 멕시코와 함께 북미자유무역협정[NAFTA]을 맺었고 최근에는 아시아 지역 국가들과 다자간 FTA인 환태평양

〈참고 9-5〉 미국과 중국, 아시아 지역 FTA 구상

미국이 주도하고 있는 태평양 연안 국가 간의 FTA인 환태평양경제동반자협정(TPP: Trans-Pacific Economic Partnership)에 일본이 참여하기로 결정한 것을 계기로 미국과 중국 간 아시아·태평양 지역 경제 패권을 구축하기 위한 FTA 경쟁과 갈등이 본격화되고 있다. 미국, 호주, 싱가포르, 뉴질랜드, 칠레, 말레이시아, 베트남, 페루, 브루나이 등 9개국은 2011년 하와이 APEC 회의에서 TPP의 대체적인 윤곽에 합의하고 협정을 2012년 내에 마무리하기로 합의했다. 2006년 싱가포르, 뉴질랜드, 칠레, 브루나이 등 4개국을 회원으로 출범한 TPP는 미국 등 5개국이 추가로 참여하면서 여러 차례 회의를 거쳐 세부 내용을 조율해 왔다. 일본이 참여를 선언하면서 TPP는 사실상 세계 1, 3위 경제 대국인 미국과 일본 간 FTA, 최대의 자유무역지대 출현으로 주목받고 있으며 아시아·태평양 지역에서 대중국 견제의 틀로 작동할 가능성이 제기되고 있다. TPP는 2015년까지 회원국 간 관세와 비관세 장벽 철폐를 목표로 하며 상품 거래는 물론 노동자 이동과 투자 자유화, 환경, 식품 안전 등 모든 분야가 대상이다.

중국은 이미 체결된 ASEAN 10개국 FTA와 중국-대만 경제협력기본협정(ECFA: Economic Cooperation Framework Agreement)을 중심으로 하고 여기에 한·중·일 FTA를 추가하는 아시아 지역 FTA를 구상해 왔다. 일본의 TPP 참여 결정 이후 중국은 자국이 TPP에 초대받지 못했으며 아시아 지역의 경제통합은 투명하게 진행되어야 한다고 주장하며 미국과 일본을 우회적으로 비판하고 있다. 『월스트리트저널』은 "TPP가 특정 국가를 배제하지는 않지만 노동 기준 강화, 국유 기업의 역할 제한 및 시장 중심의 개혁 등을 강조하고 있고 이는 중국이 수용하기 어려운 조건들"이기 때문에 중국의 TPP 참여가 쉽지 않을 것으로 보고 있다. 한편 일본은 ASEAN+3에 중국의 잠재 경쟁국인 인도, 호주, 뉴질랜드 등을 포함하는 광범위한 경제협력을 통해 중국의 영향력을 분산시키겠다는 구상을 추진해 왔다. 일본의 TPP 참여 결정은 상당 부분 한국의 EU 및 미국과의 FTA 체결에 자극받은 것으로 알려져 있다. 일본이 FTA 협상의 치명적 걸림돌이 되어 온 농업 부분의 반대를 극복하고 TPP 협상을 성공적으로 이루어 낼 수 있을지에 관심이 모아지고 있다.

경제동반자협정 TPP: Trans-Pacific Economic Partnership 을 적극적으로 추진하고 있다. 일본이 TPP에 참여를 선언하면서 아세안, 대만, 한국, 일본을 대상으로 한 중국의 아시아 지역 FTA 전략과 갈등이 표출되고 있다.

FTA가 자유무역 질서를 위한 디딤돌인지 걸림돌인지에 대한 논쟁이 그동안 진행되어 왔다. FTA는 참가국 사이의 중요한 무역장벽을 제거함으로써 무역 창출 trade creation 효과를 가져 온다(Viner 1950). 다른 한편 FTA는 참가국 이외의 국가들을 차별함으로써 무역 전환 trade diversion 효과를 일으킨다. 전자는 자유무역을 촉진시키지만, 후자는 GATT, WTO의 무차별 원칙에 위배된다. 이런 점에서 지역주의 경향을 심화시키는 FTA가 자유무역을 촉진하기보다는 방해할 것이라는 우려도 제기된다.

'원조가 아닌 무역!' Trade Not Aid 을 내세우며 무역을 저개발국 발전과 연결시키는 공정무역 fair trade 이 주목받고 있다. 현재 옥스팜, 월드숍 등 많은 NGO와 기업들이 저개발 국가에서 생산된 제품들을 생산자 직거래로 유통시켜 보다 많은 이윤이 지역경제에 되돌아갈 수 있는 무역구조를 만들기 위해 노력하고 있다. 공정무역 대상 품목도 커피, 바나나, 수공예품 등 일부 품목에서 시작되어 사과, 쌀, 코코아, 설탕, 와인, 맥주, 면제품, 청바지 등으로 확산되고 있다. 전체 교역량에서 공정무역이 차지하는 비중은 여전히 미미하지만 종속이론이나 세계체제론이 저개발 국가의 발전에 대한 무역의 역할을 부정적으로 인식했음에 반해, 이들은 무역구조 개선을 통한 개도국 발전을 도모하고 있다.

(2) 동아시아 무역 질서

제2차 세계대전 이후 세계 무역 질서에 본격적으로 편입된 동아시아 국가들은 수출 지향 발전 전략 export oriented development strategy 을 추진했다. 이 전략을 처음 도입한 일본은 1980년대 세계 2대 경제 대국으로 성장했다. 한국과 대만도 유사한 정책을 도입해 성공적인 경제성장을 이룰 수 있었다. 자유주의 국제무역 질서라는 우호적인 대외 환경이 동아시아 국가들의 경제성장에 크게 기여했다. 하지만 이 국가들은 자국의 산업 발전을 위해 관세, 수입할당제, 국산품 우선 조치, 보조금 등 다양한 보호주의적 무역 수단을 사용하기도 했다.

1980년대 중반 플라자협정 Plaza Accord 이후, 일본 엔화가 고평가되자 많은 일본 기업들이 생산 기지를 인건비가 저렴한 동남아 국가들로 이전하면서 아시아 지역 내 국가들 간의 무역이 활성화되었다. 아시아 무역 내 일본의 영향력은 1990년대 '잃어버린 10년'과 함께 감소했고, 반면 중국과 아시아 국가들 간의 무역이 빠르게 증대되었다. 1978년 개혁개방정책을 통해 급속한 경제성장을 이룩한 중국은 2010년 일본을 제치고 세계 2위의 경제 대국으로 부상했다. 중국 경제성장에서 무역이 차지하는 비중은 2001년 43퍼센트에서 2010년 70퍼센트 수준으로 증가했다(WTO 2011). 중국은 2001년 WTO에 가입한 이래 세계 무역 규모에서 차지하는 비중이 빠르게 증대되어 2010년 제조업 부문에서 세계 수출의 10.4퍼센트, 수입의 9.1퍼센트를 차지하고 있다. 중국이 소비재 상품 제조의 중심지로 부상하면서 미국 및 유럽과의 심각한 무역수지 불균형이 문제로 제기되어 왔다. 미·중 무역수지 불균형에 대해 양국은 인식의 차이를 보이고 있으며 최근 양국 간 무역 분쟁이 자주 불거지고 있다. 미국은 중국과의 무역 적자 해소를 위해 중국 위안화 인상을 주장하는 한편, 지적재산권, 자동차 부품, 가금류 등 다양한 부문에서 반덤핑 사례를 제소하고 있다. 반면 중국은 미국의 무역 적자 원인이 과잉 소비와 수출 경쟁력 하락이라 반박하며 이에 맞서고 있다.

세계무역에서 동아시아가 차지하는 비중이 계속 증가하고 있다. 아울러 동아시아 국가들 간의 무역이 빠른 속도로 증가하고 있다. 중국은 미국을 대신해 일본과 한국의 최대 교역국이 되었고, 아세안 국가에 대한

<참고 9-6> 미·중 무역 마찰

미·중 교역 초창기인 1985년 미국의 대중국 무역 적자는 600만 달러였다. 1990년 적자 규모가 100억 달러로 확대되었고, 2002년에는 1000억 달러를 넘어섰으며, 2005년에는 2000억 달러를 상회하게 된다. 오바마 행정부 들어서 무역 적자는 더욱 늘어나 2010년 2268억 달러에 달했다. 아래 신문 기사는 미국의 대중 무역 적자 증가 속에서 최근 더욱 빈번하게 발생하고 있는 양국 간 무역 마찰 사례를 보여 준다.

미국 S사는 미 상무부와 국제무역위원회에 "중국 정부의 태양광 산업에 대한 불법 보조금으로 미국 업체들이 고사되고 있다"며 중국 업체들에 대한 덤핑 수출 여부 조사와 보복 관세 부과를 요청하는 제소장을 제출했다. 이에 따르면 중국산 태양광 패널의 공급 과잉으로 패널 가격이 급락하고 미국 업체들이 경영난으로 파산 신청을 하고 있다. 미 에너지부는 중국이 WTO 규정을 어기고 자국 태양광 패널 업체들에게 미국의 20배에 달하는 300억 달러 이상의 자금을 지원했다고 주장한다. 중국도 미국산 카프로락탐과 폴리우레탄 제품 등에 대한 반덤핑 관세를 부과하는 등 미국 제품에 대한 압박에 나섰다. 중국 상무부는 미국과 EU산 카프로락탐에 대해 반덤핑 관세를 부과키로 했다. 중국 상무부는 "지난 6개월 간 조사 결과, 미국과 EU산 카프로락탐이 중국 업체들에 실질적인 피해를 줘 반덤핑 관세 부과를 결정했다"고 밝혔다. 5년간 부과될 미국산에 대한 반덤핑 관세율은 최저 2.2퍼센트에서 최고 24.2퍼센트에 이른다. 중국은 이미 미국에서 수입되는 폴리우레탄 제품에 대해서도 반덤핑 조사에 착수, 최대 61퍼센트의 반덤핑 관세를 부과하는 등 미국을 겨냥한 반덤핑 조치를 잇달아 내리고 있다(「한국일보」, 2011년 10월 20일).

영향력도 이미 일본을 넘어섰다. 역내 무역 증가로 아시아 지역이 경제협력 공동체로 발전할 가능성에 대한 기대가 높아지고 있다. 그러나 지역 내 국가들 간 경제 발전 수준의 차이 및 외교적 갈등 관계 등으로 동아시아에서 포괄적인 자유무역지대나 유럽과 같은 경제협력 공동체 형성이 단시일 내에 이루어지기는 어려울 것으로 전망된다. 미국의 TPP와 중국의 ASEAN+3+대만 중심의 아시아 지역 FTA 구상이 서로 부딪치면서 지역 내 미·중 경제 패권 경쟁이 심화될 것으로 예측된다.

(3) 한국과 무역 질서

자유무역 질서는 한국의 수출 지향 발전 전략 및 산업화 성공에 기여했다. 하지만 후발 산업국가인 한국 정부는 경제성장 과정에서 보호무역정책을 적극적으로 활용하여 자국 상품이 국제시장에서 경쟁력을 확보하는 단계로 성장할 때까지 관세와 비관세 장벽을 통해 국내시장을 보호했다. 현재 한국 기업이 높은 세계시장 점유율을 보이고 있는 자동차, 전자, 반도체, 조선, 철강 산업은 보호무역정책의 성공 사례이다. 이 외에도 한국 정부는 농축산물을 계속 보호해 왔고 특히 쌀은 정치적으로 민감한 상품인 만큼 그동안 국제 협상에서 쌀의 관세화를 허용하지 않았다.

일방적인 보호무역정책을 지속적으로 유지하기 어렵다고 판단한 한국 정부는 21세기에 들어 시장 개방을 추진하며 적극적인 FTA 전략을 추진하고 있다. 2011년 후반 현재 칠레, 싱가포르, EFTA, ASEAN, 인도, EU, 페루와의 FTA가 발효되었고, 한미 FTA가 양국에서 모두 비준되었다. 아울러 캐나다, 멕시코, 걸프협력기구 GCC: Gulf Cooperation Council (사우디아라비아, 쿠웨이트, UAE, 바레인, 오만, 카타르간 체결된 관세동맹 경제협력체), 호주, 뉴질랜드, 콜롬비아, 터키 등 12개국과 협상을 진행 중이다. 일본 및 중국과는 공동 연구 및 실무 협의를 진행하고 있다(그림 9-1 참조).

한미FTA를 둘러싸고 많은 논쟁이 진행되었다. 무역의존도가 높은 한국 경제에 시장 개방은 불가피한 선택이므로 보다 적극적으로 FTA를 추진하고 국내 경제구조를 선진화해 나가야 한다는 주장과, 농축산물 및 서비스 분야 등 취약 부문에 대한 대책 없이 개방하는 것은 부의 재분배를 더욱 양극화시키고 국내 경제의 종속을 초래한다는 주장이 대립했다. 국가경제 전체의 성장을 고려하고, 동시에 각 부문이 균형적으로 발전해 나갈 수 있도록 정부가 취약한 부문에 대한 정책적 배려와 지원을 강화해야 함은 분명하다. 이

<참고 9-7> 한미 FTA 쟁점

한국에게 미국은 제3대 교역국이며, 미국에게 한국은 제7대 교역국이라는 점에서 FTA는 양국 모두에게 중요한 의미를 가진다. 양국이 FTA를 추진하는 동기는 일치하지 않는다. 한국은 공산품의 미국 시장 점유율을 높이는 동시에 보호되어 왔던 산업의 개방을 통해 국제 경쟁력을 높이고자 한다. 반면 미국은 한국 서비스 시장에 대한 미국 기업의 진출이 늘어날 것으로 기대하고 있다. 한미 FTA 협상과 체결 과정에서 몇몇 이슈에 대한 논란이 불거졌다. 농산물, 영화 산업과 같이 특정 이해집단이 적극적으로 반대하는 상품에 대한 개방의 폭과 시기가 문제가 되었다. 한국은 정치적으로 민감한 쌀에 대한 예외조항을 요구했으며, 미국은 광우병파동으로 문제가 된 쇠고기 금수 조치 해제와 미국 의약품을 차별할 수 있는 한국 의료보험 제도의 변경을 요구했다. 개성공단에서 생산된 상품을 한국 상품으로 취급해 달라는 한국의 요구에 대해 미국은 부정적인 입장이다. 보수적인 공화당 의원들이 북한 핵문제의 해결을 위해 강력한 경제제재 조치를 주장했으며, 민주당에 영향력을 행사하는 미국 노조들이 개성공단의 노동 기준 및 환경에 대해 문제를 제기했다. 그밖에도 지적재산권 제도, 서비스 시장의 네거티브 방식 개방, 미래의 최혜국대우 조항 등에 대한 논란이 제기되었고, 최근 한국 내 비준 과정에서 투자자 국가제소제도(ISD: investor-state dispute)가 국내 사법 주권을 침해한다는 논의가 불거지기도 했다.

그림 9-1 한국의 FTA 현황(2011. 8 현재)

출처: 외교통상부 자유무역협정 홈페이지(http://www.fta.go.kr/user/img/FTA_MAP.pdf)

미 체결되었거나 현재 진행 중인 FTA협상은 21세기 한국 정치 경제 발전의 기본 틀로 작동하게 된다. 한국의 안보와 번영을 함께 고려하는 보다 장기적인 FTA 전략에 대한 논의가 필요하다.

3. 세계 생산 질서의 변환과 한국: 해외직접투자와 세계 생산 네트워크

생산은 가장 기본적인 경제활동이다. 무역과 금융의 세계화가 근대 초기부터 진행되어 왔음에 반해 생산의 세계화는 19세기 후반 이후에야 본격적으로 시작되었다. 기업은 비용보다 이득이 크다고 판단할 때 위험을 감수하고 해외에 생산 시설을 직접 건설하고 이전한다. 생산의 세계화는 시장의 동질화, 운송비 감소 등과 함께 전개된다. 전통적으로 생산의 세계화는 금융자산이 아닌 생산 시설이라는 현물 투자를 다루는 해외직접투자FDI: foreign direct investment의 형태로 진행되었다. 최근 정보통신기술 발전으로 거래비용transaction cost이 급격하게 감소하고 생산 과정이 여러 지역으로 분산되면서 생산의 세계화가 가속화되었다. 이와 함께 부품 구매 등 다양한 기업 간 상호 작용에 토대를 둔 세계 생산 네트워크Global Production Network가 표준적인 생산 방식으로 부상했다.

(1) 해외직접투자와 세계 생산 네트워크: 역사적 전개와 주요 이론

해외직접투자는 경영 참가를 목적으로 자본, 생산 시설, 경영 기술 등 생산요소를 외국에 이전시키는 것을 말한다. 경영에 참가하지 않고 단순히 이자, 주식 배당 등 투자 이익의 획득을 목적으로 하는 해외간접투자foreign portfolio investment와 구분된다. 그러나 해외직접투자와 해외간접투자는 현실에서 명확하게 구분하기 어렵다. 투자가가 해외에 있는 특정 기업의 실물 자산이 아닌 주식에 투자한 경우에도 그 기업의 경영에 참여하는 경우가 많기 때문이다. 따라서 IMF나 OECD와 같은 국제기구들은 10퍼센트 기준을 도입하고 있다. 해외 기업 총 주식의 10퍼센트 이상을 보유하면 기업 경영에 영향력을 행사할 수 있는 것으로 간주하고 이를 해외직접투자로, 10퍼센트 이하는 해외간접투자로 규정한다. 그러나 현실적으로 기업 주식 소유 지분이 10퍼센트 이하일 때에도 경영에 간섭하는 경우가 많아 10퍼센트 기준도 명확한 것은 아니다. 이

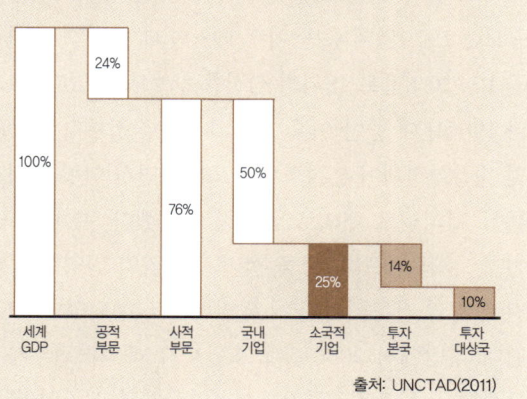

〈참고 9-8〉 초국적 기업이 세계 GDP에서 차지하는 비중

UNCTAD 자료에 따르면 현재 전 세계 GDP 가운데 약 25퍼센트가 초국적 기업에 의해 생산되며 이 가운데 14퍼센트는 투자 본국에서 10퍼센트는 투자 대상국에서 생산된다.

출처: UNCTAD(2011)

러한 혼란에도 불구하고 해외직접투자는 장기적이고 경영권을 수반한 해외투자로, 해외간접투자는 상대적으로 짧은 시간 간격으로 움직이는 단기성 투자를 의미하는 것으로 이해된다.

해외직접투자는 초국적 기업에 의해 주도되었다(특정 국가의 경계를 넘어 생산 활동을 하는 기업을 1960년대 이후 다국적 기업MNC: Multinational Corporation이라고 불러왔다. 1978년 UN 초국적 기업센터가 다국적을 초국적으로 바꾸어 사용하기 시작하면서 초국적 기업TNC: Transnational Corporation과 혼용되고 있다. 여기서는 기업의 국적이 여러 개가 되는 것이 아니라 국적성 여부에 구애받지 않고 국경을 넘는 기업 활동이 이루어진다는 점을 강조하면서 초국적 기업으로 사용한다). 국경을 넘는 기업 활동은 오랜 역사를 가지고 있다. 근대 초기 영국과 네덜란드의 동인도회사는 유럽·아시아·아프리카에 걸친 방대한 지역을 아우르는 기업 활동을 전개했으며 자체의 무기와 함대를 가지고 대외 정책을 수행했다. 초국적 기업 활동은 초기에는 특산품 교환 및 판매를 위주로 이루어졌고 19세기 이후 농업·광업·제조업 분야로 확산되었다. 19세기 말 미국 재봉틀 제조업체 싱어, 통신회사 아메리칸벨, 석유회사 스탠더드오일 등이 해외에 생산 및 판매 법인을 설립하기 시작하면서 대규모 초국적 기업으로 부상했다.

보다 본격적인 해외직접투자는 제2차 세계대전 이후 미국 기업에 의해 주도되었다. 제2차 세계대전 이후 1970년대 초까지 초국적 기업은 대부분 미국 및 영국 기업이었다. 특히 유럽과 아시아 국가들이 제2차 세계대전 이후 전후 복구에 몰두하고 있는 동안 상대적으로 풍부한 자본과 기술을 보유한 미국 기업들이 석유, 화학, 금속, 펄프, 자동차 부문을 중심으로 활발한 해외직접투자 활동을 전개했다. 미국 기업들은 초기 캐나다를 중심으로, 1957년 유럽에서 유럽경제공동체EEC가 성립된 이후 유럽에 진출하기 시작했다. 1960년대 중반 이후에는 유럽과 일본 경제가 재건되면서 독일과 일본 기업들이 해외투자에 참여하기 시작했다. 1970년대 초반 고정환율제를 주축으로 이루어진 브레튼우즈 체제가 붕괴하면서 각국의 환율이 재조정되었다. 미국 달러 평가절하, 유럽 통화 및 일본 엔화 평가절상으로 미국 기업의 해외직접투자 증가가 완화되는 대신 독일과 일본의 해외직접투자가 급증하기 시작했다.

1980년대부터 초국적 기업의 해외직접투자 양상이 변화하기 시작한다(UN World Investment Report). 우선 해외직접투자 참여 국가가 보다 다양화된다. 1985년 플라자합의로 엔화의 평가절상이 이루어지면서 일본 기업의 해외투자가 급증하게 된다. 동아시아를 중심으로 하는 신흥공업국들도 1990년대에 들어 해외직접투자의 대열에 참여하기 시작했다. 초국적 기업의 투자 방식에도 변화가 진행된다. 1970년대까지는 해외 법인에 대해 100퍼센트의 지분을 가지고 소유권과 통제력을 행사하는 경우가 대부분이었고 생산 방식도 본사의 국내 생산 유형을 그대로 가져오는 경우가 많았다. 그러나 1980년대 초부터는 합작투자나 기업 간 동맹 형태가 증대되었다. 아울러 생산공정이 세분화되면서 그중 일부만을 해외 생산 시설에서 담당하는 형태로 변화했다. 그 결과 다국적 기업 내부의 본사와 지사, 그리고 지사와 지사 간의 기업 내부 무역Intra-firm trade이 급속도로 증가했다.

투자국의 다변화와 함께 해외직접투자 규모도 지속적으로 증가했다. UN 자료에 의하면 해외직접투자 규모는 1970년대 중반 이후 1980년대 중반까지 연평균 10~20퍼센트 내외의 성장률을 보이고 있다. 그러나 1980년대 중반 이후 각국의 해외직접투자 자유화 및 개방화정책이 본격적으로 도입되면서 연평균 성장률이 30퍼센트 내외로 급격히 성장했다. 특히 통신, 전기, 공공 인프라, 금융 서비스 산업의 민영화로 선진국 기업 간 인수합병이 활발하게 진행되었던 1990년대 후반에서 2000년대 초반까지 해외직접투자가 급증했다. 해외직접투자에서 1차산업과 제조업이 차지하는 비중은 각각 1990년 9퍼센트, 42퍼센트에서 2002년 6퍼센트, 34퍼센트로 감소했다. 반면, 서비스 산업의 비중은 49퍼센트에서 60퍼센트로 증가했다. 현재까지 해외직접투자는 미국, 유럽, 아시아 기업을 중심으로 이루어지고 있다.

초국적 기업이 증가하면서 초국적 기업에 대한 이론적 관심이 증가되었다. 초국적 기업의 해외투자에 대한 국제정치경제 논쟁의 초점은 해외투자가 개발도상국 경제발전에 미치는 효과를 중심으로 이루어졌다. 초기 초국적 기업에 관한 연구에서는 해외직접투자가 본국과 투자 대상 국가 모두에게 이익을 준다는 자유주의적 신념이 우세했다. 레이몽 버논 Raymond Vernon 은 해외직접투자를 제품수명주기 product life cycle 와 관련하여 설명했다(Vernon 1966). 이 이론에 따르면 한 상품은 도입 – 성숙 – 표준화 – 쇠퇴라는 주기를 가지고 있다. 도입 단계에서는 선진국 기업들의 상품 개발, 국내 생산 및 수출, 성숙 단계에서 기술 확산, 해외직접투자 및 생산 기지 해외 이전, 마지막으로 표준화 및 쇠퇴 단계에 이르러서는 선진국 기업들의 수입 과정이 전개된다. 이 이론은 기술 확산과 비교우위의 이동에 토대하여 무역과 해외직접투자를 유기적으로 연결시키고 있다. 그러나 최근에는 도입 단계에서 바로 해외직접투자가 이루어지는 경우가 많아 설명력에 한계가 있다.

존 더닝 John Dunning 은 초국적 기업이 경쟁력을 가질 수 있는 세 가지 조건을 제시한다(Dunning 1992). 첫째, 특정 지식의 소유 ownership, 둘째, 지역 location 의 우위, 셋째, 내부화 internalization 전략이다. 더닝이 강조한 세 가지 요소의 이니셜을 따라 그의 이론은 흔히 OLI 모델, 혹은 절충주의 이론이라고 불린다. 더닝이나 버논의 이론은 초국적 기업들이 투자 본국과 투자 대상국 경제에 이득을 가져다 준다는 자유주의 가정에 기반하고 있다. 즉 투자 본국은 해외직접투자로 인해 투자 수익을 얻을 수 있고, 해외로 공장 설비 등 자본재 수출이 증가하므로 국제수지에도 긍정적인 영향을 준다. 투자 대상국은 해외직접투자에 의해 생산 시설이 이전되면서 기술과 경영 노하우를 전수받을 수 있게 되고, 국내 고용이 창출된다.

한편 하이머 Stephen Hymer 는 초국적 기업의 독점적 우위 monopolistic advantage 에 대해 비판적이다(Hymer 1976). 한 기업이 제도, 법률, 언어, 문화가 다른 해외에서 활동하는 경우 추가적 거래비용이 발생할 수밖에 없다. 자본, 기술, 경영 노하우 등에서 독과점 우위를 지니는 기업만이 이를 감당할 수 있다. 초국적 기업들은 해외로 팽창하면서 세계 노동 분업 구조를 중심과 주변으로 나누고 자신들의 이익에 부합하도록 저개발국을 착취한다. 하이머의 주장은 1970년대를 풍미했던 종속이론의 주장과 대동소이하다(Frank 1971).

현실주의자인 로버트 길핀 Robert Gilpin 에 따르면 초국적 기업은 국내 투자 자본을 해외에 투자함으로써 국내 고용을 감소시키고 경제발전 기회를 해외로 이전시키는 부정적 효과를 가져 온다(Gilpin 1975). 반면 해외투자 대상국에서는 고용이 창출되고 기술과 경영 노하우가 축적된다. 이는 투자 본국인 중심부의 성장을 감소시켜 상대적 권력 이동을 초래한다. 아울러 현실주의자들은 초국적 기업이 본질적으로는 국적 있는 기업이라고 주장한다(Doremus 1998). 초국적 기업은 모국의 사회·경제·문화적 가치를 반영하며 모국 경제와 밀접히 연결되어 있다고 본다. 현실주의는 초국적 기업의 활동이 국가 주권에 의해 제한되어야 한다고 주장한다.

1990년대 개방화, 자유화, 정보화 흐름 속에서 생산요소의 효과적 활용에 토대한 생산의 유연성 및 신속함이 기업 경쟁력의 중요한 요소로 부상한다. 대량생산의 이점인 규모의 경제 economics of scale 보다 각 지역에 흩어져 있는 생산요소들을 적절하게 결합하여 보다 다양한 제품들을 값싸고 신속하게 만들어내는 범위의 경제 economics of scope 가 중요하게 부각되었다. 정보통신기술이 세계경제 전반에 흩어져 있는 자원 및 기

<참고 9-9> 미·중 패권 경쟁과 해외직접투자

현실주의 국제정치이론가들은 패권국의 해외직접투자 증대가 패권국의 성장 감소, 투자 대상국의 성장 증대를 가져와 국제정치경제질서에서 권력 이동을 야기한다고 보았다. 2010년 World Investment Report에 의하면 미국의 해외직접투자는 3300억 달러로 2위인 독일의 1000억 달러를 크게 앞지르고 있다. 그러나 미국은 2300억 달러의 해외직접투자 유입이 이루어지는 제1의 투자 대상국이기도 하다. 중국은 홍콩을 포함하여 1350억 달러의 해외직접투자를 수행했고, 1700억 달러의 해외직접투자가 유입되었다. 미국은 유출이 1000억 달러 많은 반면, 중국은 350억 달러 유입 초과이다. 그러나 해외직접투자 총량만으로 미·중 패권 경쟁의 내용을 파악하기는 쉽지 않다. 아이폰 생산 사례에서 보여지듯 생산 네트워크 속에서 부가가치가 상대적으로 낮은 부분을 중심으로 해외직접투자나 아웃소싱이 이루어지기 때문에 해외직접투자를 통해 중심에서 주변으로 부가 이전한다고 보기 어려운 경우도 많아졌다. 최근 중국 내에서 인건비가 빠르게 상승하면서 중국에 투자한 미국 제조업체들이 다시 미국으로 생산을 옮기는 경우도 증가하고 있어("Buck Up, America: China Is Getting Too Expensive," The Wall Street Journal, Oct. 7. 2011) 미·중 해외직접투자가 어떤 양상으로 발전하게 될지 주목된다.

능 간의 거래비용을 대폭 낮춤으로써 세계 생산 네트워크가 자동차, 전자, 의류, 신발 등 다양한 산업에서 지배적인 생산 방식으로 부상했다(Borrus et al. 2000; Gereffi et al 2005). 세계 생산 네트워크는 상품이 만들어지기까지 제품 기획, 연구 개발, 부품 조달, 조립, 판매 및 유통, 소비의 전 과정을 포함하며 다양한 형태를 보인다. 삼성전자나 현대자동차의 해외 생산 및 판매 법인 확장 등과 같이 해외직접투자를 통해 구성되는 수직적 생산 네트워크, 단순 부품 구입이나 연구 개발 외주 등으로 연결된 수평적 생산 네트워크 등이 형성되었다.

세계 생산 네트워크 분석은 어느 기업이 주도적으로 산업을 이끌고 있는지, 각 부품들이 어디에서 생산되며 어느 부문에서 가장 많은 이윤이 창출되는지 등 구체적인 생산 과정과 전체 산업구조를 상세하게 이해하는 데 도움이 된다. 최근 기업들은 비용 절감 등을 위해 핵심적인 부문만을 남기고 외주로 조달하는 추세이며 제품 생산 과정보다 디자인과 브랜드에서 더 많은 부가가치가 창출되고 있다. 예컨대 보잉사는 새로운 모델을 디자인하고 다양한 해외 기업으로부터 필요한 부품을 구매하여 보잉 브랜드의 비행기를 조립 판매하고 있다([그림 9-2] 참조). 보잉사는 부품 생산이나 조립보다는 연구 개발과 디자인, 그리고 브랜드 관리에 초점을 두고 생산 네트워크를 운영하고 있다. 현재 많은 선진국 기업과 정부는 생산 네트워크 안에서 고부가가치 부문을 점유하기 위해 경쟁하고 있다.

UN과 같은 국제기구들은 개도국 발전 전략을 세계 생산 네트워크의 관점에서 접근한다(Sturgeon 2010). 초국적 기업들이 이끄는 세계 생산 네트워크로의 진입 및 지위 상승upgrade은 개도국 경제성장의 주요한 전략으로 인식되고 있다. 예컨대 중국 기업 팍스콘Foxconn은 아이폰4 생산 네트워크에서 기기 제조를 담당한다. 팍스콘은 양질의 저임금 노동력을 기반으로 아이폰 생산 네트워크에 진입했다. 그러나 [그림 9-3]에서 확인되듯 팍스콘이 아이폰 생산 네트워크에서 얻는 이익은 매우 제한적이고 쉽게 다른 기업으로 대체될 수 있다. 팍스콘은 아이폰 기기 조립 경험을 기반으로 기술력을 향상시켜 생산 네트워크 안에서 자사의 위상을 상승시켜 가지 못하면 곧 퇴출될 수 있다. 현재 개도국 기업들은 다양한 부문에서 초국적 기업이 주도하는 생산 네트워크 안으로 진입하고 노동 집약적 부문에서 기술 및 지식 집약적 부문으로 상승하기 위해 노력하고 있다. 개도국의 성공적인 발전은

그림 9-2 보잉787 생산 네트워크

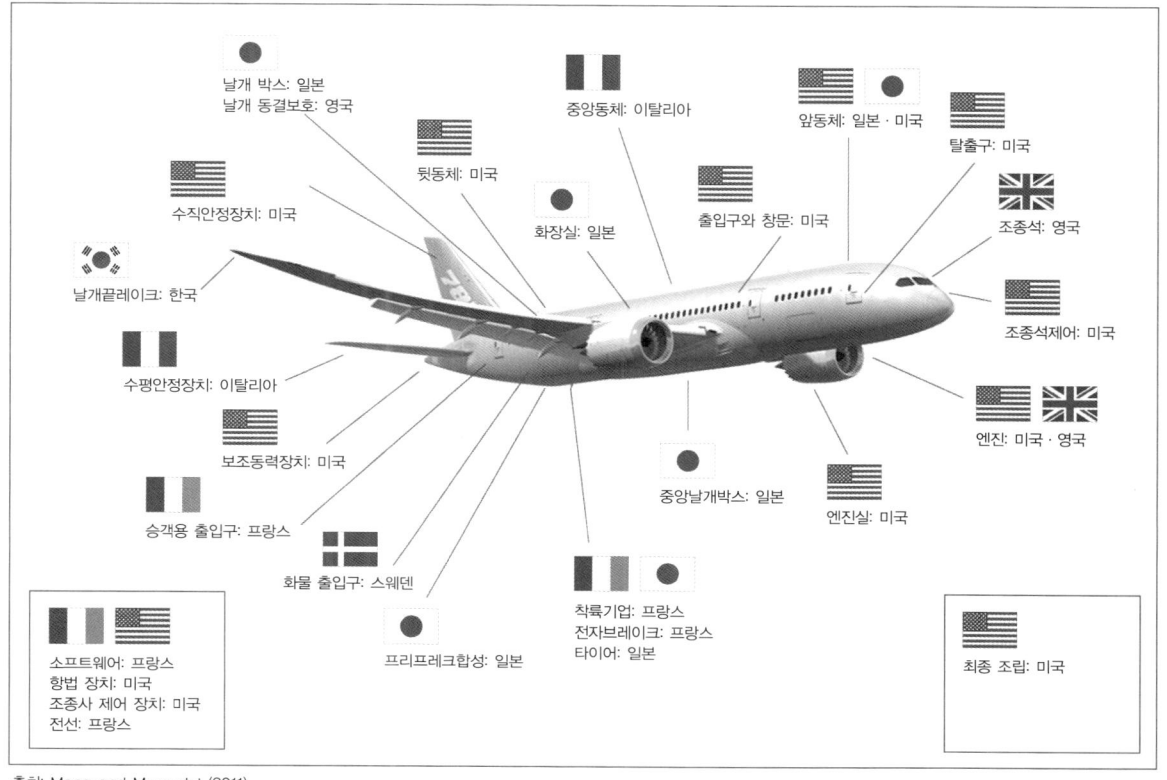

출처: Meng and Muroudot (2011)
※생산 네트워크는 작은 부품 생산에서부터 판매망까지 모두 포함된다. 이 그림은 엄격한 의미에서 생산 네트워크 전체를 보여 주지는 못하나 항공기 제작이 여러 국가에 걸쳐 이루어지고 있음을 제한적으로 보여 준다.

초국적 생산 네트워크로의 성공적인 진입 및 지위 상승으로 이해되고 있으며 이를 위해 초국적 기업의 요구와 개도국 기업 및 정부 이해의 전략적 결합strategic coupling이 중요하다고 인식된다(Yeung 2006).

초국적 기업의 활동은 정부에 의해 규제되어 왔다. 정부는 자국 경제에 미치는 영향을 감안하여 해외직접투자자의 업종과 규모를 제한한다. 양자투자협정BIT: Bilateral Investment Treaty을 통해 해외직접투자의 조건이 규정되기도 한다. 개방화와 자유화의 흐름 속에서 각국 정부의 해외직접투자에 대한 관할권이 약화되고 규제도 완화되어 왔다. 반면 세계정치경제 질서에서 초국적 기업의 정치적 권력은 증대되어 왔다(Fuchs 2005). 초국적 기업 규모와 활동 범위가 확장되고 더 많은 자원들을 통제하면서 초국적 기업들이 동원할 수 있는 도구적 권력 자원을 더 많이 확보할 수 있게 되었다. 초국적 기업은 증대된 권력 자원에 토대를 두고 국가 경제정책이나 국제기구의 아젠다를 자신들에게 유리하게 설정하기 위해 노력하고 있다. 1990년대 중반 OECD를 중심으로 해외투자 자유화를 위한 다자간 투자협정MAI: Multilateral Agreement on Investment 체결을 위한 노력이 진행되었다. MAI가 투자 문제를 언급한 최초의 국제 규범은 아니다. 현재 양자투자협정을 비롯해서 이미 1000여 개의 크고 작은 투자협정이 존재하고 있고 NAFTA, APEC 등 지역 경제협력 협정에도 투자 관련 규정이 있다. WTO도 투자 문제를 다루고 있다. MAI는 모든 형태의 자산을 투자의 정의에 포함시키면서 규제의 정도 및 강제력을 극대화하려는 노력이었다는 점에서 주목받았다. 마지막 협상 단계에서 합의가 결렬되어 협정체결이 무산되었지만 MAI의 주요 주장과 아젠다는 도하개발협상의 주요 의제로 포함되었고 해외직접투자 자유화를 위한 초국적 기업들의 노력은 지속되고 있다. 초국적 기업들은 효율성 추구, 경쟁, 성장 등 친기업적 가치들이 사회적으로 정당하고 바람직한 것으로 인식되도록 세계경제포럼^{WEF: World Economic Forum} 개최, 미디어를 통한 홍보, 시민단체와의 연계 등 다양한 방법을 통해 정체성의 정치를 전개하고 있다. 초국적 기업의 위상 강화를 위한 노력이 강화됨과 동시에 이를 견제하는 초국적 시민사회 연대, 반세계화운동, 세계사회포럼^{WSF: World Society Forum} 등을 통한 초국적 기업 규제 노력도 증대되어 왔다. 양자의 복합적인 상호 작용 속에서 초국적 기업, 국가, 시민사회의 역동적인 관계가 어떤 모습으로 발전되어 갈지 주목된다.

(2) 동아시아의 해외직접투자와 생산 네트워크

1980년대 이전까지 일본은 해외직접투자보다는 국내 생산에 역점을 두었다. 1980년대 초 미국 정부는 점증하는 대일 무역 적자를 해소하기 위해 환율 조정을 요구했고 결국 플라자합의를 통해 엔화가 급격하게 절상되었다. 이는 일본의 해외직접투자를 증대시키는 중요한 계기가 되었다. 이후 일본 기업들, 특히 중견 기업들이 저렴한 노동력을 찾아 동남아 지역으로 적극 진출했고 그 결과 동남아 지역에 일본을 정점으로 하는 위계적 생산구조가 형성되면서 일본 중심의 지역경제가 출현했다. 1980년대 후반 한국과 대만의 대동남아 투자가 시작되고 이후 중국에 대한 투자도 증대되면서 아시아 지역의 해외직접투자는 복합적인 양상으로 변화되었다.

중국은 개혁개방정책 이후 해외직접투자를 적극적으로 유치했다. 2000년대 후반 중국의 해외직접투자는 중국 전체 GDP의 40퍼센트, 중국 수출입의 60퍼

그림 9-3 아이폰4 부품 가격 구조

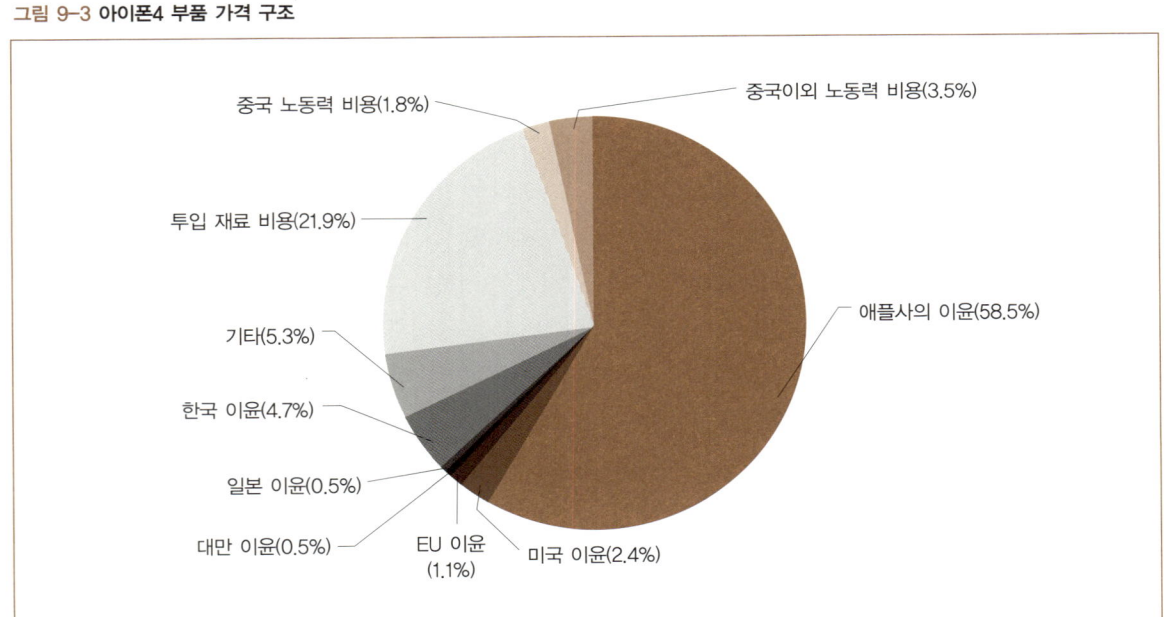

출처: Kraemer et al. (2011)

> **〈참고 9-10〉 세계경제포럼과 세계사회포럼**
>
> 세계경제포럼(World Economic Forum)은 국제 민간 회의로 제네바대학교 교수인 클라우스 슈밥(Klaus Schwab)이 1971년 비영리재단 형태로 창설했다. 현재 본부는 스위스 제네바에 있다. 재단은 법인 회원제로 운영되며, 미국·EU 등을 중심으로 전 세계 1200여 개 이상의 기업과 단체가 가입해 있다. 경제성장과 개방을 강조하고 신자유주의 세계화를 지지하는 정책 대안을 제시하고 있다. 1981년부터 매년 스위스 휴양도시 다보스에서 전 세계 기업인, 정치가, 학자, 언론인 등이 모여 세계경제에 관해 논의하는 회의를 개최하여 다보스포럼(Davos Forum)으로 알려져 있다. 매년 국가별 경쟁력 순위를 담은 세계 경쟁력 보고서를 발행한다.
>
> 세계사회포럼(World Society Forum)은 세계경제포럼에 맞서 반세계화를 기치로 내걸고 출범한 민간 회의이다. 2001년 1월 브라질의 포르투알레그레에서 세계경제포럼 개막일에 맞춰 제1차 회담이 개최된 후 연례화되었다. 신자유주의 세계화에 대한 비판과 대안 제시를 목표로 하고 있으며, '또 다른 세계는 가능하다'(Another World is Possible)를 모토로 내걸고 있다. 세계화운동에 반대하는 전 세계 비정부기구와 진보적 사회운동가들이 주로 참석한다.

센트 이상을 차지하고 있다. 2002년 중국은 미국을 제치고 세계 1위 투자 대상국으로 부상했다(World Investment Report). 투자 실행 액 기준으로 홍콩이 대중국 투자 진출국 1위를 차지했고, 뒤를 이어 미국·일본·대만·한국 기업들이 진출하고 있다. 1997년 아시아 금융 위기 이후 외국 기업의 대중국 투자 증가율이 감소되자 중국 정부는 외국인 투자 기업 유치를 위한 자국의 투자 환경 개선을 위해 노력했고, 유입된 해외직접투자는 중국의 지속적인 성장에 기여했다. 그러나 중국 내 임금 상승, 팍스콘 선전공장 노동자 연쇄 자살, 포산 혼다자동차 부품 제조사 파업 등 노동환경이 악화되면서 일부 해외직접투자 기업들이 철수하거나 중국 내륙지방으로 생산 시설을 옮기는 경우가 발생하고 있다. 중국에서 노사분규가 빈발하고 저임금 시대가 막을 내리면서 기술혁신에 기반한 '창신형'創新型 경제성장 모델에 대한 논의가 제기되고 있다.

동아시아 국가들은 경제성장과 함께 세계 생산 네트워크의 중심으로 부상했다. 일찍이 일본의 경제학자 아까마쯔Akamatsu는 동아시아에 일본을 정점으로 하는 안행모델flying geese model의 수직적 노동 분업 구조가 형성되어 있다고 주장했다(Akamatsu 1962). 한국, 대만, 중국의 빠른 경제성장과 함께 동아시아 지역이 제조업의 중심이 되면서 의류 및 섬유·자동차·전자 등 다양한 산업의 생산 네트워크가 형성되었고, 동아시아 국가들의 위상이 강화되어 왔다. 이러한 과정 속에서 동아시아의 전통적인 수직적 노동 분업 구조는 보다 복합적인 생산 네트워크로 변화해 왔다. 2000년대 초반까지 동아시아 생산 네트워크의 중심 국가는 미국 혹은 일본이었다(Bernard & John Ravenhill 1995; Borrus et a; 2000). 그러나 최근 동아시아 생산 네트워크에서 중국의 역할이 중요해지면서 동아시아 생산 네트워크는 여럿의 중심이 공존하며 수직과 수평의 네트워크가 얽힌 복합적인 모습으로 발전하고 있다. 촘촘하게 얽혀 있는 생산과 무역 네트워크 안에서 동아시아 국가들 간 역동적인 경제협력과 경쟁이 진행되고 있다.

(3) 한국과 해외직접투자

경제발전 초기에 한국 정부는 해외직접투자의 부정적인 영향을 우려하여 외국 기업의 국내 투자에 대해 업종, 규모, 방식 등을 제한했다. 그러나 다른 한편으로는 수출자유지역을 설정하여 특정한 지역에 한해 고용

그림 9-4 아시아 생산 네트워크 발전 과정

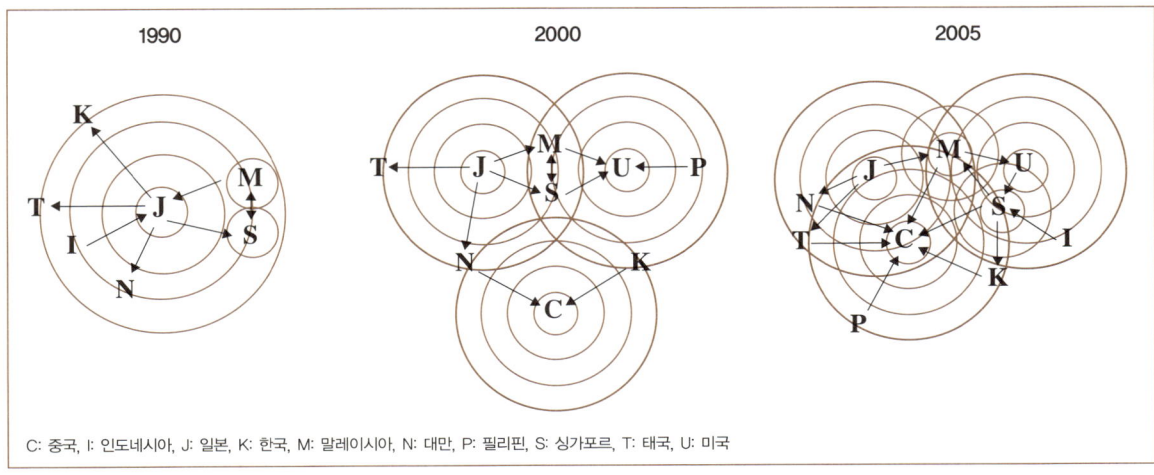

C: 중국, I: 인도네시아, J: 일본, K: 한국, M: 말레이시아, N: 대만, P: 필리핀, S: 싱가포르, T: 태국, U: 미국

출처: WTO(2011)

이나 기술이전 효과가 있는 업종을 중심으로 해외직접 투자를 적극 유치했다. 1970년대까지 한국에 진출한 해외직접투자는 대부분 저임금에 기반을 둔 노동 집약적 부문을 중심으로 이루어진 데 반해 1980년대 이후에는 한국 시장 진출, 한국의 고급 인력 활용 등을 목적으로 하는 해외직접투자가 증가했다. 많은 연구들은 개별 산업의 사례를 통해 미국과 일본 기업들의 국내 투자가 직간접적으로 한국 기업의 세계 생산 네트워크 진입 및 기술 향상에 기여했음을 밝히고 있다. 세계경제에 자유화·개방화 바람이 불었던 1990년대 초반, 한국은 국내 주식시장의 개방 확대, 해외직접투자 규제 업종 축소 등 해외투자 관련 규제를 완화하거나 철폐했다. 각 국가들은 해외직접투자가 국내 경제성장의 견인차 역할을 할 수 있다고 판단하여 해외투자에 대한 규제를 하향 평준화 race to the bottom 해 왔고 해외 기업 생산 및 연구 시설 유치는 개도국 발전 전략의 핵심적인 내용이 되어 왔으며 한국의 경우도 예외는 아니었다.

한편 한국 기업들은 1980년대 후반 이후 시장 개

〈참고 9-11〉 현대자동차 생산 시설 해외 이전에 대한 노사 간 입장 차이

현대자동차는 환율 급락에 따른 수출 채산성 악화 등의 문제를 해결하기 위해 '클릭' 등 소형차 생산 라인을 해외로 이전하는 글로벌 차원의 대규모 생산 기지 및 차종 개편 전략을 세웠다. 현대자동차에 따르면 울산 1공장의 소형차 클릭 조립 라인을 내년 인도 첸나이 2공장으로 이전하고 내수 물량 시설만 남기기로 했다. 대신 이곳에서는 소나타 13만 대를 생산한다. 울산 1공장은 연간 클릭 18만 대를 생산해 90퍼센트 이상 수출해 왔다. 클릭의 대당 수출 가격은 1만 달러 이하로 최근 환율 하락으로 인해 적자 수출을 면치 못했다. 현대자동차 관계자는 "높은 인건비 등 국내의 고비용 구조를 감안할 때 소형차 생산 라인을 중장기적으로 해외로 이전하고 국내 공장은 중대형차 등 고부가가치 차종 중심으로 생산 체제를 개편하겠다"고 설명했다. 노조 관계자는 "생산 차종의 변경은 노조와 합의할 사항"이라며 "일방적으로 개편안을 밀어붙일 경우 반발할 것"이라고 말했다. 부품업체들도 동요할 조짐이다. 한국자동차공업협동조합 팀장은 "해외 위주로 생산 라인을 늘려 나가면 부품업체들의 어려움은 불 보듯 뻔하다"며 "동반 해외 진출 같은 지원책이 필요하다"고 말했다(《중앙일보》, 2006년 3월).

척, 비용 절감, 기술 습득을 위해 해외직접투자 대열에 동참했다. 국내 임금 상승과 잦은 노사분규, 지가 상승, 환율 하락, 국내 기업의 역량 강화가 한국 기업 해외 진출의 국내적 요인으로, 국제금융시장 확대, 세계경제 통합 추세 및 지역주의 심화, 신흥 개도국 및 사회주의국가의 시장경제로의 전환이 국제적 요인으로 작용했다. 한국 기업의 해외직접투자 가운데 특히 고용 효과가 큰 자동차, 전자산업 등에서 중국, 동남아, 인도와 같이 임금이 낮은 지역으로 생산 시설을 이전하는 경우가 많아 국내 고용 감소 및 산업 공동화 현상에 대한 논쟁이 지속되고 있다.

세계 생산 네트워크의 발전과 이로 인한 세계경제의 통합 속에서 한국 경제가 지속적으로 성장하기 위해서는 첨단기술, 디자인, 브랜드 등 생산 네트워크 안에서 고부가가치를 창출하는 부문이 중심이 되는 경제구조로 전환되어야 한다. 1990년대 금융 위기 이후 저임금에 기반을 둔 국가 주도 경제성장 모델을 극복하기 위한 노력이 진행되어 왔으나 정부–기업 관계, 대기업–중소기업 관계, 인력개발 체계에서 변환이 성공적으로 진행되었다고 보기 어렵다. 21세기 세계 생산 네트워크에서 한국의 위상 강화는 경제 전략만으로 이루어질 수 없다. 사회집단 간의 갈등을 조정해 내는 정치적 역량 강화, 교육 및 인력 양성체계 개선이 함께 이루어져야 한다.

4. 공적개발원조와 한국

(1) 공적개발원조의 전개와 주요 이슈

UN 통계에 따르면 산업혁명 이전까지 약 3000년 동안 전 세계 GDP는 150~180 달러 수준을 유지했고 오랜 기간 동안 일부 계층을 제외한 인류의 대부분은 빈곤층이었다. 현재 인류가 누리고 있는 부의 대부분이 산업혁명 이후 200여 년 동안 창출된 것이며, 2000년을 기준으로 전 세계인의 1인당 국민소득은 약 6600달러로 상승했다. 부의 증대와 함께 빈곤층의 비율이 줄어든 것이 사실이지만 2005년 현재도 세계 전체 인구의 4분의 1에 해당하는 15억여 명이 하루 1.25달러 미만으로 생계를 유지하는 절대빈곤층인 것으로 집계된다(UN 'End Poverty 2010'). 사하라 이남 아프리카나 남아시아 지역에서 빈곤층은 오랫동안 감소되지 않고 있으며 세계경제가 위기를 겪을 때마다 극빈층이 양산되고 있다.

최근 저개발국 빈곤 문제에 대한 인류 공동의 책임감이 강조되면서 개발원조에 대한 관심이 확대되어 왔다. 선진국의 개도국 발전 지원은 대외원조foreign assistance, 공적개발원조ODA, 개발 협력development cooperation 등 다양한 이름으로 불리고 있다. 현재 개발 원조의 중심 기구 역할을 하고 있는 OECD 산하 개발원조위원회DAC: Development Assistance Committee는 1969년 개도국 경제사회 개발 증진을 목적으로 이루어지는 공적 거래와 양허적 성격의 금융 조건을 설정하고 이를 ODA로 규정했다(DAC 1996). 1970년대 중반 DAC는 보다 폭넓은 사업과 주제를 포괄하기 위해 개발 협력 개념을 도입했지만 현재까지도 ODA 개념이 통상적으로 널리 쓰이고 있다.

ODA는 개발도상국의 경제개발 및 복지 증진을 목

적으로 중앙 및 지방 정부를 포함한 공공기관이 개도국 및 국제기구, 개발 NGO에 제공한 자금으로 정의되며(DAC), 크게 양자 간 지원과 다자 간 지원으로 나뉜다. 양자 간 지원은 원조 공여국에서 수원국(개발도상국)으로 원조 자금 및 물자를 직접 지원하는 것이다. 양자 간 지원은 무상 원조와 유상 원조로 구분된다. 무상 원조는 기술협력, 식량 원조, 재난 구호 등과 같이 법적 채무를 동반하지 않는 현금 또는 현물 이전이다. 유상 원조는 개도국 공공 개발 프로그램 지원처럼 법적 채무를 동반하는 현금 또는 현물 이전이다. 다자 간 지원이란 수원국에 직접 자금을 제공하지 않고 세계은행 World Bank, 유엔개발계획 UNDP 등 국제 개발 기구에 대한 출자 및 출연 등을 통해 간접 지원하는 것을 일컫는다.

역사적으로 ODA의 시작은 제2차 세계대전 이후 식민지 관계의 청산 혹은 전후 보상 차원에서 시작되었다. 제2차 세계대전이 끝난 뒤, 미국은 저개발국 지원을 위해 세계은행을 설립하는 한편, 1947년부터 서유럽 16개국에 대해 마셜플랜 Marshall Plan이라는 대외원조 계획을 세워 수행했다. 마셜플랜의 성공으로 원조에 의한 경제발전에 대한 낙관적 기대가 형성되었다. 1961년 마셜플랜 집행 기구이자 OECD의 전신인 유럽경제협력기구 OEEC 내의 개발원조그룹 DAG이 개발원조위원회 DAC로 전환되었고, OECD 산하 DAC는 현재까지 선진국 개발원조의 중심 기구 역할을 하고 있다. 미국은 1961년 대외원조법 foreign assistance act을 제정하고 국제개발처 USAID를 설립하여 냉전기 미국 외교의 한 축으로 ODA를 수행했다. 캐나다, 독일, 스위스, 일본 등 많은 국가들이 이 시기에 개발원조 담당 기구를 설립하고 ODA를 수행하기 시작했다.

1960년대에 북반구 선진 공업국과 남반구 개발도상국 간 경제 격차 문제가 국제무대에서 주목되면서 이를 논의하기 위해 유엔무역개발회의 UNCTAD: United Nations Conference on Trade and Development가 최초로 개최되었고, 유엔개발 10년 UN Development Decade이 채택되면서 ODA의 중요성이 강조되었다. 그러나 수차례에 걸친 UNCTAD 회의에도 불구하고 선진국들의 소극적인 태도로 ODA가 뚜렷한 성과를 내지 못하는 가운데 1970년 UN은 GNP 대비 ODA 0.7퍼센트 목표치를 제시한 피어슨위원회 보고서를 공식적으로 채택하며 개발원조의 중요성을 재차 강조한다(피어슨위원회가 0.7퍼센트를 산출한 근거는 개도국이 연평균 6퍼센트 경제성장을 달성하기 위해서 원조 공여국 GNP 1퍼센트 규모의 지원이 필요하며 이 가운데 ODA 비중이 GNP의 0.7퍼센트에 달해야 한다는 것이었다. 이 목표는 현재까지 유지되고 있다). 1960년대의 경제개발 성과에 실망한 개도국들이 당시 냉전 구도의 국제질서에서 비동맹 운동 Non-Aligned Movement을 통해 협상력을 증대시키고 이를 바탕으로 적극적인 단체 행동을 전개하여 선진국과 개도국 간 대결이 심화되고 개도국들의 신국제경제질서 NIEO: new international economic order 요구로 이어진다. 1980년대 외채 누적, 경제 침체, 정치 불안, 만성적 빈곤으로 개도국의 원조 요구가 증대하지만 선진국들의 원조 기피 및 원조 피로 aid fatigue 현상으로 개발원조 규모가

그림 9-5 새천년개발목표

출처: 유엔 MDG 홈페이지(www.un.org/millenniumgoals)

정체되었다. 이 시기 수단, 에티오피아에서 식량 위기로 대규모 긴급 구호 상황이 전개되지만 공공기관들의 대응이 불충분하게 이루어지면서 개발 NGO가 적극적인 역할을 담당하기 시작했다.

1995년 코펜하겐 선언 Copenhagen Declaration on Social Development의 영향으로 개발원조 공여 방식 개선 논의가 활성화되었다. 경제개혁을 넘어 사회 전반의 변화가 중시되기 시작했고, 국제기구의 직접적 개입보다 원거리 감독 및 시민사회와 빈곤층의 적극적인 참여가 제안되었다. 1990년대에는 굿거버넌스good governance와 개도국의 자조 노력에 대한 강조와 함께 지속가능한 참여 개발participatory development이 중시되고 UN 기구 및 DAC를 중심으로 인구, 식량, 마약, 환경, 지역분쟁 문제의 해결을 위한 다자간 협력이 증대했다. 2000년 9월 밀레니엄 정상회의millennium summit에서 2015년까지 인류 사회가 풀어야할 당면 과제로 8개 주요 목표, 새천년개발목표MDGs: Millenium Development Goals가 선포되고 이는 현재 ODA의 주요 지침이 되고 있다.

2005년 3월 국제기구, 개발은행 및 NGO 대표들이 파리에서 개발원조 효과 제고를 위한 파리선언Paris Declaration on Aid Effectiveness을 채택하고 새로운 개발원조 모델 수립의 필요성을 역설했다. 새로운 개발원조 모델을 마련하는 과정에서 이제까지 개발원조가 수원국의 필요보다 공여국의 정치 경제적 필요에 부합하는 방식으로 이루어져 효과가 기대만큼 나타나지 못했다고 지적되었다. 새로운 개발원조 모델은 공여국 중심의 원조에서 공여국과 수원국의 파트너십을 강조하면서 수원국의 주인 의식ownership, 수원국 개발 정책에 대한 공여국의 원조 프로그램 일치alignment, 공여국 간 원조 프로그램 조화harmonization, 성과 중심 원조 프로그램 관리managing for result, 그리고 수원국 및 공여국 모두의 상호 책임mutual accountability을 제시했다.

현실적으로 원조가 국익의 고려를 완전히 벗어나기 어렵지만, 인도주의적 요구와 지구 공동체 관점은 원조의 중요한 명분과 현실로 작용하고 있다. 세계정치 주요 이론들이 원조를 바라보는 시각에는 차이가 존재한다. 현실주의자들은 선진국 원조가 철저히 국익을 추구하며 특히 군사, 경제적 이익을 목표로 한다고

〈참고 9-12〉 개발원조와 적정기술

파트너십과 수원국 중심 개발원조가 강조되는 맥락에서 적정기술(appropriate technology) 논의가 부상하고 있다. 기존의 개발원조는 특정 지역의 자연 및 문화적 환경을 무시하거나 이해하지 못한 상태에서 공장, 기계화된 농업, 대규모 전력 생산 시설 등 기술 인프라 제공을 중심으로 추진되었다. 개도국에 지원된 기계가 연료 및 관리 인력 부족으로 사용되지 못하는 상황이 자주 발생하면서 한 지역에서 유용한 기술이 다른 장소나 환경에 도입되면 무용하거나 유해할 수 있다는 인식이 형성된다. 적정기술 개념은 인도의 간디와 영국 경제학자 슈마허에 의해 발전되었고, 특정한 상황에 적합한 속성이 강조된다. 적정기술 운동은 환경과 에너지에 초점을 둔 지속 가능한 개발이나 '다른 90퍼센트를 위한 디자인'(design for the other 90 percent) 운동 등과 결합되면서 수원국 중심 개발원조의 주요 내용으로 부상하고 있다. 현재 적정기술의 관점에서 많은 기술들이 개발되어 개발원조에 활용되고 있다. 남아프리카공화국의 헨드릭스 형제가 디자인한 Q 드럼(Drum)은 식수를 먼 곳으로부터 운반해 와야 하는 대부분의 아프리카 지역에서 한꺼번에 많은 양의 물을 운반하기 쉽도록 고안되었다. 한꺼번에 75리터 정도의 물을 손쉽게 운반할 수 있고, 10년 정도의 내구성을 가져 아프리카 여러 지역에서 유용하게 활용되고 있다. 세계적으로 빈곤층의 절반 정도가 적절한 식수 공급에 어려움을 겪고 있다. 이들은 콜레라, 이질, 장티푸스 등 수인성 질병의 위험에 노출되어 있다. 스위스의 사회적기업 베스터가르드 프랑센(Vestergaard Frandsen) 사에 의해 고안된 라이프스트로(Life Straw)는 빨대형 정수기로 15마이크론 이상의 입자와 세균을 효과적으로 걸러 주고 최대 1000리터 물의 정수가 가능하여 개인이 1년 정도 사용할 수 있도록 개발되었다.

지적한다(Meernick et al 1998; Lancaster 2007). 이들에 따르면 제1의 개발원조 공여국인 미국은 냉전 체제하에서 원조를 비군사적 영향력 확대 수단으로 인식했고, 많은 국가들이 원조를 동맹, 수출 시장, 자원 확보 수단으로 활용하고 있다고 주장한다. 반면 자유주의는 인도주의적 동기를 강조한다. 인간다운 생활을 유지할 수 있도록 돕는 것은 도덕적인 의무이며, 개발도상국에서 일어나는 환경 파괴, 질병 확산 등이 인류의 생존을 공동으로 위협하기 때문에 선진국들이 보다 적극적으로 개발원조에 참여해야 한다는 인식이

<참고 9-13> 개발원조를 보는 다양한 시각

"ODA의 형태를 띤 외국의 원조가 빈국에서 자본 축적, 경제성장, 가계 소득 증대로 연결될 수 있다. 만약 외국의 원조가 충분한 양으로 오래 지속되어 가계 소득이 최저생계비 수준 이상으로 충분해지면, 저축을 통한 자본 축적과 납세가 가능해질 것이다. 그 지점에서 빈곤 함정이 깨지고 가계 저축과 세금을 재원으로 한 정부 투자를 통해 성장이 자체 동력을 갖게 된다. 이런 의미에서 외국의 원조는 구걸이 아니라 빈곤 함정을 단번에 깨뜨리는 투자다."
제프리 삭스, 『빈곤의 종말(The End of Poverty)』

"외국 원조, 교육 촉진, 인구 통제, 구조조정을 위한 대출과 부채 탕감까지 그중 어떤 것도 성공하지 못했다. 빈곤 문제가 심각한 국가들은 원조를 받기 때문에 빈곤 문제를 해결할 유인을 갖지 못했다. 이미 성장을 향한 탐색의 해피엔딩을 보장하는 마법의 약은 존재하지 않는다는 것을 배웠다. (…) 그렇다면 대안은 무엇인가. 번영은 가난한 사람들이 좋은 기회와 유인을 가질 때 발생한다. 정부가 자신의 행위에 책임지고, 적극적으로 의료, 교육, 법 등 공공재 투자의 책무를 다할 때 광범위하고 근본적인 발전을 기대할 수 있다."
윌리엄 이스터리, 『백인의 의무(The White Man's Burden)』

담비사 모요(Dambisa Moyo)는 아프리카 원조를 서서히 줄여 5년 이내에 원조 전체를 끊자고 주장한다. "아프리카로 흘러든 원조금은 부패를 조장하고, 정부의 재정 독립 의지를 꺾는 등의 부작용을 낳았다"는 것이다. 대신 "아프리카의 장기적 발전을 위해서는 무역과 외국인 직접투자, 마이크로 크레디트 등이 함께 발전해야 한다"고 주장한다.
담비사 모요, 『죽음의 원조(Dead Aid)』

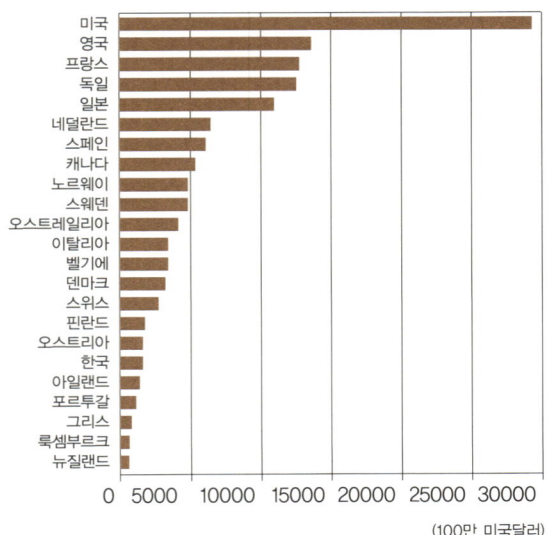

그림 9-6 ODA 규모와 국민소득 대비 비율

출처: DAC(2011)

다(Sacks 2005). 급진주의는 원조가 자본의 논리에 의해 이루어진다고 본다. 이들에게 원조는 시장 확보나 노동 착취를 위한 변형된 이름의 제국주의이기 때문에 개도국들이 원조에 의존하지 말아야 한다고 주장한다(Moyo 2009).

현재 ODA 관련 주요 이슈는 선진국 원조 규모 증대이다. ODA가 시작된 이후 개발원조 규모는 서서히 증가되었다. 1990년대 중반 세계 금융 위기 동안 일시적으로 감소했다가 2000년대에 들어 다시 증가하는 양상을 보이고 있다(DAC). 2010년 현재 미국은 세계 ODA의 21퍼센트를 차지하는 제1의 원조국이고 독일(12%), 프랑스(10%), 영국(10%), 일본(7.5%)이 뒤를 따르고 있다. 5개국이 세계 ODA의 60퍼센트를 차지한다. DAC가 권고하는 국민소득 대비 0.7퍼센트를 달성한 국가는 노르웨이(0.95%), 룩셈부르크(0.93%), 스웨덴(0.9%), 덴마크(0.81%), 네덜란드(0.81%) 5개국에 불과하고 DAC 국가 평균은 0.3퍼센트 내외이다.

원조액 증대와 함께 원조 운영 방식 개선에 관한 주장도 지속적으로 제기되고 있다. 굿거버넌스 및 참여개발과 함께 구속성 원조tied aid를 줄여야 한다는 주장도 유사한 맥락에서 제기된다. 구속성 원조란 수원국이 조달하는 수입 물자, 용역의 조달처를 공여국 또는 일부 소수 국가로 한정하는 경우를 말한다. 즉 차관을 제공하면서 기자재 및 용역의 구매 계약을 반드시 차관 공여 국가의 기업과 체결하도록 제한하는 것이다. 구속성 원조에 대한 국제사회의 시각은 전반적으로 부정적이다. 경쟁 원칙을 배제함으로써 원조 물자 및 용역 비용을 상승시키고, 선진국 위주의 원조로 수원국의 주인 의식을 저해하며, 수원국 기업의 발전에 도움이 되지 않을 수 있기 때문이다. 현재 미국을 제외한 모든 DAC 회원국은 매년 비구속성 원조untied aid의 비율을 공표하고 있으며, 원조를 위한 물자 및 용역의 60~100퍼센트를 모든 국가의 기업에 대해 열어 놓고 있다. 특히 최빈국들을 보다 효과적으로 지원하기 위해 이들에 대한 원조는 완전히 비구속화하고 있다.

(2) 동아시아의 공적개발원조

일본은 1962년 해외경제협력기금, 1974년 국제협력사업단 등을 설립하여 개발원조의 기본 체제를 구축했다. 이후 일본 ODA 규모가 급격히 확대되면서 1980~1990년대 제1의 원조국가로 부상했다. 일본 ODA는 규모의 증가에도 불구하고 구속성 원조, 일본 기업의 수출 증대 및 경제성장 전략 중심이라는 특성 때문에 비판 받고 있다. 일본 ODA의 특징은 유상 원조 중심, 동남아시아 중심, 경제사회 인프라 개발 중심 지원으로 요약된다. 1990년대 중반 이후 경제 불황으로 일본 개발원조의 규모가 조정되면서 일본은 ODA 헌장과 법 개정을 통해 ODA 체제를 개혁하고 원조의 질을 높이는 한편, 무상 및 비구속성 원조 비율을 높이고 보건 위생, 교육 등으로 원조 프로그램을 다양화했다.

중국의 개발원조 규모나 내용을 구체적으로 파악하기는 어렵다. 중국은 오래전부터 일부 개도국에 대해 개발원조와 유사한 지원을 제공한 것으로 알려졌다. 냉전기에는 대만과의 외교 경쟁과 자원 확보를 위해 제3세계 국가에 장기 저리 우대 차관과 부채 탕감을 제공한 바 있다. 중국의 경제성장이 본격화되고 외교적 위상이 증대된 21세기에 들어서 중국은 양허성 차관과 정부 지원 보조금 및 투자 형태로 개도국 지원을 활발하게 전개해 왔다. 2002년 약 10억 달러 규모의 개도국 지원은 2007년 250억 달러로 크게 증가했다(Lum et al. 2009). 중국의 개도국 지원은 특히 아프리카, 남미, 동남아를 중심으로 이루어지고 있으며 석유, 광물자원, 철강, 목재 등의 확보 이외에 자국의 외교적 이익을 추구하는 수단으로 활용하고 있다.

UN의 MDGs 제정, 원조 공여 방식 개선에 대한 논의 등 개발원조에 대한 세계적 논의에도 불구하고 일본이나 중국의 개발원조는 자국의 외교 및 경제적 이득을 목적으로 수행되는 경향이 강하다고 볼 수 있다. 전통적인 개발원조 대국인 일본과 새롭게 개발원조 공여국으로 부상한 중국의 ODA 전략도 세계적 흐름에 맞추어 상대국의 필요를 함께 고려하면서 국제사회 발전에 기여하는 방식으로 전환되어야 한다는 요구가 높아지고 있다.

(3) 한국의 공적개발원조

한국은 1945년 해방 이후 미국을 비롯한 많은 국가들로부터 개발원조를 받아 들였다. 1950년대 말까지 미국이 주요 원조국이었으며, 전후 인플레이션 억제와 재정 안정을 위한 물자 원조 및 산업 설비 투자가 이루어졌다. 1957년을 정점으로 감소하기 시작한 무상 원조는 1959년 말부터 유상 원조로 대체되기 시작했고, 1960년 1월 외자도입촉진법이 제정되면서 미국 이외의 선진국으로부터 적극적 외자도입이 이루어졌다. 이는 경제개발 5개년 계획의 수립과 함께 활성화되었다. 1945년 이후 1999년까지 약 127억 달러의 원조를 받았으며, 1995년 세계은행의 차관을 상환하고 수원 대상국에서 졸업했다.

한국은 1970년대까지 주로 UN 기구로부터 자금을 지원받아 ODA를 실시했고, 개도국으로부터 원조 수요가 매년 증가함에 따라 정부 자금에 의한 원조 규모를 확대했다. 1988년 서울올림픽을 전후로 외채 감소와 국제수지 흑자 실현으로 한국의 개발원조가 본격화되었다. 1987년 개도국에 양허성 차관을 지원하고자 300억 원을 출연하여 한국수출입은행에 대외경제협력기금 EDCF: Economic Development Cooperation Fund 을 창설하여 유상 원조를 시행하고 있다. 1991년에는 무상 원조 전담 기관으로 외교통상부 산하에 한국국제협력단 KOICA: Korea International Cooperation Agency 을 설립했다.

한국은 2009년 DAC에 가입했다. 한국은 1961년 OECD 출범 이후 수원국에서 공여국으로 지위가 바뀐 첫 번째 사례로 1996년 OECD에 가입한 지 13년 만에 원조 선진국 클럽인 DAC 회원국이 되어 주목받았다. 그러나 아직 한국의 개발원조는 국민소득 GNI 대비 개발원조 비율이 DAC 회원국 가운데 최하위 수준에 머물러 있고, 유상 원조 대비 무상 원조의 비율도 낮은 수준이다. 비구속성 원조의 비율도 여전히 낮으며, 최빈국에 우선적으로 지원해야 할 개발원조가 하위 중소득국에 몰려 있고, 지역적으로도 인접 아시아 지역에 편중되어 있다. ODA 철학 정립, 2015년 ODA/GNI 0.25퍼센트 달성, ODA 체제 정립 등 DAC 가입을 계기로 현재 한국에서는 개발원조의 양적 규모 증대와 함께 질적 수준을 제고하기 위한 방안이 적극적으로 모색되고 있다.

5. 동아시아 지역 경제협력

유럽 국가들은 1952년 유럽석탄철강공동체(European Coal and Steel Community)를 창설했다. 이는 1958년 관세동맹을 내용으로 하는 유럽경제공동체(EEC)의 성립으로 이어졌다. 정체 상태에 놓여 있던 유럽통합의 움직임은 1986년 단일유럽의정서(Single European Act)가 조인되고 이에 기반을 둔 공동시장이 창출됨으로써 전기를 맞게 된다. 1992년에는 마스트리흐트조약(Maastricht Treaty)을 통해 유럽연합이 정식으로 발족했다. 이후 공동 통화 창출, 회원국 확대 등을 거치면서 유럽통합 움직임이 가속화된다. 비록 유럽 헌법을 제정하려는 시도가 성공하지 못했지만 유럽 통합은 지난 수백 년 동안 국제 정치의 기본 단위였던 근대 민족국가를 대신하는 새로운 정치 공동체를 지향한다는 점에서 21세기 최대의 세계정치 실험이라고 볼 수 있다.

유럽연합 창설 이후 아메리카, 아시아에서도 지역 협력 움직임이 본격화되었다. 동아시아 지역에서는 타 지역의 지역 통합 움직임에 대응하는 소극적 차원에서 지역 협력이 논의되었다. 이러한 논의들은 보다 적극적으로는 북핵 문제, 일본의 재무장, 중국의 부상 등 냉전 이후에도 재생산되는 동북아 지역 긴장을 해소하고 공동 번영을 추구하는 방안에 대한 모색으로 이어졌다. 제시되는 동북아 협력의 범위도 매우 광범위해서 동북아 군축 및 평화 체제 구축에서부터 자유무역지대, 통화, 에너지, 철도, 환경, 정보통신 등 다양한 영역에 걸쳐 있다. 동아시아 지역 협력을 위한 다양한 방안이 제기되었고, 부문에 따라 상당히 구체적인 협력이 추진되고 있다. 예컨대 1997년 경제 위기 이후 통화스와프를 골자로 하는 ASEAN+3를 발전시킨 노력이나 에너지, 철도 부문 등에서도 논의되는 구체적인 지역 협력 방안이 언급될 수 있다.

기존 이론들이 지적하듯 지역 협력 및 통합 과정은 정부나 제도의 역할이 중요한 정치적 과정이다. 그러나 학자들은 기존 지역 통합 이론이 주로 유럽의 경험을 토대로 한 것이어서 다른 지역 협력 사례를 설명하는 데 한계가 있음을 지적한다. 특히 동아시아 지역에서는 공식적 기구를 통한 정부 간 협력보다는 미국 및

〈참고 9-14〉 지역 통합 이론

지역 통합 이론의 모태라고 할 수 있는 기능주의 이론은 경제·환경·에너지 등 사회경제 영역에서 지역 내 상호의존성이 증대하고, 이것이 정책적 조율의 필요성으로 침투 및 확대(spillover)되면서 지역 통합으로 발전하게 된다고 주장했다(Haas 1958). 신기능주의는 사회경제적 영역의 통합에서 여타 부분으로의 침투 확산을 중시하지만 통합의 주체로서 초국가적 엘리트나 기술 관료, 초국가적 이익집단과 같은 사회세력을 주목한다(Tranholm-Mikkelsen 1991). 정부간주의(inter-governmentalism)는 통합이 사회경제적 상호의존성 증대의 자연적 결과라기보다는 국가들의 의도적인 선택과 협상의 결과임을 강조한다(Moravsik 1991). 신제도주의는 제도가 거래비용 감소, 투명성 및 검증 가능성 제고, 불확실성 감소 등을 통해 국가 간 협력 가능성을 높일 수 있다고 주장하면서 통합 과정에서 제도의 역할을 강조한다(Keohane 1983). 지역 통합 이론의 큰 흐름은 지역 협력을 위한 사회경제적 요구보다는 통합을 지지하는 특정 국가, 엘리트, 사회집단의 부상 및 제도의 역할을 강조하는 방향으로 변화되어 왔다.

화교 자본, 그리고 일본 기업 등을 중심으로 형성된 무역, 금융, 생산 네트워크에 기반을 둔 경제협력이 더 성공적으로 진행되고 있다고 주장한다. 따라서 동아시아 지역 통합이 반드시 유럽연합과 같은 초국적 정치 단위체의 수립을 지향하지 않을 수도 있다고 본다.

지역 협력론에서 지역은 실체가 있고 고정 불변하는 한정된 공간이기보다는 정치적 경쟁을 통해 사회적으로 구성되는 것으로 인식된다(Katzenstein 1997). 많은 학자들에 의해 일정한 공간을 하나의 지역으로 묶을 수 있는 공동의 척도, 예컨대 지리적 인접성, 긴밀한 상호 작용, 공동의 문화 및 정체성 등이 제시되어 왔으나, 척도 자체가 모호하고 상대적이어서 지역을 명확히 구분하는 기준으로 활용하기 어렵다. 동북아Northeast Asia, 극동 아시아Far East Asia, 동아시아East Asia 등으로 불리는 지리적 공간이 존재하는 것은 사실이지만 동북아라는 용어는 특히 제2차 세계대전 이후 일반화되어 사용되었고, 인식 주체의 이해관계나 관심에 따라 동북아 내지 동아시아의 지리적 범위가 다르게 설정되었다.

예컨대 미국, 일본, 중국, 한국은 서로 다른 동아시아 지역 구상을 추진해 왔다(하영선 편 2008). 1880년대에 흥아론興亞論과 탈아론脫亞論에서 시작하여 동양평화론을 내세운 일본의 동아시아 구상은 자국 중심주의를 벗어나지 못함으로써 설득력 있는 아시아 지역주의로 성장할 수 없었고 결국 대동아공영권이라는 제국주의적 모습으로 발현되었다. 현재 일본이 제시하는 동아시아 공동체 논의는 과거 일본 제국주의 유산에 대한 반성이나 정리 없이 진행되고 있어 여전히 아시아 국가들의 의심스러운 눈총을 받고 있다. 중국은 현재까지 국내 경제성장에 우선순위를 두어 왔으나 최근 세계정치경제 질서에서 중국의 위상 강화를 배경으로 동아시아 공동체 논의에 조심스럽게 관심을 보이면서 지역 내에서 자국의 영향력 강화를 꾀하고 있다. 미국은 자연 지리적으로는 동아시아 국가가 아니지만 제2차 세계대전 이후 정치 지리적으로 가장 중요한 동아시아 국가였다. 미국은 동아시아 지역 내에서 주도적인 역할을 유지함과 동시에 중국을 견제하기 위해 일본, 한국 등과의 동맹 및 경제협력을 강화하고 있다. 한국은 탈냉전 이후 미국 주도 동아시아 공동체 논의에 관심을 가지기 시작했다. 현재 미국과 중국의 이해가 첨예하게 대립하는 상황에서 생존 전략의 일환으로 동아시아 공동체 전략을 발전시켜야 하는 상황이다.

다양한 동아시아 지역 구상이 공존하는 가운데 동아시아 지역의 경제협력이 강화되고 있다. 동아시아 지역 내 수직적 혹은 수평적인 복합 생산 네트워크가 촘촘하게 형성되어 왔으며 역내 국가들 간의 무역 의존도도 크게 증대되어 왔다. 최근에는 동아시아 국가들 간에 FTA 체결 논의들이 지속적으로 이루어지고 있다. 한·중·일과 ASEAN과의 통화스와프 체결 이후 동아시아 국가 간 통화 협력도 강화되고 있다.

동아시아에서 기존의 지역 질서와 차별화된 보다 협력적인 지역 질서가 구축되기 위해서는 협력을 위한 물적 기반 조성, 이념이나 비전 제시, 제도 정비 등 다양한 차원에서 노력이 진행되어야 한다. 19세기 후반 동아시아 지역에서 중국 중심의 전통적인 국제정치 질서가 무너지고 서구의 근대 국제정치 질서가 이식된 이래, 이 지역에서는 개별 국가 차원의 부국강병이나 이해 추구가 지역공동체에 대한 관심보다 우선되어 왔다. 따라서 현재 활발하게 이루어지고 있는 동아시아 공동체 담론과 관련하여 많은 이론적·실천적 질문들이 제기된다. 동아시아 지역 범위를 어떻게 설정할 것인지, 동아시아 공동체가 진정으로 미래를 위한 가능하고 바람직한 대안인지, 동아시아 협력 추진을 주도할 주체들은 누구인지, 성공적인 동아시아 공동체 형성을 위한 전략은 무엇인지 등등. 동아시아 지역 협력 논의 및 노력들이 구체화되기 위해서는 현재 진행 중인 동아시아 지역 협력의 특징과 각 국가의 구상을 이해하고, 우리의 비전과 구상을 기반으로 지역 협력을 위한 포괄적인 틀과 전략을 발전시켜야 한다.

21세기에 한국이 지속적인 번영을 이루기 위해 넘어야 할 장벽은 높다. WTO 가입 이후 물밀듯이 밀려 오는 FTA의 파고, 불안정한 금융 통화 질서, 개방된 자본 시장, 경쟁력 있고 지속 성장 가능한 산업구조로의 전환, 개발원조의 양적 증대 및 질적 개선, 동아시아 지역 협력의 비전과 전략 수립 등의 난제들이 우리 앞에 놓여 있다. 한국은 지난 수십 년 동안, 정부 주도 발전국가 모델에 입각하여 정치 경제를 운영해 왔다. 세계화와 정보화, 기업 및 시민사회의 성장 등 환경 변화 속에서 발전국가 모델의 수명이 다했음은 명백하다. 향후 한국의 국제정치경제 연구는 세계화, 민주화, 정보화 시대의 지속적인 발전과 번영을 위한 정치경제 모델과 전략을 제시해야 한다. 당면 과제들을 명확히 규정하고 적절한 해결 방안에 대한 담론을 적극적으로 형성하고 발전시켜야 한다. 발전국가라는 개념은 우리의 현실을 지칭하는 개념이지만, 한국의 정치경제를 분석하는 외국의 학자들에 의해 제시되어 우리가 수용한 개념이다. 21세기 새로운 한국의 번영 전략을 마련하고 이를 이론화하는 것이 한국 국제정치경제학의 주요한 과제이다.

10

| 이왕휘 |

세계 금융통화 질서의 변환과 한국의 협력

1. 머리말 **326**
2. 세계 금융통화 질서: 역사와 구조 **329**
3. 세계 금융 위기 이후 세계 금융통화 질서의 변환 **333**
4. 동아시아 금융통화 협력 **342**
5. 세계 금융통화 질서와 한국 **346**
6. 맺음말 **347**

| 핵심 개념 |

거시경제정책의 3자 모순 trilemma of macroeconomic policies / 국부펀드 sovereign wealth fund / 국제통화기금 International Monetary Fund / 근린궁핍화정책 beggar-thy-neighbour policy / 금본위제 gold standard / 기축통화 key currency / 브레튼우즈체제 Bretton Woods System / 세계 금융 위기 global financial crisis / 세계경제 불균형 global imbalances / 워싱턴 합의 Washington Consensus / 중국의 부상 rise of China / 치앙마이 이니셔티브 Chiang Mai Initiative: ASEAN+3

1. 머리말

미국 컨설팅 회사 맥킨지에 따르면 2010년 말 기준 세계 각국의 금융기관들이 보유하고 있는 자산의 총액은 212조 달러에 달했다. 이 중 거래되는 자산의 규모가 연간 4조 달러를 넘는다고 추정된다. 또한 국제통화기금 IMF: International Monetary Fund 이 집계한 세계 각국 정부의 외환 보유고 총액은 2011년 1분기 9조 6000억 달러를 상회했다. 이 중에서 세계 외환시장에서 거래되는 금액이 2010년 약 4조 달러를 넘었다. 이에 비해 세계 최대 경제 대국 미국의 2011년 정부 예산이 3조 8억 달러에 불과하고, 세계 최대인 중국의 외화 보유고 역시 3조 달러임을 감안할 때, 세계금융시장은 이제 어느 한 국가가 제어할 수 있는 수준을 훨씬 넘어섰다.

세계금융시장이 어떻게 형성되어 변환되어 왔는가? 세계금융시장의 원리는 무엇이며 주체는 누구인가? 국제경제학은 화폐의 기능—교환의 수단, 계산의 단위, 가치의 저장—이 국제적인 차원에서 어떻게 이루어지는가에 초점을 두어 금융기관들이 시장원리에 따라 세계금융시장을 움직인다고 설명한다. 반면 국제정치경제학은 국제정치가 세계금융시장에 미치는 영향에 주목한다. 세계금융시장의 발전 과정에 국가(특히 패권국)가 중요한 역할을 해왔다. 제국주의적 팽창과 식민지 경영을 위해 강대국들은 국제적 자본 거래를 용이하게 하는 제도와 네트워크를 발전시켰다. 또한 세계금융시장의 변화는 전쟁과 패권 경쟁과 같은 국제정치적 현상에 영향을 받아 왔다. 제1차 세계대전으로 금본위제가 붕괴되었으며, 제2차 세계대전 이후의 브레튼우즈 체제는 미국의 경제적 그리고 군사적 영향력 속에서 성립되었다.

국제정치경제학은 국제정치가 어떻게 세계금융시장에 영향을 미치는가를 분석해 왔다. 이를 위해 국제정치경제학은 세계금융시장보다 더 포괄적인 세계 금융통화 질서에 초점을 두었다. 이 질서에는 영리를 목적으로 하는 금융기관, 국부의 증대를 목표로 하는 정부, 그리고 국제적 분쟁의 예방과 금융 위기 해결을 위해 설립된 국제금융기구들이 중요한 역할을 하고 있다. 세계 금융통화 질서는 경제발전에 필요한 투자 자본을 공급하고, 국제수지의 변화에 조응하는 안정적인 환율을 유지하는 제도와 관습을 포괄한다. 다양한 행위자들이 서로 다른 목적을 가지고 경쟁하기 때문에 국제적 갈등이 발생한다. 이런 분쟁을 해결하는 과정에서 어떤 행위자가 이익과 손실을 분담할 것인가를 결정하는 것은 경제적 판단뿐만 아니라 정치적 고려에 의해 결정된다. 국제정치경제학은 바로 이러한 정치와 경제의 상호 작용을 분석한다.

자유주의자들이 기대하는 것처럼 세계금융시장이 정부의 간섭 없이 원활하게 작동하지 않는 데는 여러 가지 이유들이 있다. 그중에서 가장 중요한 원인은 각국이 추구하는 금융통화정책이 서로 다르다는 것이다. 즉 세계 금융통화 질서의 행위자들 사이의 이해관계가 상충하는 것이다. 이 때문에 거시적 차원에서 누가 금융통화정책의 조정에 대한 비용을 지불할 것인가와 미시적 차원에서 세계금융통화질서의 조정으로부터 어떤 집단 또는 계급이 혜택을 보는가라는 의문이 제기된다. 이 질문들에 답하기 위해 국제정치경제학자들은 통화정치 monetary statecraft 또는 금융정치 financial statecraft 라는 개념을 도입했다. 통화정치는 다른 국가의 정책에 영향을 미치기 위해 통화 관계를 의도적으로 조작하는 것을 의미한다. 여기에서는 자본 이동의 자유와 제한, 비국가 행위자에 대한 금융 제재, 통화 위기의 예방과 관리, 외채 문제 해결, 통화동맹 체결 등이 다루어진다.

각국의 이해관계가 다른 이유의 근원에는 신성하지 않은 3위일체 unholy trinity 또는 거시 정책의 3자 모순 macroeconomic trilemma 이 존재한다. 각국은 금융정책의 독립성, 환율 안정, 금융 통합을 추구한다. [그림 10-1]에서 알 수 있듯이, 이 세 가지 목표는 동시에 만족될 수 없다. 이러한 3자 모순 때문에 각국은 그중에 두 가지 목표만 선택하고 나머지 한 가지 목표를 포기하게 된다.

삼자 모순에 대해 각국이 동일한 조합을 선택하지 않기 때문에 세계 금융통화 질서에는 세 가지 문제들, 조정·유동성·신뢰성이 공통적으로 내재되어 있다. 첫째, 내부 문제 또는 외부 충격으로 국제수지 문제가 발생했을 때, 거시경제정책을 어떻게 변화시킬 것인가라는 조정의 문제가 있다. 세계금융통화질서에 내재되어 있는 힘의 불균형(또는 위계질서) 때문에 모든 국가가 자국의 국가이익에 부합하는 정책을 채택할 수 없다. 패권국이 자국에게 유리한 정책을 다른 국가에게 강요할 수 있다. 가장 대표적인 사례가 1980년대 중반에 있었던 플라자-루브르 합의이다. 둘째, 기축통화를 보유하지 않은 나라들은 '원죄' original sin 라고도 불리는 유동성 문제를 가지고 있다. 이 국가들은 국제수지 위기를 예방하기 위해 충분한 외환 보유고를 확보해야 한다. 이와 반대로 기축통화를 보유한 국가는 주조차익 seigniorage 이라는 특권을 가지고 있다. 개발도상국과 달리 미국은 5퍼센트 이상의 무역수지 적자를 수년째 기록했음에도 불구하고 통화위기에 노출되어 있지 않다. 셋째, 모든 국가는 거시경제정책의 안정성을 확보하기 위해 자국의 화폐가치를 관리해야 한다. 화폐가치의 변동 폭이 클 경우 신뢰성의 위기에 직면한다.

세계 금융통화 질서에 대한 국제정치경제 연구는 크게 네 가지 질문으로 나누어질 수 있다. 첫째, 국제적 거래에서 가장 많이 그리고 빈번하게 활용되는 기축통화를 누가 어떻게 결정하는가? 19세기 말 처음 형성된 세계 금융통화 질서에서는 금, 그리고 당시 가장 큰 제국주의 국가인 영국의 파운드화가, 제2차 세계대전 이후 형성된 브레튼우즈 체제에서는 미국의 달러화가 차례로 기축통화의 역할을 해왔다. 21세기에는 경제통합을 성공적으로 추진하고 있는 유럽 경제통화동맹 EMU: Economic and Monetary Union 의 유로화와 비약적인 경제성장을 지속하고 있는 중국의 위안화가 달러화를 대체할 수 있는가에 대한 논의가 활발하게 진행되고 있다.

둘째, 어떤 금융제도가 세계금융시장의 원활한 작동에 유리한가? 자유주의자들은 자유로운 자본이동이 경제발전과 금융 심화에 도움을 준다고 주장하면서 금융시장의 개방·자유화·탈규제를 추진해 왔다. 반면 케인즈주의자들은 장기적으로 자유로운 금융거래가 경제성장에 유리하다는 것을 인정하지만 단기적인 시장 실패를 막기 위해서 자본 통제가 필요하고 생각한다. 더 나아가 이들은 환율 안정과 통화 주권의 확보를 위해서 정부의 시장 개입을 적극적으로 옹호한다.

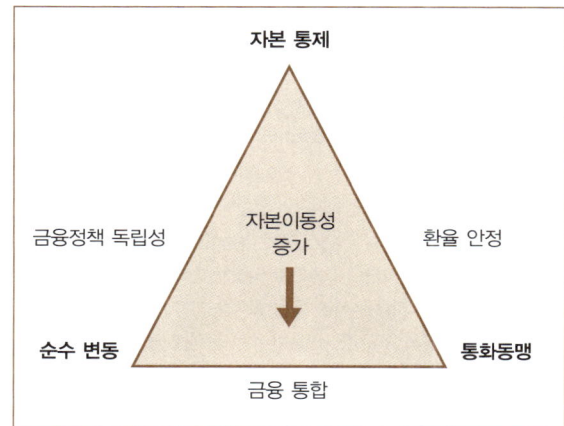

그림 10-1 거시경제정책의 삼자 모순

(출처: Frankel 1997: 7)

셋째, 각국 정부는 국제정치적 영향력의 확대를 위해 어떤 금융정책을 활용하는가? 외교 정책의 수단으로서 금융정책은 다양한 방식으로 활용되어 왔다. 냉전 시기 초강대국인 미국과 소련은 자국을 지지하는 약소국들에게 금융 지원을, 반대로 비협조적인 국가들에는 제재를 경쟁적으로 부과해 왔다. 예를 들어 9·11 사건 이후 미국은 '테러와의 전쟁'에 협조하지 않는 국가들, 대표적으로 북한·이란·리비아 등과 알 카에다와 같은 테러 조직들에 자산 동결과 금융거래 중지뿐만 아니라 돈세탁 방지 조치들을 취해 왔다.

마지막으로 세계 금융통화 질서를 규율하는 데 필요한 지배구조를 어떻게 편성할 것인가? 미국은 브레튼우즈 체제를 관리하는 IMF와 세계은행에 영향력을 확보하기 위해 최대 지분을 유지해 왔다. 또한 미국은 IMF 총재만 유럽에 양보했을 뿐 세계은행 총재와 IMF 부총재에 계속 자국인을 추천해 왔다. 21세기에 초강대국으로 부상한 중국은 경제력에 걸맞은 지분을 확보하기 위해 노력하고 있으며, 두 기구 모두에 자국인 부총재를 추천하는 데 성공했다.

이 장에서는 세계금융시장에 미치는 국제정치의 영향을 이해하는 데 필요한 사례와 개념을 소개한다. 다음에서는 세계금융통화질서의 변천 과정을 네 개의 시기로 나누어 설명할 것이다. 그리고 21세기 들어 논의되고 있는 주요 쟁점을 다룰 것이다. 마지막으로 세계 금융통화 질서가 동아시아와 한국에 어떤 함의를 가지고 있는가를 설명할 것이다.

〈참고 10-1〉 세계 금융통화 질서에 대한 연구

세계 금융통화 질서의 구조와 변환을 통시적·공시적으로 설명할 수 있는 이론이 존재하지 않는다. 동일한 대상, 수준, 시기를 분석하기보다는 특정 시기에 등장한 문제에 대한 정책 대안을 마련하는 과정에서 등장한 개념과 가설이 있을 뿐이다.

세계 금융통화 질서에 대한 국제정치경제학의 연구는 크게 네 가지 방식으로 구분할 수 있다. 우선 분석 시각에는 현실주의(중상주의), 자유주의, 마르크스주의가 있다. 현실주의는 국가가 통화 주권 및 금융정책의 자율성을 어떻게 보장할 것인가에 초점을 두면서 금융통화정책을 외교 정책의 수단으로 활용한다. 자유주의는 자유로운 자본의 이동이 경제발전에 도움을 주어 궁극적으로 국제 평화를 달성하는 데 기여할 수 있다고 보기 때문에, 시장에 대한 국가의 간섭을 최소화하는 데 주안점을 둔다. 마르크스주의(그람시)는 세계자본주의체제에서 초국가 자본의 이해에 따라 자본의 분배가 불균등, 불평등하게 이루어지고 있다고 비판하며 저개발국과 저소득층을 배려하는 금융정책, 경제원조 및 소액금융(microfinance) 등을 강조한다.

분석 수준의 관점에서는 국제체제(구조), 국가, 사회세력(이익집단)으로 분류된다. 국제체제 중심 연구는 세계 금융통화 질서의 구조 및 작동 원리를 분석하여 이 질서가 각국에 미치는 영향을 분석한다. 국가 중심 연구는 각국이 자국의 국가이익을 반영하기 위해 어떤 정책을 추진하는가에 주목한다. 사회세력 중심 연구는 특정 사회세력의 활동이 국가와 국제체제에 존재하는 패권에 어떤 영향을 주는가에 중점을 둔다.

어떤 대상을 중점적으로 분석하는가에 따라 국가와 시장으로 구분할 수도 있다. 국가 중심 시각은 세계 금융통화 질서의 가장 중요한 행위자로 보고, 국가 간의 관계를 우선적으로 고려한다. 반면에 시장 중심적 시각은 국제금융시장에서 주도적 역할을 하는 초국적 자본이 어떻게 행동하는가를 중심적으로 분석하면서, 초국가 자본이 활동하는 데 영향을 미치는 국제기구, 비정부기구(NGO: non-governmental organization)도 함께 다룬다.

마지막으로 분석의 주요 변수에 따라 이익, 제도, 이념으로 나눌 수 있다. 이익 중심 접근법은 (초국적) 금융 자본가들이 금융통화정책의 결정 과정에 미치는 영향에 초점을 둔다. 제도 중심 접근법은 다양한 정치제도, 좌파/우파, 다당제/양당제, 의회제/대통령중심제 등의 차이가 정책에 미치는 영향에 주목한다. 또한 금융통화정책을 다루는 정부 기구 중에서 중앙은행의 역할과 위상, 국제적 차원에서는 국제결제은행과 같은 국제경제기구의 영향에 대한 연구도 있다. 이념 중심 접근법은 정책 결정자들과 전문가들이 가지고 있는 이념이 정책결정의 틀을 형성하는 데 중요한 역할을 한다고 주장한다. 예를 들어, 케인즈주의자들은 자본 통제 정책을 지지하는 반면, (신)자유주의자들은 자본의 자유로운 이동이 주는 장점을 강조한다.

2. 세계 금융통화 질서: 역사와 구조

세계 금융통화 질서는 금융 질서(자본이동 자유화/자본 통제)와 통화 질서(변동환율제/고정환율제)의 조합에 따라 네 가지로 구분될 수 있다. 역사적으로 각국이 처한 상황과 정책 목표가 동일한 적이 한 번도 없었기 때문에 네 가지 이념형 중 어느 하나가 순수하게 등장한 세계 금융통화 질서는 없었다. 이런 이유에서 세계 금융통화 질서는 주요 강대국들(특히 패권국)이 선호한 제도에 의해 좌우되어 왔다고 할 수 있다.

대부분의 연구에서 세계 금융통화 질서는 금융 질서보다는 통화 질서에 따라 시기를 나눈다. 특정한 기축통화를 중심으로 나머지 국가들의 환율을 연계시키는 고정환율제와 환율을 외환시장의 결정에 맡기는 변동환율제로 구분할 수 있다. 고정환율제는 기축통화에 따라 금·은·달러 본위제로 구분할 수 있다.

영국이 처음 채택한 금본위제는 1870년대에서 제1차 세계대전까지 자유주의적 국제경제질서의 축으로 중요한 역할을 했다. 금본위제가 붕괴한 전간기에 경쟁적 환율 인하로 인해 증가한 국제금융 질서의 불안정성을 제거하기 위해 브레튼우즈에서는 미국의 달러화(금태환 가능)를 기축통화로 한 달러본위제를 출범시켰다. 1971년 닉슨 대통령의 금태환 중지 선언 이후 미국·독일·일본을 비롯한 대부분의 선진국들은 다양한 형태의 변동환율제를 채택했다. 1980년대 이후 부채 및 외환위기에 시달린 개발도상국들의 통화제도는 자유로운 변동환율제 또는 통화위원회 currency board 와 같은 강력한 고정환율제로 양분되었다. 1990년대 이후 유럽통화연맹 EMU: European Monetary Union 에 가입한 국가들은 각국의 통화를 포기하고 유로라는 공동화폐를 도입했다.

〈참고 10-2〉 기축통화

국가의 화폐 발행과 관리에 대한 독점적 통제를 합법적 권리로 보는 일국 일통화(one nation one money) 원칙은 19세기에 등장했다. 국가의 화폐 독점은 네 가지 다른 채널들을 통해 나왔다.
1) 정치적 상징주의: 유럽통화(euro)에 대한 영국과 독일의 거부감은 민족주의가 화폐와 연관되어 있다는 사실을 잘 보여 준다.
2) 화폐 발행 이익: 화폐의 명목 가치에서 발행 비용을 뺀 차익은 통치자에게 세금 이외의 주요한 수입원이었다.
3) 거시경제 관리: 통화량 조절과 환율 조정을 통해 경제성장에 영향을 줄 수 있다.
4) 통화적 격리: 타국에 의존하지 않음으로써 통화정책 자율성을 확보할 수 있다.

그럼에도 불구하고 화폐의 통용 범위는 국경과 일치한 적이 별로 없었다. 통화의 국제화(일국의 화폐가 국가 간의 거래에 사용되는 경우)와 통화 대체(일국의 통화가 타국 내에서 사용되는 경우)는 오래전부터 있어 왔다. 동구권에서 독일 마르크, 라틴 아메리카에서 미국 달러의 사용과 같은 현상은 근대 국가 이전에 일반적이었으며 2차대전 이후 외환 거래 장벽들이 낮아지면서 재등장했다.

세계적으로 통용되는 기축통화가 되기 위해서는 세 가지 조건이 필요하다. 첫째, 정치적 안정성에 의해 보장되는 화폐의 미래 가치에 대한 신뢰가 있어야 한다. 둘째, 고도의 거래 유동성과 함께 자산 가치의 예측 가능성이 있어야 한다. 셋째, 많은 국가들에서도 사용될 수 있는 거래 네트워크가 있어야 한다.

각종 통계를 보면, 미국 달러가 금융과 무역에서 제일 많이 사용되고 있으며, 그 뒤를 유로존(eurozone) 국가들의 유로, 일본 엔이 따르고 있다. 21세기 들어 중국의 부상이 본격화되면서 중국 위안이 기축통화로 도약할 것이라는 기대가 있다. 그러나 위안이 아직 국제화되어 있지 않으며 중국 금융제도가 미비하기 때문에 이러한 예상이 실현되는 데는 상당한 시간이 걸릴 것으로 예상되고 있다.

(1) 금본위제: 19세기 후반~제1차 세계대전

근대적인 국제금융 질서가 등장한 시기는 19세기 중반이었다. 그 이전에도 국제적인 금융거래가 없었던 것은 아니지만, 국가가 이러한 거래를 관리하고 통제할 수 있는 제도, 대표적으로 재무성이나 중앙은행이 제대로 확립되어 있지 않았다. 영국은 19세기 초반 영란은행Bank of England을 중앙은행으로 공식화했으며, 미국은 20세기에 들어서 연방준비제도Federal Reserve System를 설립했다. 따라서 국제금융거래에서는 로드차일드Rothschild 가문이나 모건Morgan 가문과 같이 각국에 지사를 두고 있는 민간 은행들이 중요한 역할을 담당했다.

최초의 근대적인 세계금융 질서는 1819년 영란은행이 채택한 금본위제를 1870년대 독일, 미국, 프랑스가 수용하면서 형성되었다. 이 제도를 채택한 나라들은 자국의 화폐를 순금의 일정량에 고정시키고, 금의 자유로운 수출입을 허용하면서, 현금을 제한 없이 금과 교환할 수 있게 했다. 이 제도의 장점은 금태환 때문에 방만한 거시 정책, 예를 들면 재정 적자의 가능성을 줄이는 데 있었다. 1914년에 발발한 제1차 세계대전의 전비를 충당하기 위해 각국 정부가 통화 팽창 정책을 추진함으로써 인플레이션이 만연하게 되었다. 그 결과 각국 통화의 가치가 떨어져 금본위제를 더 이상 유지할 수 없게 되었다.

(2) 전간기: 제1차 세계대전~제2차 세계대전

인플레이션 문제는 승전국과 패전국 모두에게 심각했다. 승전국인 영국과 프랑스는 미국으로부터 빌린 전비를 갚기 위해 패전국 독일에게 막대한 보상금을 요구했다. 이렇게 무리한 요구의 배경에는 독일 군국주의의 경제적 자원을 소진시키겠다는 국제정치적 고려도 있었다. 베르사유에서 열린 종전 협상에 참가했던 케인즈John Maynard Keynes가 정확하게 예측했듯이, 독일은 전쟁 후유증으로 보상금을 갚을 재원이 없었고, 전후 높은 인플레이션으로 경제는 더욱 피폐해져 갔다.

이런 상황에서 1920년대 중반에 금본위제가 잠깐 동안 복구되었다. 그러나 전쟁 이후 각국 화폐의 가치가 급격하게 변동하여 더 이상 금본위제를 유지할 수 없게 되었다. 당시 영국의 파운드는 고평가되고 있었으며, 미국 달러와 프랑스 프랑은 저평가되어 있었다. 이러한 불균형은 대공황(1929~1933) 기간 중에 각국이 경쟁적 평가절하 및 관세 인상을 통해 수출을 늘리는 근린궁핍화정책beggar-thy-neighbour policy을 추진하여 더욱 악화되었다. 1933년 이 문제를 해결하기 위한 국제회의가 열렸으나 각국의 이해가 일치되지 않아 금본위제와 자유무역체제는 붕괴했다. 그 결과 각국은 금본위제, 은본위제 또는 변동환율제 등 자신들에게 유리한 제도를 각각 선택했다.

(3) 브레튼우즈 체제: 1945~1970년대 중반

전후 세계경제질서를 모색하기 위해 열린 브레튼우즈 회의에 참가한 44개국은 경쟁적 평가절하 문제를

〈참고 10-3〉 근린궁핍화정책

근린궁핍화정책이란 자국의 이익을 위해서 다른 국가에게 손해를 입히는 정책을 의미한다. 제차 세계대전 후 극심한 경기 침체에 시달리던 서구 열강들은 내수 진작보다는 수출 진흥을 통한 경기 부양을 위해 환율의 평가절하와 관세율 인상으로 대표되는 보호주의 무역정책을 추진했다. 많은 국가들이 이 정책을 동시에 수행함으로써 세계경제는 더욱 위축되었다. 제2차 세계대전 이후 등장한 브레튼우즈 체제는 이 정책의 재발을 막기 위해 자본의 자유로운 이동과 환율의 안정적 관리를 목표로 삼았다. 2007년 세계금융위기 발생 이후에도 경쟁적 환율 인하를 촉진시킬 수 있는 통화전쟁(currency war)을 예방하기 위한 노력이 G20을 중심으로 이루어졌다.

해결하기 위해 고정환율제를 도입한다는 데 합의했다. 그러나 고정환율제의 운용 방식에 대해서는 전승국인 영국과 미국이 대립했다. 당시 미국 대표인 와이트$^{Henry\ Dixie\ White}$는 자유로운 자본이동을, 영국 대표인 케인즈는 각 국가가 처한 상황에 따라 거시 정책을 조율할 수 있는 자본 통제를 허용해야 한다고 각각 주장했다. 이 논쟁은 미국이 영국 안의 일부를 수용하는 것으로 결론이 났다. 즉 참가국들은 국제수지의 불균형이 발생했을 때 10퍼센트 범위 내에서 환율을 조정을 할 수 있었다.

브레튼우즈 국제 금융통화 질서는 미국의 달러화를 기축통화로 했지만 금태환(금 1온스 대 35미국 달러)을 보장하고 있다는 점에서 금본위제의 전통을 유지하고 있었다. 이 질서를 효율적으로 운영하기 위해 IMF와 세계은행을 설립했다. IMF의 주요 역할은 국제수지의 불균형, 예를 들어 경상수지 적자에 직면한 국가들에게 단기 조정 자금을 제공하는 것이다. 세계은행은 원래 명칭인 국제개발부흥은행$^{IBRD:\ International\ Bank\ for\ Reconstruction\ and\ Development}$이 의미하듯이, 전쟁 복구와 경제개발을 위한 장기적인 자금 조달이 주요 임무이다. 냉전이 형성되는 시기에 설립된 이 기구들은 소련의 팽창을 막기 위한 미국의 경제외교 정책에서 중요한 역할을 했다.

브레튼우즈 체제에 내재된 근본적 모순은 1960년대 초 로버트 트리핀$^{Robert\ Triffin}$에 의해 드러났다. 그는 미국의 방만한 재정 운용 정책으로 금태환이 가능하지 않을 수 있다는 예측을 했다. 달러의 발행이 금의 보유량 이상이 될 경우 미국 달러의 신뢰성 문제가 발생한다는 트리핀의 딜레마를 막기 위해, IMF는 새로운 국제통화인 특별인출권$^{SDR:\ Special\ Drawing\ Right}$을 제안했다. 이런 노력에도 불구하고, 1960년대 말 미국은 베트남 전쟁과 '위대한 사회'$^{Great\ Society}$라는 복지정책의 결과로 발생한 막대한 재정 적자를 더 이상 유지할 수 없는 상황에 직면했다. 여기에다 미국 달러화의 가치 하락에 대한 우려 속에서 독일과 일본은 자국 통화의 평가절하 경쟁을 막기 위해, 프랑스는 미국 패권의 견제를 위해 금을 매수했다. 이런 상황 속에서 1971년 8월 닉슨^{Nixon} 대통령은 금태환 정책의 포기를 공식적으로 선언했다. 다른 선진국들은 이러한 미국의 일방적 결정을 비판했지만, 스미소니안 협정에서 미국 달러화에 대한 자국 통화의 평가절상을 수용했다. 이 결과 1973년 이후 국제 금융통화 질서는 미국 달러화를 중심으로 한 고정환율제에서 변동환율제로 이행했다(Block 1977).

트리핀의 딜레마와 함께 자본 통제 정책의 실효성 약화도 브레튼우즈 국제 금융통화 질서의 붕괴에 기여했다. 1960년대 미국에서 유럽으로 유출된 미국 달러를 거래하는 유로 달러 시장이 더 이상 자본 통제 정책을 유지할 수 없을 만한 규모로 성장했다. 이러한 형태의 역외 금융시장은 1970년대 주요 선진국들이 자본계정 자유화$^{capital\ account\ liberalization}$ 정책을 채택하면서 더욱 발전했다.

(4) 탈브레튼우즈 체제: 1970년대 후반~ 현재

브레튼우즈 체제의 붕괴로 등장한 탈브레튼우즈 체제는 일관된 제도적 조정 장치가 결여되어 있다. 이런

> **〈참고 10-4〉 트리핀 딜레마**
>
> 트리핀 딜레마는 금 1온스를 35달러에 태환할 수 있는 고정환율제도에 기반해 있는 브레턴우즈 금융체제에 내재된 근본적 모순을 의미하는 개념이다. 1960년대 초 로버트 트리핀은 달러화의 금태환이 장기적으로 불가능하다는 예측을 했다. 1960년대 후반 미국 정부가 대대적인 사회복지 투자와 베트남전쟁 전비로 금 보유량보다 훨씬 더 많은 통화를 발행함으로써 이 문제가 현실화되었고, 결국 닉슨 행정부는 1971년 8월 금태환을 공식적으로 포기했다.

점에서 로버트 길핀(2001, 239)은 이 체제를 무체제non-system라고 정의하고 있다. 고정환율제에서 변동환율제로의 이행은 국제 금융통화 질서를 관장해 왔던 브레튼우즈 국제기구들 이외의 조정 메커니즘을 필요로 했다. 미국, 일본, 서독, 영국, 프랑스가 참여하는 G5는 주요 선진국들의 거시경제정책을 조율하기 위해 1975년부터 시작된 서방 5대 경제 대국의 재무장관 모임에서 기원했다. 1980년대 중반 무역 적자와 재정 적자에서 비롯된 미국 달러화 재평가 문제를 협의했던 루브르-플라자 합의로 이 모임의 정치적 중요성이 증가하여, 참가국 수가 8대 경제 대국으로 확대되고 참석자도 재무장관에서 정부 수반으로 격상되었다.

플라자 합의란 1985년 9월 22일 뉴욕 플라자 호텔에서 미국, 일본, 서독, 영국, 프랑스가 미국 달러화에 대한 일본 엔화와 서독 마르크화의 환율을 절상시키기로 합의한 협정을 의미한다. 이 합의 이후 서독에 대한 미국의 무역 적자는 줄어들었지만, 일본에 대한 무역적자는 줄어들지 않았다. 미국 달러화에 대한 투기가 활성화되자 5개국 및 캐나다는 더 이상의 평가절상을 막기 위해 1987년 2월 22일 프랑스 파리에서 루브르 합의를 체결했다.

1980년대 이후 선진국뿐만 아니라 개발도상국도 자본자유화 정책을 추진했다. 이 정책의 확산으로 국제금융시장의 효율성이 높아지고 규모가 커지는 장점도 있었지만, 국제수지 위기, 부채 위기, 금융 위기가 빈번하게 발생하는 단점도 있다. 국제 금융통화 질서에 가장 큰 충격을 주었던 1997년 동아시아 위기 발생 이후, 위기 예방을 위해 국제금융기구들이 협력하여 새로운 세계 금융통화 질서를 모색해 왔지만, 아직까지 브레튼우즈 체제를 근본적으로 대신할 대안을 제시하지 못하고 있다. 따라서 현재 각국은 자국의 실정에 맞는 환율 및 통화정책을 추진하고 있다. 1980년대 이후 변동환율제를 채택하는 국가들의 수가 점증해 왔지만, 유럽은 반대로 고정환율제를 추구했다.

〈참고 10-5〉 패권 안정 이론

1970년대 중반 이후 진행된 브레튼우즈 체제 붕괴의 원인과 결과에 대한 해석을 둘러싸고 현실주의자와 자유주의자 사이에 논쟁이 있었다. 패권 안정 이론(hegemonic stability theory)은 자유주의적 국제정치경제질서가 안정적으로 유지되기 위해서는 공공재를 제공하는 패권국이 반드시 필요하다고 주장했다. 이 이론은 1930년대 대공황이 패권국의 부재로 인해 발생했다는 경제사적 연구에 기반하고 있다. 이 이론에 따르면 미국의 쇠퇴가 궁극적으로 자유주의적 국제정치경제질서의 쇠퇴로 이어질 수밖에 없다.

패권 안정 이론은 본래 국제무역을 중심으로 발전한 이론이기 때문에 세계 금융통화 질서에 적용하는 데는 문제가 있다. 이론적인 측면에서는 국제 레짐(international regime) 이론이 비판을 선도했다. 이 이론은 국제정치경제질서 안정을 위해 반드시 패권국이 존재해야 하는 것은 아니라고 본다. 국제적 특정 쟁점 영역에 행위자들의 기대가 수렴되는 원칙, 규범, 규칙, 그리고 의사결정 절차로 정의되는 레짐은 패권국이 부재한 상태에서도 국가 간의 이해 조정 및 협력을 가능하게 한다.

경험적 차원에서도 패권 안정 이론은 문제를 가지고 있다. 먼저 패권 안정 이론이 기반하고 있는 미국의 패권이 쇠퇴했다는 가정에 대한 비판이 제기되었다. 미국이 세계경제에서 차지하는 비중이 제2차 세계대전 이후 지속적으로 줄어든 것은 사실이지만, 미국의 패권을 지탱하고 있는 구조적 권력(structural power)을 그대로 유지하고 있다. 또한 패권 안정 이론이 19세기 금본위제, 전간기, 브레튼우즈 체제를 정확하게 설명하지 못한다는 비판도 있다. 각 기간 중 단일 패권국이 완벽하게 지도력을 행사한 경우가 없었다는 점에서 패권은 세계 금융통화 체제의 가장 중요한 기반이 아니라는 것이다.

3. 세계 금융 위기 이후 세계 금융통화 질서의 변환

미국의 비우량 주택담보대출subprime mortgage 부실이 세계 각국으로 전파되어 발생한 2007년 세계 금융 위기는 앨런 그린스펀 전 연방준비제도이사회 의장이 '한 세기에 한두 번 일어날 만한 사건'이라고 표현할 정도로 세계경제에 심각한 피해를 미치고 있다. 1930년대 대공황이 영국 중심의 금본위제 몰락에 결정적인 역할을 했듯이, 2000년대 위기도 세계 금융통화 질서에 심대한 영향을 미칠 것으로 예상되고 있다. 그중에서 가장 중요한 변환은 세계 금융 위기 이후 가속화되고 있는 '중국의 부상'이다. 2011년 8월 미국 신용평가회사인 스탠더드앤드푸어스Standard & Poor's가 사상 최초로 미국 국채의 신용도를 하향 조정한 반면, 중국

〈참고 10-6〉 국가신용등급

세계 3대 경제 대국인 미국, 중국, 일본의 국가신용등급이 출렁이고 있다. 2011년 8월 미국의 신용평가기관인 스탠더드앤드푸어스(Standard & Poor's)는 미국 재무부가 발행한 채권에 대한 신용등급을 처음으로 강등시켰다. 세계 2위 경제 대국의 지위를 중국에게 빼앗긴 일본의 국가신용등급도 미국과 같이 하향 국면에 놓였다. 같은 해 1월 27일 S&P는 일본의 장기국채 신용등급을 'AA'에서 'AA-'로 한 단계 강등했다. 반면, 중국의 국가신용등급은 미국, 일본과 달리 상승 국면에 있다. S&P는 작년 12월 16일 중국 국가신용등급을 기존 'A+'에서 'AA-'로 상향 조정했다. 중국의 안정적인 재정 건전성과 막대한 외환 보유고가 신용등급을 끌어올리는 데 결정적 기여를 했다.

이러한 국가신용등급의 조정을 둘러싸고 여러 가지 논란이 제기되고 있다. 2007년 세계 금융 위기 발생 이전부터 미국 신용평가회사들이 미국 국채에 대해 최고 신용등급을 부여함으로써 상대적으로 아주 낮은 금리로 재정 적자를 보전하는 데 중요한 기여를 했다는 비판이 제기되었다. 세계 3위 경제 대국이자 두 번째로 많은 외환 보유고를 가진 일본은 자국의 국가신용등급이 중국·쿠웨이트·사우디아라비아 등과 동급이며 국가채무 불이행의 위험에 처한 스페인보다도 낮다는 점에서 신용평가의 신뢰도에 의문을 제기했다. 일본의 국내총생산(GDP) 대비 국가부채가 지난 해 3분기 기준 198.4퍼센트로 미국의 92.8퍼센트보다 두 배 이상 높지만, 국채 90퍼센트 이상을 국내 투자자가 소유하고 있어 재정 위기의 가능성이 높지 않다는 것이다.

위안화 평가절상 압력에 시달리고 있는 중국도 신용평가기관들이 세계 금융 위기를 일으킨 미국의 국가신용등급을 그때까지 하향시키지 않았던 점에 불만을 가지고 있었다. 미국 신용평가회사의 영향력을 견제하기 위해 중국 신용평가회사인 다궁(大公)은 지난 해 7월 50개국에 대한 신용평가를 실시한 후 미국에 중국의 'AA+'보다 낮은 'AA'를 부여했다. 다궁은 그해 11월 9일 미국 정부의 부채 상환 의지와 능력이 약화되었으며 제2차 양적 완화 정책으로 달러화 가치 하락 가능성이 높아졌다는 이유로 미국의 국가신용등급을 'A+'로 강등시켰다.

일본과 중국의 미국 신용평가기관 비판은 세계금융시장에 큰 반향을 일으키지 못했다. 왜냐하면 투자자들이 주목하는 것은 신용평가사의 국적이 아니라 채권 발행국의 재정 건전성, 물가 안정과 같은 기본 지표들이기 때문이다. 실제로 채권 투자자들은 신용평가기관들보다 먼저 미국 경제에 대한 신뢰를 거두었기 때문이다.

가장 대표적인 예가 미국 최대의 채권투자 회사인 핌코(PIMCO)다. 지난 2월 이 회사는 2360억 달러 규모의 주력 펀드에서 미국 국채 관련 투자를 전량 매도했으며, 3월에는 선물까지 공매도했다. 이런 투자전략은 미국 연방준비제도가 미국 국채를 대량 매수하는 제2차 양적 완화 정책이 종료되면 미국 국채의 가치가 떨어질 것이라는 예측에 근거한 것이다. 핌코의 이런 비(非)애국적 투자전략은 국가신용등급이 궁극적으로 신용평가기관들이 아니라 채권 투자자들에 의해 결정된다는 사실을 잘 보여 주고 있다. 따라서 신용평가사의 애국심에 기대어 시장의 심판을 회피하려는 시도는 실패할 가능성이 높다. 이 때문에 2011년 4월 발표된 '토종' 한신정평가의 국제 신용평가는 국내 최초라는 점에는 의미가 있지만 국제금융시장에 미치는 영향은 크지 않을 것이다.

국채의 신용도는 계속 향상되어 일본과 동일한 수준에 이르게 되었다. 이 때문에 세계 금융통화 질서가 미국 달러 중심의 단극 체제에서 미국-중국 중심의 양극 체제, 더 나아가서는 중국 위안 중심의 단극 체제로 변환될 것이라는 전망까지 제기되고 있다.

'중국의 부상'이 세계 금융통화 질서에 미치는 영향을 평가하기 위해서는 중국이 미국과 함께, 장기적으로는 미국을 대신해서, 조정·유동성·신뢰성 문제를 해결할 수 있는 경제적 능력과 정치적 지도력을 필요로 한다. 경제적 측면에서 중국의 명목상 국내총생산GDP은 미국의 1/3에 불과하다. 물론 구매력purchasing power parity 기준으로 측정하면 양국 간의 차이는 줄어들지만, 그래도 2020년 이전까지 중국이 미국을 추월할 가능성은 높지 않다. 중국이 세계 최대 외환 보유고를 가지고 있지만, 위안화가 아직 국제화되어 있지 않기 때문에 세계 외환시장에서 자유롭게 거래되고 있지 않다. 또한 중국은 완전한 변동환율제를 채택하고 있지 않기 때문에 위안화 가치의 조정은 시장이 아닌 국가에 의해 통제되고 있다. 중국 국채의 신용도 역시 아직 최고 등급을 획득하지 못했다. 정치적 측면에서도 중국이 미국을 대체하기 어려운 점들이 존재한다. 중국은 브레튼우즈 체제를 대체할 수 있는 대안을 제시하지 못하고 있다. 실제로 2009년 중국 중앙은행 총재가 주장하는 달러를 포함하는 복수의 기축통화 제도는 실천할 수 있을 정도로 구체적이지 않다. 또한 국제금융기구에서 중국의 지분은 아직도 유럽연합이나 일본에 비해 한참 낮다. 더 나아가 막대한 무역 흑자는 국제사회에서 '책임 있는 이해당사자'responsible stakeholder로서 중국의 정당성을 확산시키는 데 큰 걸림돌이 되고 있다. 이런 점들을 고려할 때 중국이 경제력을 세계 금융통화 질서에 투영하는 데는 오랜 시간이 걸릴 것으로 예상된다.

따라서 세계 금융 위기 이후 세계 금융통화 질서는 당분간 미국과 중국이 어떤 식으로 위기를 극복해 나가는가에 달려 있다. 이 질문에는 조정(세계경제 불균형), 유동성(미국의 과도한 재정 적자), 신뢰성(미국 신용 평가 등급 하향)의 문제가 내재되어 있다. 이 세 가지 문제는 상호 연관되어 있다.

(1) 세계경제 불균형

브레튼우즈 체제에서 조정은 국제통화기금IMF과 세계은행이 중심이 된 국제정책공조를 통해 이루어졌다. IMF는 경상수지 적자로 통화 위기의 위험에 처한 국가에 단기 자금을 지원했으며, 세계은행은 경제개발에 필요한 장기 자금을 조달하는 데 기여했다. 1970년대 초반 브레튼우즈 체제가 붕괴한 이후 미국을 비롯한 주요 선진국들이 변동환율제로 이행하면서, 경상수지 문제는 환율 조정을 통해 해결되었다. 이 문제를 논의하기 위해 선진 5개국인 미국, 일본, 서독, 영국, 프랑스의 재무장관이 모인 회의가 G5-1980년대에는 이탈리아와 캐나다가 포함된 G7, 1990년대에는 러시아가 참관한 G8-이다. 1980년대 쌍둥이 적자, 무역 및 재정 적자를 해소하기 위해 미국은 1985년 플라자 합의를 통해 일본 엔화와 서독의 마르크화를 평가절상 하도록 압력을 행사했다.

21세기 조정의 문제는 선진국과 신흥시장국가emerging market economies, 그중에서도 특히 미국과 중국 사이에 존재하고 있다. 통화전쟁currency war이라고 불릴 정도로 양국의 입장 차이는 크다. 양국의 입장 차이는 세계 금융 위기의 원인을 둘러싼 논쟁에 투영되어 있다. 원인에 대한 논쟁은 위기 극복에 소요되는 재원을 누가 얼마만큼 부담하는가와 위기 이후 세계 금융통화 질서를 누가 주도할 것인가의 문제와 직간접적으로 연계되어 있기 때문에 이론적인 문제일 뿐만 아니라 정치적인 문제이기도 하다.

미국 정책 결정자들은 외인론, 동아시아 정책 결정자들은 내인론을 각각 지지하고 있다. 버냉키 의장은

그림 10-2 주요국 경상수지(세계 GDP %)

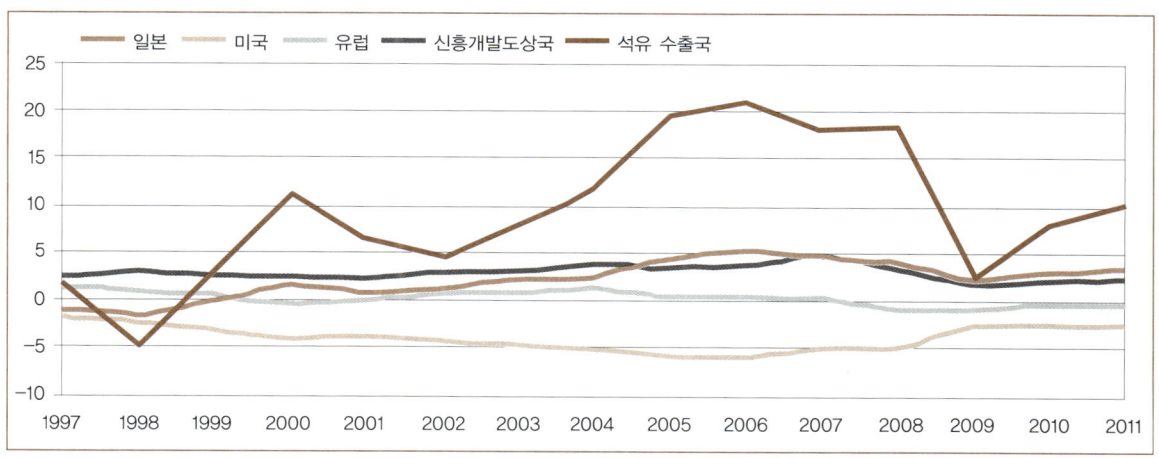

자료: IMF, World Economic Outlook Database
(http://www.imf.org/external/pubs/ft/weo/2009/02/weodata/weoselagr.aspx)

세계경제 불균형global imbalances의 해소를 위해 위안화의 평가절상과 동아시아(특히 최대 외환 보유국인 중국)의 내수 진작을 강력하게 요구하고 있다.

이에 대해 중국 출신 세계은행 부총재인 저스틴 린 이푸林毅夫는 위안화의 평가절상이 미국이 수입하는 소비재의 가격을 상승시켜 소비를 위축시키고, 이는 결국 미국의 경기회복에 장애 요인이 될 수 있다고 반박했다. 그는 또한 위안화의 변동 폭 확대가 중국 수출에 악영향을 끼치게 되면 중국의 경제성장이 둔화될 수 있다고 주장했다. 2005년 7월 중국이 고정환율제를 포기하고 변동환율제를 채택했지만, 중국은 많은 부실채권을 가지고 있는 금융기관들에게 주는 충격을 줄이기 위해 위안화의 급격한 평가절상을 억제하고 있다는 것이다.

이러한 중국의 소극적 태도에 대해 미국은 달러화의 평가절하를 위해 약한 달러weak dollar 정책을 암묵적으로 추진하고 있다. 미국의 일방적 환율 정책으로 인해 중국과 일본을 제외한 동아시아 국가들의 통화가치가 2005년 이후 평균 20퍼센트 이상 평가절상 되었다. 하지만 동아시아 국가들은 자국 화폐의 평가절상에도 불구하고 미국에 대한 무역 흑자 기조를 유지하고 있다. 미국 달러화 약세의 가장 큰 피해자는 유로존 국가들이다. 이 기간 중 유로는 40퍼센트 이상 가치가 올라가 이 국가들의 무역수지가 크게 악화되고 있다. 이런 이유에서 유로존 국가들은 미국, 일본, 중국이 동시에 환율을 조정해야 한다는 주장을 각종 국제회의에서 강하게 펼치고 있다.

세계경제 불균형은 기축통화로서 달러화의 위상에 심대한 함의를 가지고 있다. 미국 중앙은행인 연방준비제도가 비우량 주택담보대출 위기subprime mortage crisis로 파산한 대형 금융기관들에 구제금융을 제공하는 동시에 불경기를 탈출하기 위해 유동성을 증가시키는 양적 완화quantitative easing 정책을 수행한 결과 달러화의 가치와 위상이 급속하게 저하되었다. 이 결과 달러화를 대체할 새로운 기축통화에 대한 논의가 활발하게 진행되고 있다.

달러화의 가장 강력한 경쟁자로 부상했던 일본의 엔과 1999년 출범한 공동화폐 유로는 재정 위기로 인해 달러의 경쟁자가 될 가능성이 낮은 것으로 평가되고 있다. 반면 2008년 일본을 제치고 세계 최대 외환 보유국으로 등극한 중국은 홍콩과 싱가포르를 중심으로 위안화의 국제화를 점진적으로 추진하고 있

<참고 10-7> 미·중 환율 분쟁과 아이폰

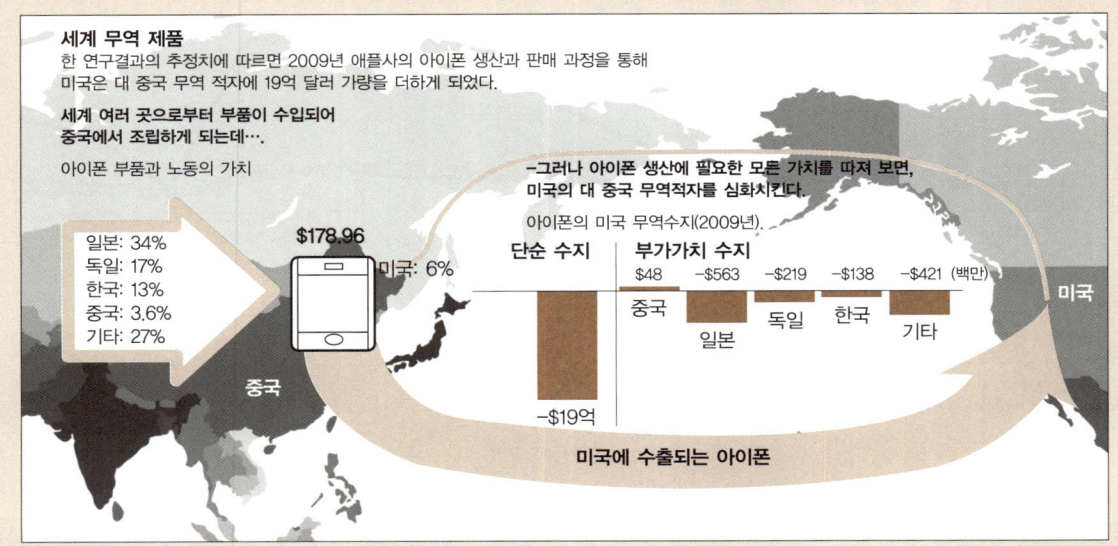

출처: Xing and Detert (2010)

세계경제 불균형의 원인은 무엇인가? 미국은 중국의 위안화 평가절하 정책을, 중국은 미국 기업의 해외투자라는 서로 다른 해답을 제시하고 있다. 미국과 중국 사이의 무역수지를 평가하는 방법에 따라 해답에 대한 평가가 달라진다.

2009년 미국은 1130만 대(20억 2000만 달러)의 아이폰을 중국으로부터 수입했다. 반대로 중국은 1억 2150만 달러 상당의 아이폰 생산에 필요한 부품을 미국에서 수입했다. 결과는 중국의 19억 달러 대미 무역 흑자였다. 미국의 주장은 바로 이런 무역수지 분석에 기반을 두고 있다.

반면 중국은 아이폰 부품의 대부분을 일본, 독일, 한국 등으로부터 수입하고 있다는 사실을 강조한다. 따라서 아이폰의 생산원가 178.96달러에서 중국이 차지하는 비중은 3.6퍼센트인 6.50달러에 불과하다. 이 분석 방식에 따르면 아이폰 생산을 통해 미국은 중국보다 많은 6퍼센트의 이윤을 차지한다.

세계 생산 네트워크를 통해 생산되는 제품의 경우 다수의 국가들에서 수입한 부품을 포함하고 있다. 그러나 무역 통계는 각 부품의 원산지가 아니라 완제품 수출국을 기준으로 작성된다. 이런 문제점 때문에 세계경제 불균형의 원인으로 지목되고 있는 중국의 무역 흑자에 대한 미국의 비판에는 한계가 있다.

다. 국제적인 차원에서도 위안화의 위상은 계속 높아질 전망이다. 2011년 3월 31일 중국 난징에서 열린 G20 재무장관 및 중앙은행장 통화정책 세미나에서 위안화를 IMF의 특별인출권SDR의 통화 바스켓에 포함시키는 조건이 제시되었다. 이로써 위안화가 국제금융시장에서 기축통화로 인정받을 수 있는 계기가 확보되었다.

(2) 중국의 부상

세계 금융 위기의 발원지인 미국의 영향력이 약화되고 상대적으로 적은 피해를 입은 중국의 위상이 높아지고 있다. 미국이 달러화의 추락, 영미식 금융제도의 취약성, 막대한 재정 적자 등의 문제에 시달리고 있는 반면, 중국은 세계 최대의 외환 보유고를 기반으로 영미권의 부실 금융기관 인수 및 원자재 확보를 위

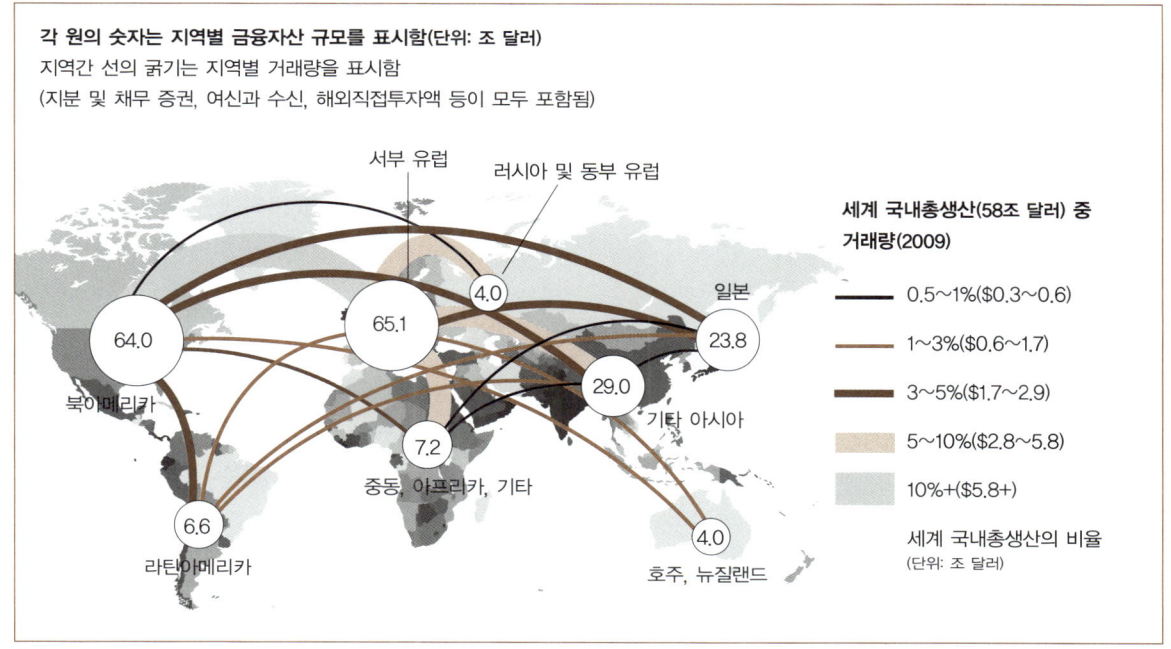

그림 10-3 세계 금융자산 규모와 거래량(2009년 기준)

출처: Roxburgh et al. (2011), p.33.

해 대규모 해외투자를 감행하고 있다. 또한 미국은 보호주의와 경쟁적 평가절하로 대표되는 근린궁핍화정책의 부활을 막기 위한 국제정책공조에서도 지도력을 발휘하지 못하고 있는 반면, 중국은 국제경제기구에서 개발도상국의 이익을 주도적으로 대표하고 있다.

물론 아직까지 세계금융시장에서 가장 활발한 거래는 [그림 10-3]에서 보듯이 미국과 유럽 사이에 이루어지고 있다. 동아시아 국가들, 특히 일본과 중국의 금융자산은 이제 미국과 유럽에 비교될 수 있을 정도로 증가했지만, 거래 수준은 아직도 낮다고 할 수 있다. 세계외환시장에서도 금융 중심지를 보유한 영국과 미국이 일본에 비해 압도적 우위에 있다. 또한 거래에 사용되는 통화의 측면에서 미국 달러화의 비중이 절대적으로 높다.

그럼에도 미국은 세계 금융 위기의 원인을 제공했다는 원죄 때문에 브레튼우즈 체제에서처럼 압도적인 우위를 유지할 수 있는 기반을 많이 상실했다. 미국은 많은 금융기관들의 부실로 인해 경기가 침체됨으로써 세계경제에서 차지하는 비중이 줄어들고 있다. 또한 낮은 금리와 막대한 재정 적자로 가치가 하락한 미국 달러화는 더 이상 가장 안전한 자산으로 간주되지 않고 있다. 눈덩이처럼 늘어 가고 있는 미국의 국가 채무 역시 미국의 영향력을 제한하는 요소로 작용하고 있다. 이 문제를 해결하기 위해 미국은 재정 적자를 줄이기 위한 긴축재정을 꾸준히 추진해오고 있다. 이 정책의 일환으로 미국은 2015년부터 향후 5년간 국방비를 20퍼센트 이상 감축하기로 했다. 국방비 감축은 미국의 대외적 영향력의 축소와 함께 미국 경제의 신인도 하락에도 영향을 미칠 수 있다.

국제적 차원에서 더 큰 문제는 미국 정부가 국제경제기구들을 통해 권고했던 정책의 신뢰성이 저하되었다는 점이다. 1980년대 이후 영미식 경제제도를 도입한 많은 개발도상국들이 더 이상 미국을 모범으로 간주하지 않고 있다. 이러한 위상 저하는 미국이 국제정책공조를 주도할 수 없다는 사실에 반영되어 있다. 이번 금융 위기를 극복하는 데 중심적인 논의 기구인 G20에서 미국은 유럽 국가들과 브릭BRIC(브라질, 러시아, 인도, 중국) 국가들의 견제를 받아 더 이상 1980년대 플라자—루브르 합의와 같이 일방적으로 밀어붙이지 못하고 있다.

반면 중국의 영향력이 점차 강화되고 있다. 중국은 2009년 독일을 제치고 3위 경제 대국이 되었으며 2010년에는 일본마저 제치고 2위가 되었다. 2011년 중국은 110년 동안 미국이 누려 왔던 세계 최대 제조국의 지위를 대신할 것으로 예상된다. 이런 사실을 감안할 때 "지금으로부터 50년 또는 100년 뒤 우리 시대의 역사는 2008년도의 대침체나 2010년대 미국이 직면한 재정 문제가 아니라 세계가 중국으로 향하는 역사 무대의 움직임에 어떻게 적응하는가에 관한 것"이라는 래리 서머스 전 미국 재무장관의 예측이 허언이 아니다.

세계 금융통화 질서에서 중국 영향력의 원천은 막대한 무역 흑자의 축적을 통해 조성된 금융자산이다. 2000년대 후반 중국은 일본을 제치고 세계 최대 외환 보유국이 되었다. 동시에 중국은 금과 함께 가장 안전한 자산으로 평가되는 미국 재무부가 발행한 채권을 가장 많이 소유한 국가가 되었다. 즉 중국은 미국 정부의 최대 채권국이 되었다. 1980년대 말 이후 일본이 미국의 통상 압력에 대응하기 위해 보유하고 있는 미국 국채의 투매를 고려했던 전례가 있다. 중국 역시 동일한 방식으로 미국의 위안화 절상 압력에 대응할 수 있다. 물론 가능성은 높지 않다. 만약 세계 금융시장에 미국 국채를 대규모로 매각할 경우 달러화의 가치가 평가절하 되어 중국도 경제적 피해를 감수해야 하기 때문이다. 그렇지만 미국이 중국의 협조를 필요로 하는 정책들이 점점 증가되고 있다는 점에서 중국의 영향력은 미국의 금융통화정책 결정에 고려되고 있다.

중국의 높아진 위상은 공공 부문뿐만 아니라 민간 부문에서도 확인된다. 영미권의 주요 금융기관들이 자산 상각으로 파산 위기에 처했을 때, 국부펀드가 주식을 매입하는 형식으로 자본 확충을 도와 주었다. 이 중에서 중국의 국부펀드와 국영 금융기관들이 주요한 역할을 했다. 또한 중국은 금융 위기로 투자 부적격

〈참고 10-8〉 중국의 부상: 신화와 현실

중국의 경제적 부상이 세계금융시장에 미치는 영향력에 대해서는 아직도 논란이 있다. 2011년 일본을 제치고 중국이 세계 제2대 경제 대국으로 부상했으며, 세계 최대 외환 보유고를 자랑하고 있다. 그럼에도 불구하고 중국의 금융산업은 유사한 경제발전 단계에 있는 개발도상국들에 비해서도 낙후되어 있다. 또한 위안화가 국제화되어 있지 않아 중국 정부와 민간 금융기관들이 보유한 외화자산을 세계금융시장에서 거래하고 투자하는 데 근본적인 제약이 있다.

이런 점에서 일본 금융산업의 흥망은 중국에 중요한 반면교사가 될 수 있다. 1980년대 중반 플라자 합의로 엔화의 가치가 급격하게 평가절상 되면서 일본은 미국 다음으로 많은 금융자산을 보유한 국가가 되었다. 그러나 일본 정부는 이 재원을 국제적 차원에서 효율적으로 사용하기 위한 금융제도 개혁과 엔화의 국제화에 적극적으로 나서지 않았다. 따라서 일본은 세계금융시장에서 미국과 비견될 수 있는 구조적 권력을 행사할 수 없었다. 1990년대 거품경제의 붕괴 이후 일본 금융기관들의 국제적 영향력을 지속적으로 쇠퇴해 왔다. 중국 정부는 일본의 실패 경험을 되풀이하지 않기 위한 노력을 하고 있다. 그러나 금융기관에 대한 정부의 통제가 아직도 강력하기 때문에 금융시장의 자율적 발전 가능성은 제한되어 있다. 또한 위안화의 국제화도 홍콩과 싱가포르에서만 부분적이고 점진적인 방식으로 추진되고 있다. 더 나아가 위안화의 평가절상 문제에 대해서 계속 소극적인 대응을 하고 있기 때문에 국제금융기구에서 중국의 책임 문제가 계속 제기되고 있다. 이 문제들을 고려할 때, 당분간 중국이 세계금융시장에서 미국과 유사한 영향력을 행사할 수 있는 구조적 권력으로 부상할 것으로 보기는 어렵다.

판정을 받고 있는 그리스, 스페인, 포르투갈 정부가 발행한 채권을 적극적으로 구매하고 있다. 이 조치는 주요 수출시장인 유럽에 대한 영향력을 확대하는 동시에 외환 보유고를 다변화하는 데 기여한다는 점에서 장기적으로 중국의 국가이익에 부합한다는 평가를 받고 있다. 특히 중국의 영향력은 권위주의적 정치제도를 가진 개발도상국에서 빠르게 확산되고 있다. 이 국가들은 내정 문제에 대한 간섭을 배제하는 베이징 합의Beijing Consensus로 요약되는 중국의 대외원조 정책을 민주화, 인권, 탈규제 등의 조건이 부여된 미국의 대외원조 정책보다 선호하고 있다.

세계 금융 위기 이후 중국은 높아진 위상과 비중을 세계금융 질서에 투영하기 위한 시도를 하고 있다. 중국의 중앙은행인 중국인민은행 저우샤오촨周小川 총재는 G20 런던 정상회담을 앞둔 2009월 3월 미국 달러화 대신 IMF의 특별인출권SDR: Special Drawing Right을 새로운 기축통화로 해야 한다고 주장했다. 또한 중국은 IMF와 세계은행의 지분 조정을 요구하고 있으며, 고위직에 중국 관료를 진출시키려는 노력을 하고 있다. 2008년 2월 저스틴 린이푸林毅夫가 세계은행 부총재로, 2011년 주민朱民 중국은행 전 부행장이 IMF 부총재로 임명되었다.

(3) 국제금융기구의 지배구조 개혁

1990년대 이후 금융 위기가 개발도상국뿐만 아니라 선진국에서도 지속적으로 발생하면서 그 원인이 개별 국가에게만 있는 것이 아니라 세계금융통화질서에도 있다는 주장이 제기되었다. 세계은행 부총재를 지낸 스티글리츠가 지적한 것처럼, "고속도로에서 사고가 한 번 발생했을 때는 운전사의 부주의를 의심해 볼 수 있지만 고속도로의 같은 장소에서 수십 번 사고가 발생했다면 도로 설계를 재점검해 볼 필요가 있다." 그러나 이 주장은 세계 금융 위기 직전까지 심각하게 받아들여지지 않았다. 미국은 기득권을 유지하기 위해 브레튼우즈 국제금융 질서의 근본적 변화에 소극적이었기 때문이다.

기존 질서의 문제점은 IMF에 대한 비판에 반영되어 있다. 첫째, IMF의 민주주의적 운영이 문제가 되고 있다. 미국은 IMF의 중요한 의사결정 시 필요한 85퍼센트의 지분을 무력화할 수 있을 만큼의 지분을 항상 유지하고 있으면서, IMF의 의사결정 과정에서 막대한

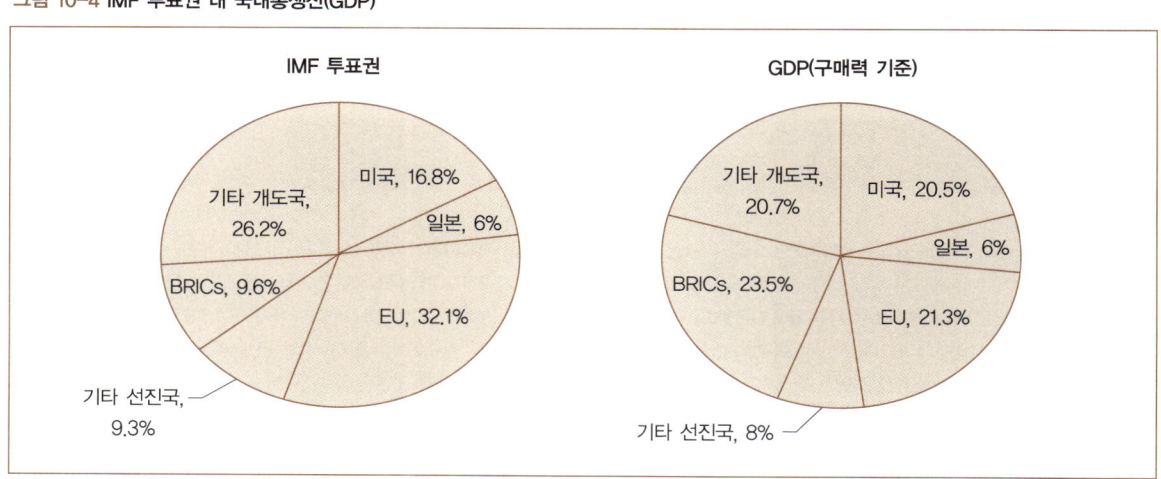

그림 10-4 IMF 투표권 대 국내총생산(GDP)

출처: Alan Beattie, Retread Required, Financial Times (1 December 2009)

영향력을 행사한다. 이런 점에서 일부에서는 IMF를 미국 금융계의 고무도장이라고 비판하기도 한다. 이 문제를 감추기 위해 IMF는 의사결정 과정을 공개하지 않는다. 둘째, IMF의 지배구조가 1945년 이후 변화한 세계경제의 현실을 제대로 반영하고 있지 못하다는 비판이 제기되었다. 세계경제에서 차지하는 비중이 상승했음에도 불구하고, 신흥시장국가들의 지분^{quota}은 아직도 서유럽 국가들보다 훨씬 적다.

사실 IMF가 이 문제를 완전히 도외시해 온 것은 아니다. IMF는 주기적으로 지분 재조정을 통해 변화하는 현실을 반영하려고 노력해 왔다. 그런데도 지분 조정 문제가 쉽게 풀리지 않는 이유는 IMF가 설립될 때 중요한 역할을 했던 서유럽 국가들이 급격한 조정을 반대하고 있기 때문이다. 서유럽 국가들의 영향력은 IMF 총재직을 독점해 왔다는 사실에 반영되어 있다. 2000년 서유럽 국가들은 미셸 캉드쉬$^{Michel\ Camdessus}$ 총재 후임으로 독일이 추천한 코흐–베저$^{Caio\ Koch\text{-}Weser}$를 거부했을 때 일치 단결하여 미국과 일본이 각각 추천한 피셔와 유스케 사카기바라^{榊原英資} 대신에 독일 출신 쾰러$^{Horst\ Kohler}$를 밀어부쳤다. 세계은행 총재를 전통적으로 독점해 온 미국도 마찬가지로 1995년 세계은행 총재로 호주인인 울펜손$^{James\ D.\ Wolfensohn}$에게 몇 주 만에 미국 국적을 부여하여 추천한 바 있다.

IMF의 무능은 G7의 퇴조와 G20의 부상에 잘 반영되어 있다. 위기 극복을 위해 주요 경제 대국들은 국제정책공조$^{international\ policy\ coordination}$를 모색하고 있다. 국제정책공조의 필요성은 자국의 국익만을 추구한 근린궁핍화정책이 대공황을 악화시키는 것은 물론 제2차 세계대전의 원인이 되었다는 역사적 교훈에 있다. 이번 위기 발생 이전에 국제정책공조는 서방 공업국가가 중심이 된 G7을 중심으로 이루어져 왔다. 그러나 신흥시장국가들의 협조 없이 세계 금융 위기를 해결하기 어렵다는 사실을 인식한 서방 선진공업국들은 G7을 확대·개편한 G20을 전면에 내세웠다.

1999년 동아시아 금융 위기 이후 국제금융체제의 개혁을 목표로 설립된 G20은 2008년 워싱턴 정상회담 이후 국제정책공조의 핵심으로 성장하고 있다. 선진공업국가들의 회의체인 G7과 달리, G20은 아프리카 및 라틴 아메리카 신흥시장국가들을 포함하고 있다는 점에서 정치적 대표성을 인정받고 있다. 특히 경제적으로뿐만 아니라 국제정치적으로 영향력을 가진 브릭 국가들이 포함되어 있다. 피츠버그 정상회의에서 세계 금융 위기를 해결하는 최고 논의 기구$^{premier\ forum}$로 격상되었다.

2009년에 열린 두 번의 정상회담에도 불구하고 G20이 의미 있는 성과를 거두었다고 평가하기에는 아직 이르다. 먼저 G20 회원국들의 다양성이 효율적인 의견 조율을 어렵게 만들고 있다. 자유민주주의와

〈참고 10–9〉 국부펀드

국부펀드(sovereign wealth fund)는 정부 또는 국영 기관이 보유한 자산을 투자하기 위해 설립한 투자 기관이다. 세계 금융 위기를 극복하는 과정에서 자금이 부족했던 서구 금융기관들이 국부펀드의 투자를 유치하면서, 약 3억 달러의 자산을 보유한 것으로 추정되는 국부펀드의 영향력이 세계금융시장에서 확대되고 있다. 비서구, 특히 동아시아와 중동 국부펀드들이 투자를 경제적 수익보다는 정치적 목적으로 활용할 가능성을 우려한 서방국가들은 국부펀드의 투명성을 제고시키기 위한 노력을 국제적 차원에서 추진해 왔다. 2008년 9월 26개 주요 국부펀드 대표들로 구성된 국제 실무 그룹은 국제통화기금(IMF)이 제안한 소위 산티아고 원칙(Santiago Principles)의 준수에 동의했다. 정보 공개 범위, 투자 목적, 지배구조, 위험관리 등과 관련된 24개 사항들이 담겨 있는 이 원칙은 강제적으로 적용되는 것이 아니라 자발적으로 준수되는 것이다.

시장자본주의를 추구하는 서방 선진공업국들의 모임인 G7과 달리, G20에는 권위주의(또는 독재)와 국가자본주의를 표방하는 신흥시장국가들이 포함되어 있다. 중국 청화대학 국제문제연구소 소장인 옌쉬에통閻學通이 지적했듯이, 회원국들 사이의 관계는 "공동의 가치보다는 물질적 이익을 공유하는 동업자" 수준에 머무르고 있다.

(4) 워싱턴 합의의 퇴조

동아시아 위기 이후 신자유주의적 '워싱턴 합의' Washington consesus에 대해 회의론이 제기되고 있음에도 불구하고, 브레튼우즈 국제금융기구와 뉴욕 및 런던의 금융가에서 금융 개방과 자유화는 신성불가침의 원칙으로 간주되어 왔다. 그러나 위기가 발생한 이후 규제 완화 또는 탈규제의 문제점에 대한 비판이 고조되면서, 시장 실패를 예방하기 위한 정부의 개입이 필요하다는 인식이 확산되고 있다. 동시에 금융 위기 이후 대형 금융기관과 대형 자동차회사의 국유화는 원하든 원하지 않든 시장 메커니즘보다 정부의 역할을 더 강화시키고 있다.

물론 장기적으로 금융 개방이 경쟁을 통해 자원의 효율적 분배를 장려하여 경제성장을 촉진시키는 긍정적 효과를 가지고 있다는 점에는 큰 논란이 없다. 그러나 단기적으로 금융 개방은 금융시장을 불안정하게 하는 문제를 가지고 있다. 특히 이 문제는 적절한 감독/규제 제도가 확립되지 않은 개발도상국가에서 심각하게 나타난다. 1980년대 이후 부채 위기, 외환위기, 금융 위기를 경험한 이후, IMF와 세계은행도 자금의 효율적 분배라는 금융 지구화의 장점뿐만 아니라 각종 위기의 원인이 된 단점도 동시에 고려해야 한다는 점을 인정했다. 그런데도 국제금융기구들이 워싱턴 합의라는 이름으로 개방과 자유화를 개발도상국에 강요했던 것이다.

세계 금융 위기는 이런 논란을 종식시키는 데 결정적 기여를 했다. 실제로 금융 개방과 자유화의 정도가 높은 나라들이 낮은 나라들에 비해 금융 위기에 훨씬 더 취약했다. 위기를 피한 국가들에서는 금융 자유화 이후 밀려드는 외국자본의 영향력을 어떤 방식으로 제어할 것인가를 주로 고민하고 있다. 자본 통제 정책이 단기 수익을 노리는 투기성 자본의 부작용을 막는 데 부분적이며 일시적일지라도 효과가 있다는 인식이 확산되면서, IMF는 그동안 비판해 왔던 자본 통제 정책을 사용하는 데 더 이상 적극적으로 반대하지 않는 방향으로 정책을 전환하고 있다. 실제로 세계 금융 위기 이후 한국, 브라질, 태국, 인도네시아, 베트남 등이 금융 및 외환시장 안정을 위해 자본 통제 정책을 도입했다.

이런 상황에서 개발도상국들은 자국의 환율을 방어하기 위해 외환 보유고를 꾸준히 증가시키고 있다. 2006년 이후에 대다수 국가들은 외환 보유고를 가치가 계속 하락하는 미국 달러화에서 유로화를 비롯한 안전한 화폐로 다양화하고 있다. 또한 일부 국가들은 국부펀드를 설립하여 미국 국채 매입과 같은 기존의 소극적 자산 관리 방식에서 수익률이 높은 헤지펀드, 사모펀드에 투자하는 적극적 자산 관리 방식으로 전환하고 있다. 서방국가들이 주도하는 국제경제기구들에서는 이러한 국가투자기관의 활동에 심각한 우려를 표명하고 있다. 이들의 궁극적 목표가 높은 수익률이 아니라 다른 정치적 목적을 가지고 있을 가능성을 미연에 방지하기 위해, 서방국가들과 국제경제기구들은 이 국가들에게 거래 자료의 투명한 공개를 요구하고 있다. 그러나 이 국가들이 국제경제기구의 정통성에 대해 회의적인 태도를 가지고 있기 때문에 적극적으로 협조하지 않고 있다.

4. 동아시아 금융통화 협력

1980년대 이후 발생한 금융 위기가 특정 지역을 중심으로 확산되는 경향이 나타나면서, 지역 차원의 금융통화 협력이 가속화되었다. 1990년대 초반 유럽환율제도ERM: Exchange Rate Mechanism 위기가 유럽 지역의 금융 협력을 강화하는 계기로 작용했듯이, 동아시아 지역에서 지역주의의 필요성이 본격적으로 제기된 계기는 1997년 발생한 동아시아 금융 위기이다. 1999년 공동 화폐인 유로를 성공적으로 출범시킨 유로존 국가들은 2010년 재정 위기가 악화된 이후 채권 발행을 통해 자금을 조달하여 회원국에 구제금융을 지원하는 유럽금융안정기구EFSF: European Financial Stability Facility—2013년 7월 이후에는 유럽금융안정메커니즘EFSM: European Financial Stability Mechanism 으로 대체—를 설립했다. 유럽에 비해 그 속도와 정도에서 한참 뒤처지지만 동아시아는 ASEAN과 한중일 3국이 힘을 합해 체결한 치앙마이 이니셔티브Chiang Mai Initiative를 중심으로 지역 협력을 꾸준히 추진해 왔다.

(1) 치앙마이 이니셔티브CMI

동아시아 금융 위기 이후 10년 동안 IMF는 기존 세계 금융통화 질서의 근본적 재편보다는 부분적 수정을 추진했다. 그 결과 기존 질서에 내재한 여러 가지 구조적 문제들이 여전히 해결되지 않고 있다. 이러한 상황에서 세계경제에서 더 큰 비중을 차지하고 있는 개발도상국, 특히 동아시아 국가들이 구질서에 대해 정치적 정당성에 근본적 의문을 던지는 것은 우연이 아니다. 동아시아 금융 위기 이후 국제금융 질서의 근본적 변화를 위한 노력이 별다른 실효를 거두지 못하자, 동아시아 국가들은 지역적 차원에서 해결책을 모색하기 시작했다. 가장 우선적으로 각국이 추진한 정책은 외환위기에 대비할 수 있을 정도로 충분한 외환 보유고를 확보하는 것이었다. 하지만 각국의 보유고 총액보다 훨씬 더 많은 외환이 국제시장에서 거래되고 있는 현실에서 이 정책은 완벽한 대안이 될 수 없다.

이러한 불만의 근저에는 미국 및 서유럽 중심의 브레튼우즈 국제금융 질서에 대한 근본적 회의감이 있었다. 동아시아 국가들은 급속하게 증가한 경제적 영향력이 IMF의 의사결정 과정에 정확하게 전달될 수 있는 지배구조를 요구했다. 그러나 IMF는 서유럽 국가들의 기득권을 축소시키지 못했다. 2000년 IMF의 총재를 선출할 때 일본이 추천한 사카기바라가 받은 저조한 득표율은 동아시아 국가들의 불만을 심화시켰다. 게다가 미국 재무부는 1999년 5월 아시아개발은행ADB: Asian Development Bank 연차총회에서 ADB에 대한 영향력 확대를 시도했다. 당시 미국 대표단은 IMF 경제개혁 프로그램에 비판적이었던 아시아개발은행이 IMF와 세계은행의 규정에 따라야 한다고 주장했다. 이러한 미국의 태도는 이 은행을 통해 아시아 각국에 공적개발원조ODA를 제공해 온 일본 정부를 자극했다.

동아시아 금융 협력의 필요성에 대한 합의는 광범위하게 존재했다. 첫째, 금융 위기가 교역국들의 네트워크를 통해 지역적 차원으로 전파되는 경향이 있다. 동아시아 지역 내 상호의존도가 높아질수록 지역 차원의 위기 가능성 역시 계속 높아질 것이다. 둘째, IMF와 세계은행에서 지원해 줄 수 있는 재원이 계속 줄어들고 있다. 따라서 다른 국가들이 모자라는 부분을 지원해 줄 필요가 있다. 동아시아 금융 위기 당시 가장 많은 액수를 지원한 국가는 미국이 아니라 일본이었다. 이러한 교훈에서 금융 위기 이후 동아시아 국가들은 외환 보유고를 확충하는 데 노력했다. 셋째, 동아시아 금융 협력을 통해 지역 내 감시 체제를 더 효율적으로 운영할 수 있다. IMF보다는 지역 협력 기구가 위기의 징조를 파악하여 대처할 수 있는 사전 경보 체제를 유지하는 데 필요한 정보와 지식을 더 쉽게 획득하고 분석할 수 있다.

이러한 경제적 이유 이외에, 미국과 IMF에 대한 정치적 불만도 동아시아 지역주의를 활성화하는 데 중요한 역할을 했다. 1997년 9월 홍콩에서 열린 세계은행/IMF 연차 총회에서 말레이시아의 마하티르 수상은 동아시아 금융 위기가 서유럽 자본이 동아시아 자본주의체제를 붕괴시키기 위한 음모라고 주장했다. 비록 서유럽 자본가들은 내정 실패를 합리화하기 위한 변명이라고 비판했지만, IMF의 개입으로 정치적 곤경에 빠진 동아시아 지도자들은 이 주장에 상당히 공감했다. 심지어 가장 자유주의적 경제체제를 유지해 온 홍콩도 1997년 11월 증권시장 폭락을 경험하면서 서유럽의 투기자본에 대한 강력한 대책 마련을 위한 지역 차원의 공조에 참여했다.

이러한 상황에서 당시 일본 대장성 장관 미츠즈카 히로시三塚博는 1997년 9월 19일 방콕에서 열린 ASEM 재무장관회담에서 아시아통화기금의 설립을 제안했다. 동시에 두 명의 대장성 차관들은 홍콩에서 IMF와 세계은행의 비공식 회의를 요청했다. 이 회의에서 일본은 AMF 설립 시 초기 자금의 절반을 부담하기로 약속했고, 홍콩·대만·싱가포르도 지원을 천명했다. 이 결과 약 1000억 달러의 자금이 확보되었다. 회의 직후 사카기바라 부장관은 이 제안에 대한 의견 수렴을 위해 동남아시아 국가들을 순방했다. 일본의 영향력 확대를 우려하는 중국을 제외한 다른 국가들은 이 제안에 찬성했다. 가장 심각한 반대 의견은 IMF의 위상 약화를 걱정하는 미국으로부터 제기되었다. 미국의 반대를 극복하기 위해 일본은 AMF를 IMF의 하위 기관으로 두자는 수정안을 제출했다. 그러나 미국이 계속 반대하자 11월에 결국 이 제안을 공식적으로 철회했다.

1998년 10월 3일 아시아 재무장관 및 중앙은행 총재 연례총회에서 일본 재무상 미야자와宮澤喜一는 미국의 반대로 좌절한 AMF 제안을 수정한 300억 달러 규모의 '아시아 통화 위기 극복을 위한 새로운 제안'을 발표했다. 이 제안에 미국이 반대할 수 없도록, 일본 정부는 모든 지원을 AMF와 같은 다자간원조가 아닌 양자 원조 형태를 취했다. 자금 지원은 ADB를 통해 분배되었다. 이 제안은 미국과 IMF에게 불만을 가지고 있던 아시아 국가들로부터 지지를 받았다. 뿐만 아니라 일본 재계도 이 제안을 환영했다. 거품경제의 몰락이 시작된 이후 일본 기업들은 영미권 투자자들로부터 일본식 기업 지배구조를 주주에게 더 우호적으로 변화시키라는 압력을 받고 있었다. 또한 수출의 40퍼센트를 차지하던 동남아시아 경제의 활성화가 일본 경제의 침체를 극복하는 데 기여할 수 있다는 기대도 있었다.

일본은 한국 및 중국과 함께 2000년 5월 치앙마이에서 열린 ADB 회의에서 'ASEAN+3' 또는 치앙마이 이니셔티브CMI: Chiang Mai Initiative로 불리는 통화스와프 네트워크를 출범시켰다. 통화스와프currency swap란 특정 통화를 일정 기간 동안 빌렸다 되돌려주는 외국환 거래 협약을 지칭한다. 기존에 있던 동남아시아 국가들 사이의 통화스와프 네트워크를 확대한 이 네트워크는 IMF의 개입을 방지할 수 있게 참가국의 중앙은행들 사이의 양자 간 협정 형식을 취했다. 이 네트워크는 단순히 위기 상황에서 자금을 지원하는 것뿐만 아니라 지역적 차원의 감시 체제 구축과 채권시장의 규모를 확대하기 위한 공동 노력을 같이하는 등 포괄적인 정책 협의체로 발전하고 있다.

동아시아의 금융 협력의 발전에 대해 비판이 없는 것은 아니다. 먼저, 경제정책의 건전성과 관계없는 무조건적 지원은 도덕적 해이 문제를 항상 내재하고 있다. 이 문제를 예방하기 위해 유럽중앙은행은 유로존 국가들이 재정정책을 건전하게 유지하지 않을 경우 벌칙을 명문화했다. 이러한 단점 보완을 위해 일본은 2001년 4월 IMF의 정책권 고안을 따르도록 규정을 수정했다. 다음으로 통화스와프의 효과에 대한 회의론이 존재한다. 통화스와프를 먼저 실시한 유럽에서조차 통화스와프가 투기 공격을 예방하는 데 기여했다는 경험적 사례가 많지 않다. 마지막으로, 국제통화 거래의 규모에 비해 그 규모가 너무 작다는 비판도 있다. 이를 위해 각국은 지원 금액을 늘려 왔다.

2007년 세계 금융 위기에 동아시아 금융기관들은 1997년 동아시아 금융 위기와 달리 큰 피해를 입지 않았다. 1997년 이후 위기의 재발을 막기 위해 자국의 금융 감독 및 규제를 개선하는 것은 물론 역내 국가들과의 정책 공조를 통해 지역 차원의 안전망을 구성하기 위해 노력해 왔기 때문이다. 가장 중요한 사례는 2010년 CMI의 CMIM^{Chiang Mai Initiative Multilateral}로의 확대·개편이다. 또한 역내 자금을 활용하기 위한 동아시아 채권시장 이니셔티브^{ABMI: Asian Bond Markets Initiative}도 활발하게 추진되고 있다. 역내 국가 간 자유무역협정^{FTA}도 계속 확대되고 있다. 이런 성과를 바탕으로 동아시아에서도 유로와 같은 공동 통화를 도입하자는 제안이 나오고 있다.

반면에 동아시아 지역 금융통화 협력의 가능성에 회의적인 전망도 존재한다. 세계 금융 위기가 동아시아 지역에 미친 영향이 지역 협력에 영향을 미칠 만큼 강하지 않다는 것이다. 2008년 달러 부족^{dollar shortage} 현상으로 통화 위기에 직면한 동아시아 국가들을 구제한 것은 CMI가 아니라 미국 중앙은행인 연방준비제도의 통화스와프였다. 이런 사실을 고려하면 동아시아에서 지역 금융통화 협력의 가능성은 그리 밝지 않다.

더 나아가 미국을 배제한 금융통화 협력의 지속 가능성에 대한 회의론도 존재한다. 군사 안보적 관점에서 이 문제는 궁극적으로 미국을 배제한 지역 금융 협력의 정치적 가능성에 대한 논의와 연관되어 있다. 이 지역은 중국 중심인 동아시아와 미국 중심인 아시아태평양 사이의 갈등 속에 있다. 미국은 중국이 주도권을 가지고 추진하는 동아시아 금융 질서의 출현을 경계하고 있다.

(2) 중국의 부상과 일본의 쇠퇴

동아시아 지역 내에서도 경제 권력의 분배가 변화하고 있다. 1985년 플라자 합의 이후 일본 정부는 막대한 공적개발원조^{ODA}를 동아시아 국가들에게 제공했으며, 일본 기업들은 엔화 평가절상의 피해를 줄이기 위해 해외직접투자^{FDI}를 통해 생산시설을 주변 국가들로 이전했다. 그 결과 동아시아 지역이 일본의 품에 안기게 되었다고 할 수 있을 정도였다. 그러나 1990년대 초반 거품경제 붕괴로 시작된 '잃어버린 10년' 동안 일본 경제의 영향력과 비중은 절대적으로는 물론 상대적으로도 쇠퇴해 왔다.

반면 중국은 1970년대 개방개혁정책 이후 비약적인 경제성장을 거듭했다. 세계 금융 위기 이후 경제 규모, 외환 보유고, 무역량 모두에서 중국은 일본을 제쳤다. 과거 일본 ODA의 최대 수혜자가 중국이었다는 사실을 감안할 때, 중국과 일본의 역전은 불과 몇 년 전까지도 예상하지 못했던 사건이다. 이러한 역전의 중요한 요인은 중국이 다른 국가들에 비해 세계 금융 위기의 영향을 상대적으로 적게 받았다는 사실이다.

양국의 서로 다른 상황은 국가신용등급에 반영되었다. 2011년 1월 27일 스탠더드앤드푸어스^{S&P}는 일본의 장기국채에 대한 신용등급을 AA에서 AA−로 하향 조정했다. 그 결과 일본과 중국의 국가신용등급이 같아졌다. 일본 국가신용등급의 하향 조정 원인은 일본 정부가 과도한 정부 채무에 대한 실질적 대책을 제공하지 않는다는 데 있다. 1990년대 초반 거품경제의 붕괴 이후 일본 경제는 재정 적자가 계속 악화되어 국가채무 비율(일반 정부 기준, GDP 대비)이 1990년 68퍼센트에서 2010년에는 사상 최고 수준인 220퍼센트로 상승했다. 일본의 국가부채 비율은 경제 위기에 직면한 포르투갈, 아일랜드, 그리스, 스페인보다도 높은 수준이다. 물론 국채 이자율이 1퍼센트 내외로 아주 낮으며 국내 투자자들이 90퍼센트 이상을 보유하고 있기 때문에 외환위기의 가능성은 높지 않은 것으로 평가되고 있다. 그러나 2011년 3월 동북대지진 이후 S&P와 무디스(Moody's)는 '안정적'에서 '부정적'으로 조정했다.

중국의 자금력은 국제적인 주목을 받고 있다. 2009년 상반기 중국인민은행은 통화스와프를 통해 홍콩(2000억 위안), 한국(1800억 위안), 인도네시아(1000억 위안), 말레이시아(800억 위안), 아르헨티나(700억 위안), 벨라루스(200억 위안)에 자금을 지원했다. 달러가 아닌 위안화 스와프였기 때문에 제대로 활용되지 않았지만, 이러한 시도는 중국이 국제금융 시장에서 미국과 유사한 역할을 앞으로 수행하려는 의도를 잘 보여 주었다는 점에서 결코 의미가 작지 않다. 반면 일본의 양자적 통화스와프는 치앙마이 이니셔티브에 국한되어 있다.

이와 더불어 중국은 3조 달러가 넘는 세계 최대 외환 보유고의 다변화를 위해 일본과 한국의 국채를 계속 매입하고 있다. 중국의 해외 국채 매입은 런던, 뉴욕, 홍콩과 같은 금융 중심 도시에 있는 기관을 통해 이루어지기 때문에 정확한 규모를 파악하기 어렵지만, 일본과 한국 모두 단기국채보다 장기국채의 비중이 높다는 측면에서 전략적 투자로 간주하고 있다. 이 추세가 가속화될 경우 한국과 일본의 금융시장은 물론 거시경제정책 전반에 대한 중국의 영향력도 증가될 것이다.

중국의 부상이 지속될 경우, 동아시아 지역 금융통화 협력의 구조는 엔 통화권보다는 위안 통화권으로 이행할 가능성이 높다. 중국은 일본에 비해 금융 개방 및 자유화의 정도에서는 열위에 있지만, 경제 규모, 무역량, 외환 보유고 등에서는 우위에 있다. 또한 중국은 경제력과 자금력을 바탕으로 위안화의 국제화를

표 10-1 위안화 통화스와프 체결 현황

대상국	규모(억 위안)	체결 시기
한국	1,800	2008년 12월*
홍콩	2,000	2008년 12월
말레이시아	800	2009년 2월
벨로루스	200	2009년 3월
인도네시아	1,000	2009년 3월
아르헨티나	700	2009년 3월
아이슬란드	35	2010년 6월
싱가포르	1,500	2010년 7월
뉴질랜드	250	2011년 4월
우즈베키스탄	7	2011년 4월

*2011년 10월 26일 한국과 중국 중앙은행은 기존 스와프 계약을 조기 종료하고 새롭게 3년 기한의 3600억 위안(64조 원) 스와프 협정을 체결했음.
출처: 최근 중국의 위안화 국제화 정책, 자본시장 Weekly, 2011-16호 (2011), p. 3.

표 10-2 엔화 통화스와프 체결 현황

대상국	규모(10억 미국달러)	체결 시기
한국	20	2001년 최초 체결 2005년 및 2009년 확대*
태국	6	2001년 최초 체결 2005년 및 2007년 확대
필리핀	6	2001년 최초 체결 2006년 확대
말레이시아	1	2001년 (뉴 미야자와 플랜 2, 10억 미국달러)
중국	3	2002년
인도네시아	12	2003년 최초 체결 2005년 및 2009년 확대
싱가포르	3	2003년 최초 체결 2005년 확대

*2011년 10월 19일 한일 정상회담에서 300억 달러로 확대했으며 그 기간은 1년으로 합의했음.
출처: http://www.mof.go.jp/english/international_policy/financial_cooperation_in_asia/regional_financial_cooperation/pcmie/index.htm

위한 노력을 점진적이지만 치밀하게 추진해 오고 있다. 이러한 중국의 노력은 위안화 무역 결제 지역 확대 및 제도 개선, 홍콩 및 싱가포르를 중심으로 한 위안화 역외시장 형성, 위안화 해외직접투자 결제 허용, 주변국들과 통화스와프 협정 확대 등으로 구체화되고 있다. 그리고 국제정치적 차원에서 일본은 중국에 비해 미국의 압력에 더 민감하고 취약하기 때문에 지역 차원의 정치적 대표성에 한계가 있다. 이런 맥락에서 중국 출신 세계은행 부총재 저스틴 린이푸는 경제발전 모델이 일본 주도의 안행형 Flying Geese에서 중국 중심의 '주도하는 용' Leading Dragons 으로 변화하고 있다고 주장했다. 중국이 지역 금융통화 협력의 주도권을 발휘하게 될 경우, 동아시아 지역주의는 '중국화' Chinafication 될 수도 있다.

5. 세계 금융통화 질서와 한국

1948년 정부 수립 이후 1960년대 후반까지 한국은 세계 금융통화 질서의 방관자로 남아 있었다. 경제개발전략으로 수출이 증대되기 시작한 1960년대 말에 한국은 국제금융기구들에 가입했다. 1970년대에는 대규모 투자가 필요한 중화학공업을 발전시키기 위해 필요한 자금을 해외로부터 조달하기 시작했다. 해외 차관 금리가 국내 시장 금리보다 훨씬 낮기 때문에 많은 기업들은 이 자금을 확보하기 위해 세계금융시장을 찾기 시작했다. 이로써 한국은 세계 금융통화 질서에서 적극적으로 활동할 수 있게 되었다.

그러나 1980년대 말까지 국내 금융통화제도는 개방·자유화·탈규제라는 세계적 추세에 따르지 않았다. 정부는 산업화에 필요한 자금을 효율적으로 조달하기 위해 금융정책을 산업정책의 수단으로 활용했다. 이 결과 1960년 이후 대외 지향적 산업화정책을 꾸준히 추진했음에도 불구하고 금융 분야에서 국가의 간섭과 개입이 줄어들지 않았다. 환율제도 역시 수출 증대라는 목적에 종속되었다. 고정환율제도(1945.10~1964.5)를 시작으로 단일변동환율제도(1964.5~1980.2), 복수통화바스켓제도(1980.2~1990.2), 시장평균환율제도(1990.2~1997.12), 자유변동환율제도(1997.12~현재) 등으로 변천해 왔지만, 한국 정부는 한국 상품의 가격경쟁력을 위해서 다른 경쟁국들에 비해 저평가되도록 외환시장에 적극적으로 개입해 왔다.

1970년대 두 차례에 걸친 석유위기 속에서 몇몇 대기업들은 자금 부족으로 파산했으며, 이에 따라 많은 금융기관들이 부실화되었다. 이 문제를 해결하기 위해 1980년대부터 정부는 금리자유화를 시작으로 금융 자유화 정책을 점진적으로 추진했다. 그러나 자본계정 자유화는 1980년대 후반 무역수지가 흑자를 기록한 이후에도 도입되지 않았다. 대미 무역 흑자의 증가로 한국은 미국으로부터 환율 조작국이라는 비판을 받으면서도 급속한 원화 절상을 피하고자 사실상의 고정환율제를 유지하기 위해 노력했다.

1990년대 중반 경제협력개발기구 OECD 가입을 위해 김영삼 정부는 3단계 외환자유화 방안을 제시했다. 세계화 정책의 핵심 중 하나인 이 방안은 선진국 수준의 자본자유화를 목표로 했다. 그러나 자유화 과정에 초점을 둔 이 방안은 자유화 이후 금융 부분의 관리 감독을 어떻게 할 것인지에 대한 구체적인 조치들이 담겨 있지 않다는 문제점을 가지고 있었다. 1997년 태국에서 시작된 금융 위기로 이 문제가 현실화되었다. 동아시아 금융 위기로 해외 투자자들이 이탈하면서 한국은 국제통화기금IMF의 구제금융을 지원받게 되었다.

1997년 금융 위기 이후 한국 정부는 IMF의 권고에 따라 OECD에 제출했던 추진 일정을 앞당겨 전면적인 자본자유화 조치를 취했다. 이 조치로 외국인이 국내 금융기관을 인수합병 할 수 있게 되었으며, 국내 금융기관의 해외투자도 활성화되었다. 2005년부터는 서울 및 수도권을 홍콩, 싱가포르와 경쟁할 수 있는 '동북아 금융허브'로 만들겠다는 정책을 적극적으로 추진하고 있다. 이를 위해 정부는 금융통화정책의 전반적인 틀을 시장 친화에 기반을 둔 개혁안을 제시했다. 여기에는 모든 금융거래를 종합적으로 관장하는 '자본시장과 금융투자업에 관한 법률' 제정, 외환 보유고를 활용하기 위해 설립된 한국투자공사 설립 등이 포함되어 있다.

이러한 노력에도 불구하고 한국은 아직 세계 금융통화 질서는 물론 동아시아 지역에서조차 주도적인 행위자로서 인정받지 못하고 있다. 서울을 동북아 금융허브로 발전시키려는 노력도 큰 성과를 거두지 못하고 있다. 더 심각한 문제는 전면적인 자유화정책이 투기자본의 진출과 국내 자본의 해외 유출을 촉진시키는 부작용을 일으키고 있다는 점이다. 주식시장 시가총액 대비 외국인 보유 비중이 30퍼센트 내외로 상승하면서, 한국 금융시장은 외부 충격에 민감하게 반응했다. 이 문제는 2007년 세계 금융 위기 직후 극대화되었다. 3000억 달러 수준의 외환 보유고에도 불구하고 한국은 2008년 하반기 달러 부족 현상으로 외환위기의 위험에 직면했다. 이 위기는 미국 중앙은행이 제공한 통화스와프를 통해 극복되었다.

한편 한국은 세계 금융 위기의 해결 방안을 모색하는 정책포럼인 G20에 참여하고 있다. 2010년 11월 정상회담을 서울에 유치하여 세계 금융통화 질서의 정책 결정 과정에 기여하기도 했다. 그러나 세계 금융통화 질서는 물론 동아시아 지역에서 한국의 위상은 크게 상승되지 않았다. 2011년 한국의 IMF 지분은 1.35퍼센트(19위)에서 1.41퍼센트(18위)로 한 단계 증가하는 데 머물렀다. 또한 무역거래에서 결제통화로서 원화의 비율이 2010년 1퍼센트 내외로 아직도 달러(85.9%), 유로(6.0%), 엔(4.4%)에 미치지 못하고 있다. 자기자본 기준 세계 1000대 은행에서도 한국(9개)은 일본(103개)이나 중국(101개)보다 훨씬 적으며, 50대 은행에는 하나도 포함되어 있지 않다. 세계금융 중심 도시 지표에서 서울이 2011년 9월 11위로 역대 최고 순위를 기록했지만 홍콩(3위), 싱가포르(4위), 상하이 및 도쿄(공동 5위)와 격차를 좁히지 못하고 있다.

6. 맺음말

현재 세계 금융통화 질서는 거대한 변환의 과정에 있다. 1980년대 이후 세계 각지에서 빈번하게 발생해 온 금융 위기들은 제2차 세계대전 이후 유지되어 온 브레튼우즈 체제의 한계를 여실히 보여 주었다. 또한 브릭(브라질, 러시아, 인도, 중국)으로 대표되는 신흥시장국가들의 금융자산이 급증하면서, 서방 선진국들의 비중과 위상이 점점 축소되고 있다. 이러한 변환이 브레튼우즈 체제의 근본적 변화로 귀결될 것인지 아니면 부분적 수정에서 멈출 것인가에 대해서는 이제 본격적인 검토가 이루어지기 시작했다.

그 결과에 관계없이 미국이 더 이상 금융 패권을 독점할 수 없다는 사실은 더욱 분명해지고 있다. 2007년 세계 금융 위기 이후 미국은 세계금융시장에 유동성을 공급하면서 기축통화인 달러화의 가치를 안정적으로 유지하는 역할을 제대로 수행하지 못하고 있다. 반면에 세계 최대 외환 보유국으로서 중국은 통화스와프, 국부펀드, 원조 등을 통해 세계적 차원에서 영향력을 빠르게 확대하고 있다. 따라서 당분간 세계 금융통화 질서는 미국과 중국이 대등한 역할을 하는 양극체제로 재편될 가능성이 높다.

동아시아 지역에서도 중국의 부상은 확연하다. 1980~1990년대 동아시아 금융통화 질서의 핵심이었던 일본의 지도력은 '잃어버린 10년' 이후 쇠퇴하고 있다. 반대로 중국은 통화스와프와 원조를 통해 동아시아 지역의 금융 강대국으로 인정받고 있다. 동시에 외환 보유고 다변화 전략의 일환으로 중국은 주변 국가들의 국채를 꾸준히 매입하고 있다. 이런 조치들은 궁극적으로 지역 협력에서 중국의 영향력을 배가시킬 것이다.

한국은 경제 규모의 성장과 금융산업의 발전으로 G20 회원국으로 참여했으면서도 이러한 다층적 변환 과정에서 선택의 여지가 별로 없다. 3000억 달러 이상의 외환 보유고를 확보하고 있지만, 포괄적 금융 자유화와 높은 무역의존도 때문에 한국은 금융 위기의 위험에 항상 노출되어 있다. 또한 최대 교역국으로서 중국에 대한 의존도가 계속 심화되고 있기 때문에, 장기적으로 한국의 금융통화정책에 대한 중국의 영향력이 증대될 것이라는 전망에는 이견이 별로 없다. 특히 위안화의 국제화가 이루어지면 이러한 경향이 더욱 가속화될 수 있다. 그러나 단기적으로 외화 유출이 급속하게 이루어지는 상황에서 한국은 달러 부족을 해결하기 위해 미국 중앙은행이 제공하는 통화스와프에 의존할 가능성이 높다. 이러한 대외적 영향력을 줄이기 위해서는 건전한 금융감독체제 강화, 안정적인 거시경제정책 관리, 그리고 궁극적으로 수출 지향에서 내수 중심으로 경제성장 전략을 전환하는 것이 요구된다. 아울러 세계 및 지역 금융통화 질서의 지배구조의 재편 과정에 적극적으로 참여하여 우리에게 유리한 제도와 정책을 반영해야 한다. 이 과정에서 더욱 더 중요한 역할을 하게 될 중국과 긴밀한 정책공조를 위해 미국 편향적인 경제외교의 개편도 필요하다.

11

| 김준석 |

세계문화질서의 변환과 한국의 매력

1. 머리말: 세계문화질서의 변환 … **350**
2. 현대 세계정치에서 문화 의제 … **351**
3. 생활양식으로서의 세계문화 의제: 문명 충돌과 종교 근본주의 … **352**
4. 권력자원으로서의 세계문화 의제: 소프트 파워, 문화제국주의, 오리엔탈리즘 … **359**
5. 현대 세계문화의 등장 … **364**
6. 세계문화질서의 변환과 동아시아 … **367**
7. 맺음말: 한국의 문화 전통과 매력 … **372**

| 핵심 개념 |

공공외교 public diplomacy / 규범권력 normative power / 동아시아 유교 문명 East Asian Confucian Civilization / 문화 실재론 cultural realism / 문명 충돌 clash of Civilizations / 문명 표준 standard of civilization / 문화상대주의 cultural relativism / 문화접변 cultural exchange and transformation / 문화제국주의 cultural imperialism / 베이징 컨센서스 Beijing Consensus / 세계문화 world culture / 소프트 파워 soft power / 아시아적 가치 Asian Values / 오리엔탈리즘 orientalism / 옥시덴탈리즘 occidentalism / 워싱턴 컨센서스 Washington Consensus / 인권 human rights / 종교 근본주의 religious fundamentalism / 탈세속화 de-secularization

1. 머리말: 세계문화질서의 변환

지난 2010년 가을 노르웨이의 노벨평화상 선정위원회는 중국의 반체제 지식인 류 샤오보에게 노벨평화상을 수여하기로 결정했다. 중국은 이에 반발하여 이른바 '공자평화상'을 제정하기로 했다가 불과 일 년 뒤에 이를 폐지했다. 얼핏 해프닝으로 보일 수도 있는 이 사건은 현대 세계문화질서의 변환과 관련하여 중요한 메시지를 던지고 있다. 그것은 문화와 규범의 영역에서의 주도권을 놓고 서구 국가들과 중국을 비롯한 신흥 세력 사이의 대립이 본격화되리라는 점이다. 즉 중국의 부상 등으로 인한 정치적, 경제적 차원의 갈등이 문화적, 규범적 차원의 갈등과 대립으로 확대될 수 있다는 것이다. 이 사건은 문화가 인간의 삶에 근본적인 차원을 구성한다는 사실을 환기시킴과 동시에 세계정치무대가 문화적, 규범적인 차원에서 어떻게 구성될 것인지의 문제를 놓고 벌어질 상호 작용과 경쟁, 각축이 앞으로 점점 더 중요해질 것이라는 점을 예견하게 한다.

21세기를 흔히 '문화의 세기'라고 한다. 이를 입증이라도 하듯 국제정치학 분야에서 세계정치와 문화의 관련성에 관한 많은 저작들이 쏟아져 나오고 있다. 그 중 새뮤얼 헌팅턴 Samuel Huntington의 '문명충돌론' 같은 담론은 21세기 세계정치에서 가장 핵심적인 갈등의 축이 문명·문화의 단층선이 될 것이라고, 단순하지만 강력하게 예측한다. 반면 조지프 나이 Joseph Nye Jr.와 같은 이는 일종의 '문화력 文化力'으로서의 소프트 파워가 "세계정치에서 성공의 수단"이 될 것이라고 주장한다. 이와 같은 문화에 대한 관심의 홍수를 어떻게 이해할 수 있을까?

무엇보다 시대와 역사적 조건의 변화가 문화의 상대적인 중요성을 증대시켰다는 점을 지적할 수 있다. 특히 냉전이 종식되고 강대국 간에 상대적으로 평화적인 질서가 도래함에 따라 정치, 군사 문제가 아닌 문화의 문제가 더욱 중요해졌다. 자본주의 생산양식이 대량 생산 체제에서 유연 생산 체제로 전환되고, 정보통신기술이 비약적으로 발전하는 것도 문화의 중요성을 더욱 부각시킨 요인이다. 여러 다양한 이유에서 전 세계적으로 종교에 대한 관심이 늘어나고 탈물질주의 세계관이 확산됨에 따라 문화적 감수성 역시 높아졌다. 한마디로 정치·경제·사회 전 분야에 걸친 변화가 국제정치적 삶에서 문화적 요인의 비중 변화를 가져온 것이다. 문화에 대한 관심의 증대는 이와 같은 현실의 변화에 따른 자연스러운 반응에 다름 아니다.

하지만 문화와 세계정치의 관련성을 살펴보고 일반화하기 위해 보다 신중한 접근법을 취할 필요가 있다. 문화는 매력적이고 유용한, 또한 필수불가결한 개념임에는 틀림없지만, 때로는 지나치게 모호하고 때로는 지나치게 포괄적이면서 종종 현실 은폐적인 개념이기 때문이다. 문화는 정의하기 힘들고 측정하기도 쉽지 않다. 문화는 매우 조심스럽게 접근하고 신중하게 활용해야 하는 개념이다.

이러한 점에 유의하면서 이 장에서는 먼저 문화의 일반적인 정의를 검토한다. 이에 기초하여 헌팅턴의 '문명충돌론'과 함께 오늘날 헌팅턴의 논의가 각광 받는 담론이 되는 데 결정적으로 기여한 종교 근본주의의 문제를 세계정치의 탈세속화의 관점에서 다룬다. 또 현대 세계정치에서 문화가 제공하는 가치와 갈등의 문제를 소프트 파워와 문화제국주의, 그리고 오리엔탈리즘의 개념을 중심으로 살펴본다. 이와 함께 세계문화의 등장이라는 관점에서 세계정치에서 새로운 문화 층위의 출현에 대해서도 언급할 것이다. 이상의 문화 의제에 관한 논의를 동아시아와 한국이 갖는 함의와 함께 다룰 것이다. 동아시아의 유교 문명권이 갖는 독창적 가치와 소프트 파워의 성격을 살펴보고, 이를 우리나라의 문화 의제와 관련지어 논의할 것이다.

2. 현대 세계정치에서 문화 의제

이 장은 현대 세계정치에서 문화가 어떤 의미에서 중요하고 또 어떻게 문화적 요인이 세계정치에 영향을 미치는가를 고려하는 데 중점을 두고 있다. 그런데 문화의 정의 문제, 즉 문화란 무엇인가의 문제로부터 논의를 시작하는 것은 그다지 좋은 방법이 아니다. 문화는 정의하기 어렵고, 또 실제로 다양한 정의가 사용되고 있는 개념이기 때문이다. 실제로 영어·독일어·프랑스어에만 무려 160여 가지의 문화에 관한 서로 다른 정의가 존재한다는 한 연구자의 지적이 있다. 그 지적 자체가 문화 개념의 다양성을 보여 주는 하나의 고전적인 경구가 되기도 했다. 그럼에도 불구하고 문화와 세계정치의 문제를 다루기 위해서는 문화에 관한 최소한의 정의가 불가피하다.

이 장에서는 문화의 의미를 두 가지 측면에서 구분한다. 우선 문화는 정신적·예술적 성과물뿐만 아니라 언어·종교·관습·제도 등을 포괄하는 '총체적인 생활양식'general ways of life을 의미한다. 이 의미를 좀 더 구체화시키기 위해 우리는 19세기 영국의 인류학자 에드워드 버넷 타일러Edward Burnett Tyler가 문화에 대해 정의한 것을 참고할 수 있다. 그는 문화를 "지식·신념·예술·도덕·법률·풍속 등 사회 구성원으로서 인간이 획득한 모든 능력과 관습의 복합체"로 정의했다. 비슷한 의미로 클라이드 클럭혼Clyde Kluckhohn은 문화를 "후천적·역사적으로 형성된 외면적, 내면적 생활양식의 체계로서 집단 전체 또는 특정 구성원에 의해 공유되는 것"이라고 정의한 바 있다. 위 두 사람이 정의한 내용은 약간의 의미 차이가 있지만 대체로 문화는 인간이 매일 접하고 영위하는 일상적인 생활방식과 생활양식이라는 의미를 공통으로 내포하고 있다. 문화를 정의하는 두 번째 방법은 문화 현상에 일종의 정치적 의미를 부여하는 것이다. 이런 측면에서 보면 문화는 일종의 권력 자원power resource을 의미한다. 이는 문화가 비문화적인 목적들, 예를 들면 경제적 또는 정치적 목적의 증진을 위한 도구 내지는 수단이 될 수 있음을 의미한다. 혹은 문화적 성취 그 자체를 위한 수단이 될 수 있음을 의미한다.

첫 번째 총체적 생활양식으로서의 문화는 지금부터 자세하게 살펴볼 문명에 대한 논의나 종교적 근본주의의 전제를 이루는 개념이다. 공통의 역사·언어·종교·관습·제도 등으로 구성되는 포괄적인 문화적 실체를 의미하는 문명 개념을 통해 헌팅턴은 21세기 세계정치의 기본적인 조직 원리와 갈등 양상의 변화를 예측하고 있다. 문제는 헌팅턴의 문명 개념이 문화를 "특정 집단에 깊숙하게 침전된 정수 혹은 에센스"로 이해하는 문화 본질주의cultural essentialism의 관점을 고수하고 있다는 사실이다. 이 견해에 따르면 문화는 시간의 경과에도 불구하고 비교적 일관되고 안정적으로 유지되는 집단의 특성 혹은 가치체계를 의미한다.

하지만 오늘날 대다수 문화이론가들은 문화를 '항상 거기에 있어서' 우리가 발견하기만 하면 되는 고정된 특성이 아니라 매일 매일의 실천을 통해 조금씩 다른 방식으로 재생산되는 '역사적 과정'으로 보고 있다. 혹은 현실의 문명·문화는 역사적으로 다른 문명·문화와의 복합적인 상호 교류를 통해 형성된 합성물이다. 이러한 점을 인식하지 못한 헌팅턴의 한계가 그로 하여금 비현실적으로 단순화된 분석틀을 고집하도록 만들었고, 이는 주장이 전반적으로 설득력을 잃게 하는 요인이 되었다.

권력 자원으로서의 문화 개념은 소프트 파워에 관한 나이의 논의의 기본 전제를 제공하고 있다. 소프트 파워는 권력 행사자의 견해와 신념을 '자발적으로' 따르도록 상대방의 취향·의견·사고 등에 영향을 끼칠 수 있는 능력을 말한다. 이 정의에 따르면 도구와 수단으로서의 문화는 국력 national power 의 중요한 구성 요소로 간주될 수 있다. 소프트 파워에 대한 논의 이외에도 일군의 비판적 성향의 학자들 역시 권력 자원으로서 문화의 유용성에 주목한다. 이들은 특히 세계정치의 영역에서 문화가 정치적·경제적·문화적 불평등의 확대재생산에 기여한다는 점을 지적한다. 이러한 방향의 가장 대표적인 논의로 문화제국주의, 미디어 제국주의에 관한 일련의 연구와 팔레스타인 출신의 미국 문화비평가인 에드워드 사이드 Edward Said 에 의해 처음 제시된 오리엔탈리즘 Orientalism 담론 등을 들 수 있다.

3. 생활양식으로서의 세계문화 의제: 문명 충돌과 종교 근본주의

(1) 문명충돌론

1993년 미국의 정치학자 헌팅턴은 『포린어페어스 Foreign Affairs』에 '문명의 충돌' The Clash of Civilizations 이라는 제목의 논문을 발표했다. 그는 자신의 주장을 확대하고 체계화시켜 1996년에는 『문명의 충돌: 세계질서의 재편 The Clash of Civilizations: Remaking of World Order』이라는 단행본을 출판했다. 헌팅턴은 미래의 세계정치에서 상이한 문명 간 충돌이 경제적·이념적 차이를 둘러싼 대립을 대신해서 가장 중요한 갈등의 축으로 등장할 것이라고 예측했다. 헌팅턴에 의하면 문명은 언어·역사·종교·관습·제도·주관적인 정체성 등의 요소들로 구성되는 가장 넓은 의미로 이해되는 문화적 실체를 뜻한다. 이 중 특히 종교적 요인이 중요한데, 헌팅턴은 이들 종교적 요인에 따라 세계 문명을 9개 문명권으로 나누었다. 이들 문명권의 존재는 지리적 분포에 따라 이루어지고 있다.

헌팅턴은 문명의 구분이 세계정치에서 가장 중요한 '단층선'으로 부상하게 된 이유로 다음의 몇 가지를 제시한다. 첫째, 경제적 상호의존의 진전과 교통통신 수단의 발달로 세계가 점점 좁아지고 있다. 헌팅턴은 상호 교류의 증대가 문명권 간 장벽을 허무는 대신 오히려 사람들의 문명적 정체성을 고양시키는 효과를 지닌다고 보았다. 둘째, 산업화와 정치·사회·문화 등 각 분야에서 근대화의 진전으로 많은 이들이 전통적인 사회에서 지녀 온 정체성을 상실했다. 그 결과 발생한 정체성의 공백을 근본주의적 성향의 종교들이 채우게 되었다. 문명 의식의 고양은 이와 같은 '세계의 탈세속화 de-secularization of the world의 부산물이라 할 수 있다. 셋째, 냉전의 종식과 함께 절정에 달한 미국을 비롯한 서구사회의 영향력에 대한 반발이 여타 문명권에서 문명적 정체성의 고취로 이어졌다. 프랜시스 후쿠야마 Francis Fukuyama가 『역사의 종언』에서 지적했듯이 서구사회는 동서 냉전에서 '승리'를 거두었다. 하지만 이 승리가 다른 차원에서 갈등의 씨앗이 된 것도 사실이다. 넷째, 경제 지역주의의 부상은 문명 의식의 고양에 유리한 토양을 제공하고 있다. 유럽 통합의 진전과 함께 유럽적 정체성이 새롭게 공고화되고 있는 것이 대표적인 사례라고 할 수 있다. 반대로 고양된 문명 의식은 지역주의를 강화하는 역할을 한다. 유럽 통합이 다른 어떤 지역 통합의 움직임보다도 더 큰 성과를 올릴 수 있었던 이유 중 하나는 통합이 유럽적 문명 의식을 바탕으로 했다는 사실에 기인한다.

헌팅턴은 1991년의 제1차 이라크전쟁, 구유고슬라비아 지역에서의 인종·민족 분규로 인한 내전 등을 문명 충돌의 가장 대표적인 사례로 들고 있다. 전자의 경우 헌팅턴은 전쟁이 애초에 이라크의 쿠웨이트 침공으로 촉발되었음에도 불구하고 많은 아랍 지식인과 종교지도자들이 이를 '서구와 이슬람의 대결'로 정의한 점을 지적하고 있다. 그는 이라크를 돕기 위해 전 세계 이슬람교도가 단결할 것을 주장했다는 사실에 주목하고 있다. 후자의 경우 헌팅턴은 구유고슬라비아 지역이 서구 기독교, 그리스정교, 이슬람의 서로 다른 세 개의 문명권이 교차하는 지역이라는 사실에 주목한다. 독일과 교황청을 비롯한 서구 국가들이 가톨릭 국가인 크로아티아와 슬로베니아에 일관되게 호의적인 태도를 보인 사실, 수백 명의 러시아인들이 그리스정교 국가인 세르비아 편에 서서 참전한 사실, 보스니아의 이슬람계 주민을 돕기 위해 수천 명의 이슬람교도들이 참전한 사실 등은 이 지역에서의 내전을 문명 간 전쟁으로 보기에 충분한 증거를 제공한다.

이상과 같은 헌팅턴의 주장에 대해서 여러 차원의 비판이 제기될 수 있다. 우선 헌팅턴의 문명 구분이 지나치게 자의적이라는 사실을 지적할 수 있다. 이와 관련하여 다음과 같은 질문을 던져 볼 수 있다. 러시아를 중심으로 하는 그리스정교 문명을 서구 문명과 구별하는 결정적인 차이점은 무엇인가? 독자적인 라틴아메리카 문명의 존재를 주장하는 근거는 무엇인가? 이른바 일본 문명이 동아시아 유교 문명권으로부터 구분되는 이유는 무엇인가?

다음으로 헌팅턴 문명 개념의 일차원성·비역사성을 지적할 수 있다. 헌팅턴의 설명에 따르면 세계의 주요 문명들은 근세 초 이래 수세기에 걸쳐 계속된 문명 간 상호 작용에도 불구하고 각자 고유한 문명적 정수를 고스란히 간직해 왔다. 예를 들면 중국은 19세기 중엽 이래 끊임없는 외세의 침략에 시달려야 했고, 1949년 이후에는 사회주의 국가로 존재했음에도 불구하고 여전히 유교적 문명의 정수를 간직하고 있는 것으로 간주된다. 또 17세기 뉴잉글랜드 지방에 영국 출신 청교도들이 정착한 이후로 다양한 지역 출신의 이민자들이 도래했음에도 불구하고 미국 사회의 문명적 정수는 '앵글로색슨 프로테스탄티즘'에 있는 것으로 보아야 한다. 하지만 문명에 관한 이러한 견해는 문화와 문명이 역사의 흐름을 초월하여 지속되는 에센스를 지닌다는 비현실적인 전제 위에 서 있다. 우리는 이러한 전제를 문화 본질주의 혹은 문화 실재론 cultural realism이라고 부를 수 있다.

하지만 문명과 문화는 끊임없이 유동하고 발전을 거듭하며, 시간의 경과와 함께 다른 특성들을 보이게 마련이다. 특히 헌팅턴의 본질주의는 근대화 modernization 과정의 잠재력을 의도적으로 간과하는 경향을 보인다. 하지만 근대화는 경우에 따라서 문명의 에센스까지도 송두리째 바꾸어 놓을 수 있다. 예를 들면 20세기 초까지만 해도 독일이 서구 문명권에 속하는지 의심스러웠다. 많은 독일의 보수적인 지식인들은 영국, 프랑스의 자유주의, 민주주의적 가치를 독일적 문화의 타락을 가져온다는 이유로 완강히 거부했다. 하지만 1945년 패망 이후 독일인의 정치적·사회적·경제적 가치체계는 급격한 변화를 거쳤고, 그 결과 짧은 시간 내에 독일은 서구 문명권 내에 확실하게 자리 잡을 수 있었다(뮐러 2000).

다른 한편, 우리는 문명 간의 갈등을 전면적인 충돌clash로 개념화하는 헌팅턴 주장의 전제를 문제 삼을 수 있다. 역사적으로 문명 사이의 상호 작용은 많은 갈등적 요인을 수반했다. 이러한 사실은 19세기 말 한국·중국·일본의 동아시아 3국이 서구의 문물을 받아들이는 과정에서 겪어야 했던 갈등과 긴장의 강도를 생각해 보면 쉽게 이해할 수 있다. 하지만 에드워드 사이드는 헌팅턴이 문화, 문명의 역사는 종교전쟁과 제국주의적 정복의 역사일 뿐만 아니라 빈번하고 긴밀한 상호 교류의 역사였음을 간과하고 있다면서 그의 문명충돌론이 하나의 '이데올로기'로서 현실의 복잡성과 모호성을 무시한다고 강하게 비판한다. 또 도쿄대학 히라노 젠이치로平野健一郎 교수는 그러한 갈등의 과정을 단순히 문명 간 충돌로 보기보다는 문명 간 마찰, 그리고 마찰로 인한 문명의 변환이라는 관점에서 바라볼 것을 제안한다. 이 마찰과 변환의 과정을 히라노는 '문화접변'文化接變이라는 용어로 표현했다.

문명 간 상호 작용은 헌팅턴이 주장하듯 갈등적인 과정임에는 틀림없지만 그러한 갈등의 결과로 일어나는 문명·문화의 내용 변화가 더 흥미로운 관심의 대상이 될 수 있다. 중요한 사실은 그러한 내용 변화가 언제나 일방적으로 진행되지 않는다는 점이다. 대부분의 경우 문화를 수용하는 측은 외래문화에 대해 격렬하게 저항하기 마련이며, 수용할 용의가 있는 경우에도 필요성과 적합성에 따라 외래문화를 선택적으로 재해석하고 재구성한다.

재미있는 일화가 있다. 1960년대에 미국 평화봉사단이 코스타리카의 한 마을에 도착했다. 그들은 코스타리카 마을 주민들이 개미떼로 인해 농작물에 큰 피해를 입고 있다는 사실과 야채를 먹지 않는 식습관 때문에 심각한 영양 불균형에 시달리고 있다는 사실을 알았다. 봉사단원들은 그들을 돕기 위해 살충제와 야채의 씨앗을 보급하려 했다. 마을 주민들은 즉각적인 효과가 나타나는 살충제는 기꺼이 받아들였다. 하지만 효과가 장기간에 걸쳐 나타나고 오래된 식습관을 바꿀 것을 요구하는 야채의 재배는 거부했다. 이 일화는 문화의 수용에서 수용자 측의 능동적인 태도가 지니는 중요성을 잘 보여 준다.

여기서 주목해야 할 점은 문화의 수용 과정에서 수용자 측은 외래문화를 재해석 또는 재구성할 뿐만 아니라 자신의 재래 문화 역시 재해석하고 재구성한다는 점이다. 결국 문화접변은 단순한 모방의 과정이 아니다. 외래문화와 자국 문화의 적극적인 재구성을 통해 가능하다는 점에서 하나의 문화 창조 과정이라고 할 수 있다. 이와 같은 창조 과정은 때로는 수용자가 예정한 한도를 넘어서 계속되기도 한다. 다른 지역으로부터 어떤 요소만을 받아들일 때 좋아하는 것만을 골라 취하기는 어렵다. "모든 문화는 각각 하나의 유기적 전체이기 때문에 어떤 한 요소가 도입되면 차례차례 고구마 덩굴 현상을 일으키기 때문"이다(히라노 2004, 124). 이러한 점을 인식하지 못한 채 문명 간 상호 작용을 불변의 에센스를 지닌 문명들이 당구공처럼 충돌하는 모습으로 형상화하는 헌팅턴의 주장은 근본적인 한계를 지닐 수밖에 없다.

마지막으로 문명충돌론을 제기한 헌팅턴의 의도를 문제 삼을 수 있다. 1993년 논문에서 헌팅턴은 이슬람 문명권과 유교 문명권이 연합하여 서구 문명권에 도전할 가능성을 지적하면서 서구 국가들의 각성을 촉구했다. 이슬람-유교 연합의 구체적인 증거로 헌팅턴은 중국과 중동 국가들 간의 무기 거래를 예로 들고 있다. 우선 경험적인 차원에서 이러한 주장은 형평성을 결여하고 있다. 사실 미국이야말로 중동의 맹주 중 하나인 사우디아라비아에 매년 상당한 액수의 무기류를 수출하고 있기 때문이다. 보다 근본적인 차원에서 보면 이슬람–유교 연합의 가능성 제기는 서구 문명의 상대적인 지위 하락에 따른 불안감이 반영된 결과라고 지적할 수 있다. 이와 함께 문명충돌론 자체가 비서구권의 위협에 대한 서구 국가들의 각성과 그에 따른 긴밀한 협력을 촉구하기 위한 목적에서 출발하였다는 비판 역시 제기될 수 있다. 실제로 헌팅턴은 "문명의 정치에서 비서구 문명권의 시민과 정부는 서구의 식민지로서 역사의 대상이 되는 대신 서구와 함께 역사의 형성자이자 동력이 되기를 원하고 있다"고 언급함으로써 이러한 비판에 신빙성을 더해 주고 있다. 만일 문명충돌론이 실제로 불안감과 대결 의식의 소산이라면 이는 근본적으로 잘못된 전제, 즉 수세기 동안 계속되어 온 서구의 패권적 지위가 어떤 경우에도 유지되어야 한다는 전제 위에 서 있는 것이다. 싱가포르의 비판자 키쇼르 마부바니 Kishore Mahbubani에 따르면, 서구 문명은 약 8억 명의 인구로 구성되고, 여타 문명권은 약 47억 명의 인구를 포함하고 있다. 국내 정치 영역에서 서구의 어떤 국가도 인구의 15퍼센트가 나머지 85퍼센트를 좌지우지하는 상황을 용납하지 않을 것이다. 하지만 바로 이것이 서구 국가들이 국제적인 차원에서 관철하고자 하는 것이다(Mahbubani 1993, 13).

이상과 같은 비판에도 불구하고 헌팅턴의 문명충돌론은 오늘날 국제정치학에서 여전히 비중 있는 패러다임으로 다루어지고 있다. 문명 간의 갈등이 미래의 세계정치에서 가장 중요한 갈등의 축이 되리라는 헌팅턴의 주장을 있는 그대로 받아들일 수는 없다. 그러나 적어도 문명과 문화 혹은 문명과 문화의 핵심적 구성 요인으로서의 종교가 세계정치의 장에서 점차 중요성을 더하리라는 점에는 어렵지 않게 동의할 수 있다. 특히 9·11 테러에서도 여실히 드러났듯이 세계 일부 지역에서는 종교 근본주의의 부상이 세계정치에서 큰 파급력을 지닌 변수가 되고 있다.

(2) 종교 근본주의의 부상과 세계정치의 탈세속화

2001년 9·11 테러를 감행했던 알 카에다는 이슬람 근본주의 단체이다. 알 카에다가 미국 뉴욕의 세계무역센터와 국방성에 감행한 테러 공격은 21세기의 세계정치가 이전과는 다른 양상으로 전개될 것임을 예고했다. 보통 세계정치의 장에서 갈등과 폭력적인 충돌의 원인은 동맹이나 안보 딜레마, 강대국의 성쇠, 단극·양극·다극 체제 등으로 설명되어 왔다. 하지만 9·11 테러는 국제정치학자들이 지금까지 통상적으로 동원해 왔던 설명 요인 대신 종교라고 하는 이전까지 거의 관심의 대상이 되지 못했던 변수에 주목하게 했다. 이와 같은 새로운 상황 전개는 17세기 이래 국제정치의 지배적인 패러다임으로서 세속주의secularism의 타당성에 근본적인 의문을 제기하고 있다.

세속주의는 근대적 국제정치질서의 제도화와 함께 정착된 국제 규범이다. 1517년 마르틴 루터에 의해 종교개혁운동이 촉발된 이후 약 130여 년에 걸쳐 유럽 대륙은 신·구 기독교도 사이의 격렬한 대립과 충돌의 장이 되었다. 특히 1618년에서 1648년까지 계속된 30년전쟁은 유례없이 오랜 기간 지속되었고, 또 엄청난 피해를 가져왔다. 전쟁의 주 전장인 독일의 경우 전체 인구의 25퍼센트가 감소하는 피해를 입었다. 1648년의 베스트팔렌조약Treaty of Westfalen은 30년전쟁을 종결시키기 위해 체결되었다. 유럽 각국은 종교 문제를 둘러싼 국제분쟁을 종식시키는 합의에 이를 수 있었다. 하지만 그 배경을 보면 부분적으로는 장기간에 걸친 전쟁에 따른 자원의 고갈로 인해 사람들의 일상생활이 어려워졌기 때문이다. 또 부분적으로는 종교 문제로 인한 국제분쟁은 원천적으로 해결이 불가능한 폭력의 악순환을 가져올 수밖에 없다는 인식이 확산되었기 때문이었다.

물론 베스트팔렌조약이 종교에 관한 개인의 양심의 자유를 완벽하게 보장하도록 합의된 것은 아니다. 다만 각 국가는 각자의 영토 내에서 종교적 신념을 강제할 권한을 지니며, 타국의 종교 문제에 간섭할 권리를 영구적으로 포기한다는 데 합의했을 뿐이다. 각 국가 내에서 종교적 소수자들의 권리는 아주 제한적인 방식으로(예를 들면 공식적인 예배는 허용하지 않지만 사적인 예배는 허용하는 식으로) 인정되는 데 그쳤다. 하지만 조약 체결을 계기로 유럽 국가 간에 종교 문제를 둘러싼 폭력적인 충돌이 자제되어야 하며, 종교가 국제관계에서 더 이상 정치 이슈화되지 말아야 한다는 암묵적인 합의가 형성되었다. 보다 궁극적으로 종교는 이제 전적으로 사적^{private}이고 개인적인 신념 체계의 문제로 국한되어야 하고, 그 대신 주권국가가 공공 영역에서 가장 중요한 정체성의 근원이 되어야 한다는 믿음이 정식화되었다. 그리고 이와 같은 정교$^{politics\text{-}church}$ 분리의 원칙은 이후 유럽 국제정치질서의 근간이 되었다. 당시 로마 교황이 베스트팔렌조약을 맹비난하면서 원천적 무효를 선언한 것은 조약 체결국들이 국제정치의 세속화라는 자신들의 의도를 굳이 숨기려 하지 않았기 때문이다. 이후 유럽적 국제정치질서가 세계 다른 지역으로 외연을 넓혀 감에 따라 세속주의는 전 세계 국제정치질서의 가장 기본적인 전제 중 하나로 자리 잡게 되었다. 알 카에다는 바로 이러한 전제와 합의에 가장 극적인 방식으로 도전을 제기한 것이다.

알 카에다와 같은 테러 조직의 등장과 이에 따른 세계정치 변환의 문제를 이해하기 위해서는 우선 오늘날 세계 각지에서 종교 근본주의 세력이 영향력을 확대하고 있다는 사실에 주목할 필요가 있다. 물론 종교 근본주의의 부상이 21세기 세계정치에서 종교의 역할에 주목해야 할 유일한 이유는 아니다. 탈냉전 시대에 들어서 세계정치에서 종교의 중요성이 꾸준히 증가해 왔고, 종교 근본주의의 부상 역시 '종교의 전 지구적인 차원에서의 부활'의 일부분으로 이해할 수 있기 때문이다. 예를 들면 가톨릭교회는 전 세계 여러 지역에서 초국가 행위자로서 지속적으로 영향력을 확대하고 있다. 교황 요한 바오로 2세의 서거와 이어진 장례 절차에 집중된 세계인의 시선은 가톨릭교회의 영향력을 잘 보여 주었다. 이와 같은 영향력의 확대는 특히 가톨릭 주교들 간의 개인적이거나 공식적인 네트워크를 통해서 촉진되고 있다. 브뤼셀에 사무국을 두고 있는 유럽공동체 주교회의 위원회$^{\text{Commission of the Bishops' Conferences of the European Community}}$가 가장 대표적인 주교 간 네트워크라 할 수 있다.

또 전통적으로 가장 세속화된 지역으로 여겨졌던 유럽 국가들에서 종교의 영향력이 확대되고 있다는 사실에도 주목할 필요가 있다. 우선 공식화되고 제도화된 차원에서 종교의 영향력은 감소했지만, 문화적이고 정서적인 요인으로서의 종교는 유럽인들의 삶 속에서 여전히 중요한 위치를 차지하고 있다는 점을 지적할 수 있다. 예를 들어 피터 버거$^{\text{Peter Berger}}$와 같은 사회학자는 근대사회의 세속화 경향에 관한 자신의 이전의 견해가 근본적으로 잘못되었음을 인정하면서 다음과 같이 주장했다. "교회 조직의 중요성이 감소했음에도 불구하고 기독교의 영향력이 여전히 지속되고 있고, 따라서 전반적인 세속화보다는 종교의 제도적 위치가 변경되었다는 것이 유럽의 상황에 대한 보다 정확한 기술일 것이다." 이러한 잠재된 종교성은 특히 약 1500만 명에 달하는 이슬람계 이민자들의 정치·문화적 동화의 문제가 심각한 사회적 이슈가 되면서 점차 적극적인 형태로 변환되고 있다. 또 높은 종교적인 성향을 보이는 동유럽 국가들이 유럽연합에 대규모로 가입하면서 유럽 통합의 정치에서 종교적인 요인이 차지하는 비중 역시 커지고 있다. 터키의 유럽연합 가입을 둘러싼 논쟁은 이러한 경향을 더욱 부채질하고 있다.

전 세계적인 차원에서의 종교 부활의 움직임은 주

로 다음의 세 가지 원인에서 비롯된 것으로 보인다(Thomas 2000, 816-19). 첫째, 종교의 부활은 이성과 과학기술, 관료적 합리성 등의 가치에 대한 일방적인 헌신을 강조하고 종교적·영적 가치의 중요성을 격하시키는 이른바 '근대성'modernity에 대한 반발에서 시작되었다. 이와 같은 원인은 특히 서구 선진국에서 종교의 부활을 이끄는 가장 중요한 요인이다. 둘째, 종교의 부활은 특히 제3세계 국가에서 정부의 세속적 근대화 시도가 실패로 돌아감에 따라 촉진되었다. 이집트의 나세르, 인도의 네루, 인도네시아의 수카르노 등의 정치지도자들은 서구로부터의 독립 이후 급진적인 서구화, 세속화, 근대화 전략을 추진했다. 하지만 일부를 제외한 대부분의 국가들은 아주 미미한 성과를 올리는 데 그쳤고, 이에 실망한 다수의 국민들은 종교에 관심을 보이기 시작했다. 셋째, 좀 더 일반적인 차원에서 종교의 부활은 서구의 문화적 지배에 대한 비서구 지역, 비서구인의 정체성 찾기라는 관점에서 이해될 수 있다. 급속한 근대화와 이에 따른 서구의 가치, 문화 체계의 강요는 필연적으로 제3세계 일반 대중의 반발을 불러일으켰고, 이는 전통적인 종교적 신념 체계로의 귀의로 자연스럽게 이어졌다.

이와 같은 종교 부활 움직임의 한가운데에서 종교 근본주의는 세속화된 국제정치질서에 대한 가장 극적인 도전을 제기했다. 중동과 북아프리카의 이슬람 국가들, 인도, 미국 남부 주들에서 두드러지는 종교 근본주의는 일반적으로 다음의 세 가지 특징을 지닌다. 첫째, 종교 근본주의 신봉자들은 근대화와 서구화의 진전으로 초래된 정치·사회적 문제에 대한 해결책이 종교적 전통에 대한 엄격한 재해석을 통해 찾아질 수 있다고 믿는다. 따라서 성경이나 코란과 같은 텍스트의 원래 의미를 찾아내어 기존 해석의 왜곡을 바로잡는 일은 근본주의자의 가장 중요한 임무로 간주된다. 다신교인 힌두교의 경우에도 이슬람교나 기독교보다는 덜하지만 힌두교의 원형을 복원하려는 노력이 힌두 민족주의자들에 의해 시도되고 있다. 둘째, 종교 근본주의자들은 자신들의 목표 실현을 위해 정치권력을 장악하는 것이 필수적이라고 믿으며, 이를 위해 공식적 또는 비공식적인 수단을 동원한다. 미국과 인도의 종교 근본주의자들은 합법적이고 공식적인 경로를 통해 정치적 영향력의 확대를 모색하고 있다. 기독교 우파Christian Right로 알려진 미국의 근본주의자들은 공화당을 자신들의 세력 확대를 위한 거점으로 삼고 있다. 인도의 경우에는 1998년에 실시된 총선에서 힌두 근본주의를 표방하는 인도 인민당BJP: Bharatiya Janata Party이 오랜 기간 집권당의 지위를 유지해 온 인도 의회당을 물리치고 정권을 장악하기도 했다. 이란에서 이슬람 근본주의자들은 일종의 '종교혁명'을 통해 사실상의 신정 일치 정권을 세우는 데 성공했다. 셋째, 종교 근본주의자들은 정치적·사회적·윤리적 문제에 대해 보수적인 견해를 견지한다. 미국의 기독교 근본주의자들은, 학교 기도를 불법화하고 낙태의 권리를 합법화시킨 미국 대법원의 판결에 대한 반대운동을 주도해 왔고, 이를 세력 결집의 주요 수단으로 삼아 왔다. 이슬람 근본주의자들 역시 여성의 의상을 규제하는 등 보수적인 사회 기율을 강제해 왔고, 이를 통해 지지 기반을 넓혀 왔다는 점에서 유사성을 보인다. 인도의 BJP 정권은 인도 내의 이슬람교도와 시크교도에 대해 차별적인 정책을 펼치는 한편, 파키스탄에 대한 강경책으로 양국 간의 오랜 갈등 관계를 더욱 악화시켰다. 1998년 5월 BJP는 정권을 장악한 지 불과 2개월여 만에 핵실험을 실시했다.

어떤 이유에서 종교 근본주의가 이들 지역에서 유달리 두드러지고 있는지에 관해서는 여러 설명이 가능하다. 하지만 가장 중요한 두 가지를 꼽아 보면 이들 지역이 다른 지역에 비해 유달리 높은 종교성religiosity을 보이고 있다는 점과 전통적인 종교적 가치관을 고수하려는 계층과 근대화와 서구화의 가치를 기꺼이 수용하는 계층 간의 경제적·사회적·문화적 간극이 크다는 점을 들 수 있다(Keddie 1998). 미국은 서구 선진 국가 중에서는 드물게 전체 인구 중 기독교 신자의 비율이 높다. 한 조사에 따르면 미국인의 72퍼센트가량이 성경이 하나님의 말씀 그 자체라고 믿고 있고, 44퍼센트는 창조론의 진실성을 전혀 의심하지 않고 있는 것으로 드러났다. 이와 같이 높은 수준의 종교성은 보수적인 세계관을 유지하고 있는 남부 지방 주들과 농촌 지역 거주자들이 동부와 서부 지방 주들, 그리고 도시 거주자들에 대해 느끼는 정서적 이질감과 결합하면서 종교 근본주의의 등장에 유리한 토양을 제공했다. 비슷한 상황이 인도나 이슬람 국가에서 발견된다. 인도에서 급진적 힌두이즘을 내세운 BJP가 반세기에 걸친 의회당의 권력 독점을 무너뜨린 것, 이란에서 친미적인 국왕 정부를 몰아내고 신정 일치 정부가 들어선 것 등은 종교적인 이 두 나라에서 서구 지향적인 엘리트와 보수적인 일반 대중 사이의 경제적·사회적·문화적 간극이 지나치게 커지게 된 데 기인한다.

세계정치의 장에서 종교의 부활은 세계정치의 전반적인 탈세속화 de-secularization로 이어질 것인가? 우선 종교의 부활은 여러 차원의 파급효과를 낳고 있음을 지적할 수 있다. 종교적 요인의 부상은 여러 긍정적인 효과를 낳고 있다. 예를 들어 초국가 행위자로서의 가톨릭교회가 폴란드, 스페인, 포르투갈, 그리고 라틴아메리카의 여러 국가에서 민주주의와 자유주의의 확산에 촉매제 역할을 했음은 잘 알려진 사실이다. 또 가톨릭 국가인 폴란드의 유럽연합 가입 결정에 전통적으로 유럽 통합을 지지해 온 가톨릭교회의 입김이 일정 부분 작용했다는 사실도 널리 알려져 있다. 미국에서는 기독교 근본주의의 정치적 영향력 확대가 인도주의적 원조정책에 대한 관심의 증가로 이어지고 있다. 예를 들면 부시 행정부 시절에 아프리카에 대한 인도적 지원을 위한 예산은 무려 67퍼센트나 증가했다.

하지만 다른 한편 종교의 부상은 국가 간, 국가 내 지역 간 갈등과 분쟁의 원인이 되고 있다. 알제리, 보스니아, 동티모르, 나이지리아, 팔레스타인, 레바논, 스리랑카 등지에서의 피비린내 나는 내전은 모두 종교적 갈등이 원인이 되어 일어났다. 또 종교적인 이유에서 촉발된 내전이 국제전으로 발전하는 사례도 빈발하고 있다. 카슈미르 지방에 거주하는 이슬람교도들이 인도 정부에 대해 일으킨 반란은 파키스탄과 인도 간 관계를 악화시켰고, 결국에는 양국 정부로 하여금 국제사회의 비난을 무릅쓰고 핵실험을 강행하도록 했다.

여기서 우리가 던져야 할 질문은 단순히 긍정적·부정적 효과의 구분을 넘어서 종교적 요인의 중요성 증대가 헌팅턴이 주장하듯 국제정치의 패러다임 자체를 바꾸어 놓을 만큼 근본적 차원의 변화인가 하는 점이다. 즉 종교적 정체성이 국제관계에서 전통적인 국가이익에 대한 고려를 넘어 대안적인 행위 패턴의 원천이 될 만큼 강력한지 여부가 장차 종교와 세계정치의 관련성을 일반화하는 데 있어서 핵심적인 문제라는 것이다. 현 상황에서 이러한 질문에 대해 최종적인 답변을 내리기는 어렵다. 다만 우리는 종교에 기초한 문명의 단일성에 관해 지나치게 획일적인 결론을 내리는 헌팅턴식의 시도에는 많은 위험이 도사리고 있다는 사실을 기억해야 한다.

예를 들어 말레이시아는 사우디아라비아, 파키스탄 등과 함께 이슬람 율법인 샤리아 Sharia가 일반법 체계에 속하는 것으로 공식 인정하는 등 이슬람 정체성을 고양하는 데 적극적이다. 그러나 다른 한편으로는 근대화의 성공 사례로 간주될 수 있을 만큼 활발한 경제개혁개방정책을 추진해 왔다. 한 여론조사에 따르면 민주주의적 가치에 대한 아랍 국민들의 선호도는 다른 문명권 국가의 국민들에 비해 결코 낮지 않은 것으로 나타났다. 즉 '이슬람=반근대화 혹은 반서구화'라는 공식이 모든 아랍 국가에서 일률적으로 통용되고 있다고 결론내리기는 어렵다. 이와 함께 역사상 종교 분쟁이라 일컬어지는 분쟁 가운데 상당수는 경제 불황, 사회 해체, 정부 붕괴의 시기에 발생했으며, 사실상 종교 갈등이 직접적인 원인으로 작용하지 않았다는 점 역시 지적될 수 있다. 이 분쟁들이 종교적인 외관을 띠게 된 것은 정치지도자들이 특정한 목적을 위해서 잠재적인 종교 갈등을 조장함으로써 '종교를 정치화'했기 때문이다. 즉 이 분쟁들의 진정한 원인은 경제적 이익이나 안보 불안과 같은 전통적인 국제정치의 핵심적 고려 사항이었다는 것이다. 제1, 2차 이라크전쟁에서 대이라크동맹의 구성은 문명 기준이나 종교의 차이가 아니라 국제정치적 현실에 대한 냉정한 계산에 따라 이루어졌다. 결국 종교와 세계정치의 관련성에 관한 신중하고 복합적인 접근과 논의가 어느 때보다도 절실하게 필요하다고 할 수 있다.

4. 권력 자원으로서의 세계문화 의제: 소프트 파워, 문화제국주의, 오리엔탈리즘

(1) 소프트 파워

미국의 국제정치학자 조지프 나이가 처음 제시한 소프트 파워는 군사적 강압이나 경제적 유인책을 사용하는 대신 다른 국가들이 자발적으로 자신의 의도와 의지를 따르도록 만드는 능력을 의미한다. 보다 정확하게 소프트 파워는 다른 국가들이나 국제정치 행위자들이 "자신이 원하는 바를 원하도록 만드는" 능력, 다른 이들의 선호나 취향에 영향을 미칠 수 있는 능력을 말한다. 이러한 권력을 우리는 '매력'이라 부를 수 있는데, 나이는 문화가 이러한 권력 형태의 가장 중요한 자원이 될 수 있다고 주장한다.

나이는 다음과 같은 예를 들어 소프트 파워의 의미를 설명한다. 제2차 세계대전 직후 오스트리아를 점령한 미군은 오랜 기간 전체주의 정치체제의 지배 아래 놓여 있던 이 나라에 민주주의와 시장 자본주의의 가치를 정착시키기 위해 마셜플랜을 비롯한 각종 경제 지원을 제공했다. 하지만 정작 오스트리아 국민들로 하여금 미국식 가치체계를 수용하도록 만든 것은 미국의 대중문화였다. 미국의 대중문화를 접한 오스트리아인들이 그 문화 속에 녹아 있는 자유와 활력, 격식을 따지지 않는 태도 등의 가치에 자연스럽게 익숙해지면서 민주주의와 시장 자본주의의 장점에도 눈을 돌리게 되었던 것이다. 그러나 9·11 테러의 범인 중 한 명이 밝혔듯이 어떤 이들에게는 바로 그러한 자유와 격의 없음이 미국과 미국 문화에 대한 반감의 원인이 되기도 한다. 어떤 이들은 좀 더 미묘한 입장을 취한다. 1990년대 초반에 체코슬로바키아와 폴란드, 헝가리와 불가리아에서 행해진 한 여론조사에서 응답자의 2/3가 시장의 자유를 일률적으로 강요하는 미국식 경제모델을 동유럽 국가에 직접 적용하는 것에 반대한다는 입장을 피력했다.

소프트 파워가 행사되는 방식을 일률적으로 정의하기는 어렵다. 사실 문화의 활용과 군사력 또는 경제력의 활용 사이에는 큰 차이가 있다. 문화가 '자원'임에는 틀림없지만 이는 손에 쥐어지지 않고 쉽게 측정할 수도 없다. 설령 문화 자원을 활용하는 데 성공한다 하더라도 그 효과가 나타나기까지는 오랜 시간이 필요하고, 또 효과가 실제로 나타날지 여부도 확실하지 않다. 또 문화의 활용 효과가 실제로 나타났는지 확인하기 어려운 경우마저 존재한다.

이러한 한계에도 불구하고 나이의 소프트 파워 개념은 풍부한 정책적, 학문적 의미를 내포하고 있다. 만일 소프트 파워의 직접적인 정책적 적용을 모색하는 대신 보다 일반적인 차원에서 이 개념의 유용성을 시험해 본다면, 우리는 국가 간, 지역 간 상대적인 지위와 역할에 관해 전통적인 국력 요인에 바탕을 둔 분석과는 상이한 결론을 내리게 될 것이다. 즉 전통적인 권력의 측정 방식으로 작성된 세계의 권력 지도와는 상당한 차이를 보이는 권력의 분포도를 얻게 될 것이다. 이는 소프트 파워의 많고 적음이 군사력이나 경제력의 많고 적음과는 전혀 별개의 차원에서 결정될 수 있기 때문이다. 예를 들면 지금은 매력을 많이 상실하긴 했지만 문화 강국으로서 프랑스가 전통적으로 누려 왔던 명성은 경제 규모 면에서 미국의 캘리포니아 주와 엇비슷한 수준이라는 제약을 뛰어넘게 했다. 또 스웨덴·덴마크·노르웨이 등 스칸디나비아 국가들은 역사적으로 국제분쟁의 해결과 해외 원조에 적극적으로 참여함으로써 군사력과 경제력으로 환산되는 국력의 수준을 훨씬 뛰어넘는 국제적 영향력을 행사하고 있다. 이와 함께 유럽연합이 인권 증진이나 환경 보호 등을 위해 국제적으로 벌이고 있는 노력을 통해 국제적 신망을 얻고 있다는 점도 소프트 파워의 중요성을 환기시켜 주는 사례로 인용할 만하다.

물론 소프트 파워의 분포도와 경제력, 군사력 등 하드 파워의 분포도가 전혀 별개의 방식으로 그려지지는 않는다. 특히 경제적으로 부유한 국가의 경우 부유함 자체가 소프트 파워의 원천이 되기도 한다. 하지만 경제력과 소프트 파워가 항상 연동하는 것도 아니다. 예를 들면 중동의 부유한 산유국들은 경제력에도 불구하고 소프트 파워의 측면에서 그다지 높은 점수를 얻지 못하고 있다. 반면에 인도는 영적이고 평화 지향적인 문화적 특성으로 인해 상대적으로 낮은 경제 수준에도 불구하고 비교적 높은 수준의 소프트 파워를 행사해 왔다.

나이는 소프트 파워를 통해 국가들이 "체급보다 강력한 펀치를 날리는 것"punching beyond weight이 가능하다고 지적한다. 라이트급 권투선수가 헤비급의 펀치를 날리는 것은 불가능해도 웰터급이나 미들급의 펀치력을 갖는 것은 꾸준한 훈련과 타고난 재능 여부에 따라 가능할 수 있다. 한국과 같은 비강대국들에게 소프트 파워 개념이 지니는 매력은 바로 이러한 측면에서 찾

〈참고 11-1〉 공공외교

최근 들어 직업 외교관들에 의해 수행되는 정부와 정부 간 공식적인 상호 작용으로서의 전통적인 외교가 가지는 한계를 보완하기 위해 공공외교(public diplomacy)에 대한 관심이 증대하고 있다. 공공외교는 자국의 국제적 영향력을 강화하기 위해 정부 차원에서 다른 국가의 시민, 공동체, 시민단체의 지도자, 언론인, 기타 여론 주도층과 직접 접촉하고 소통하는 일련의 정책을 지칭한다. 공공외교는 쌍방향적인 상호 소통을 강조한다는 점에서 일방적인 프로파간다와는 성격을 달리한다. 이러한 상호 작용을 통해 공공외교는 장기적인 관점에서 다른 국가의 국민들로 하여금 자국의 문화와 가치와 정책을 이해하게 하고 이를 바탕으로 그들과 건설적인 관계를 구축하는 것을 목표로 한다. 이를 위해 공공외교는 양국 시민들 간의 직접 접촉, 전문가 강연 프로그램, 문화 공연, 서적과 문학 홍보, 라디오와 TV, 영화, 인터넷 등을 수단으로 이용한다. 현재 공공외교의 강화에 가장 큰 관심을 보이는 국가 중 하나인 미국은 우월한 군사력과 경제력을 앞세운 외교 전략이 실패를 거듭하면서 공공외교를 하드 파워 위주의 외교의 한계를 극복할 수 있는 중요한 정책 수단으로 인식하고 있다. 2007년 로버트 게이츠(Robert Gates) 당시 미 국방장관은 공공외교의 강화를 위해 국방성이 아닌 국무성 예산의 증액을 주장해 화제를 모으기도 했다.

〈참고 11-2〉 유럽의 규범 권력

2003년 영국의 정치학자 이언 매너스(Ian Manners)가 규범 권력(normative power) 개념을 통해 유럽연합 외교정책의 독특한 행태를 설명할 것을 제안한 이래, 상당수 학자들이 이에 호응하고 있다. 뿐만 아니라 유럽집행위원회 의장 마누엘 바로소(Manuel Barroso)를 비롯하여 다수의 정책 결정자들이 이 개념의 유용성을 적극 옹호하고 있다. 매너스는 유럽연합의 대외 정책이 군사적이거나 경제적인 통상적 외교정책 수단에 의존하는 대신 다른 국가들과 행위자들에게 '모범'을 보임으로써 세계정치무대에서 무엇이 '정상적'이고 '규범적'인지 정의하고 규정하는 규범 권력을 행사하는 데 초점을 맞추어야 한다고 보았다. 모든 국가들이 마땅히 따르고 지켜야 할 보편적인 행위 지향과 규범을 선도적으로 제시하는 역할을 유럽연합이 담당해야 한다는 것이다. 매너스는 그러한 행위 지향과 규범으로 전쟁의 억제와 평화의 구축, 사회적 자유, 인권의 보호와 증진, 민주주의, 초국적 법치주의, 포용적인 평등, 사회 연대, 지속 가능한 발전 등을 든다. 하지만 규범 권력 개념이 유럽연합 대외 정책의 상대적 취약성을 변명하고 합리화하기 위한 논리로 보이는 것이 사실이다. 또 이 개념에는 과거 유럽 국가들이 '문명화의 사명'(mission civilatrice)을 앞세우며 아시아, 아프리카의 식민화에 앞장섰던 기억을 떠올리게 하는 측면도 존재한다. 하지만 유럽 국가들이 미국식 경제, 사회 모델과는 다른 종류의 발전 모델을 제공함과 동시에 통합을 통해 새로운 국가 간 협력 모델을 선보이는 데 성공했고, 발전과 평화를 원하는 상당수 국가들이 이를 중요한 모델로 삼고 있는 것도 사실이다.

아볼 수 있다.

(2) 문화제국주의

조지프 나이의 소프트 파워 개념이 세계정치의 장에서 문화가 권력 행사의 주요한 수단이 될 수 있음을 밝히려 했다면, 문화제국주의와 오리엔탈리즘에 관한 일련의 담론들은 권력 자원으로서의 문화가 국가 간, 지역 간 불평등을 조장하고 지배와 헤게모니의 도구로 사용될 수 있다고 전제한다. 특히 문화제국주의의 주창자들은 문화가 서구 사회의 비서구 사회에 대한 지배 혹은 헤게모니를 영속화하고, 서구식 자본주의체제의 동력을 유지하는 데 결정적인 역할을 수행한다고 본다.

보다 일반적인 차원에서 문화제국주의는 "한 사회의 구성원이 국제적으로 지배적인 정치·경제체제에 상응하는 가치체계를 배양하도록 문화적인 매개체를 통해 유인되는 현상"을 지칭한다. 좀 더 단순화시켜 이야기하면 문화제국주의는 문화적 후진국 혹은 약소국의 국민들이 질과 양에서 압도적인 선진국 혹은 선진국 기업의 영화나 영상물, 인쇄 매체 등 각종 문화 상품, 특정한 문화적 콘텐츠를 담고 있는 일반 상품에 일방적으로 노출된 결과 선진국의 정치·경제체제와 문화적 가치체계에 대해 호의적인 견해를 갖게 되고, 더 나아가서는 그 가치체계를 적극적으로 체화하려 함으로써 궁극적으로는 선진국과 지배적인 정치·경제체제의 이익을 증진시키게 되는 현상을 가리킨다. 단적인 예로 할리우드 영화에 노출된 한국 국민들이 영화에서 표현되고 있는 미국식 정치·경제·사회·문화적 가치체계에 동화된다면, 그리고 그 결과 미국의 한국에 대한 정치·군사적 헤게모니가 공고하게 되고 미국의 다국적 기업들이 한국에서 더 많은 이윤을 실현하게 된다면 이는 미국, 혹은 미국식 정치·경제체제의 한국에 대한 문화제국주의로 이해할 수 있다.

한 가지 주목할 만한 사실은 문화제국주의의 담론이 단순히 학문적인 논의에 그치지 않고 국제기구 내에서 공식적으로 의제화되었다는 점이다. 1970년대 중반 무렵 국제연합 교육과학문화기구UNESCO는 정보의 불균형한 흐름이 서구 선진국의 개도국에 대한 헤게모니를 강화한다고 비판하면서 이의 개선을 요구하는 선언서인 신세계정보통신질서NWICO: New World Information and Communication Order를 채택했다.

문화제국주의의 담론은 세계정치의 장에서 문화의 위상과 역할에 대한 최초의 체계화된 접근을 시도했다는 점에서 의의를 지닌다. 여기에는 선진국의 미디어 매체가 개도국의 문화 수용자에게 끼치는 영향력의 내용이 비교적 쉽게 측정될 수 있고, 따라서 경험적이고 실증적인 연구가 가능했다는 사실이 주요하게 작용했다. 하지만 이 개념은 문화적 영향력에 대한 지나치게 단순화된 전제로 인해 집중적인 공격의 대상이 되어 온 것도 사실이다. 예를 들어 아리엘 도르프만Ariel Dorfman과 아르망 마텔라르Armand Mattelart는 『도널드 덕을 어떻게 읽을 것인가』에서 디즈니의 만화가 캐릭터의 때 묻지 않은 건전한 외관 뒤에서 미국적 생활 방식이 바로 만화 시청자들이 원하는 생활 방식이며, 미국의 우월성은 자연스러운 것으로, 모든 사람들의 이익에 우선한다는 메시지를 전달한다고 주장했다. 이러한 분석은 크게 두 가지 문제점을 지닌다. 첫째, 문화제국주의 이론의 주창자들은 문화 수용자의 적극적이고 능동적인 해석 능력을 간과한다. 하지만 문화 수용자는 자신이 속한 지역 문화의 특수성의 관점에서 타문화의 내용을 적극적으로 해석·번역·변용하는 경향을 보인다. 예를 들면 '맥도널드화'McDonaldization, '코카콜라 식민지화'Coca-Colonization 테제와 같이 미국 대중문화의 제국주의적 양태에 대한 비판적인 논의들은 수용자 측의 수동성을 일방적으로 강조하는 경향을 보인다. 하지만 한 연구자에 따르면 소비자의 취향과 그가 처한 상황에 따라 코카콜라의 무한한 문화적 변용이 가능하다.

코카콜라는 특정한 문화 속에서 제조자가 상상한 것과 다른 의미를 낳으며 사용되곤 한다. 그것은 주름을 완화시킬 수도 있고(러시아), 시체로부터 사람을 소생시키는 것이 될 수도 있으며(아이티), 구리를 은으로 변모시키는 것일 수도 있다(바베이도스). (…) 코카콜라는 또한 다른 음료와 혼합되어 토착화되기도 하는데, 럼주를 첨가한 카리브 지방의 쿠바 리브르나 아쿠아딘을 첨가한 볼리비아의 퐁셰 니그로의 사례에서 살펴볼 수 있다. 마침내 코카콜라는 많은 다른 지방들에서 '토착 상품'으로 여겨지기도 한다. 당신은 이것을 미국이 아니라 자신의 국가에서 기원한 음료로 생각하는 사람들을 종종 만날 수 있다(톰린슨 2004, 123).

문화수용자는 문화 콘텐츠를 소비하면서 그 안에 담겨 있는 정치적인 의도를 무비판적으로 함께 수용할 만큼 수동적이지 않다. 예를 들면 정치적으로, 경제적으로 미국 제국주의에 반대하는 아랍 국가의 시민이 미국 드라마를 시청하고 미국식 패스트푸드를 즐겨 찾는 것은 얼마든지 가능하다. 문화 수용자들은 일부 문화제국주의 이론가들이 상상하는 것보다 훨씬 복잡하고 능동적인 방식으로 외국 문화에 반응한다. "헤게모니가 로스앤젤레스에서 이미 포장되어 지구촌으로 운항되고 순진한 마음들에 펼쳐진다"는 생각은 그 자체가 순진한 믿음이다.

문화제국주의에 관한 일반적 논의의 두 번째 문제점은 이 이론의 주창자들이 미디어와 여타 문화 매개체의 생산자들에게 미디어를 비롯한 문화의 생산 기제를 통한 지배와 헤게모니의 확립이라는 일관된 의도를 부여한다는 것이다. 하지만 독일의 비판이론가 테오도어 아도르노Theodor Adorno가 '문화 산업'culture industry의 개념을 통해 주장했듯이, 문화 생산자들이 대중의 기호와 문화적 취향을 '조작'할 수 있는 전지전능한 능력을 보유하고 있다고 보는 것은 비현실적이다. 이런 식의 유추는 자칫 문화 선진국의 문화 생산 과정 전체가 지배적인 정치·경제체제의 원활한 재생산에 기능적으로 종속된다는 결론으로 이어질 수 있다. 하지만 예를 들면 미국의 대중문화 생산자들이 미국식 정치·경제체제에 비판적인, 즉 결코 순기능적이지 않은 문화 생산품들을 만들어 왔음은 잘 알려져 있다. 또 소프트 파워에 관한 논의에서 이미 지적했듯이 문화 매개체는 종종 원래의 의도와는 전혀 다른 효과를 내기도 한다. 세계정치의 장에서 특정한 목적을 달성하기 위한 수단으로서의 문화는 군사력이나 경제력에 비해서 훨씬 다루기 힘든, 기본적으로 통제 불가능한 도구이다.

결국 우리는 문화제국주의의 분석틀을 통해 세계정치의 장에서 문화의 위상과 역할을 분석하려 할 때 보다 신중한 접근법을 취해야 한다. 국제적으로 문화가 불평등의 원인이자 지배의 수단이 될 수 있다는 것은 의심할 여지없는 사실이지만 실제로 문화가 전파되고 수용되는 현실의 과정은 복잡하고 복합적이라는 점을 간과하지 말아야 한다.

(3) 오리엔탈리즘

문화제국주의 담론이 문화 매개체를 통한 상대적으로 직접적인 지배와 불평등에 관한 분석이라면 미국의 사회·문화비평가인 사이드가 제시한 오리엔탈리즘의 개념은 보다 관념적이고 인식론적인 차원에서 문화적 불평등과 지배에 대해 이야기한다. 사이드의 정의에 따르면 오리엔탈리즘은 서구가 동양을 비롯한 비서구권에 대한 헤게모니를 유지하기 위해서 동원하는 편향된 담론 체계, 서양이 비서구권에 대해 가지는 편견과 선입견이 일반화된 형태로 고착된 인식의 틀로 정의될 수 있다. 서구 각국은 이러한 인식의 틀을 통해 비서구 문명에 대한 우월성을 확인하고, 지배적인 위치를 지속적으로 유지하고자 한다.

사이드에 따르면 오리엔탈리즘의 인식 틀은 학문적 성과물들, 문학작품과 저널리즘, 그밖에 각종 저술을 통해 끊임없이 재생산되어 왔다. 문학비평가로서 사이드는 특별히 19세기 유럽에서 독립적인 문학 장르로 처음 등장한 소설이 오리엔탈리즘의 매개체로서 행한 역할을 강조한다. 한 예로 사이드는 19세기 여류 소설가 제인 오스틴 Jane Austen의 소설 『맨스필드 파크 Mansfield Park』에 대한 자세한 텍스트 분석을 통해 19세기 영국인들이 비서구 지역에 대해 지녔던 인식 내용의 재구성을 시도한다. 오스틴은 소설의 주 무대가 되는 영국 중산층 가정의 주 수입원을 카리브해 연안의 영국 식민지 안티과 Antigua에 위치한 사탕수수 농장으로 설정하고 있는데, 사이드에 따르면 이러한 설정을 통해 오스틴의 소설은 제국의 경영이 영국 가정의 안락함을 위해 필수적인 물질적 기초를 제공하는 상황을 일상화하고 정당화하고 있다. 이와 함께 오스틴의 소설은 영국 가정의 안락함과 평온함, 재산 증식의 수단으로만 간주되는 식민지의 상황을 대비시킴으로써 유럽 문명, 서구 문화의 지리적 경계선을 설정하고 서구-비서구권 간의 차이와 역할 분담에 대한 서구인의 고정관념을 강화시키는 효과를 지닌다.

사이드가 『오리엔탈리즘』의 첫머리에서 길게 소개하고 있는 20세기 초반 영국의 이집트 총독 아서 밸푸어 Arthur Balfour는 영국과 이집트의 관계에 대해 다음과 같이 언급했다.

> 우리 영국인들은 다른 어느 나라보다도 이집트 문명에 대해서 잘 알고 있다. 우리는 이집트의 과거에 대해서 잘 알고 있다. 우리는 이집트의 세세한 측면도 잘 알고 있다. 한마디로 우리는 이집트에 대해 이집트인들보다 더 많은 것을 알고 있다.

오리엔탈리즘에 관한 사이드의 논의에서 주의해야 할 점은 동양과 비서구권에 대한 서구의 편향된 시각의 재생산이 문화제국주의에서와 같이 오로지 정치적·경제적 이해관계의 증진만을 목적으로 하지는 않는다는 사실이다. 역사적으로 오리엔탈리즘 담론의 가장 중요한 목적 가운데 하나는 서구 문명이 담론의 질서 혹은 지식의 세계, 한마디로 문화의 세계에서 우위를 차지하는 데 있었다. 패권의 장악, 보다 직접적으로는 지배 그 자체가 중요한 동기가 된다는 것이다. 하지만 다른 한편으로 사이드는 오리엔탈리즘의 재생산이 구체적이고 물질적인 이해관계의 증진에 기여하는 측면이 존재한다는 사실을 기꺼이 인정하고 있다. 사이드에 따르면 오리엔탈리즘은 우월한 서구 문명에 대비되는 열등한 비서구의 이미지를 끊임없이 재생산함으로써 비서구에 대한 서구의 정치적·경제적 지배를 영속화하는 데 기여했다. 이 과정에서 비서구는 "자신의 목소리를 낼 수 있는 능력을 가지지 못한, 관능적이고 여성적이고 전제적이며 비합리적이고 후진적인" 지역으로 그려진 반면, 서구는 "남성적이고 민주적이며 합리적이고 도덕적이고 역동적이며 진보적인" 지역으로 그려져 왔다.

사이드의 논의에 대해 빈번하게 제기되어 온 비판 가운데 하나는 사이드가 오리엔탈리즘 담론을 생산해내는 서구 문명을 일관된 의지를 지니고 행동하는 단일한 단위체로 이해하고 있다는 점이다. 또 다른 비판은 그의 논의에서 담론의 역사와 역동성에 대한 고찰이 부족하다는 점이다. 하지만 이러한 한계에도 불구하고 오리엔탈리즘에 관한 사이드의 논의는 21세기 세계정치에서 문명, 문화들 간 편견의 장벽이 상당히 높을 수 있음을 보여 준다. 이러한 편견은 거의 모든 문화적 매개체를 통해 끊임없이 재생산되고 있다. 그리고 이와 같이 뿌리 깊은 편견은 한 문명의 다른 문명에 대한 지배에의 의지, 헤게모니에의 의지에서 비롯되고 있다.

〈참고 11-3〉 옥시덴탈리즘

옥시덴탈리즘(Occidentalism)은 오리엔탈리즘과는 정반대로 동양이 서양을 바라보는 편향된 시각을 의미한다. 오리엔탈리즘이 비서구인들을 완전한 성인으로 성장하는 데 실패한 열등한 종족으로 간주한다면 옥시덴탈리즘은 서구인들을 물질적으로는 상당한 성취를 이루었을지 모르지만 정신적으로는 대단히 결핍된 삶을 사는 존재, "지각 없고, 퇴폐적이며, 돈만 밝히는 냉혹한 기생충"으로 간주한다. 이러한 관점에 따르면 서구인들은 "수리적인 계산을 하는 데는 천부적인 재능을 지녔지만 인간적으로 중요한 일을 하는 데는 서툴, 영적인 것과 인간의 고통에 대한 이해심을 결여하고 있기 때문에 삶의 고귀한 일을 이해하지 못하는" 특징을 갖고 있다(바루마 & 마갤릿 2007). 이러한 서구, 서구인, 서구적인 것에 대한 반감은 19세기 말 중국과 일본에서 '중체서용'(中體西用), '화혼양재'(和魂洋材) 등의 사상을 낳았고, 마오쩌둥의 '문화대혁명'을 이끌었으며, 9·11 테러범들의 세계관을 이루었다.

---

5. 현대 세계문화의 등장

문명충돌론, 문화제국주의, 오리엔탈리즘에 관한 논의에서 문화는 갈등과 분열, 지배와 비지배의 영역으로 그려진다. 그렇다면 이른바 지구화, 세계화의 진전과 함께 인적·경제적·문화적 상호 교류가 이전과는 비교할 수 없을 만큼 증대된 현 상황에서 그러한 갈등과 분열을 넘어서 형성되는 문화의 존재를 상정할 수는 없을까? 이에 레흐너Frank Lechner와 볼리John Boli 등은 전 세계적인 차원에서 사람과 자본, 정보의 이동과 교류 증가에 따른 단일한 세계문화world culture의 등장을 이야기한다. 톰린슨John Tomlinson에 의하면 세계문화는 "지구의 모든 사람을 아우르는 단일한 문화가 부상하여 지금까지 번성해 온 다양한 문화 체계들을 대체하는 것"을 의미한다. 올림픽이나 월드컵과 같은 스포츠 축전과 세계 각국의 건설업자들이 국제표준화기구ISO가 정한 분할인장강도와 압축강도의 기준에 맞춘 콘크리트를 사용하는 현상 등은 모두 세계문화의 존재를 입증하는 사례로 볼 수 있다. 또 국제연합 주관하에 개최되는 수많은 국제회의 역시 세계문화의 존재를 입증한다. 이는 단순히 이들 국제회의를 통해 국제협력을 위한 구체적이고 가시적인 성과들을 얻었기 때문만은 아니다. 현실적인 성과라는 측면에서 이들 회의들이 가지는 효과는 미미하다. 하지만 일정한 형식과 룰을 따르는 국제회의가 반복적으로 개최된다는 사실, 그리고 그러한 회의들을 통해 세계정치의 주요 행위자들 간에 공통의 관심사를 어떤 식으로 제기하고 의견의 차이를 어떤 식으로 풀어 나가는지에 관한 합의가 형성된다는 사실, 즉 이슈가 선택되고 해결책이 모색되는 과정이 합리적으로 이루어지고 세련되었다는 사실 자체가 세계문화의 존재에 대한 증거로 인용될 수 있다.

세계문화의 존재는 또한 각종 국제 규범이 전 세계적으로 확산되는 과정에서도 확인된다. 특히 가장 대표적인 국제 규범이라 할 수 있는 인권은 보편적인 국제 규범으로서의 지위를 서서히 획득해 왔다. '국제인권장전'International Bill of Human Rights으로 불리는 '세계인권선언'Universal Declaration of Human Rights, '인종차별금지 국제규약'International Convention on the Elimination of All Forms of Racial Discrimination, '국제인권규약'International Human Rights Covenants을 비롯한 여러 국제인권조약은 국제 규범으로서 인권의 지위가 공고하게 유지되는 데 크게 기여했다. 인권의 보호와 증진을 목적으로 하는 국제기구들도 일정한 역할을 담당해 왔는데, 지난 2006년에는 국제연합 인권위원회가 인권이사회로 승격·대체되었고, 지역 차원에서는 유럽인권위원회, 미주인권위원회 등의 활약이 두드러졌다. 지난 2002년에는 국제형사재판소International Criminal Court가 네덜란드의 헤이그에서 출범했는데, 이 재판소의 독립 검사는 2009년 3월에 반인도주의 범죄 혐의로 수단의 현직 대통령인 오마르 알-바쉬르Omar al-Bashir에 대한 체포영장을 발부하기도 했다. 물론 이는 실제적인 효과를 기대하기 힘든 상징적인 조치에 불과했지만 인권의 보편적 국제 규범으로서의 정립이라는 측면에서 의미 있는 행보로 간주될 수 있다. 엠네스티 등 국제 NGO들도 인권의 보호와 증진에 중요한 기여를 계속하고 있다.

물론 오늘날에도 세계 각국에서 심각한 인권 위반이 되풀이되고 있다. 또 인권의 정확한 내용에 대한 견해도 크게 엇갈리고 있다. 인권 규범의 서구 편향성도 늘 지적되는 문제점 중 하나이다. 혹자는 '권리'의 개념, 권리의 '보편성'에 대한 관념, 인간 '개개인'이 그러한 권리를 갖는다는 믿음이 인간을 세계의 중심에 두고 인간의 자유와 자율성의 신장을 최고의 가치로 여기는 서구적 세계관에서 비롯되었다고 지적하기도 한다.

하지만 이제 전 세계 어느 나라도 인권 규범을 실행에 옮기지는 못할지언정 그것의 정당성을 드러내 놓고 부인하지는 못한다. 1989년 천안문 사태 이후의 중국이 대표적인 사례이다. 천안문 사태 이후 중국은 대표적인 인권 위반국으로 낙인찍혀 국제사회로부터 집중적인 비난을 받았다. 이러한 비난에 직면하여 중국이 최초로 보인 반응은 국제적인 인권 규범의 존재 자체를 정면으로 부인하는 것이었다. 중국은 인권은 서구 국가들에 의해 일방적으로 고안되고 강요된 거짓 규범에 불과하다는 논리를 내세웠다. 하지만 국제사회의 압력이 계속되자 중국은 주권 원칙에 호소하면서 설령 인권 위반이 있었다고 하더라도 이를 이유로 독립국 정부에 부당한 압력을 가하는 것은 내정간섭에 해당한다고 한 발자국 물러서는 모습을 보였다. 이후 중국 정부는 국제적인 어젠다로서 인권 규범의 중요성을 인정하면서도 중국식 인권 개념은 서구의 인권 개념과는 다른 내용을 가진다는 점을 강조하기 시작했다. 일종의 '문화상대주의'에 기댄 전략이라 할 수 있는데, 이는 중국의 인권 정책이 한계 내에서나마 상당히 전향적으로 진화했음을 보여 준다. 최근 들어 중국은 '국민 보호 책임'Responsibility to Protect 규범에 대해서도 독립국가의 주권을 배타적으로 중시하던 과거의 입장에서 탈피하여 보다 전향적인 자세를 보이고 있다. 2005년 중국은 이 문제에 관한 공식적인 입장을 밝히는 자리에서, 신중에 신중을 기할 필요가 있고 국제연합 안전보장이사회가 주도권을 행사해야 한다는 단서를 달기는 했지만, 대량 학살과 같은 심각한 인권 침해가 자행되는 경우 국제사회가 개입할 책임을 진다는 점을 분명하게 인정했다(Pang 2008).

이러한 변화에도 불구하고 여전히 많은 이들은 보편적인 세계문화, 보편적인 국제 규범 대신 세계화된

〈참고 11-4〉 문화상대주의

문화상대주의(cultural relativism)는 인권의 보편성에 대한 믿음에 가장 근본적인 차원의 도전을 제기한다. 문화상대주의는 서로 다른 사회에는 서로 다른 도덕률이 존재하며, 한 사회에서 무엇이 옳은가는 그 사회의 도덕률에 의해 결정되어야 한다는 믿음을 의미한다. 이에 따르면 어떤 특정 사회의 규칙이 다른 사회의 규칙보다 더 좋다고 판단할 수 있는 객관적인 기준은 존재하지 않으며, 따라서 다른 사회의 행위를 자신이 속한 사회의 기준으로 판단하려는 것은 오만한 태도이다. 미국의 인류학자 윌리엄 섬녀(William Sumner)에 의하면 "옳음에 대한 관념은 관습적인 것이고 관습적인 것은 그것이 무엇이든 간에 옳다." 이러한 문화상대주의는 자국 문화를 절대화하는 것을 경계하게 하고, 관용적인 태도를 지지하며, 상상력의 한계를 확장하는 데 도움을 준다는 장점을 지닌다. 하지만 문화상대주의를 받아들이는 경우 우리는 더 이상 다른 사회의 관습을 비판할 수 없게 되고, 더 나아가 우리 사회의 좋지 않은 관습에 대해서도 비판할 수 없게 된다. 궁극적으로 우리는 도덕적 진보에 관한 믿음을 포기해야 한다.

〈참고 11-5〉 '경제적 권리 및 사회적 권리'는 인권의 범주에 포함될 수 있는가?

일반적으로 인권은 크게 네 개의 범주로 구분된다. 먼저 '인신의 자유에 관한 권리'가 있는데, 여기에는 종교와 양심의 자유, 이동·이주의 자유, 재산 소유의 권리, 고문이나 잔인한 형벌을 받지 않을 권리 등이 포함된다. 다음으로 '법치에 관련된 권리'에는 공평하게 법의 보호를 받을 권리, 공정한 재판을 받을 권리, 정해진 절차를 거치지 않고 자의적으로 체포되지 않을 권리, 무죄 추정의 원칙 등이 포함된다. 세 번째 '정치적, 시민적 권리'에는 언론과 집회결사의 자유, 공직을 담당할 권리, 투표를 통해 정치에 참여할 권리 등이 포함된다. 마지막으로 '경제적 권리 및 사회적 권리'가 있는데, 현재 이 범주의 권리가 인권의 최소 규범 내에 포함될 수 있는지의 여부가 쟁점으로 남아 있다. 세계인권선언 제25조에서는 사회보장을 받을 권리, 정당한 보수를 받을 권리, 실업으로부터 보호받을 권리 등을 인권의 구성 요소로 꼽고 있다. 1966년에 체결된 '경제적, 사회적, 문화적 권리에 관한 국제규약(International Covenant on Economic, Social and Cultural Rights)에서는 여성 차별의 금지, 적절한 근로환경, 일할 기회의 보장, 기본적인 의료 혜택을 받을 권리, 적절한 의식주를 공급받을 권리 등을 인권의 항목에 포함시켰다. 하지만 경제 및 사회적 권리를 인권 규범에 포함시키는 데 비판적인 견해 역시 만만치 않은데, 이러한 견해를 지지하는 이들은 경제적, 사회적 권리를 진정으로 근본적인 권리로 볼 수 없다는 점, 이의 실현을 위해서는 정부와 납세자에게 지나치게 큰 부담을 지울 수밖에 없다는 점, 개발도상국, 후진국에서는 사실상 현실화되기 어려운 권리라는 점 등을 근거로 든다.

서구 문화, 세계화된 서구 규범이 존재할 뿐이라고 주장한다. 이러한 주장에는 분명 경청할 만한 부분이 있다. 하지만 우리는 오늘날 서구 문화의 일방적인 우월성 혹은 지배적인 위치를 운위하는 것이 어렵다는 점을 기억할 필요가 있다. 이는 서구 국가들의 문화 콘텐츠와 규범이 세계 각지에서 발생하는 사건과 과정들에 의해 결정되는 상황에서 진정으로 서구적인, 서구에 배타적인 기원을 두는 문화와 규범을 구별하는 것이 사실상 불가능하기 때문이다. 물론 세계문화 내에서 세계정치의 모든 행위자들이 동등하고 평등한 위치를 차지하고 있다는 뜻은 아니다. 또 세계문화의 핵심적인 가치와 규범의 많은 부분들은 서구에서 기원한 것도 엄연한 사실이다. 하지만 세계문화는 상당한 정도로 자율적인 문화이며 그 혜택은 비교적 동등하게 배분되고 있다. 예를 들면 국제형사재판소를 창설함으로써 '중대 범죄에 대한 개인의 책임'이라는 새로운 세계문화 표준을 세우려는 시도는 17세기 네덜란드의 국제법학자 휴고 그로티우스Hugo Grotius의 꿈의 실현으로 볼 수 있지만(따라서 서구적 가치의 실현으로 볼 수 있지만), 이 새로운 문화 표준의 혜택이 잠재적으로 전 세계 모든 이들에게 골고루 배분될 수 있다는 점을 부인하기 어렵다.

〈참고 11-6〉 국제규범으로서의 '국민 보호 책임'

1999년 코소보에서 정부의 지원을 받는 세르비아계 민병대와 알바니아계 주민들 사이에 내전이 발발하자 미국을 비롯한 나토 회원국들이 무력 개입을 감행하여 사태를 해결했다. 이를 계기로 국가가 대량 살상과 같은 심각한 인권 위반을 자행하거나 이를 방관할 경우 국제사회가 해당국 정부의 동의를 구할 필요 없이 군사적으로 개입해야 한다는 '인도주의 개입'(humanitarian intervention)이 국제사회의 이슈로 대두되었다. 2001년 호주의 전직 외무장관 개릿 에반스(Gareth Evans)의 제안과 캐나다 정부의 후원으로 조직된 '개입과 국가주권에 관한 국제위원회'(International Commission on Intervention and State Sovereignty)는 주권은 다른 국가의 주권을 존중할 책임과 시민들의 존엄성과 기본권을 존중할 책임을 동시에 포함하는 것으로 간주되어야 하며, 따라서 다른 대안이 없을 경우 인도주의 개입이 허용되어야 한다는 국민 보호 책임(Responsibility to Protect)의 원칙을 제시했다. 강대국의 약소국에 대한 부당한 개입을 정당화할 수 있다는 우려와 비판에도 불구하고 이 원칙은 2005년 국제연합 세계정상회의에서 공식적으로 승인되었다. 물론 이견의 여지가 모두 사라진 것은 아니다. 지난 2011년 봄, 프랑스·영국·미국 등이 내전 중인 리비아에 개입하면서 국민 보호 원칙을 인용했을 때 그것의 정당성에 대한 크고 작은 논란이 벌어지기도 했다.

---

6. 세계문화질서의 변환과 동아시아

(1) 유교 문명과 아시아적 가치

헌팅턴은 미국과 서유럽 국가들을 포괄하는 서구 문명의 핵심적인 문명 기준으로 그리스-로마시대의 유산, 서구 기독교, 언어의 다양성, 정교의 분리, 법치주의, 시민사회의 전통, 대의제도, 개인주의 등을 들고 있다. 만약 헌팅턴이 자신의 문명충돌론에서 주장했듯이 동아시아 지역에는 중국과 한국, 베트남(그리고 일본)을 구성국으로 하는 유교 문명권이 존재한다면 우리는 어떤 문명 기준에 관해 이야기할 수 있을까?

중국 출신으로 미국에서 활동하고 있는 정치·사회철학자 뚜 웨이밍杜維明은 유교적 전통에 바탕을 둔 동아시아 문명이 다음과 같은 가치·규범 체계들을 지닌다고 지적한다. 이러한 가치·규범 체계는 서구 지성계에서 '아시아적 가치'Asian Values로 알려져 있다. 첫째, 시장경제체제에서 정부는 필요악일 뿐만 아니라 사회의 안정을 유지하는 긍정적인 힘으로 간주된다. 둘째, 법치주의가 사회질서와 안정의 확보를 위해 반드시 필요하기는 하지만 그렇다고 유일한 수단은 아니다. 예의의 실천은 사회질서가 강제와 잠재적인 처벌의 위협이 아닌 사회 구성원들의 자발적인 협력의 바탕 위에서 유지되는 데 필수적이다. 셋째, 가정이 사회의 중심에 서야 한다. 가정은 국가의 축소판이고 국가는 가정의 확대판이므로 국가는 가정의 화목을 보장해야 할 책임을 진다. 넷째, 교육을 통한 인격의 배양과 지식의 습득은 모든 이들의 신앙이다. 뚜 웨이밍은 지난 40년간 동아시아 국가들이 미국과 서유럽에 견줄 만한 경제발전을 이룬 사실은 이상과 같은 현대적 유교 전통을 제외하고서는 제대로 설명되기 어렵다고 주장한다.

유교 전통에 기초한 동북아 공동 문명에 대한 뚜 웨이밍의 낙관적인 진단이 어느 정도까지는 사실이라 하더라도 여기서 우리가 한 가지 기억해 두어야 할 점은 동아시아 지역이 문화적으로 동질적인 만큼이나 많은 이질적인 요인들을 내포하고 있다는 사실이다. 특히 중국은 1949년 이후 사회주의혁명을 거치면서 전통적인 가치체계를 상당 부분 포기했다. 한 평자는 현실적으로 오늘날 개혁 시대의 중국이 직면하고 있는 가장 심각한 문제는 계층, 지역 간 심각한 불평등과 지나친 배금주의와 도덕적 타락으로 인한 사회질서의 붕괴라고 할 수 있는데, 이런 상황에서 유교적 덕목에 근거한 조화로운 사회질서를 이야기하는 것이 역설적으로 느껴진다고 고백한 바 있다.

또 아시아 국가들의 놀라운 경제발전 성과와 관련해서도 이전 연구자들이 아시아적 문화와 가치체계의 기여라고 보았던 특징들의 상당 부분이 허구나 신화로 드러나고 있다는 점 역시 기억할 필요가 있다. 예를 들면 1970년대와 1980년대 일본이 경제적 고도성장기의 절정에 달한 시기에 서구의, 특히 미국의 정치학자와 경제학자들은 일본의 성공 비결을 일본의 예외적인 문화적 독특성에서 찾기 시작했다. 이들은 일본의 기업가와 노동자가 유별난 공동체 의식을 공유하고 있는 것, 일본의 노동자들이 임금 인상 요구를 기업의 지불 능력에 자발적으로 맞추려는 경향을 보이는 현상 등은 오직 일본의 독특한 유교 문화의 관점에서만 설명될 수 있다고 주장했다. 그러나 이러한 인식이 붕괴되는 데에는 그리 오랜 시간이 필요하지 않았다. 1991년 경제 불황의 도래와 함께 평생고용제나 연공서열제와 같은 관행이 상당 부분 포기되기 시작했고, 일본식 협력적 노사문화라고 알려진 것의 상당 부분이 사실은 "일본적 성격의 문제이기보다는 훌륭하게 구성된 노동 통제 체제의 문제"라는 점이 드러났기 때문이다.

결국 동아시아의 전례를 찾아볼 수 없는 경제발전의 성취를 이 지역의 특유한 문명적 전통의 결과로 설명하려는 시도는 매력적이기는 하지만 상당한 위험성을 내포하고 있다. 이런 식의 설명 방식은 현실 은폐적인 사후 정당화에 그칠 수 있기 때문이다. 이와 함께 아시아적 가치에 대한 담론 자체가 보수적인 정치·사회적 의도를 관철시키기 위한 '이데올로기'의 역할을 하고 있다는 지적 역시 제기될 수 있다. 하랄트 뮐러Harald Müller 등에 따르면 아시아적 가치의 옹호자들이 권위에 대한 존중, 규율의 준수, 근면 등의 가치를 특히 강조한 것은 아시아 국가들의 경제가 경쟁력을 유지할 수 있었던 가장 중요한 요인인 노동비용상의 장점을 보존하려는 목적에서 비롯되었다.

마찬가지로 문명의 공약수에 기초하여 동아시아 지

역 공동체를 건설해야 한다는 최근의 주장 역시 그다지 큰 설득력을 지니지 못한다. 물론 한국, 중국, 일본의 동아시아 3국 간에는 일정한 문화적 유사성이 존재한다. 또 동아시아 3국은 역사적으로 오랜 기간 긴밀한 관계를 맺어 왔다. 하지만 이러한 유사성만으로 영토 분쟁과 과거사 청산 문제 등을 둘러싸고 계속되고 있는 갈등 등 동아시아 지역에 뿌리 깊게 자리 잡은 지정학적 경쟁 관계를 극복하기에는 턱없이 부족하다. 더구나 현재 동아시아 3국은 공통적으로 민족주의적인 감정의 전반적인 고양을 경험하고 있다. 일본 정부는 과거 제국주의적 행태에 대해 진심으로 사과하기를 여전히 거부하고 있으며, 한국과 중국의 반발에도 불구하고 일부 정치인들은 태평양전쟁 당시 1급 전범들의 위패가 합사되어 있는 야스쿠니 신사 참배를 고집하고 있다. 중국의 경우 과거 100여 년에 걸친 제국주의적 침탈에 대한 피해의식이 방어적인 동시에 공격적인 성격의 민족주의를 부추기고 있다. 그 결과 중국은 자국의 인권, 대만·티베트 문제 등에 대한 다른 국가들의 사소한 간섭에도 민감하게 반응하는 한편, 국제적으로 자국의 경제력과 인구, 영토의 크기에 걸맞은 강대국의 지위를 누리고자 하는 열망을 숨기지 않고 있다. 중국 국경 안에서 전개된 모든 역사를 중국의 역사로 만들기 위해 중국 정부가 2002년부터 추진해 온 동북공정의 일환으로 고구려사를 자국 역사화하려 시도하면서 발생한 한국과의 갈등 역시 이러한 방어적인 동시에 공격적인 민족주의의 표출이라는 관점에서 이해할 수 있다.

한편 동아시아 사회가 문화적으로 유교 문명권을 구성하느냐의 문제와는 별도로, 오늘날 중국에서 자국의 문화적 정체성을 유교 전통의 관점에서 정의하려는 의식적인 노력이 본격화되고 있다는 사실에 주목할 필요가 있다. 이는 일차적으로는 공식 이데올로기로서의 사회주의가 사실상 그 수명을 다한 상황에서 급속한 경제발전으로 초래된 정치적, 사회적 혼란에 대처해야 할 필요성에 직면한 중국 정부에 의해 의도적으로 권장되고 있는 측면이 강하지만, 다른 한편으로는 경제성장으로 높아진 자국의 국제적 위상에 걸맞은 문화적 정체성을 원하는 사회적 요구가 증가한 결과이기도 하다. 최근 베이징의 천안문 광장 근방에 위치한 '중국국가박물관' 앞에 거대한 공자상을 세우기로 한 결정은 유교 전통의 재활용에 대한 정부 차원의 필요와 사회적 수요를 모두 반영한 것이라 할 수 있다. 충효사상이나 예의범절에 대한 강조 등 피상적인 수준에 그치고 있는 것이 사실이지만 일반 대중들의 유교 전통에 대한 관심 역시 꾸준히 높아지고 있다. 베이징대학교 철학과 교수를 역임한 러우위리에樓宇烈는 '중국의 품격'中國之品格이라는 제목의 강연에서 한국의 법률 중 부모나 직계 자손의 범죄 사실을 고소, 고발하지 않은 경우에 대해서는 상대적으로 경미하게 처벌하는 법 조항을 예로 들면서 이를 문화대혁명 시기 중국의 상황과 대조했다. 러우위리에는 이러한 한국의 법률이 "아비는 자식을 숨겨 주고, 자식은 아비를 숨겨 주니 그 안에 곧음이 있다"子爲父隱 直在其中는 논어의 한 구절에서 표현된 유교사상의 반영이며, 중국도 이와 같이 법의 가치와 인仁의 가치를 하나로 보는 고래로부터의 전통을 부활시켜야 한다고 역설했다.

최근 들어 한 가지 주목할 만한 사실은 중국 정부가 자국의 외교정책을 전통 사상의 관점에서 옹호하려 한다는 점이다. 2005년 이래 중국 정부는 '화해세계'和諧世界의 건설을 독자적인 대외 정책 목표로 제시했는데, 현재 다수의 중국학자들이 유교사상의 관점에서 이를 정당화하려 시도하고 있다. 특히 '대동'大同이나 '화이부동'和而不同 등의 유교 개념을 바탕으로 화해세계의 정당성을 옹호하려는 시도가 두드러지고 있다. 예를 들면 "공자가 이르시되 군자는 다양성을 인정하고 지배하지 않으려 하고, 소인은 지배하려 하나 공존하지 못한다"子曰 君子和而不同 小人同而不和 혹은 "공자가 이르시되 군자는 긍지를 가지되 다투지 않으며 무리와 어울리되 편당하지 않는다"子曰 矜而不爭 群而不黨와 같은 『논어』의 구절들이 화해세계의 철학적 정당화를 위해 즐겨 인용된다.

(2) 동아시아의 소프트 파워

소프트 파워의 관점에서 그려 본 중국과 일본의 권력 분포도는 어떤 모습일까? 동아시아 국가 중 일본의 소프트 파워는 가장 오랜 역사를 자랑한다. 1850년대 서구 문물을 받아들여 본격적인 근대화의 길에 들어선 이래 일본은 비서구 국가 가운데 유일하게 근대화와 서구화에 성공한 국가였고, 바로 이 사실 자체가 일본의 소프트 파워의 가장 중요한 원천이었다. 1945년 이후 전쟁의 참화를 딛고 이룩한 경이적인 경제성장은 일본의 성공 신화를 더욱 강화했다. 1970년대 이래 세계 제2위의 경제 대국으로서 일본은 특히 소비자 가전제품과 자동차, 기계류, 컴퓨터, 게임 소프트웨어 등의 분야에서 수준 높은 제품들을 만들어 왔고, '메이드 인 재팬'은 우수한 상품의 대명사가 되었다. 그밖에도 독특한 음식문화와 건축, 예술 등의 분야에서 세계인의 주목을 끌어 왔다. 19세기 마네와 고흐를 비롯한 일군의 프랑스 인상파 화가들이 일본의 전통 민화 양식에 영향을 받아 작품을 제작한 것을 비롯하여 일본식 다도 문화와 정원에서부터 만화에 이르기까지 다양한 분야에서 상당한 영향력을 행사해 왔다.

하지만 일본 소프트 파워의 한계 역시 명확하다. 무엇보다도 일본은 과거사에 대한 사과에 소극적인 입장을 고수함으로써 중국과 한국의 불신을 사고 있다. 2001년에 실시된 한 여론조사에 따르면 65퍼센트의 미국인이 일본에 대해 호감을 표시한 반면, 한국인의 34퍼센트만이 호감을 표시했다. 또 일본식 경제성장 모델의 매력도 감소세를 보이고 있는데, 이는 일본식 모델이 오직 일본이라는 역사적으로, 그리고 문화적으로 특수한 국가에만 적용될 수 있으며, 또 21세기의 경제 상황에는 그다지 적합하지 않은 모델이라는 인식이 증가하고 있기 때문이다. 이와 함께 수출에만 집중하고 다른 나라 제품의 수입에는 인색한 경제 관행 역시 비판의 대상이 되고 있으며, 높은 물가로 인해 국부의 수준에 비해 일반 국민들의 생활수준은 그리 높지 못한 '부자 나라의 가난한 국민' 현상을 들어 일본의 경제구조를 회의적으로 바라보는 시각도 증가하고 있다.

이에 비해 중국의 소프트 파워는 현재 현격한 증가 추세에 있는 것으로 보이며, 이에 대한 관심도 늘어나고 있다. 일례를 들면 영어의 TOEFL에 해당하는 HSK로 불리는 중국어 인증시험의 응시 인원은 지난 수년간 매년 40~50퍼센트 정도 증가했다. 중국에서 공부하고자 하는 외국 학생 수도 10년 내에 세 배나 증가하여 11만여 명에 이르고 있다. 이러한 수치는 2003년과 2004년 사이에 미국에서 공부하는 외국인 학생 수가 2.4퍼센트 감소한 것과 대조를 이루고 있다. 더욱 의미심장한 사실은 중국의 경제발전이 다른 많은 개도국들에게 일종의 모델이 되고 있다는 점이다. '베이징 컨센서스'Beijing Consensus로 불리는 중국식 발전 모델은 각 국가의 특유한 상황에 맞는 다양한 종류의 발전 모델이 있을 수 있다는 전제하에 정치적·사회적 혼란을 최소화하는 가운데 급속한 경제발전을 모색하는 많은 국가들에게 일종의 모범 사례로 간주되고 있다. 현재 러시아나 브라질, 중앙아시아의 여러 국가들이 중국식 모델에 관심을 보이고 있고, 베트남과 라오스는 이미 중국의 전례를 충실하게 따르기 시작했다.

여론조사에 의하면 중국은 세계 여러 나라 국민들로부터 미국보다 더 높은 호감을 얻고 있다. 예를 들면 상당수의 러시아와 인도 국민들은 중국이 경제력을 바탕으로 주요한 세계정치 행위자로 등장하고 있는 현상을 긍정적으로 바라보는 것으로 조사되었다. 중국은 또한 라틴아메리카, 중동, 아프리카의 여러 국가들에서도 호감의 대상이 되고 있는 것으로 나타났다. 멕시코의 경우 응답자의 약 54퍼센트가 중국의 영향력 증대를 긍정적으로 바라보고 있다고 대답했다. 아시아의 경우 한국과 일본의 국민들은 중국의 영향력 확대에 대해 복합적인 반응을 보였다. 하지만 많은 동남아시아 국가 국민들의 경우에는 호의적인 반응(필리핀 70%, 인도네시아 68%)이 압도적이었다. 태국의 경우 응답자의 약 67퍼센트가 중국을 자국의 가장 가까운 우방이라고 응답했다. 또 미국의 오랜 동맹국인 호주에서 2005년 실시된 한 여론조사에서는 절반에도 미치지 못하는 호주인만이 미국에 대해 긍정적인 견해를 피력한 반면, 중국에 대해서는 약 70퍼센트에 가까운 응답자들이 호의적인 견해를 보였다. 미국과 함께 서구 문명권에 속하는 것으로 분류되는 호주에서의 이와 같은 여론조사 결과는 중국의 증대된 국제적 위상과 영향력을 잘 보여 준다.

중국과 중국 경제, 중국의 국제정치적 위상에 대한 호감도의 증가는 중국의 급속한 경제성장에 따른 자연스러운 변화로 설명될 수 있다. 이와 함께 세계정치에서 잠재적인 경쟁자로 여겨지는 미국에 대한 호감도 감소에 따른 반사이익의 측면도 분명히 존재한다. 다른 한편, 중국 정부가 다른 국가들과의 관계에서 다자주의적인 접근법을 선호하는 등 보다 온건하고 세련된 정책 노선을 추진하고 있는 점도 호감도 향상의 중요한 이유가 되고 있다. 하지만 중국 소프트 파워의 지속적인 성장을 심각하게 제약하는 요인들도 여럿 존재한다. 우선 지역 간, 계층 간, 도농 간 경제 불평등의 심화로 인한 사회불안 요인이 계속 증가하고 있

<참고 11-7> 베이징 컨센서스

'베이징 컨센서스'(Beijing Consensus)는 미국의 경제학자 조슈아 쿠퍼 라모(Joshua Cooper Ramo)가 처음 만든 신조어로 중국이 '워싱턴 컨센서스'로 불리는 영미식 신자유주의 경제발전 모델과는 다른 방식의 경제발전 모델을 실현하고 있다는 믿음을 지칭한다. 워싱턴 컨센서스는 시장의 탈규제화, 공공 부문의 축소, 재정 긴축 등을 금과옥조로 하는 경제발전 모델이다. 하지만 이를 개발도상국에 적용한 결과 많은 개도국들에서 정부 지출의 감소로 저소득층이 큰 타격을 입었고, 취약한 국내 기업들이 외국 기업과의 경쟁에서 도산했으며, 투기적인 국제 자본이 유입됨으로써 금융시장의 불안정이 초래되었고, 심각한 인플레이션이 유발되는 등 경제 상황이 더 악화되었다. 이에 반해 베이징 컨센서스에서는 경제를 외국 투자자에게 개방하고, 노동의 유연성을 유지하며, 세금 부담을 낮추는 등 시장 중심적인 정책의 중요성을 강조하는 한편, 경제발전의 전체적인 틀을 정의하고 급속한 경제성장이 초래할 수 있는 사회적 불안 요인을 통제함으로써 정치적인 안정을 도모하는 강력한 국가의 역할을 강조한다. 한마디로 시장의 효율성과 정치적 권위주의의 안정성을 결합함으로써 효과적이면서도 순차적인 경제발전이 가능하다는 것이다. 다른 한편, 베이징대학교 국제관계학 교수로 재직 중인 판웨이(潘維)는 중국 정치체제의 성격을 '권위주의'로 규정하는 것에 반대한다. 판웨이에 의하면 중국 정치의 기본 이념은 '민본적 민주주의'이며, 이는 정부가 '초당파적'인 입장에서 국민의 복지를 공정하고 청렴하게 책임지는 것의 중요성을 강조한다. 이 '민본적 민주주의'는 세력이 강한 집단의 권리를 인정하고 이익집단들 간 당쟁의 정당성을 기꺼이 수용하는 서구식 민주주의와는 전혀 다른 방식으로 운용된다. 판웨이는 이러한 민본주의 전통의 기원을 중국의 전통적인 정치 관념에서 찾을 수 있다고 보았다. 이와 같은 베이징 모델에 회의적이거나 비판적인 목소리도 만만치 않다. 미국의 경제학자 에드워드 스타인펠드(Edward Steinfeld)는 중국이 급속한 경제성장에 성공한 것은 글로벌 경제와 관련 있는 규칙과 제도, 기업의 지배구조, 산업의 조직 방식 등을 외부로부터 '통째로' 수입했기 때문이라고 지적했다. 그는 또한 중국에서 진행되고 있는 첨단 기술 분야의 생산 활동은 대부분 수출 가공에 지나지 않으며, 거의 모든 첨단산업의 혁신과 개발은 중국 밖의 모기업에서 이루어진다는 점을 강조한다. 미국의 신보수주의 이론가 로버트 케이건(Robert Kagan)은 중국의 경제발전이 정치적, 사회적 자유를 대가로 이루어진 점을 강조하면서 중국식 모델의 특징을 다음과 같이 정의했다. "당신은 당신이 원하는 사생활을 누릴 수 있습니다. 아무도 당신에게 무엇을 읽거나 어떻게 생각하라고 지시하지 않을 것입니다. 물론 당신은 당신의 생각을 아무에게도 이야기해서는 안 됩니다. 당신은 돈을 벌어 부유해질 수도 있습니다. 다만 정치에는 관심을 가지지 마십시오. 그럴 경우 당신은 응분의 대가를 치러야 할 것입니다."

다는 점, 외국인 직접투자[FDI]가 경제발전을 선도해 온 데 따른 자체 연구 개발 능력의 결여, 경쟁력 있는 자국 브랜드의 부재 등은 중국의 지속적인 경제성장을 저해할 수 있는 요인으로 꼽힌다. 또 대만 문제, 티베트 문제에 대한 중국 정부의 비타협적인 태도는 국제적인 신뢰를 얻는 데 결정적인 장애 요인으로 남아 있다. 보다 근본적인 차원에서 민주주의나 인권의 존중과 같은 보편타당한 정치 원칙 대신 권위주의와 배타적인 민족주의에 의존하는 정치 시스템은 중국 소프트 파워의 지속적인 성장을 가로막고 있다. 앞서 언급한 '공자평화상' 제정을 둘러싼 해프닝은 서구적 가치의 확산에 대해 중국 정부가 느끼는 불안감을 잘 드러내 보여 준다. 중국의 소프트 파워는 아직 확고한 기반 위에 서 있다고 결론짓기 어렵다.

〈참고 11-8〉 왕후이와 티베트 문제

오늘날 중국의 대표적인 지성 중 한 명인 왕후이(旺暉)는 최근에 펴낸 저서에서 티베트 문제에 관한 자신의 견해를 자세하게 밝혔다(왕후이 2011). 왕후이에 따르면 서구인들이 티베트 문제에 대해 갖는 과도한 관심은 결국 오리엔탈리즘의 문제로 귀결된다. 특히 현대 서구사회가 겪고 있는 과도한 물질문명으로 인한 정신적 황폐화가 신비주의에 경도된 서구인들로 하여금 티베트를 숭배의 대상으로 여기게끔 만들었다. "오리엔탈리즘이 티베트에 부여한 보편적 표상들은 서양적 자아의 투사"라는 것이다. 서구인들은 또한 중국과 티베트가 역사적으로 맺어 온 관계의 성격을 완전히 오인했다. 서구의 국제정치 관념에서 어떤 두 정치체 사이의 관계는 서로가 서로에 대해 완전히 독립적이지 않으면, 하나가 다른 하나에 종속되는 형태를 취한다. 서구인들은 청조가 티베트를 중국의 영향권 하에 편입시킨 이래 양자가 제국주의적 지배와 종속의 관계를 맺어 왔다고 믿었다. 그들은 중국과 티베트가 맺어 온 조공 및 번속 관계가 제국주의적 지배와는 성격을 달리한다는 점을 알지 못했다. 그 결과 서구인들은 20세기 초 이래 티베트의 중국으로부터의 독립을 부추겨 왔는데, 그러한 부추김이 없었다면 티베트 독립운동은 결코 일어나지 않았을 것이다. 결국 서구인들의 환상과 무지와 편견이 결합되어 오늘날과 같은 사태가 초래된 것이다. 왕후이의 이와 같은 주장에서 우리는 서양의 중국에 대한 문화적 지배와 중국의 문화적 독특성에 대한 예민한 감수성을 지닌 지식인이 티베트 문제와 같이 정치적으로 민감한 이슈에서 지극히 자국 중심적인 결론을 지지하게 되는 역설을 확인할 수 있다.

7. 맺음말: 한국의 문화 전통과 매력

동아시아 유교 문명권과 소프트 파워에 대한 문화적 변환 논의는 세계정치의 장에서 한국의 위상과 관련하여 어떠한 함의를 제공하는가? 유교 문명권의 일원으로서 한국은 일단 많은 이들에 의해 정치·경제·사회체제의 유교적 성격이 강조되고 있다. 해방 이후 한국이 파괴적인 전쟁 경험에도 불구하고 비교적 성공적인 정치적, 경제적 근대화를 이룩할 수 있었던 것은 한국의 전통적인 유교적 생활 방식과 사고방식에 힘입은 바 크다. 이념적, 제도적, 차원에서 의도적으로 배제해 왔음에도 불구하고 근면과 교육, 사회적 안정 등의 가치를 중시하고 국가의 역할을 긍정적으로 바라보는 유교의 사상적 전통이 한국인의 삶에 깊게 스며들어 있었다. 이른바 '한국적 발전 모델'은 바로 이와 같은 유교적 사상 전통, 유교적 세계관 위에서 가능했다. 일부 학자들에 따르면 이 모델은 1997년 아시아 외환위기 이후 집중적으로 제기된 여러 비판에도 불구하고 여전히 유효한 발전 모델이다. 여기에는 두 가지 정도의 이유가 있다. 그 하나는 한국식 모델에 대한 비판의 초점이 잘못 맞추어져 있다는 것이다. 특히 외환위기의 주요 원인 중 하나로 지목되어 온 정부와 국가의 과도한 경제 개입과 관련하여 문제는 부패하고 비능률적인 정부와 국가이지, 정부와 국가 그 자체가 아니라는 반론이 제기될 수 있다. 다른 하나의 이유는 모든 종류의 경제발전은 원칙적으로 고유의 사상적, 문화적 토대 위에서만 가능하고 그러한 토대를 무시한 발전 전략은 결국 실패로 돌아갈 수밖에 없다는 데서 찾을 수 있다.

한국의 문화와 정치, 경제체제의 유교적 성격에 대한 이와 같은 지적은 일견 타당한 것처럼 보인다. 하지만 한국의 유교적 정체성에 대한 이러한 믿음은 앞서 헌팅턴의 주장을 논의하면서 비판했던 일종의 문화 본질주의의 함정에 빠질 수 있다. 한국의 유교 문화와 관련하여 많은 이들은 각 문화마다 불변의 문화적 에센스가 존재한다는 본질주의적 사고에 회의적인 견해를 피력하고 있다. 이들에 따르면 19세기 후반 개항 이후 식민지와 전쟁, 근대화를 거치면서 한국의 문화는 큰 변화를 겪었다. 특히 일본을 매개로 서구 문화를 받아들이면서 한국은 장기간에 걸친 문화접변을 경험하게 된다. 이 과정에서 서구 문화를 나름의 방식으로 재해석하고 재구성할 뿐만 아니라 한국 고유의 문화도 재해석하고 재구성하려는 노력이 광범위하게 이루어졌다. 그 결과 일종의 '혼종 문화'라고 불릴 만한 것이 탄생했는데, 이 문화를 단순히 전통적 유교 문화의 연장으로 보는 것은 적절하지 않다는 것이다.

결국 우리는 동아시아 '유교 문명권' 내에서 한국의 문화적, 문명적 성격과 관련하여 단순히 과거로부터의 전통에 주목하기보다는 그 전통의 변용과 변환 과정에 더 많은 관심을 기울일 필요가 있다. 동아시아 지역 협력에서 한국의 역할과 위상의 문제와 관련해서도 비슷한 이야기를 할 수 있다. 문명적, 문화적 공통분모에 기초한 동아시아 3국 간 협력이라는, 실체 없는 이상에 매달리기보다는 3국 간 문화적 상호작용의 결과 새로운 복합적 정체성이 구성될 수 있는 가능성에 주목하고 그 과정에서 한국의 역할을 모색하는 것이 훨씬 더 현실적인 대안이 될 수 있다.

한국의 소프트 파워에 관해 우리는 어떤 이야기를 할 수 있을까? 우선 일본과 마찬가지로 단기간에 비교적 고도의 경제성장을 이룩했다는 사실이 한국 소프트 파워의 가장 중요한 재원을 이루고 있다. 이에 못지않게 중요한 사실이 한국은 오랜 노력 끝에 민주화에 성공했고, 현재 아시아의 다른 어느 국가보다도 활력이 넘치는 민주주의체제를 유지하고 있다는 점이다. 이러한 사실이 한국을 중국이나 싱가포르와는 다르게 경제발전과 민주주의라는 두 마리 토끼를 모두 잡는 데 성공한 모범적인 국가로 분류하게끔 하고 있다. 최근 들어서는 휴대폰, LCD 등 첨단 가전제품 시장을 한국 기업들이 주도하고 있다는 점, 세계 최고의 인터넷 사용자 수 등 사회 전반의 정보기술력이 세계 최고 수준이라는 점, 이른바 '한류'로 통칭되는 한국 대중문화가 동아시아와 세계 각국에서 누리고 있는 높은 인기 등도 한국의 소프트 파워에 크게 기여하고 있다. 그러나 여러 제약 역시 존재한다. 1997년 외환위기로 인해 초래된 심각한 경제 불황은 한국이 지난 반세기에 걸친 성장모델을 넘어 새로운 경제모델을 추구해야 할 필요성을 보여 주었다. 정치적인 차원에서도 민주주의의 공식적인 룰은 어느 정도 안정적으로 자리를 잡았으나 실제 운용 방식의 합리성에서는 세련되지 못한 모습을 자주 노정하고 있다. 정보기술력에서도 독자적인 콘텐츠의 개발 없이 정보의 활용도만 증가하는 현상은 진정한 기술력 발전에 근본적인 한계를 지닌다는 지적이 제기되고 있고, 한류는 일시적인 현상일 뿐이라는 회의론 역시 만만치 않다.

통상적인 국력에서 주변국들에 크게 미치지 못하는 수준에 놓인 한국의 입장에서 소프트 파워의 증진은 국제사회에서 영향력을 배가시킬 수 있는 가장 유력한 수단일 수 있다. 앞서 지적했듯이 소프트 파워는 한국과 같은 중견 국가로 하여금 '체급보다 강력한 펀치를 날릴 수 있게 하는' 능력을 의미한다. 21세기 세계정치무대에서 '매력 국가'로 거듭날 수 있는 지혜와 안목이 필요한 때이다.

12

| 김상배 |

정보세계정치의 변환과 한국의 전략

1. 머리말 **376**
2. 정보혁명과 세계정치 권력의 변환 **378**
3. 정보혁명과 세계 지식 질서의 변환 **384**
4. 정보혁명과 네트워크 국가의 부상 **394**
5. 맺음말 **402**

| 핵심 개념 |

SNS social network service / 공공외교 public diplomacy / 기술 경쟁력 technological competitiveness / 네트워크 network / 네트워크 국가 network state / 네트워크 권력 network power / 디지털 융합 digital convergence / 망제정치 inter-network politics / 미·중 경쟁 US-China Competition / 소통 communication / 소프트 파워 soft power / 인터넷 internet / 정보혁명 information revolution / 지식 경쟁 knowledge competition / 지식 국가 knowledge state / 지식 권력 knowledge power / 지식 제도 knowledge institution / 지식 질서 knowledge order / 지식 패권 knowledge hegemony / 지적재산권 intellectual property right / 초국적 네트워크 transnational network / 표준 경쟁 standard competition

1. 머리말

정보혁명의 진전은 단순히 컴퓨터와 인터넷, 휴대폰 같은 IT^(information technology) 기기들을 사용하는 차원을 넘어 우리의 삶에서 다양한 변화를 일으키고 있다. 세계정치 분야도 예외는 아니다. 정보혁명이 세계정치에 미친 영향을 보여 주는 사례는 여러 가지가 있겠지만, 최근의 사례 중에서 가장 대표적인 것은 아마도 2008년 미국산 쇠고기 수입 반대를 위해서 열렸던 촛불집회(이하 촛불집회)와 2010년 서해상에서 발생한 천안함 침몰의 원인 규명을 놓고 벌어졌던 논쟁(이하 천안함 사건)이 아닐까 싶다. 이들 두 사건은 정보혁명이 세계정치에 미치는 영향이라는 측면에서 몇 가지 흥미로운 공통점을 지니고 있다.

촛불집회와 천안함 사건은 모두 '인터넷이 없었다면 그런 일들이 벌어졌을까?'하는 의구심이 들 정도로 기술 변수가 우리의 삶에 깊숙이 침투했음을 보여 준 사례다. 유무선 인터넷과 휴대폰, 그리고 SNS^(social network service)로 알려진 페이스북, 트위터, 유튜브 등이 중요한 역할을 담당했다. 실제로 2008년과 2010년 당시 네티즌들은 IT가 만들어 낸 공간에 모여서 광우병의 위험과 천안함 침몰의 원인을 주제로 활발한 토론을 벌였고, 이러한 토론은 온라인의 경계를 넘어서 오프라인 공간의 정치 참여로 옮겨 가면서 정부 정책에도 상당한 영향을 미쳤다.

이러한 과정에서 두 사건의 화두를 장식한 것은 돈이나 폭력이 아니라 정보(또는 지식)였다. 촛불집회가 미국산 쇠고기와 광우병을 둘러싼 정보와 과학 지식의 장이었다면, 천안함 사건은 침몰의 원인을 놓고 군과 시민사회 간에 벌인 진실게임이었다. 게다가 두 사건은 진실의 규명 자체를 넘어서는 소통과 공감 및 신뢰의 문제가 사건의 발생 및 전개 과정의 바탕에 깔려 있다는 특징을 지녔다. 쇠고기 수입을 추진하는 정부에 대한 신뢰, 안보 논리를 앞세운 군의 정보 조작에 대한 의혹, 그리고 저변에 깔린 집권 세력과 네티즌 간의 소통의 부재 등이 쟁점이었다.

촛불집회와 천안함 사건은 세계정치의 차원에서도 새로운 지평을 열었다. 촛불집회는 한국과 미국 양국 정부가 추진했던 FTA^(Free Trade Agreement) 과정에서 불거진 미국산 쇠고기 수입 문제라는 국제정치경제의 문제를 둘러싸고 벌어졌다. 예전 같았으면 관료나 전문가들의 성역으로 남아 있었을 무역협상과 외교정책의 쟁점들이 이제는 일반 국민들도 한마디씩 거들 수 있는 분야가 되었다. 천안함 사건의 경우도 군사 안보 전문가들의 지식 패러다임에 도전하는 일반 네티즌들의 참여가 드러난 사례였다. 국제사회와 소통하여 지원을 구하기 위한 공공외교의 추진이라는 점에서도 천안함 사건은 많은 것을 되새겨 보게 했다. 요컨대 두 사건 모두 정보혁명의 진전으로 인해서 부각된 기술·정보·소통의 변수가 국내 정치뿐만 아니라 외교정책에도 큰 영향을 미친 사례이다.

이러한 맥락에서 정보혁명이 세계정치에 미치는 영향에 대한 국제정치학적 연구의 필요성이 제기된다. 전통적으로 국제정치학의 주요 연구 영역이 국가적 삶을 다루는 군사 안보의 문제를 중심으로 형성되었다면, 2차대전 이후에는 '먹고 사는 문제'를 탐구하는 국제정치경제학이 새로운 연구 영역으로 자리를 잡았다. 21세기 세계정치에서도 이러한 군사 안보와 정치경제의 문제는 여전히 중요하게 우리 삶에 큰 영향을 미칠 것이다. 그럼에도 불구하고 21세기 세계정치에서는 '널리 전하고 많이 알게 됨으로써 서로 소통하고 공감하는 문제'가 전에 없이 중요해졌다. 이렇듯 새로운 세계정치가 부상하는 뒤에 기술·정보·소통 변수의 부상으로 대변되는 정보혁명의 세계정치가 자리 잡고 있다(Rosenau and Singh eds. 2002; Lacy and Wilkin eds. 2005; Youngs 2007; Hanson 2008).

쉽게 말해 정보혁명은 세계정치의 저변에 존재하는 물적·지적 조건의 변화를 의미한다(Innis 1950; Deibert 1997). 지난날의 국제정치가 산업기술을 바탕으로 한 군함과 대포, 기차와 자동차를 떠올리게 한다면, 오늘날의 세계정치는 IT를 기반으로 한 초고속 제트기와 항공모함, 우주무기와 스마트 무기를 연상케 한다. 지난날의 국제정치가 인쇄혁명이나 전기통신혁명을 바탕으로 문서를 보내고 전보를 치고 전화를 거는 시대적 환경에서 펼쳐졌다면, 오늘날의 세계정치는 디지털 IT혁명을 바탕으로 인터넷과 인공위성, 스마트폰을 통해서 소통하는 세상에서 이루어진다. 이러한 변화는 다름 아니라 정보혁명으로 대변되는 새로운 기술혁신과 정보처리 및 소통 역량의 증대, 그리고 더 나아가 이를 활용하는 인류의 능력 향상에서 기인한다. 우리 삶의 물적·지적 조건이 향상된 만큼, 그 위에서 이루어지는 세계정치의 목표나 행위자들의 모습과 행태도 크게 달라질 수밖에 없다.

그러나 아쉽게도 정보혁명이 변화시키고 있는 세계정치 현실의 현란함에 비해서 이러한 변화를 탐구할 과제를 안고 있는 학문으로서 국제정치학은 지난 10여 년이 넘는 시간 동안 세계의 변화에 그리 민첩하게 대응하지 못하고 있다(Talalay et al eds. 1997). 이러한 맥락에서 이 장은 변화의 과정에 접어든 21세기 세계정치의 내용을 정보혁명, 즉 세계정치의 물적·지적 조건과의 상관관계 속에서 파악하고자 한다. 정보혁명이라는 변수는 이 장이 세계정치의 변환을 탐구하는 데 주목한 원인이자 결과이다. 이러한 문제의식을 바탕으로 이 장은 다음의 세 가지 질문을 중심으로 논의를 전개했다.

첫째, 정보혁명이란 무엇이고 세계정치에서 중요한 의미를 갖는 이유는 무엇인가? 정보혁명의 진전에 따라 기술·정보·소통 분야를 중심으로 세계정치의 권력이 변환을 겪고 있다. 이러한 과정에서 지식은 부(富)와 강(强)을 달성하는 수단을 넘어서 세계정치의 목표와 질서를 새롭게 구성하는 동인으로 부상하고 있으며, 이러한 와중에 세계정치에서 권력이 작동하는 새로운 메커니즘이 주목을 받고 있다.

둘째, 정보혁명의 시대를 맞이하여 국가들의 세력 판도는 어떻게 변하고 있는가? 기술·정보·소통의 권력적 의미가 부각됨에 따라 이를 둘러싼 국가들의 경쟁과 협력이 복잡한 양상으로 전개되고 있다. 이러한 와중에 새로운 권력의 잣대로 파악된 세계질서의 패권은 여전히 미국이 쥐고 있지만, 가속화되는 지식 경쟁으로 인해 지식 질서뿐만 아니라 세계질서 전반의 세력 판도가 변화할 가능성은 더욱 커지고 있다.

셋째, 정보혁명은 예전과는 질적으로 다른 세계정치를 출현시키고 있는가? 초국적 차원에서 네트워크를 형성하는 비국가 행위자들이 세계정치에서 차지하는 역할이 점차로 증대되면서, 기존의 근대 국제정치가 변환의 조짐을 보이고 있다. 이러한 와중에 여태까지 국제정치의 지배적 행위자였던 근대 국민국가는 능력과 권위의 조정 과정을 거치면서 안팎으로 변환을 겪고 있다.

정보혁명은 21세기 세계정치의 물적·지적 토대를 변화시킴으로써 권력의 성격, 경쟁의 양상, 행위자의 형태라는 측면에서 변환을 야기하고 있다. 이러한 다차원적 변환을 염두에 둘 때 결국 정보혁명의 국제정치학적 탐구는 21세기의 새로운 권력론과 경쟁론 및 국가론에 초점을 둘 수밖에 없으며, 이러한 변환의 와중에 부상하는 세계질서의 모습을 그려내는 것을 목표로 하지 않을 수 없다. 이러한 정보혁명과 세계정치의 변환에 대한 개념적·경험적 탐구의 궁극적 목적이 21세기 한국의 미래 전략을 모색하는 데 있음은 물론이다.

2. 정보혁명과 세계정치 권력의 변환

(1) 정보혁명이란 무엇인가?

이 장에서 다루는 정보혁명은 '정보화'情報化라는 표현으로 1960년대 후반 일본의 연구자들에 의해 처음 사용되었다. 정보화의 번역어인 'informatization'은 비영어권에서 고안된 말이기 때문에 영어사전에는 나오지 않는다. 영어권 연구자들은 정보화라는 용어보다는 정보혁명information revolution이나 정보사회information society 또는 정보시대information age라는 용어를 더 선호하는 것 같다. 정보혁명(또는 정보화)이라는 용어는 학술 개념이라기보다는 정책 슬로건이나 저널리즘의 용어로 사용되는 경향이 강해서 엄밀한 개념 정의를 바탕으로 하고 있지 않은 경우가 많다. 혁명이라고 부를 정도로 질적인 변화가 발생했느냐를 놓고도 학계의 논란이 지속되고 있다. 게다가 학자들마다 정보혁명(또는 정보화)의 각기 다른 부분을 중심으로 그 개념을 이해하는 경향이 강하기 때문에 보편적인 개념 정의를 도출하기는 더욱 어렵다.

그럼에도 불구하고 정보혁명(또는 정보화)의 개념은 대략 1970년대 이래 컴퓨터 및 정보통신기술이 발달하여 정보, 지식, 소통 등과 관련된 활동에 적용됨에 따라 발생하는 다층적인 사회변화를 지칭한다고 보면 크게 무리가 없을 것이다. 이 장은 [그림 12-1]에서 물 위에 떠 있는 빙산에 비유한 바와 같이, 정보혁명의 개념을 첫째, 새로운 기술의 발달, 둘째, 정보의 디지털화, 셋째, 소통의 획기적 증대 등의 세 가지 개념적 층위에서 이해하고자 한다(김상배 2010).

가장 일반적으로 이해되는 정보혁명의 개념은 기술

〈참고 12-1〉 정보기술을 보는 국제정치이론의 시각

현실주의, 자유주의, 마르크스주의, 구성주의 등으로 대별되는 기존의 국제정치이론은 각기 이론적 전통이 안고 있는 인식론적 편향에 따라서 정보기술이라는 변수를 다르게 이해한다. 첫째, 현실주의 시각에서 본 기술은 국가이익을 극대화시키는 데 도구적으로 사용되는 권력 자원 중의 하나이다. 따라서 정보기술은 첨단 하드웨어의 보급이나 국가전략산업으로서 정보통신산업의 발달 정도로 이해되며, 국제체제의 본질적인 변화를 야기하는 변수는 아니다.
둘째, 자유주의 시각에서 본 기술은 세계정치의 환경적 요소 중 하나이다. 예를 들어, 정보기술의 발달에 따라 가능하게 된 소통의 향상은 국제협력을 달성할 수 있는 상호의존의 환경을 제공한다. 자유주의 시각은 기술을 세계정치 변화에 영향을 미치는 독립변수로 설정하지만, 기술을 여전히 국제체제의 외적 변수로 설정하기 때문에 정보기술과 세계정치 변화의 상호관계를 유기적으로 설명하지 못한다.

셋째, 마르크스주의 시각은 사적 유물론에 입각해서 기술 변수를 경제적 토대 차원에서 생산력을 구성하는 요소 중의 하나로 이해한다. 정보기술의 발달은 생산력의 발전으로 이어지고, 더 나아가 이에 조응하는 생산관계의 변화를 야기함으로써 상부구조에 해당하는 세계정치의 변화로 귀결된다. 마르크스주의 시각은 정보기술과 세계정치의 변화에 대한 입체적 설명의 단초를 제공하지만, 다소 결정론적인 경향을 갖는 것이 흠이다.
끝으로 구성주의 시각은 기술을 인류가 역사적으로 자신의 '구상'에 입각해서 세계를 구성하는 '실행'의 맥락에서 이해한다. 정보기술의 발달은 인류의 새로운 관념이 역사적으로 발현되는 과정에서 나타나는 현상이다. 이러한 정보기술의 확산은 특정한 담론 체계의 전파와 이에 따른 정체성의 재구성이라는 세계정치 현상을 수반한다. 그러나 구성주의 시각은 기술을 지나치게 관념의 측면에서 접근하는 한계를 안고 있다.

의 발달에 따라 새로운 물질적 산물이 도입되면서 발생하는 삶의 변화를 의미한다(수면 위로 떠오른, 빙산의 상층부). 정보혁명은 첨단 가전제품, 반도체, 컴퓨터, 소프트웨어, 유무선 인터넷, 스마트폰 등을 활용한 다양한 서비스가 보급되면서 편리해지는 우리 삶의 모습에서 드러난다. 최근 정보혁명의 표상처럼 회자되는 TGiF(Twitter, Google, i-Phone, Facebook)라는 말은 바로 이러한 삶의 단면을 단적으로 보여 준다. 다시 말해 초고속 인터넷에 접속된 최신 컴퓨터로 인터넷 검색(구글)과 소셜 네트워킹(페이스북)을 하고 최첨단 스마트폰(아이폰)으로 지인들과 소통(트위터)하는 행위 자체에서 우리는 정보혁명의 가장 구체화된 모습을 본다. 이렇게 눈에 보이는 물질적 산물의 이면에는 그 생산을 가능케 한 기술혁신, 즉 소위 IT 패러다임의 등장이 있다. 흔히 정보혁명을 IT 혁명이라고도 부르는 것은 바로 이러한 이해를 바탕으로 한다. 여기서 주목할 것은 하드웨어를 생산하는 산업시대의 기술 패러다임과는 달리, IT 패러다임은 주로 소프트웨어, 프로토콜, 코드, 알고리즘과 같은 준 물질적 산물이나 정보, 디지털 콘텐츠, 서비스 등과 같은 형태의 비물질적 산물을 생산한다는 사실이다(Castells 1996).

정보혁명 개념의 두 번째 핵심은 IT를 활용하여 정보를 디지털화하고 이를 바탕으로 기술·정보·지식의 생산이 양적으로 증대되고 질적으로 변화한다는 데 있다(수면에 걸쳐 있는 빙산의 중심부). 예를 들어, 구글이나 야후, 또는 네이버나 다음과 같은 인터넷 검색엔진(즉 소프트웨어)을 사용해서 사이버 공간의 정보를 찾고, 이를 활용하여 과학기술의 혁신뿐만 아니라 각종 인문학과 사회과학 분야의 지식을 더 많이 생산한다. 특히 인터넷으로 대변되는 디지털 네트워크의 출현은 종전에는 소수 전문가들만이 담당하던 지식 생산의 문턱을 크게 낮추었다. 디지털 네트워크는 주로 개인적 차원에서 이루어지던 지식 생산의 작업을 집단적 차원으로 끌어올림으로써 지식과 지식 생산 자체의 의미마저도 변화시켰다. 아마추어들의 네트워크가 전문가 집단과 겨루는 일이 사이버공간에서는 자주 발생한다. 이러한 변화의 중심에는 디지털 혁명, 즉 디지털화를 통해서 '지식을 다루는 지식'을 뜻하는 메타 지식meta-knowledge이 획기적으로 발달한 현상이 자리 잡고 있다. 그런데 여기서 주목할 점은 정보가 디지털화됨에 따라서 많은 양의 정보와 지식을 좀 더 효율적으로 다루게 되었다고 해서 그것이 곧 지식 자체를 더 많이 생산하고, 우리가 더 많은 것을 잘 알게 되는 것은 아니라는 사실이다. 다시 말해 디지털 혁명이 반드시 지식 혁명을 의미하는 것은 아니다.

이상에서 살펴본 IT 혁명과 디지털 혁명은 상대적으로 좁은 의미에서 파악된 개념이다. [그림12-1]의 빙산에 비유할 경우, 좁은 의미의 정보혁명은 수면 위에 떠 있어 쉽게 보이는 빙산의 일각에 불과하다. 정보혁명 개념의 전체 모습을 파악하기 위해서는 단순한 기술과 정보, 그리고 지식 차원의 변화를 넘어서, 이러한 변화를 바탕으로 하여 발생하는 사회 전반의 변환을 살펴보아야 한다. 다시 말해, 정보혁명이라는

그림 12-1 정보혁명의 이해: 빙산의 비유

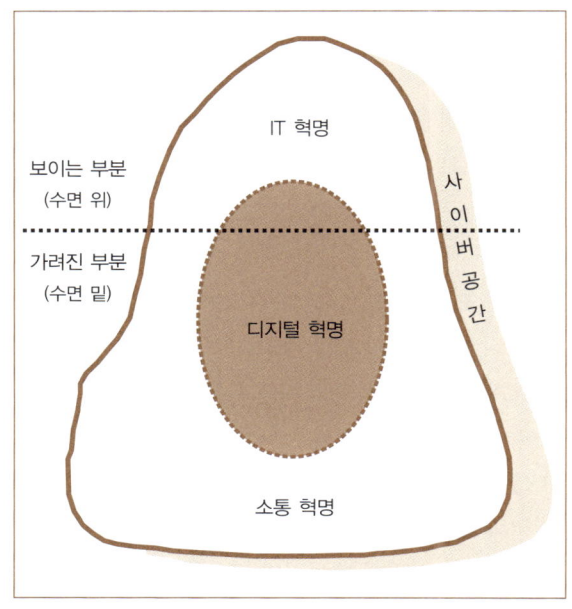

빙산의 모습을 제대로 파악하기 위해서는 수면 아래 숨어 있는 빙산의 바닥까지도 훑어보는 넓은 의미의 정보혁명 개념에 대한 탐색이 필요하다.

넓은 의미의 정보혁명은 다양한 IT 기기와 디지털 정보를 활용하여 발생하는 소통의 획기적 발전과 밀접한 관련이 있다(수면 밑에 잠긴 빙산의 하층부). 19세기 이래 전신·전화·라디오·무선통신·방송·인공위성 등과 같은 정보통신기술의 발달은 인류의 소통 능력을 지속적으로 증대시켜 왔다. 그런데 최근 디지털 네트워크의 등장은 인류의 소통을 질적으로 다른 지평에 올려 놓았다. 지구 전역에 걸쳐서 거의 실시간에 가까운 소통이 가능해지면서 예전에는 불가능했던 '사람들의 네트워크'와 이를 바탕으로 한 행동의 조직화가 발생하고 있다. 그야말로 소통 혁명은 이전에는 상상하기 어려웠던 범위와 형태의 네트워크가 부상하는 것을 가능케 했다. 예를 들어, 사람들은 페이스북, 트위터, 유튜브와 같은 SNS에 의지해서 예전과 같은 수동적인 청중의 자리에만 머물지 않고, 좀 더 능동적인 참여자의 역할을 찾아서 세상으로 나서고 있다. 또한 조직의 형태라는 측면에서도 IT 기기와 디지털 정보를 바탕으로 한 소통 혁명은 수직적 위계질서의 모습을 띠는 기존의 조직과 제도들이 점차로 수평적인 네트워크를 수용하는 변화를 야기하고 있다.

이러한 개념적 논의에서 빠뜨릴 수 없는 것은 정보혁명이 현실 공간과 중첩되는 새로운 공간, 즉 사이버 공간을 창출하고 있다는 사실이다. 사이버 공간이라는 용어는 미국의 공상과학 소설가, 윌리엄 깁슨 William Gibson 에 의해 컴퓨터를 매개로 새롭게 생겨난 매트릭스 공간이 지칭되면서 알려지기 시작했다. 그러나 사이버 공간의 등장은 새로운 기술 공간이 출현하는 것 이상의 의미를 가진다. 사이버 공간의 등장은 [그림 12-1]에서 보는 바와 같이 정보혁명의 개념에 입체성을 부여하는 동시에 세계정치가 이루어지는 공간을 좀 더 복합적인 형태로 변환시키고 있다. 이것이 바로 사이버 공간의 존재가 최근 세계정치 분야에서 일종의 '독립변수'로서의 지위를 서서히 획득해 가고 있는 가장 큰 이유 중의 하나이다. 요컨대, 이상과 같이 다양한 층위에서 파악된 정보혁명의 개념은 현실 공간과 사이버 공간에서 발생하고 있는 세계정치의 복합적인 변환을 이해하는 데 매우 유용한 잣대를 제공한다.

(2) 지식이 권력이다!

국제정치학의 시각에서 볼 때 정보혁명이 각별한 관심을 끄는 이유는 기술·정보·지식·소통(통칭하여 지식) 변수가 권력을 변화시키고 있기 때문이다. 지식이 권력이라는 말은 정보혁명이 발생하기 훨씬 이전부터 오랫동안 들어 왔다. 아마도 가장 흔하게 인용되는 지식과 권력의 논자는 16세기 말과 17세기 초에 살았던 영국의 정치가이자 철학자인 프랜시스 베이컨 Francis Bacon 일 것이다. 베이컨에 의하면, 지식은 자연의 통제와 학문의 발전, 그리고 이를 바탕으로 한 인류 문명의 진보를 통해서 인류 제국의 경계를 확장하고 모든 가능한 것들을 추구할 수 있게 하는 권력이라고 한다. 이러한 지식이 권력이라는 관념은 서구가 중세로부터 근대로 이행하던 시기를 단적으로 반영한다. 실제로 베이컨이 말했던 의미의 지식과 권력의 관념을 바탕으로 하여 서구의 근대 국민국가들은 부국강병책을 추구하고 제국주의적 팽창을 추진한 바 있다.

이러한 베이컨의 관념은 비록 400여 년 전에 출현했지만, 오늘날에도 여전히 지식이 권력이라는 논의의 화두를 장식하고 있다. 그러나 베이컨의 시대에 비해 크게 달라진 지식의 시대를 사는 오늘날 그가 말한 지식이 권력이라는 명제는 다른 의미로 해석될 필요가 있다. 그야말로 정보혁명을 논하는 오늘날의 지식과 권력의 관념이 근대 초기 지리상의 발견과 과학혁명의 시대를 살았던 베이컨의 관념과 의미가 같을 수는 없기 때문이다. 오늘날에도 지식이 권력이라는 사실 그 자체는 변하지 않았을지라도, 적어도 권력의 의미를 갖는 지식의 내용과 그러한 지식을 바탕으로 작동하는 권력의 양식은 커다란 변화를 겪고 있음이 분명하다(김상배 2010).

전통적으로 국제정치에서 권력은 군사력과 경제력 같은 권력 자원으로 이해되어 왔다. 정보혁명의 시대를 맞이하여 이러한 군사력과 경제력이 행사되는 데 있어서 지식 변수는 중요성이 더해 가고 있다. 예를 들어, IT의 발달은 소위 권력 이동, 즉 권력의 중심이 군사력과 경제력을 넘어서 지식력으로 옮겨 가는 현상을 가속화시키고 있다. 실제로 IT는 상대방에 대한 영향력으로 전환될 수 있는 가장 중요한 21세기의 권력 자원 중 하나이다. 역사적으로 기술·정보·지식은 부국강병을 달성하는 중요한 수단의 하나로 인식되어 왔다. 그렇지만 요즘처럼 지식 변수의 중요성이 절박하게 강조된 적은 없었던 것 같다. IT는 세계정치 행위자들에게 새로운 물적·지적 수단을 제공함으로써 세계정치 권력 기반의 내용을 변화시키고, 더 나아가 세계정치의 새로운 목표를 제시하고 있다.

오늘날 세계정치에서 IT의 위력은 군사 안보 분야에서 먼저 발견된다. IT는 적보다 뛰어난 무기를 만드는 비법이기 때문이다. 실제로 1990년대 이후 IT를 응용한 무기 체계의 혁신은 21세기의 새로운 군사 패러다임으로서 RMA Revolution in Military Affairs를 논하게 만들었다. RMA의 핵심은 첨단 과학기술을 이용하여 군사 능력의 획기적 발전을 추구하는 기술혁신에 있으며, 구체적으로는 정찰 체계와 장거리의 고정밀 타격 무기를 연결·결합하여 새로운 복합 체계를 탄생시킴으로써 전투력을 제고하는 데 있다. IT가 군사력의 성격을 변화시킴에 따라 현대 전쟁에서는 화력의 강도가 아니라 무기 체계가 얼마나 첨단화, 기동화, 정밀화되었느냐에 따라서 승패가 가름 난다. 걸프전쟁 이래 미국이 수행해 온 아프가니스탄전쟁이나 이라크전쟁 등은 정보혁명 시대를 맞이하여 이러한 첨단기술의 무기 체계를 보유한 측과 보유하지 못한 측의 격차가 얼마나 큰 의미를 갖는지를 극명하게 보여 주었다.

경제력을 판별하는 잣대로도 지식 변수의 중요성은 커지고 있다. 예를 들어, 경제와 산업 분야에서도 IT의 중요성이 부각되면서 정치·경제 지도자들은 새로운 지식 개발에 지대한 관심을 쏟고 있다. 특히 1980년대 이래 국제 경쟁력이라는 관점에서 첨단 기술의 개발과 인적자원의 양성 및 기술 이전의 과정을 통해 IT산업의 기반을 육성하려는 노력이 계속되어 왔다. 이러한 과정의 배경에는 산업 경쟁의 무게중심이 제품 경쟁으로부터 기술 경쟁으로 이동하는 현상이 존재한다. 노동집약적 또는 자본집약적 산업보다는 지식집약적 산업이 21세기 경제의 성장 동력으로 부상하고 있다. 그야말로 지식이라는 변수가 토지·노동·자본 등의 전통적인 생산요소에 비견되는 새로운 제4의 생산요소로 등장하고 있다고 불러 봄직하다.

이러한 맥락에서 21세기 세계정치에서 지식 자원을 둘러싼 각종 국제 경쟁이 확산되는 것은 당연하다. 예를 들어, 흔히 '정보 고속도로'로 대변되는 IT 인프라의 구축을 둘러싸고 정보혁명의 초기 국면에서부터 국가들의 경쟁이 진행된 바 있다. IT 인프라를 얼마나 잘 갖추고 있느냐, 유무선 인터넷을 얼마나 편하게 사용할 수 있느냐 또는 각종 IT 기기가 얼마나 많이 보급되어 있느냐 등의 문제는 이미 21세기 국력의 지표로 활용되고 있다. 디지털 정보 자원의 중요성이 부각되면서 이를 개발하는 기술과 인력을 얼마나 보유하고 있느냐의 문제도 국력의 관점에서 이해되고 있다. 아울러 이러한 정보들을 거래하는 상거래를 보호하고 조정할 목적으로 디지털 재산권이나 개인 정보 보호와 관련된 제도적 장치를 마련하거나 기술적 보호 장치를 개발하려는 국내외적 움직임도 활발하게 진행되고 있다.

(3) 자원 권력의 발상을 넘어서

이상에서 살펴본 지식 자원 경쟁이 정보혁명 시대를 맞이하는 세계정치의 변환을 단적으로 보여 주고 있음은 틀림없다. 특히 정보혁명의 초기 단계에는 무엇보다도 먼저 지식 자원의 확보를 위한 경쟁이 벌어지는 것이 매우 당연하다. 그럼에도 불구하고 오직 단선적 권력 이동이나 자원 권력의 관점에서만 지식 권력을 이해하는 것으로는 정보혁명이 세계정치에 미치는 복합적 영향을 분석하기에 다소 미흡하다. 21세기 세계정치에서는 지식 자원의 중요성이 커지고 있을 뿐만 아니라 권력정치가 작동하는 방식도 강제와 제재의 메커니즘만이 아닌 설득과 동의의 메커니즘도 중요해지고 있기 때문이다. 특히 정보혁명과 인터넷으로 대변되는 우리 삶의 물적·지적 조건의 변화는 이러한 권력의 변환을 가속화시키고 있다. 미국의 국제정치학자 조지프 나이 Joseph S. Nye가, 하드 파워 hard power와 대비되는 의미에서 사용한, 소프트 파워 soft power의 개념은 이러한 권력 변환의 과정을 쉬운 용어로 잡아낸 대표적인 시도이다(Nye 2004).

소프트 파워 개념은 행위자들이 구성하는 '관계' 속에서 발생하는 권력의 작동 방식에 대한 국제정치학계의 주위를 환기시켰다는 데 큰 의미가 있다. 소프트 파워 개념의 장점은 상대방을 밀어 붙이기만 하는 것이 아니라 지식·이념·문화 등과 같은 비물질적 권력 자원을 바탕으로 하여 상대방을 설득하는 권력의 작동 방식에 주목했다는 데 있다. 권력을 주로 행위자들 간의 소통 과정으로 이해한 것이다. 소프트 파워의 논의가 이념과 가치의 전파라든지 국가브랜드, 또는 문화 외교나 공공외교 등에 관심을 기울이는 것은 바로 이러한 이유 때문이다. 이러한 맥락에서 볼 때 정보혁명의 결과로서 보급된 다양한 정보 미디어들은 소프트 파워의 작동 과정에서 매우 중요한 의미를 갖는다. 각종 인쇄 미디어뿐만 아니라 음악·영화·TV 드라마 등에 담기는 콘텐츠가 많이 거론되는 것은 바로 이러한 이유 때문이다. 최근에는 트위터·페이스북·유튜브와 같은 SNS를 공공외교와 소프트 파워의 세계정치에 활용하려는 논의가 활발하게 이루어지고 있다.

그런데 소프트 파워의 개념은 세계정치 권력의 새로운 면모를 보여 주는 유용성에도 불구하고 다소 미흡한 점이 없지 않다. 특히 정보혁명과 소통의 변수가 권력의 변환에 미치는 영향을 깊이 있게 탐구하기 위해서는 나이의 소프트 파워 개념보다 좀 더 정교한 논의가 필요하다. 이러한 맥락에서 이 장이 주목한 것은 세계정치의 관계적 맥락에서 살펴보는 권력 작동 방식의 변환이다. 정보와 소통이라는 것이 권력 과정에서 중요해지는 경우, 행위자들이 구성하는 관계적 맥락, 즉 네트워크의 시각에서 권력을 이해해야 한다. 이러한 권력은 주로 네트워크 맥락에서 발생하는 권력이라는 점에서, 통칭하여 '네트워크 권력' network power이라고 부를 수 있을 것이다(김상배 편 2009).

정보혁명의 맥락에서 보는 네트워크 권력의 가장 대표적인 사례는 IT 분야에서 '표준'이 발휘하는 권력이다. 사실 표준이라는 말은 기준을 제시하고 평균을 재는 행위에서 우러나오는 권력의 의미를 내포하고 있다. 표준은 아무나 세울 수 있는 것이 아니고 권력을 가진 소수나 공인된 다수에 의해서 설정되는 것이 상례이다. 기준에 부합하는 것을 선택하고 평균에 미달하는 것을 배제하는 메커니즘 자체가 권력을 의미하기 때문이다. 이러한 점에서 표준은 '게임의 규칙'을 부과하는 권력의 대표적인 사례이다. 그렇지만 표준의 권력이 일방적인 방식으로만 작동한다고 생각해서는 안 된다. 표준을 수용하는 사람들도 표준의 권력이 작동하는 데 중요한 역할을 담당한다. 예를 들어 표준은 그 표준을 수용하는 사람의 수가 많을수록, 즉 더 큰 네트워크를 형성할수록 가치가 커지는 성격을 지니고 있다. 표준의 권력은 궁극적으로 그 표준을 인

<참고 12-2> 네트워크 권력이란 무엇인가?

네트워크 권력이란 권력의 작동 방식을 행위자들이 형성하는 네트워크라는 관계적 맥락에서 파악하는 개념인데 크게 세 가지 차원에서 이해할 수 있다. 첫째, 네트워크 권력이라 함은 끼리끼리 모여서 세(勢)를 발휘하는 힘이다. 다시 말해, 주위에 내편을 들어 주는 네트워크를 형성함으로써 생겨나는 힘이다. 물론 돈이나 폭력과 같은 하드 파워 자원을 바탕으로 내편을 모을 수도 있다. 그러나 최근에는 소프트 파워 자원을 활용하여 내편을 모으는 메커니즘에 대한 관심이 늘어나고 있다. 이러한 과정에서 정보혁명을 통해서 널리 확산된 정보 미디어는 중요한 역할을 한다. 최근 사이버 공간의 아마추어들의 네트워크나 세계정치에서 활발한 활동을 펼치고 있는 초국적 시민사회 네트워크 등이 발휘하는 힘은 하드 파워보다는 소프트 파워를 활용하는 네트워크 권력의 좋은 사례이다.

둘째, 네트워크 권력은 새로이 네트워크를 만들지 않더라도 이미 형성되어 있는 네트워크상에서 중요한 위치를 차지함으로써 발휘될 수 있다. 예를 들어 두 개 이상의 네트워크 사이에서 어느 행위자가 요충지를 차지하고 자신이 원하는 방향으로 네트워크를 통(通)하고 흐르게[流] 함으로써 영향력을 행사할 가능성이 있다. 이렇게 네트워크가 형성된 구도에서 정보와 소통의 흐름을 통제하는 권력의 대표적인 사례 중의 하나는 중개자가 발휘하는 힘이다. 쉬운 예로는 언어나 화폐가 우리 삶에서 차지하는 중개의 역할을 떠올려 볼 수 있다. 국제정치에서도 네덜란드나 영국, 싱가포르 등이 담당했던 중개자의 역할은 역사적으로 매우 유명한 사례들이다. 정보혁명의 시대를 맞이하여 네트워크상의 소통을 중개하는 자의 권력이 더욱 주목을 받고 있다.

끝으로, 가장 포괄적인 의미에서 네트워크 권력은 네트워크 전체의 프로그램을 설계하는 데에서 비롯되는 힘을 의미한다. 기술적 차원뿐만 아니라 사회적 차원에서도 어떠한 네트워크가 제대로 작동하려면 행위자들 간의 상호작용을 조율하는 '게임의 규칙', 즉 프로그램이 필요하다. 소프트웨어, 프로토콜, 코드 등과 같은 기술 프로그램이나 관행, 법, 제도, 규범, 가치관, 세계관 등과 같은 사회적 프로그램이 여기에 해당된다. 이러한 프로그램들을 설계하는 것은 중립적인 과정이 아니고 보이지 않는 권력정치의 과정이다. 좀 더 포괄적으로는 세계정치의 어젠다를 제기하고 세계정치를 보는 인식과 프레임을 제시하는 권력을 떠올려 볼 수 있다. 이러한 종류의 권력이 중요한 이유는 그것이 어떻게 작동하느냐에 따라서 권력 게임이 벌어지기도 전에 승패가 결정되는 경우도 많기 때문이다.

정하는 사람들의 행동과 생각을 움직일 수 있을 때 제대로 발휘된다.

이렇게 표준을 세우는 권력은 오늘날의 일만은 아니다. 널리 알려진 몇 가지 사례를 들어 보자. 중국 천하를 통일한 진시황이 벌인 일련의 표준화 작업(문자, 도량형, 화폐 등)은 현실 권력의 위세를 바탕으로 이루어졌다. 미국의 남북전쟁 당시 북군이 행한 선구적인 소총 표준화 작업은 전쟁의 승패를 가르는 요인 중 하나로 작용했다. 이밖에도 근대 산업화 과정에서 철도 궤간(軌間)을 둘러싼 표준화나 자동차 산업의 부품 표준화 등을 둘러싼 논란은 정치적·경제적 경쟁의 단면을 보여 주었다. IT 분야에서 타자기의 자판 배열이나 VCR 시장을 놓고 벌어진 표준 경쟁도 유명한 사례이다. 컴퓨터와 이동통신 및 디지털TV 분야의 표준 경쟁은 좀 더 최근에 벌어진 우리에게 익숙한 사례들이다.

이들 사례에서 보는 바와 같이, 기술 자원의 우위를 바탕으로 우수한 제품을 생산한 측보다는 자신이 제시한 기술 표준을 지지하는 세(勢)를 모아서 사실상 de facto 표준을 세우는 측이 승자된다. 그야말로 내편을 많이 모아서 성공적으로 네트워크를 형성하는 것이 승리의 비결인 셈이다. 기술 표준의 힘은 적절한 메커니즘을 통해 가능한 한 많은 사람들에 의해서 그 표준이 채택되어 공유될 때 발생한다. 이러한 이유로 표준은 국가나 공식 협회 및 국제기구들이 나서는 '표준화'의 형태를 통해서 제정되는 경우가 많았다. 그런데 최근 IT산업 분야에서 기술 표준 자체의 가치가 높아지면서 주도권을 놓고 시장에서 경쟁을 벌이는 '표준 경쟁'의 중요성이 증대되었다. 마이크로소프트, 구글, 애플 등의 사례에서 보듯이, 표준 경쟁을 통해서 기술 표준을 장악하는 측은 해당 시장을 구조적으로 지배하는 승자로 군림하면서 모든 것을 독식할 가능성이 높다(김상배 2007).

이렇게 표준을 세우는 권력의 개념은 IT 분야의 사례에만 국한된 것이 아니다. 넓은 의미에서 보면 표준의 권력은 세계정치 전반에도 적용할 수 있다. 사실 글로벌 스탠더드global standard라는 말은 지난 10여 년 동안 우리 사회에서 가장 많이 회자된 용어 중 하나이다. 특히 1997년 소위 'IMF 경제위기'를 겪고 나서 더욱 그러했다. 그 이후 글로벌 스탠더드는 우리만의 둥지에 안주하지 말고 바깥의 넓은 세상에 적응하라는 시대적 요구를 대변하는 용어로 군림했다. 글로벌 스탠더드의 수용은 누구도 거스를 수 없는 대세처럼 여겨졌을 뿐만 아니라, 그 위세에 눌려서 소위 코리안 스탠더드Korean standard는 설 자리를 잃고 왜소해질 수밖에 없었다. 실제로 글로벌 스탠더드라는 말이 야기한 변화의 파장은 매우 크고 광범위했다. 일상생활에서 사용하는 제품의 규격에서부터 기업의 구조조정이나 정부 정책의 개혁, 그리고 문화적 삶이나 생각하는 방식의 변화에 이르기까지 우리 사회 어디에도 파고들지 않은 곳이 없었다. 이러한 과정에서 글로벌 스탠더드는 단순한 말이 아니라 그 말이 상징하는 바를 통해서 현실을 휩쓸어 가는, 그야말로 서슬이 퍼런 권력을 의미했다.

이상에서 살펴본 바와 같이, 정보혁명은 일차적으로 기술·정보·지식의 생산이 양적으로 증대되는 과정을 의미한다. 세계정치 시각에서 이러한 과정이 지니는 전략적 의미는 지식 자원이 기존의 부강富強을 추구하는 물질 자원을 넘어서 세계정치의 목표를 달성하는 데 필수불가결한 새로운 권력 자원으로서 부상하고 있다는 점이다. 그러나 정보혁명은 지식 자원을 생산하는 과정뿐만 아니라, 이미 생산된 지식을 전파하고 소통하는 과정에서 발생하는 네트워크 권력정치 또는 표준의 세계정치를 부추기고 있다. 네트워크 환경을 배경으로 소통하는 과정에서, 표준의 권력을 장악하려는 현상이 범위나 강도 면에서 점점 강화되고 있다. 그야말로 지구화 시대의 표준, 즉 글로벌 스탠더드를 장악하기 위한 경쟁이, 단순한 제품과 기술의 표준을 넘어서 세계정치의 제도와 규범, 더 나아가 생각과 정체성을 설계하는 영역으로까지 퍼져 나가고 있다.

3. 정보혁명과 세계 지식 질서의 변환

(1) 미국 주도의 세계 지식 질서

이상에서 살펴본 새로운 권력의 잣대로 본 세계질서의 판세는 어떻게 그려지는가? 20세기 세계질서의 판세를 논함에 있어서 주로 군사력이나 경제력을 잣대로 보는 군사 질서와 경제질서에 주목했다면, 21세기에는 지식력을 잣대로 보는 지식 질서를 통해서 세계질서의 판세를 읽는 노력이 필요하다. 이러한 지식 질서에 대한 논의는 국제정치학에서 수전 스트레인지Susan Strange에 의해서 '지식 구조'라는 개념으로 제시된 바 있다. 지식 구조란 "어떤 지식이 발견되고, 어떻게 저장되며, 누가 어떤 수단을 통해, 어떠한 조건하에, 누구와 그 지식을 소통하는가를 결정하는 구조"이다 (Strange 1988, 121). 이러한 관점에서 이해할 때 미국은 지식의 창출과 확산 및 공유의 과정에서 주도권을 행사함으로써 사실상 새롭게 짜이는 세계 지식질서의 패권을 장악하고 있다.

정보혁명 시대 세계 지식 질서의 기저를 이루는 IT 인프라의 경우를 보면, 지구 인터넷 트래픽은 미국을 허브로 하여 이루어지고 있다. [그림 12-2]의 왼쪽 그림은 2007년 지구 차원(주요 9개국)의 인터넷 트래픽을 사회 연결망 분석의 기법을 사용하여 그린 것이다. 국가 간의 인터넷 트래픽이 많을수록 링크가 굵게 표시되었고 노드 간의 거리가 가깝게 표시되었다. 또한 트래픽 상에서의 중심성을 노드의 크기와 위치에 반영했는데, 노드의 크기가 클수록, 그리고 그림의 중심에 위치할수록 많은 트래픽을 담당하는 노드이다. 이러한 점을 염두에 두고 보면, 미국을 허브로 하여 영국·프랑스·독일 등의 유럽 국가들이 인터넷 트래픽의 중심을 이루고 있고, 일본·한국·중국 등 동아시아 국가들은 인터넷 트래픽의 주변 노드를 담당하고 있다. 한편 [그림 12-2]의 오른쪽 그림은 2011년 현재 지구 인터넷 트래픽을 총괄하여 좀 더 이해하기 쉬운 형태로 그린 것이다. 북미 대륙을 허브로 하여 지구 인터넷 트래픽이 형성되어 있음을 단적으로 보여준다.

지식 자원의 생산을 위한 투입 측면에서, 연구개발 R&D 투자의 절대 액수에서 미국은 전 세계 모든 국가들을 단연코 압도하고 있다. 2008년 현재 미국은 약 3982억 달러를 투자하여, 약 1487억 달러를 투자한 2위인 일본의 두 배가 넘는 액수를 투자했고, 3위인 중국(약 1208억 달러), 4위인 독일(약 818억 달러)에 비해서도 훨씬 앞선다. 지식 자원의 질적 수준을 평가하는 지수로서 가장 많이 언급되는 《이코노미스트》 발표 IT산업 경쟁력 지수에서도 미국은 기업환경, IT 인프라, 인적자원, 법률 환경, R&D 환경, IT산업에 대한 지원 등의 분야에서 전체적으로 2007년의 77.4점에 이어 2009년에도 78.9점으로 1위를 달리고 있다. 2007년에 72.7점으로 2위를 차지한 일본은 2009년에는 65.1점으로 6위로 떨어졌다.

특허 발원 건수도 지식 자원의 생산을 가늠할 수 있는 중요한 지표인데, 미국은 PCT Patent Cooperation Treaty 특허뿐만 아니라 미국 특허에서도 압도적으로 많은 수의 특허를 발원했다. 2008년 현재 발원된 PCT 특허의 수를 보면, 미국은 4만 3129건으로 1위를 차지했는데, 2위인 일본의 2만 6568건을 크게 앞서고 있다. 2008년 현재 발원된 미국 특허의 수를 보더라도, 1위인 미국은 1만 8037건으로 2위를 차지한 일본의

그림 12-2 **지구 인터넷 트래픽 흐름도(2007)와 지도(2011)**

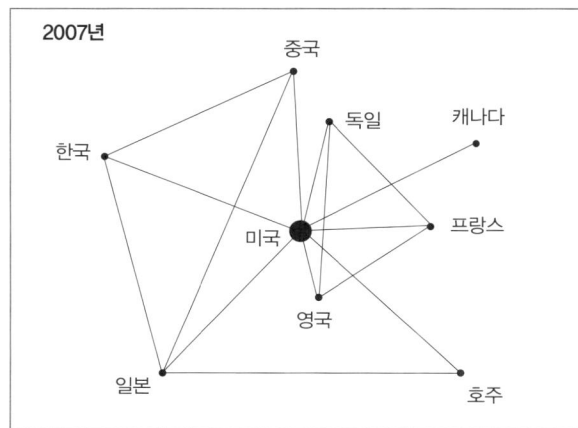

출처: Telegeography 제공 (http://www.telegeography.com);
왼쪽 그림은 김상배 외(2008)에서 재인용.

2168건을 크게 앞서고 있다. 주요 저널에 게재된 논문의 발표 건수와 인용 건수에서도 압도적인 1위를 차지하고 있다. 인문학·사회과학·자연과학의 지수를 통틀어서 톰슨^{Thompson}사가 발표한 자료에 의하면, 논문 발표 건수에서 1위인 미국은 296만 7957건으로서 2위인 일본(77만 252건)을 크게 앞서고 있다. 논문 인용 건수에서도 1위인 미국은 4679만 6090건으로서 2위인 영국(997만 9,737건)을 압도했다.

이러한 단편적인 수치를 넘어서 미국이 정보혁명 시대의 지식구조를 장악하고 있다는 증거는 여러 분야에서 발견된다. 예를 들어 IT의 생산이라는 측면에서 볼 때, 미국은 반도체·컴퓨터·소프트웨어·인터넷 등과 같은 IT 산물을 최초로 개발하여 지구적으로 전파한 나라이며, 소위 정보 고속도로로 알려진 GII$^{Global\ Information\ Infrastructure}$를 일찍부터 주창한 나라이다. 미국은 이러한 기술력과 인프라를 활용하여 IT산업을 일으키고 디지털경제의 붐을 일으켰다. 정보혁명 시대의 선두 주자로 거론되어 온 IBM·마이크로소프트·구글·애플 등은 모두 미국 기반의 기업들이다. 이들 기업들은 정보산업이나 각종 인터넷 비즈니스를 주도해 왔을 뿐만 아니라 이 분야의 표준을 장악해 왔다. IT 분야에 대한 구조적 지배를 상징하는 윈텔리즘^{Wintelism}, 구글아키^{Googlearchy}, 애플 혁명 등과 같은 말들은 모두 미국의 패권을 지칭한다. 최근 디지털 융합의 시대를 맞이하여 거대한 자본과 첨단기술로 포장된 미국 문화산업의 생산품이 지구적으로 전파되고 있다.

한편 미국은 세계정치의 법률상$^{de\ jure}$의 구조에 해당하는 국제 지식 제도의 형성과 변화도 주도하고 있다. 특히 급속하게 지구적으로 확산되고 있는 인터넷

〈참고 12-3〉 미국의 지식 패권을 보여 주는 세 가지 사례

미국의 지식 패권을 보여 주는 사례들은 미국의 기업들이 세계 IT 산업에서 장악하고 있는 주도권에서 극명하게 발견된다. 윈텔리즘으로 알려진 미국 컴퓨터 기업들의 지배가 가장 널리 알려진 대표적인 사례이다. 마이크로소프트의 컴퓨터 운영 체계인 윈도우즈(Windows)와 인텔(Intel)의 두 단어를 합성하여 만든 윈텔(Wintel)은 PC 아키텍처 표준을 장악하고 있는 두 기업의 구조적 지배력을 빗대어서 붙여진 용어이다. 실제로 1980년대 초반 이래 윈텔 표준 또는 IBM 호환 표준은 PC 아키텍처의 표준을 사실상 주도하면서 세계 PC 업계에서 지배적 지위를 누려 왔다. 이러한 윈텔의 패권은 단순한 기업 경쟁력의 의미를 넘어서 컴퓨터 산업에 진입하려는 기업이라면 누구라도 받아들여야 하는 '게임의 규칙'이었다. PC 시대에 출현한 윈텔리즘의 지배력은 네트워크 시대에 이르기까지도 그 형태를 바꾸면서 확대·재생산되고 있다.

둘째, PC 시대에 각광을 받은 주인공이 마이크로소프트였다면, 인터넷 시대의 스타는 단연코 인터넷 포털 기업 구글이다. 구글은 1998년 가을에 출범한 이래 앞선 기술력과 탁월한 비즈니스 전략을 바탕으로 급성장하여 창립 10여 년 만에 세계적인 기업으로 우뚝 섰다. 구글의 부상은 어느 한 기업의 성공 스토리를 넘어서 IT 분야의 질서 변동을 엿보게 한다는 점에서 더욱 새롭다. 현실적으로도 구글은 인터넷에서 원하는 정보를 찾을 때 꼭 거쳐야하는 인터페이스이자 관문의 위상을 굳혀 가고 있다. 오늘날 구글의 위상은 구글에 검색되지 않는 것은 이 세상에 존재하지 않는 것이나 마찬가지라는 말이 회자될 정도로 막강하다. 이러한 구글의 영향력을 지칭하여 구글(Google)이라는 말에 '질서' 또는 '지배'라는 의미의 '-archy'를 합성하여 '구글아키'라고 부르기도 한다.

끝으로, 이러한 IT 분야의 패권이 영화산업과 만나면서 등장하는 사례가 바로 실리우드(Siliwood)이다. 실리우드는 실리콘밸리(Silicon Valley)와 할리우드(Hollywood)를 합성해서 만든 말이다. 지난 반세기 동안 세계 영화 산업의 종주로 군림해 왔던 할리우드의 스튜디오들이 최고의 기술을 자랑하는 실리콘밸리의 IT 기업들과 제휴하는 디지털 융합의 현상을 지칭한다. 구체적으로 실리우드의 현상은 영화 제작에 컴퓨터그래픽스와 같은 특수 효과가 도입되는 것으로 나타난다. 실제로 이러한 실리우드의 영향력은 세계적으로 대단한 것이어서 국내외에서 흥행에 성공한 영화 중 실리콘밸리에서 개발된 첨단 IT의 특수 효과를 사용하지 않는 영화가 없을 지경이다. 이러한 실리우드의 등장은 기술의 우위가 문화의 지배로 전환되는 디지털 시대 세계 지식 질서의 단면을 극명하게 보여 준다.

을 관리하는, 소위 인터넷 거버넌스 분야는 미국에 의해서 새로운 제도의 틀 짜기가 주도되어 왔다. 인터넷 시대의 초창기부터 ICANN(Internet Corporation for Assigned Names and Numbers)이라는 민간 기관을 중심으로 형성된 인터넷의 지구 거버넌스 체제가 가장 대표적인 사례이다. ICANN은 루트서버의 관리나 도메인 이름의 생성과 운영, 그리고 도메인 이름 관리 기관에 대한 지침 등과 관련된 문제들을 관장한다. 쉽게 말해 인터넷 주소 자원과 관련된 기본적인 표준화를 관할하는 기관이다. 그런데 이러한 ICANN은 초창기부터 미국 정부의 입김 아래 있었다. 태생적으로 ICANN은 미 상무부가 인터넷 주소 관리 정책 과정에서 전 세계의 참여를 확보하기 위해서 상호 양해각서(MOU)의 형식을 빌려 설립한 기관이다. 게다가 설립 이후 운영 과정에서도 ICANN은 미 상무부의 감독을 받아 왔을 뿐만 아니라 미국 기업들의 이익을 반영했다.

이밖에도 미국은 WTO(World Trade Organization) 체제하에서 신자유주의적 전자상거래 질서를 마련하고, 지적재산권과 관련된 국제제도를 마련하기 위해서 경주해 왔다. 후자의 예로 WTO의 TRIPs(Agreement on Trade-Related Aspects of Intellectual Property Rights)의 성립을 들 수 있으며, WIPO(World Intellectual Property Organization)의 변화나 문화콘텐츠 분야의 자유무역 레짐의 형성 등도 유사한 사례이다. 이러한 지적재산권 분야에서 미국의 지식 패권에 대한 개도국의 도전을 견제하기 위해 국제 무역 레짐에 기대어 통상 압력을 가해 왔다. 예를 들어, 1980년

<참고 12-4> 인터넷 거버넌스와 ICANN

인터넷 거버넌스(Internet Governance)는 말 그대로 인터넷을 어떻게 관리할 것인가의 문제를 다룬다. '인터넷 거버넌스'라는 말은 1990년대 중반부터 루트서버의 운영, 인터넷 프로토콜 주소의 할당 및 도메인 이름 체계(DNS: domain name system)의 운영 등에 대한 체계적 관리를 의미하는 용어로 사용되기 시작했다. 도메인 이름 체계란 숫자로 구성된 IP 주소를 기억하기 쉬운 도메인 이름의 형태(예를 들어, seoul.ac.kr)로 간소화하여 인터넷상의 정보 자원에 대한 식별을 가능하게 하는 관리 체계이다. 2003년 12월에 스위스 제네바에서 개최된 제1차 WSIS(World Summit on the Information Society) 과정에서 인터넷 거버넌스라는 개념이 쟁점 이슈로 부각되면서 인터넷 관련 공공정책들을 포함하는 넓은 개념으로서 거론되었다. 이후 인터넷 거버넌스는 정부와 민간 부문 및 시민사회가 각자의 역할을 담당하면서 참여하여 인터넷과 관련된 공통된 원칙, 규범, 규칙, 의사결정 절차, 프로그램 등을 마련하는 포괄적인 의미로 이해되고 있다.

현재 가장 핵심적인 인터넷 거버넌스의 역할을 담당하고 있는 기관은 ICANN이다. ICANN이 탄생한 역사를 간략히 살펴보면, 미국 국방부의 프로젝트로 시작한 인터넷 초기에는 미국 정부가 루트서버를 운영했으며, 존 포스텔(Jon Postel)을 비롯한 소수의 엔지니어로 이루어진 IANA(Internet Assigned Numbering Authority)를 중심으로 도메인 이름의 관리가 이루어졌다. 1992년에 이르러 인터넷이 양적으로 급속히 확대되면서 관리에 어려움이 발생하자 미국 정부는 NSI(Network Solutions)라는 회사에 주요 도메인의 관리를 위임했다. 그러나 NSI 중심의 관리 체계에 대한 반론이 제기되고 좀 더 안전하고 자율적이며 대표성이 보장되는 도메인 이름 체계의 관리를 마련하려는 요구에 부응하는 과정에서 현재의 ICANN 중심의 체제가 탄생했다.

ICANN이라는 기관의 미묘한 위상은 인터넷 거버넌스의 복합적 성격을 잘 반영한다. ICANN은 미 상무성이 인터넷 주소 관리 정책 과정에 전 세계의 참여를 확보하기 위해서 상호 양해각서(MOU)의 형식을 빌려 1998년 11월에 설립된 기관이다. 그런데 ICANN은 미국 연방법이 아닌 캘리포니아 주법을 따라야 하는 캘리포니아 소재의 비영리법인이다. 이러한 지역적 성격을 갖는 ICANN이 지구적으로 사용되는 인터넷을 사실상으로 관리하는 역할을 담당한다. 그렇다고 ICANN을 전통적인 의미의 국제기구로 볼 수도 없다. ICANN의 활동에는 정부 관계자뿐만 아니라 민간 전문가 그룹과 상업적 이해관계를 갖는 기업들도 참여하고 있기 때문이다. 게다가 일반 회원(At Large Membership) 제도를 통해 인터넷 이용자 그룹도 정책결정 과정에 참여할 수 있는 통로가 마련되어 있다. 이러한 조직 구성이나 운영 방식의 특성으로 미루어 볼 때, ICANN은 기존의 정부 간 또는 민간 국제기구들과는 질적으로 다른 관리 양식의 가능성을 보여 주는 사례이다.

대 후반에 발생했던 미·일 반도체 분쟁의 사례에서 보건대, 미국은 WTO의 국제 레짐에 의거하여 동아시아 국가들의 독자적인 행보에 제동을 걸려고 했다. 2000년대 중후반 소위 동기식 이동통신 원천 기술 보유 업체인 퀄컴이 휴대인터넷, 무선인터넷 플랫폼의 한국산 단일 표준인 WIPI Wireless Internet Platform for Interoperability에 강력하게 문제 제기를 하고 나선 것도 같은 맥락에서 이해할 수 있다.

이러한 지식 패권은 미국이 대외적으로 군사·외교 분야에서 일종의 비공식적 제국의 네트워크를 확장하는 기초로서 작동했다. 예를 들어, 군사 분야에서 1990년대부터 미국은 첨단 과학기술을 이용하여 산업시대의 군사력을 정보시대의 군사력으로 바꾸는 군사 변환military transformation의 프로젝트를 추진하고 있다. 이는 군사기술의 혁신이라는 의미를 넘어서 군의 구조 변화뿐만 아니라 군사전략이나 동맹의 개념까지도 재조정하는 양상으로 나타났다. 한편 최근에는 IT 분야에서 점하고 있는 우위를 외교 영역에까지 반영하기 위한 노력을 펼치고 있는데, 첨단 IT를 도입하여 소위 RDA Revolution in Diplomatic Affairs를 추구할 뿐만 아니라 외교 과정의 변화도 추진했다. 2000년대 후반 부시 행정부에서 외교 정보의 디지털화나 지식 외교의 추진을 넘어서 외교 조직의 개혁까지도 포함하는 변환 외교transformational diplomacy를 추진한 것이 사례이다. 최근 오바마 행정부에 이르러서는 SNS를 활용하는 공공 외교의 추진과 동시에 민간 행위자를 외교에 참여시키는 네트워크 외교를 추진하고 있다.

(2) 미·중 지식 경쟁과 지식 질서의 변환

정보혁명 시대의 지식 권력을 확보하기 위한 경쟁이 가속화되면서 세계 지식 질서의 변화가 예견된다. 다시 말해 정보혁명이 국내적 차원에서 지식 경쟁을 유발함으로써 사회세력 간의 역관계를 변화시키듯이 국제적 차원에서도 국가들 간의 세력 분포를 변화시킬 가능성이 높아지고 있다. 사실 세계정치에서 지식 경쟁의 와중에 발생하는 국가들의 위상 변화는 국제정치이론의 오래된 관심사 중 하나이다. 예를 들어 국제정치이론가들의 연구에 따르면, 역사적으로 세계 경제의 선도 부문, 즉 해당 시기의 첨단산업에서의 기술 경쟁의 승패에 따라서 세계 패권의 부침이 발생했다고 한다. 가장 비근한 사례로는 20세기 전반 전기공학이나 내구 소비재 산업, 또는 자동차 산업 등을 둘러싸고 벌어진 영국과 미국의 패권 경쟁을 들 수 있고, 좀 더 가까이는 20세기 후반 가전산업과 컴퓨터 하드웨어 및 소프트웨어 산업에서 벌어진 미국과 일본의 패권 경쟁을 들 수 있다(Gilpin 1987; Modelski and Thompson 1996).

이러한 연속선상에서 볼 때, 21세기 세계 지식 질서의 미래를 엿보게 하는 주제는 패권국인 미국과 가장 유력한 도전국인 중국 간에 벌어지고 있는 지식 경쟁이다. 사실 미국과 중국의 경쟁은 단순한 양자관계의 의미를 넘어서 새롭게 부상할 세계질서와 동아시아 질서의 미래를 엿보게 하는 핵심적인 관건이다. 특히 IT 분야에서 관찰되는 미·중 경쟁은 21세기 패권 경쟁의 향배를 보여 주는 시금석 역할을 한다는 점에서 주목할 필요가 있다. IT 분야의 미·중 경쟁은 단순히 갈등이냐 협력이냐, 아니면 누가 승자이고 패자이냐, 그리고 더 나아가 경쟁의 주체가 누구이냐를 묻기가 무색할 정도로 복합적인 성격을 지니고 있다. 따라서 군사력이나 경제력 등과 같은 전통적인 자원 권력의 잣대가 아니라, 앞서 소개한 바와 같이 다차원적으로 벌어지는 네트워크 권력의 잣대로 이해해야 한다. 이러한 새로운 잣대를 원용하면, IT 분야를 중심으로 벌어지는 미국과 중국의 지식 경쟁은 네트워크 권력을 놓고 벌이는 세 가지 차원의 표준 경쟁으로 이해할 수 있다.

첫째, IT 분야에서 미국과 중국의 지식 경쟁은 기술

표준 경쟁의 형태로 나타나고 있다. 예를 들어, 중국은 1990년대 후반부터 미국의 IT 기업들이 장악하고 있는, 사실상 표준에 대항하여 독자적인 표준을 모색했다. 가장 대표적인 사례는 컴퓨터 소프트웨어 분야에서 미국의 IT 기업인 마이크로소프트의 표준(즉 윈도우즈 운영체계와 오피스군의 응용 소프트웨어)에 대항하여 중국 정부가 벌인 오픈소스 소프트웨어, 특히 리눅스의 실험이었다. 그러나 리눅스의 실험은 2000년대 중반 중국 시장에 침투하는 마이크로소프트의 공세적 표준 전략에 밀려서 흐지부지되었다. 그 결과 현재 중국에서 사용되는 약 90퍼센트의 컴퓨터가 마이크로소프트의 윈도우즈 운영체계를 탑재하고 있다. 이밖에도 중국은 이동통신 TD-SCDMA과 무선랜 WAPI 또는 다국어 인터넷 도메인 이름 체계 등의 분야에서 독자 표준을 모색하려는 시도를 벌인 바 있다. 이러한 미·중 기술 표준 경쟁은 20세기 말 컴퓨터 산업에서 미국의 IT 패권에 도전했던 일본의 사례와 여러 가지 점에서 공통점을 갖는데, 양자의 차이점이 있다면 기술 표준 경쟁의 장이 점점 인터넷과 콘텐츠 분야로 옮겨가고 있다는 점이다.

둘째, IT 분야의 미·중 지식 경쟁은 단순히 기업들 간에 벌어지는 기술 표준 경쟁에 그치는 것이 아니라 IT 관련 제도의 표준을 놓고 벌이는 경쟁에까지 나아간다. 이러한 경쟁에서는 소프트웨어의 지적재산권과 불법복제, 그리고 인터넷 콘텐츠에 대한 규제와 검열 등이 쟁점이 된다. 예를 들어, 중국 시장에 진출하려는 미국 IT 기업들은 모두 중국 정부가 제시하는 인터넷 검열 지침을 수용해야만 했는데, 이는 미국 국내와 국제사회에서 논란을 일으켰다. 중국 정부가 기술적 장치와 법적 규제 및 인적 감시 등을 통해서 인터넷을 통제하고 있는 상황에서, 미국 IT 기업들이 이를 묵인하고 중국에 진출하는 행태가 인권 단체들의 비판의 표적이 되었다. 앞서 살펴본 마이크로소프트의 경우도 중국 시장에서 기술 표준을 장악할 수는 있었지만, 이는 중국 정부가 요구한 정책 지침을 수용한다는 전제에서 가능한 것이었다. 미국의 IT 기업인 시스코나 야후, 그리고 구글의 경우도 마찬가지였다. 특히 2010년 상반기에 벌어진 구글의 중국 시장 철수

〈참고 12-5〉 리눅스와 오픈소스 소프트웨어의 세계정치적 의미

1990년 후반부터 IT업계에서는 리눅스(Linux)라는 컴퓨터 운영체계 소프트웨어에 대한 관심이 부쩍 높아졌다. 리눅스는 1991년에 리누스 토발즈(Linus Torvalds)라는 핀란드 헬싱키대학의 학생에 의해서 워크스테이션에서 주로 사용되는 운영체계인 유닉스(Unix) 모델을 기반으로 하여 개발되었다. 토발즈가 자신의 이름과 유닉스를 합성해 리눅스라고 이름을 붙였다고 한다. 리눅스가 주목받는 가장 큰 이유 중 하나는 이것이 소스코드(source code)를 공개해서 사용자가 자신의 필요에 따라 수정할 수 있게 허용하는 오픈소스(open source) 소프트웨어라는 점에 있다.

주로 PC를 사용하는 일반 사용자들에게 리눅스라는 운영체계는 낯설게 여겨질 것이다. 일반 사용자들이 주로 접하는 운영체계는 마이크로소프트의 도스나 윈도우즈 등과 같은 PC용이 거의 대부분이기 때문이다. 게다가 도스나 윈도우즈는 마이크로소프트라는 특정 기업이 소스코드를 소유하고 있는 소유(proprietary) 소프트웨어이기 때문에 오픈소스 소프트웨어라는 개념의 리눅스는 더욱 낯설게 느껴진다. 그런데 이렇게 생소한 운영체계인 리눅스가 지난 10여 년 동안 서버나 워크스테이션 등과 같은 대용량 컴퓨터나 모바일 임베디드 시장을 중심으로 성장하여 컴퓨터 운영체계 시장의 구조를 변화시킬 조짐을 보이고 있다.

리눅스라는 오픈소스 소프트웨어는 비록 생소한 IT 분야의 주제이지만 세계정치 시각에서도 그 도전의 의미를 되새겨 볼 여지가 매우 큰 문제이다. 실제로 리눅스와 오픈소스 소프트웨어에 담겨 있는 대항 표준의 논리적 원형은 정보혁명의 시대를 맞이하는 21세기 초반 세계정치의 곳곳에서 발견된다. 예를 들어 리눅스가 제기하는 기술적 대안운동의 논리와 맥을 같이 하는 움직임들이 군사·경제·문화 등의 각 분야에서 반미(反美)의 테러 네트워크, 경제적 반(反)지구화 운동, 반(反)서구 성향의 문화적 대항 담론 등의 형태로 부상하고 있다.

결정을 둘러싼 논란은 IT 분야의 미·중 지식 경쟁이 단순한 기업 차원의 경쟁에만 그치는 것이 아니라 제도 표준 경쟁의 성격을 지니고 있음을 보여 주었다.

끝으로, 가장 포괄적인 차원에서 보면 IT 분야의 미·중 지식 경쟁은 인터넷의 이념과 정체성을 둘러싼 표준 경쟁으로 해석될 수 있다. 예를 들어, 2010년의 구글 사태는 인터넷에 대한 미국과 중국의 이념적 접근의 차이를 보여 주었다. 미국의 정부와 IT 기업들(그리고 세계 인권단체들)이 인터넷을 보편적 인권과 자유의 공간으로 인식했다면, 중국 정부는 인터넷을 국가주권의 영역이자 통제의 대상으로 이해했다. 특히 인터넷을 통해서 드러나는 정체성이라는 측면에서도 미국의 IT 기업들이 탈국가의 개방적 정체성을 주창했다면 중국 정부나 네티즌들은 국민국가의 정체성을 고수했다. 중국 내의 불법복제 관행과 중국 해커들의 애국주의적 행동은 개도국의 민족주의적 정서를 기저에 깔고 있다. 이러한 행동에 대한 미국 측의 반응은 마치 '해적'이나 '무법자'의 일탈을 단속하는 '보안관'과도 같은 모습이었다. 이러한 점에서 미국과 중국의 지식 경쟁은 정보혁명 시대의 이념과 정체성, 그리고 이미지와 규범 등을 둘러싼 추상적인 의미의 표준 경쟁으로 해석할 수 있다.

요컨대, IT 분야에서 벌어진 미·중 지식 경쟁의 성격은 자원 권력을 놓고 벌인 전통적인 의미의 경쟁이라기보다는 네트워크 권력을 장악하려는 경쟁이었다. 다시 말해, 기본적으로 많은 세勢를 자신의 주위에 모아서 표준을 세우기 위한 경쟁이었고, IT 분야에서 벌어지는 제도와 규범의 세계정치라는 네트워크의 기본 설계를 관철하려는 경쟁이었다. 이러한 경쟁에 참여한 행위자라는 점에서 볼 때도 미·중 지식 경쟁은 전통적인 국제정치에서 국민국가들 간에 벌어진 영토 경쟁이나 최근 세계경제에서 주목받는 시장점유율 경쟁과는 다른 양상을 보여 주었다. 최근 21세기 세계정치에서 새롭게 조명되는 두 가지 다른 종류의 권력, 즉 마이크로소프트와 구글이라는 다국적 기업과 중국이라는 잠재적 강대국 간에 발생한 비대칭적 경쟁으로 볼 수 있다. 좀 더 엄밀하게 말하면, 이러한 경쟁은 다국적기업과 정부 간의 갈등에만 그치는 것이 아니라, 미국과 중국의 정부뿐만 아니라 다국적 기업과 세계 인권단체들, 그리고 양국의 네티즌들까지도 참여

<참고 12-6> 구글의 중국 시장 철수 결정을 둘러싼 논란

2006년 1월 중국 시장에 진출한 이후 구글은 중국 정부의 인터넷 검열 방침을 수용한다는 비판과 중국 정부와의 잦은 마찰이 있었음에도 불구하고, 중국 정부가 제시한 표준 내에 잔류하면서 검색 서비스를 제공했다. 그러다가 2010년 1월 12일 구글은 중국 시장에서 철수할 수도 있다고 발표했다. 그 이유는 크게 두 가지였다. 그 하나는 2009년 12월 중국 해커들에 의해 구글 기반의 이메일 서비스를 사용하는 인권 운동가들의 지메일 계정이 해킹 당했다는 것이었고, 다른 하나는 구글의 지적재산권에 대한 심각한 침해가 있었다는 것이었다. 이러한 이유로 구글은 중국어판 검색의 결과를 내부 검열하지 않기로 결정했다고 밝혔다. 마침내 2010년 4월에는 중국 본토의 검색 사이트를 폐쇄하고 홍콩에 검색 사이트를 개설하여 이를 통해 검색 서비스를 우회적으로 제공하게 되었다. 중국 정부가 구글의 홍콩 우회 서비스를 완전 차단하지는 않았지만, 구글의 철수 결정은 중국과 미국뿐만 아니라 세계 사회에서 많은 논란을 불러일으켰다.

그러나 미국과 중국 정부까지 가세한 6개월여간의 논란 끝에 결국 2010년 6월 말 구글은 중국 시장에서의 인터넷영업면허(ICP)의 만료를 앞두고 홍콩을 통해서 제공하던 우회 서비스를 중단하고 중국 본토로 복귀하는 결정을 내리게 되었다. 이에 대해 중국 정부는 구글이 제출한 인터넷영업면허의 갱신을 허용했다. 지메일 해킹 사건으로 촉발된 구글과 중국 정부 사이의 갈등에서 결국 구글이 자존심을 접고 중국 정부에 '준법서약'을 하는 모양새가 되었다. 그러나 표면적으로는 구글이 다시 중국의 방침을 수용하고 굽히고 들어간 것으로 보이지만 아직 구글 사건의 궁극적인 승자가 누구인지를 판단하기는 쉽지 않다.

하는 다양한 네트워크 행위자들이 벌인 경쟁이었다.

한편 세계 지식 질서의 변환은 세계정치의 다양한 행위자들이 권력 경합을 벌이는 차원을 넘어서 국제 레짐이나 국제기구 등과 같은 제도적 차원에서도 파악할 수 있다. 이러한 변환은 지적재산권, 정보통신, 인공위성, 표준화, 정보격차 해소, 개인 정보, 사이버 보안, 콘텐츠 규제, 서비스 무역 등과 같은 정보혁명 시대의 새로운 쟁점을 둘러싸고 새로운 지구 거버넌스의 메커니즘과 전통적인 국제기구가 관할권 경쟁을 벌이는 모습으로 나타난다. 예를 들어, 인터넷 거버넌스 분야에서는 ICANN이 인터넷의 초창기부터 주도권을 쥐고 있었는데, 최근에 ITU International Telecommunications Union 와 같은 전통적 정부 간 기구가 관할권 회복을 위해 도전하는 양상을 보이고 있다. 예를 들어 ITU는 2003년과 2005년 두 차례에 걸쳐서 정보격차나 개발 협력의 이슈를 내걸고 정보사회세계정상회의WSIS를 열었으며, 그 이후에도 인터넷 거버넌스 포럼IGF을 운영하고 있다.

이러한 국제제도 변환의 이면에는 인터넷 거버넌스 분야에서 작동하는 미국의 실제적인 패권에 대한 다른 국가들의 도전이 자리 잡고 있다. 다시 말해 정보혁명 시대의 세계 지식 질서에서 미국이 지식 패권을 장악하고 있는 것은 엄연한 현실이지만, 새로운 질서 형성 과정에서 미국이 독주하는 것을 우려한 유럽의 국가들이나 중국이나 일본, 그리고 개도국들의 도전도 만만치 않게 존재한다. 예를 들어, 2000년대 초반부터 ICANN이 주로 미국의 이익을 반영하고 있다는 비판이 거세지면서 그 개혁에 대한 문제 제기들이 잇달았다. 정보사회세계정상회의에서 벌어진 ICANN 체제의 개혁에 대한 논의는 한 사례이다. 또한 미국이 주도하는 ICANN 중심의 인터넷 도메인 이름 체계에 대항하여 다국어 도메인이나 대안적 루트서버의 마련을 주장하는 중국의 도전도 만만치 않다. 이러한 맥락에서 볼 때 현재 미국이 주도하고 있는 세계 지식 질서가 변화할 가능성을 배제할 수 없다.

(3) 한국은 여전히 IT 강국인가?

세계 지식 질서에서 한국은 어떠한 위상을 차지하고 있는가? 미국과 중국이 벌이는 지식 패권 경쟁의 틈바구니에서 IT 한국에게 주어지는 기회와 제약은 무엇인가? 군사력이나 경제력의 측면에서 한국은 세계 10~15위권에 들지만 한반도의 주변 국가들과 비교해 볼 때는 명백히 비非 강대국이다. 그런데 IT 분야에서는 최근 한국이 세계를 놀라게 하는 강국의 면모를 보이면서 두각을 나타내고 있다. 2000년대 들어 한국이 IT 강국이라고 자부하게 된 것은 바로 이러한 맥락이다. 근대화와 산업화 시대에는 역사의 보조역에 머물렀던 한국이 정보혁명의 시대를 맞이하면서 역사의 주역으로 발돋움하는 꿈을 꾸게 된 것이다. 그렇다면 한국은 여전히 IT 강국인가? 최근의 양상을 보면 IT 한국에는 다소 모순적인 면모들이 중첩되고 있다.

한국이 가장 두각을 드러난 분야는 IT 인프라의 보급이다. 지난 10여 년 간 자랑해 온 인터넷 강국의 이미지는 세계적으로 선두를 달리는 초고속 인터넷의 보급률과 이를 뒷받침하는 컴퓨터와 이동통신 보급률 등을 바탕으로 한다. 2009년을 기준으로 가구당 인터넷 보급률은 한국이 95.9퍼센트로 OECD 31개 회원국 중에서 가장 높았다. 초고속 무선인터넷 보급률의 경우, 2011년을 기준으로 한국이 OECD 국가 중 가장 높은 89.8퍼센트를 기록해 조사 대상 34개국 중에서 1위를 차지했다. 이는 OECD 평균(41.6%)의 두 배가 넘는 수치다. 2009년을 기준으로 한국은 가구당 컴퓨터 보유율이 81.4퍼센트로 세계 9위를 차지했다. 이동통신 보급률은 2010년 3월 처음으로 100퍼센트를 넘어서서 2010년 4월 기준으로 이동통신 가입자는 4920.6만 명으로 이동통신 보급률은 100.6퍼센트를 기록했다. 한국에서 인터넷의 보급 양상이 특히 주목을 끄는 이유는, 유선 인터넷을 중심으로 발전한 미국 모델이나 무선 인터넷을 중심으로 발전한 일본 모델에 비교해서 드러나는 특징 때문이다. 한국의 인터넷 보급 모델은 유선 모델과 무선 모델이 모두 강점을 보이는 독특한 '유무선 퓨전 모델'의 형태를 띠고 있다.

IT산업의 경쟁력이라는 점에서 한국은 메모리 반도체, FPD[TFT-LCD], 휴대폰 단말기 등 하드웨어 제품을 중심으로 한, 소위 IT 분야 제조업에서 두각을 나타냈다. 그러나 최근에 조사된 바에 의하면, 한국 IT산업의 경쟁력은 전반적으로 하락세에 있는 것으로 알려져 있다. 미국 사무용소프트웨어연합[BSA]이 조사 기관인 이코노미스트 인텔리전스 유닛[EIU]에 의뢰한 보고서에 따르면, 2011년 한국은 종합 경쟁력 지수 60.8을 기록하며, 조사 대상 66개국 중 19위를 기록했다. 이는 2009년에 대비해 볼 때 세 계단 하락한 것으로, 이 보고서가 처음 발행된 2007년 이후 지속적인 하락세를 보여 13계단이나 하락한 것으로 기록됐다. 실제로 보고서가 발행되지 않은 2010년을 제외하고 2007년에는 3위, 2008년에는 8위, 그리고 2009년에는 16위를 기록했다. 이 보고서는 세계 각국의 IT산업 환경, 즉 연구개발[R&D]과 비즈니스 환경, IT산업 발전 지원도, IT 인프라 및 인적자원과 법규 등의 여섯 가지 요소에 대한 분석 결과이다.

IT 분야 하드웨어 제조업 부문에 편중된 한국의 IT 산업 구조는 소프트웨어나 콘텐츠 부문으로의 구조 변동의 장애물로 지적된다. 특히 최근 들어 한국 소프트웨어 산업(또는 기술 표준)의 부진에 대한 우려의 목소리가 높아져 가고 있다. 컴퓨터 산업 분야에서 한국은 초기부터 윈텔 표준을 수용하여, 컴퓨터 운영체계를 미국의 마이크로소프트와 인텔에 거의 전적으로 의존해 왔다. 이밖에도 비메모리 및 응용 소프트웨어 분야도 부진한데, 워드프로세서는 예외이다. 일종의 틈새시장으로서 워드프로세서인 '훈글'이 국내시장 점유율 면에서 마이크로소프트의 'MS워드'를 앞서 가고 있다. 이는 세계적으로도 매우 이례적인 사례지만, 훈글의 제조사인 '한글과 컴퓨터'(한컴)는 1990년대 후반 경영난에 견디지 못하고 한 차례 사회적 논란을 일으킨 이후 계속 고전을 면치 못하고 있다.

〈참고 12–7〉 훈글 살리기 운동과 한글 민족주의의 세계정치

1990년대 초 이래 '한글과 컴퓨터'(이하 한컴)의 훈글은 세계 소프트웨어 시장에서 유일하게 마이크로소프트의 MS워드를 제치고 75퍼센트 이상의 국내 시장을 지켜온 한국 소프트웨어 산업의 경제적 성과이자 문화적 자존심이었다. 그런데 1998년 6월, 경영난에 봉착한 한컴은, 마이크로소프트의 투자를 받아들이는 대신 주력 사업이었던 훈글을 포기하는 결정을 내리게 되었다. 이러한 계약 내용이 일반 국민에게 알려지자 이에 대한 국민적 반대가 심하게 제기되었고, 더 나아가 훈글을 살리기 위한 거국적인 운동이 일어났다. 각종 시민사회단체를 중심으로 운동이 조직되었으며, 소위 '훈글살리기 국민운동본부'(이하 운동 본부)가 정식으로 발족되기에 이른다. 이와 함께 한컴을 위기로 몰고 간 주요 요인의 하나로 지목된 소프트웨어 불법복제에 대한 반성과 함께 '정품 구매 운동'도 일어났다.

결국 이러한 '훈글 살리기 운동'이 전개된 지 한 달여 만에 한컴은 운동 본부가 제시한 투자를 받아들이는 대신 마이크로소프트와의 계약을 포기한다는 뜻을 표명하게 되었다. 이 사건은 세계적으로도 유례가 없는 특기할 만한 것이었다. 거대한 다국적 기업인 마이크로소프트의 공세를 일반 사용자들이 직접 나서서 막아 냈다는 점에서 그러했고, 운동의 기저에 깔려 있던 한국인들의 독특한 정서 때문에 더욱 더 그러했다. 당시 훈글의 몰락은 단순히 특정 기업의 문제로서 인식되지 않았다. 국민경제의 차원에서 한국 소프트웨어 산업의 사활이 달린 문제로 인식되었으며, 더 나아가 한민족의 고유한 문화적 상징인 한글 자체의 존재가 위협받는 것으로 이해되었다. 이러한 맥락에서 한컴이나 훈글을 살리는 것은 곧 한글 자체를 지키는 것이라는 이른바 '한글 민족주의' 정서가 표출되었다.

한편 최근에는 미디어 융합을 통한 새로운 산업과 서비스 환경의 출현으로 방송이나 통신 분야에서 한국이 세계적으로 주목을 받는 새로운 경로를 개척해 왔다. 예를 들어, 한국은 세계 어느 나라보다도 앞서서 디지털 위성방송이나 IPTV^{Internet Protocol Television} 서비스를 선도적으로 개시했다. 또한 새로운 세대의 이동통신 서비스^{WCDMA}나 휴대인터넷 서비스^{WiBro} 등을 선도적으로 개시하여 테스트베드로서 한국의 통신 시장의 이미지를 세계적으로 떨쳤다. 이밖에도 선도적인 IT 인프라의 보급을 바탕으로 한 전자정부 서비스의 보급이나 전자상거래의 활성화를 위한 각종 물리적 인프라의 보급은 한국이 전 세계에서 상대적으로 앞서 나가고 있는 IT 분야의 성과로 거론된다.

그럼에도 불구하고 소프트웨어와 기술 표준 분야의 부진이 IT 한국의 발목을 잡고 있다. 한동안 앞서 가던 이동통신 단말기 부문에서 소위 스마트 혁명의 파도에 제대로 올라타지 못하고 최근 들어 부진을 겪고 있는 것도 사실 소프트웨어의 문제이다. 2009년 하반기 미국의 IT 기업 애플이 불러일으킨 '아이폰 쇼크'를 겪은 이후, 한국 IT산업은 스마트폰뿐만 아니라 태블릿PC 분야에서 힘든 추격전을 벌이고 있다. 여타 기술 표준 분야에서 받아든 IT 한국의 성적표는 더욱 초라하다. 이동통신 표준은 CDMA의 상용화 종주국을 자부하고 있지만 여전히 외산 기술 표준에 의존하여 기술을 개발하고 있는 실정이며, 디지털 방송 분야에서도 미국식 지상파 표준을 수용하고 있다. 요컨대, IT 하드웨어 산업에서는 특정 부문에서 경쟁력을 유지하고 있지만 해당 산업의 기술 표준을 주도하고 있지는 못한 상황에서 최근 중국의 부상으로 미·중 사이에서 표준의 선택을 강요 받을 가능성마저 제기되고 있다.

이에 비해 한국의 대중음악과 TV 드라마, 그리고 영화가 일으킨 한류 열풍은 대중문화에 대한 한국인의 자부심을 한껏 올려 놓았다. 또한 온라인 게임이나 인터넷 커뮤니티의 성공은 디지털 콘텐츠 산업의 미래에 대한 밝은 전망을 갖게 한다. 특히 한류와 IT산업의 성공은 한국의 이미지를 개선하는 데 크게 기여했다. 예를 들어, 반도체·휴대폰 단말기와 같은 첨단 IT 제품의 이미지라든지 드라마·영화·음악 속에 담기는 이미지 등은 동아시아와 세계인들에게 매력적으로 비친다. 그러나 한류와 IT산업이 기업 전략 차원의 단편적인 성공을 넘어서 국가의 힘으로 승화되기 위해서는 좀 더 본격적인 고민의 작업이 필요하다. 궁극적으로 역량의 확보는 어느 나라의 정치·사회·경제·문화의 체제에서 비롯되는 것으로 닮고 싶고 배우고 싶은 삶의 방식에서 우러나오는 매력에서 찾아야 하기 때문이다.

이상에서 논의한 IT산업과 인프라, 그리고 인터넷과 한류 등의 성과를 바탕으로 한국은 최근 IT 분야에서 대외활동을 활발히 벌이고 있다. 특히 최근 세계 정보격차 해소 사업의 일환으로 IT 분야의 공적개발원조^{ODA: Official Development Assistance}와 국제 분업 체제 구축을 목적으로 각종 IT 분야 국제협력 등을 적극적으로 추진하고 있다. 세계 정보격차 해소 사업과 관련된 IT 분야 교류협력의 사례로는 ODA 형태의 IT 분야 개도국 지원, 정보화 선진국으로서 한국의 개발 경험 전수, 인터넷 청년봉사단 파견, 개도국 IT 인사 초청 연수 등을 들 수 있다. 이밖에도 세계은행이 주도하는 DGF^{Digital Gateway Foundation} 사업 참여, APII^{Asia Pacific Information Infrastructure}의 구축 사업 등도 동일한 선상에서 이해할 수 있다. 또한 동남아시아 국가들을 상대로 한 전자정부 자문 사업과 전자정부 모델의 전수, 그리고 한국형 표준화 모델의 전파 등도 주목을 요한다. 특히 이러한 사업의 추진 과정에서 IT 분야의 국제기구들과 연계하는 모델이 모색되고 있다.

이러한 사업들에 추진하는 과정에서 한국이 추진한 국제개발협력 모델의 특징은 일차적으로 한국 IT 기업들의 현지 진출 지원이라는 실리 위주의 발상이 바탕에 깔려 있다는 것이다. 그렇지만 최근에는 이러한 사업들에 개도국을 대상으로 한 매력 외교의 색채가 강하게 가미되고 있다. 이는 IT 분야의 성과를 바탕으로 실리 추구뿐만 아니라 매력 발산에 관심을 두는 외교가 활성화되고 있음을 뜻하는데, 한국의 이미지를 제고하는 공공외교에 대한 관심이 한국이 경쟁력을 갖는 IT 분야에까지 확산된 것으로 평가된다. 이러한 과정에서 IT 분야 한국의 국가브랜드를 널리 알리고 정보화의 과정에서 한국이 이룩한 가치를 다른 나라에 전파하는 효과를 낳고 있다. 이러한 노력은 일정한 성과를 거두어 최근 세계적으로 유명한 시장 조사 기관 GfK가 발표한 2011년 한국의 국가브랜드지수[NBI]는 세계 27위를 기록했는데, 이는 2008년의 33위와 2010년의 30위에서 꾸준히 상승한 것이다. 이러한 오프라인에서의 IT 공공 외교의 모색은 온라인에서도 이어져서 한국의 사이버공간으로 세계 각국을 초대하여 한국 정보화의 매력을 발산하는 사이버 외교의 노력도 확산되고 있다.

IT 분야의 국제 레짐이나 국제기구, 또는 초국적 네트워크에 참여하는 문제는 한국의 IT 전략이 상대적으로 아쉬움을 남기는 분야이다. 사실 정보혁명의 시대를 맞이하여 IT 분야 국제기구에의 참여를 통해서 새로운 질서와 규범 형성에 참여하는 문제도 매력 외교의 가장 중요한 과제 중 하나일 것이다. 실제로 한국은 현재 ITU, APEC, ICANN, WSIS/IGF 등에 참여하고 있다. 그러나 여태까지 한국의 IT 외교가 받아놓은 성적표를 보면 규범 형성을 주도하기보다는 수동적인 관망의 자세로 임하는 경향이 없지 않았다. 민간 전문가의 인력 풀과 참여도 선진국에 비하면 매우 부진한 실정이다. IT 외교에 참여하는 개인과 조직의 역량에 대한 제고에서부터 지식·과학·기술 분야 정부 부처의 국제협력 담당 조직의 정비에 이르기까지 많은 과제를 안고 있다. 게다가 최근 이명박 정부 출범 이후 단행된 정부 조직 개편으로 인해서 정보화 외교 또는 IT 외교의 추진 체계가 혼란 상태에 빠져 있다. 안보 외교와 통상 외교를 담당하는 외교통상부가 단순한 문화 외교나 공공외교의 차원을 넘어서는 광의의 지식 문화 외교의 시각에서 IT 분야의 외교를 시급하게 조율해야 할 것이다.

4. 정보혁명과 네트워크 국가의 부상

(1) 초국적 네트워크의 도전

정보혁명은 소통 방식을 획기적으로 발전시킴으로써 사람들을 엮는 다층적인 복합 네트워크의 부상을 가능케 했다. 이러한 현상의 이면에는 네트워킹 자체에 드는 비용의 획기적 감소가 깔려 있다. 예전에는 상상조차 하기 어려웠을 정도로 적은 관심과 노력만으로도 십시일반十匙一飯의 네트워크를 구성할 수 있게 되었다. 이러한 네트워크를 기반으로 하여 사람들은 이메일을 주고받고 웹사이트에 정보와 지식을 올려놓으며, 이를 활용하여 (과거처럼 신문과 방송에 의지하지 않고도) 서로 소통하고 의견을 나눌 수 있게 되었다. 하다못해 예전에는 전문가의 영역으로만 간주되던 백과사전의 편집에 참여하기도 하고, 전문 비평가

빰치는 평론을 주고받는 온라인 동호회를 구성하기도 한다. 이렇게 만들어지는 복합 네트워크의 공간에서는 정보와 지식의 공적인 교류뿐만 아니라 사적인 소통과 친밀한 교감까지도 오고 간다. 특히 페이스북, 트위터, 유튜브와 같은 SNS는 주위의 친구들에게 글과 영상을 추천받고 이들을 다시 다른 친구들에게 퍼뜨리는 일종의 '소통과 공감의 네트워크'를 만들어 내고 있다.

복합 네트워크의 메커니즘에 의지해서 사람들은 예전과 같은 수동적인 청중의 자리에만 머물지 않고 좀 더 능동적인 참여자의 역할을 찾아서 인터넷 세상으로 나서고 있다. 이렇게 능동적으로 네트워크에 참여하는 주체들은 오프라인의 소수자들이었다. 그러나 이들이 개방과 참여와 공유로 대변되는 소위 웹 2.0의 환경을 맞아 서로 엮여서 세(勢)를 발휘하고 있다. 이렇게 세를 발휘하는 네트워크의 특징은 통제되지 않는 자기 조직화의 힘을 바탕에 깔고 있다는 점이다. 공룡의 꼬리처럼 미미한 존재들이 네트워크를 형성하여 공룡의 머리와도 같은 기성 권력에 도전할 수 있게 되었다고 하여 긴 꼬리(long-tail) 법칙이라는 말이 쓰이기도 한다. 이들이 발휘하는 힘은 기성 권력에 대항하는 저력(底力), 또는 아래로부터의 대항 권력의 성격을 갖는다.

이러한 네트워크 현상은 IT 강국으로 불리는 한국에서 선도적으로 나타났다. 예를 들어 2002년 대선 과정에서 나타난 '노사모'(노무현을 사랑하는 사람들의 모임), 월드컵 과정에서 나타난 붉은악마, 오마이뉴스나 프레시안 같은 인터넷 언론의 활성화 사례는 한국 사회에서 인터넷을 매개로 한 정치사회적 조직화의 가능성을 일찍감치 보여 주었다. 아울러 PC방과 휴대폰의 빠른 확산이나 온라인 공동체의 성장 및 채팅 문화의 형성 등에는 혈연·지연·학연 등의 연고주의를 기반으로 하는, 한국 사회에 존재하는 전통적인 사회문화적 요소가 IT의 확산과 밀접히 연관되어 있음을 보여 준다. 이밖에도 한국의 소비문화, 빨리빨리 국민성, 체면 문화, 주거문화, 평등주의적 경향, 특유의 경쟁 심리 등과 같은 사회 문화적 변수들도 한국에서 정보혁명의 전개에 일정한 영향을 미쳤다. 최근에는 SNS가 널리 확산됨에 따라 지식 엘리트들의 영역으로 인식되던 무역협상과 외교 안보정책의 결정 과정에도 영향을 미치고 있다. 머리말에서 살펴본 2008년의 촛불집회나 2010년의 천안함 사건 등이 대표적인 사례이다.

정보혁명이 정치에 미치는 영향은 한국에만 국한된 것이 아니다. SNS는 지구 반대편의 중동에서 벌어진 정치 변동에도 영향을 미쳐서 소위 재스민 혁명으로 알려진 민주화 바람을 일으켰다. 2011년 튀니지와 이집트에서 시발되어 중동 전역으로 확산되고 있는 민주화 바람의 이면에는 SNS의 확산에 힘입어 증대된 소통의 힘이 있다. 실제로 SNS를 통해서 모두가 막연하게만 알고 있던 집권층의 비리와 부패가 세상에 알려지고, 또한 (좀 더 중요하게는) 이에 분개하여 거리로 나선 동료들이 있다는 소식을 접하게 되면서 민주화를 요구하는 집단행동이 촉발되었다. SNS라는 기술 변수가 중동의 민주화를 낳았다는 말이 아니라 SNS로 인해서 역사의 전면에 등장한 소통과 공감의 정치가 변화의 주역이라고 보아야 할 것이다. 이러한 변화가 민주화의 외양을 하고 초국적으로 전파될 가능성이 점쳐지면서 중동에서 벌어진 재스민 혁명의 여파가 동아시아에까지 미칠 것인가의 문제가 초미의 관심이 되고 있다.

다층적 복합 네트워크의 힘은 새롭게 부상하는 초국적 네트워크 행위자들에 의해서 세계정치의 영역에서도 나타나고 있다. 세계 사회운동 단체들은 인터넷을 통해서 자신들의 주장을 관철시키기 위한 다양한 네트워크를 구성할 좋은 기회를 마련했다. 인권 문제와 환경 문제를 지지하고 여성에 대한 폭력을 반대하며 대인지뢰를 금지 시키려고 하는 초국적 네트워크들은 특히 주목을 받아 왔다. 소위 시애틀 전투에서 반지구화 행동주의자들이 WTO와 지구화 세력에 대한 대항 세력을 규합하기 위해서 인터넷과 휴대폰을 효과적으로 사용한 예는 유명하다. 이외에도 멕시코의 사파티스타 운동, 유럽에서의 G8 반대 운동, 그린피스나 국제사면위원회 등은 중요한 사례를 보여 준다.

여기서 눈길을 끄는 것은 디지털 네트워크의 확산에 기대어 부상하고 있는 새로운 대항 담론의 부상이다. 이러한 대항 담론의 부상은 국가 간 세력 경쟁 및 제도 변화의 차원을 넘어서는 관념 차원에서 본 세계지식 질서의 구조 변화를 엿보게 한다. 예를 들어, 근대 지적재산권 개념에 대응하는 '정보공유'copyleft의 대항 담론은 IT 분야에서 주로 거론되는 것이지만, 세계 정치 시각에서 보아도 그 함의를 되새겨 볼 의미가 충분하다. 특히 인터넷을 매개로 한 오픈소스 소프트웨어의 기술혁신 공동체나 온라인 버전의 백과사전인 위키피디아가 딛고 서 있는 공유와 협업의 담론은 세계 사회운동의 철학이나 가치관과도 일맥상통하는 바가 크다. 아울러 최근 인터넷 커뮤니티를 중심으로 신세대들이 온라인 게임과 뮤직비디오, 애니메이션 동영상이나 기타 디지털 콘텐츠 등을 생산하고 소비하는 행태를 보면 탈계몽적이고 탈근대적인 담론이 사이버 공간에서 싹트고 있음을 예견케 한다.

(2) 국민국가의 변환과 네트워크 국가

정보혁명의 진전에 따라 국가 경계를 넘어서 활동하는 초국적 네트워크 행위자들의 도전은 권력의 변환이나 지식 질서의 변환 차원을 넘어서 세계질서의 기본 원리의 변화에도 영향을 미친다. 정보혁명의 진전은 국가 행위자와 비국가 행위자 간의 경쟁과 역관계 변화라는 차원을 넘어서, 기존에 국민국가를 중심으로 이해되던 질서의 변화 가능성도 열어 놓고 있다. 사실 IT의 발달이 창출하는 네트워크의 환경에서 국가는 가장 효율적인 행위자, 즉 적자適者는 아니다. 오히려 IT가 창출하는 새로운 환경에서 적응의 능력을 갖고 정보와 지식이라는 새로운 목표를 추구하기에 적합한 행위자는 다국적 기업이나 세계 시민단체 등과 같은 네트워크 형태의 초국적 행위자들이다. IT 분야의 사례를 보더라도, 이들 초국적 네트워크 행위자들은 국민국가의 관리 능력과 주권적 권위에 도전하고 있다.

〈참고 12-8〉 온라인 네트워크의 사례: 위키피디아와 집합 지성의 실험

온라인 백과사전인 위키피디아(Wikipedia)는 인터넷에서 발견되는 복합 네트워크의 가장 쉬운 사례이다. 위키피디아의 역사는 그리 길지 않다. 2000년대 초반 지미 웨일스(Jimmy Wales)와 래리 생어(Larry Sanger)가 현재의 위키피디아를 출범시켰다. 그런데 일반 백과사전과 달리 위키피디아에는 편집자가 따로 없을 뿐만 아니라 항목의 집필을 위해 전문들이 따로 참여하는 것도 아니다. 일반 네티즌들도 누구나 자발적으로 참여하여 내용을 기고하여 편집할 수 있고, 이러한 기고와 편집에 참여한 사람들뿐만 아니라 인터넷에 접속한 사람이라면 누구에게나 무료로 제공되는 백과사전이다. 전통적인 백과사전에서는 필자와 독자의 역할이 이미 결정되어 있지만 위키피디아에서는 필자와 독자가 두 가지 역할을 유연하게 넘나들 수 있다. 위키피디아에 있는 수백 개의 언어로 작성된 수억 개의 항목들이 이러한 독특한 협업의 메커니즘을 통해서 만들어졌다. 이러한 점에서 위키피디아는 개방과 공유, 그리고 참여를 특징으로 하는 소위 웹 2.0의 가장 대표적인 사례로 손꼽힌다. 위키피디아의 지적 협업 모델은 흔히 '집합 지성'(集合知性, collective intelligence)이라고 불린다. 집합 지성이란 많은 개인들의 협업을 통해서 실현되는 지성이다. 집합 지성은 어느 누구도 모든 것을 다 알지는 못하지만 누군가는 무엇인가를 알고 있다는 생각을 바탕으로 한다. 따라서 각자가 알고 있는 것들을 모두 모으면 인류의 지식 전체를 엿볼 수 있다는 것이다.

최근 디지털 네트워크의 기술적 안정성과 인터넷에 떠 있는 정보의 보안성, 통칭하여 사이버 안보 문제가 사회적 화두가 되고 있다. 그런데 이 분야는 영토성을 기반으로 하여 국가가 독점해 온 안보 유지 능력의 토대가 잠식되는 현상을 보여 주는 좋은 사례이다. 사이버 공간에 등장한 새로운 위협은 국가에 의해 독점되어 온 군사력의 개념뿐만 아니라 군사전략과 안보의 개념 자체도 기저에서부터 뒤흔들어 놓고 있다. 인터넷 환경은 테러 네트워크나 범죄자 집단들에 의해 도발될 소위 비대칭 전쟁의 효과성을 크게 높여 놓았다. 비대칭 전쟁이란 힘과 규모 면에서 비대칭적인 행위자들이 비대칭적인 수단을 동원하여 서로 다른 비대칭적 목적을 수행하기 위해서 이루어지는 전쟁을 의미한다. 9·11 테러와 같은 국가 행위자에 대한 테러 네트워크의 공격이 대표적인 비대칭 전쟁이다. 정보혁명의 시대에 이러한 비대칭 전쟁이 가장 첨예하게 드러나는 분야가 바로 사이버 공격이나 사이버 테러이다. 최근 국내에서 논란이 되었던 해커들의 디도스(DDoS) 공격은 웹서버나 웹사이트에 대한 공격이 우리 삶에 위협이 될 수 있음을 여실히 보여 주었다.

영토성에 기반을 둔 국가의 능력과 권위가 도전받는 사례는 디지털 경제의 영역에서도 발견된다. 국가 규제를 넘어서는 다국적 IT 기업들의 초국적 활동이 증대되면서 웬만한 개도국의 정부들은 마이크로소프트, 애플, 구글 등과 같은 기업들의 영향력을 무시할 수 없게 되었다. 점차로 확대되고 있는 사이버 공간의 전자상거래도 근대 이래 영토국가에 의해 행사되어 온 조세 관할권에 도전하는 사례이다. 초국가적으로 발생한 전자상거래의 물리적 장소의 소재를 밝히는 것이 쉽지 않기 때문이다. 한편 전자화폐의 등장도 기존의 화폐 수단에 단순한 유동성을 첨가한다는 차원을 넘어서 영토국가의 화폐정책에 대한 잠재적인 도전으로 작용한다. 인터넷상에서 벌어지는 화폐 흐름에 대한 디지털 정보는 국가가 규제자로 나서서 통제하기에는 너무 복잡한 상호 작용의 양상을 띠고 있다. 또한 돈과 정보의 초국적 네트워크는 기업들로 하여금 아웃소싱 방식과 같은 초국적 생산 네트워크의 전략을 성취할 수 있게 하며, 동시에 국민국가의 정부들이 기업들을 효과적으로 규제하는 것을 힘들게 만든다.

유사한 맥락에서 지구화와 정보혁명의 환경을 배경으로 활동하는 초국적 정책 엘리트들의 지식 네트워크나 국가신용도를 평가하는 민간 기관들의 영향력이 증대되고 있는 현상도 이해할 수 있다. 특히 국제개발협력 분야를 중심으로 벌어지는 국제기구 활동의 이면에는 민간 행위자들로 구성되는 각종 정책 지식 네트워크 또는 싱크탱크들이 중요한 역할을 담당하고

〈참고 12-9〉 디도스 공격의 세계정치적 의미

사이버 공격이나 사이버 테러는 국가 행위자들 간의 전쟁이 아니라 체계적으로 조직되지 않은 네트워크 형태의 행위자들이 벌이는 비대칭 전쟁의 대표적 사례이다. 이러한 사이버 공격과 테러의 사례로는 최근에 국내 뉴스 미디어를 뜨겁게 달구었던 디도스(DDoS: Distributed Denial of Service) 공격을 들 수 있다. 디도스 공격은 수많은 개인 컴퓨터에 악성 코드나 해킹 도구와 같은 것들을 유포하여, 이들 컴퓨터를 소위 '좀비 컴퓨터'로 만들고, 특정 서버를 목표로 하여 이렇게 좀비화 된 컴퓨터를 통해 대량의 트래픽을 동시에 유발시킴으로써 그 기능을 마비시키는 수법을 쓴다. 이렇게 인간 행위자와 컴퓨터라는 매개체가 복합적으로 관여하는 비선형적인 (non-linear) 방식으로 수행되기 때문에 누가 사이버 공격을 벌인 범인인지 알아 내기가 쉽지가 않다. 이들 범인은 악의 없는 해커일 수도 있지만 사회체제의 전복을 노리는 테러리스트 조직일 수도 있다. 게다가 경우에 따라서는 이들 비국가 행위자들의 배후에 국가 행위자가 숨어 있기도 한다. 그야말로 다양한 행위자들이 네트워크의 형태로 복합적으로 관여하는 세계정치의 새로운 면모를 극명하게 보여 준다.

있다. 이들 네트워크가 펼쳐 내는 신자유주의적 국제개발협력 정책들은 개도국 정부의 능력에 대한 보완의 역할을 하는 동시에 그 권위에 대해 도전하기도 한다. 이러한 지식 네트워크 활동의 저변에서 디지털 정보 네트워크가 중요한 역할을 하고 있음을 부인할 수 없다. 한편 무디스나 스탠더드앤드푸어스S&P와 같은 국제 신용평가기관의 영향력도 급속히 증대되고 있다. 이들의 영향력은 정보와 지식을 바탕으로 하여 표준 권력을 행사하는 대표적인 사례이다. 1990년대 후반 아시아 금융 위기 이후 우리에게도 낯익은 이들 기관들은 개도국 정부뿐만 아니라 최근에는 미국과 유럽 등의 선진국 정부의 권위에 대해서도 도전하는 양상을 보이고 있다.

초국적 미디어와 인터넷 뉴미디어의 확산에 따른 초국적 정보 흐름의 활성화도 국가의 정보 통제 능력과 권위를 약화시키는 사례이다. 최근 인터넷이라는 탈집중 네트워크를 통한 소통의 활성화는, 국가에 의한 정보 통제의 가능성과 효과를 상쇄하는 환경을 창출하고 있다. 특히 하이퍼텍스트에 기반을 둔 월드와이드웹은 초국가적 차원에서 자유 담론을 유통시키는 새로운 문화적 연결고리의 역할을 하고 있다. 더구나 인터넷은 기존의 소통 매체와는 달리 정보의 발신자가 한 국가의 영토 관할권 내에서가 아닌 세계 어느 곳에서라도 자기만의 신문사나 방송국을 차릴 수 있는 탈집중된 환경을 제공한다. 인터넷의 기술적 속성 자체가 다수의 이용자들 간의 정보 흐름을 국가가 나서서 통제하거나 방해하는 것을 불가능하게 만들기 때문이다. 최근 외교 관련 정보를 폭로하여 세간의 주목을 끈 인터넷 미디어인 위키리크스는 외교 영역에서 국가가 정보를 공개할 범위에 대한 논쟁을 일으킨 바 있다.

이러한 맥락에서 볼 때 정보혁명으로 인한 국민국가의 상대적 약화 또는 변환에 대한 논의가 상당한 설득력을 얻는 것이 사실이다. 이러한 현실의 변화는 국민국가를 유일한 세계정치의 행위자로서 간주해 온 전통적인 국제정치이론의 기본 전제를 침식한다. 오늘날 국민국가의 국경은 초국가적 논리를 지닌 자본·상품·정보·기술·범죄·질병·공해 등의 흐름에 의해 침투되고 있으며, 국민국가는 이러한 문제들을 효과적으로 통제하기는커녕 오히려 자신의 주권적 권위를 침식당하고 있는 실정이다. 이러한 현상의 배경에는 지구화와 정보혁명의 확산에 따른 국민국가 단위의 국민 정체성이나 주권 관념의 변환이 자리 잡고 있다.

그렇지만 새로운 네트워크 환경에서 국가가 다른 행위자들에 의해 대체되어 완전히 도태된다고 볼 수

〈참고 12-10〉 위키리크스를 어떻게 볼 것인가?

위키리크스(WikiLeaks)는 각국 정부나 기업 등과 관련된 비공개 문서를 공개·폭로하는 온라인 사이트를 운용하는 비영리기관이다. 위키리크스 웹사이트는 선샤인 프레스에 의해서 2006년에 개설되었는데, 오스트레일리아의 인터넷 활동가인 줄리안 어산지(Julian Assange)가 주도하는 것으로 알려져 있다. 위키리크스의 웹사이트는 익명으로 제공되거나 자체적으로 수집한 미공개 정보를 공개하는데, 초기에는 사용자가 직접 편집할 수 있는 위키 프로그램 기반의 사이트였지만, 점차 전통 미디어 방식으로 변화해서 지금은 사용자의 의견 게재나 문서 편집을 허용하지 않고 있다. 위키리크스는 미국 정부에 의해 기록된 아프가니스탄전쟁과 이라크전쟁에 관한 미공개 문서들을 공개하면서 세간의 큰 관심을 끌게 되었다. 위키리크스에 대한 평가는 찬사와 비난으로 크게 엇갈린다. 위키리크스가 각종 미디어 상을 수상했을 뿐만 아니라 줄리안 어산지 본인이 노벨상 후보로 거론되기도 했다. 그러나 미국의 정부 당국자들은 위키리크스에 대해 비밀 정보를 누설하여 국제적 외교 활동을 방해할 뿐만 아니라 국가 안보를 위협한다고 비난해 왔다.

는 없다. 왜냐하면 정보혁명과 네트워크 세계정치는 진공상태에서 진행되는 것이 아니라 국가의 기득권이 작동하는 정치적 공간에서 진행되는 게임이기 때문이다. 이러한 공간에서 국가 행위자가 적응력을 가지고 자신에게 유리한 방향으로 IT를 활용하는 반격을 예상할 수 있다. 그러나 더 중요하게는 변화하는 환경에서도 공공재를 제공하는 국가의 고유 영역은 여전히 존재할 것이라는 사실이다. 예를 들어 세계 정보격차를 해소하는 문제라든지 초국적 네트워크의 안정성과 보안성을 제공하는 문제, 그리고 다양한 행위자들의 사적 이해관계를 조율하는 공익 보장의 기능 등을 들 수 있다. 결국 정보혁명이 야기하는 세계정치의 변화는 국가의 소멸보다는 부단한 '제도 조정'의 과정을 통해서 일정한 정도로 국가의 형태가 변화하는 방식으로 귀결될 가능성이 크다. 국민국가가 그 경계의 안과 밖에서 네트워크의 형태로 변환을 겪는 '네트워크 국가'에 대한 논의가 출현하는 것은 바로 이 대목이다(하영선·김상배 편 2006).

예를 들어 IT 분야가 지닌 특성은 국가가 네트워크의 형태로 작동할 것을 요구한다. 정책결정이라는 차원에서만 보더라도 IT 분야는 전문화·세분화되어 국가가 모두 떠맡기에는 벅찬 지식집약적인 경우가 허다하다. 더구나 해당 분야에 실질적인 이해관계를 가진 기관들이나 시민사회단체들의 영향력이 늘어나면서 이들의 의견을 수렴하여 정책 방향을 설정하거나 정책 수행에 필요한 지원을 얻어내는 일이 중요해졌다. 결국 기술·정보·지식의 세계정치는 더 이상 국가 영역에만 배타적으로 머물 수만은 없으며, 실제로 민간 전문가들이 참가하는 세계정치 주체의 네트워크화를 요구한다. 이와 더불어 새로운 목표로서 기술·정보·지식의 추구는 국가 행위자가 추구하는 이익의 정의를 변화시킬 뿐만 아니라 국가 자체의 기본적인 성격 변화로 귀결될 가능성이 높다. 다시 말해 지식 분야에서 국가가 역할을 강화하려고 하는 만큼 국가 혼자 모든 것을 할 수 없는 상황이 발생하고, 그 와중에 자신의 존재적 형태도 일정 부분 변화를 겪는 역설이 발생하는 것이다.

이렇게 해서 부상하는 네트워크 국가는 국가-비국가 행위자의 관계망을 특징으로 하는 다층적인 네트워크의 등장을 포괄하는 개념이다. 네트워크 국가는 정부 간 네트워크의 활성화와 온라인과 오프라인의 지구 거버넌스의 필요성, 그리고 국민국가 단위를 넘어서는 지역주의의 강화 등을 배경으로 하여 출현하고 있다. 예를 들어 유럽이나 북미, 그리고 동아시아에서 모색되고 있는 지역 통합의 움직임은 국민국가 단위를 넘어서는 네트워크 국가의 부상을 보여 주는 사례이다. 그러나 네트워크 국가의 등장은 각 지역별로 상이한 형태로 나타날 가능성이 존재한다. 예를 들어, 신자유주의적 지구화와 디지털 네트워크를 주도하는 미국형 네트워크 국가를 상정해 볼 수 있다. 또한 유럽에서 관찰되는 바와 같이, 첨단 분야의 R&D 컨소시엄이나 이동통신과 디지털TV 분야에서 나타난 다층적 네트워크 국가도 있을 수 있다. 이에 비해 최근 동아시아에서 발견되는 지역주의는 아직도 국민국가 체제의 모습을 많이 지니고 있으면서 부분적으로 네트워크 국가를 지향하는 모델의 면모를 보인다.

(3) IT 분야에서 보는 한국형 네트워크 국가

네트워크 국가의 부상으로 대변되는 세계정치의 변환은 동아시아 지역이나 한국에서 어떻게 나타나고 있는가? 이러한 변환을 IT 분야를 중심으로 보면 어떠한 특징들이 나타나는가? 최근 IT 분야에서 협력과 경쟁에 임하는 동아시아 국가들의 정책이나 국내 제도들을 보면, 여전히 19세기 이래 지속되어 온 근대 국민국가 모델에 입각하여 물질적 권력 자원을 강조하는 부국강병 담론의 연속선상에 있음을 알 수 있다. 다만 21세기 판 부국강병 담론은 군사적인 측면보다는 IT와 밀접히 관련된 경제와 산업의 측면에서 국가경쟁력의 제고라는 형태로 발현되고 있을 뿐이다. 실제로 2000년대에 걸쳐서 일본의 e-Japan 계획, 한국의 e-Korea 계획, 중국의 863 계획 등에서 발견되는 동아시아 국가들의 구상은 정부가 주도하여 비전을 제시하고 정책을 실행하는 경제성장 시기 '발전국가'의 산업정책 담론의 연속선상에 놓여 있다.

2000년대 중반까지 동아시아 국가들의 IT 관련 정책을 보면, 비전과 정책을 정부가 주도하는 '국가 주도형 정보화'의 형태가 발견된다. 동아시아 3국이 모두 대체로 산업화 시대에 채택되었던 제도적 대응의 패턴을 유지하는 연장선상에서 정보화의 프로젝트를 이해하고 접근했던 것이 사실이다. 비슷한 맥락에서 산업화 시대의 정책이 그러했듯이 차세대의 비전으로 IT 경쟁의 목표가 제시되고 이를 정부가 정책을 통해 지원했다. 일본의 경우에는 IT 기본법의 시행이나 IT 전략본부의 설치, 중국의 경우에는 1953년 이래 계속되고 있는 10.5계획이나 863계획 등이 대표적인 사례이다. 이들 사례의 면면을 보면 강력한 추진 체계를 구축하고 이를 실행하는 과정에서 정부가 주도적 역할을 수행하는 동아시아 발전국가 모델이 반영되어 있다.

이러한 연속선상에서 보면, 한국의 정보화 모델도 기본적으로 산업화의 과정에서 나타난 경제발전 모델의 연속선상에서 이해할 수 있다. 한국의 발전 모델은 20세기 후반 '한강의 기적'으로 평가될 만큼 성과를 보인 바 있다. 그러나 1997년 소위 IMF 경제위기를 겪는 과정에서 한국이 종전의 추격형 발전 모델에서 졸업할 필요성이 제기되었고 다양한 각도에서 한국 모델에 대한 비판과 반성이 이루어졌다. 그러나 경제위기 이후 10여 년 간 한국 경제, 좀 더 구체적으로는 한국의 IT산업 분야가 보인 성과는 한국 모델의 효용성을 되돌아보게 했다. 한때 극복의 대상으로만 여겨졌던 한국 모델이 어느덧 경제위기의 충격을 딛고 일어나 궁극적으로 IT 분야에서 한국의 부분적 성공을 가능케 한 정치경제 모델로서 새롭게 인식되기 시작했던 것이다. 이러한 인식은 한국의 기업 모델이나 정부의 정책 모델에서 모두 나타났다.

우선 IT 분야의 현장에서 뛰었던 한국 기업의 조직 모델이나 IT 분야의 산업조직 모델을 살펴보면, 산업화 시대까지 거슬러 올라가는 연속성이 발견된다. 예를 들어, 한국의 정보화와 IT 산업의 성공을 이끈 기업들은 엄밀한 의미에서 보면 벤처형 중소기업들이 아니다. 삼성, LG, SK, KT 등 오히려 기존의 대기업이거나 그 자회사들이다. 그렇다고 이들이 전통적인 의미의 한국형 재벌이라고 볼 수는 없고, 새로운 비즈니스 아이템을 가지고 대기업 그룹의 재정적 지원을 받는 소위 전문 대기업 모델이라고 할 수 있다. 그렇지만 이러한 기업들의 조직 모델들은 여전히 소위 '수직적 통합 모델'에 기반을 두고 있는 것도 사실이다. 흥미로운 것은 이러한 모델들은 IMF 경제위기를 겪으면서 개혁의 대상으로 지목되었으나 끝내 죽지 않고 적응의 과정을 겪고 있다. 한편으로는 이러한 기업 모델이 한계를 가지고 있는 것도 사실이고, 문제점을 인식하고 있음에도 불구하고 기업의 조직 관성으로 인해 구조조정을 하지 못하고 있는 것도 사실이다. 그렇지만 이러한 기업 모델들이 IT 분야의 하드웨어 산업이나 지식 기반 제조업 분야에서 효과를 발휘하고 있음도 무시할 수 없다.

또한 IT산업과 인프라를 육성하고 지원한 한국 정부의 산업정책이나 기술정책 모델을 보더라도 앞서 언급한 연속성이 발견된다. 1994년 12월 체신부를 정보통신부로 확대·개편하면서 각 부처에 산재해 있던 통신·방송·정보산업 관련 정책 기능을 정보통신부로 일원화하여 정보통신 수요정책(지식 정보화, 통신방송사업 등)과 공급정책(정보산업, R&D 등)이 균형적으로 추진될 수 있는 추진 체계가 정비되었다. 이와 아울러 1990년대 중반부터 정보화를 촉진하기 위한

'정보화촉진기본계획'이 범정부적으로 수립 및 추진되었다. 1996년에 제1차 정보화촉진기본계획이 수립되었으며, 제2차 정보화촉진기본계획에 해당하는 사이버 코리아 21(1999)의 추진을 통해 IMF 경제위기를 효과적으로 극복하는 전기를 마련했으며, 제3차 정보화촉진기본계획인 e-코리아 비전 2006(2002)이 수립되어 2002년부터 2006년까지 정보화 전략과 비전을 안고 추진되었다. 이렇듯 한국의 정보화 정책의 추진과정에는 과거 산업화 시기의 경제개발계획을 연상케 하는 관행이 지속되었다. 이러한 과정에서 '정보화촉진기금'의 조성은 초기 정보화 과정에서 매우 중요한 촉매제 역할을 한 것으로 평가된다.

이렇듯 정보산업의 육성이나 정보 인프라의 구축 등을 정부의 지원에 의해 계획하고 추진했던 한국의 정보화 모델은 적어도 2000년대 중반까지는 일정 정도 효과가 있었던 것으로 평가된다. 그러나 정보화의 진전 단계가 산업화와 중첩되는 부분이 존재하는 정보화의 초기 단계를 넘어서 정보화의 성숙단계로 넘어가면서 한국형 정보화 모델의 실효성이 계속될지에 대한 의문이 제기되었다. 다시 말해 IT 부문 제조업이나 정보 인프라 등을 목표로 하던 단계에서는 발전국가의 모델을 답습하는 정보화 전략이 효과적이었으나 앞서 제시한 바와 같이, 소프트웨어나 디지털 콘텐츠 등의 분야로 정보화의 초점이 이동할 경우에도 동일한 처방이 먹혀 들어갈지에 대한 의문이 제기되었다. 이러한 우려에도 과거 정보통신부의 주도로 추진되었던 산업진흥정책, 통신규제정책 등이 최근까지 지속적으로 추진되고 있다. 그러나 정보화 분야의 발전국가 모델이 변화할 조짐도 없지 않다.

최근 이명박 정부 출범 이후, 정부 조직 개편 과정에서 이루어진 정보화 관련 부처들의 통폐합은 정보화 분야 제도 모델의 변화를 엿보게 하는 사례이다. 정보통신부가 폐지되면서 기존에 정보통신부가 담당하고 있던 정보화 관련 정책 기능이 방송통신위원회(방송통신, IPTV), 지식경제부(IT산업정책), 행정안전부(정보화기획), 교육과학기술부(IT기술혁신) 등으로 분산되었다. 이러한 정부 조직 개편은 방송과 통신의 융합 시대에 대응하여 소위 영미형의 '수평적 통합 모델'로의 전환을 의미하는 것이다. 그러나 이러한 개편이 인터넷과 정보화 발상보다는 방송과 통신의 발상에 입각한 정책 변화라는 점에 논란의 여지가 있다. 좀 더 지켜보아야 하겠지만 이명박 정부의 정부 조직 개편은 정보화를 추진하는 전담 기구(소위 IT 컨트롤타워)의 필요성에 대한 논의와 함께 한국형 정보화 모델의 미래를 가늠케 하는 중요한 잣대가 될 것이다.

기업이나 정부를 주요 행위자로 하는 정치경제 모델의 차원을 넘어서는 IT 분야의 기술혁신 체제나 더 나아가 이러한 IT 혁신을 뒷받침하는 기술·산업 문화라는 차원에서도 한국의 정보화는 산업화 시대로부터 이어져 온 모델의 연속선상에서 이해할 수 있다. IT 분야의 기술혁신 체제를 살펴보면, IT 하드웨어 산업이나 지식기반 제조업을 뒷받침하는 방향으로 대학-연구소-정부의 기술혁신 네트워크가 형성·작동했다. 한편 지적재산권법이나 반독점법의 부과와 같은 기술 문화와 지식 제도 분야에서도 한국의 정보화는 지난 경제 추격기의 유산을 여전히 떠안고 있는 것이 사실이다. 또한 20세기 후반 산업화 시대 동아시아 국가들의 성공과 함께 학계의 주목을 받았던, 소위 '아시아적 가치'로 개념화되었던, 사회 문화적 요소들도 한국 정보화의 배경적 요소로 작용하고 있다. 또한 IT 벤처 분야에서 발견되는 다양한 인맥과 학맥의 네트워크는 산업화 시대부터 작동하던 한국의 독특한 사회적 문화적 요소를 보여 준다.

한편 IT 분야에서 동아시아 국가 모델의 변화를 논하는 경우 빠트릴 수 없는 것은 인터넷 규제의 문제이다. 특히 인터넷 분야에서 중국이 취하고 있는 규제와 검열의 정책은 최근 많은 관심을 끌고 있다. 인터넷이 확산되면 민주화를 증진시킬 것이라는 일반적 전망에도 불구하고, 중국에서는 인터넷이 오히려 정치와 사회에 대한 통제의 수단으로 사용되어 왔다. 소위 금순공정金盾工程, Golden Shield Project 등으로 알려진 중국의 인터넷 통제나 검열 정책이 대표적인 사례이다. 한국의 경우도, 기본적으로 중국의 경우와는 성격이 다르지만, 2008년 촛불집회 이후 인터넷 실명제 및 사이버 모독제의 도입을 놓고 사회적 논란이 벌어진 바 있다. 이러한 맥락에서 보면 아무리 탈집중의 인터넷 환경이 도래한다고 해도 국가의 권력이 사라지거나 탈정치화하는 것은 아님을 알 수 있다. 오히려 국가의 권력 메커니즘은 좀 더 보이지 않는 형태로, 즉 앞서 언급한 네트워크 권력의 형태로 변환될 가능성이 있다.

다른 국가들의 정보화 사례와 비교해 볼 때, 정치경제 모델로서 한국의 정보화가 밟아 온 궤적은 나름대로의 특징을 지닌 독자 모델의 성격을 지니고 있다. 한국형 정보화 모델은 대기업 모델과 발전국가 모델의 조합으로 대변되는 동아시아 발전 모델이 산업화 시대의 성공과 좌절을 겪고 나서 정보화 시대에 이르러 나름대로 적응하고 있는 모델로 그려질 수 있다. 다시 말해 정보화를 맞는 한국의 정치경제 모델은 산업화 시대의 모델을 완전히 대체하는 것이라기보다는 변화하는 기술·산업 환경에 맞추어 변환을 겪는 모델로서 이해할 수 있다. 비유컨대 산업화 시대의 피라미드 모델을 완전히 해체하는 것이 아니라 그 피라미드의 기울기가 상대적으로 낮아지는 정도의 모델이라고 해야 할까? 이러한 맥락에서 미국이나 유럽 모델과는 대비되는 한국형 네트워크 국가 모델의 가능성을 생각해 볼 수 있다.

5. 맺음말

오늘날 정보혁명으로 대변되는 물적·지적 조건의 변환은 권력 변환, 구조 변환, 그리고 행위자 변환이라는 3중 변환을 야기하고 있다. 사실 이러한 변환은 정보혁명에 이르러서 발생한 것만은 아니다. 역사적 맥락에서 볼 때 인쇄혁명 시대의 국제정치에서도 비슷한 구도의 변환이 발생했다(Strange 1988; 김상배 2010). 그러나 정보혁명의 시대에 벌어지고 있는 변환은 구도 면에서는 유사하지만 구체적인 내용은 다르다. 이 장에서 살펴본 정보혁명 시대의 세계정치 변환은 세계정치 권력의 자원과 작동 방식이 변하는 현상, 국가들 간의 지식 경쟁이 가속화되면서 발생하는 지식 질서의 구조 변환, 근대 국민국가의 변환에 다른 네트워크 국가의 부상이라는 세 가지 축으로 요약된다.

21세기 정보혁명의 시대를 맞이하는 세계정치 변환의 핵심은 세계정치 권력 메커니즘의 변환과 지난 수백 년 간 세계정치의 운영 과정에서 중심적 역할을 담당해 왔던 국민국가의 위상과 역할이 재조정되는 데 있다. 다시 말해 지식 권력의 부상과 네트워크 국가의 등장이라는 현상이 군사, 경제, 문화, 외교 등과 같은 21세기 세계질서의 전 영역에 걸쳐서 진행되고 있다. 이 장은 이렇게 변환의 과정을 겪고 있는 세계정치의 동향을 세계, 동아시아, 한국의 세 수준에서 나타나고 있는 지식 질서의 구조 변환을 통해서 살펴보았다. 또한 이 장은 세계정치의 변환 과정에서 기술·정보·지식 변수가 단순한 도구나 환경의 의미를 넘어서 적극적인 구성적 요소로 작용하고 있음을 강조했다.

이 장에서 특별히 주위를 환기하고자 한 점은 세계정치 변환 과정에서 미국이 산업시대의 국력을 바탕으로 정보시대의 세계 지식 질서에서도 사실상 패권을 장악하고 있다는 점이다. 게다가 미국은 이러한 지식 패권을 바탕으로 하여 군사, 경제, 문화, 외교 분야에서의 패권 네트워크를 운영하고 있다. 다시 말해, 정보산업에서뿐만 아니라 세계정치의 전 영역에서 미국은 기술·정보·지식의 창출과 확산 및 공유의 과정에서 주도권을 행사함으로써 새롭게 짜이는 21세기 세계질서의 중심에 서 있다. 물론 미국의 지식 패권에 도전하는 움직임도 만만치 않다. 이 장에서 살펴본 것은 21세기 세계정치의 잠재적 강대국으로 부상하고 있는 중국의 도전이었다. 특히 중국이 미국을 상대로 벌이고 있는 새로운 권력 정치의 내용을 표준 경쟁의 관점에서 엿보고자 했다.

아울러 명심해야 할 점은 세계정치의 변환 과정에 미국이라는 국가 행위자가 전면에 나서서 활동하는 것이 아니라는 점이다. 정보혁명이 야기하는 세계정치 변환의 장에서는 국가뿐만 아니라 기업이나 시민사회단체와 같은 다양한 비국가 행위자들이 복합 네트워크를 구성하여 복수의 주체로 등장하고 있다는 점에 유의해야 한다. 그렇다고 국가가 맥없이 소멸하는 것은 물론 아니다. 마찬가지로 자원 권력으로 이해되는 기존의 권력 메커니즘이 그냥 사라지는 것은 물론 아니다. 오히려 전통적인 권력 메커니즘은 행위자들이 형성하는 네트워크 속으로 스며들어 교묘한 모양으로 그 작동 방식을 바꾸어 간다. 이러한 점에서 정보혁명 시대의 권력 변환 과정과 병행하여 진행되고 있는 국민국가의 재조정, 즉 국민국가의 경계 안팎에서 새로운 역할과 형태를 모색하고 있는 네트워크 국가의 부상에 특별히 유의해야 할 것이다.

21세기 세계질서의 변환이라는 체제 차원으로 눈을 돌려 보더라도, 지구화와 정보혁명의 시대를 맞이하여 발생하는 변환의 단초들이 국민국가들로만 구성되는 '국제질서'의 범위를 넘어서는 것은 사실이다. 근대 국제정치의 기본 행위자로 설정한 국민국가의 단위가 변환을 겪고 있다면 이를 기반으로 해서 설정된 국제질서, 예를 들면 현실주의 국제정치이론에서 말하는 무정부 상태의 국제질서에 대한 가정도 새롭게 세워져야 할 것이다. 그러나 이러한 변환이 기존의 근대 국민국가 중심의 질서를 완전히 대체하는, 새로운 그 무엇을 등장시킨다고 보기는 아직 어렵다. 오히려 현재로서는 초국적으로 활동하는 비국가 행위자들과 정책이나 존재 형태 면에서 네트워크화되는 국가 행위자들 간에 경합을 벌이는 와중에 새로운 세계질서가 모색되고 있는 것으로 보아야 할 것이다.

결국 정보혁명과 네트워크의 부상으로 대변되는 21세기 세계정치의 변환을 제대로 탐구하기 위해서는 무엇보다도 먼저 기존 국제정치학의 인식론을 뛰어넘는 시각의 전환이 필요하다. 부국강병이라는 물질적 권력 자원을 추구하는 국제정치에만 눈을 고정시켜서는 새롭게 부상하는 게임의 모습이 보이지 않는다. 또한 고립된 행위자로서의 '국민/민족nation 간의 관계inter-nations'를 파악하는 기존의 국제정치학國際政治學, international politics의 시각으로는 세계정치의 변환을 제대로 파악할 수 없다. 변환의 세계정치를 제대로 파악하기 위해서는 기술·정보·지식을 중심으로 형성되는 새로운 권력 메커니즘에 대한 이해가 필요하다. 또한 개방 체계의 형태를 띠는 행위자들의 네트워크에 주목하는 새로운 시각, 이를테면 망제정치網際政治, inter-network politics의 시각이 필요하다. 실제로 최근 국내외 학계에서는 네트워크 세계정치에 대한 관심이 늘어나고 있다(Hafner-Burton, Kahler and Montgomery 2009; Kahler ed. 2009; Maoz 2010; 하영선·김상배 편 2010).

이러한 맥락에서 정보혁명 시대의 세계정치 변환에 대응하는 미래 전략의 기본 방향은, 우선 근대적인 의미에서 본 부국강병의 목표 설정을 넘어서 새로운 권력의 작동 메커니즘에 우리 자신을 익숙케 하는 쪽으로 잡혀야 할 것이다. 또한 기존의 패권 진영과 이에 대한 대항 진영의 구도를 적절히 활용하는 묘미도 잊지 말아야 할 것이다. 한편, 지구화와 정보혁명 시대의 세계정치 행위자로서 네트워크 국가를 추구하는 세계 및 동아시아 지역 차원의 대외 전략이 조화롭게 구사되어야 할 것이다. 이러한 연속선상에서 대내적으로도 국가 중심적인 추진 주체 설정을 넘어서 정부 부처 간 네트워크나 정부-기업-시민사회 등의 조정 네트워크 등을 구축하는 것이 되어야 할 것이다.

궁극적으로 21세기 세계정치의 변환은 지난 100여 년과는 형태를 달리하는 새로운 권력과 주체를 창출하고 있으며, 이러한 변화에 대한 적극적인 적응만이 우리의 생존과 번영을 보장하는 길이 될 것이다. 그러나 정보혁명과 네트워크 세계정치가 부과하는 도전은 19세기의 근대적 도전보다 눈에 보이지 않는 형태로 밀려온다. 그렇다고 이에 적극적으로 대응하지 않고 방심하고 있으면 그 결과는 19세기 말의 전철을 다시 밟을 것이 뻔하다. 21세기를 헤쳐 나가면서 우리가 19세기 문명 표준을 따라잡지 못해 식민지가 되었던 역사를 극복하는 길은 새롭게 등장하는 권력과 국가의 실체를 정확히 파악하는 것에서부터 시작되어야 한다.

13

| 신범식 |

환경·에너지 국제정치의 변환과 한국의 대응

1. 머리말: 환경·에너지 국제정치의 특성 **406**
2. 환경 국제정치의 등장과 변환 **410**
3. 에너지 국제정치의 변환 **418**
4. 동북아시아 환경 및 에너지 협력 **428**
5. 한국의 대응 **437**
6. 맺음말: 환경·에너지 국제정치의 미래 **441**

| 핵심 개념 |

가스수출국포럼 GECF / 교토의정서 Kyoto Protocol / 국가별적정감축행동등록부 NAMA registry / 국제에너지기구 IEA / 국제에너지포럼 IEF / 기후변화 climate change / 기후변화에 관한 정부 간 패널 IPCC / 동북아환경협력계획 NEA-SPEC / 동시베리아-태평양 송유관 ESPO pipeline / 동아시아기후파트너십 EACP / 러-북-남 가스관 연결 사업 / 몬트리올의정서 Montreal Protocol on Substances that Deplete the Ozone Layer / 바젤협약 Basel Convention on the Control of Transboundary Movements of Hazardous Wastes and their Disposal / 산성비·월경성越境性 대기오염 / 아·태 환경장관회의 ECO-ASIA / 에너지 안보 energy security / 에너지헌장조약 ECT / 오존층 보호를 위한 비엔나 협약 Vienna Convention for the Protection of the Ozone Layer / 유엔기후변화협약 UNFCCC / 유엔환경개발회의 UNCED / 인간안보 human security / 인식공동체 epistemic community / 자원민족주의 / 전략비축유 SPR / 코펜하겐 합의문 Copenhagen Accord / 피크오일 Peak Oil 이론 / 한중일 3국 환경장관회의 TEMM / 핵안보정상회의 / 황사 문제 / 후쿠시마 원전 사고

1. 머리말: 환경·에너지 국제정치의 특성

2011년 3월 발생한 일본 동북 지방의 대지진과 쓰나미로 야기된 후쿠시마 원전 사태는 우리에게 환경과 에너지 문제가 얼마나 밀접하게 연관되어 있는가를 보여 주었다. 이 사건은 또한 인류의 생존 무대인 '환경' 및 인류의 활동 동력이 되는 '에너지'와 관련된 많은 질문과 과제를 안겨 주었다. 화석연료를 대신해서 우리 문명의 지속 가능성을 담보해 줄 수 있는 대안 중 하나로 가장 널리 활용되고 있는 원자력이 지닌 치명적 위험을 제거할 방안이 있는가? 국경을 넘어서는 오염 문제를 국가 주권이 지배하는 내정(內政)의 문제로 남겨두는 것이 옳은가? 인류가 미처 경험하지 못한 환경과 에너지 쟁점이 결합된 문제가 또 다른 어떤 형태로 우리에게 도전해 올 것인가? 인류는 이러한 도전에 잘 준비되어 있는가? 하지만 근대국가가 국제정치의 핵심적 행위자로서의 위상을 포기하지 않고 있는 가운데 국경을 넘어 발생하는 환경과 에너지 분야의 이러한 도전들에 대해 국제적 협력 체제는 아직 준비가 미비한 실정이다.

국제정치학에서 전통적 안보와 경제 분야가 근대국가 형성 단계부터 주목받았던 것에 비해, 환경과 에너지 분야는 상대적으로 최근에 들어서야 주목을 받기 시작했다. 그런데 환경·에너지 쟁점의 부상에 따른 국제정치적 접근과 대응의 필요성이 대두된 것은 인류가 산업혁명 이후로 이룩해 온 생활양식과 경제활동, 그리고 이 모두를 뒷받침하고 있는 사고방식과 규범에 대한 근본적인 도전으로 해석될 수 있다. 따라서 환경·에너지 국제정치를 제대로 이해하기 위해서는 어느 영역, 분야, 문제 하나도 소홀히 할 수 없다. 환경·에너지 국제정치의 특징은 다음과 같이 정리될 수 있다.

첫째, 환경과 에너지 국제정치 간에 내적 연관성이 작동하고 있으며 이것은 지구 거버넌스의 수립 요청을 높이고 있다. 환경과 에너지의 국제정치가 각각 다른 국제정치 무대에서 전개되고 있는 것처럼 보이지만, 실은 상호 밀접하게 연관되어 전개되고 있다는 점은 양자를 통합적 시각에서 파악하기 위한 노력을 요구한다. 환경·에너지 쟁점이 비교적 완만히 부상했던 20세기에는 여타 쟁점에 비해 상대적으로 적은 관심을 받았으나, 21세기에는 환경·에너지 문제가 안보와 경제 문제 못지않은 국제정치적 쟁점으로 발돋움하고 있다. 환경·에너지 문제가 21세기 국제정치 변환의 주요 쟁점으로 부각되면서 이에 대한 다차원적이고 복합적인 접근의 필요성이 높아 가고 있다. 즉 21세기의 환경 및 에너지의 국제정치는 20세기와는 완전히 다른 맥락에 위치하게 되었다.

21세기 국제정치의 기본 모습을 지정학적 관점에서 에너지를 확보하기 위한 국가들의 치열한 경쟁으로 규정하는 연구들은 에너지 위기와 강대국 정치가 결합되면서 기존의 경제 및 안보 협력 체제가 근본적으로 변화하고 있음을 강조한다(Klare 2002; 2004; 2008). 문제는 이러한 에너지자원을 둘러싼 경쟁의 심화가 전 지구적 위기를 악화시킬 가능성이 매우 높으며, 이는 다시 지구적 거버넌스의 필요성을 심화하여 국제정치의 모순적 상황을 격화시키는 악순환의 고리로 작동할 가능성이 크다는 점이다. 이런 의미에서 환경·에너지 국제정치와 지구 거버넌스의 형성에 대한 연구는 통합적 시각의 필요성을 충족시키는 방향에서 성과를 축적해 나가야 할 것이다.

환경 및 에너지 문제의 해결을 위한 기존 대응 양식을 설명하는 주요한 틀은 크게 시장주의적 대응과 집단행동적 대응으로 대변되어 왔다. 환경 및 에너지 문제가 시장 원리에 따라 해결될 수 있을 것이라고 기대하는 것이 전자라면, 후자는 시장 원리에 따른 환경 및 에너지 문제의 해결은 한계를 지니며 시장 원리가 아닌 집단행동collective action을 통해 이루어져야 한다고 주장한다. 하지만 각각의 대응은 시대, 지역, 사례 등에 따라 다양한 방식으로 적용될 수 있으며 때에 따라서는 혼용되고 있다.

이렇게 복잡하게 혼용되고 있는 다양한 수준의 접근들을 체계화하는 방법으로 제시되고 있는 것이 지구 거버넌스의 형성과 운용에 관한 논의이다. 통합적이고 광범위한 개념인 거버넌스에 대한 논의는 과거에는 주로 레짐, 제도, 기구, 협약, 협정 등과 관련하여 연구되었다. 즉 제도나 레짐의 형성이 어떤 조건하에서 가능하거나 혹은 촉진되는가, 형성된 레짐의 효과성effectiveness과 효율성efficiency 및 참여한 행위자들의 규범 준수성compliance은 어떻게 측정될 수 있으며 이들을 높일 수 있는 방법은 무엇인가, 환경문제에 대한 규범은 어떻게 형성되고 유지되는가 등의 질문과 해답이 연구되었고, 환경문제는 여러 사례를 통해 이론적 함의를 축적해 오고 있다. 그러나 이 모든 접근들은 결국 다양한 양상의 국제적 상호 작용을 분절적으로 볼 수밖에 없는 한계를 지닌다. 지구 거버넌스는 이와 같은 한계를 극복하고 환경문제에 대한 보다 포괄적인 시각을 제공함으로써 21세기 국제정치학의 발전에 기여할 수 있을 것으로 기대되고 있으며, 바로 환경 및 에너지 문제가 상호 연관되는 과정을 보여 줄 수 있다.

둘째, 환경문제와 에너지 문제 사이에 존재하는 이질성은 두 영역의 통합적 문제해결에 난관으로 작용하고 있다. 환경문제는 지구 차원의 문제로 결국 지구 차원의 해결책을 요청한다는 점에서 기존의 국가 중심적 시각을 넘어선 사고방식을 필요로 한다. 환경문제는 국가 중심적 사고의 국제정치international politics와 국가 중심적 사고를 넘어선 지구 정치global politics에 동시에 속한 문제라고 할 수 있다. 환경문제의 핵심은 결국 문제해결을 위해서 어떻게 국가 간의 조정을 유도하고 지역적, 지구적 협력체를 구축할 것인가에 있다. 그리고 특히 환경문제 해결을 위한 국제적 차원의 제도·체제·레짐에 관한 논의가 필수적이며, 이는 결국 보다 통합적인 범위에서의 지구 거버넌스global governance 형성 논의로 연결된다. 환경문제의 해결을 위해서는 상향식, 분산식, 다중심식, 혼합식 등의 다양한 형태와 범위 및 작동 방식을 가진 지구적 제도가 존재할 수 있다. 이러한 복합화된 거버넌스를 적절히 운용하기 위해서는 그간의 역사, 문화, 사회적 특성, 지식, 규범 등에 대한 충분한 이해와 고려가 선행되어야 한다.

그러나 에너지 문제는 환경문제와 성격이 다르고, 국제정치학에서는 여전히 국가 중심적 시각에서 다루어지고 있다. 많은 경우 에너지 문제는 매장량에 한계가 있는 부존자원을 둘러싼 쟁탈전에 가깝다는 점에서 국가 간 권력관계에 대한 고려와 강대국을 중심으로 한 논의에 가깝다. 많은 양의 자원 확보가 타국에 대한 영향력을 행사하는 수단으로 작용하고, 상대 이익의 견지에서 자국에게 더욱 유리할 수 있기 때문이다. 따라서 공공재 공급과 거버넌스의 운용 여부가 중심이 되는 환경문제와 달리 에너지 문제는 보다 전통적 국제정치에 가까운 성격을 띤다.

환경 영역과 에너지 영역이 보여 주는 이러한 이질성은 두 영역을 하나의 주제로 연결하여 이해하고 연구하는 데에 많은 어려움을 제기한다. 20세기 국제정치학에서 환경 및 에너지 문제는 과거에 실감하지 못했던 새로운 쟁점의 발굴을 통해 국제정치학의 영역을 확장했다. 또한 근대국가가 중심이 된 국제체제에서 국가 간 조정 및 협력, 그리고 갈등 양상을 관찰할 수 있는 좋은 사례 연구로 활용되었다. 특히 환경문제는 국제적 차원에서 인류가 협력의 필요성에 만장일치로 공감했던 흔치 않은 문제였으며, 그 해결을 위해서는 국가 간 상호 작용이 필수적이었다. 국제 제도, 레짐, 규범의 형성과 거버넌스에 관한 이론적 논의와 더불어 국제적 차원에서 환경문제를 해결하려는 실천 과정은 서로에게 매우 큰 함의를 제공했다. 그러나 근대 국제질서 및 근대 국제정치학의 틀 속에서 환경 및 에너지 문제를 설명하는 것에 한계가 있음이 점차 드러나기 시작했다. 전술한 바와 같이 환경문제는 중층적이고 복합적인 접근법을 필요로 하며, 다양한 행위자 및 이들 간의 상호 작용이 존재한다. 또한 환경문제는 개별 이슈의 독특성이 강할 뿐만 아니라 정보 및 지식의 흐름이 매우 중요한 변수가 되기도 한다. 따라서 이를 제대로 파악하기 위해서는 보다 통합적이고 복합적인 차원의 탈근대 국제정치학적 접근이 필요하다. 하지만 에너지 문제는 전통적인 안보 경쟁의 논리를 재생산하면서 20세기에 발전되어 온 에너지자원의 생산 및 소비와 관련된 제도적 협력 자체에 대해서도 최근 의문이 제기되고 있다.

셋째, 환경과 에너지의 국제정치는 이론적 차원에서도 커다란 도전적 질문들을 제공한다. 대체로 에너지 국제정치는 국가 중심적 가정을 지지하며 강대국 정치의 경쟁성을 표출한다는 측면에서 현실주의적 패러다임에 근거한 설명 틀에서 많이 다루어졌다. 하지만 최근 에너지 국제정치는 안보적 속성뿐만 아니라 경제적 속성을 강하게 표출하고 있다. 국가의 이익과 기업의 이익이 충돌하며 안보적 이해와 경제적 이해가 상호 결합되는 에너지 국제정치의 양상은 현실주의나 자유주의 중 어느 하나의 패러다임으로 환원하여 설명하기 어려운 이론적 과제를 제시하고 있다.

환경 국제정치는 대개 현실주의 패러다임보다는 자유주의적 제도주의 틀 속에서 설명되었다. 이는 국제 제도가 수행할 수 있는 역할(정보 제공, 불확실성 감소와 위험 대비, 여타 환경문제와 연계 가능한 논의의 장으로서의 국제기구 및 회의의 역할, 가입과 준수를 통한 집단적 이익의 창출 등)이 특히 환경문제의 해결에 필수적인 것으로 여겨졌기 때문이다. 그러나 자유주의적 제도주의 틀 역시 환경의 국제정치를 설명하는 데에 한계를 드러냈고, 반대로 현실주의 패러다임은 환경문제를 이해하는 틀로서의 적용 가능성을 보여 주었다. 실제로 환경 협상을 통해서 구속력 있는 환경 레짐이 그리 많이 창출되지 못했고, 환경문제 자체가 공공재적 성격만을 갖는 것은 아니기에 협력이 쉽게 담보되지 않았고, 정보 제공 및 기술 이전 등의 문제를 해결함에 있어서도 제도를 통해 기대할 수 있는 효과 역시 미미했기 때문이다. 또한 환경문제는 규범의 형성 및 유지, 국제사회의 형성 가능성, 다양한 국가 이익의 규정 가능성을 염두에 두는 구성주의적 시각에서도 많은 함의를 가진다. 환경 국제정치에서 드러나는 국제적 남북문제 및 국내적 빈부 격차의 이슈는 지구적 환경 정의正義를 새롭게 규정하려는 마르크스주의적 시각에서도 큰 함의를 지닌다. 뿐만 아니라 대외 정책을 국내 정치와 국제정치의 상호 작용의 결과물로 해석하는 시각과 관련해서도 환경정책의 형성 과정은 여러 이론적 논의와 연관될 수 있다(Barkdull et al 2002).

즉 환경과 에너지의 국제정치를 이해하기 위한 시도들은 기존의 다양한 국제정치이론의 큰 틀에서 벗어나지 않으면서도 새로운 함의와 증명, 때로는 반증을 제시할 수 있는 흥미로운 현상과 과제들을 내포하고 있다. 나아가 이는 새로운 통합적 성격의 이론적 패러다임에 대한 요청을 높이고 있다.

넷째, 환경과 에너지 국제정치에서 국가 외에 다른 행위자들이 중요한 영향력을 행사하며 이들 사이에 '동원'이 역전되어 나타나고 있다. 국가가 환경·에너지 국제정치 및 관련 거버넌스의 형성과 운용에서 가장 핵심적인 행위자인 것은 사실이지만 유일한 행위자는 아니다. 환경 및 에너지 문제는 단지 국제정치적 차원의 문제가 아니며, 점차 지구 정치적 차원의 성격을 더해 가고 있다. 시민사회, 기업, NGO, 영향력 있는 개인, 전문가 집단 등 다양한 행위자가 여타 영역에 비해 더욱 비중 있는 영향력을 행사하고 있다. 일례로 지중해 오염 문제를 해결하는 과정에서 인식공동체epistemic community의 역할이 지대했으며(Haas 1990), 오존층 문제의 경우 당시 유엔환경계획UNEP 사무총장이었던 톨바Mostafa K. Tolba의 리더십이 국가 간의 합의 도출에 중요한 역할을 했다는 사실에 주목할 필요가 있다.

전통적 국제정치에서 국가는 모든 변화의 시발점 역할을 했으나, 이제 환경 영역에서 국가는 NGO나 전문가 집단에게 그 자리를 양보한 모양새이다. 이들은 환경문제를 쟁점화한 주도 세력으로 국제기구를 통해 영향력을 행사함으로써 정부 대표들을 국제적 논의의 장으로 끌어내는 데 성공했다. 그리고 NGO와 전문가 집단은 국제적 협의 과정에 지속적으로 전문적 조언과 의견을 투입함으로써 구속력 있는 규칙 제정을 가능하게 했다. 그리고 이 규칙은 국가 내에 존재하는 기업과 개인들의 행위 양식을 변화시켰다. 한편 에너지 영역에서도 마찬가지로 국가의 역할이 중요한 것은 사실이지만, 주요 에너지 거대 기업들의 역할이 국가 못지않았다는 점은 특기할 사실이다.

환경과 에너지 국제정치에서 나타나는 다층적 행위자들의 복잡한 상호 작용은 국가를 중심으로 전개되는 전통적 국제정치의 특징과는 분명한 차이를 보이고 있으며, 이는 국제정치 과정에 대한 좀 더 복합적인 접근을 요청하고 있다. 환경 및 에너지 문제의 경우 문제의 성격 자체가 복합적이며 다층적인 경우가 많았고 전술한 바와 같이 실제 환경문제의 해결에 다층적 수준에서 다양한 행위자가 중요한 역할을 수행했다. 하지만 환경 및 에너지 문제에 대한 기존의 대응 방식은 주로 국가 중심적이고 특정 문제의 해결에만 집중한 경우가 많았다. 이와 같은 문제의 복합성과 대응의 부분성 사이의 괴리는 환경·에너지 국제정치와 관련된 과제들이 공통적으로 지니는 문제이다. 이는 환경 및 에너지 문제의 근본적 해결을 더욱 어렵게 만드는 원인으로 작용하고 있다.

〈참고 13-1〉 인식공동체

인식공동체(epistemic community)란 특정 분야와 관련해 전문 지식과 능력, 그리고 정책 관련 지식에서 권위를 가진 전문가들의 네트워크를 의미한다(Haas 1992). 인식공동체에는 자연과학자를 비롯하여 분야를 막론한 여러 전문가들이 포함될 수 있는데, 이들을 연합해 주는 것은 특정 규범과 쟁점에 대한 공통된 신념, 공통된 지식이다. 인식공동체는 복잡한 문제에서 인과관계를 규명하고, 국가들의 이익 규정을 가능하게 하고, 논의에서 쟁점을 형성하고, 특정한 정책을 제안하고 결정 과정에서 협상을 가능하게 한다. 특히 문제의 사실 관계 자체가 정책결정자들의 결정에 큰 영향을 미칠 수 있는 환경문제의 경우, 인식공동체의 역할은 더욱 중요하다. 인식공동체가 큰 역할을 한 사례로는 지중해의 오염을 줄이기 위해 1970년대에 설립된 지중해 실천 계획(Mediterranean Action Plan: Med Plan)의 성공을 들 수 있다(Haas 1989). 국경을 초월한 생태학자, 해양 과학자, UNEP 관계자 등으로 구성된 인식공동체는 국가들에게 지중해 오염 심각성을 환기시키고 의제를 형성해 결국 국가들의 지중해 실천 계획의 실행이라는 강력한 정책을 이끌어냈다.

2. 환경 국제정치의 등장과 변환

(1) 환경 국제정치의 전개

환경문제가 국제적으로 주목받기 시작한 것은 20세기 후반 이후부터이다. 1960년대와 1970년대를 거쳐 조금씩 환경문제가 부상하고, 이어 각 세부 환경문제에 대한 국제적 대응이 점차로 나타났다. 특기할 점은 환경문제의 경우 상대적으로 많은 수의 다자 및 양자 협약이 존재하지만, 각 레짐 혹은 조약 간에 상관성이 거의 없다는 사실이다(Sprinz et al 2004, 83). 즉 넓은 틀에서 이들을 환경문제로 부를 수는 있겠으나 각 환경 레짐 혹은 조약 간 상호 작용은 약하다. 특정 환경문제의 발생과 그에 대한 해결을 위해 레짐이나 협약이 만들어지는 특징 때문에 이는 필연적인지도 모른다. 하지만 레짐을 특정 기능을 수행하기 위한 것으로만 생각하는 '미숙한 기능주의'crude functionalism는 단순히 행동이나 제도를 기술하는 데 그친다는 점에서 비판받아 왔다(Haggard et al 1987, 508). 그러므로 후술하는 각각의 환경 이슈와 레짐을 개별적으로 이해하는 것도 필요하지만 동시에 포괄적 환경문제의 틀을 구성하는 부분으로 이해하려는 노력이 필요하다.

상대적으로 가장 빨리 대규모의 관심을 받았던 환경문제는 월경성越境性 대기오염, 구체적으로는 산성비 문제였다. 산성비 문제는 1960년대부터 산업 활동으로 대기 중에 배출된 이산화황과 산화질소가 증가하면서 주목받기 시작했으며, 이산화황 등이 국경을 넘어 타국의 대기에 영향을 끼치는 것이 밝혀지자 1960년대 말부터 유럽을 중심으로 국제적 논의가 시작되었다. 산성비 논의는 유럽과 북아메리카에서 집중적으로 이루어졌다. 비오염 국가들은 구속력 있는 합의를 요구하는 그룹과 자국 산업에 끼칠 피해를 이유로 규제에 반대하는 그룹으로 나뉘었다. 하지만 지속적인 협상 끝에 1979년의 '장거리 월경성 대기오염 협정'LRTAP Convention: Long-Range Transboundary Air Pollution을 시작으로 황화합물과 질산화물 등의 감축에 합의하

〈참고 13-2〉 로마클럽보고서와 문명의 지속 가능성

환경문제가 본격적으로 주목받기 시작한 것은 1960년대부터이다. 당시 환경문제에 대한 대중의 주의를 환기시킨 책이 바로 환경오염의 심각성과 생태계 차원에서의 대응을 역설한 레이첼 카슨(Rachel Carson)의 『침묵의 봄(Silent Spring)』이다. 이후 1972년 발표된 '성장의 한계'(Limits to Growth)라는 제목의 로마클럽보고서는 천연 에너지자원의 소모에 의존하는 경제활동 방식과 인구가 기하급수적으로 증가하는 상황이 지닌 문명 지속 가능성의 한계를 지적하면서 전 세계의 주목을 받았다. 같은 해에 열린 최초의 본격적인 세계적 환경회의(United Nations Conference on Human Environment)인 스톡홀름회의 결과에 따라 UNEP이 창설되었고, 환경보호와 경제개발 사이에서의 딜레마를 해결하고자 '지속 가능한 발전'(sustainable development) 개념이 논의되기 시작했다(International Institute for Sustainable Development 1997).

지속 가능한 발전은 1987년 『브룬트란트 보고서(Brundtland Report)』를 통해 보다 통합적이고 구체적인 개념으로 발전되었고, 또한 보다 대중적인 개념이 되었다. 1992년 리우회의에서는 지속 가능한 발전의 실행 계획으로서 의제 21(Agenda 21)이 제시되었고, 이는 1997년의 Rio+5 회의, 2002년의 요하네스버그회의로 이어지면서 꾸준히 발전되어 왔다.

는 의정서가 도출되었다. 유럽의 경우 다자 협상의 형태였다면, 북미주의 경우는 주요 행위자가 미국과 캐나다에 한정되었다는 점에서 양자 협상에 가까웠다(Sjöstedt 1993).

오존층 문제는 20세기 후반에 있었던 수많은 환경 문제 중 가장 성공적인 협력 사례로 꼽힌다. 1974년 몰리나Mario Molina와 로우란드Sherwood Rowland가 염화불화탄소CFCs가 오존층을 파괴하고 있다는 사실을 처음으로 밝히고, 이후 남극 상공의 오존 구멍이 관찰되는 등 해당 문제가 사회 전반적으로 환기되면서 1980년대 들어 오존층 문제에 관한 국제적 논의가 본격적으로 이루어지기 시작했다. 오존층 문제에서도 선진국 사이에서 환경 보호와 산업 이익이라는 가치 대립으로 국가군이 분리되었으며, 개발도상국은 상대적으로 소극적인 태도를 취했다. 오존층 문제는 주로 문제를 야기한 국가와 피해를 받는 국가가 모두 선진국이었다는 점, 이 문제의 해결 과정에서 무역 규제와 보조금 제공이 가능할 정도로 구속력 있는 레짐을 만들었다는 점, 미국의 주도가 오존층 레짐 형성에 많은 기여를 했다는 점에서 주목할 만하다. 1985년의 '오

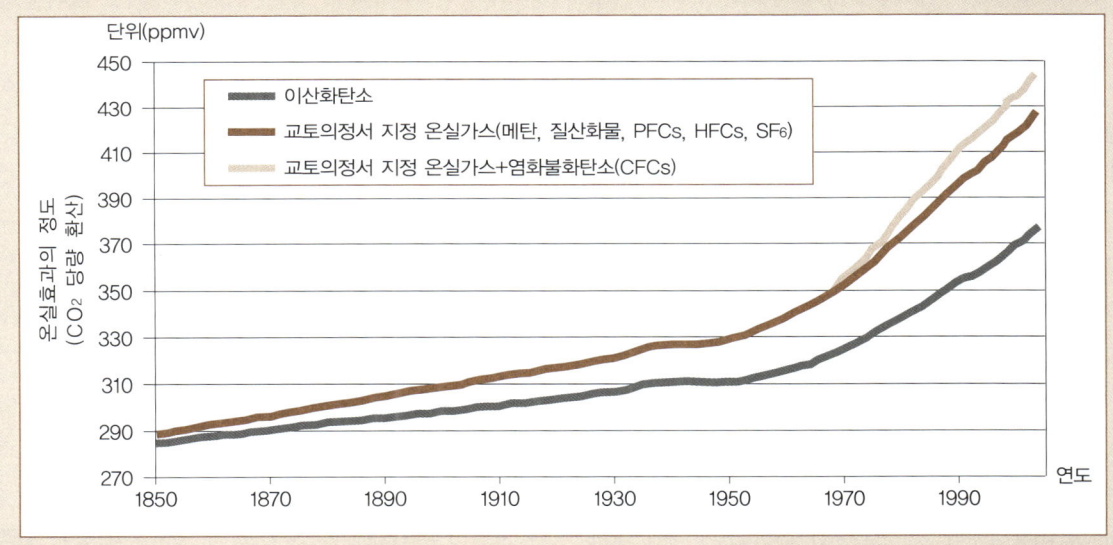

〈참고 13-3〉 지구온난화와 온실가스

출처: Stern 2006, 4.

이산화탄소, 메탄, 질산화물 등의 온실가스는 인류의 화석연료 사용, 삼림 파괴, 대지 사용 활동 등을 통해 증가했다. 온실가스로 인해 대기 중에 가둬지는 에너지가 많아지고, 이것이 '지구온난화' 효과를 가져 온다(Stern 2006, 3). 지구온난화는 단순히 전 지구적으로 기온이 따뜻해지는 데 그치지 않고 지구의 기후 자체를 변화시킨다. 그 결과 빈번한 지역적인 태풍, 이상기상 현상, 평균기온의 변화, 해수면 상승 등의 현상이 나타나고 이는 인류를 포함한 전 지구적 생태계에 큰 영향을 끼친다.

그림은 연도별·종류별 온실가스의 효과(당량 환산)를 보여 주고 있다. 파란색 선은 이산화탄소가 갖는 온실효과의 정도를, 빨간색 선은 이산화탄소와 여타 교토의정서에서 지정된 다섯 온실가스(메탄, 질산화물, PFCs, HFCs)가 갖는 온실효과의 정도를, 회색 점선은 파란색 선에 CFCs의 영향력을 더한 것이다. 그래프에 따르면 온실 효과가 특히 20세기 중반에 들어서 급격히 상승하고 있으며, 온실 효과가 기하급수적으로 증가하고 있음을 알 수 있다.

〈참고 13-4〉 IPCC와 전문가 집단

기후변화에 관한 정부 간 패널(IPCC: Intergovernmental Panel on Climate Change)은 1988년 기후변화에 관한 과학적 지식을 제공하고 적절한 대책을 마련할 수 있도록 돕는 국제연합 산하의 기구이다. IPCC는 지금까지 4차에 걸친 특별 보고서를 제출했는데, 이는 각 해당 연도까지의 기후변화 진행 상황 보고, 여러 모델을 통한 앞으로의 온실가스 배출치 및 기온 상승 예측치, 그리고 그로 인한 미래 기후변화 양상 등을 제공한다.

특히 수많은 반론이 제기되어 왔던 기후변화 문제에서 IPCC가 가지는 의미는 크다. IPCC는 일종의 "합의된 과학적 정보를 제공하는 전문가 집단"으로서 일정 수준 이상 신뢰할 수 있는 의견을 제시함으로써 국가 간 협상 과정에서 발생할 수 있는 소모적인 논쟁을 줄이는 데 기여한다. 동시에 기후변화 문제를 확실히 국제적 조정을 필요로 하는 문제로 정의했다는 점에서 협상 과정에서 발생할 수 있는 무임승차의 가능성을 줄이고, 국내 정치적 차원에서의 여론 및 NGO의 지지를 얻어 내는 데 도움을 준다. IPCC의 보고서에 문제가 전무한 것은 아니지만, 기후변화가 인간의 경제활동으로 인한 온실가스의 증가로 일어나고 있으며, 이것이 생태계에 큰 영향을 끼칠 것이라는 보고서의 전반적 결론 자체는 반박될 수 없는 것으로 알려져 있다.

존층 보호를 위한 비엔나 협약The Vienna Convention for the Protection of the Ozone Layer을 거쳐 1986년 오존층 파괴 물질의 생산 및 소비량을 단계적으로 감축하는 데 합의한 '몬트리올의정서'Montreal Protocol on Substances that Deplete the Ozone Layer로 오존층 문제 해결의 전환점을 마련했고, 이후 문제는 후속 개정안을 통해 거의 해결된 것으로 평가된다.

그렇지만 현재 인류가 당면한 가장 커다란 환경적 도전은 역시 기후변화 문제이다. 대기 중에 누적된 이산화탄소를 비롯한 온실가스 때문에 발생한 지구온난화는 기존 인류의 생산 및 생활양식을 근본적으로 바꿀 필요성을 제기한 대규모의 장기적 환경문제이다. 기후변화가 하나의 환경문제로 주목받기 시작한 것은 1980년대부터이다. 지구온난화 현상과 전망에 대한 과학적 연구를 위해 1988년 '기후변화에 관한 정부 간 패널'IPCC이 구성되었고, 1992년 리우에서 이 문제에 대한 본격적인 협상과 논의의 장으로서 유엔기후변화협약UNFCCC이 만들어졌다. UNFCCC 발효 후 1995년부터 매년 열리고 있는 당사국 총회COP: the Conference of the Parties를 통해 각국이 입장을 조율하고 있다.

특히 큰 관심을 끌었던 당사국 총회로는 교토의정서로 유명해진 1997년의 제3차 당사국 총회와 2009년의 제15차 코펜하겐 당사국 총회가 있다. 교토의정서의 경우 '부속서 I'Annex I에 속한 국가들로 하여금 온실가스의 감축을 의무화하도록 했다는 데 큰 의의가 있다. 코펜하겐 회의는 교토의정서 1차 공약 기간 이후의 기후변화 대응 체제를 논의하는 장이었는데, 그 결과물로서 '코펜하겐 합의문'Copenhagen Accord을 도출했다. 코펜하겐 합의문은 의정서나 협정이 아니어서 구속력은 약하지만 그나마 추후 기후변화 문제를 해결하기 위한 논의의 장을 유지했다는 데 의의가 있다. 기후변화는 이미 여러 이상 징후를 통해 영향력을 가시화하기 시작했고, 단기간 내 해결이 어렵다는 점에서 21세기 국제정치에서 가장 중요한 과제의 하나로 부상하고 있다.

산성비 문제가 주로 산업적 차원의 문제였고, 오존층 문제가 산업적 차원과 일상생활 차원에서의 문제였다면, 기후변화는 지금까지 인류가 겪어 보지 못한 총체적 문명의 변혁을 요구하는 도전이다. 즉 시간이 지날수록 환경의 국제정치는 보다 넓고 근본적인 차원의 해결책을 요구하고 있는데, 이는 현재의 국제정치적 접근만으로는 극복할 수 없는 과제이며, 지구 정치적 접근이 필요하다. 즉 국가 중심적 근대 국제질서에서 해결할 수 없는 환경문제라는 퍼즐을 탈근대 국

> **〈참고 13-5〉 코펜하겐 합의문의 명암**
>
> 1995년부터 매년 열리고 있는 당사국 총회 중에서도 특히 2009년의 코펜하겐 회의가 주목을 받았던 이유는 이 회의가 2012년 만료되는 교토의정서를 이어 포스트 교토 체제로서의 교두보를 마련할 수 있을 것이라는 기대 때문이었다. 코펜하겐 회의에서의 주요 쟁점은 전 세계적 교토의정서 이후의 감축 목표 설정, 특히 선진국과 신흥개발도상국 간의 감축치를 둘러싼 협상이었다. 그러나 큰 기대와는 달리 협상은 난항을 겪었고, 폐막 당일에야 '의정서'가 아닌 구속력이 거의 없는 '합의문'을 도출하는 데 겨우 성공했다. 특히 주목을 받았던 것은 BASIC(Brazil, South Africa, India, and China)으로 불리는 개발도상국 군과 미국과 유럽을 비롯한 선진국 군 간의 협상 과정이었다. 그러나 코펜하겐 합의문(Copenhagen Accord)은 구속력은 약하지만 추후 기후변화 문제를 계속 논의해 나갈 수 있는 단초를 마련했다는 데 의의가 있다.
>
> 한국은 기후변화에 대한 과거의 책임은 없지만 현 위상에 걸맞은 책임을 진다는 의미에서 선진국과 거의 동일한 수준의 배출 전망치(BAU: Business as Usual) 기준 30퍼센트를 자발적으로 감축하는 안과 국가별적정감축행동등록부(NAMA Registry: Nationally Appropriate Mitigation Action) 등을 제시함으로써 선진국과 개발도상국 사이에서 균형을 취하고 국가 간 입장을 조율했다. 또한 한국 정부는 글로벌녹색성장연구소(GGGI)를 설립하여 환경 기술의 개발과 공유의 문제를 해결하고자 노력하고 있다.

제질서의 시각과 지구, 정치 그리고 다층적 거버넌스의 측면에서, 또한 다양한 행위자들의 편재와 상호 작용을 네트워크 정치의 측면에서 바라보는 것은 새롭고 설득력 있는 논의와 해결책을 제공해 줄 수 있다.

(2) 환경 국제정치의 주요 이슈들

환경과 안보

주로 군사나 동맹 등의 이슈를 다루는 국제정치학의 안보 영역과 환경 영역은 일견 접점이 없어 보일 수 있다. 그러나 기후와 생태계의 변화는 군사적, 전략적 차원에서도 고려하지 않을 수 없는 요소이다. 특히 최근 들어 기후변화의 영향이 전반적으로 가시화되고 피해를 심하게 겪는 국가나 지역이 등장하면서, 각국은 환경 변화에 적응하고 대처하기 위해 안보 전략을 수정하고 있다. 가령 미국의 '4년 주기 국방정책 검토 보고서'QDR: Quadrennial Defense Review Report 2010년판에서는 기후변화로 인해 군의 임무 수행, 수행 환경, 수행 역할 등이 바뀔 것이며, 기후변화가 여타 분쟁을 더욱 악화시키는 촉매제로 작용할 가능성에도 주목해야 한다고 주의를 환기하고 있다(U.S. Department of Defense 2010, 107-8).

또한 '안보'를 보다 단순하게 국가의 생존으로 정의한다면 환경문제는 매우 중요한 안보 문제가 될 수 있다. 가장 대표적으로 꼽을 수 있는 것이 자연 및 환경 자원을 둘러싼 갈등과 분쟁이다. 그 예로는 수자원 분쟁, 사막화로 인한 줄어드는 경작지 및 목초지를 둘러싼 분쟁, 수익성 있는 광물이나 해양 생물자원을 둘러싼 분쟁을 들 수 있다. 이러한 분쟁이 무력을 동반하거나 기존 분쟁을 악화시킬 경우, 이는 지역적 차원의 지속적 분쟁으로 발전될 가능성을 지니고 있다.

한편, 안보의 의미를 더욱 확장하여 '인간안보' 개념을 적용할 경우 환경문제와 안보의 상관성은 더욱 높아진다. 사막화로 인한 경작지 축소, 해수면 상승으로 인한 거주지와 토지 손실 및 염화, 이상기후 등은 개인의 안보를 위협하는 새롭고 근본적인 도전이 되었으며, 이는 동시에 국가 및 국제적 차원의 안보와도 직결되는 문제로 발전하고 있다. 특히 기후변화로 인해 발생하는 환경 난민과 이주 문제는 그들의 생존은 물론 전통과 문화의 보존에 중대한 도전이 되고 있으며, 이들이 새로운 정착지를 찾는 과정은 또 다른 분쟁의 불씨가 될 수 있다는 점에서 중요한 안보적 쟁점이 되고 있다. 예를 들어, 2001년 조사에 따르면 저지대 국가인 방글라데시의 경우 해수면 상승으로 위험에 처하는 시민이 2600만 명에 이르는 것으로 추산되는데(Myers 2002), 2600만 명의 급박한 이주가 주변지역에 미칠 영향을 상상해 본다면 이는 결코 간단한 문제가 아님을 알 수 있다.

〈참고 13-6〉 인간안보

학술적 논의를 거쳐 인간안보(human security) 개념이 공식적으로 천명된 기원은 국제연합개발계획(UNDP: United Nations Development Programme)의 1994년 인간개발보고서(Human Development Report)에서 찾을 수 있다. 여기서 '인간안보'란 '인간의 삶과 존엄성에 관한'(a concern with human life and dignity) 것으로 정의된다(UNDP 1994, 22). 이는 기아·질병·억압과 같은 고질적 위험으로부터의 안전(궁핍으로부터의 자유)과 가정·일터·사회에서의 일상생활을 위협하는 요인들로부터의 보호(공포로부터의 자유)라는 두 가지 측면을 의미하는 것으로 발전했다(김우상·조성권 2005, 81-3). 인간 안보는 종전의 국가 중심적, 군사적 측면을 강조한 좁은 의미의 안보에서 안보의 개념을 개인 차원, 인간의 삶과 복지 자체로 확대한 포괄적 의미의 안보 개념이라 할 수 있다.

주목해야 할 점은 비록 기후변화가 야기하는 환경문제가 전 지구적 차원의 성격을 지닌다고 하더라도 각국의 지리적 위치, 주변 환경, 적응 능력의 정도에 따라 각국에 미치는 효과는 차별적일 수 있다는 사실이다. 또한 환경 및 에너지 문제로 인해 기존의 국가 간 권력구조가 역전되거나 혹은 강화될 수도 있으며, 이는 환경 및 에너지 문제가 특히 새로운 21세기 국제질서의 형성에 커다란 영향을 끼칠 수 있는 문제로 여겨지는 이유이기도 하다.

환경과 무역

환경과 무역 간의 관계 역시 중요하다. 두 영역이 가장 직접적으로 만나는 쟁점이 바로 오염물 처리 문제이다. 선진국이 폐기물 및 오염물을 비용을 지불하고서 개발도상국으로 이전하는 문제가 있었으며, 이와 관련한 대표적 협약인 '바젤협약'Basel Convention on the Control of Transboundary Movements of Hazardous Wastes and their Disposal을 통해 그 해결의 장이 마련되었다. 이는 소위 '오염물 도피처' 문제와 관련된 것으로, 오염물 자체를 거래하는 문제와 더불어 선진국의 엄격해진 산업 기준

〈참고 13-7〉 환경정의와 환경 양극화

국제적 환경문제를 해결하는 데 일정 수준의 비용이 든다면 이를 어떻게 분담하는 것이 공정할까? 기후변화 문제를 예로 든다면 탄소 배출 감축 시 예상되는 비용은 누가 어떻게 부담해야 할까? 각 국가가 각자 책임져야 할까? 아니면 인구 비중이나 영토 순으로? 기후변화에 과거 책임이 있는 정도로? 아니면 앞으로의 배출 예측치로? 개발도상국에게 지원금 및 기술 이전이 이루어진다면 어느 정도가 합리적일까? 아니, 공정성 및 형평성에 대한 특별한 고려 없이 시장 원리에 해결을 맡겨 두면 될까?
환경정의(環境正義)라는 개념은 일견 추상적으로 보일 수 있지만 위와 같은 질문과 관련지어 생각해 보면 매우 실제적인 문제이다. 일반적으로는 환경문제의 해결을 위한 비용을 부담할 때의 공정성(fairness)과 형평성(equity)을 고려하는 데 중점을 두며, 이 과정에서 효율성(efficiency)이라는 또 다른 가치와 어떻게 조화를 꾀할 것인가에 대한 논의와도 연결된다.
같은 맥락에서 '환경 양극화'(climate divide)라는 개념 역시 주목받고 있다. 이는 '디지털 디바이드'와 비슷한 맥락에서 기후변화가 초래하는 많은 문제들이 기존의 사회 경제적 격차를 더욱 심화시킬 수 있다는 점에서 주목되고 있다. 잦은 태풍과 불규칙한 날씨 등과 같은 이상기후나 해수면 상승과 같은 현상으로 개발도상국은 선진국보다 더 큰 피해를 받고 있으며, 또한 이에 적절히 대응하고 변화에 적응할 능력도 개발도상국이 적다. 따라서 "가장 취약한 국가들이 가장 가난한"(『The New York Times』 April 2, 2007) 현 상황이 전 지구적 차원의 대응으로 이어지지 않는다면 앞으로 이러한 격차는 점차 심각해져 새로운 국제적 차원의 남북문제를 야기할 수 있다.

을 충족시키지 못하는 산업 시설의 타국 이전 문제를 포함한다. 이와 관련하여 선진국에서는 일자리 및 산업 수익의 창출과 환경 규제의 강화라는 두 목표 사이에서 딜레마가 발생하며, 개발도상국은 오염물로 인한 환경오염의 가능성과 처리 비용으로 얻게 되는 수익을 놓고 저울질한다. 그러나 지구적 차원에서 이 같은 오염물의 거래는 오염 문제의 해결이 아니라 오염물의 이전移轉에 불과하다는 점에서 근본적 해결로 보기는 힘들다.

환경문제 해결을 위해서는 기존의 무역 레짐 혹은 무역기구와의 조정을 필요로 하기도 한다. 환경문제 해결을 위해 부과되는 상품이나 서비스에 대한 규제가 특정 국가에게는 일종의 무역 규제로 여겨질 수 있으며, 동시에 국제적 차원에서는 원산지에 따른 동일 상품의 차별로 여겨질 수 있기 때문이다. 예를 들면 한 상품 생산 시에 배출되는 탄소량을 측정해 그 탄소량을 기준으로 수입 관세를 부과하거나 수입을 제한하는 규제는 기후변화 문제를 해결하기 위한 시장주의적 해법의 한 예가 될 수 있다. 하지만 특정 상품의 탄소배출량을 측정한다는 것 자체가 상당히 임의적인 작업이며, 이는 기술 및 자본이 부족한 개발도상국의 생산품에 대한 차별로 여겨질 수 있다. 또한 세계무역기구WTO와 관련하여 WTO의 기본 원칙 중 하나인 '임의적 무역 규제 금지' 원칙과 특정 국가의 국내적인 환경 규제법이 충돌하는 경우가 생길 수도 있다. 이 문제는 기후변화 대응 체제의 형성을 두고 미국이나 중국과 같은 강대국들 간의 경쟁과 연계되면서 무역 전쟁을 야기할 수 있는 잠재적 위험 요인을 내포하고 있기에 주의 깊은 관찰이 요청된다. 다만 오존층 문제를 해결하는 과정에서 CFCs의 교역량을 제한했던 조치나 GATT/WTO의 원칙이 일부 충돌했지만 예외 조항 처리를 통해 규제가 효력을 발휘하도록 국제적인 합의에 도달했다는 선례들을 참고하여 지혜로운 해법을 마련할 필요가 있다.

마지막으로 무역 개방도 혹은 특정 국가의 경제발전 수준이 환경정책의 방향과 연관되어 있다는 주장이 존재한다. 이러한 주장은 흔히 '환경 쿠즈네츠 곡선'Environmental Kuznets Curve으로 설명되는데, 이는 경제발전 수준이 높아질수록 환경문제 해결을 위한 국제적, 국내적 정책 실행에 적극적이라는 주장이다. 이 주장은 여러 경험적 연구에 의해 때로는 지지받기도 하고 때로는 반박당하기도 하면서 세부적인 가설에 대해

〈참고 13-8〉 탄소 배출권 거래 제도와 국제시장 동향

1980년대 유럽에서는 농업 분야에서 거름 배출권을 도입했다. 미국에서는 1970년대 대기오염방지법(Clean Air Act) 도입 이후, 1990년 이 법안의 개정안에 의해 처음으로 배출권(emission rights) 거래가 시작되었다. 이러한 비용-효율적인 모델을 기반으로 교토의정서 제17조는 탄소 배출권 거래 제도를 도입했다. 탄소 배출권이란 특정한 기간 동안에 정해진 양만큼의 이산화탄소 등 여섯 가지 온실가스 기체를 배출할 수 있는 권리를 의미한다. 이것을 거래한다는 것은 시장 메커니즘을 통해 배출권이 직접 혹은 제3자를 통해 이전될 수 있다는 것을 의미한다. 탄소 배출권 거래의 종류는 크게 총량 거래제(cap and trade)와 기준 인정 방식(baseline and credit)이 있다. 총량 거래제는 가장 흔한 탄소 거래제로 정부 등과 같은 권위체가 일정 기간 동안 배출할 수 있는 탄소량의 총합을 정하고, 그것을 여러 산업체들과 조직들에게 할당하는 방식이다. 처음 할당은 무상 혹은 경매를 통해 제공할 수 있고, 제공된 할당량은 배출 제한에 순응함에 있어서 사용되거나 거래를 위해 사용될 수 있다. 이 제도를 위해 요구되는 것은 엄정한 모니터링 시스템이다. 기준 인정 방식은 평상시 그대로 배출했을 때(business as usual)의 가정 배출량에서 실제 배출량을 감하고 남는 배출량에 대해 크레디트를 부여하여 거래할 수 있게 만든 제도이다. 이를 위해서는 미래 배출량 가정이 객관적인 방식에 의해 이루어져야 하며, 철저한 감시체계도 요구된다(de Witt Winjen 2005, 403-15).

서도 많은 논의가 진행되고 있다(Barbier 1997). 하지만 일반적으로 경제발전의 수준이 높으면 환경에 대한 관심과 대응에 더 적극적이라는 판단은 타당해 보인다.

환경과 과학기술

과학기술은 환경문제에 대해 양날의 칼과 같은 성격을 지닌다. 과학기술의 발전은 미증유의 환경문제를 야기하기도 하고, 동시에 기존의 환경문제를 해결할 방법을 찾아내기도 한다. 여기서는 국제적 차원의 환경문제 해결에 초점을 맞추어 과학기술의 역할을 언급하고자 한다.

환경문제에서 과학기술의 역할은 여타 영역에서보다 특히 더 중요하다. 우선, 특정 환경문제가 실재함을 과학자들이 합의를 통해 보여 주는 것은 해당 문제에 대한 국가 간 이견 차이를 줄이는 데 크게 기여할 수 있다. 물론 과학자들의 합의가 완벽하게 이루어지지 않았는 데도 획기적인 협정이 체결된 사례(오존층 파괴 문제)도 있고, 과학자들이 일치된 의견을 제시했음에도 불구하고 큰 전환점을 마련하지 못하는 경우(기후변화 문제)도 있기 때문에 그 연관성을 단정 짓기는 어렵지만, 일반적으로 과학자들의 합의와 과학적 정보 제공이 환경문제 해결을 촉진한다는 것은 타당한 주장으로 여겨진다.

또한 과학기술 발전은 환경문제를 보다 쉽게 해결할 수 있는 대안을 제공한다는 점에서 의미가 크다. 전통적인 안보 딜레마와 같은 문제는 국가가 존재하는 한 완전히 피할 수 없는 구조적 문제인 반면, 환경문제는 경우에 따라 적절한 기술적 대안이 주어지면 근본적인 문제해결이 가능할 수 있기 때문이다. 오존층 문제의 해결이 사안의 중요성과 산업 이익 간의 경쟁에도 불구하고 상대적으로 쉽게 해결된 이유 중 하나도 기존에 CFCs를 생산하던 기업들이 대체 화학물질로 생산품을 바꿀 수 있었기 때문이다. 또한 저렴한 비용의 혁명적 탄소 포집 기술을 개발하여 대기 중 온실가스를 획기적으로 줄임으로써 기후온난화 문제를 해결하기 위해 진행 중인 연구도 있다.

환경문제에 있어서 과학기술의 역할이 큰 것은 사실이지만, 과학기술이 환경의 국제정치를 전적으로 좌우할 수는 없다. 대부분의 환경문제에서 결국 해결을 이끌어냈던 동인은 정치적 차원의 담론 형성과 협상, 그리고 환경문제의 다차원적 속성을 아우르는 접근법의 채택이었다. 또한 과학기술의 발전을 환경문제에 어떻게 적용하고 이용할 것인가의 문제는 전적으로 정치적인 것이 될 수밖에 없다. 따라서 환경문제에 있어서 과학기술의 역할을 결정론적으로 이해해서는 안 되며, 이를 둘러싼 담론 해석에서 지구 정치적 접근은 여전히 필수적이라 할 수 있다.

수자원 분쟁, 사막화와 삼림보호, 생물다양성 보존, 극지 해빙의 도전과 기회

환경 관련 문제들로 수자원 분쟁, 사막화 문제, 삼림보호와 생물다양성 보존, 해양 및 하천 오염 그리고 남극 및 북극의 탐사, 개발 및 자원개발 등에 주목할 필요가 있다. 먼저 수자원 분쟁은 대표적인 환경 관련 분쟁이다. 수자원이 개인과 국가의 생존에 필수적이고, 기존의 국경 구분이 수자원의 분포를 잘 반영하지 못하고 있다는 점에서 수자원 문제는 중요성과 동시에 갈등의 소지를 다분히 내포한다. 그리고 최근 발생하고 있는 기후변화가 이러한 갈등을 증폭시키는 역할을 하여 기존의 지역 내 긴장과 불안정을 더욱 강화시킬 수 있다는 점에 주목해야 한다. 대표적인 수자원 분쟁 사례로는 나일강 이용을 둘러싼 북동 아프리카 국가들의 대립과 브라마푸트라강에 대한 중국과 인도의 갈등을 꼽을 수 있다.

수자원 분쟁은 지역 차원에서 일어나는 양자 혹은 다자적 분쟁의 성격을 띠고, 분쟁 당사자가 거의 고정되어 있으며, 그 입장 역시 지리적 특성에서 기인하기

때문에 쉽게 바뀌지 않는다. 따라서 당사자 간의 반복적인 협상이 가능하며, 이로부터 분쟁이 심화될 가능성도 있지만 장기적으로는 호혜적 해결의 가능성도 존재한다. 라인강이나 메콩강의 경우에 하천을 공유하는 국가들이 장기적으로는 지역적 논의 구조 속에서 합의를 이룩함으로써 성공적으로 분쟁을 관리한 사례가 있다. 단, 나일강 협력의 사례에서 보이듯이 수자원 분쟁을 둘러싼 국가 간의 입장이 특히 의존적일 경우, 그리고 이것이 여타 영역의 문제와 연관되어 논의될 경우 기존 갈등 구도를 더욱 심화 혹은 고착화시킬 수도 있다는 점에 주의해야 한다. 지역적 레짐의 구축을 통해 지역 환경문제를 해결한 사례들도 있다. 대기오염문제에 비해 특정 범위의 지역 내에서 문제의 영향이 제한되는 해양 및 하천 오염을 해결하기 위한 노력으로 지중해 오염 방지 레짐, 라인강 레짐, 다뉴브강 유역 레짐 등의 사례들이 대표적이다.

수단 다르푸르^{Darfur} 분쟁에서 나타나듯이 수자원 분쟁과 밀접한 관계가 있는 사막화 역시 심각한 환경문제 중 하나이다. 동북아 국가들이 겪고 있는 황사 문제도 사막화가 빚어낸 지역적 환경문제로 볼 수 있다. 사막화 문제와 관련된 대응 레짐의 경우, 선진국들의 저항에도 불구하고 개발도상국들이 주도하여 국제 레짐을 만들었다는 점은 특기할 만하다(Chasek et al 2006, 175). 또한 아마존 열대림 파괴에 대한 우려에서 잘 드러나듯이 삼림 파괴 문제는 1983년 국제적도 삼 림 협 약 /기 구 ^{ITTA/ITTO: International Tropical Timber Agreement/Organization}가 만들어진 후 본격적으로 주목받기 시작했으며, 최근에는 기후변화 방지책의 하나인 '개도국 삼림보호를 통한 온실가스 감축'^{REDD: Reducing Emissions from Deforestation and Forest Degradation in Developing Countries} 프로그램을 통해 다시금 21세기의 중요한 환경문제로 떠오르고 있다. 생물다양성협약^{Convention on Biological Diversity}이나 희귀 동식물을 보호하기 위한 각종 협약들은 동식물을 멸종의 위기에서 구하고, 무분별하고 불법적인 동식물 거래를 막는 데 큰 공헌하고 있다.

남극과 북극 문제는 20세기 후반부터 본격적인 논의가 진행되어 왔으며(Young 1994), 국가 간 협정을 통해 대부분 안정적인 해결책을 마련했다. 그러나 최근의 기후변화로 인해 통항 일수가 늘어나면서 북극해 주변을 이용하는 북동 및 북서 항로의 개척 가능성은 다시금 극지방에 대한 환경 분쟁의 가능성을 높이고 있다. 특히 극지방의 자원을 둘러싼 갈등은 이미 러시아의 북극 대륙붕 및 심해저에 대한 영유권화 시도와 관련하여 불협화음을 내기 시작했고, 동시에 새로운 항로의 개척이 세계 물류 체계의 변화를 일으킬 가능성이 높아지면서 이에 따른 새로운 경제권의 부상에 대한 논의도 시작되고 있다. 이처럼 고위도 및 극지 해빙에 따른 환경의 변화는 위기와 기회를 동시에 제공하고 있다.

(3) 환경 국제정치의 전망

환경 국제정치에서 NGO의 역할은 다른 분야에 비해 상대적으로 크다. 동시에 시민사회의 영향력이 확대되면서 NGO의 활동 반경 역시 넓어질 가능성이 충분하다. 그러나 이러한 전망이 NGO가 갖는 근본적 한계를 극복할 수 있을 정도로 긍정적으로 작동할 것인가에 대해서는 의문의 여지가 있다. 여전히 국제정치적 차원에서 가장 중요한 행위자는 국가이다. 많은 경우 NGO는 협상의 장에서 옵서버, 정보 제공자, 국가 간 협상의 촉진자, 로비 행위자 등의 역할을 맡게 되며, 이는 어디까지나 간접적인 차원의 참여라는 점에서 한계를 가질 수밖에 없다. 향후 환경 국제정치에서 NGO가 어떤 차원까지 자신의 역할을 확대시켜 나갈 수 있을 것인가, 그리고 새롭게 구성될 지구 정치의 무대에서 얼마만큼의 영향력을 발휘할 수 있을 것인가에 대해서는 앞으로도 많은 논의가 필요해 보인다.

동시에 시민사회의 발전 및 정치적 참여의 증가가

NGO에게 반드시 바람직한 방향으로 작용하지 않을 수도 있다는 점 역시 염두에 둘 필요가 있다. 특히 시민사회의 의견이 분열적일 때 이는 환경정책에 대한 합의를 더욱 어렵게 만들 수 있다. 또한 로비의 증가가 특정 산업 이익을 대변하는 방향으로 진행될 경우 일반적으로 환경보호를 목표로 하는 NGO의 입지가 상대적으로 좁아질 수도 있다.

또한 앞으로의 지구적 세력 관계의 변화가 환경 국제정치에 미칠 영향 역시 무시할 수 없다. 특히 세계 경제위기로 인한 미국 경제의 침체와 중국의 급속한 부상이 환경문제에 대한 각국의 입장과 상호 작용에 영향을 끼치고 있다. 기후변화 협상과 관련하여 2009년 코펜하겐 회의 전후에 기후변화 대응 체제의 갱신을 놓고 형성된 개도국과 선진국 간 대립이 미국과 중국 간의 갈등 구도 속에서 더욱 증폭되는 정황도 관찰되었다. 또한 최근 유럽 경제위기와 국내 정치의 불안정이 유럽연합 및 서유럽 국가들로 하여금 그동안 환경문제에 대해 취해 왔던 전향적 정책을 후퇴시킬 가능성도 높이고 있다.

21세기에 들어 환경문제는 더욱 심각해지고 있으며 그만큼 더 많은 관심을 받고 있다. 앞으로 기존에 생각하지 못했던 새로운 환경문제가 등장하거나 혹은 획기적인 기술 발전과 행위자 간 입장 조정에 따라 해결이 요원해 보였던 문제가 손쉽게 풀릴 수도 있다. 환경문제는 다른 국제정치적 쟁점들과 점점 더 유기적으로 엮이기 시작했고, 앞으로 지구적 권력관계에서 환경 쟁점이 어떤 영향을 미칠지 혹은 환경문제를 둘러싼 대응 노력이 주요국들의 권력관계를 어떻게 바꿀 것인지는 누구도 쉽게 가늠하기 어렵다. 그야말로 환경문제는 국제정치학의 거의 모든 영역에 편재하기 시작한 것이다.

3. 에너지 국제정치의 변환

(1) 에너지 국제정치의 전개

전통적으로 국제정치를 설명하는 이론적 분석틀은 대표적으로 군사 안보 중심의 상위정치 high politics와 경제 중심의 저위정치 low politics가 제공해 왔으며, 이에 따라 군사력과 경제력이 한 국가의 능력과 권력, 그리고 국제적 지위를 판단하는 척도 역할을 해왔다. 이런 관점에서 제1차 세계대전 이래로 압도적인 군사적, 경제적 우위를 가지고 있던 영국, 독일, 미국, 소련, 일본과 같은 국가들이 패권국 혹은 강대국으로 인식되어 왔다.

그러나 21세기를 전후로 한 최근의 국제정치는 더 이상 군사력이나 경제력만으로는 설명할 수 없는 새로운 국면에 돌입하고 있다. 이제 국제정치에서 '에너지'라는 요소를 고려하지 않고서는 국가 간의 역학관계나 국제질서를 이해하기 힘들게 된 것이다. 대신 석유, 천연가스 혹은 다른 종류의 에너지자원을 얼마나 보유하고 있는지 혹은 에너지자원을 확보할 능력이 있는지 여부가 국력을 판단하는 결정적인 기준이 되고 있다. 예를 들면 냉전 종식과 함께 국가 해체를 겪고 쇠약해졌던 러시아가 막대한 부존자원을 등에 업고 다시 국제정치무대에서 주역으로 부상했으며,

국제정치의 변방에 머물러 있던 중동의 산유국들은 석유 수요 증가 덕분에 '석유 초강대국'petro-superpowers의 영향력을 행사하게 되었다. 반대로 유일한 초강대국이었던 미국은 국내외 유가 안정을 위해 사우디아라비아를 비롯한 석유 초강대국을 상대로 석유 증산을 요청해야만 하는 상황에 직면하게 되었다. 기존의 지정학적 지형이 에너지 확보 여하에 따라 변화하고 있는 것이다(Klare 2008, 22).

이처럼 에너지자원 확보를 둘러싼 경쟁에서 새롭게 개편된 국제질서 하에서 각국 정부의 최우선 과제는 '에너지 안보'energy security를 달성하는 것이다. 에너지 안보란 안정적으로 충분한 양의 에너지를 확보하는 것을 의미하는데(Bielecki 2002, 3), 다음 세 가지의 요건을 충족해야 한다. 우선, '공급의 신뢰성'reliability이 확보되어야 한다. 이는 국가가 필요한 양과 형태의 에너지에 자유롭게 접근할 수 있어야 한다는 개념이다. 둘째는 '합리적 비용'affordability으로, 경제적으로 감당할 수 있으며 경제성장을 촉진할 수 있는 수준의 가격에서 에너지 접근이 이뤄져야 한다는 뜻이다. 마지막으로 환경의 지속성과 인류의 건강에 피해를 주지 않는 '친환경성'environmental friendliness의 조건에 부합해야만 에너지 안보의 개념이 성립될 수 있다(Shaffer 2009, 93). 그러나 에너지 안보는 기존의 국제정치학에서는 다소 생소한 개념이다. 전통적으로 안보는 현실주의 이론의 관점에서 국가의 생존과 결부되어 설명되며, 주로 군사적 역량에 기반을 둔 국력 신장을 통해서 획득될 수 있는 것으로 파악되었다. 그러나 이제는 자원 확보의 문제가 새로운 국제질서를 관통하는 주제어로서 안보 영역의 중심 주제로 떠오르고 있다.

에너지 안보가 국제정치에서 중요한 이슈로 다뤄지게 된 배경에는 에너지가 가지는 군사적·경제적 효용을 충분히 입증했던 역사적 경험이 있다. 군사적 용도에서 에너지의 역할이 크게 부각된 것은 1, 2차대전을 치르면서 강대국들이 기계화된 군사 무기를 다

〈참고 13-9〉 에너지 안보

제1차 세계대전 무렵 영국의 해군 총독이었던 윈스턴 처칠(Winston Churchill)이 '공급의 다변화'(diversification of supply) 차원에서 에너지 안보(energy security) 개념을 처음 사용했다(Kalicki and Goldwyn 2005, 52). 다른 안보 개념과 같이 에너지 안보 역시 세 가지 주요한 목표를 갖고 있는데 첫째, 국가를 보존하고 둘째, 국민의 복지를 보호하며 셋째, 연료의 공급과 사용, 에너지 서비스 등과 관련된 위험을 최소화하는 것이다(Hayes and von Hippel 2006, 96). 2000년 『세계 에너지 평가 보고서(World Energy Assessment Report)』는 좀 더 구체적으로 에너지 안보를 "항시적으로 다양한 형태의 충분한 물량을 지불 가능한 가격으로 이용할 수 있는 상태"라고 정의했다(Goldemberg 2000, 11). 2001년 국제에너지기구(IEA)는 에너지 안보를 "수용 가능한 가격 수준에서 필요한 에너지의 공급이 가용한 상황"이라고 정의했다. 다양한 정의에도 불구하고 에너지 안보 개념이 모호성을 띠고 있음을 부인하기 어렵다.

오늘날 국제 정세의 역동적 변화 속에서 에너지 안보 개념은 "공급원 다변화를 통한 석유의 안정적 공급"에서 더 나아가 모든 에너지의 생산·수송·유통 인프라에 대한 보호를 포괄하는 것으로 확대되고 있다. 대표적인 에너지 국제정치학자 예르긴(Daniel Yergin)은 에너지 안보 개념이 석유의 안정적 확보 개념을 넘어 석유·전력 등을 포함한 모든 에너지의 생산, 해상 및 육상 수송·유통 인프라에 대한 보호 등을 포괄하는 개념으로 확대되어야 한다고 주장했다(Yergin 2006, 69-82).

오늘날 중국과 인도 같은 신흥개도국들의 에너지 소비 급증, 정제 시설 부족, 석유 수출국들의 정치적 불안정, 석유 인프라 시설에 대한 테러 공격 가능성, 화석 부존자원의 고갈 등에 대한 전망은 에너지 안보 달성에 대한 우려를 고조시켰고, 단순히 석유 자원의 공급 부족뿐만 아니라 에너지의 생산과 수송 및 소비에 영향을 미치는 다양한 요인들에 대한 종합적인 고려가 요구되었다. 또한 기후변화, 허리케인 카트리나(Hurricane Katrina)와 같은 빈번한 자연재해, 환경 파괴 등은 재생에너지자원과 환경보호 등의 차원을 연계한 포괄적인 에너지 안보에 대한 개념화를 시도하게 했다. 에너지 안보 개념의 확장으로 환경 분야에서의 협력이 에너지 협력의 차원과 연계되어 추진될 수 있는 가능성이 나타나고 있는 것이다(Flavin and Dunn 1999, 167-8).

량 도입하여 석유 보급에 자신의 군사력을 크게 의존하게 되면서부터이다. 제1차 세계대전 당시 영국의 수상이었던 처칠^(Winston Churchill)이 해군 함선의 주 연료를 석탄에서 석유로 바꾸는 결정을 내리면서 페르시아만의 석유 확보는 전쟁 수행에서 가장 큰 변수가 되었다(Yergin 2005; 2006). 새로운 무기가 대거 등장한 제2차 세계대전 이후로는 육해공군의 군사력을 증강하기 위해서 신무기를 가동할 석유의 필요성이 더욱 커졌다. 제2차 세계대전 당시 미군 병사 한 명이 하루에 석유 1갤런 정도를 소비했던 것에 비해 1990~1991년 걸프전에서는 하루 4갤런을 소비했으며, 부시 행정부의 이라크 및 아프가니스탄 전쟁에서는 하루 16갤런을 소비했다(Klare 2008, 24-5). 기술집약적인 현대식 무기 활용의 중요성이 앞으로 더욱 증대될 것이 확실시되므로 강대국의 석유 수요는 더욱 늘어날 것으로 예측된다. 즉 전통적 의미의 안보를 이루기 위해 에너지 안보가 반드시 필요해지는 국제정치 시대가 열린 것이다.

경제 영역에서도 에너지 안보는 매우 중요하게 인식되고 있다. 에너지의 경제적 효용성은 무엇보다도 현재의 인류 문명 건설과 유지라는 역할에서 확인된다. 어떤 국가도 에너지 없이 정치·경제·사회 구조를 존속시킬 수 없다. 뿐만 아니라 2000년대 이후 세계경제에 후발 주자로 뛰어든 브라질, 러시아, 인도, 중국 등 신흥 경제 대국들의 급속한 경제성장, 도시화, 인구 증가에 따라 에너지 수요는 폭발적으로 증가하고 있다. 2010년 국제에너지기구^(IEA: International Energy Agency)는 BRICs 국가들을 비롯한 OECD 미가입 국가들이 세계 1차 에너지 수요량의 93퍼센트를 차지하게 될 것이며, 그 절반 이상이 중국과 인도의 몫이 될 것으로 예측한 바 있다. 따라서 에너지를 확보하려는 국가들의 각축전이 그 어느 때보다 치열하게 전개되고 있다.

이에 따라 에너지 안보의 측면에서 더욱 중요해진 과제는 에너지 가격을 안정적으로 유지시키는 것이다. 왜냐하면 경제성장에 필수불가결한 요소인 에너지에 대한 수요는 앞으로도 늘어날 전망이지만, 공급될 수 있는 자원은 한정되어 있기 때문이다. 1956년에 지질학자 킹 허버트^(M. King Hubbert)는 '피크오일^(Peak Oil) 이론'을 발표해 세계 석유 생산이 수십 년 내에 정점에 도달할 것이며, 그 이후 유전이 완전히 고갈될 때까지 생산 속도는 줄어들 것이라고 주장했다. 그리고 많은 전문가들이 인류의 석유 생산이 이미 정점

〈참고 13-10〉 제2차 세계대전 이후 세계 석유시장

제2차 세계대전 이후 미국 내 자본주의 세력은 사유재산의 보호, 자유경쟁, 자유무역을 석유의 공급과 수용에 적용하려 노력했다. 이러한 노력은 당시 압도적 자본과 우수한 기술을 보유하고 있던 미국계 정유회사로 하여금 주요 유전과 정유 관련 시설을 차지하게 만드는 결과를 가져 왔다. 고유가는 미국을 비롯한 선진국의 수요를 감소시킴으로써 궁극적으로 손해를 가져오기 때문에 저유가가 미국계 석유산업과 미국의 국익에 부합했다.

1973년 산유국의 가격 담합으로 발생한 1차 석유파동은 자유 경쟁과 자원 확보를 기초로 하고 있던 세계 석유시장에 혼란을 가져왔다. 미국은 산유국을 직접 점령하는 방안까지 고려했지만 전쟁에 수반되는 막대한 비용과 목적 달성의 어려움 때문에 산유국을 제재하기보다는 타협할 수밖에 없었다. 1979년 이란혁명과 이란·이라크 전쟁의 여파로 2차 석유파동이 있었지만, 세계 석유시장은 1980년대까지 대체로 안정을 유지했다.

1990년 이라크가 쿠웨이트를 침공한 사건은 패권국인 미국이 주도하는 세계 석유시장을 위협했다. 세계 석유시장의 안정을 통해 가장 큰 이익을 얻어 온 미국은 1991년 1차 걸프전쟁에서 가장 많은 전비와 병력을 동원했고 석유 수입국으로부터 병력과 전쟁 비용을 일부 조달받았다. 한국은 1차 걸프전쟁에 직접적인 병력을 지원하지는 않았지만, 군수 물품 수송에 필요한 항공기와 선박 및 전쟁 비용 일부를 제공했다.

에 도달했거나 10~20년 내에 도달할 것이라고 내다보고 있다. 광구 개발과 추출이 비교적 저렴하게 이뤄질 수 있는 자원은 극히 일부 지역에 분포하고 있어 높은 지리적 편중성을 보인다. 전 지구에서 7퍼센트도 안 되는 지역인 페르시아만에 전 세계 60퍼센트 정도의 '저렴한 석유'와 40퍼센트의 천연가스가 집중되어 있는 것이다(Montgomery 2010, 39-40). 이 외에도 테러리즘의 위협, 수출국의 내부 불안정, 지정학적 경쟁, 자연재해 등의 요인으로 인해 가격 측면의 에너지 안보를 이루기 어려운 상황이다(Yergin 2006, 69-70).

문제는 이런 악조건에도 불구하고 에너지 시장이 합리적 수준의 가격 균형에 도달할 수 있는가이다. 에너지 수요가 초과될 경우 전 세계는 인플레이션, 경제 둔화, 대량 실업 등으로 몸살을 앓을 것이 뻔하다. 아랍의 석유 엠바고와 이란혁명을 계기로 1970년대 두 차례 발생한 오일쇼크를 통해 각국은 급격한 유가 상승이 세계경제에 미치는 파괴력을 이미 경험했으며, 최근에는 2008년의 미국발 금융 위기로 유가가 배럴당 110달러 넘게 치솟는 사태가 벌어지기도 했다. 그러나 '공급의 안보' security of supply 측면에서 매우 취약한 대부분의 에너지 수입국은 에너지 수출국과의 긴밀한 '에너지 상호의존' energy independence 없이는 안정적으로 에너지를 공급받을 수도, 경제 불황과 시장 경색을 예방할 수도 없다(Yergin 2005, 56; 2006, 71). 에너지난이 가시화되고 있는 상황에서 각국이 소수의 에너지 수출국을 상대로 한정된 가용 자원을 선점하려는 자원 외교에 총력전을 기울이는 이유가 바로 여기에 있다.

이렇게 에너지를 둘러싼 경쟁이 심화되면서 국제정치에서 새로운 차원의 지정학적 갈등이 발생하고 있다. 과거에는 전쟁이 생존이나 권력 확대를 목표로 한 국가들 사이에서 발생하는 물리적 충돌이었다면, 현재는 에너지를 안정적으로 확보할 수 있는 전략적 요충지를 둘러싼 강대국 간의 군사적 마찰이 전쟁의 주된 양상이 되고 있다. 제2차 세계대전 중에 미국이 취한 석유 금수조치와 철강 수출제한 등에 반발해 일본이 말레이시아, 인도네시아 등 동남아시아의 열도를 차례차례 점령하여 유전 지대와 석유 수송로를 확보하고 미국 본토인 진주만 공격을 감행한 바 있다. 최근에는 걸프전이나 미국의 이라크 및 아프가니스탄 침공 등 에너지 안보 달성과 관련된 대규모 전쟁이 잇따라 발발하기도 했다. 이외에도 자원 요충지를 둘러싸고 군사기지를 확장하려는 강대국들 간의 긴장이 고조되고 있는데, 카스피해 지역, 걸프 지역, 아프리카 대륙 등이 대표적이다. 이들 지역에서 생산되는 에너지를 공급받고 수송로를 안정적으로 수호하기 위해 미국, 유럽, 러시아, 중국, 일본 등 강대국들이 자국의 사활을 걸고 전면적으로 대치하고 있는 것이 현재 우리가 목격하는 새로운 형태의 지정학적 안보 경쟁인 것이다.

(2) 에너지 국제정치의 주요 이슈들

현재 에너지 국제정치 분야에서 가장 주목받고 있는 쟁점은 단연 화석연료와 신재생에너지와 관련된 주제들이다. 무엇보다 석유, 석탄, 천연가스 등 화석연료의 사용을 줄이는 동시에, 이를 대체할 신재생에너지를 개발하고 상용화해야 한다는 이중 과제가 국제사회와 각국 정책 결정자들 앞에 놓여 있다. 기존의 선진국뿐만 아니라 경제성장에 박차를 가하고 있는 신흥 개도국들이 세계 에너지 시장에 참여해 가격 상승을 부추기고 있는 상황에서 화석연료에 대한 편중된 에너지 의존에서 벗어나야 한다는 위기의식이 확산되고 있다.

이는 화석연료가 가지고 있는 여러 한계점 때문에 더욱 그러하다. 먼저, 가장 근본적인 문제는 화석연료의 유한성이다. 생산 정점이나 고갈 시기에 대해서는 국가별, 연구자별로 의견이 분분하지만, 모든 화석연료가 궁극적으로는 바닥날 것이라는 점은 이미 사실로 받아들여지고 있다. 게다가 쉽게 접근하여 저렴한 비용으로 채취할 수 있는 자원의 매장량에도 한계가 있다. 남아 있는 자원에 대한 접근이 어려워지는 시점부터 에너지 위기는 본격적으로 국제사회를 강타할 것이다.

화석연료의 또 다른 문제점으로, 지리적 편중성으로 인해 시장이 외부 충격에 대해 취약하다는 사실을 꼽을 수 있다. 세계 석유 확인 매장량의 약 90퍼센트가 15개 국가에 집중되어 있으며, 세계 천연가스의 90퍼센트가 20개 국가에 매장되어 있다. 석탄도 세계 매장량의 90퍼센트를 9개 국가가 소유하고 있다(WTO 2010, 48-70). 그런데 자원 부국들은 주로 중동이나 남미 등 정정 불안이 큰 지역에 위치하고 있어, 역내에 작은 소요만 발생해도 전 세계 에너지 가격이 요동치는 현상이 나타나는 것이다. 예컨대 2010년 말부터 북아프리카와 중동 지역에 민주화 운동과 반정부 시위가 번지자 국제 원유가 배럴당 110달러를 넘는 가격에 거래되어 에너지 시장이 다시 휘청거리는 사태가 발생했다.

마지막으로 화석연료가 유발하는 부정적 외부 효과도 화석연료 사용을 지양하게 만드는 원인으로 작용하고 있다. 부정적 외부 효과 중에서도 화석연료의 추출, 정제 및 소비 과정에서 발생하는 환경오염이 가장 심각한 문제로 인식된다. 대기 중 이산화탄소 농도 증가로 인한 지구온난화와 기후변화는 물론이고, 최근 공업화를 통해 산업구조를 전환한 개발도상국들에서는 화석연료 연소로 생겨난 스모그와 산성비가 심각한 문제로 대두되었다. 그 외에도 석유 운송 과정의 문제나 해양 유전의 파손 등으로 해양 환경과 생태계가 심각하게 훼손될 수 있다는 문제가 있다(Florini 2010).

이러한 한계점들 때문에 화석연료의 시대에 종말을 고하고, 기존의 화석연료를 대체하고, 지속 가능한 성장을 이루게 해줄 대체에너지 개발을 위한 노력이 활발해지고 있다. 미국과 프랑스를 비롯한 선진국들은 돌파구를 원자력 발전에서 찾아 왔다. 그 결과 2009년 30개국에서 가동된 436개 핵발전소에서 전 세계 전력 공급분의 15퍼센트에 달하는 에너지를 생산했다. 구체적으로는 같은 해 프랑스와 리투아니아에서 전력의 70퍼센트를, 일본·스웨덴·독일·스위스·헝가리·우크라이나·핀란드·한국·불가리아·아르메니아·슬로바키아 등의 국가에서는 30퍼센트 이상을 핵에너지를 통해 공급했다. 미국의 경우 닉슨·포드 행정부 이래로 원자력 에너지의 확대를 시행해 온 결과 2009년 현재 전국에 104개의 원자로가 가동되어 전력의 약 20퍼센트 정도를 공급하고 있다. 중국과 인도를 포함한 아시아의 개발도상국들도 앞 다투어 원자력 에너지 개발에 열중하기 시작했는데, 2009년 현재 아시아 지역에서 21개 원자로를 건설 중이며 150개 이상의 건설 계획이 수립되어 있다. 이처럼 원자력 에너지가 각광을 받고 있는 까닭은 화석연료에 비해 온실가스를 덜 배출하는 청정에너지라는 평을 얻고 있고, 주원료인 우라늄광이 앞으로 80여 년 동안 기존 원자로에 합리적인 가격으로 공급될 수 있으며, 발전소의 유지비가 저렴하면서도 생산능력이 석탄이나 천연가스보다 높기 때문이다. 그러나 핵발전소 안전에 대한 대중의 우려와 기피 현상, 핵폐기물의 저장과 처리, 핵무기 확산 등의 복잡한 문제는 원자력 에너지의 발전을 위해 반드시 해결해야 할 숙제로 남아 있다(Montgomery 2010, 127-30, 137-46).

원자력 외에 화석연료를 대체할 신재생에너지로 거론되는 자원으로는 풍력 에너지, 태양에너지, 수력 발전, 바이오 연료 등이 있다. 풍력 에너지는 재생 가능하며 풍력 발전용 터빈을 설치하면 유지비 외의 비용이 발생하지 않는다는 점에서 차세대 에너지로 주목받고 있다. 미국, 중국, 인도 등 에너지 다소비 국가들을 중심으로 관련 기술 개발도 활발히 이루어지고 있어 2000년부터 2008년까지 매년 25~30퍼센트의 성

<참고 13-11> 세계 원자력 이용 현황 및 원자력 협력

세계 주요국들은 체르노빌 원전 사고의 영향으로 원자력 사용에 대해 부정적이었으나, 기후변화와 에너지 시장 불안정성 증가는 원전 개발에 대한 새로운 가능성을 열었다. 미국은 2005년 8월 에너지법을 개정하여 신규 원전 건설에 인센티브를 부여했고, 일본은 2006년 5월에 2030년까지 원전 비중을 30~40퍼센트까지 확대한다는 원자력 입국 계획을 발표했다. 러시아도 2006년 10월 원전 점유율을 15.6퍼센트에서 18.6퍼센트로 확대하는 원자력 에너지 개발계획을 발표했다. 중국 역시 2009년 12월 발표한 '신에너지산업 발전계획'을 통해 2008년 9GW인 원전 용량을 2020년에 86GW로 대폭 상향 조정하는 방안을 검토했다. 중국의 원자력발전 중장기발전계획(2005~2020년)에 따르면, 66기의 원전을 건설해 2005년 1퍼센트에서 2020년 4퍼센트로 확대할 계획이었다. 현재 세계 31개국에서 546기의 원전이 운영 중이며, 전체 전력 생산의 15퍼센트를 담당하고 있다. 여러 국가들의 계획대로라면 2030년까지 약 430기의 신규 원전이 건설될 예정이었다(이재훈 2010, 110-2; 한겨레 2011. 3. 27).

그러나 일본 후쿠시마 원전 사고로 세계 원자력 산업은 다시 새로운 전기를 맞고 있다. 독일 기민당 정부는 1998~2005년까지 집권한 사민당-녹색당 정부의 17기 원자력 발전소 가동 중단 결정을 뒤집고 2010년 10월, 12년 연장하기로 결정했었다. 그러나 수만 명의 원전 시위가 확산되었고, 지역 선거에서 최초로 녹색당 주지사가 당선되는 등 반전 여론이 확산되면서 결국 2020년까지 모든 원전을 폐쇄한다는 결정을 내렸다. 전력 생산의 39퍼센트를 원전에 의존하는 스위스도 2034년까지 모든 원자로를 폐쇄한다는 방침을 내렸고, 이탈리아는 신규 원전 건설 계획을 유보했다. EU 차원에서도 원전 안전성 점검에 대한 스트레스 테스트가 2011년 6월 1일 시작되었다. 결과가 나오는 2012년 4월에는 EU 차원의 원자력 정책 향방이 결정될 것으로 보인다.

반면, 미국·영국·프랑스·중국·한국 등은 여전히 원전 건설에 대해 긍정적인 입장이다. 다만, 원전 안전성 문제가 부각된 만큼 국제적인 공조의 필요성에 대해 널리 논의되고 있다. 2011년 5월에 열린 G8 정상회담에서 프랑스는 주요 원전국의 원자력 협력을 요구했고, 6월 OECD 국가들의 에너지 장관들이 모여 더욱 엄격한 원전 안전성 테스트의 필요성에 공감했다. 이러한 논의는 6월 20~24일에 비엔나에서 열린 IAEA 장관 모임에서도 이어졌다. 하지만 원전의 안전성 검증에는 공감대가 이루어졌으나 구체적인 원자력 에너지 협력을 위해 국가들이 취해야 할 보조에 대해서는 논의가 지속되고 있다.

장세를 보였다(Montgomery 2010, 166). 그렇지만 매일, 매 계절마다 차이를 보이는 풍력으로 인한 기술적 문제, 풍력 발전용 부지 선택의 난점 등 풍력 에너지의 자체적인 한계를 완벽하게 극복하기 어렵기 때문에 풍력 에너지는 다른 신재생에너지의 보조적인 역할에 머물 것으로 관측되고 있다.

태양에너지도 풍력 에너지와 마찬가지로 자연에서 유래한 원료이기 때문에 재생 가능하며 풍부하다는 장점이 있으나, 태양열을 수집하고 에너지로 전환하여 저장하기까지는 기술적인 난관이 존재한다. 수력발전은 강과 하천을 활용해 온 미국을 비롯한 많은 국가에서 관련 기술 개발에 이미 성공하여 많은 경험을 축적한 에너지이다. 전기 수요가 적은 시기에 에너지를 저장해 두었다가 사용할 수 있으며 에너지 효율이 비교적 높은 축에 속하지만, 댐 건설이 초래하는 환경 파괴 문제 때문에 지속 가능한 성장에는 부적합한 에너지로 평가된다(Heinberg 2006, 242-7, 263-5).

바이오 연료는 식물, 동물 배설물, 음식 쓰레기, 식물성 에탄올 등을 원료로 하는 에너지를 총칭한다. 바이오 연료는 상업적 성공의 가능성이 보이는 대표적인 대체에너지라는 점에서 2008년 현재 미국 의회는 2022년까지 바이오 연료 360억 갤런의 사용을 의무화했다. 그 덕택에 미국의 에탄올 산업은 두 자리 수의 성장률을 기록하고 최소 73개의 발전소가 건설되고 있다(Rothkopf 2008, 204). 그러나 바이오 연료의 원료가 되는 바이오매스가 연소 시 이산화탄소를 비롯해 산화질소, 일산화탄소 등의 독성 성분을 생성하며, 에탄올 수요가 가속화되면서 농지 전환을 위해 산림이 유실되고 지구적 식량 부족을 초래할 수 있다는 사실 때문에 비판을 받고 있다(Heinberg 2006, 269-74).

화석연료로부터 신재생에너지로의 에너지 구조 전환을 논의함에 있어서 간과할 수 없는 중요한 쟁점 중 하나는 빈곤 문제이다. 전 세계 인구의 1/4에 달하는 약 16억의 인구가 전력에 접근하지 못하는 상황에 처해 있다. 뿐만 아니라 사하라 이남의 아프리카 지역, 중국, 인도 등지의 가정에서는 난방과 조리를 위해 바이오 매스와 석탄 등 고체 연료를 사용하고 있는데, 이는 실내 공기오염을 유발해 건강에 심각한 위협을 가하고 있다. 세계 질병 비율의 4~5퍼센트가 이러한 상황에서 발생하는 것으로 알려져 있다. 이처럼 에너지 공급의 사각지대에 놓인 빈민 및 빈곤국에 '에너지 사다리'energy ladder를 제공하는 일은 국가들의 공조와 국제 원조 프로그램 등을 통해 반드시 해결되어야 할 것이다(Shaffer 2009, 17).

국제 에너지 시장이 확대되면서 기술 이전 문제도 불거지고 있다. 지난 수십 년 동안 석유와 천연가스를 비롯한 에너지 무역은 극적으로 증가했고, 최근 10년 간 세계 공산품 교역량에서 천연자원이 차지하는 비율은 1998년 11.5퍼센트에서 2008년에는 23.8퍼센트로 늘어나면서 크게 성장했다(WTO 2010, 54). 이처럼 세계무역에서 에너지자원이 차지하는 비중이 빠르게 늘어나자 에너지 분야를 전문적으로 다루는 구속력 있는 협정이 필요하다는 목소리가 높아졌다. 그 결과 냉전 이후 유럽에서는 에너지헌장조약ECT: Energy Charter Treaty이 창설되어 주요 에너지 공급국 중 하나인 러시아를 포함하는 공동의 에너지 시장이 설립되었으나, 선진국으로부터의 기술 이전 수준에 대한 불만족을 비롯한 여러 요인들 때문에 러시아는 급기야 2009년 탈퇴를 선언했다. 이는 다자관계 속에서 기술 이전 문제 해결의 어려움을 보여 주는 단적인 예이다. 그러나 양자 관계의 차원에서 기술 이전은 보다 긍정적으로 이뤄지고 있다. 브라질과 프랑스의 핵에너지 기술 이전 협정처럼 에너지 확보를 원하는 국가들과 자원 추출, 개발, 수송 기술을 원하는 국가들 사이에 기술 이전을 위한 양자협정이 체결되고 있는 것이다.

한편 환경문제도 에너지 국제정치와 긴밀히 연계되어 국제사회의 분열을 초래하고 있다. 최근 국제사회가 직면하고 있는 환경문제들은 기후변화, 생물다양성의 훼손, 사막화 등에서 보이듯이 월경성越境性이 강하여 전 지구적인 대응 노력을 요구하고 있는데, 이렇게 문제가 커진 가장 큰 이유가 화석연료에 대한 높은 의존도에 있다는 비판이 거세지고 있다. 따라서 화석연료 사용을 줄이려는 에너지 수입국과 화석연료 수출로 이득을 취하고 있는 에너지 수출국이 팽팽히 대

〈참고 13-12〉 신재생에너지와 기술 경쟁

한국 '신에너지 및 재생에너지 개발·이용·보급 촉진법'에 의하면 신재생에너지는 두 개의 범주로 나누는데, 연료전지·석탄액화가스화·수소에너지 등과 같이 기존 화석연료를 변환하여 이용하는 에너지를 신(新)에너지라 하며, 태양광·태양열·바이오·풍력·수력·해양·폐기물·지열 등 재생 가능한 에너지를 변환하여 이용하는 에너지를 재생에너지라 한다.

2008년 한국의 신재생에너지 공급 비중은 2.4퍼센트였는데, 폐기물이 78퍼센트로 대부분을 차지했고, 수력 11.5퍼센트, 바이오 7.5퍼센트, 풍력 1.3퍼센트 순이었다. 이렇듯 수력과 폐기물에 의존한 신재생에너지 발전 사정은 다른 국가들도 비슷하다. 가령, 신재생에너지 비중이 40퍼센트 이상인 노르웨이는 90퍼센트를 수력으로부터 얻고, 중국 역시 90퍼센트 이상이 수력이다. 한국은 선진국에 비해 10~20년 늦게 연구개발에 착수하여 핵심 원천기술과 부품을 선진국으로부터 수입하고 있다. 현재 태양광, 풍력, 수소·연료전지 분야 등의 기술 수준은 선진국의 50~70퍼센트 수준이다(이재훈 2010, 100-2). 주요국들의 2008년 신재생에너지 보급률을 살펴보면, 노르웨이 43.8퍼센트, 스웨덴 35.8퍼센트, 스위스 20.5퍼센트, 덴마크 19.5퍼센트, 캐나다 17퍼센트, 독일 9.8퍼센트, 프랑스 8.2퍼센트, 미국 5.7퍼센트, 일본 3.5퍼센트, 영국 3.4퍼센트였다(IEA 2011).

립각을 세우고 있다. 특히 유엔기후변화협약UNFCCC을 중심으로 한 기후변화 대응책을 두고 양측 간의 논쟁이 뜨겁게 전개되고 있다. 에너지 수출국은 강제적인 탄소 감축 방안이 자국의 경제적 이익에 우선할 수 없으며 소비와 오염의 커다란 책임을 지는 선진국이 자국의 예상되는 피해를 보전해야 한다는 입장을 견지하고 있는 반면에, 수입국은 수출국이 기후변화 경감에 대해 미온적인 태도를 취하고 있다고 비난하고 있다(Kassler et al 1997, 1, 9). 그 외에도 중국처럼 현재 상대적으로 저렴한 화석에너지 소비에 집중하고 있는 대부분의 개발도상국들은 에너지 수출국의 입장을 지지하고 있어 양측의 논쟁이 어떤 결론을 맺게 될지는 앞으로 UNFCCC의 움직임을 지켜봐야 할 것이다.

(3) 에너지 국제정치의 전망

지난 10년 동안 전 세계의 에너지 소비량은 꾸준한 증가세를 보여 왔다. 석유 소비량은 1999년부터 2009년 사이 11.14퍼센트가 증가했고, 천연가스는 같은 기간 45.8퍼센트, 석탄은 26.7퍼센트 소비가 늘어났다(BP 2010, 11, 27, 35). 향후 에너지 소비도 개발도상국의 수요 증가로 고공행진을 이어갈 것으로 보인다. 일례로 2010년 국제에너지기구IEA의 예측에 따르면 국제 석유 수요는 2035년 99mb/d에 도달할 때까지 계속 증가할 것이라고 한다. 주목할 것은 OECD 국가들의 수요가 6mb/d 이상 감소하는 반면에, 비OECD 국가가 전체 수요의 순증가를 이끌 것이라는 점이다. 미국에너지정보청EIA: U.S. Energy Information Administration도 비OECD 국가의 에너지 소비량이 2020년에는 OECD 국가의 소비량보다 32퍼센트, 2035년에는 63퍼센트를 웃돌 것으로 전망했다(EIA 2010, 10). [그림 13-1]에서 나타나고 있듯이 향후 에너지 소비 대국들의 소비 추세에 대한 전망도 같은 맥락에서 이해될 수 있다.

전 세계 에너지 수요의 상승 추세가 전반적으로 유지될 것으로 보이는 것과 달리, 에너지 공급은 연료별로 다른 추이를 따를 것으로 예측된다. 화석연료는 앞으로도 세계 에너지 시장의 수요 충족에 기여할 것이다. 그중에서도 석유를 포함하는 액체연료의 경우 2035년에도 최대 에너지자원의 자리를 지킬 것으로

〈참고 13-13〉 에너지헌장조약(ECT)

세계 무역에서 에너지자원이 차지하는 비중이 빠르게 늘어나자 에너지자원이 교류되는 시장을 위한 구속력 있는 협정이 필요해졌다. 에너지자원은 시장에서 거래되어 온 기타 상품과는 달리 매우 불균등하게 배분된 자원이라는 점에서, 에너지 분야만을 다루는 전문적이고 국제적인 무역 협정의 중요성이 부각되어 온 것이다. 일례로 그동안 보호무역의 장벽을 허물고 비차별적인 국제 자유무역 시장을 유지해 온 제도적 도구인 세계무역기구(WTO)가 에너지 수송 문제나 에너지자원을 둘러싼 경쟁, 그리고 환경 부문에서 발생하는 분쟁을 해결할 수 없다는 한계가 지적되었다(Konoplyanik and Wälde 2006, 547). 이러한 인식 하에 에너지 무역과 투자의 촉진을 위해 마련된 다자 조약이 바로 에너지헌장조약(ECT: Energy Charter Treaty)이다.
ECT는 에너지 수출국과 수입국 간의 상호의존을 법적으로 구속력 있는 조약으로 강화하기 위해 마련된 다자간 에너지 협정으로, 1991년 6월 네덜란드의 전 수상이었던 루드 루버스(Ruud Lubbers)가 더블린에서 열린 유럽위원회(European Council) 회의에 참석해 유럽에너지공동체(European Energy Community)의 창설을 제안한 것으로부터 비롯되었다. 루버스의 아이디어는 ECT와 '에너지효율과 환경측면에 관한 의정서'(PEEREA: the Protocol on Energy Efficiency and Related Environmental Aspects)로 정립되어 1994년 리스본에서 30개국에 의해 공식 체결되었으며, 1998년에 마침내 효력이 발생했다. ECT는 크게 에너지 교역, 투자, 수송, 분쟁 해소 메커니즘의 운용 및 PEEREA 부문에 집중하여 가입국 간의 비차별적 에너지 자유 시장을 건설하는 것을 목표로 하고 있다(Energy Charter Secretariat 2004).

그림 13-1 미국·중국·인도의 세계 에너지 소비 점유율 변화 추이(1990-2035)

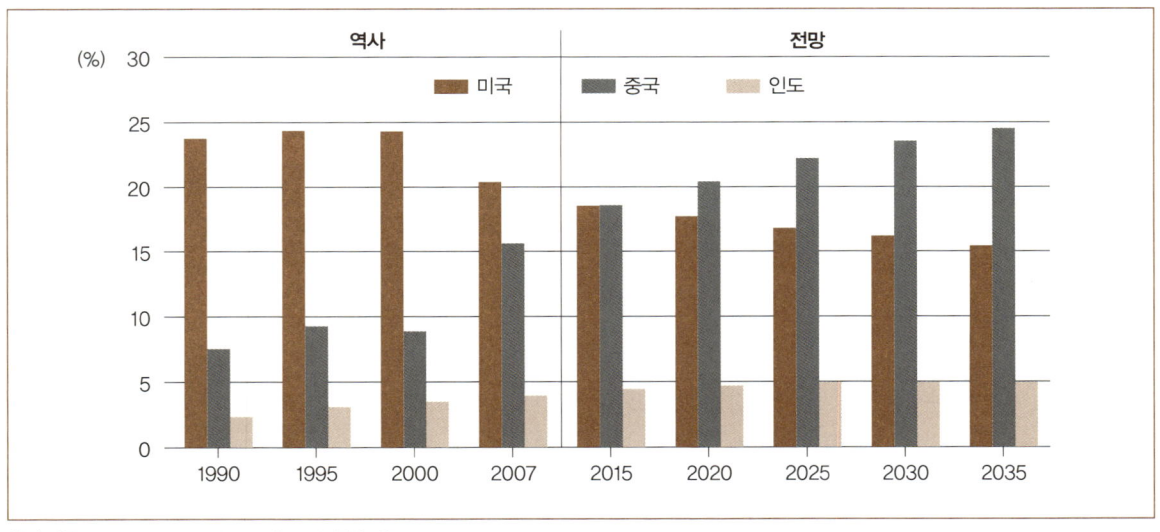

출처: 미국 EIA, *International Energy Outlook* 2010, 10.

보인다(EIA 2010). 2010년 IEA는 2035년 세계 석유 생산량을 96mb/d로 계산했으며 이 수치는 소비 예측량과 3mb/d 차이가 나지만, 석유 정제 과정의 개선으로 수급차가 해소될 수 있다고 낙관했다. 그러나 IEA는 원유 생산량이 2006년의 정점이었던 70mb/d에 다시 도달하지 못할 것이며, 2020년에 68~69mb/d를 생산할 것이라고 덧붙였다. 그 결과 석유 기업들은 유가 인상으로 인한 압박에 시달리거나 석유 의존 심화를 우려하는 국가들이 다른 에너지로 눈을 돌림에 따라 액체연료가 전체 에너지 소비량에서 차지하는 비율은 2007년의 35퍼센트에서 30퍼센트로 감소될 것으로 내다보았다. 반면에 액화천연가스나 캐나다의 오일샌드, 베네수엘라의 초중질유 등의 연료를 활용하는 비재래식 석유 생산은 크게 확대될 것으로 예상되고 있다.

한편 유가 상승, 신재생에너지 개발 및 상용화를 통한 에너지원 다각화, 에너지 효율 제고, 기후변화, 에너지 빈곤 등 수많은 도전에 직면하여 다양한 노력들이 국제적 차원에서 전개되어 왔다. 에너지 안보와 관련해 산적해 있는 복잡한 이슈들을 국제 공조를 통해 해결해야 한다는 인식이 비슷한 어려움을 겪고 있는 국가들 간에 공유되었기 때문이다. 그 결과 다수의 정부 간 협의체와 비정부 조직들이 탄생해 국제 에너지 문제 해결에 앞장서고 있다.

그중에서도 가장 대표적인 조직은 국제에너지기구이다. IEA 등장 이전까지 석유를 비롯한 에너지 시장에서 국가와 다국적기업의 활동을 관장하는 다자 협약이 부재했다는 사실에 비추어볼 때, IEA의 탄생은 에너지 국제정치에서 분수령이 될 만한 사건이었다. IEA는 1973년 아랍-이스라엘 분쟁의 발발과 친이스라엘 계열의 서방 국가들에 대해 석유수출국기구 OPEC: Organization of Petroleum Exporting Countries 가 실시한 석유 엠바고 등으로 격화된 제1차 오일쇼크를 통해 안정적인 석유 시장 건설의 필요성을 절감한 OECD 국가들을 중심으로 설립되었다. IEA는 모든 회원국이 국내 유가, 석유 공급량 및 비축량을 공개하도록 하는 것을 의무화하고, 1차 오일쇼크와 같은 긴급 사태가 발생할 시에는 회원국 간 석유를 공유하는 체제를 수립했다. 그 결과 1980년 이란·이라크 전쟁 발발 시 원유 공급량의 급감이 시장에 재현되었음에도 불구하고 IEA는 시장에서 유가를 안정적인 수준에서 방어하는 데 성공했다.

IEA 외에도 ECT나 국제에너지포럼^{IEF: International Energy Forum}과 같은 대규모 다자 기구도 만들어졌다. 1991년 첫 회의를 가진 IEF는 에너지 수출국과 수입국의 에너지 장관이 매년 모여 의견을 교환하는 다자 기구이다. IEF는 석유와 천연가스와 관련된 의제를 중심으로 이루어지며, 에너지 안보, 신재생에너지나 환경 이슈 등에 대해서는 다루지 않는다는 한계를 가진다. 뿐만 아니라 국제원자력에너지기구^{IAEA: International Atomic Energy Agency}처럼 특정 에너지를 중심으로 한 기구가 창설되었고, G8이나 유럽연합^{EU} 그리고 아시아태평양경제협력체^{APEC}처럼 수많은 국제 및 지역 기구들이 에너지 분야의 문제해결에 적극 참여하기 시작해 에너지 국제정치 무대가 다채롭게 채워지고 있다(Florini 2008, 157–1).

그러나 IEA를 비롯한 이들 기구들은 에너지 분야의 일부 이슈만을 다루거나 에너지 수출국 혹은 수입국만의 입장을 대변하는 성격이 강하다는 점을 고려했을 때, 에너지 영역의 다양한 이슈에서 모든 국가들의 이해를 최대한 반영하고 수출국과 수입국의 갈등을 해소할 수 있는 포괄적인 에너지 관련 거버넌스의 설립이 절실히 요구된다. 새로운 에너지 거버넌스의 가능성은 다자간의 국제 공조를 가로막는 걸림돌들을 얼마나 넘어설 수 있느냐에 달려 있다. 예컨대 에너지 수출국들은 카르텔을 형성해 남아 있는 화석연료에 대한 수요가 커지면서 늘어난 외교적 영향력을 최대한 활용하려는 움직임을 보이고 있다. 대표적인 것이 석유와 천연가스 수출국을 중심으로 설립된 석유수출국기구^{OPEC}와 가스수출국포럼^{GECF: Gas Exporting Countries Forum} 등이다. 그 외에도 자원 부국들이 개별적으로 천연자원의 수출을 무기화해 전략적으로 활용하는 자원민족주의 현상도 국제정치에서 빈번이 목격되고 있는 실정이다. 에너지 수출국의 이익을 충분히 보장하면서도 수입국의 에너지 안보를 동시에 확보하는 거버넌스 구상이 까다로운 이유이다. 따라서 앞서 논의되었던 ECT의 선례를 거울삼아 국제사회가 양측의 입장을 효과적으로 조율할 수 있는 구속력 있는 협정을 세우고, 이를 감독 및 규율할 국제 에너지 거버넌스 출범에 성공할 수 있을지 주목되고 있다.

〈참고 13–14〉 석유수출국기구(OPEC)

OPEC의 창설은 1950년대 국제 석유 시장의 공급 과잉을 우려한 국제석유자본이 독단적으로 원유 공시 가격을 약 6퍼센트 인하함에 따라 본격화되었다. 이들 국제석유자본은 미국의 엑손모빌(Exxon Mobil), 걸프(Gulf), 텍사코(Texaco), 스탠더드석유(Standard Oil of California), 영국의 브리티시석유(British Petroleum), 네덜란드의 더치셸(Royal Dutch Petroleum and Shell Transport and Trading)을 가리키며, 흔히 이를 줄여 '메이저'(major) 혹은 '세븐 시스터즈'(Seven Sisters)라고 불렀다. 이에 이란, 이라크, 베네수엘라, 사우디아라비아, 쿠웨이트 등 5개국 정상은 1960년 9월 바그다드회의에서 원유 가격의 회복 및 상승을 목표로 OPEC를 결성하기로 합의하여, 국제석유자본의 결정에 발 빠르게 대응했다(Pachauri 1985, 57–8). OPEC의 설립은 그동안 국제석유자본의 힘에 밀려 있던 자원 생산국들의 집단적 응집력을 보여 준 결정적인 사건이었다.

OPEC은 지구상 대부분의 석유와 천연가스를 보유하고 있다. 2009년 현재 전 세계 석유 확인매장량의 77.2퍼센트, 천연가스 확인매장량의 약 48.6퍼센트가 OPEC 회원국에 매장되어 있다(BP 2010. 6. 22). 이를 바탕으로 OPEC은 전 세계에 막대한 양의 에너지를 공급해 왔으며, 세계 에너지 시장의 가격 안정에 큰 역할을 담당해 왔다. 앞으로도 OPEC의 석유 생산이 꾸준히 증가하여 2035년에는 전 세계 생산량의 절반을 차지할 것으로 예측되는 만큼(IEA 2010. 6) 화석연료의 고갈이 가시화되고 탄화수소의 시대가 저물기 전까지 OPEC의 역할과 영향력은 최소한 현재의 수준을 유지할 것으로 예상된다.

<참고 13-15> 가스수출국포럼(GECF)

이란의 수도 테헤란에서 2001년에 개최된 주요 가스 수출국들의 각료 회담에서 시작된 가스수출국포럼(GECF: Gas Exporting Countries Forum)은 가스 수출 국가 간 조응과 협력을 강화하기 위한 목적에서 설립된 정부 간 기구이다. 2011년 현재 회원국으로는 알제리·볼리비아·이집트·적도 기니·이란·리비아·나이지리아·카타르·러시아·트리니다드 토바고·베네수엘라가 참여하고 있고, 카자흐스탄·네덜란드·노르웨이가 관찰국(observer) 회원으로 참여하고 있다. 참여국들의 천연가스 매장량을 모두 합칠 경우 이는 전 세계 천연가스 매장량의 70퍼센트에 이른다.

2001년 창설 이후 가스수출국포럼은 특히 2000년대 후반에 들어 제도화 측면에서 많은 발전을 이루었다. 2008년 12월 23일 모스크바에서 열린 제7회 각료 회의에서 참여국들은 조직 헌장을 채택하고, 비서국을 카타르 도하에 설치하기로 결정했다. 그리고 2011년 11월 도하에서 가스수출국포럼 정상회담(summit meeting)이 최초로 개최되었다. 가스수출국포럼의 홈페이지(www.gecforum.org)는 가스수출국포럼의 역사, 제도, 회원국, 행사 등과 관련한 공식적 정보들을 전달해 주고 있다.

창설 이후 가스수출국포럼은 가스 수출국들이 카르텔을 형성하여 가스 가격과 전 세계 가스 시장을 좌지우지하는 '가스 OPEC'과 같은 기구가 될 가능성이 있다는 평가를 받고 있다. 실제로 러시아 정치인들과 가스 수출 업체들은 가스수출국포럼의 기능을 강화해야 한다고 종종 언급했고, 지난 11월에는 가스수출국포럼의 사무총장인 러시아 국적의 레오니드 보카노브스키(Leonid Bokhanovsky)가 재선출되었다. 하지만 회원국들 간 가스수출국포럼의 지향해야 할 방향에 대한 견해차가 있으며, 또한 2011년 11월에 있었던 가스수출국포럼의 제1회 정상회담에 러시아의 메드베데프 대통령, 푸틴 총리가 모두 불참하는 등 가스수출국포럼의 향방은 아직 불투명한 실정이다.

4. 동북아시아 환경 및 에너지 협력

(1) 동북아시아 환경 협력

지구적 차원에서 해결해야 할 환경문제들이 산재해 있지만, 동시에 동북아 지역 차원에서도 우리는 여러 환경문제에 직면하고 있다. 동북아시아 지역의 대표적인 환경 쟁점 중 하나가 황사 문제이다. 특별히 한반도의 봄철 황사는 중국 및 몽골 내 인구 증가와 경제성장으로 인한 사막화 현상 때문에 발생하는데, 1990년대 이후 주요한 지역 환경문제로 대두되었다. 중국으로부터 매년 약 2000만 톤의 모래 먼지가 시베리아에서 불어오는 강력한 계절풍을 타고 한반도로 건너온다. 이는 호흡기 질환, 안질 등의 문제를 야기하고, 농업·수송업·반도체 산업 등에 부정적인 영향을 미친다. 또한 몽골 역시 전 국토의 40퍼센트인 62만 8000제곱킬로미터가 사막이고, 국토의 90퍼센트가 사막화 위험에 노출되어 있다. 1976년에 15퍼센트이던 산림 면적은 1990년 이후 10퍼센트 줄었으며, 지난 30년 동안 식물종의 1/4이 감소한 것으로 나타났다. 이런 생태계의 변화가 다시 사막화를 가속화하는 악순환이 진행되고 있다. 황사 문제를 해결하기 위해 동북아환경협력계획 NEASPEC: North East Asian Subregional Programme for Environmental Cooperation, 한중일 3국 환경장관회의 TEMM: Tripartite Environmental Ministers Meeting 등이 활용되고 있다.

<참고 13-16> 황사 예방을 위한 동북아산림포럼의 활동

동북아산림포럼은 동북아시아 지역의 산림 파괴를 극복하려는 비정부 네트워크이다. "우리 강산 푸르게 푸르게"를 표어로 국내 산림을 육성·보호한 유한킴벌리를 중심으로 산림 육성과 보호에 관심을 가졌던 전문가와 비정부 단체들은 1998년 동북아산림포럼을 창설했다. 이 포럼은 활동 방향을 정하기 위해 창립 이후 2001년까지 활발한 학술활동을 전개해 왔고, 대중적 관심을 제고하기 위해 노력해 왔다. 2002년부터 중국과 몽골에서 우의림(友誼林) 조성사업을 시작하여, 2003년 '몽골 남고비주 고비사막 사막화 방지 조림사업'의 경우 1억 원의 사업비로 방풍림 6만 평을 조성했다. 고비사막에서 9000평 되는 지역의 모래를 고정시켰으며, 몽골 산림 환경 담당자를 한국에서 훈련시켰다.

이 포럼이 주도하는 우의림 조성사업과 연구사업에는 정부 기관과 비정부 단체가 함께 참여하고 있다. 참여하는 정부 기관을 국가별로 분류하면 몽골에서는 자연환경부와 남고비주 주정부, 중국에서는 내몽골 국가 임업국, 한국에서는 외교통상부, 행정자치부, 기상청, 산림청, 국립수목원 등이 있다. 참여하는 비정부 단체로는 몽골산림포럼, 고려대학교 임업연구원, '지구의 친구들'(Friends of the Earth), '생명의 숲' 등이 있다. 국제기구로는 국제연합 사막화방지협약(UN Convention to Combat Desertification) 사무국과 국제연합 식량농업기구(FAO)가 참여하고 있다. 또한 동아시아 국가에서 산림 관련 전문가들이 네트워크를 구성하여 산림 조성과 육성에 필요한 기술적 지원을 하고 있으며, 자원봉사자들이 나무 심기 사업에 참여하고 있다.

동북아산림포럼의 활동은 세계정치 운영 방식으로서 지구 거버넌스가 작동하는 모습을 보여 주고 있다. 첫째, 비정부기구가 국제 쟁점의 해결에 관여한다. 황사는 몽골과 중국 내륙에서 발생하여 몽골과 중국에 가장 큰 피해를 주지만, 동시에 대기의 흐름으로 인하여 동북아시아 국가 모두에게 영향을 미친다는 점에서 국제적인 쟁점이다. 비국가 행위자인 동북아산림포럼이 비정부 차원에서 조림사업을 벌이며 동시에 해당국 중앙정부 및 지방정부와 협력을 모색한다. 둘째, 국제사회에서 통용되지 않은 새로운 관행으로 문제해결을 모색한다. 황사 문제처럼 문제 유발국과 피해국의 경계가 분명할 때, 문제 유발국이 피해국에게 주는 보상이 국제 쟁점을 해결하는 국제사회의 관행이었다. 그러나 동북아산림포럼은 유발국에게 보상을 요구하거나 원인 해소를 위한 압력을 행사하기보다는 지구생태계 보전을 목표로 황사 유발국으로 하여금 원인을 해소하도록 지원하고 있다.

NEASPEC은 1993년 2월 한국이 유엔환경개발회의(UNCED: United Nations Conference on Environment and Development)와 공동으로 개최한 회의가 정례화됨에 따라 한국, 일본, 중국, 러시아, 몽골, 북한의 총 6개국이 참여하는 동북아 환경협력체로 자리 잡게 되었다. NEASPEC은 연례회의를 통해 지역의 에너지 및 대기오염 문제 해결, 생태계 관리, 환경 대응 역량 강화 등의 목표들을 추구해 왔다. 초기에는 화력발전소에서 배출되는 대기오염에 대해 주로 관심을 가졌으나, 황사 문제 해결을 위해 지속적인 논의가 이어졌고, 2008년부터는 황사 문제를 해결하기 위해 발원지에 대한 조기경보체제 사업을 개시하기도 했다. 초기에는 재원 조달에 관한 합의 문제로 난항을 겪었지만, 지속적인 회의를 통해 자발적 형태의 기금 조성 합의가 이루어졌다(김찬우 2006).

황사 문제 해결을 위한 또 다른 환경 협력으로는 1998년 UN지속가능위원회 6차 회의를 통해 발족한 동북아 한중일 3국 환경장관회의(TEMM)를 들 수 있다. TEMM은 NEASPEC과 북서태평양보전실천계획(NOWPAP: Northwest Pacific Action Plan) 등 다양한 지역 환경 협력 채널을 고위급 회담으로 일원화하고 효율화하기 위해 결성되었다. 제1차 TEMM 회의는 1999년 서울에서 개최되었는데, 정례적인 장관회의가 유럽의 발틱해 및 북해 보존을 위한 지역 협력을 활성화한 노력에 주목했다. 3국 환경장관들은 9개 사업을 선정하여 초국가적 환경오염에 대한 공동 연구, 오염물질 모니터링, 지역 환경데이터센터 설립, 환경산업 육성, 공동 홈페이지 구축 등을 위해 노력하기로 합의했다. 특별히 2002년부터는 황사 문제 해결을 위해 이 회의가 주요하게 활용되고 있다(윤이숙 2010). 이 외에도 지역 국가들은 아시아개발은행(ADB) 및 지구환경기금(GEF)과 협력하여 황사 문제 해결 방안을 찾고 양자 협력을 통한 해법도 모색하고 있다. 가령, 2006년 11월 한국의 산림청은 몽골 정부와 황사 및 사막화 방지 협력에 관한 양해각서를 체결한 뒤 여러 사업들을 민간 기관들과 합동으로 추진하고 있다.

장거리 이동 대기오염 물질 문제, 소위 산성비 문제 역시 동북아의 주요 환경 쟁점이다. 산성비는 화석연료의 연소 과정에서 발생하는 황산화물과 질소산화물로 인해 발생한다. 동북아 지역의 산성비는 중국의 화석연료 소비와 밀접히 관련되어 있는데, 한국환경연구원에 따르면 1997년 한국의 산성비 강하 중 중국이 기여한 바가 20~30퍼센트였다(윤이숙 2010). 중국의 황해 연안 지역에서 배출되는 과도한 아황산가스로 인해 산성비 피해가 심각한 실정이다(Zusman 2005, 126-8). 산성비 문제는 NEASPEC에서 주요하게 다루어졌으며, TEMM에서도 9개 사업 내 중요 의제로 선정되어 다루어지고 있다.

일본 주도로 추진된 아·태 환경장관회의(ECO-ASIA: Environmental Congress for Asia and the Pacific)에서도 산성비 문제는 주요하게 취급되었다. 일본 환경청은 1991년 한국, 중국 등 아시아 29개국이 참여하는 ECO-ASIA를 수립했는데, 이 회의는 정책 대안을 발굴하기 위한 '장기 전망 프로젝트'를 추진하고, 환경 정보를 공유하기 위한 전문가 사이의 아·태 환경 정보 네트워크를 구축했다. 동아시아 산성비 모니터링 네트워크(EANET: Acid Deposition Monitoring Network in East Asia)도 산성비 문제 해결을 위해 설립된 전문가 협력 사업이다. 일본 환경청 주도로 1993년 10월부터 시작된 이 네트워크는 한국·일본·중국·러시아·몽골·태국·베트남 등 11개국이 참가하고 있으며, 준비 기간을 거쳐 2001년부터 본격적인 활동을 펼치고 있다. 2001년부터는 UNEP로 사무국이 이전되었고, 일본 니가타에 설립된 산성비연구소(ADORC)가 연구센터로서 회원국이 보낸 데이터들을 수집·분석하는 기능을 담당하고 있다. 이 네트워크는 다양한 국제모니터링 프로그램들과 정보를 공유하는 동시에, ADB·UNEP·NEASPEC·TEMM 등과 협력하고 있다(김찬우 2006, 201-2).

산성비 문제는 황사 문제와 같이 양자 협력을 통해 해결되기도 한다. 동북아시아 각 국가들은 양국 간의 환경 협력 협정들을 통해 산성비 문제 등에 대한 데이터를 공유하고 정책 대화를 전개하며, 이를 통해 환경 협력 사업을 진행하고 있다.

해양오염 문제 역시 동북아시아 국가들에게 민감한 환경문제이다. 황해는 수심이 낮고 교통량이 많아 기름 농도가 높으며, 해수 순환이 활발하지 못한 반폐쇄 해역으로 오염에 취약하다. 과거 러시아의 동해 핵폐기물 투기나 증가하는 해양 쓰레기 오염 문제 등은 동북아 연안국들에게 해양 보호에 대한 관심을 환기했다. 이 문제를 해결하기 위해 1994년 북서태평양보전실천계획이 개최되었다. NOWPAP은 지역 해양의 생태계 보존을 위해 수립된 UNEP의 지역 해양 보존 실천계획의 일환으로, 한국·중국·일본·러시아 등의 연안국들이 참여했다. 참여국들은 연례회의를 통해 협력 사업을 선정하며, 사업 실행을 위한 신탁기금(Trust Fund)을 책정했다. 2004년에는 한국과 일본에 공동사무국이 개설되었고, 참여국들 역내 해양오염의 관측, 평가 및 대처를 위해 지역 활동센터들이 세워졌다. 이 환경회의의 중요한 공헌은 연안국들 간 유조선 좌초 시 유류 유출사고 대비 및 처리에 관한 양해각서 체결이다. 2004년에 체결된 이 협약에 따르면 모든 서명국들은 해양오염 사고 발생 시 즉각적인 도움을 요청할 수 있고, 각 국가들은 그 요청에 부응하기 위해 최선을 다해야 한다. 그 외 해양 쓰레기 처리 문제를 위해서도 관련국들이 협력하고 있다(윤이숙 2010).

APEC에서도 수자원 보호를 위한 환경 관련 회의들이 개최되었다. 대표적으로는 지속개발각료회의와

APEC 해양보전실무회의 등이 있다. 2002년 제1차 APEC 해양장관회의가 개최되었고, 한국의 이니셔티브로 인해 지속 가능 수산업, 해양과학기술, 연안 통합관리 등을 다루는 서울해양선언문Seoul Ocean Declaration이 채택되었다.

동북아 다자간 환경 협력은 여전히 초기 단계에 머물러 있는 것으로 평가할 수 있으며, 국가들의 환경 협력이 제도화되고 구속력 있는 레짐 형태로 발전될 필요가 있다. 다시 말해 분산된 환경 협력 활동들이 좀 더 고위급 차원에서 일원화되고 효율화된 환경 사업들로 조율되어야 할 것이다. 이를 위해 먼저 환경 데이터 공유를 통해 환경 협력의 객관화와 과학화의 기틀을 다지고, 이를 통해 신뢰 구축 작업이 우선적으로 이루어질 필요가 있다. 단기적으로는 사업기금 설치 문제들로 국가들 간 의견차가 여전히 큰 만큼 자발적인 기금 조성 원칙에 기반을 두고 공동의 이익이 실현될 수 있도록 실질적인 문제해결을 위해 노력해야 할 것이다. 한편 장기적으로는 사업 범위를 구조적으로 확대해 갈 필요가 있다. 그 가운데 국제환경기구, 국제개발은행, 국제환경 프로그램 등과의 연계와 협력을 통해 재정, 정보, 기술 등의 국제적 지원을 받는 한편, 동북아시아 시민들의 적극적인 참여를 장려하여 비정부 부문에서의 활발한 교류와 협력에 바탕을 둔 동북아 환경 시민사회 창출을 유도해야 할 것이다. 이러한 환경 협력들은 환경문제 자체를 해결하는 동시에 동북아 정세 안정을 위한 지역주의 발전을 앞당길 수 있을 것이다.

(2) 동북아시아 에너지 협력

한·중·일 3국은 세계 주요 에너지 소비국이다. 세계 에너지 소비에서 각각 8위, 1위, 5위를 차지하고 있으며, 3국의 소비 비중을 합치면 세계 26.6퍼센트를 차지한다[표 13-1]. 해외 자원에 크게 의존하는 3국 모두에게 에너지 안보는 중요한 정책 이슈이다. 3국 모두 에너지 공급의 안정과 공급처 다변화, 화석연료에 대한 의존도 감소 및 환경보호 등의 정책 목적에서는 이해관계가 일치하지만, 에너지 협력은 여전히 요원하다. 한·중·일 3국의 에너지 협력은 아시아중동대화AMED: Asia-Middle East Dialogue, ASEAN+3, 동아시아정상회의EAS, 아태경제협력체APEC 등에서 논의되고는 있지만, 수사적 단계를 벗어나지 못하고 있다. 2006년 12월, 세계 에너지 소비의 절반을 차지하는 미국·중국·일본·인도·한국이 베이징에 모여 '5국 에너지장관회의 공동성명'을 발표했지만, 이는 실질적 협력사업으로 이어지지 못했다(Itoh 2009, 330). '동아시아 에너지 안보에 관한 세부선언'(Cruz de Castro 2009, 269-88) 등이 지역 내 에너지 협력의 기틀을 다졌다고 평가되기도 하지만, 여전히 동북아 에너지 협력의 초기 단계를 벗어나지 못하고 있다는 시각이 우세하다.

먼저, 중국은 1996년 원유 순수입국으로 전환했고, 2010년에는 미국을 능가하는 세계 최대 에너지 소비국이 되었다. 고도 경제성장이 가속화된 1990년대 들어서서 에너지 공급 확보를 위해 에너지 안보에 대한 관심이 급증했다. 중국 정부는 지속 가능한 경제성장

표 13-1 **2010년 주요 국가별 에너지 소비**

(단위: 소비량-100만TOE, 비중-%)

구분	미국	중국	러시아	일본	인도	캐나다	독일	프랑스	한국	브라질
소비량	2285.7	2432.2	690.9	500.9	524.2	316.7	319.5	252.4	255.0	253.9
비중	19.0	20.3	5.8	4.2	4.4	2.6	2.7	2.1	2.1	2.1

출처: BP, *Statistical Review of World Energy* 2011.

과 산업 발전을 위해 주요 에너지자원의 안정적 공급을 정책적 목표로 설정하고, 큰 경제적 비용에도 불구하고 가용성과 안정성에 중점을 둔 에너지 확보 정책을 강력히 추진했다. 수입 다변화 정책의 일원으로 중동 에너지에 대한 의존도를 낮추고 아프리카, 라틴 아메리카 등으로부터 원유 수입량을 늘리기 시작했고, 국가 전략비축유 SPR: Strategic Petroleum Reserves도 각각 중앙정부, 지방정부 및 국영 회사 차원에서 확대했다. 그러나 2000년대 들어서서 고유가, 기후변화, 환경파괴 등의 문제들이 심화되자 중국의 에너지 안보 개념은 재생 가능 에너지 개발과 환경보호 등을 포괄하는 방향으로 점차 변화하고 있다(Liao 2009, 116-8).

그러나 중국의 에너지 외교정책은 여전히 철저한 자국 이익 중심의 접근법에서 벗어나지 못하는 한계를 보이고 있다. 중국 관료들은 에너지자원을 전략 물자로 간주하며, 따라서 이를 확보하기 위한 제한적인 협력만을 고려한다. 중국이 선정한 에너지 협력 대상국들은 주로 잠재적 혹은 실질적 에너지 생산국들이거나 수송로 확보 차원에서 지원이 요구되는 주변 인접국들이다. 수사적으로는 동북아 지역 에너지 협력을 강조하지만, 한국·일본 등 다른 에너지 수입 경쟁국들과 실질적 협력 사업을 실행하지는 못했다. 에너지에 대한 인식은 여전히 경제적이기보다는 전략적이고 정치적인 입장을 견지하고 있는 것이다.

일본 역시 1973년 1차 석유파동 이후 에너지자원에 대한 인식을 새롭게 했고, 에너지자원에 대해 전략적

〈참고 13-17〉 중국의 부상과 자원 분쟁

새로운 에너지 국제정치에서 가장 두드러지게 나타나고 있는 변화 중 하나는 중국과 인도를 비롯한 개발도상국들이 주요 에너지 소비국으로 부상하여 세계 에너지 수요의 증가를 이끌고 있다는 점이다. 중국은 1980년에만 해도 1.7mb/d(million barrel per day)의 석유를 소비했으나, 1990년에는 2.3mb/d로 소비량이 늘어나면서 세계 5위의 자리에 오르더니 2009년에는 8.625mb/d로 미국에 이어 두 번째로 많은 석유를 소비한 국가가 되었다(BP Statistical Review of World Energy 2010, 11). 모든 에너지 원료의 소비량을 계산할 경우, 중국은 2009년에 미국을 제치고 세계 최대 에너지 소비국이 되었다. 뿐만 아니라 중국의 에너지 수요는 앞으로 더욱 가파르게 오를 것으로 전망된다. 2008년부터 2035년까지 중국의 석유 수요는 75퍼센트 늘어나 세계의 에너지 사용 예상 증가량의 36퍼센트를 차지하고, 2035년 중국의 수요 비중은 세계 수요의 22퍼센트를 점유하게 될 것이다(IEA 2010, 5).

급증하는 국내의 에너지 수요를 충족시키기 위해서 화석연료 수입의 필요성이 증대되고 있는 중국은 정부를 중심으로 자원 외교에 총력을 기울이고 있다. 이를 위해 2005년 6월 중국 정부는 원자바오(溫家寶)를 중심으로 범정부적 에너지 문제 대책기구인 '국가에너지지도그룹'(國家能源領導小組)을 설립했으며, 이 외에도 중국석유천연가스집단공사(CNCP), 중국석유화공집단공사(SINOPEC), 중국해양석유공사(CNOOC) 등 국영 에너지 회사를 총동원하여 에너지자원 확보에 주력하고 있다.

중국은 국영 회사를 앞세워 개발원조를 제공하거나 에너지 탐사 프로젝트에 대규모 투자를 하는 방법으로 중앙아시아, 아프리카, 카스피해, 걸프 지역의 에너지 부국들 및 그 국영 에너지 기업들과 밀접한 우호 관계를 쌓고 있다. 이들 국영기업 간의 기업 간 동맹 관계 강화를 통한 에너지 외교의 한 예로 중국은 사우디아라비아와 '전략적 석유 파트너십'을 형성하고 SINOPEC이 사우디아라비아의 석유 및 가스 유전 개발에 사우디아라비아의 국영 아람코(Aramco)와 공동 참여했다. 동시에 아람코는 중국의 정유공장과 석유 화학 공장에 투자하기로 했다(Klare 2008, 140). 또 다른 예로 2004년 중국의 수출입은행(Eximbank)은 20억 달러 규모의 차관을 저금리로 앙골라 정부에 제공했고, 앙골라의 국영기업인 소난골(Sonangol)은 그 대가로 셸(Shell) 및 인도 석유가스공사(ONGC)와 맺은 계약을 파기하고 셸이 가지고 있던 Block 18(Greater Plutonio) 광구의 지분 50퍼센트를 구매해 중국의 SINOPEC에게 매각한 바 있다(Downs 2008, 94).

이처럼 막대한 자금력을 앞세워 에너지 부국과의 적극적인 관계를 구축하고 있는 중국뿐만 아니라 미국, 일본을 비롯한 선진국들은 물론 인도, 브라질, 터키, 인도네시아, 말레이시아 등 개발도상국들도 세계의 부존자원을 조금이라도 더 차지하기 위해 사활을 걸고 있다. 에너지자원 확보를 위한 치열한 경쟁은 국제정치적 분열을 야기하는 새로운 핵심적 요소가 되고 있다.

접근을 취하게 되었다. 당시 일본은 90퍼센트의 원유를 수입에 의존하고 있었고, 전체 1차 에너지에서 원유가 차지하는 비율은 78퍼센트로 매우 높은 비율을 차지하고 있었다. 일본 정부는 수입 다변화 정책을 추진하는 동시에 에너지 자주 개발률을 높이기 위해 일본석유회사JNOC를 설립하여 민간 자본과 합동으로 에너지 투자를 진행했다. 에너지 효율성을 높이는 정책을 실행하는 한편, 전략비축유의 양을 늘려 2006년에는 OECD 가입국들 중 가장 높은 171일치의 전략비축유를 확보했다. 1990년대에는 높은 에너지 비용을 낮추고자 에너지원 다변화 정책을 시행했고, 환경 보호에 대한 고려를 에너지 안보 개념에 포함시키는 새로운 에너지 안보 전략을 시행했다(Liao 2009, 109-13).

현재 일본은 세계에서 가장 높은 에너지 효율성을 자랑하지만, 2006년 6월 발간된 신국가에너지전략을 보면, 일본의 장기 에너지 정책 고려에서 미래의 화석연료 공급 감소에 따른 안정적 에너지 수급에 대한 고민이 여전히 주된 내용으로 나타난다. 이에 대응하여 일본 정부는 에너지자원 생산국들에 대한 공적원조ODA와 경제협력을 통한 기술 지원을 확대하고, 이들에 대한 투자를 늘리는 방안을 모색하고 있다(Masaki 2006). 일본 정부는 일본석유가스금속공사JOGMEC(JNOC의 후신)를 중심으로 국내 및 해외 신기술 개발 프로젝트 참여율을 높이려는 노력도 강화했다(Len et al 2009, 8-100). 그러나 일본 역시 중국과 마찬가지로 다자 에너지 협력에서 적극적인 모습을 보이기보다는 영합 게임에 바탕을 둔 현실주의적 접근을 위주로 하고 있다.

한·중·일 3개국 중 비교적 적극적으로 동북아 에너지 협력을 추구하는 국가가 한국이다. 높은 해외 에너지의존도와 주변 강대국들의 경쟁, 그리고 북한으로부터의 안보 위협 속에 지속 가능한 경제성장을 유지해야 하는 것이 한국에게 주어진 과제이다. 따라서 한국은 러시아, 몽골 등 동북아 에너지 생산국들과의 양자 협력을 강화하는 동시에, 다른 소비국들과의 양자적, 다자적 협력을 진행해 왔다. 지역 고위급 회담들을 이용해 한국의 에너지 안보를 확보하고자 노력했고, 국제적 에너지 네트워크와도 연계했다. 2006년 11월 한국가스공사는 중국해양석유총공사CNOOC와 천연가스 개발에 관한 양해각서를 체결했고, 2007년 3월에는 한국석유공사가 유전 탐사 및 개발에 관한 기본 합의서를 체결했다.

동북아 3국의 에너지 협력을 가로막는 가장 큰 장애물은 에너지자원이 지니는 안보적 속성이다. 게다가 일본의 식민 지배 역사, 냉전기의 치열한 이데올로기 경쟁, 동중국해와 동해에서의 영토 분쟁, 역내 군비경쟁, 자원민족주의 등은 안보적 성격을 지닌 에너지 이슈를 둘러싼 지역 협력을 더욱 어렵게 하고 있다. 이러한 맥락에서 동북아 에너지 문제는 경제적 문제라기보다는 안보적 문제인 것이다. 따라서 국가들은 에너지 확보에서 협력적 모습보다는 전략적 입장을 취하게 되는 것이다. 북한 핵문제를 비롯한 역내 전통적 안보 문제들이 해결되거나 완화되기 전까지 에너지 협력을 제도화하고 공고화하기는 쉽지 않아 보인다.

그러나 한편으로 역내 국가 간 정치적 협력이 진전된다면, 특히 중국과 일본 사이의 협력이 진전된다면, 동북아 에너지 협력은 의외로 쉽게 풀릴 수도 있을 것이다. 이는 국가들이 갖고 있는 주권 침해나 전통적 안보에 대한 우려들을 적절히 해소하는 동시에 공동 이익을 극대화하는 전략을 취함으로써 가능할 것이다. 즉 동북아 지역의 에너지 협력은 참여국들의 경제적, 정치적, 군사적 우려들을 종합적으로 고려한 정책구상을 통해 접근해야 한다. 따라서 자원 부국 러시아를 동북아시아 지역 협력의 틀 속으로 끌어들이는 방안은 이러한 맥락에서 한국이 전략적으로 시도해 볼 수 있는 매력적인 대안이 될 수 있을 것이다.

한편, 자원 부국 러시아는 동북아시아 에너지 시장

의 주요 공급자로 참여하려고 노력하고 있다. 러시아의 자원 보유 현황을 보면 2010년 말 석유 확인매장량이 106억 톤으로 세계 점유율 5.6퍼센트이다. 1일 생산량은 1027만 배럴로 세계 생산량의 12.9퍼센트를 차지했다. 천연가스 확인매장량은 44.8조㎥로 전 세계 매장량의 23.9퍼센트를 차지했고, 이는 세계 1위의 천연가스 확인매장량이다. 생산량 역시 연간 5억 3010만 석유환산톤으로 세계 생산량의 18.4퍼센트를 차지했다. 석탄 확인매장량은 1570.1억 톤으로 세계 매장량의 18.2퍼센트를 차지했고, 이는 세계 2위 규모이다[표 13-2].

표 13-2 러시아 주요 에너지 매장량 현황(2010년 말)

구분	확인매장량	전 세계 비중(%)	생산량
석유	106억 톤	5.6	1027만 b/d
천연가스	44.8조 ㎥	23.9	약 5억 3000만 톤
석탄	1570.1억 톤	18.2	약 1억 5000만 톤

자료: BP, *Statistical Review of World Energy* 2011.

러시아는 중국, 인도 등 신흥개도국들의 에너지 소비 증가세에 맞춰 아시아로의 수출량을 늘리기 위해 노력했다. 2006년 러시아 정부가 발간한 '에너지전략 2020'에 따르면, 2000년대 초 아·태 지역에 대한 3퍼센트의 원유 수출량을 2020년까지 30퍼센트로 늘리는 목표가 설정되어 있다(Itoh 2009, 143). 러시아 정부는 동시베리아-태평양 송유관ESPO pipeline 건설을 통해 아시아 프리미엄Asian Premium을 얻어 유럽 시장의 저평가된 자국산 원유의 가격경쟁력을 높이려는 노력을 추구해 오고 있다. 한편 2000년 푸틴 정부 이후 러시아는 에너지자원을 외교적 수단으로 활용하기 위해 국가의 에너지자원에 대한 통제력을 강화하면서 외국 에너지 기업들의 러시아 내 에너지자원 개발에 대한 참여를 제한하기 시작했다(Itoh 2009, 157). 따라서 러시아와의 에너지 협력에 있어서 러시아 국내 정치 세력의 내부적 이해관계 조율이 중요한 변수가 되고 있다.

러시아와 한·중·일의 에너지 협력이 다각도로 추구되고 있지만 여전히 양자적 형태에 머물러 있으며 그 정도도 미약하다고 볼 수 있다. 중국은 적극적 노력으로 일본을 제치고 2006년 3월 중·러 베이징 정상회담을 통해 양국 간 에너지 협력 사업 추진에 합의했다. 러시아 타이셰트에서 소코보로디노까지의 ESPO 1단계 2700킬로미터 구간이 러시아에 의해서 완공된 직후, 중국은 소코보로디노에서 중국 북부 다칭Daqing까지 930km 송유관을 2010년 완성시킴으로써 러시아의 원유를 송유관을 통해 안정적으로 공급받는 최초의 동아시아 국가가 되었다. 2009년 원유 공급 계약에 의거하여 러시아는 2011년 1월부터 최소 20년간 하루 30만 배럴, 연간 1500만 톤의 원유를 중국으로 공급하게 되었다(한겨레 2010.9.27). 또한 2009년 10월 러시아 에너지 기업 가즈프롬Gazprom과 중국국영석유회사CNPC는 2015년부터 매년 약 700억 ㎥의 천연가스를 30년간 중국에 공급한다는 기본 협정을 체결했다. 러시아로서는 유럽 시장으로 한정된 수출선을 아시아 방면으로 다변화할 수 있는 기회였으며, 중국은 지속적인 경제성장을 위해 안정적인 에너지 공급을 이룰 수 있게 되었다. 다만 러시아와 중국의 천연가스 협상은 여전히 공급가격을 두고 벌어지는 이견을 좁히지 못하고 있으며, 양국 간 역사적으로 쌓여 온 안보적 상호 불신이 향후 어떤 방향으로 작용하게 될 것인가를 주목해 볼 필요가 있다.

러시아 에너지 기업들과 일본 기업들의 파이프라인 건설과 에너지 공급에 대한 여러 논의들이 있어 왔지만, 미개발 상태인 동시베리아 원유 매장량의 불확실성과 장거리 파이프라인 건설에 따른 비용 문제 등으로 인해 경제성이 떨어진다는 지적도 만만치 않다. 그러나 이러한 경제적 타당성 문제의 이면에서 양국 에너지 협력을 가로 막고 있는 것은 정치적 문제들이다. 특히 일본과 러시아의 북방 영토 문제는 양국의 전략

적 고려에서 에너지 협력을 가로 막는 가장 큰 걸림돌이다.

한편 한국과 러시아의 에너지 협력이 최근 가시화되고 있다. 2009년 8월 모스크바 정상회담을 통해 양국 정상은 에너지·자원 부문의 협력 사업을 지속·발전시키기로 합의했다. 러시아는 2015~2017년 내에 동시베리아 지역과 사할린 지역에서 생산된 가스를 연간 최소 750만 톤씩 30년 동안 공급하는 협력을 개시하기로 했고, 한국은 러시아 블라디보스토크 지역에 대규모 석유가스화학단지 건설 및 LNG 생산기지를 건설하고 러시아의 동시베리아 및 극동지방 개발 사업에 참여하기로 했다(지식경제부 2008, 219-20). 비록 파이프라인을 통한 에너지 공급이 2006년과 2009년 우크라이나 사태와 같이 또 다른 안보 문제를 야기할 수 있음에도 불구하고, 러시아는 2011년 김정일 위원장의 러시아 방문을 계기로 러-북-남 가스관 건설 사업을 발표하고 적극적으로 추진함으로써 한반도에 대한 영향력 통로를 강화하기 위해 적극적으로 노력하고 있다.

결국 러시아와 동북아 국가들 간 에너지 협력은 가능성 단계에서 점차 현실화 단계의 문턱에 들어서고 있다. 하지만 아직도 불안정적 요소가 상존하는 것이

<참고 13-19> 러-북-남 가스관 연결 사업

주요 사건 일지

시기	내용
2008. 9.	한·러 정상회담에서 한국가스공사와 가스프롬 간에 가스 도입, 공급에 관한 양해각서 체결
2009. 6.	가스공사-가스프롬 간 공동연구 협약 체결
2010. 8.	8차 양자 부사장급 회의
2011. 8.	울란우데에서 김정일-메드베데프 정상회담, 가스관 북한 통과 및 특별 실무 그룹 합의
2011. 9.	하바롭스크-블라디보스토크 파이프라인 완공
2011. 10.	가스프롬(밀레르 회장), 북한(김희영 원유공업상), 남한(주강수 가스공사 사장) 연쇄 회담
2011. 11.	한·러 정상회담 통해 사업 추진 의지 확인, 2013년부터 가스관 건설 착수하기로 잠정 합의
2011. 12.	러시아와 북한의 공동 실무 그룹 1차 회의
2012~2016.	야쿠티아-사할린-블라디보스토크(YKV) 가스관 착공 및 완공 예정
2013~2016.	한반도 가스관(블라디보스토크-북한-남한) 착공 및 완공 예정

출처: 『한겨레신문』(2011. 11. 15); YTN(2011. 12. 1).

1990년대부터 러시아 가스관, 송전선 건설 등 러시아와 남한을 연결하고 북한과도 협력하는 3국 간 협력 논의가 진행되고 있었다(브누코프; YTN 2011에서 재인용). 러-북-남 가스관 사업에서 러시아는 상당히 적극적인 태도를 취하고 있다. 2011년 11월 인터뷰에 따르면 남-북-러 3각 협력을 책임지는 알렉산드르 티모닌 러시아 외무부 특명대사는 700킬로미터에 이르는 북한 구간의 가스관 건설비를 러시아가 전액 부담할 것이라고 밝혔다(YTN 2011. 12. 1). 러-북-남 가스관 사업은 북한의 개혁 및 개방을 유도하고 3국 간의 협력을 가능하게 할 것이다. 하지만 남-북-러 가스관을 두고, 남북한 통일 없이는 불가능한 프로젝트이며 러시아가 한반도에서 중국의 영향력을 견제하기 위해 추진하고 있는 프로젝트라고 보는 비판적인 시각도 있다(연합뉴스 2011. 11. 28).

사실이다. 에너지 공급국인 러시아를 상대로 한·중·일이라는 주요 에너지 소비국이 연합하면 가격 협상의 레버리지를 높이는 동시에 더욱 안정적인 에너지 시장을 형성할 수 있음에도 불구하고, 생산국-소비국 및 소비국-소비국 안보 불신에 따른 불협화음의 가능성이 여전히 크다. 때때로 러시아는 중국-일본의 경쟁 속에서 이익을 극대화하려고 시도했고, 중국과 일본 양국은 관계 정상화를 통해 이러한 러시아의 기회주의적 행동을 견제하려고 했지만, 여전히 중국과 일본 간 안보 경쟁구도는 다른 협력의 필요성을 압도하는 경우가 많았다. 반면 소비국들의 너무 강한 연합은 오히려 러시아로 하여금 동북아시아 에너지 시장의 참여 의욕을 꺾을 수도 있다.

따라서 강대국들의 각축 사이에서 한국의 창의적인 노력이 더욱 절실하다. 한국 정부도 러-북-남 가스관 연결 사업에 큰 관심을 가지고 있다. 이를 통해 한국은 안정적 가스 공급을 확보할 뿐만 아니라 러시아와 북한의 관계 강화를 통해 북한의 중국에 대한 의존의 균형화를 간접 지원할 수 있기 때문이다. 나아가 가스관 사업은 전력망 사업, 철도 연결 사업 등과 같은 다양한 인프라 관련 사업으로 연결되어 북한 경제의 개방과 개혁에 도움을 줄 수 있을 것으로 기대되고 있다. 이러한 북한의 대외적 상호의존의 증대는 북한의 도발적인 행동을 간접적으로 억제하는 효과를 낼 수도 있을 것이다. 따라서 한국은 러시아와의 양자 에너지 협력을 남·북·러 3자 협력으로, 그리고 일본과 중국, 그리고 미국 등 한반도 주변국들이 참여하는 다자적 협력 체제로 점진적으로 발전시키는 전략적 접근을 모색할 필요가 있다. 비록 한국이 갖고 있는 정치적 영향력의 수단이 상대적으로 미약하고 동북아 강대국 경쟁 구도가 경직되어 있다고 하더라도 한국에게 이러한 창의적이고 적극적인 노력은 필수적인 과제로 요청되고 있다.

마지막으로 일본 후쿠시마 원전 사고가 동북아 지역은 물론 세계에 제기한 문제에 대해 언급하지 않을 수 없다. 2011년 3월 일본 후쿠시마 원전 사고는 일본 국민들과 전 세계 시민들을 놀라게 했다. 원전에 대한 안전 관리를 자부하던 일본 역시 거대한 자연재해 앞에서는 속수무책이었다. 그러나 일본 정부와 원자력 기업들에 대한 불신과 비난을 불러온 것은 이들이 원자력 사고 대처 시에 보인 미숙함 때문이다. 최초의 원전 내 수소폭발 사고가 발생한 지 5시간이 경과한 후 일본 정부는 처음으로 사실을 공개했다. 그 후 구체적인 원전 피해 사실들에 대해 일본 국민은 물론 인접국에 신속하게 발표하지 않았고 은폐하려 했다는 의혹을 키웠다. 일본 정부는 수조 원짜리 원전을 폐기하지 않기 위해 30여 시간 동안 바닷물 주입을 서두르지 않았고, 이는 다른 추가적인 폭발을 불러왔다. 초기에 일본 원자력안전보안원은 이 사고에 대해 사고 레벨 5를 부여하여 위기의 심각성을 인위적으로 낮춰 발표했다는 비판을 받았으며, 곧 1986년 체르노빌 사고 수준 레벨인 최고 레벨 7로 상향 조정했다. 한국을 비롯한 주변국들의 반발을 불러온 것은 일본 정부의 오염수 방출 결정이다. 일본 정부는 2011년 4월 4일, 기준치를 500배 초과한 오염수 1만 1500톤을 바다에 투여한다고 일방적으로 통보했고, 주변국들은 사전 협의가 없었음에 강하게 항의했다. 이에 따라 일본 정부는 4월 10일까지 저농도 방사능 오염수를 대략 1200톤 방출했고, 주변국들의 반발이 심해지자 이를 미리 통보하지 못한 점에 대해 에다노 유키오 관방장관과 간 나오토 총리가 직접 유감을 표명했다.

후쿠시마 원전 사태를 통해 동북아시아 지역 내 원자력 협력이 전무하다는 사실이 드러났다. 일본 정부는 미국·프랑스 전문가들의 도움을 구하기는 했지만, 지역적 협력을 요구하는 목소리는 전혀 들리지 않았다. 이를 계기로 지구적, 지역적 수준에서의 원자력 안전에 대한 논의의 필요성이 높아지게 되었고, 2012년 서울에서 열릴 예정인 핵안보정상회의에서 테러리즘에 의한 핵물질 및 핵기술의 보안 문제에 대한 핵안보 의제와 더불어 원자력 안전을 증진하는 의제도 중요하게 논의될 것이다. 향후 동북아 국가들은 물론 전 세계 핵 발전 국가들은 원자력 안전과 협력 문제에 대한 좀 더 분명한 기준과 체계를 시급히 마련하도록 노력해야 할 것이다.

5. 한국의 대응

환경 국제정치의 중심축은 기후변화 대응 체제의 형성을 둘러싼 복합적 지구 정치로 이동하고 있다. 이에 따라, 기후변화에 적응하고 대응하기 위한 노력이 세계 각국에 요구되고 있다. 한국도 예외는 아니다.

한국의 환경외교는 한국의 국제정치적 지위와 밀접히 연관되어 있다. 한국은 1990년대 중반까지 여러 지표들에 의해 개발도상국으로 분류되었다. 그러나 한국은 1996년 OECD에 가입했고, 1997년 4월에는 개도국 협상 그룹인 77그룹으로부터 탈퇴했다. 그리고 2009년 11월에는 OECD 개발원조그룹DAC: Development Assistance Committee에 24번째 회원으로 가입함으로써 세계에서 처음으로 원조 수혜국이 공여국이 된 선례를 남겼다. 세계은행 통계에 따르면 2009년 한국의 GDP는 8325억 달러로 세계 15위였고, 무역 규모는 세계 11위를 차지했다. 1979년 수출 규모는 150억 달러에서 2009년 약 3600억 달러로 커졌다. 2008년 시작된 세계 금융 위기를 타개하기 위해 전 세계 주요 경제 20개국이 모인 자리에 한국이 들어갔으며, 2010년에는 의장국으로서 G20 정상회의를 서울에서 개최했다. 그러나 여전히 한국은 대부분의 환경협약에서 개도국 지위를 유지하고 있다. 한국의 경제력이 상승하면서 국제 환경 보존에 대한 한국의 기여를 요청하는 국제사회의 목소리가 커지고 있으며, 이에 따라 한국의 환경 레짐에 참여하는 태도는 변모하게 되었다.

특히 한국은 기후변화 레짐에서 선진국과 개도국의 가교 역할을 통해 한국만의 독특한 국제정치적 위상과 역할을 정립하려고 했다. 1992년 유엔기후변화협약UNFCCC을 통해 시작된 기후 협상 체제는 오늘날 지구가 직면한 최대의 위기를 풀기 위해 지난한 노력을 계속하고 있다. 1997년 교토의정서를 통해 구속력 있는 체제를 마련하는 듯했으나 2011년 현재 제2차 온실가스 감축을 놓고 벌어진 국가들 간 논쟁은 활로를 찾지 못하고 있으며, 2012년 만료되는 교토의정서의 운명은 불확실해 보인다. 교토의정서 체결 당시 한국은 개도국 지위를 유지하여 의무 감축으로부터 면제된 비非부속서 I 국가 군에 속했는데, 2012년 이후 포스트 교토체제에서는 선진 부속서 I 그룹 가입을 요청 받고 있다. 그러나 한국은 서구 선진국의 지구온난화에 대한 '역사적 책임'을 강조하고 한국이 이들과 동일한 의무를 부여받는 것은 부당하고고 주장했다. 대신 한국은 개도국의 자발적 온실가스 감축 행동과 선진국의 기술 및 자본 이전을 강조하면서, 스위스·멕시코 등과 함께 환경 건전성 그룹EIG: Environmental Integrity Group을 형성하여 협상력을 높이는 동시에, 선진국들과 개도국들의 첨예한 대립을 타개하기 위한 중재 방안을 제시하기도 했다.

국제 기후변화 대응 체제에서 한국이 국제사회에 기여하기 위해 제시한 방안은 '국가별 적절한 감축 행동 등록부'NAMA registry: Nationally Appropriate Mitigation Actions의 설치로 요약될 수 있다. 개도국들이 의무적이 아니라 자발적으로 취하는 온실가스 감축 행동에 대해 국제적으로 인정해 주어야 한다는 것이다. 구체적으로 한국은 개도국의 자발적 행동이 선진국 지원 NAMA, 독자적인 NAMA, 그리고 탄소배출권을 발행 받는 NAMA 등으로 구분할 필요가 있으며, 이를 통해 개도국의 온실가스 감축에 대한 참여를 높이고, 선진국의 기술 이전은 물론 기존의 시장 중심적 메커니즘의 발전을 동시에 이룰 수 있다고 주장했다.

이와 별도로 한국은 2008년 7월 G8 확대 정상회담에서 동아시아기후파트너십EACP: East Asia Climate Partnership을 제안하고, 아시아 개도국들의 녹색 성장을 위해 한국이 2008년부터 2012년까지 2억 달러를 제공하겠다고 공표했다(동아시아기후파트너십 홈페이지). 2008년 8월에는 '저탄소 녹색성장'을 향후 경제성장을 위한 국가 비전으로 제시했으며(녹색성장위원회 홈페이지), 2009년 11월에는 국가 중기 온실가스 감축 목표를 발표했다. 이는 IPCC 권고 사항은 물론 EU가 주장하는 개도국의 감축 필요 수준 중에서도 가장 높은 수준에 해당하는 것이었다. 2009년 코펜하겐 기후회의에서 한국 정부는 글로벌녹색성장연구소GGGI: Global Green Growth Institute의 설립 및 선진국과 개도국의 공동 기술개발과 공유를 제안했고, 2010년 6월 이 연구소를 국내에 설립했다(글로벌녹색성장연구소 홈페이지). 또한 2012년 유엔 기후변화회의를 한국에서 개최할 것을 건의하고 유치를 위해 노력했다. 이러한 한국의 자발적 노력은 환경 국제정치에서 한국의 역할이 급속히 증대되고 있음을 뜻한다.

한국은 또한 동아시아 차원에서 이루어지는 환경 협력에 대해서도 적극적 외교를 펴고 있다. 1990년대 들어서서 한국은 동북아시아 지역 환경문제를 해결하기 위해 리더십을 발휘하려는 노력을 펼쳤다. 과거 식민지 경영의 역사 때문에 견제 받고 있는 일본 또는 강경한 주권 불가침 입장을 강경하게 고수하는 중국과는 달리, 역내 양자 및 다자적 환경 협력을 통해 초국경적인 환경오염 문제를 해결하는 동시에 다자적 지역주의의 발전을 심화할 수 있는 기회가 한국의 리더십 발휘에 의해 현실화될 수도 있다. NEASPEC과 NOWPAP의 첫 개최지는 모두 한국이며, 특별히 TEMM 개최를 제안한 국가 역시 한국이었다. 한국 정부는 역내 다자협의체의 사무국을 자국 내에 설치하기 위해 노력했고, 북한을 제외한 모든 역내 국가들과 양자 환경협약을 체결했다. 한일 환경공동위원회, 한중 환경공동위원회, 한러 환경공동위원회 등이 이러한 환경외교의 대표적인 예이며, 환경 관련 정보 공유, 공동정책 개발, 환경사업 실시 등을 주도적으로 이끌어 가고 있다.

한편, 한국은 많은 에너지 사용량과 높은 해외 에너지 의존도로 인해 에너지 안보를 달성하는데 많은 어려움에 직면하고 있다. 한국의 2009년 1차 에너지 공급량은 2억 4331만 1000톤이었으며, 최종 에너지 소비량은 1억 8206만 6000톤이었다. 1차 에너지 중 석유가 42.1퍼센트, 천연가스 13.9퍼센트, 석탄 28.2퍼센트였으며, 해외 수입 의존도는 96.4퍼센트였다. 2009년 에너지 수입을 위해 약 912억 달러가 투입되었는데, 이는 2009년 1415억 달러보다 크게 감소한 금액이지만 세계경제의 침체로 국제 유가가 안정세를 유지했기 때문에 가능한 결과였다. 그러나 원유 수입에서 중동 의존도는 84.5퍼센트로 여전히 높았다. 2010년 기준 한국의 원유 수입량은 세계 5위를 기록했으며, 소비량은 세계 9위였다. 천연가스 부문을 살펴보면, 한국은 주로 카타르·말레이시아·오만·인도네시아 순으로 많은 양을 수입했으며, 천연가스 수입량은 일본에 이어 세계 2위를 차지했다(에너지경제연구원 2010).

한국 정부는 다양한 차원에서 에너지 문제 해결을 위해 노력하고 있다. 해외 에너지 의존도를 낮추고 수입 경로 다변화를 통한 에너지 안보를 달성하기 위해 자원 외교를 펼치고 있다. 예를 들면 동남아시아와 중동에 편중된 천연가스 수입 노선을 호주와 러시아 등으로 확대하고 있다. 이러한 노력 속에 한국의 에너지 자원 자주 개발률은 2007년 4.2퍼센트에서 2010년 10.8퍼센트로 증가했고, 원유 확보량과 하루 생산량이 각각 540만 배럴 및 5만 배럴에서 880만 배럴 및 12만 8000배럴로 늘었다. 한국 정부는 2030년까지 이 수치를 40퍼센트로 올린다는 계획을 세웠다. 또한 석유의 비축과 관련하여 현재 정부 소유의 전략비축유 외에 노르웨이의 1260만 배럴을 포함 약 4000만 배럴에 달하는 외국 소유의 비축유를 국내에 저장하고 있다. 한국 정부는 현재 UAE와 600만 배럴의 원유를 한국 내에 비축하는 협상을 진행하고 있는 것으로 알려져 있다.

에너지 수요 측면에서, 한국 정부는 에너지 효율성을 높이고 에너지 소비량을 줄이는 노력을 펼치고 있다. 한국의 1차 에너지 소비는 2010년 기준 연간 2억 5500만 석유환산톤(TOE)인데, 이는 세계 9위 수준이며, 전 세계 에너지 소비량의 2.1퍼센트였다(BP 2011). 2008년 이후 에너지원 단위 Energy Intensity도 계속 높아져 에너지 효율성이 점차 악화되고 있음을 알 수 있다(IEA 2011, 108). 한국 정부는 2008년 국가에너지위원회 기본 계획, 2009년 녹색성장을 위한 국가전략 등을 통해 지속적으로 에너지 효율성 제고 정책들을 펼치고 있다. 한국의 전력소비량도 2003년 2억 9360만 MWh에서 2010년 4억 3416만 MWh로 늘었는데, 이를 낮추기 위해 2011년 8월부터 전기요금을 평균 9.6퍼센트 인상했다. 한국 정부는 현재의 21기 원자력 발전소를 2030년까지 40기로 확충하고, 원자력 전기의 비중을 34퍼센트에서 59퍼센트까지 끌어올린 다는 계획을 세웠다. 저탄소 녹색성장 정책을 통해 온실가스 감축을 이루어 탄소/에너지 집약도를 낮추는 동시에 화석연료 사용량 자체를 줄이려는 노력을 벌이고 있다.

하지만 이와 같은 한국의 에너지 안보 달성을 위한 노력은 환경과 에너지 변환의 시대를 맞이함에 있어서 충분한 대책이 될 수 없다. 오히려 보다 근본적인 한국 경제와 사회의 변화가 요청된다고 할 수 있다. 2008년 8월 15일, 대한민국 광복 60주년 기념사에서 이명박 대통령은 기후 변화에 대응하여 국가 장기 개발 비전으로 '저탄소 녹색성장'을 제시했다. 이 비전에 따르면 대한민국은 지난 60년간의 양적 성장에서 향후 60년 간 질적 성장으로의 패러다임 전환을 추구한다는 것이다. 정책 목표로 녹색 일자리 창출, 녹색 투자를 통한 태양광, 풍력, LED 기술 등의 녹색 기술 개발, 녹색 벤처산업 양성 등이 세워졌다. 세계적으로 녹색 기술 개발을 선도한다는 목표였다. 이어서 2008년 9월 19일, 국무총리실에서 기후변화 대응 종합기본계획을 발표했다. 이전 정부들의 3년 단위 기후 행동들이 실제 목표 달성을 위해 불충분하다고 결론짓고, 5년 단위의 종합기본계획을 발표했다. 2009년 2월, 기존에 존재하던 기후변화대책위원회, 국가에너지위원회, 지속가능발전위원회가 합쳐져 대통령 직속 녹색성장위원회로 개편되었다. 2010년에는 녹색성장기본법이 국회를 통과했다. 정부는 이 기간의 일련의 구조적, 조직적 변화들을 녹색성장 정책 추진을 위한 토대 구축 사업으로 평가했다. 2009년 7월, 녹색성장위원회는 '녹색성장을 위한 국가 전략'을 발표했고, 2009~2013년을 목표로 한 '5개년 행동계획'이 수립됨으로써 기존의 '기후변화 대응을 위한 종합기본계획'을 대체했다. 새로운 계획은 2020년까지 세계 7위, 2050년까지 세계 5위의 녹색 강국 달성을 목표로 삼으며, 3개의 정책 목표와 10개의 정책 방향을 주요 내용으로 한다. 새로운 국가 경제의 체질 개선과 거대한 지구적 환경 정치의 변화에 대비하려는 노력이 시작된 것이다.

그러나 이러한 노력에도 불구하고 2013년 도입 예정이었던 에너지 총량 거래제가 2015년 이후로 미루어졌고, 에너지세나 탄소세의 도입은 아직도 요원해 보인다. 이명박 정부에 들어서서 GDP 대비 에너지 집약도와 에너지 효율성은 오히려 낮아지는 결과가 나타났다. 전기요금 현실화 등을 통한 전기 수요 감소 목표도 제대로 실행되지 못했다. 또한 녹색성장 정책에 4대강 사업과 원자력에너지 개발을 포함시킨 것은 많은 정치적 논쟁을 불러 왔다. 이명박 정부는 OECD, UNEP 등의 국제기구에서 녹색성장 패러다임의 세계화를 선도하려고 노력했고, 글로벌녹색성장연구소GGGI 등을 통해 녹색 기술개발과 전파에 있어서 리더십을 발휘하려고 했지만, 여전히 한국의 녹색성장 정책이 국제적으로 인정받기엔 시기상조로 평가된다. 한국이 진정한 환경 및 에너지 선진국으로 진입하기 위해서는 사회 및 경제체제의 체질을 개선하기 위한 근본적인 노력이 필요하다. 변화하는 환경 및 에너지 국제정치에 대응할 수 있는 내부적인 역량이 제대로 갖추어져 있지 않으면 화려한 환경 및 에너지 외교는 외화내빈外華內貧의 정책적 실패로 귀착될 수 있으며, 이는 녹색성장의 동력을 약화시키는 결과를 가져올 수도 있다.

6. 맺음말: 환경·에너지 국제정치의 미래

향후 환경의 국제정치에서 가장 중요한 과제는 기후변화 대응 체제를 개선하기 위한 협상의 마무리이다. 세 가지 시나리오가 가능해 보인다(김용건 외 2009, 147-9). 첫째, 기존 교토의정서가 발전·존속되는 체제이다. 이를 위해서 교토의정서를 유지하려는 개도국의 협상력, 미국 등 비부속서 선진국들의 여타 부속서 선진국에 상응하는 수준에서의 감축 목표 제시, 그리고 개도국에 대한 높은 수준의 재정 및 기술 지원 약속 등이 보장되어야 할 것이다. 둘째, 향후 협상에서 교토의정서 중심의 체제가 사실상 끝나고 새로운 국제적 합의가 채택되어 새로운 체제가 출범하는 상황이다. 이 시나리오가 가능하기 위해서는 새로운 국제적 합의가 교토 체제의 핵심 내용을 상당 부분 포괄함으로써 개도국의 반발을 최소화할 수 있어야 할 것이다. 셋째, 향후 당사국 총회가 수년간 특별한 합의를 이루지 못하면서 결국 총회에서 공식적인 법적 문서가 채택되지 않는 교착 상황이 지속되는 경우이다. 이는 기후변화 체제를 이끌고 나갈 UN의 역할과 기능이 크게 축소되어 모든 국가의 감축 의무가 국내적 의무로 제한되고 기존의 UNFCCC는 단지 국가별 감축 의무를 기록 및 검토하는 역할만을 담당하게 되는 상황을 말한다.

UNFCCC 프로세스가 지지부진한 교착 상황을 지속하게 될 경우, 미국을 중심으로 한 선진국들은 강대국 중심적 접근이나 다른 대화 통로를 활용하는 국제주의적 접근을 동시에 모색할 가능성이 커 보인다. 이렇게 될 경우 기후변화 대응 체제 구축의 정치 과정은 이슈와 토론의 장이 분절화되면서 강대국이 중심이 되어 논의의 축을 이끌어가는 귀납적인 국제주의적 접근법이 기존에 UNFCCC를 중심으로 발전되어 온 보편적이고 연역적이며 지구주의적인 접근법을 압도하게 될 가능성이 높다. 이러한 귀납적 국제주의적 동학에 대해 지구 시민사회 및 지식공동체가 어떻게 대응할 것인가도 향후 기후변화 대응 체제 형성에 대한 주요 변수가 될 수 있겠지만, 결국 새로운 체제는 미국이나 중국과 같은 주요국들의 의지와 합의 도출을

〈참고 13-20〉 더반 17차 당사국 총회(COP-17) 주요 합의 내용

2011년 12월 폐막된 더반 회의에서 기후변화협약 당사국들은 2012년 만료되는 교토의정서의 의무 이행 기간을 2013년부터 2017년까지 5년 연장하고, 선진국과 개발도상국 양자를 모두 규율하는 구속력 있는 기후협약을 만들기 시작하여 그 구체적 규정을 2015년까지 합의하고 2020년부터는 발효되도록 한다는 일정에 합의했다. 이러한 합의는 중국이나 인도와 같이 온실가스를 다량 배출하는 개도국이 의무 감축에 참여하지 않을 경우 교토의정서 연장을 거부한다던 〈부속서 I〉 국가들의 입장을 누그러뜨리면서 가능하게 되었다. 교토의정서가 연장됨에 따라 당초 2012년 중단될 위기에 처해 있던 지구주의적 온실가스 감축 노력은 법률적 공백 없이 지속되게 되었다. 그러나 캐나다가 2013년부터 교토의정서에서 탈퇴하기로 결정했고 일본과 러시아도 이를 검토하고 있는 것으로 알려짐에 따라서 교토의정서 연장은 주로 EU 회원국에 국한되는 한계를 가지게 되었다. 결국 미국과 중국의 참여 문제는 이 회의를 통해서도 완전한 해법을 찾지 못했다. 향후 전망을 위해서는 당사국 총회의 추이를 계속 관찰해야 할 것이다.

위한 지속적인 노력이 없이는 구축되기 어려울 것이다. 이를 위해서는 잘 만들어진 제도적 메커니즘을 구축하는 일보다 오히려 국가들의 참여를 촉진시킬 수 있는 인센티브를 강화시키는 아이디어를 창출하는 것이 더 중요하다.

각국의 입장 차이로 인해 유엔기후변화협약 프로세스에서 지지부진한 교착상태가 지속되고 있는 현재 상황을 고려할 때, 향후 기후변화 국제정치의 제도화에는 다섯 가지 정도의 대안이 있을 수 있다. 첫째, 현재와 같은 UNFCCC 중심의 지구주의적 노력을 계속 시도하는 방안, 둘째, 기존 지구주의의 한계를 인정하고 강대국 중심적 접근을 통해 새로운 기후변화 대응 체제를 구축하는 방안, 셋째, 포괄적 국제주의에 입각하여 기존 유엔기후변화협약 중심의 논의 틀을 다변화함으로써 보편적이며 지구주의적인 시도의 한계를 극복하는 방안, 넷째, 시장 중심 국제주의적 대안으로 기존의 WTO 틀 속에서 환경문제를 논의하는 방안, 다섯째, 유엔기후변화협약의 틀과는 별개로 새로운 국제기구인 지구에너지기구Global Energy Organization(가칭)를 만들어 이로부터 환경 및 기후변화 문제에 접근하는 자원 중심적 국제주의 대안이 그것이다(Brainard et al 2009).

아직까지는 첫째 대안에 대한 입장이 가장 광범위한 지지를 받고 있으나 중단기적으로는 둘째 및 셋째 안을 중심으로 전개되는 논의가 기후변화 대응 체제 구축의 새로운 추동력을 창출할 가능성이 점차 높아지고 있다. 이 경우 G20이나 주요 경제국 포럼MEF과 같은 주요국들의 다자 회담이 기후변화 대응 체제 형성과 관련된 의제를 논의하는 새로운 장으로 부각될 가능성이 높다. 그렇지만 이러한 노력은 장기적으로는 보편적이며 지구주의적 환경 거버넌스를 형성하려는 시도로 연결될 것이다. 왜냐하면 기후변화 대응 체제의 효율성은 둘째 및 셋째 대안에 의해 보장될 수 있지만, 그 민주적 정당성은 결국 첫째 대안에 의해서 확보될 수 있기 때문이다.

현재 환경의 국제정치에서 미·중 관계가 기후변화 문제를 극복할 주요한 축으로 발전하게 될 것은 분명해 보인다. 그러나 환경 쟁점이 보편주의적 접근법을 필요로 한다는 특징 때문에 미·중 관계가 환경 국제정치를 결정하는 압도적 요인이 되기는 어렵다. 또한 그간 중요한 역할을 해온 EU의 리더십이 비록 코펜하겐 프로세스를 통해 한계를 드러냈지만 EU의 입장은 여전히 중요하다. 그럼에도 불구하고 세계경제위기 이후 기후변화 대응 체제 형성을 위한 새로운 추동력의 창출은 미국과 중국의 협력을 통해 형성될 것으로 보인다. 미·중의 역할이 매우 중요해진 것은 분명하다. 코펜하겐 회의 이전까지 서로를 감축 조치 거부 및 비대응의 구실로 삼았던 '거부의 동맹'alliance of denial의 덫에 걸려 있던 미국과 중국은 이제 '자살계약'suicide pact 관계에서 벗어나 지구적 공공재의 생성과 제공을 위한 '실천의 동맹'alliance of implementation을 향해 나가야 한다는 압력을 점차 강하게 받고 있다(신범식 2011). 환경 및 에너지 영역에서 양국의 협력 필요성은 국제정치의 어떤 다른 영역에서보다 높은 것이 사실이다. 현재 진행되고 있는 환경·에너지의 국제정치 과정이 승자와 패자를 다시 가르는 결과를 가져오지 않도록 양국은 서로의 입장을 이해하고 협력하는 자리로 나와야 한다. 이러한 양국 협력이 기후변화 대응에 대한 전향적 조치로 연결될 수 있다면 이는 양국의 경성 및 연성 권력으로 공히 기능하면서 양국의 지도력과 명분을 강화하는 기반이 될 것이다. 하지만 이들이 서로를 핑계로 여전히 아무런 조치도 취하지 않는다면 양국의 연성 권력은 타격을 받게 될 것이다.

그럼에도 불구하고 에너지 국제정치무대에서 미·중 경쟁이 심화될 가능성은 여전히 높아 보인다. '지구에너지기구'Global Energy Organization와 같은 기구가 단기간 내에 출현할 가능성도 낮아 보인다. 미국의 패권이 전성기를 누리던 시기에도 WTO를 어렵사리 구성했던 미국이 현재와 같은 국력 하강 국면에서 과거와 같은 리더십을 발휘하기가 쉽지 않아 보인다. 경제 패권을 향한 중국의 약진과 이에 대응하는 미국의 노력이 어느 지점에선가 충돌할 가능성이 커 보인다.

하지만 미국과 중국이 기후변화 및 에너지 국제정치의 다양한 이견들을 조정하고 합의를 도출하여 지구적 환경 및 에너지 질서 구축에 큰 기여를 할 가능성을 아주 배제할 수는 없다. 환경 및 에너지의 지구적 거버넌스의 틀을 만드는 과정은 주요 경제국 포럼이나 G20 등의 주요국들을 중심으로 하는 집단적 논의 구조를 통해 가능할 것이며, 이 과정에서 미국과 중국의 합의는 논의 발전을 위한 출발점과 같은 역할을 할 수 있다. 따라서 이 과정에서 미국과 중국은 대립과 협력의 상호 작용을 하면서도 결국은 오래지 않아 긍정적 협력의 방향을 지향하는 타협과 상호 작용을 관리하는 패턴을 찾으려고 노력할 가능성이 높다. 환경과 에너지의 문제는 승자나 패자를 불문하고 모든 국가들의 운명을 가를 수 있는 지구적 성격을 가지기 때문이다.

미국과 중국은 기후변화 대응 및 에너지 안보 전략에서 차이를 보이고 있으며, 양국이 지닌 국제정치적 및 국내 정치적 구조의 제약은 엄존한다. 그러나 기후변화는 양국의 미래를 본질적으로 규정할 수 있는 잠재력을 지니고 있으며, 에너지자원은 그 공급과 소비의 편중에도 불구하고 본질적으로 지구적 공공재이다. 이러한 사실을 무시할 경우 그 결과는 지구적 차원의 재난이 될 것이다. 이미 지구화의 진전으로 인해 인류의 운명을 좌우할 전일적인 지구 체제가 형성된 이상, 미래의 미국과 중국의 관계가 치열한 경쟁을 통해 어느 한쪽만 승자가 되는 냉전적 유형에 속하기는 어렵다. 따라서 미·중 간 경쟁을 관리하는 집단적 논의 구조를 개발하고, 인류 공영의 길을 찾는 것이 21세기 지구 공동체의 중요한 숙제가 되고 있다. 이 과정에서 한국과 같은 중견국이 가능한 역할을 적극적으로 모색하고 선진국과 개도국 간의 이견을 극복하고 모두가 함께 합의에 도달할 수 있는 환경 및 에너지 협력의 대안 개발을 위해 지혜를 모아야 할 것이다.

14

| 조동준 |

세계정치 운영 방식의 변환과 한국의 참여

1. 머리말: 현대 세계정치의 초국가성과 한국   **446**
2. 현대 세계정치 운영 방식의 변환   **447**
3. 현대 세계정치 운영 행위자의 변환   **454**
4. 현대 세계정치 운영 준거의 변환   **459**
5. 동아시아 지역 정치 운영의 변환   **463**
6. 현대 세계정치 운영과 한국의 참여   **467**
7. 맺음말   **471**

| 핵심 개념 |

G8과 G20 / 강행규범 jus cogens / 공공재 public goods와 공유재 common goods / 국제기구 IO: international organization / 국제법 international law / 국제비정부기구 INGO: international non-governmental organization / 국제연맹 League of Nations / 국제연합 United Nations / 글로벌 거버넌스 Global Governance / 대동아공영권 Great East Asia Co-Prosperity Sphere / 비정부기구 NGO: Non-Governmental Organization / 외교 diplomacy / 인식공동체 epistemic community / 패권 hegemomy

1. 머리말: 현대 세계정치의 초국가성과 한국

인류는 핵무기의 확산과 지구온난화와 같이 지구 전체에 영향을 미치는 여러 쟁점과 공해公海의 관리, 지구 표준 제정, 침략 행위 대처와 같이 여러 정치 공동체의 협력이 요구되는 문제들에 직면해 있다. 이들 문제는 발생 지역과 상관없이 지구적 영향을 초래하기 때문에 인류 공동의 문제해결 과정을 요구한다. 인류가 공동의 문제에 직면하게 된 근본적 이유는 과학기술의 발달이다. 과학기술의 발달로 인류는 자연적 경계를 넘어 다양한 인간관계를 맺게 되었고, 이전에는 활용하기 어려웠던 자원과 공간을 활용할 수 있게 되었다. 이러한 변화는 정치 공동체 간 접촉과 경쟁을 증폭시켰고, 초국가·국제 문제를 운영하는 방식의 필요성을 강화시켰다.

인류는 초국가·국제 문제를 관리하고 해결하는 여러 방식을 발전시켰다. 근대국가 체제가 형성된 이래 서양에서는 외교를 통해 국가 간 문제를 해결했고, 근대국가 체제가 세계로 확장되면서 외교는 국제 쟁점을 해결하는 가장 중요한 방식이 되었다. 19세기 이후 초국가·국제관계의 질적·양적 증가로 인해 국제 쟁점과 관련된 당사국이 증가하게 되었고, 이는 다자 외교의 등장으로 이어졌다. 국제관계의 복합성 증가는 다자 외교를 정례화·상설화하려는 노력으로 나타났고, 이는 국제기구의 창설로 이어졌다. 또한 주권국가들의 협력이 불가능하거나 주권국가들만의 협력으로도 해결할 수 없는 쟁점들이 부상하면서, 비국가 행위자들이 초국가·국제 문제의 해결 과정에 참여하는 새로운 운영 방식이 발전되고 있다. 국가의 문제해결 능력이 상대적으로 감소하는 반면, 비국가 행위자의 능력이 점차 증가하는 추세에 따라 세계 정부의 창설을 통하지 않고서도 초국가·국제 쟁점을 관리하고 해결하는 세계정치 운영 방식이 중요해지고 있다.

한국은 냉전기 세계정치의 운영에 적극적 혹은 소극적 주체로 참여했다. 한국은 해방 이후 냉전기까지 세계정치의 운영에 있어 객체적인 입장에 놓여 있었다. 해방 이후 독립과 정부 수립은 국제사회에서 '한국 문제'로 인식되었고, 국제연합UN: United Nations의 개입을 통해 이루어졌다. 1950년 한국전쟁에 대한 UN의 조치는 북한의 침략 행위를 인류의 안보를 위협하는 행위로 간주하고 대처하는 세계정치 운영의 특수 사례였다. 1960~1980년대 국제사회 일부는 한국의 미성숙한 인권과 민주주의를 국제사회의 문제로 인식하고, 한국의 인권 상황과 민주주의를 발전시키기 위해 노력을 기울였다. 현재 진행되는 탈북자, 북한 핵문제 등도 여전히 국제사회의 관리 대상이다.

그러나 냉전 이후 한국이 세계정치 운영 과정에서 주체로 활동하는 추세가 강화되고 있다. 국외적으로 보면, 한국의 운신을 제한했던 자유 진영과 공산 진영 사이의 갈등과 반목이 끝났고, 미국의 영향력은 더 이상 패권이라 불릴 정도로 절대적이지 않다. 국내적으로 보면, 한국은 유례없는 경제성장을 이루고 있고, 민주주의를 짧은 시간 안에 정착시켰다. 이와 같은 국내외적 환경의 변화에 기반을 두고 한국은 세계정치, 특히 세계경제의 운영에서 제한적이지만 목소리를 낼 수 있게 되었다. 2010년 G20 정상회의와 2012년 핵안보정상회의가 서울에서 열릴 정도로 한국은 세계정치의 운영에 관여하게 되었다.

2. 현대 세계정치 운영 방식의 변화

세계 정부가 존재하지 않는 무정부 상태에서도 국가와 비국가 행위자들은 인류 전체에 영향을 미치거나 국경을 초월해서 발생하는 여러 문제를 관리하고 해결해야 한다. 이와 관련된 모든 과정을 세계정치라고 규정할 수 있다. 따라서 세계정치의 의제는 현상이 발생하는 지역에 따라 구분되기보다는 그 현상이 미치는 영향이 국경을 초월하는가의 여부에 따라 결정된다. 아마존 열대밀림의 보존은 브라질 내에서는 단순히 자원 활용과 관련된 쟁점이지만, 그 보존 여부가 지구적 영향을 초래한다는 점에서 세계정치의 의제로 볼 수 있다. 한 국가의 핵무기 보유 시도도 한 국가의 무력 증강에 그치지 않고 세계 대량살상무기의 확산을 둘러싼 규범에 직접적인 영향을 미치기 때문에 세계정치의 의제가 될 수 있다.

세계정치는 정치 공동체 간의 쟁점을 해결하는 국제정치에서 발전했다. 인류는 선사시대부터 정치 공동체 간 부정기적 사신 교환, 전투 집단 간 사자 파견 등 제한된 방식을 통해 정치 공동체 사이의 갈등을 해소하고 협력을 도모했다. 정치 공동체 사이의 접촉 빈도와 밀도가 증가함에 따라 인류는 정치 공동체 사이의 갈등 해소와 협력을 위한 기제를 지역별로 정교하게 발전시켰다. 외교 제도는 근대에 들어 서유럽에 정착된 세계정치 운영 방식이다. 이는 유럽이 팽창하는 과정에서 다른 지역에 존재하던 정치 질서를 대체했다. 동아시아의 조공 제도와 교린 제도, 그리고 이슬람 세계의 정치 질서가 외교 제도로 대체되었다. 현대 세계에는 이러한 '외교' 외에도, 일국의 압도적 영향력에 기반을 둔 '패권'hegemony과 비국가 행위자의 참여가 인정되는 '거버넌스' 등이 세계정치 운영방식으로 작동하고 있다.

(1) 외교 제도의 기원과 발전

외교 diplomacy는 국경을 초월하는 쟁점을 해결하는 과정에서 국가들이 가장 빈번하게 사용하는 국제관계 운영 방식이다. 외교 제도는 근대 서유럽에서 정착된 국가 간 접촉 양식으로 현재 통상적으로 지칭되는 외교의 원형이다. 외교는 크게 정치 공동체 간 의사소통의 과정, 좁게는 "독립국가가 정부 간 공적인 관계를 운용·경영하는 데 원용되는 지략과 책모"라고 규정된다(Satow 1958, 1). 외교는 하나의 제도로서 국가 간 공적 관계를 규율하는 원칙·규칙·관행을 포함하는 골격 framework으로, 국가 간 교섭이 진행되는 장에서 준수되어야 할 포괄적 원칙부터 세부 행동 규칙까지 제공한다. 이 제도는 15세기 중반 이탈리아 도시국가 간 교섭 과정에서 등장하여 여러 시행착오를 거치면서 17세기 절대왕정 시기에 정착되었다. 외교 제도는 19세기 후반에 사회 변화를 반영하면서 변모했기 때문에 20세기 초반을 기준으로 '전통 외교'와 '신외교'로 나누어진다.

전통 외교 제도

전통 외교에는 두 가지 원칙이 있었다. 첫째, 외교관은 활동에 방해를 받지 않아야 한다는 원칙이다. 외교사절은 외교사절을 수용하는 정치 공동체의 영역 안에서 활동해야 하기 때문에 본국의 보호를 받기 힘들다. 반면, 외교사절을 수용한 정치 공동체는 외교사절의 역할을 제약할 수 있는 기제를 가지고 있다. 이처럼 업무 환경이 절대적으로 불리한 상황에서, 외교사절이 성공적으로 임무를 수행할 수 있도록 외교사

> **〈참고 14-1〉 면책특권**
>
> 타국의 영토 안에 있으면서 그 나라 통치권의 지배를 받지 않는 국제법상의 권리를 말한다. 형사·민사 재판권 및 경찰권에서의 면제, 과세의 면제, 사회보장 가입에서의 면제와 더불어 편의 제공, 여행의 자유, 통신의 자유 등이 있다. 국가 원수·정부 고관·외교관·영사·군대·군함 등은 국제관습법에 따라 면책특권을 부여받는다. 또한 국제기관의 상급 직원과 그 가족에게도 한정된 범위에서 면책특권이 국제관습법에 따라 인정된다. 면책특권은 처음에는 국가의 위엄을 상징하는 의미가 짙었으나, 점차 기밀 보호 유지와 직무의 원활한 수행이라는 기능을 중시하게 되었다.
>
> 외교관의 면책특권은 1961년 외교관계에 관한 빈조약으로 명확해졌는데, 주요 내용은 다음과 같다.
> ① 재판권에서의 면제: 외교관은 수용국(주재국)의 법령을 존중해야 하지만 범죄를 저질러도 소추·처벌되는 일은 없고, 원칙적으로 민사재판에 회부되는 일도 없으며, 증언의 의무도 지지 않는다.
> ② 행정권에서의 면제: 외교관은 수용국의 경찰에 의한 강제처분을 받지 않으며 간접세와 상속세 등을 제외하고는 일반적으로 납세의 의무도 없고, 연금·보험 등 사회보장의 의무도 면제된다. 그 외의 자격자는 외교관과 동등 또는 그 이하의 면책특권을 갖는다.

절에게 면책특권immunity이 부여되었다. 외교관의 활동을 외교사절 수용국의 관할권 밖에 둠으로써 외교사절의 활동이 원활하게 진행되도록 했다.

둘째, 외교사절은 파견자의 대리인으로 대우받아야 한다는 원칙이다. 절대왕정기에 대사는 파견 군주의 대리자로 외교사절 수용국의 군주와 동격으로 간주되었다. 이러한 대표 개념은 면책특권 제도로 정착되었다. 이에 따라 외교사절이 공식적으로 업무를 수행하는 장소는 외교사절 파견국의 영토처럼 간주되어 본국법의 적용을 받게 되었다.

전통 외교 제도에는 두 가지 특이한 양식이 있었다. 첫째, 상주 외교사절 제도이다. 상주 외교사절 제도의 원형은 교황이 비잔틴제국에 파견한 상주 외교사절로 거슬러 올라간다. 근대적 의미의 상주 외교사절은 1450년 밀라노공국이 피렌체공국에 파견한 상주대사에서 유래되었다(Nicolson 1963, 50). 이후 15년 동안 상주 외교사절이 이탈리아 도시국가 사이의 관계에서 보편화되었다. 15세기 후반에는 유럽 각국에서도 이탈리아 도시국가 간 상주 외교사절 양식을 호혜적으로 적용하기 시작했다. 상주 외교사절은 파견자의 의사를 전달하는 부정기적 사신과 달리 주재국에 상주하면서 임무를 처리했다.

둘째, 독특한 의전 절차이다. 근대 유럽 국제사회는 비잔틴 외교 양식을 수용했다. 비잔틴제국은 사신을 파견하는 방식, 외국 사신을 접견하는 방식, 교섭을 진행하는 방식을 체계화시켰다. 비잔틴제국과 빈번하게 접촉했던 이탈리아 도시국가는 비잔틴제국의 외교 관행을 받아들였다. 이탈리아 도시국가의 외교 관행은 15세기 후반 이후 유럽 각국으로 전파되었다. 유럽 각국은 비잔틴제국의 외교 관행을 변용하면서, 조약 체결을 위한 교섭 절차, 교섭 진행, 제반 의식의 진행, 상석권precedence 문제 등을 정돈해 나갔다.

유럽의 전통 외교 제도에서 다루어졌던 여러 의제는 두 가지로 분류될 수 있다. 첫째는 정치적 의제로 왕위계승, 전쟁과 관련된 제반 사항, 영토 변경, 동맹, 세력균형 모색 등을 포함한다. 외교관은 정치적 의제에서 군주의 이익 혹은 주장을 관철하기 위해 다양한 수단을 동원했다. 둘째는 통상 의제로 무역과 관련된 제반 의제를 포함한다. 운송 수단의 발달로 정치 공동체 간 교역이 확대되자 통상과 관련된 의제의 중요성이 증가했다. 통상 교섭의 관행과 조약은 이후 자국민을 보호하기 위한 영사 제도의 발전으로 이어졌다.

전통 외교 제도는 나폴레옹전쟁 이후 등장한 유럽협조 체제Concert of Europe를 통해 두 가지 측면으로 변모

<참고 14-2> 유럽 협조 체제

유럽 협조 체제는 나폴레옹전쟁 승전국들의 협상과 합의로, 프랑스의 부상을 저지하기 위한 비공식적 결사체에서 시작됐다. 1815년 체결된 4국동맹 조약 제6조는 "체약국들은 군주가 주최하거나 또는 그들 대신에 의해서거나 정기적으로 회의를 소집하여 공동의 이해를 협의하고 (…) 유럽의 평화 유지를 위해, 가장 유익하다고 간주되는 조치들을 고려하기로 합의한다"고 하여 유럽 협조 체제의 법적 근거를 제공하고 있다. 1818년 프랑스가 초대된 이후, 5대 강대국과 유럽 각국은 다자 외교를 통해 유럽 국가 간 쟁점을 처리했다.

했다. 첫째, 유럽의 5대 강대국을 비롯한 여러 국가들이 함께 모여 유럽 안에서의 국가 간 문제와 유럽 밖에서의 국가 간 문제를 해결했다. 이는 기존의 양자 외교 이외에 새로운 국가 간 갈등 해결의 기제로 다자 외교가 등장했음을 의미한다. 전통적 양자 외교는 여러 국가와 관련되어 있는 쟁점을 해결하는 데 한계를 가졌기 때문에 유럽 강대국은 다자 외교를 발전시켰다. 다자 외교의 관행은 모든 국가들이 참여하는 만국평화회의와 같은 대규모 국제 모임으로 확대되었다. 둘째, 유럽 5대 강국과 유럽 각국은 협상으로 합의에 도달하는 관행을 정착시켰다. 명확한 규정과 절차가 마련되지는 않았지만 강대국이 특별한 지위를 갖는 다자 외교의 틀 안에서 강대국 간 협의에 따른 합의 사항이 준수되었다. 이처럼 유럽 협조 체제에서 유럽 국가들은 특정 쟁점을 해결하기 위한 임시적·부정기적 다자 외교를 활용했다. 19세기 다자 외교는 회의 시작부터 이행까지 모든 과정에서 국가 간 협의가 필요했기 때문에 불확실성이 높았고, 많은 시간이 필요했다.

신외교 제도

유럽의 전통 외교 제도는 19세기 나폴레옹전쟁 이후 제1차 세계대전까지 성공적으로 작동되었다. 최소한 유럽 지역에서는 몇 차례의 주요한 전쟁을 제외하면 다른 시기에 비해서 매우 평화로운 시기를 보냈다. 전쟁 방지라는 면에서 성공적이었던 전통 외교 제도는 두 가지 이유로 흔들리기 시작했다. 첫째, 민주주의의 등장이다. 민주주의는 공적 영역에 대한 시민에 의한 통제를 기본 원칙으로 하기 때문에 외교 활동도 시민의 통제 영역 안에 있어야 한다. 반면 전통 외교의 의제는 군주의 전유물이라고 여겨졌다. 17세기 이후 외교관은 귀족층으로부터 충원되었다. 따라서 민주주의의 성장은 전통 외교 제도의 근간과 충돌할 수밖에 없었다. 19세기 외교사절의 교섭 결과에 대한 비준 제도의 등장이 보여주듯이 전통 외교 제도는 민주주의에 적응하면서 변모했다.

둘째, 제1차 세계대전의 엄청난 피해로 인해 근대 외교 제도에 대한 회의가 증가했다. 전통 외교는 군주의 권모술수를 진행하는 과정이었기 때문에 기밀 유지가 필수적이었다. 특히 근대 유럽 국가들은 복잡한 비밀동맹을 통해 세력균형과 생존을 모색했다. 비밀동맹의 존재 가능성으로 인해 강대국도 소국에 대해 함부로 도발을 하지 못했기 때문에 비밀동맹은 근대 유럽의 국제체제를 안정화시키는 기제였다. 하지만 비밀동맹으로 인해 소규모 국지전이 연쇄 반응 과정을 거쳐 대규모 전쟁으로 확산될 위험성도 있었다. 실제로 제1차 세계대전은 오스트리아-헝가리제국과 세르비아의 국지적 갈등에서 시작하여 비밀동맹으로 인한 연쇄 작용 과정을 거쳐 850만 명의 전투원이 사망하는 결과로 귀착되었다. 비밀외교가 제1차 세계대전의 원인으로 지목되면서 제1차 세계대전 이후 전통 외교 제도에 대한 도전이 강해졌다.

20세기 신외교 제도가 유럽의 근대 외교 제도와 다른 점은 다음과 같다. 첫째, 개방성이다. 제1차 세계대전 강화의 밑그림을 제공했던 윌슨 14개 조항의 첫 조항은 평화조약이 공개적으로 이루어진 후로, 외교는 항상 대중에게 숨김없이 공개된 상태에서 진행되어야 한다고 밝히고 있다. 공개외교open diplomacy는 국제연맹에 의해 채택되어 "국제연맹 가맹국이 연맹 가입 이후 체결한 모든 국제조약과 협정은 국제연맹 사무국에 등록되어야 하며 사무국에 의해 공개되어야 한다"는 베르사유조약 제18조로 나타났다. 상기 조항이 UN 헌장 제102조에 동일하게 다시 천명되는 사실에서 보이듯이 UN도 공개외교의 원칙을 채택하고 있다. 개방성의 원칙에 따라 외교교섭의 과정과 결과가 공중에게 공개되고 있다.

둘째, 외교에 대한 공적 심사와 통제이다. 이는 외교관의 충원 과정, 외교관의 활동, 결과 및 평가로 나눌 수 있다. 먼저 대부분의 국가들은 외교관의 충원 과정에서 표준화된 시험을 도입하여 상대적으로 다양한 사회계층으로부터 외교관이 충원될 수 있도록 하여, 외교가 귀족층의 전유물이 되지 못하도록 하고 있다. 외교관의 활동도 본국의 긴밀한 통제를 받게 되었다. 마지막으로 교섭 결과는 국내 비준 과정을 거치도록 하여 외교관의 자율성이 축소되고 있다.

셋째, 다양한 의제와 행위자이다. 국가 간 접촉이 여러 영역에서 발생함에 따라 외교의 의제가 확대되었다. 전통적으로 주요 의제였던 정치와 통상 관련 의제의 중요성은 상대적으로 줄어든 반면 환경·인권·문화 등 다양한 분야의 의제에 대한 중요성이 증가하고 있다. 의제가 다양해지면서 행위자 또한 다양해졌다. 외교관이 여전히 중요한 행위자이지만 특정 분야 전문가들이 외교에 직접 참여하는 현상이 보편화되었다. 각 부처는 외교를 담당하는 부서를 독자적으로 두면서 외무부와 함께 혹은 외무부를 통하지 않고 직접 참여하고 있다. 또한 비정부 행위자도 국가 간 교섭에 참여하고 있다.

넷째, 정례적·상설적 다자 외교이다. 19세기에 확립된 다자 외교는 이미 발생한 특정 쟁점을 해결하기 위한 국가 대표자들의 교섭이었다. 따라서 사건 발생 후 의전과 회의 진행 방식을 둘러싼 관련 국가 간 합의

> **〈참고 14-3〉 국제연맹**
>
> 국제연맹은 제1차 세계대전의 참상을 되풀이하지 않기 위해, 전쟁을 외교 정책 수단으로 이용하지 않겠다고 약속한 국가들이 만든 국제기구이다. 국제연맹 규약은 베르사유조약, 생제르맹조약 등 중유럽 동맹국 측과 맺은 강화조약의 첫 26조이다. 국제사회의 안정과 평화는 물론 경제·사회·문화적인 측면에서도 협력할 것을 임무로 채택했다. 모든 회원국이 참여하는 총회, 일부 강대국이 상임이사국으로 참여하는 이사회와 사무국을 구비하고 있었다. 제1차 세계대전 승전국인 영국, 프랑스, 이탈리아(1937년 탈퇴), 그리고 일본(1933년 탈퇴)은 이사회의 상임이사국으로 특별한 지위를 누렸다. 미국은 베르사유조약이 상원에서 비준되지 않아 상임이사국으로 참여하지 못했다. 제1차 세계대전 패전국인 독일은 1926년부터 1933년까지, 소련은 1934년부터 1939년까지 상임이사국으로 참여했다.

를 필요로 했기 때문에 다자 외교가 시행되기 위해서는 많은 시간이 소요되었다. 20세기 들어 국가들은 문제해결의 신뢰성과 신속성을 높이기 위해 다자 외교를 정례화·상설화했다. 다자 외교를 정례화·상설화하는 모습은 적극적으로는 국제기구 창설, 소극적으로는 연례행사 개최의 형태로 나타났다. 특히 국제연맹League of Nations과 국제연합United Nations은 전 세계 국가가 참여하는 정례적·상설적 다자 외교의 대표적 예이다. 매년 9월 둘째 주에 시작되는 UN의 정기회의는 다자 외교의 정례화를, 사무국 직원을 통해 지속되는 업무 수행은 다자 외교의 상설화를 의미한다.

(2) 패권의 역할

패권국은 압도적인 국력 우세에 기반을 두고 국제질서와 규범을 만드는 과정에 큰 영향력을 행사하고, 국제사회의 문제해결 과정에서도 핵심 역할을 수행한다. 패권hegemony은 주요 강대국의 이해관계를 반영하면서 국제질서와 규범을 만들어 가는 세계정치 운영

> **〈참고 14-4〉 패권의 부침을 설명하는 입장**
>
> **패권 안정론:** 패권의 존재로 국제(경제)체제가 안정된다는 언명을 핵심 가정으로 삼고 있으며, 패권 부침의 원인으로 국가 간 불균등 발전을 지목한다. 즉 패권 도전국의 경제성장 속도가 기존 패권국의 경제성장 속도보다 빠른 현상이 지속되면, 패권 도전국의 능력이 기존 패권국의 능력을 넘어서게 되고, 이는 패권의 부침으로 이어질 수 있다.
>
> **세력 전이론:** 산업화가 발생하는 시점의 차이를 패권 교체의 원인으로 지목한다. 먼저 산업화를 이룬 국가는 산업화의 성과를 이용해 패권국으로 등장할 수 있다. 후발국이 산업화에 기반을 둔 경제성장을 이루고 선발 주자가 구축한 국제질서에 만족하지 않을 경우 패권국과 패권 도전국은 국제질서 재편을 둘러싸고 갈등 관계에 놓이게 된다. 패권 도전국이 기존 패권국을 압도하게 되면 새로운 국제 규범을 창출하게 된다.
>
> **장주기론:** 혁신을 패권 교체의 원인으로 지목한다. 패권 도전국은 새로운 기술이나 제도를 도입함으로써 국력을 급격히 신장시키고, 이를 활용하여 기존 국제질서를 해체하고 새로운 국제 규범을 창출한다. 하지만 다른 국가들도 패권국이 독점적으로 가졌던 기술과 제도를 모방하기 때문에 패권국의 독점적 지위는 점차 약화된다.

방식이다. 이는 일방적으로 정치 공동체 간 질서와 규범을 정하는 제국empire의 운영 방식과 주권국가 간 협의를 통해 국제사회의 쟁점을 해결하는 외교diplomacy의 중간 지점에 위치한다. 국제사회의 구성원이 법적으로 동등한 지위를 가지지 못했던 근대 이전에는 패권과 제국이 세계정치 운영 방식으로 당연하게 받아들여졌다. 국제사회의 구성원이 법적으로 동등한 지위를 가지게 된 근대 이후 국제사회의 문제해결 과정에서 패권은 공인되지는 않았지만 실질적인 세계정치 운영 방식으로 작동하고 있다.

역사적으로 보면 패권국과 제국이 국제질서와 규범을 만들어 가는 과정은 몇 단계를 거친다. 첫째, 특정 국가는 기술혁신 또는 정치-군사 기법의 도입 등을 통해 압도적인 국력 우세를 차지한다. 둘째, 새롭게 부상한 국가는 기존 국제질서와 규범을 변경하려고 한다. 이 단계에서 국제질서와 규범을 둘러싼 갈등이 표출될 가능성이 매우 크다. 셋째, 기존 국제질서와 규범을 유지시키던 국가가 새롭게 부상한 국가에게 패배하고, 신흥국은 새로운 국제질서와 규범을 만든다. 이처럼 국제질서와 규범의 변화는 패권국 혹은 제국의 부침浮沈과 밀접하게 연결되어 있다.

근대 이후 로마제국과 중국처럼 일방적으로 정치 공동체 간 규범과 질서를 정하는 제국이 존재하지 않았지만, 국제질서와 규범을 만드는 과정에서 중요한 역할을 담당한 패권국은 존재했다. 15세기 포르투갈과 스페인, 16세기 네덜란드, 17~19세기 영국, 17~18세기 프랑스, 20세기 미국은 패권국의 면모를 갖추었다. 이 국가들은 새로운 국제질서와 규범을 도입하는 과정에서 기존 질서와의 충돌을 경험했으며, 때로는 다른 강대국과 협상을 거치기도 했다. 패권 부상기 전쟁, 패권 유지기 평화, 패권 쇠퇴기 전쟁으로 이어졌던 국제정치의 역사는 패권 안정론, 세력 전이론, 장주기론 등의 이론적 토대가 되었다.

패권국이 세계정치 운영에 필요한 국제질서와 규범을 만드는 과정에서 큰 영향력을 행사하려는 이유에 관해 대립되는 두 가지 설명이 있다. 하나는 패권국이 원하는 국제질서와 규범이 국제사회에 필요한 공공재의 성격을 지니고 있기 때문이라는 입장이다. 패권국은 국제사회에서 차지하는 비중이 크기 때문에 국제 공공재 창출로 인한 이익을 가장 많이 향유한다. 따라서 비록 다른 국가들이 국제 공공재 창출에 기여하지 않고 이익만 누린다고 할지라도 패권국이 국제 공공재 창출과 유지를 위해 지불하는 비용이 국제 공공재로 인한 이익보다 크지 않다면 패권국은 국제 공공재 창출과 유지에 필요한 비용을 자발적으로 지불할 수 있다. 따라서 패권국은 국제 공공재의 성격을 일부 지니고 있는 국제 규범과 질서를 제공할 수 있다. 반면, 패권국이 쇠퇴하여 국제사회에서 차지하는 비중이 줄고, 국제 규범과 질서를 유지하는 데 필요한 비용이 향유하는 이익보다 커질 경우 패권국은 자국이 만든 질서를 스스로 버릴 수도 있다.

다른 하나는 패권국이 원하는 국제질서가 패권국의 국익을 보호하기 위한 장치이며, 국제 규범은 패권국의 국내 규범이 국제사회로 투영된 결과라는 입장이다. 부상하는 패권국은 압도적 국력 우세를 기반으로 다른 국가의 동의를 얻어낼 수 있지만, 사안마다 패권국의 영향력을 직접 행사하는 방식은 비효율적이다. 새로운 패권국은 먼저 자국의 이익과 부합하는 국제질서와 규범을 만들고, 이를 통해서 국가 간 상호 작용을 규율하려 한다. 새로운 패권국이 새롭게 국제질서와 규범을 만드는 과정에서는 국가 간 충돌이 발생할 개연성이 매우 높다. 하지만 일단 국제사회가 새로운 패권국의 이익과 일치하는 국제질서 및 규범을 수용하고 나면 국가 간 상호 작용은 원만하게 규율된다.

패권이 세계정치에서 운영되는 과정은 시기별로 세 단계로 나눌 수 있다. 첫 단계인 패권 부상기에는 패권국 내의 주도 정치 세력이 자신이 가진 가치와 규범에 일치하는 정치 지향을 국가정책으로 투영하고, 이를 자국의 압도적 국력을 이용해 국제사회에 관철시키려 한다. 이 단계에서는 부상하는 패권국 내 주도 정치 세력의 가치체계가 상이한 가치체계와 충돌하면서 대체하는 현상이 발생한다. 두 번째 단계는 패권 유지기로, 패권국 내 주도 정치 세력의 정치 지향이 국제사회에 투영된 이후에 전개된다. 패권국은 국제 규범과 질서를 운영하고 위반자를 규율한다. 패권국이 만든 국제 규범과 질서는 일부 국제 공공재의 성격

> **〈참고 14-5〉 공공재와 공유재**
>
> **공공재**(public goods): 일단 만들어지면 창출 기여 여부와 상관없이 모든 행위자에게 혜택이 돌아가는 비배타성(non-excludability)과 한 행위자의 소비가 다른 행위자의 소비에 영향을 미치지 않는 비경합성(non-rivalry)을 가진 재화와 용역이다. 국내 공공재의 예로 치안과 도시 미관, 국제 공공재의 예로 금융시장의 안정을 들 수 있다.
>
> **공유재**(common goods): 비배타성을 구비했지만, 한 행위자의 소비가 다른 행위자의 소비 여부에 영향을 미치는 경합성을 가진 재화와 용역이다. 국내 공유재의 예로 공유 초지, 국제 공유재의 예로 남극대륙과 심해저 자원 등을 들 수 있다.

을 띠고 있기 때문에, 이를 공짜로 이용하려는 국가들이 발생할 수밖에 없다. 패권국은 무임승차 행위를 규제한다. 또한 패권국이 만드는 국제질서와 규범으로 인해 피해를 보는 국가들로부터 오는 도전을 막는다. 마지막 단계는 패권 해체기로, 패권국이 패권 유지 비용을 더 이상 감당하지 못하게 됨에 따라 패권이 쇠퇴하는 단계이다. 패권국이 만든 국제질서와 규범이 국익에 더 이상 도움이 되지 않을 만큼 패권국이 쇠퇴하거나 도전 행위를 효과적으로 막을 방법이 없는 상태에 이르면, 패권국은 스스로 패권 질서와 규범을 부정하거나 패권에 대한 도전을 방관한다.

패권은 의도하지 않은 과정을 통해 국제 규범과 질서를 형성하기도 한다. 패권국이 차지하는 영향력으로 인해 패권국에서 작동되는 관행이 국제 규범으로 전환될 수도 있다. 최근 항공 안전을 위한 검색 관행의 변화가 대표적인 예이다. 9·11 테러가 발생하기 전, 각국은 항공협정에 따라 항공 안전에 필요한 조치를 시행했다. 9·11테러가 발생한 후, 미국은 항공 안전에 필요한 검색 기준을 강화했고, 각국은 최소한 미국행 비행기의 경우 검색 기준을 강화했다. 미국행 비행기 탑승자에 대한 검색 기준을 충족시키지 않을 경

<참고 14-6> 제2차 세계대전 이후 석유 질서

제2차 세계대전 이후 미국 내 자본주의 세력은 사유재산의 보호, 자유경쟁, 자유무역이라는 원칙들을 석유의 공급과 수용에 적용하려 노력했다. 이런 노력은 당시 압도적 자본과 우수 기술을 보유한 미국계 정유회사가 주요 유전과 정유 관련 시설을 차지하는 결과로 이어졌다. 미국과 미국계 석유산업은 2차대전 이후 저유가 석유 질서를 유지하려고 했다. 미국계 석유산업에 고유가가 단기적 이익을 가져올 수 있지만, 고유가는 미국을 비롯한 선진국 내 수요 감소를 초래하여 장기적으로 미국과 미국계 석유산업에 손해를 가져오기 때문이다. 저유가는 미국계 석유산업과 미국의 국익에 부합했다.

1973년 산유국의 가격담합으로 발생한 1차 석유파동은 자유경쟁과 자원 확보를 결합한 세계 석유 질서에 혼란을 초래했다. 미국은 산유국을 직접 점령하는 방안까지 고려했지만 수반되는 막대한 비용과 목적 달성의 어려움 때문에 산유국을 제재하기보다는 산유국과 타협할 수밖에 없었다. 1979년 이란혁명과 이란·이라크전쟁의 여파로 2차 석유파동이 있었지만 세계 석유 시장은 1980년대까지 대체적으로 안정을 유지했다.

1990년 이라크가 쿠웨이트를 침공한 사건은 패권국인 미국이 주도하는 세계 석유 질서를 위협했다. 세계 석유 시장의 안정을 통해 가장 큰 이익을 얻은 미국은 1991년 1차 걸프전쟁에서 가장 많은 전비와 병력을 동원했고, 석유 수입국으로부터 병력과 전쟁 비용을 일부 조달했다. 한국은 1차 걸프전쟁에 직접적인 병력을 지원하지는 않았지만 군수 물품 수송에 필요한 항공기와 선박, 전쟁 비용 일부를 제공했다.

우 미국 내 이착륙이 금지될 수 있는 상황에서 각국은 스스로 비용을 지불하면서 강화된 검색 기준을 충족시키고 있다. 이는 패권이 의도하지 않고도 세계 기준을 정해 버리는 현상을 보여 준다.

(3) 글로벌 거버넌스의 등장

거버넌스는 '개별 행위자와 공적·사적 기관들이 공통의 문제를 관리하는 여러 방식의 총합'으로 정의된다. 이는 정부 행위보다 포괄적 개념으로 국가 행위자와 비국가 행위자들이 자신들의 필요를 충족시키기 위해 활용하는 비정부 기제와 공식적 정부의 제도를 포함한다(Commissions on Global Governance 1995, 2; Rosenau 1992, 4). 거버넌스는 다양하고 상충적인 이해를 조정하기 위해 협력하는 과정에서 행위자 간 상호 작용의 양상과 상호 작용을 규율하는 공식적 준거reference와 비공식적 준거로 구성되어 있다. 글로벌 거버넌스Global Governance는 국경을 초월하여 인류 전체 혹은 다수에게 영향을 초래하는 쟁점을 관리하고 문제를 해결하는 과정에서 다양한 행위자 간 상호 작용과 그들의 상호 작용을 규율하는 준거로 구성된다.

세계정치 운영 방식으로서 글로벌 거버넌스는 다른 운영 방식인 외교나 패권과 비교하여 두 가지 측면에서 차이가 있다. 첫째, 외교와 패권을 통한 문제해결 과정에서는 국가가 주도적 역할을 담당한다. 반면, 글로벌 거버넌스에서는 여러 형태의 비국가 행위자와 국가가 동시에 주요 행위자로 참여하여 상대적으로 비국가 행위자들의 참여 정도가 높다. 둘째, 외교와 패권을 통한 문제해결 과정에서는 문제해결의 준거가 국가 간 암묵적 혹은 묵시적 동의의 표현인 국제법과 국가 간 합의이다. 반면, 글로벌 거버넌스에서는 사회 규범, 비국가 행위자 간 합의 혹은 관행도 문제해결의 준거로 사용되고 있다. 외교와 패권은 국가의 공식 통로를 통해 국제 쟁점이 해결된다. 반면, 글로벌 거버넌스에서는 여러 유형의 행위자 간 협의, 토론 등 새로운 형태의 상호 작용 방식을 통해 이루어진다.

글로벌 거버넌스가 세계정치 운영 방식으로 부상한 이유는 몇 가지로 나누어 볼 수 있다. 첫째, 지구화 현상의 심화이다. 시장의 압력으로 촉발된 지구화로 인해 국가와 비국가 행위자들은 국경을 넘어 전 세계로 빠르게 접근할 수 있게 되었다. 이들의 상호 작용은 초국가 테러 집단, 인터넷 상거래와 같이 특정 국가가 관할할 수 없는 다양한 현상을 유발했다. 둘째, 냉전의 종식이다. 냉전 시기에 인류는 사회주의 진영, 자유주의 진영, 그리고 비동맹 진영으로 분리되어 있었다. 냉전 시기에 각 진영은 진영 내부에서 공통의 문제해결을 위해 노력했지만, 진영을 가로지르면서 문제를 해결하려는 노력은 상대적으로 약했다. 냉전의 종식은 진영 간 경계를 허물어 모든 정치 공동체가 참여할 수 있는 환경을 마련했다. 셋째, 국가와 시장의 영역 밖에 존재하는 비국가 행위자들로 구성된 지구 시민사회의 성장이다. 지구화로 인해 각국 내에 존재하던 시민사회는, 서로 연결되고 그물망을 형성하면서, 국경을 초월한 지구 시민사회로 성장했다. 넷째, 국가주권의 한계이다. 초국가 쟁점이 이미 증가된 현실에서 영토적 배타성을 근간으로 하는 국가주권은 문제해결의 주체로서 국가의 한계를 노출시켰다. 또한 초국가 문제를 해결하는 데 필요한 지식과 자원을 주권국가가 독점하지 못함에 따라, 초국가 문제를 해결하는 과정에서 국가의 위상이 상대적으로 약화되었다.

〈참고 14-7〉 'Global Governance'를 어떻게 번역할까?

'Global Governance'는 다차원 행위자(정부, 시민사회, 사적 행위자 등)의 협력, 비공식적이며 비위계적인 질서 창조와 갈등 해소, 분권화, 지속 가능 개발 등을 포함하는 개념으로 문제를 해결하는 과정을 지칭하는 통상적 의미의 'governance'와는 차이가 있다.

'Global Governance'는 서양학계에서는 널리 사용하는 용어지만, 서로 다른 정의와 규범적 지향 때문에 우리말로 번역하기 어려운 개념이다. 이 책의 저자들은 적절한 번역 어구를 찾기 위해 여러 차례 토의를 거듭했다. 초판에서는 'Global'을 '지구'로 'Governance'를 번역하지 않고 그대로 사용했는데, 'Global Governance'가 당시 정립된 개념이 아니었고 또 그 생명력을 예측할 수 없었으므로 임시적·보편적으로 사용되고 있는 원어 발음 그대로 사용하자는 취지였다.

개정판을 준비하면서 이 책의 저자들은 이 용어의 표기에 관해 합의하지 못했다. 일부 참가자는 'Global Governance'가 학계에서 이미 관행적으로 '글로벌 거버넌스'로 사용되고 있으며 다른 동아시아 국가에서도 번역어보다는 소리 나는 대로 표기하는 방식이 우세하다는 현상을 지적하면서, 굳이 번역을 시도할 필요가 없다고 주장했다. 반면, 국제관계의 변환보다는 연속성에 초점을 맞추는 일부 참가자는 이 용어의 무용성을 지적하며, 이 용어가 지구적 문제의 해결 과정을 담아낼 뿐이라고 주장했다.

3. 현대 세계정치 운영 행위자의 변환

지구 차원 혹은 초국가 문제는 다양한 행위자의 이해관계와 연결되어 있기 때문에 세계정치 운영에는 여러 종류의 행위자들이 관여한다. 국가는 현대 세계정치 운영에서 여전히 가장 중요한 행위자이다. 하지만 지구 차원의 문제와 쟁점이 복잡해지고 국경을 초월하는 문제가 급증함에 따라 국가가 가졌던 중요성은 상대적으로 감소했다. 반면, 20세기 이후 국가들로 구성된 국제기구와 1970년대 이후 급격히 증가한 국제비정부기구의 중요성은 상대적으로 증가하고 있다. 이 절에서는 세계정치 운영에 참여하는 행위자를 국가, 국제기구, 비정부 행위자로 나누어 기술한다.

(1) 국가의 기능과 역할 변화

국가는 세계정치 운영에서 몇 가지 중요한 역할을 담당하고 있다. 첫째, 국가는 세계정치 운영의 준거를 만든다. 조약은 주권국가의 자율성을 스스로 구속하는 약속으로, 세계정치 운영에서 중요한 준거로 이용되고 있다. 둘째, 국가는 세계정치 운영에서 중요한 역할을 담당하는 국제기구를 설립하고 관리한다. 국제기구의 설립 근거는 주권국가의 동의다. 국제기구 창설에 동의한 주권국가는 국제기구가 작동할 수 있도록 재원을 제공하며, 국제기구의 활동을 정한다. 셋째, 국가는 지구적 문제를 해결하는 과정에서 주요 실행자이다. 지구적 혹은 초국가적 문제해결을 위한 합의가 이루어졌다 하더라도 현재 국제관계에서는 이를 강제할 상위 권위체가 존재하지 않는다. 따라서 지구적 혹은 초국가적 문제를 해결하는 합의는 큰 목표와 원칙을 제시하고, 국가로 하여금 구체적 실행 수단을 강구하도록 한다.

세계정치 운영에서 각 국가들은 서로 상이한 입장을 가진다. 그 이유는 두 가지로 나누어 볼 수 있다. 첫째, 지구적 혹은 초국가적 문제와 관련해 각국이 갖는 이해의 양상이 상이하기 때문이다. 예를 들어 지구온난화는 장기적으로 인류 전체에 부정적 영향을 초래하지만 피해의 정도는 국가에 따라 다르다. 해발고도가 낮은 지역은 해수면 상승으로 인한 피해를 각오해야 하지만, 고위도지방의 농업 국가는 단기적으로 풍작을 가져올 수 있다. 이런 차이로 인해 도서국가와 유럽 저지대 국가들은 적극적으로 대처하고자 노력하는 반면, 러시아는 미온적인 입장을 보였다. 서유럽국가가 러시아에 경제지원을 하고 WTO 가입 과정에서 도움을 주겠다는 약속을 얻고 나서야 지구온난화 대처 노력에 대해 지지 입장을 표명했다.

둘째, 각국은 문제해결 능력이 상이하기 때문이다. 지구상에는 현재 190여 개국이 명목상 동일한 지위에 있지만 능력 면에서는 매우 상이하다. 강대국들은 월등한 문제해결 능력을 갖추고 있기 때문에 세계정치 운영에서 특별한 지위를 차지한다. 특히 패권국은 세계정치 운영에서 핵심 행위자이다. 경험적으로 보면 19세기 영국과 20세기 중반 이후 미국은 압도적인 물리력, 선진 기술력, 그리고 규범 생산 능력에 기반을 두고 국제사회의 제반 문제를 운영하는 규칙을 창출하고 유지했다. 반면, 약소국은 지구적 문제해결에 있어서 대부분 상대적으로 미약한 역할을 담당한다.

세계정치 운영 주체로서의 국가는 초국가 쟁점의 증가로 인해 도전을 맞이하고 있다. 국가의 주권은 영토적 배타성을 근간으로 하는데, 초국가 쟁점과 영토적 배타성이 서로 조응하지 않기 때문이다. 유럽의 산성비는 초국가 쟁점과 주권국가의 영토적 배타성이 충돌하는 대표적인 예이다. 중위도지방의 편서풍으로 인해 서쪽에 위치한 국가의 공업 활동 부산물인 이산화황은 동쪽으로 이동한다. 즉 산성비 유발국의 행위가 동쪽에 위치한 국가의 피해로 이어진다. 이 현상을 최초로 제기했던 스칸디나비아 국가들은 영국을 산성비 유발국으로 지목하고 영국에게 보상을 요구했지만 영국은 영토적 배타성을 근거로 자국 책임론을 부정했다. 이후 관련국 간 교섭을 통해 서유럽에서는 한 국가에서 시행하는 환경영향평가를 다른 국가에 위치한 행위자에게 허용하게 되었다. 이는 초국가 문제를 해결하는 과정에서 주권국가의 영토적 배타성을 인정하지 않은 새로운 국제 관행의 확립으로 이어졌다.

(2) 국제기구의 종류와 기능

국제기구^{IO: International Organization}는 세 개 이상의 국가에 공식 회원을 두고 회원의 합의를 법의 원천으로 하여 설립된 조직이다. 국제기구는 "직원, 예산, 사무실 등을 지니고 있으며 구체적인 구조를 구비한 물적인 실체"(Young 1989, 31)이다. 국제기구는 국가 간 합의를 안정적으로 실행하기 위한 제한적 기제로 출발했다. 국가들이 합의에 도달했어도 합의를 실행시킬 행위자가 없는 상황에서 국제기구는 새로운 대안 수단으로 등장했다. 1815년 설립된 라인강 자유 항해를 위한 중앙위원회는 국제기구가 설립되는 계기를 마련했다. 하지만 이 기구가 설립된 이후에도 국제기구의 성장은 매우 느렸다. 국가들은 자국의 주권을 구속하는 영속적 기구 창설에 부정적 입장을 보였기 때문이다. 국제기구는 1960년대부터 본격적으로 성장했다.

국제기구의 종류에는 회원의 범위에 따라 지역적 차원의 기구와 세계적 차원의 기구가 있다. 그러나 지역 간 거리감이 좁아짐에 따라 지리적 구분은 의미를 상실하고 있다. 국제기구는 설립 목표가 보편적인 성격을 띤 것도 있고 특수한 성격을 띤 것도 있다. 예를 들어, UN은 보편적인 목표를 지닌 대표적인 기구지만 국제원자력기구는 원자력의 평화적 이용과 관리라는 특수한 목표를 지닌다. 국제기구는 회원의 성격에 따라서도 분류된다. 회원의 성격이 정부 대표인가 아닌가가 기준이 된다. 정부간국제기구^{IGO}는 회원국 정부만 회원으로 참여할 수 있고, 정부 대표가 법인으로서 회원국을 대리한다. 대표적 IGO로는 UN, 국제원자력위원회 등을 들 수 있다. 국제비정부기구^{INGO}는 비국가 행위자에게 회원 자격을 부여하는데, 여러 국가에 존재하는 비정부기구의 연대 기구이다. 가장 오래된 인권 관련 국제비정부기구인 국제반노예제기구^{Anti-Slavery International}의 경우 영국에 본부를 두고 있지만 여러 국가에 지부를 두고 있고, 개인에게 회원 자격을 부여하고 있다. 혼합적 국제비정부기구^{hybrid INGO}는 국가와 비국가 행위자 모두에게 회원 자격을 부여한다. 세계보존연합^{International Union for Conservation of Nature and Natural Resources}은 81개 국가, 120개 정부 부처, 800여 개 비정부기구, 그리고 181개 국가에 거주하는 1만여 명의 과학자와 전문가들이 회원으로 가입하고 있다. 세계보존연합의 경우 특이하게 국가 행위자와 비국가 행위자들 모두에게 평등한 의결권을 부여하고 있다.

국제기구는 세계정치 운영에서 두 가지로 기여한다. 첫째, 국제기구는 실행 기관으로서 세계정치 운영에 직접 관여한다. 지구적 혹은 초국가적 문제를 해결하기 위한 국가 간 합의를 도출한 후, 회원국들은 회원국 간 안정적 의사소통과 회원국 간 합의 이행을 관리하는 업무를 수행하기 위한 조직으로서 국제기구를

〈참고 14-8〉 라인강 자유 항해를 위한 중앙위원회

라인강 자유 항해를 위한 중앙위원회(Central Commission for Navigation on the Rhine)는 최초의 국제기구로 1814년 빈조약(Treaty of Vienna)의 부속 조항에 따라 "(라인강에서) 공통 규칙을 실행하고 항해와 관련하여 라인강 유역 국가 간 의사소통의 통로 역할을 담당하기 위하여" 창설되었다. 이는 나폴레옹전쟁에서 승리한 진영의 이해가 투영된 국제기구이다. 나폴레옹전쟁 당시 트라팔가르해전에서 패배한 프랑스는 대륙봉쇄령(Continental Blockade)을 내려 유럽 대륙 국가와 영국의 무역을 금했다. 프랑스가 대륙봉쇄령에 반발했던 러시아를 정벌하는 데 실패하자 프로이센과 오스트리아도 반프랑스 연합전선에 동참했다. 이에 대한 보복으로 라인강 하류를 장악했던 프랑스는 라인강을 통해 프로이센과 오스트리아로 향하는 상업을 금했다. 전후 승전국은 프랑스가 다시 라인강 하류에서 항해를 방해하지 못하도록 영구적인 조치를 강구했다. 이런 노력은 최초의 국제기구의 창설로 이어졌다.

만든다. 국제기구는 위임받은 업무를 수행하고, 그 내용을 회원국에 보고한다. 또한 회원국의 합의에 따라 국제기구에 새로운 업무가 추가되기도 된다. 이런 측면에서 보면 국제기구는 세계정치 운영 과정에서 국가의 활동을 보조하는 부차적 기능을 수행한다.

둘째, 국제기구는 세계정치 운영자들이 만나는 장소를 제공한다. 국제기구는 위임받은 업무에서 벗어나 새로운 쟁점의 해결을 위한 토론의 장을 제공하며, 더 나아가 쟁점을 해결할 새로운 방식을 제기한다. 예를 들어, 국제연합 유럽경제이사회 UN Economic Council for

〈참고 14-9〉 국제기구에 관한 세 가지 시각

현실주의 시각에 따르면 국제기구는 국가 간 세력 배분 상태를 반영한다. 강대국들은 자국의 이해관계를 국제기구에 투영하기 때문에 국제기구는 강대국의 이해를 보장하거나 합리화하는 역할을 담당한다. 국가 간 세력 배분 상태가 변화하면, 국가들은 변화된 세력 배분에 따른 이해관계를 국제기구에 반영시키려고 노력한다. 따라서 국제기구의 존재와 역할은 매우 짧은 기간에만 작동한다.
자유주의 시각에 따르면 국제기구는 배신행위를 방지하여 국가 간 협력이 지속되도록 도움을 준다. 국제사회는 무정부 상태로 주권국가의 배신을 방지하고 처벌하는 기제가 없기 때문에 국제협력은 불안정하다. 국제기구는 배신자 식별과 처벌, 정보 제공을 통한 거래비용 절감 등의 경로를 통해 국제협력의 가능성을 높인다. 국제기구가 회원국에게 긍정적 이익을 준다면, 세력배분 상태의 변화에 상관없이 존재하고 활동할 수 있다.
구성주의 시각에 따르면 국제기구는 새로운 정체성을 만들 수 있는 적극적 행위자이다. 국제기구의 통계조사 작업과 활동은 국제기구에 의하여 새롭게 정의된 사회집단의 정체성 형성으로 이어질 수 있다. 예를 들어 국제연합이 '난민'을 "인종, 종교, 국적, 사회집단, 정치적 의견으로 인한 박해"를 피하기 위하여 고국을 떠난 사람으로 규정하고 '난민' 통계를 제공함에 따라, '난민'으로 분류되는 사람들은 독특한 정체성을 형성하게 되었고 새로운 권리와 의무를 주장할 수 있게 되었다.

〈참고 14-10〉 국제연합의 기능 변화

국제연합은 가장 포괄적인 국제기구이다. 국제연합의 회원국은 193개인데, 이는 대만을 제외한 모든 주권국가를 포함한다. 국제연합이 관여하는 쟁점은 안보, 경제, 사회, 문화 등 다양하다. 국제연합은 대규모 자체 직원과 예산을 보유하여 쟁점 해결에서 실질적인 행위자로 작동한다. 국제연합은 세계노동기구, 국제통화기금 등 15개 전문기구와 협력관계를 유지하고 있어 간접적으로 세계정치의 운영에 관여한다. 또한, 다양한 쟁점이 논의되는 장소로서 기능하는 세계정치의 중앙 무대이기도 하다. 이처럼 국제연합은 세계정치의 운영 과정에서 행위자로서 또는 무대로서 중요한 역할을 담당한다.
국제연합의 주요 승전국은 국제연합을 원래 2차대전 패전국의 부상을 막기 위한 제도적 장치로 고안했다. 첫째, 국제연합이라는 이름이 연합국과 연합국을 지지하는 국가의 모임인 "United Nations"에서 유래했고, 둘째, 국제연합헌장은 2차대전 추축국을 '적국'(제53조 2항)으로 암시하며 셋째, 안전보장이사회에서 5대 승전국의 특별한 지위를 차지한다는 점이 2차대전의 산물로서 국제연합의 성격을 보여 준다.
냉전기 2차대전의 승전국 간 이념 갈등이 표출되면서 2차대전의 패전국을 견제하려던 국제연합의 원래 기능은 작동하지 않았다. 진영 간 갈등으로 승전국 연합 간 협조가 사라지면서 안보 쟁점에서 국제연합의 기능이 거의 마비되었다. 반면, 개발도상국이 수적 우세를 차지하면서 국제연합 총회는 기존 질서를 전복하기 위한 개발도상국의 노력이 구현되는 장소가 되었다. 1970년대 국제연합 총회에서 '신국제경제질서'(New International Economic Order)가 결의안으로 채택될 만큼 국제연합은 개발도상국에게 유리한 공간이 되었다. 냉전 종식 후 개발도상국이 진영 간 경쟁을 더 이상 활용할 수 없게 됨에 따라, 국제연합에서 개발도상국의 영향력은 급속히 쇠퇴했다. 국제연합에서 압도적 행위자가 사라짐에 따라, 국제연합은 글로벌 거버넌스에서 독자성을 일정 정도 유지하고 있다. 국제연합의 여러 기관은 비정부기구와 정기적인 협력관계를 유지하며, 전문가 집단이 국제연합의 의사결정 과정에 깊숙이 관여하고 있다.

Europe는 유럽 국가들이 경제문제를 토론하고 해결하는 장으로서 설립되었지만, 1970년대 유럽에서 발생한 산성비와 같은 초국가적인 오염문제를 해결하기 위한 토론의 장이 되었다. 유럽경제이사회 회원국들은 초국가 오염을 해결하기 위해 오랜 토론을 거친 후 1979년에 최초의 환경협약인 '장거리 국경 이동을 하는 대기오염에 관한 제네바 협약Convention on Long-Range Transboundary Air Pollution을 도출했고, 이를 실행하기 위한 여러 의정서에 합의했다. 특이하게 유럽경제이사회 회원국들은 초국가 대기오염을 규제하기 위한 협약과 의정서의 이행을 관리하는 업무를 유럽경제이사회 사무국에 맡겼다. 이로써 유럽경제이사회는 본래 목적에서 벗어나 영역을 확대했다.

(3) 비정부 행위자의 중요성과 구분

비정부 행위자가 세계정치 운영에서 차지하는 비중이 상대적으로 증가하고 있다. 비정부 행위자는 몇 가지로 구분된다. 첫째, 비정부기구는 특정 목적을 위해 공식적 상호 연결망을 통해 정기적으로 상호 작용과 집단행동을 하는 사람들의 집단으로, 본부와 사무원을 구비한 법인이다. 비정부기구는 영리 추구를 목표로 하지 않고 정부의 통제로부터 벗어나 활동한다. 각국에서 병립적으로 존재하던 비정부기구가 지구화의 진전과 함께 초국가 활동에 연계되는 경우가 많아지고 있다. 일부 비정부기구는 초국가적 연계를 상설화시켜 국제비정부기구로 발전했다. 국제비정부기구는 앞에서 기술한 바와 같이 국제기구의 한 갈래로 분류되고 있다.

둘째, 전문가 집단이다. 세계정치의 의제는 매우 복잡하기 때문에 각 분야의 전문성을 갖춘 사람들이 문제해결 과정에 반드시 필요하다. 정부 관료들이 문제해결에 필요한 전문성을 구비하지 못했거나, 문제해결 과정에 대한 객관적 평가를 필요로 할 때 전문가들이 지구적 문제해결 과정에 참여한다. 특히 "특정 영역에서 전문성을 가지며 동시에 정책 수립에 필요한 권위적 정보를 제공하는 전문가 집단"인 인식공동체epistemic community는 세계정치 운영 과정에서 문제해결에 필요한 지식을 제공하는 중요한 역할을 담당한다(Haas 1992, 2). 인식공동체가 세계정치 운영 과정에 미치는 영향은 그것이 제공하는 설명의 설득력에 따라 결정된다. 인식공동체가 특정 문제의 원인과 처방에 대해 합의에 도달한 상태에서 제공하는 정책안들은 상대적으로 쉽게 반영된다. 반면, 전문가 집단 내부에 동일한 문제에 대하여 상충되는 설명과 처방이 존재하는 경우, 전문가 집단은 특정 안을 합리화시키는 존재로 이용될 수도 있다. 예를 들어 온실가스가 지구온난화의 주범이라는 주장이 있지만, 여전히 많은 기상학자와 화학자들은 태양의 흑점 활동 증가에 따른 온도상승을 주장하기 때문에 세계기상학회와 같은 전문가 집단은 지구온난화에 대처하기 위한 세계정치 과정에서 통일된 목소리를 내지 못하고 있다. 이처럼 전문가 집단이 세계정치 운영 과정에서 차지하는 비중은 문제해결의 어려움, 관료들의 전문성, 전문가 집단 내부의 의견 일치 등에 따라 달라진다.

셋째, 영리를 목적으로 조직된 법인으로 여러 국가를 활동 영역으로 삼는 다국적기업MNC: Multi-National Corporations과 신용평가기관이다. 다국적기업은 특정 국가에 본부를 둔다 하더라도 여러 국가에 지부를 두어

〈참고 14-11〉인식공동체

인식공동체는 "특정 영역에서 전문성을 가지며 동시에 정책 수립에 필요한 권위 있는 정보를 제공하는 전문 집단"이다(Haas 1992, 3). 인식공동체에 속한 전문가들은 특정 쟁점의 의미, 인과관계, 대응 방법을 공유한다. 인식공동체는 국가정책 결정 과정에서 특정 현상의 의미를 설명하고, 특정 현상의 원인과 결과를 제시하며, 대응책을 제시함으로써 중요한 역할을 담당한다.

상대적으로 높은 이동성을 가진다. 또한 다국적기업은 막대한 자금을 투자해 일자리를 창출할 수 있는 능력을 구비하고 있다. 현재 다국적기업의 경제활동은 세계 경제활동의 80퍼센트 정도를 차지한다. 다국적기업은 자금력과 이동성을 활용하여 투자를 유치하려는 국가를 규제하고 경제 환경 등의 변경을 요구하며, 세계경제에서 기회를 결정하는 역할을 담당한다. 다국적기업들은 자신들의 활동을 규율하는 원칙 등을 스스로 창출하면서 경제문제와 관련된 세계정치 운영에 참여한다. 다국적기업의 세계정치 참여는 공적 규제를 거치지 않는다는 점에서 여러 문제점을 제기하고 있다.

신용평가기관은 기업에게 각국의 투자 환경을 제공하는 역할을 담당한다. 무디스, S&P, 피치 IBCA 등과 같은 신용평가기관은 의도하지 않지만 세계정치 운영에 참여한다. 특정 국가에 대한 신용평가는 여신 금리 및 투자, 다국적기업과의 협상 등에 직접적 영향을 미치기 때문에 각국은 우수한 신용평가를 받기 위해 신용평가기관의 기준을 충족시키려 한다. 이런 과정을 거쳐 신용평가기관은 대상국에게 특정 경제 쟁점을 해결하는 기준을 제공하는 역할을 담당한다.

4. 현대 세계정치 운영 준거의 변환

지구적 혹은 초국가적 문제를 해결하려는 여러 행위자들의 상호 작용은 행위자 간 암묵적 혹은 명시적 합의, 관행 등에 기반을 두고 이루어진다. 현대 세계정치의 준거는 국내법과 같이 위계적 구조를 갖추지 못한 상태에서 서서히 성장하고 있다. 이 절에서는 세계정치 운영의 준거로 규범, 관행, 국제법, 그리고 비국가 행위자의 자율적 행동 규칙을 검토한다.

(1) 규범의 도입과 창출

규범은 당위를 제공하는 언명으로 구성된다. 규범은 특정 행위의 허용 여부를 규정할 수도 있고, 더 나아가 법적 의무와 권리를 규정할 수도 있다. 규범은 사회적 행동의 적실성 여부를 판단하는 근거로도 사용된다. 이처럼 규범은 행위자의 행동 지침을 직접적 또는 간접적으로 제공한다. 세계정치 운영 과정에서 규범은 국제사회가 운영되어야 할 당위를 제공하며 또한 특정 행위에 대한 규범적 판단의 기초를 마련하기 때문에 행동 지침의 근간이 된다.

세계정치 운영 과정에서 활용되는 규범은 크게 두 가지 경로를 통해 의도적으로 도입된다. 첫째, 특정 정치 공동체의 규범이 국제사회의 규범으로 원용되는 경로이다. 앞에서도 기술한 바와 같이 패권국은 국내 가치체계를 세계로 투영시켜 국내 정치 공동체에서 공인된 규범을 국제사회의 규범으로 만들 수 있다. 대표적인 예가 강행규범 jus cogens 으로 인정되는 노예 금지 원칙이다. 17~18세기 영국의 주도 세력으로 부상한 자본주의 세력은 '자유노동'이 '노예노동'보다 우월하다는 믿음에 따라 노예제 폐지에 적극적인 입장을 취했다. 반면, 노예가 선험적으로 존재한다는 믿음을 받아들였던 농장 세력은 노예제를 옹호하는 입장을 취했다. 두 사회 세력 간 경쟁 과정에서 상공업 세력이 승리함에 따라 19세기 영국은 국내적으로 노예제 폐지를 가장 먼저 승인했다. 영국이 자국의 패권을 바탕으

<참고 14-12> 강행규범

강행규범은 국가 간 합의, 국지적 관습, 혹은 일반적 관습을 이유로 국가가 위반할 수 없는 국제사회의 선행 규범(peremptory norms)이다. 강행규범을 위반한 조약은 법적 효력을 가질 수 없다. 국제사회에서 강행규범으로 받아들여진 규범은 침략전쟁 금지, 반인도 범죄 금지, 해적 행위 금지, 집단학살 금지, 노예 금지, 고문 금지 등이다.

로 노예 금지 원칙을 국제사회에 투영시킨 결과로, 19세기 후반에는 국제사회가 이러한 원칙을 수용했다. 이처럼 특정 정치 공동체의 규범이 국제사회의 규범으로 투영되어 세계정치의 준거로 사용되는 경로가 있다.

둘째, 관련국 간 합의를 통해 규범이 창출된다. 특정 쟁점에 관여되어 있는 여러 행위자가 상이한 해결 원칙을 가지고 있을 경우, 협약을 통하여 문제해결 원칙에 합의할 수 있다. 최근에는 여러 관련 국가들이 협약을 체결할 때 협약문 서문에서 문제의 성격, 문제해결과 관련된 규범과 원칙을 명시한다. 새롭게 명시된 원칙과 규범은 상충하는 원칙과 규범 가운데 참가자들의 합의로 선택한 것으로, 이는 이후 문제해결의 밑바탕을 제공한다. 협약이 행위자 사이에서 광범위하게 인정될 경우, 이를 이행하는 의정서로 이어질 수 있다.

(2) 회합 관행의 진화와 한계

여러 국가들이 정기적 또는 비정기적으로 갖는 모임에서 도출된 합의 또는 양해는 세계정치 운영의 주요 근거이다. 예들 들어 G8과 G20처럼 관련국 간 회합은 국제사회에서 정기적 또는 비정기적으로 이루어지고 있는데, 회합의 결과물이 국제사회에서 초국가적 문제해결에 밑그림을 제공할 수도 있다. 선례가 한 번 만들어지면, 이는 향후 진행 과정에 영향을 미치는 경로 의존성을 갖게 되어 관행으로 굳어질 수도 있다. 또한 아직 문제해결의 원칙이 마련되지 않은 새로운 쟁점을 해결하기 위한 바탕을 제공할 수도 있다.

현재 G8 정상회의와 G20 정상회의는 세계경제의 운영에서 중요한 준거를 마련하고 있다. 예를 들어 2008년 금융 위기에 대처하기 위해 미국 워싱턴에서 열렸던 1차 G20 정상회의에서 20개국 정상은 금융위기의 원인으로 미흡한 개혁과 거시경제정책의 부조화를 언급한 후, 경기를 부양하고 유동성을 공급하기 위해 확대재정정책을 취하기로 합의했다. 이 합의는 경제위기를 사회복지예산 감축을 포함한 긴축재정으로 타개하던 이전 정책과 큰 차이를 보였다. 이후 2011년 현재까지 확대재정은 세계경제위기를 극복하기 위한 관행이 되었다.

세계정치 운영의 준거로서 정기적 혹은 비정기적 회합의 결과물은 두 가지 한계를 드러냈다. 첫째, 수용 범위가 제한되어 있다. 회합에 참여하는 행위자의 숫자가 상대적으로 적기 때문에 회합에서 만들어진 합의 또는 양해는 회합에 참여한 행위자에게만 적용될 수 있다. 특히 G8처럼 소수 국가들만 참여하는 회합은 지구적 영향을 가진 쟁점을 해결하는 과정에서 인류의 이해보다는 참가국만의 국익을 반영할 수 있다. 따라서 회합에 참여하지 않은 행위자의 수용 여부가 불확실하다. 둘째, 회합의 결과물은 연속성이 없다. 특히 비정기적 회합은 특정 문제해결을 위한 임시 방책인 경우가 많기 때문에 이후 유사 사례의 해결 과정에서 간과될 수 있다. G20와 핵안보정상회의 등이 정례화되는 추세를 보이지만, 특정 쟁점이 해소되거나 새로운 정치 세력이 우세를 점하게 되면, 회합을 통한 문제해결은 다른 형태로 대체될 수 있다.

(3) 국제법의 제한된 구속력

국제법의 연원은 명시적 조약과 협약^{convention}, 관습,

<참고 14-13> G8과 G20

G8은 'Group of Eight'의 약자로 캐나다·프랑스·독일·이탈리아·일본·러시아·영국·미국 간 회합이다. 이 모임은 선진 민주 공업국들의 1973년 1차 석유파동과 이후 경제 침체에 대한 공동 대응의 필요성에서 시작되었다. 1974년에 미국·영국·서독·일본의 재무장관이 비공식적으로 만나 세계경제문제에 공동으로 대응하기 위한 모임을 가졌다. 1975년 프랑스 대통령은 공식적으로 서독·이탈리아·일본·영국·미국의 정부 수반을 초청하여 정상회담을 열었고, 이 회담에 참석한 정부 수반은 'Group of Six'(G6)를 구성했다. 1976년 캐나다가 이 회합에 참여하여 'Group of Seven'(G7)으로 확대되었다. 냉전이 끝난 후, 1994년부터 러시아는 G7 국가와 별도로 회합 관행을 만들었고, 1997년 공식적으로 회합 참여자로 인정받아 'Group of Eight'(G8)이 되었다.

G20은 세계경제에서 주요한 비중을 차지하는 유럽연합과 19개국(미국·일본·독일·영국·프랑스·이탈리아·캐나다·호주 등 선진 경제국 8개국, 한국·사우디아라비아·러시아·터키·멕시코·아르헨티나·남아프리카공화국·중국·인도네시아·인도·브라질 등 신흥 경제국 11개국)으로 구성된다. 1999년 9월 27일 G7 재무장관은 별도 회동을 통해 G20의 출범을 제안했고 첫 회동이 동년 12월에 열렸다. 이후 G20은 재무장관급 회합으로 유지되다가 2008년 금융 위기를 겪으면서 정상회의로 격상되었다.

G8 정상회의와 G20 정상회의에서 주요국의 수반은 세계정치 운영과 관련된 주요한 의제를 토의하고 중요한 합의를 도출하기도 한다. 이는 비공식적 회합 관행이 공식화되는 과정과 회담에서 결정된 사항이 세계정치 운영의 준거로 사용될 수 있음을 보여 준다.

법학자의 저술, 법원의 판결, 일반적인 법원칙 등으로 분류된다. 명시적 조약과 협약은 명확성이 높다는 점에서 다른 법의 원천에 비해 상대적으로 중요한 지위를 차지한다. 명시적 조약과 협약을 제외한 다른 법원들은 많은 경우 명시적 조약과 협약으로 공식화되는 과정에 있다고 보아야 한다. 1951년부터 1995년 사이 새롭게 등장한 3600개 정도의 다자 조약은 관행이나 일반적 원칙으로 존재하던 국제법의 연원들이 공식화된 결과이다. 현재까지 만들어진 다자 조약 가운데 경제문제가 가장 많은 수를 차지하고 있다. 국제법은 공식화된 조약과 협약의 형태를 띠든지 비공식화된 관행의 형태를 띠든지 상관없이 세계정치 운영의 준거로 이용되고 있다.

세계정치 운영의 준거로서 국제법은 몇 가지 문제점을 가진다. 첫째, 국제법의 적용 대상이 국가로 한정된다. 전쟁법과 관련된 몇 가지 조항이 개인과 비정부 집단을 직접적으로 규제하는 예외적인 경우가 있지만, 대부분 국제법은 행위자가 국가라는 전제하에 행위자의 권리와 의무를 규정하고 있다. 세계정치 운영에 참여하고 있는 비국가 행위자들에 대한 규제는 개별 국가의 영역으로 남아 있다. 둘째, 국제법의 주요 적용 대상인 국가의 행위를 실제로 규제할 실행 기관이 존재하지 않는다. 대부분의 경우 국가 간 합의는 합의에 참가한 국가들의 개별적 노력에 의해 준수된다. 예를 들어 대인지뢰를 금지하는 협약이 있지만, 협약에 참여하지 않은 국가를 강제적으로 구속하지 못하며, 심지어 협약에 참여하는 국가가 대인지뢰를 사용할 경우에도 이를 강제적으로 구속할 수 없다.

국제법은 실행 기관이 부재하고 비국가 행위자를 대상으로 하지 않지만 국가는 물론 비정부 행위자들도 스스로 국제법을 준수하고 있다. 왜 국가와 비정부 행위자들은 국제법을 준수할까? 이 질문에 대한 답은 두 가지 측면에서 접근할 수 있다. 첫째, 국가의 평판이다. 국가는 국제사회의 일원으로 다른 국가와 비국가 행위자들에게 보여지는 모습에 관심을 갖고 있다. 최근 대량살상무기의 확산과 관련하여 '불량국가'rogue states라는 용어에서 드러나듯이 국제법을 준수하지 않는 국가들은 국제사회로부터 받는 부정적 시선에서 자유로울 수 없다. 국제사회의 평판은 동료 압박처럼 작동하여 국가로 하여금 국제법을 준수하도록 한다.

둘째, 국가와 국가 내 행위자 간의 관계이다. 특히 민주주의 국가의 경우 정부의 활동은 국가 내 행위자들에게 계속된 평가의 대상이다. 정부가 국제법을 준수하지 않았을 경우, 정부는 일부 국내 행위자로부터 오는 정치적 불이익 혹은 긴장을 감수해야 한다. 직접적 혹은 간접적 이해관계를 갖는 국내 행위자들은 정부 행동을 변경시키기 위해 노력하고, 심지어 선거에서 선택의 근거로 사용되기도 한다. 이는 세계정치의 의제가 국내 정치의 의제와 결합되는 대표적인 예이다.

(4) 비국가 행위자의 행동 규칙의 형성과 기능

비국가 행위자들의 행동 규칙이 세계정치 운영의 준거로 사용될 수 있다. 비국가 행위자와 국가주권 간 긴장 관계는 오랜 역사를 가지고 있지만, 전통적으로 비국가 행위자들은 국가주권의 관할 대상이었다. 반면, 지구화가 진행되면서 비국가 행위자의 행동반경이 확대되고 강한 영향력을 미칠 수 있을 만큼 성장함에 따라, 비국가 행위자 간 행동 규칙이 세계정치와 연결되는 현상이 두드러지게 되었다. 대규모 다국적 기업의 총매출액이 중진국 국내총생산을 초과하는 상황에서 비국가 행위자 간 행위 규칙이 국가 행위를 규율하는 현상은 피할 수 없게 되었다.

비국가 행위자의 행동이 세계정치 운영에 관여하는 경로는 두 가지로 구분된다. 첫째, 비국가 행위자가 사적 이익을 추구하는 과정에서 세계정치에 관여할 수 있다. 예를 들어 보험업체는 여행 위험 국가를 방문하려는 여행객에게 높은 보험료를 책정하여 손해를 피하려고 한다. 보험업체의 행위는 여행 기피국으로 지정된 국가의 여행 수지를 악화시키고 장기적으로 거래비용을 증가시킨다. 따라서 여행 기피국으로 지정된 국가는 여행자에게 안전을 제공할 수 있는 가시

〈참고 14-14〉 '피로 물든 다이아몬드'

드 비어스(De Beers)를 비롯하여 소수 다국적기업들은 다이아몬드 산업을 생산부터 유통까지 장악하고 있다. 드 비어스는 1939년부터 다이아몬드를 사랑의 상징으로 만드는 광고를 공격적으로 시작했고, 1947년부터 '다이아몬드는 영원하다'라는 광고 문구로 다이아몬드를 영원한 사랑의 상징으로 만들었다. 이 결과 1940년대부터 다이아몬드는 결혼 예물로 광범위하게 사용되었다. 다이아몬드 카르텔은 상징 조작을 통해 다이아몬드를 사랑과 영원의 상징으로 유지하고자 한다.

다이아몬드 시장의 독과점 상황은 가격담합 등 비판의 대상이 되고 있지만, 아프리카 내전 종식에 일정 정도 기여했다. 드 비어스는 1990년대 내전 지역에서 생산된 다이아몬드를 구입하지 않는 방침을 시행했다. 다이아몬드 생산 수입이 내전 수행에 필요한 재원 조달 창구의 역할을 하는 아프리카의 현실 때문에 다이아몬드가 '피'와 분쟁을 상징하게 되었기 때문이다. '피로 물든 다이아몬드'는 다이아몬드를 사랑과 영원의 상징으로 선전하던 드 비어스의 이익과 상반되었다. 이런 상황에서 드 비어스는 사적 이익을 위해 내전 지역으로부터 다이아몬드의 수입 금지를 결정했다. 다이아몬드 카르텔은 2000년 7월 19일 '세계 다이아몬드 의회'를 소집하여, 다이아몬드 생산국에게 다이아몬드 수익금이 전쟁 비용을 충당하는 데 사용되지 않는다는 인증을 요구했다.

내전 지역으로부터의 다이아몬드 수입 금지는 아프리카 국가들의 수입원을 차단했다. 다이아몬드 수출로 국가재정을 충당하던 아프리카 국가들은 수출을 재개하기 위해 다이아몬드 카르텔의 요구를 수용할 수밖에 없었다. 아프리카 국가들은 자국에서 생산되는 다이아몬드로 인한 수입이 전쟁 비용으로 사용되지 않도록 한다는 국제 합의와 인증제도를 만들기 위한 교섭을 시작했다. 이런 노력은 2003년 '킴벌리 인증제도'(Kimberley Process Certification Scheme)로 이어져 아프리카 국가로 하여금 다이아몬드 생산이 전쟁 수행과 무관하다는 사실을 증명하도록 했다. 킴벌리 인증제도로 인해 다이아몬드 수출국은 다이아몬드 수출로 벌어들인 이익을 사용하는 데 제한을 받게 되었고, 반군 집단은 다이아몬드 수출로 전쟁을 수행할 수 없게 되었다. 이 제도는 결국 아프리카에서 일어나는 내전을 약화시키는 데 일정 부분 기여했으며, 동시에 주요 다이아몬드 기업의 이윤을 증진시키는 데 기여했다.

적 조치를 취하게 된다. 이처럼 비국가 행위자가 사적 이익을 위해 취한 행위가 의도하지는 않았지만 국가 행위를 규율하는 효과를 초래할 수 있다.

둘째, 비국가 행위자의 특정 목적 달성을 위한 의도적 노력이 세계정치에 영향을 미칠 수 있다. 윤리적 목표를 명확히 가지고 있는 비정부 단체들은 비국가 행위자와 연합하여 국가 행위를 규율하려고 시도한다. 이런 방책은 오랜 역사를 가지고 있지만, 특히 다국적기업의 성장과 더불어 자주 발생하고 있다. 다국적 은행의 돈세탁 방지를 위한 '볼프스베르크협정' Wolfsberg Pact 이 대표적인 예이다. 2000년 10월 30일 12개 다국적 은행은 반부패운동 단체들의 요구를 수용하여 불법 자금이 국제금융시장으로 유입되지 않도록 협정을 맺었다. 이 협정 때문에 제3세계 정치 지도자들은 불법으로 국가 재산을 해외로 유출시키기 어렵게 되었고, 범죄 조직의 돈세탁 경로가 일부 차단되었다. 이는 부패와 범죄 조직에 관련된 문제를 해결하려는 국제적인 노력에 긍정적으로 기여했다.

5. 동아시아 지역 정치 운영의 변환

동아시아 지역 정치를 운영하는 방식은 시기에 따라 다르다. 19세기 중반부터 20세기 초까지 동아시아는 세계정치 운영의 객체로서 세력균형의 대상이었다. 이후 20세기 초반부터 제2차 세계대전까지는 일본 중심의 지역 패권이 동아시아 지역 정치 운영에서 가장 두드러진 특징이었다. 제2차 세계대전이 끝난 후에는 강한 국가들이 외교를 통해 지역 정치를 운영하는 모습을 보여 왔다. 한편, 냉전이 끝난 후에는 비국가 행위자들이 지역 정치 운영에 참여하는 현상이 드러나고 있다.

(1) 국가 중심에서 초국가 행위자의 참여로

19세기 중반부터 20세기 초반까지 동아시아는 유럽에서 작동하는 세력균형의 대상 지역으로 전락했다. 동아시아 정치 단위체들은 유럽 중심의 세계질서에서 생존하기 위한 노력을 다각도로 모색했지만 결과적으로 일본을 제외하고는 실패했다. 태국·중국·몽골이 외형적으로는 주권국이었지만, 태국은 유럽 열국의 세력균형을 유지하기 위한 완충지대로서 생존했고, 몽골은 소련의 영향권에 편입되었으며, 중국은 서양 열국이 각축하는 이권 쟁탈의 장이었다. 그 외 정치 단위들은 속국 혹은 식민지의 형태로 서양 열국의 관할 대상이 되었다. 이 시기 동아시아 정치 단위체들은 지역 정치 운영의 주체가 아니라 객체였다.

동아시아가 유럽 중심의 세계질서로 편입된 이후 일본이 가장 먼저 동아시아 지역 정치 운영에서 중요한 역할을 담당했다. 1894년 청일전쟁을 통해 일본은 근대 문물에 기반을 두고 군사력을 겸비한 국가의 면모를 갖추었고, 1904년 러일전쟁을 통해 유럽국가와의 대결에서도 승리할 수 있는 능력을 과시했다. 서양 열국이 국력을 동아시아까지 투사시킬 수 없는 상황에서 20세기 초반 일본은 동아시아 지역의 패자 霸者 가 되었다. 일본은 서양 제국과 경쟁하면서 동아시아에서 영향권을 확대했다. 일본은 조선과 만주를 식민지로 만들었고, 중국과 서양 열강의 세력권을 차지하기 위해 서양 열강과 경쟁했다. 이 과정에서 일본은 대동아공영권을 표방했는데, 이는 동아시아 지역 정치 운영 방식을 주권국가 간 외교와 유럽 국가의 제국주의로부터 일본의 패권으로 변경하기 위해 내세운 명분이었다. 일본의 역내 패권 추구는 역외 국가들의 반발을 초래하여 결국 제2차 세계대전의 한 축이 되었다.

제2차 세계대전 이후 동아시아에서는 강한 국가가 등장했다. 일본, 한국, 대만, 싱가포르에서 경제발전을 주도하는 강한 국가는 비국가 행위자를 압도했다. 중국, 몽골, 북한, 베트남에는 공산주의 정권이 들어서서 국가가 사회를 개조했다. 다른 신생 독립국들도 국가 주도형 모형을 받아들였다. 또한 이념 갈등은 국가의 통제력을 증폭시켰다. 상치하는 이념을 채택하는 국가를 적으로 규정하고 내부 반대 세력을 외부의 적과 연계된 반국가 행위자로 몰아붙이면서 동아시아 국가는 내부 통제를 강화시켰다. 이런 변화로 인해 비국가 행위자가 지역 정치 운영에 참여할 기회가 원천적으로 사라졌다. 외형적으로 비국가 행위자들이 존재하는 듯 보였지만, 실제적으로는 비국가 행위자들이 국가에 의해 통제되는 현상이 발생했다. 반면, 동아시아 지역 정치 운영에서 강대국 간 외교가 차지하는 비중은 증가했다. 강대국 간 이념 대결의 국면에서 동아시아의 비강대국은 후견 역할을 담당하는 강대국을 통해 간접적으로 지역 정치 운영에 개입하려고 했다. 한반도와 베트남의 운명을 결정지은 미·중 대화는 동아시아 지역 정치 운영에서 강대국 간 외교의 중요성을 보여 주는 대표적인 예이다.

냉전 종식은 동아시아 지역 정치 운영에서 거버넌스와 비국가 행위자의 비중을 두 가지 측면에서 높였다. 첫째, 국가의 장악력이 상대적으로 낮아져 비국가 행위자가 국경을 넘어 상호 작용할 수 있는 여지를 만들었다. 냉전기 이념 갈등은 동아시아 국가들이 자국 내 행위자를 통제할 수 있도록 하는 근거였다. 냉전 종식이 공산주의의 퇴조로 이어지는 과정에서, 이념 갈등이 갖고 있던 사회통제 근거로서의 정당성은 부분적으로 사라졌다. 이에 따라 비국가 행위자는 냉전 종식 이후 보다 넓은 활동 공간을 갖게 되었다. 둘째, 냉전 종식은 지역 정치 의제의 다양화를 초래했다. 냉전 시기에는 안보 문제의 비중이 매우 높아 다른 의제는 지역 정치의 대상으로 거론되지도 못했다. 반면, 냉전 종식은 안보 의제의 비중을 낮추어 다양한 의제가 지역 정치의 대상으로 부상하게 되는 계기를 만들었다. 이는 다양한 행위자로 하여금 지역 정치 운영에 참여하게 하는 유인이 되었다.

냉전 종식 이후 동아시아 지역 정치가 운영되는 과정에는 몇 가지 특징이 있다. 첫째, 강대국 중심의 외교는 상대적으로 퇴조했다. 반면, 역내 비강대국 간 외교관계가 진전되면서 역내 비강대국도 외교를 통해 역내 쟁점 해결에 직접 동참하게 되었다. 이는 동아시아에서 지역 정치 운영 방식으로서 외교를 수평적으로 확대시키는 결과를 초래했다. 외교는 여전히 동아시아 지역 정치 운영에서 주요 방식이다. 둘째, 지역 정치 운영에서 비안보 의제가 두드러진다. 안보 문제가 기밀 유지에 강점을 지닌 국가에 의해 독점되는 반

> **〈참고 14-15〉 대동아공영권**
>
> 대동아공영권은 "지리적·운명적 공동 연대를 기초로 하여 새로운 도덕으로 묶이는 특수한 세계로 국가를 넘는 국가 이상의 것"이다(高山岩男 1942, 147). 이 개념은 1940년 8월 1일 마쓰오카 요스케(松岡洋右) 일본 외무장관이 공식적으로 천명했는데, 동서로는 미얀마부터 일본까지, 남북으로는 몽골부터 호주까지 포함하는 광대한 지역을 포함하는 정치적·경제적 권역을 의미한다. 명목상 일본은 권역 안에서 공존과 번영을 추구하고, 권역 밖으로는 서양 식민 지배로부터의 아시아 민족 해방을 목표로 내세웠다. 실질적으로는 일본의 침략을 정당화하고, 아시아 민족으로부터 제2차 세계대전을 수행하는 데 필요한 자원을 수탈하기 위한 명분으로 사용되었다. 공식적으로 일본은 1941년 12월 10일 태평양전쟁을 대동아전쟁으로 명명했고, 전쟁의 목표를 '대동아 신질서 건설'이라고 밝혔다.

면, 비안보 문제에는 투명성과 공개성을 표방하는 비국가 행위자의 참여가 높은 상황 때문에 비안보 의제가 눈에 띄게 되었다. 셋째, 비국가 행위자 간 초국가 연대가 증가하고 있다. 비록 유럽 지역에서와 같이 초국가적 연대의 강도가 세지는 않지만, 환경과 인권분야에서는 상대적으로 현저하게 나타나고 있다.

(2) 약한 지역공동체 의식

현재 동아시아는 자연적 경계로 획정된 공간 단위로서 동서로는 말레이반도부터 태평양 일부 도서까지 남북으로는 몽골부터 적도 부근의 도서까지 포함한다. 이 지역은 산맥과 해양 등의 자연적 경계로 구분이 가능하며, 자연적 경계가 변하지 않는다면 지리적 차원에서의 동아시아의 경계는 변하지 않는다. 반면, 인지적 산물로서 동아시아의 경계는 유동적이다. 동아시아가 유럽 중심의 세계질서에 편입되기 이전 '사해'와 '천하'는 중국을 중심으로 하여 주변 지역을 통칭하는 개념이었다. 이러한 개념은 중국 중심으로 전개되었던 정치 단위체 간 상호 작용의 공간적 범위를 지칭하는데, 자연적 경계로 구분되는 현재 동아시아 지역과 중첩된다.

동아시아 지역의 등장과 퇴조는 인지적 산물로서 지역이 갖는 유동성을 보여 준다. 현재 동아시아의 지리적 경계 안에는 두 개 지역이 구분되어 있었다. '극동'Far East은 한국, 중국, 일본, 그리고 연해주 일대를 포함하는 명칭이었고, '인도차이나'는 말레이반도를 중심으로 중국과 인도 사이에 위치한 지역을 포함하는 명칭이었다. 이 두 지역은 서양 열강의 인지적 산물로서 이전에 존재했던 '천하'와 '사해'를 해체시켰다. 동아시아 정치 단위체들이 서양 열국의 영향권 아래 편입되면서 단일한 지역적 개념은 사라졌다. 20세기 중엽 일본이 아시아의 지역 패권국으로 대동아공영권을 내세우면서 동아시아가 단일 지역으로 인지되기 시작했으나, 일본의 패배 이후 인지적 산물로서 동아시아는 큰 의미를 갖지 못했다.

냉전기 동아시아는 이념 갈등과 강대국 간 경쟁으로 인해 여전히 단일 지역으로 인지되지 않았다. 1960년대 중반까지 '자유 진영'과 '공산 진영'의 갈등은 동아시아를 반분했다. 공산 진영에는 중국·몽골·북한·북베트남·구소련이 포함되어 있었고, '자유 진영'에는 한국·일본·대만·남베트남·말레이시아·태국·필리핀 등이 포함되어 있었다. 양 진영 간 경쟁에서 명확한 입장을 취하지 않는 국가들은 비동맹에 참여하여 역외 국가들과 함께했다. 미중 화해 이후, 동아시아의 균열선은 더 복잡해졌다. 중국이 미국의 구소련 봉쇄에 참여하게 되면서 강대국 간 경쟁이 치열해졌다. 냉전기 동안 진영 안에서는 긴밀한 사회적 상호 작용이 발생하면서도 진영 사이에는 치열한 갈등이 지속되었기 때문에 동아시아가 단일 지역으로 인식될 수 없었다.

[표 14-1]은 한 국가에 외교사절이 상주한 통계를 보여 준다. 1950년을 보면, 전 세계 74개국 가운데 약 32개국(43.0%)이 상주 사절을 유럽 국가에 파견했다. 유럽의 역내 23개국 가운데 약 17개국(70.4%)이 상주 사절을 유럽 국가에 파견했다. 전 세계 74개국 가운

표 14-1 연도별 외교사절의 상주 통계

연도	동아시아 국가		유럽 국가	
	전 세계 국가	역내 국가	전 세계 국가	역내 국가
1950	7.9%	14.3%	43.0%	70.4%
1955	15.8%	16.7%	44.7%	68.8%
1960	17.5%	25.8%	38.1%	67.0%
1965	17.3%	27.6%	36.9%	67.2%
1970	20.0%	39.0%	47.7%	81.0%
1975	25.6%	38.1%	58.5%	90.0%
1980	37.1%	59.3%	62.3%	83.1%
1985	25.9%	50.5%	40.2%	74.0%
1990	27.0%	55.7%	40.5%	64.7%
1995	26.2%	61.9%	28.4%	49.9%
2000	27.5%	68.1%	29.7%	53.8%

(자료: Bayer 2006)

데 약 6개국(7.9%)이 상주 사절을 동아시아 국가에 파견했다. 동아시아 역내 7개국 가운데 1개국(14.3%)이 상주 사절을 동아시아 국가에 파견했다. [표 14-1]에 따르면 동아시아 국가 간 상주 사절의 교환이 점차 늘어나는 추세를 보인다. 유럽 국가 간 상주 사절의 교환은 냉전 초기 매우 높은 수치를 기록한 반면, 냉전 종식 이후 오히려 감소 추세를 보인다. 이런 현상은 구소련과 유고연방으로부터 독립된 신생국들이 상주 외교사절을 파견하지 않았기 때문이다.

[표 14-1]는 또한 냉전기 동아시아가 단일 지역으로 인식되지 못했던 원인을 간접적으로 보여 준다. 외교사절의 상주가 국가 간 상호 작용과 긴밀한 연관 관계를 가진 점을 고려한다면 냉전기 동아시아에서는 역내 국가 간 상호 작용의 정도가 유럽 국가에 비해 상당히 낮았다. 유럽 지역에서도 이념 갈등이 있었지만 최소한 유럽 역내 국가 간의 외교관계는 유지되고 있었다. 반면, 동아시아에서는 이념 갈등으로 동아시아 역내 국가 간 외교관계조차 유지되지 못했다. 이런 상황에서 동아시아가 단일 지역으로 인지되기는 매우 어려웠다.

[표 14-1]은 동아시아가 단일 지역으로 인식될 만큼 역내 상호 작용이 증가했음을 간접적으로 보여 준다. 1990년대 이후 동아시아 역내 국가 간 상주 사절 교환 수치가 60퍼센트를 넘어섰다. 냉전 종식 후 진영 간 균열선이 깨지면서, 역내 국가 간 외교관계가 정상화되었다. 2000년대 이후 동아시아 역내 국가 간 상주 사절 교환 수치가 70퍼센트 가까이 되어 유럽이 단일 지역으로 인식되었던 1950년대 상황과 비슷하게 되었다.

(3) 맹아 상태의 동아시아 지역 정치체

현재 동아시아 국가만을 포괄하는 지역 협력체가 동아시아 지역에 존재하지 않는다. 동아시아 국가들이 참여하는 지역 협력체는 동남아시아국가연합 Association of South-East Asian Nations(1967년 출범), 아세안확대

표 14-2 동아시아 지역 협력체

이름	지역 구분	회원국
동남아시아 국가연합(ASEAN)	동아시아	필리핀, 말레이시아, 싱가포르, 인도네시아, 타이, 브루나이, 베트남, 라오스, 미얀마, 캄보디아
	역외	없음
아세안확대장관회의 (AMM/PMC)	동아시아	ASEAN 10개국, 한국, 중국, 일본,
	역외	미국, 캐나다, 호주, 뉴질랜드, 러시아, 인도, 유럽연합
아세안 지역포럼 (ASEAN Regional Forum)	동아시아	ASEAN 10개국, 한국, 중국, 일본, 몽골, 북한
	역외	미국, 캐나다, 호주, 뉴질랜드, 러시아, 인도, 유럽연합, 파푸아 뉴기니
동아시아-라틴아메리카 협력포럼(FEALAC)	동아시아	한국, 중국, 일본, ASEAN 10개국
	역외	호주, 뉴질랜드, 브라질, 멕시코, 아르헨티나, 칠레, 볼리비아, 콜롬비아, 에콰도르, 베네수엘라, 파나마, 파라과이, 페루, 우루과이, 쿠바, 엘살바도르, 코스타리카, 니카라과, 과테말라
아시아태평양경제협력체 (APEC)	동아시아	필리핀, 말레이시아, 싱가포르, 인도네시아, 타이, 브루나이, 베트남, 한국, 중국, 일본, 홍콩, 대만
	역외	미국, 캐나다, 호주, 뉴질랜드, 러시아, 파푸아 뉴기니, 멕시코, 칠레, 페루
아시아유럽정상회의 (ASEM)	동아시아	ASEAN 10개국+3(한국, 중국, 일본)
	역외	유럽 25개국

장관회의ASEAN Ministers' Meeting/Post-Ministerial Conference(1967년 출범), 아세안 지역포럼ASEAN Regional Forum(1994년 출범), 동아시아–라틴아메리카 협력포럼Forum for East Asia-Latin America Cooperation(1999년 출범), 아시아태평양경제협력체Asian-Pacific Economic Cooperation Conference(1989년 출범), 그리고 아시아유럽정상회의Asia-Europe Meeting(1996년 출범)이다. 이 가운데 동남아시아국가연합을 제외한 5개 협력체는 동아시아에 속하지 않는 국가를 회원국으로 포함시키고 있다. 이는 동아시아의 약한 정체성을 보여 주는 예이다.

동아시아의 약한 정체성은 역내 지역 정치 운영에 있어 주권국가에 상위하는 지역 기구가 없다는 점으로 나타난다. 역내 상호 작용의 강도는 높지만, 동아시아를 포괄하는 정체성의 미비로 말미암아 동아시아 국가만이 참여하는 협력체조차 존재하지 않는다. 반면, 상호 작용의 강도가 매우 강하고 역내 패권국이 없는 유럽에서는 초국가 기구가 지역 정치 운영에서 중요한 역할을 담당하고 있다. 상호 작용의 강도가 강하고 역내 패권국이 있는 미주 지역에서는 미국의 패권이 지역 정치 운영에서 중요한 역할을 담당하고 있다.

ASEAN이 동아시아 지역 정치의 중심에 위치하는 현상은 동아시아 지역 정치의 현주소를 보여 준다. ASEAN에 참여하는 국가의 경제 규모는 일본과 중국의 1/3 수준이며 한국의 경제력의 1.8배에 해당된다. 그럼에도 불구하고 'ASEAN+3'라는 명칭이 나타내듯이, 동아시아 강국이 아니라 ASEAN이 동아시아 지역 정치를 주도하고 있다. 동아시아 강국 간 경쟁 관계로 인해 동아시아 강국이 ASEAN이 주도하는 지역 정치에 따라가는 형편이다. 반면, 동아시아 주요 3개국은 부정기적인 정상회담과 외무장관 회담을 통해 지역의 주요 문제를 협의하고 있지만, 2010년에야 동아시아 3국이 정상회담과 외무장관 회담을 제도화하기 위해 '3국 협력 사무국'을 설치하기로 합의할 정도로 주요 3국 간 협력은 답보 상태에 놓여 있다.

6. 현대 세계정치 운영과 한국의 참여

한국은 세계정치 운영에서 주체인 동시에 객체이다. 한국은 건국 후 오랫동안 세계정치 운영에 적극적으로 기여할 수 있는 역량이 없었고 한국 내에서 발생하는 문제를 스스로 해결할 수 없었기 때문에 세계정치 운영에서 객체일 수밖에 없었다. 그러나 1990년대 이후 경제성장과 민주화 등에 기반을 두고 세계정치 운영의 주체로서 활동할 수 있게 되었다. 이 절에서는 한국이 1990년대 이후 세계정치 운영에 소극적 주체로서 참여한 사례와 적극적 주체로서 참여한 사례를 소개한다.

(1) 객체에서 주체로

건국을 전후하여 한국에서 발생했던 사건들은 한국이 갖는 세계정치 운영 대상으로서의 위치를 선명하게 보여 준다. 강대국 간 합의에 따라 한국 국민의 의사와 상관없이 분단이 되었고, 건국 과정도 국제연합의 후원 아래 진행되었다. 한국전쟁에서 국제연합군은 집단안보가 제한적으로나마 구현된 첫 사례로, 한국은 전쟁의 진행 과정에서 결정된 임무를 수행하는 부차적 역할을 담당했다. 이후 국제연합에서 '한국문제'가 매년 주요 의제로 토론될 만큼 한국은 세계정치의 객체였다. 한국은 나름대로 세계정치 운영에 개입하여 국익을 투영하려고 노력했지만, 건국 후 오랫동안 세계정치의 결과를 적절하게 대처하는 데 관심을 둘 수밖에 없었다.

한국이 세계정치 운영에서 객체의 역할을 수행했던 이유는 두 가지이다. 첫째, 한국의 국력이 너무 취약했다는 것이다. 건국 당시 한국은 극빈국이었고, 외부의 원조 없이는 국가의 생존마저 위태로웠다. 1960년 이후 비약적 경제성장을 이룩했지만, 세계정치 운영에 직접 관여하기에는 역부족이었다. 둘째, 냉전의 영향이다. 냉전기 미국과 소련은 세계정치 운영 과정에서 독점적 지위를 차지했다. 양국은 각자 세력권을 가지고 있었고, 각 세력권 내에서 패권적 지위를 차지하고 있었다. 양국은 진영 간의 상호 작용을 통제할 수 있었다. 한국은 미국 세력권 아래 편입되어 있었고, 미국 패권의 호의(예를 들어, 수입 특혜와 안보 우산)와 제약을 동시에 경험했다.

[표 14-3]은 남북한에 상주한 외교사절과 남북한이 파견한 상주 사절 통계를 보여 준다. 한국에 상주하는 외교사절은 계속해서 증가하여 2000년 기준으로 전 세계 약 46퍼센트의 국가가 한국에 외교사절을 상주시키고 있다. 반면, 북한에 상주하는 외교사절은 1980년 정점에 이르렀다가 계속해서 감소하고 있다. 남북한의 상주 사절 파견 통계도 남북한 격차를 나타낸다. 남북한은 1970년대까지 비동맹국가를 대상으로 외교 경쟁을 펼쳐 상주 사절 파견을 늘렸다. 남북한의 외교경쟁이 쇠퇴한 이후 북한의 상주 사절은 점차 감소하는 추세를 보이는 반면, 한국의 상주 사절 파견은 큰 변화를 보이지 않는다. 여기에서 드러난 남북한 외교사절 통계 차이는 남북한 국력 차를 반영한다. 한국의 국력신장은 지속된 반면, 북한의 국력이 1980년대부터 정체되면서 남북한 간 격차가 발생했다.

표 14-3 남북한 상주 사절 통계

연도	한국		북한	
	상주 사절 주재	상주 사절 파견	상주 사절 주재	상주 사절 파견
1950	2.7%	4.0%	4.1%	2.7%
1955	3.6%	1.2%	8.4%	1.2%
1960	3.8%	12.3%	6.6%	2.8%
1965	4.8%	45.6%	7.3%	2.4%
1970	13.5%	36.1%	8.3%	13.5%
1975	36.2%	47.7%	29.5%	35.6%
1980	43.2%	60.0%	38.1%	51.6%
1985	29.4%	53.8%	15.0%	45.6%
1990	36.0%	59.1%	17.7%	46.3%
1995	43.5%	51.1%	12.9%	32.8%
2000	45.8%	49.5%	12.1%	30.0%

(자료: Bayer 2006)

한국이 세계정치 운영에 적극적으로 참여할 수 있게 된 원인으로는 세 가지를 들 수 있다. 첫째, 한국의 국력 신장이다. [표 14-3]에서 간접적으로 나타나듯이, 한국은 국력 신장에 힘입어 국제사회의 중요한 행위자가 되었다. 한국이 국제사회에서 중요해졌기 때문에 한국에 주재하는 상주 사절이 증가했다. 반면, 북한은 국제사회에서 중요성이 떨어졌기 때문에 북한에 주재하는 상주 사절은 감소했다. 둘째, 냉전 종식이다. 냉전 종식 후, 노태우 행정부가 공격적으로 추구한 북방정책의 성과로 한국은 주변 강대국과 수교했다. 이로써 한국은 주변국과의 문제를 해결할 때 더 이상 후견국의 중개를 거치지 않게 되었다. 셋째, 상대적으로 약하지만 한국의 민주화이다. 1980년대 중반까지 한국의 권위주의 정치체제는 국제사회에서 한국이 적극적 역할을 수행하는 데 걸림돌이 되었다. 반면, 1987년 이후 한국이 민주주의 이행기를 거쳐 아시아에서 일본 다음으로 가장 안정적인 민주주의를 시행할 수 있게 되자, 한국은 국제사회에서 정통성을 가진 행위자로 인정받게 되었다.

(2) 성층권 오존층 보존을 위한 협력과 한국의 소극적 참여

염화불화탄소는 1928년 미국에서 토머스 미드글레이 Thomas Midgley에 의해 냉매로 개발되었다. 이것은 기존에 냉매로 사용되던 이산화황 SO_2, 염화메탄 CH_3Cl, 암모니아 NH_3와 달리 인체에 무해하다. 미드글레이는 자신이 개발한 물질의 무해함을 보여 주기 위해 미국화학협회 American Chemical Society에서 염화불화탄소를 마신 후 촛불을 끄는 실험을 했다. 이후 이 물질은 염화불화탄화수소 HCFC처럼 다른 화합물과 결합되어, 냉매, 전자회로기판을 청소하는 용매, 헤어스프레이, 연무제 등으로 널리 보급되었다.

염화불화탄소 계열의 물질은 1970년대 중반 유해한 자외선으로부터 지구를 보호하는 성층권 오존층 파괴의 주범으로 지목되었다. 화학자 셔우드 롤런드 Sherwood Rowland와 마리오 몰리나 Mario Molina는 1974년 염화불화탄소가 오존 형성을 방해한다는 연구 결과를 발표하면서, 이 물질이 성층권 오존층 파괴의 주범이라는 가설을 제시했다. 성층권 오존층 파괴를 인지했던 기상학자와 화학자들은 1980년대 후속 연구를 거쳐 염화불화탄소와 오존층 파괴의 인과관계를 입증했다. 그 결과 염화불화탄소는 성층권 오존층을 파괴하여 지구생태계 파괴, 생물학적 다양성 감소, 피부암 발생 등을 초래하는 인류의 적으로 판명되었다.

성층권 오존층 보호를 위한 노력은 과학적 입증 노력에 비해 상대적으로 더디게 진행되었다. 환경단체들과 성층권 오존층 파괴로부터 피해를 상대적으로 더 많이 받는 고위도 국가들은 염화불화탄소 계열의 물질에 대한 규제에 적극적인 입장을 보인 반면, 염화불화탄소 계열의 물질을 생산하는 업체와 생산업체가 입주한 국가는 규제로 인한 경제적 손해를 우려하여 반대했다. 또한 소비자단체들도 대체 냉매가 비싸기 때문에 염화불화탄소를 이용한 제품을 쉽게 포기하지 않으려 했다. 염화불화탄소를 최초로 규제하려 한 1985년 '성층권 오존층 보호를 위한 빈협약'은 성층권 오존층 파괴는 지구적 위험을 초래하며, 이 문제를 해결하기 위해서는 국가 간의 협력이 필요하다고 언급했다. 하지만 강력한 규제에 반대하는 입장으로 인해 빈협약은 염화불화탄소의 사용 시간을 길게 잡고 예외적 사용의 범위를 넓게 두었다.

염화불화탄소 규제를 둘러싼 행위자 간 힘겨루기는 1986년 미국 비정부 환경단체인 전국자원보호위원회 National Resources Defense Council의 행정소송으로 새로운 국면을 맞이했다. 전국자원보호위원회는 미국 환경보호청 Environmental Protection Agency이 공기청정법 Clean Air Act 제157조 b항에 따라 성층권 오존층 보호를 위해 유해물질을 규제하기 위한 적절한 노력을 하지 않는다고 주장했다. 미국 법원은 전국자원보호위원회의 주장이 옳다고 판결하면서 환경보호청은 염화불화탄소를 규제하기 위한 최종안을 1987년 말까지 제출하라고 판결했다. 염화불화탄소에 대한 미국 내 규제가 불가피해짐에 따라 염화불화탄소를 사용하던 미국 산업계는 의회와 행정부에게 이 물질을 적극적으로 규제하는 국제적 합의에 나서도록 요구했다. 미국에서만 염화불화탄소를 규제한다면 이 물질을 사용하는 자국 산업이 상대적으로 피해를 보기 때문이었다.

미국 행정부와 의회는 1986년 중반부터 염화불화탄소를 규제하기 위한 국제적 합의를 도출하기 위한 노력을 강화했다. 이 물질에 대한 규제에 찬성하던 국가와 환경단체들의 활동은 '성층권 오존층 보호를 위한 빈협약'을 실행하기 위한 1987년 몬트리올의정서로 이어졌다. 몬트리올의정서는 성층권 오존층을 파괴하는 8개 화합물의 생산과 소비를 억제 혹은 방지하기 위해 가입국의 의무를 명확히 했다. 이후 가입국들은 총회를 통해 성층권 오존층을 파괴하는 화합물을 추가하여 그 생산과 소비를 규제하고 있다. 2005년 기준으로 몬트리올의정서에 가입한 국가는 총 189

개국이며, 안도라·적도기니·이라크·산마리노·동티모르·바티칸 등 6개국만이 참여하지 않고 있다. 염화불화탄소를 규제하려는 인류의 노력으로 인해 성층권 오존층 파괴는 멈출 것이고 약 50년 후에는 온전히 복구될 것이라고 과학자들은 예상하고 있다.

한국은 국내적으로 오존층 파괴 물질의 소비량을 줄이고 대체 물질의 개발 및 사용을 촉진하기 위한 활동을 하고 있다. 구체적 입법 조치로 1991년 1월 14일 '오존층 보호를 위한 특정 물질의 제조·규제 등에 관한 법률'을 제정하여 1992년 1월 1일부터 시행했다. 상기 법률에 의거하여 한국정밀화학공업진흥회는 CFC 물질의 사용 합리화 촉진을 위한 특별기금을 1999년부터 제공했고, 한국기기유화시험연구원과 함께 CFC 물질을 세정제로 사용하던 업체에게 대체 물질을 사용할 수 있도록 기술 지원 사업을 수행하고 있다. 또한 성층권 오존층 보호를 위한 국제협력에 참여한다는 명시적 의사 표현으로 1992년 5월 27일 '성층권 오존층 보호를 위한 빈협약'과 '몬트리올의정서'에 가입했다. 이후 한국은 성층권 오존층을 파괴하는 물질의 사용량을 배정받고 있다.

(3) 국제경제질서의 규칙 제정자로서 대한민국

한국은 2008년 세계 금융 위기에 대처하기 위한 주요국 모임인 G20에서 국제경제질서의 규칙을 만드는 행위자로서 일정 정도 기여했다. 2008년 11월 1차 G20 정상회의에서 한국은 현재 상태에서 더 이상 보호조치를 취하지 않는 'standstill' 정책을 제안했다. 2008년 10월 세계 금융 위기가 미국에서부터 시작되자 일부 국가는 국제경제의 개방성을 해치면서까지 자국의 경제 회복을 위한 조치를 취했다. 이런 상황에서 경제위기의 원인, 경제위기를 벗어나기 위한 위법적 행위를 거론하지 말고 현재 상태를 더 이상 악화시키지 말자는 제안은 세계경제의 주요국이 신사협정을 맺을 수 있는 최대공약수였고, 이 제안은 2008년 1차 G20 정상회의 선언문에 포함되었다. 2009년 4월 2차 G20 정상회의에서 한국은 1997년 금융 위기 극복의 아픈 경험을 전하면서 급격한 긴축보다는 유동성 공급을 통한 연착륙을 제안했다. 연착륙은 G20 정상들이 합의할 수 있는 상대적으로 쉬운 구조조정 방안이었다. 한국의 제안은 2차 G20 정상회의의 선언문에도 반영되었다. 이처럼 한국은 세계 금융 위기 직후 두 차례의 G20 정상회의에서 모든 참가국이 합의할 수 있는 최대공약수를 제시함으로써 협조의 분위기가 이어질 수 있도록 기여했다.

2010년 G20 서울 정상회의는 한국이 세계경제의 운영자 클럽에 들어 있음을 상징적으로 보여 주었다. 2010년 11월 G20 서울 정상회의에서 한국은 경상수지를 둘러싼 미국과 중국 간 갈등을 중재했다. 미국은 중국의 경상수지 흑자가 불공정 무역 행위를 통해 이루어진다고 주장한 반면, 중국은 미국의 경상수지 적자가 미국의 생산성 약화와 미흡한 구조조정에서 기인한다고 주장했다. G2의 힘겨루기가 본격화되면서 서울 G20 정상회의에 난제가 있었지만, 한국은 경상수지 적자와 흑자를 일정한 수준에서 억제하자는 최대공약수를 다시 찾아냈다. 이로써 환율과 같은 주요 쟁점은 타결에 이르지는 못했지만, 경쟁적 환율 정책으로 인해 세계경제의 위기가 심화되는 것을 방지하면서 세계경제의 주요 문제에 대처하기 위한 국가 간 협력이 지속되는 데 기여했다. 더 나아가 한국은 G20 정상회의에 개발원조의 필요성, 자본의 흐름을 통제하는 거시 건전성을 위한 규제를 의제로 투영했다. 특히 '서울 개발 컨센서스'의 채택을 통해 G20 정상들은, 빈곤문제는 빈국과 부국 어느 한편의 책임으로 돌릴 수 없으며 국가들이 공동으로 해결해야 하는 쟁점이라고 합의했다.

서울 G20 정상회의는 세계경제 운영에서 한국의 한계도 보여 주었다. 한국은 G20 정상회의에서 주요국 간 균열이 파국으로 이어지지 않도록 중재자 역할을 담당했지만, 세계경제의 현안에 대한 구체적 합의를 이끌어내지는 못했다. 2008년과 같은 세계경제의 위기, 특히 세계경제의 주요국이 문제 유발국이라는 특수한 상황이 한국과 같은 신흥 경제국이 세계경제의 운영자 클럽에 들 수 있는 환경이었다. 또한, 세계경제의 운영을 둘러싼 미국과 중국의 갈등, 미국과 유럽의 갈등, 선진 경제국과 신흥 경제국의 갈등이 복합적으로 얽혀 있는 공간이 한국이 중재자로 활동할 수 있는 배경이었다. 한국이 주요 경제국을 모두 만족시키는 최대공약수를 찾는 역할에는 성공했지만, 세계경제의 운영을 선도하는 적극적 역할을 맡기에는 자체 역량(2009년 기준으로 세계경제에서 한국이 차지하는 비중은 약 1.6%)이 절대적으로 부족하다는 점이 드러났다.

7. 맺음말

 국가 간 상호의존의 증가로 인해 세계정치 운영에 사용되던 기존 방식의 한계가 노출되고 있다. 인류는 초국가·국제문제를 해결하기 위해 오래전부터 외교·패권·제국 등 몇 가지 기제를 사용했다. 이런 기제들은 주권국가로 구분된 공동체 간 갈등을 해결하고 협력을 도모하는 과정에서 효과적으로 활용되었다. 또한 일부 쟁점 영역에서는 여전히 문제해결 기제로서 적실성을 지니고 있다. 하지만 과학기술의 발전으로 인류가 사회환경과 자연환경에 미치는 영향이 증가함에 따라 국가 간 구분이 사라지는 반면 인류의 상호의존은 급속하게 심화되고 있다. 이에 따라 상호의존하는 지구에서 외교·패권·제국 등 기존 문제해결 방식이 한계를 지니고 있음이 드러나고 있다. 인류는 새롭게 등장한 초국가·국제문제를 해결하기 위해 기존 방식을 변경하면서, 동시에 일부에서는 글로벌 거버넌스를 도입하려 시도한다. 세계정치 운영 방식의 변화는 새로운 초국가·국제문제를 효과적으로 대응하기 위한 인류의 노력에서 기인한다.

 초국가·국제문제를 해결하는 과정에서 새로운 행위자가 등장하고 있다. 특정 영토에 거주하던 사람과 물질을 배타적으로 통제하던 국가의 역할이 상대적으로 감소되는 반면, 비국가 행위자들의 역할은 상대적으로 증가하고 있다. 국가 간 합의에 기반하여 만들어진 국제기구가 국가의 자율성을 약화시키면서 공동문제 해결에 기여하고 있다. 특정 쟁점에서는 비국가 행위자의 영향력이 이미 국가의 영향력을 압도하고 있다. 의도하지 않은 비정부 행위자의 활동에 맞추어 국가가 자국 내 문제해결 방식을 변경하는 현상이 이미 발생하고 있다. 국가와 비국가 행위자가 문제해결 과정에서 언제나 경쟁하는 관계에 놓여 있지는 않다. 양자는 보완관계를 유지하는 경우도 있으며, 때로는 국가가 비국가 행위자를 앞세워 자국의 이익을 증진시키려는 경향도 나타난다.

 초국가·국제문제를 해결하는 준거에서도 변화가 일고 있다. 국가가 세계정치 운영을 거의 독점했을 때에는 국제법과 정부 수반 간 회합의 관행이 세계정치 운영의 준거였다. 반면, 세계정치 운영에서 국가의 중요성이 상대적으로 감소하면서, 규범과 사적 행위자의 행동 규칙이 세계정치 운영에서 새로운 준거로 부상하고 있다. 특히 비국가 행위자들은 세계정치 운영의 준거로 새로운 규범과 자신들만의 행동 규칙을 선호하며, 국가주권의 권위를 약화시키려 한다. 주권의 독립성으로 문제해결이 힘든 특정 영역에서는 초국가적 규범과 비정부 행위자의 자율적 행동 규칙이 상대적으로 많이 원용되고 있다.

동아시아 지역 정치도 변환하고 있다. 여전히 미약하지만 동아시아의 정체성을 조금씩 찾아가고 있다. 이는 심화된 역내 상호 작용과 과거 중화 문화권의 역사적 경험에 기초하고 있다. 역내 문제를 해결하는 과정에서 여전히 국가가 주요한 행위자이고, 국가 간 합의가 주요한 역내 정치 운영에서 사용되는 준거이며, 외교가 역내 문제해결의 주요 방식이다. 하지만 비국가 행위자가 새롭게 역내 문제해결 과정에서 활동하고 있으며, 새로운 규범과 비국가 행위자의 행동 규칙이 제한적이지만 역내 문제해결 과정에서 준거로 사용되고 있고, 거버넌스도 역내 문제해결 과정에서 확인되고 있다.

한국은 이제 세계·지역 정치 운영 과정에서 주체가 되었다. 이는 세계정치의 변화, 한국의 국력 신장, 그리고 민주주의 정착에 기반하고 있다. 국제형사재판소 설립 과정은 한국이 세계정치 운영에서 이미 중요한 행위자임을 나타낸다. G20 정상회의는 세계정치의 운영에서 한국이 규칙 제정자의 지위에 근접하고 있음을 보여 준다. 또한, 동아시아 주요 3개국의 협력을 제도화하기 위한 '3국 협력 사무국'이 한국에 자리를 잡는 현상은 한국이 동아시아 지역 정치에서 중재자 역할을 수행할 수 있음을 시사한다. 국제사회도 한국이 세계·지역 정치 운영에서 적극적 역할을 수행하기를 바라고 있다. 극빈국·세계정치의 관리 대상에서 부강국·세계정치의 운영 주체로 성장한 한국의 경험이 국제사회에 필요하기 때문이다. 지금은 한국이 국제사회의 요청과 축적된 내부 역량을 바탕으로 세계와 지역의 문제해결에 기여할 때이다. 이는 한국이 국익을 증진시킬 수 있는 한 방법이기도 하다.

참고문헌

서장

김용구. 1997. 『세계관충돌의 국제정치학: 동양 禮와 서양 공법』. 서울: 나남출판.
김한규. 2005. 『天下國家』. 서울: 소나무.
이용희. 1962. 『일반국제정치학(상)』. 서울: 박영사.
―――. 1972. "대담: 事大主義." 『知性』 1972년 2월호, 20-37.
―――. 1993. 『미래의 세계정치』. 서울: 민음사.
존 베일리스, 스티브 스미스 편저 · 하영선 외역. 2012. 『세계정치론』 제4판. 서울: 을유문화사.
하영선 편저. 2004. 『21세기 한반도 백년대계』. 서울: 풀빛.
―――. 2006a. 『북핵위기와 한반도 평화』. 서울: 동아시아연구원.
―――. 2006b. 『21세기 한국외교 대전략: 그물망국가 건설』. 서울: 동아시아연구원.
―――. 2006c. 『한미동맹의 비전과 과제』. 서울: 동아시아연구원.
―――. 2008. 『동아시아공동체: 신화와 현실』. 서울: 동아시아연구원.
―――. 2010. 『21세기 신동맹: 냉전에서 복합으로』. 서울: 동아시아연구원.
―――. 2011a. 『위기와 극복: 경제위기이후 세계질서』. 서울: 동아시아연구원.
하영선. 2011b. 『역사속의 젊은 그들: 18세기북학파에서 21세기복합파까지』. 서울: 을유문화사.
―――. 근간. 『한국근대국제정치론연구』.
하영선 · 김상배 편저. 2006. 『네트워크 지식국가』. 서울: 을유문화사.
―――――――. 2010. 『네트워크 세계정치: 은유에서 분석으로』. 서울: 서울대출판.
하영선 · 남궁곤 편저. 2012. 『변환의 세계정치』. 서울: 을유문화사.
하영선 · 조동호 편저. 2010. 『북한2032: 북한선진화로 가는 공진전략』. 서울: 동아시아연구원.

"국제정치포탈: 변환의 세계정치." http://www.worldpolitics.ne.kr.

Anderson, Sarah. 2000. "Top 200:The Rise of Global Corporate Power." http://www.ips-dc.org/reports/top200text.htm.
Anheier, Helmut, Marlies Glasius and Mary Kaldor, eds. 2001. *Global Civil Sciety 2001*. Oxford: Oxford University Press.
Barnett, Michael and Raymond Duvall, eds. 2005. Power in Global Governance. Cambridge: Cambridge University Press.
Brinkley, Ian. 2006. "Defining the Knowledge Economy."(the work foundation) http://www.theworkfoundation.com/assets/docs/publications/65_defining%20knowledge%20economy.pdf.
Brooks, Stephen G. & William C. Wolforth. 2009. "Reshaping the World Order: How Washington Should Reform International Institutions." Foreign Affairs March/April 2009.
Commission on Global Governance. 1995. Our Global Neighbourhood.
Commission on Global Governance. 1999. The Millennium Year and the Reform Process.
Drucker, Peter. 1967. Effective Executive. New York: HarperCollins.
Drucker, Peter. 1993. Post-Capitalist State. New York: HarperCollins.
Fairbank,, John F. ed. 1968. *The Chinese World Order: Traditional China's Foreign*

Relations. Cambridge, Mass.: Harvard University Press.

Hobbes, Thomas. 1642/1651. *De Cive Philosophical Rudiments Concerning Government and Society*. Latin: Paris/English: London. http://www.constitution.org/th/decive.htm.

Institute for Policy Analysis, University of Toronto. Project LINK Research Centre World and Regional Economic Situation and Outlooks.
http://www.chass.utoronto.ca/link/outlooksource.htm.

Internet World Stats. 2012. "Internet Usage Statistics-The Big Picture: World Internet Users and Population Stats." http://www.internetworldstats.com/stats.htm.

IPCC. "Intergovernmental Panel on Climate Change." http://www.ipcc.ch/index.htm.

Larner, Wendy and William Walters, eds. 2004. Global Governmentality: Governing International Spaces. New York: Routledge.

National Memorial Institute for the Prevention of Terrorism(MIPT). 2011. Global Terrorism Database. http://www.start.umd.edu/gtd/.

OECD. 1996. "The Knowledge-based Economy."
http://www.oecd.org/dataoecd/51/8/1913021.pdf.

U,S, Department of Defense. 2012. Sustaining U.S. Global Leadership: Priorities for 21st Century Defense. http://www.defense.gov/news/Defense_Strategic_Guidance.pdf.

U.S. Department of Defense. 2003. Military Transformation: A Strategic Approach, Fall 2003. http://www.iwar.org.uk/rma/resources/transformation/military-transformation-a-strategic-approach.pdf.

U.S. Department of Defense. 2003. Transformation Planning Guidance, April 2003. http://www.defense.gov/brac/docs/transformationplanningapr03.pdf.

U.S. Department of Defense. 2005. Facing the Future: Meeting the Threats and Challenges of the 21st Century, http://www.defense.gov/transformation/features/Facing_the_Future/.

U.S. Department of Defense. 2011 Military and Security Developments Involving the People's Republic of China 2011. http://www.defense.gov/pubs/pdfs/2011_CMPR_Final.pdf.

U.S. Department of State. 2010. The First Quadrennial Diplomacy and Development Review (QDDR): Leading Through Civilian Power. http://www.state.gov/documents/organization/153108.pdf.

U.S. Department of State. 2011a. Country Reports on Terrorism 2010. http://www.state.gov/documents/organization/170479.pdf.

U.S. Secretary of State Hillary Rodham Clinton. 2011b. "America's Pacific Century." Foreign Policy(2011.11).

U.S. White house. 2006a. 9/11Five Years Later: Successes and Challenges
http://www.whitehouse.gov/nsc/waronterror/2006/.

U.S. White House. 2006b. National Security Strategy of the United States 2006. http://georgewbush-whitehouse.archives.gov/nsc/nss/2006/.

U.S. White House. 2010. National Security Strategy of the United States 2010. http://www.whitehouse.gov/sites/default/files/rss_viewer/national_security_strategy.pdf.

UNEP. 2011. UNEP Yearbook 2010. http://www.unep.org/annualreport/2010.

United Nations Framework Convention on Climate Change. 2012.
http://unfccc.int/2860.php.

Zakaria, Fareed. 2008. The Post-American World. New York: W. W. Norton.

江澤民. 2002. "全面建設小康社會, 開創中國特色社會主義事業新局面-在中國共産党 第十六次全國代表大會上的報告." http://www.idcpc.org.cn/cpc/16da.htm.
胡錦濤. 2007. "高擧中國特色社會主義偉大旗幟 爲奪取全面建設小康社會新胜利而奮斗-在中國共産党第十七次全國代表大會上的報告." http://www.idcpc.org.cn/cpc/17da.htm.
_____. 2008. "在紀念改革開放30周年大會講話." http://news.sina.com.cn/c/2008-12-18/115416873886.shtml.
中華人民共和國國務院新聞辦公室. 2011a. 『2010年中國的國防』. http://www.china.com.cn/ch-book/node_7114918.htm.
中華人民共和國國務院新聞辦公室. 2011b. 『中國的和平發展』. http://www.gov.cn/zwgk/2011-09/06/content_1941258.htm.
叶自成. 2003. 『春秋戰國時期的中國外交思想』. 香港: 香港社會科學出版社.
日本外務省. 2011. "日米安全保障體制." http://www.mofa.go.jp/mofaj/area/usa/hosho/index.html.
安全保障と防衛力に關する懇談會. 2004. 『「安全保障と防衛力に關する懇談會」報告書:未來への安全保障・防衛力ビジョン一』. http://www.kantei.go.jp/jp/singi/ampobouei/ dai13/13siryou.pdf.
日本防衛省. 2010. 『新たな防衛大綱(「平成23年度以降に係る防衛計畵の大綱」)』. http://www.mod.go.jp/j/approach/ agenda/guideline/2011/taikou_new.pdf.
新たな時代の安全保障と防衛力に關する懇談會. 2010.10. 『新たな時代における日本の安全保障と防衛力の將來構想.―「平和創造國家」を目指して―』. http://www.kantei.go.jp/jp/singi/shin-ampobouei2010/houkokusyo.pdf.
野田 佳彦. 2011. 「第百七十九回國會における野田內閣總理大臣所信表明演說」(2011.10.28). http://www.kantei.go.jp/ jp/noda/statement/201110/28syosin.html.
渡辺信一郎. 2003. 『中國古代の王權と天下秩序』. 東京: 校倉書房.

"中共中央關于制定十二五規划的建議"(2010.10). http://news.sina.com.cn/c/2010-10-27/204721364515.shtml.
"平成17年度以降に係る防衛計劃の大綱"(2004.12). http://www.kantei.go.jp/jp/kakugikettei/2004/1210taikou.html.

1장

강상규. 2006. "천하예의지방과 국민부강국가." 하영선·김상배 엮음. 『네트워크 지식국가』. 서울: 을유문화사.
_____. 2007. 『19세기 동아시아의 패러다임 변환과 제국 일본』. 서울: 논형.
_____. 2010. "동아시아의 전환기 경험과 새로운 세기의 시대정신: 과거와 미래의 대화." 『한국학연구』 32집. 고려대 한국학연구소.
김용구. 1997. 『세계관 충돌의 국제정치학: 동양 예와 서양 공법』. 서울: 나남.
_____. 2001. 『세계관 충돌과 한말 외교사 1866-1882』. 서울: 문학과 지성사.
_____. 2006. 『세계외교사』. 서울: 서울대학교출판부.
박상섭. 2004. "근대 주권 개념의 발전과정." 『세계정치』 25집 1호.
이성형. 2003. 『콜럼버스가 서쪽으로 간 까닭은?』. 서울: 까치.
이용희. 1962. 『일반국제정치학(상)』. 서울: 박영사.
_____. 1987. 『한국과 세계정치』. 서울: 민음사.
이용희 저·노재봉 편. 1977. 『한국민족주의』. 서울: 서문당.

전재성. 2004. "국가주권의 재성찰." 『세계정치』. 25집 1호.

정상수. 2006. "1차 세계대전과 국제질서의 재편성." 역사학회 엮음. 『전쟁과 동북아의 국제질서』. 서울: 일조각.

정용욱. 2003. 『해방 전후 미국의 대한정책: 과도정부 구상과 중간파 정책을 중심으로』. 서울: 서울대학교 출판부.

하영선. 2004. 『21세기 한반도 백년대계』. 서울: 풀빛.

허동현. 2000. 『근대 한일관계사연구』. 서울: 국학자료원.

黃遵憲 · 송병기 편역. 2000. 『개방과 예속: 대미수교관련 수신사 기록(1880)초』. 서울: 단국대학교출판부.

Abernethy, David. 2000. *The Dynamics of Global Dominance: European Overseas Empires 1415-1960*. New Haven: Yale University Press.

Carr, Edward Hallett. 1945. *Nationalism and After*. New York: Macmillan.

──────────. 1946. *The Twenty Years' Crisis, 1919-1939: An Introduction to the Study of International Relations*. London: Macmillan.

Cohen, Paul. 1984. *Discovering History in China*. New York: Columbia University Press. 이남희 역. 2003. 『학문의 제국주의』. 서울: 산해.

Fairbank, J. K. ed. 1968. *The Chinese World Order: The Traditional China's Foreign Relations*. Cambridge: Harvard University Press.

Gong, Gerrit. W. 1984. *The Standard of 'Civilization' in International Society*. Oxford: Clarendon Press.

Hobsbawm, Eric. 1994. *The Age of Extremes: A History of the World, 1914-1991*. New York: Vintage.

Hsu, Immanuel C. Y. 1960. *China's Entrance into the Family of Nations: The Diplomatic Phase, 1858-1880*. Cambridge: Harvard University Press.

Jackson, Robert. 1990. *Quasi-states: Sovereignty. International Relations and the Third World*. Cambridge: Cambridge University Press.

Kennedy, Paul. 1987. *The Rise and Fall of the Great Powers: Economic Change and Military Conflict from 1500 to 2000*. New York: Random House.

Keylor, William R. 2005. *The Twentieth-Century World and Beyond: An International History since 1900*. New York: Oxford University Press.

Link, Arthur S. 1963. "The Higher Realism of Woodrow Wilson." *Journal of Presbyterian History* 41(March), 1-13. Merrill, Dennis and Paterson, Thomas. 2006. *Major Problems in American Foreign Relations*, Vol. Ⅱ. Belmont, California: Wadsworth Publishing, 50-55. 재수록.

Manela, Erez, 2007. *The Wilsonian Moment: Self-Determination and the International Origins of Anticolonial Nationalism*. New York: Oxford University Press.

Nussbaum, A. 1954. *A Concise History of the Law of Nations*. N.Y.: Macmillan.

Osiander, Andreas. 1994. *The States System of Europe, 1640-1990*. Oxford: Clarendon Press.

Tsiang, T.F.. 1933. "Sino-Japanese Diplomatic Relations 1870-1894." *The Chinese Social & Political Science Review*. Vol. XVII(April). 김기주 · 김원수 역. 1990. 『청일한외교관계사』. 서울: 민족문화사.

Wheaton, Henry. 1855. *Elements of International Law* (London & Philadelphia, 1836), 6th edition. Little. Brown & Company. Boston. Martin. W.A.P. 1864. 丁韙良 漢譯. 『萬國公法』. 北京. 1981. 『만국공법』. 서울: 아세아문화사.

丸山眞男. 1992. 『忠誠と反逆』. 東京: 筑摩書房. 박충석 · 김석근 역. 1998. 『충성과 반역』. 서울: 나남.
坂野正高. 1970. 『近代中國外交史研究』. 東京: 岩波書店.
佐藤愼一. 1996. 『近代中國の知識人と文明』. 東京: 東京大學.
入江昭. 1966. 『日本の外交』. 東京: 中央公論社. 이성환 역. 1993. 『일본의 외교』. 서울: 푸른산.
梶村秀樹. 1992. 『梶村秀樹著作集 第1卷: 朝鮮史と日本人』. 東京: 明石書店.
福澤諭吉. 1995. 『文明論の槪略』. 東京: 岩波文庫.

2장

강규형. 2003. "한국과 냉전: 제2냉전 성립기의 KAL기 격추사건과 그 종식기의 서울올림픽이 냉전에 미친 영향을 중심으로."『정신문화연구』제26권 제2호.
마상윤. 2005. "제3공화국 정치와 외교의 전개." 역사정치연구회 편. 『사료로 본 한국의 정치와 외교: 1945-1979』. 서울: 성신여자대학교출판부.
오버도퍼, 돈 저 · 이종길 역. 2002. 『두 개의 한국』. 서울: 길산.
이리에 아키라 저 · 이성환 역. 1993. 『일본의 외교』. 서울: 푸른산.
이완범. 2005. "분단국가의 형성 2: 소련점령군과 '조선민주주의인민공화국'의 수립." 역사정치연구회 편. 『사료로 본 한국의 정치와 외교: 1945-1979』. 서울: 성신여자대학교출판부.
이원덕. 1996. 『한일 과거사 처리의 원점: 일본의 전후처리 외교와 한일회담』. 서울: 서울대출판부.
홍규덕. 1999. "베트남전 참전 결정과정과 그 영향." 한국정신문화연구원 편. 『1960년대의 대외관계와 남북문제』. 서울: 백산서당.

Deudney, Daniel and G. John Ikenberry. 1991/92. "The International Sources of Soviet Change." *International Security* Vol. 16, No. 3.
English, Robert. 2005. "The Sociology of New Thinking: Elites, Identity Change, and the End of the Cold War." *Journal of Cold War Studies* Vol. 7, No. 2.
Gaddis, John Lewis. 1982. *Strategies of Containment: A Critical Appraisal of American National Security Policy*. New York: Oxford University Press.
──────. 1987. *The Long Peace: Inquiries into the History of the Cold War*. Oxford: Oxford University Press.
Garthoff, Raymond. 1994. *The Great Transition: American-Soviet Relations and the End of the Cold War*. Washington D.C.: Brookings Institution.
Hemmer, Christopher and Peter J. Katzenstein. 2002. "Why Is There No NATO in Asia? Collective Identity, Regionalism, and the Origins of Multilateralism." *International Organization* Vol. 56, No. 3(Summer).
Hobsbawm, Eric. 1994. *Age of Extremes: The Short Twentieth Century, 1914-1991*. London: Michael Joseph.
Jensen, Kenneth M. ed.. 1991. *Origins of the Cold War: the Novikov, Kennan, and Roberts 'Long Telegrams' of 1946*. Washington, D.C.: United States Institute of Peace Press.
Kim, Seung-young. 2001. "Security, Nationalism and the Pursuit of Nuclear Weapons and Missiles: The South Korean Case, 1970-82." *Diplomacy and Statecraft* Vol. 12, No. 4(December).
Sarantakes, Nicholas Evan. 1999. "In the Service of Pharaoh? The United States and the Deployment of Korean Troops in Vietnam, 1965-1968." *Pacific Historical Review* Vol. 68, No. 3(August).
Weathersby, Kathryn. 2002. " 'Should We Fear This?' Stalin and the Danger of War with

America." Cold War International History Project Working Paper No. 39.
Young, John W. and John Kent. 2004. *International Relations Since 1945: A Global History*. Oxford: Oxford University Press.

3장

남궁곤. 2008. "탈냉전기 한국 외교정책 연구 현황과 한국 외교정책 현실 평가." 한국국제정치학회 (편), 『한국국제정치학의 발전과 전망』. 서울: 서울대학교 출판부.
다나카 아키히코 저·이원덕 역. 2002. 『전후 일본의 안보정책』. 서울: 중심.
정재호. 2011. 『중국의 부상과 한반도의 미래』. 서울: 서울대학교 출판부.
존 베일리스, 스티브 스미스 저·하영선 외 역. 2006. 『세계정치론』. 서울: 을유문화사.

Alagappa, Muthiah. 2001. *Asian Security Order: Instrumental and Normative Features*. Stanford: Stanford University Press.
Bijian, Zheng. 2005. "China's Peaceful Rise to Great-Power Status." *Foreign Affairs* 84(5).
Deutsch, Karl W. 1954. *Political Community at the International Level*. Garden City, NY: Doubleday & Company Inc.
Friedberg, Aaron. 2005. "The Future of U.S.-China Relations: Is Conflict Inevitable?." *International Security* 30(2).
Friedman, George. 2009. *The Next 100 Years: A Forecast for the 21st Century*. New York: Anchor Books.
Fukuyama, Francis. 1989. "The End of History?." *National Interest* 16: 3-18.
Held, David and McGrew, Anthony. 2000. "The Great Globalization Debate: An Introduction." David Held and Anthony McGrew, ed. *The Global Transformations Reader*. MIT: Polity.
Held, David, et. al. 1999. *Global Transformations: Politics, Economics and Culture*. Stanford: Stanford University Press.
Huntington, Samuel. 1991. *The Third Wave: Democrati-zation in the Late Twentieth Century*. Norman: University of Oklahoma Press.
Ikenberry, G. John. 2004. "The End of the Neo-Conservative Moment." *Survival* 46(1).
Jervis, Robert. 2002. "Theories of War in an Era of Leading-Power Peace: Presidential Address, American Political Sceince Association, 2001." *American Political Science Review* 96(1).
Jervis, Robert. 2009. "An Empire, But We Can's Keep it." I. William Zartman, ed. *Imbalance of Power: US Hegemony and International Order*. Boulder, CO: Lynne Rienner Publishers, Inc.
Lieber, Keir A. and Press, Daryl Grason. 2006. "The End of MAD?: The Nuclear Dimension of US Primacy." *International Security* 30(4).
McGrew, Anthony. 2005. "Globalization and Global Politics." John Baylis and Steve Smith, ed. *The Globalization of World Politics*, 3rd. Edition. New York: Oxford University Press.
Miller, Alice Lyman and Wich, Richard. 2011. *Becoming Asia: Change and Continuity in Asian International Relations since World War II*. Stanford, CA: Stanford University Press.
Nye, Joseph S. 2002. "Limits of American Power." *Political Science Quarterly* 117(4).

Posen, Barry R. 2003. "Command of the Commons: The Military Foundation of U.S. Hegemony." *International Security* 28(1).
Shambaugh, David. 2004. "China Engages Asia: Reshaping the Regional Order." *International Security* 29(3).
Waltz, Kenneth. 2000. "Structural Realism after the Cold War." *International Security* 25(1).

4장

Carr, Edward Hallet 저 · 김태현 역. 2000. 『20년의 위기』. 서울: 녹문당.
Machiavelli, Niccolo 저 · 강정인 역. 2003. 『군주론』. 서울: 까치.
박상섭. 2002. 『국가와 폭력』. 서울: 서울대학교 출판부.
사카이 데쓰야 저 · 장인성 역. 2007. 『근대일본의 국제질서론』. 서울: 연암서가.
유길준. 2004. 『서유견문』. 서울: 서해문집.
전해종. 1972. 『韓中關係史研究』. 서울: 일조각.
캉유웨이. 1991. 『대동서』. 서울: 민음사.
하영선. 2007. 『한국 근대국제정치론 연구』. 서울: 서울대학교 출판부.
―――. 2010. "한반도 평화개념사: 19세기에서 21세기까지." 서울대 통일평화연구소.
황준헌. 2001. 『조선책략』. 서울: 건국대 출판부.
후쿠자와 유키치 저 · 정명환 역. 1989. 『문명론의 개략』. 서울: 광일문화사.

Kant, Immanuel. 2005. *Perpetual Peace*. New York: Cosimo Inc.
Morgenthau, Hans. 1962. *Politics among Nations: The Struggle for Peace and Power*. New York: Alfred A. Knopf.
Reinhold Niebuhr. 1932. *Moral man and immoral society: A study in ethics and politics*. New York: C. Scribner's Sons.

5장

구영록. 1994. 『인간과 전쟁: 국제정치이론의 체계』. 서울: 법문사.
김상준. 1997 · 1980. 『국제정치이론(1 · 2)』. 서울: 삼영사.
이기택. 1985. 『국제정치사』. 서울: 일신사.
이상우. 1979. 『국제관계이론』. 서울: 박영사.
이용희. 1962. 『일반국제정치학(上)』. 서울: 박영사.
조효원. 1954. 『국제정치학』. 서울: 문종각.

Frank, Andrew Gunder. 1967. *Capitalism and Underdevelopment in Latin America*. New York: Monthly Review Press.
―――――――――――. 1979. *Dependent Accumulation and Underdevelopment*. New York: Monthly Review Press.
Gilpin, Robert. 1981. *War and Change in World Politics*. New York: Cambridge University Press.
Haas, Ernst B. 1958. *The Uniting of Europe*. Stanford, CA: Stanford University Press.
Herz, John H. 1950. "Idealist Internationalism and the Security Dilemma." *World Politics* 2(2).

———. 1951. *Political Realism and Political Idealism*. Chicago: University of Chicago Press.

Jervis, Robert. 1978. "Cooperation under the Security Dilemma." *World Politics* 30(January): 167-214.

Keohane, Robert and Joseph Nye. 1977. *Power and Interdependence: World Politics in Transition*. Boston: Little, Brown.

Keohane, Robert. 1984. *After Hegemony: Cooperation and Discord in the World Political Economy*. Princeton, NJ: Princeton University Press.

Mitrany, David. 1943. *A Working Peace System*. London: RIIA.

Morgenthau, Hans. J. 1948·1955·1962·1978. *Politics among Nations: The Struggle for Power and Peace*, 2nd ed. New York: Knopf.

———. 1985. *Politics among Nations: The Struggle for Power and Peace*, 6th ed. New York: McGraw Hill.

Oye, Kenneth A., ed. 1986. *Cooperation Under Anarchy*. Princeton, NJ: Princeton University Press.

Wallerstein, Immanuel. 1974. *The Modern World System*, Vol. 1. San Diego: Academic Press.

Waltz, Kenneth. 1979. *Theory of International Politics*. Reading, Mass.: Addison-Wesley.

6장

민병원. 2005. 『복잡계로 풀어내는 국제정치』. 서울: 삼성경제연구소.
우철구·박건영 편저. 2004. 『현대국제관계이론과 한국』. 서울. 사회평론.
이상우·하영선 편저. 1992. 『현대국제정치학』. 서울: 나남.
이용희. 1994. 『미래의 세계정치』. 서울: 민음사.
전재성, 2011, 『동아시아국제정치: 역사에서 이론으로』 서울: 동아시아연구원
이정희·우승지 편저, 2008, 『현대국제정치이론과 한국적 수용』
하영선, 2011, 『역사속의 젊은그들: 18세기북학파에서 21세기복합파까지』 서울: 을유문화사
하영선·김상배. 편저. 2007. 『네트워크 지식국가: 21세기 세계정치의 변환』. 서울: 을유문화사.
하영선·김상배, 2010, 『네트워크 세계정치: 은유에서 분석으로』 서울: 서울대학교출판문화원
하영선·김영호·김명섭 편저. 2005. 『한국외교사와 국제정치학』. 서울: 성신여자대학교출판부.

Barkin, J. Samuel. 2003. "Realist Constructivism." *International Studies Review* 5: 325-342.

Buzan, Barry. 1991. *People, States and Fear: An Agenda for International Security Studies in the Post-Cold War*. Boulder: Lynne Rienner.

Castells, Manuel. 2005. "Global Governance and Global Politics." *PS* (January): 9-16.

Cox, Robert W. 1981. "Social Forces, States and World Orders: Beyond International Relations Theory." *Millenium* 10(2): 126-155.

Doyle, Michael W. 1986. "Liberalism and World Politics." *American Political Science Review* 80(4): 1151-1169.

Grieco, Joseph. 1990. *Cooperations Among Nations*. Ithaca: Cornell University Press.

Hardt, Michael and Antonio Negri. 2000. *Empire*. Cambridge: Harvard University Press.

Jervis, Robert. 1997. *System Effects: Complexity in Political and Social Life*. Princeton: Princeton University Press.

Kazuya Yamamoto, 2011 "International Relations studies and theories in Japan: a trajectory shaped by war, pacifism, and globalization" International Relations of the Asia-

Pacific Vol.11, 259-278

Keohane, Robert O. ed. 1986. *Neorealism and Its Critics*. New York: Columbia University Press.

Lapid, Yosef. 1989. "The Third Debate: On the Prospects of International Theory in a Post-Positivist Era." *International Studies Quarterly* 33: 235-254.

Mearsheimer, John. 2003. *The Tragedy of Great Power Politics*. New York: W. W. Norton.

Putnam, Robert D. 1988. "Diplomacy and Domestic Politics: The Logic of Two-Level Games." *International Organization* 42(3): 427-460.

Qin, Yaqing. 2011, "Development of International Relations Theory in China: Progress through Debates." *International Relations of the Asia-Pacific* 11: 231-257.

Rosenau, James N. and Ernst-Otto Czempiel, eds. 1992. *Governance without Government: Order and Change in World Politics*. Cambridge: Cambridge University Press.

Russett, Bruce and John Oneal. 2001. *Triangulating Peace: Democracy, Interdependence and International Organizations*. New York: W. W. Norton.

Wendt, Alexander. 1999. *Social Theory of International Politics*. Cambridge: Cambridge University Press.

Yaqing Qin, 2011 "Development of International Relations theory in China: progress through debates" International Relations of the Asia-Pacific Vol.11, 231-257

日本国際政治学会 編集, 2009, 『日本の国際政治学〈1〉学としての国際政治』『日本の国際政治学〈2〉国境なき国際政治』『日本の国際政治学〈3〉地域から見た国際政治』『日本の国際政治学〈4〉歴史の中の国際政治』, 東京: 有斐閣

閻学通, 徐进, 2008『中国先秦国家间政治思想选读』上海: 复旦大学出版

秦亚青, 2008 "中国国际关系理论研究的进步与问题"《世界经济与政治》2008年第11期

赵汀阳, 2005, 『天下体系: 世界制度哲学导论―今日思想丛书』, 江苏教育出版社

王逸舟・袁正清. 2006. 『中國國際關係研究(1995-2005)』. 北京: 北京大學出版社.

7장

정재호. 2011. 『중국의 부상과 한반도의 미래』. 서울: 서울대학교 출판문화원.

하영선. 2006. "네트워크 지식국가: 늑대거미의 다보탑 쌓기." 하영선·김상배 편. 『네트워크 지식국가』 서울: 을유 문화사.

Baldwin, David. 1997. "The Concept of Security." *Review of International Studies* 23: 67-97.

Betts, Richard K. 1993/4. "Wealth, Power, and Instability: East Asia and the United States after the Cold War." *International Security* 18(3): 34-77.

Bitzinger, Richard A. 2004. "The Asia-Pacific Arms Market: Emerging Capabilities, Emerging Concerns." *Asia-Pacific Security Studies* 3(2).

Bush, George W. 2002. *National Security Strategy of the United States of America*. The White House.

Cooper, Robert. 2003. *The Breaking of Nations*. New York: Atlantic Monthly Press.

Creveld, van Martin. 1991. *The Transformation of War*. New York: Free Press.

Clinton, Hillary. 2011. "America's Pacific Century." *Foreign Policy* November.

Friedberg, Aaron L. 1993/4. "Ripe for Rivalry: Prospects for Peace in a Multipolar Asia." *International Security* 18(3): 5-33.

Fukuyama, Francis. 1992. *The End of History and the Last Man*. New York: Perennial.

Gaddis, John Lewis. 2004. *Surprise, Security, and the American Experience*. Cambridge: Harvard University Press.

Huntington, Samuel. 1996. *The Clash of Civilizations and the Remaking of World Order*. New York: Simon & Schuster.

Kaplan, Robert D. 1994. "The Coming Anarchy." *The Atlantic Monthly* February.

Mansbach, Richard W. & Rhodes, Edward, ed. 2003. *Global Politics in a Changing World*. Boston: Houghton Mifflin Company.

Mearsheimer, John. 2001. *The Tragedy of Great Power Politics*. New York: W.W. Norton & Company.

Segal, Gerald. 1996. "East Asia and the Constrainment of China." *International Security* 20(4): 107-135.

U.S. Department of Defense. 2005. *The National Defense Strategy of the United States of America*.

US DoD, Office of the Secretary of Defense. 2011. *Military and Security Developments Involving the People's Republic of China 2011*. Washington D.C.: U.S. Department of Defense.

US Department of State, Office of the Coordinator for Counterterrorism. 2005. *Country Reports on Terrorism 2004*.

8장

하영선 편. 2006. 『북핵위기와 한반도 평화』. 서울: 동아시아연구원.

─────. 2006. 『한미동맹의 비전과 과제』. 서울: 동아시아연구원.

하영선 편. 2011. 『위기와 복합: 경제위기 이후 세계질서』. 서울: 동아시아연구원.

하영선·조동호 편. 2010. 『북한 2032: 선진화로 가는 공진전략』. 서울: 동아시아연구원.

황지환. 2006. "전망이론을 통해 본 북한의 핵 정책 변화: 제1, 2차 북한 핵 위기의 분석." 『국제정치논총』 46권 1호.

황지환. 2009. "한반도평화체제 구상의 이상과 현실." 『평화연구』 17권 1호.

─────. 2010a. "이명박 정부의 남북관계와 새로운 대북정책의 모색." 『공공정책연구』 17권 2호.

─────. 2010b "선군정치와 북한 군사부문의 변환전략." 『국제관계연구』 15권 2호.

─────. 2010c. "김영삼 정부의 대북정책과 제1차 북한 핵 위기." 함택영, 남궁곤 편, 『한국외교정책: 역사와 쟁점』. 서울: 사회평론.

Cha, Victor D. and David C. Kang. 2003. *Nuclear North Korea: Debate on Engagement Strategies*. New York: Columbia University Press.

Hemmer, Christopher and Peter J. Katzenstein. 2002. "Why Is There No NATO in Asia? Collective Identity, Regionalism, and the Origins of Multilateralism." *International Organization* Vol. 56, No. 3.

Kang, David C. 2003. "Getting Asia Wrong: The Need for New Analytical Frameworks." *International Security* Vol. 27, No. 4.

Sagan, Scott D. and Kenneth N. Waltz. 1995. *The Spread of Nuclear Weapons: A Debate*. New York: W.W. Norton.

Oberdorfer, Don. 2001. *The Two Koreas: A Contemporary History*, new edition. New York: Basic Books.

Schweller, Randall L., and Xiaoyu Pu. 2011. "After Unipolarity: China's Vision of International Order in an Era of U.S. Decline." *International Security* Vol. 36, No. 1.

Sigal, Leon V. 1998. *Disarming Strangers: Nuclear Diplomacy with North Korea*. Princeton: Princeton University Press.

Wit, Joel S., Daniel B. Poneman, and Robert L. Gallucci. 2004. *Going Critical: The First North Korean Nuclear Crisis*. Washington D.C.: Brookings Institution Press.

9장

하영선 편. 2008. 『동아시아 공동체: 신화와 현실』. 서울: 동아시아 연구원.

Akamatsu, Kaname. 1962. "A Historical Pattern of Economic Growth in Developing Countries." The Developing Economies Preliminary Issue No.1.

Bhagwati, Jagdish. 2001. *Free Trade Today*. Princeton, N.J.: Princeton University Press.

Borrus, Michael, Dieter Ernst, and Stephan Haggard. 2000. *International Production Networks in Asia: Rivalry or Riches*. New York: Routledge.

Chang, Ha-Joon. 2002. *Kicking Away the Ladder: Development Strategy in Historical Perspective*. London: Anthem Press.

DAC. 1996. *The History of ODA*. OECD.

Doremus, Paul, et al. 1998. *The Myth of the Global Corporation*. Princeton, N.J.: Princeton University Press.

Dunning, John H. 1992. *Multinational Enterprises and the Global Economy*. Wokingham: Addison-Wesley.

Easterly, William. 2006. *The White Man's Burden: Why the West's Efforts to Aid the Rest Have Done So Much Ill and So Little Good*. William Easterly: Penguin Press

Frank, A. G. 1971. *Capitalism and Underdevelopment in Latin America*. Latin American Library.

Fuchs, Doris. 2005. "Commanding Heights? The Strength and Fragility of Business Power in Global Politics." *Millenium: journal of International Studies* 33.

Gereffi, G., J. Humphrey, T. Sturgeon. 2005. "The governance of global value chains." *Review of International Political Economy* 12.

Gilpin, Robert. 1975. *U.S. Power and the Multinational Corporation: The Political Economy of Foreign Direct Investment*. New York: Basic Books.

Haas, Ernst B. 1958. *The Uniting of Europe: Political, Social, and Economic Forces 1950-1957*. Stanford, Calif.: Stanford University Press.

Hymer, S. 1976. *The International Operations of National Firms: A Study of Direct Foreign Investment*. Cambridge, Mass: M.I.T. Press.

Katzenstein, Peter, et als. 1997. *Network Power*. Ithaca: Cornell University Press.

Kraemer et al. 2011. "Capturing Value in Global Networks: Apple's iPad and iPhone." http://pcic.merage.uci.edu/papers/2011/Value_ipad_iphone.pdf.

Krugman, Paul. 1981. "Intra-industry specialization and the gains from trade." *Journal of Political Economy* 89.

―――――. 1980. "Scale economies, product differentiation, and the pattern of trade." *American Economic Review* 70.

Lancaster, Carol. 2007. *Foreign Aid: Diplomacy, Development, Domestic Politics*. Chicago:

University of Chicago Press.

Lum et al. 2009. "China's Foreign Aid Activities in Africa, Latin America, and Southeast Asia." *CRS Report for Congress* No. R40361.

Meernik, James, Krueger, Eric, Poe, Steven, 1998. "Testing models of U.S. foreign policy: foreign aid during and after the Cold War." *Journal of Politics* 60.

Meng, B. and S. Miroudot. 2011. "Towards measuring trade in value added and other indicators of global value chains: current OECD work using I/O tables." presentation held at the Global Forum on Trade Statistics, organized by Eurostat, UNSD and WTO, Geneva, Switzerland.

Moravsik, A. 1991. "Negotiating the Single European Act: National Interests and Conventional Statecraft in the European Community." *International Organization* 45.

Moyo, Dambisa. 2009. *Dead Aid: Why Aid Is Not Working and How There Is a Better Way for Africa*. New York: Farrar, Straus & Giroux.

Ravenhill, J. and M. Bernard. 1995. "Beyond Product Cycles and Flying Geese." *World Politics* 47.

Russet, Bruce. 1967. *International Regions and the International Systems*. Chicago: Rand McMally.

Sachs, Jeffrey. 2005. *The End of Poverty*. New York: Penguin Press.

Spencer, Barbara and James A. Bredner. 2008. "Strategic Trade Policy." S.N. Durlauf and L. E. Blume, ed. *The New Palgrave Dictionary of Economics*. Basingstoke, Hampshire: Palgrave Macmillan.

Strange, Susan. 1994. *States and Markets*. London: Pinter Publishers.

Sturgeon, Timothy J. Johannes Van Biesebroeck. 2010. *Effects of the Crisis on the Automotive Industry in Developing Countries: A Global Value Chain Perspective*. World Bank.

Tranholm-Mikkelsen, J. 1991. "Neofunctionalism: Obstinate or Obsolete? A Reappraisal in the Light of the New Dynamism of the EC." *Millenium: Journal of International Studies* 20.

UNCTAD. *World Investment Report*.

Vernon, R. 1966. "International Investment and International Trade in the Product Cycle." *Quarterly Journal of Economics* 80.

Viner, Jacob. 1950. *The customs union issue*. Carnegie Endowment for International Peace.

WTO. 2011. "Trade Policy Review, China." http://stat.wto.org/CountryProfile/WSDBCountryPFView.aspx?Country=CN&.

─────. 2011. *Trade patterns and global value chains in East Asia: From trade in goods to trade in tasks*. Geneva

Yeung, H. 2006. "Situating regional development in the competitive dynamics of global production networks: An East Asian perspective." Plenary lecture at the Regional Studies Association Annual Conference, London.

10장

Andrews, David, 1994. "Capital Mobility and State Autonomy." *International Studies Quarterly* Vol.38, No.2.

Bernhard, William and David Leblang. 2006. *Democratic Processes and Financial Markets: Pricing Politics*. Cambridge: Cambridge University Press.

BIS. 2010. *Triennial Central Bank Survey of Foreign Exchange and Derivatives Market Activity in 2010*. Bank for International Settlements.

Chin, Gregory, and Helleiner, Eric. 2008. "China as a Creditor: A Rising Financial Power?" *Journal of International Affairs* Vol.61, No.2.

Cohen, Benjamin J. 1993. "The Triad and the Unholy Trinity: Lessons for the Pacific Region." Richard A. Higgott, Richard Leaver, and John Ravenhill, eds. *Pacific Economic Relations in the 1990s: Conflict or Cooperation?*. Boulder: Lynne Rienner.

―――――――――. 1998. *The Geography of Money*. Ithaca: Cornell University Press.

Drezner, Daniel W. 2009. "Bad Debts: Assessing China's Financial Influence in Great Power Politics." *International Security* Vol.34, No.2.

Ferguson, Niall and Schularick, Moritz. 2007. "Chimerica and the Global Asset Market Boom." *International Finance* Vol.10, No3.

Frieden, Jeffrey A. 1991. "Invested Interests: The Politics of National Economic Policies in a World of Global Finance." *International Organization* Vol.45, No.4.

Frieden, Jeffrey A. 2006. *Global Capitalism: Its Fall and Rise in the Twenties Century*. New York: W.W. Norton & Company.

Funabashi, Yoichi. 1988. *Managing the Dollar: From the Plaza to the Louvre*. Washington D.C.: Institute for International Economics.

Gardner, Richard N. 1980. *Sterling-Dollar Diplomacy in Current Perspective: The Origins and the Prospects of Our International Economic Order*. New York. Columbia University Press.

Gilpin, Robert. 1987. *The Political Economy of International Relations*. Princeton: Princeton University Press.

Hall, Peter A. 1997. "The Role of Interests, Institutions, and Ideas in the Comparative Political Economy of the Industrialized Nations." Mark I. Litubach and Alan S. Zuckerman, eds. *Comparative Politics: Rationality, Culture and Structure*. Cambridge: Cambridge University Press, 1997.

Helleiner, Eric. 1994. *States and the Reemergence of Global Finance*. Ithaca: Cornell University Press.

―――――――――. 2010. "A Bretton Woods Moment? The 2007-2008 Crisis and the Future of Global Finance." *International Affairs* Vol.86, No.3.

Henning, C. Randall. 1994. *Currencies and Politics in the United States, Germany, and Japan*. Washington D.C.: Institute for International Economics.

―――――――――. 2002. *East Asian Financial Cooperation*. Washington D.C.: Institute for International Economics.

IMF. 2011. *Recent Experiences in Managing Capital Inflows: Cross-Cutting Themes and Possible Policy Framework*.

James, Harold. 2011. "International Order After the Financial Crisis." *International Affair* Vol.87, No.3.

Kahler, Miles. 2001. *Leadership Selection in the Major Multilaterals*. Washington D.C.: Institute for International Economics

Kirshner, Jonathan. 1995. *Currency and Coercion*. Princeton: Princeton University Press.

―――――――――. 2009. "Sovereign Wealth Funds and National Security: The Dog that Will Refuse to Bark." *Geopolitics* Vol.14, No.2.

Mosley, Layna. 2003. *Global Capital and National Governments*. Cambridge: Cambridge University Press.
Roxburgh, Charles, Lund, Susan and Piotrowki, John. 2011. *Mapping Global Capital Markets 2011*. McKinsey Global Institute.
Sinclair, Timothy J. 2005. *The New Masters of Capital: American Bond Rating Agencies and the Politics of Creditworthiness*. Ithaca: Cornell University Press.
Steil, Benn and Robert E. Litan 2006. *Financial Statecraft: The Role of Financial Markets in American Foreign Policy*. New Haven: Yale University Press.
Webb, Michael C. 1995. *The Political Economy of Policy Coordination: International Adjustment since 1945*. Ithaca: Cornell University Press.
Xing, Yuqing and Detert, Neal. 2010. "How the iPhone Widens the United States Trade Deficit with the People's Republic of China." Working Paper No.257. Asian Development Bank Institute.
Z/Yen Group. 2011. *The Global Financial Centres Index 10*. London: Z/Yen Group.

11장

김상배 외. 2005. 『매력국가 만들기』. 서울: 동아일보 21세기 평화재단 · 평화연구소.
뚜 웨이밍 저 · 김태성 역. 2006. 『문명들의 대화』. 서울: 휴머니스트.
에드워드 스타인펠드 저 · 구계원 역. 2010. 『중국은 왜 서구를 위협할 수 없나』. 서울: 에쎄.
왕후이 저 · 송인재 역. 2011. 『아시아는 세계다』. 서울: 글항아리.
이언 바루마 & 아비셔이 마갤릿 저 · 송충기 역. 2007. 『옥시덴탈리즘: 반서양주의의 기원을 찾아서』. 서울: 민음사
존 톰린슨 저 · 강대인 역. 1994. 『문화 제국주의』. 서울: 나남.
─────── · 김승현 · 정영희 역. 2004. 『세계화와 문화』. 서울: 나남.
판웨이 저 · 김갑수 역. 2009. 『중국이라는 새로운 국가모델론』. 서울: 에버리치홀딩스.
프랭크 레흐너 · 존 볼리 저 · 윤재석 역. 2006. 『문명의 혼성』. 서울: 부글북스.
하랄트 뮐러 저 · 이영희 역. 2000. 『문명의 공존』. 서울: 푸른산.
히라노 겐이치로 저 · 장인성 · 김동명 역. 2004. 『국제문화론』. 서울: 풀빛.

Fox, Jonathan. 2001. "Religion as an Overlooked Element of International Relations." *International Studies Review* Vol. 3, No. 2: 53-73.
Gill, Bates and Yanzhong Huang. 2006. "Sources and Limits of Chinese Soft Power." *Survival* Vol. 48, No. 2: 17-36.
Gould, Mark. 2005. "Understanding Jihad." *Policy Review* Vol. 129, Feb-Mar: 15-32.
Halper, Stefan. 2010. *The Beijing Consensus: How China's Authoritarian Model Will Dominate the Twenty-First Century*. New York: Basic Books.
Huntington, Samuel. 1993. "The Clash of Civilizations." *Foreign Affairs* Vol. 72, No. 3: 22-49.
─────────. 1996. "The West Unique, Not Universal." *Foreign Affairs* Vol. 75, No. 6: 28-46.
Keddie, Nikki R. 1998. "The New Religious Politics: Where, When, and Why Do fundamentalism Appear." *Comparative Studies in Society and History* Vol. 40, No. 4: 696-723.
Mahbubani, Kishore. 1993. "The Dangers of Decadence: What the Rest Can Teach the West." *Foreign Affairs* Vol. 72, No. 4: 10-14.

Nye, Joseph Jr. 2004. *Soft Power: The Means to Success in World Politics.* New York: Public Affairs.

Pang, Zhongying. 2009. "China's Non-Intervention Question." *Global Responsibility to Protect* Vol. 1: 237-252.

Philpott, Daniel. 2002. "The Challenge of September 11 to Secularism in International Relations." *World Politics* Vol. 55, No. 1: 66-95.

Said, Edward. 1979. *Orientalism.* New York: Vintage Books.

Thomas, Scott. 2000. "Taking Religious and Cultural Pluralism Seriously: The Global Resurgence of Religion and the Transformation of International Society." *Millennium* Vol. 29, No. 3: 815-841.

Wedeen, Lisa. 2002. "Conceptualizing Culture: Possibilities for Political Science." *American Political Science Review* Vol. 96, No. 4: 713-728.

Zakaria, Fareed. 1994. "Future is Destiny: An Interview with Lee Kwan Yew." *Foreign Affairs* Vol. 73, No. 2: 109-126.

12장

김상배. 2007. 『정보화시대의 표준경쟁: 윈텔리즘과 일본의 컴퓨터산업』. 파주: 한울.
김상배 외. 2008. 『지식질서와 동아시아: 정보화시대 세계정치의 변환』. 파주; 한울.
김상배 편. 2009. 『소프트 파워와 21세기 권력: 네트워크 권력론의 모색』. 파주: 한울.
김상배. 2010. 『정보혁명과 권력변환: 네트워크 정치학의 시각』. 파주: 한울.
하영선·김상배 편. 2006. 『네트워크 지식국가: 21세기 세계정치의 변환』. 서울: 을유문화사.
─────────. 2010. 『네트워크 세계정치: 은유에서 분석으로』. 서울: 서울대학교출판문화원.

Castells, Manuel. 1996. *The Rise of the Network Society.* Malden, MA: Blackwell.

Deibert, Ronald J. 1997. *Parchment, Printing, and Hypermedia: Communication in World Order Transformation.* New York: Columbia University Press.

Gilpin, Robert. 1987. *The Political Economy of International Relations.* Princeton, NJ: Princeton University Press.

Hafner-Burton, Emilie M., Miles Kahler, and Alexander H. Montgomery. 2009. "Network Analysis for International Relations." *International Organization* 63: 559-592.

Hanson, Elizabeth C. 2008. *The Information Revolution and World Politics.* Lanham, ML: Rowman & Littlefield.

Innis, Harold. 1950. *Empire and Communications.* Oxford: Oxford University Press.

Kahler, Miles, ed. 2009. *Networked Politics: Agency, Power, and Governance.* Ithaca and London: Cornell University Press.

Lacy, Mark J. and Peter Wilkin, eds. 2005. *Global Politics in the Information Age.* Manchester and New York: Manchester University Press.

Maoz, Zeev. 2010. *The Networks of Nations: The Evolution and Structure of International Networks, 1815-2002.* New York: Cambridge University Press.

Modelski, George and William R. Thompson. 1996. *Leading Sectors and World Powers: The Coevolution of Global Politics and Economics.* Columbia: University of South Carolina Press.

Nye, Jr., Joseph S. 2004. *Soft Power: The Means to Success in World Politics.* New York: Public Affairs.

Rosenau, James N. and J. P. Singh, eds. 2002. *Information Technologies and Global Politics: The Changing Scope of Power and Governance.* Albany, NY: State University of New York Press.

Strange, Susan. 1988. *State and Markets.* London: Pinter Publishers.

Talalay, Michael, Chris Farrands and Roger Tooze, eds. 1997. *Technology, Culture and Competitiveness: Change and the World Political Economy.* London: Routledge.

Youngs, Gillian. 2007. *Global Political Economy in the Information Age: Power and Inequality.* London and New York: Routledge.

13장

국무총리실 기후변화대책기획단. 2008/9/19. "기후변화대응 종합기본계획."
에너지경제연구원. 2010. 『에너지 통계연보』.
이명박. 2008/8/15. "제63주년 광복절 및 대한민국 건국60년 경축사." 청와대 홈페이지.
지식경제부. 2008. "세계 에너지 환경변화와 한국의 에너지안보 전략."
동아시아기후파트너십 홈페이지. http://eacp.koica.go.kr.
녹색성장위원회 홈페이지. http://www.greengrowth.go.kr.
글로벌녹색성장연구소 홈페이지. http://www.gggi.org.
김용건·김이진·박시원. 2009. 『온실가스 감축의무 협상동향 및 대응방향 연구Ⅰ』. 서울: 한국환경정책평가연구원.
김우상·조성권. 2005. 『세계화와 인간안보』. 서울: 집문당.
김찬우. 2006. 『21세기 환경외교』. 서울: 상상커뮤니케이션.
신범식. 2011. "기후변화의 국제정치와 미-중관계." 『국제정치논총』 51(1).
윤이숙. 2010/4. "동아시아 지역협력과 한국의 환경외교." 한국학술연구원 제12차 코리아포럼 『한국의 환경외교: 쟁점과 전망』 발표논문집.
이재훈. 2010. 『녹색성장과 에너지자원 전략』. 서울: 나남.
Heiberg, Richard 저·신현승 역. 2006. 『파티는 끝났다』. 서울: 시공사.

BP. 2010. *Statistical Review of World Energy June 2010.*
―――. 2011. *Statistical Review of World Energy June 2011.*
EIA. 2010. *International Energy Outlook 2010.*
IEA. 2010. *World Energy Outlook 2010: Executive Summary.*
―――. 2011. *Energy Balances of OECD Countries 2011.*
International Institute for Sustainable Development. 1997. *Sustainable Development Timeline.*
U.S. Department of Defense. 2010. *Quadrennial Defense Review Report 2010.*
UNDP. 1994. *Human Development Report 1994.* New York: Oxford University Press.
WTO. 2010. *World Trade Report 2010: Trade in Natural Resources.*

Barbier, Edward B. 1997. "Introduction to the environmental Kuznets curve special issue." *Environment and Development Economics: Environmental Kuznets Curve Special Issue* 2. Cambridge University Press.
Barkdull, John and Paul G. Harris. 2002. "Environmental Change and Foreign Policy: A Survey of Theory." *Global Environmental Politics* 2(2).
Bielecki, J. 2002. "Energy Security: Is the Wolf at the Door?" *The Quarterly Review of*

Economics and Finance 42(2).

Brainard, Lael and Isaac Sorkin, eds. 2009. *Climate Change, Trade, and Competitiveness: Is a Collision Inevitable?*. Brookings Institution Press.

Campbell, Kurt M. 2008. *Climate Cataclysm: The Foreign Policy and National Security Implications of Climate Change*. Brookings Institution Press.

Chasek, Pamela S. David L. Downie and Janet Welsh Brown. 2006. *Global Environmental Politics: Dilemmas in World Politics*, 4th Edition. Boulder: Westview Press.

Coase, Ronald H. 1960. "The Problem of Social Cost." *The Journal of Law and Economics* 3.

Conca, Ken and Geoffrey D. Dabelko. 2004. *Green Planet Blues: Environmental Politics form Stockholm to Kyoto*, 3rd edition. Boulder: Westview Press.

Cruz de Castro, Renato. 2009. "Assessing the Cebu Declaration on East Asian Security: Issues and Challenges in Regional Energy Cooperation." Christopher Len and Alvin Chew, eds. *Energy and Security Cooperation in Asia: Challenges and Prospects*. Institute for Security and Development Policy.

Diehl, Paul F. and Nils Petter Gleditsch. 2001. *Environmental Conflict*. Boulder: Westview Press.

Downs, Erica S. 2008. "Who's Afraid of China's Oil Companies?." Carlos Pascual and Jonathan Elkind, eds. *Energy Security: Economics, Politics, Strategies, and Implications*. Washington D.C.: Brookings Institution.

Energy Charter Secretariat. 2004. *The Energy Charter Treaty and Related Documents: a Legal Framework for International Energy Cooperation*.

Goldemberg, José, eds. 2010. "Energy security means the availability of energy at all times in various forms, in sufficient quantities, and at affordable prices." *World Energy Assessment: Energy and the Challenge of Sustainability*. New York: UNDP.

Flavin, Christopher and Seth Dunn. 1999. "A New Energy Paradigm for the 21st Century." *Journal of International Affairs* 53(1).

Florini, Ann. 2010. "Global Governance and Energy." Carlos Pascual and Jonathan Elkind, eds. *Energy Security-Economics, Politics, Strategies, and Implications*. Washington, D.C.: Brookings Institution.

Haggard, Stephen and Beth A. Simmons. 1987. "Theories of International Regimes." *International Organization* 41(3).

Hass, Peter M. 1990. *Saving the Mediterranean: The Politics of International Environmental Cooperation*. New York: Columbia University Press.

Haas, Peter M. 1992. "Introduction: Epistemic Communities and International Policy Coordination." *International Organization* 46(1).

Hayes, Peter and David von Hippel. 2006. "Energy Security in Northeast Asia." *Global Asia* 1(1).

Itoh, Shoichi. 2009. "Obstacles to and Prospects for Multilateral Energy Cooperation." Christopher Len and Alvin Chew, eds. *Energy and Security Cooperation in Asia: Challenges and Prospects*. Institute for Security and Development Policy.

Kalicki, Jan H. and David L. Goldwyn, eds. 2005. *Energy & Security: Toward a New Foreign Policy Strategy*. Washington D.C.: Woodrow Wilson Center Press.

Kassler, Peter and Matthew Paterson. 1997. *Energy Exporters and Climate Change*. London: The Royal Institute of International Affairs.

Klare, Michael T. 2002. *Resource Wars: The New Landscape of Global Conflict*. New York: Henry Holt & Company, 2002.

──────────. 2004. *Blood and Oil: The Dangers and Consequences of America's Growing Petroleum Dependency.* London: Metropolitian Books.

──────────. 2008. *Rising Powers, Shrinking Planet.* London: Metropolitian Books.

Konoplyanik, Andrei and Thomas Wälde. 2006. "Energy Charter Treaty and its Role in International Energy." *Journal of Energy & Natural Resources Law* 24(4).

Len, Christopher and Alvin Chew, eds. 2009. *Energy and Security Cooperation in Asia: Challenges and Prospects.* Institute for Security and Development Policy.

Liao, Janet Xuanli. 2009. "Perceptions and Strategies on Energy Security: The Case of China and Japan." Christopher Len and Alvin Chew, eds. *Energy and Security Cooperation in Asia: Challenges and Prospects. Institute for Security and Development Policy.*

Masaki, Hisane. 2006. "Japan's New Energy Strategy." *Japan Focus* December 19.

Montgomery, Scott L. 2010. *The Powers That Be.* Chicago: University of Chicago Press.

Myers, Norman. 2002. "Environmental Refugees: a Growing Phenomenon of the 21th Century." Philosophical Transactions of the Royal Society B: Biological Sciences 357.

Pachauri, Rajendra K. 1985. *The Political Economy of Global Energy.* Baltimore and London: Johns Hopkins University Press.

Pascual, Carlos and Jonathan Elkind. 2010. "Energy Security." Carlos Pascual and Jonathan Elkind, eds. *Energy Security-Economics, Politics, Strategies, and Implications.* Washington, D.C.: Brookings Institution.

Pigou, Arthur C. 1929. *Economics of Welfare.* London: Macmillan.

Rothkopf, David. 2008. "New Energy Paradigm, New Foreign Policy Paradigm." Kurt M. Campbell and Jonathon Price, eds. *The Global Politics of Energy.* Washington D.C.: The Aspen Institute.

Rutger de Witt, Winjen. 2005. "Emission Trading under the Article 17 of the Kyoto Protocol." David Freestone and Charlotte Streck. *Legal Aspects of Implementing the Kyoto Protocol Mechanisms: Making Kyoto Work.* Oxford: Oxford University Press.

Shaffer, Brenda. 2009. *Energy Politics.* Philadelphia: University of Pennsylvania Press.

Sj?stedt, Gunnar, ed. 1993. *International Environmental Negotiation.* Newbury Park: Sage Publications.

Speth, James Gustav and Peter M. Haas. 2007. *Global Environmental Governance.* London: Island Press.

Sprinz, Detlef F. and Yael Wolinsky-Nahmias, ed. 2004. *Models, Numbers, and Cases.* Ann Arbor: University of Michigan Press.

Stern, Nicholas. 2006. *Stern Review: The Economics of Climate Change.* Cambridge University Press.

Revkin, Andrew C. 2007. "The Climate Divide: Rich Nations Find It Easier to Adapt." *The New York Times* 2007.4.2.

Tolba, Mostafa K. 1998. *Global Environmental Diplomacy: Negotiating Environmental Agreements for the World, 1973-1992.* Cambridge: MIT Press.

Yegrin, Daniel. 2005. "Energy Security and Markets." Kalicki and David L. Goldwyn, eds. *Energy & Security: Toward a New Foreign Policy Strategy.* Washington D.C.: Woodrow Wilson Center Press.

──────────. 2006. "Ensuring Energy Security." *Foreign Affairs* 85(2).

Young, Oran. 1994. *International Governance: Protecting the Environment in a Stateless Society.* Ithaca: Cornell University Press.

Zusman, Eric and Jennifer Turner. 2005. "Beyond the Bureaucracy: Changing China's

Policymaking Environment." Kristen Day, eds. *China's Environment and the Challenge of Sustainable Development*. M.E. Sharpe, 2005.

14장

Bayer, Resat. 2006. "Diplomatic Exchange Data set, v2006.1." http://correlatesofwar.org (검색일: 2011. 7. 11).

Commission on Global Governance. 1995. *Our Global Neighborhood: Report of the Commission on Global Governance*. Oxford: Oxford University Press.

Haas, Peter M. 1992. "Introduction: Epistemic Community and International Policy Coordination." *International Organization* 46(1), 1-35.

Levy, Arthur V. 2003. *Diamonds and Conflict: Problems and Solutions*. New York: Hauppauge.

Nicolson, Harold. 1963. *Diplomacy*, 3rd ed. Oxford: Oxford University Press.

Rosenau, James N. 1992. "Governance, Order and Change in World Politics." James N. Rosenau and E. O. Czempiel, ed. *Governance without Government: Order and Change in World Politics*. Cambridge: Cambridge University Press, 1-29.

Satow, Ernest. 1958. *A Guide to Diplomatic Practice*, 4th ed. London: Longman.

Young, Oran. 1989. *International Cooperation: Building Regimes for Natural Resources and the Environment*. Ithaca, NY: Cornell University Press.

高山岩男. 1942. 『世界史の 哲學』. 東京: 岩波書店.

찾아보기

ㄱ

가스관 135, 136, 137, 405, 435, 436
가스수출국포럼(GECF) 405, 427, 428
가쓰라-태프트밀약 62
갑신정변 18, 168, 178, 179
갑오개혁 42, 61, 179
강행규범 445, 459, 460
강화도조약 42, 58, 61, 155, 177
거래비용 307, 309, 310, 321, 462
거시경제정책의 3자 모순 325
걸프전쟁 109, 113, 115, 249, 381, 420, 421, 453
경제국가 40, 158
경제협력개발기구(OECD) 346
고려연방제 142
고르바초프, 미하일 99, 102~104, 106, 125, 131, 187
고전 현실주의 151, 163, 166, 192
공격 현실주의 211, 214, 215
공공외교 349, 360, 375, 376, 382, 394
공공재 199, 318, 332, 399, 407, 408, 442, 443, 345, 451, 452
공산주의 50, 75~79, 81, 82, 84, 85, 86, 87, 89, 90, 93, 95, 99, 101~106, 110, 122, 138, 153, 154, 163, 164, 188, 197, 240, 244, 247, 464
공유재 445, 452
공적개발원조(ODA) 297, 298, 315~320, 342, 344, 393, 433
공정무역 297, 304
공포의 균형 88, 105, 235, 240, 241
관세 및 무역에 관한 일반 협정(GATT) 76, 302, 304, 415
광무개혁 42
교토의정서 405, 411~413, 415, 438, 441
교회의 대분열 44
구글 21, 286, 379, 383, 386, 389, 390, 397
구성주의 22, 205, 206, 211, 212, 221~224, 228~232, 259, 378, 408, 457
구속성 원조 297, 319, 320

구조 현실주의 183, 192, 270
국가 안보 34, 75, 106, 106, 127, 235, 237, 241, 247, 253, 259, 269, 282, 283, 294, 398
국가별적정감축행동등록부 405, 413
국가안보전략보고서 263, 283, 284
국가이성 43, 151, 157
국민국가 17~19, 23~26, 32, 37, 39, 43, 47, 112, 115, 116, 136, 153, 156, 179, 213, 220, 227, 233, 377, 380, 390, 396, 397, 398, 399, 402, 403
국부펀드 325, 338, 340, 341, 348
국제 레짐 298, 300, 332, 388, 391, 394
국제기구 24, 99, 112, 121, 122, 137, 148, 163, 195, 196, 200, 218, 219, 226, 233, 300, 307, 310, 311, 316, 317, 328, 332, 361, 365, 383, 387, 391, 393, 394, 397, 408, 409, 429, 440, 442, 445, 446, 450, 454~458, 471
국제법 24, 39, 45, 46, 51, 53, 54, 62, 96, 153, 156, 158, 159, 167, 170, 177, 178, 200, 218, 269, 367, 445, 453, 459, 460, 461, 462, 471
국제에너지포럼 405, 427
국제원자력기구(IAEA) 142, 266~268, 271, 423, 427, 456
국제통화기금(IMF) 24, 76, 120, 325, 334, 340, 347, 457
국제형사재판소 367
군국주의 81, 201, 290
군사 변환 27, 235, 247, 249~251, 260, 261, 264, 282, 283, 286
군사 분야 혁명 235, 249
권력정치 48, 75, 157, 163, 164~167, 288, 289, 382, 383, 384
규모의 경제 301, 309
규범권력 349
균세 17, 18, 70, 151, 167, 172, 175, 176, 178
그람시학파 211, 219, 220
그로티우스, 후고 158, 181, 367
그린라운드 302
근린궁핍화정책 297, 298, 301, 325, 330
글라스노스트 102
글로벌 거버넌스 217, 218, 220, 445, 453, 454, 471

금본위제 66, 67, 325, 326, 329~331, 333
금융통화 325, 326~349
기능주의 196, 217, 218, 279, 280, 321, 410
기축통화 199, 325, 327, 329, 331, 334, 335, 336, 339, 348
기후변화 285, 405, 412~419, 422~426, 432, 437, 438, 440~443
기후변화에 관한 정부 간 패널(IPCC) 405, 412
기후변화협약 29, 405, 425, 441, 442
길핀, 로버트 193, 209, 309, 332
깁슨, 윌리엄 28, 380

ㄴ

나이, 조지프 133, 197, 198, 228, 350, 352, 358, 359, 360, 361, 382
나치즘 77, 153, 163
나폴레옹전쟁 44, 47~49, 70, 159, 238, 448, 449, 456
난징조약 41, 154
남북전쟁 70, 383
남북합의서 143
내국민대우 302
네그리, 안토니오 220
네트워크 국가 15, 19, 25, 32, 33, 227, 375, 394, 396, 399, 402~404
네트워크 권력 375, 382~384, 388, 390, 402
네트워크 이론 211, 227
니부어, 라인홀트 190
니체, 폴 82,
닉슨, 리처드 96~99, 125, 329, 331, 422

ㄷ

다국적 기업 308, 361, 390, 392, 396, 459, 462
다극 체제 110, 190, 191, 197, 355
다자안보협력 263
다중 211, 220, 221, 232
단극 체제 110, 334
대공황 27, 64, 66, 67, 79, 163, 300, 330, 333, 340
대기오염 145, 405, 410, 415, 417, 429, 430, 458

대량살상무기 26, 27, 29, 114, 115, 126, 138, 139, 214, 235, 244~249, 261, 263, 269, 270, 285, 447, 461
대량살상무기확산방지구상(PSI) 263, 269
대륙체제 47, 48
대리전쟁 91, 105
대중민주주의 44
더닝, 존 309
더반 회의 441
덩샤오핑 98, 125, 251
데탕트 75, 94~106, 117, 185, 187~190, 194, 199, 210
델로스연맹 193
도거티, 제임스 228
도미노이론 90
도일, 마이클 159
도하개발아젠다 302, 303
동남아시아국가연합(ASEAN) 129, 130, 134, 136, 147, 291, 293, 303, 305, 321, 322, 325, 342, 343, 431, 466, 467
동방무역 41, 49
동방정책 95, 142
동시베리아-태평양 송유관 405, 434, 435
동아시아 경제협력 297
동아시아 산성비 모니터링 네트워크 430
동아시아 유교 문명 349, 353, 372, 373
동아시아기후파트너십 405, 438
동인도회사 49, 70
드골, 샤를 95
드러커, 피터 28
뚜 웨이밍 368

ㄹ

량치차오 18, 172, 173
러일전쟁 18, 23, 39, 42, 62, 66, 71, 175, 179, 252, 463
레닌, 니콜라이 63, 64, 67, 68, 76, 78, 161, 190, 197, 202
레이건, 로널드 99, 101~103
레흐너, 프랭크 365
로디조약 157
로마클럽보고서 410
로카르노조약 66, 163

롤런드, 셔우드 469
루스벨트, 프랭클린 델러노 76, 78
루터, 마르틴 44, 45, 355
룩셈부르크, 로자 161
리스트, 프리드리히 298, 301
리스후이 171
리카도, 데이비드 298
린쩌쉬 170

ㅁ

마르크스주의 160, 161, 179, 183, 185, 186, 202, 204, 207, 208, 219, 221, 232, 328, 378
마부바니, 키쇼르 355
마셜플랜 73, 79, 105, 316, 359
마스트리흐트조약 23, 115, 195, 321
마오쩌둥 84, 89, 97, 98, 125, 364
마키아벨리, 니콜로 43, 153, 156, 157, 181
만국공법 54~56, 59, 60, 61, 151, 154, 155, 167, 170, 172~174, 177, 178
만주사변 67, 163, 179
망제정치 375, 403
맞대응 전략 272, 279
매카시, 조지프 81
맥아더, 더글러스 74, 82
맨해튼프로젝트 77
머리, 휴 170
메이지유신 42, 56, 57, 70, 167, 168, 174
면책 특권 448
명예혁명 44, 47, 69
모겐소, 한스 154, 163~166, 187, 188, 190, 192, 215, 228, 236
모네, 장 195
모요, 담비사 318
몬트리올의정서 412, 469
몰리나, 마리오 411, 469
무정부성 190, 191, 201, 205, 208
문명 충돌 244, 245, 349, 350, 352, 353
문명 표준 17, 18, 25, 37, 39, 42, 51~56, 60, 64, 69, 70, 109, 116, 138, 155, 166, 167, 227, 349, 404

문제해결이론 219
문화 실재론 353
문화상대주의 349, 366
문화접변 354, 373
문화제국주의 349, 350, 352, 359, 361~364
문화혁명 89, 98
뮐러, 하랄트 368
미국독립전쟁 48, 49
미드글레이, 토머스 469
미사일방어체제 126, 129
미어셰이머, 존 110
민간군사기업 256

ㅂ

바르샤바조약기구 86, 90, 95, 117, 197
바젤협약 405, 414
발전국가론 298, 300
방어 현실주의 214, 215
버거, 피터 356
버논, 레이몽 309
베르사유조약 64~66, 179, 450
베르사유체제 64, 65, 67, 154, 162
베를린 위기 73, 79, 87
베스트팔렌조약 45, 46, 157, 355, 356
베이징 컨센서스 349, 371
베이징조약 53
베트남전쟁 73, 89~91, 93~95, 97~99, 106, 124, 191, 199, 331
벨벳혁명 102
변법자강운동 173
변환외교 282
보이지 않는 손 159, 298
복잡계 이론 225~227
복잡성 211, 225~227, 354
볼리, 존 365
볼프스베르크협정 463
부시 독트린 113, 114
부잔, 배리 224
북대서양조약기구(NATO) 80, 117, 123, 241

북미자유무역협정 303
북방정책 103, 104, 107, 109, 142, 143, 209, 468
불량국가 283, 461
브란트, 빌리 95
브레튼우즈체제 325
브로델, 페르낭 202
블루라운드 302
비동맹운동 89
비스마르크, 오토 폰 63
비우량 주택담보대출 111, 333, 335
비정부기구(NGO) 24, 112, 118, 121, 218, 233, 313, 328, 429, 445, 455, 456, 457, 458
비트겐슈타인, 루트비히 221
비판이론 205, 211, 219~221, 223, 224, 362
빈회의 47, 48, 50, 51

ㅅ

사대자소 70, 155, 166, 169, 227
사마천 169
사이드, 에드워드 352
사이먼, 허버트 216
사이버문화 28
사적 유물론 160, 378
사쿠마 쇼잔 174
사회적 구성 211
사회진화론 151, 172
삭스, 제프리 318
산업혁명 27, 29, 41, 45, 47~50, 69, 70, 118, 153, 160, 192, 315, 406
삼국간섭 61, 66
삼민주의 168, 173
삼자 모순 327
상대 이득 211, 214
상하이협력기구 130, 293
상호의존 이론 196, 199
상호확증파괴 86, 88
새천년개발목표 297, 316
샌프란시스코조약 89

생산 네트워크 297, 299, 307, 310~315, 322, 336, 397
서세동점 16, 17, 41, 53, 55, 60
석유 질서 453
석유수출국기구(OPEC) 198, 426, 427
선군정치 34, 263, 272~275, 277, 278, 281
선제공격 114, 189, 201, 235, 247, 248, 261
성층권 오존층 보호를 위한 빈협약 469, 470
세계 금융 위기 281, 283, 284, 287, 290, 299, 319, 325, 333, 334, 336, 337, 339~341, 344, 347, 348, 438, 470
세계경제 불균형 325, 334, 335, 336
세계경제포럼 121, 220, 312, 313
세계무역기구 27, 120, 221, 297, 425
세계사회포럼 121, 220, 221, 227, 312, 313
세계은행 24, 27, 76, 120, 121, 316, 320, 328, 331, 334, 335, 339~343, 346, 393, 438
세계정부 31, 190, 191
세계체제론 160, 161, 186, 203, 202, 204, 209, 219, 220, 229, 230, 298, 300, 304
세력 전이론 451
세포이 항쟁 50
소프트 파워 283, 349~352, 359~361, 363, 370~375, 382, 383
손자 239
쇼몽조약 48
수인의 딜레마 214
수정주의 75, 89
쉬망, 로베르 195
쉬지위 170
스미스, 애덤 41, 159, 165, 298, 301
스탈린, 조지프 76~79, 83~85, 87, 89, 94, 95, 105, 106
스트레인지, 수잔 299, 384
시장평화론 151, 165
신냉전 73, 99, 101~103, 106, 146, 293
신무역이론 297, 301
신성로마제국 45, 46, 157
신외교 제도 449
신재생에너지 421~424, 426, 427
신전통현실주의 211, 215, 216, 223
신제도주의 321
신해혁명 21, 171
싱크탱크 20, 21, 397

쑨원 171, 180

ㅇ

아태 환경장관회의 430
아관파천 61, 179
아도르노, 테오도어 362
아비뇽 유수 44
아세안지역포럼(ARF) 291, 293
아시아유럽정상회의(ASEM) 466, 467
아시아적 가치 259, 367, 368, 401
아시아태평양경제협력체 129, 427, 466, 467
아우크스부르크 평화회의 45, 46
아이젠하워, 드와이트 86, 87, 90
아이폰 310, 336, 379, 393
아편전쟁 18, 41, 50, 53, 57, 70, 125, 154, 167, 168, 169, 170, 171, 173, 174, 176
아프가니스탄전쟁 27, 111, 115, 239, 251, 381, 398, 420
악의 축 26, 114
안보 공동체 115, 116, 118
안보 딜레마 116, 188, 189, 190, 208, 214, 238, 256, 272, 278, 355, 416
안재홍 82
안정자 209, 289, 291
안행모형 207, 313
알 카에다 23, 114, 115, 227, 244, 246, 247, 328, 355, 356
애치슨선언 85
액슬로드, 로버트 272
약한 달러 정책 335
얀쉬에통 228, 229, 341
얄타회담 77, 80
양극체제 94, 110, 111, 126, 186, 190, 191, 197, 212, 242, 290, 334
양면게임이론 217, 218
양무운동 58, 168, 171, 172, 173, 178
양자투자협정 311
에너지 안보 140, 285, 419, 420, 421, 426, 427, 431, 432, 433, 439, 440, 443
에너지헌장조약(ECT) 424, 425

엑스라샤펠조약 48
영구평화론 159, 218
영국학파 224
영선사 60
영일동맹 23, 42, 62, 65, 66
예르긴, 대니얼 419
예방 공격 248
예방 전쟁 194
오누프, 니컬러스 222
오리엔탈리즘 352, 359, 361, 363, 364, 372
오사마 빈 라덴 23, 114, 115, 244, 245, 246
오스만투르크제국 41, 50, 51, 70
오존층 보호를 위한 빈협약 469, 470
옥시덴탈리즘 364
온실가스 411, 412, 417, 422, 438, 441, 458
올브라이트, 매들린 270
왕도정치 70
왕이저우 228
왕지쓰 228
왕지안웨이 228
왕후이 372
왜양일체론 57, 176
외교 제도 50, 51, 171, 447, 448, 449
요시다 쇼인 174
요한 바오로 2세 356
울퍼스, 아널드 236
워싱턴 합의 341
워터게이트사건 97
원세개 59
원자력 406, 422, 423, 437, 440, 456
월드와이드웹 25
월러스틴, 이매뉴얼 160, 202, 300
월츠, 케네스 110, 166, 189, 190, 191, 192, 205, 207, 208, 209, 210, 215, 216, 224, 228, 270
월포스, 윌리엄 110
웨이위안 170
웬트, 알렉산더 222, 223, 224, 226, 228
위안징칭 228
위키리크스 398
위키피디아 30, 396

찾아보기 497

위트레흐트조약 46
윌리엄 3세 47
윌슨 14개 조항 63, 64, 153, 162, 469
윌슨, 우드로 162
유고슬라비아내전 123
유길준 7, 18, 177, 178, 179
유럽 협조 체제 48, 49, 133, 159, 448, 449
유럽경제공동체 122, 195, 308, 321
유럽공동체 115, 116, 195, 356
유럽석탄철강공동체 195, 321
유럽안보협력기구(OSCE) 117, 292
유럽연합 19, 20, 22, 23, 27, 29, 33, 115, 195, 213, 212, 227, 231, 293, 303, 321, 322, 334, 356, 358, 360, 361, 418, 427, 461, 466
유럽원자력공동체 195
유엔기후변화협약 425, 442
유엔환경개발회의 429
유치산업보호론 301
을사조약 62, 178
이데올로기 74, 75, 85, 86, 87, 88, 89, 90, 97, 104, 105, 106, 129, 146, 221, 245, 268, 282, 354, 368
이라크전쟁 111, 113, 114, 248, 249, 250, 261, 353, 381, 398, 426, 453
이명박 135, 140, 264, 278, 279, 280, 282, 284, 287, 394, 401, 440
이상주의 117, 154, 161, 162, 163, 164, 165, 174, 179, 181, 185, 208, 222, 223, 259, 299
이상향주의 165
이스터리, 윌리엄 318
이승만 82, 83, 84, 91, 92, 93, 106
이시하라 간지 67
이와쿠라 도모미 55, 56
이와쿠라 사절단 55, 56
인간 본성 165, 216
인간 이성 156
인간안보 240, 241, 413, 414
인권 43, 96, 101, 117, 119, 122, 127, 140, 141, 147, 218, 237, 246, 269, 285, 292, 294, 300, 339, 360, 361, 365, 366, 367, 369, 372, 389, 390, 395, 446, 450, 456, 465
인도인민당(BJP) 357

인도적 개입 124, 146
인식공동체 409, 458
인천상륙작전 84
인터넷 25, 28, 33, 246, 247, 360, 373, 376, 377, 379, 381, 382, 385, 386, 387, 388, 389, 390, 391, 392, 393, 395, 396, 397, 398, 401, 402, 454
일미경제론 207
일반 국제정치 208
임오군란 18, 42, 58, 61
임진왜란 71, 176

ㅈ

자본계정 자유화 정책 331
자본주의 29, 31, 33, 44, 46, 49, 50, 75, 76, 78, 87, 88, 89, 105, 110, 118, 119, 120, 121, 146, 153, 159, 160, 161, 162, 172, 175, 177, 181, 185, 186, 190, 197, 202, 203, 213, 219, 220, 240, 242, 298, 300, 341, 350, 359, 420, 453
자원 권력 382, 390, 403
자원 분쟁 432
자원민족주의 427, 433
자유무역협정(FTA) 140, 142, 147, 298, 299, 303~307, 322, 323, 344, 376
자유주의 22, 47, 75, 76, 77, 105, 106, 110, 147, 156, 160, 161, 163, 164, 165, 181, 194, 196, 197, 202, 204, 206, 212, 213, 214, 215, 217, 218, 219, 220, 221, 222, 223, 224, 228, 229, 230, 231, 232, 245, 258, 298, 299, 300, 304, 309, 313, 326, 327, 328, 329, 332, 343, 353, 378, 408, 457
장주기론 451
장즈둥 171
장쩌민 125
저강도 분쟁 243, 245, 256
저비스, 로버트 188, 208, 209, 210, 214
저스틴 린이푸 335, 339, 346
적정기술 317
전략 동맹 140, 282, 284, 286
전략무기감축협상 102
전략무기제한협정(SALT) 96, 187
전략방위구상 99, 101

전략비축유 432, 433
전략적 유연성 139, 140, 148, 253, 261, 264, 282, 284, 285
전망이론 216, 217
전시작전통제권 140, 264, 282, 284, 285
전쟁 상태 78, 159
전통주의 59, 61, 75, 223
정묘호란 71
정보 인프라 401
정보격차 391, 393, 399
정보공유 396
정보혁명 24, 25, 27, 145, 213, 246, 251, 260, 376, 377, 378, 379, 380, 381, 382, 383, 384, 385, 386, 388, 389, 390, 391, 394, 395, 396, 397, 398, 399, 402, 403, 404
정상국가 132, 134, 295
정유재란 71
정전론 158, 240, 246
정전협정 201
정통주의 75
정한론 56, 57, 58, 71
제1차 세계대전 48, 62, 63, 64, 66, 67, 68, 70, 152, 153, 154, 156, 161, 162, 163, 164, 165, 179, 180, 181, 223, 301, 330, 418, 419, 420, 449, 450
제2차 세계대전 18, 32, 66, 67, 68, 74, 76, 77, 78, 80, 81, 82, 88, 90, 95, 116, 120, 134, 139, 153, 154, 164, 165, 212, 236, 239, 241, 242, 252, 260, 302, 304, 308, 316, 322, 327, 330, 332, 347, 359, 420, 421, 453, 463, 464
제3세계 49, 88, 89, 90, 95, 97, 105, 106, 161, 209, 319, 357, 463
제3의 논쟁 221, 222, 223, 224, 226
제국이론 219, 220, 221
제국주의 41, 42, 44, 45, 46, 47, 48, 49, 50, 51, 55, 59, 62, 63, 64, 66, 67, 68, 69, 70, 71, 118, 124, 125, 129, 147, 152, 153, 155, 161, 162, 168, 172, 174, 175, 180, 197, 202, 207, 220, 227, 319, 322, 326, 352, 354, 362, 369, 372, 380, 464
제네바합의 261, 266, 268, 272
제네바회담 90
제도주의 199, 228, 408
제도주의 협력 이론 199
제한적 합리성 211
제한전 239, 240, 242

제한주권론 100
조공·책봉제도 39
조슈-사쓰마 연합 174
조청상민수륙무역장정 58
조효원 208, 479
종교 근본주의 12, 350, 351, 352, 355, 357, 358
종교개혁 44, 45, 355
종속이론 160, 186, 203, 204, 209, 210, 220, 298, 299, 309
주권국가 40, 41, 45, 46, 50, 51, 52, 54, 63, 69, 70, 98, 119, 152, 153, 154, 155, 156, 157, 168, 171, 172, 178, 180, 194, 356, 446, 451, 454, 455, 457, 464, 467, 471
주한미군지위협정(SOFA) 141, 142
중국의 부상 22, 23, 109, 124, 126, 127, 129, 131, 132, 134, 186, 213, 215, 252, 253, 257, 259, 263, 264, 265, 281, 282, 287, 288, 289, 290, 291, 321, 325, 329, 333, 334, 336, 338, 344, 345, 348, 350, 393, 432, 478, 481
중동전쟁 191, 198
중상주의 160, 162, 297, 301, 328
중화질서 10, 39, 42, 52, 53, 55, 57, 58, 60, 147, 166, 178
지구 거버넌스 8, 233, 387, 391, 399, 406, 407, 429
지구온난화 123, 411, 412, 422, 438, 446, 455, 458
지구화 31, 32, 33, 109, 115, 118, 119, 120, 121, 122, 127, 129, 138, 145, 146, 217, 218, 220, 227, 341, 364, 384, 389, 396, 397, 398, 399, 403, 404, 443, 453, 454, 458, 462
지구화 현상 118, 119, 121, 122, 129
지리상의 발견 160, 181, 380
지식 경쟁 375, 377, 388, 389, 390, 402
지식 국가 19, 35, 231, 375, 473, 475, 480, 481, 487
지식 권력 375, 388, 402
지식 제도 375, 386, 401
지식 질서 7, 13, 35, 213, 375, 376, 384, 385, 386, 388, 391, 396, 402, 403, 487
지식 패권 386, 387, 388, 391
지식경제 28, 401, 435, 488
지역 통합 이론 321
지역 협력 29, 129, 130, 136, 137, 321, 322, 342, 343, 344, 348, 373, 429, 433, 466, 488
지적재산권 302, 304, 306, 375, 387, 389, 390, 391, 396, 401
집단 방위 80, 117, 241
집단 안보 39, 63, 64, 76, 91, 113, 122, 147, 159, 163, 235, 237,

239, 241, 467

ㅊ

차티스트운동 44
참여 개발 297
처칠, 윈스턴 78, 419, 420
천하질서 16, 17, 18, 50, 52, 70, 151, 166, 169, 173, 176, 227, 259
철의 장막 78
청불전쟁 58
청일전쟁 18, 39, 59, 60, 61, 62, 172, 175, 179, 252, 463
체제 변환 42, 109, 121, 122, 123, 124
초국가 기구 109, 116, 118, 121, 196, 279, 467
초국적 기업 121, 297, 307, 308, 309, 310, 311, 312
초국적 네트워크 375, 394, 395, 396, 397, 399
총력전 63, 66, 68, 69, 235, 239, 240, 242, 421
최익현 176
최혜국 대우 50, 302
치앙마이 이니셔티브 325, 342, 345
친야칭 228, 229

ㅋ

카, E. H. 163, 165
카스트로, 피델 87
카터, 지미 96, 98, 101, 143, 266, 268, 272
칸트, 이마누엘 153, 156, 158, 159, 181, 190, 218, 221
칼뱅, 장 44, 45
캉유웨이 171, 172, 173, 479
케넌, 조지 78, 82, 164
케네디, 존 F. 87, 88, 89, 90, 94, 99, 192
케인즈, 존 메이너드 330, 331
켈로그-브리앙조약 163
코민포름 79
코펜하겐 합의문 405, 412, 413
코펜하겐학파 224
코헤인, 로버트 197, 198, 200, 224, 228

콘스탄츠공의회 44
쿄토의정서 405, 411, 412, 413, 415, 438, 441
쿠바 미사일 위기 87, 191, 192
크래스너, 스티븐 300
크림전쟁 51, 70, 178, 179
클라우제비츠, 카를 폰 153, 239, 240, 251
클룩혼, 클라이드 351
클린라운드 302

ㅌ

타일러, 에드워드 버넷 351
탄소 배출권 거래 제도 415
탈근대 16, 109, 112, 115, 116, 138, 212, 213, 220, 223, 225, 227, 230, 231, 244, 396, 408, 412
탈냉전 10, 16, 19, 20, 23, 26, 27, 28, 41, 73, 101, 104, 107, 109, 110, 111, 112, 113, 115, 116, 118, 121, 122, 124, 129, 133, 138, 139, 144, 146, 211, 212, 213, 214, 215, 216, 217, 218, 219, 221, 224, 225, 227, 228, 230, 231, 232, 237, 240, 242, 243, 244, 245, 247, 249, 250, 256, 270, 272, 283, 322, 356, 478
탈레반 정권 114, 247, 249
탈세속화 349, 350, 353, 355, 358
탈수정주의 75
탈실증주의 212, 221, 222, 223, 225
태평양전쟁 80, 91, 369, 464
태평천국의 난 168, 171
테러 20, 23, 24, 25, 26, 27, 28, 29, 103, 109, 111, 112, 113, 114, 115, 117, 126, 130, 132, 138, 139, 140, 141, 144, 212, 213, 217, 220, 225, 232, 235, 237, 243, 244, 245, 246, 247, 248, 249, 251, 253, 256, 259, 260, 261, 269, 272, 282, 283, 285, 293, 328, 355, 356, 359, 364, 389, 397, 419, 421, 437, 452, 454
테러리즘 28, 144, 235, 244, 245, 246, 247, 249, 260, 261, 285, 421
톈안먼사건 103, 131
톰린슨, 존 365, 486
톰슨, 윌리엄 386
통화스와프 321, 322, 343, 344, 345, 346, 347, 348

통화스와프협정 346
통화전쟁 330, 334
투키디데스 156, 187, 190, 193, 237, 238
트루먼 독트린 78, 79, 81
트루먼, 해리 78, 79, 81, 82, 84
트리핀 딜레마 331
트리핀, 로버트 331
티베트 문제 369, 372

ㅍ

파리조약 47, 51, 195
파시즘 66, 153, 163
팔츠그라프, 로버트 228
패권 46, 47, 49, 50, 68, 70, 71, 110, 111, 129, 133, 160, 179, 179, 183, 192, 193, 194, 199, 200, 202, 206, 209, 229, 242, 248, 251, 252, 253, 254, 257, 259, 260, 289, 298, 300, 303, 305, 310, 326, 327, 328, 329, 331, 332, 348, 355, 364, 375, 377, 385, 386, 387, 388, 389, 391, 403, 404, 418, 420, 443, 442, 445, 446, 450, 451, 452, 453, 455, 459, 463, 464, 465, 467, 468, 471
패권 안정 이론 298, 300
패권국 70, 111, 179, 183, 192, 193, 194, 202, 209, 253, 259, 300, 310, 326, 327, 329, 332, 388, 418, 420, 450, 451, 452, 453, 459, 465, 467
퍼트넘, 로버트 217, 218
페레스트로이카 102, 105
페르시아전쟁 187
펠로폰네소스전쟁 156, 183, 190, 193, 237
평화공존론 197
포츠머스조약 62
포함외교 58
표준 경쟁 18, 375, 383, 388, 389, 390, 487
푸틴, 블라디미르 134, 135, 290, 428, 434
푸펜도르프, 사무엘 153
프레비시, 라울 301
플라우투스, 티투스 마카우스 26
플라자합의 308, 312, 332, 338, 344
피레네조약 46
피로 물든 다이아몬드 462
피크오일 이론 420

ㅎ

하드 파워 283, 360, 382, 382, 383
하마스 23
하이데거, 마르틴 221
하이머, S. 309
하트, 마이클 220
한미상호방위조약 73, 84, 85, 141, 282, 285
한국전쟁 10, 16, 71, 73, 74, 76, 82, 83, 84, 85, 86, 89, 90, 91, 105, 106, 186, 201, 208, 282, 285, 294, 446, 467
한미 FTA 298, 303, 305, 306
한미동맹 10, 73, 84, 91, 109, 130, 138, 139, 140, 141, 142, 148, 241, 253, 257, 258, 263, 264, 265, 281, 282, 283, 284, 285, 286, 287, 288, 294, 298, 473, 482
한반도 분단 73, 82, 107, 138
한일 국교 정상화 73, 93, 106
한중일 3국 환경장관회의 405, 429
합리성 가정 184
해방론 18, 171, 173, 174, 176
해외주둔미군재배치계획 139, 282
해외직접투자 12, 297, 298, 300, 307, 308, 309, 310, 311, 312, 313, 314, 315, 337, 344, 346
핵안보정상회의 114, 249, 284, 405, 437, 460
핵확산금지조약 142, 263, 266, 267, 271
햇볕정책 260, 270, 278, 280
헌팅턴, 새뮤얼 350
헝가리 자유화운동 95
헬싱키협정 96
현상유지정책 187
현상타파정책 187, 188, 189
현실주의 11, 22, 64, 75, 100, 110, 151, 154, 156, 157, 158, 161, 163, 164, 165, 166, 167, 175, 178, 179, 180, 181, 183, 185, 186, 187, 188, 189, 191, 192, 194, 196, 198, 202, 204, 206, 208, 209, 211, 212, 213, 214, 215, 216, 217, 219, 221, 222, 223, 224, 228, 229, 230, 231, 232, 238, 252, 254, 257, 270, 280, 299, 300, 309, 310, 317, 328, 332, 378, 403, 408, 419,

433, 457
현실주의이론 156, 158, 185, 187, 188, 189, 196, 208, 214, 215, 216, 217, 232, 238, 252, 419
호치민 90
호프먼, 스탠리 236
홉스, 토머스 26, 157, 158, 161, 190
홍대용 176
화평굴기 125, 126
환경 양극화 414
환경 정의 408, 414
환율 분쟁 336

황사 문제 405, 428, 429, 430
회합 460, 461, 471
후세인, 사담 28, 113, 248
후야오방 131
후진타오 125
후쿠시마 원전 사고 405, 406, 423, 437
후쿠자와 유키치 175, 178, 479
휘턴, 헨리 54, 170
흐루시초프, 니키타 87, 88, 95, 106
히틀러, 아돌프 67, 76
힐퍼딩, 루돌프 161